NOUVELLE COLLECTION

DES

MÉMOIRES

POUR SERVIR

A L'HISTOIRE DE FRANCE.

PREMIÈRE SÉRIE.

V.

NOUVELLE COLLECTION

DES

MÉMOIRES

POUR SERVIR

A L'HISTOIRE DE FRANCE,

DEPUIS LE XIIIe SIÈCLE JUSQU'A LA FIN DU XVIIIe;

Précédés

DE NOTICES POUR CARACTÉRISER CHAQUE AUTEUR DES MÉMOIRES ET SON ÉPOQUE;

Suivis de l'analyse des documents historiques qui s'y rapportent;

PAR MM. **MICHAUD** DE L'ACADÉMIE FRANÇAISE ET **POUJOULAT**.

TOME CINQUIÈME.

FLEURANGE, LOUISE DE SAVOYE, DU BELLAY.

A PARIS,

CHEZ L'ÉDITEUR DU COMMENTAIRE ANALYTIQUE DU CODE CIVIL,

RUE DES PETITS-AUGUSTINS, N° 24.

IMPRIMERIE D'ÉDOUARD PROUX ET COMP^e, RUE NEUVE-DES-BONS-ENFANTS, N. 3.

1838

HISTOIRE
DES CHOSES MÉMORABLES
ADVENUES
DU REIGNE DE LOUIS XII
ET FRANÇOIS I{ER},

EN FRANCE, ITALIE, ALLEMAGNE ET ÈS PAYS-BAS,

DEPUIS L'AN 1499 JUSQUES EN L'AN 1521,

MISE PAR ESCRIPT PAR ROBERT DE LA MARK,

SEIGNEUR DE FLEURANGE ET DE SEDAN.

MARESCHAL DE FRANCE.

SUR

LES MÉMOIRES DE FLEURANGE.

Robert de la Marck, seigneur de Fleurange, l'un des trois fils de Robert II de la Marck, qu'on avait surnommé le *Grand Sanglier des Ardennes*, nous a laissé d'intéressants mémoires pour l'espace compris entre l'année 1499 et l'année 1521. Fleurange écrivit les souvenirs de sa vie pendant qu'il était prisonnier dans la citadelle de l'Ecluse. *L'Advantureux*, c'est ainsi que Fleurange se nomme dans son récit, « par et affin » de passer son temps plus légèrement, et n'estre oiseux, voulust mettre par escript, en manière d'abbrégé, les advantures qu'il a eûes et veûes, et ce qui est advenu en son temps, depuis l'aage de huit à neuf ans jusques à l'aage de trente-quatre ans, pour monstrer et donner à connoistre aux jeunes gens du temps advenir, pour en lisant y proufiter sans entrer en parresse, et pour avoir la connoissance de luy et qui il feust. » Fleurange, d'après ce qu'il dit lui-même, avait trente-quatre ans à l'époque de sa captivité au château de l'Ecluse. On était alors en 1525 ; il faut donc placer la naissance de Fleurange en 1491, et non point en 1492 ou 1493, comme l'ont fait quelques savants. Le récit de Fleurange s'arrête tout-à-coup à l'année 1521 ; mais la dernière phrase du récit prouve évidemment que l'auteur l'avait poussé plus loin, ou du moins qu'il se proposait de le pousser plus loin, probablement jusqu'en 1524. « Or, je laisseray icy, dit Fleurange, le » maréchal de Foix et ses gens, pour retourner » à nostre matière et aux choses qui se fisrent » ce pendant sur les frontières de France. »

Il est inutile de donner ici la biographie de Fleurange ; lui-même nous l'a tracée et d'une façon vive et piquante. Les détails de ses jeux d'enfant avec Monsieur d'Angoulême, enfant comme lui, qui devait être un jour François Ier, sont racontés avec un naturel charmant. On remarquera aussi les détails sur *la Faulconerie*, sur *les Gardes du roy de France*, sur *l'artillerie du roi*, et surtout l'entrevue de François Ier et du roi d'Angleterre Henri VIII, entre Ardres et Guines : le tableau de cette entrevue appartient d'un bout à l'autre à Fleurange ; c'est un des plus curieux morceaux d'histoire qu'on puisse lire. L'auteur a donné place, dans sa narration, à tout ce qui s'est passé de mémorable sous les règnes de Louis XII et de François Ier ; les impressions d'un témoin oculaire animent et colorent partout les récits de Fleurange. *L'Advantureux* faillit rester sur le champ de bataille de Marignan ; il dut son salut à Bayard. Après la bataille, François Ier s'approchant de Fleurange : « Comment, mon ami, lui dit-il, on m'avoit dit » que tu étois mort ! — Sire, lui répondit l'Ad» vantureux, je ne suis pas mort, et ne mourrai » point tant que je vous aurai faict un bon ser» vice. » François Ier, qui venait d'être armé chevalier de la main de Bayard, proposa à Fleurange de le faire lui-même chevalier. « Je l'ai » aujourd'huy esté, lui dit le roi ; je vous prie » que le vueillez estre de ma main. » — « Laquelle chose, ajoute l'auteur, l'Advantureux accorda de bon cœur, et le remercia de l'honneur qu'il lui faisoit, comme la raison le vouloit. »

On verra dans les Mémoires que le père de Fleurange, croyant avoir à se plaindre du roi de France, avait passé au service de Charles-Quint, et que son fils, n'ayant pas voulu le suivre, avait été déshérité ; on verra aussi comment monsieur de Sedan, c'est ainsi que Fleurange appelle son père, revint au service de France ; il avait vainement demandé à l'Empereur qu'il lui fût fait justice pour une place dépendante de son duché de Bouillon, dont le seigneur d'Aymerie s'était emparé, et, dans son dépit, il avait quitté l'Empereur. Il s'éleva à cette occasion, entre l'Empereur et le père de Fleurange, des querelles qui devinrent le commencement des longues guerres de François Ier et de Charles-Quint.

Les Mémoires se terminant à l'année 1521, nous devons indiquer la dernière partie de la vie de Fleurange. Lorsque François Ier traita en Espagne pour sa délivrance, il n'oublia point son ami d'enfance enfermé dans le château de l'Ecluse. En 1526, Fleurange fut nommé capitaine des gardes et maréchal de France ; il reçut les villes de Château-Thierry et de Châtillon-sur-Marne en échange des sacrifices que lui avait imposés son dévoûment. Grâce à la bravoure de Fleurange, Péronne, en 1536, triompha du comte de Nassau, général de Charles-Quint. Le brave et loyal chevalier mourut peu de temps après à Longjumeau.

Les Mémoires de Fleurange, ces récits tout

français, empreints d'un naïf patriotisme, virent le jour en 1731, par les soins de l'abbé Lambert qui les avait reçus du comte de la Marck, et qui en fit le septième volume de son édition des Mémoires de Du Bellay. L'abbé Lambert nous dit qu'il a eu entre les mains quatre copies des Mémoires de Fleurange, et que c'est après les avoir exactement confrontées les unes avec les autres, qu'il s'en est tenu pour la fidélité à celle qui lui a été communiquée par le comte de la Marck. Il y a dans l'ouvrage de Fleurange beaucoup de candeur et beaucoup d'amour pour la vérité; il n'affirme que ce qui lui est parfaitement connu; quand il rapporte des faits dont l'exactitude ne lui est pas démontrée, il nous prévient, nous communique ses doutes ou s'abstient de parler. « Et de tous ces affaires me tais, dit-il, pour ce » que n'en sçais que par ouï dire. »

HISTOIRE
DES CHOSES MÉMORABLES
ADVENUES
DU REIGNE DE LOUIS XII
ET FRANÇOIS IER.

Du temps que le jeune Advantureux tenoit sa prison au chasteau de L'Escluse en Flandres, sous un gentilhomme nommé Charles de Saint-Paul, capitaine dudit chasteau, par et affin de passer son temps plus légèrement et n'estre oiseux, voulust mettre par escript, en manière d'abbrégé, les aventures qu'il a euës et veuës, et ce qui est advenu en son temps, depuis l'aage de huit à neuf ans, jusques en l'aage de trente-quatre ans, pour monstrer et donner à connoistre aux jeunes gens du temps advenir, pour en lisant y proufiter sans entrer en paresse, et pour avoir la connoissance de luy et qui il feust. Son père estoit messire Robert de La Marche, seigneur de Sedan et frère au cardinal de La Marche, qui tenoit le duché de Bouillon entre ses mains; laquelle lignée de La Marche, qui est venuë d'un ancien Romain (1), de père et de fils jusques à présent, lequel estoit prince de La Marche-d'Ancône, lequel feust banni de son pays, et de là s'en vint en Allemagne, où il fonda la comté de La Marche et la comté d'Aremberg, et plusieurs autres; et vint aussi ledit Advantureux, du costé sa mère, de dame Catherine de Croy, sœur à messire Charles de Croy, prince de Chimay.

Or, dit l'histoire que quand le jeune Advantureux feust en l'aage de huit à neuf ans à la maison de monsieur son père, à Sedan, qui pour lors estoit revenu d'une guerre qu'il avoit faite contre le duc de Lorraine, ce jeune homme Advantureux se voyant en aage de pouvoir monter sur un petit cheval, et, avec ce que desjà en son temps avoit leu quelques livres des chevaliers adventureux du temps passé, et aussi avoit ouï raconter des adventures qu'ils avoient euës et achevées, délibéra en soy d'aller veoir le monde, et aller à la cour du roy de France, Louis douzième, qui, pour lors, estoit le prince le plus renommé de la chrestienté; et fist tant, avec l'aide d'un gentilhomme françois, le vicomte d'Etoges, gentil chevalier et allié de sa maison, et d'un qui s'appelloit le capitaine Jennot, ou le bastart Gascon, lieutenant de cent hommes-d'armes de la compagnie de monsieur de Sedan, et principalement avec l'aide de madame sa mère, fist tant que ledict sieur de Sedan feust content qu'il allast en France devers ledict roi Louis douzième. Et print congé, ledict Advantureux, de ses père et mère : lesquels lui baillèrent un jeune gentilhomme nommé Fontaine, fils du prévost de Bouillon, pour estre son gouverneur et le conduire devers le Roi; un gentilhomme gascon, nommé Tourneville, appellé en France le chevalier des Ardennes, et un autre nommé François de La Jouste, seigneur de Ferrant, et le porteur d'enseigne de sa compagnie, nommé Vidost; et le menèrent passer à Pougy, vers madame de Braine, sa tante, et de là s'en alla vers le roi de France qui se tenoit à Blois.

(1) Ces fabuleuses prétentions aux origines romaines n'ont pas besoin d'être relevées.

CHAPITRE PREMIER.

Comment le Roy fit fort bon recueil au jeune Advantureux, et, ayant regard à sa grande jeunesse, l'envoya à monsieur d'Angoulesme, qui tenoit lieu de Dauphin et seconde personne de France, pour le servir et nourrir avecques luy.

[1501-1502.] Le jeune Adventureux arrivé à Blois, se partist de lui Tourneville, lequel alla dire au Roy la venuë de ce jeune homme, qui en feust très-aise, et le fist reposer et rafreschir jusques au lendemain ; et après le manda pour lui faire la révérence, laquelle il lui fist en disant : « Mon fils, vous soyés le très-bien venu ; vous estes trop jeune pour me servir, et pour ce je vous envoyerai devers monsieur d'Angoulesme à Amboise, qui est de vostre aage ; et je croy que vous y tiendrés un bon mesnage. » Sur quoi lui fist response ledict jeune Advantureux : « J'iray où il vous plaira me commander ; je suis assez vieil pour vous servir et pour aller à la guerre, si vous voulez. » A quoy respondit ledict sieur : « Mon ami, vous avez bon courage, mais j'aurois peur que les gembes ne vous faillissent en chemin ; mais je vous promets que vous irez ; et quand j'irai je vous manderai. » Et de là l'envoya ledict sieur vers la Reine et les dames, qui lui fisrent merveilleusement bonne chère, et le lendemain l'envoya le Roi vers monsieur d'Angoulesme, madame sa mère et madame d'Alençon, lesquelles lui fisrent bon recueil ; aussi fist monsieur le mareschal de Gié, qui estoit fort grand ami de la maison de La Marche, qui, pour l'heure d'adoncques, avoit tout le gouvernement de France.

◇◇◇

CHAPITRE II.

Comment le jeune Advantureux feust bien receu de Monsieur, qui estoit aagé de sept à huit ans, et de madame sa mère ; et ce chapitre parle aussi de leurs folies, passetemps et jeunesses au chasteau d'Amboise.

[1501-1502.] Le lendemain se partist le eune Adventureux de Blois, pour venir vers monsieur d'Angoulesme et Madame à Amboise, où se logea ledict Adventureux, entre les deux ponts, à l'enseigne de Sainte - Barbe, audict Amboise ; et le lendemain madicte Dame envoya force vins et présens audict jeune Advantureux. Et le disner passé, s'en alla vers monsieur d'Angoulesme et madame sa mère pour leur faire la révérence, lesquels lui firent merveilleusement bon recueil, et se trouvèrent ledict sieur d'Angoulesme et le jeune Advantureux presque d'un aage et d'une hauteur, lesquels eurent bientôt bonne cognoissance et bonne accointance ensemble ; et qui eust eu faulte de bon conseil, il l'eust bientôt trouvé entre ces deux personnages. Et bientôt après vint le roi Louis audict Amboise, où alla ledict sieur d'Angoulesme à l'encontre dans une litière, et le jeune Advantureux avecques ; et là, où se vint à veoir le Roi, qui estoit en basteau sur la rivière de Loire, qu'alloit en Bretaigne, y eust grant débat entre Monsieur et le jeune Advantureux pour sortir hors de la litière, à cause qu'il n'y avoit qu'un trou ; et le jeune Advantureux, qui n'estoit arrivé que de deux jours, cuidoit estre aussi grand maistre que mondict sieur. Et, après avoir le Roi faict grand chère à monsieur d'Angoulesme et au jeune Advantureux, passa tout outre sans s'y arrester, pour faire son voyage en Bretaigne, et mondict sieur et l'Advantureux demeurèrent à Amboise, faisant grand chère.

◇◇◇

CHAPITRE III.

Comment monsieur d'Angoulesme et le jeune Advantureux, et tout plain d'autres gentilshommes jouoient à la boule.

Comment monsieur d'Angoulesme et le jeune Adventureux jouoient à l'escaigne, qui est un jeu venu d'Italie, dequoi on n'use point ès pays de par deçà, et se joue avec une balle pleine de vent, qui est assez grosse ; et l'escaigne, qu'on tient dans la main, est faict le devant en manière d'une petite escabelle, dont les deux petits pieds sont pleins de plomb, afin qu'elle soit plus pesante et qu'elle donne plus grand coup.

Comment monsieur d'Angoulesme et le jeune Advantureux et tout plain de jeunes gentilshommes passoient le temps à tirer de l'arc, vous assurant que c'estoit l'un des plus gentils archiers et des plus forts que l'on a point veu de son temps.

Comment ledict sieur d'Angoulesme et le jeune Advantureux laschoient des pants de rets, et toute manière de harnois, pour prendre les cerfs et les bêtes sauvages.

Comment mondict sieur d'Angoulesme et le jeune Advantureux tiroient de la serpentine avec les petites flèches, après un blanc en une porte pour veoir qui tireroit le plus près.

Comment ledict sieur d'Angoulesme et Montmorenci jouoient à la grosse boule contre le jeune Advantureux et Brion, qui est un jeu d'Italie, non accoustumé par deçà; qui est aussi grosse qu'un tonneau, pleine de vent, et se joue avec un brasselet d'estain bien feultreux avec des corroyes de cuir, et s'étend depuis le coude jusques au bout du poing, avec une poignée d'estain qui se tient dedans la main. Et est un jeu fort plaisant à ceux qui s'en sçavent aider, duquel ledict seigneur jouoit merveilleusement bien plus qu'homme que j'ai veu de son temps; car il estoit grand et faict pour ce faire, car ce jeu demande grande addresse et grande puissance.

Comment mondict sieur d'Angoulesme et le jeune Advantureux faisoient de petits chasteaux ou bastillons, et assailloient l'un l'aultre, tellement qu'il y en avoit souvent de bien batus, frottés; et estoit en ce temps le jeune Advantureux l'homme de la plus grande jeunesse que jamais se visse.

Comment mondict sieur d'Angoulesme et le jeune Advantureux et autres jeunes gentilshommes faisoient des bastillons, et les assailloient tous armés pour les prendre et deffendre à coups d'espée; et entre autres y en eust un auprès du jeu de paulme, à Amboise, là où monsieur de Vendosme, qui estoit venu veoir monsieur d'Angoulesme, cuida estre affolé et tout plain autres.

Comment, après que mondict sieur d'Angoulesme et le jeune Advantureux, et autres jeunes gentilshommes, devinrent un peu plus grands, commencèrent eulx armer, et faire joustes et tournois de toutes les sortes qu'on se pouvoit adviser; et ne feust qu'à jouster au vent, à la selle dessaingléc ou à la nappe; et croy que jamais prince n'eust plus de passe-temps qu'avoit mondict sieur, et estre mieux endoctriné que madame sa mère l'a tousjours nourry.

<><><>

CHAPITRE IV.

Le beau tournois qui feust faict pour la venue du prince de Castille et du mariage qui feust faict du marquis de Montferrant avec la puisnée sœur de monsieur d'Alençon.

[DÉCEMBRE 1501.] En ce tournoy, qui feust faict en la grande cour du chasteau de Blois, devant le donjon dudict chasteau, estoit tenant monsieur de Laval, monsieur de Rochepot et Guycpot; et audict tournoy feust jousté les premiers jours au grand appareil, qui feust chose fort belle à veoir; et les autres jours hors lice, à l'espée et à la barrière, là où feurent faictes plusieurs belles appertisses d'armes; et avoit monsieur de Laval tenant un grand Maure, qui le menoit sur les rangs; et feust le marquis de Montferrant le premier des venans, qui estoit un prince bien honneste, jeune fils, lequel courut à la lance tous ces jours, et fist tant bien son devoir et à pied et à cheval, qu'est impossible plus, dont lui feust donné le prix de ceulx de dehors, et des venans pour les dames. Et fist le roy le mariage de monsieur le marquis de Montferrant à la plus jeune sœur de monsieur d'Alençon, et est sœur de la femme de monsieur de Dunois, qui feust duc de Longueville, laquelle a pour ce jourd'hui espousé le duc de Vendosme, qui estoit l'aisnée; et depuis, deux jours après, feust traité, entre le Roy et ledict prince de Castille, le mariage de Charles, fils aisné dudict prince et jeune archiduc d'Autriche, à madame Claude, seule fille du roy de France.

Comment messire Robert de La Marche, sieur de Sedan, vint avec cinq cent hommes d'armes et quelques gens de pieds, dont les noms des capitaines s'en suivent cy-après : et en feust ung, messire Gratien Gherre, espaignol, vieil chevalier et fort homme de bien, et gouverneur de Mouson, avec cinquante lances; et la compaignie de monsieur de Bourbon, de cent hommes-d'armes; et la bande de monsieur d'Orval, gouverneur de Champagne, dont estoit lieutenant monsieur de Rochefort.

J'avois oublié à mettre comment le fils du pape Alexandre vint en France en la plus grande pompe et richesse du monde, tant en mulets qu'en autres choses, car il avoit ses housseaux tout couverts de perles, et ses mulets tous accoustrés de velour cramoisy, en la plus grande richesse que jamais vint homme; et lui fist le Roi bon recueil et fort gros, de même que monsieur le légat d'Amboise, pour venir à ses fins. Et quand il feust venu vers le Roy, il fist le mariage d'une des filles d'Albret, sœur de la princesse de Chimay, et le fist duc de Valentinois; et de là s'en alla à Rome monsieur le légat avecques lui (1), là où trouvèrent le pape Alexandre mort. Et y estoit allé monsieur le légat avecques cinq cent hommes-d'armes; et, quand ils feurent arrivés, le duc de Valentinois lui demanda s'il vouloit estre pape, puisqu'il estoit là

---

(1) Le cardinal d'Amboise, alors légat *à latere* en France, n'alla point à Rome avec César Borgia. Alexandre VI, père de César Borgia, ne mourut qu'en 1503.

pour ceste cause, qu'il le seroit, et que s'il y vouloit aller par élection et par la voix du Saint-Esprit, qu'il ne le seroit jamais : à quoy monsieur le légat respondit qu'il aimeroit mieux ne le point estre que l'estre par force. Et en feust eslu un autre qui porta un grand dommaige à la chrestienté; car ledict légat ne vouloit que la paix ; et ainsi retourna en France sans rien faire. Et pour vous compter des nopces dudict duc de Valentinois, il demanda des pilules à l'apoticaire, pour festoyer sa dame, là où eust du gros abus, car, au lieu de luy donner ce qu'il demandoit, luy donna des pillules laxatives, tellement que toute la nuict il ne cessa d'aller au retraict, comment en fisrent les dames le rapport au matin. De ses vertus et vices, je n'en dirai autre chose, car on en a assez parlé, trop bien veux-je dire qu'à la guerre il estoit gentil compagnon et hardy homme.

◇◇◇

CHAPITRE V.

Comment en ce tems se fist le voyage de Garillan ; et, pour ce que le jeune Advantureux estoit encore jeune, le mets en abrégé.

[1501-1503.] En ce temps feust faict et entrepris un voyage à Garillan, au royaume de Naples, par le roy Louis douzième; et, pour ce que pour lors n'estois en estre, et que n'en sçay que par le records de plusieurs gens de bien, m'en passerai de brief, nonobstant qu'il y eust un gentil chevalier d'Ecosse, nommé monsieur d'Aubigny, qui y fist de merveilleusement belles choses, et feust le premier seigneur d'Aubigny, lequel feust un temps lieutenant-général du Roy. Après y feust monsieur d'Ars, qui tint Venouse contre toute la puissance du roy d'Espagne, dont estoit chef général Gonsal Fernand, qui estoit gentil capitaine et gentil chevalier. Et y feust faict par le seigneur de La Palice, qui lors estoit jeune homme et en sa fleur, beaucoup de belles choses, là où il feust blessé devant Venouse, du temps que les Espaignols la tenoient à un assault qu'il fist, tellement qu'on lui osta hors de la teste un os de quatre grands doigts de large; et feust d'un coup de hallebarde qu'un Espaignol lui donna ; et feust depuis prisonnier, luy et monsieur de Humbercourt et monsieur d'Orose, où ils feurent fort mal traités ; car ils estoient enfermés et mal pencés, tellement qu'ils s'en sont sentis toute leur vie; et ay bien souvenance que depuis ledict sieur La Palice n'a jamais aimé Espaignol. Et fisrent aussi plusieurs belles choses à La Gayette, là où feust levé le camp des Espaignols par un seul navire de France, qui se nommoit la Charente, là où feust fait un camp d'un nombre de François et d'un nombre d'Espagnols, lesquels par leurs finesses et sens les Espaignols gaignèrent. Le Roy feust adverty de la sorte dudict camp, lequel estoit fermé à l'entour de pierres jectées l'une deçà l'autre de là, et estoient vingt d'un costé et autant de l'autre ; et, quand ce vint à l'aborder, les François se misrent ensemble pour leur donner le chocq ; et, quand les Espaignols visrent ce, s'ouvrirent et boutèrent contre lesdictes pierres, et la plus grande partie des François passa outre : par quoy le demeurant feust contraint de combattre, car qui sortoit une fois dudict camp n'y pouvoit plus rentrer. Si ne veux-je oublier à vous ramentevoir la journée de la Cérignole, que les Espaignols gaignèrent par la mauvaise conduite des François, qui estoient trop peu forts que les Espaignols, à leur volonté, sans combattre. Ce gentil Chevalier, monsieur d'Aubigny (1), qui avoit tant bien servi le Roy, luy envoya un lieutenant-général par dessus luy, qui se nommoit monsieur de Nemours, là où la picque se mist ; et quant se vint à donner la bataille, l'un disoit qu'il n'en vouloit manger, et l'autre disoit que si ; et les Suisses vouloient combattre, et allèrent à un soleil couchant donner la bataille aux Espaignols en leur fort, où mourut cinq mille Suisses pour un coup ; et feurent les François ouverts, défaits, et y mourut monsieur de Nemours, monsieur de Chandé, et tout plain de gens de bien ; et de là en avant revinrent les François, l'un devant, l'autre derrière, en très-mauvais ordre ; et y mourut aussi le sieur de Montpensier, dont est venu monsieur de Bourbon qui est aujourd'hui. Et de tous ces affaires me tais, pour ce que n'en sçais que par ouï dire.

Vénerie.

Le Roy a une vénerie qui s'appelle la vénerie des toiles, là où sont cent archers, sous le capitaine des toiles, à cent sols le mois, qui ne servent que de dresser les toiles, et portent grand vouges (2) à pied ; et sont tenus lesdicts archers, quand le Roi va à la guerre en personne, aller avecques luy pour tendre ses tentes ; et sont compris du nombre des gardes, quand le Roy est en camp, et a cinquante chariots, six chevaulx à chacun chariot, qui ne

---

(1) D'Aubigny n'assista point à la bataille de Cérignole : il venait d'être vaincu à celle de Seminara.
(2) Épieux de chasseur.

servent que de mener les toiles par tout où le Roy va, et les planches pour les tentes. Ce capitaine a aussi six valets de limiers et douze veneurs à cheval et son lieutenant. Est pour l'heure présente capitaine desdictes toiles un gentilhomme de Normandie, qui s'appelle monsieur d'Annebaut, et a cinquante chiens courans et six valets de chiens pour les pencer; et ont pareil traictement aux autres cy-devant, excepté que ladicte chasse de toile ne monte chacun an qu'à dix-huit mille francs. Et pourtant ay bien voulu donner à entendre que c'est de la vénerie de France, pour ce que peu de gens l'entendent.

Cy devise de l'estat de la faulconerie du roy de France.

Premièrement la faulconerie du Roy est une chose ordinaire, et a le grand faulconnier qui est un fort bel office en France; et c'est pour l'heure présente un honneste gentilhomme, et de bonne maison, qui s'appelle René de Cossé, premier pannetier de France. Ledit grand faulconnier a d'estat quatre mille florins, et a cinquante gentilshommes sous luy, qui ont bon estat et cinquante faulconniers aydes; et ont lesdicts gentilshommes cinq ou six cent francs d'estat, et les aydes deux cent; et départ ledict grand faulconier tous ces estats, et a bien trois cent oyseaux sous luy; et peut ledict grand faulconier aller voler par tout le royaume de France, où bon luy semble, sans que personne luy puisse donner empeschement; et tous les marchands d'oyseaulx lui doivent tribut, et n'oseroient vendre un oyseau en ville du royaume de France ny à la Cour, sans le consentement dudit grand faulconier, sur peine de confiscation de toute leur marchandise; et a, ledict grand faulconnier, plusieurs beaux droits, et fault que le Roy luy accepte tous les oyseaulx; et a un contreroleur et un trésorier, et gens ordonnés par les payemens, aussy bien que pour la vénerie ou autre estat du royaume de France; et sont tousjours ordinaires suivant le Roy partout où il va, aussi bien que les véneries, osté que, quand ce vient à l'esté, ils vont mettre leurs oyseaux en muë; mais tousjours il en demeure quelques-uns pour voler les perdreaux avec les vautours, les léneréts et les tiercelets. Et a une autre façon de faire merveilleusement belle la vénerie et la faulconerie; car, quand se vient à la Sainte-Croix de may, qu'il est tems de mettre les oyseaux en muë, les veneurs viennent tous habillés de vert avec leurs trompes, et les faulconniers hors de la cour, pour ce qu'il fault qu'ils mettent leurs oyseaux en muë: et le temps des veneurs approche pour courir les cerfs à force, et, quand ce vient la Sainte-Croix de septembre, le grand faulconnier vient à la cour, pour ce qu'il est temps de mettre les chiens aux chenits, et chasse tous les veneurs hors de la cour, car les cerfs ne valent plus rien. Mais le Roy qui est à présent faict tout autrement, car il chasse hyver et esté, et prend beaucoup plus plaisir à la vénerie qu'il ne faict à la faulconerie; et peut monter la despense de la faulconerie à trente-six mille francs, sans l'estat dudict grand faulconier.

Cy devise de l'estat des gardes du roy de France.

Pour ce que peu de gens sçavent l'estat des gardes, et des quatre estats que je vous compte icy, qui sont la vénerie, la faulconerie, les gardes et l'artillerie du roy de France: premièrement il a pour sa garde deux cent gentilshommes de sa maison, gens expérimentés et hommes qui ont bien servy ès bandes, porteurs-d'enseignes, guidons et vaillans hommes, qui ont tenu place pour mettre autour de la personne du Roy; et ont lesdicts gentilshommes, cent pour cent, un chef et un capitaine, dont est pour l'heure présente le grand-sénéchal de Normandie, et l'autre le vidame de Chartres, qui sont deux grands gentilshommes bien fondés de rentes. Et baille-on tousjours lesdictes charges à gens de grosse maison; et ont d'estat lesdits capitaines chascun deux mille frans, et les gentilshommes sous eux vingt escus le mois; et portent haches autour de la personne du Roy, et font garde et guet la nuit, quand le Roy est au camp, mais en tout temps ils le font de jour; et vous asseure, quand lesdictes bandes sont en armes, que c'est une merveillesement forte bande, car il y a ès deux bandes quatorze ou quinze cent chevaulx combattans, et la pluspart tous gens expérimentés. Après cette garde, vous avez les plus prochains de la personne du Roy, vingt-cinq archers escossois, qui s'appellent les archers du corps, et ont un sayon blanc à une couronne au milieu de la pièce devant l'estomac, et sont lesdicts sayons tous couverts d'orfévrerie, depuis le hault jusques en bas; et sont lesdicts archers sous la charge du sieur d'Aubigny, et couchent les plus près de la chambre du Roy. Ledict sieur d'Aubigny est capitaine de tous les Ecossois, qui sont, sans ces vingt-cinq, et encores cent hommes-d'armes, qui ne sont point compris ès gardes; lesdicts Ecossois, incontinent qu'il est nuict, et que le capitaine de la porte avec ses archers s'en est allé, va quérir les clefs le capitaine des cent Ecossois, non pas des vingt-cinq, et ont en garde la porte. Après les Ecossois, vous avez quatre cent archers françois, qui portent les sayons d'orfévrerie, et de mesmes gaiges que les Ecossois, et les hoquetons des couleurs du Roy, tous couverts d'orfévrerie, tous aux devises du Roy; et sont chefs desdicts quatre cent archers, le capitaine Gabriel (1) pour cent, monsieur de Savigny cent autres, monsieur Brussol (2) cent autres, et monsieur *** l'autre cent. Après vous avez les cent Suisses, dont est chef l'Advantureux: et ceux-là vont devant, quand le Roy va par la ville, et ceulx du corps et les gentilshommes autour de luy; et ont lesdicts Suisses douze francs le mois, deux habillemens l'année, des couleurs du Roy, et plumes. Et outre cela, a encore le Roy des gardes à la porte, dont le capitaine a douze cent francs d'estat, et trente-six archers pour garder la porte, et hoquetons d'orfévrerie comme les autres. Après vous avez trente-six archers du prévost de l'hostel, qui est garde, et ne bougent tousjours de la Cour, qui est l'office du prévost d'hostel; et portent javelines, et ont des hoquetons des couleurs du Roy, à quelque peu d'orfévrerie, et portent dedans leurs hoquetons une espée en signe de justice. Après vous avez les soixante archers des toiles, qui ne servent qu'à tendre des toiles, et portent rouges, et ne font point de guet quand le Roy est en paix, sinon quand le Roy est en camp: ils servent à tendre ses tentes, et font le guet comme les autres autour desdictes tentes, et vont à pied; et ont sept francs et demi le mois. Pour dire l'ordonnance des gardes, et comment ils font le guet: de chaque bande de cent, tant d'archers que Suisses, ils sont quinze toutes les nuits, et vont asseoir le guet chacun à part; et ont en chacune bande leur clerc de guet, et le vont asseurer au milieu de la place où est logé le Roy, ou devant la porte; et baille-on une torche à chacun clerc du guet, et pain et vin pour boire les compagnons; et cela faict, s'en vont coucher devant la salle ou chambre du Roy, sur une paillasse; et a gens ordonnés à porter lesdictes paillasses de lieu à aultre, lesquelles sont de toiles pleines de feures: et font le guet ainsy jour et nuict, nombre par nombre, qui peut bien monter cent. Et vaut l'estat des capitaines deux mille francs; et ont autant l'un comme l'autre, et n'oseroient mettre un archer dedans les gardes sans le commandement du Roy, mais bien les casser quand ils font mal; mais les Suisses,

dont l'Advantureux est le chef, il les peut casser et remettre quand il veut: aussi fait-on des Ecossois, pour ce que ce sont nations étrangères.

L'estat de l'artillerie du Roy.

Pour vous bien monstrer l'estat de l'artillerie du Roy, c'est un très-bel estat en France, tant pour le maistre de l'artillerie, que pour ceulx qui y servent, car c'est un estat ordinaire à tousjours, et quand il est guerre l'extraordinaire, est une merveilleuse despense, comme cy-après vous sera plus à plain déclaré. Et veulx bien donner cette louange au Roy, qu'il n'y a prince au monde qui cela manie comme lui; car il n'y a prince qui tienne la despense ordinaire comme luy. Premièrement le maistre d'artillerie a six mille francs d'estat, en chasque partie du pays; il a commissaires, comme lieutenans, qui sont bien au nombre de cinquante, et chascun desdicts commissaires, sans ses pratiques, a huit cent francs d'estat, et, quand l'armée marche, lesdicts commissaires ont aultres commis sous eulx où ils ont regard.

CHAPITRE VI.

Comment le roy de France, Louis douzième de ce nom, fist son armée pour aller en Italie, et mena la Royne jusques à Lyon, où laissa monsieur d'Angoulesme avecques elle; et comment messire Robert de La Marche, seigneur de Sedan, alla au secours du Palatin.

[AVRIL 1507.] Le roy Louis se partist de Blois, accompaigné de la royne Anne, duchesse de Bretaigne, sa première femme, et de monsieur d'Angoulesme, jusques à Lyon sur le Rhosne; et avoit entendu, avant son partement de Blois, la révolte que ceux de Gênes avoient faite contre lui: si délibéra de renforcer son armée, et de passer par-là, en prenant son chemin vers sa duché de Milan, que pour l'heure tenoit bien paisible et obéye, de laquelle duché estoit son lieutenant-général, monsieur de Chaumont d'Amboise, grand-maistre de France, auquel ledict sieur Roy bailla la principale charge de son armée, dont ne pense en ma vie avoir veu homme plus digne et propice à mener un gros affaire, tant à la guerre qu'en aultre chose, là où son maistre le voulloit employer ou ses amis.

(1) De La Chastres. (2) Lisez Crussol.

Or l'armée du Roy preste à marcher, qui estoit grosse de cinquante mille hommes, et des plus belles que j'aye point veuë, le Roy dit adieu à la Royne et à monsieur d'Angoulesme, qu'il laissa à Lyon, et aultres jeunes princes, lesquels ne voulloit point avoir avecques luy; toutefois, malgré qu'il en eust, le conduirent, la Royne et les jeunes princes jusques à Grenoble, là où le Roy se partist pour soy mettre en son voyage. Et estoient les chefs de son armée avecques luy : monsieur le grand-maistre Chaumont d'Amboise, conducteur de son armée; monsieur de Bourbon, chef des pensionnaires; monsieur de La Marche, seigneur de Montbason, cousin du jeune Advantureux, capitaine des Suisses, qui estoient en nombre dix mille; et son lieutenant estoit monsieur de Téligny, sénéchal de Rouergue, que ledict seigneur Roy avoit nourry, fort homme de bien et gentil capitaine; après avoit monsieur le grand-sénéchal de Normandie, chef de cent gentilshommes de la maison de monsieur de Ravel, neveu de monsieur le légat d'Amboise, et frère de monsieur le grand-maitre Chaumont, chef des autres cent gentilshommes de la maison dudit sieur Roy; après le capitaine Robinet de Frameselle, monsieur de La Trimouille, monsieur d'Orval, monsieur de Dunois, monseigneur d'Aubigny, monsieur de La Palice, monsieur de Humbercourt Montoison, le seigneur Jean-Jacques, le comte de Gabre, le seigneur Théode, monsieur de Vendosme, monsieur de Nemours, quant et quant la personne du Roy; et estoit lieutenant dudict seigneur de Nemours le capitaine baron de Biart, gentil compaignon, le capitaine Fonteraille, Chastillon et autres dont ne sçais les noms, tous capitaines de cent quarante ou cinquante hommes-d'armes, tant François qu'Italiens. Les capitaines piétons sont : le seigneur de La Marche, capitaine de dix mille Suisses; *item* dix autres mille Gascons, que menoit le cadet de Duras, tous gens de traict, et le baron de Grammont, qui estoit leur chef général; le comte de Roussillon menoit deux mille piétons françois, monsieur de Bayart deux mille; monsieur de Vendenesse, frère de monsieur de La Palice, deux mille; monsieur de Milaut deux mille, monsieur de La Crotte deux mille, monsieur Imbaut deux mille, monsieur de Fonterailles deux mille et deux ou trois mille piétons italiens, et le seigneur Mercure, capitaine grec, avecques deux mille Albanois. Et avoit ledict seigneur Roy, sans tout ce que dessus est dit, huit cent chevaux de ses gardes, sans son artillerie, dont ci-après sera fait mention.

Premièrement, à son artillerie, le premier maistre avoit nom monsieur d'Espic, gentil compaignon et bien sçachant le mestier de la guerre, et avecques luy avoit sept vingt canoniers, tant ordinaires qu'extraordinaires, soixante grosses pièces d'artillerie, dont il y avoit vingt canons renforcés et douze doubles, et cinq cent arquebuttes à crochet, bien attelés de chevaulx ; de poudres et boulets, pour demi-an, et pour accompagner tout cela, deux mille cinq cent pioniers françois, les meilleurs qui feussent en toute la Bretaigne.

Et puisque je vous ai nommé les gens de guerre, faut venir aux gens d'Eglise, dont estoit le chef monsieur le cardinal d'Amboise, légat de France, monsieur de Liége, qui est pour le présent cardinal de La Marche, et bien trente qu'archevesques qu'évesques et gros prélats du royaume de France. Et veulx bien dire que monsieur le cardinal de La Marche, qui pour l'heure n'estoit qu'évesque de Liége, quant ce vint à la bataille, ne fist pas comme les aultres, car il feust tousjours armé auprès de la personne du Roy, là où il fist très-bon devoir. Et puis donc qu'avons entrepris à parler des prestres, je veux bien que sçachiez qu'ils feurent cause de l'entreprise dudict voyage, dont bien en print au Roy, comme vous diray cy-après.

Et debvez sçavoir que ledit sieur cardinal d'Amboise et légat de France avoit fort grand désir et volonté d'estre pape; et, pour vous en dire le vray, je vous asseure qu'il estoit l'homme du monde plus propice et idoine de parvenir à telle dignité que jamais je visse, tant en sens, bonne conscience qu'en sa bonne manière de vivre; et, voyant la grand faveur et crédit qu'il avoit vers son maistre, de tant plus s'efforçoit-il d'y parvenir; car il gouvernoit du tout le royaume de France, pour lors, et l'a gouverné jusques à sa mort, du temps passé. Ils estoient deux qui ainsi gouvernoient, dont le mareschal de Gié, qui estoit de la maison de Rohan en Bretaigne, en estoit un, mais ledict légat fist tant, avec l'ayde de la Royne et de madame d'Angoulesme, que ledict mareschal de Gié feust chassé et banny de la cour du Roy, et privé de son authorité; et d'icelle se partist et se retira en une maison, laquelle se nommoit le Verger, l'une des plus belles du royaume de France, et y est demeuré jusques à sa mort, et, pourtant que le premier nom dudict légat feust monsieur de Rohan, ceux de la basoche à Paris disrent, en jouant, que le mareschal avoit voulu ferrer Rohan, mais Rohan lui avoit donné si grand coup de pied, qu'il l'avoit jetté en son verger; et mit-on dessus audit de Gié, qu'il vouloit espouser madame d'Angoulesme, et tout plain d'autres choses : si elles n'estoient vrayes, si les fist-on accroire.

Et, pour retourner à nostre propos, pouvés entendre que ledict légat, pour parvenir à son affaire, voulust avoir l'amitié de l'Empereur, et son ayde et faveur; et les cuida tous deux, l'Empereur et le Roy, mener en Italie, afin de mieux parvenir à ses fins. Et le Roy avoit escrit lettres à messire Robert de La Marche, seigneur de Sedan, et envoyé par un gentilhomme de sa maison, lui priant, sur tous les services qu'il lui pourroit faire, qu'il allast en toute diligence secourir et ayder au comte Palatin, lequel estoit allié et fort grand amy du Roy et de la maison de La Marche, contre l'empereur Maximilian qui luy faisoit la guerre (1). Et après que ledict sieur eust leu les lettres que le roy luy avoit envoyées, le gentilhomme qui les avoit portées les cuida ravoir, mais ledict sieur de Sedan, comme fin et rusé qu'il estoit, ne les lui voullust pas rendre, ains, en suivant ce que le Roy lui mandoit, incontinent se partist pour aller à l'aide et secours du dessusdict comte Palatin, auquel il fist grand confort, car sans luy il perdoit tout son pays, où feust fait de belles choses, spécialement à une escarmouche qui fust faicte devant Heidelberg, là où, si ledict sire Robert n'eust esté veu, et le mareschal du comte Palatin ne s'en feust point meslé, y eussent faict ce jour-là quelque bonne chose, de quoy l'Empereur, qui faisoit telle guerre au comte, ne se contenta pas bien de la venuë dudict sieur de Sedan, veu les parolles que le Roy luy donnoit à entendre par ses ambassadeurs. Et incontinent le manda audict Roy et à monsieur le légat, lesquels envoyèrent lettres à monsieur de Sedan, luy mandant qu'il avoit très-mal faict d'aller contre l'Empereur, qui estoit son amy et son allié, et pour ceste cause le Roy le deffioit au feu et au sang jusques au douzième de sa lignée, et qu'il cassoit tous les gendarmes qui estoient avecques luy.

Quand ledict sieur de Sedan ouit ce, bien esbahi de ces nouvelles, se retira, et laissa le capitaine Jennot le bastard, avec cinquante hommes-d'armes de sa compagnie, avec le susdict comte Palatin, et se vint mettre dans sa maison de Sedan, de doute qu'on ne luy fist quelque finesse ou quelque mal à ses maisons et pays. Et quand il feust de retour escrivit une lettre au Roy, laquelle il envoya par un gentilhomme de sa maison, nommé Brisson, qui depuis a esté tousjours porteur d'enseigne de sa compagnie, fort homme de bien et gentil compagnon, lequel aymoit très-mieux le vin que l'eauë, et l'envoya devers le Roy, qui estoit à Blois, pour luy donner à entendre que ce qu'il avoit faict estoit par son ordonnance et commandement, et qu'il trouvoit fort estranges les lettres qu'il luy avoit escrites, veu qu'il luy avoit commandé expressément de ne point faillir d'y aller ; et, puisque son plaisir estoit de luy faire telles lettres, qu'il estoit contraint et pressé de chercher autre party, ce qu'il ne vouloit faire sans l'en premier advertir, et sçavoir comment il l'entendoit, et s'il estoit ainsi qu'il luy avoit escrit; et aussy qu'il prenoit un bon et grácieux congé de luy, s'il estoit ainsy que le Roy luy avoit mandé, dont fort luy desplairoit. Ce gentilhomme Brisson trouva le Roy à table au disner, là où il luy fist sa harangue, et dit la charge qu'il avoit de son maistre, et beaucoup plus qu'il ne luy avoit commandé, auquel le Roy demanda si son maistre l'advouoit de ce qu'il luy avoit dit : et il respondit qu'ouy sur sa teste, et de ce qu'il luy diroit. A donc luy dit le Roy pour response : « Vous estes homme de
» bien, je vous connois bien ; donnés-luy à
» boire de mon bon vin clairet, et après disner
» je vous ferai response. » Laquelle feust telle,

---

(1) Cette guerre commença en 1503, à l'occasion de la mort de Georges, duc de la basse Bavière. Ce prince avait marié sa fille Elisabeth à Robert, second fils de Philippe, électeur Palatin : il laissa, par son testament, tous ses états à son gendre, au préjudice d'Albert de Bavière, surnommé le Sage, qui était le plus proche héritier dans la ligne masculine. Albert s'opposa à l'exécution du testament que Robert vouloit faire valoir, et l'on prit les armes de part et d'autre, en juin 1504. Robert mourut au mois de septembre de la même année, laissa ses prétentions à ses fils mineurs. Leur grand-père Philippe, électeur Palatin, voulant les soutenir, fut mis au ban de l'Empire par l'empereur Maximilien Ier, qui en même temps entra dans le Palatinat où il fit des conquêtes. Philippe, se trouvant hors d'état de résister, fut obligé de demander la paix, qui lui fut accordée par traité passé à Cologne, en juillet 1505. Par ce traité, il fut stipulé « que le pays de Neubourg seroit détaché de la succession du duc Georges, pour estre donné en apanage aux enfans de Robert, et qu'au surplus chacun demeureroit en possession de ce qu'il avoit été conquis pendant la guerre. » Cette dernière clause fit perdre à l'électeur Palatin une partie de ses Etats, Maximilien s'étant emparé de plusieurs fiefs, et d'autre part Ulric de Wirtemberg, Alexandre, comte de Veldents, et Guillaume, landgrave de Hesse, s'étant aussi saisis de quantité de villes et châteaux appartenans à l'électeur Palatin. Au reste, le maréchal de Fleurange n'a point observé l'ordre des temps, puisqu'il rapporte ici un événement arrivé en 1504; car c'est à cette époque qu'il faut rapporter le voyage du seigneur de Sedan dans le Palatinat, et les plaintes faites par l'Empereur, avec lequel Louis XII négociait une ligue contre les Vénitiens.

(*Note de l'abbé Lambert.*)

qu'il dit à son cousin, le sieur de Sedan, que ce qu'il avoit fait n'estoit pas pour le mal qu'il luy voulsist, mais affin de le faire retourner pour mieux contenter l'Empereur. « Et pour luy » donner à cognoistre qu'il est ainsy, je luy » double son estat, dit le Roy, tant de gen- » darmerie que de pension. » Et fist despêcher ledict gentilhomme, auquel il donna présens. Et ainsy s'en retourna vers son maistre, luy faire son message, lequel feust très-bien content de ce que le Roy luy avoit mandé. Après ce, le Roy envoya lettres à l'Empereur comment il avoit fait retourner ledict seigneur de Sedan arrière du comte Palatin, dequoy l'Empereur feust merveilleusement joyeux. Et alors entreprindrent, ledict Empereur et le Roy, le voyage d'Italie, bons amis et alliés ensemble, confédérés contre les Vénitiens. Or retournons au Roy et à son armée qui marche vers Gennes, là où il eust nouvelle par son hérault Montjoye, lequel avoit employé sommer ladicte ville, affin d'eux rendre à luy comme leur souverain seigneur, auquel ils respondirent qu'ils n'entendoient avoir duc ny supérieur autre qu'eux-mesmes. « A donc, jura le Roy, le diable m'em- « porte si je ne leur fais entendre raison. » Et alors fist marcher son armée, et mena l'avant-garde le seigneur Chaumont d'Amboise; monsieur de Montbason les Suisses; monsieur de La Palice, Humbercourt, Le Gruier et Montoison, avecques autre nombre de gens de pied, entre lesquels messieurs de Saint-Milaut et Molart, capitaines de piétons françois, et messieurs de Bayard et Vandenesse, capitaines de chacun deux mille, et le cadet de Duras avecques cinq mille Gascons; et menoit sa bataille avecques luy monsieur de Bourbon, monsieur de La Trimouille, monsieur de Vendosme, monsieur de Nemours et autres gentilshommes, tant françois que italiens, avecques les pensionnaires et ses gardes; et menoit son arière-garde monsieur de Dunois. L'avant-garde marcha tout d'une tire et diligence, tant qu'elle vint jusques au pied de la montagne: et les Gènevois avoient faict un bastillon en haut, là où avoit quarante mille hommes bien fournis d'artillerie, qui estoit en fort lieu, et grandement à leur advantage, et bien pour deffendre le passage des François, et estoit ledict bastillon un fort imprenable, et de passer par-là beaucoup de gens ne le trouvoient pas bon. Toutesfois monsieur de Milaut, qui estoit homme plus hardy que sage, monsieur de La Crotte, commencèrent à escarmoucher avec les adventuriers, se commencèrent à monter la montagne, et l'escarmouche feust rude et forte, tellement

que tout le demeurant de l'armée, tant François que Suisses, y vint, à cause que les François avoient du pire; et là feust grosse et longue escarmouche, et se meslèrent de telle sorte, que le François et Gènevois, par ensemble, entrèrent dedans ledit bastillon, lequel les François gaignèrent d'assaut. Et y eust de seize à dix-huit mille Gènevois tués; et estoit à regarder et merveilleux la fortification et deffense dudict bastillon. Et après ce, l'avant-garde des gens de pied françois se logèrent dessus la montaigne et dedans ledict bastillon, et là fisrent bon guet toute la nuict, avec l'artillerie et munitions qu'ils trouvèrent dedans.

◇◇◇

CHAPITRE VII.

Comment la bataille se fist des François contre les Vénitiens, près de Rivolle, par un lundy matin, laquelle les François gaignèrent à un lieu qui s'appelle Aignadel, là où furent tués plus de trente-huit mille Vénitiens; et de ce qui y feust faict.

[14 MAI 1509.] Le lendemain que je vous dis, le Roy voullust desloger : aussy fisrent les Vénitiens, et s'en vinrent loger en un petit village de trois maisons, qui s'appelle Aignadel; et y estoit le maréchal-des-logis des Vénitiens, avant ou aussitost que le mareschal du Roy, entre lesquels y eust gros combat et grande escarmouche. Le chef des Vénitiens estoit le seigneur Berthélemy d'Alvienne, petit homme, sec et alaigre, lequel estoit homme sage et avoit faict beaucoup de belles choses; et estoit avecques luy un des Ursins qui s'appelloit le comte Pétilien, un gros seigneur de Venise, avecques force providateurs, qui sont officiers qui servent d'avoir argent pour payer gens-d'armes, et faire venir les vivres, tellement que les chefs n'en ont nulle charge, sinon de commander; c'est un bon office en la seigneurie de Venise, que je trouve fort bon. Monsieur le grand-maistre qui menoit l'avant-garde des François feust adverti par le mareschal de leur logis, lequel en advertit le Roy qu'il fist marcher son armée tout droit à eulx. Et estoit monsieur de La Palice, que j'ay devant dict en l'avant-garde avec monsieur le grand-maistre, monsieur d'Humbercourt et tout plain de gens de bien; et à donc manda monsieur le grand-maistre au Roy : « Sire, il vous fault aujourd'hui combat-" tre. » Et estoient les Suisses fort délibérés, aussy estoient les Gascons, que menoit le cadet de Duras, à leurs aysles, tous gens de traict.

Et feust tout ce jour le Roy fort joyeux et de bon visage, allant toujours durant la bataille de bande en bande et de quartier en quartier, donnant bon courage à ses gens, en leur disant tout plain de belle parolles; et ainsi marchèrent les uns après les autres. Et croyés que les Vénitiens commencèrent d'une bonne sorte; mais incontinent que les Suisses et les gens de pied françois les eurent apperçus, se vinrent affronter contre eulx, laquelle chose ne dura guerre; et n'y eust comme rien de combat. Et furent tués des Vénitiens en un monceau quinze mille hommes, et estoit ledict monceau de deux picques de hault; et y en eust qui combattirent, mais ils furent tous estouffés en un mont.

Et fist alors la gendarmerie françoise fort bien son debvoir, et se maintint triomphant, tellement qu'après le gros meurdre et gros combat, feurent les Vénitiens tous deffaits; et y feust pris Berthélemi d'Alvienne, chef des Vénitiens, et tout plain d'autres personnages; et le comte de Pétiliane s'enfuit avec la plus grande partie de leur gendarmerie. Et fisrent aussi les pensionnaires, que menoit monsieur de Bourbon, merveilleusement bien leur devoir, et aussi fist la bataille où le Roy estoit; et ne l'abandonna jamais monsieur de Liége, qui feust toujours auprès de luy; aussi feust un capitaine de la porte, nommé Estanchon. L'artillerie des Vénitiens ne fist guerre de mal aux François, mais trop bien celle des François à eulx : et en avoient lesdicts Vénitiens soixante grosses pièces, entre lesquelles y en avoit une manière plus longue que longues couleuvrines, lesquelles se nomment basilics, et tirent boulets de canon; et avoit dessus toutes un lion, où avoit escrit, à l'entour dudict lion, *Marco*. Cela faict, Berthélemi d'Alvienne, qui estoit un peu blessé au visage, feust amené devant le Roy; et, quand il feust arrivé, le Roy lui dit qu'il eust bonne patience, et qu'il auroit bonne prison : sur quoy il respondit qu'aussi auroit-il; et que s'il eust gaigné la bataille, c'estoit le plus victorieux homme du monde, et nonobstant qu'il l'eust perdue, si avoit-il de l'honneur, quand il avoit eu en bataille un Roy de France en personne contre luy; toutesfois eust-il mieux aimé la victoire et en eust été assez plus joyeux. Et ce faict, le Roy les envoya à Loches, et plusieurs autres prisonniers qui avoient esté prins à la bataille, à laquelle mourut, de compte faict, trente-huit mille hommes, grande quantité de prisonniers.

CHAPITRE VIII.

Comment, après la bataille, le Roy print son chemin vers Pesquière, laquelle il vint assiéger.

Le Roy, après avoir gaigné la bataille, fist enterrer les morts à Aignadel, là où il fist fonder une belle chapelle de Nostre-Dame-de-Grâce, à tous les jours messe, à l'intention des trépassés, et en mémoire de sa noble victoire. De là le Roy et toute son armée, tira vers Pesquière, qui est une place et ville assez forte, assise sur un lac, et au meilleur pays du monde, et aussi fructueuse à l'entour que jamais je vis, place à sept milles de Véronne, qui sont trois lieues et demie françoises; et en cedict lac se prend une manière de poissons qui s'appelle *scarpion*, qui est si bon que rien plus, et tout plain d'autres bons poissons; et au sortir de ladicte ville, subit après, vous entrés en la plaine de Véronne. Or laissons tout cela et retournons au faict de la guerre.

Quand les Vénitiens visrent qu'ils avoient tout perdu, et leur armée défaicte, et toute leur réputation mise à néant, qu'ils estimoient autant que le demeurant, et appercevoient qu'ils avoient tort d'eux prendre au Roy, dont feust en partie cause de toute leur perte, un de leurs ambassadeurs qui estoit à Blois vers le Roy, un gros homme tondu, à tout les plus grandes oreilles que je visse oncques, lequel dict au Roy, que s'il se prenoit aux Vénitiens, qu'il verroit bien comment il luy en prendroit, et qu'on verroit lequel gaigneroit le sens ou la force; qui donne à entendre qu'il appliquoit à eulx le sens, et au Roy la force; laquelle chose donna grand dépit au Roy. Toutesfois les Vénitiens mirent ordre à leur chasteau de Pesquière, pour recevoir le Roi, qui y venoit avecques son armée; et y envoyèrent bien huit cent lansquenets et quinze cent des leurs, pour le deffendre. Et à l'arrivée du Roi y eust grosses escarmouches; et après ce quant et quant vint l'artillerie, et d'un beau matin vint mettre son siège devant ladicte ville. Eulx, quant ils virent ce, incontinent abandonnèrent ladicte ville, et se retirèrent au chasteau; et, quant le Roi vit ce, fist amener son artillerie dedans la ville, pour mieux bastre le chasteau auquel, au bout de six heures, feust faict la bresche assez meschante, bien encore deux piques de hault, en laquelle les advanturiers françois entrèrent, et misrent en pièces tous ceulx qui estoient dedans, et n'en resta ame que le capitaine, le providateur et le potestat, lesquels se boutèrent dedans une tour, lesquels se rendirent au bon plaisir du Roi. Et le cardinal de La Marche, qui n'estoit pour lors que monsieur de Liége, monta en hault et sauva le chasteau, que les adventuriers brusloient et d'autres meurdres qu'eussent encores faict sans lui; fist ce jour-là grand proffit au Roi. Et après tout cela faict, les prisonniers feurent amenés devant le Roi, lesquels présentèrent pour rançon cent mille ducats; mais le Roi jura: « Si je bois ni mange jamais, qu'ils soient pendus et estranglés. » Ne jamais pour prière qu'ils feussent faire, monsieur le grand-maistre Chaumont et autres ne sceurent mettre remède que le Roi ne les fist pendre à la mesme heure.

CHAPITRE IX.

Comment les autres villes de la seigneurie de Venise, après sçavoir la prise de la ville et chasteau de Pesquière, et l'exécution qu'on y avoit faicte, se gouvernèrent.

[Juin 1509.] Après les nouvelles sceues à Venise et en leurs autres villes, et de la perte de la bataille, prise et exécution de la ville et chasteau de Pesquière, quarante jours après, tous les habitans desdictes villes, tant hommes que femmes, se vestirent de noir en signe de deuil, et, pour vous donner le tout à entendre, il n'y eust ville en plaine terre appartenant à eulx deçà l'armée, qu'elle ne se vînt rendre au Roy, tant celles qui appartenoient à l'Empereur qu'à luy, dont les noms s'ensuivent ci-après de la plus grande partie qui est pour le Roy: Crême, Crémone, Bresse, Trévise, Rivolte et Pesquière; à l'Empereur appartenoit Véronne, Vicence, Padoue et tout le pays de Frioul.

CHAPITRE X.

Comment, quand l'empereur Maximilian sceut les nouvelles, envoya vers le Roy, pour eulx veoir ensemble à lui prier qu'il lui voulsist rendre ce qui lui appartenoit.

[Juin, juillet 1509.] L'empereur Maximilian, ayant entendu les nouvelles de la victoire que le Roy avoit euë contre ses ennemis, tant de la bataille que de la ville de Pesquière, et que tout le pays des Vénitiens s'estoit rendu à luy, envoya vers lui monsieur l'évesque de Gurce, son ambassadeur allemand, lequel avoit accoustumé de venir souvent en ambassade vers le Roy, luy prier qu'il voulsist avoir pour excuse sa mauvaise diligence, en quoi il ne pouvoit point si bien eslever les Allemans comme le Roy faisoit les François, et qu'il voudroit bien le veoir, et aussi qu'il estoit bien joyeux de sa bonne prospérité, et très-desplaisant qu'il n'avoit peu estre à la bataille avecques luy. En après, il fut conclud et passé, par le conseil des deux parties, et par le moyen de monsieur le légat, qui tenoit la main à ceste affaire, qu'ils se devoient veoir ensemble à Pesquières: auquel lieu feurent les mareschaux et fourriers, des deux costés, venus pour prendre le logis; et feust là le Roy quinze jours l'attendant. Toutesfois ledict Empereur renvoya ledit évesque de Gurce vers le Roy, disant que ledict Empereur ne pouvoit venir, et que les princes d'Allemaigne qu'il avoit avecques luy n'estoient point de ceste opinion, et ne s'y consentoient pas; et qu'il le prioit qu'il le voulsist tenir, tant loing que près, pour son bon frère et amy; et que pour ce ne laissa à entretenir le traicté et alliance qu'ils avoient ensemble, et qu'il lui voulsist rendre ce qui lui appartenoit. Sur quoi lui fist honneste response, disant que les Vénitiens s'estoient venus rendre à lui, non pas à l'Empereur, et qu'il lui vouloit faire un tour, que par adventure il ne lui feroit point, et qu'il luy vouloit rendre tout ce qui estoit à luy. Dequoy les ambassadeurs et potestats des villes rendues, oyant ce, furent bien marris, car ils ne se vouloient partir de son service, et dirent au Roi qu'ils l'aideroient à faire la guerre audict Empereur, si besoing estoit: de laquelle promesse le Roi ne tint compte, ains despescha ledit évesque de Gurce, qui feust depuis cardinal, et rendit audict Empereur toutes ses villes lesquelles j'ay nommées au chapitre précédent, et tout le pays de Frioul et aultres petites villes. A donc retourna ledict évesque de Gurce vers l'Empereur, auquel il dict les responses dudit sieur Roy, lesquelles ledict Empereur tint fort agréables, et se disoit fort tenu au Roy pour le bon tour qu'il lui avoit faict. Et à donc lui remit le Roi ses villes et places en ses mains, auxquelles ledict Empereur pourveust comme cy-après sera déclaré.

CHAPITRE XI.

Comment, quand l'Empereur eust ses villes entre ses mains, au bout de cinq mois les laissa perdre, excepté Véronne, où estoit monsieur de Rœux, son lieutenant-général.

[JUIN, JUILLET 1509.] Après que l'Empereur eust ses villes entre ses mains, et que le Roy les luy eust renduës, vous devés sçavoir que là où il devoit le moins garnir, à sçavoir à Véronne, y pourveust le plus; et là où devoit mettre tout son effort, comme à Padouë, feust là où il pourveust le moins ; car c'estoit la plus prochaine des Vénitiens, et celle dont on faisoit le plus grand doute. Aussy, sans point de faulte, ils ne faillirent point, que bientost après ladicte ville de Padouë se révolta vénitienne ; laquelle révolte ne pouvoit faillir, veu le mauvais ordre qui estoit dedans, et veu aussy que c'estoit leur plus prochaine. Et bientost après l'ensuivit Vicence ; et aussy eust faict Véronne, si ledit sieur de Rœux n'eust esté dedans ; et aussy se rendit à eux tout le pays de Frioul. Et à donc, quand l'Empereur vit ce, et que tout son pays se perdoit, feust fort mal content, et subit escrivit au Roy, comme à son frère et amy, que son bon plaisir feust de le secourir en ceste affaire. Or laissons à parler de l'empereur Maximilian, lequel a despesché son ambassadeur, bien fort courroucé de sa perte ; et retournons au Roy, et disons ce qu'il fist depuis qu'il eust gaigné la bataille.

CHAPITRE XII.

Comment, après que le Roy eust gaigné la bataille contre les Vénitiens, print son chemin à Milan pour retourner en France.

[AOUT 1509.] Il faut que vous entendiez que quand le Roy eust prins Pesquière et randu toutes les villes à l'Empereur, il ne fist pas comme ledict Empereur ; car il mit si bien ordre à son affaire, que toutes ses villes, comme Crême, Crémone, Trévise, Bresse, Pesquière, Rivolte et autres, luy demeurèrent tant qu'il vescut. Et, ce faict, s'en vint tout droict à Milan, là où l'on lui fist la plus grande chère et triomphe que jamais feust faicte à prince : car ils lui fisrent toute son entrée selon l'ancienne coustume des Romains, en remettant à mémoire toutes les villes et chasteaux et batailles qu'il avoit gaignées, par peintures qu'ils portoient avant la ville. Fist ledict sieur Roy son entrée en armes comme victorieux, là où se trouvèrent le marquis de Ferrare, le marquis de Mantoue et autres gros princes, qui n'estoient pas ses sujets, et les ambassadeurs de toutes les communautés, comme Florence, Pise, Lucques et autres qui se trouvèrent à sadicte entrée, à laquelle y eust de gros festins et esbattemens. Et entre autres y avoit un bastillon où feust un merveilleusement grand désordre; car il y eust plus de quarante gentilzhommes que tués qu'affolés : car monsieur de Chaumont d'Amboise, avec trois cent hommes-d'armes et deux cent archers, tenoient ledict bastillon, et le Roy et les autres princes le faisoient assaillir ; auquel assault avoit bien deux mille hommes-d'armes, qui feurent reboutés, et ne feust pas ledict bastillon prins ; dont bien en vint, car autrement y eust été faict un grand meurtre avec les eschelles et fourches de bois ; car à grand peine les sçavoit-on despartir si le Roy n'y feust venu en personne ; et y eust de grande folie. Et aussy y feurent faictes de belles joustes, là où Chaudion fist merveilles, tant à pied comme à cheval ; et certes, il est l'un des plus grands hommes et des plus forts que jamais je visse. Après toutes ces bonnes chères faictes, le Roy s'en retourna à Blois, et laissa monsieur le grand-maistre Chaumont d'Amboise, son lieutenant-général. Or lairons à parler du Roy, qui est à sa ville de Blois, pour retourner à l'empereur Maximilian.

CHAPITRE XIII.

Comment l'ambassadeur de l'empereur Maximilian vint à Blois, devers le Roy, et de la despêche qu'il eust ; et comment le Roy y envoya monsieur de La Palice avec une grosse armée.

[AOUT 1509.] L'ambassadeur de l'Empereur vint à Blois, vers le Roy, lui requérir que son bon plaisir feust de l'aider, comme son bon frère et amy, de reconquester ses villes, lesquelles estoient révoltées, et tout son pays : sur quoy le Roy luy fist response honneste, avec monsieur le légat, qui vouloit bien toujours entretenir l'Empereur, cuidant à la fin parvenir à ceste papalité; et escrivit le Roy à monsieur le grand maistre Chaumont d'y envoyer, et qu'il envoyeroit monsieur de La Palice avec dix mille Grisons, le capitaine Jacob avec les lansquenets, les adventuriers françois, et mille hommes-d'armes, lesquels passèrent par un trou où les vilains du pays de Frioul s'estoient retirés, lesquels firent grand mal à la queuë de l'armée ; et pourtant on y envoya une bande d'adventuriers françois, que menoit le capitaine Lérisson, lesquels cuidèrent prendre ledict trou d'assault ; mais ils n'y sceurent advenir, et feurent contraints les enfermer dedans le trou, comme regnards. Et y mourut par la fumée, tant d'hommes que femmes, mille personnes, lesquelles vinrent tous mourir audict trou, dont feust pitié. Et de là l'armée partit pour aller à Padoue, là où, à leur arrivée, leur fist l'Empereur un merveilleusement bon recueil, et vint au devant de monsieur La Palice, et ne feust jamais plus content du Roy qu'il feust; et regardèrent ensemble pour mettre le siége devant ladicte ville.

CHAPITRE XIV.

Comment le siége feust mis devant Padoue par l'empereur Maximilian, et monsieur de La Palice, lieutenant pour le roy de France.

[SEPTEMBRE 1509.] Monsieur de La Palice arrivé, feust advisé par l'Empereur et les capitaines françois qu'il estoit de faire; lesquels advisèrent de faire deux batteries de la plus grosse artillerie et la plus belle que je pense en ma vie avoir veu, que l'Empereur avoit amenée devant ladicte ville. Et qui me demanderoit la plus belle armée qui a esté depuis quarante ans, je dirois que c'estoit celle-là; car il y avoit vingt-huit mille lansquenets que l'Empereur avoit amenés, et vingt mille chevaux allemans, tous gens de faict: car tous les gros princes d'Allemaigne y estoient. Et du costé des François y avoit bien, que Grisons que lansquenets, dix mille, que M. de La Palice menoit, et quatre ou cinq mille advanturiers françois, et mille hommes-d'armes à la mode de France, qui est un gros nombre de chevaulx. Et, outre ce, avoit l'Empereur avecques lui beaucoup de menus gens, et une bande de pionniers fort bien équipée; et avec ce, du pays de Constance et de Frioul, dix ou douze mille hommes. Et feust faicte la batterie la plus extrême que je visse jamais faire, large pour entrer cent hommes de front à chacune des deux; et, outre ce, avoient une manière de petteraux, que nous appelons mortiers, lesquels fisrent tant à la ville, qu'il n'est point à dire, car ils effondroient tout. Quand les bresches feurent faictes, l'Empereur tint son conseil, et appella tous les capitaines, tant françois que allemans, pour regarder à ce qu'il avoit à faire; là où feust conclud de donner l'assault, auquel les Allemans voulurent estre les premiers, ce que les François refusans longtemps; mais, en la fin, l'Empereur fist tant qu'il les contenta; et fisrent les Allemans la première pointe pour, vers le soir, donner l'assault. Et, quand ce vint au soir, les Allemans n'en voulurent rien faire, dont faschoit fort audict Empereur et aux autres; car il voyoit qu'il donnoit loisir à ceulx dedans de remparer et fortifier. Toutesfois le soir se rassemblèrent et prindrent conclusion que, le lendemain au matin, un François et un Allemand ensemble iroient à l'assault: et à ce soir tous hommes-d'armes et autres se préparèrent pour recevoir Nostre-Seigneur. Et quand ce vint le lendemain au matin, et que chascun feust en armes pour aller audict assault, les Allemans n'en voulurent manger, dont l'Empereur feust fort marri et mal content, et dict à monsieur de La Palice que les Allemans ne valoient rien pour donner l'assault; et feust rompue toute l'entreprise. Et dit l'Empereur à monsieur de La Palice que les François se mutineroient, et qu'il le prinst de bonne part; et qu'il falloit qu'il se partist; et que les Allemans se commençoient fort à mutiner et mescontenter; et que du siége de Padoue n'estoit pas rien: et dit aussi à monsieur de La Palice qu'il ne le pouvoit reconduire, comme il lui avoit promis, de quoy feust ledict sieur de La Palice fort marry. Et quand il vist ce, avec le demeurant de l'armée qu'il menoit, s'en retourna et dit à l'Empereur: *Sire, je suis venu sans vostre ayde, et je me mettray en peine de retourner de mesme.* Et, pour ce que les lansquenets vouloient laisser l'Empereur, trouva façon ledict sieur de La Palice d'avoir un gentil capitaine qui lui amenast cinq mille lansquenets. Et ainsi s'en retourna à travers le pays de Frioul, là où il mourut deux mille cinq cent Grisons, du flux de ventre, à cause que le pain et autres vivres luy estoient faillis, et ne mangeoient que du raisin, car c'estoit au mois de septembre. Et s'en revint ledict sieur en la duché de Milan, et feurent mis en garnison les gens de guerre.

CHAPITRE XV.

Comment le roi Louis douziesme fist assembler tous ses Estats à Tours, pour faire le mariage de monsieur d'Angoulesme, et de madame Claude, sa fille aisnée.

[MAI 1506.] Le roi Louis, venu à Tours, fist assembler tous ses Estats pour regarder à son royaume, et comment il devoit faire, pour ce qu'il avoit promis au roy de Castille lui donner sa fille, pour en faire le mariage d'elle et de Charles, fils aisné dudict roi de Castille, dont, pour sçavoir ce qu'il avoit à faire, et auquel des deux princes il la devoit, ou audict jeune

Charles, archiduc d'Autriche, ou à monsieur d'Angoulesme, duc de Vallois, feust remontré par tous les Estats que c'estoit mieux le proffit de son royaume et de sa fille, de la donner audict sieur d'Angoulesme. Et en fust le mariage faict et accordé à Tours, et les fiança, le Roy estant en son siége triumphant, monsieur le légat d'Amboise, où feurent faictes les montres des deux cent gentilshommes pour l'honneur du fiansage; et après ce, grosses joustes et tournois, tant à pied qu'à cheval; et, tout cela faict, s'en retournèrent tous les Estats, merveilleusement bien contents de tout ce que le Roi avoit faict.

CHAPITRE XVI.

Comment le jeune Adventureux feust marié à la niepce de monsieur le légat d'Amboise.

[1510.] Le Roi de retour de son voyage d'Italie en France, et tout son cas fut partout bien en ordre, tant en Italie qu'en son royaume de France, et paix universelle par tout, et trève avecques les Vénitiens; monsieur le légat d'Amboise, qui avoit monsieur de Liége ordinairement avecques luy, et l'avoit nourry une partie du temps, et le tenoit tousjours avecques luy, eust envie de faire une alliance aussi par l'adveu du Roi, de sa maison et la maison de La Marche, affin de tousjours demeurer ensemble bons amis : laquelle chose feust mise en train, et fist le mariage du jeune Adventureux, fils aisné du seigneur de Sedan, avecques sa niepce: lequel seigneur de Sedan feust mandé pour en parler; et feust la chose faicte à Sagonne, puis rompuë, et après raccordée à Vigny, là où se fisrent les nopces dudict Adventureux, par un lundi de Pasques, lequel monsieur le légat fiança et espousa, comme il avoit faict monsieur d'Angoulesme, son maistre. Et luy voullust donner monsieur le légat ledict Vigny, qui est une des belles maisons de France; et, cela faict, monsieur de Sedan et monsieur de Liége s'en retournèrent à Sedan. Et en ce temps s'en alla monsieur le légat à Lyon, pour les affaires du Roy, monsieur de Paris avecques luy, où trois mois après mourut [25 mai 1510] : qui feust une grande perte et dommage pour la maison de Chaumont et la maison d'Amboise; car il avoit mandé monsieur le grand-maistre Chaumont d'Amboise, pour revenir avecques luy au conseil du Roy, pour démesler ses affaires; et vouloit bailler au jeune Adventureux la charge que ledict grand-maistre Chaumont avoit delà les monts, nonobstant qu'il feust bien jeune, mais il luy eust donné son conseil et ayde.

CHAPITRE XVII.

Comment messire Robert de La Marche vint en Gueldres, lieutenant-général pour le Roy; de la prise de Tillemont, et de ce qui y feust faict.

[JUILLET 1506.] Le roy Louis, voulant donner ayde et secours au duc de Gueldres contre la maison de Bourgogne, envoya de rechef monsieur de Sedan en Gueldres, avecques cinq cent hommes-d'armes et quatre mille hommes de pied, dont estoit chef René d'Anglure, vicomte d'Estoges, et son lieutenant Brisson, dont ay cy-devant parlé, et estoit le capitaine des gens de cheval, messire Robert de La Marche, avoit avecques luy messire Gratian des Guerres, gouverneur de Mouson, capitaine de cinquante hommes-d'armes; monsieur de Chastillon, prévost de Paris, cinquante hommes-d'armes; monsieur le sénéchal d'Armaignac Galliot, qui est pour le présent grand-maistre de l'artillerie de France, vingt-cinq hommes-d'armes; Lancelot du Lac, gouverneur d'Orléans, à présent gouverneur de Mouson, cinquante hommes-d'armes; monsieur de La Fajette, lieutenant de monsieur l'admiral de Graville, cent hommes-d'armes; la compagnie de monsieur d'Orval, cent hommes-d'armes; la compagnie de monsieur de Sedan, cent hommes-d'armes; la compagnie de monsieur de Gueldres, que menoit monsieur de Téligny, sénéchal de Rouergue, cent hommes-d'armes, sans tout plain d'adventuriers, à cheval et à pied, qui suivoient l'armée. Et passa ledict sieur de Sedan par Liége, et auprès de Louvain, laquelle il trouva toute dépourvue : et feust concluid de l'assaillir; mais tout feust rompu par le commandement de monsieur de Gueldres; et de là s'en allèrent joindre ensemble monsieur de Gueldres et le sieur de Sedan. Avoit ledict sieur de Gueldres sept mille lansquenets et deux cent chevaux allemans, et six grosses pièces d'artillerie, et trois ou quatre grosses moyennes; et vindrent mettre le siége devant Tillemont. Et quand les piétons françois visrent qu'il falloit aller à l'assault, se commencèrent à mutiner pour leur payement; et quand monsieur de Sedan et le sieur de Corby visrent ce, vindrent donner dedans eulx, tellement que à grands coups d'espée les fisrent aller à l'assault et promirent de bien faire après qu'ils en eurent tués deux ou trois. Et à donc donnèrent l'assault, monsieur de Gueldres d'un costé et monsieur de Sedan de l'aultre, et prindrent ladicte ville : et y avoit une bande d'advanturiers liégeois qui feurent des premiers sur la muraille, et fisrent grand meurdre dedans ; et feust la ville toute pillée ; et n'y falloit point de batterie, car il n'y a point grand muraille, force grosses douves et fossés. Et quant les lansquenets feurent dedans et les advanturiers, se commencèrent à battre l'un l'aultre tellement qu'il en mourut beaucoup d'un costé et d'aultre ; et après cela feust faict une trève entre le roy Louis et le roy de Castille, parquoy ledict sieur de Sedan retourna. Et ne vous mets point les belles escarmouches qui feurent faictes en allant et venant, pour ce que ce seroit chose trop longue à les nommer et raconter, et pour ce que n'en sçais que par le rapport des gens de bien qui y estoient ; mais bien sçay que sur le retour, monsieur de Téligny, lieutenant de monsieur de Gueldres, oultre le commandement de monsieur de Sedan, son chef, s'en alla loger avec six ou sept vingt hommes-d'armes, dedans le village de Saint-Hubert, là où un meusnier d'auprès La Marche, avecques trois ou quatre cent hommes, fist une entreprise, et vint ruer sur le logis qui estoit à Saint-Hubert, à une minuit ; de laquelle chose feust adverti ledict sieur de Téligny par un gentilhomme Jean de La Fontaine, homme-d'armes de la bande de monsieur de Sedan, et aultres ses parens. Toutesfois les gens-d'armes dudict sieur de Téligny, qui estoient las, n'en tinrent compte, et se voulurent coucher à la françoise ; et eux despouillèrent, disans qu'ils n'avoient garde ; et sur la minuit vinrent donner quatre cent piétons avec ledict meusnier, tellement qu'ils en tuèrent beaucoup, et les deffirent tous ; et y feust bien fort blessé et prins monsieur de Téligny, et plusieurs autres : de laquelle chose feust fort desplaisant le roy Louis, quand il le sceut ; et aussi feust monsieur de Sedan bien délibéré, si le Roi eust voulu, d'en faire une bien grosse vengeance. Nous laisserons à parler de ce propos, et retournerons au jeune Advantureux, qui s'en va chercher advanture.

◇◇◇

CHAPITRE XVIII.

Comment le jeune Adventureux, trois mois après qu'il feust marié, print congé du roy Louis, de monsieur d'Angoulesme, son maistre, pour aller voir les guerres d'Italie.

[Juin 1510.] Le jeune Advantureux voullust aller de rechef en Italie, et print congé de ses père et mère, qui s'en mal contentèrent, et s'en vint vers le Roi et monsieur d'Angoulesme, son maistre, leur demanda congé pour aller en Italie, lesquels luy accordèrent. Et s'en alla et passa les monts, et tout plain d'autres jeunes gentilshommes qui avoient été nourris avecques luy ; et en passant par Lyon trouva autres gentilshommes qui s'en vinrent avecques luy ; aussi fist la bande du sieur de Sedan, son père, laquelle estoit de cent hommes-d'armes que menoit le vicomte d'Estoges, les mieux équippés que jamais je visse, lesquels passèrent avecques luy, et prindrent leur chemin au mont de Senis et par la Savoye. Et pour vous dire quelles gens estoient les cent hommes-d'armes dudict sieur de Sedan, je vous assure qu'au passer à Lyon ils estoient douze cent chevaux de compte faict ; et y avoit tels cinquante hommes-d'armes en ladicte bande, qui estoient suffisans pour mener cinquante hommes-d'armes aux champs ; et prindrent leur chemin par la montaigne de Senis et par la Savoye, pour ce que c'estoient les meilleurs logis. Et de vous dire de la façon des monts, je n'en déporteray, pour ce que trop de gens les ont veus, et pour ce aussy qu'il y a plusieurs passages, tant par le mont Genève, le mont Saint-Bernard, le pays des Suisses, le mont Saint-Godart, et le pays de la Provence. Le jeune Advantureux, passé les monts, vint à Turin, où trouva monsieur de Savoye, qui luy fist bonne chère, et de-là se départit, et vint à Milan, où trouva monsieur le grand-maistre Chaumont d'Amboise, son oncle, monsieur de Nemours et autres, qui luy fisrent merveilleusement bonne chère et bon recueil. Et, après avoir esté là un temps, ne s'y voullust amuser, ains se partit avec les cent hommes-d'armes de la bande de son père, et s'en vint dedans Vérone, au service de l'empereur Maximilian, là où trouva dedans ladicte ville de Vérone l'évesque de Constance, lieutenant pour l'Empereur, lequel se tenoit dedans le chasteau de l'Empereur, faisoit toute sa munition d'artillerie, tant de la fondre comme de poudres. Et estoit monsieur d'Ars, lieutenant-général pour les François, un bon et gentil chevalier, lequel avoit faict de fort belles choses au royaume de Naples ; et avoit trois mille Espagnols logés à la citadelle de la ville. Et quand il y avoit faulte de payement aux trois nations, assavoir, les François, les Espagnols et lansquenets, y avoit de gros débats entre eulx ; et ay veu pour une semaine la place de Véronne trois fois pillée par les lansquenets, tellement que tous les capitaines étoient bien empeschés à y mettre ordre : et n'y avoit pas long-temps qu'avoit esté lieutenant-général pour l'Empereur un gentil compagnon, nommé le prince de Anhalt, lequel avoit faict de merveilleusement belles choses, et entre autres une retraite, les François et les lansquenets avecques luy, lesquels il menoit, la plus belle que je vis jamais faire, contre le Pape et les Vénitiens, qui estoient plus forts que luy quatre fois, et ne l'osèrent oncques assaillir dedans la plaine de Véronne. Et après luy vint monsieur de Rœux, lieutenant-général pour l'Empereur, lequel feust prins par les Vénitiens; et y avoit esté pris un peu devant le marquis de Mantouë, et monsieur de Bonivet, qui depuis a esté admiral de France, et est mort à la journée de Pavie, eulx estans en chemise de nuit à Isole de l'Escaille, gros bourg. Et estoit messire André Gritty à Vincenne, qui estoit lieutenant-général des Vénitiens, lequel à présent est duc, et croy qu'il s'y faisoit de belles appertises d'armes. Et aussy en ce temps [21 juin 1510] feust prins un chasteau nommé Montcelle, qui est une place forte, assise en hault lieu, laquelle feust prise miraculeusement et à peu de batterie; et y estoient les artilleries de l'Empereur et du Roy ensemble, lesquelles tiroient du bas en hault; et, à dire la vérité, celle de l'Empereur tiroit plus fort que celle du Roy. Et feurent mis en pièces tous ceulx qui estoient dedans; et n'y avoit point de gens de guerre dedans; fors tous vilains, lesquels les advanturiers prindrent. Et huit jours avant avoit esté prins Lignare, belle petite ville, par assault; et y feust laissé dedans, pour ce qu'elle estoit d'importance, en garnison monsieur de La Crotte, lieutenant de monsieur de Dunois, avec sadicte bande, et un capitaine de piétons, gentilhomme à monsieur de La Palice, nommé Lérisson; et son lieutenant nommé La Romagière, gentilhomme d'Angoumois, avecques mille hommes de pied, demeurèrent en ladicte garnison. Or retournons à ce qui se faict en France, et laissons à parler de Véronne pour le présent.

◇◇◇

CHAPITRE XIX.

Comment en ce temps-là la sœur de monsieur de Foix, duc de Nemours, feust donnée en mariage au roy d'Arragon, et vint à Savone vers le roy de France; et de la paix que fisrent ensemble, qui ne dura guères.

[JUIN 1507.] En ce temps feurent envoyés ambassadeurs par le roy d'Arragon vers le roy de France estant en sa ville de Blois; et avoit à nom l'un des principaux ambassadeurs le sieur Dom Diègue, espaignol; et feust faict le mariage dont prindrent seureté lesdicts ambassadeurs, de la sœur de monsieur de Foix, duc de Nemours, laquelle s'appelloit mademoiselle de Foix, niepce du Roy et fille de sa sœur, au roy d'Arragon, laquelle estoit bonne et fort belle princesse, du moins elle n'avoit point perdu son embonpoint; et feust faict entre lesdits deux roys un gros traité et bonne paix. Et après feust regardé qu'ils se verroient ensemble à Savonne, là où le roy Louis l'alla attendre; et y envoya ledict sieur toutes ses galères qui estoient audict port dudict Savonne et en la coste de Provence, à l'encontre du roy d'Arragon, lequel vint à gros triomphe luy et la Royne sa femme, sœur de monsieur de Nemours, ausquels Roy et Royne ledict roy Louis fist merveilleusement bon recueil, et alla au-devant d'eulx sur le bord de la mer. Et après le recueil et bonne amitié faict entre les deux princes, ledict roy Louis print la royne d'Arragon, sa niepce, et la mist en croupe derrière luy, et la voullust porter jusques au logis; et là estoit monsieur de Nemours, son frère, duquel elle ne tint pas grand estime, dequoy ledit sieur luy en sceut bien dire quelque chose; et après que ledict sieur de Nemours eust apperceu sa contenance, ne tint grand compte d'elle, et se partirent assés mal l'ung de l'aultre. Et, après tout ce faict, les deux Roys fisrent grosse alliance, et receurent la sainte hostie ensemble, en confirmation de la paix; et se partirent l'ung de l'aultre en bonne paix et amitié ensemble, laquelle ne dura guères; et la cause je la diray cy-après, qui feust après la journée de Ravenne et la mort de monsieur de Nemours.

◇◇◇

CHAPITRE XX.

Comment le jeune Adventureux se partist de Véronne et vint à Parme, à l'entrée du grand hyver, vers monsieur le grand-maistre Chaumont; et comment ils menoient leurs armées et artillerie durant ledict hyver.

[NOVEMBRE et DÉCEMBRE 1510.] En ce temps ouit nouvelles monsieur le grand-maistre que le pape Jules marchoit à gros efforts, et estoit au commencement de ce grand hyver; et marcha jusques à Parme ledict grand-maistre et tous les princes, comme monsieur de Nemours et aultres. Là fist assembler son armée, tant de gens de pied que de cheval et l'artillerie; et trouvoit-on grandement difficile de pouvoir mener ladicte artillerie, car les neiges estoient de la hauteur d'un homme ; et pour ce, le maistre de l'artillerie, qui avoit nom Pierre Dongnots, gascon, et le capitaine Pontereux, et un charpentier nommé Lubin, les plus experts autour de l'artillerie que je visse jamais, regardèrent ensemble, et trouvèrent qu'elle pouvoit se mener sur traisneaux par dessus la neige, et la désaffuter et remonster, laquelle chose feust faicte. Or cependant que toutes ces choses se faisoient à peine, le jeune Advantureux, qui estoit à Véronne, voyant qu'il ne faisoit rien, laissa la compagnée de son père, et, avec dix ou douze gentilshommes, s'en vint à Parme, là où son oncle monsieur le grand-maistre y estoit, et toute la compagnée, lesquels luy fisrent merveilleusement bonne chere ; et, quand il feust là, tous ensemble advisèrent de dresser les affaires du Roy, comme vous oyrés cy-après. Et en ce temps feurent faicts deux camps pendant ces intervalles, lesquels estoient faicts de neige en la place dudit Parme ; et feust l'ung des combattans le sieur Péralte, espaignol, qui estoit du camp du Pape, et l'aultre le sieur Aldano, aussy espaignol, tenant le parti des François ; et feust ledict camp faict à cheval à la Genette, et y feust merveilleusement gros combat ; et y vint ledict sieur Péralte merveilleusement bien en ordre sur le camp, aussi commandé le Pape qu'il y vint bien accompaigné, comme il y fist ; aussy y estoit le sieur Aldano du costé des François. Et feurent tous deux forts blessés, tellement qu'il les fallut despartir ; et s'en retournèrent sans accord ensemble et à leur grand honneur. Huict jours après vindrent deux Albanois, l'ung du Pape, l'aultre des François, armés de toutes pièces à l'albanoise, l'estradiotte à la manche, et le chapeau au poing ; et pour vous dire ce qu'ils fisrent, l'Albanois du Pape courut sur l'aultre, et luy faulca l'espaule. L'Albanois françois, quand il vict ce, print son estradiotte comme une javeline et boutta en la gorge, et tousjours le poursuivist, tellement qu'en la fin à grands coups de masse le tua ; et feust grand dommaige, car ils estoient estimés tous deux gentils compaignons entre les Albanois.

◇◇◇

CHAPITRE XXI.

Comment le jeune Adventureux fist une bande de cent chevaux adventuriers, et tout plein de gentilshommes, qui vindrent avec luy ; et comment l'armée de Parme partit pour aller secourir la Mirandole, que le pape Jules te-noit assiégée ; et de la mort de monsieur le grand-maistre Chaumont d'Amboise.

[DÉCEMBRE 1510.] Aprèstoutes bonnes chères faictes, monsieur le grand-maistre Chaumont d'Amboise, monsieur de Nemours, monsieur de La Palice, et le sieur Jean Jacques, se partirent de Parme pour tirer à Correige. Le jour que les François partirent de Parme, et leur artillerie avecques eulx, par ces grandes neiges, ne fisrent pas grand chemin, et se logèrent de bonne heure. L'armée logée, monsieur le grand-maistre, qui estoit joyeulx et meilleur compaignon du monde, commença contre monsieur de Nemours et autres, à faire un tournois à pelotte de neige ; et s'eschauffa le jeu si fort, qu'à la fin y eust quatre cent hommes d'un costé et d'autre ; et en la fin, de peur de débats, leur convint de partir ; et y eust monsieur le grand-maistre un coup de pelotte sur le nés, où avoit une pierre dedans, qui luy fist grand mal, et luy dura jusques à la mort, comme vous sera cy-après déclaré. Le lendemain, l'armée print le droict chemin de Correiges pour aller secourir la Mirandole, que le pape Jules tenoit assiégée ; et ce jour convint passer un pont, là où un capitaine nommé Richebourg, et la bande de monsieur de Molart eurent gros desbats ensemble ; et sans l'Adventureux, qui se vint jetter au milieu, y en eust eu beaucoup de tués, car les maistres luy vouloient bien faire plaisir. Et après, au mesme pont où lesdicts piétons avoient passé, le demeurant de l'armée y passa ; et, quand tout feust passé, ledict Adventureux retourna vers le pont, où trouva monsieur le grand-maistre tombé en l'eaue, armé de toutes pièces, et sans luy, et un autre gentilhomme nommé Fontaine, il estoit noyé. Et veulent les aucuns dire qu'il s'y eschauffa tellement qu'il y gaigna la maladie dont il mourut peu après ; mais je tiens que non, et que sa mort luy feust advancée d'une autre sorte ; car le soir, luy arrivé au logis, la belle fièvre le print, et l'armée tira vers Correiges ; et se faisoit mener ledict seigneur en un traisneau comme un cabinet ; et alla jusques à Correiges, et toute l'armée, là où le comte et la comtesse, qui avoit nom madame Genievre de Correiges, fort honneste dame, fisrent un bon recueil à toute la compagnie, qui feust merveilleusement honneste ; et arresta l'armée en très-bonne chère trois jours, attendant la guérison de monsieur le grand-maistre qui estoit fort malade. Nonobstant ce, feust advisé que pour ce que l'affaire du Roy requerroit grande diligence, qu'on fairoit marcher l'armée ; et bailla ledict sieur toute la charge au sieur Jean Jacques Trivulce, sans la bailler à aultre, et demeura à Corrciges ; et ne voulust le jeune Adventureux demeurer avecques luy, pour ce que n'estoit ne bon médecin, ne bon chirurgien, jaçoit qu'il luy faisoit bien mal de laisser son bon oncle : et quand ledict sieur vist qu'il ne pouvoit le retenir, luy dit, en pleurant : « Adieu, mon nepveu, on m'a advancé ma » mort : je ne vous verrai jamais. » Et le reconfortoit le jeune Adventureux le plus qu'il pouvoit. Et ainsy se partist de luy avecques sa bande de chevaux adventuriers ; et, quatre jours après, mourut ledict sieur grand-maistre. Et feust une grande perte : et veulx bien luy donner ceste gloire, que c'estoit le plus sage homme de bien, en tout estat, que je pense jamais avoir veu, et de la plus grande diligence et plus grand esprit. Ce faict, l'armée se partist, et s'en vint à haste pour tirer à la Mirandole, et combattre le Pape et les Vénitiens.

CHAPITRE XXII.

Comment le pape Jules print la Mirandole, avant que le secours des François y feust venu.

[20 Janvier 1511]. Le pape Jules, voyant le grand hyver, avecques le conseil de quelques Espaignols qui estoient avecques luy, pensant que le Roy n'eust point sitost son armée preste, et que la Mirandole, qui estoit à la comtesse de Mirandole, fille du sieur Jean Jacques, n'estoit pas prenable en temps d'esté, sinon en temps d'hyver et de gelée, pour ce qu'elle se fioit au marescage, et qu'on ne la peut approcher durant ce grand hyver, y vint mettre son siége, et fist la batterie : et se faisoit mener le Pape en un traisneau comme un cabinet. Et estoit dans ladicte ville de Mirandole la comtesse et quelques gens-d'armes françois ; et en ce temps-là la ville ne valoit rien, car la muraille ne pouvoit rien résister contre l'artillerie. La batterie y feust faicte, et la ville, voyant ceste grande bresche, et que tous les fossés étoient gelés, et qu'il n'y avoit point de remède, se rendirent par composition, chascun un baston blanc à la main, et la comtesse aussy. Et feust toute pillée la ville, et perdit ladicte comtesse tout son bien, et s'en vint au camp des François, dont le sieur Jean Jacques son père, qui estoit chef de toute l'armée, feust fort marry et courroucé. Et partirent de-là pour aller prendre une petite ville et place assez forte, qui se nommoit la Concorde, appartenant à ladicte comtesse, que quinze cent Espaignols tenoient, et y mirent les François leur siége.

CHAPITRE XXIII.

Comment la Concorde feust prise, que les Espaignols tenoient ; et comment tous ceux dedans feurent tous mis en pièces ; et de la prise de Jehan Pol Maufront.

[1511.] Le camp du Roy et son armée estoient assez beaux, comme vous pouvez avoir ouï compter par cy-devant ; et y avoit de bons capitaines, et, entre autres, sept mille Espaignols, qui leur estoient venus de renfort avecques la bande de monsieur de Molart et de monsieur de Richebourg, qui estoient gentils compagnons pour l'assault ; et pour lansquenets avoit le capitaine Jacob Ferremus avecques sa bande, lesquels estoient aussi fort gentils compagnons, pour aussi peu qu'ils estoient, et ne pense jamais avoir veu armée plus délibérée pour le nombre de gens qu'ils estoient, et plus nette. Et vindrent à deux milles près de ladicte Concorde ; et avant que de l'assaillir, feust envoyé un commissaire de l'artillerie, qui avoit nom Lubin, lequel avoit esté autrefois charpentier, fort bien soy connoissant en l'artillerie ; et le jeune Adventureux estoit avecques luy. Et feust ledict commissaire frappé d'un coup d'arquebuse à crochet, en devisant de l'assiette de ladicte artillerie, et en mourut huit jours après à Hostilia. Ce faict, l'armée partist et vint mettre le siége devant, et feust l'artillerie assise par Pierrot Dognots, lieutenant en l'artillerie de monsieur de L'Espy, en Italie ; et, ladicte artillerie mise et assise près de la ville, sans gabions ne tranchées, commencèrent la batterie à huict heures du matin, si très-rude qu'ils voulurent parlementer ; laquelle chose voyant les adventuriers françois et les Espaignols, donnèrent l'assault sans bresche, là où avoit un fossé de deux picques de hault, et la muraille autant, et gaignèrent la ville du premier assault ; et après entrèrent entremeslés au chasteau, là où de compte faict neuf cent hommes tués, sans ceux qui feurent prins. Et, après la prise de ladicte Concorde, feust rendue la Mirandole au sieur Jean Jacques, qui la rendist à sa fille ; car le Pape s'estoit retiré à Rome, et son armée vers Ferrare, laquelle les François poursuivoient. Or en ces poursuites se fisrent beaucoup de belles choses et escarmouches, et entre autres une que fist le jeune Adventureux et monsieur d'Humbercourt, où feust pris Jehan Paul Maufron, homme ancien et maigre, et l'ung des plus estimés de tous les Vénitiens; et feurent deffaicts avecques luy cinq cent chevaulx, et feust amené au camp, et de là en France, lequel fist la plus triste mine que jamais je visse.

CHAPITRE XXIV.

Comment, après la prise desdictes villes, les deux armées se vindrent loger au Bondin, vis-à-vis l'une de l'autre, et se parcquèrent les François à un traict de faucon près des gens du Pape et les Vénitiens, et y feurent quatre mois, sans autre fort que leur camp. Comment le duc de Ferrare amena son artillerie, et principalement une pièce qui se nommoit le Grand-Diable, à un village qui s'appelloit l'Hospitalet, et qui battoit dedans le camp du Pape et des Vénitiens; et de la situation de ladicte ville de Ferrare, et de l'Isle, et des bonnes chères qui se fisrent durant ce temps, avec le duc et la duchesse dudict Ferrare.

[1511.] L'armée du Pape s'en alla loger devers les François, au Bondin selon le lac, et aussy fist celle des François, à un demi-quart de lieue près d'eulx, assez près de Ferrare, et ne falloit que traverser le lac; tellement que, pour les doutes et inconvéniens qui en pouvoient advenir journellement, fortifièrent les François leur camp; aussy fisrent les aultres le leur; et ainsy demeurèrent les ungs devant les aultres, tousjours escarmouchans tant sur l'ung l'aultre que sur les biens. Et dura ceste manière de vivre durant ce grand hyver six mois entiers; et entre autres choses fist une entreprise monsieur de La Palice, lequel n'estoit pas encore mareschal, fors simple capitaine, monsieur d'Humbercourt, et le jeune Adventureux avecques ses chevaux adventuriers, par les bonnes espies qu'il avoit, lesquels feurent advertis comment un commandeur de Rhodes, espaignol, nommé frère Liennard, lequel avoit faict aux François toutes les cruautés qu'on sçauroit faire, auprès du Garillan; et feurent lesdicts capitaines advertis comment il estoit en une cassine, avecques huit cens chevaulx, pour venir faire une entreprise sur le camp des François. Or ladicte cassine où il estoit, estoit toute environnée d'une muraille et d'un grand fossé plein d'eauë, là où à un point de jour les François se vindrent mettre devant la porte où lesdicts Vénitiens montoient. Quand toute la gendarmerie françoise feust ainsy rangée devant ceste porte, feurent contraints lesdicts Vénitiens passer à travers eulx, là où feurent tous tués et prins. Et, après avoir esté battus, ledict frère Liennard feust tué par un page; qui feust un grand malheur pour leur camp, principalement à messire André Gritty, chef des Vénitiens, et au duc d'Urbin pour le Pape, qui estoient les deux chefs généraux, car ils n'avoient plus grand homme de guerre que luy. Et aussy fist une belle entreprise le duc de Ferrare, à un lieu qui s'appelle La Bastide, là où feurent tous mis en pièce ceulx qui estoient dedans. Cela faict, le duc de Ferrare vint voir un jour ledict camp des François; et y venoit souvent, et y pouvoit seurement venir, car il estoit à trois milles près, et estoit le Pó entre deux. Un jour entre les autres vint au camp des François, et feust regardé qu'ils pouvoient faire beaucoup de mal au camp du Pape et des Vénitiens : et mist une bande à un lieu qui s'appelle l'Hospitalet, et sur le bord de l'eauë de son costé, et outre une pièce qui s'appelloit le Grand-Diable, la plus belle que je vis jamais et qui tiroit le mieux, et qui faisoit merveilleusement gros ennuy à leurdict camp, et leur tua beaucoup de gens. Toutesfois ils n'en deslogèrent point, et feurent là encore un tems, et feurent-ils tous les ungs devant les autres l'espace de six mois; et alloient les François, de trois jours en trois jours, eulx rafreschir et reposer dedans la ville de Ferrare, qui estoit la plus belle ville de guerre qui feust en la chrestienté; et avoit gaigné ledict duc de Ferrare une galère sur le Pó, laquelle estoit venuë pour le prendre, fort belle galère appartenant aux Vénitiens, bien garnie de tout ce qu'il leur falloit. La duchesse de Ferrare estoit fille au pape Alexandre, et sœur du duc de Valentinois, duquel vous ay cy-devant parlé; et estoit une princesse de fort bonne chère et fort bonne Françoise, et la grande chère qu'elle faisoit aux François en bagues et festins n'est pas à estimer. Le duc de Ferrare estoit un gentil prince, homme de guerre et de bon entendement et hardi, et prenoit tout son passe-temps et exercice à fondre de l'artillerie, remparer et édifier; et n'y avoit fondeur des siens qui le fist mieux que luy; et en ay veu appartenant audict duc dedans deux granges bien trois cent grosses pièces; et croy que tous les princes d'Italie ensemble n'en avoient point tant et de si belle artillerie que luy seul. Il avoit trois granges : l'une estoit là où on faisoit la fonderie, l'aultre là où on faisoit les moules, et l'aultre où on faisoit les affuts et les roues.

CHAPITRE XXV.

Comment l'armée du Pape et des Véniciens se partirent pour tirer vers Boulongne; et comment l'armée des François les poursuivoit.

[1511.] Quand l'hyver feust passé, et que vint vers le mois de mars, l'armée du Pape et des Vénitiens se commença à arroyer et desloger, pour tirer vers Boulongne la Grasse; laquelle l'armée des François poursuivit tousjours pas à pas, pour veoir si elles se pourroient trouver en lieu, hors de fort, pour eulx donner le combat, laquelle chose feust impossible; et allèrent tousjours escarmouchant, et de fort en fort, dissimulant ledict combat, qui faschoit tout plain de gens de bien qui y estoient, que la chose ne s'abbrégeoit plus fort. Et feurent un jour près un lieu qui se nomme Villefranche, qui est un lieu fort, où autrefois les Vénitiens avoient fortifié leur camp; et là fisrent semblant les gens du Pape et les Vénitiens, de venir sur les François, lesquels, sans point de faulte, cuidoient avoir la bataille : et falloit passer une petite rivière; et pensoient les Espaignols que les François n'oseroient passer sans faire pont. Toutesfois, avecques la bonne volonté que les François avoient de bien faire, passèrent la rivière tous en ordre, en l'eaue jusques au col, là où le capitaine Molart et le capitaine Jacob prièrent le jeune Advantureux se vouloir mettre à pied avecques eulx; ce qu'il fist; et bailla son cheval oultre, et fist couper son saye jusques à la ceinture, et se mist à pied avecques eulx; et marchèrent tout droict aux Vénitiens et Espaignols, lesquels ne les osèrent attendre, et se retirèrent dedans leur fort, pensant qu'après boire les François et les lansquenets les devoient suivre. Monsieur de Nemours et le sieur Jean-Jacques, qui estoient chefs, arrivèrent en ces intervalles, et fisrent retirer leurs gens; et vous asseure qu'il faisoit merveilleusement bon veoir d'un costé et d'autre : et là eust le capitaine Péralte, qui avoit combattu à Parme, la teste emportée d'un coup de canon. Et avoit alors une chesne d'or au col, et après ce un advanturier françois alla quérir la chesne et la teste.

CHAPITRE XXVI.

Comment les François gaignèrent la bataille devant Boulongne, contre le Pape et les Vénitiens; et comment la ville se rendist à eulx.

[22 Mai 1511.] Les François et le sieur Jean-Jacques, qui estoit leur chef général, voyant qu'en plain champ l'armée du Pape et des Vénitiens ne les osoit attendre, s'il n'y avoit fort entre deulx, se logèrent à un petit pont près la ville de Boulongne, du costé de deçà, et l'armée du Pape et des Vénitiens estoit oultre ledict pont; là où vinrent deux mille cinq cent lansquenets de Véronne, de ceulx de l'Empereur, au secours des François, qu'ammena messire Georges de Fronsperg, gentil capitaine, lesquels arrivèrent sur le soir, dont le lendemain au matin les François, de bonne heure, commencèrent à passer le pont. Et incontinent que leurs ennemis le visrent, se misrent en fuite à peu de combat; et vouloient sauver leur artillerie dedans les montaignes, laquelle feust gaignée; et suivit le jeune Advantureux, avecques ses gens, ung capitaine qui avoit tué assez meschamment en ung débat monsieur de Milaut; et deffist le jeune Advantureux tout plain de leurs gens ès montaignes. Le demeurant de la chasse feust du long le grand chemin Romain, laquelle dura quatorze milles, jusques à ung lieu qui s'appelle Castel-Sainct-Pétro : et qui eust eu affaire le long de ce grand chemin, de hardes, malles et aultres bagages, il y en eût trouvé assés; car tout leur bagage y demeura, tant ès fossés de la ville, que sur le chemin. Et fist-on ung gros gaing; et, pour ce qu'il y eust tant de mulets prins dedans les fossés, sur le grand chemin et aultre part, feust nommé par les François la journée des Asniers. Et après tout cela faict, la ville se rendist, à la volonté du Roy; et commencèrent à crier : *France et Seghe !* qui sont trois seies en un escu, que portent les Bentivolles pour leurs armes, lesquels veulent dire que la ville leur appartient. Et la rendist le Roy entre leurs mains, de laquelle chose se contentèrent merveilleusement bien du Roy. Et, après ce, l'armée passa tout oultre sans s'arrester, jusques au susdict Chastel-Sainct-Pétro; et là feurent ordonnés gens pour suivre ceulx qui s'enfuyoient jusques aux Alpes de Boulongne, qui sont montaignes et ung chemin fort mauvais et rude : et de-là l'armée se retira de Boulongne; et quand ils feurent arrivés, et qu'ils eurent mis les Bentivolles en possession, commencèrent à battre chasteau, lequel, au bout de douze jours, se rendist. Or il y avoit en la ville de Boulongne, dessus le portail de la grande église en hault, ung pape de cuivre tout massif, que le pape Jules avoit faict faire, lequel estoit grand comme ung géant, et se voyoit de la place de la ville. Les Bentivolles, ayant dépit de cela, lui attachèrent des cordes au col, et à force de gens tirèrent en bas, et luy rompirent le col. Et commença à jurer le sieur de Bentivolle à monsieur de Nemours et au sieur Jacques, qu'il feroit faire un pet au Pape devant son chasteau qu'il avoit faict à Boulongne; car incontinent il le fist fondre, et en fist faire un double canon, lequel en dedans six jours tira contre le chasteau. Cela tout faict, Boulongne et le chasteau, et toutes leurs appartenances et appendances rendues à la volonté du Roy, il les remit aux Bentivolles. Après, l'armée se partist, et s'en retourna chacun en sa garnison, pour ce que le Roy avoit commandé qu'on ne passost pas oultre; et feust baillée à messire Georges Fronsperg une double paye, et le renvoya-on à Véronne, de là où il venoit. Et pour ce qu'il ne se faisoit plus rien en ce camp, le jeune Advantureux voullust retourner à Véronne avec eulx; et trouva monsieur d'Ars, monsieur de Rœux et la compaignie de monsieur de Sedan. Et se fisrent encore, durant ce temps qu'ils estoient à Véronne, plusieurs belles escarmouches.

CHAPITRE XXVII.

Comment le vice-roy de Naples et le comte Pédro Navarre vinrent mettre le siège devant Boulongne, et comment les François le deffendirent.

Peu de temps après que l'armée des François se feust retirée, se ramassèrent les Espaignols et les gens du Pape en la Romague, dont estoit chef le vice-roy de Naples, dom Rémo de Cardonne, et avoit avecques luy le comte Pédro Navarre, petit homme maigre, du val de Rancal, lequel avoit fait beaucoup de belles choses choses sur les Turcs, et au royaume de Naples, et homme ingénieux pour prendre places et les deffendre, et s'entendoit aussy pour faire mines et contremines; et estoit capitaine-général des gens de pied espaignols dans l'armée du Pape. Et du costé des Vénitiens estoit chef messire André Gritty. Or ce temps pendant, le roy Louis envoya à monsieur de Nemours la puissance générale sur toute l'armée, et pour estre gouverneur de Milan; lequel assemblement desdictes deux armées par luy entendu, fist diligence d'assembler la sienne, et, en temps qu'il l'assembloit, envoya dedans la ville de Boulongne monsieur de Lautrec avecques quatre cent hommes-d'armes, et le capitaine Jacob avecques ses lansquenets, qui estoient mille; desquels quatre cent hommes-d'armes estoit la bande du sieur de Sedan, que menoit le vicomte d'Estoges; et fisrent la plus grande diligence qu'ils peurent:

et en estoit bon besoing, car ils n'y feurent pas de deux jours arrivés, quand l'armée du Pape et des Vénitiens y arriva devant ladicte ville; là où commencèrent d'abord à faire une merveilleusement grande batterie et mines, tellement qu'en deux jours fisrent une bresche pour entrer cinquante hommes de front, et donnèrent l'assaut au costé où estoit une chapelle où avoit desjà quatre enseignes dessus, quand Brisson (dont vous ay cy-devant parlé), porteur-d'enseigne de monsieur de Sedan, avecques son enseigne et quelques gens-d'armes qui le suivirent, reboutta tous ceux qui estoient jà là-dessus. Et croy que sans luy la ville estoit en grand danger d'estre prise, et fisrent tellement les lansquenets et autres qui estoient là, que ledict assault feust rebouté; laquelle chose faicte à l'arrivée de Monsieur de Nemours qui s'approchoit, se levèrent lesdicts Espaignols, pour ce qu'ils n'estoient point assez forts, et se retirèrent bien avant en la Romaigne.

CHAPITRE XXVIII.

Comment monsieur de Nemours assiégea Bresse, laquelle il print; et de la grande occision qui y feust faicte.

[FÉVRIER 1512.] Après que l'armée du Pape et des Vénitiens se feust partie de devant Boulongne, monsieur de Nemours entendit comment la ville de Bresse s'estoit révoltée pour le Vénitiens; et estoient bien dedans quarante mille hommes, dont estoit chef Jean-Paul Ballou, et le seigneur Mercure avecques ses chevaux-légers, et vouloient faire batterie contre le chasteau, lequel tenoit encore pour le roy de France; et estoit dedans Henri Gonnet, gentilhomme gascon, capitaine dudict chasteau. Tout cela bien entendu, ledict sieur de Nemours partist en diligence, avecques son armée et les gens-d'armes qui estoient dedans Boulongne, et en son chemin, près Isolle de l'Escaille, rencontra une bande de Vénitiens, laquelle il défist et mist tout en pièces. Toujours, sans perdre de temps, marchant vers Bresse; où arriva à un soir, et, en lieu de faire batterie contre la ville, fist monter toute son artillerie dessus les tours du chasteau, pour battre en ladicte ville. Or les Vénitiens qui estoient dedans la ville craignoient ce que les François fisrent; c'est qu'ils n'entrassent du chasteau en la ville; et pour ce feisrent ung petit rempart entre le chasteau et la ville: toutesfois, le lendemain matin, monsieur de Nemours, lequel estoit bien adverty de tout cela, se mist à pied, et toute la gendarmerie françoise et lansquenets meslés ensemble en bon ordre, enseigne desployée; et entrèrent par ce chasteau, et trouvèrent auprès du rempart, devant le chasteau, une abbaye où estoient quinze cent arquebusiers, qui les battoient aux flancs, laquelle feust emportée d'assaut, nonobstant qu'il y eût beaucoup de François tués et blessés, et entre autres un gentilhomme gascon, cousin de monsieur de Nemours, qui y feust fort blessé, tellement qu'il en mourut. Et n'en eschappa pas un de tous ceulx qui estoient en ladicte abbaye, qu'ils ne feurent haschés et mis en pièces. Et de-là, tousjours poursuivant leur fortune, passèrent rempart en dépit des ennemis, lesquels fisrent quelque peu de deffense, et les rompirent, et commencèrent à fuir; et eulx entremeslés avec les François, entrèrent pesle mesle dans la citadelle, tellement qu'il y eut quarante mille hommes tués, et toute la ville pillée et mise à sac. Et fault que je vous die que j'estimois Bresse une des plus puissantes villes, des plus fortes et des plus riches qui feust en toute l'Italie. Et y eust tel gendarme qui y fist tel gaing, que lui et ses enfans s'en sentirent toute leur vie. Monsieur de Nemours n'avoit point oublié à mettre quatre cent hommes-d'armes à la porte de Venise, pour ce que, quand les Vénitiens visrent la journée estre contre eulx, feirent ouvrir la porte pour fuir, lesquels feurent tous prins et tués par la gendarmerie qui les attendoit à la porte.

<><>

CHAPITRE XXIX.

Comment, après la prise de Bresse, monsieur de Nemours entendit que les Espaignols s'assembloient en la Romaigne; et comment ils se vinrent parcquer les uns les autres à Ravennes.

[AVRIL 1512.] Monsieur de Nemours, après la prise de Bresse, feust adverty que l'armée des Vénitiens qui s'estoit levée devant Boulongne la Grasse, s'estoit renforcée des deux parts, et qu'ils marchoient droict pour tirer le chemin de Ravennes; laquelle chose entendue par ledict sieur de Nemours, incontinent à diligence fist marcher son armée, et lui fist faire si grande diligence pour venir devant ses ennemis, à Ravennes, qu'il n'y eust vivres ni aultres choses qui le peussent servir. Et quand une bande de Vénitiens, qui estoit sur les champs, vist ce, se jetta en la queuë des vivres et les détroussa, par quoy le camp des François en eust très-grande faute. Et en ce même ordre, les François arrivèrent devant Ravennes, là où ils misrent le siège, et fisrent une batterie qui ne feust pas grande, car ils ne battirent que deux heures; où feust blessé monsieur de L'Espy, maistre de l'artillerie du roy de France, et en mourut tôt après, dont feust grand dommage, car il estoit homme de bien et fort congnoissant en ce mestier. Et, incontinent après ladicte batterie faite, donnèrent l'assaut, et feurent repoussés, et soutinrent bien les Espaignols et les gens du Pape; et feust tué audict assault le guidon de monsieur de Sedan, qui se nommoit Gratien d'Amandalis, gentilhomme des frontières de Navarre, gentil compagnon; et feust aussi blessé monsieur de Chastillon, d'un coup de harquebutte en l'espaule, dont tost après il en mourut. Ledict assault feust donné bien tard, droict à l'arrivée du camp; et, cependant que ledict assault se donnoit vindrent nouvelles à monsieur de Nemours que le vice-roy de Naples et l'armée du Pape estoient à trois milles de luy. Cela entendu, ledict sieur de Nemours et les chefs firent retirer l'artillerie et les gens dudict assault. Et me semble, aussy faisoit-il à beaucoup de capitaines, que si la ville eust été prinse, que c'eust esté la destruction des François, et n'eussent peu gaigner la bataille comme ils fisrent; car ils y eussent perdu de leurs gens, et les aultres se feussent amusés au pillage, car la ville estoit fort riche; et eussent aussi perdu beaucoup de leurs gens de bien audict assault. La nuit venue, chacun se reposa un peu, et, deux heures avant le jour, chacun commença à s'armer; et fist assembler monsieur de Nemours tous les capitaines, tant de pied que de cheval, et commencèrent à regarder ce qu'ils avoient à faire; et feust advisé de ne point donner la bataille, et de la dissimuler tant que les François feussent un peu renforcés; car, en dire le vray, ils estoient bien foibles et bien foulés, car il y avoit deux ou trois mois qu'ils ne cessoient de combattre ou donner assault, et d'aller de lieu à aultre. Et, quand tout feust bien débattu, monsieur de Nemours, qui estoit gentil prince, comme chacun sçait, dit aux capitaines qu'il vouloit combattre, et qu'il falloit qu'ils combattissent avecques luy; et la raison il leur dit, qui estoit telle que, quand ores ils ne voudroient point combattre, si estoient-ils contraints de ce faire, puisqu'il n'y avoit point de vivres au camp, et ne sçavoit moyen pour en avoir : et davantage, l'armée des Vénitiens qui se renforçoit et venoit vers eulx; et si les deux armées du Pape et des Vénitiens feussent venues vers eulx, l'une d'un costé, l'autre de l'autre, ils estoient derrière eulx, ils ne pouvoient avoir nuls vivres. Cela dit et conclud, tous les capitaines luy fisrent serment de vivre et mourir ce jour aveccques luy : et vous asseure qu'il y avoit en sa compagnie de gens de bien et de gentils capitaines, tant de gens de cheval que de pied, et aussy bons que j'en aye point veu depuis : et estoient avecques luy, premièrement monsieur de Lautrec, monsieur de La Palice, le duc de Ferrare, le duc d'Allègre, monsieur de Humbercourt, Fonterailles, le baron de Biart, le vicomte d'Estoges, le grant escuyer de France, Galéas de Saint-Severin, monsieur de Bayart, monsieur de Crussol, qui menoit les deux cent archers de la garde du Roy, monsieur de Montoison; monsieur d'Aubiguy, et plusieurs autres, tant françois qu'Italiens, qui seroient longs à vous nommer.

Les capitaines des gens de pied françois estoient monsieur de Molart, capitaine-général des advanturiers, monsieur de Bonnet Maugiron, le capitaine Georges de Richebourg, Maulevrier, Grand-Jean le Picard; et monsieur de Moncaure, qui menoit les Picards, les capitaines des lansquenets; le capitaine Jacob Feremus, trois mille lansquenets; le capitaine Philipe, trois mille ; le grand Fabian, deux mille ; et estoit, ledict Fabian, le plus grand et le plus puissant homme que je vis jamais ; et quelques bandes d'Espaignols et d'Italiens qui estoient avecques eulx. Et comme ils eurent ce faict, monsieur de Nemours, qui n'avoit plus qu'un flascon de vin et ung pain, voullust desjeûner, et le despartit aux autres capitaines, lesquels en beurent et mangèrent ; et estoient tous armés. Cela faict, les advantureux vindrent faire rapport que l'armée du Pape et les Espaignols marchoient et venoient tout droict à eulx, et que la journée ne se pouvoit passer sans bataille : et feust ung jour de Pasques. Et lors commencèrent les François à marcher, et eulx mettre aux champs, et ne fisrent pas grand chemin que les deux armées ne suivirent l'une l'aultre. Et avoit ung canal qui s'appelle le Ronco, et se passoit à guet en tous endroicts. Et avoient là laissé les Espaignols ung nombre de gens à cheval de-là l'eaue, et toute l'armée deçà : et estoit le comte Navarre capitaine-général de leurs gens de pied, et le vice-roy de Naples, chef général de toute l'armée ; et y estoient le marquis de Pesquière, Antoine de Lève, et tout plain d'autres gentilshommes espaignols, qui seroit chose trop longue à vous les tous nommer. Et du costé du Pape, le duc d'Urbin, qui estoit le chef. Ledict Pédro de Navarre avoit faict faire un parc à langue de beuf de fer sur chevrettes, et puis force chaisnes et charettes entre deux ;
et avoit là-dedans force arquebuttes à crochet, et quelques pièces d'artillerie du costé de l'eaue : où estoit ceste bande de chevaucheurs que j'ay devant nommés, estoit l'artillerie des Espaignols, qui battoit dedans les gens de pied françois, tout à découvert : et vous asseure qu'il y faisoit un grand meurtre, car ils estoient à deux gets de pierre près. Sans point de faulte feurent tués, ceste journée, tous les capitaines de pied françois, et plus de deux mille hommes, tant françois que lansquenets ; tellement que, de quarante capitaines piétons qu'ils estoient, n'en eschappa que deux. Et endurèrent ceste batterie bien trois heures de long ; et si l'artillerie des Espaignols faisoit grand mal aux François, aussy celle des François à eulx et à la gendarmerie de-là l'eauë. Cependant monsieur de Nemours marchoit tousjours, et vint donner trois grands coups d'artillerie dedans leur gendarmerie, qui leur fist du mal assez ; et avoit ledict sieur de Nemours, de coustume, pour l'amour de sa mye, de ne point porter de harnois, fors la chemise, depuis le coulde en bas jusques au gantelet ; et prioit à toute la compagnie de la gendarmerie, en leur remonstrant et donnant beaucoup de belles parolles, qu'à ce jour voulsissent garder l'honneur de France, le sien et le leur, et qu'ils le voulsissent suivre. Et cela faict, dit qu'il verroit ce qu'ils feroient pour l'amour de sa mye ce jour-là ; et incontinent partit, et feust le premier homme-d'armes qui rompist sa lance contre les ennemis ; et les Espaignols marchoient d'autre costé en bon ordre, et chargèrent de telle sorte, qu'il ne feust jamais veu un plus rude combat, et dura plus de trois heures qu'on ne sçavoit qui avoit le meilleur. Or, ce temps pendant que la gendarmerie estoit en ce combat, nous retournerons aux gens de pied, et dirons ce qu'ils fisrent.

Monsieur de Molart et le capitaine Jacob s'estonnoient fort de l'artillerie ; car ils avoient esté trois heures en ceste peine, et n'avoient où se coucher. Se commencèrent à seoir, luy et le capitaine Jacob, et demandèrent à boire ; et, en buvant, un coup de canon les emporta tous deux ; qui feust un grand dommaige ; et avoit esté tué, un peu devant, le capitaine le grand Fabian. Ce voyant, les gens de pied, tant françois que lansquenets, voulurent aller assiéger le fort où estoit Pédro Navarre et ses gens de pied, qui ne se bougeoient ; et partirent, tant François que lansquenets, et leur vindrent donner un merveilleux assault, et trouvèrent ledict fort aussy merveilleux et tant fort de harquebuttes à crochet que de charettes. Et y fust monsieur de Maugiron tué sur une charette, et tout plain de gens de bien : et tous les piétons, tant françois que lansquenets, tous tués ou mis en fuite; et sortirent les Espaignols à la queuë de ses gens de pied fuyans. Ils fisrent un grand meurdre, et y feust tué bien douze cent hommes. Cela veu, le gros nombre que les Espaignols estoient, et gens frais, si du commencement ils pensoient bien avoir gaigné la bataille, encore pensoient-ils mieux avoir gaigné à ceste heure-là; mais, comme Dieu ordonne les choses, il y avoit quelques lansquenets, françois ou picards, qui n'y estoient point allés, qui vindrent et rechassèrent tous lesdicts Espaignols dedans leur fort; et les gens de pied françois ne les suivirent plus, mais se retirèrent au lieu accoustumé, et enduroient comme auparavant devant la batterie de l'artillerie. Et aussy faisoit tant de mal aux Espaignols la batterie des François, qu'il leur feust fort qu'ils se déparquassent et vinssent combattre avecques les aultres; eulx venus, l'armée des François s'affoiblissoit fort. A donc vint monsieur d'Alègre prier à monsieur de La Palice, en disant : « Monsieur, la bataille est » perdue, si vous ne nous envoyés la bande de » monsieur Sedan. » Et incontinent le vicomte d'Estoges qui la menoit, partit, et toute la bande avecques luy, criant : *La Marche!* Et si les suivirent les deux cent archers de la garde, qui portoient tous des haches, que menoit monsieur Crussol; et vindrent donner dedans de telle sorte que le vice-roy de Naples s'enfuit et toute la gendarmerie : et feust là pris le marquis de Pesquière et aultres capitaines espaignols, et de ceulx du Pape. Or, après ce faict, leurs gens de pied n'estoient pas encore deffaicts, et se tenoient tousjours dedans leur fort, et leur artillerie qui battoit d'un costé et d'aultre, là où monsieur de Pontremy, qui estoit au lieu de monsieur d'Espy, fist merveilleusement bon devoir, et aussy fist Pierrot Dognots.

Et quand les François feurent passé l'eaue, appercevant que le fort où estoit Pédro de Navarre n'estoit point fortifié du costé de l'eaue, incontinent cent hommes-d'armes bien en ordre vindrent donner dedans, et leur rompirent leurs gens; et quand les autres François visrent ce, vindrent sur ledict fort, et l'emportèrent d'assault; et feurent tous tués et mis en pièces ceulx dedans, et Pédro de Navarre prins, et aultres capitaines et gens de pied. Et paravant ce se partirent dudict fort deux mille Espaignols, bien en ordre, qui se sauvoient. Or, le baron de Chimay, qui estoit honneste gentilhomme, se cognoissant les choses à venir, et en avoit déjà dit beaucoup de véritables avant la bataille, vint à luy, monsieur de Nemours, et luy demanda en ceste manière : « Or çà, bastard, comment ira-» t-il de ceste bataille, et qui la gaignera? — Je » vous promets ma foy, monsieur, dit le bas-» tard, que vous la gaignerés; mais vous estes » en danger d'y demeurer, si Dieu ne vous fait » grâce. » Sur quoy respondit le sieur de Nemours, que pour cela ne lairoit-il point à y aller. Et quand la bataille feust gaignée et que les Espaignols à pied et à cheval feurent mis en fuite, ledict sieur de Nemours vint au bastard, et luy dit : « Et puis, maistre coquart, y suis-je de-» meuré comme vous disiés? me voicy encores. » — A donc, luy dit le bastard, monsieur, ce » n'est point encore faict. » Et, comme il achevoit ce propos, un archer luy vint dire : « Mon-» sieur, voilà deux mille Espaignols qui s'en » vont tous en ordre au long de la chaussée. » Et incontinent ledict sieur demanda son habillement de teste pour les suivre; et monsieur de Lautrec luy disoit : « Si, monsieur, attendés » vos gens. » A quoy il n'entendit point, et, avecques vingt ou trente hommes-d'armes, vint ruer sur lesdicts Espaignols, là où feust enlevé des piques hors de la selle, et feust tué, et tout plain d'autres gentilshommes avecques luy, et monsieur de Lautrec si fort blessé qu'il feust là laissé pour mort; et y feust tué monsieur de Viverols, son fils. Cela faict, feurent amenés les gros personnages, morts et blessés, au camp; et pourtant que les vivres des Espaignols estoient là demeurés, et que les François en avoient grande nécessité, leur vindrent à grand reconfort du deuil qui feust mené au camp, à cause de la mort de monsieur de Nemours. Il n'en faut point parler; car jamais de prince mort n'en feust mené tel. Et je vous ay nommé tous les gros maistres qui y ont esté tués : des blessés peu en sont eschappés; et ne fault point que nul s'excuse du combat, car tous combattirent, jusques aux valets.

⌘

CHAPITRE XXX.

Comment monsieur de la Palice, en attendant la response du Roy, feust eslu par tous les capitaines, chef général des François; et comment la ville de Ravennes feust prinse; et de l'entrée du corps de monsieur de Nemours à Milan.

[AVRIL 1512.] La bataille près Ravennes gaignée par les François, et ce gentil prince monsieur de Nemours mort, comme je vous ai desjà dit, de sa plainte il n'en fault point parler; car il feust plaint d'amis et d'ennemis; et le lendemain on renvoya son corps dans une litière, à Milan, et aultres gros personnages, comme monsieur de Lautrec et aultres, qui estoient fort blessés. Le camp du Roy demeura devant la ville de Ravenne, où il estoit le jour de devant; et advertirent le Roy de la bataille, et de sa duché de Milan, et quel gouverneur il y vouloit mettre; et, ce temps pendant, les capitaines regardèrent qui seroit lieutenant-général, en attendant la response du roy; et quand ils eurent tout bien considéré, ils choisirent monsieur de La Palice, qui étoit gentil capitaine et gentil chevalier, et qui avoit beaucoup veu. Cela fait, incontinent il fist sommer la ville de Ravenne de se rendre, laquelle chose elle fist : elle feust composée de quelque argent qu'elle debvoit bailler à tous les capitaines; et, après ladicte composition faicte, ung adventurier qui s'appeloit Jacquin, de la bande de monsieur de Molart, lequel estoit sergent de bande, vint à regarder à la brèche, laquelle avoit esté faicte le jour de devant : il vist qu'il n'y avoit ame de deffense dedans la ville; et ainsy vint, de main en main, à ses aultres compaignons, et donnèrent l'assault avant que jamais homme dedans y sceust venir; et après, les lansquenets et toute la gendarmerie entrèrent et prindrent la ville, et la pillèrent toute, et misrent à sac, avant que jamais monsieur de La Palice ni tous les autres capitaines y seussent mettre ordre; et feust grand pitié, car elle étoit belle ville et riche. Si ledict seigneur de La Palice en estoit marry, il ne s'en faut esbahir, car il pensoit bien en avoir quelque bonne chose. Cela faict, et ladicte ville ainsi pillée et destruite, on fist tenir information pour sçavoir qui en avoit esté cause; et feust prins le capitaine Jacquin, au milieu de tous les adventuriers et de tous les Allemans qui se voulurent mutiner; mais ils ne peurent jamais mettre ordre qu'il ne feust pendu et estranglé. Et feust trouvé audit Ravenne un enfant monstre, le plus horrible qu'on vit jamais. Et après ce faict, et toute la ville ainsi pillée, le Roy confirma monsieur de La Palice son lieutenant-général, et gouverneur de Milan. Et debvez sçavoir que ledict seigneur Roy déména ung merveilleux deuil de la mort de monsieur de Nemours, son nepveu, tel qu'on ne le pouvoit appaiser; et manda ledict seigneur Roy audict sieur de La Palice, casser toute son armée et mettre les gens-d'armes en garnison par les villes, ce que monsieur de La Palice fist à bien grand regret, et n'estoient point les autres capitaines de ceste opinion : et en fist le Roy très-grand mal; car il ne devoit jamais rompre son armée, et la renforcer, car il en avoit bien le pouvoir; et ne feust point advenu ce que depuis a esté; car je veulx dire que ceste faulte a esté cause de toutes les guerres qui ont depuis esté faictes en Italie et en la plus grande partie de la chrestienté; et, s'il eust alors renforcé son armée et bouté avant, il eust esté prince de toutes les Italies, et roy de Naples aussi; car il avoit l'empereur Maximilian pour lui, et faisoient la plus grande part de leurs guerres ensemble.

CHAPITRE XXXI.

Comment, après que les Suisses et Vénitiens veirent le pays desgarny, chassèrent monsieur de La Palice hors d'Italie.

[Juin 1512.] Les Suisses, qui n'estoient point d'accord ni en paix avec le roy de France, mais vouloient bien avoir part en Italie, entendirent la rompture de ceste armée; aussi fisrent les Vénitiens, qui ne pensoient pas que le Roy en deust faire ainsy, dont feurent merveilleusement aises. Les Suisses se commencèrent à mouvoir; et pensoit monsieur de La Palice que ce ne seroit rien, car ils étoient descendus à Milan deux ou trois fois; et pour ce que à chacun coup le grand nombre des chevaux françois leur coupoient les vivres, s'en retournoient, avec cinquante mille escus qu'on leur donnoit, et leur faisoit-on la bataille d'escus au soleil; et en apprit la façon monsieur le grand-maistre Chaumont. Cela faict, les Suisses marchèrent, avec l'ayde du cardinal de Sion et les Vénitiens de leur côté : quoy voyant, monsieur de La Palice garnit le chasteau de Milan et le chasteau de Crémone de gens, de vivres et d'aultres munitions, et envoya monsieur d'Aubigny, avecques trois cens hommes-d'armes, dedans Bresse; et lui, avecques toute la gendarmerie et les lansquenets du capitaine Jacob qui estoient demeurés, se retira dedans Pavie; car la chose feust merveilleusement subite, et tant que ledict sieur de La Palice n'eust loisir d'assembler ses gens, ni de mettre ordre en son affaire. Les Vénitiens et les Suisses marchoient tousjours; et se misrent ensemble leurs deux armées, et vindrent devant Pavie; laquelle chose veue par le sieur de La Palice et les autres capitaines qui estoient avecques lui, telle fois conclurent de la tenir, mais après trouvèrent que mieux valoit l'abandonner; laquelle chose feust faite, et y eust de belles escarmouches à l'arrivée et au sortir. Et, ainsy que mondict sieur de La Palice sortoit par une porte, les Suisses et les Vénitiens entroient par l'autre, par dessus le pont, là où le reste des lansquenets du capitaine Jacob donnoit à la journée de Ravenne, desquels estoit chef monsieur Destoges, gentil-homme françois, lequel portoit le guidon de monsieur de La Palice : lui et lesdicts lansquenets, laissés derrière à l'arrière-garde, fisrent fort bien leur debvoir, et se retira ledict sieur de La Palice avecques toute son armée en France; et ne demeura en Italie pour les François que le chasteau de Milan, le chasteau de Crémone et la ville de Bresse où estoit monsieur d'Aubigny, capitaine-général, avecques quelques gens de pied et trois cent hommes-d'armes françois, lequel après le retour de monsieur de La Palice en France, ne demeura guères sans avoir le siége par les Vénitiens; car les Suisses estoient desjà retournés en leur pays, après avoir eu gros butin par le pays d'Italie, et force argent desdicts Vénitiens. Durant lequel siége feurent faites beaucoup de belles saillies, et le tindrent long-temps à grosse batterie; et vous veux bien dire que c'est la plus belle ville de guerre que je vis jamais, et n'estoit point prenable, veu les gens de bien qui estoient dedans, et le chef qui estoit et est encore, tant homme de bien et bon capitaine. Toutesfois, par longueur de temps, la peste et famine se frappa tellement entre eulx, qu'ils feurent contraincts de rendre la ville, mais si honnestement, que les gens de chevaulx sortirent la lance sur la cuisse, et les piétons la picque sur le col; et en estoient beaucoup morts de la peste : et ainsy s'en revinrent en France. Et après ce, tinrent encore assez le chasteau de Milan et le chasteau de Crémone le parti des François.

CHAPITRE XXXII.

Comment le jeune Adventureux vint sur les frontières de Gueldres amasser cinq mille lansquenets; et comment ceulx de Lembourg et Luxembourg ruèrent sur eulx.

[1512.] Le jeune Adventureux, après le retour de toute l'armée d'Italie en France, revint deçà les monts, et print le chemin par le mont Genève, en Daulphiné, et trouva le Roy et la Reine à Grenoble, qui lui fisrent merveillement bonne chère; et estoient fort marris du retour de monsieur de La Palice; et de là s'en allèrent à Blois, et de Blois à Paris, là où se faisoit une menée et pratique avecques les Vénitiens, pour avoir paix avecques eulx, et dressèrent une aultre armée pour envoyer de là les monts. Or laissons le Roy faire son entreprise, et disons du jeune Adventureux que, quand il feust de deçà les monts, voullust faire la guerre à monsieur de Trèves, pour la querelle d'une place, laquelle se nomme Castelbourg. Et s'en alla ledict Advantureux en Liége, et là ouit parler d'une bande de lansquenets qui revenoit de Gueldres, et s'appelloit la Bande-Noire, laquelle a reigné long-temps depuis; et incontinent ces nouvelles ouies, vint devers monsieur de Liége, son oncle, qui pour lors estoit bon françois, lequel lui presta quelque argent, et feurent douze cent pistoles, pour donner aux lansquenets. Laquelle chose faicte, ledict Adventureux despescha un gentilhomme liégeois, Okelet de Feumaille, lequel il envoya devers lesdicts lansquenets, pour les retenir pour lui et à son service. Lequel arrivé devers lesdits lansquenets, lui octroyèrent la requeste dudict Advantureux; et estoient les capitaines gentils compagnons, dont les deux principaux estoient Thimis de Médelbourg, honneste homme et de bon aage, et ung aultre qui s'appelloit Hans. Cela faict, le jeune Adventureux, avecques cent chevaulx, arriva à eulx ung samedy de Pasques, à dix heures du soir, à un village entre Trect et Vise; et pensèrent lesdits lansquenets avoir une merveilleusement grosse alarme, cuidans que ceulx de Lembourg et de Luxembourg, et ceulx du pays, qui étoient assemblés, vinssent ruer sur eulx. Or, le propre jour que ledict jeune Adventureux partit de Liége eust lettres du Roy, lequel lui mandoit, surtout les services qu'il lui pouvoit faire, qu'il lui retînt lesdicts lansquenets à son service, et qu'ils auroient bon traitement, et qu'ils seroient bien payés; pour lesquelles nouvelles ledict Adventureux se hasta de les avoir. Et estoit l'assemblée que le Roy voulloit faire pour envoyer en Guienne, où estoit question que les Espaignols voulloient descendre, ou en Italie pour faire son voyage. Et quand l'Adventureux feust arrivé vers eulx, et qu'ils le conneurent, ils feurent merveilleusement aises; car à ce jour leur avoit promis se trouver à eulx. Et après qu'il feust adverty de l'assemblée de ceulx de Lembourg et Luxembourg et du pays environ, il fist amener du long de l'eauë quelques piques qu'il avoit fait venir d'Ardenne, et poudre pour les harquebutiers, qui resjouit merveilleusement lesdicts lansquenets, car ils en avoient grande faute; et demeurèrent toute la nuict en merveilleusement bon guet et gros allarme que ceulx de Lembourg et de Luxembourg leur fisrent.

Et le lendemain matin, qui feust le jour de

Pasques (1), l'Adventureux, apres avoir mis ordre à son affaire, s'en alla à Vise, pour faire ses pasques, en attendant ce que ces gens assemblés vouloient faire, car il avoit mis bonnes espies pour entendre de leur volonté. Laquelle chose faicte, se mit en basteau pour aller audit Vise; et y eust quelques gentils-hommes et valets des siens qui voullurent aller par terre, lesquels feurent prins et menés en une place qui s'appelloit Dolhein. Ledict Adventureux, après avoir ouï messe et receu Dieu, ouit l'allarme dedans le camp, que faisoit Le Drossart de Franquemont, lequel avoit assemblé tout le commung et gentils-hommes du pays environ, pour courir sus audict Adventureux et à ses gens, lesquels no voulloient faire nul mal au pays, fors seulement vivre. Toutesfois l'allarme fut grosse, et s'arma ledict Adventureux dedans son basteau, et vint à ses gens, lesquels se mettoient en ordre ; et à vous en dire le vray, c'estoit une merveilleusement belle bande. Et vinrent les uns contre les aultres, tellement qu'à l'abord y eust merveilleusement belle escarmouche, tant de gens de pied que de cheval, en laquelle y eust tout plein de gens tués et affolés. Et à donc lesdicts lansquenets et le jeune Adventureux avecques eulx baisèrent la terre, comme ils font de coustume, et marchèrent tout droict contre leurs ennemis ; mais ne voulleurent attendre, et avoient quelques pièces d'artillerie avecques eulx, laquelle ils avoient tout le jour tirée contre lesdicts lansquenets, laquelle feust gaignée. Cela faict, les lansquenets, qui cuidoient aller se loger en un village lequel s'appelle Hesvie, au pays de Luxembourg, se commencèrent à mutiner entre eulx, disans qu'ils vouloient avoir argent, ou qu'ils ne passeroient pas la rivière ; et repassèrent l'eaüe pour se retirer vers Gueldres, dont ledict Avantureux feust fort marry ; et le devoient tuer dans leur domaine, comme ils disoient. Toutesfois il alla à eulx, et se commença à courroucer le premier, et leur donna quatorze enseignes, et les pria de venir avec luy au service du Roy, laquelle chose accordèrent la plus grande part. Et quand ce feust faict, et que les basteaux estoient tous prests, l'Adventureux print deux enseignes en chacune main, et passa oultre ; et ainsy après, tous lesdicts lansquenets le suivirent, et ne retourna que trois cens hommes, que tous ne passèrent la rivière de Meuse, et s'en vinrent à Ardenne, là où le roy Louis envoya audict Adventureux un gentilhomme nommé La Romagère, et qu'il luy prioit qu'il donnast congé auxdicts lansquenets, et que pour l'heure il n'avoit que faire de gens de pied, et ne lui envoya pas un grand blanc pour les contenter ; de laquelle chose ledict Advantureux feust très-mal content, comme raison le voulloit ; car il luy desplaisoit fort de perdre son crédit avecques lesdicts lansquenets, qui estoient venus pour l'amour de luy : toutesfois il leur donna congé, pour ce que le sieur de Sedan lui manda que pour l'heure l'entreprise de Trèves estoit rompue, et aussi pour ce que le Roy n'en voulloit point ; et pour ce se deffit desdits lansquenets à grande mutinerie ; toutesfois il eschappa du mieux qu'il peut, et estoit avecques luy Denis Soynart, seigneur d'Alemberg. Cela faict, ledict Adventureux s'en vint à Sedan et de là en France, bien marry, prest à dire au Roy qu'il ne luy avoit point faict de bon tour avecques les Allemans, et qu'il avoit perdu une belle bande ; et que, si une aultre fois il en avoit affaire, il ne les recouvreroit point aisément. Huict jours après qu'il eust laissé lesdicts lansquenets, luy estant à Severange de retour chez monsieur de Montmort, sur son chemin, pour aller vers ledict sieur Roy, il eut nouvelle du Roy que, sur tous les services qu'il lui vouloit jamais faire, qu'il lui fist recouvrer un nombre de lansquenets. Laquelle chose vüe, ledict Adventureux feust merveilleusement marry ; toutesfois, pour faire service au Roy, il partit en toute diligence, et renvoya après lesdicts lansquenets, et en recouvrit bien deux mille, dont les capitaines estoient Thimis et Hans ; et d'en recouvrer plus ne feust possible ; et feust force audict sieur Roy, pour en avoir plus largement, qu'on leur envoyât à chascun un escu en Allemaigne, dedans leurs maisons, avant que voulsissent jamais partir ; qui feust une merveilleuse constance au Roy, pour ce que, quand ce vint à la monstre, ils ne voullurent le rabattre : toutesfois avecques l'ayde de force argent, ledict sieur en eust assez, et en fist deux armées avecques aultres gens qu'il avoit, dont l'une estoit pour envoyer en Guyenne, et l'aultre en Italie ; et en amena ledict Aventureux au Roy bien dix mille, sans une aultre bande que le duc de Suffolk lui amena de Lorraine.

<><><>

---

(1) On disoit anciennement faire ses pâques, lorsqu'on faisoit ses dévotions en quelque fête solennelle ; et comme, depuis le retour de l'armée d'Italie, il ne peut y en avoir d'autre que la *Notre-Dame d'Août*, il paroît que c'est cette fête que l'auteur veut ici désigner. (*Note de l'abbé Lambert.*)

CHAPITRE XXXIII.

Comment les Espaignols descendirent en Guyenne, où feust envoyé monsieur d'Angoulesme, lieutenant-général pour le Roy; et comment le roy de Navarre perdit son royaume.

[Octobre et novembre 1512.] Le roy Louis feust adverti de la descente des Espaignols en Guyenne, en ung lieu qui s'appelle Saint-Jean-de-Pied-de-Porc; et le prindrent lesdicts Espaignols à l'amblée; et est ledict Sainct-Jean lieu bien fort, lequel garde l'entrée des montaignes de Navarre. Ledict Roy fist marcher son armée et ses lansquenets, qui estoient bien sept mille, avecques quelque autre bande que menoit le duc de Suffolk, qu'on appelloit la Blanche Rose; Brandecque, gentilhomme allemand, et monsieur de Montmort, général desdicts lansquenets, et le jeune Advantureux, avec le demeurant des autres lansquenets, pour aller en Italie, vindrent en un lieu de Bourgogne, qui s'appelle Coulange-la-Vineuse, et son frère, le sieur de Jamets, à Vezelay, où est une partie du corps de la Magdeleine, avecques deux mille lansquenets; et ont une coustume en France de mettre ces lansquenets en garnison ès lieux où il y a quelques vins, car ils l'aiment mieux que l'eaue bouillie. Le Roy despescha monsieur d'Angoulesme à monsieur de Longueville, et l'envoya en Guyenne, chef général, et avoit assez belle armée. Et y eust belle escarmouche au pied des montaignes, ou fisrent semblant les Espaignols de vouloir donner bataille, tellement que les advancoureurs feurent entremeslés avecques l'ung l'autre, et y en eust beaucoup de tués d'ung costé et d'aultre; toutesfois quand les Espaignols visrent la grosse puissance des François, qui estoit beaucoup plus grande que la leur, se retirèrent et abandonnèrent tout; et feust repris ledict Sainct-Jean-Pied-de-Porc par les François. Cela faict, monsieur d'Angoulesme eust advis, et monsieur de Longueville avecques, et assemblèrent les capitaines, pour veoir ce qu'il estoit de faire, et feurent d'advis de rompre ceste grosse armée; et renvoya une partie en France, et l'aultre moitié, avecques monsieur de La Palice, en Navarre : laquelle chose concluc feust faicte.

Mais avant ce partement y eust gros débat entre les lansquenets et les Gascons, tellement qu'il y en eust bien cinq cent de tués; et, si la gendarmerie qui les départit ne s'en feust meslée, il y en eust eu davantage. Ce faict, monsieur d'Angoulesme revint en France; monsieur de Longueville et la plus grande partie de ceste armée, et monsieur de La Palice, avecques sept cent hommes-d'armes et trois mille lansquenets que menoit le duc de Suffolk, et six ou sept mille Gascons, et une bande d'artillerie, print son chemin vers Navarre, et vint trouver le roy dudict Navarre, en ung chasteau près de Pampelune. Et avoit ledict Roy assez mal mis ordre à son affaire, jaçoit qu'il feust bon prince et fort dévotieux, car il oyoit tousjours deux ou trois messes chacun jour; mais il n'estoit point homme de guerre, et feust fort marry monsieur de La Palice de trouver le petit ordre qu'il y avoit mis; car il n'avoit pas fourny une seule place, et si avoit eu loisir et argent assez; et n'avoit point ung homme avecques luy qui le sceust faire, ny qui luy conseillast de ce faire. Monsieur de La Palice, qui estoit homme de guerre, advisa avecques ledict roy de Navarre et les capitaines qui estoient avecques luy, que l'hyver estoit venu, et que d'assiéger ville il n'estoit point possible, principalement en ce pays-là, car il n'y avoit point de bois pour chauffer en tout Pampelune, et que pour ung jour et deux les gens-d'armes l'endureroient bien; ce qui feust faict. Et fist-on amener des vivres, et allèrent assiéger Pampelune, et en peu fisrent une batterie qui feust bien grande; mais dedans la ville y avoit gros nombre de gens de guerre.

Quand ladicte batterie feust faicte, il feust question de donner l'assault bien ferme, là où monsieur de Suffolk fist bien honnestement et les lansquenets; mais ceux de la ville, qui estoient plus forts, les repoussèrent tellement, qu'il y demeura beaucoup de François, Gascons et lansquenets dans les fossés. L'assault failly et rebouté, feust d'opinion monsieur de La Palice que le roy de Navarre devoit fortifier ses places, et attendre l'advanture que Dieu luy voulloit envoyer; car monsieur de La Palice ne voulloit point là demeurer tout le long de l'hyver sans rien faire; car c'eust esté trop grande constance au roy de France. Et ce qui feust conseillé feust faict; et s'en retourna monsieur de La Palice en France, et eust beaucoup de peine à ramener son artillerie, à cause que les chevaulx estoient tous morts; et fallut que les lansquenets la tirassent à bras dedans les montaignes, avecques quelque argent qu'on leur donna. Et demeura le roy de Navarre en son royaulme, lequel il laissa perdre petit à petit, et s'en vint en France, en son pays de Béarn, qui est très-beau pays et riche; et aymoit beaucoup mieux ce qu'il avoit en France que son royaume de Navarre.

CHAPITRE XXXIV.

Comment le roy Louis douzième envoya monsieur de La Trimouille, son lieutenant-général, en Italie, avec toute son armée.

[Avril 1513.] Monsieur de La Palice retourné en France, et toute l'armée, le Roy s'en alla à Paris, là où se trouva le sieur Jehan Jacques, qui estoit son compère, et lui avoit le Roy faict tenir un de ses enfans (1), lequel sieur mist en teste au Roy de faire une petite armée, et l'envoyer en Italie, et avecques les parts et intelligences qu'il avoit en la duché de Milan, qu'elle seroit bientost révoltée, et qu'il espéroit aller jusques dans Milan avecques un esperon de bois, laquelle chose le Roy voulust bien entendre, car ledict sieur Jean Jacques estoit d'un bon entendement et esprit, et conduisoit bien une armée; et ne vit jamais homme qui pourvoust mieux au camp, et qui feust plus diligent d'avoir bonnes espies, et qui cherchoit mieux son advantage, spécialement en Italie; car il congnoissoit tout le pays. Le Roy, veu le bon sens qu'il avoit, et loyauté qu'il avoit à bien servir son maistre, l'eust plusieurs fois faict son lieutenant-général et son gouverneur de Milan, n'eust esté les parts qui estoient en Italie, dequoy il en tenoit, qui estoit la part Guelfe. Or vous avez en Italie deux parts, asscavoir, Guelfe et Gibeline, et les Colonnois, et l'aultre partie adverse; et toutes les parts d'Italie sont sous ces deux-là, comme vous avez dedans Gênes, Adornes et Frégouses, où l'ung tient une partie et l'aultre l'aultre.

Or le Roy vouloit bien contenter les deux parts, et les tenir en son amitié, et en faisant le sieur Jean Jacques son lieutenant-général, qui tenoit la part Guelfe, il eust mal contenté les Gibelins. Et, pour achever ce mal, il estoit tousjours contrainct y envoyer ung François, comme il fist, et feust regardé une fois que monsieur de Bourbon iroit; mais monsieur de La Trimouille pourchassa tant qu'il eust la charge, et allèrent avecques luy le sieur Jean Jacques et le sieur de Sedan. Et incontinent feust l'armée dressée, et vist-on marcher la gendarmerie, qui estoit de douze cent hommes-d'armes, asscavoir: la bande de monsieur de La Trimouille, cent hommes-d'armes; la bande du duc d'Albanie, qui estoit capitaine-général des gens-de-pied françois; la bande du sieur Jean-Jacques et du grand escuyer de France, deux cent hommes-d'armes et archers italiens, comme les sieurs Barnabot et aultres; la bande de monsieur d'Aubigny, cent hommes-d'armes que menoit monsieur de Crussol; le baron de Biart, cent hommes-d'armes; la bande de monsieur l'admiral Graville, la bande de monsieur La Fayette, et plusieurs aultres compagnies nouvelles que ne vous sçaurions nommer. Les gens de pied estoient onze mille lansquenets, que menoit le jeune Advantureux et monsieur de Jamets, son frère; et en estoit chef monsieur de Sedan, et ledict Advantureux son lieutenant, lequel estoit à pied avecques les lansquenets et son frère, le sieur de Jamets, et n'en avoient avecques eulx que six ou sept mille, et le reste venoit de Guienne, que menoit le sieur de Brandecque, Tavennes et aultres capitaines lansquenets; lesquels ne sceurent jamais venir à temps à la bataille. Et vint en ce temps en France ung comte d'Allemaigne, nommé le comte de Wolf, lequel se mist à pied avecques ledict Advantureux, et feust tousjours avecques luy à une double paye, et se fist si homme de bien avecques ledict Advantureux, que depuis a eu de grosses charges. Qui menoit l'artillerie de France, estoit monsieur de La Fayette, parent de monsieur l'admiral Graville, lequel estoit homme sage et de bon entendement, comme cy-après sera déclaré. Et avecques ladicte artillerie, le sieur de Sedan faisoit mener un parc faict en façon d'eschelles, lequel estoit merveilleusement bien, et cinq cent arquebuttes à crochet dedans ledit parc. Et si eust peu estre tendu à temps, par advanture que la chose ne feust point ainsi allée qu'elle alla, comme après sera déclaré. Et ainsy équippée, passa l'armée les monts, laquelle conduisoit le sieur de La Trimouille, lieutenant-général pour le Roy.

◇◇◇

CHAPITRE XXXV.

Comment le jeune Advantureux feust envoyé par le sieur de La Trimouille à Alexandrie, laquelle il print en un matin.

[Mai 1513.] L'armée du Roy que menoit monsieur de la Trimouille, passée les monts, ledict sieur fist haster les lansquenets, que le jeune Advantureux menoit, et ledict sieur de La Trimouille le suivoit, avec le demeurant de la gendarmerie; et prenoient leur chemin non en Milan, mais en l'Astesan. Et en la comté d'Ast, qui appartient de long-temps à la maison d'Orléans, est une ville qui se nomme Novarre, où feust long-temps assiégé monsieur d'Orléans,

---

(1) Madame Renée, qui épousa depuis Hercule II, duc de Ferrare.

du temps du roy Charles; et alla le jeune Advantureux jusques à la ville d'Ast, avecques lesdicts lansquenets, et attendit monsieur de La Trimouille, lequel arriva le lendemain. Et, ledict sieur arrivé, il ouit nouvelles que les Suysses estoient à Alexandrie, qui est une ville grande, et passe le Pô droict au milieu, et est une des plus riches villes des Italies; et, après avoir au matin ouï les nouvelles desdicts Suisses, ledict sieur de La Trimouille pria au jeune Advantureux qu'avecques ses lansquenets et quelques gens de pied françois, allast prendre Alexandrie. Et avoit ledict jeune Advantureux avecques luy, outre ce que dessus est dict, de chascune compagnie trente hommes-d'armes. Et partist de nuict, après souper, de ladicte ville d'Ast, et alla passer entre Roc et Novi, qui sont deux places fortes sur deux montaignes, et qui du temps des guerres tousjours ont esté l'une contre l'aultre.

Et s'en alla ledict Advantureux arriver à ung point de jour à Alexandrie, là où il trouva ung seigneur d'Italie, qui s'appelloit Sacremore Viscomti, avecques cent hommes-d'armes, qui luy venoit à secours, et surprinrent tellement les Suisses qui estoient aux portes, qu'ils entrèrent dedans, et gaignèrent ville, et ainsy que les lansquenets entroient par une porte, les Suisses sortoient par l'aultre, et prenoient le droict chemin de Tortonne, pour eulx aller rallier. Ledict Advantureux, ayant pris ladicte ville, et voyant la fuite que faisoient les Suisses, demeura en la ville, et fist incontinent marcher après eulx quelques gens de pied et de cheval; et là y eust belle escarmouche et quelques Suisses tués. Et fist mettre ledict Advantureux son artillerie sur les plattes formes, du costé où les Suisses estoient sortis, et la fist tirer, pour donner à cognoistre aux peuples d'Italie à ceulx qui tenoient la partie françoise que la ville estoit prise, et aussi pour donner bon courage aux amis et peur aux ennemis. Ladicte ville d'Alexandrie estoit fort riche; et, pour l'entretenir en amitié, deffendit le pillage qu'on commençoit desjà à faire, car on pilloit aussi bien amis que ennemis, en laquelle chose il feust obéi, dont feust bien grande merveille, entre tant de nations, et ville prise de force et d'emblée. Après ce, ledict Advantureux alla loger en une abbaye de Cordeliers, vis-à-vis la muraille de la porte par laquelle les Suisses estoient saillis; et dedans ceste abbaye, les Espaignols, qui y avoient esté long-temps, et les Suisses et autres ennemis de France, y avoient laissé dedans tout le pillage qu'ils avoient faict és villes et pays là en tour; lequel feust tout pris et pillé par lesdicts lansquenets et gens de guerre; et y fisrent ung merveilleusement gros gaing. Après que ladicte ville feust ainsi prise, ledict Advantureux le fist sçavoir à monsieur de La Trimouille, lequel en feust joyeux, car c'estoit ung grand point pour eulx d'avoir gaigné ladicte ville et le passage de la rivière, tant pour les vivres qui leur venoient, que pour le demeurant de l'armée qui venoit après eulx. Et, huict jours après, monsieur de la Trimouille, monsieur de Sedan, le duc d'Albanie, le sieur Jean Jacques, l'admiral de France et aultres arrivèrent tous avecques le demeurant de la gendarmerie.

Or, comme je vous ay dict par cy-devant, les lansquenets, qui estoient en nombre cinq mille qui venoient de Guyenne, lesquels menoient deux capitaines allemans, qui se nommoient Tavennes et Brandec, n'estoient pas encore venus et ne pouvoient suivre les aultres, et avecques eulx quelques advanturiers françois; et estoient encore quatre ou cinq journées loin du camp des François : et monsieur de La Trimouille et les aultres capitaines les vouloient tousjours attendre; mais le sieur Jean Jacques, lequel avoit charge de les mener jusques à Milan avecques ung esperon de bois, estoit encore en ceste fantaisie, et les faisoit tousjours haster, dont mal en prist, comme vous verrés cy-après.

◇◇◇

CHAPITRE XXXVI.

Comment les François allèrent assiéger la ville de Novarre; et de la grosse batterie qu'ils y feirent, et du secours des Suisses à ladicte place.

[FIN DE MAI 1513.] Les François estans à Alexandrie entendirent par leurs espies que les Suisses n'estoient plus à Tortonne, et s'estoient retirés à Novare, où avoit encore quelque petit nombre de leurs gens; et aussy, pour ce que ladicte ville de Novare estoit plus près de leur pays, pour avoir secours si besoing estoit, ils s'estoient allé là mettre; et leur avoit envoyé le More Maximilian trois cens chevaulx, que légers qu'aultres de la duché de Milan, et là attendirent leur bonne fortune. Et estoit ledict More tousjours en son chasteau de Milan (1), et se boutta avecques lui le sieur Galéas Vis-

---
(1) Les autres historiens disent, et leur récit est plus vraisemblable, que le duc Maximilien s'était réfugié à Novarre, sous la protection des Suisses.

comti, chevalier de l'ordre de France, lequel laissa le Roy, et l'abandonna en son affaire. Lequel More avoit merveilleusement grand peur de perdre son Estat, car il n'avoit secours des Vénitiens, ni aultres, hors desdicts Suisses, lesquels, pour ce coup, servirent merveilleusement bien. Et après que ledict sieur de La Trimouille et les autres capitaines eurent entendu l'arrest des Suisses à Novare, incontinent se partirent d'Alexandrie, et vindrent assiéger ladicte ville de Novare, au bout de quatre jours après leur département d'Alexandrie. Et feust ladicte ville assiégée d'une merveilleuse sorte, veu les gens et l'artillerie qui estoient dedans ; car ils avoient gaigné, quand les Vénitiens chassèrent monsieur de La Palice d'Italie, la plus grande part de l'artillerie qu'il avoit avec luy, et avoient mis dans le chasteau et ville dudict Novarre ; lequel chasteau est assez fort ; mais la ville ne vaut guères, si est en pleine terre d'un costé, et l'autre en lieu marescageux ; et y a une petite rivière qui passe d'un costé vers le pays des Suisses, tout contre la ville ; et feust cause ladicte rivière de garder les François de mettre ordre ni rencontre au secours qui vint à ceulx de la ville. Quand les Suisses de la ville sceurent les François à une journée près, voullurent, si petit nombre qu'ils estoient, les aller combattre ; mais ils advisèrent entre eulx qu'ils estoient trop foibles : toutesfois les Suisses ont faict de plus belles choses à petit lot qu'à grand nombre. Et misrent les François leur siége à plein midy, et assièrent leur artillerie, de laquelle monsieur de La Fayette, dont vous ay ci-devant parlé, lequel estoit homme de grande diligence, comme le mestier de mener l'artillerie le requiert, et fault que ce soit un homme qui ne soit pas endormy, et spécialement le conducteur principal d'icelle artillerie. Après ladicte artillerie être assise, subit commença à tirer si rudement, qu'en moins de quatre heures elle fist une bresche pour entrer cinquante hommes de front. Or, en faisant les approches, l'artillerie du chasteau et de la ville fist grand meurtre sur les lansquenets et gens de pied françois, et en tua beaucoup ; et là y eust un lansquenet tout auprès du jeune Advantureux, qui eust les deux jambes emportées, et plusieurs aultres fort blessés. Toutesfois, quand ils eurent assis leur artillerie, se misrent derrière une dodenne de fossé, tellement que l'artillerie de la ville passoit oultre eulx, et ne leur faisoit plus de mal, fors que, quand ils avoient leurs picques dressées, elle les coupoit. Et feurent ainsi le jeune Advantureux et le sieur de Jamets son frère, avecques les lansquenets, trois jours et trois nuicts ainsy couchés en bataille, sans avoir ni tente, ni pavillon par-dessus eulx. Quand ladicte bresche feust faicte, tous les capitaines s'assemblèrent ensemble pour donner l'assault ; là où feust advisé entre eulx que la bresche avoit encore quinze pieds de hault pour descendre dans la ville, et falloit tomber de ceste hauteur ; mais du costé des champs les fossés ne valoient rien, et estoient les maisons de la ville assez près des murailles, où les Suisses avoient mis toute leur harquebutterie et quelques pièces d'artillerie pour deffendre ledict assault. L'assault feust présenté aux lansquenets, lequel ils prindrent bien volontiers, jaçoit qu'il feust bien mal aisé ; mais ils voulurent avoir aultres gens-d'armes avecques eulx, comme un homme-d'armes ou archer avecques chacun lansquenet, pour qu'ils estoient mieux armés pour soutenir un gros faict, qu'un piéton qui est tout nud. Laquelle chose feust présentée par ledict Advantureux ; mais il feust regardé que c'estoit une chose mal aisée à faire, veu la descente de la bresche, qui estoit fort dangereuse, et le gros nombre de gens qui estoit dedans.

Tout ce considéré, les François allèrent mettre deux canons devant l'une des portes de ladicte ville, assez près de ladicte bresche, et rompirent la porte ; et quand ladicte porte feust rompue, les Suisses feirent une sortie, et feurent reboutés. Et à donc feust d'opinion le sieur de Sedan, le jeune Advantureux et aultres capitaines lansquenets, de couper chacun une manche de chemise, et la remplir de poudre, pour boutter le feu dans la ville ; qui eust esté une chose merveilleusement bien faicte, et de quoi on se repentit beaucoup depuis. Toutesfois ne se fist point, et demeura-on là toute la nuict, là où on eust nouvelle, par les Albanois et advanturiers françois, que secours estoit venu à ceux de la ville, en estoit dedans entré à dix heures de nuict. Et, comme vous ay ci-devant dit, il falloit faire bon guet ; car par la porte et par la bresche qu'on y avoit faicte, il pouvoit saillir et entrer beaucoup de gens. Sans point de faulte, les Suisses eussent dès le soir présenté la bataille aux François, mais ils estoient si très-las de la grande diligence qu'ils avoient faicte, que plus ne pouvoient ; car ils estoient venus en trois jours de leur pays, et aussi tous leurs gens n'estoient point encore arrivés, et venoient file à file toute la nuict. Et, comme je vous ay dit, les lansquenets et François feirent bon guet ; et, quand ce vint au matin, y eust une merveilleusement grosse escarmouche ; et feurent d'advis les capitaines françois de lever le

3.

siége et dissimuler la bataille. Et se retirèrent auprès de Trécas, petite ville à trois milles d'illec, sur une montaigne où avoit une abbaye, et se logèrent là, en attendant le résidu de leur armée. Laquelle chose feust faicte; et marchèrent la gendarmerie devant, les advanturiers après; le jeune Advantureux et les lansquenets, avec l'artillerie, demeurèrent derrière; et estoit toute l'artillerie du chasteau affutée sur eulx; car ceux de la ville s'apperceurent bien qu'ils ne vouloient point donner d'assault, ni combattre là: et ne fault pas douter que l'artillerie de ladicte ville de Novare et du chasteau pleuvoit et battoit si très-fort dedans lesdicts lansquenets que merveille, et en tua beaucoup, mais point de gens de nom. Or les advanturiers françois, quand ils feurent hors de la batterie, voulurent tenir ordre, pour ce qu'il falloit passer ung passage pour monter la montaigne où estoit ceste abbaye, et l'artillerie de la ville battoit tousjours dedans lesdicts lansquenets; laquelle chose leur ennuya merveilleusement. Mais, quand le jeune Advantureux vist ce, il commanda aux lansquenets qui estoient devant, pour ce qu'il estoit derrière, et que les Suisses estoient tousjours sur leurs bras escarmouchans, dit auxdicts lansquenets qu'ils donnassent des coups de picque aux fesses des advanturiers, ce qu'ils firent. Et à donc lesdicts advanturiers se hastèrent de monter la montaigne; et se logea tout le monde, ainsy qu'il estoit conclud.

Et se logèrent le sieur de La Trimouille, le seigneur de Sedan, le duc d'Albanie, le sieur Jean Jacques et aultres, dedans ladicte abbaye; et le jeune Advantureux demeura hors, avec lesdicts lansquenets, au camp, là où il faillit deux fois d'estre tué de l'artillerie du chasteau, qui battoit merveilleusement fort, et emporta le cheval d'un capitaine, nommé Sourechet, qui devisoit aveucques luy. Quand ledict Advantureux vist ce, s'en alla dans l'abbaye, vers monsieur de La Trimouille, veoir qu'il y avoit de faire; car l'artillerie du chasteau battoit fort et lui faisoit ung grand meurtre de ses gens. Et droict ainsy qu'il débatoit, ung coup de canon vint du chasteau, passa au travers des fenestres de la chambre où ils estoient en conseil, sans faire mal à personne. Et incontinent feust conclud de desloger et aller à Trécas, qui est une petite ville à deux milles de-là, et à trois de la ville de Novare. Et incontinent ce conclud, tout le camp deslogea, et s'en alla loger audict Trécas, et estoit dict de loger en la ville, non pas aux champs; mais le sieur Jean Jacques et ung secrétaire qu'il avoit, lequel s'appelloit Parmesan, et gouvernoit ledict sieur, eurent quelques présens de ceulx de la ville. Et se logea toute l'armée autour de ladicte ville dudict Trécas, sans entrer dedans: et si les François y eussent logé, comme ils avoient premièrement conclud, le mauvais ne feust pas tourné sur eulx, comme il fist, pour ce qu'il y avoit un petit bois qui alloit de-là jusques à ladicte ville de Novare, lequel leur fist ung très-grand dommaige, comme cy-après vous sera plus à plain desclaré.

CHAPITRE XXXVII.

Comment les François perdirent la bataille contre les Suisses, à Trécas, là où le jeune Advantureux feust laissé avec quarante-six playes avec les morts.

L'armée des François se logea assez tard, et estoit assez travaillée, et spécialement les lansquenets, que menoit l'Advantureux et le sieur de Jamets. Et incontinent qu'ils feurent logés, eurent un gros allarme, non pas à de faulces enseignes; mais ce ne feust rien, car les Suisses se retirèrent en attendant leurs gens qui venoient toujours. La nuict se passa sans autre allarme: et avoit dit monsieur de La Trimouille le soir à tous les capitaines qu'ils pouvoient bien dormir seurement, et faire bonne chère, et que les Suisses n'estoient encore prêts de combattre, car ils n'avoient point tous leurs gens ensemble. Toutesfois, le matin, à l'ombre de ce petit bois que je vous ay cy-devant dit, lequel tenoit au logis des lansquenets, vindrent lesdicts Suisses rebouter le guet jusqu'au logis de monsieur de La Trimouille, lequel eust à grande peine loisir de se lever, et monta à cheval à demy-armé, pour que le guet des François et des Suisses estoient desjà pesle-mesle contre son logis. L'allarme feust bien grande au camp, et la gendarmerie y alla chascun à cheval; et les Suisses se renforçoient toujours, et vindrent donner la bataille aux François, bien à leur advantaige, car, s'ils eussent failly, ils se pouvoient retirer le long de ce petit bois, jusques à Novare, sans que les gens de cheval leur eussent peu rien faire; et n'avoient aveucques eulx que cinq cent chevaux, tant des leurs que de ceulx que le More Maximilian leur avoit envoyé: et sans point de faulte toute la fleur des gens de guerre du pays y estoit. Lesdits Suisses vindrent pour gaigner l'artillerie, là où estoient les lansquenets; et pensoient, quand ils auroient deffaict cela, avoir grand avantage au combat; et s'ils failloient-ils se pouvoient sauver, en faveur de ce bois que je vous ay dit. Et vindrent pour combattre main à main, lesdicts lansquenets, à l'ombre d'une petite maison; mais le sieur de Sedan partit avec trois cent hommes-d'armes, lesquels, quand ils la visrent, commencèrent à fuir ; car ce n'estoit que leurs enfans perdus, dont la pluspart feust mis en pièces par ledict sieur de Sedan et la gendarmerie d'avecques luy. Et croy que, s'il feust demeuré en son estat comme il estoit ordonné, que la bataille n'eust point esté perdue par les François, comme elle feust. Ce faict, les Suisses reprindrent cœur, et vinsrent combattre les lansquenets main à main, lesquels, je vous asseure, les Suisses trouvèrent merveilleusement bonne bande ; et feust long-temps que je pensois que les Suisses perdroient ladicte bataille. Toutesfois lesdicts lansquenets n'estoient pas gros nombre ; et croy qu'il n'y en avoit point cinq mille sains et en point de combattre. Et feurent les Suisses de première arrivée repoussés, vous asseurant que depuis n'ay veu telle bande de lansquenets ; et la harquebutterie y fist merveilleusement bien son debvoir, et feurent contraincts lesdicts Suisses abandonner quatre cent hallebardiers qu'ils avoient, et allèrent donner sur les harquebutiers lansquenets, qui estoient huit cent, tellement qu'ils les rompirent ; et à donc lesdicts hallebardiers vinsrent donner sur le flanc auxdits lansquenets. Quant tout est dit, la bataille feust perdue, et feurent si mal secourus les lansquenets, que jamais nul homme de pied françois ne voulust combattre, quand ils visrent l'autre bande des Suisses qui approchoit ; tellement que les lansquenets feurent rompus et mis en fuite, et l'artillerie des François gaignée par lesdicts Suisses. Et estoit là monsieur de Sedan cherchant après ses enfans, lequel les trouva en très-mauvais ordre. Et après qu'il les eust trouvés, le premier feust le sieur de Jamets, lequel monta sur un cheval, pour aller rallier les lansquenets qui fuyoient. Et après feust trouvé le jeune Advantureux entre les morts, lequel on ne recongnoissoit plus; car il avoit quarante-six playes bien grandes, dont la moindre mist six semaines à guesrir ; et quand son père l'eust trouvé, il le mist sur le cheval d'une garce des lansquenets, qui feust là trouvée ; et si le fist mener avec la gendarmerie qui s'en alloit. Et se cuidèrent railler les lansquenets deux ou trois fois ; mais l'artillerie des François, que les Suisses avoient gaignée, commença à battre si fort dedans eulx que cela les descourageoit tous. Et y feust perdu merveilleusement de gens de bien lansquenets ; car, de trois ou quatre cent hommes qui estoient au premier rang, ne s'en sauva jamais que l'Advantureux et son frère et ung gentilhomme nommé Fontaine, et Guillaume de Limpel, et deux hallebardiers qui estoient audict Advantureux, et de sa garde ; et tous les capitaines y demeurèrent, excepté deux. Et bien vous veulx-je vous dire que la fleur des Suisses y demeura, et plus de Suisses que de lansquenets.

La bataille ainsi perdue, le général de Normandie, qui estoit de la maison de Bohier, fort honneste et homme de bien, vint à monsieur de Sedan, et luy dist : « Monsieur, tout est en » fuite, comme vous voyez ; mais l'argent du » Roy, deux cent cinquante mille livres de- » meureront derrière, si vous ne nous attendez ; » et sont les Suisses tantost aux chariots qui » les mènent. » Sur quoy ledict sieur respondit : « Pourquoy ne les attendrois-je, quand je ne » vois ame qui me chasse. » Et sans point de faulte, si les Suisses eussent été forts de gens de cheval, ils eussent faict un gros meurtre et un gros gain, ce qu'ils ne fisrent. Et vous assure que ledict général de Normandie estoit un fort honneste homme ; et vous dis hardiment qu'il y avoit des capitaines en l'armée qui n'y entendoient point tant que luy. La bataille ainsi perdue, on se retourna à Verseil, une ville en la duché de Piémont, appartenant à monsieur le duc de Savoye, où les Suisses les suivirent toute la nuict, et vindrent audict Verseil, là où l'Advantureux faisoit habiller ses playes, où fallust coudre soixante et douze ou soixante et quatorze points d'esguille. Et, comme les Suisses entroient par une porte, ceulx qui le conduisoient le fisrent sortir par l'aultre ; et estoit en tel point, qu'il n'avoit ne bras, mains, jambes, ni œil, dont il peust aider, et perdist bien deux mille lansquenets. Cela faict, toute l'armée retourna en France : et vous assure qu'il en estoit bon besoing. De la gendarmerie n'y avoit guères de perdu, ni de piétons françois, qui tourna merveilleusement gros proffit au Roy et au royaume ; car ils le trouvèrent fort embrouillé d'Anglois et d'autres nations. Et feust le Roy bien fort marry, quand il entendit la perte de la journée ; et manda au sieur de La Trimouille qu'il allast à diligence vers Dijon, à son gouvernement de Bourgongne, ce qu'il fist : et le jeune Advantureux, lequel se faisoit porter en litière, eust mandement dedans les montaignes de faire tirer le demeurant des lansquenets en Picardie.

<><><>

CHAPITRE XXXVIII.

Comment les Suisses, sçachant la descente des Anglois en Picardie, vindrent assiéger Dijon; et de l'appoinctement qu'ils fisrent.

(Septembre et octobre 1513.) L'armée des François retournée d'Italie en France, le Roy manda subit à monsieur de La Trimouille s'en aller à Dijon à son gouvernement de Bourgongne, à cause qu'il entendoit que les Suisses venoient pour l'assiéger, ainsi qu'ils fisrent; et manda aussi ledict seigneur Roy, au sieur de Sedan, qu'il vinst vers luy en diligence; et après escrivit une lettre au jeune Advantureux, lequel estoit bien malade, à cause de ses playes et blessures, en lui mandant que, s'il estoit possible, il vinst vers lui en Picardie, et amenast avecques luy le demeurant des lansquenets; car il entendoit que les Anglois vouloient descendre. Lesquelles lettres veues, ledict Advantureux, si mal qu'il estoit, refist ses bandes de lansquenets, dont tous les capitaines étoient morts, et tous les généraux, comme Thimis de Médelbourg, le capitaine Philippe Okelet, de Fumaille et aultres; et fist capitaine, ledict Advantureux, le comte de Wolf, lequel avoit esté blessé à la bataille. Et demeura le susdict Advantureux un temps à Lyon; et monsieur de La Trimouille tira vers Dijon, là où il ne feust de guère arrivé, quand les Suisses, à gros nombre bien de trente mille hommes, vindrent assiéger ladicte ville, et le duc de Wirtemberg avecques; et y estoit aussi le comte Guillaume de Furstemberg et monsieur de Vergy: et pouvoient bien estre en tout quarante mille hommes; et avoient avecques eulx grosse artillerie, qui estoit à l'empereur Maximilian, assez pour faire deux ou trois batteries.

Monsieur de la Trimouille estant à Dijon, bien adverty de leur venuë, se prépara pour tenir ladicte ville, laquelle, pour l'heure, ne valloit pas beaucoup; et estoient avecques luy monsieur de Lude, et Chaudiou, général des gens de pied, lesquels estoient trois ou quatre mille; et avoit aussi monsieur de La Trimouille, monsieur de Maisière, son nepveu et sa compagnie, monsieur de Bussy d'Amboise et sa compagnie de cent hommes-d'armes, et monsieur de Rochefort, fils du chancelier de France, bailly de Dijon.

Et avoit mis ordre ledict sieur de La Trimouille à Tallant, petite ville au-dessus dudict Dijon, laquelle faisoit beaucoup de mal aux Suisses et à leur camp, à cause de l'artillerie qui étoit dedans, laquelle les battoit fort dedans leur camp: et si avoit aussi ledict sieur pourveu à la ville et chasteau d'Aussonne, et à la ville et chasteau de Beaune, lesquelles coupoient les vivres aux Suisses et au duc de Wirtemberg. Les Suisses estans là commencèrent la batterie, et tenoient leur siège devant ladicte ville, du costé de Tallant; et le duc de Wirtemberg et le sieur de Vergy tenoient le leur du costé d'Aussonne. Et après que lesdicts Suisses eurent mis ainsi leur siége et assis leur artillerie, ils allèrent prendre tout plain de petits chasteaux autour dudict Dijon, comme Saint-Seine et aultres forts; et, par faulte de provisions, les prenoient d'assault et sans artillerie, fors aucunes pièces légères qu'ils menoient avecques eulx. La batterie feust grande, et n'avoit point ledict sieur de La Trimouille la moitié de ce qu'il lui falloit; et avecques ce on soupçonnoit aucuns de la ville, qui est une chose fort fascheuse à un siége, quand il faut qu'on se garde de dehors et de dedans. Quand monsieur de La Trimouille vist ce, et les inconvéniens qui en pouvoient advenir, voullust travailler de quelque paix et appoinctement avecques eulx, ce qu'il fist; car, s'ils eussent passé oultre, ils eussent faict un merveilleusement grand dommaige au royaume de France: et feust l'appointement tel, qu'ils retourneroient en Suisse, et que les anciennes alliances que le Roy avoit avecques eulx seroient entretenues, et leurs pensions payées, et quatre mille escus (1) qu'ils auroient d'argent. Laquelle chose les Suisses, après avoir bien débattu le tout, accordèrent; et voullurent avoir les quatre cent mille escus sur le champ, lesquels ne se peurent recouvrer sitost; et leur feurent baillés ostages monsieur de Mésières et monsieur de Rochefort, bailly de Dijon, lesquels ils emmenèrent en Suisse avecques eulx: et levèrent leur siège, et de quoy feurent mal contens le duc de Wirtemberg et le sieur de Vergy, lesquels y estoient pour l'Empereur. Et ainsi feust le siège levé, et s'en retournèrent chez soy; et le roy Louis merveilleusement aise de l'événement dudict siége de Dijon: et, s'il en estoit bien aise, l'Empereur Maximilian et le roy d'Angleterre en estoient bien marris; et Dieu sçait comment ils parlèrent des Suisses, et les appelloient traistres et vilains, disans qu'il n'y avoit nul fiance en leur foy. Quand tout cela feust faict, et que les Suisses feurent retirés, monsieur de La Trémouille envoya par escrit au Roy l'appointement qu'il avoit faict avecques lesdicts Suisses, et les ostagers qui estoient allés avecques eulx; duquel appointement ledict seigneur Roy ne voullust rien tenir, dont mal en prist; car, s'il eust

---

(1) Lisez *quatre cent mille escus*.

voulhu tenir ledict appointement, il ne feust pas mort tant de gens de bien depuis qu'il est mort. Et y feurent lesdits ostagers long-temps après; toutesfois, avecques quelque argent raisonnable, ils en sortirent, après y avoir esté une bonne année.

CHAPITRE XXXIX.

Comment les Anglois descendirent en France; de ce qui feust faict à leur descente; comment ils vindrent assiéger Thérouenne; comment estoit l'armée des François à Blangy, où arriva, le jour de la journée des Esperons, le jeune Advantureux, avec les lansquenets, qui fist grand réconfort à toute l'armée; et comment l'empereur Maximilian, par un jour de Saint Laurent, arriva au camp du roy d'Angleterre, deux ou trois jours avant la journée des Esperons.

[Aout 1513.] Ce temps pendant que les Suisses estoient devant Dijon, les Anglois commencèrent à descendre; et feust le premier qui descendit Tallebot, près de Boulongne, lequel vint avecques un nombre de gens. Laquelle descente entendue par monsieur de Piennes, gouverneur de Picardie, et lieutenant-général pour le Roy, audict Picardie, il envoya le sieur Duplessis, qui menoit la compagnie du capitaine Robinet de Frameselle, et trois cent hommes, qui feirent tant qu'ils s'apperceurent desdicts Anglois, lesquels estoient environ deux mille escartés du gros host. Et quand les coureurs les apperceurent, mondict sieur Duplessis commença à changer, et y vint luy-mesme en personne; et là eust gros combat, lequel dura long-temps; et eussent esté les Anglois tous hachés en pièces, n'eust esté le charoy, là où ils se retirèrent. Et tirèrent fort de leurs arcs contre les François; et en blessèrent beaucoup, et de leurs chevaulx; et là eust monsieur Duplessis un coup de flesche au gousset, dont il en mourut. Et, après ce, eust une grosse escarmouche à Tournehen, là où feirent messieurs les François grande faulte, qu'ils ne combattirent les Anglois; car ils en eussent eu meilleur marché qu'ils n'eurent depuis : et y estoit le Roy en personne, nonobstant qu'il y avoit de bons capitaines françois. Et pour vous dire, il y a une coustume en France, que chacun capitaine n'a que cent hommes-d'armes, fors le connétable, lequel en a quatre cent : là où fist le Roy un grand honneur au sieur de Sedan; car il luy en bailla deux cent, dont l'une des bandes revenoit de-là les monts, dont estoit lieutenant le capitaine Jeannot le bastard, gascon, gentil compagnon, lequel a faict de merveilleusement belles choses en ses guerres de Liége, et fort bien servi la maison de La Marche; l'aultre bande estoit en Picardie, en ceste affaire de Tournehen, laquelle menoit le vicomte d'Estoges. L'escarmouche feust belle et triomphante : et là, si les François eussent eu chevaulx pour mener artillerie, ils eussent beaucoup gaigné de l'artillerie desdicts Anglois. Toutesfois, le vicomte d'Estoges gaigna un de leurs apostres (1), qui s'appelloit saint Jean, laquelle pièce feust envoyée à Thérouenne. L'armée du roy d'Angleterre se renforçoit tousjours : et y vint l'empereur Maximilian; et tous deux, d'un accord, allèrent assiéger Thérouenne. Et avoit ledict roy d'Angleterre une merveilleusement belle armée, tant de gens de pied que de cheval; car ils avoient gros nombre d'Anglois, qui sont bonnes gens, et combattent bien en lieu fort et parcquez : et autrement je n'en fais point grand estime; car l'arc est un baston, hors de fort, pas trop advantageux; et est le baston dequoy ils usent de plus, de rouges et de maillets de plomb. Et avoit aussi ledict roy d'Angleterre six ou sept mille lansquenetz, qui s'appelloient la bande noire, belle, grande et bien armée, et aultres piétons du pays : et avoit douze ou quinze mille chevaulx, que anglois, flamans, hennuyers et allemans; car le roy de Castille y laissoit aller de ses gens qui vouloit, nonobstant qu'il eust amitié entre luy et les François; et n'y avoit point de guerre déclarée. Et estoient merveilleusement fournis d'artillerie, plus que camp que l'on eût de long-temps veu; et en cet équipage vindrent assiéger ladicte ville de Thérouenne, laquelle feust fors battue; et y fisrent l'effort le plus grand qu'on pourroit faire pour prendre place. Monsieur de Piennes, qui estoit lieutenant du Roy en Picardie, quand il entendit qu'ils y vouloient mettre le siége, y pourveut le mieux qu'il put, assez bien de gens, mais mal de vivres; et estoient, dans ladicte ville, chefs généraux pour le Roy deux gentils capitaines : l'ung estoit monsieur de Pont-Remy, et l'aultre monsieur de Téligny, sénéchal de Rouergue; et avoient trois cent hommes-d'armes avecques eulx, et deux mille hommes de pied, et sept cents lansquenets, dont le chef estoit le capitaine Brandhec; et feirent merveilleusement bien leur debvoir. Toutesfois ils avoient faulte de vivres; et feust advisé de leur mener des lards, qui est une chose merveilleusement bonne en une ville;

---

(1) Henri VIII avait douze pièces de canon du même calibre, qui portaient chacune le nom d'un apôtre.

et fist-on charger force chariots, chevaulx et mulets, pour leur porter lesdicts lards : et feust advisé qu'on ne meneroit nulles gens de pied, fors chevaucheurs, pour leur jetter les lards dedans les portes. Et feurent advertis ceulx de la ville des vivres qui leur debvoient venir. Laquelle chose entreprise par les capitaines françois, partirent deux heures devant le jour, pour venir audict Thérouenne, là où feurent découverts plustot qu'ils ne croyoient : et là eust une terrible escarmouche, et ne peurent les François parvenir à leur entreprise, pour mettre lesdicts vivres dans Thérouenne ; car la gendarmerie de l'Empereur et du roy d'Angleterre montèrent à cheval, et un nombre de gens de pied, lesquels s'advancèrent avecques quelques pièces d'artillerie volante, lesquelles ils tirèrent sur les François, et en tuèrent aucuns ; et y eust quelques lances rompues au choquer, l'ung dedans l'aultre.

Toutesfois la gendarmerie françoise se mist en fuite, et abandonna les lards (1), et feust chassé bien asprement. Et y feust pris monsieur de Longueville, monsieur de Baiard, monsieur de Bussy d'Amboise, et plusieurs enseignes et guidons, et aultres gentils-hommes. Et y feust prise une des enseignes de monsieur de Sedan ; mais ses gens en avoient gaigné une des Anglois, et estoit l'enseigne de sa maison : et n'y eust pas fort grand meurtre. Le camp des François estoit à Blangy, petit village assis en un fond, sur un petit ruisseau, où estoient les gens de pied françois et le demeurant de leur gendarmerie. Or, comme la gendarmerie françoise fuyoit, le jeune Advantureux, qui venoit de devers le Roy et la royne Anne, duchesse de Bretaigne, arriva en la prime heure, avecques quatorze mille lansquenets de renfort, audict Blangy. Et, incontinent lui arrivé, les premiers fuyans lui vindrent dire que monsieur de Piennes prioit qu'il voullust mettre lesdicts lansquenets en bataille, et qu'il estoit chassé de près ; laquelle chose ledict Advantureux ne voulust point faire, de peur d'effrayer le camp ; et monte à cheval avecques vingt ou trente capitaines ou gentilshommes, et va auprès eulx, et fist sonner que tout le monde feust prest. Et il n'eust guères allé avant, quand il rencontra monsieur de Piennes et monsieur de La Palice, qui ne courroient plus ; car, quand la gendarmerie de l'Empereur et du roy d'Angleterre eurent un peu chassés, ils s'arrestèrent pour attendre leurs gens de pied et le demeurant de leur gendarmerie. Et, comme ay peu entendre par les prisonniers, comme monsieur de Bayart et aultres, qui eust voulu croire l'Empereur, ils eussent marché ce jour mesme, ou le lendemain matin, et suivi leur bonne fortune : et, selon mon opinion, il eust merveilleusement bien faict. Toutesfois, il ne se fist point, et demeurèrent en leur siége, et le jeune Advantureux fist arrester les lansquenets et retourner au logis pour souper, avecques ce qu'ils estoient bien las.

Et eulx arrivés audict Blangis, le soir feust mandé l'Advantureux, pour venir au conseil, pour regarder ce qu'on auroit à faire, par monsieur de Piennes et monsieur de La Palice. Lequel venu, regardèrent qu'il seroit bon se retirer toute la nuict et passer l'eauë ; de laquelle chose faire ledict Advantureux ne feust d'opinion, et dit à monsieur de La Palice et à monsieur de Piennes qu'il n'estoit point là venu pour fuir, et qu'il venoit d'ung lieu où il avoit assez fui ; et qu'il ne bougeroit de là : et que si peu d'artillerie, qui n'estoit que quatre faucons, qu'il les vouloit avoir entre ses mains ; car l'équipage du Roy ny de son camp n'estoit venu, mais se commençoit à dresser. L'opinion dudict Advantureux feust trouvée bonne, et feust tenuë, pour ce qu'il disoit que ce seroit grande folie et hazard de changer un tel camp de nuict, et qu'il en pouvoit advenir grand inconvénient. Cela faict, ledict Advantureux se retira en son logis pour souper ; et incontinent qu'il feust à table, l'escarmouche vint, là où les lansquenets qui estoient en sa charge monstrèrent merveilleusement bon visage, et aussi fist la gendarmerie françoise ; mais ce ne feust rien, et fist-on retirer chascun en sa chacune. Et incontinent que ledict Advantureux feust arrivé, vint ung gentilhomme en poste du Roy à son logis, lequel lui bailloit encore cent hommes-d'armes ; dequoi ledict Advantureux feust bien aise ; et ladicte compagnie qu'il luy bailla avoit gaigné le jour même l'enseigne de la maison du roy d'Angleterre. Et le matin, ledict Advantureux print possession desdicts cent hommes-d'armes, et alla voir le lieu où avoit esté faict l'escarmouche et feust donnée l'allarme au camp des Anglois, et en retournant fist compter combien ils estoient de morts ; mais il trouva qu'ils n'estoient point quarante, et y trouva aussi quelques povres compagnions françois blessés, lesquels il

---

(1) Suivant du Bellay et presque tous les autres historiens, les cavaliers albanais au service de France parvinrent à faire entrer des vivres dans Térouane ; quatorze cents hommes d'armes qui s'étaient avancés pour les soutenir furent entièrement défaits. Cette déroute, appelée la bataille de Guinegaste, ou la journée des Eperons, eut lieu le 16 août 1513.

fist ramener au camp à chariots. Et ainsi demeura le camp à Blangy, en attendant des nouvelles du Roi, lequel feust fort marry de ladicte escarmouche, et qu'on n'avoit pas peu boutter vivres dedans Thérouenne. Et demeurèrent les Anglois à leur siége, et cependant vint le sieur d'Angoulesme au camp.

◇◇◇

CHAPITRE XL.

Comment les Anglois prindrent Thérouenne et Tournay ; et de l'appoinctement du roy de France au roy d'Angleterre ; et de la mort du roy d'Ecosse.

[Aout, septembre et octobre 1513.] Il ennuyoit bien au roy d'Angleterre et à l'empereur Maximilian d'estre si longtemps devant Thérouenne; et sans point de faulte ils y feussent encore, si ceulx de dedans eussent eu des vivres ; car il y avoit des gens de bien, et qui s'entendoient fort au mestier : mais les vivres leur failloient, et voyoient la ville perdue, car on avoit failli à leur bailler vivres, et aussi que le Roy pourroit bien avoir affaire des gens qui estoient dedans. Avant que les vivres du tout leur faillissent, commencèrent à parlementer et traiter en bon appointement, qui feust honnorable, et feust tel : que la gendarmerie sortiroit la lance sur la cuisse, et les piétons la picque sur l'espaule, avecques leurs harnois, et ce qu'ils pourroient porter. Et ne faisoient ceulx de la ville rien sans l'adveu du Roy, lequel estoit à Amiens, et monsieur d'Angoulesme, lieutenant-général pour luy au camp. Cela faict, saillirent tous en ordre que vous ay compté, après l'avoir tenue neuf semaines, et la rendirent au roy d'Angleterre (1), lequel y feust encore plus de trois semaines avecques l'Empereur pour la faire desmolir, et la bruslèrent : si n'y demeura guères de maisons que l'église. Or ce temps pendant que le roy d'Angleterre faisoit cela, monsieur d'Angoulesme estoit bien adverty qu'il vouloit aller à Tournay, et pour ce envoya demander à ceulx de la ville qu'ils vouloient avoir pour garder leur ville, et qu'il leur envoyeroit ce qu'il leur falloit : lesquels respondirent audict sieur *que Tournay estoit tourné, et que jamais n'avoit tourné, et encore ne tournera ; et que, si les Anglois venoient, ils trouveroient à qui parler.* Toutesfois il n'y eust capitaine, ne aussi ledict seigneur, qui n'entendît bien que c'estoit d'un peuple assiégé, comme il advint; car, au bout de trois jours qu'ils feurent assiégés, traitèrent d'appointement avecques ledict roy d'Angleterre, et lui rendirent la ville (2). Et en ce temps vint monsieur de Gueldres à Maisières, avecques mille chevaulx et mille hommes de pied, pour venir au secours du roy de France ; mais sa personne ne passa pas ladicte ville de Maisières, pour quelques affaires qu'il avoit en son pays ; et retint le Roy les gens de pied, et renvoya les chevaulx, car il en avoit assez. Quant la ville de Tournay feust ainsi rendue, le roy de Castille, madame de Savoye, et tout plain de dames et demoiselles s'y vindrent, et y feirent une merveilleusement bonne chère. Or, ce temps pendant que ces bonnes chères se faisoient, le camp des François marchoit tousjours les cotoyant; là où vindrent nouvelles au roy d'Angleterre et aux François, que la bataille avoit esté une fois perdue par les Anglois contre les Ecossois, et depuis regaignée par les Anglois; et y estoit mort le gentil roi d'Ecosse (3), dont feust grand dommage, car c'estoit un gentil prince. Et, après cela faict, avoit appresté son armée pour aller en Hiérusalem ; et, s'il ne feust la demeure, il s'y en alloit, qui feust une grande perte pour la chrestienté. Et après tout cela faict, les deux villes prinses, Tournay et Thérouenne, le roi d'Angleterre cassa toute sa gendarmerie, et, avecques ses gens de pied retourna en son pays.

◇◇◇

CHAPITRE XLI.

Comment la royne de France, Anne, duchesse de Bretaigne, femme du roy Louis douzième, mourut au chasteau de Blois ; et comment après ledict seigneur Roy espousa la sœur du roy d'Angleterre.

[9 Juin 1511.] L'empereur et le roy d'Angleterre estans à Tournay, et faisans grand chère,

---

(1) Térouane fut rendue le 22 août 1513. Henri VIII et Maximilien y entrèrent le 28.

(2) Tournay fut investi le 15 septembre, et Henri VIII y entra le 24.

(3) Jacques IV, aïeul de Marie Stuart, perdit, le 9 septembre 1513, la bataille de Flodden contre les Anglais commandés par le comte de Surrey, et y fut tué. Comme il n'existait parmi ses sujets aucun témoin de sa mort, ils crurent long-temps qu'il avait survécu à sa défaite et qu'il s'était retiré dans quelque solitude. Cela n'empêcha pas sa veuve Marguerite, sœur de Henri VIII, d'épouser, six mois après, Archibald de Douglas, comte d'Angus. Cette princesse, voulant ensuite faire rompre ce mariage, eut l'air de partager l'opinion des Ecossais ; mais le motif qui la faisait agir empêcha qu'on ajoutât aucune foi à ce qu'elle disait.

le temps tousjours se passa, et estoit jà le mois d'octobre. Quoy voyant ledict Roy, et que les François ne vouloient point combattre, fors laisser animer ses gens et son argent devant les villes et places, il eust conseil et advis de lui retirer avecques toute son armée en Angleterre, et fist faire un chasteau à Tournay, de bonne grandeur, et le fournist bien de bonne artillerie, et de tout ce qu'il lui falloit. Et l'Empereur se retira dans son pays, bien marry que les choses n'estoient allées autrement; et s'il eust peu tant faire que ledict roy d'Angleterre eust donné la ville de Tournay au roy de Castille, son petit-fils, il en eust esté merveilleusement bien joyeux; mais il ne le sceut jamais mener jusques-là; et certes elle luy estoit bien séante, et au milieu de ses pays. Et ainsi se retirèrent l'Empereur et le roy d'Angleterre, l'ung d'ung costé, l'autre de l'autre. Et Madame, et le roy de Castille, son nepveu, tirèrent vers Bruxelles. Ce temps pendant que le département de ces princes se faisoit, le roy de France rompist son armée et se retira à Blois, et chacun à sa maison; et trouva audict Blois la Royne sa femme, et ses filles; et estoit ladicte Royne souvent malade d'une maladie nommée gravelle, pierre, et aultres; où elle manda le jeune Advantureux, pour quelque menée qu'elle vouloit faire avec le roy de Castille, et de toute sa maison d'Autriche. Et avoit le cœur merveilleusement affectionné à faire plaisir à cette maison de Bourgogne. Et, en devisant de ses besongnes, elle tomba malade; et envoya un jour quérir ledict Advantureux, elle estant au lict, et luy pria qu'il attendît illec encore deux ou trois jours, nonobstant qu'il estoit pressé d'aller ailleur pour ses affaires. Et empira ladicte Royne si fort sa maladie, que cinq jours après elle mourut de pierre, qui feust une grande perte à plusieurs gens de bien. Et qui en feust bien aise, ce feust monsieur d'Angoulesme, pour ce qu'elle lui estoit bien contraire en ses affaires; et ne feust jamais heure que ces deux maisons ne feussent tousjours en pique. Quand la Royne feust morte, le Roy son mary en mena ung merveilleusement grand deüil, et fist porter son corps dedans l'église de Saint-Sauveur de Blois; et delà, avecques tous les princes et dames de France, fist convoyer le corps à Saint-Denis, là où tous les roys et roynes de France sont enterrés; et là luy feust faict le plus grand service et honneur que l'on fist jamais à royne de France, ni à prince ou princesse. Et y fist faire le Roy une tombe de marbre blanc, la plus belle que je vis oncques, sur laquelle a un épitaphe gravé tel qui s'ensuit:

La terre, monde et ciel ont divisé madame
Anne, qui feust des roys Charles et Louis la femme.
La terre a prit le corps qui gist sous cette lame;
Le monde aussi retient sa renommée et fame,
Perdurable à jamais sans estre blasmée d'ame;
Et le ciel pour sa part a voulu prendre l'ame.

Ces nouvelles feurent mandées en Angleterre à monsieur de Longueville, lequel y estoit prisonnier, et estoit homme sage et de bon esprit, et en qui le roy Louis se fioit fort et encore plus en son frère, monsieur de Dunois, premier duc de Longueville. Ledict sieur, estant prisonnier en Angleterre, mena tellement l'affaire de poste en poste, que le mariage feust conclud de madame Marie, sœur du roy d'Angleterre, et du roy de France, Louis douzième de ce nom. Laquelle chose accordée, vint descendre ladicte dame Marie à Calais, et avecques elle ledict sieur de Longueville, lequel feust mis à rançon de cinquante mille escus, dont il en gaigna la plus grande part à la paulme, contre le roy d'Angleterre. Et y vint ladicte dame bien accompagnée, et avec elle le duc de Suffolck, homme de petite maison, mais il avoit tousjours esté si bien aimé de son maistre qu'il l'avoit fait duc de Suffolck et y estoit aussi le milord Cambrelan, le milord Marquis et le duc de Nortfolk, et leurs femmes, lesquelles tenoient compagnie à ladicte dame, laquelle estoit merveilleusement bien accompaignée d'hommes et de femmes, et avoient bien deux mille chevaux; et y avoit aussi envoyé le roy d'Angleterre deux cent archers de sa garde, tous à cheval, l'arc et la trousse à costé. Cela entendu par le roy de France, il envoya le sieur d'Orval et monsieur de La Trimouille à Calais, au-devant d'elle, et monsieur de Vandosme, pour la recevoir à l'entrée de son pays.

<><><>

CHAPITRE XLII.

Comment le roy Louis douzième acheva le mariage de monsieur d'Angoulesme et de madame Claude, sa fille.

[10 MAI 1514.] Ce temps pendant que ces menées se faisoient, monsieur d'Angoulesme en menoit un aultre; car il vouloit que le mariage de luy et de madame Claude, fille aisnée du roy Louis, feust achevé, laquelle chose feust accordée par bons moyens par ledict seigneur roy Louis: et, en ce mariage faisant, il luy bailloit la duché de Bretaigne, pour en jouir présentement; mais cela ne fist pas sans beaucoup d'affaires, car le Roy, qui estoit un peu chatouilleux, sçavoit bien comment il avoit faict au feu roy, et craignoit que ledict sieur d'Angoulesme ne luy en voullust faire autant. Toutesfois la chose se fist, et y feust ledict sieur d'Angoulesme merveilleusement bien servi, et spécialement par monsieur de Boissi, grand-maistre de France, et par le trésorier Robertet, qui pour lors gouvernoit tout le royaume, car, depuis que monsieur le légat d'Amboise mourut, c'estoit l'homme le plus approché de son maistre, et qui sçavoit et avoit beaucoup veu, tant du temps du roy Charles que du roy Louis; et sans point de faulte, c'estoit l'homme le mieux entendu que je pense guères avoir veu, et du meilleur esprit; et tant qu'il s'est meslé des affaires de France, et qu'il en a eu la totale charge, il a eu cet heur qu'il s'est toujours merveilleusement bien porté. Le Roy avoit auparavant baillé audict sieur d'Angoulesme la duché de Vallois, afin qu'il eust nom duc, et avecques ce, la duché de Bretaigne, ce qu'il avoit de par ses père et mère : c'estoit ung gros prince, et pouvoit faire beaucoup de bien à ses serviteurs. Ledict sieur d'Angoulesme, quand vint au jour de ses avantdictes nopces, envoya quérir le jeune Advantureux, qui estoit de sa nourriture, lui mandant qu'il s'alloit marier. Laquelle chose entendue par ledict Advantureux, subit se trouva au chasteau d'Amboise, où ledict sieur estoit, et madame sa mère; et incontinent partit dudict chasteau d'Amboise, bien accompagné, et vinst à Saint-Germain-en-Laye, qui est un fort beau chasteau à cinq lieues de Paris, beau parc et belle chasse. Et luy arrivé, au bout de quatre jours après, feurent faictes les nopces les plus riches que vis jamais, car il y avoit dix mille hommes habillés aussi richement que le Roy, ou que monsieur d'Angoulesme qui estoit le marié; et, pour l'amour de la feuë Royne, tout le monde estoit en deuil; et ne feust pas changé d'homme ni de femme pour ledict mariage.

CHAPITRE XLIII.

Comment madame Marie, sœur du roy d'Angleterre, arriva à Abbeville, bien accompagnée de gros seigneurs et dames d'Angleterre; et comment le roy Louis douzième l'espousa; et des triomphantes nopces qui feurent faictes en la ville d'Abbeville.

[Octobre 1514.] Le roy Louis douzième estant à Saint-Germain, après les nopces du sieur d'Angoulesme faictes, feust adverti, par les postes et par le sieur de Longueville, comment le mariage de madame Marie, sœur du roy Henri d'Angleterre, et de lui, estoit accordé, et que ledict Roy estoit prest pour la faire partir. Laquelle chose entendue par le Roy et son conseil, se prépara pour aller à Abbeville; ce qui feust faict. Et manda ledict seigneur Roy à tous les princes de son royaume, pensionnaires, gentilshommes de sa maison, et ses gardes, eulx trouver audict Abbeville; ce qu'ils fisrent. Et envoya le Roy monsieur de Vandosme au-devant de ladicte dame Marie; et quand ce vint qu'elle approcha à une journée d'Abbeville, envoya encore de rechef monsieur d'Alençon et aultres princes devant elle, et vint coucher à trois lieues dudict Abbeville. Et, le propre jour qu'elle devoit arriver, le Roy envoya monsieur d'Angoulesme sur le chemin d'Abbeville, là où elle avoit couchée, bien accompagnée. Et vous assure qu'elle ne venoit point en dame de petite étoffe; car elle estoit bien accompagnée de gros princes et dames et gros personnages, et entre aultres y estoient, pour les principaux, le milort Cambrelan, le duc de Suffolk, le milort Marquis (1), et le duc de Nortfolk, bon vieil personnage des plus estimés qui soit en Angleterre, et avoit sa femme avecques lui, laquelle conduisoit ladicte dame Marie, et grand nombre de dames et damoiselles. Et estoient avecques ladicte dame, comme vous ay desjà dit, deux mille chevaulx anglois; et alloient merveilleusement en bon ordre, tout le bagage, pages et valets devant, et deux cents archers à cheval, l'arc et la trousse à la ceinture, et le gant et le brasselet, tous accoustrés de la livrée du roy d'Angleterre; et après marchoient tous les gentilshommes, en bien grand nombre; et après suivoient les princes d'Angleterre et les princes de France, devisant ensemble; et puis venoit la royne Marie et monsieur d'Angoulesme, qui parloit à elle, et aultres princes et princesses, et toutes les dames après; et estoit ladicte Royne sur une hacquenée, et la pluspart des dames et le résidu en chariots, et, outre ce, suivoient cent archers anglois à la queuë desdictes femmes. Et quand ils feurent à demie-lieuë d'Abbeville, le Roy monta sur ung grand cheval bayart, qui sautoit; et avecques tous les gentilshommes et pensionnaires de sa maison, et sa garde, et en moult noble estat, vint recevoir sa femme, et la baisa tout à cheval. Et après ce, embrassa tous les princes d'Angleterre, et leur fist très-bonne chère; et à l'aborder, pour mieux resjouir toute la compagnie, avoit plus de cent trompettes et

---

(1) Thomas Gray, marquis de Dorsay.

clairons. Et ainsi entrèrent en la ville, où toute l'artillerie estoit affutée, laquelle tiroit merveilleusement; et feust ainsi menée ladicte Royne jusques au logis du Roy, qui estoit très-beau, là où fist sa harangue le duc de Nortfolk pour le roy d'Angleterre son maistre, et conducteur de sa sœur.

Cela faict, feurent bien festoyés tous les princes, dames et damoiselles; et soupa ladicte Royne ce jour-là avec le Roy, et logea en son logis. Et monsieur d'Angoulesme mena tous les princes d'Angleterre souper au sien, où feurent merveilleusement bien festoyés; et, en soupant, appelloient lesdicts princes monsieur d'Angoulesme monsieur le duc, de quoi ne se sceut tenir ledict sieur qu'il ne leur demandast en disant : « Pourquoy, Messieurs, m'appellez-vous » monsieur le duc, veu qu'il y a tant par le » monde, et vous aultres l'estes comme moy. » A quoy lui feirent response, et lui dirent que c'estoit pource qu'il estoit duc de Bretaigne, et que c'estoit la principale duché de toute la chrestienté, et qu'il se devroit nommer duc sans queüe. Le souper faict, retournèrent tous au logis du Roy, là où il ne feust plus question de deüil, car tout le monde l'avoit laissé : et estoit desjà la Royne en la salle, et se commencèrent les dances de toutes parts, et durèrent bien tart. Le lendemain au matin feurent les espousailles, et ne feurent pas faictes à l'église, mais en une belle et grande salle tendue de drap d'or, là où tout le monde les pouvoit veoir. Et estoient le Roy et la Royne assis; et la Royne, toute deschevellée, avoit un chapeau sur son chef, le plus riche de la chrestienté, et ne porta point de couronne, pource que la coustume est de n'en point porter, si elles ne sont couronnées et sacrées à Sainct-Denis. Et là servit monsieur d'Angoulesme d'offrande au Roy d'une fort honneste sorte, comme plus prochain du sang; et madame Claude, sa femme, servit la Royne d'offrande et à la messe fort honnestement. Et sçai bien que ladicte dame Claude avoit un merveilleusement grand regret, car il n'y avoit guères que la Royne sa mère estoit morte; et fallut à ceste heure qu'elle servit ce qu'on avoit accoustumé de faire à la Royne sa mère. Le Roy et la Royne espousés, toute l'après-disner et sur le soir feust faicte la plus grande chère du monde. La nuict venue, se couchèrent le Roy et la Royne; et le lendemain le Roy disoit qu'il avoit faict merveilles. Toutesfois je crois ce qu'il en est, car il estoit bien malaise de sa personne. Toutesfois c'estoit un gentil prince, tant à la guerre qu'aultre part, et en toutes choses où on vouloit le mettre; et feust dommaige quand cette maladie de goutte l'assaillit, car il n'estoit pas vieil homme.

Les nôces faictes et toutes ses bonnes chères, le Roy et sa femme et tous les Anglois s'en allèrent à Saint-Denis, là où feust couronnée et sacrée ladicte Royne, en la présence de tous les Anglois et tous aultres étrangers, et, ce temps pendant, les François apprestoient les choses pour faires les jouxtes à Paris.

CHAPITRE XLIV.

Comment la royne de France, sœur du roy d'Angleterre, fist son entrée à Paris; des belles joustes et tournois qui y feurent faicts, dont estoient tenans monsieur d'Angoulesme et le jeune Advantureux, et six capitaines de France que ledict sieur d'Angoulesme avoit choisis.

[NOVEMBRE 1514.] Quand la Royne feust couronnée à Saint-Denis, elle vint faire son entrée à Paris, qui feust fort belle; et la faisoit merveilleusement belle à veoir, car elle estoit belle dame, et aussi avoit long-temps que les Anglois n'avoient veu de triomphes de France, par quoy ils les trouvèrent merveilleusement beaux. Et ainsi s'en alla descendre ladicte dame Royne au palais, et fist tout ainsi que les aultres Roynes ont accoustumé de faire en leurs cérémonies qui sont merveilleusement grandes. Monsieur d'Angoulesme, qui estoit jeune homme, voullust bien montrer qu'il n'estoit pas mal content de ce mariage, nonobstant que si ladicte Royne eust eu un fils, il lui eust merveilleusement venu mal à propos; et feust ung temps qu'il en sceut bien mauvais gré au sieur de Longueville, pource qu'il avoit traicté et pratiqué cedict mariage, lui étant en Angleterre prisonnier. Toutesfois ledict sieur d'Angoulesme, deux jours après les nopces à Abbeville, prit l'Advantureux, en venant du logis du Roy et allant au sien, et lui dit : « Advantureux, je » suis plus joyeux et plus aise que je fus passé » vingt ans; car je suis seur, ou on m'a bien » fort menti, qu'il est impossible que le Roy et » la Royne puissent avoir enfans, qui est faict à » mon advantage. » Et avoit tant faict ledict sieur, que madame Claude, sa femme, ne bougeoit de la chambre de la Royne, et lui avoit-on baillé madame d'Aumont pour sa dame d'honneur, laquelle couchoit dans sa chambre. Or, comme je vous ai desjà dict, ledict sieur d'Angoulesme, voulant bien donner à congnoistre, pour complaire au Roy et aux Anglois, qu'il estoit bien aise dudict mariage, entreprit les jouxtes et tint le pas. Et pour mieulx faire et plus honnestement, il choisit sept capitaines de France, et lui pour le huictième : et estoit le premier, monsieur de Vendosme, monsieur de La Palice, monsieur de Bonnivet, depuis admiral de France, le grand sénéchal de Normandie, le jeune Advantureux, le grand escuyer de France, et le duc de Suffolk, anglois; et avecques leurs aydes tinrent le pas à tous venans, tant Anglois que François, feust à cheval ou à pied ; et vous asseure qu'ils eurent merveilleusement à souffrir, car ils eurent dessus les bras plus de trois cent hommes-d'armes. Et y feurent faictes de fort belles choses, de frapper et bien jouxter; et encore feust plus beau à voir les banquets et festins qui s'y feirent : et seroit chose trop longue à vous les compter, car il n'y eust seigneur de France qui ne festoyast lesdits Anglois; tellement qu'ils n'eurent jamais loisir, si longuement qu'ils y feurent, de disner ou souper une fois chez eulx, ni à leurs logis. Quand toutes les choses eurent durées six semaines, les seigneurs et dames d'Angleterre voullurent retourner à leur pays ; et, après avoir eu bonne despesche et force présens du Roy, prindrent congé du Roy, de la Royne et de monseigneur d'Angoulesme ; et les fist le Roy conduire et deffrayer jusques hors son royaume. Et demeura pour ambassadeur ordinaire le duc de Suffolk ; car, ce que j'en pus congnoistre, il ne voulloit point de mal à la sœur de son maistre.

◇◇◇

CHAPITRE XLV.

Comment le roy Louis douziesme, après avoir faict bonne chère avecques sa nouvelle femme, mourut à Paris par un jour de l'an.

[1ᵉʳ JANVIER 1515.] Le Roy partit du palais et s'en vint loger aux Tournelles de Paris, parce que le lieu est en meilleur air, et aussi ne se sentoit pas fort bien, car il avoit voulu faire du gentil compaignon avecques sa femme; mais s'abusoit, car il n'estoit pas homme pour ce faire ; car de long-temps il estoit fort malade, et spécialement des gouttes, et avoit desjà cinq ou six ans qu'il en avoit cuidé mourir, car il feust abandonné des médecins, et vivoit d'ung merveilleusement grand régime, lequel il rompist quand il feust avecques sa femme; et lui disoient bien les médecins que s'il continuoit il en mourroit pour se joüer. Ceulx de la basoche à Paris disoient que *le roy d'Angleterre avoit envoyé une haquenée au roy de France, pour le porter bientost et plus doucement en enfer ou en paradis.* Toutesfois, lui estant bien malade, envoya quérir monsieur d'Angoulesme, et lui dit qu'il se trouvoit fort mal, et ne jamais n'en eschapperoit ; de laquelle chose ledict sieur le réconfortoit à son pouvoir, et qu'il faisoit ce qu'il pouvoit, et fist ledict seigneur Roy à sa mort tout plein de mines : nonobstant, quand il se feust bien deffendu contre la mort, il mourut par un premier jour de l'an, sur lequel jour fist le plus horrible temps que jamais on veit ; et vous jure ma foi que ce feut dommaige de sa mort, et qu'il n'estoit sain ; car c'estoit un gentil prince, lequel avoit fait beaucoup de belles choses en son temps, et la pluspart y estoit en personne, dont en seront les chroniques merveilleusement belles. Lui mort, Monsieur d'Angoulesme se vestit de deuil, comme le plus prochain de la couronne, et s'en vint au palais, et incontinent fist advertir en diligence tous les princes et dames du royaume, et spécialement madame sa mère ; et, sans point de faulte, ce lui feust une belle estrègne pour ung premier jour de l'an, veu que ce n'estoit point son fils. Et, à vous bien dire, ledict sieur d'Angoulesme naquit par ung premier jour de l'an ; son père mourut par un autre premier jour de l'an ; et après eut le royaume de France par ung premier jour de l'an. Ledict feu Roy estant aux Tournelles, feust commencé à luy faire son enterrement, comme on a de coustume faire aux aultres Rois ; qui sont belles cérémonies et antiques. Et en portant son corps desdictes Tournelles à Nostre-Dame, avoit gens devant avecques des campanes, lesquelles sonnoient et crioient : *Le bon roi Louis, père du peuple, est mort.* Et quand tout feust faict, ce qu'il appartenoit de faire à Nostre-Dame, feust convoyé, par les princes et seigneurs de son royaume, à Sainct-Denis, là où feust faict son enterrement, lequel feust merveilleusent beau et triomphant. Et vous asseure que monsieur d'Angoulesme, daulphin, et madame Claude, sa femme, et fille dudict seigneur feu Roy, en firent merveilleusement bien leur debvoir ; car il n'y feust rien oublié ni espargné, comme l'on doit faire à l'honneur d'ung tel prince.

◇◇◇

CHAPITRE XLVI.

Cy devise que fist la royne Marie de France, après la mort du Roy son mary.

[Mars 1515.] Le roy Louis mort et enterré, monsieur d'Angoulesme, comme roy, faisoit fort son debvoir de réconforter la royne Marie; aussi faisoit madame sa femme. Et est la coustume des roynes de France, que quand le Roy est mort elles sont six sepmaines au lict sans veoir fors de la chandelle. Et estoient journellement avecques ladicte royne madame de Nevers et madame d'Aumont; et avoit tout son estat aussi grand que quand le Roy son mary vivoit. Et ce temps pendant environ trois sepmaines ou ung mois après la mort du feu roy Louis, monsieur d'Angoulesme, daulphin, demanda à ladicte Royne s'il se pouvoit nommer Roy, à cause qu'il ne sçavoit pas si elle estoit enceinte ou non; sur quoi ladicte dame luy fist response qu'ouy, et qu'elle ne sçavoit aultre roy que lui; car elle ne pensoit point avoir fruict au ventre qui l'en peust empescher. Or avoit entendu le Roy, lui estant monsieur d'Angoulesme, l'amitié que le duc de Suffolk portoit à ladicte royne Marie, et aussi qu'elle ne le hayoit pas; et lui dit : « Monsieur de Suffolk, je sçai bien de vos affaires et l'amitié qu'avez avec la royne Marie, et vostre gouvernement, et beaucoup d'aultres choses plus que vous ne le pensez. Je ne voudrois point que quelque chose se fist là où je peusse avoir honte, ny le Roy d'Angleterre, mon frère, avecques lequel je veux garder toute l'alliance et amitié qu'il avoit avec le feu Roy mon beau-père; et pour ce, je vous prie que ne fassiez chose que ne soit à mon honneur; et s'il y avoit quelques promesses entre vous et la Royne, faites tant que vostre maistre, duquel vous estes bien aimé, m'en escrive, et en serai fort bien content. Mais autrement gardés-vous, sur vostre vie, que ne fassiés chose qui ne soit à faire; car si j'en fus adverti, je vous ferai le plus mary homme du monde. » Et la lui promist ledict Suffolk, et lui dit : « Sire, je vous jure sur ma foi et sur mon honneur, et suis content que me fassiés couper la teste, si je fais chose qui soit contre votre honneur ni la volonté de mon maistre : » laquelle chose il ne tint pas; car trois ou quatre jours après qu'il eust faict ladicte promesse, espousa secrettement ladicte Royne; et ne seust mener son affaire si secrettement, que le Roy n'en feust adverti. Laquelle chose par lui entendue, manda ledict duc de Suffolk à parler à luy, et lui dit : « Monsieur de Suffolk, je suis adverti de telle chose; je ne pensois point que feussiez si lâche, et, si je voulois bien faire mon debvoir, tout à ceste heure je vous ferois trancher la teste sur les espaules; car vous m'avez faussée vostre foy, et me fiant en vostre foy, je n'ay point faict faire le guet sur vous, et secrettement vous avez espousé la royne Marie, sans mon sceu. » A quoi respondit ledict duc de Suffolk, ayant belle peur et grande crainte, et dict : « Sire, je vous supplie que vostre plaisir soit de me le pardonner; je confesse que j'ai mal faict; mais, Sire, je vous supplie d'avoir esgard à amours qui me l'ont faict faire, et me submets du tout à vostre miséricorde, vous suppliant avoir merci de moi. » Sur quoi le Roy lui dit que jà il n'auroit merci de lui, et qu'il le mettroit en bonne main, tant qu'il en auroit adverti le roy d'Angleterre, son frère; et s'il le trouvoit bon, aussi feroit-il. Toutesfois, aucuns soupçonnoient que le Roy le faisoit par finesse, de peur que le roy d'Angleterre n'en fist une grosse alliance autre part.

CHAPITRE XLVII.

Comment monsieur d'Angoulesme François, premier de ce nom, feust sacré Roy de France, à Rheims; de son entrée à Paris, et des belles joustes et tournois qui y feurent faictes, là où estoit monsieur de Nassau, monsieur de Sempy, ambassadeur pour le roy Catholique; et de ce qui s'y fist.

Afin que vous entendiés, quand le roy Louis douziesme feust mort, tous les princes de France se retirèrent vers monsieur d'Angoulesme, et avoit une merveilleusement grosse cour à Paris; et quant tous les princes chrestiens envoyèrent ambassadeurs devers lui, et vint nouvel ambassadeur de par l'Empereur, le comte de Nassau et le sieur de Sempy, et pour le roy d'Angleterre feust un nouvel ambassadeur maistre Boullant, lequel apporta nouvelles que le roy d'Angleterre estoit content du mariage de la royne Marie, sa sœur, et de l'avantdict duc de Suffolk; de laquelle chose le Roy feust bien aise : par ce moyen il estoit asseuré que le roy d'Angleterre n'en pouvoit faire grosse alliance autre part. Et fist faire le Roy bonne despêche à ladicte royne Marie de toute le douaire qu'elle avoit en France; et s'en retourna en Angleterre, avecques ledict duc de Suffolk, et demeura le susdict maistre Boullant ambassadeur de France pour le roy d'Angleterre. Et après cela faict, vint madame de Bourbon et toutes les dames et princesses de France, pour accompaigner madame d'Angoulesme, royne, au sacre du Roy à Rheims. Et vint passer ledict seigneur à Chasteau-Thiéri, lequel il donna au jeune Advantureux, qui est belle ville et belle place ; et delà il alla à Rheims, où se trouvèrent tous les pairs de France, au moins ceulx qui y servoient. Et croi que toute la chrestienté y avoit ambassadeurs : et y vint monsieur de Lorraine, monsieur de Genève et monsieur de Sedan. Et feust le sacre (1) dudict Roy merveilleusement beau et triomphant, et séjourna quelques jours à Rheims, faisant bonne chère, et tous les ambassadeurs avecques luy ; et delà s'en alla à Saint-Thiéri, à trois lieues dudict Rheims, où fault que tous les rois de France, après leur sacre, voisent faire une offrande ; et de là à Saint-Marcou, où le Roy fist la neufvaine, et est ung saint de grand mérite, et qui donne grande vertu aux Rois de France, car par ce moyen ils guerrissent les escruelles, et ne se passe an que le Roy ne guerrisse mille personnes, qui est une merveilleusement belle chose. Cela faict, vint à Saint-Denys, où il feust couronné, et feust son couronnement merveilleusement triomphant. Et après vint à Paris faire son entrée, qui feust merveilleusement belle, où feurent tous les princes et dames du royaume de France, et beaucoup d'aultres estrangers, tant Italiens que aultres. Les joustes feurent belles ; et y feurent tenans monsieur de Saint-Paul, monsieur de Vendosme, le jeune Advantureux et aultres seigneurs. Et les venans estoient monsieur d'Alençon, monsieur de Bourbon, monsieur de Guise, et aultres princes et gros seigneurs. Et feust le tournoi des plus beaux du monde, tant à pied que à cheval. Et après le tournoi, des banquets et festins qui se feirent avecques les dames n'en fault point parler, car ce feurent les plus beaux du monde. Ce temps pendant que ces choses se faisoient, le Roy et son conseil ne perdoient point temps avecques les ambassadeurs des princes qui estoient là ; car il recontinua la paix avecques le roy de Castille ; et y feust faict le mariage (2) de madame Louise, fille aisnée du Roy, au susdict roy de Castille ; et aussi feust renforcée l'alliance d'Angleterre et celle d'Ecosse, et les intelligences qu'il avoit en Italie. Et cela faict, le Roy tira vers Blois, et se despartirent tous les princes, pour retourner chacun en son pays.

CHAPITRE XLVIII.

Comment le roy François, premier de ce nom, après avoir mis ordre à ses affaires en France, commença à dresser son armée, pour aller en Italie.

Le Roy se voyoit paisible de tous costés, jeune, riche et puissant homme, et de gentil cœur ; et gens autour de lui, qui ne lui desconseilloient pas la guerre, qui est le plus noble exercice que peult avoir ung prince ou ung gentilhomme, quand c'est bonne querelle. Et ainsi commença à dresser son armée, pour faire son voyage d'Italie ; car il en estoit pressé par les parts qui tenoient pour lui audict Italie. Le Roy fist incontinent despescher par tout, pour avoir lansquenets, et envoya le duc de Suffolk d'un costé, et manda au sieur de Sedan et au jeune Advantureux lui en faire recouvrer : ainsi fist-il à monsieur de Gueldres, auquel il promist estre chef général de tous les lansquenets, qui feurent en nombre vingt-six mille. Et à vous en dire le vray, quand son armée feust assemblée et dressée, c'estoit une des plus belles que je vis oncques ; car, quand ledict sieur Roy feust à Lyon, monsieur de Gueldres et monsieur de Lorraine se trouvèrent vers lui, ausquels il fist merveilleusement bon recueil : et aussi y vindrent tous les princes de son royaume. Et là fist le compte et le get de son armée, et trouva, comme je vous ai dit, le nombre de vingt-six mille lansquenets ; desquels estoit chef le sieur de Gueldres, et les principaux dessous lui estoient le duc de Suffolk, le comte Wolf, Brandecque, et ung capitaine qui avoit nom Michel Opembergh, gentilhomme de monsieur de Gueldres, et qu'il avoit bien servi en ses guerres de Gueldres, et le capitaine Tavennes, qui avoit amené six mille lansquenets, qui se nommoient la bande noire, la plus belle bande que l'on ait guères vuë ; et leur avoit faict faire monsieur de Sedan leurs monstres à Maisières sur Meuse, et de là les envoya à diligence vers Lyon, après le Roy qui passoit desjà les monts. Et avoit ledict seigneur Roy, avecques lui, deux mille cinq cent hommes-d'armes d'ordonnance, quinze cent chevaulx-légers, sans les pensionnaires gentilshommes de sa maison, et ses gardes, et dix mille advanturiers françois, dont estoient capitaines Georget, Bonnet, et Maulevrier ; et avoit aussi dix mille Gascons, Biscains et Navarrois,

---

(1) Cette cérémonie eut lieu le 25 janvier 1515. François I*er* avait vingt-un ans.

(2) Du Bellay, mieux instruit que Fleurange, puisqu'il fit partie de l'ambassade qui fut envoyée à Charles d'Autriche, dit que ce fut madame Renée, seconde fille de Louis XII, qui fut alors promise à ce jeune prince.

que menoit le comte Pédro Navarre, chef de tous les gens de pied françois et avoit avecques lui le baron de Grammont, Henry Gonnet et plusieurs autres gentils capitaines : et avoit ledict Pédro Navarre faict faire une manière de parc, auquel avoit une façon d'artillerie, que le jeune Advantureux avoit appris, et n'estoit pas plus longue de deux pieds, et tiroit cinquante boulets à ung coup, et servit fort bien ; et en fist faire ledit Advantureux trois cent pièces à Lyon, qui se portoient sur mulets, quinze jours avant que le Roy partit, par l'ordonnance dudict seigneur Roy ; et est une façon d'artillerie de quoy on n'a pas encore usé. Les noms des capitaines que le Roy avoit avecques lui vous seroient trop longs à nommer ; mais les princes estoient monsieur d'Alençon, monsieur de Bourbon, monsieur de Vendosme, monsieur de Gueldres, monsieur de Lorraine, monsieur de Lautrec, pour l'heure mareschal de France, monsieur de Bonnivet, lequel a esté, depuis la mort de monsieur de Graville, admiral de France, car il en avoit le don et la réserve dès long-temps, monsieur de La Palice, mareschal de France, le sieur Jean-Jacques Trivulce, aussi mareschal de France, monsieur Humbercourt, monsieur de Bayard, le comte de Sancerre, le jeune Advantureux avecques deux cent hommes-d'armes, cent de la bande de monsieur de Sedan, son père, dont estoit lieutenant monsieur de Jamets, frère dudict Advantureux, monsieur d'Aubigny, le baron de Béarn, monsieur de Bussy d'Amboise, La Clayette, le grand escuyer Galéas et cinq ou six compaignies italiennes, et beaucoup d'autres capitaines que ne vous sçaurois nommer. Tous les princes et capitaines ci-dessus nommés estoient chefs de cent hommes d'armes, de cinquante et de quarante. Et avoit ledict seigneur Roy son artillerie merveilleusement bien esquipée, et estoit de soixante et douze grosses pièces, et deux mille cinq cent pioniers, dont estoit chef le sénéchal d'Armagnac, Galliot, maistre de l'artillerie de France ; et estoit tout ledit esquipage à la mode françoise, qui est telle que chacun sçait bien. Et print congé ledict seigneur Roy de madame sa mère et de sa sœur la duchesse d'Alençon, lesquelles l'avoient convoyé jusqu'à Lyon : ainsi partist et se mist ès montaignes, avecques son armée ; et laissa régente en France madame sa mère, et aultres bons capitaines en bon conseil ; et entre aultres y demeurèrent monsieur d'Orval et monsieur d'Asparaut, frère de monsieur de Lautrec en Guyenne, et par tout les pays gens de bien et gros personnages.

CHAPITRE XLIX.

Comment le Roy partit de Lyon, pour achever son entreprise ; et comment Prosper Colonne feust prins par le mareschal de Chabannes, seigneur de La Palice ; et comment monsieur de Lautrec et l'Advantureux suivirent les Suisses, qui se retirèrent vers Saluces.

(Aout 1515.) Quand le Roy feust dedans les montaignes, et passé oultre Grenoble, le mareschal de Chabannes, qui avoit quelques espies et intelligences en Italie, feust adverti comment Prosper Colonne estoit en une petite ville en la fin du Piedmont, nommée Villefranche, avecques toute la gendarmerie, sans les Suisses. Ledict sieur de La Palice qui estoit un grand homme de guerre, print son chemin vers le pays de Saluces ; et estoient avecques lui monsieur d'Aubigny, monsieur d'Humbercourt, monsieur Bayart et trois cent hommes-d'armes, d'aultres capitaines ; et pouvoient estre en tout cinq cent lances. La grosse artillerie du Roy et quelques gens de pied prindrent leur chemin par le mont Genève pour descendre à Suse ; car il n'y a mont par où elle peut passer que par là. Et le Roy et l'artillerie légère print son chemin à Quilestre, qui sont trois montaignes diverses, et vint descendre à un chasteau, sur montaigne, la petite ville en bas, nommée Rosques Parvière, joignant au marquisat de Saluces. Or les Suisses avoient assiégé une ville, laquelle s'appelle Dragony, et sont là trois villes assez près l'une de l'autre : et s'appelle la première Cony, la seconde Tracony et la troisième Dragony, dont la plus grande part appartient au marquis de Saluces et l'aultre à monsieur de Savoye. Lesdicts Suisses ne sçavoient pas où les François vouloient passer, et, pour leur couper chemin, vindrent assiéger la plus proche ville du mont, c'estoit Dragony ; et n'y avoit dedans que des vilains, et avoient lesdits Suisses avecques eulx grosse artillerie, et y feirent grosse batterie, et la bresche pour y entrer trente hommes de front, et donnèrent l'assault. Ceulx de la ville feurent advertis que le Roy marchoit, et espéroient de bref avoir secours comme ils eurent, et en cet espoir receurent l'assault deux ou trois fois, et se deffendirent si vaillamment qu'ils repoussèrent les Suisses ; et y eust bien sept ou huit cent tués. Quand les Suisses eurent entendu que le Roy à puissance marchoit et les approchoit de près, laissèrent ladicte ville pour retirer leur artillerie à leur camp ; car ils n'estoient là que dix ou douze mille hommes, et n'estoient pas pour attendre la puissance du Roy, qui estoit telle que je vous ai dit ; mais elle n'estoit pas ensemble, et, si j'eusse esté Suisse, j'eusse plustost combattu le Roy, à la descente des montaignes, qui avoit attendu que toute son armée feust ensemble ; et feust une grosse faulte à eulx. Or laissons les Suisses tirer vers Saluces, et retournons à monsieur de La Palice, lequel, tandis que lesdicts Suisses, par faulte de chevaulx, tiroient leur artillerie à force de col, avoit passé les monts avecques toute la gendarmerie, fist telle diligence, tousjours bonnes espies sur espies, qu'il passa le Tessin à un gué, là où les guides le menoient. Quand il feust oultre l'eauë, à dix milles de Villefranche, où estoit Prosper Colonne, douze heures avant le jour envoya monsieur de Humbercourt avecques deux cent hommes-d'armes, pour aller gaigner la partie de la ville en laquelle estoit ledict Prosper avec douze cent hommes-d'armes, et pensoit qu'il ne feust encore nouvelles de François, qu'à l'endroit de Guillestre par où le Roy descendoit, et aussi la grosse artillerie qui venoit par Suse ; mais il ne se doutoit de la grande diligence que monsieur de La Palice avoit faicte, lequel estoit descendu avant les deux, à sçavoir, le Roy et son artillerie.

Et feurent tous esbahys ceulx de la porte dudict Villefranche, quand monsieur de Humbercourt, qui menoit l'avant-garde, vint à la porte à belle course de cheval, et ne seurent jamais mettre ordre ni venir à temps, qu'ils ne trouvèrent gens qui la vouloient fermer ; ce qu'ils eussent faict si un archer (1) ne feust approché, lequel boutta sa lance entre les deux battans de la porte, tellement qu'ils ne la seurent jamais fermer ; et à force de cheval entrèrent dedans, et repoussèrent tous les gens de cheval et de pied qu'ils trouvèrent, et y eust là gros combat ; mais la grosse flotte vint, qui les suivit ; ils estoient reboutés, et y feust ledict sieur d'Humbercourt bien fort blessé au visage. Et sans point de faulte il y avoit dedans ladicte ville deux fois autant de gendarmes qu'estoient ceulx de dehors qui les assailloient ; mais ils feurent prins en si grand désordre qu'ils n'eurent loisir d'eulx mettre en deffense que bien peu. Et feurent prins ledict Prosper Colonne et tous les autres capitaines, tout ainsi qu'ils alloient disner ; et feurent aussi prins ceux de dedans, et y en eust beaucoup de tués. Après cela faict, le mareschal de Chabannes en advertit le Roy, lequel en feust merveilleusement bien aise, car c'est un grand adventaige pour sa conqueste d'Italie. Et

(1) Cet archer s'appelait Hallancourt ; il était de Picardie.

se retira ledict mareschal vers le Roy, avecques tous ses prisonniers, auquel le Roy fist bon recueil, et à tous les aultres capitaines, car ils l'avoient bien gaigné. Et de là ordonna monsieur de Lautrec et le jeune Advantureux avecques six cent hommes, pour aller chevaucher les Suisses qui menoient l'artillerie à leur col, comme vous ai dit, l'amenèrent ainsi de Saluces à Montcallier. Et, eulx estant là, le jeune Advantureux sceust qu'il y avoit des Suisses en la ville de Thurin, et des principaux, qui estoient venus vers monsieur de Savoye ; et le principal d'eulx estoit ung nommé Jean Gaudion, des plus fins de toutes les ligues, et vouloit pratiquer quelque traité avec monsieur de Savoye.

Or les villes de monsieur de Savoye estoient neultres, et y pouvoient entrer Suisses et François ; et le jeune Advantureux, pour achever son entreprinse, advertit le comte de Sancerre, qui estoit jeune homme et homme de bon vouloir, lequel avoit cinquante lances, et se mist en chemin pour aller à Thurin. Et avecques eulx vint monsieur de Lescun, frère de monsieur de Lautrec, qui depuis a esté mareschal de France, et n'y avoit pas trois mois qu'il avoit quitté le rond bonnet et estoit évesque de Tarbes : et pour veoir la guerre l'avoit laissé, car il n'avoit point voulu estre d'Eglise ; et estoit des premiers qui alloient aux champs, et vous assure qu'il se fist gentil capitaine et homme de bien, et est mort tel. Ledict jeune Advantureux et ses gens marchèrent et vindrent à Thurin, et laissèrent trente hommes à la porte : le résidu de la gendarmerie entrèrent tout droict au logis où estoient lesdicts Suisses, qui se voullurent deffendre à coups de harquebutte ; mais on leur commença à crier que le premier homme qui tireroit seroit haché en pièces, et qu'on bouteroit le feu à la maison ; et cessèrent de plus tirer, et se rendirent. Et cela entendu par monsieur de Savoye, envoya ung gentilhomme devers ledict Advantureux, lui prier qu'il ne voulust point toucher auxdicts Suisses, ni les prendre ou emmener ; car ce qu'ils faisoient estoit pour affaire du Roy, et à bonne intention ; laquelle chose ledict Advantureux ne voullust croire, tant qu'un gentilhomme nommé Morette vint, lequel apporta lettres faisant mention que ce que lesdicts Suisses faisoient estoit pour le service du Roy. Et, cela faict, ledict Advantureux les laissa aller : nonobstant il print leur foy, et après s'en retourna et tous ses gens à Moncallier, avecques monsieur de Lautrec, et de là où il estoit parti. Et lui arrivé, manda au Roy ce qu'il avoit faict, dequoi ledict seigneur Roy feust bien marri ; car, si lesdicts Suisses eussent esté prins, il n'y eust jamais eu journée ni bataille, car c'estoient tous les principaux de toute l'armée. Et, comme je vous ay cy-devant dit, le Suisses tiroient leur artillerie au col, à faulte de chevaulx, et les François les chevauchoient tousjours, jusques à une petite ville qui est à monsieur de Savoye, en la fin du Piedmont, laquelle se nomme Chivas; et là feust ordonné le jeune Advantureux pour aller tenir ladicte ville, à cause qu'elle estoit bonne françoise. Et le vindrent accompaigner, jusques au bord de l'eaue, cinq cent hommes-d'armes, et estoient les Suisses de l'aultre costé de l'eaue, où estoit ladicte ville de Chivas, et leur artillerie; et commencèrent à battre ladicte ville. Et le jeune Advantureux, avecques la gendarmerie, voulant entrer dedans, vist qu'elle estoit jà prise, car les vilains la laissèrent perdre; et y feust tué plus de trois mille personnes, jusques aux petits enfans, et les prestres dedans les églises et par tout. Quand les Suisses visrent l'Advantureux avecques la gendarmerie, commencèrent à desloger pour gaigner pays; car ils avoient peur que l'armée du Roy ne les attrapast, avant qu'ils eussent gaigné Milan et les aultres Suisses qui leur venoient au secours; et se partirent hors de la ville en une belle place, avecques leur artillerie. Et quand l'Advantureux vist ce, poussa dedans la ville, et en tua quelques-uns qui estoient demeurés derrière, et sauva aucuns povres gens qui s'estoient sauvés en une tour, et de là leur alla donner l'escarmouche en cette belle plaine de Chivas, où coups de harquebutte ne coustoient rien, car y en avoit qui voloient. Cela faict, se retira ledict jeune Advantureux vers monsieur de Lautrec, et mandèrent au Roy les nouvelles de Chivas, et la cruauté qui y avoit esté faicte, dequoi il feust fort marri. Et les Suisses tirèrent toujours leur chemin vers Novarre, avecques leur artillerie, qui leur faisoit une merveilleuse peine, car il falloit qu'ils la tirassent la pluspart au col; et la boultèrent dedans le chasteau et ville de Novarre, qui tenoit encore pour eulx. Et, ce faict, s'en allèrent à Milan où estoit le More Maximilian (1), duc de Milan.

◇◇◇

CHAPITRE L.

Cy devise de la journée faicte à Sainte-Brigide, près de Marignan, laquelle les François gaignèrent contre les Suisses, par un jour de Sainte-Croix, en septembre; de la prise du chasteau de Novarre, et du secours que les Vénitiens feirent au Roy.

[13 et 14 SEPTEMBRE 1515.] Les Suisses estans retirés à Milan, monsieur de Lautrec et le jeune Advantureux revindrent où le Roy estoit avecques la gendarmerie. Le Roy marcha tousjours, tellement qu'il vint à Novarre, où le Chasteau tenoit pour les Suisses; et envoya devant le sénéchal d'Armaignac et monsieur de La Palice, avecques une bande d'artillerie, six mille hommes de pied et cinq cent hommes-d'armes. Quand ils feurent arrivés audict Novarre, la ville se rendit, et le chasteau non; mais, après avoir esté battu deux jours, il se rendit, où le Roi recouvra tout plain de belle artillerie que ses prédécesseurs avoient perdue. Cela faict, le Roi marchoit toujours, tirant droict à Milan, et fist tant, qu'il vint à Marignan, petite ville à dix milles de Milan, sur la rivière, le droict chemin de Milan à Rome, là où ledict Roy s'arresta, et toute son armée, pour se rafreschir; car ils n'avoient point reposé depuis qu'ils estoient partis. Et ce temps pendant, se menoit une pratique avecques lesdicts Suisses, pour faire une paix entre le Roy et eulx; et, cela faisant, le Roy regaignoit toute sa duché de Milan, et le More demeuroit tout seul: et feust regardé entre le Roi et lesdicts Suisses de se trouver à Galeras, pour confirmer ce qui avoit esté pourparlé et accordé entre eulx. Et envoya ledict seigneur Roy, pour sa part, pour ambassadeur, monsieur le bastard de Savoye, depuis grand-maistre de France, et monsieur de Lautrec, et avecques eulx cinq cent hommes-d'armes; et leur bailla cinquante mille escus d'or, pour porter auxdicts Suisses: et pensoit, sans point de faulte, ledict seigneur Roi, avoir du tout appointement avecques eulx; et ne faillirent, lesdicts Suisses, de leur costé à eulx y trouver; et parlèrent ensemble, avecques lesdicts ambassadeurs, de leurs affaires. Or le cardinal de Sion, qui estoit le plus mauvais François qui feust oncques, et qui avoit ammené les Suisses au secours du More, entendit, et aussi fist ledict More, que l'appointement se vouloit faire entre le Roi et les Suisses, et qu'ils ne viendroient point au-dessus de leur entreprinse. Ledict cardinal fist sonner le tambourin, et fist assembler tous les Suisses en Germanie, en la place du chasteau de Milan; et là fist faire ung rang, et lui au milieu, en une chaise, comme ung regnard qui presche les poules, leur fist entendre comme le Roi n'avoit point de gens avecques lui; car il avoit envoyé une partie de son armée à Galeras; et qu'ils combattoient pour la sainte Eglise, et que jamais

(1) On donnait à Maximilien Sforce, fils de Ludovic, le surnom de More qu'avait porté son père.

gens n'auroient tant d'honneur en leur affaire qu'ils auroient. Et, ce faict, leur fist prendre à chacun un chef, et donna quelque argent aux capitaines particuliers.

Or estoient les Suisses dedans Milan trente-six ou trente-huit mille hommes, et avoit en ces bandes quelques capitaines particuliers, lesquels avoient pension du Roi, et estoient assez bons François, et entendoient bien la finesse du cardinal de Sion, et aussi ils ne l'aimoient point; lesquels prindrent conseil avecques leurs gens, et estoient des haults cantons, comme Zurich, Uri, Berne et Onderwalde : et des principaulx estoit ung gentilhomme de Berne, nommé Albert de La Pierre, qui communiqua la finesse du cardinal de Sion, et remonstra à tous ses compaignons, les capitaines des haults cantons, la honte que ce leur seroit à toute la nation, de tromper ung tel prince que le roi de France, veu qu'ils s'estoient accordés avecques lui, et que leurs ambassadeurs estoient avecques ceulx de France audict Galeras. Et, comme il débattoit ces querelles, le cardinal de Sion avoit desjà gaigné les aultres capitaines, et fist sonner l'allarme, pour ce que le jeune Advantureux et le comte de Sancerre estoient venus faire l'escarmouche; et fist saillir lesdicts Suisses, et tirer du chasteau quatre pièces d'artillerie coulevrines, et fist sonner le cornet de bœuf, et celui d'Onderwalde, qui s'appelle le cornet de vache; et fist marcher les Suisses, lui estant en personne, droict au camp du Roi. Quand ils feurent hors de la ville, Albert de La Pierre et les aultres capitaines des haults cantons fisrent arrester tous leurs gens, qui estoient bien en nombre de quatorze mille, et remontrèrent aux communes et à leurs compaignons comment ils ne vouloient point faulser leur foy et serment, ni aller contre l'honneur d'eulx et de leur nation, à l'appétit du cardinal et du More. Et, pour vous le faire court, s'en retournèrent des haults cantons, quatorze mille hommes, dont Albert de La Pierre estoit ung des principaulx capitaines, et se retirèrent en leur pays de Suisse; et le demeurant avecques le cardinal de Sion, qui estoient vingt-quatre mille, avecques quelques Milanois de la partie du More, et quelques gens de cheval; environ cinq cent commencèrent à marcher, environ trois heures après disner.

L'Advantureux, les voyant marcher, laissa quelques gens derrière, pour les chevaucher et veoir ce qu'ils feroient, et vint devers le Roy, à Marignan, et le trouva en sa chambre, où il essayoit un harnois d'Allemaigne, pour combattre à pied, lequel lui avoit faict apporter son grand-escuyer Galéas : et estoit ledict harnois merveilleusement bien faict et fort aisé, tellement qu'on ne l'eust sceu blesser d'une esguille ou espingle. Et, incontinent qu'il vist ledict Advantureux, lui saillit au col, et lui demanda des nouvelles de Milan, car le Roy l'y avoit envoyé, et lui dit : « Comment, vous êtes armé, et nous » attendons aujourd'hui la paix ? » Sur quoi l'Advantureux lui fist response : « Sire, il n'est plus » question de se mocquer, ni attendre paix, et » vous fault armer aussi bien comme moi : et » faictes sonner l'allarme; aujourd'hui vous avés » la bataille, ou je ne cognois point à la nation » à qui vous avés affaire. » Ce faict, affin qu'on ne pensast point que ce feust mocquerie, ledict Advantureux avoit avecques lui un trompette, auquel il fist sonner l'allarme. Et quant le Roi vist que c'estoit à bon escient, commença à s'armer, et print Barthélemi d'Alvienne par la main, et lui dit : « Seigneur Barthélemi, je vous prie » d'aller en diligence faire marcher vostre ar- » mée, et venés le plus tost que vous pourrés, » soit jour où nuict, où je serai; car vous voyés » quelle affaire j'en ai. » Et alors se partist ledict sieur Barthélemi d'Alvienne, en bien grand diligence et en poste, pour faire ce que le Roi lui avoit commmandé; et aussi il en avoit le commandement de la seigneurie de Venise, avecques ce, qu'il estoit bon François, et le faisoit de bon cœur. Cela faict, qui feust subit, le Roi, et tout son conseil, envoya l'Advantureux, et lui bailla la charge que debvoit avoir ung des plus vieux mareschaulx de France, car il estoit encore bien jeune; et lui commanda qu'il regardast les ennemis ce qu'ils faisoient, et quel ordre ils tenoient, et le lui fist sçavoir, affin que là selon il ordonnast la bataille. Et, quand il vist qu'il auroit bataille, pria monsieur de Bayard, qui estoit gentil chevalier, qui le fist chevalier de sa main, qui feust un grand honneur audict sieur de Bayart de faire ung roi chevalier, devant tant de chevaliers de l'ordre et de gens de bien qui estoient là. Laquelle chose faicte, l'Advantureux partist, et rencontra monsieur de Bourbon et monsieur de La Palice qui avoient desjà l'allarme, lesquels lui baillèrent la mesme charge que le Roi lui avoit baillée; et print avecques lui vingt hommes-d'armes, et s'en alla au devant des Suisses, lesquels il rencontra à à deux milles près du camp; et estoit desjà assez tard; et feirent semblant les Suisses d'eulx vouloir loger, ce que manda ledict Advantureux au Roi; mais, pour ce qu'il ne laissast pas à mettre tousjours ses gens en ordre, ce que fist ledict seigneur Roi, aussi fist monsieur de Bourbon, qui menoit l'avant-garde. Cela faict, les Suisses marchèrent tousjours le grand pas, et

4.

ne se logèrent point. Et quand l'Advantureux vist ce, manda au Roi et à monsieur de Bourbon que ce jour ils auroient la bataille, et que tout le monde se délibérast de bien frapper. Et ne vous fault oublier à dire que monsieur de Gueldres (1), trois jours devant la bataille, pensant que l'appointement se feroit, et aussi pour quelque affaire qu'il disoit avoir en son pays, demanda congé au Roy, et se retira; de quoi il fist merveilleusement mal, car plusieurs disoient que c'estoit peur des coups; et en feurent fort marris tous ses amis, et aussi feust madame la mère du Roy, car elle lui eust bien voulu de grands biens, pour ce qu'il estoit son parent bien proche. Et s'en alla ledict sieur de Gueldres en diligence, et bailla charge générale à monsieur de Guise, son nepveu, qui en fist merveilleusement bien son debvoir, et feust bien fort blessé à cet affaire; et certes c'est un honneste prince et gentil compaignon.

Or, pour retourner à nostre propos, ledict Advantureux avoit laissé soixante hommes-d'armes de sa bande, avecques les cent hommes-d'armes de la bande de monsieur de Sedan, que menoit monsieur de Jamets, frère dudict Advantureux; et leur avoit dit qu'ils ne bougeassent d'ung lieu où il les avoit mis, qui estoit avecques monsieur de Bourbon. Et y estoit le sieur de Braine, beaufrère dudict Advantureux, lequel y estoit venu pour son plaisir; aussi y estoit monsieur de Rochefort, bailly de Dijon, monsieur de Saussy, frère dudict Advantureux, monsieur de Vandenesse, frère de monsieur de La Palice, lesquels y estoient pareillement venus pour leur plaisir. Et ledit Advantureux, au retournant ayant les Suisses sur les bras, et escarmouchant contre eulx, trouva lesdictes bandes françoises arrière d'où il leur avoit ordonné, et en lieu fort mal advantaigeux pour eulx, et en feust bien fort marry; mais, puisqu'ils estoient venus jusques-là, il en falloit faire son mieux; car lesdicts gens-d'armes estoient mis de façon qu'ils ne pouvoient dissimuler le combat, et estoient les premiers combattans, et si ne pouvoient aider à l'armée, ni l'armée à eulx. Et quand l'Advantureux vist qu'il n'y avoit autre remède, fist prendre à chacun son habillement de teste, et donner dedans: et là feust blessé son cheval d'un coup de harquebutte, dont il mourut incontinent après. Et à ceste charge fist merveilleusement son debvoir le comte de Brayne, aussi fist le bailly de Dijon, et y feurent leurs deux chevaulx blessés. Et aussi y feirent merveilles le sieur de Jamets, monsieur de Saussy, et monsieur de Vandenesse qui estoit gentil compaignon; et y feust aussi blessé le vicomte d'Estoges d'un coup de harquebutte en la cuisse : et demeura des gens-d'armes, mais pas beaucoup. Et sans point de faulte le jeu estoit mal parti, car les François n'estoient que deux cent hommes-d'armes contre bien quatorze mille Suisses; car, comme je vous ay dit, le demeurant de leur armée ne les pouvoit aider. Et, quand les lansquenets visrent l'Advantureux charger, il en passa le canal où ils estoient en bataille, bien mille ou douze cent, pour prendre les Suisses en flanc : et combattoient main à main. Quand les Suisses visrent qu'ils avoient repoussé l'Advantureux, lequel s'estoit retiré, lui et ses gens, en l'armée, vindrent donner sur lesdits lansquenets, et renversèrent toute cette bande qui avoit passé le canal; et sans point de faulte peu en eschappa. Or, avoient les Suisses quatre pièces d'artillerie sur le grand chemin, qui feust arrestée à une maison; car, quand l'Advantureux vist ce, il fist boutter le feu dans ladicte maison, et par ainsi, ladicte artillerie ne peust approcher plus près, par quoi elle ne fist pas grand mal aux François; mais vous pouvez croire que l'artillerie du Roy, qui estoit de soixante et quatorze grosses pièces, leur faisoit ung merveilleux déplaisir. Cela faict, lesdicts Suisses bouttèrent oultre, et suivirent leur fortune, et vindrent combattre l'une des bandes des lansquenets, main à main, lesquels durèrent bien peu; car les Suisses les renversèrent incontinent. Et feust là bien combattu, et y feirent la gendarmerie merveilles; aussi feirent les advanturiers et Lorges avecques eulx, et tout plein d'autres gentils capitaines. Et feust tué à ceste charge François monsieur de Bourbon, frère de monsieur de Bourbon, pour lors connestable de France, et monsieur de Humbercourt, qui estoit gentil capitaine, et le comte de Sancerre, et tout plein de gens de bien. La nuict vint, et les Suisses commencèrent à chasser les gens-d'armes, d'ung costé et d'aultre, car ils ne sçavoient où ils alloient, et on les tuoit par tout où on les trouvoit; aussi estoient les lansquenets et les gens de pied françois tous escartés comme les autres. Et demeura le Roy auprès de l'artillerie, qui n'avoit point un homme de pied auprès de lui; et fist une charge avecques environ vingt-cinq hommes-d'armes, qui le servirent merveilleusement, et y cuida le Roy estre affolé. Et vous jure ma foy que feust ung des plus gentils capitaines de toute son armée; et ne voullust jamais abandonner son artillerie, et faisoit rallier le plus de gens qu'il pouvoit autour de lui.

---

(1) Ce prince venait d'apprendre que les Flamands, sujets de Charles d'Autriche, avaient fait une invasion dans son pays : il partit pour les défendre.

Et feurent les Suisses bien près de l'artillerie, mais ils ne la voyoient point : et feist esteindre ledict Roi un feu qui estoit auprès de ladicte artillerie, pour ce que les Suisses estoient si près d'eulx, et afin qu'ils la vissent point si mal accompaignée. Et demanda ledict seigneur à boire, car il estoit fort altéré; et y eust un piéton qui lui alla quérir de l'eaüe qui estoit toute pleine de sang, qui fist tant de mal audict seigneur, avecques le grand chaud, qu'il ne lui demeura rien dans le corps; et se mist sur une charrette d'artillerie, pour soi ung peu reposer, et pour soulager son cheval, qui estoit fort blessé; et avoit avecques lui ung trompette italien, nommé Christophe, qui le servit merveilleusement bien, car il demeura tousjours auprès du Roy; et entendoit-on ladicte trompette par-dessus toutes celles du camp; et pour cela on sçavoit où estoit le Roy, et se retiroit-on vers lui. Et monsieur de Vaudosme, avecques le jeune Advantureux, qui sçavoit le langage allemand, rallia les lansquenets, tellement que le Roy en eust bientôt autour de lui bien quatre mille, que lui amena le capitaine Brandecque; et les autres capitaines suivoient à file.

Or, puisque je vous ai dit que faisoient les François, fault que je vous dise aussi ce que faisoient les Suisses. Depuis que la nuyct feust venue, ils feurent délibérés de faire une charge au Roy, et la cause feust pour ce qu'ils avoient faict un feu au milieu d'eulx, la où une volée d'artillerie alla donner à travers d'eulx, qui leur porta ung merveilleux grand dommaige. Toutesfois, quand ils eurent bien advisé entre eulx, ils visrent qu'ils n'estoient point le nombre de gens qu'il leur falloit pour ce faire, et se retirèrent. Et commencèrent à faire sonner les deux gros cornets d'Uri et d'Ondervalde : et par ce moyen leurs gens qui estoient escartés se rallièrent auprès d'eulx; et n'avoient point un tambourin qui sonnast des leurs; et y eust tout le long du jour et de la nuict combat, à quelque endroit que ce feust; et les gens-d'armes françois, au lieu de cornets, avoient trompettes, par où ils se rallièrent. Quand le jour feust venu, se trouva là où estoit le Roy bien vingt mille lansquenets, et toute la gendarmerie, et tout assez bien en ordre auprès de leur artillerie; et si les Suisses avoient assailli le jour bien asprement, encore fisrent-ils plus le matin; mais sans point de faulte ils trouvèrent le Roy avecques les lansquenets qui les receurent. Et leur fist l'artillerie et la harquebutterie des François ung grand mal, et ne peurent supporter le fais, et commencoient à aller autour du camp, d'ung costé et d'aultre, pour veoir s'ils pouvoient assaillir; mais ils ne venoient pas au point, fors une bande qui vint ruer sur ces lansquenets : mais, quand ce vint baisser des picques, ils glissèrent oultre, sans les oser enfoncer; et y avoit devant ung gros capitaine, lequel vouloit mutiner les lansquenets et parler à eulx, et feust là tué.

Les Suisses avoient mis dans la maison que l'Advantureux avoit faict brûler, le jour de devant, deux pièces d'artillerie, qui battoient où estoit le Roy; et faillirent à tuer ledict seigneur Roy et quelques gens de bien; mais toutesfois s'y en demeura-t-il quelqu'ung. Il y avoit même une autre bande de Suisses qui se vouloit rallier avec l'aultre, pour venir donner sur l'artillerie des François; mais ledict Advantureux, monsieur de Bayart et monsieur de Bussy d'Amboise, avecques quelques hommes-d'armes qu'ils avoient, entreprindrent à ruer sur eulx, et leur donner aux flancs, ce qu'ils feirent. Et feust jeté par terre l'Advantureux et quelques gens-d'armes des siens, qu'il avoit nourris, et eurent leurs chevaulx blessés et affolés; et sans monsieur de Bayart, qui tint bonne mine et ne l'abandonna point, ni le sieur de Saussy, qui lui rebailla ung cheval, sans point de faulte l'Advantureux estoit demeuré. Or, lui remonté à cheval, il vist que les Suisses s'en alloient rompus, et se bouttoient dans une grande cassine; et fist l'Advantureux boutter le feu dedans, et y demeura bien huit cent hommes; et le demeurant se sauva, où voullust aller donner dedans monsieur de Bussy d'Amboise, et le guidon dudict Advantureux, nommé Turteville, qui s'estoit advancé oultre son commandement, car il vouloit voir plus de gens auprès de lui; et feurent tués dans un fossé, de coups de harquebuttes et de coups de main, avant que jamais homme y seut mettre ordre, dont feust grand dommaige. En demeura à ladicte bataille beaucoup de gens de bien, et, entre aultres, y demeura le frère de l'Advantureux, nommé monsieur de Roye, lequel avoit fait le long de la journée merveilleusement bien son debvoir, et estoit homme de bien et gentil compaignon, et feust dommaige de sa mort. Cela faict, les Suisses ayant la bataille perdue, se retirèrent le grand chemin de Milan, le mieux en ordre qu'ils peurent; et ne voullust jamais le Roy ni les capitaines, qu'on leur donnast la chasse âprement; et feust ordonné monsieur l'admiral, avecques trois cent hommes-d'armes, pour le conduire jusqu'aux portes de Milan. Cela faict, le Roy vint à l'Advantureux, qui venoit de l'exécution de cette maison, et lui dit : « Comment, » mon ami, on m'avoit dit que tu étois mort! »

Surquoi l'Advantureux lui respondit : « Sire, » je ne suis pas mort, et ne mourrai point, tant » que je vous aurai faict un bon service. » Et lui dit le seigneur Roy : « Je sens bien que en » quelque bataille que vous ayez esté, ne voul-» lustes estre chevalier ; je l'ai aujourd'hui esté ; » je vous prie que le veuillez estre de ma main ; » laquelle chose l'Advantureux lui accorda de bon cœur, et le remercia de l'honneur qu'il lui faisoit, comme la raison le vouloit. Et de là se retira ledict seigneur Roy en son logis, et laissa monsieur le grand-maistre Boissy, l'Advantureux avecques lui, en attendant que le demeurant de l'armée feust logé.

<><><>

CHAPITRE LI.

Cy devise des ambassadeurs françois et suisses qui estoient à Galeras; et comment le Roy fist assiéger le chasteau de Milan, où estoit le More dedans, lequel se rendist par composition.

[4 OCTOBRE 1515.] Le Roy ayant gaigné la bataille, et tout son camp remis en ordre, après avoir perdu quelque peu de bagages que les advanturiers françois pillèrent eulx, je veulx retourner au sieur Berthélemy d'Alvienne, qui estoit allé quérir les Vénitiens, et vint toute la nuict : comme il arriva à trois milles du camp, rencontra une bande de Suisses qui fuyoient, laquelle il deffit, et en feust de tués bien cinq cent. Et vindrent lesdicts Vénitiens le matin, après que la bataille feust gaignée, vers le Roy, merveilleusement en bon ordre ; et arrivèrent au camp, là où le Roy alla au-devant d'eulx. Ils estoient mille hommes-d'armes, douze cent chevaulx-légers, et douze mille hommes de pied, tous accoustrés à leur mode, et dix-huit grosses pièces d'artillerie, bien esquipée ; et se misrent tous en ordre devant le Roy, fisrent tirer leur artillerie. Et vous assure que le Roy leur fist ung merveilleusement bon recueil, car ils estoient venus à son service d'une fort bonne volonté, et de bon cœur ; et se logèrent au camp du Roy, qui leur fist donner quartier. Or retournons aux ambassadeurs françois, qui sont à Galeras, avecques cinq cent hommes-d'armes (1). Quand ils ouïrent tirer l'artillerie, entendirent que la bataille donnoit ; et estoient plus forts que les ambassadeurs suisses, lesquels leur dirent que c'estoit malgré eulx et sans leur sceu que le cardinal de Lyon faisoit cette menée ; et estoit presque le tout accordé, quand ils sceurent les nouvelles de la bataille, par postes, que le Roy leur envoya ; de quoy feust merveilleusement marri monsieur de Lautrec : aussi feust monsieur le bastard de Savoye ; car ils avoient une grosse puissance avecques eulx, de cinq cent hommes ; et partirent incontinent, leur semblant bien que cela faisoit faulte au Roy à la bataille ; qui estoit chose vraye. Et ainsi retournèrent sans bailler argent auxdicts Suisses, et arrivèrent au camp le soir, dont le jour avoit esté bataille.

Cela faict, le Roy regarda de mettre ordre à ses affaires, et envoya assiéger la ville et chasteau de Milan ; et envoyèrent ceulx de la ville dudict Milan ambassadeurs devers le Roy, et composèrent avecques lui d'eulx rendre à sa volonté ; ce qu'ils fisrent. Et alors feurent envoyés dedans la ville monsieur de Bourbon et monsieur de Lautrec, avecques une partie de l'armée ; et le comte Pédro Navarre et le sénéchal d'Armaignac, maistre de l'artillerie, allèrent assiéger le chasteau, où s'estoit retiré le More Maximilian, avecques cinq cent chevaulx, dont estoit Chuire l'ung des chefs, Jean de Mantoue, et quelques aultres, et douze cent Suisses ; et assiégèrent le chasteau de bien près, et Pédro Navarre commença à miner. Or laissons le siège devant le chasteau de Milan, et retournons au Roi, qui envoya monsieur le grand-maistre Boissi, le bastard de Savoye et l'Advantureux à Crémone et à toutes les villes qui tenoient contre le Roy. Et se retira ledict seigneur à Pavie ; car il ne vouloit point entrer dedans la ville de Milan, sans que tout ne feust à lui. Ce faict, marcha monsieur le grand-maistre vers Crémone, et vindrent ceulx de la ville se rendre à lui. Et après, avecques l'armée qu'il avoit, entra dedans la ville, et fist sommer le chasteau, lequel ne se voulust pas rendre sitost, mais print un terme, en cas qu'il ne feust secouru, de lui rendre. Et feust ordonné l'Advantureux pour faire les tranchées autour de la ville et du chasteau, (ce qu'il fist) afin qu'ils ne peussent saillir de nuict ; et, estant en cesdictes tranchées,

---

(1) Le duc de Savoie, Charles III, avait, comme on l'a vu, gardé la neutralité ; par sa médiation, un traité avait été conclu entre le Roi et les Suisses : ceux-ci devaient rendre le duché de Milan, moyennant une somme considérable et une pension de soixante mille ducats qui serait faite à Maximilien Sforce. L'argent ayant été transporté à Buffalaro, les Suisses, excités par le cardinal de Sion, essayèrent de l'enlever. Lautrec, chargé de le garder, fut instruit de cette perfidie, et eut le temps de le conduire à Galéras. Les Suisses, furieux d'avoir échoué dans cette entreprise, allèrent attaquer l'armée française à Marignan.

y avoit ung maistre d'hostel chez le Roi, nommé Saint-Severin, où vint donner ung coup de canon du chasteau dedans le rempart où estoit ledict Advantureux, et eut si grand peur ledict maistre d'hostel, qu'il empoigna deux capitaines par le col si rudement, qu'il les tira dans le fossé avecques lui, qui avoit bien vingt pieds de profondeur, tellement qu'il se rompist presque le col, et eulx aussi; dequoy feust bien ri après.

Quand le jour feust venu, et le terme que ceulx du chasteau avoient prins, et promis d'eulx rendre, ils se rendisrent à la volonté du Roi, leurs bagues sauves. Or, pour vous dire vrai, quand le Roi vint pour conquester la duché de Milan, il promist aux Vénitiens de leur rendre ce qui leur appartenoit de delà la rivière d'Adde, et de leur aider à le reconquester à ses dépens. Crémone ainsi rendue à la volonté du Roi, et plusieurs aultres petites villes et chasteaux, monsieur le grand-maistre alla mettre le siége devant Bresse, laquelle se rendist à lui, après y avoir esté ung espace de temps; et la rendist aux Vénitiens, et en suivant la promesse que leur avoit faicte le Roi, dequoi les Vénitiens feurent merveilleusement bien contents. Ne restoit plus que de rendre aux Vénitiens la ville de Véronne, que tenoit l'empereur Maximilian. Ce faict, les Vénitiens retournèrent à Venise, et misrent garnisons dans les villes qu'ils avoient conquestées; et monsieur le grand-maistre, avec son armée, retourna vers le Roi à Pavie. Or, pendant ce temps-là, on faisoit merveilleusement grosse batterie au chasteau de Milan; et quant se faisoient les mines, dont Pédro Navarre estoit conducteur, et son lieutenant estoit Henri Gonnet, qui autrefois avoit esté capitaine du chasteau de Bresse; et minèrent la casemate dudict chasteau de Milan, et la fisrent tomber par terre; mais elle retomba presque aussi forte qu'elle estoit auparavant. La casemate ainsi minée, et les deffenses rompues, tant du hault que des fossés, Pédro Navarre se print à miner le plat de la muraille, et ceulx dedans voulurent contreminer; toutesfois ceulx dedans avoient une mine, qui estoit leur chef, asscavoir le More, qui tenoit si mauvaise mine, que cela les estonna plus que la mine de Pédro Navarre; et dient qu'il ne sçavoit où estre de peur. Toutesfois le chasteau de Milan est une très-bonne place: et l'avoit faict le roy de France, Louis douzième, bien amender, du temps que en estoit chef le chevalier de Louvain, gentil capitaine et bon chevalier. Après toutes ces batteries et mines, le More, duc de Milan, vint à composition, se voyant pressé et sans espérance de secours, et fist appointement avecques le Roi, par tel qu'il lui donneroit cent livres tous les jours à despendre, qui sont trente-six mille livres par an; laquelle chose le Roy lui accorda, et le demeurant s'en alla bagues sauves. Par ainsi feust ladicte ville rendue entre les mains du Roy; et vint le More à Pavie, vers ledict seigneur Roy, et le sieur Jean de Mantoue avecques lui. Les Suisses se retirèrent en leur pays, à qui le Roy fist bailler bonne conduicte. Et le capitaine Chuire, et les gens qui estoient venus de par l'Empereur au secours du More, se retirèrent à Véronne, lesquels le Roy fist pareillement conduire. Et le More Maximilian vint à Pavie, vers le Roy, se rendre à lui, ainsi qu'il lui avoit promis. Et le conduisoit Gabriel de La Chastre avecques cinquante archers de la garde; et dit ledict More au Roy: « Sire, je me viens rendre à vous,
» comme votre serviteur, vous suppliant qu'il
» vous plaise me retenir à vostre service, et à
» me tenir ce que m'avés promis, et vous vou-
» loir servir de moy; et vous promets par ma
» foi que je me sens le plus heureux homme de
» mon lignage, d'estre tombé ès mains d'un tel
» prince que vous estes, et aussi veu le bon trai-
» tement que me faites; car, quand j'estois duc
» de Milan, je n'en estois pas duc, mais valet;
» car les Suisses en estoient maistres, et ne
» faisoient que ce qu'ils vouloient. » Sur quoi le Roy lui fist response, et lui dit qu'il feust le très-bien venu, et qu'il espéroit de lui faire de plus en plus bon traictement; et que ce n'estoit point le dernier bon tour qu'il lui feroit, et qu'il l'envoyeroit devers madame sa mère, laquelle estoit régente en France, et elle lui feroit merveilleusement bon recueil. Cela faict, le Roy s'en alla souper, et le More s'en alla en une chambre qu'on lui avoit apprestée au chasteau de Pavie. Et, le lendemain matin, partist ledict More Maximilian, et s'en vint en France; et le fist conduire le Roy par les archers de sa garde, et le capitaine Gabriel, qui en estoit chef, jusques à Lyon, vers madame sa mère, qui attendoit tousjours de ses nouvelles. Or ainsi comme ces choses se faisoient, tant le siége de Maximilian que l'allée de monsieur le bastard de Savoye pour reconquester les villes, celles qui appartenoient au Roi et aux Vénitiens, le Roy ne dormoit pas: il fist fort sagement; car, incontinent après la bataille, et que les Suisses feurent retournés en leur pays, il trouva moyen d'envoyer ambassadeurs devers eulx, laquelle chose il fist, et leur envoya demander paix, laquelle, après avoir débattu beaucoup de choses, ils accordèrent, moyennant quelque argent que l'on leur bailla; et y feurent compris tous les treize

cantons. Ces choses faictes, le Roy se prépara pour faire son entrée à Milan, laquelle chose feust merveilleusement belle, comme vous oyrés ci-après.

◇◇◇

CHAPITRE LII.

Comment, après que le chasteau de Milan feust rendu, et que le More feust en France, le Roy fist son entrée à Milan, tout en armes, la plus belle que feust jamais; et des belles joustes et tournois qui y feurent faictes.

[NOVEMBRE 1515.] Le Roy ayant mis ordre à tous ses affaires, et la ville de Milan préparée pour le recevoir, ledict seigneur Roy se mist en chemin, et se partist de Pavie pour aller faire son entrée dans la ville de Milan, laquelle feust merveilleusement belle et triomphante; et avoit, sans ses gardes et sa maison, douze cent hommes-d'armes et six mille lansquenets, tous armés. Et vint en cet équipage jusques à Cassan, qui est sur le chemin, à quatre milles de Milan. Et ainsi les lansquenets tous devant lui et en ordre marchoient, et estoit le Roi armé de toutes pièces, l'espée au poing, comme il est coutume à ung tel affaire, et ses gardes autour de lui; et après lui et ses gardes le suivoient lesdicts seigneurs italiens, et après tout cela, douze cent hommes-d'armes à la queue, la lance sur la cuisse. Et en tel estat et ordonnance entra le Roy en la ville de Milan, où lui feust faict le meilleur et plus grand recueil que jamais feust faict à prince; car il y entroit comme victorieux, et alla descendre au Dôme, qui vaut autant dire dans ce quartier comme ici la maîtresse église de toute la ville; et illec rendist grâce à Dieu de sa noble victoire; et de-là, aveques tous les haulzbois, trompettes et clairons, et en cette belle compaignie, vint jusques à son logis, lequel n'estoit guères loin de là. Ce faict, tout le monde se retira en son logis: et festoya le Roi le sieur Jean Jacques, le sieur Galéas Viscomti, et tout plain d'aultres seigneurs, chacun en faisant son mieux; et n'y eust jamais prince en Italie qui feust mieux festoyé des seigneurs et dames qu'il feust. Et vous asseure que bonne chère et masques n'y feurent pas oubliés. Et huict jours après son entrée feurent faictes les joustes, où feust monsieur de Sainct-Paul ung des principaulx tenans; et feurent faictes en la place, devant le chasteau de Milan, où estoient les lisses et les échaffauts pour les dames: et le Roy lui-mesme y voulust jouster; car il n'y faillit oncques. Et feust en ceste jouste blessé monsieur de Sainct-Paul en ung œil, d'ung coup de lance que monsieur de Brion lui donna, tellement que pour aujourd'hui n'en est pas encore bien guéri. Les joustes finies et ayans faict grand chère, ce temps pendant le Roy ne dormoit point, ni les ambassadeurs d'Italie; et entres autres choses se menoit une menée du Pape et du Roy, pour se veoir l'ung l'autre à Boulongne, laquelle chose feust accordée. Et vint devers le Roi le cardinal de Ferrare, de par le Pape, lequel estoit fort honneste personne, et ne bougeoit d'aveques le Roi en tous les banquets, festins et mascarades qui se faisoient, et estoit fort bien en sa grâce. Et feust accordée ladicte veue du Pape et du Roi à Boulongne. Le Pape estant à Rome, fist les deux parts de chemin, et le Roi fist le tiers; et commença chacun à s'accoustrer pour son partement, et partist le Pape de Rome premier.

◇◇◇

CHAPITRE LIII.

Comment le pape de Rome et le roy de France s'entrevisrent à Boulongne la Grasse.

[DÉCEMBRE 1515.] Le Roy feust adverty de la venue du Pape de Boulongne, et qu'il approchoit: alors se partist de Milan aveques tous les princes d'Italie, et monsieur de Lorraine aveques; et estoit ledict seigneur Roy bien accompagné, car il avoit douze cent hommes-d'armes et six mille lansquenets pour sa garde; et vint aussi jusqu'à Modène et à Regge, là où vindrent plus de trente cardinaux au-devant de lui. Et sans point de faulte le Pape lui fist faire tout l'honneur qui lui estoit possible; car il vouloit bien avoir son amitié, et aussi faisoit le Roy la sienne. Et feust cause de cette amitié monsieur le grand-maistre Boissy, qui pour lors gouvernoit le royaume de France; et en feust faict son frère cardinal, et depuis légat en France (1). Le Roy vint jusques à Boulongne, en ce triomphe: et feust son entrée merveilleusement belle, tousjours en armes; et le Pape l'attendit en son siége, et le reccut comme fils aisné de l'Eglise, sans souffrir que le Roy lui baisât les pieds, comme il estoit accoustumé, mais le vint embrasser. Et avoit ledict Pape bien la mine d'estre ung bien fort honneste homme de bien, et estoit homme fort craintif,

(1) Adrien Gouffier, évêque d'Albi et grand aumônier, fut nommé légat en France en 1519. Il mourut en 1523.

et si ne voyoit pas fort clair, et aimoit fort la musique : et estoit ledict Pape nommé Léon dixième de la maison de Médicis à Florence. Et fist merveilleusement grand chère au Roy, et logèrent ensemble en ung logis. Le lendemain matin, le Pape chanta la messe en la plus grande pompe et triomphe que jamais pape la chanta; car monsieur de Lorraine et tous les princes du royaume de France le servoient à la messe, et y estoient les chantres du Pape et du Roy, lesquels il faisoit bon ouïr, car c'estoient deux merveilleusement bonnes chapelles ensemble, et chantoient à l'envi. Et quand ce vint à la fin de la messe, le Pape donna à recevoir Dieu au Roy et à tous les princes de France. Et, la messe faicte, le Pape et le Roy disnèrent ensemble; et mangèrent la pluspart du tems toujours ensemble, et s'engendra entre eulx deux une telle amitié et si grande, qu'ils estoient souvent enclos eulx deux en une chambre, devisant de leurs affaires. Et donna le Pape au Roy une vraye croix, longue d'ung pied, des plus belles que je vis, et lui donna quant et quant le jubilé; toutesfois qu'on porteroit ladicte croix à la procession le jour de Saincte-Croix en septembre, pour ce que le mesme jour il avoit gaigné la bataille. Et, après avoir esté là neuf jours, le Roy print congé de lui, avecques bonne asseurance de paix et d'amitié avecques l'ung et l'aultre. Et revint le Roy en sa ville de Milan, faire la plus grande chère que jamais, et cassa la pluspart des gens de pied de son armée.

CHAPITRE LIV.

Comment l'Advantureux retourna en France.

Le Roi, estant à Milan, ouyst dire que quelques Flamans s'assembloient sur les frontières de Luxembourg, et aussi que le père dudict Advantureux estoit fort malade; de laquelle chose ledict Advantureux feust adverti par monsieur le grand-maistre Boissi (1), qui estoit parent et allié dudict Advantureux. Et aussi y avoit entendu le Roi que les lansquenets, aus quels il avoit donné congé passer le royaume de France, faisoient tout plein de mal, et, par espécial, la noire bande. Et, pour tous ces affaires, renvoya le Roi ledict Advantureux en France, lequel vint en bonne diligence, où estoit son père, monsieur de Sedan, jusques à Jamets, qui est une belle place, forte et bonne, que ledict sieur avoit faict faire de nouveau. Or, avant que l'Advantureux partist de France pour aller en Italie, s'estoit venu plaindre à lui une sienne parente, de ceulx de Mollin, honneste dame et bonne : et les raisons de sa plainte estoient qu'on l'avoit mariée à ung gentilhomme de Lorraine, lequel n'estoit point homme; et avoit esté sept ans avecques lui, qu'elle n'en vouloit rien dire; et, par contraincte de son mary, elle s'en complainct à ses parens. Et vouloit bien sondict mary deffaire le mariage, mais il vouloit avoir les biens d'elle, laquelle chose n'estoit pas raisonnable. Et se vint de rechef plaindre audict Advantureux, lequel avoit promesse de messieurs de Metz de lui faire délivrer ses biens; car elle avoit dispense de Rome pour démarier de lui et se remarier à ung aultre ; et lui avoient promis messieurs de Metz de lui faire justice et raison; laquelle chose ledict Advantureux ne trouva faicte à son désir, pour ce que l'adverse partie de sa cousine avoit trop grande faveur en la ville de Metz. Et, pour se complaindre, la dame encore une fois vint audict Advantureux : laquelle complainte par lui ouye, envoya une deffense à mesdicts seigneurs de Metz, en leur mandant qu'ils avoient faulcé leur foi, et qu'ils n'avoient point faict ce qu'ils avoient promis. Et, cela faict, s'en alla l'Advantureux vers les lansquenets de la bande noire, qui estoient assez près de là, et amassa sept à huit cent chevaulx; et y eurent six mille lansquenets qui le voulurent servir pour ung teston le mois, et ne vouloient point prendre d'argent, fors seulement dire qu'ils estoient à maistre qui leur donnoit argent. Et, cela ainsi faict, avecques douze grosses pièces d'artillerie marcha droict à Metz. Laquelle chose entendue par messieurs de Metz, envoyèrent ambassadeurs sur ambassadeurs, disans, pour l'amour de Dieu, qu'il ne leur fist point de mal, et qu'ils feroient raison de tout, le deuxième jour après. Et fisrent admettre dessus les lettres qu'ils escrivoient ung terme nouveau; car il mettoit : *A très-noble et très-mieux que sage.* Et ledict Advantureux leur fist response qu'il marcheroit jusques dedans les portes de leur ville, tant qu'il verroit la chose faicte. Laquelle feust faicte sans nul délai : et eust ladicte dame tout son bien, et feust démariée. Et espousa depuis ung gentilhomme de Lorraine, fort homme de bien, lequel se nommoit monsieur de Port-sur-Solle, de bonne grosse

---

(1) Artus Gouffier, seigneur de Boissy. Il avait été gouverneur de François Ier. Ce prince, à son avènement à la couronne, lui donna la charge de grand-maître. Boissy mourut à Montpellier en 1519.

maison, et riche; et en eust depuis de beaux enfans. Et, cela faict, ledict Advantureux donna congé aux lansquenets, et se retira avecques la gendarmerie et son artillerie : et lui firent ceulx de Metz des présens de chevaulx ; et s'en retourna vers son père, à Jamets.

CHAPITRE LV.

Comment le Roy, après avoir mis ordre en son pays d'Italie, revint en son royaume de France, et laissa monsieur de Bourbon son lieutenant-général à Milan; et comment l'empereur Maximilian vint en la duché de Milan.

[Février-Juillet 1516.] Le Roy ayant mis ordre en son pays d'Italie, pour estre paisible de toutes parts, revint en son royaume de France, et laissa monsieur de Bourbon son lieutenant-général en Italie, et y laissa aussi encore assez de gens de pied et toute la gendarmerie ; et le faisoit pour ce qu'il avoit entendu que l'empereur Maximilian faisoit gros amas de gens, et ne sçavoit-on qu'il en vouloit faire. Ledict seigneur Roy, retournant de Milan, trouva madame sa mère à Grenoble, laquelle estoit venue au devant de lui : et de là tirèrent à Lyon, et ne voulurent partir de là, tant qu'ils sceussent que l'empereur Maximilian voulloit. Ils n'y demeurèrent pas long-temps en cette attente, car incontinent nouvelles lui vindrent que l'Empereur marchoit en grande diligence avecques ung gros nombre de gens, et avoit envoyé ambassadeurs en Suisse pour avoir gens, et estoit son armée de quarante à cinquante mille hommes. Cela entendu par le Roy, envoya dire à monsieur de Bourbon ces nouvelles, et qu'il se pourveust de gens, de vivres et remparts, et de ce qu'il lui falloit. Et quant et quant ledict seigneur Roy envoya en Suisse, pour ce que la paix estoit entre lui et eulx, pour avoir un nombre de gens, et escrivit à messieurs des ligues et à ses amis particuliers et pensionnaires, pour avoir de leurs gens; laquelle chose il eust, et vint en son service, comme vous oyrés cy-après ; mais il en alla vingt mille avecques l'Empereur. Monsieur de Bourbon, ayant entendu que l'Empereur marchoit, va au devant de lui, et passe la rivière d'Adde, faisant semblant de vouloir combattre, et l'Empereur marchoit tousjours avecques son armée vers où les François estoient. Toutesfois les François trouvèrent nécessaire, en leur conseil, de repasser ladicte rivière d'Adde, pour ce qu'ils n'estoient point gens suffisans pour combattre l'Empereur, à la moitié près. Et se vint ledict sieur Empereur loger sur ladicte rivière, et estoient si près l'ung de l'aultre, qu'ils ne faisoient qu'escarmoucher du long du jour, car l'Empereur ne demandoit que la bataille, et fist faire trois ponts pour passer son armée tout d'ung coup, pour combattre. Et feurent une fois les François tous délibérés de donner la bataille, en passant ladicte rivière ; et croy qu'ils l'eussent faict, s'ils eussent eu les gens qu'ils attendoient d'heure en heure venir à leur secours, lesquels n'estoient pas encore venus, mais ils estoient bien prests. Et pour ce advisérent les François d'eulx retirer tous ensemble en la ville de Milan, car ils pensoient bien que l'Empereur n'estoit point fort d'argent pour payer long-temps une telle armée, et aussi que les François espéroient avoir quelque intelligence avecques les Suisses qui estoient avecques luy; laquelle chose ils fisrent. Et eust belle escarmouche à entrer en ladicte ville de Milan ; car, en temps que ce conseil tenoit, l'Empereur avoit faict passer beaucoup de sa gendarmerie et de ses gens de pied, et eust ung peu de désordre à entrer en la ville. Incontinent que monsieur de Bourbon feust entré en ladicte ville, il despartit tous les quartiers, et ne fisrent toute la nuict que remparer ; et y avoit plus de cinq mille personnes ouvrans, et y avoit dedans quatre cent hommes-d'armes et quatre mille hommes de pied vénitiens, dont il en bailla à monsieur de Lautrec une partie, et au sieur Jean-Jacques l'aultre, et luy en print deux parts. Le lendemain, tandis que l'Empereur faisoit passer le demeurant de son armée, arrivèrent quatorze mille Suisses que Albert de La Pierre menoit ; et, quand ils feurent là dedans, fisrent tellement leur cas, qu'ils eurent chascun, l'ung portant l'aultre, plus de trente florins d'or, sans tous les gros présens que fist monsieur de Bourbon à tous les capitaines, et demeurèrent là ce jour et l'aultre. Le jour après, l'Empereur oyant que les Suisses estoient entrés à Milan, feust merveilleusement esbahy, et cela sans point de faulte l'estonna fort. Et deux jours après que les Suisses feurent dedans Milan, ils eurent intelligence à ceulx de dehors, et lettres des seigneurs de leurs ligues, tellement qu'il s'en partist hors de la ville, six mille pour un coup, après avoir servi le Roy huict jours. Et demeura Albert de La Pierre, gentil capitaine, avecques six mille, dedans la ville, en dépit de toutes les ligues et de tout le monde, dont il feust bien après récompensé. Tout cela faict, l'Empereur marcha tout droit à Milan, et toute son armée et artillerie, pensant que ceulx dedans se deussent estonner. Et, quand il feust près des portes, donna deux coups de canon, et puis s'en retourna sans aultre chose faire, en assez mauvais ordre, et les Suisses en leur pays. Et croy que lesdicts Suisses voulloient retourner, et que cela feust en partie cause de sa retraite: et sans point de faulte il ne feust pas encore retiré, et partist sitost. Quand l'Empereur feust retourné dans les Allemaignes, monsieur de Bourbon deffist toute son armée, pour ce qu'il n'en avoit besoing, et donna congé aux Vénitiens et aux Suisses qui estoient avecques luy; et après feust mandé par le Roy pour revenir en France; et feust laissé lieutenant-général en Italie monsieur de Lautrec. Et revint ledict seigneur de Bourbon assez mal content, nonobstant que, quand il vint à Lyon, le Roy luy fist merveilleusement bonne chère; et y eust en ce temps beaucoup de picques contre les capitaines, spécialement contre monsieur de Chastillon.

CHAPITRE LVI.

Comment le marquis de Mantoue, pour quelques affaires qu'il disoit avoir, s'en retourna et abandonna le Roy, et luy renvoya son ordre; et comment l'Advantureux fist une maison nommée Messencourt, et le combat qu'il y donna.

[1519.] Après que monsieur de Bourbon feust retourné d'Italie en France, le Pape fist alliance au marquis de Mantoue (1) de sa niepce, et le fist capitaine de l'Eglise. Et, ce faict, le marquis renvoya son ordre au Roy, de quoy il fist merveillement mal, et lui estoit reprochable, car le Roy l'avoit nourri, et ne lui avoit requis chose qu'il ne lui eust accordé. Toutesfois, le Roy en feust bien marry et n'en fist pas grand estime, car il se fioit bien en l'amitié qu'ils avoient luy et le Pape et lui ensemble. Et en ce temps l'Advantureux fist faire une maison nommée Messencourt, que son père lui avoit donnée, merveilleusement belle et jolie pour la chasse et pour la guerre, et pour toutes autres choses;

et la fist bastir en fourche, et estoit ung merveilleusement beau commencement de place; et y fist faire force artillerie, tellement qu'il y en avoit assez pour faire une bonne batterie, et la place bien gardée. Et y donna ledict Advantureux ung camp à ung gentilhomme, nommé le baron d'Antin, et y feurent les cérémonies gardées: et y courut le camp, comme en telle chose appartient de faire; mais son ennemy, autre gentilhomme gascon, ne s'y trouva point; par quoy il traisna ses armes à la queüe d'ung cheval, car la raison le veult à celui qui fault; car il l'avoit adverty du jour qu'il y debvoit estre, et que, s'il lui failloit, il lui feroit ce qu'il fist. Toutesfois, ledict d'Antin se trouva merveilleusement mal, lui retourné en France, et feurent tous ses biens confisqués; car l'ordonnance de France est telle, que qui va chercher combat hors le royaume sans le congé du Roy, il y va de la vie et de tous ses biens; et n'y a que deux sortes de combat que le Roy veille permettre, qui est le crime de lèze-majesté, et pour l'honneur des dames.

CHAPITRE LVII.

Comment le Roy donna charge à l'Advantureux de mener pratiques en Allemaigne, pour gaigner les princes et électeurs de l'Empire.

Le roy de France, prévoyant l'Empereur vieil et caduc, désirant estre empereur, fist mener plusieurs pratiques en Allemaigne, pour attirer les électeurs à lui et à sa cordette; de quoy estoit ung des principaux meneurs de cette pratique monsieur de Sedan et l'Advantureux son fils; et feurent gaignés trois ou quatre électeurs dont ne veulx dire les noms; de telle sorte que le Roy pensoit avoir bonne part à l'Empire si l'Empereur feust venu à la mort. Et, entre aultres allans et venans aux Allemaignes, y avoit un gentilhomme audict Advantureux, lequel s'appelle Pierre Buisson, mareschal-des-logis de sa bande, et estoit provençal, gentilhomme sage, et parloit aussi allemand que françois. Et, en allant et venant par le pays, François de Sikengen (2) voullust parler à lui, quand il sceut qu'il estoit l'Advan-

---

(1) Frédéric II n'épousa point une nièce de Léon X.
(2) Il était fils de Suivik, seigneur de Sikingen, auquel l'empereur Maximilien fit couper la tête, pour le punir des vexations et des pilleries qu'il avait exercées contre l'Empire et les villes libres d'Allemagne. François de Sikingen, marchant sur les traces de son père, se rendit puissant dans l'Oustenck; mais ayant déclaré la guerre à Richard de Greiffenclau, archevêque et électeur de Trèves, il fut assiégé dans son château de Landstoul, et mourut, le 7 mai 1523, d'une blessure qu'il avait reçue pendant le siége. (*Histoire de Lorraine*, de dom Calmet.)

tureux, et lui pria qu'il vouloist dire au sieur de Sedan et audict Advantureux, qu'il avoit oüi dire tout plain de bien d'eulx; et que s'il estoit plaisir ou service qu'il lui peust faire, qu'il estoit à leur commandement; qu'il désiroit autant l'alliance de la maison de La Marche, que de nulle maison d'Allemaigne; et que, pour leur faire service, il avoit tousjours deux mille chevaulx et dix mille hommes de pied à leur commandement, et l'artillerie à l'advenant; et qu'il avoit deux ou trois places, dont la principale se nommoit Scawerbourg, et part à plus de vingt autres, qui seroient ouvertes à toute heure, pour le seigneur de Sedan et l'Advantureux. Et, afin qu'ils eussent plus grande fiance en lui, il n'avoit que deux fils, lesquels il leur donna; et eust monsieur de Sedan l'aisné qui se nommoit Quiriker, et l'Advantureux eust le puisné, nommé Hans; et ont esté tous deux très-gaillards hommes. Et fist le rapport ledict Pierre Buisson, lequel feust très-volontiers oüi; et, depuis cette heure, ledict sieur de Sedan et l'Advantureux ne cessèrent jamais, tant que le susdict François Sikengen feust au service du Roy, et adressoient beaucoup de leurs affaires à luy; et a duré cette alliance jusques à sa mort.

◇◇◇

CHAPITRE LVIII.

Comment François de Sikingen fist alliance avecques messire Robert de La Marche et l'Advantureux son fils; et comment il emprint faire la guerre à monsieur de Lorraine.

François de Sikingen estoit gentilhomme allemand, de bien petite race, mais bien gentil compaignon; et, du temps que je vous parle, avoit environ quarante ans, point homme de guerre, mais homme de grande honnesteté; et aimoit fort la guerre, et jamais n'y avoit esté; et estoit le plus beau langageur que je pense en ma vie avoir veu, et de telle sorte qu'il n'y avoit gentilhomme en Allemaigne, prince ni homme de guerre, qui ne lui voullust faire plaisir, comme lui donnèrent bien à congnoistre depuis. Ledict Francisque entendit qu'il y avoit ung comte d'Allemaigne (1), lequel estoit en partie sujet de monsieur de Lorraine, lequel s'appelloit Le Rhingrave, et quelques comtes encore qui voulloient faire la guerre à mondict sieur de Lorraine. Et à donc manda ledict sieur Fran-

(1) Suivant dom Calmet, c'était le comte de Guérasque, et les mines de Lorraine furent le prétexte et l'occasion de cette guerre qui commença en 1516.

cisque à monsieur de Sedan, qu'il estoit temps pour les querelles qu'il avoit à monsieur de Lorraine, qu'il y besongnât, et que les choses se dressoient en Allemaigne pour lui faire une bonne venue; et du moins, s'il ne s'en voulloist mesler pour l'amour du roy de France, qu'il souffrist que sur sa querelle il pust deffier monsieur de Lorraine, et qu'il lui voulloist monstrer qu'il avoit puissance de faire plaisir à ses amis et déplaisir à ses ennemis. Surquoy lui fist response monsieur de Sedan qu'il n'estoit point délibéré pour l'heure de faire la guerre à monsieur de Lorraine, et que, de sa part, il s'en rapportoit à lui, et qu'il seroit bien aise s'il en pouvoit faire son proffit. Quand ledict Francisque eust oüi la response du sieur de Sedan, et entendu que les autres comtes allemans marchoient, il fist une petite armée à part de sept ou huict cent chevaulx, de cinq ou six mille piétons. Et les autres comtes en leur armée avoient mille ou douze cent chevaulx et dix mille hommes de pied, et leur artillerie assez mal esquipée. Et surprindrent monsieur de Lorraine, de telle sorte qu'il n'eust point grand loisir de mettre ordre à son affaire, et envoya au secours vers le roy de France. Et en cet esquipage que vous ay dit, allèrent les Allemans assiéger une ville, laquelle se nomme Saint-Hypolite, qui ne valloit guères, et la prindrent et pillèrent. Mais tout incontinent que le secours de France feust venu, qui estoit de quatre ou cinq mille chevaulx, ils mirent de l'eauë en leur vin. Toutesfois, monsieur de Lorraine fist avec lesdits comtes ung appointement, et bailla à Francisque quelque argent comptant, et cinq cent florins de pension sa vie durant; et par ainsi chascun se retira. Ce temps pendant que Francisque faisoit belle chose, le Roy feust adverti, par monsieur de Sedan et l'Advantureux, que Francisque estoit bien personnage pour lui faire du bon service en Allemaigne; par quoy eust volonté ledict seigneur de le tirer à son service et de le bien traicter; dequoy feust adverti ledict Francisque, et vint à Sedan où il trouva monsieur de Sedan et l'Advantureux son fils, qui le prit en sa charge, et le mena devers le Roy, par Chasteau-Thiéry et par toutes les bonnes villes de France, lui faisant la meilleure chère qu'il estoit possible lui faire; et vous assure que ledict Francisque trouvoit le royaume de France merveilleusement beau, et la manière de vivre à son appétit. Et ainsi le mena ledict Advantureux à Amboise vers le Roy, qui lui fist merveilleusement bon recueil et bonne chère. Et estoit ledict Francisque assez bien accompaigné, car il avoit douze gentilshommes allemans

avecques luy. Ledict seigneur Roy le trouva fort honneste homme et bien parlant, et, si le Roy lui fist bonne chère, aussi firent toutes les dames, tellement qu'il ne pouvoit parler. Et lui donna le Roy trois mille francs de pension; et sans point de faulte il les auroit bien desservi, si ledict seigneur Roy l'eust tousjours tenu à son service; mais il ne feust pas fait ainsi, comme ci-après vous sera déclaré. Ledict Francisque se partist du Roi, avecques gros présens et une chesne de trois mille escus, et tous les autres gentilshommes, chesnes de cinq cent ou mille escus; et se partist fort bien content du Roy, sinon d'une chose, laquelle il conta à l'Advantureux, ainsi qu'il l'alloit conduire, et lui dit:
« Le Roy ne m'a point déclaré de son affaire
» de l'Empire, toutesfois je sçay bien ce qu'en
» est; et pourtant vous prie de dire au Roy que
» me recommande très-humblement à sa bonne
» grâce, et que le serviray et lui tiendrai le
» serment que je lui ay faict, qui est de le ser-
» vir contre tous et envers tous, osté la maison
» de La Marche; et que la raison pourquoi je
» lui demandois des gens-d'armes n'estoit point
» pour moi, mais pour gaigner des gentils-
» hommes d'Allemaigne; et que moi et les gentils-
» hommes qui entreroient à son service le ser-
» viront loyaument, et lui feront du bon service.
» Mais dites-lui que les grands princes le trom-
» peront, et n'y aura point de faulte, et luy
» donneray a congnoistre dedans peu de temps
» que je suis pour lui faire service; car j'entre-
» prendrai quelque bonne chose avecques vostre
» ayde. » Et incontinent dict adieu. Et l'Advantureux lui bailla ung gentilhomme, qui avoit nom Guillaucourt, pour le conduire à Sedan. Et de là se retira Francisque en Allemaigne, où il fist assembler une armée pour venir contre ceulx de Mets, pour la querelle d'ung gentilhomme que ledict Francisque soutenoit. Il les avoit requis plusieurs fois de venir à appoinctement, et en estoient arbitres monsieur de Sedan et l'Advantureux; mais jamais n'avoient trouvé façon de venir audict appoinctement; pour laquelle raison ledict Francisque les envoya deffier, et vint accompagné de quatre mille hommes de cheval, et seize ou dix-sept mille hommes de pied, et dix ou douze pièces d'artillerie. Et envoya prier, ledict Francisque, l'Advantureux de s'y vouloir trouver et de le venir veoir; et, pour ce qu'il estoit fort malade à Messencourt, luy envoya cinq cent chevaulx, que menoit le sieur de Jamets, frère dudict Advantureux, auquel il en avoit baillé la charge. Et arriva devers ledict Francisque. Et feurent faictes tout plein de belles escarmouches devant ladicte ville de Mets; et se faisoient tout plein de pratiques et menées entre ledict Francisque et messieurs de Mets pour venir à paix. Et afin que vous entendiez, le plus grand revenu que ceux de Mets ayent est en vignes; et ledict Francisque, pour leur donner plus grande peur et crainte, avoit fait amener trois chariots pleins de serpes pour couper lesdictes vignes; lequel, incontinent qu'il vist que ceux de Mets dissimuloient, commença à les faire couper. Et incontinent que ceux de Mets visrent ce, vindrent appointer avecques lui, et lui donnèrent vingt mille florins de Mets, à trente sols le florin, et encore quelques présens qu'ils donnèrent aux capitaines. Et se levèrent, et ne feust pas sans faire grand dommaige. Et revint le sieur de Jamets avecques les gens-d'armes dudict Advantureux. Et cela faict, ledict Francisque avoit quelque querelle contre le landgrave de Hesse (1), gros prince d'Allemaigne; mais il estoit jeune homme et fort beau fils : ledict Francisque mena son armée, au partir de Mets, tout droict dedans ses pays, et commença à brusler. Quand ceulx du pays visrent ce, et la mère dudict landgrave, ils lui donnèrent trente mille florins d'or, pour avoir appointement avecques lui. Et, cela faict, ledict Francisque rompit son armée, et s'en retourna chascun chez soi, et contenta Francisque merveilleusement les Allemans, tellement que, quand il en avoit affaire, je n'ai point veu d'homme qui en fînist plustost que luy.

◇◇

CHAPITRE LIX.

Comment en ce temps le cardinal de La Marche et le sieur de Sedan, son frère, pour quelque tort que le Roy leur fist, le laissèrent et allèrent au service de l'Empereur.

Comme ces choses se faisoient, le Roy, qui avoit eu autrefois quelque soupçon sur monsieur de Sedan, pour l'amour de la royne Anne de Bretaigne, pensant qu'il ne feust pas bien son serviteur, et qu'il feust du tout pour ladicte royne Anne, laquelle estoit grande ennemie dudict Roy (ce qui n'estoit pas vray, car jamais ledict sieur de Sedan ne voullust faire chose préjudiciable audict Roy, du temps qu'il estoit monsieur d'Angoulesme, ny depuis, néantmoins luy estant son serviteur), et, pour le faire

---

(1) Philippe de Hesse. C'est le fameux Landgrave de Hesse qui embrassa l'un des premiers la religion de Luther, et se fit un des chefs de la ligue de Smalcalde.

court et plus abbrégé, il lui cassa sa compaignie, disant qu'elle estoit mal vivante; et sans point de faulte il estoit ainsi : et luy en debvoit le Roy rebailler une aultre, ce qu'il ne fist point. Et feust aussi ledict sieur de Sedan mal payé de ses pensions et estats : et monsieur de Liége, qui n'estoit à cette heure-là point cardinal, lequel estoit son frère, vint à la traverse, mal content aussi, parce qu'il n'avoit point l'audience ni l'entrée, ni la bonne chère qu'il avoit du feu roy Louis. Et avec tous ces mécontentemens et l'intelligence qu'ils avoient avecques madame de Savoye, abondonnèrent tous deux le service du Roy; et luy renvoya le sieur de Sedan son ordre, lequel receut monsieur de Paris (1), chancelier dudict ordre. Et ainsi se retirèrent au service de l'Empereur, lequel les traicta très-honnestement ; et avoient autant d'estat que du Roy, dequoy les bonnes villes de Brabant et de Flandres estoient respondantes : mais le seigneur de Sedan n'avoit point de gens-d'armes ; car il avoit en France cent hommes-d'armes, et là il n'en avoit que cinquante, et en la fin que vingt-cinq ; car il bailla les aultres vingt-cinq à Francisque, comme vous oyrés cy-après. Or monsieur de Liége avoit en France ung bon évesché, qui s'appelle Chartre, qui est ung des meilleurs de France, et, pour ce, pensoient le Roy et son conseil qu'il ne le debvoit point abandenner pour l'amour de cet évesché: dequoy ils se trouvèrent abusés; car l'Empereur luy fist merveilleusement grand bien, et le fist cardinal, et luy donna plus de soixante mille florins en bénéfice. Et la chose qui feust cause du partement dudict sieur de Liége, feust que le Roy luy avoit promis de le faire cardinal, et le Pape en avoit accordé ung au Roy à sa volonté; et avoit esleu monsieur de Liége pour l'estre, et avoit baillé à l'Advantureux, qui estoit son nepveu, la dépesche, de sa propre main et de madame sa mère, tant au Pape qu'à luy : et alla veoir ledict Advantureux son oncle, et luy porta sa despesche à luy, et, ce temps pendant, le Roy et Madame fisrent faire aultre despesche en faveur de monsieur de Bourges (2), frère du général de Normandie, de la maison de Boyer. Or avoit monsieur de Liége, son chancelier dudict Liége, qui avoit nom Alexandre (3), très-sçavant homme et honneste, poursuivant l'affaire de son maistre, lequel fist tant qu'il eust le double des lettres que le Roy escrivoit au Pape pour l'aultre, et les envoya à son maistre, de quoy il feust très-mal content ; et, à dire vray, ce feust très-mal faict au Roy, nonobstant que, quand il luy feust remonstré, ledict seigneur Roy jura sa foy qu'il n'en sçavoit rien ; et voilà la principale cause qui fit départir monsieur de Liége.

Or retournons à Francisque, qui avoit acheppté une querelle de quelque marchand à qui ceulx de Milan, qui estoient au Roy, avoient faict quelque tort, et ledict Francisque avoit pris bien pour vingt-cinq mille francs aux marchands de Milan qui passoient leurs marchandises par les Allemaignes. La complainte desdicts Milanois vint au Roy, comment par ses serviteurs et pensionnaires ils avoient receu dommaige : dequoy ledict seigneur Roy en advertit ledict Francisque, lequel luy fist response d'un vray Allemand, car il pensoit qu'il n'y eust justice non plus qu'en Allemaigne ; mais il s'abusoit. Et feust la response dudict Francisque telle au Roy que ce qu'il en avoit faict, et l'avoit faict pour ung mieux et affin que lesdicts Milanois entendissent raison ; dequoy le Roi se contenta fort mal, et fist arrester ses pensions et estats ; de quoi ledict Francisque, qui pensoit avoir bien faict, ne feust pas bien content de son costé. Et le sieur de Sedan, sçachant cela, n'en feust point marry ; car il avoit envie, pour ce que Francisque estoit son ami, le retirer avecques lui ; et fist tant par ses menées qu'il recouvra ledict Francisque au service de l'Empereur, et eust autant d'estat de l'Empereur qu'il avoit du roy de France ; et feust content ledict sieur de Sedan qu'il n'eust que vingt-cinq hommes, et que Francisque eust les aultres vingt-cinq. Laquelle chose feust faicte, et se contenta ledict Francisque, lequel porta depuis au Roy grand dommaige et spécialement pour le faict de l'Empire comme cy-après sera déclaré.

◇◇◇

CHAPITRE LX.

Comment le duc d'Urbin, nepveu du Pape, vint en France réconforter la paix entre le Pape et le Roy ; et comment il espousa une des filles de Boulongne, et après tint le Daulphin.

(1517.) Le Roy estant à Amboise avecques la Royne et madame sa mère, la Royne accoucha

---

(1) Etienne Poncher. Il fut d'abord évêque de Paris. Il devint archevêque de Sens, et mourut en 1524, âgé de soixante-dix-huit ans.

(2) Il était frère de Thomas Bohier, lieutenant-général de Normandie et trésorier de l'épargne.

(3) Jérôme Alexandre. Il fut cardinal sous Paul III.

d'un beau fils ; dequoi feust merveilleusement joyeux, car il n'en avoit point encore. Et incontinent despescha monsieur de Saincte-Mesme, gentil-homme de sa chambre, pour aller devers le Pape le prier d'estre son compère, et aussi pour lui donner à congnoistre et confirmer la paix et l'amitié qu'ils avoient ensemble. Et ledict Saincte-Mesme arrivé à Rome, jamais on ne fist plus grande chère à homme qu'on lui fist. Et feust très-aise le Pape des nouvelles que le Roy luy envoya et du bon tour qu'il luy faisoit de le convoquer pour son compère ; et envoya, en son lieu, tenir ledict Daulphin, le duc d'Urbin, son nepveu, accompaigné des ambassadeurs de Florence. Et avoit ledict duc d'Urbin bien fort la grosse vérolle, et de fresche mémoire, et falloit qu'il vînt en poste, ce qu'il faisoit à grande peine. Et vint à Amboise où tous les princes de France allèrent au-devant ; et lui fist le Roy merveilleusement bon recueil et bonne chère. Et avoit le Roy envoyé quérir monsieur de Lorraine pour son aultre compère, et madame de Bourbon pour sa commère. Le baptesme feust faict au plus grand triomphe qui feust possible et comme en tel cas appartient ; car, sans les princes de France, il y avoit beaucoup de princes estrangers et ambassadeurs. Et estoit toute la cour d'Amboise tendue, tout le dessus, qu'il n'y pouvoit pleuvoir ; et estoient les deux costés et le dessus tout tendus ; et feust là-dessous faict le banquet qui feust merveilleusement triomphant ; et feust dancé et ballé le possible. Et, trois jours après, feurent faictes les nopces dudict duc d'Urbin à la plus jeune fille de Boulongne, qui estoit très-belle dame et jeune ; car monsieur d'Albani avoit espousé l'aisnée. Et quand ladicte dame espousa ledict duc d'Urbin, elle ne l'espousa pas seul, car elle espousa la grosse vérolle quant et quant ; et à ce propre jour le Roy le fist chevalier de son ordre. Et, entre aultres dames, il y avoit soixante et douze damoiselles déguisées, toutes par douzaine, accoustrées de toutes sortes, l'une à l'italienne, l'autre à l'allemande, et toutes en suivant d'autres sortes pour mieux dancer ; et avoient les tambourins et les musiques de mesme. Et estoient au banquet la mariée et tous les princes, assis à la table du Roy, tant de France que les estrangers et tous les ambassadeurs, chacun selon leur ordre ; et la Royne et madame sa mère estoient de l'aultre bout assis : et faisoit merveilleusement beau veoir tout cela ; car on portoit tous les mets avec les trompettes. Et quand le souper feust faict, feurent les dances et carolles jusques à une heure après minuit ; et y faisoit aussi clair qu'en plain jour, les flambeaux et torches qui y estoient ; et dura le festin jusqu'à deux heures après minuit : et alors on mena coucher la mariée qui estoit trop plus belle que le marié. Et le lendemain se fisrent les joustes les plus belles qui feurent oncques faictes en France, ni en la chrestienté : et feust huict jours de long le combat dedans les lices et hors des lices, et à pied, à la barrière, là où à tous ces combats estoit le duc d'Urbin, nouveau marié, qui faisoit le mieux qu'il pouvoit devant sa mie.

Et y feust faict, entre aultres choses, une façon de tournois, après ceux-là, que je ne vis en ma vie qu'en ce lieu ; car le Roi fist faire une ville contre faicte de bois, environnée de fossés, tout en plain champ, assez grande ; et y avoit faict mener quatre grosses pièces d'artillerie, canons et doubles canons ; et tiroient à volée par-dessus ladicte ville, comme si on y eust voulu faire batterie. Et estoit monsieur d'Alençon, avecques cent hommes-d'armes à cheval, sa lance sur la cuisse, dedans ladicte ville, et l'Advantureux avecques quatre cent hommes-d'armes à pied, bien armés, dont estoient les cent Suisses de la garde. Or alloit ledict Advantureux au secours, feignant de secourir la ville où estoit monsieur d'Alençon, et la tenoit assiégée monsieur de Bourbon, avecques cent hommes-d'armes à cheval, et monsieur de Vendosme, avecques cent hommes-d'armes à pied, comme si l'Advantureux l'alloit secourir. Et, comme cela se faisoit, le Roi, armé de toutes pièces, se vint jetter, avecques l'Advantureux, dans la ville. A la pointe de l'artillerie qu'ils avoient dedans la ville, estoient de gros canons faicts de bois, et cerclés de fer, qui tiroient avecques de la poudre, et les boulets, qui estoient grosses balles pleines de vent et aussi grosses que le cul d'ung tonneau, qui frappoient au travers de ceulx qui tenoient le siége, et les ruoient par terre, sans leur faire aucun mal ; et estoit chose fort plaisante à veoir des bonds qu'elles faisoient. Or, tous ces passe-temps-là faicts, monsieur d'Alençon, avecques tous les gens-d'armes à cheval, saillit hors de la ville ; et le Roy et l'Advantureux, avecques tous ses gens de pied avecques lui, et trois grosses pièces d'artillerie, commencèrent à tirer comme en champ de bataille. D'aultre costé, contre monsieur d'Alençon, vint monsieur de Bourbon, avecques cent hommes-d'armes fort bien en ordre ; et monsieur de Vendosme, avecques les gens de pied, contre le Roi et l'Advantureux ; et donnèrent dedans, tant de gens de cheval que de pied, tout à un coup. Et feust le plus beau combat qu'on ait oncques veu, et le plus approchant du naturel de la guerre.

Mais le passe-temps ne plut pas à tous ; car il y en eust beaucoup de tués et affolés. Cela faict, on se départist, qui feust chose mal-aisée à faire; et eust esté bien pire, si cheveaulx et gens n'eussent esté hors d'haleine ; car, tant que haleine leur dura, ils combattirent. Après les tournois faicts, qui durèrent un mois ou six sepmaines, le Roi despescha le duc d'Urbin pour retourner en Italie, et sa femme avecques lui ; et les conduisoit le duc d'Albanie, que le Roi envoya ambassadeur devers le Pape; lequel y servit merveilleusement bien pour les affaires du Roy, et y print amitié si grande, que depuis elle a duré entre le Roi et la maison de Médicis. Et après ce, monsieur de Lorraine se retira en Lorraine, et la pluspart des princes de France en leurs maisons.

CHAPITRE LXI.

Comment l'empereur Maximilian mourut; et comment le roy de France despescha son admiral, le sieur d'Orval et l'Advantureux, pour aller en Allemaigne pour l'élection de l'Empire.

[1519.] En ce temps que toutes ces choses se faisoient, l'empereur Maximilian, ayant volonté de faire encore quelque chose en Italie, et ayant le Roi ambassadeurs vers lui pour traicter paix et amitié, la maladie le print en la ville d'Ilsbang, dont il mourut. Ce feust dommaige de sa mort, car il estoit bon prince et réveilloit toute la chrestienté ; car quand il ne pouvoit faire quelque chose, si monstroit le chemin aux aultres ; et doibvent toutes gens de guerre estre marris de sa mort. Et feust trouvé à la mort dudict Empereur une chose fort estrange : car il avoit toute sa vie faict mener un coffre après lui, et pensoit-on qu'il feust plein d'argent ou de lettres, ou de quelque autre chose de grande importance ; et n'estoit que sa sépulture où il vouloit estre enséputuré; et par tout où il alloit, feust-ce en guerre ou autre part, le faisoit mener ; et en la fin y feust mis et y est encore. Le Roi, estant à Paris, en sceut les nouvelles ; et les premières qu'il en eust, feust par le pays des Suisses, lesquelles il ne voullust point croire du commencement, car on avoit eu nouvelles qu'il se portoit bien. Et alors feurent despeschés monsieur l'admiral (1), monsieur d'Orval et l'Advantureux, pour aller en Allemaigne faire les pratiques de l'Empire, pour le Roi estre empereur, et feust conclud qu'ils iroient vers monsieur de Lorraine à Nancy, là où ils seroient, et bougeroient d'ung temps de là, pour regarder de là en avant, ce qu'ils auroient à faire, et usant aussi du conseil de monsieur de Lorraine, lequel n'estoit pas à Nancy, car il estoit allé à Lunéville, qui est encore plus près des Allemaignes, et y a ville et chasteau, et beau lieu pour la chasse, et pour la vollerie. Et là trouva monsieur de Lorraine l'admiral, qui estoit allé devant, à qui monsieur de Lorraine fist merveilleusement bonne chère ; et monsieur d'Orval et l'Advantureux demeurèrent derrière, pour appester ung peu de leurs affaires, et aussi pour ce que monsieur l'admiral et le président Guillard estoient allés devant pour tousjours commencer l'affaire.

CHAPITRE LXII.

Comment les ambassadeurs françois allèrent en Allemaigne, et passèrent par Trèves, et allèrent à Coblentz, vers monsieur de Trèves, électeur de l'Empire; de là alla monsieur l'admiral en un chasteau près de Francfort, pour une partie desdictes affaires, et monsieur d'Orval et l'Advantureux, à Coblentz, et allèrent en ambasse vers monsieur de Cologne.

[1519.] Et après que les ambassadeurs de France, qui estoient députés pour aller en Allemaigne, eurent demeuré trois ou quatre mois à Nancy avecques monsieur de Lorraine, et que le temps de l'élection de l'Empereur s'approchoit, et estoit environ le mois de mai, se partirent de Nancy, et prindrent congé de monsieur de Lorraine, et s'en allèrent passer le baillage d'Allemaigne, et par le pays de Leisse, et de là à Trèves ; et avoient toujours lesdicts ambassadeurs avecques eulx quatre cent mille escus, que archers portoient en brigandines et en bougettes ; et avoient lesdicts ambassadeurs avecques eulx quatre cent chevaulx allemans aux gages du Roy, qui les conduisoient. Et l'Advantureux avoit avecques lui quarante chevaulx, la pluspart aussi allemans, tous habillés de vert, à une manche de ses couleurs ; et fisrent ces gens-là beaucoup de service. De Trèves s'en allèrent lesdicts ambassadeurs à Coblentz, où trouvèrent monsieur de Trèves, qui leur fist merveilleusement bon recueil. Et pouvoient bien estre en tout huict cent chevaulx, et feurent logés delà le Rhin en une abbaye de moynes blancs, tout

---

(1) Guillaume Gouffier, seigneur de Bonnivet, amiral de France.

vis-à-vis de Coblentz; et fault passer par dedans la ville pour y aller; et y est ladicte abbaye auprès d'une place où se tient monsieur de Trèves, qui a nom Hermenstin, sur une montaigne; et y a auprès une aultre petite place toute ruinée, que Charlemaigne fist faire, laquelle s'appelle Helvestin. Eulx estant là, monsieur l'admiral partist et quatre chevaulx avecques, et s'en alla auprès de Francfort, en ung chasteau, là où il menoit pratique avecques le duc de Saxen et le marquis de Brangdebourg; et feust là longtemps caché en ce chasteau, qu'on n'en sçavoit nouvelles; car s'il eust esté découvert, il eust esté en danger de sa personne, et ne s'en feussent pas si bien portées les affaires du Roy, nonobstant qu'elles se portèrent si mal qu'il n'est pas possible plus; et falloit que, quand mondict seigneur l'admiral vouloit aller à Francfort, qu'il y allast en valet, portant la male d'un gentilhomme allemand. Cependant que monsieur l'amiral estoit en son voyage, monsieur d'Orval et l'Advantureux allèrent veoir monsieur de Trèves, lequel les receut comme ambassadeurs, en une grosse salle, en la vue de tout le monde; et lui feust faicte la harangue en latin, par ung maistre des requestes du Roi, qui s'appelloit monsieur de La Vernade. Tous les jours lesdicts ambassadeurs françois alloient veoir monsieur de Tresves, et leur fist faire bonne chère, durant le temps qu'ils y feurent, et spécialement l'Advantureux; et lui fist-on cette bonne chère par toutes les Allemaignes; car ils disoient qu'il estoit allemand, non pas françois. Peu de temps après, ledict seigneur d'Orval et l'Advantureux se partirent dudict seigneur de Trèves, et se misrent sur le Rhin, dedans les plus beaux basteaux qu'on ne sçauroit veoir, qui estoient à monsieur de Trèves; et avoient lesdicts basteaux, dedans, salles, chambres, galleries, et tous offices. Et ainsi se misrent lesdits ambassadeurs dessus l'eau du Rhin, et tous leurs gens, et allèrent à Andernack, ville sur le Rhin, assez jolie; et de là allèrent à Bonne, qui est une grosse ville à monsieur de Colongne. Et là estoit ledict sieur de Colongne au chasteau de la ville, bien accompaigné de comtes d'Allemaigne et gentilshommes, tant ses gens que autres. Et fist merveilleusement bon recueil aux ambassadeurs de France, et les receut en la mesme façon que monsieur de Trèves les avoit receus; et lui feust faicte la harangue à lui et à tous les électeurs, telle que le roy de France envoyoit lesdicts ambassadeurs devers eulx, pour ce qu'il avoit entendu que l'empereur Maximilian estoit mort, et qu'il falloit qu'en bref ils en éleussent ung autre; et leur prioit qu'ils regardassent, pour le bien de la chrestienté, d'en élire un qui leur feust suffisant: et de lui s'ils voyoient qu'il feust homme pour l'estre, pour le bon désir qu'il avoit que les affaires de l'Empire allassent bien, il l'accepteroit de bon cœur, nonobstant qu'il n'y eust homme en son royaume qui feust de cette opinion pour plusieurs causes. Ladicte harangue faicte, monsieur de Colongne rendist aux ambassadeurs merveilleusement bonne response; et feust remis le tout à l'après-disnée pour deviser des affaires. Et, après cela, mondict seigneur de Colongne mena les ambassadeurs dedans une grande salle disner, où il y avoit plus de soixante ou quatre-vingt tables carrées; et celle de monsieur de Mesme y estoit, et n'y avoit à sa table, assis, que lui et monsieur d'Orval, l'Advantureux et monsieur de La Vernade, qui avoit fait la harangue, et monsieur du Plessis, gentilhomme de Lorraine et qui servoit de truchement. Et dura le disné quatre grosses heures, et tellement que le bon sieur d'Orval s'endormist à table. La table levée, retourna monsieur de Colongne et les ambassadeurs au conseil, et feust la response telle, qu'il remettroit le tout à Francfort, où ils seroient tous ensemble, et que, s'il pouvoit faire quelque service au Roy, il le feroit de bon cœur. Cela faict, les ambassadeurs prindrent congé de lui; et pour ce qu'on se mourroit fort de la peste audict Bonne, et par toutes les Allemaignes, en ce temps-là, ne voullurent lesdicts ambassadeurs faire plus long séjour au dict Bonne, ni monsieur de Colongne aussi, et conclurent de partir le lendemain pour retourner à Coblentz. Mais à l'Advantureux, qui estoit parent de monsieur de Colongne et de tous ces comtes, ils lui fisrent un banquet, le soir en ville de Bonne, qui fut merveilleusement beau; et ne feust jamais tant beau que là, car il y avoit bien vingt-cinq ou trente comtes, tous parents dudict Advantureux, et alliés, et tout plain d'aultres gentilshommes françois avecques lui; et n'y eust François ni Allemand qui ne s'en retournât bien pensé. Le soupé faict, tout le monde print congé. Et retournèrent lesdicts ambassadeurs à Coblentz, et monsieur de Colongne à Colongne, pour accoustrer son cas, pour se trouver à Francfort pour le faict de l'Empire.

◇◇◇

CHAPITRE LXIII.

Comment monsieur de Colongne et le cardinal de La Marche allèrent à l'élection de l'Empereur et passèrent à Coblentz où estoient les ambassadeurs françois; et comment le duc de Wirtemberg feust chassé de son pays par les grosses Bonnes.

Après le retour des ambassadeurs françois à Coblentz, les électeurs s'apprestoient tous pour eulx trouver à Francfort; et, comme ces appresrs se faisoient, avoit une grosse guerre entre les Bonnes de Souabe, qui est à dire les riches villes, et le duc de Wirtemberg, qui avoit secours des Suisses : et ne le servirent point jusques à la fin; car il leur feust fort de retourner, quand ils virent que ledict duc ne voulloit point combattre, et aussi qu'ils en avoient ce mandement de leurs supérieurs, et retournèrent en leurs pays; et est une chose que les Suisses aiment, quand ils font la guerre, de faire vistement le combat. Lesdicts Suisses de retour, ledict duc de Wirtemberg perdit tout son pays, et le gaignèrent lesdictes villes, dont estoient chefs le marquis de Brandebourg et Francisque Sikingen. Or, pour vous dire la faulte qui y feust faicte, vous debvez cependant sçavoir que l'Advantureux, qui congnoissoit les Allemans mieux que nul autre qui feust avecques lui, conseilloit au Roy de retenir l'armée qui estoit au service de ladicte Bonne, lesquels se présentoient de jour en jour audict Advantureux; et venoient journellement les capitaines vers lui à Coblents offrir leurs gens. Et voyoit ledict Advantureux qu'on ne feroit rien, de quoy lui desplaisoit plus pour l'honneur de son maistre que pour le proffit qu'il en eust peu avoir, et pour ce qu'il avoit mené le commencement de ces menées. Monsieur de Sedan, qui estoit au service de l'Empereur, et qui entendict une partie desdictes menées, car il estoit encore au service du Roy du temps que le commencement desdictes menées se faisoit, conseilla à l'Empereur tout ce que l'Advantureux, son fils, conseilloit au Roy. Mais Dieu voullust que le père feust creu de son costé, et que le fils ne le feust pas du sien; car l'Empereur eust ladicte bande à son service, qui feust cause de faire faire l'élection en faveur dudict Empereur, avecques quelques autres bons serviteurs qu'il avoit du feu empereur Maximilian. Comme ces choses se faisoient, la journée de l'élection s'approchoit, et commençoient à entendre, l'admiral de France et monsieur d'Orval, qu'ils perdoient leurs temps, et que s'ils eussent cru ledict Advantureux, ils feussent bien venus à leur attente; et lui prièrent qu'il regardast comment on pouvoit faire pour avoir cette force, comme il avoit toujours conseillé : sur quoy il respondit que, si on l'eust voullu croire, les affaires du maistre se feussent bien portées; mais que le temps estoit court, et qu'il n'y avoit plus d'ordre; car, quinze jours devant, il avoit voullu aller en personne où estoient lesdictes Bonnes, et amener la plus grande partie de leur armée, comme il en avoit promesse d'eulx. Monsieur de Trèves, qui avoit son esquipage tout prest, se partist dudict Coblentz, et se mist sur le Rhin, pour aller à Francfort; car le Rhin les mena jusques audict Francfort, parce que quand ils sont à l'endroit de Mayence, il y a une rivière nommée le Mein, qui vient dudict Francfort tomber dedans le Rhin. Après ce, vint passer audict Coblentz, où estoient les ambassadeurs françois, monsieur de Colongne et le cardinal de La Marche, qui pour lors estoit monsieur de Liége; et avoient chascun leur train et basteau à part, tant pour cuisine que pour gentilshommes, et estoient lesdicts basteaux couverts de noir, et eulx habillés de noir; aussi estoient tous les électeurs, pour la mort du feu Empereur, comme il est de coustume, et vous asseure que ledict cardinal de La Marche servit ce voyage merveilleusement bien son maistre en cette affaire. Et, en passant par ledict Coblentz, le comte de Manderscheit, cousin dudict Advantureux, pource qu'il estoit son parent, lui fist dire qu'ils n'entreroient point dedans la ville, et qu'ils passeroient oultre, et que monsieur de Colongne et lui se recommandoient fort à lui, l'advertissant qu'ils s'en alloient à Francfort pour faire ung empereur, et en vérité que ce seroit ung François ou ung Allemand : à quoy lui feust respondu qu'ils estoient pour attendre la fortune et veoir qui le seroit. Et, si ledict comte de Manderscheit estoit bien yvre quand il vint, encore l'estoit-il plus au partir; car l'Advantureux l'avoit festoyé. Et ainsi passèrent oultre lesdicts seigneurs sans arrester, et allèrent coucher à trois lieuës de-là.

◇◇◇

CHAPITRE LXIV.

Comment monsieur de Boissy, grand-maistre de France, et monsieur de Chièvres, ambassadeur pour le Roy Catholique, se trouvèrent ensemble à Montpellier; de ce qu'ils y fisrent; et comment mondict sieur le grand-maistre mourut.

En faisant toutes ces menées d'Empire, monsieur le grand-maistre de Boissy ne dormoit point, aussi ne faisoit monsieur de Chièvres; et bâtissoient les choses, tant pour l'Empire que autres matières, pour mettre en paix et union ces deux princes. Toutesfois, Dieu, qui veult que les choses aillent à sa volonté, non pas à celle des hommes, voullust qu'au milieu de leurs affaires, et au plus grand besoing, qu'une maladie prînt monsieur le grand-maistre Boissy à Montpellier, où estoit assemblé tout le conseil des deux princes : et y avoit beaucoup de choses débattues, car ils feurent plus de deux mois à débattre les matières, tant d'ung costé que d'autre. Et estoient venus accompaigner monsieur de Chièvres beaucoup de gros personnages, comme monsieur de Poitiers, et force gens de robes longues et aultres. Et du costé de monsieur de Boissy y estoient allés merveilleusement de gens; et avoit mené mondict sieur le grand-maistre deux cent archers de la garde du Roy, pour lui tenir compaignie. La maladie de mondict sieur le grand-maistre estoit la pierre et la gravelle, de quoy il avoit failly deux ou trois fois à mourir; et, en la fleur des médecins qui est à Montpellier, il mourut, et n'y sceut-on jamais mettre remède : dont feust grand dommaige de sa mort, car elle a cousté la mort de deux cent mille hommes depuis; et, s'il eust vescu, je suis bien asseuré que ce n'eust point esté. Et, lui mort, monsieur de Chièvres lui fist un merveillement gros deuil, et s'en retourna sans rien conclure, et feust toute la chose rompue; car lesdicts seigneurs avoient toutes les affaires de leurs maistres entre leurs mains, et fort à cœur, et s'entre-aimoient comme deux frères. Monsieur de Chièvres partist, et tout son train, pour retourner en Espaigne. Le corps de monsieur le grand-maistre feust ramené en France; lequel, je vous asseure, feust fort plaint tant du Roy que de toute la noblesse, qui est une grande chose à ung gouverneur de pays; car on n'en veoit guères aimés de tout le monde.

◇◇◇

CHAPITRE LXV.

Comment les ambassadeurs d'Angleterre vindrent à Paris, et du bon recueil que le Roy leur fist.

[Octobre et Novembre 1518.] En ce temps, le roy d'Angleterre, voulant bien avoir l'amitié de France, envoya de par lui pour reconfirmer la paix, et pour faire le mariage de sa fille à monsieur le Dauphin; et feust asseuré ledict mariage et paix, et accord des deux costés. Et feurent les ambassadeurs qui vindrent en France de par le roy d'Angleterre, le mylort Cambreland, le milort Marquis, maistre Boullent, et le gouverneur de Ghines, et avec eulx tout plain de gentilshommes de la chambre du roy d'Angleterre; et y estoient entre autres le mylort Ferry, le mylort de Vindrefelt, et plusieurs autres gentilshommes, qui estoient venus en partie pour leur plaisir, et pour veoir le royaume. Et avoient les ambassadeurs près de huict cent chevaulx avecques eulx; et envoya le Roy au-devant, jusqu'à Ardres, monsieur de La Trimouille et autres gentilshommes, pour les accompaigner; et les fist deffrayer le Roy par tout son royaume, tant à l'aller qu'au venir. Et vindrent lesdicts ambassadeurs à Paris, vers le Roy, qui leur fist merveilleusement bon recueil. Et, quand ils feurent arrivés, le Roy, qui estoit en son palais, feust deux jours sans les ouïr, jusques à temps qu'ils feussent un peu rafraîchis, et qu'ils eussent mis ordre à leurs affaires. Après ce, le Roy les envoya quérir par les princes et gentilshommes, tant que chascun Anglois en avoit ung pour parler à lui, et les princes pour parler aux principaux ambassadeurs. Et en cet ordre vindrent au palais, vers le Roy, qui les attendist en une grande salle, ainsi qu'on a de coustume recevoir ambassadeurs; et estoient toutes ses gardes en ordre auprès de lui, qui feust chose fort belle à veoir. Et, en cet ordre, vindrent faire la révérence au Roy, et commencèrent leur harangue, qui feust merveilleusement belle, et qui pleust fort au Roy : aussi feust aux ambassadeurs l'honneste response que le Roy leur rendist sans chancelier; et est sa coustume de faire à quelque ambassadeur qu'il vienne, et le fist si très-bien que jamais ne s'en départist. Ces ambassadeurs ayant faict leurs affaires, s'en retournèrent en leur logis, où le Roy les fist envoyer; et se peuvent bien vanter, lesdicts ambassadeurs, qu'en quelque lieu qu'ils feurent, oncques ne feurent si bien festoyés; car, en six semaines qu'ils y feurent, n'eurent jamais le loisir de disner ou souper une fois en leur logis. Et ne vis en ma vie tant de banquets et festins l'un sur l'autre : le Roy fist tendre toute la cour de la Bastille de Paris, dessus, dessous, de tous costés; et feust là faict le plus beau festin que je vis jamais, et dura jusques au point du jour; et y avoit plus de deux mille flambeaux. Ce festin faict, trois ou quatre jours après, les ambassadeurs prindrent congé du Roy, lequel les fist conduire et deffrayer jusques hors son royaume. Et s'en allèrent lesdicts ambassadeurs si contents dudict sieur Roy, qu'il n'estoit possible de plus; car il leur avoit donné à chascun des principaux un buffet de vaisselle dorée, et présens de chevaulx et d'ar-

5.

gent. Et feust conclud avec lesdicts ambassadeurs le voyage d'Ardres et Ghines, pour se veoir les deux rois ensemble. Quand tout cela feust fait et conclud, lesdicts ambassadeurs s'en retournèrent en Angleterre, et fisrent leur rapport au Roy, lequel feust merveilleusement joyeux d'avoir entendu le bon recueil et le bon propos que le roy de France lui mandoit. Un peu après le département desdicts ambassadeurs d'Angleterre, madame la régente, mère du Roy, pria le Roy et la Royne de faire ung voyage jusques en Guyenne; et les vouloist mener par le duché d'Angoumois; et les festoya en une ville qu'elle a, qui se nomme Congnac, où le Roy estoit né. Et vous asseure que si le festin des Anglois, jouxtes et tournois, avoient esté beaux, encore feust cestui-là le plus beau; et vous jure ma foi qu'il cousta plus de cent mille escus. Toutes ces bonnes chères faictes, le Roy s'en retourna à Amboise et à Blois, où estoient ses enfans, se préparer pour faire le voyage d'Ardres, qui tousjours continuoit et renforçoit.

CHAPITRE LXVI.

Comment le roy catholique feust esleu empereur à Francfort; et comment les ambassadeurs françois s'en retournèrent en France, sans rien faire.

Tous les électeurs assemblés à Francfort, et les princes principaux de l'Empire, se misrent en conclave, pour élire cét empereur qu'ils devoient faire; et se trouvèrent beaucoup de serviteurs de l'empereur Maximilian, qui aidèrent beaucoup à favoriser le roy Catholique. Et quant et quant, par le conseil de monsieur de Sedan, Francisque de Sikingen, et le marquis de Brandebourg, dict Casimir, qui estoit chef général de la Bonne, amenèrent toute la puissance de ladicte Bonne, qui estoit vingt mille hommes de pied et quatre mille chevaulx, et l'artillerie qu'ils fisrent loger à l'entour dudict Francfort, à trois ou quatre lieues près, dont feurent merveilleusement estonnés ceulx qui vouloient bien au roy de France, et très-fort joyeux ceux qui vouloient bien au roi Catholique; et aussi ils sçavoient bien toute la pratique. J'avois oublié à mettre que le roy d'Angleterre y faisoit pourchas, aussi bien que le roy de France et le roy Catholique; mais les angelots n'y fisrent non plus de miracles que les escus au soleil. Les électeurs estans en conclave feurent de diverses opinions; car on en trouvoit autant du costé du roy de France que du costé du roy Catholique; mais, du costé du roy d'Angleterre, pas un; et ne voulurent point juger la chose si soudainement, veu les partialités qui y estoient; et, n'eust été qu'ils sont obligés et tenus, dedans les quarante jours, de prononcer celui qui le doit estre, ce n'eust pas esté de six mois après, et pour deux raisons : l'une, qu'ils ne pouvoient accorder; l'autre, pour tirer argent de tous les princes chrestiens, soubs ombre de cette élection. Le comte Palatin, à qui le Roy avoit faict plus de bien qu'à pièce des aultres électeurs, et son parent, avoir une fois donné sa voix au Roy; mais c'est un prince mal nourry, et lui fist-on peur de cette grosse bande, tellement qu'il redonna sa voix au roy Catholique. Et, après cela faict, est venu le jour que se devoit prononcer ceste élection, où feust crié, dedans la grande église de Francfort : *Charles, roi Chatholique, esleu empereur.* Et, quand ce feust faict, menèrent grande joye ceulx qui vouloient le bien du roy Catholique, et grand deuil ceulx qui voulloient bien au roy de France; et estoient marris, pour ce qu'ils n'avoient plus les deniers qu'ils ont accoustumé d'avoir le tems passé. Cela entendu par monsieur l'admiral, qui estoit en ce chasteau auprès de Francfort, lui troisième, tant pour autre chose que pour sa personne, fist diligence de soy retirer, et se mist sur la rivière du Mein, qui va de Francfort tomber dans le Rhin; et s'en vint à Cloblents, où estoient monsieur Dorval et l'Advantureux, qui attendoient des nouvelles; et les sçavoit l'Advantureux, trois heures avant la venue dudict admiral, par ung gentilhomme de Mets, appellé Vallery, lequel n'avoit abandonné l'Advantureux tout le voyage. Ces nouvelles sçues et entendues par lesdicts ambassadeurs françois, ils se misrent en conseil pour leur retraicte, pour sauver eulx et le demeurant de l'argent du Roy, qu'ils avoient avecques eulx, et aussi pour ce qu'ils estoient advertis qu'il y avoit une entreprise sur eulx et sur leurdict argent; mais elle ne s'estoit osé découvrir, jusques à tant que l'élection feust faicte. Et conclurent entre eulx, lesdicts ambassadeurs, d'attendre la revenue de monsieur de Trèves de Francfort, qui debvoit estre de-là en deux jours. Et lui venu, et parlé avecques lui de toutes les affaires, leur fist bailler conduite jusques en Lorraine, où monsieur de Lorraine leur fist merveilleusement bon recueil et bonne chère; et de là envoyèrent sçavoir ces nouvelles au Roy, lesquelles ne lui pleurent pas fort, non pas pour la valeur de l'Empire, mais pour la honte. Monsieur d'Orval et l'Advantureux se retirèrent devers le Roy, et l'admiral demeura en Lorraine, pour ung mal de teste qu'il avoit, qui s'appelle la grosse vérolle, et alla au bain de Plombière; et y feust neuf sepmaines ou trois mois, sans venir vers le Roy. L'élection de l'Empire achevée, feust ordonné par tous les électeurs et princes de l'Empire d'envoyer une ambassade vers le roy de Castille, et lui faire sçavoir comment il estoit esleu empereur, et aussi lui dire d'autres choses pour le faict de l'Empire; et feust ordonné qu'on y envoyeroit ung gros personnage, qui feust Frédéric, frère du comte Palatin, et autres gros seigneurs d'Allemaigne avecques lui. Et trouvèrent ledict roy de Castille, en Espaigne, en la ville de Barcelonne; et lui dict ledict comte la charge qu'il avoit de par les électeurs et princes d'Allemaigne ; de quoy ledict seigneur Roy feust très-joyeux; et certes il en avoit bien cause, car je ne pense, en ma vie, avoir veu prince plus heureux qu'il est; et de-là en avant, on commença à l'appeller Empereur. Et, en la plus grande diligence qu'il peust, mist ordre à ses affaires d'Espaigne, pour venir prendre possession de l'Empire; et fist accoustrer son esquipage de mer, et s'en vint descendre en Angleterre, et de-là en Flandre et Brabant; et vindrent la plus grande partie des princes d'Espaigne avecques lui.

CHAPITRE LXVII.

Comment le roy de France et le roy d'Angleterre se visrent ensemble, entre Ardres et Ghines.

[1520.] Les ambassadeurs d'Angleterre, estant retournés devers leur maistre, firent tant, avecques le bon rapport qu'ils fisrent du roy de France, que le roy d'Angleterre et le roy de France prindrent jour d'eulx veoir ensemble, entre Ghines et Ardres; et délibérèrent d'y faire la plus grande chère qu'il leur seroit possible. Et fist le roy de France faire à Ardres trois maisons, l'une dedans ladicte ville, qu'il fist tout bastir de neuf; et estoit assez belle pour une maison de ville, et avoit assez grand logis : et en cette maison feust festoyé le roy d'Angleterre. Et en fist faire ledict seigneur Roy une autre, hors de la ville, couverte de toille, comme le festin de la Bastille avoit été faict : et estoit de la façon comme du temps passé les Romains faisoient leur théâtre, tout en rond, à ouvrage de bois, chambres, salles, galleries; trois estages l'ung sur l'autre, et tous les fondemens de pierres : toutesfois elle ne servit de rien. Or, pensoit le roy de France que le roy d'Angleterre et luy se deussent veoir aux champs, en tentes et pavillons, comme il avoit esté une fois conclud; et avoit faict ledict sieur les plus belles tentes que feurent jamais veues, et le plus grand nombre. Et les principales estoient de draps d'or, frisé dedans et dehors, tant chambres, salles que galleries, et tout plein d'aultres, de drap d'oras, et toiles d'or et d'argent. Et avoit, dessus lesdictes tentes, force devises et pommes d'or; et, quand elles estoient tendues au soleil, il les faisoit beau veoir. Et y avoit sur celle du Roy un saint Michel, tout d'or, afin qu'elle feust congneue entre les aultres; mais il estoit tout creux. Or, quand je vous ai devisé de l'esquipage du roy de France, il faut que je vous devise de celui du roi d'Angleterre, lequel ne fist qu'une maison; mais estoit trop plus belle que celle des François, et de peu de coustance. Et estoit assise ladicte maison aux portes de Ghines, assez proche du chasteau, et estoit de merveilleuse grandeur en carrure, et estoit ladicte maison toute de bois, de toille et de verre : et estoit la plus belle verrine que jamais l'on vist; car la moitié de la maison estoit toute de verrine ; et vous asseure qu'il y faisoit bien clair. Et y avoit quatre corps de maison, dont au moindre vous eussiez logé un prince. Et estoit la cour de bonne grandeur; et au milieu de ladicte cour, et devant la porte, y avoit deux belles fontaines qui jectoient par trois tuyaux, l'un ypocras, l'autre vin, et l'autre eaue; et faisoit dedans ladicte maison le plus clair logis qu'on sçauroit veoir. Et la chapelle, de merveilleuse grandeur, et bien estoffée, tant de reliques que toutes aultres paremens; et vous asseure que, si tout cela estoit bien fourni, aussi estoient les caves; car les maisons des deux princes, durant le voyage, ne feurent fermées à personne. Eulx venus, à sçavoir, le roy de France à Ardres, et le roy d'Angleterre à Ghines, feurent là huict jours, pour regarder de leurs affaires. Et, durant ledict temps, alloient et venoient souvent les princes de France et le conseil du Roy vers le roy d'Angleterre, pour accorder lesdictes choses; et du costé des Anglois aussi ; et, entre aultres, le légat, qui avoit tout le gouvernement du royaume d'Angleterre. La veue desdicts princes feust entreprise à grosse difficulté. Et estoit le roy de France fort marry de quoi on ajoustoit point plus de foi les ungs aux autres : et feurent trois ou quatre jours sur tous ces débats; et encorey avoit-il à redire, deux heures avant qu'ils se visrent. La chose entreprise et conclue, feust arrestée la veue des deux princes à ung jour nommé, qui feust ung dimanche ; et, pour ce que la comté d'Ardres n'a pas grande étendue du costé de Ghines, et qu'il falloit que les deux princes fissent autant de chemin l'ung que l'autre pour se veoir ensemble, et pour ce que c'estoit sur le pays du roy d'Angleterre, feust ordonné de tendre une belle grande tente au lieu où ladicte vue se fairoit. Ce faict, regardèrent lesdicts princes quels gens ils mèneroient avecques eulx, et s'accordèrent de mener chascun deux hommes : et estoit le légat d'Angleterre attendant à la tente où se debvoient voir, et Robertet (1), du costé du roy de France, qui avoient les papiers de leurs maistres. Et mena le roy de France avecques lui monsieur de Bourbon et monsieur l'admiral ; et le roy d'Angleterre avoit le duc de Suffolck, qui avoit espousé sa sœur, et le duc de Norfolk. Et estoit ledit camp tout environné de barrières, bien ung jet de boule éloigné de la tente, et avoit chacun quatre cent hommes de leur garde, et les princes des deux costés, et chacun prince ung gentilhomme avecques lui, et y estoient trois cent archers du roy de France, et les cent Suisses que l'Advantureux menoit ; et le roy d'Angleterre avoit quatre cent archers. Et allèrent en cette bonne ordonnance jusques aux barrières ; et, quand se vint à l'approche, lesdictes gardes demeurèrent aux barrières, et les deux princes passèrent outre, avecques les deux personnages, ainsi que dist est devant, et se vindrent embrasser tout à cheval, et se fisrent merveilleusement bon visage, et broncha le cheval du roy d'Angleterre, en embrassant le roy de France ; et chascun avoit son laquais, qui prindrent les chevaulx. Et entrèrent dedans le pavillon tout à pied, et se recommencèrent de rechef à embrasser, et faire plus grande chère que jamais ; et quand le roy d'Angleterre feust assis, print lui-même les articles, et commença à les lire. Et quand il eust leu ceulx du roy de France, qui doit aller le premier, il commença à parler de lui, et y avoit : *Je, Henry, roy...* il voulloit dire *de France et d'Angleterre* ; mais il laissa le titre de France, et dict au Roy : *Je ne le mettray point, puisque vous étes ici, car je mentirois.* Et dict : *Je, Henry, roy d'Angleterre.* Et estoient lesdicts articles fort bien faicts et bien escripts, s'ils eussent esté bien tenus. Ce faict, lesdicts princes se partirent merveilleusement bien contens l'ung de l'autre ; et en bon ordre, comme ils estoient venus, s'en retournèrent, le roy de France à Ardres, et le roy d'Angleterre à Ghines, là où il couchoit de nuict, et de jour se tenoit en la belle maison qu'il avoit fait faire. Le soir vindrent devers le Roy, de par le roy d'Angleterre, le légat et quelqu'un du conseil, pour regarder la façon et comment ils se pourroient veoir souvent, et pour avoir sûreté l'ung de l'autre ; et feust dict que les Roynes festoyeroient les Rois, et les Roys les Roynes : et quand le roy d'Angleterre viendroit à Ardres veoir la royne de France, que le roy de France partiroit quant et quant pour aller à Ghines veoir la royne d'Angleterre ; et par ainsi ils estoient chascun en ostage l'ung pour l'aultre. Le roy de France, qui n'estoit pas homme soupçonneux, estoit fort marri de quoi on se fioit si peu en la foi l'ung de l'aultre. Il se leva un jour bien matin, qui n'est pas sa coustume, et print deux gentilshommes et un page, les premiers qu'il trouva, et monta à cheval sans estre houzé, avecques une cappe à l'espaignolle ; et vint devers le roy d'Angleterre, au chasteau de Ghines. Et, quand le Roy feust sur le pont du chasteau, tous les Anglois s'émerveillèrent fort, et ne sçavoient qu'il leur estoit advenu ; et avoit bien deux cent archers sur ledict pont, et estoit le gouverneur de Ghines avecques lesdicts archers, lequel feust bien estonné. Et, en passant parmi eulx, le Roy leur demanda la foy, et qu'ils se rendissent à lui, et leur demanda la chambre du Roy son frère, laquelle lui feust enseignée par ledict gouverneur de Ghines, qui lui dict : *Sire, il n'est pas éveillé.* Il passe tout oultre, et va jusques à ladicte chambre, heurte à la porte, l'éveille et entre dedans. Et ne feust jamais homme plus esbahi que le roy d'Angleterre, et lui dict : « Mon frère, vous m'avez faict meil- » leur tour que jamais homme ne fist à aultre, » et me monstrés la grande fiance que je dois » avoir en vous ; et de moi, je me rends vostre » prisonnier dès cette heure, et vous baille ma » foy. » Et deffist de son col ung collier qui valloit quinze mille angelots, et pria au roy de France qu'il le voullust prendre et porter ce jour-là pour l'amour de son prisonnier. Et soudain, le Roi, qui lui voulloit faire mesme tour, avoit apporté avec lui un bracelet qui valloit plus de trente mille angelots, et le pria qu'il le portast pour l'amour de lui, laquelle chose il fist, et le lui mist au bras, et le roy de France print le sien à son col. Et à donc le roy d'Angleterre voullust se lever, et le roy de France lui dict qu'il n'auroit point d'aultre valet de chambre que lui, et lui chauffa sa chemise, et lui bailla quand il feust levé. Le roy de France s'en voullust retourner, nonobstant que le roy d'Angleterre le voullust retenir à disner avecques lui ; mais, pour ce qu'il falloit jouxter après disner s'en voullust aller, et monta à cheval,

(1) Du Bellay dit que ce fut le chancelier Du Prat.

et s'en revint à Ardres. Il rencontra beaucoup de gens de bien qui venoient au-devant de lui, et entr'autres l'Advantureux, qui lui dict : « Mon maistre, vous estes un fol d'avoir faict ce que vous avez faict; et suis bien aise de vous revoir ici, et donne au diable celui qui vous l'a conseillé. » Surquoi le Roi lui fist response et lui dict que jamais homme ne lui avoit conseillé, et qu'il sçavoit bien qu'il n'y avoit personne en son royaume qui lui eust voullu conseiller; et lors commença à compter ce qu'il avoit faict audict Ghines, et s'en retourna ainsi en parlant jusqu'à Ardres, car il n'y avoit pas loing. Si le roy d'Angleterre estoit bien aise du bon tour que le roy de France lui fist, encore en estoient plus aises tous les Anglois ; car il n'eussent jamais pensé qu'il se feust voullu mettre entre leurs mains, le plus foible, et pour ce qu'il y avoit eu grosse difficulté pour leur vue, afin qu'ils ne feussent point plus forts l'ung que l'aultre. Le roy d'Angleterre, voyant le bon tour que le roy de France lui avoit faict, le lendemain au matin en vint faire autant au roi de France que le Roi lui en avoit faict le jour de devant; et se refirent présens et bonne chère, autant ou plus qu'auparavant.

Et, cela faict de l'ung à l'autre, les jouxtes se commencèrent à faire, qui durèrent huict jours, et feurent merveilleusement belles, tant à pied comme à cheval; et estoient six François et six Anglois tenans, et les Rois estoient venans. Et menoient les princes et capitaines chascun dix ou douze hommes-d'armes avecques eulx, habillés de leurs couleurs, et l'Advantureux en avoit quinze; et pouvoient estre en tout, tant François qu'Anglois, trois cent hommes-d'armes ; et vous asseure que c'estoit belle chose à veoir. Le lieu où se faisoient les jouxtes estoit bien fortifié, et y avoit une barrière du costé du roi de France, et une aultre du costé du roi d'Angleterre ; et quand les Rois estoient dedans et toute leur seigneurie, il estoit dict par nombre combien il y en devoit entrer de chascun costé; et les archers du roi d'Angleterre et les capitaines de ses gardes gardoient du costé du roi de France ; et les capitaines de la garde du roi de France, archers et Suisses, gardoient le costé du roi d'Angleterre : et n'y entroit à chascun coup que ceulx qui debvoient jouxter; et, quand cette troupe estoit lasse, il y en entroit une autre, et y eust merveillement bon ordre de tous costés et sans débat, qui est une grande chose en telle assemblée. Après les jouxtes, les luiteurs de France et d'Angleterre venoient avant, et luitoient devant les Rois et devant les dames (1), qui feust beau passetemps ; et y avoit de puissans luiteurs ; et, parce que le roi de France n'avoit faict venir de luiteurs de Bretaigne, en gaignèrent les Anglois le prix. Après allèrent tirer à l'arc, et le roi d'Angleterre lui-même, qui est ung merveilleusement bon archer et fort, et le faisoit bon veoir. Après tous ces passe-temps faicts, se retirèrent en ung pavillon le roi de France et le roi d'Angleterre, où ils beurent ensemble. Cela faict, le roi d'Angleterre prist le roi de France par le collet, et lui dict : *Mon frère, je veulx luiter avecques vous*, et lui donna une attrape ou deux, et le roi de France, qui est un fort bon luiteur, lui donna un tour et le jetta par terre, et lui donna ung merveilleux sault. Et vouloit encore le roi d'Angleterre reluiter, mais tout cela feust rompu, et fallust aller souper. Et ainsi tous les deux jours se venoient veoir l'ung l'aultre, osté ung jour pour eulx reposer ; et quand les François estoient à Ghines, les Anglois venoient à Ardres. Et venoient souvent les seigneurs et dames d'Angleterre coucher au logis des François, et les François faisoient le cas pareil ; et tous les jours se faisoient force banquets et festins. Après cela se fist le grand festin, où tous les estats des deux princes vindrent loger dedans les lisses, où on avoit faict ung beau maisonnage tout de bois ; et par ung matin feust chanté la grande-messe par le cardinal d'Angleterre, dessus un eschaffault qu'on fist expressément : et feust faicte la chapelle en une nuict, la plus belle que je veis oncques, pour l'avoir faicte en si peu de temps, et la mieux fournie ; car tous les chantres du roi de France et du roi d'Angleterre y estoient, et feust fort somptueusement chanté ; et, après la messe, donna ledict cardinal à recevoir Dieu aux deux Rois. Et là feust la paix reconfirmée et criée par les héraults. Et feust là faict le mariage de monsieur le daulphin de France à madame la princesse d'Angleterre, fille dudict Roi. Après ce, firent encore trois ou quatre jouxtes et banquets, et après prindrent congé de l'ung et l'aultre, en la plus grande paix entre les princes et princesses, qu'il estoit possible. Et, cela faict, s'en retourna le roi d'Angleterre à Ghines, et le roi de France en France ; et ne feust pas sans se donner gros présens au partir les ungs aux autres.

---

(1) Polydore Virgile dit que les Anglaises prirent les modes de France : « En quoi, ajoute-t-il, elles perdirent » du côté de la modestie plus qu'elles ne gagnèrent du » côté de la grâce. »

CHAPITRE LXVIII.

Comment le roy Catholique vint des Espaignes descendre en Angleterre, et de là en Flandres, pour aller prendre possession de l'Empire; et comment il feust couronné à Aix.

Le roy Catholique estant en Espaigne, après avoir ouy nouvelles de l'Empire, et comment il estoit esleu, et le sçavoit par le comte Palatin, comme dict est par cy-devant, entendit la menée qui se faisoit de la veue de ces deux princes, et pourchassa tant qu'il peut pour la rompre. Et envoya ambassadeurs vers le roy d'Angleterre, pour rompre ledict voyage; et quand il vist qu'il ne se pouvoit rompre, se hasta en diligence, et vint arriver en Angleterre, là où le roy d'Angleterre lui fist merveilleusement bonne chère et bon recueil. Et ne sceut rompre ledict voyage présent et absent; car le roy d'Angleterre le voullust poursuivre, pour ce qu'il avoit promis et en estoit la despense merveilleusement grande d'un costé et d'aultre, et les appresls trop avant. Et prindrent journée l'Empereur et le roi d'Angleterre, d'eulx trouver ensemble, après la veue du roy de France; et se trouvèrent à Calais et à Graveline, et parlèrent de leurs affaires, et feurent une fois audict Calais d'accord et mal d'accord, et prest le roi Catholique à monter à cheval pour s'en retourner : toutesfois, ils s'accordèrent ensemble, et partirent bien contens l'ung de l'aultre. Et, ce temps pendant, y avoit tousjours gentilshommes du roi de France et de sa chambre, comme Montmorency et aultres, qui alloient et venoient; et y avoit beaucoup de gens qui trouvoient bien difficile au roi d'Angleterre de contenter ces deux personnages. Et, ce faict, les deux princes se départirent d'ensemble; et retourna le roi d'Angleterre en Angleterre, et le roi de Castille en Flandres et en Brabant, faisant bonne chère, où lui feust faict merveilleusement bon recueil. Et en feurent advertis les électeurs d'Allemaigne et se trouvèrent à Aix pour le couronner, comme est la coustume de faire, et estoient délibérés de lui faire plus d'honneur qu'il ne fisrent oncques à ses prédécesseurs. Ledict roi Catholique fist un gros équipage pour aller à Aix : et y feurent appelés tous les princes de ses Pays-Bas, et tout plain d'Espaignols qui estoient avecques luy, et aultres princes d'Allemaigne. Et, en cet équipage et belle compagnie, se partit pour aller à Aix, là où estoit attendu et désiré par tous les électeurs et princes d'Allemaigne : et estoit avecques lui madame de Savoye, sa tante, laquelle ne l'abandonna point tout le voyage, avecques fort belle compagnie de dames; et feust faict du long du voyage merveilleusement bonne chère, tout par le pays où il alla. Et l'attendoient la pluspart des électeurs à Aix; et par un matin vint disner assez près de ladicte ville d'Aix, là où tous les électeurs vindrent au-devant de lui, en armes, et toute sa compagnie et ceulx qui estoient avecques lui; et ainsi fist son entrée en ladicte ville d'Aix (1), la plus belle qui feust jamais. Son entrée faicte en la ville, de là à quelques jours feust couronné empereur, au plus gros triomphe que jamais empereur ne feust. N'est là besoing de vous en parler; car c'est une chose de grande cérémonie, et est contenu en la bulle Caroline que l'empereur Charles IV fist, où est contenu l'ordonnance du couronnement des empereurs ses successeurs. Et, cela faict, madame de Savoye retourna en Brabant, et l'Empereur print son chemin à Worms, pour aller veoir les Allemaignes.

◇◇◇

CHAPITRE LXIX.

Comment messire Robert de La Marche, sieur de Sedan, pour quelque tort qu'il lui feust faict au service de l'Empereur, retourna au service du roy de France; et du bon recueil que madame la Régente luy fist.

Monsieur de Sedan estant au service de l'Empereur, et l'avoit accompagné à Aix, pour ce qu'il tenoit la duché de Bouillon, qui est une chose venue de son grand-père, qu'il avoit eue d'un prince de Liége; et y avoit une place dépendante de ladicte duché, qui s'appelle Hierge, que monsieur d'Aymerie avoit prise par force; et se plaignit ledict sieur de Sedan à l'Empereur dudict sieur d'Aymerie, et conta à l'Empereur la querelle qu'il avoit avecques lui, et comme il bien avoit reprins; mais il n'y avoit voullu entendre. L'Empereur lui promist de lui faire raison, et dura la chose bien longuement avant qu'elle vînt à son effect; de quoi se courrouça ledict sieur de Sedan, fort mal content dudict Empereur : et quant il feust à Sedan, manda audict Empereur que, s'il ne lui plaisoit d'y faire la raison, il abandonneroit son service. Et lui feust faicte response de l'Empereur, qu'il n'estoit pas de grande substance; pour laquelle chose abandonna le service de l'Empereur, qui en eust grand regret, et principalement madame de Savoye. Ce faict, l'Advan-

(1) Charles-Quint arriva à Aix-la-Chapelle le 21 octobre 1520, et fut couronné le lendemain 22 octobre.

tureux, qui estoit son fils, ne dormoit pas, car il estoit tousjours demeuré au service du roy de France : et incontinent qu'il sceut ces nouvelles, se retira vers lui à Sedan, là où il feust faict bonne chère. Et portoit ledict Advantureux tout plain de bonnes nouvelles, que madame la régente faisoit audict sieur de Sedan. Et estoit l'Advantureux totalement déshérité ; car depuis que ledict seigneur de Sedan avoit esté au service de l'Empereur, l'Advantureux, son fils, n'avoit entré en place qui feust audict sieur de Sedan son père, pour ce qu'il y avoit dedans le traité qu'il avoit faict avecques l'Empereur, que jamais pièce de ses enfans, n'amanderoit rien de lui, s'ils n'avoient faict serment audict Empereur ; et qu'ils n'entreroient dedans ses maisons. Le roi de France et madame sa mère, sçachant que le sieur Sedan estoit parti de l'Empereur, mal content, mandèrent madame de Sedan venir à Blois, où feust conclud son estat, qui montoit à dix mille francs tous les ans, dix mille escus comptans, trois mille francs pour ladicte dame de Sedan, et à chascun de ses enfans, dix mille et cinquante hommes-d'armes, dont les vingt se payeroient à sa volonté. Et ladicte dame de retour Sedan, ledict sieur partist pour aller à Romorantin, vers le Roi, là où lui feust rendu son ordre. Et lui fisrent le Roi et madame sa mère bon recueil. Et de-là revint ledict sieur, par Chasteau-Thiéry, chez son fils ; et de là retourna à Sedan. Et feust l'Empereur merveilleusement marry de ce que ledict sieur avoit laissé son service.

⊗

CHAPITRE LXX.

Comment les guerres se commencèrent entre l'Empereur et le roy de France, du costé de la Champagne et des Ardennes.

Ledict sieur de Sedan, estant retourné au service du roi de France, avoit merveilleusement grand regret dequoy l'Empereur ne lui avoit faict raison de ceste maison de Hierge, que monsieur d'Aymerie tenoit, et envoya devers lui, affin d'en avoir raison ; sur quoy il eust assez mauvaise response. Le messagié retourné vers lui, à Sedan, envoya deffier madame de Savoye, au nom de l'Empereur ; aussi fist l'Advantureux, son fils. Et envoya madicte dame de Savoye jusques à Worms, où estoit l'Empereur avecques les électeurs de l'Empire. Et feust faict offre de par madame de Savoye, assez honneste, audict sieur de Sedan, qui estoit de s'accorder dudict différent, et d'en faire juges les estats du pays de Liége, et les en faire arbitres, et s'en remettre dessus le roy d'Angleterre, ou sur le roi de France. Et y vint, pour cet affaire, un hérault qui se nommoit Malnart, qui estoit à madicte dame de Savoye. Toutesfois rien ne s'en fist ; et fisrent leurs apprêts pour aller mettre le siége devant Vireton. Et y mena ledict Advantureux son artillerie, qui estoit fort belle ; et assiégèrent ledict Vireton, qui est une petite ville appartenant à l'Empereur, de la duché de Luxembourg, et debvoient venir devant ladicte ville sept mille Suisses, que ledict Advantureux avoit envoyé quérir par ung gentilhomme nommé Pierre Buisson : toutesfois, par l'ambassadeur de l'Empereur, qui estoit en Cour avecques le roi de France, lequel s'appelloit monsieur Dannet, prévost d'Utrecht, feust rompue ladicte entreprise, en sorte que les Suisses ne vindrent point. Le siége estant devant ladicte ville de Vireton, la batterie feust commencée. Et feust envoyé ung gentilhomme, de par le roi de France et de sa chambre, nommé Lonnes, qui vint dire à monsieur de Sedan et à l'Advantureux qu'on se retirast, et qu'il y avoit, depuis qu'on n'avoit eu de ses nouvelles, grosses pratiques entre l'Empereur et lui ; et espéroient qu'ils viendroient en bonne fin. Et envoya ledict seigneur retarder lesdicts Suisses, que l'Advantureux avoit faict venir à cette mesme occasion. Et, cela entendu par le sieur de Sedan et l'Advantureux, levèrent le siége de devant la ville, qui se défendoit bien et honnestement, nonobstant que, de première arrivée, ils feurent fort esbranlés : et pensoit-on bien qu'ils ne debvoient pas tant tenir, et toutesfois le siége n'y feust que deux jours. Et s'en retournèrent avecques leur armée, qui n'estoit que de quatre à cinq mille hommes de pied et quinze ou seize cent chevaulx ; mais ils avoient bonne artillerie. Cela faict, ils s'en retournèrent et feust leur cas rompu pour l'heure. Ce temps pendant, l'Empereur ne dormoit pas ; et envoya monsieur de Nassau ès pays de Flandres, Brabant et Haynault, dresser une armée pour aller contre messire Robert de La Marche et l'Advantureux, son fils. Or, comme ces choses se faisoient en Ardennes, entre l'Empereur et le sieur de Sedan, le roy de France despescha une armée dont estoit monsieur de Bonnivet admiral en chef, et pour lors gouvernoit une partie du royaume de France, pour envoyer en Guyenne, pour reconquester le royaume de Navarre. Et feust despesché monsieur de Guise, jeune homme et gentil prince, frère de monsieur de Lorraine, pour estre capitaine-général des lansquenets. Et commencèrent à marcher, avecques toute cette armée, tout droict en Guyenne. Et estoit ladicte armée fort belle et équipée d'artillerie, et le mieux qui feust de long-temps veue. Or je veulx laisser monsieur l'admiral en Guyenne, pour retourner aux guerres qui se fisrent en Ardennes; et comment l'Empereur dressa son armée pour y envoyer, dont estoit chef général monsieur de Nassau.

CHAPITRE LXXI.

Comment le comte de Nassau, lieutenant-général pour l'Empereur, vint en Ardennes contre messire Robert de La Marche, et print le chasteau de Loigne, et comment l'Advantureux deffist la garnison.

En ce temps, l'Empereur envoya monsieur de Nassau pour lever son armée, et aller contre messire Robert de La Marche et l'Advantureux, son fils, nonobstant que tous leurs gens feussent retirés; et estoit allé l'Advantureux devers le roy de France pour regarder ce qu'il avoit à faire, et, ce temps pendant, monsieur de Nassau vint mettre son siège devant le chasteau de Loignes, qui estoit au sieur de Jamets, frère dudict Advantureux. Et estoit place assez forte, mais elle estoit fort estroite, et le siége y feust mis avecques assez petit nombre de gens; et bailla monsieur de Liége à monsieur de Nassau et au comte de Félix toute son artillerie et de ses gens, nonobstant que ledict sieur de Jamets fust son nepveu. Et feust ladicte place fort battue; et s'il y eust eu gens de guerre dedans, ils eussent tenu plus longuement; mais, sans point de faulte, il n'y avoit point de gens de guerre dedans; et feust prinse à moitié d'assault, pour ce que ceulx dedans se jettoient en bas, par les murailles et par les fenestres. Ladicte place prinse, monsieur de Nassau faisoit tousjours renforcer son armée; et renvoya son artillerie à monsieur de Liége, et feust ladicte place rasée. Comme cela se faisoit, l'Advantureux revint de devers le roy de France, et feust adverti de la grosse garnison qui estoit à Yvoy, qui est une ville à trois lieues de Sedan et à une lieue de Messencourt : et assembla la gendarmerie et cinq cent hommes de pied seulement; et attendit un jour de feste, pour que les gens boivent plus en ce pays ces jours-là que les aultres jours. Et sur le midi alla mettre son embuscade en un petit bois, assez près de la ville, qui est ville jolie et forte, et toute ronde, et passe une rivière à ung des costés, qui vient de Jamets, laquelle s'appelle Chier, et va tomber dedans la Meuse; et n'y a qu'une lieue de là jusques à Mouson. Quand ledict Advantureux eust mis son ambûche, il envoya escarmoucher devant ladicte ville, et estoit deux ou trois heures après midy; et estoit ladicte escarmouche de quelque petit nombre de gens de pied et de cheval. Et incontinent que ceulx de la ville, qui avoient bien beu, visrent l'escarmouche, saillirent dehors, un quart de lieue de la ville, tousjours escarmouchant, tellement qu'ils vindrent auprès du bois où estoit l'embûche. Et, incontinent que l'Advantureux vist qu'il estoit temps, se vint jetter entre la ville et eulx, et les enferma, dont en reschappa bien peu; et y eust bien tué jusques à cinq à six cent hommes, dont la pluspart estoient Namurois. Et estoit ledict Advantureux monté sur un cheval rouen hédard, qui eust un coup de picque au travers du corps dont il mourut. Et estoient venus ce jour-là à Sedan veoir ledict Advantureux deux honnestes gentilshommes françois, qui estoient venus du camp d'Attigny; et en estoit l'ung le fils de monsieur de Lude, et l'aultre, monsieur d'Espoy, lesquels fisrent merveilleusement bien leur debvoir.

CHAPITRE LXXII.

Comment monsieur de Saussy, fils de messire Robert de La Marche, deffist un nombre de gens sur une montaigne; et comment l'Advantureux vint se placer dedans Jamets.

Monsieur de Saussy, fils de messire Robert de La Marche, print une compagnie de gens-d'armes, tant de la bande de monsieur de Sedan, son père, que de celle de l'Advantureux, son frère, et aussi de la compaignie du gouverneur de Mouzon que menoit ung gentilhomme nommé Germanville, et Saincton qui estoit son lieutenant et enseigne, et allèrent faire une course en Ardennes, là où les gens-d'armes gaignèrent ung merveilleux gros butin. Ceux de la terre d'Orchimont entendirent qu'ils estoient aux champs; mais ils ne sçavoient quel nombre ils estoient. Toutesfois ils se vindrent jetter gros nombre de gens sur une montaigne qui estoit demi-fortifiée; et estoient bien le nombre de sept à huict cent hommes, attendant sur cette montaigne, qui estoit le chemin par où ils se debvoient retirer avecques leur butin; et ne pensoient point que la gendarmerie peust monter si hault sur cette montaigne. Toutesfois, pour faire court, les gens-d'armes les vindrent charger tout au long de cette montaigne, qui estoit chose bien mal aisée, et les defflrent; et y en eust beaucoup de tués, et encore y en eust eu beaucoup plus s'ils ne se feussent sauvés dans les bois; et aussi s'en revindrent lesdits gens-d'armes à Sedan, avecques leur butin et beaucoup de prisonniers. Ce faict, monsieur de Nassau, ayant entendu que la maison de Jamets estoit mal fournie de gens, voulust aller mettre le siége devant; de quoi feust adverti l'Advantureux, et s'alla, une nuict, avecques cinquante hommes-d'armes, mettre dedans ladicte place, là où estoit le sieur de Saussy, frère dudict Advantureux, avecques quelques gens de pied, et faisant remparer la place le plus qu'il pouvoit, avec le capitaine de léans, qui estoit ung fort honneste homme écossois; et vous asseure qu'ils la réparèrent merveilleusement bien, tellement que pour le jourd'hui est une des plus belles places et des meilleures qu'on ne trouve point. Cela venu à la connoissance de monsieur de Nassau que secours estoit venu à Jamets, feust d'advis de prendre autre chemin pour cette fois, et n'y alla point, et print aultre chemin.

◇◇◇

CHAPITRE LXXIII.

Comment monsieur de Lautrec, avecques les Vénitiens, alla mettre le siége devant Véronne; et comment ladicte ville se rendist; et de ce qui y feust faict.

[1516.] Le Roi, voulant tenir foi aux Vénitiens, comme il leur avoit promis, feust sollicité d'eulx de leur aider à prendre Véronne, en ensuivant le traicté de paix qu'ils avoient ensemble; et ne restoit plus, que le Roi n'eust satisfaict de ce qu'il leur avoit promis, que la ville de Véronne que l'Empereur tenoit entre ses mains, car tout le demeurant de leur pays estoit entre leurs mains. Le Roy manda à monsieur de Lautrec dresser son armée audict Véronne, et se debvoient trouver les Vénitiens, avecques leur artillerie et leur armée, devant ladicte ville de Véronne, laquelle chose ils feirent, et s'y trouvèrent tous ensemble, et estoit au commencement de l'hyver, qui n'est point temps convenable pour assiéger place. Or avoit-il dedans Véronne, lieutenant pour l'Empereur, le sieur Marc-Antoine, frère de Prospère Colonne, dont ay ci-devant parlé, merveilleusement gentil et honneste homme, et fort gentil capitaine, lequel depuis, pour quelque despit, abandonna l'Empereur, et vint au service du roi de France. Or, pour revenir à nostre propos, il avoit tout plain de gens de bien avecques lui, capitaine

dedans la ville, comme le capitaine Chuère et autres capitaines espaignols, et plusieurs autres gens de bien, à pied et à cheval, qui se congnoissoient bien à tenir places; mais il y avoit dedans la ville de toutes nations, qui est chose, si ce n'est pas un capitaine bien sage, mal aisée à entretenir. Ladicte ville de Véronne est bien grande et mal aisée à assiéger, pour la rivière qui y est. La batterie feust commencée du costé de devers la plaine de Véronne, qui est la plus belle plaine que l'on sçauroit veoir; et y estoit l'artillerie du Roi et des Vénitiens, qui estoient bien six ou sept vingt pièces d'artillerie en batterie, la plus belle que l'on eust sceu faire; car elle avoit cent et six vingt pieds de long; mais le rempart que Prosper Colonne avoit faict faire devers la ville estoit six fois plus fort que ladicte ville; et Marc-Antoine Colonne, qui estoit le chef, et tout plein de gens de bien qui estoient avecques lui, le fortifièrent si bien, qu'il n'y feust donné d'assault. Et eust à la batterie une perte de gens de bien, pour le feu qui se mist en l'artillerie et aux poudres; et y eust tout plein de gens bruslés; et, de cas de fortune, monsieur de Lautrec y estoit arrivé droict à cette heure, qui avoit tout plain d'Italiens avecques lui, qui avoient grandes barbes et grands cheveux; mais il ne leur cousta rien à faire leurs barbes, car la poudre en fist l'office. Et, bientôt après que ceulx de la ville se feurent bien deffendus, et que le siége y eust esté long-temps et du long de l'hiver, vivres faillirent à ceux de la ville; et feurent contraints en la fin d'appointer, et s'en allèrent leurs bagues sauves, et la ville se rendist entre les mains du Roi. Il la rendit aux Vénitiens, en suivant ce qu'il leur avoit promis, lesquels, pour toute récompense, pour le premier affaire que le Roy eust en Italie, le laissèrent et abandonnèrent. La ville prinse, monsieur de Lautrec se retira en la duché de Milan, et les Vénitiens en leur pays.

◇◇◇

CHAPITRE LXXIV.

Cy devise comment le comte Félix vint assiéger Messencourt; et du camp des François qui estoit à Attigny.

Quand monsieur de Nassau eust pris Lognes, il demeura ung temps pour le faire raser; et avoit ledict sieur de Nassau six ou sept mille lansquenets, dont estoit le chef le comte Félix; et vint assiéger Messencourt, avecques lesdicts lansquenets et ung nombre de gens de cheval, et tout plein de gens de pied. Et estoit ledict Messencourt une petite place que l'Advantureux avoit fait faire depuis cinq ans ; et n'y avoit encore que le donjon faict, et les fondemens de l'aultre grand compris, qui commençoient estre hors de terre : toutesfois ce qui estoit faict estoit bien joli et assez fortelet, et bien fourni d'artillerie, plus qu'il n'y falloit à une place plus grande trois fois ; et l'y en avoit osté toute la principale artillerie l'Advantureux, quand il feust devant Virton. Et avoit dedans ladicte place ung gentilhomme nommé Guifard, homme de bien, et ung aultre nommé Saint-Clair, tous deux hommes-d'armes de la compagnie dudict Advantureux, qui fisrent merveilleusement bien leur debvoir, comme vous oyrez cy-après. Ledict comte Félix marchoit tousjours avec les Allemans, et vint passer par une petite place qui se nomme Florenville, qui estoit à M. de Sedan ; et l'avoit baillé au capitaine dudict Sedan, qui avoit nom Damien de Guarigue ; et y avoit faict faire un petit lieu de plaisance, pour ce qu'elle est sur la rivière de Semois. Incontinent que le comte Félix feust devant avecques ses gens, ceulx dedans la rendirent, comme la raison le vouloit, car elle n'estoit pas tenable. Et, après avoir pillé ladicte place de Florenville, deux ou trois jours, séjournèrent audict Florenville deux ou trois jours, et puis vindrent mettre le siège audict Messencourt, où ils feurent bien receus, car, comme je vous ai dit, elle estoit bien artillée, et leur porta un gros dommaige. Ledict comte Félix, estant devant Messencourt, se commença à fortifier à l'entour et au village, pour ce que l'Advantureux et ses frères le réveilloient souvent ; et y feust faict tout plain de belles escarmouches ; et avoient ceux leurs gens de pied logés dedans le fort, et leurs gens de cheval à Yvoy, qui alloient là loger du soir, et le jour ils revenoient. Or, en ce temps-là, le Roy avoit envoyé monsieur d'Alençon, et le maréchal de Chastillon pour le conduire ; et fist amasser une grosse armée à Attigny, qui est un beau gros village, à huict lieues de Sedan, sur la rivière d'Aisne ; et y estoit monsieur d'Orval, gouverneur de Champagne. Monsieur de Sedan et l'Advantureux alloient souvent vers ledict d'Alençon, pour avoir plus de secours et de faveur ; mais ils dissimuloient, pour ce qu'ils ne se vouloient point du tout déclarer, tellement que l'Advantureux dit tout plain de paroles au mareschal de Chastillon, et feurent près d'en avoir ung gros débat ; et leur pouvoit bien bailler secours. Et vous assure que l'armée estoit belle ; car il y avoit dix-huit mille lansquenets et six mille hommes de pied, que menoit monsieur de Saint-Paul, qui se nommoient les six mille diables, et douze cent hommes-d'armes, tous logés par les villages à l'entour dudict Attigny, tirant vers Sedan. Après que le sieur de Sedan et l'Advantureux eurent parlé à cesdicts seigneurs, s'en retournèrent à Sedan, assez mal contens, et fisrent toute la faveur qu'ils peurent audict Messencourt ; mais ils n'estoient point assez forts pour faire lever le siége, pour ce qu'ils ne s'estoient point fournis de gens, tousjours attendant l'aide du Roi. Et, comme vous ay dict, se fist beaucoup de belles choses durant ledict siége ; et fisrent ceulx dedans gros dommaige de coups d'artillerie à ceulx de dehors ; car, de compte faict, il y eust quatre cent hommes de tués de coups d'artillerie. Monsieur de Nassau, voyant que le comte Félix n'avoit point d'équipage d'artillerie, car il n'en avoit que dix ou douze pièces, dont n'en avoit que deux ou trois bonnes, et qu'il ne faisoit rien devant ladicte place, vint, avecques l'artillerie de l'Empereur et celle de monsieur de Liége, à l'aide dudict comte Félix, assiéger de bien près, et faire battre de tous costés ; car l'artillerie estoit tout à l'entour, et estoit ledict sieur de Nassau audict siége. Après avoir long-temps tenu, ceulx de la place se rendirent, comme la raison le vouloit ; car ils avoient faict plus que leur debvoir ; car ils tinrent six sepmaines et trois jours. Et feust trouvée la place bien fournie, tant d'artillerie que d'aultres choses, qui servirent bien à la batterie devant Maisière ; et spécialement ung double canon que l'Advantureux avoit faict faire dedans ledict Messencourt ; et le nommèrent les canoniers Messencourt, pour ce qu'il avoit esté pris dedans. Les capitaines que je vous ay cy-dessus nommés feurent prins, et le lendemain menés à Yvoy ; et y eut quelques compaignons trouvés subjects de l'Empereur, que M. de Nassau fist pendre ; et fist boutter le feu dedans, et la raser à demy, et se retira à Yvoy.

CHAPITRE LXXV.

Comment monsieur de Nassau fist semblant d'aller assiéger Jamets, et fist là marcher son armée ; et comment l'Advantureux se vint mettre dedans, et du ravitaillement qu'il y fist.

Messencourt pris, monsieur de Nassau ne feust d'advis d'aller assiéger Sedan ny Bouillon ; mais pensoit qu'il n'y eust ame dedans Jamets, comme il avoit autrefois bien pensé, et qu'à ce coup il estoit bien fourni d'artillerie et de ce qu'il lui falloit; et pensoit que, pour la prise de Messencourt, les gens feussent plus estonnés qu'ils n'estoient. Il se partist d'Yvoy, et fist lever le siége de Messencourt, et fist marcher son armée par devant Mouson, sans rien demander aux François, mais y eust de leurs gens qui alloient boire à la porte; et s'en allèrent loger en une place qui est sur la rivière de Meuse, nommée Paully, qui est pays de Barrois, là où l'Advantureux avoit faict, n'a pas long-temps, un camp, et y demeura ledict sieur de Nassau avecques son équipage, avant qu'il vînt à Jamets, trois ou quatre jours. Le sieur de Sedan et l'Advantureux voyant que le chemin qu'il prenoit c'estoit le chemin de Jamets, et qu'elle estoit mal fournie de gens, feust regardé entre eulx que l'Advantureux iroit, avecques cinquante hommes-d'armes, se jetter dedans. Laquelle chose feust faicte; et partist par un après souper, et s'en alla toute la nuict, avecques ladicte gendarmerie, et passa près de là où estoit monsieur de Nassau et son armée. Luy estant arrivé à Jamets, prépara son cas, et ce qui estoit de besoing en ladicte place, comme celuy qui attendoit le siége d'heure en heure; et sans point de faulte il estoit bien apparent, car monsieur de Nassau se vint loger en ung village qui se nomme Romainville, qui est sur la rivière dudict Jamets; et n'y a audict village, jusques à Jamets, que la portée d'ung canon, par quoy il estoit bien aisé à veoir, et estoit l'apparence grande que ledict sieur de Nassau deust assiéger ladicte place. Ce faict, les escarmouches saillirent d'ung costé et d'aultre; et n'eust point envoyé l'Advantureux ses gens escarmoucher, veu que le siége estoit si près de luy, n'eust esté pour une finesse de guerre, qui estoit que, pendant que l'escarmouche se faisoit, il fist brûler le village, qui estoit ung très-beau bourg, de peur qu'ils ne se vinssent loger dedans; et ne le pouvoient bonnement assiéger que du costé du bourg. Le feu mis au village, les coureurs dudict Advantureux se retirèrent, comme ils avoient d'ordonnance; et, eulx dedans, incontinent fist remparer les portes, affin qu'il ne se fist plus de saillies que par lieux secrets que peu de gens entendoient. Or il y avoit une platteforme dedans Jamets, là où il y avoit une grande salle; et voulust l'Advantureux la faire descouvrir et oster le bois, pour ce que dedans ladicte salle y avoit faict mettre bon nombre d'artillerie, car la sienne y estoit, sans celle de son père; et y avoit trente-six pièces d'artillerie, pièces de batterie, et huict cent harquebuttes à crocq; et y avoit trois ou quatre grosses pièces dessus ladicte platteforme, pour nuire aux approches que les ennemis fairoient. Or il falloit monter en hault pour abattre tout ce bois, et pour descouvrir cette salle, et, quand ses gens estoient haults, les harquebuttiers du camp, qui estoient desjà logés aux bords des fossés de ladicte place, affoloient ses gens qui abattoient ledict logis. Et à donc les fist retirer. Et s'advisa d'une finesse, car il y avoit dedans quarante ou cinquante prisonniers du party de l'Empereur qu'il fist monter dessus le corps de maison, pour l'abbattre; et leur dict qu'incontinent qu'ils viendroient en hault, et que les aultres tireroient sur eulx, qu'ils leur diroient qu'ils estoient des leurs, mais qu'ils estoient prisonniers. Ce qui feust faict; car, tout subit qu'ils feurent dessus, l'on commença à tirer après eulx: commencèrent à crier qu'ils estoient prisonniers des leurs, et par ce moyen feust la platteforme achevée. Monsieur de Nassau feust deux jours à visiter la place, nuict et jour, par canoniers et aultres; et y feurent faictes de belles escarmouches d'ung costé et d'autre. Toutesfois, le second jour il se partist avecques son armée, et vint passer sur les haults du village de Romainville, et print le chemin de Florange, et renvoya quatre ou cinq cent chevaulx devant Yvoy, pour la garder et pour soutenir le faix de la guerre guerriable. Et se misrent lesdicts chevaucheurs en embûche, dedans un petit bois assez près dudict Jamets, pensant que ceulx de ladicte place deussent saillir après eulx à la queue pour les défaire, et après à ung long besoing, gaigner la place; mais l'Advantureux ne voullust souffrir qu'ame saillit pour ce jour. Et quand l'embusche vit cela, sur les deux heures après midy se descouvrit, et s'en allèrent à leur chemin, là où il leur estoit ordonné, et monsieur de Nassau alla le sien. Cela faict, ledict Advantureux retourna à Sedan. Et avoient le sieur de Sedan et luy tant faict vers le Roy et le sieur d'Orval, gouverneur de Champagne, qu'ils avoient douze cent chariots chargés de bled, vins et aultres munitions pour Sedan et Jamets, chacun six cent, lesquels feurent envoyés tous ensemble à Mouson-sur-Meuse, là où, quand ils feurent prests, l'Advantureux s'y en alla avecques la gendarmerie, qui estoit la compagnie de monsieur de Lorraine, la compagnie de monsieur de Sedan, celle du gouverneur d'Orléans et de Mouson, et la sienne. Ledict Advantureux arrivé à Mouson, en envoya plus de la moitié à Sedan, et la plus grande part; et envoya les aultres six cent chariots à Jamets, qui tenoient plus de trois lieues de long. Or n'avoit ledict Advantureux que les compagnies devant dictes, qui montoient environ trois cent hommes-d'armes, et quatre ou cinq cent hommes de pied, gens ramassés. Et, tout subit qu'il eust son cas prest dedans Mouson, le mesme jour, quant chascun feust prest pour aller au lict pour coucher, et la ville fermée, fist sonner la trompette à cheval, et envoya cent hommes-d'armes pour les amuser dedans le pays ; laquelle chose ils fisrent, et lui se mist devant, avecques cinquante hommes-d'armes, et cinquante qui demeurèrent derrière, les gens de pied ès deux costés, pour ce qu'il y avoit plusieurs mauvais passages. Et la compagnie de monsieur de Lorraine, qui revenoit, les rencontra par ung aultre chemin ; et en estoit chef le bastard du Fay, lieutenant de mondict sieur de Lorraine. Et ainsy feurent lesdicts vivres mis dans lesdictes places de Sedan et Jamets; mais ce ne feust point sans plusieurs alarmes, spécialement quand les vivres arrivèrent à Jamets : et n'eust jamais pensé le sieur d'Orval et les aultres capitaines qu'ils y eussent sçu entrer; car il falloit passer cinq heures en pays d'ennemis. Quant lesdicts vivres feurent dedans, ne feust rien faict ; car le mesme jour falloit renvoyer les chariots qui les avoient amenés, et estoient cinq ou six cent ; et, de cette heure-là mesme, qui n'estoit que deux heures de jour, les fist passer près de Damvilliers, qui est à l'Empereur, et les y fist conduire, pour ce que les Bourguignons les attendoient sur ung aultre chemin; et par ainsy feurent ces deux places ravitaillées, qui feust ung grand bien pour la frontière de France.

◇◇◇

CHAPITRE LXXVI.

Comment, au partir de Jamets, monsieur de Nassau alla assiéger Floranges ; et comment les lansquenets vendirent monsieur de Jamets qui estoit dedans.

Ledict sieur de Nassau, poursuivant son entreprise, marchoit tousjours avecques son armée, tirant le chemin à Florange ; et demeura huict à dix jours à aller depuis Jamets jusques-là, pour le grand charoy d'artillerie qu'il avoit, qu'il regardoit de diligenter. Or estoit dedans Florange le sieur de Jamets, frère de l'Advantureux ; et y avoit déjà quatre ou cinq mois qu'il y estoit, et avoit avecques lui six cent lansquenets et quinze ou seize hommes-d'armes, et quelques advanturiers rasssemblés avecques ceulx de la ville. Et audict Florange y a ville et chasteau ; mais ils ne sont pas grands, et bons fossés, et bonnes douves à doubles fossés ; et les avoit bien faict accoustrer ledict sieur de Jamets, depuis qu'il y estoit : la ville et le chasteau estoient merveilleusement bien artillés, autant que place que l'on ait long-temps veue. Et avoient lesdicts lansquenets desjà quatre ou cinq mois de service, et tousjours bien payés, et avoient force vivres pour ung an dedans. Monsieur de Nassau, de prime arrivée, ne se jetta point dedans, et alla séjourner ung petit à une ville qui est à l'Empereur, à une lieue près de Florange, nommée Thionville. Or il s'estoit faict, dedans deux ou trois jours devant, quelques escarmouches, là où avoient esté aucuns lansquenets de ladicte ville de Florange, et estoient compaignons qui avoient crédit avecques la commune des lansquenets : l'ung desquels lansquenets prisonniers feust mandé par le sieur de Nassau, pour faire practique avecques luy, pour le renvoyer dans la ville avecques quelque argent qu'on lui avoit donné pour faire une menée secrette, pour faire mutiner les lansquenets, en leur disant qu'ils seroient tous pendus, pour ce qu'ils estoient du pays de l'Empereur. Monsieur de Nassau, ayant response dudict lansquenet, fist marcher son armée et assiéger la ville. Les lansquenets qui estoient dedans commencèrent d'avoir peur, avecques la bonne volonté qu'ils avoient de ne rien faire; car ils ne tirèrent jamais quatre ou cinq coups d'artillerie. Et vindrent au sieur de Jamets, en lui demandant querelle d'eulx pouvoir honnestement partir ; et luy disrent : « Monsieur, la coustume des lansquenets » est que quand ils sont assiégés dedans une » ville, on leur baille double paye pour ung » mois. » Laquelle chose ledict sieur de Jamets leur fist incontinent bailler, nonobstant qu'ils feussent payés pour deux mois davantage qu'on ne leur devoit : dequoy feurent bien esbahis ; car ils pensoient que ledict sieur de Jamets n'eust point d'argent ; mais le sieur de Sedan et l'Advantureux luy en avoient envoyé, voyant l'affaire que luy estoit à venir. Le lendemain disrent au sieur de Jamets lesdicts lansquenets : « Monsieur, si vous ne vous rendés, nous vous » rendrons ; » car toute la nuict ils n'avoient faict que mutiner avecques ceulx de la ville, et estoit déjà à l'une des portes le comte Félix, qui attendoit qu'ils se rendissent avecques tous les lansquenets de son parti, en bataille. Cela faict, feust pris d'eulx le sieur de Jamets, et livré entre les mains du comte de Nassau ; et tous les Allemands qui estoient dedans Florange passèrent tous dessoubs une picque, en sortant de la porte, là où les lansquenets de l'Empereur les dépouillèrent tous, en leur disant qu'ils estoient meschans, et qu'ils avoient faulcé leur serment, et qu'ils n'estoient pas dignes d'estre jamais soubs enseignes ny avecques gens de bien. Et, à cette heure-là, avoit le roy de France dix-huit mille lansquenets en son camp d'Attigny, là où une partie de ceux-là se vindrent rendre ; et incontinent que l'Advantureux le sceut, les en advertit, et tous ceulx qu'on peut attraper passèrent les picques. Le sieur de Jamets feust mené à Thionville, auquel monsieur de Nassau promist le traicter en homme de guerre ; et le fist rançonner à dix mille escus de rançon, et mener au chasteau de Namur, en prison. De là mondict sieur de Nassau fist raser la ville, et, ce faict, se retira vers les Ardennes, pour rafreschir son armée, et assembler encore plus de gens qu'il n'avoit.

CHAPITRE LXXVII.

Comment Bouillon feust surpris, et ceulx qui estoient dedans presque tous tués ; et comment monsieur de Nassau vint à Donzy mettre son camp, là où vint monsieur Diestain et aultres gros seigneurs, vers le sieur de Sedan, pour avoir trèves, laquelle, après avoir bien débattue, feust accordée pour six sepmaines, là où l'Advantureux ne voullust estre compris.

Deux mois après la prise de Fleurange, monsieur de Nassau, estant au pays de Brabant, partist avecques son armée qu'il avoit devant Fleurange, et, encore mieux fournie d'artillerie, s'en vint passer par les Ardennes, et assez près de Bouillon, qui estoit place bien forte, assise sur un roc quasi imprenable ; lequel sieur de Nassau despescha sept ou huit gens de pied namurois, et quelques gens de cheval, et les envoya veoir quelle mine tenoient ceulx de la place, et faire une escarmouche devant ; car ils n'avoient point volonté de l'assiéger. Ceulx de ladicte place, qui estoient assez bon nombre pour la garder, avoient tout plein de leurs femmes au bourg, et en la ville audict Bouillon, et estoient partis du chasteau dès le point du jour, pour aller veoir leurs femmes, et pour aller à leurs affaires qu'ils avoient en ladicte ville. De cas de fortune, tout ainsi que ceulx dedans descendoient pour aller en la ville, les gens de l'Empereur se jettèrent pesle-mesle avecques eulx, et, quand la garnison cuida rentrer au chasteau, ils entrèrent dedans le premier fort avecques eulx ; et ne demeura qu'une petite roquette, là où estoit le capitaine. Quand monsieur de Nassau sceut ces nouvelles, marcha avec le demeurant de l'artillerie, et la vint assiéger, et fist tirer quelques coups d'artillerie. Ce voyans, ceulx dedans s'estonnèrent de telle sorte qu'ils feurent tous pris, et le capitaine, qui se rendit à ung gentilhomme qui estoit de la maison de l'Empereur, nommé le Beau Vaudray, qui lui promist sauver la vie, et par son assurance s'en alla ; et, quand il feust vers monsieur de Nassau, il le fist pendre et estrangler, oultre la promesse que ledict Beau Vaudray lui avoit faicte ; de quoy ledict gentilhomme feust fort marry ; et les penderies que fist faire alors monsieur de Nassau ont cousté la vie à dix mille hommes, sans les pendus qu'on a repandus depuis. Le chasteau de Bouillon pris et pillé, le feu y feust mis et dedans la ville ; et le fist le comte Félix, de quoy feust bien marry le comte de Nassau, quand il le sceut, pour ce qu'il avoit intention de mettre gens dedans, et de la garder. Et de là vint mettre son camp à Donzy, qui est à trois lieuës de Sedan, tirant devers Yvoy et Messencourt, dessus la rivière de Chier, qui passe audict Yvoy ; et là ung peu plus bas vient tomber ladicte rivière de Chier en la rivière de Meuse. Et fist ledict sieur de Nassau faire un pont dessus ladicte rivière, à l'entrée dudict village. Et, comme il estoit là, l'Advantureux estant à Rheims, lequel venoit en poste, ouyt dire comment monsieur de Nassau alloit mettre le siége devant Sedan ; pour laquelle chose se hasta, et se vint mettre dedans ledict Sedan. Et lui arrivé, resjouit les gentilshommes et les compaignons, et y feust faict tout plain de belles escarmouches ; et fist en tout l'appareil, comme si l'on debvoit avoir le siège. Ce temps pendant, monsieur de Maisières, nepveu de La Trimouille, et capitaine de cinquante hommes-d'armes, vint par le Roi vers le sieur de Sedan et l'Advantureux, leur dire beaucoup de choses de par le Roi ; et, lui despesché, retourna vers le Roi en grande diligence et en poste. Ce temps pendant, monsieur Sikingen vint à l'escarmouche devant Sedan, là où l'Advantureux fist tirer une douzaine de coups de canon après, et porta dommaige à ses gens, mais pas grand. Le lendemain, ledict sieur de Sikingen envoya une trompette vers le sieur de Sedan et l'Advantureux, laquelle lui dict, de par monsieur de Sikingen, qu'il pensoit estre des amis de la maison, et qu'on avoit tiré après lui ; surquoi lui fist response le sieur de Sedan et lui dict qu'il ne pensoit pas que ce feust lui ; et que s'il l'eust pensé, il n'eust pas tiré ; et qu'il le tenoit tant de ses bons amis, que, quand il voudroit venir, on le lairoit entrer, fort et foible, et qu'on lui fairoit bonne chère. Et ainsi s'en retourna ladicte trompette vers monsieur de Sikingen, qui estoit au camp vers monsieur de Nassau : laquelle responce ouïe par mondict sieur de Sikingen, renvoya ladicte trompette vers monsieur de Sedan, lui prier qu'il peust parler à lui en la prairie qui est devant Sedan, à seureté, et amèneroient autant de gens l'ung comme l'aultre. Ladicte trompette venue de Sedan, lui fist response le sieur de Sedan que dans deux jours il y pouvoit parler, et qu'il amenast tant de gens qu'il voudroit, et qu'il se sentoit bien seur de lui, et lui fist un cartel de seureté sur cela, et le bailla à ladicte trompette, qui le porta au sieur de Sikingen; lequel sieur, après ceste response, renvoya ladicte trompette vers monsieur de Sedan, et lui fist accorder ladicte response par monsieur de Nassau et tous les aultres, et envoya à cedict sieur son cartel de seureté à Sedan, pour ceulx dudict Sedan. Et, pendant que toutes ces choses se démesloient, ne bougeoit monsieur de Nassau de son camp de Donzy, et de là en tour. Au jour nommé, se trouva monsieur de Sikingen au lieu ordonné, pour faire le parlement et deviser; aussi fist le sieur de Sedan et l'Advantureux, fort accompaignés d'honnestes gentilshommes tous désarmés : et vint avecques lui le comte de Horne, monsieur de Rœux, grand-maistre d'hostel de l'Empereur, et cent hommes-d'armes, la lance sur la cuisse, tous en bataille, assez près d'illec, à un village qui s'appelle Ballain; et estoient tous les susdits seigneurs tous désarmés, et tous les gentilshommes qui y vindrent. Et, après avoir parlementé bien trois ou quatre heures, ne feust encore rien conclud des trèves que monsieur de Sikingen demandoit : et feust remis la journée à trois jours de là, au même lieu et à la même place. Et ce faict, ledict sieur de Sedan fist apporter force vins, et donna là à banquester aux seigneurs et aux gentilshommes; et estoit alors l'Advantureux monté sur ung cheval grand saulteur, qui fist merveilles. Ce faict, chascun s'en retourna. Et au jour nommé vindrent lesdicts seigneurs tous en tel estat qu'ils avoient faict le jour devant; et là feurent conclues les trèves pour six sepmaines, entre l'Empereur et le sieur de Sedan, là où ne voullust point estre compris l'Advantureux. Et propre jour estoit arrivé au matin le sieur de Maisières, qui estoit venu le premier jour, lequel avoit apporté lettre, de par le Roi, au sieur de Sedan et à l'Advantureux, lequel vist toute la menée et la conclusion des trèves, et estoit dedans le chasteau de Sedan comme on parlementoit. Ledict parlement achevé, le sieur de Sedan mena tous les seigneurs et gentilshommes à la place, et leur fist merveilleusement bonne chère; car ils estoient tous ses parens et amis. Et avoient amené avecques eulx le maistre de l'artillerie de l'Empereur, et deux ou trois canoniers, qui entrèrent quant et quant eulx; et, quand le sieur de Sedan le sceut, il leur dit en riant et se mocquant d'eulx : « Je » vous advise, Messieurs, que je ne vous crains » guères, et veulx que vous voyés toute la » place, hault et bas, afin que, si une autre fois » vous venés devant, que vous sçachiés par où » il faut assaillir. » Ce faict, les seigneurs se départirent et retournèrent en leur camp; et l'Advantureux et toute la gendarmerie s'en alla en France, et le sieur de Sedan demeura en sa maison. Et deux jours après feurent les tresves publiées pour six sepmaines.

◇◇◇

CHAPITRE LXXVIII.

Comment monsieur de L'Escun, mareschal de France, tint Parme contre toute l'armée du Pape et des Espaignols.

Tandis que toutes ces choses se faisoient en France par les frontières, tant en Ardenne qu'en Guyenne, où estoit monsieur l'admiral de France et monsieur de Guise, frère de monsieur de Lorraine, chef général des lansquenets, les Espaignols eurent en penser, pour faire tirer le Roi et son armée et la guerre hors leur pays, qui feust bien pensé à eulx, qu'ils fairoient une armée avecques le Pape, et l'envoyeroient en Italie : laquelle feust bientost preste, et commença à marcher droict à Parme. Et, incontinent que monsieur de Lautrec, qui estoit lieutenant-général du Roy à Milan, sceut ces nouvelles, il despescha son frère qui estoit mareschal de France, monsieur L'Escun, qui avoit laissé le bonnet rond, et estoit évesque de Tarbes au commencement, mais il se sentit trop gentil compaignon pour se mettre d'Eglise; aussi je vous assure qu'il estoit tel, et fist tant honnestement en toutes choses, là où il eust affaire, qu'il feust, avecques l'ayde de ses bons amis et amies, mareschal de France. Et, pour ce que l'Italie estoit pour l'heure bien desgarnie de gens de guerre, et spécialement des gens de pied, feust forcé que fist soudainement un nombre de piétons, qui feurent environ six ou sept mille hommes, et les mena audict Parme, avecques quatre cent hommes-d'armes et quelque artillerie. Et, subit qu'il y feust arrivé, les Espaignols le vindrent assiéger, et fisrent merveilleusement diligence à la batterie, qui estoit grande comme de cinquante ou soixante pieds de long; et la ville ne valoit rien, ny les fossés, ni les murailles, et n'estoit remparée. Le premier jour, ils donnèrent ung assault qui feust gros et rude; mais ils feurent repoussés bien rudement; et, pour ce jour, n'y eust aultre chose faicte. Les gens de pied italiens que ledict sieur de L'Escun avoit amenés avecques luy se commencèrent à mutiner, veu la foiblesse de la place, et qu'on les assailloit si rudement. Mondict sieur de L'Escun estant adverty de cette mutinerie, feust bien esbahy et marry, et, en toute diligence, envoya par toute la ville sçavoir qui estoient les mutins; et lui feust rapporté qu'ils estoient six ou sept capitaines italiens, qui avoient bien deux mille hommes soubs leurs charges. Laquelle chose entendue par luy, tout maintenant envoya quérir lesdicts capitaines, et, voyant qu'ils avoient le cœur failly, ne les voullust plus avoir en sa compaignie, quelque faulte de gens qu'il eust, et au plus gros affaire qu'il eust, et les fist jetter hors la ville, eulx et leurs gens, et leur dict qu'il ne voulloit point qu'ils feissent peur aux aultres; et ne luy demeura que quatre mille hommes dans la ville, qui est d'une merveilleuse grandeur. Les Espaignols, sçachant l'allée desdicts gens de pied, voullurent efforcer la ville, et y fisrent grand effort, et plus que jamais, par quoy ils doublèrent leur batterie. Et feust donné l'assault fort et rude, tellement que ce jour en donnèrent cinq, et tousjours gens frais et gros; et, quand ce vint au dernier assault, ils feurent si bien repoussés, que les gens-d'armes qui estoient à pied, et les piétons, passèrent la bresche, les fossés, en les menant et les battant jusques outre lesdicts fossés. Et y perdirent beaucoup de gens les Espaignols; et s'y eschauffèrent tellement, que ledict sieur de L'Escun ne les sçavoit faire retirer dedans la ville; toutesfois en la fin se retirèrent, et faisant bonne chère et bon guet. Les Espaignols voyant cette mine, visrent bien que ce n'estoit viande pour eulx, et eurent conseil dès le lendemain lever leur siége, et se retirèrent un peu à l'escart, en voulant marcher vers Milan. Et monsieur le mareschal de Foix se mist à la queue avecques ce qu'il avoit de gens, et leur rompist vivres, et leur faisoit tout le mal qu'il pouvoit. Or je laisseray icy le mareschal de Foix et ses gens, pour retourner à nostre matière et aux choses qui se fisrent cependant sur les frontières de France.

FIN DES MÉMOIRES DE FLEURANGE.

JOURNAL
DE LOUISE DE SAVOYE,
DUCHESSE D'ANGOULESME,
D'ANJOU ET DE VALOIS,

MÈRE DU GRAND ROI FRANÇOIS PREMIER.

SUR LE JOURNAL
DE LOUISE DE SAVOYE.

Le Journal de Louise de Savoie, mère de François Ier, est un document contemporain qui devait trouver ici sa place; l'histoire n'y découvre rien de nouveau, mais ce Journal constate la tendre et profonde affection de Louise de Savoie pour son fils. Cette incontestable tendresse maternelle pourrait nous donner la raison de l'empire que François Ier avait laissé prendre à sa mère, si la haute influence exercée par la duchesse d'Angoulême ne s'expliquait assez par son grand caractère et les puissantes ressources de son esprit. On rencontre çà et là dans ce journal rapide des saillies, des remarques qui révèlent un esprit piquant. On y voit des observations comme celle-ci : « Faut noter qu'en fait de » guerre, longues patenostres et oraisons mur- » muratives ne sont bonnes; car c'est une mar- » chandise pesante qui ne sert de guerre si non » à gens qui ne savent que faire. » Louise de Savoie, née au Pont-d'Ain en Bresse, en 1476, le 11 septembre, *à cinq heures vingt-quatre minutes après midi*, comme elle nous l'apprend elle-même, veuve à dix-huit ans du comte d'Angoulême, et dès-lors condamnée par Charles VIII à vivre solitaire au château de Cognac, fut rappelée à la cour par Louis XII. De cette époque date l'importance de son rôle qui fut si grand sous François Ier. Le Journal de Louise de Savoie, imprimé d'abord parmi les *preuves de l'Histoire généalogique de la maison royale de Savoie, de Guichenon*, reparut en 1753, à la suite des Mémoires de Du Bellay, édition de l'abbé Lambert. Guichenon le tenait du P. Hilarion de Corte, religieux minime; le manuscrit original avait été trouvé dans la bibliothèque de Hardy, conseiller du Roi au Châtelet. Ce fut l'abbé Lambert qui, voulant éviter la confusion, rangea lui-même par dates les faits mentionnés dans le Journal.

JOURNAL DE LOUISE DE SAVOYE.

C'est Madame qui réduit à mémoire plusieurs choses, mesmement le danger qui advint au Roy son fils, l'an 1501, auprès de la maison de Sauvage, en la Vareyne d'Amboise.

Maximilian, roi des Romains, entra en ce monde le 22 mars, à quatre heures quatre minutes après midi, 1459.

Louis XII, roi de France, fut né à Blois, l'an 1462, le 27 juin, à cinq heures huit minutes avant midi.

Anne, reine de France et duchesse de Bretagne, fut née à Nantes, l'an 1476, le 26 de janvier, à cinq heures trente minutes au matin.

Je ne dois parler de moi-mesme ; mais je m'en rapporte à ce qu'en a escript François du Moulinet, abbé de Saint-Maximan. Toutesfois je feus née au Pont-d'Ain, l'an 1476, l'unzième jour de septembre, à cinq heures vingt-quatre minutes après midi.

Le seigneur d'Alenson sortit du cloistre maternel pour commencer mortelle vie l'an 1489, le deuxième jour de septembre, à sept heures vingt-neuf minutes avant midi.

Ma fille Margueritte fut née l'an 1492, l'unzième jour d'avril, à deux heures au matin, c'est-à-dire le dixième jour, à quatorze heures dix minutes, en comptant à la manière des astronomes.

François, par la grâce de Dieu, roi de France, et mon César pacifique, print la première expérience de lumière mondaine à Congnac, environ dix heures après midi 1494, le douzième jour de septembre.

Le premier jour de janvier de l'an 1496, je perdis mon mari.

Ma fille Claude, conjoincte à mon fils par mariage, fut née en ma maison, à Romorantin, le 13 d'octobre, à huit heures cinquante-quatre minutes après midi, 1499.

Le jour de la Conversion de saint Paul, 25 de janvier 1501, environ deux heures après midi, mon roi, mon seigneur, mon César et mon fils, auprès d'Amboise, fut emporté au travers des champs par une hacquenée que lui avoit donné le maréchal de Gyé, et fut le danger si grand, que ceux qui estoient présens l'estimèrent irréparable. Toutesfois Dieu, protecteur des femmes veufves, et deffenseur des orphelins, prévoyant les choses futures, ne me voulut abandonner, cognoissant que, si cas fortuit m'eust si soudainement privée de mon amour, j'eusse été trop infortunée.

Le 24 d'octobre 1502, le petit chien Hapeguai, qui estoit de bon amour, et loyal à son maistre, mourut à Blevé.

Anne, reine de France, à Blois, le jour de sainte Agnès, 21 de janvier, eut un fils ; mais il ne pouvoit retarder l'exaltation de mon César, car il avoit faute de vie. En ce temps j'étois à Amboise, dans ma chambre, et le pauvre monsieur qui a servi mon fils et moi en très-humble et loyale persévérance, m'en apporta les premières nouvelles.

L'an 1507, le 22 may, au Plessis, à Tours, deux heures après midi, fut confirmé le mariage, par parolle de présent, entre mon fils et madame Claude, à présent reine de France.

Le 3 d'aoust 1508, du temps du roy Louis XII, mon fils partit d'Amboise pour être homme de cour, et me laissa toute seule.

Le jour de la Transfiguration, 6 d'aoust 1508, à un dimanche, entre sept et huit heures après souper, en un jardin à Fontevaux, mon fils eut sur le front un coup de pierre fort dangereux.

Le jeudy 7 d'aoust 1508, la reyne Anne fut en grand danger à Montsoreau, environ sept heures du soir ; car les planches du pont fondirent soubs les chevaux de sa litière.

Le lundy, dernier jour d'aoust 1508, la plus jeune fille d'Alenson fut épousée avec le marquis de Montferrat, à Saint-Sauveur, à Bloys.

Le jeudy, 14 décembre 1508, à minuit ou environ, mon fils fut grièvement malade ; mais il fut tantost guary ; et lendemain, vint nouvelles que le duc de Lorraine estoit mort.

Le lundi, 14 d'avril 1509, furent défaits les Vénitiens par le roy Louis XII, à Aignodel, et fut donnée la bataille avant midy.

Les fiançailles de monsieur d'Alenson et de ma fille Margueritte furent faictes ès mains du cardinal de Nantes, à Blois, le jour de saint Denys, le 9 d'octobre, à six heures quinze minutes après midy, 1509.

Le premier de février 1510, mon fils fit son entrée à La Rochelle, environ cinq heures après midy.

Le 25 de may 1510, environ midi, à Lyon, aux Célestins, mourut monsieur le légat George d'Amboise.

Madame Renée, sœur de madame Claude, fut née à Blois, le 29 d'octobre, à neuf heures avant midi, 1510.

Le vingt-deuxième jour de juin 1511, mon fils fut pris d'une fièvre tierce, et le 27 il arriva à Romans au Dauphiné, et là eut le quart accès de ladicte fièvre tierce, qui le print le vingt-huitième jour, environ unze heures, incontinent après disné.

Le cinquième jour de juillet 1511, mon fils, pensant estre guéry de fiebvre tierce, partit de Romans, à trois heures avant midy, et chemina jusques à Valence.

Le 24 de juillet 1511, à douze heures trente minutes, mon fils eut le cinquième accès de fiebvre récidive; car à Valence il recheut en la fiebvre tierce, de laquelle il croyoit estre guéry quand il partit de Romans.

Le 19 de février 1512, monsieur de Nemours, frère de la reine d'Arragon, et nepveu du roy Louis XII, se adventura d'assaillir les Vénitiens qui avoient fait révolter Bresse, et les défit; et fut la ville prise d'assault.

Le jour de Pasques, 11 d'avril 1512, monsieur de Nemours Gaston de Fouès, défit l'armée du roy d'Arragon et celle de Jules, pape second, devant Ravenne; mais il y mourut, et plusieurs gens de bien avec luy, qui fut très-grand dommage.

Le jour de saint Georges, 23 d'avril 1512, le hérault d'Angleterre vint vers le roy Louis XII, à Blois, lui dire, de par le Roi son maistre, que, s'il n'entretenoit les pactions faictes au traité de Cambrai, sondit maistre estoit délibéré de secourir le pape Jules et le roi d'Arragon, son beau-père.

L'unzième jour de juin 1512, vinrent nouvelles au roy Louis XII que les Anglois estoient descendus en Bretagne et à Fontarabie.

Le seizième jour de juin 1512, le roy Louis XII fut adverti que Milan s'estoit révolté.

Le septième jour de septembre 1512, mon fils passa à Amboise, pour aller en Guyenne contre les Espagnols; et estoit lieutenant général du roy Louis XII, ainsi comme maintenant en sa dignité royale il est dictateur perpétuel;

et trois jours avant il avoit eu mal en la part de secrète nature.

Le seizième jour de juillet 1513, mon fils, comme subjet du roy Louis XII, partit de Paris pour aller en Picardie contre les Anglois.

Le 23 d'aoust 1513, à Congnac, je feus advertie de la prise de monsieur de Longueville et d'autres capitaines, à la journée des Esperons.

Le 29 d'aoust 1513, à Congnac, je seus les nouvelles de la ville de Thérouanne, que nos gens avoient renduë par faute de vivres, et en estoient sortis leurs baguages sauves.

Le 3 de septembre, qui fut un sabmedy, de nuit, 1513, je feus griefvement malade de colique, à Congnac: et, par ce, fut rompu mon voyage; car je devois aller à Barbesieux tenir l'enfant de La Rochefouquault.

Le 29 septembre, à Congnac, 1513, me feurent apportées nouvelles comme Tournay estoit rendu au roi d'Angleterre, et que le roy d'Ecosse estoit mort.

Le 14 d'octobre 1513, en venant de vespres de Saint-Léger de Congnac, je entrai en mon parc, et, près du dédalus, la poste m'apporta nouvelles fort bonnes du camp de mon fils, lieutenant du roy Louis XII en la guerre de Picardie, scavoir est que le roi des Romains s'en estoit allé de Tournai, et que le roy d'Angleterre s'affoiblissoit de jour en jour.

Le trentième jour de décembre 1513, en venant de disner de Boutiers, près de Congnac, je fus bien marrie; car monsieur d'Alenson cheut de cheval et se rompist le bras; et le lendemain mon fils arriva en poste.

Anne, reine de France, alla de vie à trespas le 9 janvier 1514, me laissa l'administration de ses biens, de sa fortune et de ses filles, mesmement de madame Claude, reine de France et femme de mon fils, laquelle j'ai honorablement et amiablement conduite: chacun le sçait, vérité le cognoist, expérience le démonstre, aussi fait publique renommée.

Le lundy 9 janvier 1514, la reyne Anne trespassa à Blois, et le mardy, après disner, à Congnac, mon fils et moi en feusmes advertis, entre cinq et six heures avant midy.

Le mercredy 11 janvier 1514, je partis de Congnac pour aller à Angoulesme, et aller coucher à Jarnac, et mon fils, démonstrant l'amour qu'il avoit à moy, voulut aller à pied, et me tint bonne compagnie.

Le samedy 14 de janvier 1514, mon fils, à trois heures après midi, fit son entrée à Congnac: je demeuray au chasteau avec monsieur d'Alenson, qui avoit le bras rompu; ma fille

Margueritte et ma sœur de Taillebourg, à présent duchesse de Valois, descendirent en la ville pour veoir l'entrée.

Le dix-huitième jour de may, à Saint-Germain-en-Laye, l'an 1514, furent les nopces de mon fils.

Le 8 de juillet 1514, je cuiday demeurer à Blois pour jamais, car le plancher de ma chambre tomba, et eusse esté en extrême danger, n'eust esté ma petite Bigote et le seigneur Desbrulcs, lesquels premièrement s'en apperceurent. Je crois qu'il falloit que toute cette maison fût reclinée sur moy, et que, par permission divine, j'en eusse la charge.

Ce jour, 16 juillet 1514, en Engoumois, en Anjou, je feus griefvement malade, et contrainte de descendre de ma littiere, pour me chauffer en une petite maison sur le grand chemin en allant de Nanteuil à Charroux, en la terre de monsieur de Paulegon.

Le jeudy 10 d'aoust 1514, furent faictes par procureur les fiançailles du roy Louis XII et de la sœur du roy d'Angleterre.

Le 28 d'aoust 1514, je commençay à prédire, par céleste prévision, que mon fils seroit une fois en grand affaire contre les Suisses; car, ainsi que j'étois après souper en mon bois à Romorantin, entre sept et huit heures, une terrible impression céleste, ayant figure de comète, s'apparut en ciel, vers occident : et je feus la première de ma compagnie qui m'en apperceus; mais ce ne fut sans avoir grand peur; car je mescriai si hault que ma voix se pouvoit estendre, et ne disois autre chose sinon : *Suisses! les Suisses! les Suisses!* Adonc estoient avec moy mes femmes, et d'hommes n'y avoit que Regnault de Reffuge et le pauvre malheureux Rochefort sur son mulet gris, car aller à pied ne lui estoit possible.

Le 22 septembre 1514, le roy Louis XII, fort antique et débile, sortit de Paris pour aller au-devant de sa jeune femme, la reine Marie.

Le 9 d'octobre 1514, furent les amoureuses nopces de Louis XII, roi de France, et de Marie d'Angleterre, et furent espousés à dix heures du matin, et le soir couchèrent ensemble.

Le troisième jour de novembre 1514, avant unze heures avant midi, j'arrivay à Paris; et celui mesme jour, sans me reposer, je feus conseillée d'aller saluer la reine Marie à Saint-Denys; et sortis de la ville de Paris, à trois heures après midy, avec grand nombre de gentilshommes.

Le cinquième jour de novembre 1514, la reine Marie fut couronnée à Saint-Denys, entre dix et unze heures avant midi; et le sixième jour, environ quatre heures après midi, elle fit son entrée à Paris.

Le 29 de novembre 1514, mon fils, courant en lice aux Tournelles, fut blessé entre les deux premières joinctes du petit doigt, environ quatre heures après midi.

Le premier jour de janvier 1515, mon fils fut roi de France.

Le premier jour de janvier 1515, environ unze heures de nuit, à Paris, aux Tournelles, trespassa le roi Louis XII; et le 3, qui fut mercredi, je partis de Romorantin, pour aller audict lieu.

Le 12 de janvier 1515, fut enterré le roi Louis XII à Saint-Denys.

Le jour de la Conversion de saint Paul 1515, mon fils fut oint et sacré en l'église de Rheims. Pour ce, suis-je bien tenue et obligée à la divine miséricorde, par laquelle j'ay esté amplement récompensée de toutes les adversités et inconvéniens qui m'estoient advenues en mes premiers ans, et en la fleur de ma jeunesse. Humilité m'a tenu compagnie, et patience ne m'a jamais abandonnée.

Le 15 de février 1515, entre deux heures après midi, mon fils fit son entrée à Paris.

Le samedy, dernier jour de mars 1515, le duc de Suffolk, homme de basse condition, lequel Henri VIII de ce nom avoit envoyé ambassadeur devers le Roi, espousa Marie, sœur dudit Henri, et veufve de Louis XII.

Le lundy seizième jour d'avril 1515, Marie d'Angleterre, veufve de Louis XII, partit de Paris avec le duc de Suffolk, son mari, pour retourner en Angleterre.

Le cinquième jour de juin 1515, mon fils, venant de Chaumont à Amboise, se mit une espine en la jambe, dont il eut moult de douleur et moi aussi; car vrai amour me contraignoit de souffrir semblable peine.

Le vingt-sixième jour de juin 1515, le duc de Lorraine, au chasteau d'Amboise, fut marié avec mademoiselle de Bourbon, à unze heures avant midi, en pleine lune.

Le trentième jour de juin 1515, je receus mon fils a mon chasteau de Romorantin, et toute sa compaignie.

Le 4 de juillet 1515, mon fils, allant contre les Suisses, partit de Romorantin à sept heures avant midi.

Le lundi 30 de juillet 1515, mon fils partit de Lyon pour aller contre les Suisses et autres occupateurs de la duché de Milan.

Madame Louyse, fille aisnée de mon fils, fut née à Amboise, 1515, le dix-neuvième jour d'aoust, à dix heures quarante-sept minutes après midi.

En septembre 1515, Prosper Colonne fut défait à Franqueville, en Piémont, par le général de La Palice, Hymbercourt et plusieurs autres.

Le 13 de septembre, qui fut jeudi 1515, mon fils vainequit et deffit les Suisses auprès de Milan; et commença le combat à cinq heures après midi, et dura toute la nuict et le lendemain jusques à onze heures avant midi; et, ce jour propre, je partis d'Amboise pour aller à pié à Nostre-Dame de Fontaines, lui recommander ce que j'aime plus que moi-mesme, c'est mon fils, glorieux et triomphant César, subjugateur des Helvétiens.

Item, ce jour mesme, 13 septembre 1515, entre sept et huit heures au soir, fut veu, en plusieurs lieux en Flandres, un flambeau de feu de la longueur d'une lance, et sembloit qu'il deust tomber sur les maisons; mais il estoit si clair que cent torches n'eussent rendu si grande lumière.

Le dimanche 14 octobre de l'an 1515, Maximilian, fils du feu Loys Sforce, estant assiégé au chastel de Milan par les François, se rendit à mon fils par composition.

Le 27 de novembre 1515, je donnay à Rochefort deux cens escus soleil, qui furent bien employés; car il a bon vouloir de servir, j'en suis bien asseurée.

Le jour Sainct-André, dernier novembre de l'an 1515, mon fils, estant à Blois, porta l'ordre de Bourgogne.

Le mardi 11 de décembre 1515, mon fils arriva à Boulogne-la-Grasse.

Le jeudi 13 de décembre 1515, le pape Léon célébra la messe en présence de mon fils; et le vendredi suivant fut tenu consistoire, et l'alliance confirmée, laquelle depuis a esté affermée et florentinée par ledit Léon, gentil lieutenant et apostre de Jésus-Christ.

Le 14 décembre 1515, mon fils fit le serment de paix avec le roi d'Angleterre.

L'an 1515, 1516, 1517, 1518, 1519, 1520, 1521, 1522, sans y pouvoir donner provision, mon fils et moi feusmes continuellement desrobés par les gens de finances.

Le 13 de janvier 1516, mon fils, resvenant de la bataille des Suisses, me rencontra auprès de Sisteron, en Provence, sur le bord de la Durance, environ six heures au soir; et Dieu sçait si moi, pauvre mère, feus bien-aise de voir mon fils sain et entier, après tant de violences qu'il avoit souffertes et soutenues pour servir la chose publique.

Le 3 février 1516, mon fils, estant à Tarascon, ouit les nouvelles de la mort de Ferdinand, roi d'Espagne.

Le 4 de février, à six heures après midi, 1516, mon fils fit son entrée à Avignon, et le 11 à Montlymard, et le 14 à Valence.

Le jeudi 8 de may 1516, mon fils et moy, environ une heure après midy, montasmes à La Roche de la Balme, au Dauphiné, à deux lieues de Crémieux.

Le 28 de may 1516, environ cinq heures après midi, mon fils partit de Lyon pour aller à pié au Saint-Suaire à Chambéry.

Le septième jour de juin 1516, ma fille Claude, à la Tour-Dupin, en Dauphiné, commença à sentir en son ventre le premier mouvement de ma fille Charlotte.

Charlotte, fille de mon fils, fut née à Amboise, le 23 d'octobre, à six heures quarante-quatre minutes avant midy, 1516.

Le 17 janvier 1517, le Roi mon fils, la Reine, ma fille Margueritte, Saint-Mesmin et moi, arrivasmes à Saint-Mesmin, près Orléans; et le lendemain le Roy fit son entrée en ladicte ville.

Le 23 septembre 1517, le sénéchal Galiot print à femme l'esnée fille de La Cueille, à Orbech, en Normandie, à trois lieues de Lisieux.

Le premier d'octobre 1517, mon fils fit son entrée à Argenton, et fut honnestement receu et bien traicté par ma fille Margueritte.

Le 24 novembre 1517, le Roi mon fils partit d'Amboise pour aller à pié à Saint-Martin de Tours.

La nativité de François, fils de mon fils, daulphin de Viennois, fut à Amboise, le second dimanche de caresme, à cinq heures dix-huit minutes après-midi, le dernier jour de février 1518.

Henri, second fils de mon fils, fut le jour de la mi-caresme né à Saint-Germain-en-Laye, à sept heures six minutes avant midi, l'an 1519; et, selon la coustume de France, l'an 1518, le dernier jour de mars, ayant, à cause dudict jour, quelque similitude avec François, son frère, qui fut né le dernier jour de février.

Le 16 d'octobre 1518, monsieur le Dauphin, environ midi, partit d'Amboise et alla coucher à Chaumont; le lendemain arriva à Blois, à deux heures après midi.

En novembre 1518, le moine rouge, Anthoine Boys (1), parent de nostre révérendis-

---

(1) Antoine Bohier. Louise de Savoie lui fit obtenir le chapeau de cardinal qui avait été promis à Everard de La Marck.

sime chancelier et des inextricables sacrificateurs des finances, alla de repos en travail hors de ce monde; et lors fut faict une fricassée d'abbayes, selon la folle ambition de plusieurs papes.

Le dimanche 19 février de l'an 1519, mon fils, mes filles et moi, entrasmes dans Congnac; et le jour de mardi-gras, qui fut le 21 de février, je feis un festin grand et magnifique, à l'honneur et louange dudict lieu de Congnac, auquel mon fils sortant de moi avoit pris sa très-heureuse naissance.

L'an 1519, le 5 juillet, frère François de Paule, des frères mendians évangélistes, fut par moi canonisé; à tout le moins j'en ai payé la taxe.

En julllet 1519, Charles V de ce nom, fils de Philippe, archiduc d'Autriche, fut, après que l'Empire eut par l'espace de cinq mois esté vacant, éleu roi des Romains, en la ville de Francfort. Pleut à Dieu que l'Empire eût plus long-temps vacqué, ou bien que pour jamais on l'eût laissé entre les mains de Jésus-Christ, auquel il appartient, et non à autre!

Le 23 septembre 1519, mon fils, qui estoit allé à la chasse à la Chapelle Vendomoise, près de Blois, se frappa d'une branche d'arbre dedans les yeux, dont je feus fort ennuyée.

L'an 1519, le 8 octobre, à onze heures avant midy, mon fils, à ma requeste, donna à Rochefort l'office de grand aumônier; ce fut à Chambort, à trois lieues de Bloys.

Le 16 d'octobre 1519, Rochefort, grand ausmônier, baptisa Margueritte Turc, en la chapelle d'Amboise; ma fille fut commère, et mon frère le bastard de Savoye, et le seigneur de Montmorency, furent compères.

Le 10 de décembre 1519, mon fils et moi partismes de Blois pour aller à Congnac.

Le 5 de janvier 1520, mon fils fit son entrée à Poitiers.

Le jeudi 8 de mars 1520, un Espagnol, qui un peu auparavant avoit esté pris à Saint-Jean-d'Angély, fut décapité à Xaintes, atteint et convaincu de plusieurs castilavisées assez impertinentes, au profit de la République.

Le vendredi 9 de mars 1520, en la ville d'Angoulesme, je feis faire un service solemnel pour mon mary, monseigneur Charles, père du Roy mon fils.

Le 9 de may 1520, environ dix heures du matin, mon fils, continuant ce don qu'il avoit deux fois fait à Rochefort de l'évesché de Condom, la première fois à la requeste de Saint Marsauld, et la seconde à la requeste de La Rochepot, en la chapelle de la Bastille, dit de rechef audit Rochefort qu'il seroit évesque de Condom, et que ce matin il avoit fait refus de ladite dignité épiscopale à quelqu'un qui lui avoit demandée.

Le 22 de may 1520, à Montreuil, le secrétaire La Chesnaye, sans propos et sans raison, eut la main coupée par un lansquenet auquel jamais n'avoit fait déplaisir. Pour ce, eut ledit lansquenet le poing tranché et la teste coupée, puis fut pendu honteusement. Lors estoit mon fils à cinq lieuës dudit Montreuil, à l'abbaye de Féremoustier, et, quasi à semblable heure, le feu se prit au logis de mon fils d'Alenson, et brusla avec cinq maisons voisines, dont plusieurs gens de bien eurent peur, craignant que quelque entreprise auroit faicte contre mondict fils qui, pour lors, estoit à la chasse.

Le dernier jour de may 1520, mon fils arriva à Ardres, qui s'appelle en latin *Ardea*, et ledit jour le roi d'Angleterre, second de sa race, arriva à Calez, qui s'appelle en latin *Caletum*, ou *Portus Ilius*, selon César, au cinquième livre de ses Commentaires.

Le mardi 5 de juin 1520, arriva le roi d'Angleterre à Guynes, et la Reine ma fille et moi arrivasmes à Ardres; et ledit jour, Le Rouge, parent de Tripet, archer de la garde de mon fils, vint audit lieu, pour me veoir et convenir avec moi de plusieurs choses.

Le 7 de juin 1520, qui fut le jour de la Feste-Dieu, environ six, sept et huit heures après midi, mon fils et le roi d'Angleterre se virent en la tente dudit roi d'Angleterre, près Guynes.

Le neuvième jour de juin 1520, mon fils et le roi d'Angleterre se trouvèrent en campagne, chacun cinquante hommes, et prinrent leur vin ensemble, environ cinq heures et demie après midi.

Le 17 juin 1520, se print le feu au logis de monsieur d'Orval, à Ardres, environ dix heures et demie de nuit; qui fut chose assez fâcheuse, car nous étions en lieu suspect et inique.

Le 23 de juin 1520, le légat d'Angleterre chanta la messe en plain camp, devant les deux Roys; toute la chapelle fut faicte et tendue par les Anglois, réservé le pavillon de la chapelle de mon fils, qui fut tendu en l'oratoire: mon fils s'agenouilla à dextre, et print la paix et l'évangile le premier; et les servit le petit cardinal de Vendosme.

Le 24 de juin 1520, les deux Roys se départirent, et dirent adieu l'un à l'autre.

Le 25 de juin 1520, mon fils, partant d'Ardres, alla coucher à Térouanne, sept lieues, et le 26 à Denrien; le 27, disner à Boulogne et coucher à Estaples; le 28, à Farmoustier; de Farmoustier à Abbeville, à Fliscourt, à Doué, car Amiens est entre deux. *Item*, à Abbeville, ma fille, la Reine et moy nous mismes en batteau sur la rivière de Somme.

En aoust 1520, le jour Saint Laurent, à dix heures après midy, à Saint-Germain-en-Laye, sortit du ventre de la Reine ma fille, Magdelaine, troisième fille du Roy mon fils.

Le sixième jour de janvier 1521, feste des Rois, environ quatre heures après midy, mon fils fut frappé d'une mauvaise bûche sur le plus hault de ses biens, dont je feus bien désolée; car, s'il en fût mort, j'étois femme perdue: innocente fut la main qui le frappa, mais par indiscrétion, elle fut en péril avec tous les autres membres.

Le jour de la Conversion de S. Paul, de l'an 1521, mon fils fut en grand danger de mourir.

Le 16 d'avril 1521, si nous comptons selon la coustume romaine, mon fils fit son entrée à Dijon.

Le 22 d'avril 1521, mon fils fit son entrée à Troye, et là me trouva avec mes filles, la Reine et la duchesse d'Alenson.

Le 5 juillet 1521, mon fils estant à Ardilly, à deux lieues de Beaune et à cinq lieues de Dijon, et à deux lieues de Seure, au soir vint nouvelle de Guyenne comment le seigneur Desparault (1) avoit esté pris, et le seigneur de Tournon, et que les affaires se portoient mal par faute d'ordre et diligente conduite. Pour ce, faut noter qu'en fait de guerre longues patenostres et oraisons murmuratives ne sont bonnes; car c'est une marchandise pesante qui ne sert de guerres, sinon à gens qui ne sçavent que faire; de sainte Colombe je n'en dis mot, car ce volume est trop petit pour comprendre si fascheuse chronique.

Le 17 juillet 1521, à Dijon, des Suisses douze cantons feirent leur proposition et oraison devant mon fils, en fort grande resvérence, soy déclarant vouloir estre à jamais confédérés et alliés de la maison de France.

Le 15 d'octobre 1521, environ cinq heures du soir, fut mis le siége devant Bapaulme par les adventuriers françois; et lors estoit mon fils à quatre lieues de Saint-Quentin, à une abbaye de Prémonstrés, nommé le Mont Saint-Martin; et le lendemain fut pris et pillé ledict Bapaulme; aussi fut Mets-sans-Cousture.

Le 23 octobre 1521, entre Saint-Hillaire et Valenciennes, près d'une abbaye de femmes, mon fils marcha en bataille contre ses ennemis, et les mit en fuite, et en fut tué plusieurs de coups d'artillerie; ce fut environ trois et quatre heures après midi.

Le 24 octobre 1521, Bouchain, petite ville, se rendit à la volonté de mon fils, et, environ quatre heures après midi, il eut un gros à l'armée.

Le 25 octobre 1521, à Escandoy, à deux lieues de Valenciennes, vint nouvelle à mon fils que Fontarabie estoit pris par monsieur l'admiral.

Le 26 octobre 1521, à un village à deux lieues de Valenciennes, arrivèrent les ambassadeurs d'Angleterre. *Item*, au soir dix heures, le feu brusla le logis de mon frère le bastard de Savoye, et cinq ou six autres; et, deux heures avant soleil levant, le jour suivant, on cria alarme.

Le premier jour de novembre 1521, mon fils fit la feste de Toussaints à Saudemont en Artois, village de madame de Vendosme, à cinq lieues d'Arras.

Le 6 de novembre de l'an 1521, Hesdin, belle et bonne ville, fut prise d'assaut.

Mercredi 22 janvier 1522, jour de saint Vincent, à Saint-Germain-en-Laye, à neuf heures quarante minutes au matin, fut né Charles III, fils de mon fils.

Le vingt-neuvième jour de may 1522, environ deux heures après midi, à Lyon, en la maison de l'archevesque, le hérault d'Angleterre défia mon fils; et, en après que, en tremblant de peur, il eut déclaré que son maistre estoit nostre ennemi mortel, mon fils lui respondit froidement et si à point, que tous les présens estoient joyeux, et néanmoins ébahis de sa clère éloquence.

Le 26 septembre 1522, à Saint-Germain-en-Laye, Pierre Piéfort, fils de Jean Piéfort, contrerôleur du grenier à sel de Châteaudun, parent de plusieurs gros personnages de la Cour, fut bruslé tout vif, après que, dans le donjon du chasteau de Saint-Germain, il eut eu la main coupée, pour ce que impiteusement il avoit pris le *Corpus Domini* et la custode qui estoit en la chapelle dudit chasteau; et le dernier jour du mois, mon fils vint à pied, la teste nue, une torche au poing, depuis Nanterre jusques au lieu, pour accompagner la saincte hostie et la faire remettre en son premier lieu; car ledit Piéfort l'avoit laissée en la petite chapelle de Saincte-Geneviève, près dudit lieu de Nanterre. Le cardinal de Vendosme la rapporta; et lors faisoit beau voir mon fils porter honneur et révérence au Saint-Sacrement, que chacun, en le regardant, se prenoit à pleurer de pitié et de joye.

---

(1) De L'Espare, l'un des frères de madame de Châteaubriand.

Le 15 octobre 1522, à Saint-Germain-en-Laye, je feus fort malade de goutte, et mon fils me veilla toute la nuict.

Le 17 d'octobre 1522, au Mont-Saint-Martin, environ neuf heures du matin, mon fils, marchant en ordre de bataille, fut requis par son maistre d'école de lui donner l'évesché de Condom, ce que de très-bon cœur il lui octroya, ayant souvenance que, devant qu'il fût roi, à Amboise, en ma présence, il lui avoit promise.

L'an 1522, en décembre, mon fils et moi, par la grâce du Saint-Esprit, commençasmes à cognoistre les hypocrites, blancs, noirs, gris, enfumés et de toutes couleurs, desquels Dieu, par sa clémence et bonté infinie, nous veuille préserver et deffendre; car, si Jésus-Christ n'est menteur, il n'est point de plus dangereuse génération en toute nature humaine.

Anne, reine de France, à Blois, le jour de saincte Agnès, 21 de janvier (1), eut fils; mais il ne pouvoit retarder l'exaltation de mon César, car il avoit faulte de vie; en ce temps j'étois à Amboise dans ma chambre, et le pauvre monsieur qui a servi mon fils et moi en très-humble et loyale persévérance, m'en apporta les premières nouvelles (2).

Le 13 de mars, mon fils estant à Congnac feit monseigneur le comte de St. Pol et le seigneur de L'Escun chevaliers de l'ordre.

---

(1) L'année est incertaine.

(2) Ce paragraphe a été transposé dans l'édition de M. Petitot.

FIN DU JOURNAL DE LOUISE DE SAVOYE.

LES MÉMOIRES

DE

MESSIRE MARTIN DU BELLAY,

CONTENANT

LE DISCOURS DE PLUSIEURS CHOSES ADVENUES AU ROYAUME DE FRANCE,

DEPUIS L'AN 1513, JUSQUES AU TRESPAS DU ROY FRANÇOIS 1ᵉʳ ;

Ausquel l'hauteur a inséré trois livres, et quelques fragmens des Ogdades

DE MESSIRE GUILLAUME DU BELLAY, SEIGNEUR DE LANGEY, SON FRÈRE.

OEuvre mis en lumière, et présenté au Roy, par Messire RENÉ DU BELLAY, chevalier de l'ordre de Sa Majesté, baron de La Lande, héritier d'icelay Messire MARTIN DU BELLAY.

NOTICE

SUR

GUILLAUME ET MARTIN DU BELLAY.

Les récits historiques qu'on va lire, commencés par Guillaume Du Bellay, furent continués par Martin Du Bellay, son frère; il fallait donc réunir ici ces deux personnages. Quant à Jean Du Bellay, leur troisième frère, il est resté étranger à la rédaction des Mémoires, et nous nous dispenserons de l'introduire dans cette notice : la présence de ce troisième personnage pourrait d'ailleurs amener de la confusion. Bornons-nous à rappeler que Jean Du Bellay, l'un des hommes les plus savants du seizième siècle, occupa tour à tour les évêchés de Bayonne, de Paris, du Mans, de Limoges, l'archevêché de Bordeaux, et qu'il remplit d'une manière supérieure plusieurs missions politiques. François Ier, qui lui avait donné son estime et sa confiance, lui fit obtenir le chapeau de cardinal en 1535. Jean du Bellay mourut à Rome, en 1560, âgé de soixante-huit ans. Mais c'est de Guillaume et de Martin, ses frères, que nous devons particulièrement nous occuper. Commençons par Guillaume, qui prit le nom de Langey.

Né en 1491, d'une des plus anciennes familles de l'Anjou, Guillaume parut à la cour de François Ier avec un esprit nourri par de fortes études, et une jeune ardeur qui souhaitait d'accomplir de grandes choses. Fait prisonnier à la bataille de Pavie, à peine eut-il retrouvé sa liberté, qu'il s'exposa de nouveau à la perdre dans un voyage fait en Espagne, malgré l'active surveillance des agents de Charles-Quint, et dans l'unique but d'aller savoir des nouvelles de François Ier, tombé malade à Madrid. Son noble dévoûment lui porta bonheur; il vit le royal prisonnier, rapporta à la Régente de consolantes nouvelles, et les rapports de Guillaume dissipèrent les inquiétudes de la France. L'année suivante (1527), Guillaume de Langey sauva la ville de Florence du pillage dont le connétable de Bourbon la menaçait. Il eût sauvé Rome comme Florence, si le pape Clément VII avait suivi ses conseils. En 1528, sa prévoyante habileté aurait pu empêcher que la France ne perdît Gênes et toutes ses conquêtes dans le royaume de Naples; il suffisait pour cela d'user de ménagements à l'égard d'André Doria; mais l'avis du chancelier Du Prat fut jugé plus sage que celui de Guillaume. En 1529, Henri VIII, roi d'Angleterre, mécontent du traité de Cambrai, exigeait des satisfactions en argent que la France ne pouvait pas lui donner; Guillaume s'empara fort adroitement de l'esprit du roi Henri, en favorisant son projet de divorce avec Catherine d'Arragon et son projet de mariage avec Anne de Boulen; et cette première ambassade fut profitable à la France. Langey, si remarquable quand il s'agissait de conduire une négociation, ne l'était pas moins quand il fallait tenir tête à l'ennemi. Ses ambassades à Rome, en Allemagne et en Angleterre, révélèrent un grand diplomate, comme ses opérations militaires dans le Piémont avaient révélé un grand capitaine.

Gouverneur de Turin en 1537, et plus tard vice-roi du Piémont, il était devenu l'effroi des généraux de Charles-Quint. La goutte et les rudes travaux de la guerre l'avaient rendu infirme et paralytique. Obligé de revenir en France, dans le dernier mois de l'année 1542, Langey s'arrêta à Saint-Symphorien (entre Lyon et Roanne), pour y mourir le 7 janvier 1543. En apprenant la mort de Langey, Charles-Quint dit que *cet homme seul lui avoit fait plus de mal et déconcerté plus de desseins que tous les François ensemble* : la mémoire de Guillaume ne pouvait recevoir un hommage plus éclatant. Les intelligences que Guillaume avait su se ménager partout, furent une puissante ressource pour sa diplomatie. « Entre grands points de capitaine » qu'avoit monsieur de Langei, dit Brantôme, » c'est qu'il dépensoit fort en espions : aussi sça- » voit-il jusqu'aux plus privés secrets de l'Empe- » reur et de tous ses généraux, même de tous les » princes de l'Europe; et l'on pensoit qu'il eut » un esprit familier qui le servit en cela, mais » c'était son argent. En quoi j'ai ouï conter au » cardinal Du Bellay, son frère, que mondit » sieur Langei, lui estant en Piedmont, mandoit » au Roi ce qui se faisoit ou devoit faire vers la » Picardie ou Flandres, si que le Roi, qui en es- » toit voisin et plus près, n'en sçavoit rien, et » puis après, venant à sçavoir le vray, s'ébahis- » soit comment il pouvoit sçavoir ces secrets. » Guillaume était mauvais courtisan; il avait cela de commun avec les braves et loyaux serviteurs des Rois dans tous les temps. « Il ne sçait, dit un » auteur contemporain, ni quand le Roy se lève,

» ni quand il se couche ; mais il sçait bien où sont
» les ennemis. Il se couvre et s'assied devant
» François Ier; quand il a chaud, il oste sa fraise
» et se met en veste. » Sans compter les *Mémoires* dont nous parlerons tout-à-l'heure,
Guillaume a composé plusieurs ouvrages. Ces
ouvrages, si on en excepte *l'Epitome de l'antiquité des Gaules et de France*, ne sont guères
connus que des érudits. On cite deux épitaphes
de Langey qui ne se distinguent guères que par
l'exagération poétique :

> Ci gît Langey, dont la plume et l'épée
> Ont surmonté Cicéron et Pompée.

La seconde épitaphe est de Joachim Du Bellay, de la même famille que Guillaume, poète
du seizième siècle, mort chanoine de l'église de
Paris, en 1560 :

> Hic situs est Langus ! ultra nil quære, viator :
> Nil majus dici, nil potuit brevius.

Il nous reste à parler de Martin Du Bellay,
lieutenant-général en Normandie, et prince d'Yvetot, par son mariage avec Elisabeth Chenu.
L'année de sa naissance n'est point connue d'une
manière précise ; nous savons seulement, d'après
lui-même, qu'il fut présenté à la cour en 1513.
Il parut avec éclat dans les batailles de Novarre,
de Marignan et de Pavie. La défense de Fossan,
avec Mompezat et la Rochedumaine, est un des
traits honorables de sa vie militaire. Lors de la
défense de Saint-Pol, Martin Du Bellay fut tiré
du milieu des morts, et sauvé par un capitaine
allemand qui le fit son prisonnier et le renvoya
ensuite sur parole. Rappelons aussi la part qu'il
eut à la campagne de Flandres en 1543, et l'habileté et la bravoure qu'il déploya sur le champ de
bataille de Cérisoles. Martin Du Bellay, après la
mort de François Ier, fut éloigné de la scène politique ; il se retira dans son château de Glatigny,
où il mourut en 1559. C'est là que, dans les loisirs de la retraite, Martin Du Bellay s'occupa de
compléter les récits historiques de son frère Guillaume. Celui-ci avait laissé, sous le titre d'*Ogdoades*, des mémoires étendus ; Guillaume avait
ainsi intitulé ses Mémoires, parce que son récit
était divisé de huit en huit livres. Le titre
d'*Ogdoade* était un souvenir classique, et Guillaume, historien de François Ier, paraît avoir
voulu prendre pour modèle les Décades de Tite-Live. On verra d'ailleurs, dans le Prologue de
Guillaume, à quel point l'antiquité classique le
préoccupait. Martin Du Bellay, dans sa préface,
nous apprend que son frère Guillaume composa
sept ogdoades, qu'il les écrivit d'abord en latin,
et qu'il les traduisit ensuite lui-même en français
par ordre du Roi. Martin nous apprend aussi que
le labeur de son frère *nous est demeuré inutil,
par la malice de ceux qui ont desrobé ses œuvres*.
Il n'est resté que trois livres tirés de la cinquième
ogdoade ; Martin a ajouté sept livres, et les Mémoires ainsi complétés nous retracent l'ensemble
du règne de François Ier. Les trois livres de Guillaume roulent tout entiers sur l'année 1536, ce
qui forme un défaut de proportion dans les Mémoires ; mais ce défaut était inévitable.

Les Mémoires de Guillaume et de Martin Du
Bellay ne disent pas tout, mais tout ce qu'ils
disent porte un grand caractère d'intérêt ; la partie des événemens militaires et la partie que nous
appellerons le côté extérieur de la politique, laissent peu à désirer. Le reproche qu'on a pu adresser aux deux auteurs, c'est une sorte de parti
pris de sacrifier en toute rencontre Charles-Quint
à François Ier. Montaigne a lui-même apprécié
les Mémoires de Guillaume et de Martin Du Bellay avec une vérité qui nous oblige de le copier
ici : « C'est toujours plaisir, dit-il, de voir les
» choses escrites par ceux qui ont essayé comme
» il les faut conduire ; mais il ne se peut nier
» qu'il ne se descouvre évidemment en ces deux
» seigneurs icy un grand déchec de la franchise
» et liberté d'escrire qui reluit ez anciens de leur
» sorte : comme au sire de Joinville, domestique
» de saint Louis, Eginard, chancelier de Charle-
» magne, et, de plus fresche mémoire, en Phi-
» lippe de Comines. C'est icy plus tost un plai-
» doyer pour le roy François contre l'empereur
» Charles cinquième, qu'une histoire. Je ne veux
» pas croire qu'ils aient rien changé quant au
» gros du faict ; mais de contourner le jugement
» des événemens, souvent, contre raison, à nos-
» tre avantage, et d'obmettre tout ce qu'il y a de
» chatouilleux en la vie de leur maître, ils en
» font mestier : témoing les reculemens (disgrâ-
» ces) de messieurs de Montmorency et de Brion,
» qui y sont oubliés, voire le seul nom de ma-
» dame d'Estampes n'y se trouve point. On peut
» couvrir les actions secrètes, mais de taire ce
» que tout le monde sait, et les choses qui ont
» tiré des effets publics et de telle conséquence,
» c'est un défaut inexcusable. Somme, pour avoir
» l'entière cognoissance du roy François et des
» choses advenues de son temps, qu'on s'efforce
» ailleurs, si on m'en croit : ce qu'on peut faire
» icy de profit, c'est par la déduction particulière
» de batailles et exploits de guerre où ces gentils-
» hommes se sont trouvés, quelques paroles et
» actions privées d'aucuns princes de leur temps,
» et les pratiques et négociations conduites par
» le sieur de Langey, où il y a tout plein de cho-
» ses dignes d'être sceues et des discours non
» vulgaires. »

Nous avons adopté le texte publié en 1569 (*in-folio*), par René Du Bellay, baron de la Lande,
gendre de Langey, qui dédia les Mémoires à
Charles IX ; nous avons conservé sa lettre dédicatoire. Les réimpressions de 1572, 1582, 1588,
1570 et 1586, donnèrent le texte des Mémoires
dans leur intégrité primitive. En 1733, l'abbé
Lambert eut la malheureuse idée d'en *rafraîchir
le style* ; cette édition défigurée devrait être condamnée à l'oubli, si elle ne renfermait d'excellentes annotations critiques.

AU ROY.

« Sire, en visitant la librairie (1) que deffunct monsieur de Langey, mon beau-père, m'a laissée, je fus émerveillé comme un tel personnage, occupé au service des Rois voz ayeul et père, et de son naturel addonné aux armes, contre la coustume de ceux qui sont de pareille inclination, s'estoit garny d'un si grand nombre de livres; comme il les avoit ainsi disposez par ordre, et cottez de marques et additions pour le secours de sa mémoire. Toutesfois, me souvenant ce que j'avois oüy dire de la nourriture qu'il eut avec deffunts messire Guillaume Du Bellay et monsieur le cardinal Du Bellay, ses frères (desquels la mémoire durera à jamais, pour avoir esté au rang des plus excellens de leur temps, aux armes et aux lettres), je pensay que ceste nourriture pouvoit estre la cause qui l'avoit ainsi rendu amateur des livres et soigneux d'en fournir si bien ceste sienne librairie : en laquelle recherchant par après plus curieusement ce qui y estoit de rare et singulier, j'arrivay sur quelques volumes escrits la pluspart de la main d'iceluy; lesquels ayant leu à loisir, trouvay estre une belle histoire des choses advenües de son temps en vostre royaume et païs circomvoisins, laquelle toutesfois, par modestie, il voulut seulement appeller Mémoires, estimant (comme je croy) que le tiltre d'histoire emportast quelques ornemens d'éloquence plus grans qu'il ne pensoit y estre employez, ou bien qu'il eût proposé ne la faire imprimer, mais la laisser en ceste librairie comme annales privées et particulières pour nostre maison Du Bellay.

» Et de fait le doute que telle fut sa volonté, m'a retardé, depuis dix ans qu'il est décédé, de faire imprimer ceste histoire jusques à maintenant, qu'estant, avec le désir que j'en avois, invité par les honneurs qu'il pleut naguères à Vostre Majesté me départir, à chercher les moyens de luy faire service, j'ay estimé qu'outre ce que m'y suis tousjours efforcé depuis que je commence à porter les armes, et mesmes aux guerres dernières sous la charge de Monsieur, encores feroy chose à elle agréable, si je tiroy ces livres du trésor de nostre maison, pour les mettre en lumière sous la protection de vostre Majesté, parce qu'estant icelle curieuse de toutes choses loüables, mesmement de la lecture des haults faits d'armes, stratagêmes et actes des vertueux princes, ce luy seroit un singulier plaisir de cognoistre comme son ayeul le grand roy François s'est maintenu en son Estat, s'est dextrement tiré des dangers où il estoit tombé, s'est magnanimement porté en adversité, et modestement en félicité : j'ay pensé aussi que les anciens capitaines qui vous restent de son temps receveroyent quelque soulagement en leur vieillesse, se voyans nommez aux discours des guerres où ils ont esté, et s'y recognoissans quasi comme feit Æneé en la painture qu'il trouva dans le temple de Junon à Cartage; pareillement que ce seroit un grand aiguillon pour esmouvoir à vertu les jeunes seigneurs de vostre cour, d'y rencontrer souvent le nom de leurs pères, d'autant que les exemples domestiques ont trop plus de force pour encourager la jeunesse à bien faire, que ceux qui sont recueillis des estrangers.

» Bien est vray qu'il se treuve plusieurs histoires escrites du mesme temps; mais outre que ceste-cy contient plusieurs discours qui n'estoyent encores divulguez, elle a cest advantage de n'avoir aucune crainte que les gens de guerre en la lisant dient un mot qui leur est familier, c'est que l'autheur en parle comme un clerc d'armes. A la vérité il siet bien à chascun de traitter de l'affaire auquel il est versé : c'est pourquoy les histoires de Thucydide ont esté entre les Grecs en plus grand prix que celles de Théopompe et d'Ephore, par ce que ceux-cy estoyent philosophes ou orateurs, mais luy avoit eu plusieurs

---

(1) Bibliothèque.

» charges en la république d'Athènes, en paix
» et en guerre, dont le jugement qu'on apper-
» çoit par ses discours porte suffisant tesmoi-
» gnage. On dit à ce propos la propriété et
» naïfveté des commentaires que Jule César a
» faits, avoir esté trouvée telle par Cicéron,
» qu'il estima impossible d'y adjouster ny di-
» minuer, considéré que César avoit escrit des
» affaires de guerre en homme qui l'entendoit
» fort bien.

» Il y a eu en nostre nation peu de capitaines
» qui ayent daigné mettre la main à la plume
» pour escrire ce qu'ils avoyent fait ou veu
» faire; mais quand il s'en est trouvé, leurs es-
» crits ont esté préférez à toutes autres chroni-
» ques du mesme temps : tesmoins en sont les
» livres du seigneur de Jonville, l'un des barons
» qui accompagna le roy sainct Loys aux guerres
» d'oultremer; celles de messire Olivier de La
» Marche, et sur toutes celles de messire Phi-
» lippes de Commines, lesquelles, depuis leur
» venue en lumière, n'ont manqué sous le che-
» vet, ou pour le moins dans le cabinet des
» seigneurs et capitaines de ce royaume, qui
» ont eu le bien de leur patrie et leur advan-
» cement en quelque recommandation. Je ne
» feray comparaison de ceste histoire à celle de
» messire Philippes de Commines, parce qu'a-
» partenant de si près à l'autheur, seroy estimé
» juge récusable; bien diray, ce que chacun
» m'accordera, que monsieur de Langey n'a
» eu moins de charges et honneurs en vostre
» royaume, et que son stile, son discours, ses
» termes, le monstrent bien versé aux affaires
» dont il escrit : outre ce qu'en luy on peut re-
» marquer autant de sçavoir et d'éloquence,
» aussi estoit-il nay en un siècle bien fort let-
» tré, et ne se trouverra au par sus moins dili-
» gent d'escrire la pure vérité de ce qu'il a veu
» et cogneu.

» Il me souvient luy avoir ouy dire maintes-
» fois (lors qu'il détestoit les mensonges et adu-
» lations d'aucuns historiographes de son temps)
» que ceux qui escrivoyent faux en histoire,
» devoyent estre punis au double des faux tes-
» moins; et avoit raison d'ainsi le dire, car,
» bien que l'histoire ne soit autre chose qu'un
» tesmoignage de ce qui s'est passé en chacun
» siècle, la conséquence de la faulceté d'icelle
» est d'autant plus grande, qu'elle ne circon-
» vient un juge au dommage de quelques parti-
» culiers, comme le faux tesmoignage, mais
» abuse ceux du temps présent et la postérité,
» qui recevront par ce moyen le faux pour le
» vray, estant en ce faisant l'honneur desrobé
» à qui il appartient, et donné à qui ne le mé-
» rite. Feu monsieur de Langey s'est bien gardé
» de tomber en ce péché, car comme il ne cèle
» les actes loüables d'aucuns, soyent des nostres
» ou des estrangers, aussi il ne s'espargne à
» remarquer leurs fautes, parlant néantmoins
» révéremment des princes et seigneurs qu'il
» deu respecter, et descrivant leurs desseins et
» exécutions, ne le fait selon le bruit qui cou-
» roit à l'heure, bien souvent faux et variable,
» mais comme il les avoit apris, ou pour s'y
» estre trouvé, ou par les plus certains adver-
» tissemens qu'en recevoit le Roy vostre ayeul,
» duquel il estoit aimé et favorisé, comme il se-
» roit encores de Vostre Majesté, Sire, s'il vi-
» voit, selon la coustume d'icelle d'estre bien
» affectionnée en l'endroit des hommes ver-
» tueux qui se sont de bon cœur et heureuse-
» ment employez à faire service aux prédéces-
» seurs d'icelle. Mais puisque Dieu n'a permis
» qu'il ait vescu jusques au temps qu'il peust
» estre cogneu à Vostre Majesté, elle le co-
» gnoistra par ses escrits, et ceste faveur que
» pour ce luy voudroit faire s'il vivoit, la con-
» tinuera Vostre Majesté, s'il luy plaist, en l'en-
» droit de ceux qui portent le nom et les armes
» du deffunct, et qui luy sont héritiers, non
» tant de ce qu'il a laissé, que de la volonté
» qu'il avoit d'exposer ses biens et sa vie pour le
» service de Vostre Majesté, que Dieu veuille
» maintenir en prospérité et félicité.

» Votre très-humble serviteur,

» RENÉ DU BELLAY, *baron de La Lande.*

PRÉFACE DE L'AUTHEUR.

Entre ceux qui ont mis la main à la plume pour consacrer à l'immortalité les choses dignes de mémoire, il s'en trouve peu qui n'ayent ou trop adjousté à l'exaltation et magnificence de leurs princes, ou trop diminué de la gloire des estrangers; et y en a beaucoup qui se sont permis telle licence d'escrire à la volée tout ce qui leur tomboit en l'esprit, qu'en maints endroits ils nous ont dépaint des fables plus que puériles, en lieu d'histoire; et encores aujourd'huy, nous voyons quelle foy on doit adjouster à ceux qui n'ont honte d'exposer en lumière leurs œuvres, où les choses dont nous avons vray et entiere cognoissance sont autrement par eux descrites qu'elles n'ont esté faittes. Vray est que nous avons assez d'historiens qui, non moins doctement que diligemment, nous ont descrit en général les hazardeuses entreprinses des guerres, les traittez de paix et d'alliances, les gouvernemens des républiques, les mutations des royaumes et empires, la nature et les mœurs des hommes, les situations des lieux et coustumes des villes; et singulièrement Paul Emile et Paul Jove ont rapporté grande louange en l'histoire qu'ils nous ont laissée de ce qui est advenu de nostre temps par tout le monde universel, bien que Paul Jove, en plusieurs endroits de son histoire, s'est monstré plus partial qu'il ne me semble que devroit faire un bon historien, qui doit escrire la vérité sans s'affectionner à l'une ou à l'autre part.

Mais quant aux particularitez de ce royaume, et ce qui concerne les guerres que le feu Roy de très-louable mémoire, François, premier de ce nom, a esté contraint soustenir et entreprendre, je n'ay veu homme qui se soit employé à les descrire tant amplement que par le menu, que feu mon frère messire Guillaume Du Bellay, seigneur de Langey, chevalier de l'ordre du Roy, et son lieutenant-général en Italie, homme de telle vertu et érudition que chacun a cogneu : lequel avoit composé sept ogdoades latines, par luy-mesmes traduittes, du commandement du Roy, en nostre langue vulgaire, où l'on pouvoit veoir, comme en un clair miroir, non seulement le pourtrait des occurrences de ce siècle, mais une dextérité d'escrire merveilleuse et à luy péculière, selon le jugement des plus sçavans. Toutesfois son labeur nous est demeuré inutil, par la malice de ceux qui ont desrobé ses œuvres, voulans ensevelir l'honneur de leur prince et de leur nation, ou faisans leur compte (peult-estre) qu'à succession du temps ils en pourront faire leur proufit, en changeant l'ordre et déguisant un peu le langage; en quoy la substance pourroit grandement estre altérée et la réputation d'autruy préjudiciée : à raison dequoy il m'a semblé, estant quelquesfois en repos des armes, et employant mon temps afin de n'estre réputé oisif (car oisiveté est mère et origine de tous vices), ne devoir espargner ma peine et diligence, pour faire publier trois livres qui nous restent de sa cinquiesme ogdoade, et les accompagner d'autres sept, contenans plusieurs briefs mémoires tant de la paix que de la guerre, dont je puis parler en partie comme tesmoing oculaire; car, en plusieurs endroits, et deçà et delà les monts, me suis trouvé en personne, et des autres ay peu avoir certain advis par ceux qui ont esté présens, gens de foy et de sincère jugement, conformant le dire des uns aux autres, et mesmes de plusieurs estrangers qui en parlent sans affection, ayant esté tousjours soigneux d'entendre en quelle sorte les choses sont passées, depuis quarante et deux ans que j'ay commencé à monter à cheval, jusques au trespas dudit feu Roy, protestant que je ne me suis beaucoup arresté à farder mon ouvrage des couleurs de rhétorique : aussi n'est-ce pas ma vacation. Parquoy j'ay dressé mon but à représenter et déduire les choses au plus près de la vérité qu'il m'a esté possible, et ne pense avoir aucunement enrichy la besongne, pour vouloir flatter ou taxer autruy. Mais si j'ay d'aventure quelque chose obmise (ainsi qu'il est fort difficile d'avoir l'œil partout), il me semble que je suis d'autant plus excusable, que moins j'ay esté nourry aux lettres, et que j'ay eu assez peu de loisir et de moyen d'employer le temps à escrire, pour avoir toute ma vie ordinairement suivy les armes au service de mon prince; ce que je prie les lecteurs vouloir mettre en considération ; et, recevans pour agréable ce qu'ils pourront trouver digne de leur estre présenté, estimeront, s'il leur plaist, que je ne seray jamais de l'opinion de Lucilius, homme romain, lequel ne vouloit ses escrits tomber ès mains des personnes très-doctes, et moins estre leuz des ignorans, pour autant, disoit-il, que les uns avoyent plus de cognoissance que luy, et les autres n'y entendoyent rien ; car j'ay seulement voulu en cecy préparer le chemin à ceux qui sont plus sçavans que moy, lesquels pourront doler (1) cy-après ce que j'ay grossement esbauché, pour le rédiger en stile et langage plus beau et plus orné, y adjoustant ou diminuant ce qu'ils cognoistront venir mieux à propos, afin de conserver à la postérité les faits vertueux et mémorables de nostre temps.

(1) Polir.

PROLOGUE

DES OGDOADES

DE MESSIRE GUILLAUME DU BELLAY,

SEIGNEUR DE LANGEY,

DE LA PERTE DESQUELLES NE RESTE QUE LES TROIS LIVRES QUI ENSUYVENT, AVEC QUELQUES FRAGMENS ESPARS EN CEST ŒUVRE, ET LES ÉPITOMES DE L'ANTIQUITÉ DES GAULES, QUI SONT IMPRIMÉES A PART.

A tort se plaignent aujourd'huy les historiens françoys, et regrettent sans raison la fortune et condition des temps passez; comme si, pour avoir esté fleurissante en faitz vertueux et recommandables, elle eust, par abondance de matière, induitz et comme contraintz les nobles et renommez historiens passez à exerciter leurs esprits en stile, et par escripts magnifier et consacrer leurs noms à perpétuelle mémoire, et qu'au temps présent ilz ne trouvassent à ce faire un aiguillon semblable. Leur honneur sauvé, il semble que s'ilz vouloient considérer et bien peser les choses qui seulement depuis cent ans sont advenuës en ce royaume, ilz congnoistroient clairement que les escrivains ont plus deffailly à la matière, que la matière à eulx, et que jà eust peu un diligent et bon historien, sans rien toucher ne de superflu ne d'inutile, plus mettre en lumière de livres et décades, que Tite-Live ou Troge-Pompée ne firent en si long-temps; lesquelz, s'ilz eussent escrit aussi cruëment et sans artifice qu'aucunesfoys ont fait ceux de France, sans insérer ne débatre les causes et motifz des choses dont ils escrivoient, et sans déduire les délibérations sur ce prises en conseil, avec les concions et oraisons tant militaires que politiques, démonstratives que délibératives, peu de plaisir auroit-on à lire leur histoire, et ne sembleroient les choses si grandes qu'elles font, qui sont trouvées telles, pour estre ennoblies et enrichies de l'excellence et singularité du stile, avecques l'élégante distribution de la matière subjecte. Si qu'à bon droit Alexandre-le-Grand jugea estre l'une des plus grandes et principales félicitez d'Achilles, d'avoir trouvé Homère tel et si noble récitateur de sa prouësse. Et certes si on me confesse la définition d'histoire estre la vraye et diligente exposition des choses faites, j'en retireray qu'il ne suffist dire, quand on voudra escrire histoire, cecy fut dit, cela fut fait, sans remonstrer comment, par qui, par quel moyen, à quel tiltre et à quelle fin. J'accorderay bien pour le présent que quelcun ayt fidèlement et véritablement escrit, de manière que son labeur se puisse dire vraye narration des choses; mais je demande lors en quoy consiste celle diligence qui par la confessée définition est nécessaire. On me dira qu'en ordre et en narration des choses, bien poursuyvie et continuée.

Si aucuns doncques veulent garder cest ordre prosécutif ou continu, je vueil que premièrement ils proposent ce dont ils veulent parler: si d'apointemens ou alliances, fault réciter les causes finales et inductives et qui ont à ce meu les parties, fault insérer de l'une et de l'autre les remonstrances, griefz, débatz, capitulations et traitez: et si de guerre, fault qu'ilz me dient à quelle cause et pour quelle occasion elle s'est meuë, fault réciter les querelles débatuës, les parlemens, les deffiances, les aparcilz et entreprises, exécutions, moyens et conduites d'icelles, mettre les batailles en ordre, représenter la rencontre, le conflit, l'exécution de l'artillerie, le traict des haquebutiers, archiers et arbalestiers, poulsiz de piques, chocz d'hommes-d'armes, heurtis de chevaulx, coups d'espée, chapliz de masses, haches et halebardes, l'effroy des vaincuz, roupte, fuyte et désolation d'iceux, le cueur, hardiesse et poursuyte des victorieux, jusques à quelquesfoys racompter non seulement le maintien de l'une ou de l'autre armée, mais ce que chacun de son costé aura particulièrement dit et fait. Par tous ces poinctz fault parvenir à l'effet et à l'aventure de l'issuë. Ceste aventure fault encores spécifier par moult de circonstances : à sçavoir est, si par vertu ou par nombre de gens, si par diligence, prudence et bonne conduitte d'une part, si par mauvais ordre et négligence de l'autre, si par témérité, outrecuydance et précipitation des uns, par ruse ou dissimulation des autres, et par cent telles ou semblables circonstances qui en l'histoire ne sont à mépriser ains à diligemment observer, en représentant artificieusement tous les mandemens, sommations et responses des uns aux autres, avecques la majesté, audace, desdaing, mesprisement, timidité, sens, astuce, malice ou trayson, qu'elles auront esté portées, ouyes et responduës; et ceste est la vraye diligence et le vray ordre prosécutif qui en hystoire sont désirez.

Pour exemple, ce n'eust assez esté si Tite-Live eust récité la victoire des Romains contre Perseus, roy de Macédoine, s'il n'eust prémis les occasions et préparatifz de la guerre, et comment, ayant desjà Perseus son armée preste, et les Romains encores assez mal esquippez, L. Martius, légat romain, l'amusa souz espérance de paix, et le feit condescendre à demander une courte trefve, pendant laquelle les Romains, au lieu de traiter la paix, se préparèrent aux armes, et à la fin le deffirent et réduirent son royaume à leur obéïssance; laquelle ruse ou astuce du légat romain, comme ayant beaucoup diminué de la gloire et réputation de la victoire, fut fort blasmée et réprouvée par les anciens et plus honorez pères et princes du sénat romain, qui vouloient obtenir les victoires non par malice mais par vertu. Par cest exemple donques, lequel je metz au lieu d'une infinité d'autres semblables qui se pourroient acumuler, aparoist quel ordre et diligence sont requis en une histoire, et que là où ils ne sont gardez, posé ores que l'historien, comme dit est, n'ayt rien que véritablement escrit, si ne méritera son œuvre, à mon jugement, le juste tiltre et nom d'histoire.

Que pleust à Dieu que par aucun qui bien le sceust et voulust faire, en ensuyvant telle définition et règle, nous puissions veoir descrits tant de faits d'armes, rencontres, batailles, assauls et deffences de villes et chasteaux, tant de querelles, traictez, apointemens et ambassades, entrevuës entre les princes, depuis seulement le commencement de cestuy règne. Certes, les faits, combien qu'ils soient d'eux-mesmes si haulx et magnifiques, qu'ilz peuvent assez nourrir et eslever une basse et affamée oraison, si se monstreroient-ils au jugement des hommes assez plus dignes et recommendables qu'ils ne se monstrent; et lors pourroient les diligens estimateurs des choses juger et congnoistre par celle monstre, que si en France nous eussions eu un Tite-Live, il n'y eust, entre les histoires romaines, exemple ou vertueux fait auquel n'eussions un respondant; car, ne desplaise aux autres nations, desquelles je ne vueil en rien diminuer la réputation, je n'en sache aucune en laquelle, ou plus souvent ou plus long-temps, se soit fortune monstrée amye ou ennemye alternativement; et proprement semble qu'en ceste seule nation françoyse, elle ayt voulu esprouver l'une et l'autre sienne puissance, pour à toutes autres donner exemple et mirouer, tant de supporter en magnanimité et avecques force et constance les infortunes et aversitez, comme de soy gouverner en prospérité, avecques modestie et atemprance. Laquelle chose, comme ainsi elle soit à mon avis a donné à plusieurs ocasion de grande merveille, considérant que bien mil ans ou plus France a eu bruyt et réputation, avant que nul, au moins qui soit à estimer, ayt mis la main à l'œuvre pour escrire tant de faits mémorables qui en icelle sont avenuz.

Mais nos ancestres et fondateurs du royaume, naturellement (et comme par aventure alors estoit besoing) furent tousjours trop plus inclins à faire qu'à escrire; lequel vouloir certes je ne blasme, ains très-fort loue. Dès-lors estoient survenues les mutations universelles des royaumes, destructions des païs, et abolissement des lettres et arts, qui par long-temps ont esté comme ensevelies et endormies; ce que je pense avoir esté cause que nous n'ayons hystoriens de l'origine, progrès et accroissement de nostre royaume. Et néantmoins par cy par là s'en trouve quelque chose escrite au style et narration telle qu'alors, plus digne toutesfoys, à mon jugement, de commisération que de moquerie; car ils ont fait, en tant que possible leur a esté, que des choses de leur temps la mémoire n'est entièrement ensevelie, et qu'en eux trouveront matière ceux qui après les vouldront célébrer en plus élégant et orné langage. Mais depuis le temps que les sciences ont commencé à se ressouldre, et que, par la bénignité de nostre souverain, très-chrétien, très-magnanime et très-libéral prince, elles ont presque recouvert leur ancien règne et dignité, je voy néantmoins que tant plus elles fleurissent de jour en jour, tant moins nous trouvons d'hystoriens qui, entre tant des hautes et louables entreprises, ayent apliqué leur estude à les escrire, et consacrer à éternité le nom et loz des vertueux ; dont au contraire de ceux qui sur faute de matière acusent et blâment à tort le temps présent, je, non sans cause, me voudroye plaindre et lamenter de la fortuue et condition du mesme temps, auquel je voy que nul autre art ou science est si abjecte et contemnée que ceste seule qui par raison deust estre plus exaltée, ainsi qu'elle est entre les autres très-digne et profitable. Et certes jamais aux humains n'avint si bien comme du temps que toutes choses, dignes ou de louange ou de repréhension, estoient transmises à la postérité par vraye escriture ; car tout ainsi que par louange, nourrice de vertu, sont les cueurs nobles aiguillonnez et resveillez, ainsi n'est chose qui plus destourne de vice les fresles et tendres esprits, que la reprochée mémoire des vicieux, dont par hystoire nous sont les exemples proposez, pour ensuyvre les uns et fuyr les autres.

Doncques d'hystoire tous ces biens viennent. Premièrement, le prince ou privé qui devant soy à ceste considération, que tout le bien ou mal qu'il puisse faire sera un jour représenté par vraye hystoire, ainsi que sur un théâtre en jeu public et à la veuë et jugement de tout le monde, mettra peine et travaillera de laisser de soy plus tost recommendable que repréhensible mémoire. Pour ceste cause l'empereur Caligula, combien qu'en autres plusieurs choses il soit grandement blasmé, est toutesfoys loué de ce qu'il prémist les hystoires escrites par Labienus et Cassius, jà condamnées et mises au feu par auctorité du sénat, en complaisant à ceux qui se sentoient en icelles véritablement taxez, estre toutesfoys remises en lumière, disant qu'il touche à l'intérestz de la chose publicque les faits d'un chacun estre escrits et leuz, quelzconques ils soyent, recommendables ou repréhensibles. Secondement, quand il adviendroit (comme souvent il est advenu) qu'à un loyal et bon serviteur son bon service n'auroit esté rémunéré, ou par prévention de mort, ou par oportunité non escheuë, ou par encombre de trop d'affaires, le prince ou son successeur, auquel par hystoire et ramenteu ledict bon service, en temps et lieu le recognoist, sinon envers le mesme serviteur, à tout le moins envers les successeurs et descendans de luy.

Et à ceste cause, entre les plus dignes offices ès maisons des empereurs de Grèce, estoient anciennement les interprètes de mémoire, desquels estoit la charge d'escrire et puis réciter devant l'Empereur ceux qui ès affaires de paix ou de guerre s'estoient noblement portez au proffit et honneur de la chose publicque, afin que l'Empereur en eust la cognoissance, tant pour en temps et lieu le recognoistre, comme pour autrefoys les employer ès affaires publicques. Et toutesfoys, quand ainsi se fera comme vrayement il a souvent esté fait de ce règne, nul ne craindra d'exposer et corps et biens au service de son seigneur, pourtant qu'alors n'aura plus lieu ès cueurs humains la crainte naturelle que plusieurs ont euë, qu'en avançant leur mort par trop souvent s'abandonner aux hazardz, il adviene que leurs enfans ne demeurent indigens de biens et d'amys, et despourveuz de recognoissant seigneur. Au demourant, de ceux qui tant vertueusement auront exposé leurs biens et vie pour le service de la république et de leur prince, quand leurs enfans et successeurs viendront à lire leurs loz et recommendation, sans nulle doute ce leur sera un esperon à gloire pour ensuyvre les meurs et la vertu de leurs ancestres ; et au contraire, s'il advenoit en quelque race (comme l'on a autrefoys veu) que par mauvaise institution ou compagnie, il se trouvast aucun séduit et forlignant de la vertu de ses progéniteurs, ses successeurs, qui parmy plusieurs nobles et honorables tiltres rencontreront celle reproche, s'esforceront à leur pouvoir d'icelle tâche effacer et réparer par entreprises hautes et en vertu recommandables : à quoy heureusement mener à chef, ne peult aucun recouvrer meilleur guide que l'hystoire.

Par ceste, nous avons cognoissance de toute civile et militaire discipline : en elle nous avons les droictz, les loix, les ordonnances, les artz, vertuz et moyens par lesquelles nouvelles principaultez sont eslevées et entretenuës, les vices et fautes par lesquelles sont aucunes tombées en ruïne et décadence. Ceste mesmes est la maistresse qui Luculle, impérateur romain, auparavant non usité aux armes, rendit en peu de temps un des meilleurs capitaines et chefz de guerre qui ayt de son temps esté à Rome. C'est ceste-cy par laquelle Cynéas acquist, par remonstrances et persuasifz exemples mis en avant par luy, tant de païs et provinces au roy Pyrrhus, son maistre, que, par confession d'amys et ennemys, il feit plus grans choses par luy que par sa force et puissance. C'est celle, en somme, sans laquelle nul est recevable à l'administration de la chose publique, mais à déchasser comme inutile.

Et pour exemple, si aux consulations des affaires nous appellons les anciens capitaines qui en leurs temps ont veu l'expérience de plusieurs choses, par moult plus forte raison y pourront entrer ceux qui, outre les adventures de leurs temps, peuvent racompter de miliers d'ans en arrière, les entreprises et exécutions, et les ruses, simulations et dissimulations d'icelles. Et, à vray dire, je ne voy autre différence entre l'hystoire bien descrite et l'homme ancien qui a moult veu, considéré et retenu, sinon que l'un est hystoire parlante et vive, mais mortelle, l'autre est hystoire morte et mute, mais à perpétuité ressuscitable et apte à recouvrer la parole par le moyen d'un lecteur studieux et diligent. Encores oseray-je dire d'avantage, que tout ainsi que le vieil homme qui a moult veu, mais peu considéré et moins retenu, n'est en rien à préférer à un enfant: ainsi, l'homme ignorant d'hystoire, et mesment de celle de son païs, se peult aussi estimer non seulement enfant, mais estranger en sa propre maison. Dont bien souvent je m'esbahis, et de rechef accuse la condition des temps, que sur la chose qui, entre les humaines inventions, requiert à mon opinion plus grande célérité d'ayde et secours, nous commettons la plus notable nonchallance et tardiveté.

Je ne vueil en rien reculer l'avancement des autres artz qui se resveillent; mais tout à temps on leur pourra donner secours, à cause que bons aucteurs nous en ont laissé telz livres, préceptions et reigles, que pour en icelles profiter ne restera qu'estude et diligence; mais en hystoire, de tant plus est la tardiveté périlleuse, que la vie des mortelz est courte; et si par ceux qui ont cognoissance et mémoire des choses de leur temps il n'en est rien mis par escrit, ceux qui viendront après, tant puissent-ils avoir bon stile, bon vouloir et diligence, si n'en pourront-ils escrire certainement et à la vérité: ce que desjà nous pouvons voir d'aucunes prochaines précédantes années, desquelles parler au long et véritablement est chose difficile, en partie par la négligence, en partie aussi par la témérité des mesmes hystoriens, qui cependant se plaignent de n'avoir assez digne matière pour bien employer leur estude et labeur; lesquelz néanmoins eussent beaucoup mieux fait, et pour eux et pour nous, de se tenir en repoz et à leur ayse, que de semer souz nom d'hystoire un incogneu recueil de fabuleuses et mensongères narrations, dont aujourd'hy nous avons trop plus que d'hystoire.

J'ay leu en quelque cronique (ce que je crains que l'on m'estime avoir songé) d'un roy de France qui, eu une après-disnée, vint de Compiègne, courant un cerf, jusques à Lodun; ce sont cent lieuës ou environ. Chacun sçayt que le tant vertueux prince et de si louable mémoire, Charles, duc d'Orléans, après avoir esté près de trente ans prisonnier en Angleterre, pour le service de la couronne de France, à la fin en retourna, et mourut plein d'ans et d'honneur en ce royaume: et toutesfois on list, mais c'est en plus de vingt divers aucteurs, qu'il fut à Paris décapité pour crime de lèze-majesté. Le roy d'Escosse dernier mourut-il pas en la bataille qu'il donna contre les Angloys, en l'an mil cinq cens quatorze? Si ay-je leu que de celle bataille il retourna en ses païs victorieux et triumphant. Je me déporte, pour éviter prolixité, de plus avant nombrer telles mensonges, lesquelles certes ne sont semées, sinon par la témérité, indiligence et indiscrétion d'iceulx hystoriens et croniqueurs, qui plus souvent escrivent pour chose seure ce que leur aura dit le premier venu, sans faire élection ou choix de la personne qui le leur raporte, ou bien en disant, selon le bruyt qui aura couru parmy le peuple, auquel à peine peult avoir mot de vérité: dont vient aucunesfoys que les liseurs, informez du contraire, plus envyz, ne croyent aux autres bons et anciens aucteurs, les estimans avoir escrit de mesmes. Et en avient, ainsi que très-bien dit en autre cas le cardinal Bessarion, voyant à Rome tant eslever et canoniser de sainctz nouveaux, desquelz il avoit cogneue et peu aprouvée la vie, encores moins la façon de procéder à leur canonisation: « Ces » nouveaux sainctz, dist-il, me jettent grande- » ment en doute et scrupule de ce qu'on list des » anciens. » Et au mien vouloir que telz autheurs et croniqueurs se reposassent, ou qu'à leurs livres ilz imposassent nom convenable au contenu; et que ceux qui bien pourroient et sçauroient à la vérité en parler, aymassent tant l'honneur et gloire de leur nation, que d'en escrire en tel langage qu'ilz sçavent, selon les choses veues par eux, ou entendues par fidelle et bien certain rapport d'autruy.

Alors seroient les gens de lettre, qui par après voudroient les enrichir de style et diction plus élégante, hors de la peine et ennuyeux travail de rechercher la vérité entre tant de mensonges, contrariétez et répugnances, qui sont divulgées par les dessusditz croniqueurs soy conflans témérairement à l'ouyr dire du premier trouvé. Non que je vueille maintenir ou dire que nul doyve escrire des choses, sinon celuy qui les aura veuës; car, nonobstant qu'un tesmoing de veuë a plus de foy qu'en dix d'ouye, et que saint Jean, pour estre creu, asseure qu'il parle des choses veuës, si est-ce qu'un homme seul ne peut estre partout où les affaires sont démenées, et, y estant, ne peult ensemble faire son devoir et s'amuser à voir ce qu'autruy fait; mais un hystorien, s'il est possible, doit avoir veu ou cogneu une bonne partie de ce qu'il dit, et au demourant avoir une extrême et merveilleuse discrétion de s'en enquérir à ceux qui mieux au vray le pourront dire, jusques à en entendre par le raport des ennemis, non seulement de ceux de son party.

Ainsi lisons-nous de Thucydide, lequel encores qu'il fust présent ès guerres d'entre les Athéniens et Lacédémoniens, et au nombre des principaux capitaines, pour toutefois avoir plus grande certaineté de tout ce qui se faisoit en l'un et en l'autre exercite, y tenoit à ses despenses (comme puissant et riche qu'il estoit, extrait des ducz Miliciades et Cymon d'Athènes, de la ligne d'Æacus, filz de Jupiter) gens d'esprit et de sçavoir, autant de Lacédémoniens qu'Athéniens, ne se voulant fier en ce que les uns seulement luy en diroient, favorisans par avanture chacun à sa patrie. Après sa mort, et à l'endroit où il fina son hystoire, Tymagènes, de Milète, et après luy Xénophon, athénien, la reprindrent et continuèrent, y adjoustant chacun ce qu'il avoit veu ou entendu. D'iceux l'un fut des princes du sénat de sa cité, l'autre, après la mort de Cyrus, en l'expédition duquel, à l'encontre du roy de Perse son frère, il eut charge et conduite de gens, demoura chef et capitaine-général de toute l'armée des Grecs, pour iceux retirer et reconduire en Grèce. Et qui voudra diligemment considérer la condition et qualité des anciens hystoriens, estimez et receuz pour telz, et non pour fabuleux et mensongers, lesquelz ayent escrit les aventures de leur temps, on trouvera qu'ilz ont esté presque tous ou chefz d'entreprise, ou capitaines particuliers, ou à tout le moins personnages de crédit et authorité, qui, ès choses dont ilz ne parloient de veuë, avoient moyen de s'en informer au vray.

Darès, de Phrige, et Dictis, de Crète, sont plus creuz ès guerres de Troye, que ne sont Dion et quelques autres; car ces deux là y mirent la main et à la plume et à l'espée. Corinnus, aussi de Phrige, né d'Ilion, pour s'estre trouvé ausdites guerres, en a esté receu à vray tesmoin, et de luy a pris Homère toute la matière de son Iliade. Marsias de Pelle, frère du roy Antigone, et nourry d'enfance avecques Alexandre-le-Grand, Onésicritus, d'Æ gine, Calisthènes d'Olinthe, disciple et parent d'Aristote, Aristobulus de Judée, Diognétus en l'expédition et pérégrination dudit Alexandre, ont escrit, les uns depuis sa nativité, autres depuis qu'il commença porter les armes, aucuns depuis le commencement de son règne, et autres depuis seulement qu'il eust dressé son armée pour entreprendre ses conquestes: à tous ceux-cy est adjoutée foy en ce qu'ilz disent dudict Alexandre, et à ceux qui après eux en ont escrit, comme sont Quinte-Curse, Arrian, poète domestique et familier de l'empereur Tybère, Arrian, hystorien qui, au temps de l'empereur Adrian, parvint à la dignité du consulat, et Plutarche qui, au temps de Trajan, usa pareillement de puissance consulaire en Illyrie, commandant à tous les magistrats de la province: tous les autres qui n'ont parlé de veue, ne suyvi l'hystoire de ceux qui avoient veu, on ne reçoit que le langage.

Et à ceste cause, Palephatus, quand il a voulu parler de la statue de Niobé, a préallablement protesté de l'avoir veuë; en autre lieu, il escrit que, pour fidèlement déduyre les choses, il a visité plusieurs régions, ne s'en raportant a ce que par autres en estoit escrit. Aussi Lucian, quand il a voulu comparer les sacrifices des Ebrieux aux Egyptiens, il afferme premièrement avoir hanté avecques les uns et les autres. Agathiarsides de Gnide, en déduisant les choses d'Asie, donne à cognoistre en plusieurs endroitz qu'il y a hanté long-temps ès guerres, cherchant par ce moyen d'en estre creu. Pour mesme raison a esté creu Philistus, de Syracuse, en l'hystoire qu'il a escrite de son temps, parce qu'il avoit l'un des principaux maximes d'iceluy royaume, duquel il fut dejetté par Denys le Tyran l'aisné, mais depuis restably par le jeune, et appellé à la société du royaume. Eratosthènes, cyrénien, n'est desmenty en son hystoire de Ptoleméus Evergètes, jusques au temps du cinquiesme Ptolémée, car il eut charge de leurs affaires; ès autres choses n'a foy semblable. Hiéronyme, rhodien, pour avoir eu souz le roy Démétrius Poliorcètes administration de son Estat et le gouvernement du royaume de Béotie, est advoué pour véritable, ès annales qu'il a laissez de la vie, faitz et gestes de son maistre.

Aux hystoires de Hérodote, halycarnassien, et de Hélanicus, de Mételin, on a plus facilement adjousté foy, d'autant qu'ilz avoient le principal et premier crédit autour du roy Amyntas de Macédone, par le moyen duquel ilz eurent cognoissance de plusieurs et grandes choses. Pareille foy a trouvé Symonides magnésien, pour ce que, conversant familièrement avecques Antioche-le-Grand, il a peu véritablement entendre les causes mouvantes, les délibérations et les exploitz de ses guerres, et principalement de celle qu'il eut contre les Galathes, en laquelle se trouva ledit Symonides en sa compagnie. Les dix livres des Portz et Plages de Mer, mis en lumière par Démosthènes, ont esté recueilliz sans contradiction, parce qu'il les avoit veuz et hantez estant admiral et capitaine-général de l'armée du roy Ptolémée Philadelphe d'Egypte. Semblablement est advenu à Damis, en ses livres de la Pérégrination et miraculeux faitz d'Apollonius Tyanæus, pour autant qu'il luy avoit partout fait compagnie ; et à Philostratus pareillement, pour ce qu'il suyt le tesmoignage dudit Damis. Aussi Ennius, poète, a peu véritablement escrire l'expédition de Marcus Fulvius en Ætholie et contre les Ambraciens ; car il feit le voyage avecques luy. Aussi feit L. Lucullus avecques L. Sylla, en la victoire par luy escrite, et par ledict Sylla obtenuë contre les Marsiens ; et peu après fut ledit Lucullus chef d'entreprise, et adjousta le royaume de Ponte à la seigneurie romaine.

Valérius, Antias et Polybe sont par tous autres hystoriens ensuyvis en la description des guerres Puniques, pource que l'un fut précepteur de Scipion African, et depuis l'acompagna toute sa vie ; l'autre, au voyage par luy célébré de Valérius Lévinus, consul, alors qu'il vainquit Hanno de Carthage et prist Agrigente par force, avoit soubz luy conduicte des gens. Mesme foy a esté adjoustée aux annales de Q. Fabius Pictor, d'autant plus qu'il estoit homme de maison et d'auctorité, et avecques Q. Fabius Labeo avoit esté préteur de Rome. Chacun a receu ce que Théophanes, lesbien, a escrit des faits de Pompée, aussi Pomponius Atticulus du consulat de Cicéro, d'autant qu'avecques ceulx dont ils parlèrent ils avoient l'accès et familiarité plus que nulz autres, pour entendre d'eux-mesmes la vérité des choses : de l'un est la familiarité assez cogneuë par les épistres de Cicéro à luy ; de l'autre, par l'association du nom à laquelle fut son filz appellé par Pompée, lequel voulut qu'il fust nommé Marcus Pompéius, et fut celuy que Auguste, empereur, institua depuis gouverneur au païs d'Asie.

Crispe Salluste a peu parler au vray de la conjuracion catilinaire, car il ne fut exempt de la meslée ; et pour bien descrire la guerre jugurtine, il passa et fist long-temps séjour en Afrique. Nous recevons pour vérité ce que Jules César et après luy Hircius et Oppius escrivirent des guerres de Gaule et des civiles, car ils faisoient et servoient. A Diodore, sicilien, nous donnons foy ès choses d'Ægypte ; car il escrit de veuë, et fut très-familier de Jules et Auguste César, ainsi que furent Fenestella, romain, Denys halycarnassien, et Nicolas Damascène, dudit Auguste ; dont leurs hystoires en sont trouvées plus auctorisées. Arthémidore aussi est creu des conquestes faictes en Arabie par Ælius Gallus, car il luy feit compagnie en tout le voyage. Qui donne en pareil cas auctorité, réputation et foy à Joseph ès guerres judaïques, à Tacite ès germaniques ? sinon que l'un fut participant des misères et calamitez de la destruction et ruïne de sa cité, l'autre fut gouverneur de la Gaule Belgique s'estendant en la Germanie inférieure, èsquelles provinces furent principalement icelles guerres.

Par quel moyen l'ont aussi trouvé Suétonius Tranquillus, Dion Cassius, Gargilius Martialis, Callistus Bénarchius, Julius Frontinus, Favorinus Arélatensis, Dionysius Milésius, Ephorus Cuméus, Ælius Spartianus, Julius Capitolinus, Ælius Lampridius, Volcatius Gallicanus, Trebellius Pollio, Flavius Vopiscus, Hérodianus, Festus, Aurélius Victor, Ammianus Marcellinus, Apianus Alexandrinus, Eustathius Epiphanéus, Eusébius Césariensis et autres semblables, sinon pour avoir eu moyen et crédit autour des princes, pour entendre et sçavoir en grant partie les secretz de leurs affaires ? Dion Prussius a si avant esté familier de l'empereur Trajan, qu'ilz alloient ensemble, par païs et par la ville, en un mesme chariot, et avant qu'iceluy Trajan fust empereur, avoit esté avecques luy ès expédition germanique et gétique, lesquelles il a escrites ; l'autre Dion et Suétone furent des principaulx secrétaires du conseil, et Favorinus, homme ayant charge des affaires de l'empereur Adrian : et soubz le mesme Empereur a esté Dionysius Milésius, l'un des satrapes d'Orient. Julius Frontinus, homme consulaire, fut précepteur d'Alexandre, empereur ; Gargilius Martialis, qui a escrit la vie dudit Alexandre, fut l'un de ses plus intimes familiers ; aussi fut Julius Capitolinus, de Dioclitian ; Ephorus Cumeus, de Galien, Bénarchius et Eusébius, de Constantin ; Eustachius, de Anastase ; Calistus, de Julian, lequel Julian est aussi receu en ce qu'il a escrit des Gaules, pour y avoir hanté devant et après qu'il fut empereur. Lampridius et les autres dessus nommez en cas pareil ont esté, chascun en son temps, de la maison des empereurs et princes dont ils ont escrit ; et après eux, Procopius, Agathias et Théodotus ne sont contreditz en l'hystoire des Gotz, car ilz se sont trouvez, ou à la délibération, ou à l'exécution des affaires.

Eusèbe, dont j'ay cy-devant parlé, a eu moyen d'escrire au vray les choses non veuës par luy et d'autruy temps ; car Constantin-le-Grand luy fit aporter et mettre en main tout ce que par les autres avoit esté mis en mémoire par plusieurs ans. Telle estoit lors et auparavant la diligence et curiosité d'escrire ou faire escrire les hystoires au vray ; et en bailloient les roys et princes eulx-mesmes, ou de bouche, ou par escrit, amples mémoires et instructions. César escrivit ses Commentaires à ceste intention ; mais il les escrivit tels, qu'il ne trouva homme qui entreprinst de le passer ; de manière que, comme dit Hircius, voulant se faire prébiteur, il se feit précepteur de la matière d'escrire ses faitz. Cicéro, sachant que L. Lucius, patrice romain, homme de sçavoir et auctorité, s'estoit adonné à escrire l'hystoire de son temps, luy envoya mémoires de tout ce qu'il avoit fait durant son consulat, et par une longue épistre le pria très-affectueusement de l'insérer et déduyre en son hystoire. Agrippine, fille de Germanicus, laissa pareillement des mémoires de la vie et gestes de son père, avec les succès et infortunes de sa maison. Zénobia, royne des Palmyriens, laquelle, après la mort de son mary, mania l'empire romain en Surie, escrivit aussi en abrégé, pour aux autres bailler matière de la déduire et amplifier, l'histoire de son temps, et auparavant des affaires d'Alexandrie et d'Orient.

Le jour me fauldroit en somme, avant que j'eusse récité tous ceux qui en ont usé de ceste sorte, et lesquelz à ce faire ont esté meuz par bonne et honneste raison ; car princes et personnages de suprême excellence peuvent de toutes autres chose abunder jusques à satiété ; de ceste seule (c'est de laisser de soy heureuse et recommandable mémoire) ils ne peuvent estre trop insatiable, car homme ne peult estre amoureux de vertu, qui n'est songneux et curieux de sa renommée ; et est mon avis que le serviteur en nulle ou peu de choses se peult monstrer plus studieux et affectionné envers son prince et seigneur, qu'en escrivant ses faitz et actes vertueux, et, à son povoir, le garentir de l'iujure du temps et de l'obscurité de ténébreuse oubliance.

De mémoire de noz pères, Æneas Sylvius, qui depuis a esté pape Pie second, Jovian Pontan et Léonard Arétin, Anthoine Panormitan et autres, ont imité les dessusnommez ; et de fresche mémoire le sire d'Argenton (1) en France louablement s'en est acquité. Auparavant de luy, Jan Froissart et Enguerrant de Monstrelet mirent par escrit ce que par investigation diligente ils peurent entendre : investigation diligente, ay-je dit, car, après ceux qui parlent de veuë, les plus croyables sont ceux qui avecques jugement et discrétion se sont acquis et informez, comme Juba, roy de Numidie, qui par escrit a baillé la science de cosmographie, laquelle, par investigation, telle il avoit cogneue. Et Claudius Ptoléméus d'Egypte, qui en partie a veu et escrit, en partie a eu, par toutes provinces, seurs messagers dignes de foy, pour luy en raporter certaines et véritables nouvelles ; je ne dis sans causes dignes de foy, car en ce gist la discrétion. Strabo reprend Eratosthènes, qui s'est flé au tesmoignage de viles personnes ; mesme reproche est mise sus à Patrocles par Hipparchus son émulateur : Quintillian réprouve en son précepteur Sénèque, pour ce que, désirant avoir cognoissance de plusieurs choses, y employa trop légèrement en son ayde gens négligens qui le déceurent ; et ceste crainte, par adventure, aura destourné puis naguères aucuns sçavans hommes qui volontiers eussent entrepris d'escrire les hystoires de France, s'ils eussent eu le moyen de fidellement et à la vérité s'en informer.

Et certes jà par long-temps me faisoit mal que je ne veoye aucuns les vouloir secourir en ceste part : et nonobstant que plusieurs suyvent le jugement de celuy qui, jadis interrogué, meit entre l'hystorien et celuy qui fait chose digne d'hystoire, pareille différence qu'entre le hérault ou trompette, et le tournoyant en la lice, je, toutesfoys meu, à l'exemple des personnages dessus-nommez qui en faisant n'ont desdaigné descrire, après mon adolescence et ma première jeunesse que je commençay à suyvre les armes, ainsi qu'est la coustume et ordinaire vaccation de la noblesse de France, et par laquelle mes progéniteurs et encestres au temps passé sont parvenuz en réputation et hault degrez, n'ay point estimé de faire chose indigne et mal séante à l'estat de noblesse (encores que je sache l'opinion d'aucuns estre contraire) quand je m'apliqueroy à un estude auquel non seulement se soient employez tant de grandz et notables personnages dessus-nommez, mais lequel ne se trouve avoir jamais esté traité, sinon par gens de noble maison, jusques à ce que L. Octacilius, précepteur de Pompée, qui fut le premier homme non noble qui escrivit hystoire, fut par ledit Pompée authorisé de ce faire, et pour ce me suis-je délecté souvent, pour en aucune manière laisser mémoire des choses en mon temps advenuës, à en escrire dialogues, épigrammes, élégica, sylves, épistres et panégériques, selon que la matière subjecte estoit à l'une ou à l'autre forme d'escrire à mon jugement, plus convenable et propice, sans espargner peines, voyages ne despens, pour retirer de divers lieux ce qui faisoit à m'esclaircir la chose dont je vouloye escrire.

La mesme affection et désir de voir aucunefoys lesditcts faits et choses mémorables de Gaule et de France estre mis en lumière et à

---

(1) Philippe de Comines.

la cognoissance des autres nations (qui pour la bonté des escrivains nous surpasse ès dites choses, et ne seroient à comparer à nous si escrivains ne nous eussent failly), m'avoit meu pièça de travailler et d'essayer, en remuant tiltres, livres, chartres, épitaphes, fondations et autres choses antiques, si on pourroit déduire l'ancienneté d'icelles deux nations, en forme d'histoire prosécutive et continente ; chose que je sache jamais auparavant entreprise, et par moy souvent désespérée, laquelle toutesfoys j'espère mettre en avant et au hazard du jugement divers et correction, aprobation ou réprobation de tous lecteurs ; ensemble un mien recueil et vocabulaire en ordre alphabétique de toutes les províncies, citez, villes, chasteaux, montagnes, vallées, forestz, rivières et autres lieux de ce royaume ; avecques exposition des dénominations d'iceux, et des batailles, rencontres, siéges, et autres choses dignes de mémoires qui se trouvent y estre advenuës : aussi à l'imitation de Valère-le-Grand, autre recueil d'exemples d'iceux faits et dits mémorables ; et autres, à l'exemple de Plutarche, de la conférence des vies et gestes d'aucuns roys, princes et capitaines de ce royaume, avec celles d'aucuns autres Grecz, Latins et Barbares. En quoy ayant esté meu à l'intention que dessus, je me tiendray pour bien satisfait, si, par ce mien labeur, j'excite et semons à entreprendre de mesmes ceux qui trop mieux le pourront faire que moy.

Or, m'ayant le désir de plus cognoistre atiré en ceste court, puisqu'il a pleu au Roy, mondit seigneur, non seulement m'y retenir à son service en si honorable estat qu'auprès de sa personne, mais bien souvent m'employer en et dehors son royaume, en plusieurs et principaux de ses affaires d'Estat, si que non seulement je puis parler au vray de l'exécution et yssuë des guerres depuis iceluy temps advenuës, et ausquelles presque tousjours me suis trouvé, autant par mer que par terre, et eu moyen et occasion d'entendre et sçavoir les causes, fins et délibérations d'icelles, non-seulement de nostre costé, mais du costé aussi des ennemis, il m'a semblé que, durant le repoz des armes, je ne pourroy mieux, ne plus honorablement employer et convertir mon estude, qu'à rapporter en ceste partie aucun secours aux érudits et doctes hystoriens qui après moy en plus élégant et poli langage en voudront escrire. Bien sçai-je combien il m'estoit moins sujet à calumnie de m'arrester à ce que j'avoye entrepris, sans m'adonner à si périlleuse chose que d'escrire les vertuz et vices des vivans, car de l'un on acquiert hayne et malveillance ;

de l'autre on est tenu pour blandisseur et flatteur ; mais en tout ce ma conscience me juge, et avecques elle je me réconforte, me sentant net de toute maligne simulation ou dissimulation. Et tout ainsi (que veuille ou non) il m'est force de m'en rapporter au jugement des liseurs auquel je ne puis ne dois reculer : ainsi je souhaite les avoir telz et aussi purement jugeans comme j'ay voulu purement escrire.

Car tant y a qu'en ceste mienne entreprise, qui est d'escrire ou commentaires ou mémoires des choses, je ne me vueil attribuer la perfection de stile ne présumer qu'en suyvant autre vacation ou quotidien exercice, je puisse escrire ce qu'au jugement des sçavans hommes puisse satisfaire, veu qu'à grand'peine y arrivent ceux qui ont ceste seule ou propre vacation ; mais je vueil bien toutesfoys, et oze affermer certainement, que tout y sera fidèlement escrit et sans altérer la vérité, pour grâce, ambition, hayne ou faveur d'aucun ; ains est et sera ma principale intention, fournir aux plus sçavans experts et doctes hystoriens, matière de véritablement escrire, et leur représenter, en tant que possible me sera, ce que pour leur estude domestique ils ne peuvent à la vérité cognoistre ; en quoy si je puis obtenir d'estre receu à fidèle et vray tesmoing, ou d'inciter autre à mieux faire que moy, j'auray (comme je disois naguères) en ceste partie, suffisante cause de m'esjouir et paistre du fruict de mon labeur ; ainsi, comme entre les statuaires et entailleurs d'images, ceulx qui se trouvent insuffisans à bien parfaire et polir une ymage, et sont toutefoys expertz à bien choisir et esbaucher la pierre ou le boys, et à compasser les traitz et membres, pour relever de ceste peine les plus subtilz et diligens entailleurs, se contentent assez, quand iceulx excellens et singuliers maistres les employent et reçoivent en société de l'ouvrage, ne les fraudant de leur honneur. Et pourroit estre par aventure (ainsi que le mareschal en forgeant se fait) que par continuation d'escrire, j'amenderoye aussi et meuriroye mon stile, pour après réformer de moy-mesmes tout l'œuvre en meilleur et plus suffisant langage ; car, à vray dire, ce me seroit bien estude perdu, si je ne pensoye en continuant toujours apprendre.

Si sera, quant à présent, le commencement de ces Mémoires, dès la première adolescence du Roy, mondict souverain, prince et seigneur ; lesquelz Mémoires si on veult mettre au parangon des hystoires qui ont esté puis naguères escrites, si très au bref et cruement que tous les faits de vingt ou trente ans ne montent tant que d'une année d'iceulx, et que toutesfoys on trouve que plutost j'y aye obmis aucunes choses mémorables, que déduyt choses non nécessaires ou inutiles, on cognoistra lorsqu'il fault nécessairement que les autres ayent obmis prou d'entreprises assez recommandables et dignes d'estre par vraye histoire remémorées. Or avoys-je, avant qu'entrer en matière, promis un recueil sommaire et abrégé récit de la première origine et du premier nom et descente tant des Gauloys que des Françoys, et des alliances et unions d'icelles deux nations gauloyse et françoyse unies et réduites en un corps de république, pour soy vindiquer et retraire en leur ancienne franchise et liberté naturelle, hors de la contrainte submission paravant faite aux Romains, en laquelle liberté par eux recouverte ils ont jusques à huy persévéré, et au vouloir de Dieu persévéreront à jamais.

Lequel abrégé récit, pource qu'il sembloit à aucuns mes amys estre aliéné en cest endroit, et non servant à mon propos, j'ay reséqué depuis, et totalement osté, non pas qu'il fust à mon advis repréhensible, si par un mesmes moyen on ne vouloit taxer Thucydide, Saluste et Tite-Live : car l'un d'iceux, pour tomber à la guerre des Athéniens et Lacédémoniens, n'a estimé à vice de prémettre l'origine et progrès non-seulement d'icelles deux citez, mais universellement de toute la Grèce et isles voysines ; le second, avant qu'entrer à la conjuration de Catilina, privé citoyen de Rome, a commancé dès la fondation d'icelle, aveques récit des artz et moyens par lesquelz Rome, de si extrême petitesse, parvint à extrême domination, et d'icelle retomba en décadence et rüine ; le tiers, pour escrire les faitz des Romains, a préposé, comme chose nécessaire, l'origine et succession des Roys latins et albains, progéniteurs de ceux de Rome. Ce nonobstant, j'ay bien voulu satisfaire au jugement d'autruy, et ce, principalement à cause qu'en iceluy abrégé recueil je déduisoye les dessusdites choses sommairement et sans allégation de mes aucteurs, dont à plusieurs elles sembloient estre controuvées et fabuleuses ; et si, pour y obvier, j'eusse en chacun article voulu alléguer mon tesmoing, la nomenclature seule des aucteurs eust plus monté que la narration entière : si que, pour éviter un vice, je fusse tombé en un plus grand.

A ceste cause, et pour avoir moyen de réciter les choses au long, et, allégant mon aucteur en chacun poinct, les rendre croyables ainsi qu'elles m'aparoissent estre véritables, à fin aussi, quand je viendray à la narration des affaires, qu'il ne me faille la interrompre, et m'amuser à faire entendre la variation des noms des provinces, citez, montagnes, rivières, aussi des offices, estatz, charges et magistratz, desquelles choses déclarer occasion ou besoing s'offrira incidemment ; et à ce qu'il ne m'y adviennce, comme aux paresseux et négligens mariniers, lesquelz, à l'heure de la plus forte tourmente et plus dangereux fortunal, sont contraints de s'embarrasser et empescher à recouldre et rapiécer les vieilles voyles, et à renouer et trenchefiller leurs câbles et cordages, chose qu'ilz avoyent peu et devoient faire avant la main, au temps du séjour et quand ils estoient surgis en port ou plage de seureté ; et pour ce donques ay-je bien voulu, de ce que paravant (ainsi que j'ay dit) j'avoye de divers lieux recueilly des choses que dessus, faire une ogdoade à part (celuy est le tiltre que j'ay imposé aux tomes ou particuliers nombres des livres de mes Mémoires), en laquelle ogdoade j'ay recueilly et compris en huit livres : premièrement, l'antiquité des Gauloys et Françoys, des uns, depuis la destruction de Troye, et des autres, de plus loing en arrière ; le tout jusques à l'union des deux nations et conjonction des noms de Gaule et France, aveques la supputation des ans et succession des princes qui ce pendant y ont régné. Secondement, j'ay inséré la division et description des Gaules tant Cisalpine que Transalpine, et de la France tant Cisrhénane que Transrhénane, ensemble la concordance des noms antiques aveques les modernes, autant qu'il m'a esté possible d'y arriver. Tiercement, j'ay recueilly les uz, coustumes et loix, tant militaires que politiques, et les noms des charges, estatz, dignitez et magistratz, en aproprianr le temps passé au présent, au mieux et au plus près que j'ay peu faire, suivant l'interprétation et propriété des vocables. Lesquelles choses offrant et soubzmettant au jugement et amendement d'autruy, je descens à mon instituée narration.

LES MÉMOIRES

DE

MESSIRE MARTIN DU BELLAY,

SEIGNEUR DE LANGEY, CHEVALIER DE L'ORDRE DU ROY, CAPITAINE DE CINQUANTE HOMMES-D'ARMES DE SES ORDONNANCES, ET SON LIEUTENANT-GÉNÉRAL EN SES PAIS ET DUCHÉ DE NORMANDIE, EN L'ABSENCE DE MONSEIGNEUR LE DAUPHIN.

―――― ⁂ ――――

LIVRE PREMIER.

Le roy Loys douziesme, s'efforçant recouvrer son duché de Milan, qu'il avoit n'aguères perdu, y envoye monsieur de La Trimouille, avec armée, qui est deffaicte à Novare par les Suisses : lesquels, poursuyvans leur victoire, passent les monts et viennent assiéger Dijon, pendant que d'autre costé l'empereur Maximilian et le roy Henry d'Angleterre gaignent la bataille surnommée des Esperons, prennent Térouenne et Tournay. Puis le Roy se pacifie avec les Suisses et Anglois, espouse la sœur du roy d'Angleterre, marie sa fille au duc François d'Angoulesme, puis meurt préparant une grosse armée pour le recouvrement de Milan. Le roy François, duc auparavant d'Angoulesme, luy succède, poursuit ceste entreprise et en vient à chef, ayant vaincu les Suisses à Marignan. Par après les guerres se commencent entre luy et l'empereur Charles-Quint, à l'occasion de Henry d'Allebret et de Robert de La Marche, prétendans, l'un le royaume de Navarre, l'autre le duché de Bouillon. Le sieur d'Asparault, pour Henry d'Allebret, gaigne et pert en peu de temps le royaume de Navarre : pareille fortune advient à Robert de La Marche, au duché de Bouillon : l'Empereur envahit ce royaume par le païs de Champagne, prent Mouson et assiége Mésières en vain. Le Roi, pour revanche l'assault en Artoys et Haynault, luy présente la bataille près Vallanciennes, et prent Hesdin, l'Anglois moyenne la paix entre eux, qui ne se peult conclure pour les nouvelles de la prinse de Fontarabie, que feit, pour le Roy, le sieur de Bonnivet ; peu après les Flamens prennent Tournay par un long siége. L'estat de Milan, dont le Roy estoit paisible, se trouble à la suscitation du pape Léon.

[1512-1513] Ayant le roy Louis douziesme, après l'heureuse journée de Ravenne, esprouvé l'inconstance des choses du monde en la perte qu'il feit de son duché de Milan, il se délibéra de chercher tous moyens pour le recouvrer et remettre en ses mains, et comme prince non moins prudent que magnanime, y voulut user de la diligence requise et nécessaire en toutes entreprises haultes et de grande conséquence,

afin mesmement d'y pouvoir donner ordre avant que l'ennemy se peust impatroniser des chasteaux de Milan et de Crémone, qui estoient encores demourez en la puissance des François, estant capitaine dedans le chasteau de Milan, le chevalier de Louvain, et dedans le chasteau de Crémone, Janot de Herbouville, seigneur de Bunou. A ceste occasion, pour secourir lesdictes places et reconquérir son duché de Milan, il voulut pourveoir d'un bon chef à la conduite de son armée, et entre autres choisit messire Louis de La Trimouille, comme tenir ce lieu en l'armée qu'il dressa l'an 1513 après Pasques, environ le temps que je vins jeune à la Cour. Et pour l'accompagner de chefs de guerre bien expérimentez et vertueux, dépescha avecques luy le seigneur Jean-Jacques Trévoulse, mareschal de France, et messire Robert de La Marche, seigneur de Sedan, avecques sept ou huict cens hommes-d'armes, huict mille avanturiers françois, et six mille lansquenets, soubs la conduite du seigneur de Florenges, fils aisné dudit messire Robert. Et avoit le seigneur de Sedan inventé un camp de charpenterie qui se traînoit par chariots, pour clorre l'armée, si la nécessité d'avanture leur survenoit de soustenir une bataille en endroit peu avantageux : toutesfois son invention (ainsi qu'entendrez cy-après) fut de grande despense, et apporta peu de prouffit. Sur quoy, pour une parenthèse, je ne vueil oublier que, les féries de Pentecouste, l'année mesme, fut espouzé à Chasteaudun monseigneur Charles, comte de Vendosmois et de Marle, avecques madame Françoise d'Alançon, vefve du duc François de Longueville, qui décéda au retour du voyage de Guienne : duquel voyage je doy faire mention avant que passer plus outre ; car la cognoissance des choses passées donne grande lumière à l'histoire du présent.

Or est-il que, peu après la victoire de Ravenne, soubs couleur de l'interdit jetté par le pape Jules deuxiesme, sur tous les rois qui avoient assisté, par leurs ambassadeurs, au concile de Pise, donnant en proye toutes leurs terres et seigneuries, le roy Ferrand d'Arragon, feignant d'assaillir la France, entra au royaume de Navarre, et avant que le roy Jean eust loisir de penser à se deffendre et fortifier, il se trouva dessaisy des principales villes qu'il eust en obéissance, et mesmes de Pampelune, et fut quasi du tout spolié. A raison de quoy le roy Louis, désirant d'entretenir l'alliance et confédération qu'il avoit avec luy, envoya promptement le duc François de Longueville, gouverneur, et son lieutenant-général en Guienne, avec une armée, pour le secourir et restablir en ce qui avoit esté perdu, et avec luy le duc Charles de Bourbon ; mais estant adverty que lesdits de Bourbon et de Longueville ne s'accordoient guères bien ensemble, cognoissant que telles divisions peuvent estre cause de grand désordre et confusion en un camp, et bien souvent de faire perdre les batailles, dépescha monseigneur François, duc de Valois et comte d'Angoulesme, qui estoit le plus proche héritier de la couronne, et lequel depuis a esté Roy, afin de les accorder et assopir la jalousie qu'ils pouvoient avoir l'un de l'autre. Et lors estant arrivé avec eux, encores que tousjours la principale authorité demourast au duc de Longueville, à raison qu'il estoit, comme dit est, gouverneur du païs, il marcha néantmoins jusques au Mont-Jaloux, où la bataille fut présentée aux Espagnols qui estoient à Sainct-Jean-de-pied-de-Porc ; laquelle ils refusèrent, disans leur estre deffendu du roy Ferrand de rien hasarder par une seule bataille. Puis, après avoir faict passer Roncevaulx au duc d'Albe, lieutenant-général dudit roy Ferrand, le duc d'Angoulesme et ladite armée furent contremandez du Roy, pour retourner tout court, à l'occasion que le roy d'Angleterre Henry, huictiesme de ce nom, et l'esleu empereur Maximilian, à l'instigation et par la pratique du pape Jules susdit, faisoient grands préparatifs pour assaillir la Picardie. Et de faict ils y firent un merveilleux effort ; car iceluy roy Henry descendit avecques une armée de vingt-cinq ou trente mille hommes de pied et bon nombre de cavalerie, et le plus grand nombre d'artillerie qui avoit passé cent ans au précédent d'Angleterre deçà la mer pour entrer en France. Avecques lequel roy d'Angleterre se vint joindre ledit esleu empereur Maximilian et son armée, de sorte que les deux ensemble estoient nombrez à sept ou huit mille chevaux, et quarante-cinq mille hommes de pied, tant Anglois, Allemans, que Hennuyers ; car de Flamans et autres subjets du prince d'Espagne, Charles d'Autriche n'y en avoit aucuns, parce que ledit prince et ses païs estoient en amitié avecques le Roy, à cause que le roy dom Philippes, son père, en sa mort, voyant qu'il laissoit son fils Charles, dont nous ferons cy-après mention en ces Mémoires, agé seulement de onze ans, et que le Roy, devant qu'il fust en aage (veu la légéreté des Flamans), se pourroit investir des Païs-Bas ; pour obvier à ce, il ordonna par testament (1) le roy Louis douziesme son curateur ; et le Roy, par le consentement des païs, y ordonna le sieur de Chièvres, de la maison de Croï.

L'armée mise ensemble, passant près d'Ardre et de Sainct-Omer, vint assiéger Térouenne ; mais en chemin quelque nombre des leurs, qui estoient demourez derrière pour conduire l'artillerie, furent rencontrez, auprès de Tournehan, de trois ou quatre cens hommes-d'armes des nostres, qui estoient partis de Montreul et Boulongne, où fut gaigné sur eux une double grande coulevrine nommée Saint-Jean ; et en avoit l'Anglois douze de ce calibre, portant le boulet de canon, et nommées du nom des douze Apostres : et y furent deffaits quelques gens de pied qui estoient en ladite conduite. A l'heure de ceste deffaicte, estoit le roy d'Angleterre sur son passage à venir à Calaiz trouver son camp devant Térouenne : lequel faillit d'estre rencontré ; mais il se retira dedans Sainct-Omer, auquel lieu le vint trouver l'empereur Maximilian ; et allèrent de compagnie au camp. Peu de temps après, les garnisons de Montreul et autres voisines, et entre autres la compagnie de monseigneur de Vendosme, conduite par le seigneur de Moui ; celle du duc d'Alançon, par François de Silly, le seigneur d'Imbercourt ; celle du seigneur du Plessis Dassé, et autres jusques à quatre cens hommes-d'armes, advertis qu'il devoit partir un grand envitaillement de Guines pour mener au camp devant Térouenne, l'allèrent attendre près d'Ardres, et ayant rencontré les coureurs des Anglois, les chargèrent et deffeirent. Mais la trouppe, ne se sentant assez forte, se ferma du charroy, ayant farcy toutes les advenues d'archers : de sorte que nostre

(1) Ce testament est un fait douteux.

gendarmerie les ayant chargez par plusieurs fois, ne les sceut enfoncer à cause dudict charroy ; tellement qu'après avoir long-temps combatu, ils se retirèrent tousjours fermez de leurdit charroy jusques dedans Ardres, qui estoit par nous abandonnée ; et nous retirasmes à Boulongne, ayans perdu beaucoup de gens de bien, et entre autres le sieur Du Plessis, qui fut frappé d'une flèche par le gousset, en levant le bras pour combatre ; et y eut grande perte de chevaux de coups de flèches.

Dedans Térouenne le Roy avoit ordonné pour ses lieutenans-généraux, de mesme puissance et authorité, deux gentils capitaines, sçavoir est, le seigneur de Telligny, séneschal de Rouargues, avecques cent hommes-d'armes de la compagnie de Charles, duc de Gueldres, dont il estoit lieutenant, et messire Anthoine de Créquy, seigneur du Pontdormy, frère puisné du seigneur de Créquy, avec autre cent hommes-d'armes de monsieur de La Gruture, nouvellement décédé, estant lors de son trespas gouverneur de Picardie ; et avoit ledit du Pontdormy ladite compagnie en garde : aussi y estoit le seigneur de Sercu, ayant charge de cinq cens hommes de pied ; le seigneur de Heilly, cinq cens ; le seigneur de Bournonville, cinq cens ; le capitaine Brandhec, aleman, cinq cens lansquenets.

En ce temps, environ la Feste-Dieu, fut espouzé à Paris (estant le Roy logé aux Tournelles) Claude de Lorraine, comte de Guise et d'Aumalle, avecques Anthoinette de Bourbon, sœur de Charles, comte de Vendosme ; et se feit le banquet en la maison d'Estampes, devant les Tournelles. L'après-dînée desdites nopces, furent apportées nouvelles au Roy comme le seigneur de La Trimouille avoit esté rompu devant Noare, et son armée mise à vau de roupte.

Il ne sera, ce me semble, impertinent, si je dy un mot en passant des occasions et comment l'armée du Roy avoit esté mise hors d'Italie, pour le recouvrement de laquelle s'estoit faicte ceste entreprise. L'an 1508, le Roy, le pape Jules et l'empereur Maximilian feirent trouver à Cambray leurs députez, auquel lieu se feit une ligue entre eux, et fut conclu qu'à frais communs ils devoient chasser les Vénitiens hors de la terre ferme d'Italie, les disans usurpateurs de ce qu'ils y tenoient tant sur l'Empire que sur le patrimoine de l'Eglise et sur le duché de Milan. Et pour exécuter ladite entreprise, fut conclu que le Roy avecques son armée, et l'Empereur avecques la sienne et l'armée du Pape, se joindroient ensemble à un jour dit, l'an 1509, pour ladite exécution, sur les limites des terres des Vénitiens. Le Roy s'y trouva en personne au jour préfix avecques son armée, accompagné des princes de son sang ; mais le Pape et l'Empereur faillirent de leur promesse, car nul ne s'y trouva pour eux, ains au contraire se trouva l'armée de la Seigneurie en tel équipage, que, entre Cassan et Pandin, le Roy seul, n'ayant nouvelles de ceux de la ligue, leur donna la bataille ; laquelle ayant gaignée et pris tous leurs chefs, et vingt mille des leurs ayans esté tuez en ladite bataille, et le chasteau de Pesquaire pris d'assault, se rendirent entre ses mains toutes les places des Vénitiens, sçavoir est Véronne, Vincence, Crémone, Cresme, Padoue, Bresse, Bergame, et toutes les villes de la Giradade, et aussi les autres places que tenoient lesdits Vénitiens en la terre ferme, hormis deux ou trois.

Or, pour ce que par ledit traitté de Cambray estoit dit qu'il seroit rendu à l'Empereur ce qui estoit de l'Empire, et pareillement au Pape ce qui estoit de l'Eglise, le Roy remit entre les mains de l'Empereur Vérone, Vincence, Padoüe et les autres places, et entre les mains du Pape, Rimini, Faence, Cervie, Ravène, et les autres terres du patrimoine de l'Eglise. Mais l'année mesme l'Empereur laissa perdre Padoüe, que les Vénitiens reprindrent sur luy par faute d'y avoir bien pourveu. A la reconqueste de laquelle le Roy feit assister à l'Empereur le seigneur de la Palisse avecques quatre cens hommes-d'armes françois, mais il n'y feit pas bien son proufit, ou pour sa négligence, ou autrement. Le Pape et ledit seigneur Empereur se bandèrent contre le Roy, et, dressans leurs armées à frais communs, feirent assaillir le duché de Milan, où ils ne prouffitèrent guères : car Gaston de Foix, duc de Nemours, lieutenant-général en Italie, l'an 1512, leur donna la bataille à Ravenne le jour de Pasques, en laquelle bataille ils furent rompus et deffaicts, et Ravenne prise d'assault. Mais le duc de Nemours, poursuivant sa victoire, et n'estant suivy pour n'estre aperceu des siens, fut tué. Parquoy demoura le seigneur de La Palisse, Jacques de Chabannes, qui estoit grand-maistre de France depuis n'aguères par le trespas de messire Charles d'Amboise, décédé, au précédant, gouverneur et lieutenant-général pour le Roy audit duché de Milan et d'Italie.

Ledit an 1512, le Pape et l'Empereur, encore animez contre le Roy, qui estoit leur bienfacteur, voyans ledit seigneur Roy avoir séparé son armée, suscitèrent les Suisses soubs le titre du seigneur Maximilian Sforce, fils du seigneur Ludovic Sforce (qui avoit esté usurpateur du duché de Milan, mais depuis pris prisonnier par le roy Louïs, à qui ledit duché appartenoit à cause de madame Valentine sa grande mère; et iceluy Ludovic Sforce estoit mort captif dedans le chasteau de Loches), lesquels à l'improviste descendirent audit duché de Milan, où, devant que noz gens eussent le moyen de pourveoir à leurs affaires, les spolièrent dudit duché, et en meirent en possession Maximilian Sforce, fils dudit Ludovic, lequel les Suisses prindrent en leur protection, qui estoit cause que le Roy avoit dépesché le seigneur de La Trimouille pour reconquérir ledit duché.

Estant le seigneur de La Trimouille party, et les Suisses advertis de l'armée, laquelle en toute diligence marchoit, envoyèrent à messieurs des ligues quérir dix mille hommes de secours, attendans lequel, et sçachans bien que nostre armée desjà estoit entrée en Dauphiné, partirent de Milan environ de sept à huict mille hommes, pour nous empescher de passer le pas de Suze, mais, advertis que desjà avions faict telle diligence que nostre armée estoit en la plaine, se fermèrent à Noare pour là attendre leur secours, lequel par le val d'Oste venoit descendre à Ivrée. Le seigneur de La Trimouille de ce adverty, les vint assiéger dedans ladicte ville de Noare, sans attendre le reste de son armée, qui estoit encores dedans les montaignes, ayant seulement en sa compagnie six mille lansquenets et quatre mille hommes de pied françois; de gendarmerie, sa compagnie de cent hommes-d'armes, celle de monsieur de Bourbon de pareil nombre, conduitte par le bastard de Cliette, son lieutenant; messire Robert de La Marche cent hommes-d'armes; le duc d'Albanie cinquante; le seigneur de Saint-André cinquante; monsieur de Bussy de Bourgongne cinquante; Jacques le jeune, dit Malherbe, cinquante, de la compagnie du marquis du Monferrat, dont il avoit esté nouvellement lieutenant par le trespas du seigneur de La Crotte, frère du seigneur du Lude. Avecques ladite armée le seigneur de La Trimouille vint loger près la ville, où, ayant fait furieuse batterie, feit brèche raisonnable pour assaillir; mais il ne fut conseillé d'y donner l'assaut pour deux occasions, l'une, pour le grand nombre de Suisses qui estoient dedans, lesquels il ne pouvoit forcer sans grande perte d'hommes, l'autre qu'il avoit advertissement que le secours qui venoit de Suisse par le val d'Oste, approchoit d'Ivré, lequel, arrivant après un sanglant combat, et estant frais, eussent peu deffaire nostre armée ruinée audit combat, encores qu'elle fust victorieuse. A ces causes leva son camp et marchea pour aller combatre ledit secours avant qu'ils fussent joincts ensemble; et pour cest effect, alla loger à deux milles de Noare, sur le chemin de Trécas. Dequoy le secours des Suisses adverty, laissans nostre armée à main gauche, la nuict subséquente, sans rencontre entrèrent dedans ledit Noare. Auquel lieu estant assemblez, délibérèrent de sortir pour aller combatre le seigneur de La Trimouille, lequel estoit logé mal à propos, d'autant que la gendarmerie ne pouvoit secourir les gens de pied, à cause des canaulx et grans fossez qu'il y avoit entre deux: aussi le lieu ordonné où la gendarmerie devoit combatre estoit en un maraiz, où les chevaux estoient enfangez jusques au genoil. Et si ne fut faict diligence de fermer le camp qui avoit tant cousté à charier (chose qui eust bien servy pour arrester la fureur des Suisses, attendant le reste de l'armée qui estoit à venir); et disoit-on que ceste faute advint pour sauver une cassine estant au seigneur Jean-Jacques Trévoulse. Qui eust temporisé, le capitaine Tavanne, qui estoit jà arrivé à Sainct-Ambroise au val de Suze, avec six mille lansquenets qu'il amenoit, que le duc Charles de Gueldres avoit envoyé au Roy pour son secours, y fust arrivé à temps.

Les Suisses doncques ayans beu chacun un coup, sans autre séjour sortirent en campagne: une partie print le chemin à la teste de nostre camp; l'autre partie, prenant le chemin à la main gauche, et laissant nostre armée à droite, vindrent assaillir nos lansquenets par le costé qui tire vers Trécas; lesquels, ne pouvans estre secourus de nostre gendarmerie, et estans en lieu où eux-mêmes n'avoient moyen de combatre, furent rompus et une partie taillée en pièces; et mesmes entre autres le seigneur de Fleuranges, leur général, et le seigneur de Jamets, son second frère, demourèrent parmy les morts: dequoy messire Robert de La Marche, leur père, adverty avec cent hommes-d'armes dont il avoit la charge, tourna la teste droict à l'ennemy, et feit une si furieuse charge qu'en bien combatant vint jusques aux lieux où estoient couchez ses enfans parmy les morts, et chargea l'aisné sur son cheval et l'autre sur celuy d'un sien homme-d'armes, et en despit des ennemis les tira hors du danger, non sans qu'ils eussent des coups infinis tant au visage, à la gorge qu'autres lieux: mais à l'ayde de Dieu et des bons chirurgiens, la vie leur fut sauvée. Le seigneur de La Trimouille, voyant le désastre tourné sur luy, et estant hors d'espérance, parce qu'il avoit perdu la force de ses gens de pied, et estoit blessé en une jambe, se retira le chemin de Vercel, et de là à Suze (chose qu'il feit aisément parce que les Suisses n'avoient aucune cavalerie); autres des nostres se retirèrent par le val d'Oste.

Ce mesme temps, ayant le Roy faict passer par le destroict de Gibraltar quatre galères soubs la charge du capitaine Prégent, pour résister aux incursions que faisoient les Anglois sur la mer de Ponant, le long des costes de Normandie et Bretaigne, l'amiral d'Angleterre, lequel avoit donné la chasse aux galères dudit Prégent jusques près de Brest, fut combatu par lesdites galères, et fut blessé ledit amiral, qui mourut peu de jours après. De rechef, devant Sainct-Mahieu en Bretaigne, le jour de sainct Laurens, fut combatu par quatre-vingts navires angloises, contre vingt bretonnes et normandes, et estant le vent pour nous et contraire aux Anglois, fut combatu en pareille force, et entre autres, le capitaine Primauguet, breton, capitaine de la Cordelière, navire surpassant les autres en grandeur, que la royne Anne avoit fait construire et équipper, se voyant investy de dix ou douze navires d'Angleterre, et ne voyant moyen de se développer, voulut vendre sa mort; car ayant attaché la régente d'Angleterre, qui estoit la principale nef des Anglois, jetta feu, de sorte que la Cordelière et la régente furent bruslées et tous les hommes perdus tant d'une part que d'autre.

Quelque temps après, le Roy ayant entendu la nécessité de vivres en laquelle se commençoient à trouver ceux de Téroueune, pour desjà avoir esté assiégez six ou sept sepmaines, délibéra de leur faire bailler quelque refreschissement, attendant que son armée fust assemblée pour du tout les aller secourir. Et desjà avoit eu nouvelles que le duc de Suffolc de la Blanche Roze, lequel de long-temps avoit esté fugitif d'Angleterre, luy amenoit six mille lansquenets. A ceste cause, le Roy avoit mandé au seigneur de Piennes, gouverneur de Picardie, et son lieutenant-général en l'armée qu'il assembloit à Blangy-en-Ternois, près de Hédin, de trouver le moyen de faire ledit refreschissement. Le seigneur de Piennes, avecques l'opinion des capitaines estant avec luy, tels que le duc Louis de Longueville, capitaine de cent gentilshommes de la maison du Roy, le seigneur de La Palice, grand maistre de France, le seigneur d'Imbercourt, le capitaine Bayard, le baron de Béard, messire Emar de Prye, le seigneur de Bonnivet, le seigneur de Bonneval, le seigneur de La Fayette, lieutenant de la compagnie de l'amiral de Graville, la compagnie du seigneur Jules de Sainct-Severin, le seigneur de Malebert, lieutenant du comte de Guise de Lorraine, le seigneur de Clermont d'Anjou, lieutenant du duc d'Angoulesme, Nicolas, seigneur de Mouy, lieutenant de monseigneur de Vendosme, François de Silly, baillif de Caen, lieutenant du duc d'Alançon, et autres capitaines de gens-d'armes, avecques le seigneur de Foutrailles, capitaine-général des Albanois, conclud d'envoyer ledit Foutrailles avecques ses Albanois, portant chacun Albanois sur le col de son cheval, un costé de lard et de la poudre à canon; lesquels devoient donner jusques au bord des fossez de la ville, et jetter ledit lard et pouldre en lieu où noz gens à la garde de leur arquebouzerie et artillerie le peussent seurement retirer dedans la ville, et que, ce temps pendant, ledit seigneur de Piennes et de La Palice, avecques quatorze cens hommes-d'armes, les suivroient jusques sur le hault de Guigneguatte pour les soustenir: chose qui fut exécutée par lesdits Albanois, bien et dextrement. Et estoient allez plusieurs jeunes hommes pour leur plaisir, quand et eux, qui entrèrent dedans pour visiter leurs amis en espérance de ressortir, maiz ils n'eurent le moyen. Entre autres y estoient le seigneur d'Anton, seul fils de monseigneur du Boschage, le seigneur de La Rochedumaine, Jean de Moui, seigneur de La Meilleraye, l'escuyer Boucar, La Roche-Hesmon, La Roche-Sandry et plusieurs autres.

Ayans exécuté ce qu'ils avoient entreprins, le seigneur de Piennes fut d'abvis de se retirer; mais quelques jeunes hommes eurent envie d'aller recognoistre le camp de l'ennemy; autres, pour la grande chaleur qu'il faisoit (car c'estoit la my-aoust), se voulurent refreschir ostans leurs habillemens de teste, montans sur leurs haquenées et buvans à la bouteille, n'ayans esgard à ce que pouvoit faire l'ennemy, et monstrans peu d'obéissance à leur chef: mais ce pendant qu'ils s'amusoient à leur plaisir, l'ennemy ne dormit pas; car il feit partir de son camp quatre ou cinq mille chevaux, et le nombre de dix à douze mille hommes de pied, tant lansquenets qu'anglois, et sept ou huict pièces d'artillerie de campagne, lesquels passans la rivière du Lis, près de Dellette, vindrent attendre noz gens au passage de la rivière qui passe à Huchin; auquel lieu trouvans nostre cavalerie en désordre, devant qu'ils eussent loisir de monter sur leurs grands chevaux et prendre leurs habillemens de teste, furent mis en tel désordre, qu'il se trouva peu des nostres qui eussent le moyen de combattre; et parce que les esperons servirent plus que l'espée, fut nommée la journée des Esperons. En ladite roupte, furent pris le duc Louis de Longueville, le seigneur de La Palice (mais ils furent recous), le capitaine

Bayard, le seigneur de Clermont d'Anjou, lieutenant de monsieur d'Angoulesme, le seigneur de Bussy d'Amboise et plusieurs autres, tant capitaines que soldats.

Le Roy, estant à Paris, eut nouvelles de ladite roupte, et, parce qu'il estoit fort tourmenté des gouttes, se feit porter en une litière jusques à Amiens, et envoya monsieur d'Angoulesme, qui depuis a esté roy, son lieutenant-général en Picardie, trouver le camp à Blangy, parce qu'il fut bien adverty que ladite deffaicte estoit advenue pour les partialitez qui estoient entre les chefs de son armée, luy commandant expressément de ne rien faire sans l'advis des vieils capitaines; lequel, prenant l'armée en main, délogeant de Blangy, alla loger à Ancre, delà la rivière de Somme, qui est lieu propre pour faire teste à l'ennemy, quelque part qu'il vueille marcher, car c'est au milieu de la frontière. Puis le Roy, se voyant hors d'espérance de pouvoir assembler son armée à temps pour secourir Térouenne (car desjà vivres deffailloient), feit entendre aux assiégez qu'ils trouvassent moyen de faire composition honnorable : ce qu'ils feirent; car, après avoir tenu neuf sepmaines, et estans en extrémité de vivres, sortirent leurs bagues sauves, enseignes desployées, armet en teste, et la lance sur la cuisse, et les gens de pied marchans en bataille, enseignes desployées, et tabourin sonnant, et les habitans de la ville leurs bagues sauves. Ayant ledit Roy d'Angleterre la ville de Térouenne entre ses mains, à la suscitation des Flamans, la feit démolir, remplir les fossez et brusler toutes les maisons, hormis l'église et les maisons des chanoines.

Au mesme temps que ces choses se faisoient à Térouenne, estant (comme j'ay prédit) le seigneur de La Trimoille retiré d'Italie, il fut suivy par quatorze ou quinze mille Suisses, incitez par le pape Jules (1) et l'empereur Maximilian, accompagnez de la gendarmerie de la Franche-Comté, et de quelques chevaux allemans, conduits par Ulrich, duc de Wittemberg; lesquels le vindrent assiéger dedans Dijon, principale ville de Bourgongne, qui n'estoit remparée ny fortifiée en sorte du monde. Mais la vertu des hommes servit de murailles : lesdits Suisses ayans esté cinq ou six sepmaines audit siége, et le seigneur de La Trimoille se voyant hors d'espérance de secours, pour estre l'Empereur et le roy d'Angleterre en Picardie, estant aussi la guerre en Guienne, du costé de Fontarabie et de Navarre, chercha moyen de les pouvoir renvoyer; et enfin tant pratiqua envers eux, qu'en leur promettant quatre cens mille escus qu'ils disoient leur estre deus pour les services qu'ils avoient faicts au Roy aux guerres précédentes en Italie, les renvoya en leur païs, leur fournissant vingt mille escus comptant; et pour le reste de ladite somme, leur bailla pour hostages le seigneur de Mézières, son nepveu, le baillif de Dijon, nommé de Rochefort, et quatre bourgeois de ladite ville : et par ce moyen furent apaisez lesdits Suisses et se retirèrent en leur païs, et ceux de Bourgongne demourèrent en leur liberté. Vray est qu'il y avoit des conditions audit traitté qui n'estoient honnorables pour un tel prince que le Roy; mais la nécessité n'a point de loy pour sauver une province : aussi le Roy, les ayant entendues, ne voulut ratifier lesdites conditions, mais les réprouva comme indignes de Sa Majesté.

Le roy d'Angleterre, ayant faict raser Térouenne (comme cy-devant est dit), et voyant l'armée du Roy se préparer, et desjà la saison estre tardifve, délibéra de laisser la Picardie, et, à l'instigation de Maximilian, print le chemin de Tournay, ville de toute ancienneté de l'obéissance du Roy. Mais pour l'heure estoit sans garnison, et n'y avoit autres gens pour la garde, sinon les citadins, parce que jamais le Roy n'eust présumé que l'Anglois eust laissé son entreprise de Picardie pour aller attaquer une place, laquelle ayant prise, luy estoit de peu de commodité, pour estre enclavée dedans tous les Païs-Bas, ayant d'un costé Hénault et d'autre le comté de Flandres, et loing de la mer : toutesfois, à la persuasion dudit esleu Empereur, il y alla. Et fault entendre que l'armée dudit Maximilian estoit souldoyée aux despens du roy d'Angleterre; et mesmes ledit esleu Empereur avoit cent escus par jour pour son plat; et pour ledit voyage, print son chemin par l'Isle en Flandres, qui est à cinq lieues dudit Tournay. Arrivée que fut ceste grosse armée devant Tournay, et les habitans se voyans sans chef et hors d'espérance de secours, parce que le Roy n'y pouvoit aller sans passer le comté de Hénault et deux ou trois grosses rivières, et entre autres celle de l'Escault et celle de Carpes, après avoir enduré quelque batterie, se rendirent au roy d'Angleterre, lequel, après y avoir fait faire une citadelle et laissé bonne provision de munitions et d'hommes pour la garde d'icelle, et se voyant l'hyver à doz, se retira en Angleterre, ayant aussi eu une très-grande victoire contre Jacques, le quart roy d'Escosse, lequel estoit mort en la bataille, estant le duc de Norfolc, de la maison de Havart, lieutenant-général de l'armée d'Angleterre.

---

(1) Il faut lire Léon X.

[1514.] Environ Noël subséquent, audit an 1513, mourut à Bloys la royne Anne de Bretaigne, femme du roy Louis, laissant du Roy et d'elle deux filles, l'aisnée nommée madame Claude, la puisnée, madame Renée. Estant doncques le Roy en viduité, le duc Louis de Longueville, qui estoit prisonnier en Angleterre, meist en avant le mariage dudit roy Louis et de madame Marie, sœur du roy Henry d'Angleterre, huictiesme de ce nom, afin que par ce moyen on feist une bonne paix entr'eux et leurs royaumes; chose qui se paracheva ainsi qu'il sera dit cy-après. Et désiroit le Roy ledit appoinctement afin qu'il peust dresser son armée pour la reconqueste du duché de Milan, sans estre empesché du roy d'Angleterre.

Au mois de may ensuivant 1514, François, duc de Valois et comte d'Angoulesme, apparant héritier de la couronne de France, espouza, à Saint-Germain en Laye, madame Claude, fille aisnée du Roy, duchesse de Bretaigne par succession de la royne Anne, sa mère; lequel mariage ne s'estoit sceu faire du vivant de ladicte royne Anne, par ce qu'elle aspiroit plustost au mariage de Charles d'Autriche, pour ceste heure empereur, dont avoit esté pourparlé long-temps avant qu'à celuy dudict duc d'Angoulesme; et disoit-on que l'occasion qui à ce la mouvoit estoit pour la haine qu'elle portoit à madame Louise de Savoye, mère dudit duc d'Angoulesme : et aussi, quelque temps devant, estant le Roy fort malade à Bloys, ladite Royne, craignant son décez, avoit fait charger sur la rivière de Loire ses meubles plus précieux pour porter à son chasteau de Nantes; lesquels furent arrestez près de Saumur, par le mareschal de Gyé, dont elle print telle haine contre luy, qu'elle le fist chasser hors de la Cour.

Environ le commencement d'octobre ensuivant, fut le traitté de mariage, jà commencé par le duc de Longueville, conclu entre le Roy et madame Marie d'Angleterre, par lequel, entre autres articles, le roy d'Angleterre insista fort à ce que le duc de Suffolc, qui estoit au service du Roy, luy fust mis entre les mains, ainsi que le roy dom Philippe avoit rendu son frère aisné : chose que jamais le Roy ne voulut accorder; bien fut content de ne le tenir en son royaume, et le feit retirer à Mets, auquel lieu pour son estat luy donna six mille livres de pension par an.

Encores que ce ne soit la matière que j'ay délibéré de traitter des affaires d'Angleterre, ayant entreprins seulement de déduire en ces Mémoires ce qui est advenu en nostre royaume ou aux guerres qu'avons eues dehors, si est-ce qu'il m'a semblé bon de dire incidentement et en brief qui estoit ledit duc de Suffolc, et la cause pour laquelle il estoit fugitif d'Angleterre, et venu au service de nostre Roy. Le roy d'Angleterre Edouart le quart (duquel messire Philippes de Commines faict mention en ses Mémoires, qui descendit en Picardie du temps du roy Louis unziesme de ce nom, et qui traitta avec ledit roy Louis, à Piquigny) avoit deux frères, l'un, nommé Georges, duc de Clarance, l'autre, Richard, duc de Glaucestre. Or est-il qu'il eut opinion de veoir les prophéties de Merlin, pour sçavoir ce qu'il devoit advenir à sa postérité; qui est une superstition laquelle règne en Angleterre dez le temps du roy Arthus. Voyant lesdites prophéties, par l'interprétation qui luy en fut faicte (car ce sont comme les oracles d'Apollo, où il y a tousjours double intelligence), fut trouvé que l'un de ses frères, duquel le nom se commenceroit par un G, osteroit la couronne hors des mains de ses enfans. Or est-il qu'il avoit deux fils et deux filles : le duc de Clarance (comme j'ay dit) se nommoit Georges, parquoy il eut opinion que de luy parloit la prophétie; à ceste occasion le feit prendre, et, sans forme de justice, le feit mourir en une pippe de Malvoisie, se persuadant que par sa mort la prophétie ne sortiroit son effect, n'ayant esgard que son autre frère estoit duc de Glaucestre, duquel la première lettre du nom de son duché commençoit par G.

Dudit duc de Clarance demeura une fille, laquelle fut mariée à un gentilhomme du païs, nommé Pole en surnom, dont descendit le millord Montagu, lequel le feu roy Henry huictiesme feit décapiter; aussi en sortit Regnauld Pole, lequel, estant fugitif à Romme pour éviter la fureur du Roy, a esté faict cardinal, et de ceste heure vit encores; et un autre frère, nommé Geoffroy Pole. Le roy Edouart cy-dessus nommé, pensant, par la mort de son frère le duc de Clarance, avoir expié la prophétie de Merlin, venant à la fin de ses jours, laissa ses enfans mineurs en la garde de son frère le duc de Glaucestre; lequel, par ambition de régner après le décez du Roy son frère, feit mourir les deux fils dedans la tour de Londres, donnant à entendre au peuple qu'ils estoient morts par accident, s'estans précipitez du hault du pont, lequel entre dedans la tour; les deux filles meit en religion, les déclarant bastardes, disant que la Royne leur mère estoit mariée à un gentilhomme du païs; et par ce moyen, ayant les forces en main, se feit couronner roy d'Angleterre. Estant couronné, tous ceux qu'il sentit qui en avoient murmuré, les feit mourir de diverses morts. Le comte de Richemont, nommé Henry, qui avoit grand crédit au païs, craignant la fureur du Roy, s'embarqua pour se sauver en France; mais la tourmente et le vent contraire le jetta dedans les havres de Bretaigne, où le duc de Bretaigne François l'arresta prisonnier, pour complaire au roy d'Angleterre, duquel il estoit allié. Auquel lieu il fut détenu jusques au trespas dudit duc François, lorsque le roy Charles, huictiesme de ce nom, espousa madame Anne, duchesse de Bretaigne, sa fille (1), lequel le meit en liberté, luy donnant pension pour son entretènement.

Le roy Richard continuant tousjours sa tyrannie, les seigneurs du païs d'Angleterre, et mesmes le frère aisné du duc de Suffolc (duquel est mention, qui estoit de la maison de Pole, descendu de la maison de Lanclastre, lesquels portoient la roze blanche au contraire de ceux de la maison d'Yor, dont estoit descendu le roy Richard, qui portoient la rouge), pour mettre le royaume en repos, mandèrent secretement audit comte de Richemont, que s'il pouvoit trouver moyen que le roy de France lui armast quelques navires, et le voulust secourir de cent hommes-d'armes et deux mille homme de pied pour descendre en Angleterre, la pluspart du païs se tourneroit de sa part, pour expulser ce roy Richard à cause de sa tyrannie. Sa requeste luy fut accordée par le Roy et par madame Anne de France, sa sœur, duchesse de Bourbon, régente en France, à cause de la minorité du Roy son frère. L'équippage fut dressé à Dieppe, et fut chef de l'armée, pour le Roy, le seigneur de Chandec, de Dauphiné, lieutenant du comte François de Vendosme, et maistre du Navire (2) un Dieppois, nommé Le Poullain, de Dieppe. La fortune leur fut bonne, car s'ils eussent faict descente au lieu où ils avoient délibéré, ils eussent trouvé en teste le roy Richard, accompagné de quarante mille hommes : mais le vent leur fut si à propos, qu'il les jetta à l'opposite, au païs de Galles, où tout à leur aise ils feirent leur descente.

Deux jours après, estant publié par le païs que le comte de Richemont avoit pris terre en Galles, ceux qui l'avoient mandé et plusieurs autres se vindrent joindre avec luy ; estans assemblez, fut conclu de marcher droit à Londres, car qui est maistre de Londres commande à tout le royaume. Le roy Richard, lequel (comme j'ay dit) estoit en campagne avec quarante ou cinquante mille hommes, marcha droit à son ennemy, qu'il rencontra sur le chemin de Londres, où, estans leurs batailles rengées l'une devant l'autre, la pluspart de ceux qui estoient avec le Roy l'abandonnèrent, et se retirèrent du costé du comte de Richemont. Ce nonobstant, le Roy, qui estoit courageux, ne laissa de marcher la teste droitte à son ennemy ; mais le petit nombre d'hommes qu'il avoit ne peut soustenir l'effort du grand nombre qu'avoit le comte de Richemont : si est-ce qu'il combatit avecques telle vertu, qu'il fut tué sans jamais avoir reculé un seul pas. La bataille gaignée, ledit Henry, comte de Richemont, marcha à Londres ; auquel lieu estant arrivé, assembla un parlement, et feit retirer de religion les deux filles du roy Edouart le quart, dont il espousa l'aisnée, par le consentement du parlement, et à cause d'elle se feit couronner Roy ; la puisnée donna en mariage au comte Devonshir, depuis marquis d'Excestre, nommé de Courtenay.

Estant paisible possesseur du royaume et de la couronne, encores que le duc de Suffolc eust esté l'un des principaux autheurs de le faire passer en Angleterre, si est-ce qu'il l'eut en souspeçon, parce qu'il estoit descendu de la maison de Lanclastre ; et délibéra d'en faire exterminer la race. Ledit duc de Suffolc avoit deux frères, l'un, dont cy-dessus est faicte mention, qui estoit lieutenant du Roy en Irlande ; l'autre estoit jeune de sept ou huict ans. L'aisné, ayant quelque advertissement de la mauvaise volonté que le Roy luy portoit, s'embarqua et s'en vint à refuge en Flandres, devers le roy Dom Philippe, fils de l'empereur Maximilian et de madame Marie, fille du duc Charles de Bourgongne. Et son frère, qui estoit en Irlande, adverty de la fuitte de sondit frère, se sauva par mer au païs des Ostrelins, et de là en Allemagne. Le jeune fut mis prisonnier en la tour de Londres, où je l'ay encores veu en l'an 1518 ; mais depuis il est décédé. Quelque temps après, le roy Dom Philippe, allant par mer de Flandres en Espagne, la tourmente le contraignit de descendre en Augleterre, où il fut recueilli du roy Henry septiesme honorablement, et mesmes luy presta cinquante mille escus sur une fleur de lis, laquelle a esté depuis rendue par le traitté de Cambray à l'empereur Charles-le-Quint, pour la rançon de messieurs les enfans de France. Si est-ce que ledit roy d'Angleterre ne voulut permettre audit roy Dom Philippe de sortir hors de son royaume, que premièrement il n'eust remis en ses mains le duc de Suffolc cy-dessus mentionné, qui estoit en sa puissance dedans ses

---

(1) Charles VIII épousa Anne de Bretagne en 1491.

(2) De la flotte.

Païs-Bas. Vray est qu'il promist audit roy Dom Philippe de ne le faire mourir, ce qu'il ne feit ; mais à son trespas et dernière volonté, ordonna à son fils, le roy Henry huictiesme, qu'incontinent luy décédé, il luy fist trencher la teste, chose qui fut exécutée.

Or, est-il que ledit Roy Henry, après avoir obtenu le royaume d'Angleterre par le moyen du royaume de France, ainsi qu'avez entendu, descendit aveques une armée en France, et vint assiéger Boulongne. Le duc de Suffolc, qui estoit (comme dit est) fugitif en Alemagne, sçachant la guerre déclarée entre le Roy et le roy d'Angleterre, vint au service du Roy avec bon nombre de lansquenets ; mais ce pendant fut faict un traitté entre le Roy et le roy d'Angleterre, devant Boulongne, auquel traitté le roy d'Angleterre persista fort à ce que le Roy luy remist entre ses mains ledit duc de Suffolc ; chose qu'il ne luy voulut accorder, voulant garder sa foy et sa parolle : bien consentit qu'il s'en iroit habiter hors de ce royaume. Et depuis ce temps-là, par tous les traittez de paix qui ont esté entre les rois de France et d'Angleterre, cest article y a tousjours esté couché : de sorte que, dez que de la paix estoit entre les deux royaumes, il s'absentoit, et dez que la guerre commençoit, il revenoit au service du Roy, où il a tousjours continué, jusques à la bataille de Pavie, qui fut l'an 1524, où il mourut, ainsi qu'il sera dit cy-après.

Maintenant fault retourner au traitté de mariage d'entre le roy Louis et madame Marie d'Angleterre. Après que les choses furent ainsi accordées, le Roy s'approcha de la Picardie, pour recevoir sa femme future, et, arrivé qu'il fut à Abbeville, qui estoit environ le dixiesme jour d'octobre 1514, envoya monsieur d'Angoulesme à Boulongne, pour recueillir ladite dame Marie, et aveques luy le duc d'Alançon, le duc de Bourbon, le comte de Vendosme, le comte de Sainct-Pol et le comte de Guise, et la pluspart des princes et noblesse qui estoient près de luy. Auquel lieu de Boulongne estant arrivée, madite dame Marie fut par lesdits seigneurs recueillie magnifiquement, et conduite en grand triomphe jusques à Abbeville, où le Roy alla au devant d'elle, puis, le lendemain, l'espousa en grande solennité en une église qui est sur la place où l'on vent les denrées. Ce faict, se retira vers Paris, pour faire couronner ladite Royne à Sainct-Denis, et faire son entrée à Paris. Et estoient venus pour accompagner madite dame Marie, plusieurs princes et grands seigneurs d'Angleterre, et, entre autres, le millor marquis d'Orset, et le duc de Suffolc qui n'estoit pas homme de grande maison, mais favory et avancé du roy Henry d'Angleterre, pour ses vertus ; de sorte qu'il luy avoit donné le duché de Suffolc, l'ayant osté à ceux de la maison de Pole, ainsi que j'ay ci-devant déclaré.

Le Roy, se voyant en patience avec l'Anglois, délibéra de dresser une armée pour au printemps reconquérir son duché de Milan, dont il donna la charge au duc de Bourbon, laquelle il avoit refusée quand le seigneur de La Trimouille y alla, parce que l'armée luy sembloit trop foible pour une telle conqueste, ainsi qu'il apparut à la roupte dudit seigneur de La Trimouille. Et pour exécuter ladite entreprise, feit tirer d'Allemagne quinze ou seize mille lansquenets, soubs la charge de plusieurs capitaines, et entre autres du comte Wolf et du capitaine Brandhec ; puis envoya mondit seigneur de Bourbon devant, à Moulins, pour tousjours faire acheminer la gendarmerie. Mais le temps ne luy donna loisir de parachever sadite entreprise ; car, le premier jour de janvier, environ minuict, 1514, il rendit l'ame à Dieu en sa maison des Tournelles, à Paris : dont le corps fut porté en l'église Nostre-Dame, et de là à Sainct-Denis, auquel lieu, accompagné de tous les princes de son sang, fut en grandes pompes funèbres inhumé, ainsi qu'avoient accoustumé ses prédécesseurs. Après sa mort, on eut quelque souspeçon que la royne Marie fust grosse ; mais soudain on fut asseuré du contraire par le raport d'elle-mesme.

Il eut de grandes adversitez en ses jeunes ans : estant duc d'Orléans, il perdit la bataille en Bretaigne, à Sainct-Aulbin, et fut emprisonné en la grosse tour de Bourges, long-temps ; puis (le roy Charles huictiesme estant allé à Naples) il fut assiégé devant Noare en telle extrémité, qu'il fut contraint de menger chiens et rats, et moururent beaucoup de ses soldats de faim et pauvreté, jusques à ce que ledit roy Charles, retournant de Naples, le mist en liberté. Quand il vint à la Couronne, ceux qui l'avoient suivy en son adversité luy voulurent persuader de se venger de ceux qui, du vivant dudit roy Charles, luy avoient faict la guerre au nom du Roy, mesmes de messire Louis de la Trimouille, qui le deffeit et print prisonnier à Sainct-Aulbin, estant lieutenant du Roy : il feit response que ce n'estoit à un roy de France de venger les injures faictes à un duc d'Orléans, et que s'ils avoient servy le Roy contre luy, ils feroient le semblable pour luy estant Roy.

Advènement du roy François à la Couronne.

[1515.] A ce bon Roy, lequel fut appellé Père du peuple, succéda François, duc de Valois et comte d'Angoulesme, lequel, ayant receu telle succession, voulut user du conseil des princes de son sang et autres serviteurs du feu roy, et n'en désapointa un seul, mais les maintint en leurs estats; et pour cest effect les manda venir devers luy, et par leur opinion fut conclu qu'il partiroit pour aller à Reims se faire sacrer, ce qu'il feit. Et fut sacré environ le vingt-cinquiesme dudit mois de janvier 1514. Puis estant de retour à Paris, ayant fait son entrée et le tournoy en la rue de Sainct-Antoine, ainsi qu'ont accoustumé faire les autres Rois, auquel tournoy menoient les tenans le duc d'Alançon, le duc de Bourbon et le comte de Vendosme, il voulut mettre aux estats et affaires de son royaume. Premièrement, feit Antoine du Prat, pour lors premier président en la cour de parlement de Paris, son chancelier, parce que au décez du roy Louis il n'y avoit qu'un garde des saulx, nommé maistre Estienne Poncher, évesque de Paris, et depuis archevesque de Sens. Puis après, feit le duc de Bourbon son connestable, le comte de Vendosme, gouverneur de l'Isle-de-France, monsieur de Lautrec, gouverneur de Guienne; le seigneur de La Palisse, qui estoit grand maistre, le feit mareschal de France; et monsieur de Boisy qui avoit esté son gouverneur en sa jeunesse, le feit grand maistre, luy baillant la principale superintendence de ses affaires, et avecques luy Fleurimond Robertet, principal secrétaire. Et avoit, ledit seigneur Roy, deux jeunes hommes fort ses favoris, à sçavoir Anne, seigneur de Montmorency, et Philippe Chabot, seigneur de Brion, qui depuis ont eu grand crédit en ce royaume.

Pendant ces choses, le Roy, désirant faire le voyage qu'avoit entrepris le feu Roy, de la conqueste du duché de Milan, délibéra de renouveler les alliances qu'il avoit aux princes et potentats ses voisins. Et premièrement renouvela la paix faicte entre le feu Roy et le roy d'Angleterre, moyennant laquelle luy renvoya madame Marie, vefve du feu roy Louis, avecques un douaire de soixante mille escus tous les ans; laquelle Marie le roy d'Angleterre donna en mariage au duc de Suffolc, pour l'amitié qu'il luy portoit. Or avoit ledit roy Louis, par accord faict avecques les Vénitiens, renvoyé messire Barthélemy d'Alvienne, leur général, pris à la bataille de Pandin (1), et messire André Grity, leur providadour, pris à Bresse, avecques certaines conditions, lesquelles le Roy confirma. Et furent les conditions telles : les Vénitiens estoient tenus de secourir le Roy à la conqueste et conservation de son duché de Milan, et aussi le Roy les devoit secourir et assister à conquérir les terres que l'empereur Maximilian leur usurpoit, comme Bresse, Véronne et autres places.

Durant que ces choses se traittoient, vint à Paris devers le Roy le comte de Nansau, ambassadeur de la part de Charles d'Autriche, pour luy faire les foy et hommages des contez de Flandres et Artois, et autres terres tenues de la couronne de France, ce qu'il feit. Et, quand et quand, pour plus grande seureté d'amitié entre les deux princes, fut pourparlé du mariage dudit Charles d'Autriche avecques madame Renée, fille du feu roy Louis, et sœur de la Royne; et pour la conclusion de cest effect, fut envoyé monsieur de Vendosme ambassadeur devers ledit prince Charles d'Autriche, accompagné de maistre Estienne Poncher, évesque de Paris et depuis archevesque de Sens, du seigneur de Jenlis et du seigneur Descheney. Lequel comte de Vendosme, prenant son chemin par le païs de Hénault, traversant le pays de Breban, arriva environ la Sainct-Jean, qui estoit l'an 1515, à La Haye en Hollande, où il trouva ledit prince, auquel lieu fut conclu le mariage (2); et outre, pource que le prince tenoit le comte de Nansau fort son familier, fut aussi conclu le mariage dudit comte de Nansau avecques la sœur du prince d'Orenge, laquelle estoit à la cour de France. Et vint le comte de Nansau accompagner monsieur de Vendosme, depuis La Haye en Hollande jusques à la Fère-sur-Oize : auquel lieu fut amenée ladite princesse d'Orenge par le seigneur de Givery et madame de Mailly de Picardie; et là fut consommé le mariage.

Pour vous dire ce que j'apris en ce voyage que feit monseigneur de Vendosme, et de la façon dont estoit instruit ledit prince d'Espagne, le seigneur de Chièvres, que je vous ay dit cy-devant, avoit esté par le roy Louis ordonné gouverneur dudit prince, approuvé par les bonnes villes de Flandres, le nourrissoit alors, encores qu'il n'eust attaint le quinzième an de son aage, en telle sorte que tous les pacquets qui venoient de toutes provinces luy estoient présentez, encores qu'il fust la nuict, lesquels après avoir

---

(1) La bataille d'Aignadel.

(2) Ce traité, signé le 31 mars 1515, portait, entre autres conditions, que la succession future de l'Espagne serait assurée à Charles, et que la Navarre serait restituée à la maison d'Albret.

veus, les rapportoit luy-mesme en son conseil, où toutes choses estoient délibérées en sa présence. Et un jour estant le seigneur de Jenlis demouré ambassadeur près la personne dudit prince de par le Roy, et moy demouré par commandement de mondit sieur de Vendosme avec ledit sieur de Jenlis, le seigneur de Chièvres donnoit à souper audit de Jenlis, où, estans entrez en propos, monsieur de Jenlis dist audit de Chièvres qu'il estoit estonné dequoy il donnoit tant de travail à l'esprit de ce jeune prince, veu qu'il avoit le moyen de l'en soulager. Le seigneur de Chièvres luy respondit : « Mon cousin, » je suis tuteur et curateur de sa jeunesse ; je » vueil, quand je mourray, qu'il demoure en » liberté ; car, s'il n'entendoit ses affaires, il » faudroit après mon décez qu'il eust un autre » curateur, pour n'avoir entendu ses affaires et » n'avoir esté nourry au travail, se reposant » tousjours sur autruy. »

Alors que ces choses se faisoient, le Roy estoit à Amboise, qui faisoit en toute diligence marcher son armée à Lion, auquel lieu de Lion il se trouva environ la fin de juillet, que mondit seigneur de Vendosme le vint trouver pour luy faire rapport de sa négociation. Aussi le roy Ferrand d'Arragon traitta avecques le roy, craigant que les forces que le Roy préparoit pour Italie ne tournassent sur luy, pour reconquérir le royaume de Navarre par luy nouvellement usurpé. Estant le Roy à Lion, ordonna de la forme que marcheroit son armée : à monseigneur de Bourbon bailla son avant-garde à mener, et avecques luy François monsieur de Bourbon son frère, nouvellement duc de Chastellerault ; le mareschal de Chabonnes ; le prince de Tallemont, fils de messire Louis de La Trimouille ; le seigneur Jean-Jacques Trévoulce, mareschal de France ; le seigneur Bonnivet, le seigneur d'Imbercourt ; le seigneur de Telligny, sénéschal de Rouargues ; le baron de Béard, le comte de Sanxerre et plusieurs autres capitaines de gens-d'armes. Quant aux gens de pied, y estoit le seigneur de Pètre de Navarre, que le Roy avoit mis en liberté, ayant esté pris prisonnier à la bataille de Ravenne, estant général de l'infanterie espagnolle ; et le délivra le Roy sans rançon, luy baillant charge de six mille Gascons. Outre, le Roy y ordonna quatre mille François, soubs la charge de huict capitaines ayant chacun cinq cens hommes : c'est à sçavoir, le seigneur de Lorges, Pirault de Maugeron, Richebourg, Lortel, le petit Lainet, Onatilleu, Hercules de Dauphiné, et le capitaine Commarque, avec le nombre de huict à neuf mille lansquenets. Le Roy menoit la bataille, accompagné du duc de Lorraine, du duc de Vendosme, du comte de Sainct-Pol, du seigneur d'Orval, de messire Louis seigneur de La Trimouille, du duc d'Albanie, du bastard de Savoye, de messire Odet de Foix, seigneur de Lautrec, du capitaine Bayart, auquel le Roy fist cest honneur de vouloir recevoir de sa main l'ordre de chevalerie le jour de la bataille, et de plusieurs autres capitaines de gendarmerie : et Charles duc de Gueldres, capitaine général de tous les lansquenets, et le comte de Guise, son neveu, et frère de monseigneur de Lorraine, devoient estre à pied avecques ledit duc de Gueldre son oncle. L'arrière-garde fut baillée à monseigneur d'Alançon, avecques bon nombre de gendarmerie et gens de pied.

A l'heure que le Roy arriva à Grenoble, estoit desjà monseigneur de Bourbon entré dedans les estappes tirant le chemin d'Ambrun : parquoy, après qu'il eut laissé l'administration et gouvernement de son royaume à madame Louise de Savoye, sa mère, il suivit mondit seigneur de Bourbon jusques à Ambrun, où, arrivé qu'il fut, eut advertissement comme Prospère Colonne, grand capitaine romain, qui estoit venu avecques quinze cens chevaux envoyez par le pape Léon au secours des Suisses, estoit logé au pied des montagnes dedans le Piedmont, ne se doubtant de rien, parce que les Suisses tenoient tous les destroits et passages des montagnes. Mais il fut rapporté par quelques bonnes guides, qui estoient à messire Charles de Soliers, seigneur de Morette, qu'il y avoit un passage près de Rocque Esperviere, auquel les Suisses ne faisoient point de garde, parce qu'on n'y avoit jamais veu passer gens de cheval, et que par-là on pourroit surprendre ledit Prospère Colonne. Ledit rapport faict, le Roy despescha le mareschal de Chabannes, le seigneur d'Imbercourt, le seigneur d'Aubigny, le seigneur de Bayard, le seigneur de Bussy d'Amboise et le seigneur de Montmorency, pour lors lieutenant de la compagnie du grand-maistre de Boisy, pour exécuter ladite entreprise soubs la conduite dudit seigneur de Morette et de ses guides : ledit seigneur de Morette mettoit en avant que, au cas qu'ils faillissent à leur entreprise, ils avoient moyen d'eux retirer à Fossan ou à Savillan, attendans que nostre armée passeroit.

Estans noz gens descendus à la plaine, sans allarme, furent advertis que ledit Prospère et sa cavalerie estoient à Villeneufve-de-Soliers ; parquoy prindrent ledit chemin. Auquel lieu arrivez, trouvèrent qu'ils estoient deslogez, et estoient allez à Villefranche, qui est une petite ville assise sur le Pau, à deux milles de là ; mais il estoit jour, et falloit passer la rivière du Pau, et n'y avoit pont près de là qu'audit lieu de Villefranche. Sur ces difficultez, un guide se feit fort de les faire passer à gué un mille au-dessoubs de Villefranche, ce qu'il feit. Le seigneur d'Imbercourt, qui avoit charge des coureurs, arriva à la porte de Villefranche sur l'heure du disner. Quelques-uns estans dedans la ville, voyans approcher lesdits gens de cheval, coururent pour fermer les portes; mais deux hommes-d'armes dudit d'Imbercourt, l'un nommé Beauvais-le-Brave, normant, et l'autre Hallancourt, picard, donnèrent contre la porte à bride abbatue, de cul et de teste; de sorte que iceluy Hallancour, du choq de son cheval, tomba dedans les fossez : si est-ce qu'il esbranla ceux qui vouloient fermer la porte, tellement que Beauvais eut loysir de jetter sa lance dedans la porte, et empescha qu'elle ne peust soudain estre fermée; car incontinant arriva le seigneur d'Imbercourt, lequel, mettant pied à terre, força la porte. Pendant ce temps arriva le mareschal de Chabannes et tout le reste, qui entrèrent tous à cheval dedans la ville, où fut surpris ledit Prospère Colonne estant à table; lequel, pour sauver sa vie, bailla sa foy audit seigneur d'Aubigny. Finablement ils furent tous pris en disnant, et se trouvèrent des chevaulx du royaume de Naples gaignez, de mille à douze cens. Ce faict, noz gens, craignans les Suisses qui estoient à Cosny, avec leurs prisonniers et chevaulx se retirèrent à Fossan, attendans le passage de nostre armée.

Les Suisses, advertis que les François estoient passez en la plaine, et leur cavalerie deffaicte, et que le Roy avoit déjà gaigné le hault de la montagne au-dessus de Sainct-Pol, par un lieu où jamais armée n'avoit passé, abandonnèrent Cosny et tous les passages, pour se retirer vers Milan, se venant joindre avecques eux le cardinal de Sion, qui estoit à Pignerol avec une partie des forces, estant en ladite armée légat du Pape et député de Maximilian esleu Empereur. Parquoy le Roy sans empeschement paracheva son passage et vint loger audit lieu de Cosny, dont les Suisses estoient délogez le jour précédant. Pendant ce temps, messire Emar de Prie, envoyé du Roy par autre costé, avec l'ayde des Genevois, prit la ville d'Alexandrie, et la mist en l'obéissance du Roy, par le moyen d'aucuns de la part de Guelfe, qui estoient dedans. Le Roy, voyant toutes choses prospérer en son entreprise, marcha de Cosny droit à Carmagnolles, de Carmagnolles à Moncallier, auquel lieu il passa le Pau, où vint au-devant de luy le duc de Savoye, son oncle, frère de madame Louise de Savoye, sa mère, qui estoit demeurée régente en France; lequel le conduisit à Thurin, où il fut reçeu en grande magnificence. Puis, sans faire séjour, marcha droit à Chivas, dont les Suisses ne faisoient que desloger, ayans saccagé la ville et bruslé le chasteau; et de là à Vercel, qui estoit le chemin que prenoient les Suisses pour leur retraitte, ne leur donnant le loisir de reprendre leurs esprits, jusques à ce qu'il les eust remis dedans la ville de Milan. Le Roy, partant de Vercel, s'en alla à Noare, dont luy furent présentées les clefs et l'obéissance; et d'icelle fut fait gouverneur le mareschal de Chabannes. Auquel lieu arrivèrent les bandes noires, qui estoient six mille Allemans, nourris et aguerris ensemble depuis vingt ans, que le duc de Gueldres avoit amenés au service du Roy : dequoy avoit la charge, soubs ledit duc, le seigneur de Tavennes, son lieutenant. Ayant doncques le Roy recueilly toutes ses forces ensemble, print le chemin de Marignan.

Durant ce temps, par le moyen du duc de Savoye et du bastard de Savoye (1), se brassait un appointement entre le Roy et lesdits Suisses, lequel fut tellement démené qu'il fut conclu. Et estoit tel, que le Roy leur fournissoit comptant une grosse somme de deniers qu'ils disoient leur estre deus, tant par le feu Roy que ses prédécesseurs, pour les services qu'ils leur avoient faicts, et mesmes par le traitté de Dijon faict par le seigneur de La Trimouille; moyennant lesquels deniers ils remetteroient entre les mains du Roy le duché de Milan, et le Roy donnoit soixante mille ducats de pension à Maximilian Sforce, pour lors usurpateur dudit duché. Et pour trouver lesdits deniers, fut prise toute la vaisselle, tant des princes que des gentilshommes particuliers, avec tout l'argent qu'ils pouvoient avoir, leur laissant seulement dequoy faire leur despense de huict jours. Le duc de Gueldres, voyant la paix conclue, et ayant nouvelles que les Brabançons estoient entrez en ses païs, prenant congé du Roy, laissa sa charge au comte de Guise, son nepveu, et print la poste pour aller secourir ses subjets; mais arrivé à Lion, estant adverty que la bataille se donnoit, en print tel ennuy, qu'il en tomba en fièvre continue, dont il fut en danger de mort. Estant ledit traitté conclu, et les deniers mis ensemble, furent ordonnez le seigneur

---

(1) René, frère naturel de la mère du Roi. Il était fils de Philippe, duc de Savoie, et de Bonne de Romagne, maitresse de ce prince. (Voyez Guichenon, *Histoire de Savoie.*)

de Lautrec et le bastard de Savoye avec quatre cens hommes-d'armes, pour porter lesdits deniers à Bufferolle, auquel lieu se devoient trouver les députez de par les ligues, pour recevoir lesdits deniers. Et le Roy, pensant que, suivant le traitté, luy deust estre livrée la ville et le chasteau de Milan, marcha jusques auprès de Saincte-Brigide, sur la grande estrade milanoise, auquel lieu il se logea, espérant le lendemain aller loger à deux milles près de Milan. Or estoit l'armée du Pape conduitte par le magnifique Laurens de Médicis, nepveu dudit Pape, à Plaisance, et l'armée du roy d'Espagne, conduitte par Dom Raimon de Cardone, qui est celuy qui estoit chef de l'armée espagnolle à la journée de Ravenne, près dudit lieu de Plaisance sur la rivière du Pau; lesquels, encores qu'ils fussent fort sollicitez, tant du duc Maximilian que du cardinal de Sion, de se venir joindre avec les Suisses, n'y voulurent jamais consentir, pour deux occasions : l'une, que l'un ne se fioit de l'autre; car le seigneur Laurens craignoit que Dom Raimon, attendu les dissimulations dont il usoit, eust commandement du Roy son maistre d'ainsi le faire, ayant quelque traitté secret avecques le Roy : aussi Dom Raimon avoit doubte dudit Laurens de Médicis, à cause que plusieurs ambassadeurs estoient allez devers le Roy de la part du Pape; et tous deux aussi en général craignoient d'entrer entre l'armée du Roy tant gaillarde, et celle des Vénitiens qu'amenoit le seigneur Barthélemy d'Alvienne, qui nous donna grand avantage.

Les Suisses estans prests à despescher leurs députez pour aller à Bufferolle, furent par le cardinal de Sion dissuadez de ce faire, et persuadez de rompre et faulser leur foy, leur remonstrant qu'estant le Roy asseuré du traitté de la paix, auroit laissé son armée en nonchalloir, et mesmes que le Roy, sur ladite asseurance, avoit contremandé Barthélemy d'Alvienne, qui estoit à Laudes avec l'armée vénitienne, de ne passer outre : parquoy, partans à l'improviste, feroient deux effets : l'un passant audit Bufferolle, pourroient ravir l'argent que monsieur de Lautrec y avoit porté, et quand et quand venir donner la bataille au Roy, luy ne se doubtant d'aucun ennemy, ayant séparé d'avecques luy ses forces, comme l'armée vénitienne et les quatre cens hommes-d'armes qu'avoit mené mondit seigneur de Lautrec. Mais ledit seigneur de Lautrec, adverty par ses espies de la délibération faicte par les Suisses, se meit hors du chemin avec les deniers, et se retira à Galléras; parquoy les Suisses ne trouvans ce qu'ils cherchoient, passèrent outre pour exécuter leur entreprise sur le Roy.

Le jeudy, tréziesme de septembre, jour de Saincte Croix 1515, environ deux heures après midy, vindrent donner sur nostre avant-garde, de laquelle avoit la conduitte le duc de Bourbon, connestable de France; mais ils trouvèrent ledit connestable en armes, lequel, à ceste première abordée, les recueillit vigoureusement, mais non sans perte; car il entra un effroy en un des bataillons de noz lansquenets, tel, qu'ils s'esbranlèrent pour se mettre à vau de roupte, ayans mis en leur opinion que le traitté que le Roy avoit faict avecques les Suisses estoit demouré en son entier, et que ce qui se faisoit estoit une fainte pour les vouloir livrer entre les mains des Suisses, leurs anciens ennemis; mais, voyans la gendarmerie qui soustint l'effort des ennemis, reprindrent asseurance telle, qu'ils retournèrent au combat, voyans aussi le Roy qui marchoit avec les bandes noires, coste à coste de son artillerie. A ladite charge fut tué François monsieur de Bourbon, le seigneur d'Imbercourt, le comte de Sauxerre, et plusieurs autres gens de bien. Et dura le combat jusques à la nuict, qui fut si obscure, mesmes à cause de la grande poulcière que faisoient les deux armées, que nul ne cognoissoit l'autre, et mesmes que les Suisses portoient pour leur signal la croix blanche, aussi bien que les François, ne portans pour différence sinon une clef de drap blanc chacun en l'espaule ou en l'estomac; et pour mieux surprendre nostre armée, n'avoient porté aucuns tabourins, mais seulement des cornets pour se rallier; et fut la chose en tel désordre, pour l'obscurité de la nuict, qu'en plusieurs lieux se trouvèrent les François et les Suisses couchez auprès les uns des autres, des nostres dedans leur camp, et des leur dedans le nostre; et coucha le Roy toute la nuict, armé de toutes ses pièces (hors mis son habillement de teste), sur l'affust d'un canon.

Le jour venu qu'on se recognut, chacun se retira soubs son enseigne; et commença le combat plus furieux que le soir; de sorte que je vey un des principaux bataillons de noz lansquenets estre reculé plus de cent pas, et un Suisse, passant toutes les batailles, vint toucher de la main sur l'artillerie du Roy où il fut tué, et sans la gendarmerie qui soustint le faix, on estoit en hazard. A ladite bataille fut tué messire François de La Trimouille, prince de Tallemont, seul fils du seigneur de La Trimouille, le seigneur de Bussy d'Amboise, et le sieur de Roye et plusieurs autres. Aussi fut blessé en deux ou trois endroits, de coups de picque, le cheval de monseigneur de Vendosme; le comte de Guise, qui estoit demeuré général de tous les Allemans, estant au premier rang, fut porté par terre; mais un sien escuyer de service, nommé l'escuyer Adam, natif d'Allemagne, voyant son maistre de tous costez battu à coups de picques et de hallebardes, se jetta sur sondit maistre, portant les coups que son maistre eust portés; pendant lequel temps les Suisses furent reboutez et ledit de Guise secouru, et par un gentilhomme de la maison du Roy, nommé le capitaine Jamais, escossois, fut porté hors de la presse; dequoy il avoit grand besoing, tant pour les coups qu'il avoit receus, que pour le nombre d'hommes qui avoient passé par dessus luy, tellement que à grande peine avoit-il la puissance de respirer. Environ les neuf heures du matin, les Suisses, pour divertir nostre armée, jettèrent une trouppe d'hommes à leur main gauche, pour, par une vallée, venir donner par derrière sur nostre bagage, espérans nous faire tourner la teste, et par ce moyen nous deffaire; mais ils furent rencontrez par monsieur le duc d'Alançon, avecques nostre arrière-garde, lequel les deffit: desquels une partie, s'estant retirée dedans un bois, fut toute tuée par les Gascons, desquels avoit la charge le seigneur Pètre de Navarre, et les arbalestriers à cheval, desquels avoit le petit Cossé cent soubs sa charge, et le légat Maugeron cent.

Le seigneur Barthélemy d'Alvienne, le jour précédent, estant adverty de l'entreprise des Suisses, qui avoient rompu leur foy, partit de Laudes avecques son armée, venant toute nuict, en espérance d'arriver d'heure à la bataille; lequel fit telle diligence, qu'environ les dix heures du matin arriva au combat avecques la cavalerie, estant suivy de loing de ses gens de pied; mais le fils du comte de Pétillane, jeune homme désirant de long-temps se trouver au combat pour le service du Roy, fit une charge sur les Suisses, qui estoient sur leur retraitte où il fut tué et plusieurs avec luy. Les Suisses, qui pouvoient estre au commencement en nombre trente-cinq mille hommes, ne pouvans plus soustenir le faix du combat, ayans perdu la pluspart de leurs capitaines, et le combat ayant duré deux jours, perdirent le cueur et se mirent en roupte; un bon nombre d'iceux se retira dedans le logis de monsieur de Bourbon, où, ne se voulans mettre à la mercy du Roy, le feu fut mis, et furent tous bruslez, et de noz gens parmy qui estoient entrez pesle-mesle pour les deffaire; et entre autres, Jean de Mouy, seigneur de La Milleraye, qui portoit la cornette du Roy, y mourut; autres se retirèrent au chasteau de Milan, autres droit en Suisse, parce que le Roy, se voyant avoir eu la victoire, se contenta de les laisser aller. Et y mourut des Suisses de quatorze à quinze mille, et des meilleurs capitaines et hommes qu'ils eussent et plus aguerris. Vous avez entendu comme le cardinal de Sion avoit amené les Suisses au combat: or les avoit-il accompagnez, avecques cinq ou six cens chevaux, jusques à la première charge; mais, ayant trouvé nostre armée en estat, chose qu'il n'avoit espéré, s'enfuit dez le soir, avecques toute sa cavalerie, prenant le chemin de Milan, où, arrivé qu'il fut, voyant la ville mutinée et les Suisses pareillement, tant pour la perte qu'ils avoient faicte que pour le payement de trois mois qui leur estoit deu, s'enfuit en Allemagne devers l'empereur Maximilian.

Ayant le Roy obtenu une si glorieuse victoire, en son age de vingt et un an, après avoir remercié Dieu, délibéra d'aller loger le lendemain à deux milles de Milan: auquel lieu luy furent apportées les clefs de la ville; mais il ne fut d'advis de si tost y entrer, parce que Maximilian Sforce, avecques quatre mille Suisses, estoit dedans le chasteau. Parquoy fut conclu que le Roy n'entreroit dedans la ville que le chasteau ne fust en son obéissance; et fut envoyé monsieur de Bourbon avecques l'avant-garde, loger dedans Milan et assiéger ledit chasteau; puis, ayant mis ordre au siége, y fut laissé le sieur d'Aubigny, et se retira ledit Bourbon devers le Roy; et le Roy, avecques le reste de son armée, s'en alla à Pavie, où luy fut faicte toute obéissance. Pendant qu'il fut audit lieu de Pavie, le comte Pètre de Navarre, auquel le Roy et monsieur de Bourbon avoient donné la principale charge de l'assiégement, en peu de jours tira l'eau hors des fossez et les mist à sec, entreprenant de le miner, car il estoit fort expert; et en peu de temps fit voller une casemate qui estoit à main droicte en entrant, à la porte dudit chasteau, devers la place de la ville, vers la porte Comoise. Ayant doncques levé le flanc que faisoit ladite casemate, commença avecques taudis à miner soubs la muraille: faisant lesdites mines et estant dedans le fossé, ledit Pètre de Navarre sortit de dessoubs les taudis qui estoient le long du mur, pour recognoistre quelque chose: lors ceux qui estoient à nostre artillerie, voyans un peu de l'avant-mur encore debout, tirèrent une vollée d'artillerie; ledit avant-mur, de cas fortuit, tomba sur ledit Petre de Navarre, et accabla ledit Pètre soubs les ruines, dont fut rapporté en son logis, estant en danger de mort.

Le duc Maximilian et les Suisses, qui dedans estoient assiégez, se voyans hors d'espérance et de secours, et mesmes que le Roy estoit sur le traitté d'appointement avec messieurs des ligues, se désespérèrent de pouvoir tenir ladite place, encores que l'empereur Maximilian leur promist les secourir : mais enfin, après plusieurs parlemens entre eux et monsieur de Bourbon, par le commandement du Roy, les traittez se portèrent de sorte, que les Suisses s'en iroient en leur païs, leurs bagues sauves, et le duc Maximilian remettroit entre les mains du Roy ledit chasteau avecques celuy de Crémone et toutes les autres places qu'il tenoit, luy cédant le droict par luy prétendu audit duché, et qu'il s'en iroit en France ; et le Roy lui feroit, sa vie durant, soixante mille ducats de pension, et feroit sa demeure au royaume de France, au lieu qui luy seroit le plus agréable. Toutes les choses susdites furent parachevées, et fut envoyé ledit Maximilian en France ; et pour l'acompaguer, luy furent baillez le seigneur de Mauléon, frère du seigneur de La Trimouille, l'escuyer Francisque, comte de Pontrème, et plusieurs autres gentilshommes.

Ce fait, le Roy feit son entrée, en armes, à Milan, ayant en sa compagnie les princes de son sang, tels que monseigneur le duc d'Alançon, le duc Charles de Bourbon, connestable de France ; Charles de Bourbon, comte de Vendosme ; François de Bourbon, comte de Sainct-Pol, et le duc de Lorreine ; et Claude de Lorreine, comte de Guise, et toute la noblesse qu'il avoit amenée de France (hormis ceux qui estoient demourez à la bataille), et dix-huit cens hommes d'armes, et sa maison, l'armet en teste ; et tous les pentionnaires, dont avoit la charge Louis de Bourbon, prince de La Roche-sur-Ion, oncle de monseigneur de Vendosme ; avecques vingt-quatre mille hommes de pied, tant françois qu'allemans, marchans en bataille, tous en armes, jusques au dôme, où le Roy descendit pour faire son oraison, et de là fut conduit par ladite compagnie jusques en son logis. Ayant le Roy en son obéissance tout l'Estat de Milan, se retira à Vigève, où luy vint faire la révérence le marquis de Montferrat et madame la marquise sa femme, sœur du duc d'Alançon. Et, audit lieu, envoyèrent devers luy tous les princes et potentats d'Italie, et mesme le pape Léon, qui luy avoit esté ennemy, pour faire alliance. Et furent traitées les choses entre le Pape et le Roy, en sorte qu'il fut pris jour de se trouver à Boulongne-la-Grasse, pour là vuider tous leurs différends, et faire une bonne paix ; car tous les potentats et princes d'Italie s'estoient mis en ligue avecques le Roy, fors ledit Pape.

Durant que ces choses advindrent, le seigneur Barthélemy d'Alvienne, général de l'armée vénitienne, marcha avec son armée, pensant surprendre Bresse, ville que les Vénitiens avoient perdue les années précédentes ; mais ceux de la garde, estans advertis de leur venue, envoyèrent à Véronne devers Marc-Antoine Colonne, pour avoir secours : qui leur envoya cinq ou six enseignes, tant Espagnols que lansquenets ; dequoy ledit Barthélemy d'Alvienne adverty, changea son dessein, voulant tanter Véronne ; mais par les chemins fut surpris d'un flux de ventre, duquel, pour l'aage qu'il avoit et les grands labeurs qu'il avoit portez, ne peut longuement supporter le mal, qu'il ne rendist l'ame à Dieu ; qui fut un grand dommage, d'autant qu'il fut en son temps un grand homme de guerre et bon capitaine.

Au commencement de décembre, se trouvèrent à Boulongne le Pape et le Roy, où enfin furent d'accord. Et demeurèrent au Roy Parme et Plaisance, que desjà il avoit entre ses mains : aussi le Roy devoit donner secours au Pape pour conquérir le duché d'Urbin, usurpé (à ce qu'il disoit) par Francisque Marie, sur l'Eglise de Rome ; lequel duché le Pape avoit donné à son nepveu Laurens de Médicis. Aussi s'y trouva le magnifique Julian, frère du Pape, qui avoit espousé madame de Nemours, sœur de madame la Régente et du duc de Savoye : et se firent plusieurs autres traittez, et mesmes de l'abolition de la pragmatique sanction ; et y fut faict cardinal le frère du grand maistre de Boisy, qui estoit évesque de Constances.

Partant le Roy de Boulogne, vint à Milan, auquel lieu, après avoir mis ordre aux affaires du païs, comme d'avoir rendu aux Milanois leur sénat, leur baillant Jean de Selva, homme de bonnes lettres et de bonnes mœurs, pour premier président et vice-chancelier, et avoir ordonné le duc de Bourbon, connestable de France, son lieutenant-général en tout l'Estat de Milan, s'en retourna en France, à grandes journées, trouver madame sa mère et la Royne à Lion, où il arriva environ la Chandeleur. Pendant que le Roy revint de Boulongne à Milan, et qu'il meit ordre aux affaires dudit duché, le comte de Vendosme, le comte de Guise et l'évesque de Laon, depuis cardinal de Bourbon, et plusieurs autres grands seigneurs en leur compagnie, allèrent à Venise, où ils furent receus autant magnifiquement qu'on sçauroit escrire, et comme si c'eust esté la propre personne du Roy ; puis revindrent trouver le Roy à Milan sur son partement pour retourner en France.

Après le partement du Roy, fut faict un tournoy en la place du chasteau, où fut blessé monsieur de Sainct-Pol, d'un coup de lance dedans la veuë.

Une des occasions qui basta le Roy de retourner en France, estoit que le roy d'Angleterre, estant mal content que le Roy avoit pris en protection le jeune roy d'Ecosse, et pour cest effect avoit envoyé en Escosse Jean Stuard, duc d'Albanie, pour gouverner le jeune Roy et le royaume, lequel avoit faict mourir ou avoit banny tous ceux qu'il avoit cognu porter faveur au roy d'Angleterre, et mesmes la Roine mère du Roy, sœur dudit Roy. A ceste occasion, le Roy, craignant qu'en son absence ne se remuast quelque chose à son préjudice de ce costé-là, fut conseillé de se retirer en son royaume; aussi il ne s'asseuroit guères de la foy du roy Ferrand, lequel légèrement changeoit d'opinion quand il cognoissoit son advantage.

[1516] Séjournant le Roy au duché de Milan, après le trespas du seigneur Barthélemy d'Alvienne, fut envoyé le seigneur Jean-Jacques Trévoulce, avec l'armée du Roy et celle de la seigneurie, assiéger Bresse; puis, après quelque venue qu'eurent les Vénitiens à leur désavantage, par une saillie que firent ceux de la ville, le Roy leur envoya de renfort le bastard de Savoye, son oncle maternel, avec trois cens hommes-d'armes, et le seigneur de Pètre de Navarre avec six mille Gascons. Enfin les assiégez conclurent que si devant vingt jours ils n'estoient secourus, ils s'en iroient leurs bagues sauves et enseignes desployées. Estant le bastard de Savoye adverty que le comte Guillaume de Roquendolf approchoit avec une grosse armée, ayant passé les destroits des Grisons, fut conseillé de se retirer, n'ayant armée suffisante pour le soutenir: parquoy entrèrent dedans la ville six mille Allemans de secours. Puis, avant Pasques 1515, monsieur de Bourbon envoya messire Odet de Foix, seigneur de Lautrec, devant Bresse, avec nostre armée et celle des Vénitiens, où, après avoir esté long-temps logé aux environs, espérant affamer la ville, l'empereur Maximilian passa à Trente, avec seize mille haults Allemans et quatorze mille Suisses et quelque cavallerie; qui fut cause que ledit seigneur de Lautrec se retira par Crémone, avecques l'armée vénitienne et celle du Roy. Puis, cuidant garder le passage de la rivière d'Adde, le jour de Pasques, fut contraint de se retirer à Milan, où estoit monsieur de Bourbon; lequel, voyant la diligence que faisoit l'Empereur de suivre mondit seigneur de Lautrec et son armée, se ferma à Milan, avecques l'armée vénitienne, attendant secours de Souisse; et craignant n'avoir loisir de fortifier les faulxbourgs, pour la soudaine arrivée de l'Empereur et de son armée, fut résolu de ne garder que la ville, et de mettre le feu aux faulxbourgs, à ce que l'armée impérialle ne s'en peust prévaloir. Mais l'Empereur, temporisant en chemin quelque peu de temps, fut changé d'opinion, et fut baillé à chacun son quartier pour remparer; de sorte que tous lesdits fauxbourgs furent incontinant en estat pour attendre les forces de l'Empereur. Ce pendant arriva à Milan Albert de La Pierre avecques treize mille Suisses, lesquels, après avoir touché la paye, s'en allèrent; en manière que ledit Albert demoura accompagné seulement de deux ou trois cens hommes.

Or avoit ledit empereur suivy monsieur de Lautrec, pensant qu'à son arrivée nostre armée se retireroit en France, ainsi que par cy-devant estoit advenu, n'ayant les forces pour tenir la campagne, et que des deniers qu'il pourroit lever à Milan il payeroit son armée. Mais, après avoir séjourné quelques jours, et se voyant frustré de son intention, parce que ceux avec lesquels il avoit intelligence n'avoient moyen (pour l'ordre qu'y avoit donné monseigneur de Bourbon) d'exécuter leur mauvaise volonté, une nuict, au desceu de son armée, avecques deux cens chevaux, abandonna ses gens; de sorte que, devant que son camp en eust la cognoissance, il estoit à vingt milles de là. Son armée, se voyant sans chef et sans argent, se retira en grande diligence après ledit Empereur; à la suitte de laquelle sortirent le comte de Sainct-Pol, et le sieur de Montmorency et le sieur de L'Escut, lesquels en deffirent quelque nombre. Ce faict, partit ledit duc de Bourbon pour s'en retourner en France devers le Roy, laissant messire Odet de Foix, sieur de Lautrec, gouverneur du duché de Milan, et lieutenant-général dudit seigneur en Italie.

Le seigneur de Lautrec, ayant pris l'armée en main, délibéra de parachever les choses promises aux Vénitiens, et, se joignant à leur armée, alla assiéger Bresse, où il fut faict deux batteries, l'une par les François, l'autre par les Vénitiens; lesquelles furent si bien continuées, que ceux de la ville parlementèrent, à la charge que, s'ils n'estoient secourus dedans six jours, ils devoient bailler la place, s'en allans leurs bagues sauves avecques leurs armes et enseignes; et furent baillez pour hostages, de la part des assiégez, Maldonade et Dom Johan de Servillon. Le jour venu, fut quelque peu temporisé par ceux de la ville, tellement que mondit seigneur de Lautrec menaça lesdits hostages de les faire pendre ; mais enfin la ville fut rendue au Roy, suivant la capitulation, laquelle ledit seigneur de Lautrec mist entre les mains des Vénitiens, selon le traitté. Ce faict, nostre armée s'en alla hyverner au Mantouan, et l'esté subséquent alla devant Vérone ; mais, après que nous eusmes faict batteries, l'une par nous, du costé du Mantouan, l'autre par les Vénitiens, du costé de Vincence, celle du costé du seigneur de Lautrec fut fort combatue, mesmes par deux assaults, l'un du costé de la porte, l'autre à un pan de mur que mondit seigneur de Lautrec avoit faict sapper : où fut blessé d'une arquebouzade le seigneur Marc-Antoine Colonne, qui estoit chef dedans la ville pour l'Empereur ; ce nonobstant, et qu'il y eust faulte de toutes choses, jamais ne voulut parler. Aussi, sur le mois d'octobre, y entra secours, amené par le comte de Roquendolfe, de huict mille hommes qui vindrent du costé de Trente. A ceste cause, retirasmes nostre armée à Villefranche, qui est sur le bord de la muraille qui sépare le Mantouan du Véronois, pour les affamer ; et là nous faisoient les Vénitiens fournir des vivres par commissaires, durant tout l'hyver : de sorte qu'environ Noël, les Espagnols, par nécessité de vivres, nous rendirent la ville, laquelle fut pareillement mise entre les mains des Vénitiens. Ce faict, et ledit seigneur de Lautrec de retour à Milan, fut solicité par l'ambassadeur du pape Léon, d'envoyer (suivant le traitté faict à Boulongne) secours, pour jetter hors du duché d'Urbin, Francisque Marie, usurpateur dudit duché ; à quoy ledit seigneur de Lautrec ne voulut faillir, et y envoya le seigneur de Chissey avec quelque nombre de gens. Puis après y envoya pour lieutenant-général du Roi, messire Thomas de Foix, seigneur de L'Escun, son frère, et bon nombre de gendarmerie et de gens de pied françois, et ceux qui avoient la conduite desdits gens de pied, entre autres le chevalier d'Ambres, le seigneur d'Aussun, le seigneur de Saint-Blimond, picard, et plusieurs autres capitaines. Arrivé que fut ledit seigneur de L'Escun au duché d'Urbin, feit telle diligence, qu'en peu de jours il meit ledit duché en son obéissance ; puis on mist en possession le seigneur Laurens de Médicis, nepveu du Pape.

En ce temps, estant le Roy à Tours, vint devers luy Philippes de Clèves, seigneur de Ravastain, ambassadeur de la part de Charles d'Autriche, prince d'Espagne et comte de Flandres, pour adviser un lieu commode où les députez de leurs deux Majestez pourroient convenir ensemble pour faire une fin à tous leurs différens et ceux de leurs alliez. Le lieu fut ordonné à Noyon, où, de la part du Roy, se trouva le seigneur de Boisy, Arthus Gouffier, grand maistre de France ; et, de la part du prince d'Espagne, Antoine de Crouy, seigneur de Chièvres ; lesquels avoient gouverné leurs maistres en leurs jeunes aages ; et, tous deux accompagnez du conseil de leursdits maistres, et de plusieurs notables personnages, audit lieu de Noyon furent faictes plusieurs conclusions entre eux, tant pour le différend du royaume de Navarre, nouvellement usurpé par le roy d'Arragon, que du différend du royaume de Naples. Enfin il fut traitté que dedans six mois le roy Catholique devoit rendre le royaume de Navarre à monseigneur Henry d'Alebret, lequel avoit esté usurpé sur son père par le roy d'Arragon, grand-père maternel dudit roy Catholique, ou bien récompenser ledit roy de Navarre dedans ledit temps, à son contentement. Quant au royaume de Naples, ledit Charles d'Autriche en devoit faire une pention (ce me semble) de cent cinquante mille ducats. Mais il ne s'est rien faict ny de l'un ny de l'autre. Et là fut conclu le mariage entre ledit Charles d'Autriche et Louise, fille aisnée du Roy, encores que par cy-devant eust esté traitté le mariage de luy et de madame Renée de France, sœur de la Roine. Et pour jurer lesdits traittez faits à Noyon, fut envoyé, de la part dudit Charles d'Autriche, le comte du Reu, grand-maistre d'Espagne, lequel trouva le Roy à Paris, qui envoya son ordre audit prince Charles d'Autriche, et ledit prince le sien au Roy, pour signe d'amitié. Et fut conclu une veuë entre les deux princes, à Cambray.

[1517] Au mesme temps mourut (1) Ferdinand, roy d'Arragon, qu'on appeloit Jean Grippon (2), ayeul maternel de Charles d'Autriche ; parquoy ledit Charles, pour recueillir la succession, s'embarqua pour aller en Espagne, qui fut cause de rompre l'entrevuë des deux princes. A ceste occasion, le Roy, qui se préparoit pour aller à Cambray, changea son dessein, et reprint son chemin à Blois, et de Blois à Amboise ; auquel lieu, peu de temps après, accoucha la roine Claude, de son fils aisné, au mois de février 1517, lequel le seigneur Laurens de Médicis, nepveu du pape Léon, au nom dudit pape, tint sur les fons, et fut nommé François. Audit baptesme, furent faictes les plus grandes magnificences, tant en joustes, escar-

---

(1) Ferdinand était mort le 22 février 1516.

(2) Sobriquet donné par les Français à Ferdinand.

mouches, batailles faintes, qu'assiégemens de places, qu'on eût veu du vivant des hommes. Le Roy, pour confirmer l'amitié entre ledit Pape et luy, donna à Laurens de Médicis, duc d'Urbin, en mariage une sienne cousine, fille et héritière du feu comte de Boulongne et de la sœur de feu François de Bourbon, comte de Vendosme, qui estoit mort à Vercel, au retour du roy Charles de Naples. Audit baptesme, vint présenter son service au Roy le prince d'Orenge, en grand équippage; lequel s'en alla mal content, et se retira au service de Charles d'Autriche, roy d'Espagne. Peu de temps devant, le Roy fit réédifier la ville de Térouenne, et en fit gouverneur le bastard de Moreul, seigneur du Fresnoy.

En ce mesme temps ou peu après, le Roy despescha messire Gaston de Brézé, prince de Fouquarmont, frère du grand sénéschal de Normandie, avecques deux mille hommes de pied françois, desquels avoient la charge soubs luy le capitaine Piéfou, et le baron de Gondrin, gascon, et le capitaine Sainct-Blimont, picard, et le capitaine La Lande, au secours du roy de Dannemarc (1) contre le roy de Suède. Lesquels, après avoir gaigné une bataille au prouffit dudit Roy, estans enfin abandonnez des Dannemarquois, en un combat faict sur la glace, furent deffaits; et y en demeura la plus grande part, pour des arbres abatus en une forest qui empeschoient noz gens de s'aider de leurs picques, après s'estre retirez de dessus les glaces aux forests. Et entre autres y mourut le capitaine Sainct-Blimont, qui estoit vaillant homme; et n'en revint en France la moitié, qui estoient tous nuds, ayant perdu leurs armes et ruiné leurs habillemens : encores, estans abandonnez du roy de Dannemarc, pour lequel ils avoient combattu, trouvèrent moyen de trouver quelques navires passagers, par le moyen desquels ils prindrent terre en Escosse, et de là en France.

L'an 1518 (2), fut nay à Sainct-Germain-en-Laye, Henry, second fils du Roy : duquel fut parrain et le nomma par procureur, Henry huictiesme, roy d'Angleterre, de son nom, Henry.

[1519] Peu de temps après mourut l'empereur Maximilian, à l'occasion de quoy y eut de grandes menées et pratiques pour faire élection d'un empereur : aucuns désiroient le roy de France; autres, Charles d'Autriche, fils du roy Dom Philippe, qui avoit esté fils de l'empereur Maximilian décédé. Pour ceste occasion alla l'amiral de Bonnivet, en habit dissimulé, en Allemagne, ayant promesse de plusieurs des électeurs qu'ils seroient à la dévotion du Roy son maistre; mais, par la conduite de Fédéric, comte palatin, et du cardinal du Liege, frère de messire Robert de La Marche, fut ledit Charles d'Autriche, roi d'Espagne, esleu empereur à Francfort, et couronné à Aix-la-Chappelle. Ceste mesme année, messire Arthus Gouffier, seigneur de Boisy, grand maistre de France, et monsieur de Chièvres s'assemblèrent à Montpellier; l'un pour la part de l'esleu Empereur, l'autre pour la part du Roy, pour par ensemble adviser une paix finale entre leurs deux Majestez, et vuider tous leurs différens d'entr'eux et leurs alliez. Mais, après avoir convenu ensemble quelques jours, et avoir si bien acheminé les affaires, que l'on espéroit en avoir bonne issue, ledit grand maistre de Boisy tomba en une fièvre continue, de laquelle il mourut, qui fut cause que les choses encommencées ne prindrent point de fin; et s'en retourna le seigneur de Chièvres en Espagne. Ladite mort fut cause de grandes guerres, ainsi qu'entendrez cy-après; car s'ils eussent achevé leur parlement, il est tout certain que la chrestienté fust demourée en repos pour l'heure, mais ceux qui par après manièrent les affaires, n'aimèrent pas le repos de la chrestienté comme faisoient lesdits de Chièvres et le grand maistre.

Ladite année, mourut le seigneur de Piennes, surnommé de Halluin, qui estoit gouverneur et lieutenant-général du Roy en Picardie; et en son lieu le Roy bailla le gouvernement à Charles, duc de Vendosmois, et le gouvernement de l'Isle-de-France qu'avoit ledit duc, à François de Bourbon, comte de Sainct-Pol, son frère.

Ledit an, au mois de septembre ensuivant, le Roy, estant à Angiers, délibéra de faire plus estroittes alliances avec le roy d'Angleterre, voyant avoir failly de conclure avec l'esleu Empereur. Et pour cest effect, despescha messire Guillaume Gouffier, seigneur de Bonnivet, amiral de France, accompagné de grand nombre de seigneurs et gens de conseil, pour aller devers ledit roy d'Angleterre, lequel il trouva à Grenüich, maison de plaisir qu'il a sur la Tamise, trois milles au dessous de Londres. Auquel lieu fut pourpalé du mariage de François, dauphin de France, et de madame Marie, fille unique dudit roy d'Angleterre, encores que la fille eût quatre ans plus que ledit dauphin. Et après avoir séjourné audit lieu six sepmaines, et avoir esté grandement festoyé dudit seigneur Roy, tant en chasses,

---

(1) Christiern II, surnommé le *Néron du Nord*.
(2) L'abbé Lambert observe que Du Bellay ne parle pas d'une suspension d'armes arrêtée cette année-là entre tous les princes chrétiens.

festins, tournois, qu'autres deduits, s'en retourna en France, ayant arresté une estroitte alliance entre leurs deux Majestez, pour la confirmation de laquelle et dudit mariage futur, peu de temps après, le millor chamberlan et le prieur de Sainct-Jean-de-Hiérusalem, de Londres, vindrent trouver le Roy à Paris, où ils furent honnorablement recueillis et festoiez, tant du Roy que des princes de son sang. Et là fut conclu la restitution de la ville de Tournay entre les mains du Roy, laquelle avoit esté conquise par l'Anglois sur le feu roy Louis XII, dequoy desjà les propos avoient esté mis en avant par l'amiral de Bonnivet, luy estant en Angleterre : pour le rachapt de ladite ville, le Roy luy devoit fournir quatre cens mille escus, sçavoir est deux cens mille, tant pour la despence faicte à la construction de la citadelle, que pour l'artillerie, poudres et autres munitions que ledit roy d'Angleterre devoit laisser en la place ; les autres deux cens mille, pour les frais par ledit Roy faits à la conqueste de ladite ville, et pour le reste des pentions qui luy estoient deuës. Et par ce que l'argent n'estoit baillé comptant, fut baillé audit roy d'Angleterre huict gentilshommes, pour tenir hostages jusques au paiement de ladite somme, à sçavoir, quatre gentilshommes de la chambre du Roy, et quatre enfans d'honneur. Les quatre gentilshommes estoient François de Montmorency, seigneur de La Rochepot ; Charles de Mouy, seigneur de La Milleraye ; Antoine Des Prez, seigneur de Montpesat ; et Charles de Soliers, seigneur de Morette en Piémont. Les quatre enfans d'honneur estoient le fils aisné du seigneur de Hugneville, le puisné de Mortemar, et Melun et Grimault. Aussi fut accordé que jusques à ce que lesdits hostagiers seroient renduz à Calaiz en la puissance du roy d'Angleterre, ne seroit faite délivrance de ladite ville de Tournay ; mais qu'estans audit lieu de Calaiz, seroit dépesché messire Gaspart de Colligny, seigneur de Chastillon, mareschal de France, accompagné de deux cens hommes-d'armes, pour aller prendre possession de ladite ville : chose qui fut exécutée ; car, arrivant ledit mareschal de Chastillon à Tournay, luy furent livrées par les députez du roy d'Angleterre, la ville et citadelle, avec toutes les choses contenues audit traitté. Et fut receu ledit mareschal, par les habitans, en la plus grande joye que l'on eust sceu recevoir la propre personne du Roy ; et mesmes les citadins, pour monstrer l'affection qu'ils portoient au Roy, firent les feux de joye, par les cantons de la ville, des bans et scabelles sur lesquelles s'estoient assis les Anglois, donnans par là à entendre qu'ils ne désiroient jamais retomber soubz leur authorité.

L'an subséquent 1520, par le moyen de l'amiral de Bonnivet, lequel avoit le maniement des affaires du Roy depuis le trespas du grand maistre de Boisy, son frère, et du cardinal d'Iorc (1), qui avoit la superintendance des affaires du roy d'Angleterre, fut accordée une entreveuë entre leurs deux Majestez, à celle fin qu'en personne ils peussent confirmer l'amitié faicte entre eux par leurs députez. Et fut pris jour auquel le Roy se trouveroit à Ardres et le roy d'Angleterre à Guines ; puis par leurs députez fut ordonné un lieu, my-chemin d'Ardres et Guines, où les deux princes se devoient rencontrer. Ledit jour de la Feste-Dieu, au lieu ordonné, le Roy et le roy d'Angleterre, montez sur chacun un cheval d'Espagne, s'entre-abordèrent, accompagnez, chacun de sa part, de la plus grande noblesse que l'on eust veu cent ans auparavant ensemble, estans en la fleur de leurs aages, et estimez les deux plus beaux princes du monde, et autant adroits en toutes armes, tant à pied qu'à cheval. Je n'ay que faire de dire la magnificence de leurs accoustremens, puisque leurs serviteurs en avoient en si grande superfluité, qu'on nomma ladite assemblée le camp de Drap d'Or. Ayans faict leurs accollades à cheval, descendirent en un pavillon ordonné pour cest effect, ayant le Roy seulement avecques luy l'amiral de Bonnivet et le chancellier Du Prat et quelque autre de son conseil, et le roy d'Angleterre, le cardinal d'Iorc, le duc de Norfolc et le duc de Suffolc. Où, après avoir devisé de leurs affaires particulières, conclurent que audit lieu se feroient lisses et eschaffaulx, où se feroit un tournoy, estans délibérez de passer leur temps en déduit et choses de plaisir, laissans négocier leurs affaires à ceux de leur conseil, lesquels de jour en autre leur faisoient rapport de ce qui avoit esté accordé. Par douze ou quinze jours coururent les deux princes l'un contre l'autre : et se trouva audit tournoy grand nombre de bons hommes-d'armes, ainsi que vous pouvez estimer ; car il est à présumer qu'ils n'amenèrent pas des pires.

Ce faict, le roy d'Angleterre festoya le Roy, près de Guines, en un logis de bois où y avoit quatre corps de maison, qu'il avoit faict charpenter en Angleterre, et amener par mer toute faicte ; et estoit couverte de toille peinte en forme de pierre de taille, puis tendue par dedans des plus riches tapisseries qui se peurent trouver, en sorte qu'on ne l'eust peu juger autre

---

(1) Le cardinal de Volsey.

sinon un des beaux bastimens du monde : et estoit le desseing pris sur la maison des marchands à Calaiz. La maison, estant après désassemblée, fut renvoyée en Angleterre, sans y perdre que la voiture. Le lendemain, le Roy devoit festoyer le roy d'Angleterre près Ardres, où il avoit faict dresser un pavillon ayant soixante pieds en quarré, le dessus de drap d'or frizé, et le dedans doublé de velours bleu, tout semé de fleurs de lis de broderie d'or de Chypre, et quatre autres pavillons aux quatre coings, de pareille despense; et estoit le cordage de fil d'or de Chypre et de soye bleue turquine, chose fort riche. Mais le vent et la tourmente vint telle, que tous les cables et cordages rompirent, et furent lesdites tentes et pavillons portez par terre; de sorte que le Roy fut contrainct de changer d'opinion, et feit faire en grande diligence un lieu pour faire le festin, où de présent y a un boullevert nommé le boullevert du Festin. Je ne m'arresteray à dire les grands triomphes et festins qui se firent là, ny la grande despense superflue, car il ne se peult estimer : tellement que plusieurs y portèrent leurs moulins, leurs forests et leurs prez sur leurs espaules.

Après lesquels festins et tournois, le Roy se retira à Boulongne, et le roy d'Angleterre à Calaiz. Toutes gens de bon jugement ne pouvoient penser de veoir jamais inimitié entre ces deux princes; mais estant le roy d'Angleterre de retour à Calaiz, adverty comme l'esleu Empereur estoit arrivé en Angleterre, venant d'Espagne, s'embarqua et le fut trouver à Cantorbéry, puis s'en vint à Calaiz et à Gravelines, en telle fraternité comme il avoit faict avec le Roy : où fut accordé entre eux que là où le Roy et l'Empereur tomberoient en quelque différend, il seroit arbitre; et celuy qui ne voudroit tenir son arbitrage, il se pourroit déclarer contre luy; chose contraire aux accords qu'il avoit fait avec nostre Roy. Puis s'en retourna l'Empereur en Flandres, et le roy d'Angleterre en Angleterre.

[1521] Durant ce temps, le Roy print son chemin à Amboise, puis d'Amboise, sur la fin de décembre, s'en alla à Romorantin, auquel lieu estant, vint la feste des Rois. Le Roy, sçachant que monsieur de Sainct-Pol avoit faict un roy de la febve en son logis, délibéra avecques ses supposts d'envoyer deffier ledit roy de mondit seigneur de Sainct-Pol; ce qui fut fait. Et parce qu'il faisoit grandes nèges, mondit sieur de Sainct-Pol feit grande munition de pelottes de neige, de pommes et d'œufs pour soustenir l'effort. Estans enfin toutes armes faillies pour la deffence de ceux de dedans, ceux de dehors forçans la porte, quelque mal advisé jetta un tison de bois par la fenestre, et tomba, ledit tison, sur la teste du Roy; de quoy il fut fort blessé, de manière qu'il fut quelques jours que les chirurgiens ne pouvoient asseurer de sa santé : mais le gentil prince ne voulut jamais qu'on informast qui estoit celuy qui avoit jetté ledit tison, disant que s'il avoit faict la folie, il falloit qu'il en beust sa part. Soudain les choses ainsi advenues, fut publié par tout le païs de Flandres, Arthois et Espagne, que le Roy estoit mort dudit coup; autres, qui vouloient moins mentir, disoient qu'il n'estoit pas mort, mais aveugle. Parquoy le Roy, comme bien advisé, advertit tous ses ambassadeurs qui estoient aux païs estranges, qu'ils cussent à publier la vérité du faict; et mesmes manda quérir tous les ambassadeurs estrangiers qui estoient suivans sa cour, à ce qu'ils cogneussent l'estat auquel il estoit.

L'an 1521, au commencement du printemps, Henry, roy de Navarre, duquel le père avoit depuis peu de temps esté spolié de son royaume par le roy d'Arragon, grand-père maternel de l'Empereur, adverty qu'en Espagne y avoit grande division entre la noblesse et le peuple, et qu'ils estoient en armes les uns contre les autres, chercha moyen, par intelligences, de rentrer en sondit royaume. Et pour cest effect le seigneur d'Asparrot (1), frère du seigneur de Lautrec (pour la jeunesse dudit Henry qui ne pouvoit faire ladite entreprise), ayant levé jusques au nombre de cinq ou six mille Gascons, tant de ses païs qu'autres circonvoisins, et deux ou trois cens hommes-d'armes des ordonnances du Roy, entra dedans ledit royaume de Navarre, lequel, en moins de quinze jours, fut remis en son obéissance. Mais ledit seigneur d'Asparrot, par le conseil du seigneur de Saincte-Colombe, lieutenant de la compagnie du seigneur de Lautrec, ne se voulut contenter de ladite conqueste, ains voulut entrer en Espagne, soubs espérance de conquérir les Espagnes aussi aisément que le royaume de Navarre, où, pour espérance de butin, donna jusques à la Grongne. Auquel lieu, arrivé qu'il fut, ne trouvant aucune résistance, ledit de Saincte-Colombe, pour son avarice (à ce qu'on disoit), luy persuada de renvoyer une partie de ses gens de pied; ce qui fut faict, et eut iceluy de Saincte-Colombe la charge de ce faire : et, parce que les gens de pied avoient receu leurs mois depuis peu de jours, feit que tous

---

(1) André de Foix, seigneur de Lespare, l'un des frères de madame de Châteaubriand.

ceux qui s'en voudroient aller, lui rendans demie-paye, auroient congé de se retirer : et mist cest argent en ses bouges; je ne sçay au prouffit de qui il revint. Les Espagnols, lesquels (comme dit est) estoient en armes les uns contre les autres, voyans les François ne s'estre contentez de ravoir ce qui estoit en leur appartenance, mais vouloient venir conquérir leur païs, s'accordèrent, la noblesse et la commune, et trouvans ledit seigneur d'Asparrot, son armée desjà séparée, le défirent et toute sa trouppe : et y fut pris prisonnier ledit seigneur d'Asparrot, et tant battu qu'il y perdit la veuë; aussi fut pris le seigneur de Tournon, et autres plusieurs gens de bien ; le reste se sauva par les montagnes. Les Espagnols suivirent leur victoire : lesquels, trouvans le royaume de Navarre entièrement despourveu de gens de guerre, reprindrent Pampelune et tout le reste du royaume aussi aiséement qu'il avoit esté perdu.

Or, Messieurs, pour vous faire entendre la source et origine de la guerre d'entre deux si grands princes que l'Empereur et le Roy, par laquelle sont advenues tant d'éversions de villes, oppressions de peuples, ruines de provinces, et la mort de tant de gens de bien et vertu, je le vous diray sommairement, et jugerez, par adventure, que le commencement fut pour peu d'occasion; mais Dieu, qui est là-hault, l'avoit (comme j'estime) ainsi délibéré, soit pour punir les péchez des subjets, et les attirer à le recognoistre, ou se venger des grands de la terre, qui peu souvent le recognoissent comme ils doivent. Et l'on a maintesfois veu, tant de nostre temps que du passé, d'une petite estincelle s'allumer un grand feu, d'autant qu'il n'est rien plus facile que de provoquer les princes les uns contre les autres; puis, quand ils sont une fois esbranlez, il est merveilleusement difficile de les arrester. Et en cest endroict, veu que de messire Robert de La Marche est sorty le commencement de leurs différends, il ne sera pas impertinent de laisser couler un mot en passant des causes qui aliénèrent son cœur de la part impériale, veu que depuis peu de temps il l'avoit suivie si affectionnément que rien plus; par ainsi il sera aisé à juger lequel desdits deux princes premier a rompu les conditions de la paix.

Mais avant qu'entrer plus avant en ce propos, fault noter qu'iceluy messire Robert de La Marche, seigneur de Sedan, estoit duc de Bouillon, par la vendition faicte de long-temps à messire Guillaume de La Marche, par l'évesque du Liége, à condition toutesfois de rachapt, ayant d'anciennetté iceluy duché esté vendu à un évesque du Liége nommé Eusisprand et à ses successeurs, par Geoffroy, fils d'Eustache, comte de Boulongne-sur-la-mer, pour faire son voyage en la Terre-Saincte ; et estoient des dépendances dudit duché la ville de Loignes et le chasteau de Musancourt. Et fault entendre que ledit messire Robert de La Marche, quelques années au précédant, par un malcontentement qu'il avoit eu du Roy, d'autant qu'on luy avoit cassé sa compagnie de cent hommes-d'armes, pour les pilleries qu'ils faisoient sur le peuple, tant en Italie qu'ailleurs, s'estoit retiré de son service, et aussi par la persuasion (à ce qu'on disoit) de son frère l'évesque du Liége, lequel évesque avoit receu du feu roy Louis, douziesme de ce nom, tous les biens qu'il avoit, mesmes l'évesché du Liége et l'évesché de Chartres.

Or n'est-il rien plus certain que, de la controverse et différend meu entre le seigneur d'Emery et le prince de Simay, qui estoit de la maison de Crouy, pour la ville de Hierge en Ardane, sentence avoit esté, long-temps a, donnée contre ledit seigneur d'Emery, par les pairs du duché de Bouillon, qui jugent en souveraineté, de sorte qu'il n'y a nul appel de leurs jugemens; toutesfois, pour l'authorité et crédit qu'avoit vers Charles d'Autriche et les plus grands de sa cour, iceluy seigneur d'Emery se persuada que facilement il seroit relevé de n'avoir appellé en temps, si appeller pouvoit, fondant les causes de son reliévement sur les empeschemens qu'il avoit eus durant les guerres, pour y avoir tousjours esté en personne (comme il disoit), combien que ce fust une couleur palliée plustost que vive raison. Encores se voulut-il aider d'une finesse pour parvenir à son intention ; car lorsqu'iceluy Charles d'Autriche pratiquoit les Allemans pour monter à ceste dignité impériale, cherchant de tous costez deniers, il en emprunta grosse somme dudit d'Emery, à la caution du marquis d'Ascot, auquel d'Ascot s'adressa iceluy d'Emery, pour attaindre au but où il prétendoit, luy remonstrant qu'il estoit en grande nécessité d'argent, et que le terme de payer estoit expiré, parquoy estoit contraint de s'adresser à luy, qui estoit plége, en luy faisant toutesfois sonner à l'oreille, par personnes interposées, qu'il auroit patience tant qu'il luy plairoit de son payement, pourveu que, suivant le droit qu'il y prétendoit, il luy aidast à estre relevé de la sentence donnée contre luy pour la ville d'Hierge ; chose qui fut facile à impétrer, pour la grande authorité et crédit que ledit seigneur d'Ascot avoit autour de son prince, duquel l'oncle, qui estoit le seigneur de Chièvres, estoit gouverneur de la jeunesse dudit Empereur. Tellement qu'à sa persuasion et instance, commission fut décernée par devant le grand chancelier de Braban, et jour assigné aux héritiers dudit prince de Simay pour venir ouir les raisons dudit Emery, et veoir casser (si besoing estoit) l'arrest donné à leur prouffit pour la ville d'Hierge, de laquelle leur père et eux estoient en longue et paisible possession, sans jamais en avoir esté aucunement inquiétez par force d'armes ny par justice de loy; joinct aussi que ceux du duché de Bouillon de tout temps ne recognoissent roy ne seigneur que leur duc. Auquel lors ils s'addressèrent, comme à leur seigneur et protecteur, afin qu'il deffendît les libertez et priviléges de son duché; à quoy il n'estoit pour deffaillir, estant de bon cœur et bon entendement. Et y avoit d'avantage une autre occasion fort suffisante pour l'induire à y mettre la main : c'est qu'il estoit tuteur des enfans de Simay, ayant espouzé leur tante, fille du prince de Simay. A ces causes, il n'obmist un seul poinct de diligence ny de solicitation, tant envers Charles d'Autriche et ceux qui le gouvernoient, qu'envers iceluy d'Emery, pour obtenir d'eux, par prières et requestes, ce que d'eux-mesmes, par raison, ils devoient consentir et accorder, tant pour le droict particulier des enfans mineurs dudit de Simay, que pour le bien commun des franchises et facultez du duché de Bouillon, sans empescher (comme ils faisoient) que les choses décidées et jugées par juges irréfragables et souverains, ne fussent permanentes et stables, comme procédées de la volonté de Dieu, qui a establi et ordonné les magistrats, les sentences desquels ne doivent estre enfrainctes ne violées par les faveurs des hommes.

Finalement, quelque poursuite que sceut faire ledit messire Robert de La Marche, il n'en peut jamais avoir fin; tellement que, voyant que justice luy estoit déniée, et qu'il estoit bien loing d'estre récompensé et favorisé, il se retira devers le Roy, estant mesmement à cela sollicité par sa femme, fille de Simay, et par celle de monseigneur de Florenges, son fils, laquelle estoit fille du comte de Brienne, de la maison de Sallebruche, lesquelles, par une gentille invention, avoient auparavant trouvé moyen de venir en France et préparer les choses envers Madame, mère du Roy; de sorte que toutes vieilles querelles furent assopies et mises soubs le pied, et iceluy seigneur de Sedan bien recueilly lorsqu'il vint trouver le Roy à Romorantin, où il estoit blessé comme j'ay dit d'un coup de tison sur la teste; auquel il meit entre les mains et sa personne et ses places, luy suppliant de lui donner ayde, faveur et secours, pour avoir justice du grand tort et injure qu'on luy faisoit, nonobstant que Charles d'Autriche, le voyant en ces termes, eût fort essayé de le regaigner et induire, par les moyens et conditions de son frère l'évesque du Liége, luy faisant entendre que ce qui avoit esté faict ne procédoit de luy, et luy promettant que, s'il y avoit eu rien de gasté, il le feroit rabiller, de sorte qu'il en demoureroit satisfaict et content : mais il estoit trop tard, car il avoit desjà le cœur trop ulcéré; et se délibéra, quoi qu'il en deust advenir, d'avoir par force ce qu'il n'avoit sceu obtenir par raison.

Messire Robert de La Marche, ayant asseuré ses affaires avecques le Roy, et sçachant l'Empereur à Worme, ville impériale, auquel lieu avoit assemblé une diette des princes et villes franches de la Germanie, pour remédier aux tumultes nouvellement excitez par Martin Luther, l'envoya, ledit messire Robert, deffier en pleine diette; chose qui fut trouvée et prise, tant par l'Empereur qu'autres princes, en grand dédaing, qu'un simple seigneur comme messire Robert envoyast deffier un empereur, seigneur de tant de païs et d'hommes belliqueux. Après ladite deffiance, le seigneur de Florenges, fils aisné dudit messire Robert, leva, tant en France qu'autres lieux circonvoisins, jusques au nombre de trois mille hommes de pied, et quatre ou cinq cens chevaux contre la volonté du Roy et ses deffenses expresses. Toutesfois, ayant assemblé sesdites forces, s'en alla assiéger Vireton, petite ville de Luxembourg, aux confins de Lorraine et des terres communes entre le duc de Luxembourg et de Lorraine.

Au mesme temps, estant le Roy à Sanxerre, vint devers luy un gentilhomme, de la part du roy d'Angleterre, pour le persuader de ne point entrer en guerre avecques l'Empereur, disant que s'il y avoit quelque différend, ledit roy d'Angleterre en seroit médiateur pour le vuider, comme neutre. Le différend duquel lors estoit question estoit tel : que le roy de Navarre avoit esté par le roy Catholique spolié de son royaume pour la querelle de France; et pourtant ledit Roy avoit esté long-temps à la cour de France poursuivant et demandant secours afin de reconquérir sondit royaume. Or s'estoit-il faict un parlement à Noyon, par les députez de la part de l'esleu Empereur et du Roy, ainsi qu'avez ouy, et depuis un autre à Montpellier, lequel n'eut point de résolution, obstant l'entrevenue de la mort de messire Arthus Gouffier, seigneur de Boisy, grand-maistre de France ; mais par celuy de Noyon, entre autre choses, avoit esté dit que dedans six mois, le roy Catholique rendroit le royaume de Navarre, ou bien contenteroit le Roy d'iceluy, à son gré et commodité, d'autant vallant que ledit royaume : aussi l'esleu Empereur devoit satisfaire au Roy d'une pension tous les ans, pour le droit par luy prétendu au royaume de Naples : à toutes lesquelles choses ledit Empereur ne satisfeit en façon du monde. Le roy de France estoit tenu, par chapitres de traittez faits avecques ledit roy de Navarre, de le secourir à recouvrer sondit royaume, au cas que l'esleu Empereur faillist de sa dessusdite promesse. Le Roy, après avoir plusieurs fois intimé ledit esleu Empereur, sans en sortir effet, avoit donné secours (ainsi que pouvez avoir entendu cy-devant) audit roy de Navarre, pour le remettre en ses païs. Voilà sommairement, quant à ce poinct, ce qui amenoit ledit gentilhomme du roy d'Angleterre devers le Roy, pour y pourveoir.

L'autre occasion estoit pour le deffiement qu'avoit faict messire Robert de La Marche, après lequel il estoit entré en païs, et avoit assiégé Vireton, petite ville de Luxembourg, sise, comme dit est, entre les terres communes dudit Luxembourg et Lorraine, appartenant à l'Empereur. A toutes lesquelles choses cy-dessus dites, le Roy feit response par le seigneur de Monpesat, lequel il envoya devers ledit roy d'Angleterre, que, quant à messire Robert de La Marche, il lui commanderoit, s'il avoit querelle avec le seigneur d'Emery, qu'il eust à la vuider contre luy, et qu'il n'eust à faire la guerre à l'Empereur ; et mesmes envoiroit faire deffences à tous ses subjets qu'ils n'eussent en ce cas à porter faveur ny ayde audit messire Robert ; ce qu'il feit, qui fut cause que le vingt-deuxiesme du mois de mars, l'an 1521, ledit messire Robert de La Marche retira son armée et la licencia, pensant estre à la fin de la guerre. Et quant à ce que ledit gentilhomme demandoit que le Roy eust à faire nouveaux traittez avec l'Empereur, cela ne se pouvoit faire sans en advertir le Pape, parce que par alliances d'entre Sa Saincteté et luy, il ne pouvoit riens conclure de nouveau sans l'en advertir ; et qu'il luy en escriroit, puis, sa response ouye, volontiers entendroit à toutes bonnes raisons.

Il est certain que le Roy avoit un traitté avecques la saincteté du Pape, pour le recouvrement du royaume de Naples, au cas que l'Empereur fauldroit à ce qui estoit promis par le traicté de Noyon, duquel peu devant est faicte mention ; qui estoit de faire une pention au Roy tous les ans pour ledit royaume. Mais l'Empereur avoit failly, tant pour Naples que Navarre, de quoy le Roy ne pouvoit avoir la raison sans entrer en guerre avec ledit Empereur ; et maintenant s'accorder avec luy c'estoit contrevenir à leur alliance. Aussi que le Pape et le Roy estoient alliez pour la deffence d'Italie, et estoient les Vénitiens sur le poinct d'entrer en ladite ligue. Parquoy le Roy envoya devers Sa Saincteté, pour sçavoir quand il luy plairoit mettre l'entreprise de Naples à exécution. Au gentilhomme envoyé de la part du Roy, le Pape fit grand recueil, et luy bailla la liste des gens de cheval et de pied et artillerie qu'il estoit besoin d'avoir pour ladite exécution ; et luy devoit le Roy faire response dedans vingt-deux jours.

Le terme se passa, et mesmes un mois d'avantage, chose qui meit le Pape en soupeçon, qu'onques depuis on ne luy sceu lever du cerveau, que desja le Roy n'eust faict quelques traittez sans son sceu et à son desavantage ; et mesmes disoit que le Roy ne s'estoit acquitté de faire conclure ladite ligue de la deffence d'Italie aux Vénitiens ; aussi se plaignoit le Pape que, peu de temps devant, estoit entré dedans les terres de l'Eglise un nombre d'Espagnols, contre lesquels il avoit esté contrainct de faire levée de Suisses : dequoy le Roy devoit payer les frais par moitié ; ce qu'il avoit faict pour le premier mois, mais les autres non. Toutes ces occasions mirent le Pape en telle perplexité, qu'il retira dedans Rége les bannis du duché de Milan, tels que monseigneur in Viscomte, Hiéronyme Moron et autres, quoique, par le traitté qu'il avoit avec le Roy, il ne pouvoit retirer lesdits bannis dedans ses païs, ny le Roy ceux des terres de l'Eglise, dedans les siens. Et aussi avoit le Pape promis au Roy, par ledit traitté, de n'investir Charles d'Autriche, esleu empereur du royaume de Naples, à luy escheu par la mort de son grand père maternel, contre le droict par le Roy prétendu audit royaume ; mais, peu de temps après, il accepta la haquenée blanche qui luy est deuë pour l'investiture dudit royaume de Naples, et tost après capitula avec ledit esleu Empereur : dequoy le Roy ne pouvoit ne s'en ressentir, et se plaignoit, attendu mesmes que ledit Pape luy avoit promis le favoriser à l'élection de l'Empire, ce nonobstant, secrettement l'avoit empesché en ce qu'il avoit peu.

L'Empereur, ce pendant, feit dresser une armée fort grosse, tant de gens de cheval que de pied, par le comte de Nansau, le comte Félix, Francisque de Scalingen et le seigneur d'Emery ; et, faisant ledit comte de Nansau chef, leur commanda de marcher sur les terres de messire Robert de La Marche : et mesmes l'évesque du Liége, son frère, lequel avoit obtenu ledit évesché et plusieurs autres biens par le moyen de sondit frère, messire Robert de La Marche, se déclara son ennemy, se faisant compagnon dudit comte de Nansau, et feit noyer en la rivière de Meuze quelques habitans du Liége qu'il cognoissoit estre partiaux pour sondit frère.

Or, l'occasion pour laquelle on disoit que ledit évesque du Liége avoit abandonné le service du Roy, estoit que ledit évesque désiroit estre cardinal, et le Roy luy avoit promis de le favoriser pour cest effect, mesmes en avoit escrit à la saincteté du Pape, lequel luy avoit promis un chapeau pour un de ses serviteurs ; mais, quand ce vint à l'effect, l'archevesque de Bourges, frère du général Boyer, fut préféré audit évesque ; et disoit-on que ses serviteurs, estans à Romme, avoient veu entre les mains des ministres du Pape, lettres escrittes de madame la Régente à Sa Saincteté, par lesquelles elle supplioit que, quoyque le Roy escrivist, il eust à préférer ledit Boyer, archevesque de Bourges : aussi disoit-on que ledit Boyer avoit donné au Pape quarante mille escus pour avoir ledit chapeau. Je ne sçay s'il est vray, mais ledit évesque du Liége print l'occasion de son malcontentement là dessus, et s'en alla au service de l'Empereur, lequel quand et quand le feit faire cardinal, dont Sa Majesté par après a tiré de grands services, et mesmes en son élection à l'Empire. J'ay veu de mon temps que plus de gens estans partis du service du Roy par mal contentement ont plus faict de dommage au Roy que nuls autres : comme ledit évesque, le prince d'Orenge, le marquis de Mantoue, le duc de Bourbon, le seigneur André Dorie, et plusieurs autres.

Pour revenir en nostre propos, ayant le comte de Nansau mis ses forces ensemble, alla assiéger Longnes, ville dépendante du duché de Bouillon, à huict lieues du Liége ; et quand et quand envoya le comte Félix assiéger Musancourt : le tout appartenant audit messire Robert. Estant arrivé ledit de Nansau devant Longnes, après avoir faict furieuse batterie, le seigneur de Niselles, lequel en estoit capitaine, voyant ses hommes estonnez, parce que ils avoient esté surpris, de sorte qu'ils n'estoient que soixante soldats dedans, et n'ayant aucune espérance de secours, rendit luy et la place à la discrétion dudit comte de Nansau : dont mal luy print, car il le feit pendre et estrangler avecques douze des principaux de sa troupe. Puis, ayant rasé ladite place, marcha devant Musancourt, où le comte Félix avoit desjà tenu le siège, sans y avoir rien prouffité ; mais, arrivé que fut ledit comte de Nansau avec son armée, le capitaine, vendu par aucuns de ses soldats, fut livré avec la place entre les mains dudit comte, lequel feit pendre vingt desdits soldats, et, voulant faire le semblable audit capitaine, fut fléchy par les prières de la pluspart des principaux de son armée, et luy donna la vie.

Ayant ledit comte de Nansau faict raser la place de Musancourt, prist son chemin pour aller assiéger Jamets, dont le seigneur de Fleuranges, fils aisné de messire Robert, et le seigneur de Sancy, son frère puisné, advertis, firent telle diligence, que la nuict ils entrèrent dedans ladicte place de Jamets, délibérez d'y mourir ou de la garder, remonstrans à leurs soldats les cruautez faictes par les Impériaux à ceux de Longnes et de Musancourt, et qu'il leur estoit plus honnorable de mourir en combatant, que d'attendre une mort si honteuse, pour cuider sauver leur vie par une composition honteuse, comme avoient faict les autres. Ledit seigneur de Fleuranges, après avoir entendu la bonne volonté de ses soldats, commença en toute diligence de remparer le chasteau et le pourveoir des choses nécessaires. Le comte de Nansau, après avoir esté quatre jours à recognoistre ledit chasteau de Jamets, cognoissant la contenance de ceux de dedans, leva son camp, prenant le chemin de Fleuranges, qui est une place appartenante audit de La Marche, à quatre lieues près de Mets, dedans laquelle s'estoit mis le seigneur de Jamets, second fils dudit messire Robert, délibéré d'y mourir ou de garder la place ; mais, au bout de trois jours, fut trahy par les Allemans qui estoient dedans à sa soulde, et fut livré entre les mains dudit de Nansau, lequel le feit mener prisonnier à Namur, en seure garde, et les Allemans prindrent la soulde de l'Empereur. Après avoir rasé ladite place de Fleuranges, s'en alla à Sansy, autre place estant à ceux de La Marche, où il feit le semblable. Cela faict, à grandes journées s'en alla à Bouillon, chef principal du duché, dedans laquelle place il avoit intelligences, par le moyen desquelles luy fut rendue. Après cela, messire Robert de La Marche, voyant toutes les forces d'Allemagne sur ses bras, trouva moyen d'obtenir une trefve de l'Empereur, pour six sepmaines, par le moyen de Francisque de Serkingen, son amy et frère juré.

Beaucoup de raisons mouvoient le Roy à penser que l'Empereur avoit bien en son esprit une autre guerre que celle qu'il avoit menée jusques à ce jour ; car si c'estoit seulement contre ceux de La Marche, pourquoy, les ayant presque ruinez, a-il demandé trefve? Luy estant vainqueur, ayant une armée suffisante pour deffaire ledit messire Robert, pourquoy tous les jours la renforçoit-il? Doncques le Roy, entendant bien les desseins de l'Empereur, et par iceux cognoissant luy estre la guerre déclarée, commença à lever une armée : et toutesfois ne voulut rien innover, sans premièrement en advertir le roy d'Angleterre, son amy et allié. Et pour ce faict luy envoya ambassadeurs, pour luy remonstrer le trouble que faisoit l'Empereur, et l'armée qu'il avoit mise sus, le priant vouloir tenir le party de luy, qui estoit assailly, suivant les traittez faits entre eux à leur abouchement faict à Ardres. Le roy d'Angleterre, ayant aussi eu lettres de l'Empereur, escrivit à tous deux qu'ils ne commençassent légèrement une si grosse guerre. Aussi ledit roy d'Angleterre s'efforça de faire croire au Roy nostre maistre, que la guerre ne luy estoit autrement dénoncée qu'il ne la divertist en obéissant aux conditions demandées par l'Empereur, lesquelles toutesfois estoient hors des termes de raison. Ce pendant que ces choses se traittoient, le Roy estoit allé de Sanxerre à Dijon, et l'armée de l'Empereur croissoit de jour en jour : doncques, ayant mis ordre aux frontières de Bourgongne, tira à grandes journées à Troye en Champagne, où il n'y avoit nulle armée, tant petite fut-elle. Bien avoit envoyé le Roy messire André de Foix, seigneur d'Asparrot, faire la guerre au royaume de Navarre, contre les Espagnols, dont en advint ainsi que j'ay descrit par cy-devant; car, par faulte de bon conseil, après avoir conquis ledit royaume entièrement, en un instant le reperdit. A l'occasion dequoy ordonna Guillaume Gouffier, seigneur de Bonnivet et amiral de France, pour mener une armée en Navarre, et venger l'injure receuë par ledit seigneur d'Asparrot; et seulement commença à dresser une armée pour soustenir l'effort de l'Empereur. Et pour cest effet nomma six gentilshommes estant près de sa personne, pour lever chacun mille hommes de pied, desquels il feit général François de Bourbon, comte de Sainct-Pol, et des gentilshommes, l'un estoit François de Montgomery, seigneur de Lorges; Charles de Mouy, seigneur de la Milleraye; Charles du Reffuge, appellé l'escuyer Boucar; Pirault de Maugeron; le seigneur d'Hercules de Dauphiné, le baron de Montmoreau; mais Maugeron fut tué à Dijon, parquoy les mille hommes desquels il avoit la charge furent baillez au seigneur d'Asnières, porte-enseigne de l'une des bandes des deux cens gentilshommes de la maison du Roy.

Manda pareillement à monseigneur de Bourbon, connestable de France, de faire levée de huict cens chevaulx et six mille hommes de pied, au duc Charles de Vendosme, pareille charge. Des gens de cheval du duc de Bourbon, eurent la commission de les conduire, le viscomte de Lavedan, Philippe de Boulinvillier, comte de Dampmartin, le seigneur de Descar, seigneur de La Vauguyon, le viscomte de Thurenne, le seigneur de Rochebaron d'Auvergne, le seigneur de Listenay, et le seigneur de Lalières. De ceux de monsieur de Vendosme eurent la charge, le comte de Brienne, de la maison de Luxembour, le comte de Brenne, de la maison de Sallebruche, le seigneur de Humières, le vidame d'Amiens, le seigneur de Haplincourt, le seigneur de La Bergerie, le seigneur de Renty. Des gens de pied dudit duc de Vendosme eurent la charge, de chacun quatre cens, le seigneur de Sercu, le seigneur d'Estrée, le seigneur Rumesnil, le seigneur de Bournonville, le seigneur de Heilly, le seigneur de Laeu, le seigneur de Bours, le seigneur de Bellegarde, et le seigneur de Préteval et autres. Pour aller avec monsieur l'amiral furent ordonnez six mille lansquenets, desquels avoient faict la levée, le capitaine Brandhec, le comte de Wolfgand, allemans, le seigneur de Villiers, et François de Tavennes, françois; desdits Allemans fut général Claude de Lorreine, comte de Guise. De gens de cheval pour ladite entreprise, y avoit la compagnie dudit amiral, de cent hommes-d'armes; celle du duc d'Albanie de pareil nombre, lequel duc estoit régent en Escosse, à l'occasion de la minorité du Roy; la compagnie du seigneur de Saint-André, et luy en personne; le seigneur de Sainctemesme et sa compaignie, et une partie de celle du sénéschal d'Armignac, grand maistre de l'artillerie. Et fut donné charge audit amiral de lever tel nombre de gens de pied gascons et basques qu'il verroit estre raisonnable.

Le Roy ayant mis l'ordre cy-dessus, alla à Moustiers-Ramé, abbaye près de là, dont il despescha Olivier de La Vernade, seigneur de La Bastie, vers le roy Henry d'Angleterre, pour le prier qu'il ne trouvast mauvais si, estant provoqué et contrainct, il faisoit la guerre à l'Empereur; mais ledit roy d'Angleterre s'offrit à estre arbitre entre eux deux, et que s'ils vouloient envoyer leurs députez à Callaiz, de sa part il y feroit trouver Thomas, cardinal d'Iorc, pour adviser à moyenner une bonne paix. Le Roy s'y accorda, moyennant que le pape Léon, duquel il estoit allié, y fut compris et consentant : et pour ce faict l'assignation fut donnée au quatriesme jour d'aoust ensuyvant ; et le Roy envoya par devers le pape Léon. Pendant les allées et venues de l'un à l'autre, le comte de Sainct-Pol avoit desjà levé ses gens ; le duc d'Alançon estoit à Attigny, et la gendarmerie pareillement ; mais peu de jours après il se rapprocha de Reims. Le Roy ce pendant estoit à Argilly-le-Duc, duquel lieu il despescha nouvelle armée, tant de François que de Suisses, pour l'Italie, au secours de messire Thomas de Foix, seigneur de L'Escun, qui estoit demeuré lieutenant du Roy audit duché de Milan, en l'absence du seigneur de Lautrec, son frère ; et avoit esté adverty de quelques pratiques qu'avoit sur le duché de Milan Hector Viscomte et Hiéronyme Moron et autres, ainsi que je vous feray entendre par cy-après.

Au mesme temps, le Roy, pour départir les charges, meist son Estat en quatre gouvernemens : au duc d'Alançon donna la charge de la Champagne ; au duc de Vendosme, de la Picardie ; à messire Odet de Foix, seigneur de Lautrec, du duché de Milan, d'où il estoit gouverneur ; à messire Guillaume Gouffier, seigneur de Bonnivet, la Guienne ; et ordonna le nombre d'hommes que devoient avoir lesdits seigneurs de Bonnivet et de Lautrec, et le reste il retint pour faire teste à l'Empereur. Ayant faict toutes ces dépesches, le seigneur de Lautrec partit pour le duché de Milan, et l'amiral print son chemin en Gascongne. En Picardie et Champagne se faisoient tous préparatifs de munitions, d'artillerie et d'argent, pour subvenir aux frais. Ce pendant le duc d'Alançon, avecques les bandes du comte de Sainct-Pol et la gendarmerie, marcha près de Mouzon, pensant bien que les Impériaux, ayans parachevé leur guerre contre ceux de La Marche, se voudroient premièrement attaquer ; auquel lieu il feit séjour dix-neuf jours, puis se retira vers Reims.

Le duc de Vendosme estoit aussi en Picardie, et avecques luy le mareschal de Chabannes, seigneur de La Palisse, et le seigneur de Telligny, sénéschal de Rouargue. Durant ce temps, on eut nouvelles que le seigneur de Liques, gentilhomme ennuyer, estoit campé avec quelque nombre de gens ramassez sur la rivière de l'Escau, au-dessous de Valencienne, duquel vint la première déclaration de la guerre. Or est-il que de long-temps il y avoit de grosses querelles et inimitiez entre Louis, cardinal de Bourbon, et ledit seigneur de Liques, à cause de l'abbaye de Sainct-Amand, dont estoit pourveu ledit cardinal. Le seigneur de Liques print ceste occasion d'assaillir ceste abbaye, où estoient pour l'heure le seigneur de Champeroulx, lieutenant du Roy en Tournaisis, et le seigneur des Loges, gouverneur de Tournay ; mais n'estant l'abbaye deffensable, et estans surpris dedans, ne pensans estre à la guerre, la rendirent à condition qu'ils sortiroient avec leur bagage. Il y avoit plus d'apparence que le chasteau et villette de Montaigne ne devaient estre assaillis, pour estre du domaine du Roy, et de laquelle le roy d'Angleterre luy en avoit faict telle cession que de la ville de Tournay et de Tournaisis ; mais ledit seigneur de Liques mettoit en avant en avoir autresfois esté possesseur ; parquoy l'alla assiéger. Mais enfin le seigneur de Pranzy, baillif de Tournaisis et capitaine de ladite place, ne voyant apparence de secours, la rendit par composition au seigneur de Portien et non au seigneur de Liques, à la charge qu'il sortiroit avecques les siens, les armes et bagues sauves ; mais sur leur retraitte, contre toute l'honnesteté de la guerre, furent suivis et dévalizez, et à peine eurent-ils moyen de sauver leur vie. Ce pendant le seigneur de Fiennes, de la maison de Luxembourg, gouverneur des villes de Flandres, ayant assemblé jusques à mille chevaux et huict mille hommes de pied, et six pièces d'artillerie, s'estoit campé à une lieue de Tournay, faisant cognoistre qu'il vouloit assiéger la ville ; ce qu'il feit, et y tint le siége cinq mois.

Pendant ce temps, le comte de Nansau avoit faict trefves avecques ceux de La Manche, et n'estoit encores la guerre dénoncée entre le Roy et l'Empereur ; mais après la prise de Sainct-Amand et de Mortaigne, combien que l'Empereur niast que ce fust par son commandement et adveu, mais que s'estoient querelles particulières entre mondit seigneur le cardinal de Bourbon et le seigneur de Liques, le Roy, ne se voulant laisser abuser, ne voulut faillir à diligenter de se préparer à la deffence, tenant la guerre pour déclarée. Le temps s'approchoit que les ambassadeurs se devoient assembler à Callaiz, où furent ordonnez, pour la part du Roy, Antoine Du Prat, chancelier de France, et Jean de Selva, pour gens de robbe longue, et Jacques de Chabannes, mareschal de France, pour robbe courte. Durant ce temps, les Bourguignons vindrent assiéger Ardres, laquelle, pour n'estre deffensable, leur fut rendue ; puis, estant par eux ruinée à fleur de terre, délibérèrent en faire le semblable à Térouenne, ayans espérance sur une intelligence qu'ils y avoient ; mais la trahison fut descouverte par des lettres que l'on trouva, qu'une vieille femme portoit aux ennemis, et furent les traistres punis selon leur mérite. On ne laissa à faire des rencontres, tant d'une part que d'autre : et entre autres en fut faicte une par le seigneur de Tefligny, contre six cens Bourguignons, qui estoient entrez en ce royaume pour faire butin, dont la pluspart furent tuez et les autres pris prisonniers. Pendant le Roy manda venir devers luy les princes de son sang avecques les autres capitaines, en sa ville de Reims, pour sur les affaires de la guerre avoir advis.

Le mareschal de Chabannes et ses compagnons se rendirent à Callaiz pour traitter des différens des deux maistres; mais les députez de la part de l'Empereur demeurèrent tousjours sur leur haulteur, demandans des choses desraisonnables, comme la restitution du duché de Bourgongne, et d'abolir l'hommage que devoit l'Empereur, pour ses Païs bas, à la couronne de France, disans n'estre raisonnable qu'un empereur portast la foy à un roy de France. A ceste occasion, le parlement fut délaissé sans nulle conclusion, et chacun se retira en son lieu.

Durant ceste assemblée, l'armée impérialle s'approchoit de Mouzon; parquoy le Roy conclut de la pourvoir et, pour cest effect, y envoya le seigneur Anne de Montmorency, lequel y mena de renfort, outre la compagnie du seigneur de Montmort, de cinquante hommes-d'armes, y estant gouverneur pour le Roy, le seigneur de Lassigny, pour compagnon dudit seigneur de Montmort, ayant charge de mille hommes de pied; le capitaine Piéfou avecques pareille charge; et au capitaine La Grange, commission de lever, au plus tost qu'il pourroit, cinq cens hommes; et pour renforcer la gendarmerie, dix hommes d'armes de la compagnie du duc d'Alançon, dix de celle du mareschal de Chastillon, dix de la compagnie dudit seigneur de Montmorency. Le capitaine Monclou, ayant charge d'une des enseignes du seigneur de Piéfou, fut mis à la garde de la porte de Reims, avecques trente hommes-d'armes; et le capitaine Razemont, avecques l'autre enseigne dudit Piéfou, au costé d'Ivoy, tirant vers Luxembourg, et avec luy la compagnie du seigneur de Montmort; La Grange eut la charge du boullevert du costé de la Meuze.

Estant l'estat de Mouzon tel que dit est, le comte de Nansau s'estoit campé à Douzy, gros bourg au-dessous duquel la rivière du Cher, venant d'Ivoy, se descharge dedans la Meuze, et est la moitié de la seigneurie au Roy, à cause de la seigneurie de Mouzon, et l'autre moitié, du duché de Bouillon; duquel lieu les Impériaux, passans la rivière, venoient piller et desrobber sur les terres de l'obéissance du Roy, près de Mouzon: parquoy le seigneur de Montmort envoya devers le comte de Nansau, pour en faire plaincte. Ledit comte feist response que c'estoit sans son sceu ny ordonnance, et que si ses gens y estoient rencontrez, il en feit luy-mesmes la punition, et qu'il n'entendoit faire la guerre contre le Roy, seulement vouloit séjourner son camp, attendant que la trefve faicte avec ceux de La Marche fût expirée. Le seigneur de Montmort, et la compagnie estant avecques luy, trouva la response raisonnable; mais incontinant il eut autres nouvelles, car il fut adverty comme les Impériaux avoient passé la rivière de Meuze, enseignes desployées, pour entrer et faire la guerre ès païs du Roy. Pour ausquels faire teste au passage de la rivière, despescha le capitaine Philippe, lieutenant de sa compagnie, avecques trente hommes-d'armes et trois cens hommes de pied; mais l'ennemy estoit desjà passé la rivière, estimant surprendre la ville; dequoy il fut empesché par le seigneur de Lassigny, lequel, arrivant à la porte, la deffendit si longuement et vaillamment, que la porte luy fut fermée au doz et le pont levé; puis repassa le fossé par-dessus un chevron qui luy fut jetté, et se retira sans avoir dommage, nonobstant qu'il luy fût tiré plusieurs coups, tant d'artillerie que d'arquebouze. Le capitaine Philippe, qui estoit sorty comme j'ay dit, oyant l'alarme vers Mouzon, se retira par autre chemin, sans dommage de luy ne de ses gens.

Le lendemain, le comte de Nansau, avecques son armée, se vint présenter en la bataille, en une plaine à demie-lieue de la ville. Auquel lieu séjournant, le seigneur Francisque envoya lettres au seigneur de Montmort, luy persuadant de rendre la ville devant que l'artillerie eût joué son jeu: auquel fut respondu par ledit Montmort, qu'il estoit ordonné par le Roy, son souverain seigneur, de luy garder ladite place, ce qu'il avoit délibéré de faire. La response ouye, le comte de Nansau commanda d'approcher son camp de la ville; puis, ayant planté son artillerie aux lieux qu'il veit les plus commodes pour offencer les assiégez, tout à un coup feit deux batteries: l'une, de la prairie qui tire vers la porte de Reims; l'autre, de la montagne qui regarde vers Ivoy: des pieces qui estoient à la prairie on battoit, par derrière et par la plante des pieds, ceux qui estoient à la deffence de la batterie qui se faisoit vers la montagne par dessus toute la ville, estant la rivière entre deux. Noz gens de pied, qui estoient nouvellement levez et sans estre aguerris, s'estonnèrent; de sorte que, voyans ce qu'ils n'avoient jamais expérimenté, contraignirent le seigneur de Montmort de demander composition. Et pour cest effect, y fut envoyé un trompette pour obtenir du comte qu'il eust à superséder la batterie, ce pendant qu'ils pourroient venir à quelque bon accord; chose qui ne fut accordée audit trompette. Parquoy le seigneur de Montmort et celuy de Lassigny y allèrent en personne, et y feirent composition telle, que chaque homme-d'armes s'en iroit sur un courtault et sans armes; et les archers et gens de pied, sans armes et à pied, un baston en la main; chose qui fut trouvée mauvaise par le Roy, attendu qu'ils s'estoient faits fort de bien garder la place, et aussi que les deux lieutenans du Roy estoient ensemble sortis au camp de l'ennemy pour parlementer; chose non usitée parmy les hommes qui font profession des armes.

Telle fut la composition de Mouzon, qui donna un merveilleux cueur à l'ennemy, estimant faire le semblable aux autres places; mais ils furent deceus de leur folle opinion; car, ayant laissé le bastard de Nansau à la garde dudit Mouzon, prist son chemin pour aller assiéger Mésières, où il trouva le seigneur de Bayar, homme expérimenté et sans peur, lequel le Roy y avoit envoyé son lieutenant-général. Aussi, peu de jours après, y entra messire Anne, seigneur de Montmorency, jeune homme de grand cueur, désirant donner à cognoistre à son maistre l'envie qu'il avoit de luy faire service; lequel amena avecques luy beaucoup de jeunesse de la Cour, gens de bonne volonté, et entre autres, Claude, seigneur d'Annebault; le seigneur de Lucé, le seigneur de Villeclair et plusieurs autres : chose qui donna grand asseurance aux soldats qui estoient dedans. Avec ledit Bayar y avoit la compagnie de cent hommes-d'armes du duc Antoine de Lorreine, de laquelle compagnie estoit ledit Bayar lieutenant; et la compagnie du seigneur d'Orval, gouverneur de Champagne, de pareil nombre de gens de pied; l'escuyer Boucal, surnommé du Reffuge, avec mille hommes de pied, et le baron de Montmoreau, pareille charge : mais, estans les pièces en batterie, les gens dudit Montmoreau, comme gens non expérimentez, entrèrent en tel effroy, que, malgré leurs capitaines, s'enfuirent, les uns par la porte, les autres se jettèrent par-dessus les murailles; mais ledit seigneur de Bayar feit entendre aux autres soldats qu'il estoit bien aise de ladite fuitte, parce qu'estans tant de gens à la garde de ladite ville, ils ne eussent point eu d'honneur ny de réputation de soustenir l'effort de l'ennemy. Arrivé que fut le comte de Nansau près Mésières, envoya devers les chefs et capitaines un trompette, pour les sommer de rendre la ville à l'Empereur; auquel trompette fut respondu par le seigneur de Bayar, que, devant que l'ouir parler de sortir hors de la ville de laquelle il avoit la charge, il espéroit faire un pont des corps morts de ses ennemis, par-dessus lequel il pourroit sortir : l'asseurance dudit seigneur de Bayar donnoit grand cueur aux soldats.

Il me semble n'estre pas mal à propos de descrire l'assiette de la ville de Mésières. La rivière de Meuze, venant de Mouzon et de Sedan, vient passer le long des murailles de la ville; puis, faisant un arc et circuit d'environ une lieuë de longueur, retournant tout court, revient passer à Ouarq, petite villette; puis revient passer par l'autre costé de ladite ville, le long des murailles; de sorte que c'est une isle fermée de la rivière, où n'y a qu'une entrée par terre, comme un Péloponèse; et est l'entrée, où est la porte qui se nomme de Bourgongne, du costé des Ardannes; laquelle entrée est fermée de la ville, et n'y a qu'environ deux cens toises de mur pour clorre ladite ville : puis la rivière, ayant fermé la ville, s'en va contrebas à Chasteauregnault, Dinan, Namur et Liége, puis se va descharger dedans le Rin. Le comte de Nansau, ayant eu rapport de son trompette, assist son camp du costé devers la porte qui tire aux Ardannes, car aux autres lieux il eust eu la rivière entre deux. Ce faict, asseit son artillerie pour faire deux batteries tout en un temps, lesquelles, trois jours durant, n'eurent cesse : puis par après feit sa batterie plus lentement, cognoissant qu'il avoit affaire à autres gens que ceux qu'il avoit trouvez à Mouzon, et qu'ils n'estoient aisez à estonner; mesmes, de jour à autre, les assiégez faisoient des saillies sur le camp de l'ennemy, d'où le plus souvent ils rapportoient et l'honneur et le prouffit; et durèrent en cest estat l'espace d'un mois. Le Roy ce pendant estoit à Dijon, en attendant le renfort de son armée : lequel, estant adverty par les ducs de Bourbon et de Vendosme, que le renfort qu'ils avoient charge de luy amener estoit prest, partit pour prendre le chemin de Troye en Champagne, et manda ausdits seigneurs le lieu où ils se devoient assembler; car il ne faisoit doubte qu'encores que Mésières fust bien munie de bons capitaines et de bons soldats, toutesfois les vivres qui, au premier bruit de la guerre, y avoient esté mis, n'estoient pour suffire long-temps au nombre d'hommes qui estoient dedans. A ceste occasion, manda haster d'assembler son armée, et, ce pendant, envoya quelque nombre d'hommes-d'armes dedans les villes qui sont au long de la rivière d'Aisne, pour faire teste à l'ennemy et faveur aux assiégez, et aussi pour empescher le plat païs d'estre couru. En ce lieu se feirent de belles entreprises, et, entre autres, une laquelle je vous descriray, qui est la première rencontre que les nostres ont euë contre l'ennemy depuis le commencement des guerres de l'Empereur et du Roy. En un village qui est entre Attigny et Mésières, le comte de Rifourcet, alleman, partit de Mésières avec quatre-vingts ou cent chevaux esleus en tout le camp impérial, et deux cens hommes de pied, pour venir piller ledit village, estimant la puissance des François estre abolie; et, ayant pillé ledit village, ne trouvant nulle résistance, courut tout le comté de Rételois (ce qui est entre la rivière de Meuse et la rivière d'Aisne), et assembla tout le butin du païs. Mais, estant sur sa retraitte, François de Silly, baillif de Caen, lieutenant du duc d'Alançon, et autres estoient de fortune arrivez en la ville de Rételi, lesquels, oyans l'alarme par les païsans qui fuyoient les ennemis, feirent remonter soudain leurs compagnies à cheval, et, soubs la conduite des païsans qui avoient esté pillez, prindrent leur chemin par les bois de Rételois, pour coupper chemin aux ennemis chargez de butin, ayant jetté devant eux quelques avant-coureurs pour amuzer l'ennemy, ce pendant qu'ils les suivirent au petit trot. Le comte Rifourcet, lequel n'espéroit trouver l'ennemy en campagne, ayant l'alarme, feit soudain, au son de la trompette, rassembler ses gens escartez çà et là; puis, voyans nos coureurs en petit nombre, n'estimans qu'ils fussent suivis, se mirent à marcher lentement pour attirer lesdits coureurs et les deffaire. Mais, après avoir descouvert la trouppe, qui estoit environ de quatre-vingts hommes-d'armes, feirent un bataillon de ce qu'ils avoient, tant de gens de cheval que de pied, et soustindrent vigoureusement la charge qui leur fut faicte par les François; de sorte que la victoire fut doubteuse; mais enfin la gendarmerie françoise (qui ne se laisse comparer à aucune autre nation) leur feit une dernière charge, de telle furie qu'ils rompirent tous les rangs. Le comte, voyant le désastre tourner sur luy, se meit à la fuitte à travers des bois; lequel, estant apperceu de quelques uns des nostres, fut suivy et pris dedans la forest, où il estoit caché. Le reste, s'estant sauvé dedans les bois, fut suivy par les païsans qui avoient esté pillez, qui les saccagèrent tous ou la pluspart, de sorte qu'il ne s'en sauva que cinq ou six, ausquels les gensdarmes sauvèrent la vie, qui furent menés à Reims, prisonniers, avec ledit comte.

Ce pendant, ceux qui estoient dedans Mésières ayans tenu un mois, commencèrent à avoir faulte de toutes choses, et mesmes d'hommes, à cause des maladies de flux de ventre qui s'estaient mises dedans la ville : de sorte qu'il leur estoit malaisé qu'ils fournissent aux gardes qu'il leur convenoit faire, pour la grande batterie que les ennemis avoient faicte depuis la tour qui faict le coing devers le costé d'Attigny, jusques à la tour Jolie, et depuis la tour Jolie jusques à la porte de Bourgongne. Toutesfois, depuis que le duc d'Alançon vint loger à Reims, et les gens de pied du comte de Sainct-Pol au pont Favergy, et la gendarmerie à Rételi et Chasteau en Portien, ils ne furent si travaillez, à l'occasion que le seigneur Francisque, qui estoit logé deçà l'eauë, duquel ils estoient fort tourmentez à coups d'artillerie, craignant d'avoir une camisade, estoit repassé l'eauë, et s'estoit logé au camp du comte de Nansau. Quoy voyant, le seigneur de Bayar et Montmorency assemblèrent les capitaines, pour avoir advis de ce qu'ils avoient à faire; où, après toutes choses débatues, fut conclu que, puisque le passage estoit ouvert du costé où estoit le camp dudit Francisque, il estoit raisonnable d'advertir le Roy de l'estat de la place, et des choses qui estoient nécessaires, et le moyen qu'il y avoit de les en secourir. Pour cet effect, fut esleu le seigneur de Maubuisson, gentilhomme de la maison du seigneur de Montmorency, et Brignac, homme-d'armes de la compagnie du seigneur Bayar; lesquels ayans la nuict passé par la garde des ennemis, feirent telle diligence, qu'ils vindrent trouver le Roy à Troye en Champagne, auquel ils feirent entendre, bien par le menu, l'estat de sa place de Mésières, et le besoing qu'ils avoient mesmement d'hommes. Le Roy, l'ayant entendu, les redépescha pour leur faire entendre que de brief il leur donneroit secours; et quand et quand, pour exécuter sa promesse, partit à grandes journées pour se retirer à Reims, où le veindrent trouver la pluspart des ses capitaines, pour là délibérer du faict de sa guerre; et entre autres le duc d'Alançon, le seigneur d'Orval, le mareschal de Chabannes, qui revenoit de Callaiz, où il s'estoit trouvé avecques le chancelier Du Prat et les députez de l'Empereur et du roy d'Angleterre, pensant (comme j'ay dit cy-dessus) esteindre le feu allumé entre ces deux grands princes. Aussi s'y trouva le mareschal de Chastillon, par le conseil duquel la plus grande part des choses se conduisoient; le seigneur de Telligny, sénéchal de Rouargue; le seigneur Galiot, seigneur d'Assié, séneschal d'Armignac, et grand maistre de l'artillerie de France. Le lendemain s'y trouva le comte de Sainct-Pol, capitaine-général de six mille hommes de pied, qui estoient au pont de

Favergy, quatre lieuës près de Reims, auquel le Roy commanda de faire trouver le lendemain ses bandes mi-chemin dudict pont Favergy et Reims; chose qui fut exécutée. Ce faict, ledit comte se retira en son logis, auquel ayant refreschy ses gens quatre ou cinq heures, partit pour aller à Attigny, avec ses bandes, qui est sur la rivière d'Aisne, à huict lieuës près de Mésières, ou, estant arrivé au poinct du jour, feit séjourner ses gens jusqu'à la nuict, qu'il feit partir le seigneur de Lorges avec les mille hommes desquels il avoit la charge, et quelque charroys de vins et autres amonitions. Et leur bailla pour escorte quatre cens hommes-d'armes, conduicts par le seigneur de Telligny que le Roy avoit ordonné mareschal de son camp, et par le baillif de Caen, lieutenant de monsieur d'Alançon : et luy, avec le reste, tant des gens de pied que des gens de cheval, marcha pour les soustenir jusques à deux lieuës près de Mésières. La gendarmerie, laquelle avoit conduit ledict seigneur de Lorges en seureté dedans Mésières avecques toutes leurs munitions, estant de retour, se retira ledit comte, avecque toute sa troupe, à Réteil, ville sur la rivière d'Aisne. Ce pendant arrivèrent les Suysses ou estoit le Roy, au devant desquels alla le seigneur de La Trimouille et le seigneur de Sedan et plusieurs autres. Il fault retourner au siége de Mésières.

Le premier jour d'octobre, ceux de Mésières, d'allégresse du secours qui leur estoit venu, commencèrent à tirer plus souvent qu'au précédant; les Impériaux au contraire commencèrent à faire toutes choses plus négligemment qu'ils n'avoient accoustumé, et à perdre l'espérance de prendre la ville : toutesfois, craignant que l'on pensast qu'ils fussent refroidis, ils envoyèrent un trompette aux assiégez, leur demander s'il y avoit homme qui voulsist entreprendre de donner un coup de lance, et que, de leur costé, le comte d'Aiguemont se trouveroit prest en l'isle de Mésières. Le seigneur de Montmorency se présenta pour estre champion qui délivreroit le comte d'Aiguemont, asseurant de se trouver au lieu et heure ditte. Le seigneur de Lorges, pensant estre chose honteuse qu'un homme-d'armes françois fust provoqué par un Alleman, et qu'on laissast l'homme de pied françois comme n'estant pareil à l'Alleman, demanda aussi s'il y avoit homme qui vousist combatre la picque, et qu'il seroit le champion pour l'attendre; le seigneur de Vaudray, surnommé le Beau, du camp impérial, soudain s'y présenta. Le seigneur de Montmorency, à cheval, la lance au poing, se trouva sur les rangs au lieu ordonné, et le seigneur de Lorges la picque au poing; lesquels trouvèrent leurs deux champions. Le seigneur de Montmorency et le comte d'Aiguemont coururent : le seigneur de Montmorency attaignit au corps de cuirasse du comte d'Aiguemont, et le faulça, et rompit sa lance sans luy faire autre dommage; le comte d'Aiguemont, par la faulte de son cheval ou autrement, ne toucha point, ou bien peu. Les seigneurs de Lorges et de Vaudray donnèrent les coups de picques ordonnez, sans gaigner advantage l'un sur l'autre. Ce faict, chacun se retira en son lieu. Le jour subséquent, Grand-Jean le Picart, vieil soldat, nourry de tout temps au service du Roy aux guerres d'Italie, sous la charge de Molart, mais natif de la Franche-Comté, lequel s'estoit retiré au service de l'Empereur depuis peu de temps, pour entendre quels vivres estoient dans la ville, envoya, un tabourin, demander au seigneur de Lorges une bouteillée de vin, en signe de leur ancienne cognoissance. Le seigneur de Lorges luy en envoya deux, l'une pleine de vin vieil, l'autre pleine de vin nouveau; et feit mener ledit tabourin en une cave où il y avoit un grand nombre de vaisseaulx, mais la pluspart remplis d'eauë, pour luy faire entendre qu'ils en avoient abondance; mais pour la vérité, il n'y en estoit entré que trois chariots pour leur secours, qu'avoit amené ledit seigneur de Lorges.

Le comte de Nansau, se voyant hors d'espérance de pouvoir affamer la ville, et encores plus de la forcer, attendu le renfort qui estoit entré dedans, et l'armée du Roy si preste qu'elle estoit pour secourir les assiégez, et son armée, laquelle desjà commençoit à se ruiner par le long temps qu'il y avoit qu'elle tenoit la campagne, délibéra de faire sa retraitte, et, pour cest effect, feit mettre la plus grande part de sa grosse artillerie sur la Meuze, pour la conduire à Namur, ville de l'obéissance impériale, afin que plus aisément il peut faire sa retraitte. Ayant mis cest ordre, leva son camp, et, afin de n'estre suivy ny empesché, print son chemin le long des bois, tirant le chemin de Montcornet en Ardannes, de Maubert-Fontaine et d'Aubenton, pour aller droit à Vervin et à Guise; et par tout faisoit mettre le feu. Le Roy, adverty dudit deslogement et du chemin que tenoit l'ennemy, délibéra de luy coupper chemin autour de Guise, et là le combattre; et pour cest effect manda à toute son armée qu'ils eussent à prendre ledit chemin, et envoya bon nombre de gendarmerie, pour costoyer l'ennemy et le garder de s'escarter au dommage du païs. L'ennemy, qui avoit delibéré de prendre le chemin de Guise, estant adverty que monsieur de Vendosme, qui estoit campé à Fervacques, abbaye où sourt la rivière de Somme, avoit envoyé Nicolas, seigneur de Mouy, son lieutenant de cent hommes-d'armes, et avecques luy le seigneur d'Estrée, ayant charge de cinq cens hommes-d'armes; le seigneur de Longueval et le seigneur de Rousmesnil, avec pareille charge, délibérez de garder ladite place de Guise; et le mareschal de Chabannes, avec deux cens hommes-d'armes, à Vervin, pour donner empeschement à l'ennemy, changea d'opinion; et, après avoir mis à sac la villette d'Aubenton, ils meirent au fil de l'espée toutes gens indifféremment, de tous sexes et de tous aages, avecques une cruauté insigne : et de là sont venues depuis les grandes cruautés qui ont été faictes aux guerres, trente ans après. Aussi, après avoir bruslé et desmoly ladite ville, prindrent le chemin d'Estrée, au pont sur la rivière d'Oise, laissant Vervin à la main gauche.

Le Roy, estant arrivé à Guise avecques les Suisses, feit assembler son armée à Fervacques; partant de là, alla loger au mont Sainct-Martin, en une abbaye au-dessous de Beaurevoir, où croist la rivière de l'Escau. Audit lieu de Fervacques, le Roy, pour rémunération de la vertu du sieur Bayar, luy donna cent hommes-d'armes en chef, et l'honora de son ordre de Sainct-Michel. Ce pendant que ceste retraitte des ennemis se faisoit, et avant que nostre camp fût assemblé, le comte de Sainct-Pol marcha avecques ses bandes et quelque gendarmerie, pour remettre Mouzon entre les mains du Roy. Estant arrivé à trois lieuës près, le bastard de Nansau, qui estoit demeuré chef dedans ledit Mouzon, ne sentant la ville assez forte contre un siège, se retira par la porte de Bourgongne à Ivoy, qui n'est qu'à une lieuë de là, mettant le feu en la ville; mais le capitaine La Grange, qui estoit un des capitaines qui estoient dedans, quand elle fut rendue aux ennemis, feit si bon guet et diligence, que, sortant l'ennemy par une porte, entra par l'autre, et sauva la ville du feu, et massacra quelques boutes-feux qui estoient demeurez derrière; dequoy le comte de Sainct-Pol adverty, y envoya bonne garnison pour la garde, et se retira au camp, qu'il vint trouver à Fervacques.

Ce pendant que les affaires de Picardie et Champagne estoient en l'estat qu'avez entendu, l'amiral de Bonnivet, ayant prins congé du Roy pour son voyage de Navarre, avec quatre cens hommes-d'armes et le nombre de gens de pied que j'ay nommé cy-devant, sur la fin de septembre arriva à Sainct-Jean-de-Luz, duquel lieu despescha le seigneur de Sainct-André, avec deux mille cinq cens lansquenets, dont avoit la charge le capitaine Brandhec et l'escuier Villiers, toutesfois soubs l'authorité de monsieur de Guise, avecques mille Gascons, Navarrois et Basques, pour aller assaillir la ville de Maye. Puis, ayant séjourné quatre jours audit lieu de Sainct-Jean, envoya sommer le chasteau de Poignan, assis sur la montagne de Roncevaux; lequel estant refusant de se rendre, mondit seigneur l'amiral y feit mener quelques bastardes, lesquelles estans montées mi-chemin de la montagne, les feit tirer au chasteau, faisant entendre à ceux de dedans que s'il les faisoit monter jusques à hault, il n'en prendroit un à mercy. Dequoy estans estonnez, se rendirent bagues sauves. Dedans estoient environ cinquante Espagnols, desquels estoit capitaine un Espagnol nommé Mondragon.

Estant le chasteau entre ses mains, faignit mondit seigneur l'amiral de prendre le chemin de Pampelune; mais, deux jours après tourna bride avecques son armée, marchant à travers les montagnes, où il fallut un jour entier que les gens de cheval allassent à pied; et environ le soir arriva à un quart de lieuë près de Maye, où toute nuict feit asseoir son artillerie et feit tirer quelques coups de canon, afin de donner opinion aux ennemis qu'il se vouloit arrester là. Mais, ce pendant, les lansquenets prindrent un autre chemin, de sorte que luy, suivant lesdits lansquenets, au soir arriva en un village près Sainct-Jean-de-Luz, un quart de lieuë deçà l'eau, nommé Estaigne, auquel lieu séjourna son camp deux jours. Le mardy, devant le jour, chacun se trouva en bataille, auquel ordre on marcha au travers les montagnes, jusques à un village nommé Bariatte; mais, estimans en ce lieu passer l'eau, trouvèrent bon nombre d'Espagnols, lesquels, pour la difficulté des lieux, on ne pouvoit nombrer.

La cause pour laquelle mondit seigneur l'amiral faisoit faire toutes ces ruses, estoit pour tenir l'ennemy en incertitude, afin de surprendre Fontarabie. Or estoient les ennemis delà la rivière de Béhaubie, et nostre camp deçà, qui estoit bien cause, comme j'ay dit, qu'on ne les pouvoit recognoistre au vray. Ladite rivière passe au pied des montagnes qui viennent de Navarre, et tombe en la mer devant Fontarabie. Toute la nuict nostre armée fut en bataille, parce qu'il estoit la pleine lune, et la mer qui reflotte estoit si haulte, qu'il estoit à nous et à eux impossible de passer la rivière. Mais le lendemain, environ huict heures du matin, estant la mer retirée, monsieur de Guise, après avoir ordonné ses lansquenets, et avecques luy le reste des gens de pied et la gendarmerie, se meirent en bataille sur le bord de l'eau; puis, les lansquenets ayans baisé la terre (ainsi qu'ils ont de coustume quand ils marchent au combat), ledit seigneur de Guise, la picque au poing, tout le premier se meit en l'eau, accompagné de sa trouppe, pour aller combattre son enemy; lequel fut si bien suivy, que les Espagnols, qui pouvoient estre nombre égal (avecques l'avantage que pouvez estimer que ceux qui attendent en terre sèche ont sur ceux qui les viennent combattre, mouillez au travers d'une rivière), estonnez de la furie et hardiesse de noz gens, se meirent en fuitte au travers des montagnes : et estoit le chef de ceste armée espagnolle Dom Diègue de Vère, une partie de laquelle se retira dedans Fontarabie.

Le soir, monsieur l'amiral vint avecques son armée loger à Saincte-Marie, gros village, auquel on ne trouva personne, car hommes et femmes s'estoient retirez aux montagnes. Auquel lieu nostre armée séjourna deux ou trois jours, en grande nécessité de vivres, parce que les Espagnols tenoient un chasteau, nommé Béhaubie, qui est sur le droit chemin par où il falloit que vinssent les vivres en nostre camp. Et pourtant mondit seigneur l'amiral commanda qu'on trouvast façon de faire passer quelque artillerie, et qu'on fist la nuict les approches de ladite place; ce qui fut faict, et furent passez quatre canons et quelques bastardes. Mais, arrivant ledit seigneur amiral, et voyant, à son opinion, qu'on avoit faict les approches trop loing, luy-mesmes les feit en plain jour, à soixante toises près de la place. De la première volée qu'on tira, un canon embouche une canonnière basse et rompit une de leurs meilleures pièces, et dudit coup furent tuez le canonnier et deux ou trois autres qui luy aidoient à remuer ladite pièce : dequoy il entra tel effroy parmy tous les soldats, qu'ils contraignirent leur capitaine de se rendre à la volonté de mondit seigneur l'amiral, desquels les uns plus apparens furent envoyez prisonniers à Bayonne, et les autres envoyez sans armes.

Ayant monsieur l'amiral ceste place entre les mains, qui estoit celle qui plus luy empeschoit d'aller assiéger Fontarabie, pour raison des vivres, après avoir laissé des hommes pour la garde d'icelle et pour l'escorte des vivres, marcha droict à Fontarabie, place qu'on estimoit imprenable et une des clefs d'Espagne, et l'assiégea de toutes parts; car la place est petite, sise sur la poincte où la rivière se décharge en la mer, ayant d'un costé la mer, d'autre la rivière, et d'autre la montagne. Estant arrivé audit lieu, luy-mesmes feit les approches, baillant au duc de Guise son quartier, et à chaque capitaine d'hommes-d'armes son canon à gouverner, et luy-mesmes en print un; et fut faicte telle diligence, qu'en peu de jours on feit brèche, laquelle, encore qu'elle ne fust raisonnable d'assaillir, si-est-ce que noz gens de pied, gascons, basques et navarrois, demandèrent à donner l'assault, lequel leur fut octroyé. Toutesfois, si leur impétuosité fut grande à assaillir, la constance de ceux de dedans ne fut moindre à les soustenir; de sorte qu'on sonna la retraitte jusques à autre temps. Ce néantmoins, ceux dedans ayans la cognoissance de quelques pièces que monsieur l'amiral faisoit mettre sur un hault, pour les battre le lendemain par les flancs quand noz gens iroient à l'assault, cognoissans aussi la hardiesse des nostres, laquelle ils avoient le jour précédant esprouvée, se rendirent bagues sauves, qui fut environ le temps que le Roy marchoit à Valenciennes. Estant ladite ville entre ses mains, la bailla en garde à Jacques Daillon, seigneur du Lude, qui en feit son devoir, ainsi que pourrez entendre cy-après.

Or revenons au Roy que nous avons laissé à Fervaques et au Mont-Saint-Martin, auquel lieu il ordonna la forme que devoit marcher son armée. Au duc d'Alançon bailla l'avant-garde, et avecques luy le mareschal de Chastillon, ayant soubs luy la principalle supérintendence. Le duc de Bourbon eut quelque malcontentement, plus qu'il n'en feit de démonstration, de quoy on luy avoit levé la conduitte de l'avant-garde, attendu que c'estoit sa charge, comme connestable de France; toutesfois il le supporta patiemment et fut ordonné à la bataille avecques le Roy. Au duc de Vendosme fut ordonné l'arrière-garde; puis le Roy, estant adverty que ceux de Bapaulme, qui est une ville en plaine d'Artois, assise sur un hault, faisoient beaucoup d'ennuy à la frontière, vers Péronne, Corbie et Dourlan, y envoya le comte de Sainct-Pol avecques ses bandes, et le mareschal de Chabannes, et le seigneur de Fleuranges, et leurs compagnies de gens-d'armes avecques un équipage d'artillerie, pour la mettre en son obéissance : ce qu'ils feirent, et la ville et le chasteau; et ne la trouvans gardable, ruinèrent les portes et meirent le feu dedans, puis sur la retraitte, rasèrent plusieurs petits forts où noz ennemis se retiroient pour piller nostre frontière, et vindrent trouver le Roy au premier logis, partant du Mont-Sainct-Martin. Aussi adverty d'une petite ville nommée Landrecy, estant assise sur la rivière de Sembre, entre le vivier d'Oizy où ladite rivière prent sa naissance, et l'abbaye de Marolles, ayant la forest de Mormaulx à la portée d'un canon devers Hénault, et de deçà est à la sortie des bois de Tiérasse, dépescha le duc de Vendosme avec l'arrière-garde pour le mettre en son obéissance. Le duc de Vendosme estant arrivé un peu devant soleil couché, quatre ou cinq enseignes des bandes de Picardie se bandèrent sans commandement, lesquelles, sans batteries n'eschelles, donnèrent à la muraille et à la porte, de telle furie, que deux enseignes montèrent sur le hault du pont-levis; mais aussitost furent renversez dedans les fossez, desquels l'un desdits porte-enseignes y demeura mort; ils furent repoulcez par sept ou huict cens lansquenets, qui estoient dedans pour la garde de ladite ville; mais la nuict, ayans cogneu la hardiesse de laquelle avoient usé les François, et craignans qu'au matin l'on feist batterie, et que puis après ils ne peussent supporter l'assaut, se retirèrent dedans la forest, parce que nous ne pouvions passer de là, à l'occasion de la rivière qui passoit par le meilleu de la ville. Au matin, monsieur de Vendosme la trouvant vuide d'hommes, la feit raser et brusler; puis se retira au camp, qu'il trouva près du Chasteau-Chambrézy.

Environ le vingt-deuxiesme jour d'octobre, le Roy estant logé au-dessus de Happre, qui est un village et gros prieuré mi-chemin de Cambray et de Valanciennes, fut adverty que l'Empereur, avecques son armée, s'estoit retiré audit lieu de Valenciennes; parquoy délibéra de faire un pont sur l'Escau, au-dessous de Bouchin, espérant combattre l'Empereur, ou luy faire ceste honte de le faire retirer. Et pour visiter lieu propre pour cest effect, avecques bonne escorte de cavallerie y alla luy-mesmes, et trouva là Neufville sur l'Escau, lieu fort à propos, encores qu'il y ait maraiz deçà et delà. Puis ordonna le comte de Sainct-Pol, avecques les six mille hommes desquels il avoit la charge, pour toute la nuict exécuter son commandement, et quand et quand passer delà l'eau, et se fortifier ce pendant que le reste de l'armée passeroit. L'Empereur estant à Valanciennes, adverty du pont qui se faisoit, dépescha douze mille lansquenets et quatre mille chevaux pour nous empescher le passage; mais, estans partis un petit tard, et arrivans sur la rivière, trouvèrent desjà le comte de Sainct-Pol en bataille, dedans les marais delà l'eau, de leur costé, vers Valanciennes, et le Roy, avecques toutes ses forces, qui desjà en grande diligence passoit. N'osans attaquer monsieur de Sainct-Pol, pour estre en lieu fort et avantageux, délibérèrent leur retraitte; mais, avant qu'ils eussent loisir de ce faire, trouvèrent l'avant-garde et la bataille du Roy passées, où il pouvoit avoir le nombre de quinze à seize cens hommes-d'armes et vingt-six mille hommes de pied, avec les chevaux légers. Toutesfois, à cause d'un brouillar qui se leva, on ne pouvoit bien aiséement recognoistre le nombre des gens de l'ennemy: aucuns de l'avant-garde ne furent d'opinion de les charger; autres, cognoissans qu'il y avoit sept ou huict cens chevaux des ennemis qui couvroient la retraitte des gens de pied, furent d'advis, avec quatre cens hommes d'armes, de charger lesdits gens de cheval; car, les rompans ou rembarrans dedans leursdits gens de pied, on pourroit sçavoir la contenance qu'ils feroient; et mesmes le seigneur de La Trimouille feit offre de faire ladite charge avec sa compagnie de cent hommes-d'armes et les guidons de l'avant-garde; aussi fist le mareschal de Chabannes : et qui l'eust faict, l'Empereur de ce jour-là eust perdu honneur et chevance. Mais par aucuns autres il ne fut pas trouvé bon, parquoy l'ennemy, qui avoit trois lieuës de retraitte, et toute plaine campagne, à peu de perte se retira, et ne perdit à ladite retraitte homme de nom que le bastar d'Emery, et quelque peu de gens de cheval qui furent pris prisonniers. Leur retraitte fut à Valanciennes, auquel lieu estoit l'Empereur en tel désespoir, que la nuict il se retira en Flandres, avec cent chevaux, laissant tout le reste de son armée. Et ce jour-là Dieu nous avoit baillé noz ennemis entre les mains que nous ne voulûmes accepter; chose qui depuis nous cousta cher : car qui refuse ce que Dieu présente de bonne fortune, par après ne revient quand on le demande.

Pendant ce temps, l'arrière-garde estoit passée, et estoit le Roy, armet en teste, devant le bataillon de ses Suisses, lesquels sans cesse luy demandoient de donner la bataille, pour luy faire cognoistre le désir qu'ils avoient de luy faire service; d'autant que, depuis la journée de Marignan, et qu'ils avoient faict alliance avec luy, ils ne s'estoient trouvez en armée à sa soulde, sinon quand l'empereur Maximilian vint devant Milan, mais encores n'estoit alors leur aliance bien confirmée. La nuict venue, sans autre chose faire (hors mis quelques coureurs qui donnèrent devers Valanciennes), le Roy se logea avecques son armée le long de la rivière, près du lieu où il avoit passé; puis le lendemain envoya monsieur de Bourbon devant Bouchain, laquelle ville se rendit à luy. Aussi envoya monsieur de Vendosme avecques l'arrière-garde à Sommain, près de la rivière des

Carpes, laquelle vient de Douzy, et va tomber dedans l'Escau à l'abbaye de la Vicongne, entre Valanciennes et Sainct-Amand; laquelle rivière des Carpes avions délibéré de passer à l'abbaye de Marchiannes pour aller secourir Tournay. Pendant ce temps, arrivèrent les ambassadeurs du roy d'Angleterre, qui estoient le Millor Chamberlan et le grand prieur de Sainct-Jean, pour traitter la paix des deux princes; lesquels tant travaillèrent qu'il fut accordé que l'Empereur retireroit son armée de devant Tournay, la laissant en liberté; aussi retireroit l'armée qu'il avoit au duché de Milan et autres païs; et le Roy feroit le semblable, et, s'il y avoit quelque place en différend, le jugement en seroit mis sur le roy d'Angleterre.

Les choses estans ainsi accordées, furent causes que le Roy rompit son entreprise de poursuivre sa fortune et que tout chacun pensoit la paix estre faicte. Mais, sur ces entrefaictes, vindrent nouvelles que l'admiral de Bonnivet avoit pris Fontarabie, ville de Biscaye, appartenante à l'Empereur: au moyen de quoy ledit Empereur ne voulut jurer lesdits traittez, que Fontarabie ne fust rendue; par quoy tout ce qui avoit esté traité, attendu que le Roy ne la voulut rendre, fut déclaré nul, et la guerre comme devant. Or est-il que, pendant que nous séjournasmes cinq ou six jours en ce païs d'Austrevant, entre la rivière de l'Escau et celle des Carpes, les pluies vindrent si grandes, qu'il n'y avoit ordre de passer les rivières. A ceste cause fut ordonné de faire visiter ledit passage de Marchiannes, où le Roy avoit délibéré de passer, et pour cest effect y fut envoyé le seigneur de Montmorency; lequel ayant rapporté estre impossible, pour les creuës des rivières, fut conclu se retirer au hault païs d'Artois, et aller passer la rivière qui vient de Vy en Artois et des estangs d'Oisy, et vient tomber dedans l'Escau près de Bouchain, à un passage nommé l'Ecluse, deux lieuës près de Douay. Et estoit la veille de la Toussaincts, audit an 1521.

L'avant-garde et bataille passèrent dez le soir, et une partie de l'arrière-garde; mais vers le soleil couché, les ponts qui estoient sur la chaussée se rompirent, et y tomba quelque charroy, que mal aisément on pouvoit relever, à cause du marais; de sorte que le reste de l'arrière-garde fut contraint de loger delà l'eau, devers Douay et Valanciennes, en lieu que l'avant-garde et la bataille ne l'eussent peu secourir. Au poinct du jour, qui fut le jour de Toussaincts, il sortit de Douay bon nombre de gens de cheval et de pied, tant des ordonnances des bas païs de l'Empereur, que Clévois, pour nous venir recognoistre; mais nostre cavallerie, que menoit le comte de Brienne et le seigneur de Mouy, avecques les autres capitaines, ayans deux mille hommes de pied sur leurs aisles, tindrent si bonne contenance, qu'il ne fut jamais en la puissance des ennemis de recognoistre le désordre qu'il y avoit sur ladite chaussée à passer le bagage; car s'ils en eussent eu la cognoissance, et que leurs forces qui estoient tant à Douay qu'à Valanciennes, fussent sorties, ils eussent taillé en pièces tout ce qui estoit demouré delà l'eau.

Après que tout le bagage fut passé (qui estoit sur le midy), l'arrière-garde passa pour suivre la bataille, laissant au bout de la chaussée bon nombre d'arquebouziers et de picquiers, pour soustenir l'effort de l'ennemy, s'il eust voulu donner sur la queue; ce qu'il ne feit. Estant donc nostre armée remise ensemble en la plaine d'Artois, arrivèrent nouvelles que dedans Hédin il n'y avoit aucuns gens de guerre, et en eut l'advertissement monsieur de Vendosme, et que le lendemain se devoit faire une grande assemblée audit lieu de Hédin, pour faire les nopces de la fille du receveur général d'Artois, soubs opinion que nostre armée fust encores delà l'eau. Parquoy le Roy conclut d'y envoyer en extrême diligence monsieur de Bourbon avecques la trouppe qu'il avoit amenée, et monsieur de Vendosme avecques son arrière-garde, et le comte de Sainct-Pol avecques les six mille hommes desquels il avoit la charge. Lesquels partans d'Andinfer, qui estoit à trois lieuës de Arras, encores que les pluyes fussent continuelles, feirent telle diligence, que ceux de Hédin, devant qu'ils sceussent le partement de nostre armée, la virent devant leurs portes. La ville soudain fut assaillie, laquelle, après avoir enduré quarante ou cinquante coups de canon, fut emportée d'assault: et y fut trouvé un merveilleux butin; car la ville estoit fort marchande, parce que de toute ancienneté les ducs de Bourgongne y avoient faict leur demeure principale.

Madame du Reu et le seigneur de Bellain, qui se nommoit Sucrre, estans en ladite ville, se retirèrent dedans le chasteau, où, après avoir veu l'artillerie en batterie, capitulèrent, en sorte que ladite dame et ceux qui estoient de la garnison ordinaire dudit chasteau, sortiroient avecques leurs bagues sauves; mais ceux de la ville qui s'estoient retirez audit chasteau demourèrent prisonniers; et fut conduitte ladite dame en seureté où bon luy sembla. Pendant que monsieur de Bourbon et monsieur de Vendosme faisoient les approches dudit chasteau, le feu fut mis à la ville par quelques sacmens; qui fut grand dommage, car, devant qu'on eust pourveu à l'esteindre, il fut bruslé une partie de la ville et beaucoup de richesses. Tantost, après ladite prise de Hédin, tous les petits chasteaux des environs, comme Renty, Bailleuil Le Mont et autres petites places, se meirent en l'obéissance du Roy, au partir que feit mondit seigneur de Bourbon d'Andinfer; le Roy, avecques le reste de l'armée, s'estoit retiré par Dourlan à Amiens. Parquoy se retirèrent audit lieu monsieur de Bourbon et monsieur de Vendosme, après avoir pourveu audit chasteau de Hédin de monsieur du Biez pour gouverneur, qui pour lors estoit lieutenant du seigneur de Pontdormy, lequel Pontdormy estoit en Italie: et luy furent baillez trente hommes-d'armes et deux cens morte-payes, pour la garde dudit chasteau; et pour la ville furent laissez mille hommes de pied, desquels avoit la charge le seigneur de Lorges, desquels Hutin de Mailly estoit lieutenant de cinq cens, et La Barre aussi lieutenant de cinq cens.

Arrivé que fut monsieur de Bourbon à Amiens, le Roy ordonna de séparer son armée; et à la plus grande part des gentilshommes qui avoient mené la cavallerie de monsieur de Bourbon, donna charge, à chacun, de vingt-cinq hommes-d'armes, et à quelques-uns de monsieur de Vendosme; pareille charge de ceux de monsieur de Bourbon, au comte de Dammartin, qui avoit nom de Boulinvillier, au vicomte de Turène, au vicomte de Lavedan, à Descars, seigneur de La Vauguyon, au seigneur de Listenay, au seigneur de Rochebaron d'Auvergne. De ceux qu'avoit amenés monsieur de Vendosme, le Roy donna au comte de Brienne et au seigneur de Humières, pareille charge de vingt-cinq hommes-d'armes; puis licentia son armée, laissant tant seulement deux mille Suisses à Abbeville, donnant congé au demeurant, et fournissant ses places ainsi qu'il s'ensuit. A Boulongne, le seigneur de La Fayette, gouverneur, ayant charge de cinquante hommes-d'armes, et le seigneur de Rochebaron, avecques vingt-cinq hommes-d'armes; à Térouenne, le bastar de Moureul, seigneur du Fresnoy, gouverneur dudit lieu, avec cinquante hommes-d'armes; le comte de Dammartin, le seigneur de Listenay et le seigneur de La Vauguyon, avecques charge de vingt-cinq hommes-d'armes chacun. A Bray sur Somme fut mis le vicomte de Lavedan, ayant vingt-cinq hommes-d'armes; à Montreul, le seigneur de Telligny, sénéchal de Rouargue, avecques sa compagnie; à Dourlan, la compagnie de monseigneur de Vendosme; à Corbie, celle de monsieur de Sainct-Pol; à Péronne, celle de monsieur d'Humières; à Sainct-Quentin, celle de monsieur le mareschal de Chabannes; à Guise, celle de monseigneur de Guise et de monseigneur de Brienne; et à Vervin, la compagnie de monseigneur de Brenne. Après avoir mis les provisions dessusdites, le Roy se retira à Compiègne, pour pourvoir au reste de son armée; auquel lieu estant environ Noël, ayant nouvelles de la nécessité où estoient les assiégez de Tournay, et ne voyant y avoir ordre de les secourir, pour l'incommodité de l'hiver, manda au seigneur de Champeroux, qui estoit dedans, son lieutenant-général, de trouver moyen de capituler avecques la plus honorable composition qu'il pourroit faire; ce qu'il fit, et sortit en armes, ses bagues sauves, enseignes desployées et tabourins sonnans, et fut conduit en seureté jusques à Dourlan. Les citadins qui voulurent demourer en ladite ville furent tenus en leurs libertez; pareillement ceux qui voulurent suivre la part françoise, faire le peurent.

Au temps que se faisoient par deçà les choses que vous avez entendues, l'Italie n'estoit en repos; car l'Empereur, dez l'an précédent 1520, voulant par tous moyens ruiner le Roy, encores qu'il y eust paix entre eux, secrettement chercha de rompre la ligue faicte entre le Roy, les Vénitiens et les Suisses, et d'en faire une nouvelle avecques eux, contraire à la dessusdicte; mais, n'en pouvant venir à son intention, rechercha le pape Léon; lequel, nonobstant les grandes alliances et les traittez qu'il avoit eus par cy-devant avecques le Roy (ainsi que j'ay dit), comme léger, commença à traitter une ligue avecques l'Empereur, par laquelle lesdits Pape et Empereur promettoient ensemblement chasser les François d'Italie à frais communs: et pour sa part, le Pape devoit avoir Parme et Plaisance, qui seroient patrimoine de l'Eglise. A laquelle ligue estoit compris Francisque Sforce, fugitif en Allemagne, et frère puisné de Maximilian, n'aguères duc de Milan, qui avoit remis son droit entre les mains du Roy; lequel Sforce devoient, lesdits Pape et Empereur, faire à frais communs, duc de Milan, et luy maintenir ledit duché avecques les armes. Or, en ce temps, un sénateur de Milan, nommé Hiéronime Moron (homme auquel le Roy avoit faict beaucoup de biens; mais puis naguères s'estoit mal contenté, pour avoir esté refusé du Roy d'une maistrise des requestes de son hostel), se retira devers le Pape et devers Francisque Sforce, leur promettant de troubler l'Estat de

10.

Milan, et faire de grandes révoltes : ce qu'il feit ; et sans point de faute, il servit d'un grand instrument à nous chasser du duché de Milan.

Pour suivre ce que j'ay cy-devant commencé, je vous réciteray l'occasion pour laquelle le Pape estoit entré en deffience avecques le Roy, encores qu'il n'en eust donné aucune chose à cognoistre jusques à ce qu'il en veit le moyen : voyant le feu allumé du costé de deçà, tel que j'ay prédict, commença à dresser ses praticques. Le seigneur de L'Escun, frère du seigneur de Lautrec, lequel, pendant que mondit seigneur de Lautrec estoit venu en France pour espouser la fille du seigneur d'Orval, qui estoit de la maison d'Albret, estoit en son absence demouré lieutenant du Roy, adverty que quelques bannis du duché de Milan s'estoient retirez à Busset, place appartenante au seigneur Chrestofle Palvoisin, envoya devers ledit Palvoisin, luy faire deffence de par le Roy de ne retirer lesdits bannis, ennemis du Roy. Ce pendant celuy qui estoit envoyé de par mondit seigneur de L'Escun, nommé Cardin de Crémone, alla en une sienne maison près de là, pour mettre ordre à ses affaires ; mais incontinant fut rapporté audit Palvoisin que ledit Cardin estoit venu pour l'espier ; parquoy il le feit prendre, et luy donner tant de traits de corde, qu'il confessa estre venu pour cest effect. Après laquelle confession, le voulut faire condamner par son potestat à estre pendu et estranglé ; ce que ledit potestat refusant de faire, ledit Palvoisin luy-mesmes le condamna et le feit exécuter.

Cestuy Palvoisin estoit riche au Plaisantin et Parmesen de vingt-cinq mille ducats d'intrade, et estoit aagé de soixante-dix ans, bien allié, tenant grande despence, en la maison duquel un chacun estoit bien venu. Lequel, voyant le mandement à luy faict, ne voulut soustenir lesdits bannis en sa maison ; et se retirèrent à Rége, terre de l'Eglise, encores que, par traitté, le Pape et le Roy ne les deussent respectivement soustenir en leurs terres. Et avec iceux bannis se retira un grand nombre d'autres, tellement qu'on estimoit le nombre de ceux que le seigneur de Lautrec avoit bannis de l'Estat de Milan, aussi grand que celuy qui estoit demouré : et disoit-on que la plus grande part avoient esté bannis pour bien peu d'occasion, ou pour avoir leurs biens ; qui estoit cause de nous donner beaucoup d'ennemis, qui depuis ont esté moyen de nous chasser de l'Estat de Milan, afin de rentrer en leurs biens. Auparavant que ledit mareschal de Foix fust venu lieutenant du Roy au duché de Milan, estant, comme dit est, le seigneur de Lautrec venu en France, le seigneur de Telligny, séneschal de Rouargue, demoura en son lieu, audit duché, lieutenant du Roy ; lequel avoit, par sa sagesse et grâtieuseté, gaigné les cueurs des Milanois, si que le païs estoit en grande patience ; mais, le seigneur de L'Escun arrivé et ledit séneschal de retour, les choses changèrent ; aussi feirent les hommes d'opinion.

Et pour retourner à mon propos, monsieur le mareschal de Foix, seigneur de L'Escun, adverty que les bannis s'estoient retirez à Rége, desquels estoient les principaux Hiéronyme Moron, duquel j'ay n'aguères parlé, et monsigneurin Viscomte, frère du seigneur Bernabo Viscomte, lequel Bernabo avoit l'ordre du Roy, et cinquante hommes-d'armes de ses ordonnances, partant de Milan s'en vint à Parme ; duquel lieu, la veille de Sainct-Jean 1521, accompagné de quatre cens hommes-d'armes, partit pour aller audit lieu de Rége, demander au comte Guy de Rangon, alors gouverneur dudit lieu pour le Pape, qu'il luy livrast entre les mains lesdits bannis, suivant le traitté. Puis, estant à deux milles près dudit Rége, laissa la plusgrande part de sa gendarmerie et s'en alla à Rége, accompagné du seigneur Alexandre Trévoulce, chevalier de l'ordre du Roy, et capitaine de cinquante hommes-d'armes des ordonnances dudit seigneur. Et envoya le chevalier d'Ambres, qui portoit le guidon de sa compagnie, et le seigneur d'Estay, guidon de la compagnie du marquis de Salluces, Miquel Antoine, avec les archers desdites deux compagnies, se jetter à la porte qui tire à Modène, craignant que, pendant qu'il parlamenteroit avec ledit de Rangon, les bannis ne se sauvassent par ladite porte.

Estant donc arrivé audit lieu de Rége, ledit seigneur de L'Escun demanda de parler au gouverneur, lequel sortit hors la porte plus avant que la barrière, et ledit seigneur de L'Escun descendit à pied. Pendant leur parlement, l'alarme se donna dedans la ville, et fut crié de dessus la muraille, audit gouverneur, que l'assault se donnoit à la porte de Modène ; laquelle chose entendue, le comte de Guy dit à mondit seigneur le mareschal : « Monseigneur, entrez » dedans pour donner ordre à voz gens qu'ils ne » facent quelque effort. » Mais entrant dedans, quelqu'un de la ville estant sur la muraille, tira un coup d'arquebouze, duquel fut frappé à travers du corps le seigneur Alexandre Trévoulce ; et cinq ou six jours après il mourut dedans Parme. Soudain le bruit vint à la gendarmerie, demourée à deux milles près de Rége, comme ledit mareschal de Foix estoit arresté prisonnier dedans ladite ville : parquoy y eut de diverses opinions ; les uns estoient d'opinion qu'on marchast à toutes brides droit à la ville, pour veoir s'il y auroit moyen de recourre leur chef; autres, au contraire, qu'on devoit retourner à Parme, pour sauver la ville, pensans que ce fust une chose apostée, et que pendant qu'ils seroient dehors, la ville ne fust surprise.

Estans en ces disputes, arriva le mareschal de Foix, relâché par le comte Guy, lequel alla loger à dix milles de Rége, dedans les terres de l'Eglise ; auquel lieu se vint joindre avecques luy, le seigneur Frédéric de Bozzolo, accompagné de quatorze à quinze cens hommes de pied. Le mareschal de Foix, cognoissant bien que les choses ainsi arrivées pourroient tourner à conséquence, et que le Pape, qui desjà estoit en quelques traittez avecques l'Empereur, là dessus pourroit prendre couleur d'entrer en ligue, et rompre avec le Roy, dépescha le seigneur de La Motte au Grouin, porteur d'enseigne de la compagnie du seigneur Louis d'Ast, lequel il envoya en poste devers le Pape, pour luy remonstrer que ce qu'il avoit faict n'estoit pour entreprendre ny sur luy ny sur l'Estat de l'Eglise. Le pape lui feit response, en grande colère, que mondit seigneur le mareschal avoit logé sur ses terres, en armes comme ennemy, et qu'il feroit cognoistre au Roy le grand desservice qu'il luy avoit faict ; puis excommunia et interdit ledit mareschal de la communion de l'Eglise. Le mareschal de Foix demoura audit lieu où il estoit, environ dix ou douze jours, toutesfois sans faire guerre, puis retourna à Parme, auquel lieu le vint trouver le seigneur du Pontdormy, gouverneur dudit lieu, ayant esté dépesché du Roy lors estant à Dijon, pour faire entendre son intention audit de Foix ; laquelle estoit, entre autres, de ne rompre avecques le Pape, ne voulant avoir deux ennemis tout à un coup sur les bras. Parquoy, laissant dedans Parme le seigneur du Pontdormy pour chef, se retira ledit mareschal à Milan, parce qu'il fut adverty qu'on y disoit qu'il estoit tenu prisonnier à Rége : ce qui avoit fort estonné les serviteurs du Roy.

Or avoit ledit seigneur de L'Escun (voyant l'assemblée des bannis) mandé à Milan, pour luy estre envoyée une bande d'artillerie ; et, parce qu'il n'y avoit chevaux pour la mener, furent empruntez les chevaux des chariots des dames de Milan, lesquelles les prestèrent libéralement. La veille de Sainct-Pierre, les commissaire et contrerooleur de l'artillerie vindrent au chasteau devers le capitaine Richebourg, capitaine dudit chasteau, pour avoir ladite artillerie et munitions, lequel feit quelque difficulté de la livrer : à ceste cause se retira ledit commissaire devers l'évesque de Conserens, qui estoit demouré lieutenant du Roy à Milan. Pendant lequel temps la fouldre du ciel, environ les six heures du soir, tomba sur la grosse tour du portail, dedans laquelle y avoit deux cens cinquante milliers de pouldre, douze cens pots à feu, six cens lances à feu, et pour cinq ans de sel pour la provision de la place : et fut ladite tour emportée jusques aux fondemens, avec environ six toises de courtines de chacun costé ; soubs les ruines de laquelle tour demoura le capitaine Richebourg et plusieurs autres, tant gentilshommes que soldats, se promenans là au long, estimez à trois cens hommes ; autres, qui se promenoient hors du chasteau, en la place, eurent pareille fin. Il y eut des pierres poussées par la force de ladite pouldre, jusques à un quart de mille de là, que mal aisément avecques cent bœufs on eust sceu remuer. Et fut la place en telle désolation, qu'elle demoura sans garde ; en manière que les sénateurs françois et leur famille furent contraincts de se mettre dedans pour la garde d'icelle, attendans cent hommes-d'armes, qui vindrent de Noare. Le pape Léon, ayant eu ceste nouvelle, print cela à bon augure pour luy, et mal pour les François, disant que l'ire de Dieu estoit tombée sur eux ; et résolut de se déclarer contre le Roy, espérant que cela luy seroit propice.

Il y avoit, le long du lac de Côme, un seigneur milanois nommé Mainfroy, Palvoisin, homme de grande authorité, lequel, estant accompagné de bon nombre de gens de guerre, et mesmes de lansquenets, marcha droict à Côme, dont estoit le capitaine, de par le Roy, le capitaine Garrou, basque, homme bien expérimenté aux armes. Or estoit-il la veille de Saint-Jean, et le jour mesmes que le mareschal de Foix fut à Rége, auquel jour (ainsi qu'estoit la coustume) se faisoit la feste hors la ville : pendant laquelle le capitaine Garrou, oyant l'alarme, se retira soudain dedans la ville, et, ainsi qu'homme de guerre qu'il estoit, départit les gardes à la muraille, selon le nombre d'hommes qu'il avoit, et selon la nécessité, meslant les citadins parmy ses soldats, à ce que, s'ils avoient quelque intelligence, ils ne la peussent exécuter. Le Palvoisin, estant arrivé devant la porte, ayant cognoissance de la provision que nos gens y avoient mise, n'osa entreprendre plus avant, encores que Bénédict de Lorme, citadin dudit lieu, conducteur de ladite pratique, l'asseurast que Antoine Risque, autre citadin dudit lieu, estant dedans la ville, luy eust promis que la nuict il feroit un passage à la muraille, derrière sa maison, de sorte qu'un homme armé sans ayde y pourroit entrer, et que les François, estans en petit nombre, n'auroient pouvoir de résister : mais iceluy Bénédict fut abusé ; car le capitaine Garrou avoit observé l'ordre que je vous ay dit, de mesler les citadins avecques les soldats ; tellement que ledit risque n'autres quelconques n'osèrent entreprendre de se déclarer.

Le Palvoisin, se voyant estre déceu de sa folle entreprise, ayant assis ses gardes autour de la ville, aux lieux qu'il veit les plus commodes, s'en alla dormir ; mais son somme ne fut long, parce que le capitaine Garrou, le voyant faire mauvais guet, feit une saillie si brusque, qu'il surprist quatre cens lansquenets et quatre cens Italiens endormis, lesquels il mist en tel effroy, qu'ils s'en allèrent à vau de roupte, et luy, qui n'avoit que deux hommes, en tua plus de quatre cens ; et entra le Palvoisin en tel effroy luy-mesmes, qu'il fut en deux opinions, ou de s'embarquer sur le lac pour s'enfuir, ou de prendre le chemin par terre. Finablement, à la persuasion des capitaines desdits lansquenets, laissa le lac et print la terre ; mais, ainsi que souvent advient à gens effraiez, aucuns s'embarquèrent, autres prindrent la montagne pour se sauver.

Le capitaine Garrou, voyant l'effroy de ses ennemis, et sçachant un destroit par lequel ils estoient contraints de passer, s'embarqua sur le lac avec ce qu'il peut mener d'hommes, et feit telle diligence, qu'il arriva le premier au passage du destroit. Le Palvoisin, arrivant audit lieu, n'estant en doubte de rien, tomba en nostre ambuscade, où il fut deffaict sans combatre, pensant avoir le diable tousjours à ses tallons ; et fut pris prisonnier, ensemble les autres capitaines italiens, et le reste mis au fil de l'espée, hors mis aucuns qui se sauvèrent en la montagne. Quant aux lansquenets, Garrou leur donna seureté pour retourner en leur païs, et soudain envoya ledit Palvoisin à Milan, avecques bonne escorte ; lequel, après avoir confessé toutes les pratiques et révoltes qui estoient dressées au duché de Milan contre le Roy, et mesmes que Hiéronyme Moron avoit esté cause de luy faire entreprendre ce qu'il avoit faict, après son procès achevé, fut faict mourir à Milan de mort cruelle et non usitée. Aussi eut la teste tranchée Barthélemy Ferrier, citadin de Milan, et le capitaine Soto : tous les autres accusez par ledit Palvoisin se sauvèrent dedans les montagnes ; qui furent ceux qui depuis nous feirent la guerre.

Le mareschal de Foix, au retour de Rége à Milan, voyant toutes choses tendre à révolte, dépescha en Suisse pour faire levée de huict mille hommes ; puis, ayant faict quelques enseignes de gens de pied, les envoya à Parme, auquel lieu estoit desjà arrivé le seigneur Fédéric de Bozzolo, qui y trouva le seigneur de Pontdormy, gouverneur dudit lieu, avec cinquante hommes-d'armes estans soubs sa charge, lequel avoit faict grande diligence de remparer, cognoissant bien que c'estoit le lieu où premièrement l'ennemy s'attaqueroit, et qu'il seroit le premier salué.

Pendant que ces choses se démenoient en Italie, les nouvelles vindrent au Roy, du parlement qu'avoit faict mondit seigneur le mareschal de Foix avec le gouverneur de Rége, et de la surprise que le Pape avoit opinion que ledit de Foix y avoit pensé faire ; dequoy ledit seigneur fut malcontent, craignant que cela amenast plustost le Pape à la guerre, ne le voulant avoir pour ennemy, et luy suffisoit assez d'avoir l'Empereur pour tel. Parquoy le Roy dépescha, comme j'ay dit, le seigneur de Lautrec, frère dudit mareschal de Foix, pour se retirer à Milan ; auquel lieu arrivé, feit cruellement mourir le seigneur Chrestofle Palvoisin, duquel j'ay cy-devant faict récit, homme de grande authorité, ayant vingt-cinq mille ducats de rente au Plaisantin et Parmesan, pour l'occasion seule que j'ay préditte, sans y avoir (à ce qu'on disoit) autre chose avérée contre luy, et donna sa confiscation audit mareschal de Foix, son frère ; ce qui fut mal digéré et qui malcontenta plusieurs personnes, qui, pour ceste occasion, se révoltèrent, parce qu'il estoit allié de tous les plus grands du païs, et mesmes du pape Léon. Plusieurs des juges ne furent d'advis de le faire mourir, veu que c'estoit sa première faulte, mais bien l'envoyer en France, qui eust esté un hostage pour divertir plusieurs de se révolter, et leur donner envie de faire servir au Roy, espérans par ce moyen d'obtenir sa grâce, et peu de sénateurs voulurent signer la sentence de mort.

LIVRE DEUXIESME.

Les armées du Pape et de l'Empereur, conduittes par Prospère Colonne, chassent, sous le nom de Francisque Sforce, les François de la pluspart du païs Milannois, en estant gouverneur monsieur Lautrec. Le Roy luy envoye secours, qui fut inutil par faute de solde, dont s'ensuyvit la roupte de la Bicoque, la perdition du duché de Milan et de Gênes. Adrian est créé pape par la mort de Léon. Charles de Bourbon prent le parti de l'Empereur, ce qui rompit la délibération qu'avoit faitte le Roy de passer les monts pour recouvrer Milan : toutesfois en son lieu y envoye monsieur de Bonnivet, avec forte armée, qui y fut aussi ruinée par faute d'argent et de rafreschissement. Les Anglois et Bourguignons entrent ce pendant bien avant en Picardie, bruslent Montdidier et Roye. Les Espagnols reprennent Fontarabie. Le comte Guillaume de Fustamberg, avec armée de lansquenets, assault la Bourgogne, dont il est repoussé par monsieur de Guise. Charles de Bourbon et le marquis de Pescaire assiégent Marseille, et se retirent pour crainte d'une grande armée du roy François, avec laquelle il passe les monts, reprent Milan et plusieurs villes, puis assiége Pavie, où se donna la bataille en laquelle il fut pris.

En ce temps, la ligue d'entre le pape Léon et l'Empereur, estoit du tout jurée et confirmée, en laquelle entrèrent le seigneur Fédéric de Gonzague, marquis de Mantoue, et les Florentins ; et par commun consentement avoient esleu pour chef de ladite ligue le seigneur Prospère Colonne, baron rommain, lequel avoit esté surpris, comme avez entendu par le précédant livre, en l'an 1515, dedans Villefranche. Ledit de Gonzague, marquis de Mantoue, avoit esté nourry en sa jeunesse en la cour du roy Louis, douziesme de ce nom ; et le roy François, venant à la couronne, luy donna cent hommes-d'armes, desquels il feit lieutenant l'escuier Boucar, nommé de Reffuge. Ledit Boucar voulut commander à ladite compagnie, disant que le marquis n'avoit que le tiltre et honneur, mais qu'à luy appartenoit d'y commander, et mesmes pourveut à l'enseigne et au guidon. Le marquis trouva cela de mauvaise digestion ; toutesfois le dissimula, puis, quand il veit le temps que le Pape et le Roy estoient en amitié, demanda congé au Roy d'accepter du Pape l'honneur qu'il luy offroit de le faire confanonnier de l'Église, chose que le Roy lui accorda. Puis, voyant l'occasion qui se présenta, d'autant que le Pape se déclara ennemy du Roy, renvoya au Roy son ordre, et fut faict général de l'Église. L'Empereur ordonna le seigneur Ferrand d'Avalos, marquis de Pesquaire, pour se venir joindre aux dessusdits, avec les quatre cens hommes-d'armes du royaume de Naples. Et en ce mesme temps, arriva le seigneur Hiéronyme Adorne, lequel amena trois mille Espagnols nouvellement descendus. Tous lesquels, aveques leurs forces, s'assemblèrent à Boulongne la Grasse, où ils conclurent de marcher à Parme, laissans le marquis de Pesquaire aveques trois cens hommes-d'armes et quelque nombre de gens de pied, sur les confins du Mantouan, pour favoriser quatre mille lansquenets et deux mille Grisons qui venoient à leur service, craignans que les Vénitiens ne leur empeschassent le passage par leurs destroits.

Le seigneur de Lautrec, adverty que l'armée de l'Empereur prenoit le chemin de Parme, y envoya le mareschal de Foix, son frère, aveques sa compagnie de cent hommes-d'armes, et si peu d'hommes qu'il peut trouver promptement : auquel lieu se trouva le seigneur Fédéric de Bozzelo, avec deux mille hommes de pied italiens, et le seigneur du Pontdormy, avec sa compagnie de cinquante lances ; et les cent hommes-d'armes escossois estant soubs la charge du seigneur d'Aubigny, conduitte par le capitaine Lucas, son lieutenant ; et la compagnie de Philippe Chabot, seigneur de Brion, de quarante hommes d'armes, conduitte par le capitaine Paris, gentilhomme de Dauphiné, son lieutenant, homme de bonne réputation ; celle du capitaine Louis d'Ars, de soixante hommes-d'armes ; celle du comte de Sainct-Pol, de trente hommes-d'armes ; et le seigneur Jean Hiéronyme de Chastillon, et le comte Ludovic de Bellejoyeuse, ayans charge de gens de pied italiens.

Les ennemis, partant de Rége, où ils avoient faict séjour de six sepmaines, marchèrent tous ensemble jusques à un torrent, à six milles de Parme, lequel sépare le duché de Milan d'aveques le territoire de Rége, qui est terre d'Église, sans courir les uns sur les autres. Les ennemis séjournèrent sur ledit torrent environ quinze jours : au bout desdits quinze jours, ils passèrent le torrent et entrèrent à main armée dedans les terres du duché de Milan ; qui fut la déclaration de la guerre. Puis vint loger l'armée de la ligue à mille et demy près de Parme, en un village appelé

Sainct-Martin (entre lequel Sainct-Martin et Parme y a une plaine nommée la Ghiara, en laquelle les inundations son grandes en temps pluvieux, mais en temps sec n'y a que beau sablon, et est ladite Ghiara du costé de la citadelle), auquel se faisoient ordinairement des plus belles escarmouches qu'il est possible, tant à pied qu'à cheval ; de ceste heure-là furent inventées les arquebouzes qu'on tiroit sur une fourchette. Ayant esté le camp de l'ennemy quelque temps à ladite Ghiara, le mercredy, jour de la décolation de sainct Jean, firent leurs approches à la porte Saincte-Croix, du costé de Milan, qui n'estoit pour l'heure que le faubourg ; le jeudy jour ensuivant, ils battirent ladite porte et autres deffences ; le vendredy matin, mirent en batterie un grand nombre, tant de canons que doubles canons ; dequoy ils firent telle diligence, qu'à midy il y eut brèche de cinquante pas, à laquelle ils donnèrent trois assaux, desquels ils furent repoussez, tant par la gendarmerie que par les gens de pied.

Il fault entendre que du costé de la brèche il n'y avoit point de fossé, et ne valoit rien la muraille ; de sorte que la nuict, ceux de dedans estans à leurs deffences, et ceux de dehors à la leur, les picques de ceux de dehors estoient veuës par ceux de dedans, et celles de dedans aussi par leurs ennemis, au droict de ladite brèche. Parquoy advint qu'il entra tel effroy parmy noz gens de pied italiens, que la pluspart passa par la brèche et s'en alla rendre au camp des ennemis, tellement que de cinq ou six mille Italiens, n'en demoura pas deux mille ; mais les capitaines y feirent bien leur devoir. Monseigneur le mareschal, après avoir gardé, environ l'espace de quinze jours, la basse-ville, ayant eu l'advis des capitaines, fut conclu que la nuict elle seroit abandonnée, pour ne pouvoir plus endurer la fatigue du jour et de la nuict. A ces causes, la nuict du samedy, après avoir retiré dedans la ville toute l'artillerie et autres choses qui leur pouvoient servir, une heure avant le jour se retirèrent dedans la ville, laissans à la brèche un capitaine de arquebousiers qui estoit au seigneur Fédéric, jusques à ce qu'un chacun fust retiré, lequel capitaine, voyant qu'il estoit temps de faire sa retraitte, usa d'une grande ruse pour n'estre suivy ; car à tous ses arquebouziers feit coupper un bout de leur corde allumée, et leur feit coucher ladite corde sur le rempar, aux lieux où ils avoient accoustumé de faire leur garde, et par intervalles ; de sorte que noz ennemis, pensans encores noz gens estre à leurs gardes accoustumées, n'en eurent cognoissance qu'il ne fust une heure de jour : par ce moyen, ceux qui estoient dedans eurent tout loisir de pourvoir à leurs affaires.

Les ennemis, après avoir la cognoissance de la retraitte de noz gens dedans la ville, passèrent leur artillerie par la brèche mesmes où ils avoient esté repoussez, et feirent leurs approches de la ville en plain midy, car les maisons du faubourg leur servoient de gabions ; et assirent leur artillerie du costé du pont, où ils ne feirent grande brèche pour ce jour ; mais le capitaine Lucas y fut tué d'un coup de canon. Finablement les ennemis, voyant l'obstination de ceux de la ville, et estans advertis que monsieur de Lautrec approchoit avecques son armée, en laquelle estoient vingt mille payes de Suisses, le lundi matin, après avoir tiré encores quelques coups de canon, retirèrent leur artillerie, et s'en allèrent à deux milles loing de Parme, tirant le chemin du Pau. Le seigneur de Lautrec, lequel, comme dit est, marchoit avecques les Suisses et sept ou huict cens hommes-d'armes, et quelque bande de gens de pied françois qu'il avoit levez par-cy par-là, et l'armée des Vénitiens, qui estoient cinq cens hommes-d'armes à leur mode, et sept ou huict mille hommes de pied, se mist à suivre l'ennemy. Mais il s'arrêta à battre un chasteau nommé Roquebianque, où il fut deux ou trois jours avant que le prendre ; qui donna loisir aux ennemis de reprendre leurs esprits, tant qu'ils passèrent le Pau ; ce qu'ils n'eussent pas faict si ledit seigneur de Lautrec les eust suivis chaudement.

Au reste, le seigneur de Lautrec manda le mareschal de Foix pour se venir joindre avecques luy à tout ce qu'il avoit d'hommes ; lequel ayant abandonné Parme sans garde, peu de jours après, les habitans se mirent entre les mains du Pape. Le mareschal de Foix vint passer le Pau vis à vis de Crémone, où il trouva nostre armée. Estans les deux frères unis ensemble, vindrent loger à Bourdelène, à deux milles près du camp des ennemis, qui estoient logez à Rebec, près un chasteau appellé Pont-Ivy, appartenant aux Vénitiens, à sept milles de Crémone ; et est ledit Rebec sur un ruisseau qui sépare le duché de Milan du pays des Vénitiens. Ledit chasteau de Pont-Ivy est delà le ruisseau, sur un hault duquel on voyoit tout le camp de nostre ennemy ; et qui le feust allé combattre audit lieu de Pont-Ivy, où il séjourna deux jours, et nostre camp autant audit Bourdelène, il estoit impossible à nostre ennemy de se jetter en bataille, qu'à coups d'artillerie on ne l'eust mis en désordre du chasteau. On pensoit le troisiesme jour les aller combattre, mais la tardiveté de noz chefs fut cause de les nous faire perdre ; car le jour que mondit seigneur de Lautrec les espéroit aller combattre, ils deslogèrent; parquoy ledit sieur de Lautrec alla loger cedit jour à Rebec, de quel lieu l'ennemy estoit deslogé. Le lendemain il suivit ledit ennemy, et alla loger à un mille près de son camp, qui estoit logé en un fort nommé Ostienne, au marquisat de Mantoue. Le jour ensuivant, le seigneur de Lautrec, espérant attirer lez ennemis hors de leurs fortifications, leur présenta la bataille; laquelle ne voulans accepter, pour n'estre le jeu party, ne bougèrent de leur fort, pour quelque escarmouche qu'on leur eust sceu dresser. Quoy voyant, ledit seigneur de Lautrec retourna loger à Rebec : je ne sçay quelle occasion le meut sinon qu'on disoit qu'il luy devoit suffire d'avoir jetté l'ennemy hors du duché de Milan.

Audit Rebec séjourna nostre camp sept ou huict jours. Cependant la Toussaincts approchoit, les nuicts devenoient longues, pluvieuses et froides, de sorte que noz Suisses s'ennuyèrent et s'en allèrent sans congé, s'excusans sur la faulte de la paye, et de vingt mille payes que nous avions, n'en demeura qu'environ quatre mille : vray est qu'ils estoient pratiquez par le cardinal de Médicis, cousin du Pape. De Rebec fut envoyé le seigneur du Pontdormy avecques sa compagnie et celle du duc de Gennes, dont estoit lieutenant le comte Hugues de Pépolo, et environ mille ou douze cens hommes de pied, et deux fauconneaux, pour garder le passage à quelque nombre de Suisses qu'amenoient le cardinal de Médicis, qui depuis a esté pape Clément, et le cardinal de Sion. Le pas qu'ils alloient garder est une rivière au païs des Vénitiens, tirant vers le lac d'Iste; lequel passage fut gardé par deux ou trois jours, et puis forcé par le quartier que gardoient les gens dudit comte Hugues de Pépolo. Cela forcé, se retira ledit seigneur du Pontdormy, en une petite ville appartenante aux Vénitiens, où il séjourna deux jours, puis se vint rendre au camp de monsieur de Lautrec, lequel il trouva encores audit lieu de Rebec. Les Suisses qui nous avoient abandonnez s'en allèrent joindre avec le seigneur Prospère Colone, lequel estoit, comme j'ay dit, chef de ligue. Le seigneur de Lautrec, voyant son armée diminuée, et celle de noz ennemis renforcée de nos gens mesmes, délibéra de faire fortifier les passages de la rivière d'Adde, et envoya à Milan pour faire relever les bastions et remparts, autresfois faits par le duc de Bourbon, comme devant a esté dit. Estans les Impériaux arrivez sur ladite rivière d'Adde, cherchèrent moyen de trouver passage ; mais enfin Francisque Moron, milanois, nepveu de Hiéronyme Moron, et quelques autres capitaines cognoissans les païs, allèrent trouver la rivière de Bembre, qui est une petite rivière descendante du Bergamasque et tombe à Vaure dedans la rivière d'Adde : auquel lieu de Vaure ils trouvèrent quelques batteaux cachez dedans les rozeaux, avecques lesquels ils passèrent deçà l'eau, le nombre de trois ou quatre cens hommes ; lesquels, trouvant le comte Hugues de Pépolo, boulonois, qui avoit la garde, de par ledit seigneur de Lautrec, de ce passage le forcèrent et mirent à vau de roupte : et y furent tuez le capitaine Chardon, ayant charge de cinq cens hommes, et Gratian de Luce, ayant pareille charge.

Le seigneur de Lautrec, adverty de ladite roupte, craignant qu'ils ne gaignassent Milan, se retira audit lieu de Milan, en toute diligence, laissant bonne garnison dedans Crémone. Estant arrivé, départit les gardes, en espérance d'y attendre le secours qui devoit venir de France; et desjà estoit le mois de novembre 1521. Le seigneur Prospère, ayant passé l'Adde, et adverty que le seigneur de Lautrec s'estoit retiré dedans Milan, et qu'il faisoit relever les bastions en grande diligence, délibéra de le suivre et vint loger en une abbaye à quatre milles près de Milan, nommée Cheraval, sur le chemin de Laudes audit Milan; auquel lieu estant logé, estoit incertain de ce qu'il avoit à faire, sentant un si grand nombre d'hommes dedans la ville. Sur ladite incertitude, luy fut amené un vilain qui sortoit hors de Milan, pris au guet du marquis de Mantoue ; lequel, estant devant ledit Prospère et les autres capitaines, déclara avoir esté envoyé, de la part de quelques partisans impériaux qui estoient dedans la ville, devers Hiéronyme Moron, pour leur faire entendre que, s'ils vouloient marcher droit, ils estoient asseurez qu'ils entreroient dedans Milan; mais où ils voudroient temporiser, et que les François eussent loisir de se recognoistre, il n'estoit en leur puissance de les sçavoir chasser. Lesquelles choses entendues par les chefs, le vendredy, vingt-troisième de novembre, fut conclu que le marquis de Pesquaire, avecques les bandes espagnolles, desquelles alors il avoit la charge, marcheroit droit à la porte Romaine, pour y arriver à soleil couché. Or avoit l'armée vénitienne, dont estoit capitaine-général le seigneur Théodore Trévoulce, la garde de ladite porte et du faubourg : auquel lieu estant arrivé, ledit marquis de Pesquaire, prenant douze cens hommes pour faire la poincte, donna de teste droit à un bastion commencé par lesdits Vénitiens, qui n'estoit encores en deffence; dont ils entrèrent en tel effroy, qu'ils s'en allèrent sans combattre, à vau de roupte, abandonnans leurs gardes et fortifications. Le seigneur Théodore Trévoulce, chef de l'armée de la Seigneurie, qui estoit au lict malade, se leva et marcha droit aux ennemis, avecques si peu d'hommes qu'il peut recouvrer, pour soustenir l'effort, pensant estre suivy; mais la nuict n'eut point de honte : parquoy, estant trop foible, fut renversé et pris prisonnier; dont il fut depuis rachepté par dix mille escus; pareillement y furent pris le seigneur Jules de Sainct-Severin et le marquis de Vigeve.

Le seigneur de Lautrec, voyant l'armée vénitienne avoir abandonné le faubourg sans combatre, se retira, avecques le reste de son armée, en la place, devant le chasteau; puis, voyant n'y avoir ordre de garder la ville, estant perdu ledit faubourg, délibéra se retirer, prenant le chemin de Côme, pour approcher près des Suisses, attendant le secours qui devoit venir de France; mais, avant que partir, laissa dedans le chasteau, pour capitaine, le seigneur de Mascaron, gascon : l'évesque de Conserans, qui n'eut moyen de suivre les autres, y demeura, et cinquante hommes-d'armes et six cens hommes de pied françois. Le cardinal de Médicis, suivant le marquis de Pesquaire, avecques l'armée du Pape, entra dedans Milan environ le poinct du jour, où il se feit un butin inestimable; car dix jours entiers n'y eut ordre pour commandement qui se fist de faire cesser le sac.

Estans les Impériaux et Papistes seigneurs de la ville de Milan, advisèrent le moyen de pouvoir achever leur guerre; après toutes choses débatues, conclurent qu'il falloit divertir les Suisses de l'alliance de France, et, pour cest effect, dépeschèrent devers eux l'évesque de Véronne, de la part du Pape, et autres ambassadeurs de la part des Milanois. Lesquels arrivans aux confins des païs des ligues, les Milanois ne voulurent passer outre sans sauf-conduit, mais l'évesque de Véronne, sans aucune seureté, y alla : dont mal luy print, car les Suisses le mirent en prison fermée, pour estre venu dedans leur païs allié des François sans avoir sauf-conduit. Ce pendant le seigneur de Lautrec print le chemin de Côme, et pouvoit avoir en sa compagnie cinq cens hommes-d'armes et quatre mille Suisses, et peu d'autres gens de pied; et les Vénitiens quatre cens hommes-d'armes à leur costume, et six mille hommes de pied, et sans grand bagage, environ le poinct du jour arriva à Côme, où tout le camp logea. Le lendemain les quatre mille Suisses qui nous estoient demourez se retirèrent en leur païs; mondit seigneur de Lautrec, avecques toute la gendarmerie, print le chemin de Lec, où il passa la rivière pour aller mettre ladite gendarmerie en garnison au païs des Vénitiens, laissant le seigneur de Vandenesse, frère du mareschal de Chabannes, capitaine de cinquante hommes-d'armes, chef dedans Côme, et avecques luy le capitaine Bouvet, qui avoit cinq cens hommes de pied françois.

Les ennemis, suivans nostre armée, assiégèrent Côme, où, après avoir faict batterie de dix ou douze jours, et le seigneur de Vandenesse, voyant la place n'estre tenable, feit composition avec le marquis de Pesquaire, lieutenant audit siège pour l'Empereur, par laquelle les soldats s'en devoient aller bagues sauves, chevaux et harnois, la lance sur la cuisse, et estre conduits à seureté jusques au païs des Vénitiens. La composition faicte et signée, leur fut dit de la part dudit marquis, que les soldats se retirassent en leurs logis, pour trousser leurs bagages, et qu'il mettroit des capitaines espagnols à la brèche, à ce qu'ils ne fussent en riens offencez. Une heure après, estans lesdits soldats en leurs logis, entrèrent les ennemis dedans, et sacagèrent tant les gens de guerre que les citadins, lesquels estoient compris en ladite capitulation. Après le sac exécuté, y entra ledit marquis de Pesquaire, faignant estre marry de ce qui estoit advenu, et feit rendre aux soldats quelque partie de leurs biens; mais la pluspart s'en allèrent à pied et sans bagage. Partant de là, le seigneur de Vandenesse, et estant arrivé au lieu où estoit monseigneur de Lautrec, par sa permission, envoya un cartel audit marquis de Pesquaire, par lequel luy faisoit entendre que faulcement il luy avoit failly de foy, et qu'au cas qu'il voulust dire le contraire, il le luy maintiendroit les armes au poing. Le marquis feit response que, si ledit seigneur de Vandenesse vouloit maintenir que par son sceu ou commandement ledit sac fust advenu, il avoit menty : ils entrèrent en plusieurs cartels les uns contre les autres, et estoit parrain dudit seigneur de Vandenesse, le seigneur du Pontdormy; mais, avant que la querelle fust vuidée, monseigneur de Vandenesse fut tué à la retraitte de monseigneur l'amiral de Bonnivet, près de Romagnen.

Peu de jours après, les Vénitiens s'ennuyèrent de si long-temps soustenir nostre armée en leurs terres, vivant à discrétion; parquoy fut délibéré que toute la gendarmerie deslogeroit, pour se trouver, en un jour dit, en deux bourgs environ dix milles de Crémone; ce qui fut faict. Or, est-il que ceux de Crémone, ayans opinion que nostre armée eust esté toute deffaitte à Milan, s'estoient révoltez et avoient mis les armes impérialles sur leurs portes : le seigneur de Lautrec, de ce adverty, délibéra de faire diligence de la reprendre par le moyen du chasteau, lequel tenoit encores pour nous. Et estoit dedans pour capitaine Jehannot d'Herbouville, seigneur de Bunou ; dedans la ville n'avoit que gens rassemblez, et peu de gens de guerre ; toutesfois ils avoient faict quelques rempars et trenchées devers la ville, pour brider le chasteau, où il fut mis environ cent cinquante hommes-d'armes à pied, avecques trois cents archers, lesquels entrèrent par le chasteau, qui furent par ceux de la ville vigoureusement repoussez. Depuis, se préparans pour donner nouvel assault, les ennemis s'estonnèrent et demandèrent composition de leur en aller bagues sauves ; ce qui leur fut accordé, à condition qu'ils partiroient deux heures après, comme ils firent. Et entra ledit seigneur de Lautrec en la ville, accompagné environ de cinq cens hommes-d'armes, armet en teste, avecques laquelle compagnie il se logea dedans ladite ville. La diligence que fist monseigneur de Lautrec fut prouffitable ; car, s'il eust attendu vingt-quatre heures, les ennemis y fussent venus les plus forts.

Après avoir séjourné trois ou quatre jours audit lieu de Crémone, le seigneur de Lautrec dépescha monseigneur le mareschal de Foix, son frère, pour venir en France devers le Roy, luy faire entendre des affaires de par delà ; lequel mareschal trouva le Roy à Compiègne. Ce faict, ledit seigneur de Lautrec envoya gens à Pisqueton, qui tenoit encores pour nous. Vous pouvez entendre que dez que nous eusmes perdu Milan, ceux lesquels par avant nous faisoient bon visage, tournèrent tous leurs robbes ; parquoy ledit seigneur de Lautrec advisa à départir sa gendarmerie pour la soulager, attendant le secours de France. Dedans Crémone laissa le marquis de Salluces, Miquel Antoine, chef, avecques sa compagnie de cinquante hommes-d'armes, et la compagnie du mareschal de Foix, de cent hommes-d'armes, et quelques gens de pied italiens, de ceux du seigneur Fédéric de Bozzolo ; envoya pareillement quelques compagnies de gens-d'armes dedans les terres dudit seigneur Fédéric. Puis dépescha ledit Fédéric de Bozzolo, pour essayer à reprendre Parme, qui s'estoit révoltée, ainsi qu'avez ouy ; mais ce luy fut chose impossible à faire, parce que les Papistes y avoient desjà pourveu.

Sur ces entrefaictes, le seigneur Prospère Colonne, qui s'estoit retiré dedans Milan avecques toutes ses forces, adverty qu'Alexandrie estoit demourée en garde aux citadins, y alla, luy ayant la faveur des Gibelins. Arrivé audit lieu, les habitans sortans à l'escarmouche par la menée desdits Gibelins, furent repoussez, de sorte que les Espagnols y entrèrent pesle mesle. Semblablement ceux de Pavie, ayans pour garnison en leur ville la compagnie de monsieur de Sainct-Pol, leur firent entendre qu'ils eussent à se retirer, autrement, qu'ils n'auroient moyen de les sauver qu'ils ne fussent saccagez ; ce que firent ceux de ladite compagnie, n'estant la force pour eux ; et se retirèrent en Ast.

En ce temps, le pape Léon ayant nouvelles de la perte que les François avoient faicte de ladite ville de Milan, en print telle joye, qu'un catarre et une fièvre continue en trois jours le firent mourir : il fut bien aise de mourir de joye. Incontinant, le Roy dépescha le cardinal de Bourbon et le cardinal de Lorraine, pour aller à Romme en poste, à l'élection d'un autre pape ; mais par les chemins furent advertis que l'élection estoit faicte du pape, qui se nomma Adrien, natif de Louvain, qui avoit esté maistre d'escolle de l'Empereur, lequel, alors de sa promotion au papat, estoit absent de Romme et estoit en Espagne ; parquoy lesdits cardinaux revindrent de mi-chemin. Aussi le cardinal de Médicis, qui estoit légat en l'armée de l'Eglise, ayant eu les nouvelles de la mort du Pape son cousin, après avoir licentié son armée, se retira à Romme.

Le seigneur de Lautrec, ayant pourveu à Crémone avecques deux cens hommes-d'armes, se retira au païs des Vénitiens, auquel lieu il fut bien reçeu, pour la bonne fortune qu'il avoit eu d'avoir recouvert Crémone. Mais, au bout de dix jours, ayans nouvelles de ce qui estoit advenu, tant à Alexandrie que Pavie, s'ennuyèrent, comme amis de fortune, de soustenir mondit seigneur de Lautrec en leurs terres, et luy firent dire qu'il eust à se retirer, et que leur païs ne le pouvoit plus soustenir ; ce qu'il fut contrainct de faire, et se retira à Crémone. Après la mort du pape Léon, Francisque Marie, lequel pour lors estoit bien piètre, pour avoir esté par les François (comme j'ay prédit au précédant livre) spolié du duché d'Urbin à la faveur dudit pape Léon, assembla, tant pour la bonne amitié que luy portoient les gens de guerre pour estre bon capitaine, que pour la haine qu'on portoit audit pape Léon (lequel, après tant de bienfaits qu'il avoit receus des François, s'estoit déclaré contre le Roy), jusques au nombre de cinq ou six cens hommes de guerre sans soulde, et marcha audit duché d'Urbin, lequel en peu de jours il conquist, et l'a gardé jusques à maintenant.

Le seigneur Prospère, capitaine-général de la ligue, et Hiéronyme Moron, ambassadeur pour Francisque Sforce, pour la querelle duquel se faisoit ladite guerre, se voyans abandonnez de l'armée de l'Eglise, qui estoit leur bras droit, tant pour les hommes de cheval que pour l'argent, advisèrent qu'il falloit trouver moyen de conserver ce que desjà ils avoient conquis. Pour à quoy satisfaire, convenoit avoir deniers; et pour autant que l'hyver estoit venu, pendant lequel ils n'avoient besoing de si grosse armée, pour eux soulager de despense, donnèrent une paye aux Suisses et les licentièrent; aux gens de pied grisons et italiens firent le semblable. Quant à la cavallerie, laquelle auparavant avoit esté entretenue des deniers du Pape, ils l'envoyèrent avecques le marquis de Mantoue, vivre sur le Plaisantin et le Parmesan, à discrétion; aussi firent-ils leurs gens de pied, tant espagnols que lansquenets, parmy les chasteaux et autres places estans en leur obéissance, retenans seulement dedans Milan peu de gens, pour garder les saillis de ceux du chasteau. Ledit Moron, pour trouver le moyen d'avoir deniers, avoit introduict un augustin, nommé frère André, de Ferrare, lequel, estant excellent en éloquence, persuada tant par ses preschemens et sermons, qu'il mist en l'opinion du peuple de Milan que l'ire de Dieu estoit tombée sur les François: de sorte que qui n'avoit que deux escus en portoit un libéralement pour contribuer à la guerre. Et avoit promis ledit Moron, audit frère André, de le faire archevesque de Milan; toutesfois il ne luy tint promesse.

Je vous ay desjà dict comme le mareschal de Foix estoit allé devers le Roy, lequel il trouva à Compiègne: et après luy avoir faict entendre, par le menu, l'estat de ses affaires d'Italie, le Roy ordonna le bastar de Savoye, grand maistre de France, le mareschal de Chabannes, le seigneur Galéas de Sainct-Severin, son grand escuyer, et le seigneur de Montmorency, pour aller en Suisse faire levée de seize mille hommes de pied, pour conduire au duché de Milan, au secours du seigneur de Lautrec.

[1522] Pendant que ces choses se faisoient en Italie, la Picardie n'estoit en repos. Vous avez ouy par cy-devant l'ordre que le Roy avoit mis en sa frontière de Picardie, à son retour de Valanciennes: aussi ne devez ignorer que tout l'hiver se faisoit la guerre guerroyable par toutes les garnisons dudit païs, aujourd'huy au prouffit des François, autre jour au prouffit des Bourguignons. Et entre autres entreprises, le jour de Nostre-Dame-de-Mars 1521, avant Pasques, douze cens lansquenets partans de la garnison d'Arras, passèrent la rivière d'Othie, près Dourlan, et vindrent piller Bernaville et autres villages circonvoisins. Ceux de la compagnie de monseigneur de Vendosme, qui estoient en garnison audit Dourlan, dont estoit chef le seigneur d'Estrée, advertis du passage desdits lansquenets, environ minuict montèrent à cheval pour les attendre au passage de la rivière, à leur retraitte, ayans avecques eux trois cens hommes de pied sans soulde. Encores qu'en ladite compagnie ils ne fussent que trente hommes-d'armes et environ cinquante archers, se confians à leursdits gens de pied qui promettoient combatre, et ayans trouvé les ennemis desjà repassez l'eau, délibérèrent les charger; ce qu'ils firent si furieusement qu'ils les rompirent. A ceste charge furent tuez, des nostres, le seigneur de Ricamé et le bastar Dampont, et le cheval du seigneur d'Estrée, chef de l'entreprise; ceux du seigneur Martin Du Bellay, du seigneur de Coquelet et du seigneur de Léal y furent aussi tuez. Après laquelle charge, noz gens pensoient estre sauvez de leursdits gens de pied; mais ce fut au contraire, car ils s'en estoient fuis sans combattre; parquoy, au lieu de recharger, furent contraints de tenir bride; si est-ce qu'ils leur firent abandonner le butin. Et des lansquenets y moururent cent cinquante, tant à ladite charge que sur leur retraitte, et entre autres un de leurs principaux capitaines. Mais les ennemis, après s'estre retirez à Arras, malcontens de leur mauvaise fortune, conclurent de se venger, et venir surprendre ladite ville de Dourlan estant despourveue d'hommes; car il n'y avoit un seul homme de pied. Et pour cest effect le comte de Bure, lieutenant-général pour l'Empereur en ses Païs-Bas, assembla toutes les garnisons de la frontière, tant de cheval que de pied, avecques six pièces d'artillerie, et arriva devant Dourlan, le samedy dix-neuviesme de mars, environ demie-heure devant le jour; et vint camper au-dessus de la ville, où de présent est le chasteau, du costé devers Amiens, espérant que ceux de la garnison estans en si petit nombre, ne se voudroient opiniastrer d'attendre le canon. Mais ayans desjà faict une autre folie, de charger douze cens lansquenets, en voulurent encores esprouver une autre avecques vingt-cinq hommes-d'armes qui restoient. Laquelle opiniastreté voyant iceluy de Bure, planta son artillerie, et feit batterie près la tour Cornière, qui regarde devers Auchy-le-Chasteau ; puis après feit donner un assault de tous costez, tant par eschelles qu'autrement. Mais Dieu fut si favorable aux assiégez, que les ennemis furent repoussez, à l'ayde des habitans, et demoura bon nombre desdits ennemis morts dedans le fossé. Pendant cela, monseigneur de Vendosme, qui estoit à Amiens, envoya le comte de Sainct-Pol, son frère, à Abbeville, pour faire marcher deux mille Suisses qui estoient là en garnison (lesquels Suisses refusèrent de marcher, quelque persuasion que ledit comte leur sceut faire; parquoy, par après furent cassez et renvoyez en leur païs), aussi pour faire marcher mille hommes qui estoient à Hédin soubs la charge de Hutin de Mailly et de La Barre. Quand et quand manda la gendarmerie qui estoit à Moutreuil, à Corbie, à Péronne et autres lieux, délibérant de lever le siège des Bourguignons, ou de combatre; dequoy les Bourguignons advertis, et la nuict qui approchoit, voyans n'avoir riens prouffité, se retirèrent droit à Arras, avec leur courte honte, laissans les eschelles dedans les fossez de Dourlan. Ceux de Paris, voyans le hazard où Dourlan avoit esté par faulte d'hommes, souldoyèrent mille hommes pour mettre dedans, desquels eurent la charge, le seigneur de Bourbarré et le capitaine Sanseuse, sous le seigneur de Lorges. Or, pour vous faire entendre l'occasion principalle qui meut les Bourguignons de ne donner l'assault, fut que l'entreprise s'estoit faicte pour venger l'outrage faict aux lansquenets le mardy précédant, où ils avoient perdu des gens de bien; parquoy les Walons vouloient que lesdits lansquenets donnassent l'assault, dont sourdit une mutinerie entre eux. Les assiégez, se voyans hors d'espérance de secours, sinon des Suisses, afin de temporiser et, ce pendant, remparer leurs portes et une saillie d'eau, envoyèrent, par saufconduit, le capitaine Monbrun dehors, pour parlementer, non pas pour rien conclure, mais les amuser et veoir ce qu'il pourroit cognoistre de leur délibération, et sentir s'ils avoient vivres pour séjourner, pour suivant cela se gouverner. Mais estant ledit Monbrun sur son retour sans rien avoir conclu, la mutinerie survint, parquoy en se retirans emmenèrent ledit Monbrun et autres ses compagnons à Arras, où estans arrivez, ceulx de la ville et Wallons entrèrent en opinion qu'avions capitulé Dourlan, et que ledit Monbrun et autres avoient esté baillez par nous en ostage; et forcèrent le logis où ils estoient, pour les avoir entre leurs mains, de sorte que les lansquenets qui estoient logez en la cité, furent contrains de se mettre en armes pour les mettre en liberté.

Environ la fin d'avril ensuivant, 1522, monseigneur de Vendosme, adverty de plusieurs chasteaux qui estoient entre Aire et Bétune, lesquels faisoient beaucoup d'ennuy à nostre frontière, assembla ses garnisons et ses forces pour les aller raser, et fist son assemblée à Mouchy-le-Cayeu, près de Sainct-Pol. Le seigneur de Telligny, séneschal de Rouargue, venant de Montreul, avecques sa compagnie, où il estoit en garnison, pour se trouver audit Mouchy-le-Cayeu, passant près de Hédin, rencontra, de cas fortuit, deux ou trois cens hommes de pied bourguignons, qui venoient de courir en France, avec butin, lesquels il chargea de sorte qu'ils furent tous pris ou tuez ; mais, à ladite charge, ledit seigneur de Telligny fut blessé en l'espaule, d'un coup d'arquebouze, duquel il mourut peu de jours après à Hédin ; et n'y eut homme des siens ny blessé ny tué que luy; qui fut un grand dommage, parce qu'il estoit gentil chevalier et homme fort expérimenté. Monseigneur de Vendosme, exécutant sadite entreprise, print les chasteaux de Diénal, de Divion, de Brueil, et plusieurs autres petites places aux environs de Bétune, tirant à Arras; puis, après les avoir rasées, se retira à Dourlan.

Audit lieu de Dourlan, ledit seigneur de Vendosme eut nouvelles comme le roy d'Angleterre dressoit son armée à Douvres, pour faire descente à Callaiz, et mesmes qu'il y avoit un hérault par les chemins pour deffier le Roy. Parquoy mondit seigneur de Vendosme incontinant dépescha en poste le seigneur Martin Du Bellay, afin d'en advertir le Roy, qui estoit à Lion pour favoriser l'armée qu'il avoit envoyée en Italie soubs la charge, comme j'ay dit, du bastar de Savoye, grand-maistre de France, du mareschal de Chabannes et du seigneur de Montmorency. Et fondoit ledit roy d'Angleterre ses deffiences sur ce qu'il se disoit estre juge arbitraire des querelles qui pourroient survenir entre le Roy et l'empereur Charles d'Autriche, et qu'il estoit tenu de courir sus à celuy qui refuseroit les traittez par luy mis en avant, comme arbitre de leur différend. Si disoit-il que, l'an précédent, par le deffault du Roy, lorsqu'il estoit devant Valanciennes, et les ambassadeurs d'Angleterre estans là envoyez de sa part pour moyenner la paix, elle n'avoit esté accordée, pour n'avoir voulu le Roy rendre Fontarabie, prise (à ce que disoit l'Empereur) depuis le traitté de paix mis en avant.

En ce temps, Soliman, roy des Turcs, voyant tous les princes chrestiens en guerre, entreprist de mettre en son obéissance l'isle de Rhodes; ce qu'il fit, après l'avoir assiégée huict mois, par faulte d'estre secourue des princes chrestiens.

Tandis que ces choses se faisoient en Picardie, le seigneur de Lautrec, estant adverty que le secours venant de France approchoit en toute diligence, fist assembler son armée, qui estoit séparée en plusieurs lieux pour leur donner moyen de vivre. Quand et quand fist diligence de solliciter les Vénitiens à ce qu'ils eussent à préparer le secours auquel ils estoient tenus par la ligue, afin qu'arrivans les Suisses, ils fussent prests de se jetter en campagne sans perdre temps; et mesmes manda ausdits Vénitiens qu'ils eussent à prendre garde sur leurs limites, à ce que Hiéronyme Adorne, qui amenoit six mille lansquenets pour le secours des Impériaux, n'eust passage par leurs destroicts; mais ils firent si mal leur devoir d'y pourveoir, que ledit Hiéronyme, aveeques lesdits lansquenets, passa à Bergame, devant qu'ils eussent mis gens ensemble pour l'empescher. Le seigneur Prospère, se voyant venir sur les bras si grandes forces, et n'ayant le moyen de tenir la campagne, délibéra de fortifier Milan, et mesme de brider le chasteau, à ce qu'il ne peust estre secouru par les nostres; et pour cest effect, fist, du costé du parc, de grandes tranchées doubles, avecques plusieurs plateformes par les endroits qui estoient nécessaires; et estoient lesdites tranchées deffensables contre les saillies que pouvoient faire ceux du chasteau, et du costé dont pouvoit nostre armée les venir assaillir, dedans lesquelles il mist une partie de ses forces. Puis, après avoir pourveu aux choses susdites, alla loger, avec le reste de son armée, entre la rivière d'Adde et le Tésin, et envoya le comte Philippe Tourniel dedans Noare. Envoya pareillement le seigneur Hector Viscomte dedans Alexandrie, avecques mille cinq cens hommes de pied, sans argent; mais ordonna que ceux d'Alexandrie les nourriroient à discrétion. Puis envoya le seigneur Antoine de Lève, espagnol, capitaine du premier escadron des gens-d'armes impériaux, homme bien expérimenté, avecques mille Italiens et deux mille lansquenets, pour donner empeschement au seigneur de Lautrec à repasser la rivière d'Adde, se voulant joindre au secours qui venoit de France. Ce faict, s'en retourna ledit seigneur Prospère à Milan, avec le reste de son armée, qui estoit de douze mille hommes de pied et de six à sept cens hommes d'armes, et de six à sept cens chevaux légers, en délibération de là attendre la furie de la descente des François. Puis, estant ledit seigneur Prospère adverty comme Francisque Sforce, se disant duc de Milan, et Hiéronyme Adorne estoient passez les destrois des Vénitiens, avec les six mille lansquenets dont cy-dessus a esté parlé, leur manda qu'en toute diligence ils prinssent leur chemin par le Véronnois et le Mantouan; chose qu'ils pouvoient faire aisément, parce que l'armée vénitienne estoit desjà joincte avecques monsieur de Lautrec au duché de Milan.

Environ quaresme-prenant, monsieur de Lautrec, adverty que monsieur le mareschal de Chabannes et monsieur le bastar de Savoye, avec les Suisses, estoient arrivez à Vilmarqua, partit et s'en vint joindre à eux à Monche, et de là, avecques toutes lesdites forces, marcha droit à Milan, auquel lieu estant arrivé, se logea dedans le parc, pensant par le chasteau entrer dedans la ville; mais, comme vous avez entendu cy-dessus, le seigneur Prospère y avoit pourveu par les tranchées qu'il y avoit faict. Le seigneur de Lautrec estant arrivé dedans le parc, entra dedans une maison, auquel lieu il assembla les capitaines pour tenir conseil et adviser ce qui estoit à faire pour secourir le chasteau; mais les ennemis mirent le feu en une longue coulevrine estant plantée sur un cavallier, au bout des tranchées, vers la porte Vercellaise, laquelle donna dedans ladite maison; et du boulet, le seigneur Marc-Antoine Colonne, nepveu du seigneur Prospère, eut une cuisse emportée dont il mourut peu après; et le seigneur Camille Trévoulce, fils du feu seigneur Jean-Jacques Trévoulce, y mourut pareillement dudit coup; qui fut une perte insigne, pour la grande expérience qu'avoit ledit Marc-Antoine au faict des armes, et la jeunesse dudit Camille à laquelle on avoit espérance. Le seigneur de Lautrec, le grand-maistre, et le mareschal de Chabannes, considérans n'y avoir moyen de secourir le chasteau, conclurent de se retirer à Cassin, à cinq milles de Milan, entre Pavie et Milan, en intention de rencontrer Francisque Sforce, parce qu'ils furent advertis qu'il venoit par ce costé-là pour se joindre avec ceux de Milan. Auquel lieu estant nostre camp logé, vint au service du Roy le seigneur Jean de Médicis, parent du feu pape Léon, qui amena trois mille hommes de pied et deux cens chevaux, desquels les enseignes estoient noires, parce qu'ils portoient le dueil dudit feu pape Léon, du vivant duquel il avoit tousjours esté au service de la ligue contre le Roy.

Au lieu de Cassin séjourna nostre armée environ six sepmaines durant, auquel temps le seigneur de Lautrec, adverty que de l'autre costé de la ville de Milan venoit grand refreschissement de vivres aux Impériaux, despescha le seigneur de Montmorency et l'escuyer Boucar, qui avoit esté lieutenant du marquis de Mantoue, et, depuis que ledit marquis eut abandonné le service du Roy, avoit sa compagnie en garde, avecques cent hommes-d'armes et deux cens arquebouziers, pour rebourser le chemin et rencontrer les fourrageurs, et rompre les moulins, s'ils en avoient le moyen. L'escuyer Boucar, auquel le seigneur de Montmorency avoit baillé les coureurs à mener, estant à sept ou huict milles de nostre camp, trouvant les ennemis, sans advertir ledit seigneur de Montmorency qui menoit la trouppe, les chargea, mais ce fut à son désavantage; car les ennemis l'ayans rompu, le renversèrent sur les bras dudit seigneur de Montmorency; lequel, de loing, le voyant venir à vau de roupte le long du grand chemin de Milan, jetta ses arquebousiers sur les deux aisles, puis s'ouvrit, craignant que les fuyans ne le rompissent : estans passez, se referma, de sorte que les ennemis chassans à la file, à l'ayde des arquebouziers furent defaits. Et furent amenez le lieutenant, l'enseigne et le guidon, avec bon nombre d'hommes-d'armes, prisonniers en nostre camp, qui estoit de cent hommes-d'armes de Dom Raimon de Cardone, demouré à Naples vice-roy.

Pendant ce semps, le seigneur de Lautrec, ayant nouvelles que le mareschal de Foix, son frère, venoit par le chemin de Gennes, avecques quelque gendarmerie et quelques gens de pied qu'il amenoit de France, et qu'il n'estoit assez fort pour passer pour se joindre avecques nostre armée, d'autant que les ennemis tenoient l'Omeline, despescha le seigneur de Montmorency, avec trois mille Suisses, mille hommes de pied italiens, deux cens hommes-d'armes, et quatre pièces d'artillerie de campagne, pour aller ouvrir le passage, et avecques luy l'escuyer Boucar; lesquels, partans du camp, prindrent le chemin du port de Falcon, pour là passer le Tésin. Eux arrivés audit lieu, ne trouvèrent le moyen de passer la rivière, que par le bac passager accoustumé, dedans lequel le seigneur de Montmorency se mist devant avecques les Suisses, les Italiens et l'artillerie, et passa la rivière, laissant Boucar derrière avecques la gendarmerie; mais, voulans les hommes-d'armes passer à la foule, s'en noya d'arrivée cinq ou six. Quoy voyant le passager, qui estoit impérial, et que nostre armée estoit séparée, à sçavoir, la gendarmerie d'un costé de l'eau, et les gens de pied de l'autre, de sorte qu'ils ne se pouvoient secourir, s'en alla avecques le bac, aval l'eau, droit à Pavie, advertir le duc François Sforce du désastre advenu aux François. Lequel incontinent despescha quatre mille lansquenets, deux mille Italiens et quelque nombre de cavallerie, pour surprendre noz gens ainsi séparez. Le seigneur de Montmorency, voyant cest inconvénient, et que le battelier estoit allé aval l'eau, manda à l'escuyer Boucar qu'il eust à tenir le chemin de Gambelot (1) où il estoit contraint d'aller pour avoir vivres. Le lendemain matin, ledit seigneur de Montmorency descouvrit les ennemis qui estoient sortis de Pavie, marchans droit à luy; mais craignant d'estre enveloppé dedans Gambelot, qui estoit lieu fort désavantageux pour luy, se jetta en la campagne.

Les ennemis estans approchez à la portée d'une moyenne, noz gens se fermèrent, se couvrans de la douve d'un fossé. Ce pendant le capitaine Boucar avoit faict telle diligence, qu'il avoit passé la rivière, et venoit au secours de noz gens, ayant faict trois escadrons de la gendarmerie; lequel noz ennemis ayans descouvert, jugèrent sa trouppe beaucoup plus grosse qu'elle n'estoit, pour la séparation qu'il en avoit faicte; car la poulcière estoit si grande, que les trois trouppes de loing ne monstroient qu'une : qui fut cause que les impériaux, qui de tout temps ont redouté la gendarmerie de France, se mirent à faire leur retraitte droict à Pavie. Parquoy noz gens, voyans n'y avoir ordre à combattre, pour le fort païs que tenoient lesdits Impériaux à leur retraitte, le seigneur de Montmorency délibéra de parachever l'entreprise qui luy estoit commandée, et, à ceste fin, marcha droict à Noare; dedans laquelle ville estoit le comte Philippe Tourniel, qui faisoit grand empeschement au passage de ceux qui venoient de France en nostre camp, avec inestimables cruautez aux François qui tomboient entre ses mains; qui fut cause de l'entreprise dudit seigneur de Montmorency, pour ouvrir ce chemin, joinct qu'il avoit espérance d'estre favorisé du chasteau qui tenoit pour le Roy. Arrivé qu'il fut devant Noare, tira hors dudit chasteau deux canons, par la porte qui regarde aux champs, pour, avecques les autres quatre menues pièces qu'il avoit menées, faire batterie à la ville; et print l'escuyer Boucar la charge de ladite artillerie, en quoy il fit grande diligence. Mais une moyenne coulevrine, estant par avanture trop chargée, ou bien ayant quelque fistule, creva, dont l'un des esclas rompit la jambe audit Bou-

(1) Gambolat, bourg du duché de Milan, situé à deux milles de la ville de Vigevano.

car, qui en mourut peu de jours après ; dequoy fut grand dommage, parce qu'il estoit homme de service. Toutesfois on ne laissa à poursuivre la batterie de si peu d'artillerie qu'il y avoit, de sorte qu'il fut faict brèche assez raisonnable. Les Suisses, admonestez par le seigneur de Montmorency d'aller à l'assault, luy firent response qu'ils estoient prests de combattre en campagne, et que ce n'estoit leur estat d'assaillir les places.

Le seigneur de Montmorency, voyant la volonté desdits Suisses, les pria de se mettre en bataille sur un hault prochain de la ville, pour faire escorte aux assaillans, ce qu'ils accordèrent; puis fist mettre pied à terre à la gendarmerie, laquelle, ostant ses grandes pièces et grèves, se mist en équipage de donner assault. Ceux du chasteau ne pouvoient sortir sur la ville, pour les grandes trenchées que les ennemis avoient faict entre la ville et ledit chasteau ; mais quand nostre gendarmerie vint au combat sur le hault de la brèche, ceux du chasteau à coups d'artillerie empeschoient les Impériaux de venir à leurs deffences : tellement que lesdits hommes-d'armes, leur ayant faict abandonner la brèche, pensèrent ville gaignée; mais ils trouvèrent une trenchée par le dedans, bien flanquée, où s'estoient retirez ceux de la ville, qui d'arrivée tuèrent et blessèrent beaucoup desdits gens-d'armes à coup d'arquebouze. Finablement, ayans coullé le long de ladite trenchée, trouvèrent des maisons par lesquelles ils passèrent, après les avoir rompues, et gaignèrent le derrière des ennemis, lesquels, se trouvans saisis par derrière, se mirent en fuitte. Les Suisses, voyans la ville forcée, entrèrent dedans, et mirent tout au fil de l'espée. Le comte Phelippe Tourniel et peu d'autres avec luy eurent la vie sauve, et presque tous (hors mis ledit comte) feurent pendus et estranglez, après avoir confessé les cruautez qu'ils avoient commises aux François, comme de leur avoir mangé le cueur, leur ouvrir le ventre tous vifs, et dedans faire manger l'avoine à leurs chevaux, avecques plusieurs autres inhumanitez.

Après icelle exécution arrivèrent le mareschal de Foix, le capitaine Bayar et le comte Pètre de Navarre, lesquels, comme j'ay dit, venoient de France. Eux assemblez, délibérèrent de lever tout le païs de l'Omeline de la main des ennemis; parquoy prindrent le chemin de Vigève, auquel lieu estans arrivez, ceux de la ville se mirent entre leurs mains : le chasteau se fit battre, mais ce fut peu, car le lendemain il se rendit bagues sauves. Le seigneur de Lautrec, adverty que noz ennemis se vouloient assembler, sçavoir est, l'armée qui estoit à Milan soubs le seigneur Prospère, avec celle qui estoit à Pavie soubs le duc Francisque Sforce, délibéra aussi d'assembler ses forces pour empescher, s'il estoit possible, les deux armées impérialles de se joindre, et, pour ceste cause, manda le mareschal de Foix et le seigneur de Montmorency se venir joindre avecques luy à Cassan. Toutesfois on ne sceut faire si bonne diligence, que le duc Sforce ne se joignit au seigneur Prospère, près Landriague; dequoy nostre logis de Cassan demoura inutile. Or, n'estant demouré dedans Pavie que le marquis de Mantoue avecques petit nombre d'hommes, fut délibéré de tourner la teste de nostre armée audit lieu, où, arrivez que fusmes, fut faicte batterie si furieuse, tant de nostre part que de la part des Vénitiens, qu'on trouva raisonnable d'assaillir : et cependant que les Impériaux estoient amusez à la brèche, fut ordonné le capitaine Saincte-Colombe, lieutenant de la compagnie de monsieur de Lautrec, avecques deux mille hommes de pied, et les archers de la compagnie dudit seigneur de Lautrec, conduits par le seigneur de Ribrac, guidon de ladite compagnie, et ceux de la compagnie du bastar de Savoye, grand maistre de France, conduits par le seigneur de La Rocheposay, guidon de ladite compagnie, qui estoient quatre cens chevaux, pour donner par un autre endroit. Il y avoit une poterne en la ville, qui respondoit sur le Tésin, par laquelle on abrevoit les chevaux, et, à cause de la rivière, on n'y faisoit grande garde : ledit de Saincte-Colombe avoit des guides, lesquels le devoient faire passer à gué la rivière ; puis, le long de la muraille, où n'y avoit aucun flanc, les gens de cheval devoient à toutes brides gaigner ladite poterne, attendans les gens de pied pour les soutenir. Saincte-Colombe les mena jusques sur le bord de la rivière, avecques ses gens de pied : le seigneur de La Rocheposay et Ribrac firent ce qui leur avoit esté ordonné, et entrèrent dedans la ville ; mais le seigneur de Saincte-Colombe les laissa sans les suyvre ny passer l'eau ; parquoy ceux de la ville eurent loisir de venir au secours, où en combatant fut tué le seigneur de Ribrac, et le seigneur de La Rocheposay eut la jambe rompue d'un coup de mousquet, dont il fut guéry, mais boiteux toute sa vie. S'ils eussent esté suivis, la ville estoit gaignée, veu le peu d'hommes qui estoient dedans. Mais le seigneur Prospère, adverty de la nécessité de ceux de Pavie, despecha deux mille Espagnols choisis, qu'il envoya pour entrer dedans la ville : lesquels passèrent de nuict, rasibus de nostre camp, et ne furent apperceus qu'ils ne fussent passez, sinon que nostre guet, qui estoit encores à cheval, les chargea sur la queue, et en défit quelque peu, mais non grand nombre, d'autant qu'ils furent trop tard descouverts. L'arrivée du secours retarda l'assault : aussi le seigneur Prospère Colonne, se voyant renforcé de six mille lansquenets et autres qu'avoit amenés le seigneur Francisque Sforce, se trouva assez fort pour se jetter en campagne; parquoy, deslogeant de Milan, se vint camper à la Chartrouse, à trois milles de nostre camp, pour empescher de donner l'assault, sçachant bien qu'il n'estoit raisonnable de le donner estant si près de nous une telle puissance que la sienne.

Nous fusmes en cest estat six ou sept jours, ayans tous les jours escarmouches et lances rompues; mais il survint une pluye si extrême, que noz vivres, qui venoient de l'Oméline en nostre camp, ne peurent plus passer, pour estre le Tésin débordé, et tous les russeaux devenus rivières; tellement que le jeudy absolu (1) fusmes contraints de nous retirer à Marignan, et de là à Monche, pour estre secourus de vivres, tant du Laudesan, du Crémonois que du païs des Vénitiens. Au desloger, l'escarmouche fut grosse de ceux de leur camp sur la queue de nostre armée; mais jamais leur trouppe n'osa sortir hors de leur fort, craignant qu'on leur donnast la bataille.

Les ennemis, voyans nostre armée prendre le chemin de Monche, le jeudy des féries de Pasques, craignans que de là ne voussissions gaigner Milan, s'en allèrent loger à la Bicocque, sur le chemin de Laudes à Milan : et estoit ladite Bicocque la maison d'un gentilhomme, circuite de grands fossez, et le circuit si grand, qu'il estoit suffisant pour mettre vingt mille hommes en bataille. Estans arrivez, relevèrent les fossez et les flanquèrent de grandes plateformes, bien pourveues d'artillerie. Quelques jours après, estant le seigneur de Lautrec à Monche, vindrent devers luy les capitaines des Suisses, qui luy firent entendre que les compagnons estoient ennuyez de campéger, et qu'ils demandoient de trois choses l'une, argent, ou congé d'eux retirer, ou bien qu'il eust à les mener au combat promptement, sans plus temporiser. Le seigneur de Lautrec, le bastard de Savoye, et le mareschal de Chabannes, les prièrent d'avoir patience pour quelques jours, parce qu'ils espéroient vaincre leurs ennemis sans combatre, ou pour le moins les combatre à leur avantage,

estans leurs ennemis contrains d'abandonner leur fort par famine; et que de les aller assaillir dedans leur fort, c'estoit faict contre toutes les raisons de la guerre : mais, quelques remonstrances qu'ils leur peussent faire, jamais n'y eut ordre de les divertir de leur opinion, et tousjours persistèrent d'aller au combat; autrement le lendemain ils estoient délibérez de leur en aller.

Les chefs de nostre armée voyans ceste obstination, et que nostre principalle force estoit de leur nation, desquels s'ils estoient abandonnez ils demouroient en proye aux ennemis; cognoissans aussi que là où force règne, droict n'a lieu, conclurent de combatre plustost que s'enfuir. Voyez donc l'inconvénient qu'il y a d'avoir la force d'une armée de nation estrangère, qui est pour vous bailler la loy. Les Suisses accordèrent qu'on allast recognoistre le camp de l'ennemy : le seigneur du Pontdormy fut ordonné, avecques quatre cens hommes d'armes et six mille Suisses, pour cest effect, et veoir le lieu plus à propos pour assaillir les ennemis; leur camp fut recognu, et fut jugé y avoir peu d'apparence de les y assaillir : ce néantmoins, cela ne les fit changer d'opinion, et suivirent leur opiniastreté.

Le seigneur de Lautrec, se voyant commandé par ceux qui luy devoient obéir, ordonna que le lendemain, qui estoit jour de Quasimodo, l'armée fut preste à marcher. Estant donc le poinct du jour venu, chacun se mist en estat pour marcher droict à la Bicocque; et, au partir, fut ordonné le mareschal de Foix pour mener la gendarmerie de l'avant-garde, pour assaillir le lieu le plus commode, et lequel avoit esté recogneu le jour précédant; et le seigneur de Montmorency, avecques huit mille Suisses, pour assaillir par l'autre costé. Le seigneur de Lautrec, le mareschal de Chabannes, le bastar de Savoye et le seigneur Galéas de Sainct-Severin menoient la bataille où estoit le reste de l'armée, tant de gendarmerie, de Suisses, que d'autres gens de pied; le seigneur Francisque Marie, duc d'Urbin, avecques l'armée de la Seigneurie, faisoit l'arrière-garde; le seigneur Pètre de Navarre marchoit devant, pour faire faire les esplanades; le seigneur du Pontdormy avoit charge, avec sa compagnie de cinquante hommes-d'armes et les chevaliers nouveaux, de marcher devant le mareschal de Foix, pour avoir l'œil à ce que l'ennemy ne fist quelque saillie par quelque lieu, pour par derrière mettre un désordre en nostre armée, et aussi pour secourir au lieu où il verroit que seroit le besoing. Les choses ainsi ordonnées, chacun print peine de faire son devoir.

---

(1) Le jeudi saint.

Le seigneur de Montmorency, avecques les huict mille Suisses desquels il avoit la charge, estant à pied au premier rang, ayant en sa compagnie plusieurs gentilshommes pour leur plaisir et pour acquérir honneur, et, entre autres, le comte de Montfort, fils aisné du comte de Laval, le seigneur de Miolans de Savoye, le seigneur de Graville, frère du vidasme de Chartres; le seigneur d'Auchy, surnommé de Mailly, de Picardie; le seigneur de Launay, gentilhomme de la chambre du Roy, et plusieurs autres qui seroient longs à nommer, marcha droict aux rampars des ennemis. Et estant arrivé à un vallon près dudit rampart, au couvert de leur artillerie, ledit de Montmorency pria les Suisses de temporiser attendans que le mareschal de Foix fust prest à les assaillir par l'autre part, afin qu'estans assaillis par deux costez, leurs forces fussent séparées; et aussi que l'artillerie de France leur feroit grand secours, comme de vérité elle eust faict, s'ils eussent différé un petit, chose qu'il ne sceut obtenir d'eux : parquoy il donna de la teste droict à leur fort; mais, avant qu'y arriver, furent tuez à coups d'artillerie plus de mille Suisses, et arrivans là, trouvèrent un fossé, avec un rampart si hault, que bien à peine pouvoient-ils toucher de la picque au hault dudit rampart; qui fut cause de les arrester sur cul. Ce temps pendant, l'artillerie et arquebouzerie des ennemis, dont ledit rampart estoit farcy, leur servirent, de sorte que la pluspart des capitaines et des principaux soldats y moururent; et, entre autres, le comte de Montfort, le seigneur de Miolans, le seigneur de Graville, le seigneur de Launay et plusieurs autres; et le seigneur de Montmorency porté par terre, et relevé hors du fossé par les gentilshommes estans près de luy. Aussi y mourut le capitaine Albert de La Pierre, ayant la plus grande authorité envers les Suisses, et qui avoit esté cause de les précipiter à venir au combat.

Ce pendant le mareschal de Foix, le seigneur de Vandenesse, le capitaine Paris, avecques la compagnie du seigneur de Brion dont il avoit la charge, et autres capitaines de gens-d'armes, cherchèrent tant, qu'ils trouvèrent un pont de pierre, par lequel ils entrèrent dedans le fort, et donnèrent dedans les ennemis, dont ils les mirent en tel désordre, qu'ils pensoient avoir gaigné la bataille; aussi eussent-ils, si les Suisses eussent aussi bien faict en la fin qu'au commencement; mais autrement en advint; car, ayans esté repoussez à leur première arrivée, ainsi qu'en grande furie et commandement estoient venus assaillir le fort, aussi pour quelque enhortement ou prière qu'on leur sceust faire, ne voulurent retourner, ains s'en allèrent comme gens desconfits. S'ils eussent voulu faire teste sur le lieu, les ennemis n'eussent osé désemparer leurs deffences; et si nostre gendarmerie, estant entrée dedans leur fort, eust esté secourue par autres qui l'eussent suivis, il est apparant que nous eussions eu la victoire. Les Impériaux, estans délivrez desdits Suisses tournèrent toutes leurs forces sur le mareschal de Foix, et de Vandenesse, qui ne pouvoient estre plus de quatre cens hommes-d'armes; tellement qu'ils les contraignirent de repasser le pont, en bien combattant, considéré que noz gens ne pouvoient passer plus de deux ou trois de front : pour soustenir lequel effort, le mareschal de Foix demoura sur la queue, pendant que le reste passa. Cela ne fut sans y perdre des hommes, non pas grand nombre : et fut audit combat tué le cheval du mareschal de Foix, entre ses jambes; si fust-il si bien secouru qu'il fut remis à cheval, et se retira, ainsi qu'est dit, sans grande perte. Estant ledit mareschal empesché, comme avez entendu, les Espagnols firent une saillie sur les Suisses, par l'autre costé; mais le seigneur du Pontdormy, qui avoit la charge, avecques sa campagnie, et les chevaliers nouveaux, d'avoir l'œil par tout, leur fit une charge si furieuse, qu'il les rembarra dedans leur fort; et certes, sans ladite charge, les Suisses qui se retiroient, eussent changé le pas au trot, et se feussent mis à vau de roupte.

Alors dudit combat, l'armée vénitienne estoit en bataille près du fort, hors toutesfois de la cognoissance de l'artillerie des ennemis : lesquels Vénitiens gardoient les gages; car s'ils eussent voulu assaillir de leur costé, comme firent la gendarmerie et les Suisses, les ennemis eussent esté contraints de séparer leur forces en divers lieux : dont il est apparant que la journée eust esté pour nous. Le seigneur de Lautrec et autres chefs de l'armée, voyans les choses en tel désordre, pensèrent persuader les Suisses de se loger sur le lieu, leurs offrans le lendemain mettre la pluspart de la gendarmerie à pied, pour faire la première poincte; mais jamais il n'y eut ordre de les asseurer, de sorte qu'au plus grand désordre du monde se mirent à eux retirer à Monche; lesquels, n'eust esté la gendarmerie qui demoura sur la queue, sans point de faulte eussent esté taillez en pièces. Puis, les ayant le seigneur de Lautrec, avecques le reste de son armée, accompagnez jusques à Monche, nous deslogeasmes dudit Monche le lundy d'après Quasimodo, et feismes cinq ou six milles; et le mardy les Suisses nous laissèrent, et se retirèrent en leur païs, et avecques eux le grand-maistre bastar de Savoye, le mareschal de

Chabannes, et le seigneur Galéas de Sainct-Severin.

Le seigneur de Lautrec, se voyant ainsi abandonné, dépescha le lendemain bon nombre de cavallerie et de gens de pied, et, entre autres, le seigneur Jean de Médicis et le seigneur Fédéric de Bozzolo, avecques leurs colonnels de gens de pied, pour garder Laudes, et par ce moyen conserver le Crémonnois. Lesdits seigneurs Jean et Fédéric, arrivans à Laudes, y trouvèrent le capitaine Bonneval, gouverneur du lieu, et sa compagnie de cinquante hommes-d'armes, auquel lieu il avoit faict quelques fortifications, espérant la garder. Estans doncques arrivez ceux que mondit seigneur de Lautrec y avoit envoyés, se trouvèrent (compris ce qu'avoit ledit Bonneval) le nombre de trois ou quatre cens hommes-d'armes et trois mille hommes de pied, et, parce qu'ils avoient cheminé toute nuict, et qu'il estoit matin, se logèrent pour refreschir eux et leurs chevaux, pensans que ledit Bonneval, qui estoit de séjour, eust pourveu au guet, pendant qu'eux, qui estoient travaillez, se pourroient refreschir. Les ennemis, qui estoient à Marignan, deslogèrent la mesme nuict, et marchèrent pour venir loger à trois milles dudit Laudes : leur avant-garde, ayant marché jusques près de la ville, se dressa une escarmouche entr'eux et ceux de la ville, laquelle fut menée si chauldement, que les nostres furent repoussez un peu rudement ; de sorte que les ennemis entrèrent pesle-mesle dedans la ville, où ils trouvèrent la pluspart des soldats au lict ; et si estoit environ midy. Encores advint-il un grand inconvénient ; car un pont de bateaux que noz gens avoient sur la rivière d'Adde, tirant à Crémonne, fut rompu ; à cause dequoy y eut plus grand nombre de prisonniers. Qui fut un grand désastre, de trois cens hommes-d'armes et trois mille hommes de pied estre pris en une ville, sans batterie, ny brèche, ny eschelle : les seigneurs Jean de Médicis et Fédéric de Bozzolo se sauvèrent à Crémonne.

Ce mesme jour estoit monsieur de Lautrec venu loger à Rivalte avec le reste de l'armée : sur le soir luy vindrent nouvelles de ceste perte, chose qui estonna fort la compagnie ; car c'estoit l'une des principalles espérances qu'eussions que ladite ville de Laudes pour le passage de la rivière ; et ne pouvoit monsieur de Lautrec avoir de reste que quatre cens hommes-d'armes et peu de gens de pied. Sur ce trouble, le seigneur du Pontdormy feit offre, si monsieur de Lautrec la trouvoit bonne, de s'en aller jetter dedans Crémonne, avant qu'elle fust saisie de l'ennemy, avec sa compagnie et ceux lesquels de bon courage le vouldroient suivre ; et s'il rencontroit l'ennemy, fort ou foible, le combatre, aymant mieux mourir des armes de l'ennemy, que de tomber en la miséricorde des villains, ou de s'en retourner en France sans armes. Son opinion fut trouvée bonne ; parquoy, sans séjour, feit mettre son enseigne aux champs, laquelle fut incontinant accompagnée d'autres enseignes, et aussi de plusieurs qui, par congé de leurs capitaines, le suivirent. Ayant tout assemblé, leur feit entendre la délibération qu'il avoit de combatre tout ce qu'il trouveroit en son chemin, et fust-ce toute l'armée de l'ennemy, afin que chacun fust préparé pour cest effect. Ayant trouvé toute la trouppe de bonne dévotion, se mist en chemin, prenant son armet ; aussi firent tous ceux de la compagnie. Et ayant cheminé environ quatre milles, monsieur le mareschal luy manda qu'il eust à l'attendre ; dequoy il fut bien estonné, voyant une si soudaine mutation ; parquoy ledit seigneur du Pontdormy manda audit mareschal que son retardement pourroit amener perte de tant de gens de bien qu'il avoit avecques luy, et pareillement de la ville de Crémonne, mais qu'ayant gaigné la porte de la ville, là il l'attendroit.

Le seigneur de Lautrec, après avoir veu son entreprise de Laudes rompue, son armée ruinée, et les Vénitiens qui desjà s'ennuyoient de soustenir le reste de son armée en leur païs, parce qu'il n'y avoit point de payement, se retira en France. Le seigneur de Montmorency, voyant lesdits Vénitiens de mauvaise volonté, s'en alla à Venise, pour trouver moyen de maintenir la Seigneurie à la dévotion du Roy.

Le seigneur de Lautrec, de retour en France, si le Roy lui feit mauvais recueil, il ne s'en fault estonner, comme à celuy qu'il estimoit avoir par sa faulte perdu son duché de Milan, et ne voulut parler à luy ; mais le seigneur de Lautrec, se voulant justifier, trouva moyen d'aborder le Roy, se plaignant du mauvais visage que Sa Majesté luy portoit. Le Roy luy feit response qu'il y avoit grande occasion, pour luy avoir perdu un tel héritage que le duché de Milan. Le seigneur de Lautrec luy feit response que c'estoit Sa Majesté qui l'avoit perdu, non luy, et que par plusieurs fois il l'avoit adverty que s'il n'estoit secouru d'argent, il cognoissoit qu'il n'y avoit plus d'ordre d'arrester la gendarmerie, laquelle avoit servy dix-huit mois sans toucher deniers, et jusques à l'extrémité ; et pareillement les Suisses, qui mesmes l'avoient contraint de combatre à son désadvantage, ce qu'ils n'eussent faict s'ils eussent eu paiement. Sa Majesté luy répliqua qu'il avoit en-

11.

voyé quatre cens mille escus alors qu'il les demanda. Le seigneur de Lautrec luy feit response n'avoir jamais eu ladite somme : bien avoit-il eu lettres de Sa Majesté, par lesquelles il luy escrivoit qu'il luy envoiroit ladite somme. Sur ces propos, le seigneur de Semblançay, supérintendant des finances de France, fut mandé, lequel advoua en avoir eu le commandement du Roy, mais qu'estant ladite somme preste à envoyer, madame la régente, mère de Sa Majesté, auroit pris ladite somme de quatre cens mille escus, et qu'il en feroit foy sur-le-champ. Le Roy alla en la chambre de ladite dame avec visage courroucé, se plaignant du tort qu'elle luy avoit faict d'estre cause de la perte dudit duché, chose qu'il n'eust jamais estimé d'elle, que d'avoir retenu de ses deniers qui avoient esté ordonnez pour le secours de son armée. Elle s'excusant dudit faict, fut mandé ledit seigneur de Semblançay, qui maintint son dire estre vray; mais elle dist que c'estoient deniers que ledit seigneur de Semblançay luy avoit de long-temps gardez, procédans de l'espargne qu'elle avoit faicte de son revenu; et luy soustenoit le contraire. Sur ce différend, furent ordonnez commissaires pour décider ceste dispute; mais le chancelier Duprat (de long-temps malmeu contre ledit seigneur de Semblançay, jaloux de sa faveur et l'autorité qu'il avoit sur les finances), voyant que Madame estoit redevable audit seigneur de Semblançay, et non luy à elle, avant que souffrir ce différend estre terminé, meit le Roy en jeu contre ledit seigneur de Semblançay, et luy bailla juges et commissaires choisis pour luy faire son procès.

Estant le seigneur du Pontdormy arrivé à la porte de Crémonne, comme je viens de dire, y trouva le seigneur Fédéric de Bozzolo et le seigneur Jean, que j'ay n'aguères dit s'y estre retirez après la perte de Laudes; puis envoya loger la gendarmerie dedans la ville, et luy, tout à cheval, attendit mondit seigneur le mareschal, qui arriva deux heures après. Le lendemain furent distribuez les quartiers, et fut ordonné à un chacun ce qu'il avoit à garder; car ils estoient bien assurez qu'ils ne feroient long séjour sans estre assiégez. Le seigneur Jean feit telle diligence, qu'en quatre jours il eut une trouppe de quinze ou seize cens hommes. Le seigneur Fédéric s'en alla en ses païs, pour aussi faire levée de gens, et, cinq ou six jours après, les ennemis se vindrent camper près la ville. A leur arrivée, le seigneur Jean se mutina, demandant 'e payé, et gaigna l'une des portes de devers mp de l'ennemy, menassant de la luy bailler 'voit paiement; parquoy on fut contraint d'emprunter de tous costez pour luy fournir son paiement. Pendant ce temps, le marquis de Pesquaire fut envoyé à Pissequeton, qui est l'une des plus fortes places d'Italie, sur la rivière d'Adde, laquelle, pour l'estonnement de ceux qui la gardoient pour le Roy, luy fut rendue.

Noz gens, ayans gardé Crémonne quelque temps, et voyans le mauvais vouloir du seigneur Jean, considérans aussi le peu d'espérance de secours, capitulèrent. Par laquelle capitulation fut dit, si dedans trois mois le Roy envoyoit armée si forte qu'elle passast la rivière du Tésin, en ce cas ils seroient en leur entier; et là où, dedans ledit temps, l'armée du Roy ne passeroit ladite rivière, ils s'en iroient leurs bagues sauves, armet en teste, avec l'artillerie qui seroit trouvée, tant grosse que menue, marquée à la marque de France; et leur seroient baillez par le seigneur Prospère, bœufs pour la charier, joinct qu'ils seroient conduits en seureté jusques dedans Suze. Aussi mondit seigneur le mareschal devoit remettre entre les mains dudit seigneur Prospère, Lec et Dendosse. L'occasion qui feit condescendre le seigneur Prospère à si honorable composition (car il estoit bien asseuré que, n'estans secourus, il les avoit la corde au col), fut parce que Gennes estoit encores entre noz mains, et assez mal pourveue d'hommes, et, s'il donnoit loisir au Roy d'y pourvoir, il ne l'auroit jamais : et estant devant Crémonne, il ne pouvoit aller à Gennes, mais, ayant capitulé ladite ville, il avoit moyen, durant lesdits trois mois que les François avoient d'induces, d'aller faire son entreprise sur Gennes, ainsi qu'il feit; et par ladite composition estoit permis à tout homme de porter vivres dedans Crémonne. Ce faict, le mareschal de Foix, par saufconduit, envoya un gentilhomme en poste devers le Roy, pour luy faire entendre ladite capitulation, pour luy donner secours. Les choses ainsi passées, et ostages baillez tant d'une part que d'autre, partit ledit seigneur Prospère avec son armée, pour aller à Gennes, sur la persuasion de Hiéronyme et Antoine Adornes, genevois et frères, lesquels luy avoient promis de mettre la ville entre ses mains. Or estoit gouverneur pour le Roy, en ladite ville, Octave Frégose, homme prudent et aymé du peuple, mais mal sain et non trop homme de guerre : lequel, adverty du partement de l'armée impérialle pour venir audit lieu en toute diligence, mist deux mille hommes en la ville, et, n'estans en nombre suffisant, advertit le Roy de luy envoyer secours, parce que la part Adorne s'estoit joincte avecques les ennemis. Il fut trouvé un peu mauvais que le mareschal de Foix eust si promptement capitulé pour la reddition de Crémonne, parce que le seigneur de Montmorency, qui estoit à Venise, estoit sur le train de recommencer la ligue avec les Vénitiens; mais, estans advertis de ladite capitulation de Crémonne, qui estoit l'un de leurs principaux fondemens, d'autant qu'elle conserve leurs païs, changèrent leur opinion, et tournèrent leur robbe.

Le Roy, estant adverty de ce qui estoit advenu en Italie, tant de la routte de la Bicocque, de la perte de Laudes, de la capitulation de Crémonne, que de l'armée impérialle qui marchoit à Gennes, envoya en toute diligence faire levée de quatorze mille Gascons pour envoyer en Italie avec cinq cens hommes-d'armes; mais, voyant que ses forces ne seroient prestes a temps pour secourir Gennes, manda au comte Pètre de Navarre, estant à Marceille, qu'il advisast de trouver moyen de mettre quelques gens dedans Gennes, pour soustenir l'effort de l'ennemy, attendant le secours de France. Lequel Pètre de Navarre ne trouva audit lieu de Marceille que deux gallères prestes, sur lesquelles il s'embarqua avec environ deux cens hommes, et feit telle diligence, qu'il entra dedans la porte de Gennes, alors que le marquis de Pesquaire, qui menoit l'infanterie espagnolle et italienne, arrivoit à l'autre costé de la ville; lequel marquis envoya une trompette dedans la ville, pour sommer ceux de dedans de se mettre en l'obéissance de l'Empereur, les asseurant, de la part de Sa Majesté, de les tenir en toutes leurs anciennes franchises et libertez. Les citadins, lesquels naturellement ne sont fermes en leur foy, mais désirent nouvelletez, promptement vouloient ouvrir les portes aux Impériaux, n'eust esté le seigneur Pètre de Navarre et si peu de soldats françois qui estoient avecques luy, qui les empeschèrent de ce faire; mais enfin furent contraints de permettre ausdits citadins d'envoyer le seigneur Vital devers ledit marquis, pour parlementer et entendre son intention.

Estant ledit Vital en la tente du marquis, les citadins, s'asseurant sur le parlement et à la promesse dudit marquis, qui estoit de riens innover durant ledit parlement, faisoient mauvais guet; les Espagnols, ayans la cognoissance d'une ruine qui estoit à un pan de mur sans aucune deffence, entrèrent dedans la ville, et mirent au fil de l'espée tout ce qu'ils trouvèrent devant eux. Les citadins se voyans surpris et trahis, sans se mettre en deffence, chacun meit peine de se sauver. L'évesque de Salerne, frère d'Octave Frégose, et quelques autres gentilshommes s'embarquèrent sur une fuste, et, prenans la routte de Marseille, se sauvèrent. Le seigneur Octave, son frère, estant au lict malade, se rendit prisonnier entre les mains du marquis de Pesquaire. Le comte Pètre de Navarre avecques si peu d'hommes qu'il peult mettre ensemble, gaigna la place de la ville, auquel lieu, après avoir long-temps combatu, autant que homme peult faire, enfin fut deffaict et pris prisonnier. Une partie de la compagnie du comte Sainct-Pol se retira dedans le chasteau, lequel ils gardèrent tant qu'ils eurent à manger. La ville fut entièrement mise à sac sans riens espargner, dont le seigneur Prospère fut fort mal content; car il espéroit que, si elle n'eust esté saccagée, il en pouvoit tirer argent content pour le payement de son armée : toutesfois, je pense que ledit marquis, de faict délibéré, le permist, pour avoir la faveur de ses soldats, et leur donner curée. Je n'ay que faire de dire la grande abondance des richesses qui furent trouvées dedans, car chacun cognoist bien la grande opulence de la ville de Gennes.

Gennes prise et saccagée, le seigneur Prospère, adverty d'une nouvelle armée de France qui passoit les monts, feit diligence de se retirer à Ast, pour empescher les François de passer le Tésin et secourir Crémonne. De laquelle armée avoit la conduite le duc Claude de Longueville, sçavoir est, de quatre cens hommes-d'armes et six mille hommes de pied : lequel, arrivé qu'il fut à Villeneufve d'Ast, estant adverty de la perte de Gennes, pour le secours de laquelle en partie il estoit venu, ne passa outre tant qu'il eust eu nouvelles du Roy, car son armée n'estoit suffisante pour combattre celle des Impériaux. Le Roy, se voyant hors d'espérance de pouvoir secourir ny Gennes ny Crémonne, manda au duc de Longueville qu'il se retirast en France. Or furent ces trois mois passez que Crémonne devoit estre secourue; parquoy, à faulte de secours, le mareschal de Foix, suivant sa promesse, remist entre les mains du seigneur Prospère ladite ville de Crémonne, laissant au chasteau le seigneur de Bunou, pourveu de ce qui luy estoit nécessaire; et le seigneur Prospère feit conduire ledit mareschal de Foix avecques son artillerie en seureté, jusques au deçà de Suze, et ne luy manqua de chose qui luy eust promise.

Vous avez entendu, par cy-devant, comme l'an précédent l'amiral de Bonnivet avoit pris Fontarabie, ville de Bisquaye, quatre lieues par de-là Bayonne, laissant dedans gouverneur Jacques de Daillon, seigneur du Lude. Or est-il qu'incontinant que l'armée dudit amiral fut retirée en France, les Espagnols de toutes parts la vindrent assiéger, et, après l'avoir tenue assiégée dix ou douze mois, l'avoient mise en telle nécessité de vivres, que plusieurs y moururent de faim, et sans estre secourue estoit impossible de plus y demourer. Parquoy le Roy avoit dépesché le mareschal de Chastillon avecques une armée, pour aller secourir la ville et ledit seigneur du Lude, mais, estant arrivé ledit mareschal de Chastillon à Dax, six lieues au-deçà de Bayonne, le print une maladie, qui tant le persécuta qu'il en mourut; qui fut grande perte, pour estre homme expérimenté et de crédit. Sa mareschaussée fut donnée au seigneur de Montmorency, qui pour lors estoit à Venise, et le mareschal de Chabannes, estant nouvellement de retour de la Bicocque, fut par le Roy envoyé pour tenir le lieu que tenoit feu mondit seigneur le mareschal de Chastillon; lequel, après avoir receu l'armée, marcha droict à Bayonne, puis à Sainct-Jean-de-Lus, auquel lieu ledit mareschal de Chabannes assembla toutes ses forces. Icelles assemblées, marcha à Endaye; y estant arrivé, parce qu'il y avoit une rivière entre le camp espagnol et le sien, se logea audit lieu d'Endaye, attendant l'armée de mer qui devoit venir de Bretagne pour le renvitaillement, laquelle estoit conduitte par le capitaine Lartigue, vice-amiral de Bretagne; mais, par la paresse ou malheureté dudit Lartigue, qui demoura trop long-temps à venir, nostre armée fut contraincte de temporiser. Toutesfois, voyant mondit seigneur le mareschal, la faulte que faisoit ladite armée de mer, délibéra de passer l'eau: estant passé, deslogea les ennemis à coups de canon, ne l'osans attendre, et, par après plusieurs escarmouches, se retirèrent par les montagnes, encores qu'ils fussent les plus forts en nombre. Entre autres y estoit pour l'Empereur le comte Guillaume de Fustamberg, ayant charge de six mille lansquenets; parquoy monsieur le mareschal, ayant levé le siége, renvitailla la ville, et, icelle bien pourveue, se retira, laissant dedans, pour lieutenant du Roy, au lieu du seigneur du Lude, le capitaine Frauget, lequel estoit lieutenant du mareschal de Chastillon, quand il rendit l'ame à Dieu. Ledit seigneur du Lude feit si bien son devoir en ce siége, et supporta telle extrémité, qu'il ne s'en estoit veu de pareille de nostre temps; parquoy il acquist tel honneur qu'il peult estre paragonné à tous les siéges, tant du vivant de nous que de noz pères.

Pendant que ces choses se faisoient tant en Italie qu'à Fontarabie, le roy d'Angleterre, comme j'ay dit cy-dessus, après avoir deffié le Roy, ne séjourna point, qu'en toute diligence il ne fist embarquer son armée pour venir descendre à Callaiz: de laquelle il feit chef le duc de Suffolc, qui avoit espousé la royne Marie, vefve du feu roy Louis, douziesme de ce nom. L'Empereur aussi dressa son armée pour la faire joindre avecques ledit de Suffolc, dont le comte de Bure, lieutenant-général pour ledit Empereur en tous ses Païs-Bas, estoit chef. Le duc de Vendosme, qui estoit lieutenant-général pour le Roy en Picardie, advertit le Roy des préparatifs que faisoit l'ennemy, tant l'Anglois que le Bourguignon, à ce qu'il luy pleust le secourir d'hommes et d'argent. Le Roy luy envoya le seigneur Louis de La Trimouille, gouverneur de Bourgongne, avec bon nombre de gendarmerie. Eux assemblez, advisèrent de pourvoir à ce qui leur estoit nécessaire et mesmes aux places où l'ennemy se pourroit attaquer; car monsieur de Vendosme n'estoit assez fort pour tenir la campagne. Parquoy ledit seigneur ordonna dedans Boulongne, le cas avenant que l'ennemy y vînt, le seigneur de La Fayette, qui en estoit gouverneur, ayant charge de cinquante hommes-d'armes; la compagnie de cent hommes-d'armes du duc d'Alançon, dont avoit la charge le baillif de Caen, Jacques de Silly; le seigneur de Rochebaron d'Auvergne, avec vingt-cinq hommes-d'armes; et mille hommes de pied estans soubs la charge du seigneur de Bourbarré et autres. Dedans Térouenne mist le seigneur de Brion, depuis amiral, lieutenant-général pour le Roy, avecques une partie de sa compagnie (car le reste n'estoit encores de retour d'Italie); le seigneur du Fresnoy, bastar de Moreul, gouverneur dudit Térouenne, ayant charge de cinquante hommes-d'armes; le comte Dammartin, le seigneur de Listenay, le vicomte de Turène, le seigneur de La Vauguyon, ayant charge chacun de vingt-cinq hommes-d'armes; le capitaine Saulseuze, normant, avec mille hommes de pied; le capitaine Montbrun, avec mille autres. Dedans Hédin, le seigneur de Bicz, qui en estoit gouverneur, avec trente hommes-d'armes, et deux cens mortes-payes dont il avoit la charge; le seigneur de Sercu, avec mille hommes de pied; et le capitaine La Lande, avec cinq cens estans soubs la charge du seigneur de Longueval, qui estoit demouré malade à Abbeville. Dedans Montreul ordonna le comte de Sainct-Pol, son frère, avec quatre cens hommes-d'armes, et monsieur le duc de Guise, son beau-frère, avec six mille hommes de pied estans soubs la charge du seigneur de Lorges; et estoient lesdits seigneurs compagnons en pouvoir. Monseigneur de Vendosme et le seigneur de La Trimouille, avecques deux mille Suisses et quelque nombre de gendarmerie, et d'autres gens de pied françois, allèrent à Abbeville pour secourir où besoing seroit.

Les choses ainsi ordonnées, estant adverty ledit seigneur de Vendosme que l'ennemy n'estoit encores pour faire son passage de quinze jours, voulut bien employer ses forces, sans si long-temps les laisser inutiles; parquoy manda au seigneur de Lorges (lequel estoit party pour le secours de Gennes, avec six mille hommes de pied, mais estoit sur son retour, ayant eu nouvelles de la reddition du chasteau de Gennes, par faulte de vivres) qu'il eust à venir trouver le comte de Sainct-Pol, son frère, et monseigneur de Guise à Péronne, auquel lieu leur avoit ordonné faire leur amas pour entrer en païs d'ennemy, ce qu'il fit. Puis lesdits seigneurs de Sainct-Pol et de Guise, ayans assemblé leurs forces audit lieu de Péronne, allèrent, avecques quatre canons, assaillir Bapaulme, et prindrent ville et chasteau; laquelle après avoir rasée, bruslée et ruinée, ensemble ledit chasteau, prindrent le chemin au passage de L'Ecluse pour aller dedans le païs d'Austrevant, entre la rivière de l'Escau et celle des Carpes. Mais audit passage trouvèrent les ennemis assemblez pour garder le pas, lesquels ennemis ils assaillirent de telle vigueur, qu'ils furent forcez et mis à vau de routte, et chassez jusques dedans les portes de Douay. Auquel combat François monsieur de Lorraine, frère de monseigneur de Lorraine et de monseigneur de Guise, n'estant aagé que de seize à dix-sept ans, porta ses premières armes; lequel, estant à la chasse des ennemis, voyant sept ou huict hommes de pied bourguignons s'estre retirez dedans un bois, et n'estant aucunement apperceu de ses gens, luy seul alla pourchasser lesdits Bourguignons : auquel lieu arriva de fortune le seigneur Martin Du Bellay, accompagné de dix ou douze chevaux, qui vint bien à propos pour ledit prince, car il estoit descendu à pied pour luy seul en combatre sept ou huict, lesquels enfin furent taillez en pièces. Estant donc toute la compagnie courue jusques aux portes de Valanciennes et de Douay, et, après avoir faict un merveilleux butin, l'armée se logea pour la nuict audit passage de L'Ecluse, qui est sur une rivière partant de Vy en Artois, qui vient tomber en l'Escau près de Bouchin. Le lendemain, l'armée françoise, voyant n'avoir les forces pour assaillir ny Valenciennes, ny Douay, après avoir couru toute la plaine d'Artois jusques aux portes d'Arras se retira à Encre, auquel lieu chacun se sépara où il estoit ordonné.

Durant ce temps les Anglois faisoient leur descente à Callaiz, et, parce que leurs vivres et bagages n'estoient encores arrivez, ils se logèrent en la terre d'Oye; dequoy monseigneur de Vendosme adverty, dépescha messeigneurs le comte de Sainct-Pol et le comte de Guise, avec quatre cens hommes-d'armes, pour aller en la fosse Boulonnoise, et empescher l'ennemy de courir le païs; car alors estoit Ardres ruinée et abandonnée. Mais avant leur partement, sçachant comme le capitaine qui avoit la charge pour le Roy du chasteau de Comtes, situé entre Montreul et Hédin, avoit perdu ledit chasteau, ledit seigneur de Vendosme y alla en personne; où, après avoir faict batterie, monseigneur de Lorges l'emporta d'assault, et feurent tous ceux de dedans taillez en pièces, hors mis le capitaine. Après cela partirent lesdits comtes de Sainct-Pol et de Guise, et se logèrent un jour à Deure, autre jour à Saulmer au bas, autre jour à Bourdes et autres villages circonvoisins; de sorte que, douze ou quatorze jours durans que les ennemis séjournèrent en la terre d'Oye, lesdits seigneurs en deffirent plusieurs qui s'estoient hazardez d'entrer en ladite fosse. Toutesfois, estant toutes les forces des ennemis réunies, ils furent contraincts d'eux retirer dedans Montreul, dont ils avoient la garde. Estant doncques l'armée des Anglois et Bourguignons assemblée entre Sainct-Omer et Ardres, pour délibérer le chemin qu'ils devoient prendre, enfin les Anglois, persuadez par le seigneur de Beaurain, fils de monseigneur du Reu, entreprindrent d'aller assaillir Hédin, estant la place la plus débile de toute la frontière, voyans aussi Boulongne, Térouenne et Montreul ainsi bien pourveues que dit est. Et arrivez que furent audit lieu de Hédin, les ennemis se logèrent du costé de devers Sainct-Pol, et firent leurs approches pour faire leur batterie, entre la tour Robin et la tour Sainct-François; où, après avoir faict batterie de quinze jours, et faict brèche de trente ou quarante toises, encores que ladicte brèche feust raisonnable, n'osèrent entreprendre de donner l'assault. Aussi battirent la tour Saint-Chrestofle du costé du parc, mais n'en ostèrent que les deffenses d'amont. Pendant ledit siége, les ennemis ne furent long-temps de séjour, que de jour en autre n'eussent l'alarme en leur camp. Et entre autres monseigneur de Guise et le seigneur de Pontdormy, advertis de quatre cens Anglois qui estoient venus courir vers le Biez et la commanderie de l'Oyson, partirent de Montreul, avecques leurs compagnies et une partie de celle de monseigneur de Vendosme; lesquels ayans r'atins, encores qu'ils ne fussent qu'à demie-lieue de leur camp, ils chargèrent de telle vigueur, qu'ils furent tous pris ou tuez, hors mis trente ou quarante, qui se retirèrent dedans un jardin fermé de grandes hayes, où ils combatirent si obstinément, que monseigneur de Guise, contre l'opinion de plusieurs, parce qu'il estoit trop près du camp de l'ennemy, se mist à pied pour les assaillir dans ledit jardin, où enfin ils furent tous tuez, sans que jamais Anglois se vousist rendre à mercy. Un autre jour, le seigneur de Pontdormy, estant adverty qu'ils estoient venus brusler Fressin, la maison de son frère aisné, les vint rencontrer, et les assaillit si furieusement qu'ils furent tous deffaicts. Et ainsi journellement se faisoient entreprises sur leurs logis, tant par ceux de Térouenne, de Montreul que de Dourlan, que nul s'osoit escarter hors leur camp. Semblablement vindrent les pluies si grandes, que le flux de ventre se meit entre les Anglois ; en sorte qu'après avoir tenu le siége six sepmaines ou deux mois, ils furent contraints de lever avecques leur courte honte.

Monsieur de Vendosme, adverty que les ennemis estoient sur leur deslogement, dépescha le comte de Sainct-Pol, avec trois cens hommes-d'armes, et six mille hommes de pied qui estoient soubs la charge du seigneur de Lorges, pour se mettre dedans Dourlan; et luy, avec le reste de son armée, accompagné de monsieur de Guise et de monsieur de La Trimouille, suivit la rivière de Somme, pour tousjours costoyer le camp des ennemis, lesquels, ayans levé leur camp de devant Hédin, vindrent loger à Aussi-le-Chasteau, sur la rivière d'Othie, mi-chemin dudit Hédin et de Dourlan. Le comte de Sainct-Pol, voyant la ville de Dourlan n'estre tenable, pour n'y avoir point alors de chasteau, et que là où est maintenant situé le chasteau est une montagne dont on voit de tous costez ladite ville, de sorte qu'il n'y avoit moyen audit Dourlan de se mettre à couvert ; à ceste occasion ledit comte de Sainct-Pol, ayant gasté les vivres qui estoient dedans, à ce que l'ennemy ne s'en peut prévalloir, et faict abbatre les portes de la ville, se retira à Corbie, pour là faire teste à l'armée de l'ennemy. Auquel lieu arriva aussi le mareschal de Montmorency, qui estoit nouvellement retourné d'Italie, ayant avecques luy les deux cens gentilshommes de la maison du Roy, avec pouvoir dudit seigneur de demourer chef à Corbie, avenant que l'ennemy y vînt; dont sourdit quelque différend entre ledit comte de Sainct-Pol et le mareschal de Montmorency, parce que ledit comte de Sainct-Pol y estoit arrivé avec pouvoir de monseigneur de Vendosme d'y demourer lieutenant-général ; mais les choses passèrent par gratieuseté. Le duc de Suffolc et le comte de Bure, ayans passé jusques à Beauquesne, en espérance d'assaillir Corbie, considérans la provision de ladite ville, et voyans le temps si pluvieux, et tant de malades en leur armée, et l'hyver qui les pressoit (car c'estoit environ la Toussaincts 1522), après avoir bruslé Dourlan et tous les villages circonvoisins, se retirèrent en Artois, puis donnèrent congé à un chacun ; les Anglois retournèrent en Angleterre, et les Bourguignons en leurs garnisons. Sur leur retraitte, les comtes de Sainct-Pol et de Guise, advertis que à Pas en Artois y avoit bon nombre d'Anglois, pour leur refreschir, les y allèrent surprendre, de sorte qu'il en demoura de morts cinq ou six cens sur la place.

[1523] Peu de temps après Pasques 1523, le seigneur de Longueval, Nicolas de Bossu, avoit faict une entreprise d'une marchandise par laquelle un de ses gens vendoit Guise aux Impériaux ; par le sceu dudit de Longueval le Roy en estant adverty, la trouva bonne. Or estoit ledit marchand un soldat de la garnison du chasteau dudit Guise, nommé Livet, serrurier ; lequel disoit, et estoit vray, que ledit seigneur de Longueval, lors estant en garnison audit lieu, avec cinq cens hommes de pied, estoit de la partie ; et feit venir quelques-uns des caporaux et familiers dudit Longueval, parler au duc d'Arscot, à Avennes en Hénault. Il n'est rien plus certain que ledit seigneur de Longueval estoit de la marchandise, mais non ainsi que l'entendoit ledit seigneur d'Arscot. Le jour venu de livrer la marchandise, le seigneur de Fleuranges devoit venir du costé des Ardennes, avecques quatre ou cinq mille hommes de pied et trois cens hommes-d'armes, se jetter entre Avennes et Guise, pour empescher la retraite des ennemis ; et le duc de Vendosme, avecques quatre mille Allemans qu'avoit le duc de Suffolc Blancherose, et trois mille François, et cinq cens hommes-d'armes, devoient venir de devers Péronne, et leur couper chemin entre l'abbaye de Bonhourie et Guise, pour les deffaire ; tellement qu'il n'y avoit aucune doubte en nostre entreprise ; car l'ennemy se voulant retirer, avoit ledit seigneur de Fleuranges en teste, et monseigneur de Vendosme en queue ; s'il vouloit combattre, avoit monseigneur de Vendosme en teste et monseigneur de Fleuranges en queue. A ceste entreprise se devoient trouver tous les grands seigneurs de par-delà, voulant chacun avoir part à l'honneur et au butin. Et pour nous amuser et mettre hors de souspeçon, ou divertir noz forces, s'estoit faict levée de quinze mille Flamans, soubs la charge de monsieur de Fiennes, gouverneur de Flandres, avecques cinq ou six cens Anglois et bon nombre de cavallerie, lesquels estoient venus assiéger Térouenne d'un siége volant. Le Roy, estant à Chambort, se voulut trouver à ladite entreprise; parquoy, partant en poste, fut environ minuict à Janlis, près de Chaunis, le jour dont la nuict ensuivante se devoit faire ceste entreprise. Vous sçavez qu'il est mal aisé qu'un tel seigneur que le Roy puisse venir de si loing que de Blois à la Fère, où sont quatre-vingts lieuës, sans donner souspeçon et qu'il en soit nouvelle, car tout le monde le veult suivre. Les ennemis estoient desjà en chemin pour exécuter leur entreprise, quand nouvelles leur vindrent, par leurs espions, que le Roy estoit arrivé à Janlis; parquoy prenans leur marchant, luy donnèrent plusieurs astrapades; mais jamais ne voulut rien confesser. Le seigneur de Longueval, qui avoit ostages des ennemis, n'en feit moins à leursdits hostagiers; enfin, estans acertenez, par autres plusieurs advertissemens certains, de l'arrivée du Roy, se retirèrent en leur païs sans avoir la marchandise.

Le Roy, cognoissant avoir failly à son attente, délibéra de ne perdre l'occasion de se prévalloir avec l'armée qu'il avoit assemblée; à ceste cause, manda au seigneur de Fleuranges de se retirer en sa frontière de Sedan; luy marcha à Péronne, où il feit assembler toutes les forces qu'avoit monseigneur de Vendosme en Picardie; puis, après luy avoir ordonné d'aller lever le siége de Térouenne et envitailler la place, se retira vers Paris. Mondit seigneur de Vendosme ayant pris en main l'armée qui estoit de quatre mille Allemans, comme j'ay dit, soubs la charge du duc de Suffolc Blancherose, et environ quatre mille Picards, soubs la charge du seigneur de Sereu, du seigneur de Bournonville, du seigneur de La Hergerie, du seigneur de Fontaines, fils du seigneur de Heilly, et autres, et de cinq cens hommes d'armes, et du seigneur de Brion que le Roy envoya avecques quatre cens archers de la garde, et le seigneur de La Fayette maistre de l'artillerie en ce voyage, délibéra, pour aller droit à Térouenne, de marcher par le païs des ennemis, afin de le fouller et soulager le nostre; et aussi, en passant, raser quelques chasteaux qui estoient sur son chemin, et faisoient beaucoup d'ennuy à nostre frontière. A ces causes, prit le chemin de Bailleul-le-Mont, qui estoit une place à mi-chemin d'Arras et Dourlan, assez forte; et dedans y avoit trois cens Espagnols naturels, lesquels avoient promis la garder ou y mourir; mais ils ne firent ny l'un ny l'autre; car, après avoir cognu la fureur de la batterie, et quelques-uns des leurs tuez, le cueur leur devint foye, et se rendirent leurs vies sauves. Il fault entendre que la pluspart des capitaines n'estoit d'advis de l'assaillir, estant pourveue de gens de guerre comme elle estoit; mais monseigneur de Vendosme demoura en son opinion de la forcer, disant qu'il ne luy seroit reproché qu'une telle place feist la brave devant luy, et que mal aisément oseroit-il donner la bataille à l'ennemy devant Térouenne, qui avoit le double d'hommes plus que luy, s'il passoit devant une telle place sans l'attaquer. Aussi luy-mesmes feit les approches en plain midy, où fut blessé près de luy le seigneur de Piennes d'une arquebouzade au travers du bras, et trois canonniers tuez à ses pieds; qui ayda bien à estonner les ennemis de se veoir approcher en plain jour et sans tranchées. Monseigneur de Vendosme, après avoir rasé ledit chasteau et faict bondir les tours, print chemin à Rouchauville et à Gincourt. Or l'ennemy estoit logé à Andinctun et à Dellète, à demie-lieuë de Térouenne, et parce qu'il n'estoit raisonnable de l'assaillir dedans Andinctun, qui est fort logis à cause de la rivière du Lis, ordonna au seigneur du Lude, qui estoit mareschal-de-camp, aller faire l'assiette de son camp à Fonquemberge, afin qu'aisément il peust avoir vivres de Montreul, et l'ennemy à grande difficulté, parce qu'on luy couppoit le chemin de Sainct-Omer, et ceux de la garnison de Térouenne, dedans laquelle estoit le capitaine Pierre-Pont, avecques la compagnie de monsieur de Lorraine, et le seigneur d'Esgueilly, luy couppoient le chemin d'Aire.

Les ennemis, se voyans approchez de si près, deslogèrent la nuict d'Andinctun, et allèrent loger à Huppen, maison du trésorier de Boullenois, sur un hault, tirant le chemin de Sainct-Omer, laissans Térouenne à leur main droicte; lesquels, de loing nous voyans marcher en bataille droict à eux, abandonnèrent ce logis, et allèrent camper à Elfault, auquel lieu monseigneur de Vendosme les suivit pour les combatre. Ce pendant monsieur de Brion marcha droict à Térouenne, avecques le charroy de l'envitaillement qui estoit ceste nuict venu de Montreul. Les ennemis, voyans ledit seigneur de Vendosme marcher droit à Elfault, et que desjà le comte de Dammartin et le seigneur d'Esguilly leur avoient dressé l'escarmouche, entra parmy les Gantois et autres Flamans tel effroy, que, sans attendre enseigne, ny capitaine, ny tabourin, se mirent à vau de routte droict à la rivière des Cordes, crians *Gau!* qui vault à dire que *Allons! Fuyons!* où se noyèrent plusieurs, encores que personne ne les suivist, et n'y eut jamais ordre de les arrester; et sans le seigneur de Dine, lieutenant de monsieur de Fiennes, lequel aveccques quatre ou cinq cens chevaux couvrit leur fuitte, la pluspart eût esté taillée en pièces. Je vous asseure que ledit seigneur de Dine feit pour ce jour-là grand service à l'Empereur; car qui eût deffaict ceste trouppe, le païs de Flandres eust esté fort esbranlé; mais on dit en commun proverbe, que *si l'host sçavoit ce que faict l'host, l'host defferoit l'host.* Aussi arriva le seigneur de Brion, qui avoit conduit le charroy à Térouenne, lequel déclara à monseigneur de Vendosme qu'il avoit charge expresse du Roy, de luy dire qu'il n'eust à hazarder la bataille; et, sans cela, je pense que mondit seigneur de Vendosme les eust combatus; mais il ne voulut désobéir aux commandemens du Roy. Mondit seigneur de Vendosme, ayant faict retirer l'ennemy, vint loger à Andincton, pour estre lieu propre pour conduire les vivres venans de Montreul; auquel lieu d'Andincton il feit séjour de huict ou dix jours, jusques à ce qu'il eust mis vivres dedans Térouenne.

Environ le mois d'avril ensuivant, 1523, le Roy, voyant qu'il avoit desjà dépesché en Italie deux ou trois armées pour le recouvrement de son duché de Milan, dont il ne luy estoit venu aucun proffit, mais ruine pour luy et pour son royaume, délibéra d'y aller en personne; mais craignant qu'en son absence on assaillist les frontières, y voulut pourveoir avant que partir, mesmes à Térouenne, que l'an précédant il avoit faict ranvitailler, comme je vien de dire, voulant bien de nouveau la pourveoir, afin qu'il se peust ayder en son voyage des forces qu'il avoit en Picardie. Pour cest effect, ordonna à monsieur de Vendosme mettre ensemble ses forces, et feit lever chevaux et chariots par toutes les élections voisines, et envoya le mareschal de Montmorency pour assister à mondit seigneur de Vendosme et mener l'avantgarde. L'armée mise ensemble, et les vivres et charroy partirent de Montreul, et allèrent camper à Andincton, qui est un village à deux lieuës de Térouenne, sur la rivière du Lis, qui est encores petite, car elle commence sa source à l'Islebourg, deux lieues de là, sur le chemin dudit lieu de Hédin; et est ledit village d'Andincton au bout de la forest de Fonquemberge, tirant à Fruges et à Hédin.

Estans arrivez audit lieu, logèrent le camp: l'avant-garde, que conduisoit le mareschal de Montmorency, d'un des costez de la rivière; la bataille de l'autre. Les ennemis, quelques jours après, estans advertis de ce logis ainsi séparé, firent entreprise d'assaillir la nuict les deux logis en un mesme temps: du costé de la bataille, le seigneur de Villebon, capitaine de chevaux-légers, estoit logé un peu au-devant du camp, à la venue des ennemis. La trouppe des Bourguignons, ordonnée pour donner sur la bataille, donna dedans le guet des chevaux-légers, lequel elle força; de sorte qu'elle donna aussi tost aussi tost aux nouvelles de l'alarme, et, ne leur donnant loisir de se recognoistre, renversa lesdits chevaux-légers dedans le guet de la bataille, qui fut renversé jusques dedans le logis de la gendarmerie, dont elle en trouva une partie à cheval qui soustint le faix. Les ennemis s'amusèrent à piller le bagage des chevaux-légers; je pense que s'ils ne s'y fussent amusez, ils eussent mis nostre camp en grand désordre; mais cela les retarda, qui nous donna loisir de pourvoir à noz affaires.

Pendant le temps que ceste trouppe donna dessus le logis de la bataille, l'autre donna sur le logis de l'avant-garde, conduitte, comme j'ay dit, par le mareschal de Montmorency, lequel avoit assis son guet bon et fort, dont avoit faict chef un sien homme-d'armes nommé La Tiguerette; lequel, oyant quelque rumeur à ses sentinelles, alla luy seul pour recognoistre que c'estoit; mais il ne fut jamais un peu outre ses sentinelles, pour mieux entendre, qu'il fut chargé de leur trouppe et enveloppé et pris prisonnier. Se voyant pris, craignant que le camp fust surpris, soudain cria alarme, dont les ennemis le voulurent tuer; mais il voulut plustost hazarder sa vie que de laisser en danger toute l'armée. Soudain toute l'avantgarde fut en armes; parquoy les ennemis se voyans descouvers, se retirèrent. L'armée demeura en armes jusques à soleil levant, que le païs fut bien descouvert; puis l'avant-garde et bataille se logèrent ensemble, où estoit logé le mareschal de Montmorency; et ne feismes plus les fols de nous séparer. Depuis ne furent nouvelles que l'ennemy nous donnast empeschement en nostre envitaillement, lequel se faisoit en la forme que je vous diray: l'escorte qui estoit à Montreul amenoit les vivres jusques à la forest de Fouqueberge, et la gendarmerie du camp l'accompagnoit jusques à Térouenne.

Le Roy, estant adverty que sa ville de Térouenne estoit pourveue de toutes choses nécessaires, manda le mareschal de Montmorency de le venir trouver, et à monseigneur de Vendosme, qu'il eust à luy renvoyer le duc de Suffolc aveccques les lansquenets estans soubs sa charge, et deux ou trois mille hommes de pied picards avecques une partie de la gendarmerie. Aussi manda le reste de son armée à se trouver au commencement d'aoust à Lion ; puis despescha l'amiral de Bonnivet pour tousjours gaigner le pas de Suze, attendant que luy marcheroit avecques le reste de ses forces ; envoya pareillement en Suisse le mareschal de Montmorency, pour faire levée de douze mille Suisses, et donna charge au seigneur de Lorges de six mille François, pour marcher quand et ledit amiral de Bonnivet. Ce faict, le seigneur de Montmorency feit telle diligence, qu'estant arrivé l'amiral à Suze, il arriva à Ivrée, avecques les douze mille Suisses qu'il avoit levés, et se joignirent ensemble près Turin, attendans le Roy.

Le seigneur Prospère Colonne et le vice-roy de Naples, advertis du grand effort qui venoit au duché de Milan, firent ligue avecques les Vénitiens, qui abandonnèrent la ligue de France, et avec tous les potentats d'Italie, comme le Pape, les Florentins, Gènevois, Senois, Luquois ; lesquels se liguèrent ensemble contre les François, au cas qu'ils vinssent pour troubler le repos d'Italie : et y devoit chacun d'eux contribuer pour sa quotte-portion. De laquelle ligue fut faict chef le seigneur Prospère Colonne, lequel, ayant pris sur ses bras la charge de ladite armée, commença en toute diligence de pourvoeir aux affaires du duché de Milan, et mesmes à fortifier les passages du Tésin, et intention de nous empescher le passage. L'Empereur pareillement et le roy d'Angleterre avoient faict ligue ensemble que, si l'armée du Roy passoit les monts, celle du roy d'Angleterre devoit passer en Picardie, de laquelle auroit la charge le duc de Norfolc : semblablement le comte de Bure dresseroit autre armée de lansquenets, avec la force des Bas-Païs ; et se devoit venir joindre avec l'armée angloise. Alors se démenoit contre le Roy autre practique de grande importance, que je déclareray ainsi que je l'enten.

Vous avez ouy par cy-devant comme, l'an 1521 que ledit sieur Roy, avec son armée, alla devant Valenciennes ; il avoit baillé son avant-garde à mener au duc d'Alençon et au mareschal de Chastillon, par quoy monsieur de Bourbon, auquel appartenoit la conduitte de ladite avant-garde, parce qu'il estoit connestable de France, eut plus de malcontentement qu'il n'en feit de démonstration. Au retour duquel voyage, et peu de temps après, mourut madame Suzanne de Bourbon, fille du feu duc Pierre de Bourbon, et de madame Anne de France, fille du roy Louis XI et sœur du roy Charles VII, laquelle Suzanne avoit espousé ledit connestable Charles de Bourbon, comte de Montpensier. Or, après le décez du duc Pierre de Bourbon, ledit Charles, comte de Montpensier, descendu d'un puisné de Bourbon et d'une fille de Mantoue, voulut maintenir que toutes les terres estans de la succession dudit deffunct de Bourbon, tenues en apanage, luy appartenoient, comme estant hoir masle, et non à ladite Suzanne. Pour assopir lequel différend, encores que Charles de Valois, duc d'Alençon, eust fiancé ladite Suzanne de Bourbon, ce nonobstant, fut faict le mariage dudit comte de Montpensier et de ladite Suzanne, dont il se nomma duc de Bourbon ; et du duc d'Alençon fut faict le mariage de Marguerite, sœur de François, comte d'Angoulesme, et depuis Roy. Puis, estant ladite Suzanne morte, madame la Régente, à l'instigation, comme on disoit, du chancelier Antoine Du Prat, meit en avant qu'au Roy appartenoient les terres tenues en apanage, venues de la succession dudit Pierre de Bourbon ; et à madame la Régente, comme plus proche, estant fille de l'une des sœurs dudit duc Pierre, mariée avec le duc de Savoye, dont elle estoit fille, appartenoient les terres n'estans en apanage, plustost qu'audit Charles de Bourbon, qui estoit esloigné de trois lignes ; à raison dequoy procès fut meu à la cour de parlement à Paris. Charles de Bourbon, se deffiant ou de son droict ou de la justice, et ayant peur que, perdant son procez, on l'envoyast à l'hospital, chercha, par le moyen d'Adrian de Crouy, comte du Ru, de practiquer avecques l'Empereur, aimant mieux abandonner sa patrie que d'y vivre en nécessité ; et par les traittez qu'il feit avec ledit Empereur, devoit espouser madame Aliénor, sa sœur, vefve de Portugal, et depuis royne de France. Ce pendant le Roy, estant parti de Paris pour prendre le chemin de Lion et parachever son voyage d'Italie, arrivé qu'il fut à Sainct-Pierre-le-Monstier, fut adverty par deux gentilshommes normans, qui estoient de la maison dudit duc de Bourbon, l'un seigneur d'Argooges, l'autre de Matignon, de la practique qu'avoit ledit Charles de Bourbon avec l'Empereur. Après lequel advertissement, le Roy feit séjour audit lieu de Sainct-Pierre-le-Monstier, attendant les bandes des lansquenets que le duc de Suffolc amenoit de Picardie, lesquelles arrivèrent deux jours après ; car le Roy ne vouloit entrer à Moulins sans estre bien accompagné : auquel lieu estant arrivé, logea toutes ses enseignes d'Allemans aux portes.

L'entreprise dudit de Bourbon estoit de contrefaire le malade, pour n'aller en Italie avecques le Roy ; car le Roy estant passé les montagnes, et estant le roy d'Angleterre descendu en Picardie, il devoit faire descendre le comte Guillaume de Fustemberg et le comte Félix, avec dix ou douze mille Allemans, lesquels, passans par Coiffy et Chaumont en Bassigny, se devoient venir joindre avec luy dedans ses païs, où il espéroit, par le moyen de ses serviteurs et subjects, mettre ensemble trois cens hommes-d'armes, et cinq ou six mille hommes de pied ; et desjà avoit despesché La Motte des Noyers, gentilhomme bourbonnois, pour tenir preste ladite levée d'Allemans, et par ce moyen faire la guerre dedans les entrailles de France ; aussi devoient les Espagnols dresser une grosse armée pour assiéger Fontarabie, comme ils firent. Ces choses considérées, mesmes le Roy estant hors de son royaume avecques toutes ses forces, sans point de faulte il est apparant que la France eust esté esbranlée devant que la pouvoir secourir ; car si le Roy eust voulu retourner la teste en çà, il eust eu l'armée d'Italie à sa queue. Mais Dieu qui a tousjours conservé ce royaume, y pourveut ; car desjà, comme dit est, avoit eu le Roy advertissement de la praticque dudit de Bourbon, non pas toutesfois des conclusions au vray que je vien de dire, mais tant seulement qu'il trafiquoit avec l'Empereur, pour se retirer devers luy. Parquoy en toute diligence le Roy donna ordre aux affaires de sondit royaume, et, parce qu'il sçavoit monseigneur de Vendosme estre de la maison de Bourbon (chose qui luy pouvoit engendrer souspeçon), le voulut bien mener quand et luy en Italie. A ceste occasion, le tirant de Picardie, qui estoit son gouvernement, y envoya le seigneur de La Trimouille pour son lieutenant-général, laissant en Champagne le seigneur d'Orval, puisné d'Allebret, dont il estoit gouverneur ; et au lieu du seigneur de La Trimouille, qui estoit gouverneur de Bourgongne, laissa le duc de Guise ; en Guienne et Languedoc, le seigneur de Lautrec, Odet de Foix, et madame Louise, sa mère, régente en France.

Le Roy, arrivé audit Moulins, trouva le duc de Bourbon contrefaisant le malade ; mais le gentil prince, qui tousjours estoit plus enclin à miséricorde qu'à vengence, espérant réduire ledit de Bourbon, et le divertir de son opinion, alla le visiter en sa chambre ; auquel lieu, après l'avoir réconforté de sa maladie, qui toutesfois estoit simulée, luy déclara les advertissemens qu'il avoit des praticques que faisoit faire ledit Empereur par le seigneur du Ru, pour l'attirer à son service et le divertir de la bonne affection qu'il estoit asseuré qu'il portoit à la couronne de France ; et qu'il pensoit bien qu'il n'avoit escouté lesdits propos, pour mauvaise volonté qu'il portast à luy ny au royaume, estant sorty de sa maison, dont il estoit si proche ; mais que désespoir et crainte de perdre son estat, luy pouvoient avoir troublé la bonne amitié et affection qu'il avoit tousjours porté envers son prince et seigneur ; et qu'il eust à mettre hors de sa fantasie telles choses qui le troubloient, l'asseurant qu'au cas qu'il perdist son procès contre luy et contre madame sa mère, de luy restituer tous ses biens ; et qu'il se tint préparé pour l'accompagner en son voyage d'Italie.

Ledit seigneur de Bourbon, comme sage et prudent, sceut bien dissimuler sa délibération : bien confessa au Roy que ledit Adrian de Crouy, seigneur du Ru, l'avoit recherché de la part de l'Empereur, mais que luy ne luy avoit jamais voulu prester l'oreille, et qu'il avoit bien eu en pensée d'en advertir le Roy au premier lieu qu'il parleroit à luy : toutesfois, qu'il ne l'avoit voulu mettre en la bouche d'autruy ; asseurant quand et quand le Roy que les médecins luy promettoient que dedans peu de jours il pourroit aller en litière, et qu'incontinant ne faudroit se trouver à Lion après Sa Majesté. Ce néantmoins, le Roy fut de plusieurs conseillé de se saisir de sa personne ; mais, estant prince humain, ne voulut faire exécuter ladite opinion, veu mesmes que les choses n'estoient bien avérées, et qu'il n'estoit raisonnable de faire injure à un tel prince qu'estoit monsieur de Bourbon, sans premièrement estre les choses bien justifiées.

Le Roy, se pensant tenir asseuré de la promesse de monsieur de Bourbon, estimant l'avoir bien réconcilié, partit de Moulins, et print son chemin à Lion, pour tousjours faire acheminer son armée ; et laissa pour accompagner ledit seigneur, Pérot de La Bretonnière, seigneur de Warty. Peu de jours après, le duc de Bourbon partit de Moulins, et print le chemin de Lion ; mais, estant arrivé à La Palisse, feignit sa maladie estre rengregée : et dudit lieu partit ledit de Warty, avec lettres de mondit seigneur de Bourbon, pour acerténer le Roy de son partement. Après le partement dudit de Warty, monsieur de Bourbon, considérant que, par arrest de la cour de parlement, tous ses biens estoient sequestrez, et que malaisément en pourroit-il jamais jouir, ayant une si forte partie qu'estoit Madame, mère du Roy, voulut, avant que passer outre, entendre la volonté dudit seigneur ; attendant laquelle, se retira à Chantelles, place sienne, assez forte, où estoient tous ses meubles ; duquel lieu, à son arrivée, despescha devers le Roy l'évesque d'Autun, de la maison des Huraults, avecques lettres et instructions signées de sa main, lesquelles j'ay bien voulu icy insérer de mot à mot.

« Monseigneur, je vous ay escrit bien amplement par Pérot de Warty; depuis, je vous ay dépesché l'évesque d'Autun, présent porteur, pour de tant plus par luy vous faire entendre la volonté que j'ay de vous faire service. Je vous supplie, Monseigneur, le vouloir croire de ce qu'il vous dira de par moy, et vous asseurer, sur mon honneur, que je ne vous feray jamais faulte. De vostre maison de Chantelles, le septiesme de septembre.

» Mais qu'il plaise au Roy faire rendre les biens de feu monsieur de Bourbon, il promet de le bien et loyaument servir, et de bon cueur, sans luy faire faute, en tous endroits où il plaira audit seigneur, toutes et quantes fois qu'il luy plaira; et de cela il l'en asseurera jusques au bout de sa vie: aussi qu'il plaise audit seigneur pardonner à ceux ausquels il veult mal pour celuy affaire. »

Et avoit signé lesdites instructions de sa main.

Depuis l'arrivée de Pérot de Warty à Lion, le Roy fut adverty comme monsieur de Bourbon avoit délaissé le grand chemin, et s'estoit retiré à Chantelles; parquoy soudain dépescha le bastard de Savoye, grand maistre de France, et le mareschal de Chabannes, avecques chacun cent hommes-d'armes, pour trouver moyen d'arrester ledit duc de Bourbon, ou bien l'assiéger dedans Chantelles. Aussi dépescha la compagnie du duc d'Alençon, de cent hommes-d'armes, et celle de monsieur de Vendosme, de pareil nombre, et d'autre part les capitaines des gardes et prévost de l'hostel. Monsieur le grand maistre, ayant pris le droict chemin de Moulins, arrivé qu'il fut à La Pacauldière, trouva les mullets de l'évesque d'Autun, qui prenoient le chemin de Lion, pour exécuter le commandement qu'ils avoient du duc de Bourbon, lesquels il feit arrester et chercher dedans s'il s'y trouveroit quelque chose contre le service du Roy. Peu d'heures après arriva ledit évesque, lequel fut pareillement arresté comme avoient esté ses mullets; aussi fut le seigneur de Sainct-Vallier, qui estoit à Lion, messire Emard de Prie, le seigneur de La Vauguyon, qui estoit à Térouenne, et plusieurs autres.

Monsieur de Bourbon, adverty de l'arrest faict sur la personne de l'évesque d'Autun, se désespéra de trouver grâce envers le Roy; parquoy délibéra de sauver sa vie. Aucuns de ses privez estoient d'advis qu'il se devoit laisser assiéger dedans Chantelles; mais luy, qui estoit homme cognoissant, jugea bien n'estre raisonnable de s'enfermer en une place, au millieu du royaume de France, hors d'espérance de tout secours: parquoy délibéra de se sauver hors du royaume; et pour cest effect, partant de Chantelles, n'ayant de compagnie que le seigneur de Pompérant, sans page et sans valet, se meit à chemin en habit dissimulé. La première nuict, vindrent au giste en la maison du seigneur de Lalières, vieil gentilhomme nourry en la maison de Bourbon, duquel le nepveu estoit de la partie; mais estant là, changea d'opinion de son chemin qu'il avoit à prendre, et tourna tout court à main droicte, et vint le lendemain coucher en la maison dudit Pompérant, et delà au Puis en Auvergne. Puis, prenant le chemin, laissant Lion à la main gauche, vint loger à Sainct-Bouvet-le-Froid, en une hostellerie séparée hors du village; et, parce que mondit seigneur de Bourbon n'avoit repeu, furent contraints d'y arrester, espérant y repaistre sans estre apperceus ny cogneus, parce qu'il n'y avoit qu'une vieille hostesse audit logis. Mais le soir, bien tard, y arriva celuy qui tenoit la poste pour le Roy à Tournon, venant de Lion, pour faire repaistre son cheval; qui fut cause que lesdits seigneurs de Bourbon et de Pompérant deslogèrent sur l'heure, et toute nuict allèrent repaistre à un village à deux lieues de là, nommé Vauquelles, dont l'hostesse dudit lieu recogneut Pompérant, et luy dist nouvelles comme ses grands chevaux avoient passé le jour précédant par là, et, pour laquelle cognoissance l'hostesse luy presta une jument de relaix, parce que son cheval estoit recreu, et luy bailla son fils pour guide.

Dudit Vauquelles partit mondit seigneur de Bourbon, feignant estre serviteur de Pompérant, environ minuict, et au poinct du jour arriva à Dauce, près de Vienne, estant la rivière du Rhosne entre deux. Le seigneur de Bourbon demoura caché derrière une maison, craignant qu'il y eust garde de par le Roy sur ladite rivière, ce pendant que Pompérant alla pour entendre des nouvelles; lequel, estant arrivé près du pont de Vienne, trouva un boucher, auquel il fit entendre qu'il estoit archer de la garde du Roy, luy demandant si ses compagnons n'estoient pas venus à Vienne pour garder le passage, à ce que monsieur de Bourbon ne passat la rivière, et que ses compagnons luy avoient mandé que leur enseigne s'y devoit trouver. Le boucher luy feit response qu'il n'y en avoit aucuns, mais bien avoit-il entendu qu'il y avoit force gens de cheval du costé de Dauphiné. Pompérant, ayant entendu le passage n'estre gardé, retourna devers monsieur de Bourbon, et conclurent de ne passer point le pont, craignans d'estre cogneus, mais aller passer à un bac à demie-lieuë de là; auquel lieu estans embarquez, dix ou douze soldats de pied s'embarquèrent avec eux, chose qui estonna ledit de Bourbon, mesmes qu'estans au milieu de la rivière, Pompérant fut recogneu par aucuns desdits soldats; qui donna plus grande terreur à mondit seigneur de Bourbon : toutesfois il fut rasseuré par ledit Pompérant, disant que, s'ils cognoissoient quelque hazard, ils couperoient la corde pour faire tourner le bac vers le païs de Vivarez, où ils pourroient gaigner les montagnes et se mettre hors de danger : mais ils ne tombèrent en cest inconvénient.

Ayans, mesdits seigneurs de Bourbon et de Pompérant, passé la rivière, tant qu'ils furent à la veuë des hommes, suivirent le grand chemin de Grenoble, puis tournèrent à travers les bois, droict à Sainct-Antoine-de-Viennois, et allèrent loger à Nanty, en la maison d'une ancienne dame vefve, laquelle, durant le soupper, recogneut Pompérant, et luy demanda s'il estoit du nombre de ceux qui avoient faict les fols avecques Monsieur de Bourbon. Pompérant respondit que non, mais que bien il voudroit avoir perdu tout son bien et estre en sa compagnie. Sur la fin de table, vindrent nouvelles que le provost de l'hostel estoit ou avoit esté à une lieuë de là, bien accompagné, à la poursuitte de monsieur de Bourbon, dont il fut estonné; de sorte qu'il se voulut lever de table pour se sauver, mais il en fut empesché par ledit Pompérant, pour crainte de donner souspeçon à la compagnie. Au sortir de table, montèrent à cheval et allèrent loger à six lieues de là, auquel lieu ils séjournèrent un jour pour reposer leurs chevaux, parce que c'estoit un lieu incogneu dedans les montagnes.

Le mardy ensuivant, dès le poinct du jour, prindrent le chemin du pont de Beauvoisin, pour tirer droict à Chambéry, où, par les chemins, trouvèrent grand nombre de cavallerie allant à la suite de l'armée que conduisoit monseigneur l'amiral de Bonnivet en Italie, dont ils eurent grande peur d'estre cogneus. Enfin, le mercredy, sur le tard, arrivèrent à Chambéry, où ils conclurent de prendre la poste jusques à Suze, et de là prendre le chemin par les païs de monsieur de Savoye, pour arriver à Savonne ou à Gennes, et là s'embarquer pour aller en Espagne trouver l'Empereur : mais le matin qu'ils devoient partir, le comte de Sainct-Pol passa en poste, prenant ledit chemin de Suze, pour aller trouver monsieur l'amiral en Italie; parquoy ils changèrent leur dessein, prenans le chemin du Mont-du-Chat, et, à huict lieuës au-dessus de Lion, repassèrent le Rhosne, prenans le chemin de Sainct-Claude, et y estans arrivez, ne trouvant le cardinal de La Baulme, n'y firent séjour que d'une nuict, et allèrent trouver ledit cardinal à la tour de May, maison dépendante de l'abbaye de Sainct-Claude, où il faisoit sa demeure; auquel, parce qu'il estoit serviteur de l'Empereur, il se feit cognoistre. Le lendemain, avec bonne escorte de cavallerie, que luy bailla ledit abbé, s'en alla coucher à Colligny, et de là à Passeran ; et y feit séjour huict ou dix jours. Partant dudit Passeran, alla monsieur de Bourbon à Bezançon, et de Bezançon à Lière en Ferrette, auquel lieu se trouvèrent la plus grande part de gentilshommes qui avoient abandonné le Roy et leurs maisons pour le suivre : desquels estoient le seigneur de Lurcy, Lallière, Montbardon, Le Pelou, le seigneur d'Espinars, le Peschin, Tansanne et plusieurs autres ; et pareillement le vindrent trouver, le capitaine Imbault et l'esleu Petitdey, luy pensans persuader de retourner en France, se faisans forts que le Roy mettroit en oubly les choses passées, avec bon traittement, tel que le Roy luy avoit offert passant à Moulins : à quoy il ne voulut condescendre, tellement qu'ils s'en retournèrent en France sans avoir rien exploité. Partant de Lière, ledit de Bourbon, accompagné de soixante ou quatre-vingts chevaux, traversa les Allemagnes, puis, au bout de six sepmaines, arriva à Trente, auquel lieu, après y avoir faict séjour de deux ou trois jours, alla à Mantoue, où il fut receu du marquis en grande amitié, d'autant qu'ils estoient cousins-germains, parce que la mère dudit duc de Bourbon estoit sœur du feu marquis de Mantoue, père d'iceluy; lequel meit iceluy seigneur de Bourbon en tel équipage qu'il appartenoit à un tel prince, de chevaux, d'armes, mullets, et autres choses nécessaires, tant pour luy que pour les siens. Le quatriesme jour de son arrivée, partant de Mantoue, alla à Crémonne, auquel lieu il fut bien recueilly par le gouverneur. Le lendemain, avecques bonne escorte de chevaux, fut conduit à Plaisance, où le vint trouver dom Charles de Launoy, vice-roy de Naples, lequel venoit pour estre lieutenant-général pour l'Empereur au duché de Milan, pour l'extrême maladie en laquelle estoit tombé le seigneur Prospère Colonne.

Après avoir communiqué ensemble des affaires de la guerre, ledit seigneur de Bourbon partit pour aller à Gennes, pour s'embarquer et faire son voyage en Espagne : auquel lieu, attendant le vent, il séjourna cinq sepmaines, et aussi attendant le retour du seigneur de Lurcy, lequel, dès qu'il estoit en Allemagne, avoit dépesché devers l'Empereur, pour entendre sa volonté. Finablement, n'ayant plus d'attente au retour dudit Lurcy, délibéra de passer outre; mais, alors qu'il pensoit embarquer, descendit au port de Gennes messire Adrian de Crouy, seigneur du Ru, et avecques luy le seigneur de Lurcy, lesquels apportèrent response de l'Empereur : c'est qu'il bailloit en option audit seigneur de Bourbon, ou d'aller en Espagne, ou bien de demourer en Italie avecques l'armée. Sur lesquelles offres, il conclut de demourer au duché de Milan, pour veoir à quelle fin tourneroient ces deux grosses armées du Roy et de l'Empereur, attendu mesmes que desjà nostre armée, tout l'hyver, s'estoit ruinée devant Milan ; et, sur ladite résolution, alla trouver le vice-roy de Naples et l'armée impérialle à Binasq.

Le mareschal de Chabannes et monsieur le grand maistre, ayans failly à rencontrer monsieur de Bourbon, lequel s'estoit sauvé en la manière que je viens de déclarer, allèrent à Chantelles, laquelle place leur fut rendue par le capitaine, après avoir esté sommé de la part du Roy, son souverain seigneur. En laquelle place ils trouvèrent tous les meubles de la maison de Bourbon, qui estoient les plus beaux qui fussent en maison de prince de la chrestienté, qu'ils mirent entre les mains du Roy ; semblablement mirent en l'obéissance dudit seigneur le chasteau de Carlat, et génerallement toutes les places de la maison de Bourbon. Aussi peu après le Roy feit prendre prisonniers, par soupçon, messire Emar de Prie, capitaine de cinquante hommes-d'armes, le seigneur de Sainct-Vallier, capitaine de cent gentilshommes de la maison du Roy ; le seigneur de La Vauguyon, capitaine d'hommes-d'armes, qui pour lors estoit en garnison à Térouenne, et plusieurs autres gentilshommes, serviteurs de ladite maison ; desquels, encores qu'aucuns fussent trouvez avoir eu la cognoissance de ladite conjuration, laquelle ils n'avoient révélée, comme ils estoient tenus ; ce nonobstant, à tous leur pardonna. L'évesque d'Autun, fils du feu général Hurault, jaçoit que tous les biens, tant de luy que des siens, fussent venus du Roy et de ses prédécesseurs, fut soupçonné d'avoir esté du conseil de ladite fuitte, parquoy fut mis prisonnier, puis après délivré ; mais, estant en en liberté, se retira après mondit seigneur de Bourbon, et, après le trespas de Hiéronyme Moron, monsieur de Bourbon le feit chancellier de Milan ; toutesfois, depuis le Roy luy pardonna, et le remist en tous ses biens. Par les choses prédites, on peult facilement recognoistre la grande humanité du Roy, lequel, estant offensé de ceux qui avoient receu les biens et honneurs de luy, ne print vengence d'un seul, ains pardonna à tous ceux qui retournèrent vers luy cherchans miséricorde.

Le Roy, voyant la fuitte de monsieur de Bourbon, et craignant que autres fussent de la partie, ne fut conseillé de passer les Monts en personne ; parquoy manda à monseigneur l'amiral de Bonnivet, messire Guillaume Gouffier, lequel estoit jà près de Vercel avec l'armée, qu'il eust à exécuter l'entreprise du duché de Milan, suivant ce qu'eux deux en avoient conclu ; et retint près de sa personne le duc d'Alençon, le duc de Vendosmois, le grand-maistre bastar de Savoye, le mareschal de Chabannes, seigneur de La Palisse, avecques leurs compagnies, chacune de cent hommes-d'armes. Et, parce qu'il fut adverty que La Motte des Noyers, lequel j'ay dit cy-dessus avoir esté par monsieur de Bourbon dépesché en Allemagne, marchoit avecques le comte Guillaume de Fustamberg, et le comte Félix, et leurs régimens de dix ou douze mille lansquenets, prenans leur chemin entre la Bourgongne et la Champagne, manda au duc de Guise, qui estoit en Bourgongne, et à monsieur d'Orval, qui estoit en Champagne, qu'ils eussent à pourvoir à leurs frontières ; et du costé où l'ennemy tourneroit la teste, ils eussent à assembler leurs forces ensemble, leur envoyant la compagnie de cent hommes-d'armes de monsieur d'Alençon, et celle de monsieur de Vendosme, de pareil nombre, pour les renforcer, retenant près de luy les personnes dudit duc d'Alançon et de Vendosme : aussi retenoit le mareschal de Chabannes et le grand-maistre, pour les employer où verroit estre besoing, et que les occasions s'offriroient.

Environ le commencement de septembre 1523, monsieur l'amiral, ayant eu les nouvelles de la fuitte de monsieur de Bourbon, ensemble le mandement que luy faisoit le Roy d'exécuter l'entreprise de Milan, parce que, si le Roy eust marché en personne, luy-mesmes eust conduit l'avant-garde, la bailla pour conduire à monsieur le mareschal de Montmorency, et luy print charge de la bataille. Ce faict, marcha avecques l'armée droict à Milan. Vous avez ouy cy-devant comme Prospère Colonne avoit fortifié les passages du Tésin, se persuadant d'empescher nostre armée de passer, et sur ladite espérance avoit délaissé la fortification de Milan qu'il avoit commencée. Peu devant ce temps le duc Sforce, lequel faisoit sa demeure à Monche, un jour partit pour venir à Milan; mais un gentil-homme milannois de sa famille, nommé Bénédict Viscomte, mal content dudit Sforce son maistre, parce qu'il luy avoit cassé une compagnie de gens de pied, de laquelle auparavant il avoit eu la charge, estimant en cela avoir esté injurié, délibéra lors de se venger. Or, estant ledit Sforce sur le chemin de Monche à Milan, monté sur un petit cheval, ayant peu de gens auprès de luy, à cause de la poussière, ledit Viscomte, estant sur une jument turque, l'accosta, feignant vouloir parler à luy, puis l'ayant accosté, tira une courte dague, dont il pensa donner audit duc dedans la gorge : toutesfois le duc, baissant la teste et le corps, détourna le coup, tellement qu'il ne luy donna qu'au travers du bras; et s'il luy eust aussy bien donné dedans le corps, il estoit mort; ce néantmoins, ledit Viscomte, quelque suitte qu'il eust, se sauva par la vitesse de ladite jument. Le duc Sforce, estant eschappé de ce péril, se retira à Monche, doubtant qu'il y eust autre ambuscade sur le chemin de Milan, incontinent le bruit courut que Sforce estoit mort du coup qu'il avoit receu; ce qu'ayant entendu un capitaine milannois, nommé Galéas de Birague, qui lors estoit à Turin, attendant le passage de nostre armée pour se joindre avecques elle, pour le service du Roy, pensant la mort du duc estre véritable, et sçachant que nostre armée estoit desjà dedans les montages, par le moyen de quelque intelligence, se meit dedans Valence, ville dessus le Pau, au-dessoubs de Cazal-Sainct-Vas, sous umbre de la pouvoir garder jusques à l'arrivée de nostre armée; mais autrement en advint, car le seigneur Antoine de Lève, par ordonnance de Prospère Colonne, partit d'Ast, avecques l'infanterie espagnolle et les chevaux-légiers, et alla expulser ledit Birague hors de Valance, ne luy donnant loisir de se remparer ne fortifier, et le print prisonnier. Ce temps pendant, l'amiral de Bonnivet (estans avec luy les capitaines qui s'ensuivent, à sçavoir : le mareschal de Montmorency, le seigneur Bayar, le seigneur de Vandenesses, le seigneur de Mézières, le seigneur de Vallery, et le vidasme de Chartres, et environ quatorze ou quinze cens hommes-d'armes; le seigneur de Lorges, général de six mille François, le duc de Suffolc, général de six mille Allemans, et douze ou quinze mille Suisses; et y estoient pour leur plaisir le comte de Sainct-Pol et le comte de Vaudemont, n'ayans aucune charge), print son chemin pour marcher droict où estoit le seigneur Prospère avecques son armée, et luy donner la bataille, comme je diray après que j'auray parlé de ce qui se faisoit à Bayonne et à Fontarabie.

Vous avez bien entendu cy-dessus comme, l'an 1522, le mareschal de Chabannes avoit secouru Fontarabie, et avoit tiré dehors le seigneur du Lude, qui si bien y avoit faict son devoir et tant enduré de nécessité et de famine, et en son lieu avoit, par le commandement du Roy, mis pour gouverneur le capitaine Frauget, lequel estoit lieutenant du mareschal de Chastillon alors de son décès, vieil gentilhomme, et qui toute sa vie avoit eu réputation d'estre homme de guerre, auquel le Roy avoit donné la charge de cinquante hommes-d'armes pour la garde de ladite place de Fontarabie; et avecques luy dom Pètre, fils du mareschal de Navarre, lequel les Espagnols depuis peu de temps avoient faict mourir en prison, ayant, iceluy dom Pètre, charge de mille hommes de pied. Suivant ce que j'ay dit cy-devant, que l'entreprise de l'ennemy estoit de tout en un temps assaillir la Champagne, soubs espérance de la faveur de monsieur de Bourbon, aussi l'Anglois et le Bourguignon entrer en Picardie, et les Espagnols assiéger Fontarabie, toutes ces choses furent par eux exécutées ; et mesmes, le sixiesme jour de septembre audit an 1523, les Espagnols mirent leur armée ensemble; dequoy le seigneur de Lautrec, gouverneur de Guienne, adverty, alla à Bayonne, pour pourvoir tant audit lieu qu'à Fontarabie. Premièrement bailla audit capitaine Frauget, pour la garde de sa place, tout ce qui luy estoit nécessaire, tant d'hommes, de vivres, que de monitions, pour attendre un long siége et soustenir un grand effort; puis feit retirer dedans Bayonne tous les vivres et bestail qui se trouvèrent au païs de labour, tant pour pourvoir ladite ville, qu'à ce que l'ennemy ne s'en peust prévaloir. Et, parce qu'il estoit dépourveu d'hommes, d'autant que les forces du Roy estoient en Italie, Picardie, que Champagne, et qu'il n'avoit moyen de pourvoir ladite ville du nombre de gens de guerre dont estoit besoing, et craignant que, faignant ledit ennemy d'aller assaillir Fontarabie, vint assaillir ladite ville de Bayonne, résolut luy-mesmes de demourer dedans.

Les Espagnols, ayans mis leurs forces ensemble, le seiziesme jour dudit mois de septembre, vindrent loger à Saint-Jean-de-Lus, mi-chemin de Fontarabie et de Bayoune, et le lendemain assaillirent Bayonne, par eau et par terre, avec telle impétuosité, que, sans la présence dudit seigneur de Lautrec, il est apparent qu'ils l'eussent forcée, veu le peu de gens de guerre qui estoient dedans; mais la vertu dudit seigneur fut telle, que trois jours et trois nuicts il ne bougea de dessus les murailles, faisant pourvoir à toutes choses, et mesmement aux entrées des rivières. Il fault entendre qu'il y a deux grosses rivières, toutes deux portans navires, dont l'une venant par devers Dax, vient border la ville du costé de France; l'autre vient de devers Saint-Jean-de-Piédeporc et des montagnes de Navarre, laquelle passe à travers de la ville; et, sortant de la ville, les deux rivières s'assemblent où la mer flue et reflue deux fois en vingt-quatre heures, de sorte que les grands navires y entrent à plaine voile; chose qui donnoit moult de crainte aux Bayonnois, attendu le grand nombre de navires qu'avoient les Espagnols et Bisquains. Toutesfois, la présence du seigneur de Lautrec donna telle asseurance aux habitans, que tous hommes, femmes et enfans, mirent la main à l'œuvre, tellement que qui estoit couart se faisoit hardy. Le quatriesme jour, les Espagnols, se voyans perdre temps, se retirèrent et allèrent assiéger Fontarabie, où ils ne trouvèrent telle résistance, encores qu'elle feust pourveue de bon nombre d'hommes et d'autres choses nécessaires, car le capitaine Frauget, après avoir tenu peu de jours, néantmoins lesdites forces qu'il avoit, et veu la grandeur de la place, rendit la ville, qui n'estoit forçable, et en sortit ses bagues sauves: vray est qu'il disoit avoir esté contraint de ce faire, parce que dom Pètre, fils du feu mareschal de Navarre, avoit intelligence aux ennemis. Toutesfois ledit Frauget fut à Lion, sur un eschaffault, dégradé de noblesse, et déclaré roturier, luy et ses descendents, pour avoir été négligent, et failly de cueur à pourvoir à la conspiration dudit dom Pètre, si ainsi estoit qu'elle fust vraye.

Retournons à l'amiral de Bonnivet, lequel print son chemin pour marcher droict où estoit ledit seigneur Prospère avecques son armée, délibéré de luy donner la bataille. Le seigneur Antoine de Lève, estant à Ast, adverty du passage de nostre armée, en toute diligence se retira de là le Tésin; à l'occasion dequoy mondit seigneur l'amiral print Noare et toutes les autres villes de l'Omeline. Le seigneur Prospère, estant tombé en extrême maladie, s'estoit faict porter sur les bords du Tésin, faisant contenance de vouloir combatre; mais estant adverty que noz coureurs estoient arrivez sur le bord de la rivière, se voyant hors d'espoir de garder le passage, pour estre gayable en plusieurs lieux, renvoya sa grosse artillerie à Milan. Le lendemain, estant adverty que le reste de nostre armée estoit à Vigève, et que desjà, à coups d'artillerie, elle avoit faict abandonner la garde dudit passage aux lansquenets impériaux, et que noz gens de cheval et de pied commençoient à passer, cogneut, mais trop tard son erreur, d'avoir voulu entreprendre de garder le pas d'une rivière contre une armée françoise venant en sa première furie; parquoy se retira à Milan; auquel lieu estant arrivé, trouva un tel effroy, tant parmy les gens de guerre que citadins, qu'il résolut d'abandonner la ville et se retirer à Laudes. Mais la fortune fut si mauvaise pour monsieur l'amiral, qu'il s'inclina aux persuasions de plusieurs Milanois, et spécialement de Galéas Visconte, qui luy faisoient entendre que, s'il marchoit droict à la ville, elle seroit mise à sac, de sorte que le Roy ne s'en pourroit prévalloir; et que laissant aller ledit Galéas parler ausdits citadins, il trouveroit moyen qu'ils mettroient les Impériaux hors de la ville, et fourniroient au Roy une bonne somme de deniers, pour ayder à soustenir les frais de la guerre. Lesquelles remonstrances furent cause que le seigneur amiral séjourna deux ou trois jours sans suivre sa fortune; et y fut envoyé ledit Galéas, et pour l'accompagner le général de Normandie Boyer, et quelques autres. Les parlemens furent longs, mais enfin ce fut toute tromperie, et la ruine qui depuis advint de nostre armée; car ce temps durant, le seigneur Prospère rasseura ses gens; et les bagages qui estoient chargez pour se retirer, furent déchargez, et avec extrême diligence, et un nombre incroyable de castadous releva les ramparts des lieux les plus ruinez; puis, voyant les forces n'estre suffisantes pour garder plusieurs places, abandonna tout le duché, gardant seulement Milan, Crémonne et Pavie, attendant que nostre armée eust passé sa fureur, et que l'hyver, qui estoit proche, l'eust mattée. Et, pour cest effect, dépescha le seigneur Antoine de Lève, pour se mettre dedans Pavie, y faisant venir mille hommes, qui estoient dedans Alexandrie, avecques autres deux mille que ledit Lève menu quand et luy; et envoya autres trois mille hommes de pied dedans Crémonne. L'amiral, voyant Alexandrie abandonnée, y envoya monsieur de Bussy d'Amboise avecques deux mille francs-archers.

Monsieur l'amiral, voyant l'erreur qu'il avoit faicte d'avoir temporisé sur une vaine espérance, marcha droict à Milan; mais ce fut trop tard, car desjà le seigneur Prospère y avoit assemblé le nombre de dix mille hommes de guerre, sans les citadins qui tous avoient prins les armes; ce nonobstant, il planta son camp devant, entre le chemin de Laudes et de Pavie. Ce faict, envoya saisir la ville de Monche, dedans laquelle il meit bonne garnison, pour empescher les vivres d'aller à Milan; puis, ayant eu avertissement que le duc de Mantoue estoit arrivé à Laudes, avec cinq cens chevaux et deux cens hommes de pied que le Pape envoyoit pour le secours de la ligue, dépescha le capitaine Bayar, accompagné de huict mille hommes de pied, quatre cens hommes-d'armes, et huict ou dix pièces d'artillerie, pour marcher droict audit lieu de Laudes, y pensant surprendre le duc; lequel estant adverty et se deffiant de ses forces, se retira, abandonnant ladite ville; parquoy le capitaine Bayar entra dedans; puis, y ayant laissé bonne garnison, print le chemin de Crémonne, pour tenter s'il pourroit prendre la ville par le moyen du chasteau qui tenoit pour le Roy. Auquel lieu arrivé se vint joindre avecques luy le seigneur Renée de Cère, baron romain, accompagné de quatre mille hommes de pied italiens qu'il avoit levez, pour le service du Roy, au Ferrarois et aux environs. Le capitaine Bayar et ledit seigneur Renée assemblez, et cognoissans que par le chasteau n'y avoit ordre de forcer la ville, à l'occasion des grandes tranchées que les ennemis avoient faictes entre la ville et ledit chasteau, délibérèrent de l'assaillir par ailleurs, et tenter la fortune de la pouvoir forcer, encore que l'armée vénitienne, qui estoit de la part de la ligue, feust à Pontivy, près de là; mais elle avoit commandement de la seigneurie de ne sortir hors de leurs confins sans leur expresse jussion.

Le seigneur Prospère, adverty que l'armée du Roy prenoit le chemin de Crémonne, ne tarda guères qu'il manda à Pavie qu'on eust à envoyer trois mille cinq cens hommes à Crémonne, pour la deffence d'icelle; manda pareillement au duc d'Urbin, général de la Seigneurie, et au marquis de Mantoue, général de l'Eglise, avecques de grandes instances, qu'ils eussent à approcher leur armée près la nostre, pour l'empescher de donner l'assault. Toutesfois cela ne retarda, que le capitaine Bayar, le seigneur Renée, et le seigneur de Lorges, général de l'infanterie françoise, ne fissent leurs approches; et en telle diligence firent la baterie, qu'en trois jours la brèche estoit raisonnable pour assaillir; mais soudain vint une pluye si abondante, que noz gens, voulans marcher en avant pour l'assault, recculloient en arrière, tant il faisoit glissant; et dura ladicte pluye quatre jours et quatre nuicts sans cesser, ainsi qu'estoit advenu au seigneur de Lautrec, l'an précédant, devant Pavie. A cause de quoy le capitaine Bayar fut contrainct de remettre l'assault à un autre jour, pendant lequel les ennemis eurent loisir de remparer la brèche. Et, pour les continuelles pluyes, les chemins devindrent si mauvais, que quelque part que ce fust, ne pouvoient venir vivres en nostre camp; qui fut l'occasion de la famine qui s'y mist, joinct que l'armée vénitienne rompoit les vivres d'un costé, et l'armée de l'Eglise d'autre. Ce que voyant, le capitaine Bayar, après avoir refreschy le chasteau, tant d'hommes que de vivres, fut contraint de se retirer vers Milan, ayant trouvé audit chasteau le seigneur de Bunou, qui en estoit capitaine, mort, et tous les soldats que le mareschal de Foix y avoit laissés, horsmis huict, lesquels avoient délibéré de mourir comme les autres, plustost que de rendre la place, encores qu'ils eussent esté enfermez deux ans en extrême nécessité; ce que n'avoient faict ceux du chasteau de Milan; car si tost après que monsieur de Lautrec eut failly à les secourir (où Marc-Antoine Colonne fut tué), ils rendirent la place, encores qu'ils eussent des vivres suffisamment pour attendre le secours qu'y amenoit l'amiral de Bonnivet. Aussi le seigneur Prospère quand il se retira de devant nous, après qu'eusmes passé le Tésin n'eust jamais entrepris de s'arrester dedans la ville si le chasteau eust tenu nostre party; dequoy le capitaine Mascaron, qui en avoit eu la charge, fut fort blasmé, et en hazard d'en recevoir une honte.

Laissons monsieur l'amiral de Bonnivet devant Milan, jusques à ce qu'il soit temps d'en parler, et venons à ce qui se faisoit au mesme temps tant en Champagne qu'en Picardie. Incontinant après que monsieur de Bourbon se fut retiré hors de France, La Motte des Noyers, que j'ay dit cy-devant avoir esté par ledit de Bourbon envoyé en Allemagne pour faire levée de lansquenets, feit telle diligence qu'en peu de temps il descendit en Champagne avec le comte Guillaume de Fustamberg et le comte Félix, et vint assiéger Coiffy, qui est une place aux confins de ce royaume, à l'entrée de la Franche-Comté, à six lieuës par delà Langres. Auquel lieu estans arrivez, le capitaine qui en avoit la charge s'estonna, de sorte qu'il leur rendit la place sans coup férir dès la première sommation qui luy fut faicte. Ce faict, laissans Montigny-le-Roy à la main gauche, passans la Meuse au-dessus de Neuf-Chastel, prindrent le chemin de Monteclaire, qui est un chasteau assis sur une montagne, près de la rivière de Marne, environ mi-chemin de Chaumont en Bassigny et de Janville; lequel chasteau se rendit pareillement. Le duc de Guise, lequel estoit demouré lieutenant de Roy en Bourgongne, pour l'absence du seigneur de La Trimouille, qui estoit lieutenant de Roy en Picardie, adverty de la perte desdites places, avecques la gendarmerie qu'il avoit, sçavoir est, sa compagnie de cent hommes-d'armes, celles du duc d'Alançon et du duc de Vendosme, de pareil nombre, avecques quelques autres compagnies, vint à Chaumont pour se joindre aux forces de monsieur d'Orval, gouverneur de Champagne. Lesquelles forces assemblées se trouvèrent de cinq à six cens hommes-d'armes, sans les arrière-bans qu'ils mirent dedans ledit Chaumont et autres places, afin de n'enfermer la gendarmerie, ains s'en servir à la campagne. Les ennemis se confians à la cavallerie que monsieur de Bourbon leur devoit fournir, n'en avoient amené, de sorte que nostre gendarmerie, qui estoit ordinairement à cheval, et les ennemis n'ayans aucune cavalerie pour faire escorte à leurs fourrageurs, en peu de jours y furent affamez, de sorte qu'ils furent contraints de faire leur retraitte, prenans le chemin de Neuf-Chastel en Lorraine, pour audit lieu passer la rivière de Meuze.

Le duc de Guise, estant adverty de leur retraitte et du chemin qu'ils prenoient, dépescha deux ou trois cens hommes-d'armes pour passer ladicte rivière de Meuze, et gaigner le devant pour les prendre en teste, et luy, avecques le reste de la gendarmerie, les charger sur la queuë, à demy-passez ; car ils menoient un grand butin, qui estoit le moyen de plus aisément les mettre en désordre. Mais il advint que, le soir que devoit partir la compagnie de monsieur de Guise, que conduisoit le seigneur de Courville, soubs la conduitte duquel pareillement devoient marcher tous les autres, sourdit querelle entre ledit seigneur de Courville et le seigneur de Chastelet de Lorraine, porte-enseigne dudit seigneur de Guise, telle qu'ils mirent la main aux armes ; de manière que Chastelet donna un coup d'estoc audit Courville dedans la bouche, qui perça de part en autre ; dont retarda leur partement. Mondit seigneur de Guise, pensant que ceux qu'il avoit ordonnez de passer la Meuze, y fussent desjà, se meit à la queue des ennemis, avecques le reste de l'armée ; lesquels, arrivans devant le Neuf-Chastel, il print à demy-passez, et ce qui estoit demouré sur la queue, fut taillé en pièces et le butin recoux. Si ceux qui estoient ordonnez pour estre delà l'eau, eussent exécuté ce qui leur estoit commandé, peu des ennemis se fussent sauvez, pour l'effroy auquel ils estoient entrez. Les dames de Lorraine et de Guise estoient aux fenestres du chasteau, qui en eurent le passe-temps.

Alors que ces choses se faisoient, tant en Italie que Champagne, la Picardie n'estoit en patience ; car le duc de Norfolc estant descendu à Callaiz, avecques quatorze ou quinze mille Anglois, et s'estant joinct avecques luy le comte de Bure, lieutenant pour l'Empereur, leurs forces unies ensemble se trouvèrent le nombre de cinq à six mille chevaux, et de vingt-cinq à trente mille hommes de pied, avecques bonne quantité d'artillerie, et prindrent le chemin entre Montreul et Térouenne, pour assaillir ou Hédin ou Dourlan. Le seigneur de La Trimouille, cognoissant les grandes forces qu'il avoit sur les bras, avoit desjà pourveu aux places où il estoit apparant que l'ennemy s'attaqueroit : premièrement, dedans Térouenne avoit laissé le seigneur du Fresnoy, bastar de Moreul, qui estoit gouverneur dudit lieu, ayant charge de cinquante hommes-d'armes ; et le capitaine Pierre-Pont, avec cent hommes-d'armes de la compagnie du duc de Lorraine, duquel il estoit lieutenant, et deux mille hommes de pied. Les ennemis la voyans si bien pourveue, passèrent outre sans l'assaillir ; puis, prenans le chemin de Dourian, passèrent devant Hédin où ils firent le semblable. Estans arrivez audit Dourlan, délibérez de l'assiéger, trouvèrent un chasteau de terre, que le seigneur du Pontdormy, par le commandement du duc de Vendosme, l'an précédant, avoit faict édifier sur la montagne, tirant vers Amiens, bien pourveu d'hommes et de munitions ; auquel, après l'avoir bien recogneu, ne furent d'advis de s'attaquer ; et y ayans séjourné quatre jours pour refreschir leur camp, prindrent le chemin de Corbie, où ils trouvèrent le seigneur de La Trimouille en personne, qui fut cause qu'ils passèrent outre sans s'y amuser.

Il fault entendre que le seigneur de La Trimouille avoit si petit nombre d'hommes, qu'il estoit contraint quand l'ennemy avoit abandonné une place, de retirer les forces qui estoient dedans pour les mettre en une autre, au-devant dudit ennemy. Le seigneur du Pontdormy, voyant les ennemis passer outre Corbie et prendre le chemin contre-mont la rivière de Somme, se meit dedans Bray, où est un passage de ladite rivière, entre Corbie et Péronne, pour empescher le passage à l'ennemy, ayant en sa compagnie environ cent cinquante hommes-d'armes et douze ou quinze cens hommes de pied, encores que la ville ne fust gardable, d'autant que la muraille ne vault riens, et ne se peult fortifier, à l'occasion de trois montagnes

12.

qui la commandent de si près, qu'à coups de pierre on peult desloger ceux qui sont à la garde. Il avoit espérance qu'au cas que l'ennemy le forçast, qu'il auroit moyen de se retirer le long de la chaussée, rompant les ponts après luy; mais autrement en advint, car il fut tellement pressé, qu'il n'eut moyen de se retirer qu'en désordre; en sorte que les ennemis passèrent ladite chaussée pesle-mesle avecques luy. Il y perdit environ quatre-vingts ou cent hommes ; et, entre autres, y mourut le capitaine Adrian, qui avoit charge de mille hommes de pied ; et eust esté le reste taillé en pièces sans ledit seigneur du Pontdormy, qui retourna la teste, et soustint l'effort avec la gendarmerie, pendant que les gens de pied se retirèrent à Corbie où estoit le seigneur de La Trimouille ; lequel estant averty que l'ennemy, ayant passé la rivière, prenoit le chemin de Roye et Montdidier, délibéra d'envoyer secours audit Montdidier; mais ne trouvant homme qui le vousist entreprendre, parce que le camp de l'ennemy estoit sur le chemin, le seigneur du Pontdormy, lequel ne trouva jamais entreprise trop hazardeuse, entreprint d'y mettre ledit secours. Parquoy, estant la nuict venue, se meit en chemin avecques bons guides, et, sans rencontre, meit dedans ladite ville de Montdidier le seigneur de Rochebaron d'Auvergne, ayant charge de cinquante hommes-d'armes; et le seigneur de Fleurac, avec pareille charge, estant lieutenant de la compagnie du comte de Dammartin ; et le capitaine René de La Palletière, avecques mille francs-archers, dont il avoit la charge.

Le seigneur du Pontdormy, après avoir exécuté ce qu'il avoit entrepris, délibéra sa retraitte, et, sçachant bien que les ennemis, estans avertis de son partement de Corbie et de son arrivée à Montdidier, mettroient peine de le rencontrer par les chemins, à son retour, toutesfois ne voulut attendre la nuict, craignant que monsieur de La Trimouille eust affaire de luy. A ceste occasion, il se meit à faire sa retraitte en plain jour, délibéré de charger tout ce qu'il trouveroit sur son chemin, encores qu'il n'eust que sa compagnie, qui estoit de quatre-vingt-dix hommes-d'armes, et celle du vicomte de Lavedan. Estant sur sa retraitte, rencontra cinq cens chevaux, sur lesquels il chargea de telle furie, qu'il les mist à vau de routte; mais trouvant deux mille chevaux qui venoient pour soutenir les autres, fut contrainct de faire sa retraitte, pour laquelle luy-mesmes demoura sur la queuë, avecques trente chevaux, faisant retirer le reste sur le chemin d'Amiens ; mais les ennemis luy firent une charge telle qu'il fut porté par terre et son cheval tué. Toutesfois il fut secouru du seigneur de Barnieulles, son frère et lieutenant de sa compagnie, et du seigneur de Canaples, son nepveu et son guidon, qui le remirent à cheval; et demourèrent lesdits de Barnieulles et de Canaples sur la queuë, pendant que ledit seigneur du Pontdormy se retira à Amiens avec sa trouppe, parce que le chemin de Corbie luy estoit fermé de toute l'armée des ennemis ; mais lesdits de Barnieulles et de Canaples, avecques vingt hommes-d'armes qui estoient en leur compagnie, furent tant et si souvent chargez, qu'ils furent portez par terre, et pris prisonniers avec sept hommes-d'armes. Les ennemis, après avoir pris et bruslé la ville de Roye, marchèrent droict à Montdidier, où, après avoir faict brèche, ceux de dedans, se deffians de leurs forces, se rendirent leurs bagues sauves, et se retirèrent devers monseigneur de La Trimouille; toutesfois ce ne fut sans estre blâmez de s'estre rendus si légièrement; car les ennemis ne pouvoient faire long séjour par faulte de vivres. Il fut dit que le capitaine René de La Palletière ne voulut jamais consentir à ladite composition.

Le Roy, pour lors estant à Lion, adverty comme les choses se passoient en Picardie, et que ses ennemis estoient venus jusques sur la rivière d'Oyse, à unze lieuës près de Paris, despescha le duc de Vendosme en toute diligence pour y venir, luy donnant pouvoir de commander et pourveoir à toutes choses de deçà; et quand et quand manda quatre cens hommes-d'armes, tant de Bourgongne que de la Champagne, pour suivre ledit seigneur de Vendosme, et faire ce qu'il leur commanderoit. Mais devant envoya le seigneur de Brion pour asseurer les habitans de Paris ; auquel, après avoir déclaré ce qu'il avoit de charge, en plaine assemblée de ville, sans faire mention de la dépesche du duc de Vendosme ny de la compagnie qu'il amenoit, fut respondu, pour toute l'assemblée, par monsieur Baillet, second président de la cour, qu'il fust le bien venu, comme mandé de la part de leur Roy et souverain seigneur; toutesfois que, quand le roy Louis XI envoya réconforter ceux de sa bonne ville de Paris, pour la descente du duc Charles de Bourgongne devant Beauvais, il n'y envoya en poste, mais y envoya le mareschal Joachin Rouault, accompagné de quatre cens hommes-d'armes, et que cela les réconforta ; et, encores que ledit seigneur de Brion fust homme de bien, favorisé du Roy, si n'est-il suffisant luy seul pour asseurer une telle ville que Paris. Ce néantmoins, ils avoient nouvelles que le duc de Vendosme venoit en telle compagnie que ledit Rouault estoit venu, chose qui leur donnoit grande asseurance, tant pour les vertus et qualitez dudit personnage que de sa compagnie.

Les Anglois, après avoir pris et bruslé lesdites villes de Roye et Montdidier, estans advertis de la venue de monsieur de Vendosme, craignans que monsieur de La Trimouille vînt d'une part, et monseigneur de Vendosme d'autre, et que, par ce moyen, leur armée fust affamée, délibérèrent de faire leur retraicte par Fervacq ues à l'endroit que la rivière de Somme prend sa source, quatre lieues au-dessus de Sainct-Quentin; et, en passans leur chemin, bruslèrent Nelle qu'ils trouvèrent abandonnée pour sa débilité. Le jour ensuivant, prindrent le chemin de Ham, pensans trouver la ville despourveue; mais la nuict précédente, le comte de Brène, surnommé de Sallebrucc, estoit entré dedans, avecques sa compagnie de cinquante hommes-d'armes et environ sept ou huict cens hommes de pied, ayans délibéré de garder la ville, car le chasteau n'estoit prenable à une armée qui se retiroit. Les ennemis, voyans la place si bien pourveue, passèrent outre sans l'assaillir. Le deuxiesme jour après, laissans Sainct-Quentin à leur main gauche, allèrent loger à Fervacques, et le lendemain à Prémont, faisant contenance de vouloir assiéger le chasteau de Bohain, distant d'une lieue dudit Prémont. Toutesfois ce logis de Prémont ne monstroit point que les ennemis voulussent assaillir Bohain, car il est sur le chemin de Bohain à Cambray, où y avoit plus d'apparence qu'ils se vouloient retirer qu'assaillir la place; mais le capitaine dudit Bohain, sentant l'ennemy si près, n'ayant ceste considération, ne luy donna la peine de l'envoyer sommer, ains alla jusques audit Prémont, et rendit le chasteau entre les mains du duc de Suffolc et du comte de Bures, moyennant que luy et ses soldats sortiroient leurs bagues sauves. L'Anglois, ayant laissé bonne garnison dedans ladite place, se retira en Artois, et licentia son armée. Et fut cela peu après la Toussaincts 1523, et environ dix ou douze jours après la Sainct-Martin, que les bleds gellèrent presque universellement par tout le royaume de France. Le seigneur de La Trimouille, sçachant l'ennemy estre retiré avant que monseigneur de Vendosme fût arrivé, marcha droict audit lieu de Bohain, avecques six canons, dont il feit si furieuse batterie, que ceux de dedans, se voyans sans espérance de secours, pour estre leur armée séparée, se rendirent. Ce faict, le seigneur d'Estrée fut ordonné capitaine de ladite place, et partit ledit seigneur de La Trimouille de Picardie, ayant eu une armée si puissante sur ses bras, et si peu de gens pour la garde du païs, sans que l'ennemy, au partir, tînt un pied de terre de sa conqueste.

Ce temps pendant, monsieur l'amiral de Bonnivet estoit tousjours devant la ville de Milan, en laquelle vint telle nécessité de vivres, pour les moulins que les François avoient rompus ès environs, et aussi pour le canal qu'ils avoient diverty d'entrer en ladite ville, que, sans le grand nombre de moulins à bras qu'avoit faict faire le seigneur Prospère, sans point de doubte les soldats et citadins fussent morts de faim. Aussi rengrgéea la maladie dudit seigneur Prospère, de sorte qu'il fut contrainct de bailler la charge de la guerre au seigneur Alarçon, espagnol, lequel, puis peu de temps, par le commandement de l'Empereur, estoit venu de Calabre pour commander à l'infanterie espagnolle, pour l'absence du marquis de Pesquaire, qui n'aguères s'estoit retiré pour un différant survenu entre ledit seigneur Prospère Colonne et luy. Ledit seigneur Alarçon, ayant envie à son arrivée de faire quelque chose de réputation, feit dresser dedans la ville un cavalier fort hault, pour tirer dedans nostre camp, et sur iceluy feit loger sept ou huict grosses pièces d'artillerie; le seigneur Prospère, cognoissant que l'effect dudit cavalier estoit inutil et perte d'admonition, feit cesser l'ouvrage, et manda au marquis de Mantoue qu'avecques les cinq cens chevaux de l'Eglise desquels il avoit la charge, il eust à se retirer dedans Pavie pour rompre les vivres à nostre camp, qui venoient du costé de Laudes. Les Florentins, Luquois, Senois, et autres de la ligue, commencèrent à se retirer de la despense, parce que desjà ils avoient fourny les trois mois qu'ils avoient promis; parquoy le seigneur Prospère, ne pouvant plus trouver moyen de recouvrer deniers, conclut de rendre Modène au duc de Ferrare, pour de l'argent, laquelle ville le comte Guy de Rangon tenoit au nom de l'Eglise. Et pour ce faire, dépescha ambassadeurs vers iceluy duc de Ferrare; mais, après les choses conclues, fut envoyé de la part de dom Charles de Lannoy, vice-roy de Naples, lequel rompit ledit traitté, asseurant qu'il fourniroit deniers pour les frais de la guerre; et luy-mesmes partit de Naples pour venir à Milan, dépesché par l'Empereur pour prendre charge de l'armée durant la maladie du seigneur Prospère, amenant avecques luy quatre cens hommes-d'armes du royaume de Naples, et en sa compagnie le marquis de Pesquaire, lequel avoit abandonné l'armée, comme il est jà prédit, pour quelque division survenue entre ledit Prospère et luy. Monsieur l'amiral, ayant crainte que le marquis de Mantoue et Antoine de Lève, qui estoient à Pavie, ne vinssent se saisir du pont qu'il avoit faict faire à Vigève, par lequel venoient les vivres en son camp, et par ce moyen l'affamer, manda quérir le seigneur Bayar et le seigneur Rence, qui estoient à Monche, pour se venir loger à Vigève; mais le deslogement dudit lieu de Monche fut cause de nostre ruine, car, estant ce passage ouvert, les vivres arrivèrent à Milan en toute abondance.

[1524] Monsieur l'amiral, voyant son espérance perdue d'affamer Milan, et mesmes quelques intelligences qu'on disoit qu'il avoit dedans la ville descouvertes, résolut de lever son siége, parce qu'il n'avoit plus moyen de tenir ses gens en campagne, pour les grandes neiges et rigoureux hyver qu'ils avoient enduré six mois devant. A ceste occasion, pour mettre son armée à couvert, se retira à Biagras et autres lieux circonvoisins, où, arrivé qu'il fut, dépescha le seigneur Rence, et le comte de Sainct-Pol, et le seigneur de Lorges, général des gens de pied françois, pour aller assiéger Aronne, qui est une ville sur le lac Majour; mais ledit Prospère Colonne, voyant le deslogement de nostre camp de devant Milan, avoit desjà envoyé pour renfort, dedans ladite ville d'Aronne, le nombre de douze cens hommes; chose qui vint mal à propos pour noz gens. Le seigneur Rence, estant arrivé devant ladite ville d'Aronne, feit soudainement faire les approches, et, après avoir mis ses pièces en batterie, et avoir battu vingt ou vingt-cinq jours, et faict donner deux ou trois assauts, ausquels noz gens furent repoussez, délibéra tenter autre fortune, et ce fut de miner la place; mais, après avoir miné un grand pan de mur, faisant mettre le feu dedans les mines, la muraille estant enlevée en l'air, en lieu de se renverser dedans les fossez, retomba dedans ses fondemens, et demoura debout; à raison de quoy, se voyant frustré de son intention, et avoir perdu tant de temps, feit sa retraitte en nostre camp. Et furent tuez audit siége plusieurs gens de bien des nostres; aussi fut-il des ennemis : et, entre autres, de nostre part, y moururent le seigneur de Pommereul, maistre de nostre artillerie en Italie, et un jeune gentilhomme de Normandie, surnommé de Roncerolles, fils du seigneur de Hugueville; qui fut grande perte, pour ledit Pommereul, un des plus expérimentez en l'artillerie de ce royaume; et le jeune homme promettoit beaucoup de soy. Plusieurs autres y moururent, qui ne sont icy nommez à cause de brèveté.

Durant ce temps, l'armée impériale n'avoit bougé de Milan, attendant la venue de dom Charles de Lannoy, vice-roy de Naples, lequel venoit pour estre lieutenant-général de l'Empereur; mais ledit vice-roy temporisoit, attendant quelle fin prendroit la maladie du seigneur Prospère, laquelle desjà avoit duré sept ou huict mois, ne voulant venir où il estoit, pour de luy estre commandé. Aussi luy faisoit mal de destituer de son pouvoir un si gentil chevalier qu'estoit le seigneur Prospère; mais, ayant entendu que desjà il avoit perdu son entendement, partant de Pavie, s'en vint à Milan; et pense que le jour de son arrivée mourut ledit seigneur Prospère. Arrivé que fut à Milan le vice-roy, après avoir veu son armée, arresta avecques l'ambassadeur de Venise, que les six mille lansquenets qu'il faisoit venir d'Allemagne estans joincts avecques l'armée vénitienne, les deux ensemble passeroient la rivière d'Adde, pour venir joindre avecques luy, soubs délibération que leur armée unie ensemble viendroit chercher l'armée du Roy pour la combatre, ruinée (comme il estoit vray) d'un si long hyver qu'elle avoit enduré, et des grandes fatigues qu'icelle avoit portées durant six mois, ne voulans attendre qu'elle eust refreschissement de France.

Il estoit le mois de mars quand l'armée vénitienne et le secours des six mille lansquenets, et l'armée du pape Clément, passèrent la rivière d'Adde, et se vindrent joindre à Milan avec le vice-roy. Estans assemblez, se jettèrent en campagne, et vindrent loger sur le chemin qui vient de Milan à Pavie : auquel lieu estans arrivez, le vice-roy eut advertissement comme le capitaine Bayar, avecques sa compagnie de cent hommes-d'armes, le seigneur de Mézières et le seigneur de Saincte-Mesmes, ayant chacun cinquante hommes-d'armes, et le seigneur de Lorges avecques les gens de pied françois dont il estoit colonnel, estoient logez à Rebec, assez loing de nostre camp, et en lieu mal-aisé pour y estre secourus, délibéra leur donner une camisade, et de les faire surprendre en leurs logis. Pour lequel effet, dépescha le marquis de Pesquaire avecques l'infanterie espagnolle, et le seigneur Jean de Médicis, nepveu du pape Clément, avec bon nombre de gens de cheval; et, parce que la nuict se devoit faire l'exécution, il feit prendre à chacun une chemise blanche par-dessus ses armes, pour mieux se recognoistre. Ils firent si bonne diligence, qu'ils arrivèrent deux heures devant le jour sur nostre guet, lequel ne trouvans suffisant pour soustenir leur effort, le renversèrent dedans nostre logis; de sorte que le capitaine Bayar et les autres capitaines veirent leur guet renversé sur leurs bras, aussitost qu'ils eurent l'alarme. Ledit seigneur Bayar, encores qu'il fust malade, ayant pris médecine, monta soudain à cheval, aussi se trouva près de luy le seigneur de Lorges, avec ce qu'il peut promptement assembler de ses soldats; lesquels soustindrent l'effort des ennemis, pendant que le reste se meit ensemble pour se retirer en nostre camp; et en chemin rencontrèrent monsieur l'amiral, qui marchoit avecques l'armée au-devant d'eux, pour les secourir : nous y perdismes peu d'hommes, mais tout le bagage y demoura. Le lendemain matin, mondit seigneur l'amiral, voyant de jour en jour nostre armée diminuer, dépescha en Suisse pour faire levée de six mille hommes, pour refreschir son armée; si est-ce que luy et le mareschal de Montmorency, qui menoit l'avant-garde, encores que leur armée fût ruinée, cherchoient tous les jours le moyen de donner la bataille : mais l'ennemy la fuyoit, espérant, sans combattre, nous chasser hors d'Italie, sans rien mettre en hazard, sçachant très-bien que le secours de France est tousjours long à venir.

Les Impériaux, voyans le logis de Biagras, que tenoit monsieur l'amiral, estre fort avantageux pour luy, ayans seulement laissé deux mille hommes pour la garde de la ville de Milan, passerent deça le Tésin, et se vindrent camper à Gambolat, pour nous coupper les vivres venans de l'Omeline; et, parce aussi que la garnison de Garlas ordinairement couppoit les vivres venans de Pavie au camp impérial, le duc d'Urbin, avec l'armée vénitienne, avisa de lever ledit Garlas d'entre noz mains. Auquel lieu estant arrivé, et ayant faict brèche, feit donner deux assaulx, dont il fut repoulsé, et y perdit beaucoup de gens et des milleurs; mais, au troisiesme assault, estans noz gens travaillez d'estre tant souvent assaillis, n'eurent la puissance de soustenir l'effort de l'ennemy, et furent forcez; puis, y ayant laissé bonne garnison, ledit duc d'Urbin se retira au camp impérial. Ceste prise fut fort commode à l'ennemy, parce qu'après icelle les vivres venoient de Pavie à leur camp en toute liberté. Monsieur l'amiral, voyant les ennemis avoir passé le Tésin et avoir pris Garlas, ayant peur que le chemin de l'Omeline luy fust clos, et conséquemment d'estre affamé, d'autant que de ce costé-là luy venoient tous les vivres, laissant à Biagras mille hommes de pied et cent chevaux-légers, vint loger à Vigève.

Estant logé le camp impérial audit Garlas et à Binasq, le seigneur Jean de Médicis, estant en campagne, rencontra deux cens Suisses des nostres, qui estoient allez au fourrage, lesquels, ne se sentans nombre suffisant pour le combatre, se retirèrent en lieu fort; mais, après s'estre rendus audit seigneur Jean, la vie sauve, nonobstant la foy à eux baillée, les feit passer au fil de l'espée. Les Suisses, irritez de cest outrage, demandèrent à monsieur l'amiral qu'il leur permist de faire la mauvaise guerre, laquelle, pour les contenter, leur accorda; de sorte que, durant trois sepmaines, aucun des ennemis ne tomba entre les mains desdits Suisses, qu'il ne fust massacré, et, s'il s'amenoit quelques prisonniers en nostre camp, il leur estoit permis de les tuer. Si nous eussions continué ce train, il est apparent que la fin de la guerre eust esté à nostre prouffit; car, naturellement, l'Espagnol craint plus la mort qu'autre nation, et va plus à la guerre par avarice que pour autre occasion; et où il cognoist qu'il y a plus de perte que de gain, peu ou point il ne se hazardera : je parle de la plus grande part et non de tous; et qu'il soit vray, durant ledit temps de la mauvaise guerre, peu d'Espagnols se hazardoient de se jetter en campagne, tellement que nous commencions d'estre en plus grand repos que par devant. Mais les Espagnols ne cessèrent de pratiquer jusques à ce que la bonne guerre fust accordée.

L'armée impérialle estant à Gambola, et la nostre à Vigève, pour estre si proches, trois jours subséquemment monsieur l'amiral mist son armée en bataille devant l'ennemy, pensant le provoquer de venir au combat, encores que les Impériaux fussent deux hommes pour un, toutefois le vice-roy de Naples et le duc d'Urbin ne voulurent hazarder ce qu'ils espéroient estre à eux sans combat, et, pour trouver moyen de nous tirer de Vigève, marchèrent droict à Sartiragne, dedans laquelle ville estoient le comte Hugues de Pépolo, boulonnois, et le seigneur Jean de Birague, en garnison de nostre part. Arrivez que furent les Impériaux devant Sartiragne, firent extrême diligence de mettre leurs pièces en batterie : monsieur l'amiral, adverty du chemin qu'avoit pris l'ennemy, et sçachant la débilité de la ville, soubs espérance de sauver les hommes qui estoient dedans, partit pour leur donner secours; mais, à son arrivée près Morterre, fut adverty que ladite place estoit forcée, et la pluspart des soldats tuez, et le comte Hugues de Pépolo et Jean de Birague, prisonniers; parquoy ne passa outre, et se logea audit lieu de Morterre.

Les Impériaux, ayans pris Sartiragne, cherchèrent, par le moyen d'un Vercelois nommé Hiéronyme Petit, de lever Vercel hors de la dévotion des François, ce qu'ils firent aisément, parce que la part gibeline est plus forte dedans la ville que la part guelfe. De ladite révolte vint grand préjudice à nostre armée, d'autant que la pluspart de noz vivres venoient du Vercelois et des environs de Turin, et ladite ville de Vercel leur couppoit chemin; chose qui donna grande espérance aux ennemis de nous avoir à leur mercy par faulte de vivres, et mesmes d'empescher, si bon leur sembloit, nostre retraitte en France; et, pour cest effect, vindrent loger à Camélian. En ces entrefaictes, nous advint un grand désastre; car le seigneur de Montejan et le seigneur de Boutières, lieutenant de la compagnie du capitaine Bayar, firent une entreprise assez mal digérée; parce qu'ayans levé cent ou six-vingts hommes-d'armes, les mieux à cheval, et choisis sur toute nostre gendarmerie (joinct qu'il fault entendre que la pluspart de ce qui demoura n'estoit monté que sur courtaulx, car leurs grands chevaux estoient morts de pauvreté), estans mal guidez, furent rencontrez des ennemis; jaçoit qu'ils fissent leur devoir de bien combatre, enfin furent deffaits et furent pris prisonniers lesdits seigneurs de Montejan et de Botières, et toute la trouppe qui estoit avecques eulx; qui fut un grand affoiblissement pour nostre armée, sur une arrière saison.

Monsieur l'amiral, espérant tousjours temporiser, attendant le secours de Suisse qu'il avoit envoyé quérir, et quatre cens hommes-d'armes de renfort que le Roy luy devoit envoyer, et six mille Grisons, lesquels, par le Bergamasque, se devoient venir joindre à Laudes avec le seigneur Fédéric de Bozzolo, pour, de ceste part, assaillir le duché de Milan et les terres des Vénitiens, et, par ce moyen, divertir les forces de l'ennemy, s'en alla loger à Noare. Mais le seigneur Jean de Médicis, avecques quatre mille hommes de pied et trois cens chevaux, fut dépesché par le vice-roy pour empescher le passage desdits Grisons; lequel, estant arrivé sur la frontière dudit Bergamasque, estant secouru des Vénitiens, tourmenta lesdits Grisons, de sorte, parce qu'ils n'avoient point de cavallerie, qu'ils furent contraints de se retirer à leur païs. Estans les Impériaux hors de la crainte des Grisons, cherchèrent le moyen de lever hors de noz mains la ville de Biagras, d'autant que de ce costé-là venoient les vivres à nostre camp. A ceste fin, dépeschèrent le seigneur Jean, lequel d'arrivée força le pont qui estoit gardé par noz gens; puis, estant arrivé devant la ville, ayant mis son artillerie en batterie, sortirent de Milan cinq ou six mille citadins, en bon équipage, pour renforcer l'armée dudit seigneur Jean. Après avoir faict batterie de quatre ou cinq jours, ils donnèrent un assault, auquel ils furent repoulsez; mais, au second, la place fut forcée; et y fut trouvé fort grand butin, qui cousta bien cher aux Milanois, parce que toutes les maisons de Milan où fut porté dudit butin, furent pestiférées; de sorte que la ville fut tant infectée, qu'on tenoit pour certain qu'il y mourut quarante ou cinquante mille personnes.

Le vice-roy, pour achever de fermer tous les passages à nostre armée, et aussi pour empescher les Suisses qui estoient descendus à Jurée, de se joindre à monsieur l'amiral, alla loger à Marian. Ce pendant la mortalité se mist en nostre camp, et mesmes parmy les Suisses et autres indifféremment; et, entre autres, le mareschal de Montmorency, qui avoit la conduitte de l'avant-garde, tomba en si grosse maladie, qu'il y avoit plus d'apparence de la mort que de la vie. Monsieur l'amiral, considérant qu'il estoit plus honneste de hazarder le reste de son armée, que de la laisser mourir de peste, partit de Noare, prenant le chemin de Romagnan, en espérance de se venir joindre avecques l s Suisses, puis après, retourner la teste pour donner la bataille à son ennemy. Au partir duquel lieu, le mareschal de Montmorency fut contraint de se faire porter dedans une littière, n'ayant la puissance de monter à cheval.

Le vice-roy de Naples et le duc d'Urbin, estans advertis du deslogement de nostre armée, en toute diligence la suivirent, et, après avoir marché six milles, délibérèrent de se loger; mais le duc de Bourbon, nouvellement arrivé à leur camp, comme j'ai dit, les persuada de passer outre, pour, au poinct du jour, arriver sur nostre logis, et nous contraindre de combatre avant que le secours fût joinct à nous. Durant leurs disputes, environ minuict, l'amiral deslogea, prenant le chemin de la rivière de Sésia: auquel lieu estant arrivé sur le poinct du jour, les Suisses du secours arrivèrent sur l'autre bord de ladite rivière; lesquels, estans mandez et priez par mondit seigneur l'amiral de passer vers luy, espérant qu'estans joincts ensemble ils seroient suffisans pour combatre les Impériaux, aux messagers firent response qu'il leur suffisoit de retirer leurs compagnons, pour les reconduire en Suisse, attendu mesmement que le Roy ne leur avoit tenu promesse; car ils devoient trouver, à leur descente à Ivrée, le duc Claude de Longueville, avecques quatre cens hommes-d'armes pour les accompagner, ce qu'ils n'avoient trouvé. Et (ce qui plus porta défaveur à nostre armée) les Suisses, qui de tout temps avoient esté à nostre camp, sçachans bien leurs compagnons arrivez sur le bord de l'eau, la pluspart d'iceux se mist à vau de routte, pour se joindre avecques leursdits compagnons nouveaux venus. Monsieur l'amiral, voyant ce désordre, et voulant oster la cognoissance de ce désastre aux ennemis, avecques ce qu'il peut assembler de gendarmerie, demoura sur la queue pour soustenir le faix, où, à la première charge, il fut blessé d'une arquebouzade au travers du bras; duquel coup, pour la grande douleur qu'il portoit, fut contrainct de se retirer, laissant la charge du reste de l'armée et de la retraitte au comte de Sainct-Pol et au capitaine Bayar. Ce pendant le vice-roy desbenda mille ou douze cens chevaux-légers et sept ou huict cens arquebouziers espagnols, pour attacquer l'escarmouche et amuser nostre armée, pendant qu'il y arriveroit avecques la grosse trouppe. Le capitaine Bayar et le seigneur de Vandenesses, estans demourez sur la queuë, soustindrent l'effort de ceste charge; mais tous deux y demourèrent: le seigneur de Vandenesses mourut sur le champ, et le capitaine Bayar fut blessé d'une arquebouzade au travers du corps; lequel, persuadé de ses gens de se retirer, ne le voulut consentir, disant n'avoir jamais tourné le derrière à l'ennemy; et, après les avoir repoussez, se feit descendre par un sien maistre d'hostel, lequel jamais ne l'abandonna, et se feit coucher au pied d'un arbre, le visage devers l'ennemy; où le duc de Bourbon, lequel estoit à la poursuitte de nostre camp, le vint trouver, et dit audit Bayar qu'il avoit grand pitié de luy, le voyant en cest estat, pour avoir esté si vertueux chevalier. Le capitaine Bayar lui feit response : « Monsieur, il n'y a point de pitié en moy, car » je meurs en homme de bien; mais j'ay pitié » de vous, de vous veoir servir contre vostre » prince et vostre patrie et vostre serment. » Et, peu après, ledit Bayar rendit l'esprit; et fut baillé saufconduit à son maistre d'hostel, pour porter son corps en Dauphiné, dont il estoit natif.

Le seigneur Bayar estant mort, le comte de Sainct-Pol, seul, print la charge de la retraitte, en laquelle se feit autant de bonnes choses qu'il est possible, pour si peu de gendarmerie qu'il y avoit, dont la pluspart n'estoient que sur courtaulx, comme il est prédit. Et, entre autres, se feit une charge, en laquelle fut tué le lieutenant de monseigneur de Saincte-Mesme, nommé Beauvais-le-Brave, qui avoit esté l'un des deux lesquels, à la prise de Prospère Colonne, à Ville-Franche sur le Pau, l'an 1515, avoient empesché de fermer la porte de la ville; aussi fut tué le cheval du vidasme de Chartres, et celuy du seigneur Dannebault, son lieutenant : où le seigneur de Lorges, avecques si peu de gens de pied françois qui luy estoient restez, arriva si à propos, que les ennemis furent contraincts d'eux retirer à la trouppe. Ce faict, le comte de Sainct-Pol, après avoir passé la rivière, avecques peu de perte, bailla l'artillerie entre les mains des Suisses, lesquels firent leur retraitte, avecques icelle, par le val d'Oste, et luy se retira par Turin jusques à Suzane. Entre Suze et Briançon il trouva le duc Claude de Longueville avecques quatre cens hommes-d'armes qui venoient à son secours; mais ce fut trop tard; car s'ils fussent arrivez quinze jours plustost, ils se fussent joincts avecques les Suisses nouvellement venus, et lesdits Suisses eussent combattu, considéré qu'ils ne firent excuse de combatre, sinon sur ce qu'on leur avoit promis qu'ils trouveroient lesdits quatre cens hommes-d'armes à leur descente à Ivrée. Autant en advint-il l'an 1522, quand on envoya le secours de Gennes. Finablement, nous envoyons du secours, mais mal à propos, quand l'occasion est faillie, et ne laissons à y faire despence inutile : au moins je l'ay veu souvent advenir de mon temps.

Le vice-roy de Naples, voyant le duché de Milan délivré de l'armée de France, fut d'advis que le duc d'Urbin, avecques l'armée vénitienne, se retireroit, et, en passant, mettroit la ville de Laudes, encores tenue par le seigneur Fédéric de Bozzolo au nom du Roy, entre les mains du duc Sforce; et le marquis de Pesquaire iroit, avec une partie de l'armée, pour réduire Alexandrie entre les mains dudit duc, pour lors encores gardée par le seigneur de Bussy d'Amboise au nom du Roy. Lesdits seigneurs Fédéric et d'Amboise, voyans entièrement nostre armée retirée, et nulle espérance de secours, après avoir faict leur devoir, capitulèrent qu'il leur seroit permis d'envoyer devers le Roy, et que, si dedans quinze jours ils n'avoient responce dudit seigneur, ils remettroient lesdites places entre les mains de l'Empereur. Ayans, dedans ledit temps, eu response du Roy qu'il n'avoit le moyen de les secourir, et qu'ils eussent à faire la plus honnorable composition qu'il leur seroit possible, s'en revindrent en France, par composition faicte, bagues sauves et enseignes déployées, conduits à seureté jusques à Suze, remettans lesdites places ès mains des députez de l'Empereur.

En ce temps, arriva mandement au vice-roy, de la part de l'empereur et du roy d'Angleterre, par lequel luy estoit commandé qu'ayant mis nostre armée hors d'Italie, suivant la victoire, il eust à faire faire l'entreprise sur le royaume de France ; car ils se promettoient de grandes choses par la faveur et intelligence que le seigneur de Bourbon disoit avoir en France ; et, pour cest effect, avoient esté envoyez de la part de l'Empereur deux cens mille escus à Gennes, avecques autre grosse somme de deniers que devoit le roy d'Angleterre contribuer tous les mois pour ladite exécution. Pour conduire l'armée fut ordonné monsieur de Bourbon, chef, le marquis de Pesquaire en sa compagnie, avecques quinze mille hommes de pied, deux mille chevaux, et dix-huit pièces d'artillerie. Le duc de Bourbon, suivant son desseing, se persuadoit qu'estant arrivé en ce royaume, la pluspart de la noblesse se retireroit à luy ; de laquelle espérance il fut frustré, car le naturel du François est de n'abandonner jamais son prince. Ayant receu son armée en main, entreprint d'aller assaillir Marceille, espérant, parce qu'elle n'estoit remparée, et aussi peu flanquée, aisément la pouvoir conquérir, aussi qu'il la trouveroit despourvue d'hommes et de munitions.

Le Roy, adverty du chemin que prenoit ledit de Bourbon, dépescha le seigneur Rence de Cère, homme fort expert au faict des armes, et avecques luy le seigneur de Brion, et environ deux cens hommes-d'armes et trois mille hommes de pied, pour se mettre dedans Marceille. Auquel lieu estans arrivez, feirent telle diligence de ramparer et faire plate-formes, qu'en peu de jours, avecques l'ayde tant des soldats que des citadins de ladite ville, la mirent en tel estat que pour faire recevoir honte à leurs ennemis, comme ils firent ; car, estans le duc de Bourbon et le marquis de Pesquaire arrivez devant la ville, furent si bien recueillis, tant par escarmouches qu'à coups de canon, qu'ils cogneurent bien qu'elle n'estoit despourveue de gens de bien. Le Roy, pareillement adverty de l'armée de l'ennemy devant Marceille, feit en toute diligence remettre son armée sus, laquelle, en l'année mesmes avoit esté ruinée : et desjà avoit envoyé en Suisse faire levée de quatorze mille hommes et six mille lansquenets, sçavoir est : trois mille soubs la charge de François monsieur de Lorraine, et trois mille soubs la charge du duc de Suffolc Roze-Blanche, duquel j'ay parlé en plusieurs de ces Mémoires, et dix mille, tant François qu'Italiens ; lesquels mis ensemble avec quatorze ou quinze cens hommes-d'armes, délibéra d'aller combattre son ennemy devant Marceille, lequel y avoit desjà tenu le siége six sepmaines. Pour procéder à laquelle entreprise, le Roy envoya devant le mareschal de Chabannes, auquel il avoit baillé son avant-garde à mener, pour se saisir de la ville d'Avignon, craignant que l'ennemy ne s'en investist ; ce que ledit mareschal exécuta ; puis, sentant le Roy approcher, marcha à Salon de Craux, à huict lieues d'Avignon et huict de Marceille. Mais le seigneur de Bourbon, se sentant approché de si près, avecques telle puissance que celle du Roy, diligenta sa retraitte, et, pour ce faire, feit embarquer sa grosse artillerie pour la mener à Gennes, et feit mettre par pièces la menue pour la porter à dos de mulet, parce que les chemins de sa retraitte estoient presque impossibles pour y conduire charroy. Le mareschal de Chabannes, se mettant à la suitte, envoya quatre ou cinq cens chevaux, lesquels, arrivans sur la queuë de l'ennemy, défirent bon nombre d'hommes, et gaignèrent un fort grand butin ; car chacun pour se sauver laissoit son bagage derrière, et les soldats, n'ayans puissance de porter leurs armes, les laissoient par les chemins. Aussi le mareschal de Montmorency, avecques bonne trouppe, les suivit jusques par delà Toulon, ne leur donnant loisir de reprendre leur alaine.

Le Roy, ayant advertissement de leur retraitte, délibéra l'entreprise de Milan, encores que de plusieurs fust diverty, pour estre l'hyver desjà prochain ; car il estoit la my-octobre 1524. Néantmoins, voyant son armée preste, et la retraitte dudit de Bourbon, entreprint de luy coupper chemin, ou d'arriver en Italie le premier, et, pour ce faire, incontinant, sans autre séjour, dressa la teste de son armée en Italie, ayant en sa compagnie le roy de Navarre, le duc d'Alançon, le comte de Sainct-Pol, le duc d'Albanie, le duc Claude de Longueville, le mareschal de Chabannes, le mareschal de Montmorency, le mareschal de Foix, le grand maistre bastar de Savoye, l'amiral Bonnivet, du conseil duquel il usoit plus que de nul autre ; messire Louis, seigneur de La Trimouille ; Michel Antoine, marquis de Salluces ; le comte de Vaudemont, François ; monsieur de Lorraine, son frère, qui estoit colonnel de trois mille lansquenets ; le duc de Suffolc, anglois, avec pareille charge ; le seigneur Rence de Cère, rommain ; Philippe Chabot, seigneur de Brion ; Galéas de Sainct-Severin, grand escuyer de France ; le capitaine Louis d'Ars, et plusieurs autres gros personnages, qui seroient de trop longue déduction à nommer ; laissant madame Louise de Savoye, sa mère, régente en France. En Picardie et l'Isle de France, laissa le duc de Vendosme son lieutenant-général ; en Champagne et Bourgongne, le duc de Guise ; en Normandie, messire Louis de Brézé, grand sénéschal de Normandie; en Guyenne et Languedoc, le seigneur de Lautrec; en Bretagne, le comte de Laval.

En ce temps, vindrent nouvelles au Roy que la royne Claude, sa compagne et espouse, estoit trespassée au chasteau de Bloys, laissant, du Roy et d'elle, trois fils et deux filles; le fils aisné, nommé François, fillueil du pape Léon; le second, Henry, duc d'Orléans, à présent roy, fillueil de Henry, huictiesme de ce nom, roy d'Angleterre; le tiers, nommé Charles, duc d'Angoulesme, fillueil de messieurs des Ligues: des filles, madame Magdalène, depuis mariée au roy d'Escosse; la seconde, nommée madame Marguerite, encores vivante, et de ceste heure encores à marier. Le Roy, ayant mis ordre aux choses dessusdites, feit diligence de marcher et passer les montagnes, pour arriver au duché de Milan avant l'arrivée de l'armée impériale; aussi le duc de Bourbon et le marquis de Pesquaire faisoient pareille diligence pour ce mesme effect. Le vice-roy de Naples, qui, ce pendant que l'armée de l'Empereur estoit en Provence, avoit faict son séjour en Ast, sentant nostre avant-garde, que menoit le mareschal de Chabannes, approcher, se retira en Alexandrie, auquel lieu ayant laissé deux mille hommes de pied, pensant que le Roy s'y deust amuser, se retira à Pavie; mais le Roy, laissant toutes choses derrière, marcha droict à Milan, sans nulle part s'arrester. De quoy le vice-roy adverty, manda au duc de Bourbon et marquis de Pesquaire, qu'ils eussent, avec toute diligence, à se venir joindre avecques luy à Pavie; ce qu'ils firent: et arriva quand et eux la cavalerie et l'infanterie espagnolle; mais leurs lansquenets ne sceurent faire si grande diligence. Parquoy, après avoir ordonné le seigneur de Lève pour demeurer à Pavie, et quand et luy mille ou douze cens Espagnols, et six mille lansquenets, de ceux qui estoient retournez de Marceille, en toute et extrême diligence, avecques le reste de l'armée, s'en alla à Milan, craignant que le Roy y arrivast le premier. Auquel lieu trouva les rampars et bastions tous ruinez; à raison dequoy il assembla tous les citadins pour leur persuader de prendre les armes, dont ils firent refus, voyans l'armée d'un si grand Roy près de leurs portes.

Le Roy, ce pendant, estoit arrivé à Vigève, duquel lieu il dépescha le marquis de Salluces, Michel Antoine, accompagné de deux cens hommes-d'armes et quatre mille hommes de pied, en espérance qu'il arriveroit à Milan premier que l'armée impériale. Estant le marquis par les chemins, fut adverty que le vice-roy estoit arrivé à Milan; mais, pour cela, ne laissa son entreprise, et donna droict à la porte Vercelèze, et, trouvant les Espagnols dedans le fauxbourg, de vive force les remist dedans la ville; lequel, après l'avoir conquis, il garda, encores que par plusieurs fois les Espagnols fissent des saillies pour le luy faire abandonner. Le Roy, après avoir dépesché ledit marquis, envoya le seigneur de La Trimouille, avecques bon nombre de gens de cheval et de pied, pour le soustenir; dequoy le vice-roy adverty, doubtant d'estre là dedans enfermé, sentant la volonté des citadins n'estre à sa dévotion, avant l'arrivée dudit seigneur de La Trimouille, sortit par la porte Rommaine, et avecques luy le duc de Bourbon et le marquis de Pesquaire, et le reste de leur armée, prenans le chemin de Laudes. Les Milanois, se voyans hors du danger des Impériaux, ouvrirent la porte au marquis de Salluces, lequel fut receu à grande joie, et pareillement le seigneur de La Trimouille, qui y arriva peu après.

Le Roy, estant adverty de la prise de Milan, mist en délibération ce qui estoit à faire. Plusieurs furent d'avis qu'il devoit suivre son ennemy droict à Laudes, laissant dedans Milan quelque nombre d'hommes pour la garde d'icelle; mesmes qu'on devoit mander aux seigneurs de La Trimouille et marquis de Salluces, de gaigner les devans, pendant que le Roy les suivroit, et de ne laisser prendre pied à l'ennemy. Autres furent d'advis d'aller assiéger Pavie, remonstrans qu'ayans deslogé de Pavie les forces qui y estoient demourées, aisément le Roy pourroit conquérir le reste du duché de Milan. Enfin ceste opinion fut suivie, et fut mandé au seigneur de La Trimouille, de demourer dedans Milan, et au marquis de Salluces, de se venir joindre avecques le Roy, lequel, partant de Vigève, alla à Biagras, et de là devant Pavie. Plusieurs ont estimé, et y a eu grande apparence par les choses qui depuis sont advenues, que qui eust suivy la première opinion, qui estoit de poulser vivement après l'armée impérialle, la victoire et la conqueste du duché de Milan estoit nostre; car leur armée s'en alloit en tel désordre, que les soldats impériaux, pour le travail des chemins qu'ils avoient passé venans de Provence, jettoient leurs armes dedans les fossez, n'ayans puissance de les porter. Parquoy l'ennemy n'eust eu le moyen de garder Laudes, et estoit en hazard d'abandonner Crémonne; car, au passage de la rivière d'Adda, le seigneur de La Trimouille et le marquis de Salluces, usans de diligence, les eussent peu arrester, attendans le reste de nostre armée ; et, par ce moyen, ceux de Pavie et d'Alexandrie, qui demouroient derrière, eussent esté contraints de parler, parce qu'il n'y avoit apparence qu'ils peussent estre secourus : mais Dieu ne voulut permettre de prendre le meilleur conseil.

Le Roy, estant arrivé devant Pavie, le vingt-septiesme ou vingt-huitiesme d'octobre l'an 1524, ordonna du logis de son armée : logea le mareschal de Chabannes avecques son avant-garde, vers le chasteau, du costé du Tésin ; luy se logea avecques la bataille, à l'abbaye de Sainct-Lanffran, assez près de la ville ; puis envoya le mareschal de Montmorency, avecques trois mille lansquenets, deux mille Italiens, mille Corses, et deux cens hommes-d'armes, pour passer le Tésin, et se loger au faubourg Sainct-Antoine, dedans une isle. Pour gaigner ledit faubourg, ledit seigneur de Montmorency fut contrainct de battre une tour qui estoit sur le pont : l'ayant gaignée, la feit ramparer et garder, faisant pendre ceux qu'il trouva dedans, pour avoir esté si outrageux d'avoir voulu garder un tel poullier à l'encontre d'une armée françoise. Le Roy, ayant logé son armée en la manière dessusdite, délibéra de forcer la ville : à cause dequoy feit faire les approches, et mettre son artillerie en batterie, de laquelle ayant batu quelques journées, fut faict brèche, mais non raisonnable ; toutesfois, fut ordonné de donner un assault, pour tenter l'opinion de ceux de dedans. Auquel assault noz gens, ayans donné jusques au hault de la brèche, pensèrent la ville gaignée ; mais autrement en advint, car ils trouvèrent, par dedans, de larges et profondes tranchées, bien flancquées, et les maisons estans près desdites tranchées, persées bien à propos, et pourveues d'arquebouzeries ; qui fut cause que noz gens, après avoir long-temps combatu sur le hault de la brèche, furent contraints de eux retirer, parce qu'il n'y avoit ordre de passer plus outre. Audit combat moururent plusieurs gens de bien, et, entre autres, le capitaine Hutin de Mailly, et le frère puisné du seigneur Dauchy, tous deux de Picardie, et le capitaine Sainct-Julian, jeune homme basque, et beaucoup d'autres desquels je n'ay mémoire. Ce faict, le Roy ordonna que la gendarmerie se mettroit à pied, pour par deux endroits donner l'assault : et devoit le mareschal de Foix mener l'une des trouppes. Lesquels estans en bataille, et tous à pied, ayans choisy de toute la gendarmerie les plus dispos, le Roy, ayant entendu ceux qui avoient recogneu la brèche, ordonna de faire différer l'assault, et feit retirer la gendarmerie.

Quelque temps auparavant, le duc Claude de Longueville, jeune prince de grande volonté, estant dedans les tranchées, en sortit pour recognoistre quelque chose le long de la ville ; mais, sitost qu'il fut descouvert, fut frappé d'un coup de mousquet, dedans l'espaule, venant de dessus la muraille, duquel coup il mourut sur-le-champ. Plusieurs qui cherchoient de faire service au Roy, mirent en avant un moyen de forcer la ville, qui estoit tel. Le Tésin coule le long de la ville, duquel costé les ennemis, se fians à la force de la rivière, parce qu'elle n'est gaiable, n'avoient faict aucun rampar ; parquoy ils entreprindrent de divertir ladite rivière avecques des toilles, mettans en avant qu'estant divertie, et le cours asséché, et faisans en cest endroit une soudaine et furieuse batterie, la ville seroit aisée à forcer, premier que l'ennemy eust loisir d'y pourvoir, chose qui avoit apparence de raison. Et estoit chef d'icelle entreprise Jacques de Silly, baillif de Caen, lieutenant de la compagnie du duc d'Alançon. Il y meit gens en besongne ; mais, après avoir beaucoup despendu d'argent et de temps, tomba une pluye soudaine, dont la rivière augmenta, de sorte qu'en une heure elle emporta ce qui avoit esté faict en plusieurs jours, et, par ce moyen, leur labeur fut inutil.

Estant le Roy devant Pavie, comme vous oyez, le pape Clément, voulant mettre en repos l'Italie, envoya devers le vice-roy de Naples, qui estoit à Laudes, pour trouver moyen d'accord ; lequel, n'estant asseuré du secours qu'avoit promis le duc de Bourbon amener d'Allemagne, des deniers qu'il avoit recouvers sur les bagues que monsieur de Savoye lui avoit presté, accorda une trefve de cinq ans, pendant lequel temps devoit demourer entre les mains du Roy tout ce qui estoit deçà la rivière d'Adde, horsmis Laudes. Lesquelles conditions furent refusées par le Roy, à la persuasion, à ce qu'on disoit, de monsieur l'amiral Bonnivet, qui avoit la superintendance des affaires du Roy, et à l'instigation du seigneur de Sainct-Marsault, qui estoit fort près de la personne du Roy, et bien ouy dudit seigneur, encores qu'il ne fust en estime d'homme de guerre, mais bien entendant les praticques de la Cour.

Ledit pape Clément, septiesme de ce nom, après avoir failly à la trefve cy-dessus mentionnée, persuadé par le comte de Carpy, ambassadeur pour le Roy devers Sa Saincteté, laissa les anciennes haines qu'avoit porté le pape Léon, son cousin, contre le Roy, et feit alliance avecques luy ; puis despescha le seigneur

Mathée, son dataire, pour confirmer ladite alliance, et persuader le Roy de faire faire l'entreprise de Naples, l'estimant aisée, pendant que l'armée impérialle estoit empeschée audit duché de Milan, et estant l'armée françoise favorisée de Sa Saincteté. Le Roy s'accorda à icelle entreprise : pour l'exécution de laquelle il ordonna le duc d'Albanie, son lieutenant-général ; en sa compagnie le seigneur Rence de Cère, et six cens hommes-d'armes, du nombre desquels estoit le bastar de La Claiette ; le seigneur d'Esgvilly, avec sa compagnie de gens-d'armes, et trois cens chevaux-légers, cent de monsieur d'Albanie ; la compagnie du duc de Longueville, conduite par le seigneur de Loges, son lieutenant, dix mille hommes de pied, et quelque nombre de chevaux-légers, avec dix ou douze pièces d'artillerie ; ce qui sembla à plusieurs n'estre raisonnable, que le Roy séparast son armée. Le vice-roy de Naples et le marquis de Pesquaire, qui estoient à Laudes (car monsieur de Bourbon n'y estoit pour lors, parce qu'il estoit allé en Allemagne faire levée de douze mille lansquenets, des deniers, comme j'ay naguères dit, que le duc de Savoye luy avoit prestés), avertis du partement de mondit seigneur d'Albanie, estimans seulement qu'il fust allé pour recevoir du duc de Ferrare un nombre de pouldres, de boullets, oustils à pionniers, et autres munitions de guerre qu'il prestoit au Roy, partirent de Laudes, avec leurs forces, et passèrent le Pau, pour couper chemin au seigneur d'Albanie. Mais estans arrivez à Monticel, cinq milles près de Crémonne, du costé de Plaisance, délibérez de marcher à Fleuransolles, leur furent amenez, de l'armée de monsieur d'Albanie, deux chevaux-légers qui avoient esté surpris au fourrage, par lesquels ils furent asseurez que l'entreprise dudit seigneur d'Albanie estoit pour le royaume de Naples. Lesquelles choses entendues, se fermèrent à Monticel, ne se sentans assez forts pour combatre nostre armée, et la laissèrent passer.

Le vice-roy de Naples, ayant entendu l'entreprise du duc d'Albanie, qui marchoit avec la faveur du Pape, sentit le royaume de Naples en hazard ; parquoy résolut d'y tourner la teste pour y pourvoir ; mais il en fut dissuadé par le marquis de Pesquaire, luy remonstrant que s'il abandonnoit l'estat de Milan, le Roy aisément viendroit à fin de son entreprise, et se mettroit à sa queuë ; à raison de quoy, ayant monsieur d'Albanie en teste, et le Roy derrière, son entière ruine estoit manifeste : à ceste cause, il changea d'opinion. Peu après, estans les forces impérialles augmentées pour le secours qui leur estoit survenu, et ayant le vice-roy la cognoissance de la ruine de l'armée du Roy, pour le long hyver qu'elle avoit enduré en campagne, et aussi que le Roy avoit séparé son armée (sçavoir est, ce qu'avoit mené monsieur d'Albanie, et quatre ou cinq mille hommes qu'avoit avec luy le marquis de Salluces, qui estoit lieutenant de Roy à Savonne et aux environs, sans autre grand nombre qu'avoit le Roy, tant à Milan qu'aux autres places pour la seureté des vivres), délibérèrent que, attendans l'arrivée des lansquenets qu'amenoit monsieur de Bourbon, ils se jetteroient en campagne. Après laquelle résolution, le marquis de Pesquaire, avec une partie de l'armée, marcha droict à Cassan, qui est sur la rivière d'Adde, ville tenue par les François, mais mal fortifiée. Auquel lieu estant arrivé, après avoir mis son artillerie en batterie, les soldats se rendirent leurs bagues sauves.

Le lendemain, vindrent nouvelles au vice-roy, de la part d'Antoine de Lève, comme les Allemans estans dedans Pavie menassoient qu'au cas qu'ils ne fussent payez, ils rendroient la ville entre les mains du Roy. Ces choses entendues, chercha les moyens d'y pourvoir ; car il n'estoit en leur puissance de recouvrer argent, et, encores qu'ils en eussent, ils n'avoient le moyen de le mettre dedans la ville en seureté. Sur la fin, ils s'avisèrent d'un stratagème, qui fut que deux hommes ausquels ils avoient fidélité, portèrent en nostre camp, sur deux chevaux, quatre barils de vin à vendre, dedans lesquels estoient trois mille escus, et allèrent loger, pour vendre leur vin, le plus près de la ville qu'ils peurent, faisans entendre, par un espion, au seigneur Antoine de Lève, l'estat de leur affaire. Dequoy estant averty, feit faire une saillie de l'autre costé, et, durant que l'escarmouche estoit bien attaquée, un des vilains rompit ses barils, et print les trois mille escus, avecques lesquels il se sauva dedans la ville. Antoine de Lève, pour monstrer aux lansquenets que ce n'estoit faulte d'argent ny de bonne volonté qu'ils ne fussent payez, mais par faulte d'avoir moyen de mettre l'argent dedans la ville en seureté, feit assembler le ban, et leur remonstra le hazard où s'estoit mis le vilain pour apporter cest argent, et que tout le reste de leur payement estoit au camp impérial. Les lansquenets, pensans que ce qu'il leur disoit fust véritable, levèrent tous les mains en signe de bonne volonté, déclarans tous en général que, tant que le siège dureroit, ils serviroient sans argent la Majesté Impérialle, moyennant qu'après le siége ils fussent satisfaits; ce qui leur fut promis.

Au commencement du mois de mars audit an 1525, Michel Antoine, marquis de Salluces, lequel, comme j'ay dit, avoit esté envoyé lieutenant du Roy à Savonne, après avoir faict faire la monstre de ses gens de pied, en envoya deux mille en garnison dedans Varas, petite ville mal fermée, sur le bord de la mer, mi-chemin de Savonne à Gennes. Dom Hugues de Montcade, vice-roy de Sicile, qui pour lors estoit gouverneur de Gennes pour l'Empereur, estant averty que lesdits gens de pied estoient dedans Varas, délibéra de les aller deffaire, et, pour cest effect, feit faire force à toutes les gallères de l'Empereur, pour du costé de la mer donner des canonnades dedans la porte dudit Varas, espérant que les soldats, pour la débilité de la place, ne pouvans endurer la batterie, prendroient leur retraitte droict à Savonne, tout le long de la marine; et, sur ceste espérance, luy-mesmes s'en alla mettre en embuscade, avecques quatre mille hommes de pied, entre Varas et Savonne, pour deffaire noz gens sur leurditte retraitte. Mais, estans ses gallères arrivées devant Varas, et ayans commencé leur batterie à la porte, ainsi qu'il leur estoit commandé, le marquis de Salluces, qui estoit à Savonne, oyant la batterie, soudain, trouvant deux gallères prestes, se meit dedans, avecques si peu d'hommes qui se trouvèrent auprès de luy, commandant au reste des gallères, dont avoit la charge le seigneur André Dorie, et aux autres gros vaisseaux, et mesmes au seigneur de La Fayette, qui pour lors estoit amiral sur l'armée de mer, qu'ils eussent à le suivre. Approchant le marquis près de Varas avecques ses deux gallères, et les assiégez l'ayant descouvert, prindrent cœur, de sorte qu'en toute diligence se meirent à ramparer leur porte jà toute ruinée. Le reste de nostre armée de mer, approchant celle des Gennevois, commença à les saluer de canonnades; les Gennevois, ne se sentans suffisans pour soustenir le combat, prindrent le largue, et nostre armée se meit à leur suitte. Dom Hugues de Montcade, se voyant abandonné de son armée de mer, et par conséquent, hors d'espérance d'exécuter son entreprise, commença à faire sa retraitte droict à Gennes, le long de la marine; de quoy le marquis de Salluces averty feit mettre à terre le seigneur de La Milleraye, gentilhomme de la chambre du Roy, nouvellement venu devers luy de la part du Roy, et luy commanda de faire sortir les soldats qui estoient dedans Varas, et les conduire à la suitte dudit dom Hugues, et que luy, avec les gallères, iroit terre-à-terre, à coups de canon, pour les mettre en désordre, car ils estoient contraints de suivre le long de la marine, à cause des montagnes.

Le seigneur de La Milleraye, suivant ce qui luy estoit commandé, feit telle diligence, qu'il meit à vau de routte les quatre mille hommes impériaux, avec l'ayde des gallères, comme j'ay dit. Voyant ledit Montcade ses gens en routte, print avecques luy les principaulx de ses capitaines, desquels il avoit flancé, et demeura sur la queuë pour soustenir l'effort; mais il fut chargé de telle furie, qu'il fut prins, et tous ceux qui estoient avecques luy; puis, après les avoir envoyez à Savonne, en seure garde, noz gens suivirent leur victoire jusques à trois milles de Gennes, mettans au fil de l'espée tout ce qui s'en trouva devant eux.

Le marquis de Salluces, avecques l'armée de mer, suivit les gallères jusques à Gennes, auquel lieu estant arrivé, trouva l'amiralle de Gennes à la rade, laquelle il assaillit à coups de canon, où, après long combat, ladite amiralle se rendit : dedans laquelle fut trouvé grand nombre d'artillerie, et d'autres munitions et richesses : aussi nos gallères poursuivirent celles des ennemis, dont ils en prindrent deux. Ce faict, le marquis, avecques les prisonniers et butin, se retira à Savonne : s'il eust eu armée pour assiéger Gennes, aussi bien par terre que par mer, veu l'estonnement qui s'estoit mis dedans la ville, pour avoir perdu leur chef avecques plusieurs capitaines et soldats, elle estoit en grand hazard d'estre perdue pour l'Empereur, et remise entre les mains du Roy.

Durant ce temps que le Roy estoit devant Pavie, et que monseigneur de Vendosme estoit demouré lieutenant du Roy en Picardie, se faisoit ordinairement la guerre guerroyable, un jour à l'avantage de l'un, autrefois de l'autre. Et, entre autres choses, un jour, messire Antoine de Créquy, seigneur du Pontdormy, lieutenant du Roy audit païs, en l'absence de mondit seigneur de Vendosme, partant de Montreul, feit une entreprise pour mettre vivres dedans Térouenne, et, en ce faisant, tenter la fortune s'il pourroit forcer le Neuf-Fossé, qui est une grande tranchée plaine d'eau, qui ferme le val de Cassel depuis Sainct-Omer jusques à Aire; et, à chaque entrée que on arrive audit val, le long de ladite tranchée y a des blocus de terre, que nous appellons boullevers, dedans lesquels se retirent en seureté les soldats de la garde d'iceux, estans bien pourveus de grosse et menue artillerie, pour garder lesdits passages et entrees dudit val, dedans lequel tous les biens et bestial dudit païs sont retirez. Ledit seigneur du Pontdormy, pour exécuter son entreprise, manda au baillif de Somer-au-Bos, gentilhomme boullenois, ayant crédit parmy les soldats, qu'il eust à faire levée, dedans ledit païs, de mille ou douze cens hommes de pied, et de se trouver le lendemain au village de Foucamberge, sur le soir. Auquel jour le seigneur du Pontdormy, partant de Montreul, arriva, environ deux heures devant soleil couché, ayant avecques luy la compagnie de monsieur de Vendosme, de cent hommes-d'armes, conduitte par le seigneur de Torsy, son lieutenant, et la sienne, de pareil nombre, et le comte de Dammartin, ayant cinquante hommes-d'armes soubs sa charge : et, ce pendant que la gendarmerie faisoit repaistre les chevaux, il feit entrer dedans Térouenne les vivres qu'il avoit amenés de Montreul, pour faire entendre à l'ennemy qu'il n'estoit venu pour autre occasion que pour ledit ravitaillement ; puis, environ une heure de nuict, partit dudit Foucamberge, pour l'exécution de sadite entreprise, où, par les chemins, le vindrent rencontrer les cinquante hommes-d'armes de la compagnie du seigneur du Fresnoy, gouverneur de Térouenne, et environ deux cens hommes de pied de ladite garnison, qui amenèrent deux longues couleuvrines pour forcer lesdits passages. Estant, ledit seigneur du Pontdormy, arrivé au Neuf-Fossé avant le jour, encores que lesdits blocus fussent pourveus tant d'hommes que d'autres choses nécessaires pour la garde d'iceux, si est-ce que le passage fut forcé, et se feit au val un butin inestimable de bestial et autres biens. On avoit délibéré de faire la retraitte à Foucamberge ; toutesfois, parce que ceux d'Aire, de Bétune et de Lilliers, estant le seigneur du Pontdormy retiré avecques les grosses forces, pouvoient coupper chemin à ceux de Térouenne, fut conclut de les accompagner jusques au lieu de seureté, avecques la gendarmerie, afin que l'artillerie amenée de Térouenne ne se perdist : et furent renvoyez les gens de pied et le butin le droict chemin de Foucamberge. Passant auprès d'Arques, qui est à demie-lieue de Sainct-Omer, la cavallerie dudit Sainct-Omer sortit, ayant mis les gens de pied dedans des carrières qui sont assez près de l'Eglise, pour soustenir leurdite cavallerie, de laquelle une partie se jetta à l'escarmouche, en espérance de nous amuser, pendant que ceux d'Aire et de Bétune se pourroient venir joindre avec eux. L'escarmouche s'eschauffa, de sorte qu'enfin les Bourguignons furent renversez sur leurs gens de pied. A ladite charge, le seigneur de Lieques, lieutenant du duc d'Arscot, lequel ce jour-là avoit espousé la sœur du seigneur de Fonquesolles, de laquelle le seigneur d'Estrée, guidon de monseigneur de Vendosme, avoit esté serviteur, estant demouré sur la queuë pour soustenir ses hommes, fut chargé par ledit seigneur d'Estrée et par le seigneur de Rum, et fut pris prisonnier, tellement que ce jour-là il ne coucha point avec son espousée.

Le seigneur du Pontdormy, craignant ce que les ennemis attendoient, qui estoit que ceux d'Aire, de Bétune et Lilliers se vinssent joindre avecques eux, pour empescher sa retraitte et celle de ceux de Térouenne, vint luy-mesmes retirer l'escarmouche. Estant arrivé près de Térouenne, au lieu où se devoit séparer ladite garnison d'avecques luy, l'alarme vint du costé d'Aire, où il fut envoyé quelque cavallerie pour entendre que c'estoit ; la jeunesse, sans commandement, y alla à la file, en espoir, un chacun, de rompre sa lance, ainsi qu'est la coustume le plus souvent des jeunes gentilshommes de France, de porter peu d'obéissance à ceux qui leur commandent. Toute ceste trouppe sans chef, estant arrivée près un village nommé Roud, environ mi-chemin de Térouenne à Aire, rencontrèrent la garnison dudit Aire et Bétune, laquelle venoit en espérance, avecques l'ayde de ceux de la garnison de Sainct-Omer, de pouvoir empescher nostre retraitte. Ceux desdites garnisons d'Aire et Bétune pouvoient estre le nombre de huict a neuf cens Espagnols naturels, et de cinq à six cens hommes de pied walons, et trois cens chevaux de leurs ordonnances. L'escarmouche se dressa par nostre jeunesse contre leur cavallerie, de sorte que les plus vieils et les plus sages des nostres furent contraints de suivre la jeunesse pour la conduire. Le seigneur du Pontdormy, averty de ladite escarmouche, cognoissant que d'estre là arresté il n'auroit moyen de se retirer à Fouquamberge, ains seroit contraint de loger à Térouenne, qui ne se pouvoit faire sans manger les vivres qui y estoient dedans, envoya le comte Dammartin pour faire retirer l'escarmouche ; mais, y estant arrivé, la trouva si meslée, qu'il estoit impossible de la retirer sans mettre en hazard tous ceux qui y estoient ; car le seigneur du Pontdormy, avecques la grosse troupe, estoit lieuë et demie en arrière ; parquoy, se retirans sans avoir personne pour les soustenir, sans aucune difficulté ils eussent esté deffaicts. Le comte Dammartin, ayant bien considéré tant la contenance de noz ennemis que de ceux de nostre part, s'arresta sur un hault lieu, et de tous ceux qui venoient à la file des nostres en feit une masse pour soustenir l'escarmouche si d'avanture noz gens estoient renversez. Et quand et quand manda au seigneur du Pontdormy qu'il estoit d'avis qu'il marchast en diligence ; autrement il ne voyoit apparence que tout ce qu'il y avoit d'hommes ne fust perdu ; car les gens de pied des ennemis approchoient fort, marchans en bon ordre pour soustenir la cavallerie.

Le seigneur du Pontdormy, ayant eu cest avertissement, ne voulut perdre ce qui estoit là ; parquoy feit marcher les enseignes droict au lieu où estoit ledit comte Dammartin, pour diligemment le secourir, ayant en sa compagnie le nombre de deux cens hommes-d'armes. Ce pendant le comte Dammartin avoit amassé, de toutes bandes, environ deux cens chevaux, et ne bougea d'où il estoit ; mais, voyant le seigneur du Pontdormy approché si près de luy qu'il en pouvoit estre soustenu, chargea les ennemis à toutes brides, et il renversa leurs gens de cheval sur leurs gens de pied espagnols, et, y entrant pesle-mesle, les rompit, à la faveur de la grosse trouppe qui arriva au poinct de la charge. Et fut tué à ladite deffaite, le nombre de douze vingts Espagnols, et pris de cinq à six cens. Leur cavallerie, durant le combat des gens de pied, se sauva de vitesse ; vray est que quelques-uns des nostres les pourchassèrent de si près, qu'aucuns entrèrent pesle-mesle dedans les barrières d'Aire, qu'on leur ferma au doz : et, entre autres, y fut pris, des nostres, le seigneur d'Estanaie, qui depuis fut guidon de monsieur de Vendosme. Le seigneur du Pontdormy, après ceste deffaicte, se retira à Térouenne avecques les prisonniers, qui pouvoient estre le nombre de huict ou neuf cens ; et, parce qu'il y avoit trop grande subjection de les garder, furent tous renvoyez le lendemain, pour leur soulde de cent sols par mois, retenans seulement leurs capitaines pour respondans. Le seigneur d'Estrée, requis par la dame dont il avoit esté serviteur, luy renvoya le seigneur de Licques, son mary.

Quelque temps après, et environ quinze jours devant la bataille de Pavie, les soldats de la garnison de Hédin estant allez à la guerre, l'un d'eux, appelé le Bastar, fut pris prisonnier des ennemis, et mené à Bétune ; lequel fut, par le seigneur de Fiennes, gouverneur de Flandres, practiqué pour luy livrer le chasteau de Hédin : lequel Bastar luy dit en avoir bien le moyen, mais qu'il estoit besoing le renvoyer sur sa foy (faignant d'aller pourchasser sa rançon), afin de practiquer un sien compagnon et fidelle amy qui avoit les clefs du chasteau ; chose qui luy fut accordée. Lequel, estant arrivé à Hédin, trouva le moyen d'aller devers le seigneur Pontdormy, faisant entendre à ses serviteurs qu'il avoit cognoissance en sa maison, et qu'il luy presteroit l'argent de sa rançon : y estant arrivé, feit entendre au seigneur du Pontdormy les praticques que faisoit le seigneur de Fiennes par son moyen, et que son intention estoit de luy livrer entre les mains le seigneur de Fiennes, le duc d'Arscot et la pluspart des grands seigneurs de par delà, avec la garnison d'Aire et de Bétune. Le moyen qu'il meit en avant, estoit que ledit seigneur du Pontdormy luy adressast un homme fidelle, qui eust la garde des clefs du chasteau dudit Hédin, et qu'il feroit entendre à l'ennemy qu'il avoit practiqué cest homme, et mesme amèneroit un des leurs dedans le parc, avec lequel le portier et luy pourroient communiquer, pour donner à l'ennemy plus grande seureté de son faict ; et qu'au jour assigné qu'il amèneroit la trouppe, il viendroit avec celuy lequel premièrement il auroit amené pour communiquer de rechef avecques ledit portier, avec lequel il auroit un signal, auquel iceluy portier respondroit à leur arrivée. Bref, les choses furent arrestées tant d'une part que d'autre. Le jour préfix, le seigneur du Pontdormy se trouva dedans ledit chasteau, accompagné de deux cens hommes-d'armes, environ jour couché ; et, à ce que le bagage ne fust cause de descouvrir l'entreprise, chacun homme-d'armes y arriva, l'armet en teste et la lance au poing, sans page et sans varlet. Ledit seigneur du Pontdormy avoit ordonné au seigneur de Sercu, gouverneur de Hédin, de faire faire à la porte du parc, soubs une grande voulte qui estoit à l'entré où l'ennemy devoit arriver, deux ou trois herses coulisses, afin que, si, de fortune, l'ennemy entroit en si grand nombre dedans qu'il fust pour forcer le chasteau, on laissast tomber lesdites herses pour la seureté de ladite place ; mais, à l'arrivée dudit seigneur du Pontdormy, les herses n'estoient achevées, dont il avint grand inconvénient, ainsi que sera dit cy-après. Au devant ladite porte, y avoit un petit revelin de pierre, par dedans lequel devoient passer les ennemis, qui fut tout pavé de fricassées et feux artificiels, couverts de paille, où ceux de dessus la porte devoient jeter feu lorsqu'il leur seroit commandé ; et devoit le seigneur du Pontdormy, quand il verroit l'ennemy en désordre, monter à cheval pour lui coupper le chemin de sa retraitte.

Les choses ainsi ordonnées, l'ennemy, conduit par le Bastar, environ minuict arriva à une lieue près de Hédin ; auquel lieu vindrent deux espies devers monsieur de Fiennes, l'avertir comme le seigneur du Pontdormy, à jour couché, estoit arrivé dedans le chasteau de Hédin, avec grand nombre de gendarmerie. Le seigneur de Fiennes, pensant estre trahy, voulut faire mettre en pièces le Bastar; mais de grande asseurance il luy dit que ses espies estoient faulces, et, à ce qu'il cogneust la vérité, qu'ils le fissent lier de cordes, et qu'ils luy baillassent deux ou trois hommes avec la dague au poing, qui le menassent sur le bord du fossé, et avec eux, celuy-mesmes qui par cy-devant avoit esté en sa compagnie, parler au portier, lequel entendroit bien le signal qu'il avoit aveccques luy. Ainsi fut-il ordonné, et fut ledit Bastar lié, luy baillant trois ou quatre des plus dispos soldats, qu'ils eussent à le tenir, chacun la courte dague au poing, pour le tuer s'il faisoit faulte. Lequel les mena sur le bord dudit fossé, et, y estant arrivé, sifla; celuy qui estoit sur la porte luy respondit; alors ledit Bastar luy demanda s'il estoit temps; l'autre dit : Ouy, et que toutes choses estoient préparées; parquoy ils le remenèrent à la trouppe. Après lequel rapport, les Bourguignons entrèrent en plus grande asseurance que jamais, suivant laquelle ils marchèrent à la conduite dudit Bastar, toujours lié comme dessus. Entrans dedans le parc, trouvèrent autres espies qui les asseurèrent qu'ils estoient trahis; mais le Bastar les persuada, de sorte qu'à nul d'eux ils ne voulurent adjouster foy, et conclurent de parachever leur entreprise. Estans arrivez dedans le revellin, et entrez en nombre d'hommes dedans la porte, le seigneur du Pontdormy qui estoit dessus icelle pour commander, voyant que les herses, pour estre mal achevées, ne pouvoient tomber, commença à crier à ceux qui estoient au dessoubs de luy, qu'ils eussent à jetter le feu, craignant qu'il entrast si grand nombre qu'il fust forcé là dedans. Mais la fortune fut telle, que celuy de dessoubs luy jettant le feu mal à propos, iceluy du Pontdormy ayant la bouche ouverte pour parler, luy entra le feu par la bouche qui luy brusla les entrailles : si est-ce que soudain il commanda que le seigneur de Canaples, son nepveu, montast à cheval pour exécuter leur entreprise; mais il se trouva qu'il avoit le visage tout bruslé, sans apparence de forme de visage, n'ayant moyen de monter à cheval; parquoy l'exécution demoura. Telle fut l'issue de ladite entreprise. Le seigneur du Pontdormy mourut deux jours après; à la mort duquel le Roy perdit un bon et affectionné serviteur et grand homme de guerre. Il mourut des Bourguignons environ quatre-vingts ou cent, de ceux qui estoient entrés au revellin, lesquels furent bruslez. Le Bastar entra le premier dans le chasteau, qui sauva la vie à ceux qui le tenoient lié, et les feit ses prisonniers. Les Bourguignons s'en allèrent en effroy, pensans tousjours estre suivis, ne sçachans rien de l'inconvénient avenu au seigneur du Pontdormy; tellement qu'une grande part se perdit parmy les bois sur leur retraitte. Il y a grande apparence que, sans l'inconvénient dudit seigneur du Pontdormy, ils estoient tous deffaicts (car la nuict n'a point de honte), et, en hazard, qu'il eust entré, pesle-mesle, ou dedans Bétune ou dedans Aire, estans les ennemis en tel effroy : eux-mesmes depuis me l'ont confessé.

En ce temps, mourut dedans Pavie le capitaine-général des lansquenets, soupçonné d'avoir esté empoisonné, ayant doubte Antoine de Lève qu'il eust intelligence aveccques le Roy, dont jamais ne fut cogneu autre chose. Au mesme temps, estant l'armée impérialle renforcée et joincte ensemble, le vice-roy de Naples délibéra d'aller secourir Pavie; mais, parce que le payement luy estoit failly, et qu'il avoit grand doubte que les soldats ne fissent difficulté de marcher, fut conclu, entre tous les chefs, que le marquis de Pesquaire appelleroit en concion les Espagnols, desquels il estoit général, pour trouver moyen de leur persuader de marcher au combat; ce qu'il feit, leur remonstrant les victoires que par cy-devant ils avoient obtenues soubs sa conduitte, et que ceste seule victoire seroit la rémunération de tous leurs labeurs; car, prenans un roy de France aveccques les princes de son sang et la principale noblesse de son royaume, ce seroit tout à un coup acquérir honneur et chevance : leur remonstrant pareillement que la victoire estoit apparente pour eux, estant l'armée du Roy ruinée pour le long temps qu'elle avoit campegé, et séparée en divers lieux, comme à Naples, Savonne et Milan; concluant par là qu'il ne restoit qu'à l'entreprendre, que la victoire ne fust seure. Les Espagnols, tant pour la créance qu'ils avoient audit marquis, que pour le grand butin qu'il leur promettoit, luy offrirent de vivre ou de mourir avec luy, et de le suivre en tous lieux et dangers qu'il les voudroit conduire, et sans argent, moyennant qu'ils eussent vivres dont ils se peussent substanter. Les Allemans, estans avertis de la responce des Espagnols, la feirent semblable, disans qu'ils n'estoient moins gens de guerre que la nation espagnolle. Lesquelles choses entendues, le vice-roy, le duc de Bourbon et le marquis de Pesquaire conclurent d'exécuter leur entreprise chaudement, ce pendant que leurs hommes estoient en bonne volonté.

Le Roy, averty de la délibération de son ennemy, sçachant que, sur le chemin de Laudes à Pavie, y avoit un chasteau, nommé Castel-Sainct-Ange, duquel dom Pètre de Gonzague, frère du seigneur Fédéric de Bozzolo, avoit la charge de par le Roy, et craignant que l'ennemy ne surprînt ladite place, qui estoit d'importance pour rompre les vivres de l'ennemy s'il venoit devant Pavie, y envoya le mareschal de Chabannes et ledit Fédéric de Bozzolo, pour la visiter et la pourveoir de ce qu'elle avoit besoing : ce qu'ils firent, et, s'en retournans au camp, laissèrent audit chasteau huict cens hommes de pied italiens, et deux cens chevaux, soubs la charge dudit dom Pètre. Noz ennemis, ayans, comme j'ay dit, uny toutes leurs forces, partirent de Laudes, et s'en vindrent loger à Mariignan, pour tenter si noz gens qui estoient à Milan la voudroient abandonner pour se venir joindre à nostre armée; mais cognoissant que le seigneur de La Trimouille n'en avoit aucune volonté, changèrent de dessein, et tournèrent la teste droict à Castel-Sainct-Ange, pour mettre en liberté le grand chemin de Laudes à Pavie, pour plus aisément faire suivre les vivres. Estans arrivez audit lieu de Sainct-Ange, firent en diligence leurs approches, et mirent leurs pièces en batterie; puis, ayans faict brèche, donnèrent un assault, auquel ils furent repoussez : mais enfin noz gens, voyans la diligence que faisoient leurs ennemis, s'estonnèrent et se rendirent à la discrétion du vice-roy, lequel retint les capitaines prisonniers, et licentia les soldats, sans armes, leur faisant faire serment de ne porter d'un mois armes contre l'Empereur.

Le Roy, estant averti de la prise du Castel-Sainct-Ange, se tint pour asseuré d'avoir la bataille; à raison dequoy il manda quérir le seigneur de La Trimouille, qui estoit à Milan, avecques les forces qu'il avoit, laissant dedans la ville le seigneur Théodore Trévoulse et le seigneur de Chandiou, capitaine de la justice, avecques quelque nombre d'hommes pour la garde des tranchées du chasteau; et de toutes parts rassembla ses forces, hors mis le marquis de Salluces, que j'ay dit cy-devant estre du costé de Gennes, et quelques gens qui estoient dedans les chasteaux pour tenir les chemins seurs. Peu de temps auparavant, le Roy avoit retiré à son service le seigneur Jean de Médicis, ayant soubs sa charge trois mille hommes de pied et trois cens chevaux-légers; lequel seigneur Jean, venant au service du Roy, avoit practiqué, pour le service dudict seigneur, plusieurs capitaines italiens, et, entre autres, le comte Guy de Rangon, homme de grande réputation parmy les gens de guerre, et son frère le comte Francisque de Rangon. Vous avez bien entendu par cy-devant, comme messire Chrestofle Palvoisin avoit eu la teste coupée à Milan, dez l'an 1521; toutesfois, ledit seigneur Jean réconcilia avecques le Roy, Jean Ludovic Palvoisin, son frère, homme qui avoit le moyen de luy faire service. Le Roy, pour empescher ses ennemis de mettre vivres dedans Pavie, vint loger en une vallée, sur un petit ruisseau, nommé la Vermicule, par lequel estoit besoing que l'ennemi passast pour secourir les assiégez. Et, outre cela, manda quérir mille Italiens, nouvellement venus de Marceille à Savonne : lesquels, passans par Alexandrie, las et travaillez du long chemin, furent surpris de la garnison dudit lieu d'Alexandrie, et furent deffaicts.

Environ ce temps, Jean-Jacques de Médicis, autrement dit le Médiquin, milannois, castelan de Muz, qui est un chasteau sur le lac de Côme, sur les confins des Grisons, estant au service du seigneur Sforce, sçachant qu'il y avoit six mille Grisons nouvellement venus au service du Roy devant Pavie, voulut chercher moyen de divertir lesdits Grisons et les faire retourner en leur païs. Estant averty qu'il y avoit un chasteau de l'obéissance desdits Grisons, nommé Chavenne, sur l'autre costé du lac (dont le capitaine, ne se doutant de rien, pour estre en paix, s'en alloit tous les jours proumener sans compagnie assez loing de sa place), trouva moyen de se jetter en embuscade au lieu où il avoit accoustumé de se proumener, et arriva si à propos, que le castelan, sorty à l'accoustumée, tomba en ladite embuscade; parquoy il fut pris et mené soudain devant ladito place. Auquel lieu estant arrivé, ledit Médequin, tenant l'espée nue, appela la femme dudit castelan, l'asseurant qu'où elle faudroit de luy ouvrir la porte du chasteau, il coupperoit la teste à son mary. La femme, craignant de le perdre, ouvrit la porte audit Médequin, et soudain, trois mille hommes, qu'il avoit embusquez près de là, se vindrent joindre avecques luy, de sorte qu'ils se saisirent de la place; puis l'ayant pourveue comme elle méritoit, se retira à Muz. Les Grisons, avertis de ceste perte, entrèrent en telle crainte, pensans qu'il y eust autres praticques sur leurs places, qu'ils mandèrent aux six mille Grisons de leur nation qui estoient au service du Roy devant Pavie, qu'ils eussent à se retirer pour la conservation de leur patrie. Lesquels, après ledit mandement, quelques remonstrances qu'on leur sceust faire, et mesmes la honte qui leur estoit mise en avant, d'abandonner un prince prest à combatre, ayans pris sa soulde et faict le serment, ce nonobstant, ils s'en allèrent, cinq jours devant la bataille; qui fut telle défaveur pour le Roy que vous pouvez estimer, veu mesmement que le camp de l'ennemy n'estoit logé qu'à demy-mille de nous. Néantmoins, pour lesdites défaveurs, jamais le Roy ne voulut changer d'opinion. Quelques-uns luy persuadoient de se retirer à Milan, attendant que l'armée impérialle se consommeroit par faulte de payement; car, faillant la paye, les vivres faillent; mais, estant prince magnanime, ou Dieu l'ayant ainsi ordonné, ne voulut oncques tourner la teste ailleurs que devers l'ennemy.

Le Roy avoit aussi dépesché le Palvoisin, duquel n'aguères avons parlé, avecques argent pour lever bon nombre de gens de cheval et de pied, et aller surprendre Crémonne, qui n'estoit gardée que de cinq ou six cens hommes de pied, et, par ce moyen, lever les vivres au camp impérial devant Pavie. Ledit Jean Ludovic Palvoisin, ayant mis ensemble deux mille hommes de pied et quatre cens chevaux, attendant autres trois ou quatre mille hommes de pied qui luy venoient de renfort, alla loger, sur le Pau, à Cazal-Majour. Le duc Sforce, qui estoit dedans Crémonne, craignant que le comte Guy de Rangon se vînt joindre avecques le Palvoisin, délibéra, avant que leurs forces fussent unies, de le surprendre, et, pour cest effect, leva un bataillon dedans Crémonne, dont il assembla jusques au nombre de deux mille hommes de pied et quelque cavallerie, desquels il donna la charge au seigneur Alexandre Bentivolle, lequel incontinant print son chemin droit à Cazal-Majour. Ledit seigneur Palvoisin, s'estimant suffisant pour le combatre en campagne, comme mal-avisé, abandonna son fort, dont mal luy print, car, s'il y fust demouré, le lendemain le comte Francisque de Rangon, frère du comte Guy, le venoit secourir. Le Palvoisin, estant sorty en campagne, marcha droict à ses ennemis, et d'abordée mist à vau de routte toute la cavallerie du duc de Milan; mais, arrivant le comte Alexandre Bentivolle avecques les gens de pied, fut tellement combatu, tant d'une part que d'autre, que ledit Palvoisin fut porté par terre et pris prisonnier, et tous ses gens mis à vau de routte : chose qui donna grand desfaveur aux affaires du Roy.

Ceux de Pavie, voyans le logis du seigneur Jean de Médicis mal gardé, firent une saillie sur luy; lesquels, trouvans son guet un peu foible, le forcèrent et taillèrent en pièces grand nombre de ses soldats, devant qu'ils eussent le loisir de prendre les armes. Ledit seigneur Jean, malcontent d'avoir eu ceste bastonnade, se voulut venger; parquoy dressa une amorse à ceux de la ville, lesquels sortirent, pensans faire comme l'autre coup; mais ils furent déceus; car le seigneur Jean, ayant mis double embuscade, l'une dedans des fossés près de la ville, l'autre assez loing, les Espagnols, suivans ceux qui premiers les avoient attaquez, ayans la cognoissance de l'embuscade qui estoit un petit loing, se mirent à faire leur retraitte; mais celle qui estoit près la ville leur couppa chemin, tellement que lesdits Espagnols se trouvèrent entre deux trouppes, si bien fermez, que tout ce qui estoit sorty fut mis au fil de l'espée. Et à ladite faction fut blessé ledit seigneur Jean d'une arquebouzade au tallon, dont il fut contrainct de se faire porter hors du camp; qui fut une grande perte pour nous, car c'estoit un grand homme de guerre. Ses soldats, estans sans chef, s'esbendèrent, de sorte qu'ils revindrent à rien : finablement, tant les Grisons que ceste trouppe affoiblirent nostre armée de huict mille hommes. Au mesme temps, le seigneur Albert, comte de Carpy, ambassadeur pour le Roy à Romme, luy manda par plusieurs fois, de la part du Pape, que surtout il eust à se donner de garde de hazarder la bataille; car il estoit asseuré que, temporisant quinze jours, les Impériaux seroient en telle nécessité, par faulte de payement, que leur armée s'en iroit en fumée; ayans perdu tout le moyen d'avoir deniers, ne tenans plus la ville de Milan, et estant l'armée de monsieur d'Albanie la plus forte au royaume de Naples, qui estoient les deux moyens desquels l'Empereur s'estoit aydé par cy-devant pour avoir deniers. Mais le Roy, comme prédestiné en la volonté de Dieu d'avoir mauvaise fortune, demoura tousjours en sa première opinion, de ne se vouloir retirer de devant son ennemy.

Or est-il que ce n'estoit la délibération du vice-roy de Naples, ny du duc de Bourbon, de donner la bataille au Roy, si l'occasion ne s'y présentoit à leur avantage, mais seulement essayer de gaigner le logis de Mirabel, pour retirer leurs hommes qui estoient dedans la ville, et le refreschir de nouvelles gens : toutesfois cela ne se pouvoit faire sans passer à la teste de nostre camp; et, parce que le Roy estoit campé en lieu fort, se préparèrent à deux effects, sçavoir est, si on les vouloit empescher de passer, et le Roy sortoit de son fort à ceste fin, le combatre, sinon passeroient outre. Or estoient venus les Impériaux loger hors du parc du costé de devers la Chartrouse, à la portée du

13.

canon de nostre camp; auquel lieu, peu de jours après, ils commencèrent la nuict à sapper la muraille du parc, de sorte que, deux heures devant le jour, feste de sainct Matthias, 1524 (1), firent renverser quarante ou cinquante toises de ladite muraille; laquelle estant tombée, firent passer devers nostre camp, par ladite brèche, deux ou trois mille arquebouziers espagnols, accompagnez de quelques chevaux-légers, ayant chacun une chemise blanche sur leurs armes, pour se recognoistre, parce que le jour encores n'estoit clair; puis suivit lesdits arquebouziers un bataillon de quatre mille, tant lansquenets qu'Espagnols des vieilles bandes meslez ensemble, après lequel marchoient trois bataillons, l'un d'Espagnols et deux de lansquenets, avecques deux grosses trouppes de gendarmerie sur les esles. Tous lesquels prindrent le chemin de Mirabel, laissans l'armée du Roy à leur main gauche, ne voulans, comme j'ay dit, l'assaillir, parce qu'il estoit logé en lieu trop avantageux.

Je vous ay dit cy-dessus qu'il falloit que noz ennemis passassent à la teste de nostre armée, parquoy le seigneur Jacques Galliot, seigneur d'Acié, sénéschal d'Armignac, grand maistre de l'artillerie de France, avoit logé son artillerie en lieu si avantageux pour nous, qu'au passage de leur armée, ils estoient contraints de courir à la file pour gaigner un vallon, afin de s'y mettre à couvert de ladite artillerie; car coup-à-coup ils faisoient des brèches dedans leurs bataillons, de sorte que n'eussiez veu que bras et testes voler. Qui fut cause que le Roy, les voyant à la file, se persuada que l'ennemy estoit en effroy, avecques un rapport qui luy fut faict que la compagnie du duc d'Alençon et du seigneur de Brion, avoient deffaict quelque nombre d'Espagnols qui vouloient passer à nostre main droicte, et qu'ils avoient gaigné quatre ou cinq pièces de menue artillerie. Lesquelles choses, mises ensemble, furent cause que le Roy abandonna son avantage pour aller chercher ses ennemis, tellement qu'il couvrit son artillerie, et luy osta le moyen de jouer son jeu.

Les Impériaux se voyans hors du danger de nostre artillerie, et le Roy qui les venoit chercher, la teste qu'ils avoient dressée vers Mirabel, la retournèrent vers le Roy, ayans esbandé deux ou trois mille arquebouziers parmy leur gendarmerie. Le Roy, ayant en sa main dextre le bataillon de ses Suisses, qui estoit sa principalle force, marcha droict au marquis de Sainct-Ange, qui menoit la première trouppe de leur gendarmerie, laquelle il rompit, et y fut tué ledit marquis de Sainct-Ange; mais les Suisses, qui quand et quand devoient attaquer un bataillon de lansquenets impériaux qui faisoit espaule à leurdite gendarmerie, en lieu de venir au combat, se retirèrent le chemin de Milan pour se sauver. Noz lansquenets, qui ne pouvoient estre plus de quatre ou cinq mille, desquels avoit la charge François monsieur de Lorraine, frère du duc de Lorraine, et le duc de Suffolc Roseblanche, marchèrent, la teste baissée, droict au gros bataillon impérial qui venoit charger le Roy; mais, estant peu de nombre, comme j'ay dit, furent enveloppez de deux gros bataillons d'Allemans, et, en bien combatant, furent deffaicts : si les Suisses eussent faict le semblable, la victoire estoit douteuse. Et moururent audit combat ledit François monsieur de Lorraine et le duc de Suffolc, et leurs soldats n'en eurent pas moins. Le Roy, ainsi que j'ay prédit, ayant deffaict la première trouppe qu'il avoit trouvée, estans ses lansquenets deffaicts et ses Suisses retirez, tout le fais de la bataille tomba sur luy; de sorte qu'enfin son cheval luy fut tué entre les jambes, et luy blessé en une jambe. Et de ceux qui estoient près de luy, furent tuez l'amiral Bonnivet (2), le seigneur Louis de La Trimouille, aagé de soixante-quinze ans; le seigneur Galléas de Sainct-Severin, grant escuier de France; le seigneur de Sainct-Severin, premier maistre d'hostel du Roy; le seigneur de Maraphin, aussi son premier escuier d'escuyerie. Et furent pris le mareschal de Foix et le bastar de Savoye, grand maistre de France, lesquels depuis moururent des blesseures qu'ils y receurent. Le comte de Sainct-Pol y fut pris près du Roy, estant blessé tant au visage qu'ailleurs, si qu'on en estimoit plustost la mort que la vie; toutesfois il fut guéry dedans Pavie, où il fut mené. Le mareschal de Chabannes, avecques l'avantgarde dont il avoit la charge, combatoit de l'autre part; lequel n'eut meilleure fortune que les autres; car estant nostre armée tant ruinée que plus ne pouvoit, n'y eut ordre qu'il peust soustenir le faiz de son costé; parquoy tomba soubs iceluy et fut tué sur le lieu; et la pluspart de

---

(1) Il faut lire 1525.

(2) La bataille étant perdue, Bonnivet essaya de rallier les Suisses et quelque cavalerie; « n'y ayant rien pu » gagner, dit un contemporain, se résolut de mourir, et » il dit : Non, e ne saurois survivre cette grande désa- » venture et destruction, pour tout le bien du monde; » et faut aller mourir dans la mêlée. » Il revient chercher la mort auprès du Roi. Bourbon, qui lui attribuait en partie ses disgrâces, s'écria, en voyant son corps défiguré : « Ah! malheureux, tu es cause de la perte de » la France et de la mienne! »

ceux qui estoient avecques luy eurent pareille fin. Le mareschal de Montmorency, qui, le jour précédant, avoit esté envoyé avecques cent hommes-d'armes et mille hommes de pied françois, qui estoient, ce me semble, soubs la charge du seigneur de Bussy d'Amboise, et deux mille Suisses, à Sainct-Ladre, pour garder un passage, auquel lieu estant arrivé, il estoit demouré en armes jusques au poinct du jour, qu'il ouyt l'artillerie tirer, se retira pour se venir joindre avecques le Roy, mais ce fut trop tard : mesmes il fut empesché de ce faire, car il fut enveloppé, deffaict et pris, avant qu'il s'y peust joindre : aussi desjà la ruine tomboit sur nous.

Revenons où j'ay laissé le Roy à pied. Estant par terre, fut de tous costez assailly et pressé de plusieurs de bailler sa foy ; ce qu'il ne vouloit faire ; et tousjours, tant qu'alaine luy dura, se deffendit, encores qu'il cognust qu'il ne pouvoit résister à la volonté de Dieu ; mais il craignoit que, pour les querelles que desjà il voyoit entre les Impériaux pour le butin, estant rendu, par despit l'un de l'autre, ils le tuassent. A l'instant y arriva le seigneur de Pomperant, duquel j'ay parlé, qui s'en estoit allé avec monsieur de Bourbon, pour avoir tué le seigneur de Chissé, à Amboise ; lequel soudain se mett à pied auprès du Roy, l'espée au poing, et feit retirer chacun d'auprès de sa personne, jusques à ce que le vice-roy de Naples arriva, auquel le Roy bailla sa foy. Le duc d'Alançon, lequel avoit la conduitte de l'arrière-garde, voyant l'armée deffaicte, le Roy pris, et n'y avoir espérance de ressource, par le conseil de ceux qui estoient près de luy, avec si peu qu'il avoit de reste, se retira par dessus le pont qu'avions faict sur le Tésin. Le seigneur Théodore Trévoulse et le seigneur de Chandiou, qui estoient dedans Milan, avertis de la ruine de nostre armée, se retirèrent en France avecques leurs gens.

En ladite bataille moururent et furent pris plusieurs gens de bien. Et entre les morts le mareschal de Chabannes, messire Louis, seigneur de La Trimouille ; Guillaume Gouffier, seigneur de Bonnivet, amiral de France ; le bastar de Savoye, grand maistre de France, mourut prisonnier ; le mareschal de Foix ; Galéas de Sainct-Severin, grand escuyer ; François monsieur de Lorraine, le duc de Suffolc, le comte de Tonnerre, le seigneur de Chaumont, fils du feu grand maistre d'Amboise ; le seigneur de Bussy d'Amboise, le baron de Buzancez, le seigneur de Beaupréau, et un si grand nombre d'autres, que j'ennuiroye le lecteur de les nommer. Des prisonniers, le roy Henry de Navarre, le comte de Sainct-Pol, Louis monsieur de Nevers, le seigneur de Fleuranges, fils de messire Robert de La Marche ; le mareschal de Montmorency, le seigneur de Brion, le seigneur de Lorges, le seigneur de La Rochepot, le seigneur de Montejan, le seigneur d'Annebault, le seigneur de La Rochedumaine, le seigneur de La Milleraye, le seigneur de Montpesat, le seigneur de Boisy, le seigneur de Curton, et le seigneur de Langey, avec si grand nombre d'autres, que les nommer suffiroit pour emplir mon livre. Des ennemis estans victorieux, je ne m'amuseray à les nommer, car qui a la victoire n'estime avoir rien perdu ; je le laisse à la discrétion des lecteurs.

LIVRE TROISIESME.

Estant le roy François prisonnier en Espagne, la duchesse d'Angoulesme, sa mère, prent le gouvernement du royaume, pourvoit sagement à la deffence d'iceluy, et appaise l'Anglois qui vouloit faire la guerre en Picardie. Les frères du duc de Lorraine deffont, près Saverne, un populasse d'Allemagne, mutiné contre la noblesse. Le Roy devient malade à Madrid, qui fut cause que l'Empereur entendit à sa délivrance, moyennant l'hostage de ses enfans, et autres conditions qui ne furent entretenues, comme iniques. Rome est saccagée par les Impériaux, où fut tué Charles de Bourbon. Il se fait une grande ligue pour chasser les Espagnols d'Italie; Lautrec y est envoyé avec armée, qui prent, au profit de Francisque Sforce, plusieurs villes du duché de Milan : estoit sur le point de gaingner le reste, s'il ne fût contraint d'aller au secours du pape Clément, oppressé par les Espagnols, lesquels en sont détournez par l'entreprise qu'il fait sur le royaume de Naples : poursuyvant laquelle, devient maistre de toutes les villes du royaume, fors de Manfredone, Gayette, et la ville de Naples où il met le siége : la peste ruine son camp, dont il meurt avec la pluspart de sesgens. André Dorie se révolte; aussi fait la ville de Gênes. La paix se traitte à Cambray, entre le Roy et l'Empereur; par ce moyen sont délivrez les enfans de France, et le Roy espouse la sœur de l'Empereur, lequel, peu après, passe en Italie, se fait couronner à Rome, et contraint les Florentins, par un long siége, de changer le gouvernement de leur république.

Madame Louise de Savoye, duchesse d'Anjou et d'Angoulesme, mère du Roy, que je vous ay dit estre demeurée régente en France, ayant eu ces nouvelles, on peult estimer le déplaisir qu'elle en porta, voyant son fils captif et l'armée de France ruinée. Toutesfois, comme femme de vertu, délibéra remédier à ce qui luy seroit possible, et, pour cest effet, manda quérir les princes et seigneurs qui estoient demourez en France, et, entre autres, le duc de Vendosmois, qui estoit demeuré gouverneur et lieutenant du Roy en Picardie et l'Isle-de-France; le duc de Guise, qui estoit demouré lieutenant du Roy en Champagne et Bourgongne; et le seigneur de Lautrec, gouverneur de Guienne et lieutenant du Roy en Languedoc : lesquels, après avoir pourveu à leurs frontières, se retirèrent à Lion devers elle. Le duc de Vendosme, partant de Picardie pour venir à Lion devers madite dame, arrivé à Paris, luy fust remonstré par quelques-uns de ladite ville, et mesmes par de gros personnages, conseillers de la cour de parlement, que luy estant la première personne et plus proche du sang, pour estre le Roy prisonnier, messieurs ses enfans en bas aage, le duc de Bourbon révolté de l'obéissance du Roy, le duc d'Alançon n'estant encores de retour à Lion, à luy seul appartenoit le gouvernement du royaume; et que, s'il le vouloit entreprendre, la ville de Paris, avecques toutes les autres bonnes villes d'iceluy, luy assisteroient à ceste fin. Je pense que l'occasion qui les mouvoit, estoit pour la haine qu'ils portoient au chancelier Antoine Du Prat, par le conseil duquel ils ne vouloient estre gouvernez. Charles, duc de Vendosmois, considérant que ceste novalité ne seroit seulement la ruine du Roy, mais aussi du royaume, et que madame la Régente, ayant pris le maniement de affaires depuis le partement du Roy, eust trouvé estrange de s'en désister, et que finablement il en sourdroit une partialité en ce royaume, qui causeroit la ruine entière de ceste monarchie françoise, à ceste cause, leur feit response qu'il se retireroit à Lion, où tous les princes se dévoient assembler, et que là seroit avisé au faict du Roy et du bien public; enquoy il feit grand service à la Couronne et au royaume; car plusieurs demandoient novalitez, et ne leur estoit besoing que d'un chef pour ce faire et leur servir de couverture. Estant mondit seigneur de Vendosme arrivé à Lion, fut ordonné chef du conseil de France.

Madame la Régente, comme j'ay prédit, en toute diligence regarda de pourvoir aux choses concernantes la tuition de ce royaume. Premièrement elle manda au seigneur André Dorie, général des gallères du Roy, et au seigneur de La Fayette, qui estoit vice-amiral des navires, tous à Marceille, qu'ils eussent à faire voile et s'en aller au royaume de Naples, pour rapporter en France le duc d'Albanie avec l'armée qu'il avoit menée; car, par terre, il n'y avoit ordre de le retirer, pour estre noz affaires en Italie trop desfavorisées : ce qui fut faict, et se retira ledit duc d'Albanie sans riens perdre, horsmis quelques-uns qui estoient devant avecques le seigneur d'Esgvilly à Velistre, qui eurent la chasse par les Colonnois, jusques dedans Romme, où ils furent recueillis par la part Ursine. En après, ordonna que tous les capitaines et soldats revenans de la bataille, fussent payez de ce qui leur estoit deu, et à la pluspart feit donner argent pour payer leurs rançons. Puis estant le marquis de Salluces, Michel Antoine, retourné de Savonne, où il estoit demouré lieutenant du Roy, et le comte Ludovic de Belle-Joyeuse avecques luy, ayant la charge de deux cens hommes de pied italiens; iceluy Ludovic, avecques sadite charge, fut envoyé en Bourgongne, pour faire teste aux ennemis, si par la Franche-Comté ils vouloient descendre. Puis, sçachant que le roy d'Angleterre, suivant le traitté qu'il avoit faict avec l'Empereur, devoit estre à Douvres avecques son armée, prest à s'embarquer pour descendre à Callaiz, envoya ses ambassadeurs, qui estoit Jean Jouachin, gènevois, pour luy faire entendre la fortune avenue au Roy, son fils, le priant ne vouloir assaillir un prince prisonnier, mais vouloir entendre à quelque traitté grâcieux avecques le conseil de France. Le roy d'Angleterre, craignant que l'Empereur ne se voulsist faire si grand, qu'après il luy courust sus, tourna sa malveillance envers le Roy en amitié, de sorte qu'il traitta avec Madame et le conseil de France, promettant tout le secours qui luy seroit possible, tant d'hommes que d'argent, pour mettre le Roy en liberté; et, encores que son armée luy eust beaucoup cousté à mettre ensemble, n'en demanda toutesfois aucune récompense ni la licentia.

En ce temps, se leva en Allemagne un populaire (1) qui vouloit maintenir tous les biens estre communs. Soubs lequel prétexte, se meirent ensemble quatorze ou quinze mille villains, pour marcher droit en Lorraine, et de là en France, estimans pouvoir tout subjuguer, parce qu'ils avoient opinion que la noblesse de France estoit morte à la bataille : lesquels païsans assemblez, partout où ils passoient, pilloient maisons de gentilhommes, tuoient femmes et enfans avecques cruauté inusitée. Pour à quoy obvier, monsieur le duc de Guise et le comte de Vaudemont, son frère, après avoir assemblé toutes les garnisons de la Bourgougne et Champagne, tant de cheval que de pied, et, entre autres, le comte Ludovic de Belle-Joyeuse, duquel j'ay parlé cy-devant, qui avoit deux mille hommes de pied italiens, marchèrent au-devant de la furie de ce peuple, lequel ils rencontrèrent à Saverne, au pied de la montagne, tirant le chemin de Strasbourg; et, encores qu'ils fussent quinze mille contre six mille, se flans lesdits seigneurs à leur gendarmerie, les chargèrent et les deffirent, et taillèrent tous en pièces, horsmis ceux qui se sauvèrent à la montagne; et y moururent de ce populaire de huict à dix mille hommes, et des nostres peu : et, entre autres, de nostre part, y furent tuez le capitaine Sainct-Malo et le seigneur de Béthune, capitaine de la garde dudict duc de Guise. Onc, depuis ceste deffaicte, ne fut nouvelles que ceste canaille se deust rassembler.

Madame la Régente ny le conseil de France ne trouvèrent bonne l'entreprise dudit duc de Guise, d'avoir hazardé les forces que nous avions ensemble, pour soustenir un effort, au cas que l'armée victorieuse d'Italie eust marché en ce royaume; mais bien en prist. Dom Charles de Lannoy, vice-roy de Naples, lieutenant-général de l'Empereur en Italie, après la bataille gaignée, fut en grande pensée du moyen qu'il pourroit tenir pour contenter son armée; n'ayant argent pour la payer de trois ou quatre mois qui luy estoient deuz, craignoit que les soldats, se mutinans, ne cherchassent le moyen par force d'avoir le Roy entre leurs mains, pour seureté dudit payement. Pour à quoy obvier, il mena le Roy, au desceu de sadicte armée, à Pisse-queton, place forte sur la rivière d'Adde, le baillant en garde au seigneur Alarçon, espagnol, auquel l'Empereur avoit grande fiance; puis chercha les moyens de trouver deniers pour contenter lesdits soldats. Il eut du pape Clément cent cinquante mille francs; du duc de Ferrare, quarante mille; les Vénitiens offrirent luy en bailler bonne somme; mais, parce que le vice-roy les vouloit contraindre à plus grande quotisation, ils temporisèrent, de sorte qu'ils ne baillèrent rien. Estant le Roy à Pissequeton, y séjourna jusques après Pasques, que l'on comptoit 1525, que l'Empereur, estant en Espagne, envoya devers luy le seigneur du Ru, son grand-maistre, avecques articles par lesquels il demandoit que le Roy investist monsieur de Bourbon de la comté de Provence et du Dauphiné, pour joindre avecques les terres desquels ledit seigneur de Bourbon avoit auparavant jouy, et le tout estre érigé en royaume duquel il ne recognoistroit supérieur : par mesme moyen, que le Roy luy remist entre ses mains le duché de Bourgongne, et autres plusieurs articles que je laisse, comme non raisonnables à demander. Auquel seigneur du Ru fut respondu par le Roy : « Je suis marry de quoy l'Empereur vos-
» tre maistre vous a donné la peine de venir en
» poste de si loing, pour m'apporter articles si
» desraisonnables; vous luy direz, de ma part,
» que j'aymeroye mieux mourir prisonnier que
» d'accorder ses demandes, luy faisant entendre
» que mon royaume est encores en son entier,

---

(1) C'est la bande de paysans que Mézerai appelle *avortons de Luther*.

« lequel pour ma délivrance je vueil endommager; et, s'il veult venir à traittez, il fault qu'il parle autre language. »

Pendant ce temps, le comte de Sainct-Pol, qui estoit sorty de prison, ayant praticqué ses gardes, le comte de Vaudemont et le marquis de Salluces, Michel Antoine, faisoient dresser quelques praticques avecques aucuns princes et capitaines d'Italie, de laquelle estoit conducteur le comte Francisque de Pontresme, espérans trouver moyen d'empescher que le Roy ne fust transporté hors du duché de Milan, et que le temps ameneroit que les potentats d'Italie, craignans que l'Empereur ne se voulsist faire monarque, puis après les suppéditer, dresseroient armée pour mettre le Roy en liberté. Dequoy le vice-roy de Naples, ayant eu quelque vent, feit entendre au Roy qu'il avoit seureté de l'Empereur, et luy en monstroit lettres, que là où il se passeroit en Espaigne, Leurs deux Majestez, après avoir parlé ensemble, feroient une paix finale par laquelle il seroit mis en liberté. Le Roy, ayant cognoissance que monsieur de Bourbon estoit passé en Espaigne (1), et que les propos du mariage dudit seigneur de Bourbon et de madame Aléonor, seur de l'Empereur, se continuoient, et qu'on en espéroit la conclusion, résolut et accorda de son passage, encores que plusieurs de ses serviteurs ne fussent de ceste opinion. Et l'occasion à ce le mouvant estoit qu'il espéroit qu'estant arrivé en Espaigne, ladite dame Aléonor aimeroit mieux espouser un grand Roy comme le nostre qu'un prince déshérité : par ce moyen elle pourroit divertir l'Empereur, son frère, de ceste opinion; car advenant le mariage dudit Bourbon et d'elle, c'estoit mettre la guerre dedans le cueur de son royaume ; veu les demandes que desjà lui avoit faictes le seigneur du Ru, au nom de l'Empereur, il estoit apparant que ledit Empereur favoriseroit de ses forces ledit seigneur de Bourbon espousant sa seur. Mais il falloit que le Roy fournist, pour sa conduicte, six de ses gallères qui estoient à Marceille, lesquelles seroient armées d'Espagnols, et qu'il feist désarmer les autres pour la seureté dudit passage : chose que le Roy trouva bonne; et dépescha le seigneur de Montmorency, mareschal de France, pour cest effet, devers madame la Régente, sa mère.

Ledit de Montmorency estant arrivé à Lion devers ladicte dame, luy fit entendre l'intention du Roy; chose qu'elle et son conseil trouvèrent bonne, espérant, par ce moyen, avoir plustost la délivrance du Roy son fils. Incontinent ledict de Montmorency fut dépesché de Pissequeton, le Roy partit accompagné dudict vice-roy de Naples, pour prendre le chemin de Gennes. Auquel lieu de Gennes estant le Roy, attendant ses gallères, arriva ledict mareschal de Montmorency; mais, parce qu'il ne trouva bon, sans réitératif commandement du Roy, de mettre les gallères entre les mains des Impériaulx, les avoit laissées à Toulon, en intention de les avoir assez à temps quand il seroit besoing. Toutesfois le vice-roy de Naples, sentant l'armée de mer du Roy plus forte que la sienne, et craignant que, se mettant au passage, il seroit en danger de perdre son prisonnier et son armée, ou pour crainte de quelque novalité en terre, ne vouloit plus temporiser. A ceste occasion, print la routte de Naples, partant de Gennes, pour mettre son prisonnier en seureté; qui fut un grand ennuy au Roy, de se voir mener en païs si loingtain de ceulx desquels il pouvoit avoir faveur. Mais estant arrivé à Porto-Venere, où il feit séjour d'un jour ou deux, les vint joindre le mareschal de Montmorency, avec les six gallères que le Roy avoit promises. A ceste cause, ils changèrent incontinant la routte de Naples, et prindrent celle d'Espagne, passans aux isles d'Ières et par le goulfe de Léon, arrivèrent à Barcelonne. Puis, peu de jours après, estans à Taraçonne en Espaigne, les Espagnols qui estoient de la garde du Roy se mutinèrent contre le vice-roy, par faulte de payement; de sorte qu'il fut contrainct de se sauver par dessus les gouttières, de maison en maison; où le Roy ne fut sans grand danger, pour les arquebouzades qui passoient près de sa personne. De là allèrent à Valance, duquel lieu le Roy dépescha de rechef ledict de Montmorency devers madame la Régente, pour sçavoir d'elle et du conseil, quel appoinctement il devoit offrir à l'Empereur, aussi pour entendre comment on auroit traicté avec le roy d'Angleterre. Lequel seigneur de Montmorency rapporta au Roy comme le roy d'Angleterre estoit entré en ligue avecques Madame et le conseil de France pour le mettre en liberté; luy raporta aussi comme Madame avoit délibéré de luy envoyer la duchesse d'Alançon, sa seur, nouvellement vefve, par la mort de monsieur d'Alançon qui estoit mort à Lion; et que, pour cest effest, il eust à obtenir sauf-conduit, afin de pouvoir traitter de sa délivrance; et que ledict Anglois avoit quelque malcontentement de ce que l'Empereur, après ceste grande victoire, l'avoit dédaigné,

---

(1) Le connétable passa en Espagne un peu plus tard, et seulement après qu'il sut la captivité de François Ier à Madrid.

attendu qu'il avoit fourny d'argent pour la soulde de l'armée impériale. Peu devant, estoit arrivé devers le Roy le seigneur de Brion, qui luy portoit argent et des fourreures, et avoit commission de madite Dame, pour estre associé avec l'archevesque d'Ambrun, depuis cardinal de Tournon, et Jean de Selva, premier présidant de Paris, qui de long-temps estoient envoyez pour traicter de la délivrance du Roy, près de l'Empereur.

En ce temps, tomba le Roy en une fièvre fort véhémente, au chasteau de Madril, dont peu de gens avoient espérance de convalescence; et desjà les passages d'Espagne estoient fermez, de sorte qu'on n'en pouvoit avoir nouvelles : parquoy madame la Régente entra en grand ennuy, ne pouvant sçavoir la vérité ou de la vie ou de la mort de sondict fils. Mais le seigneur de Langey entreprint de passer; ce qu'il feit, cherchant les passages qui n'estoient gardez, et revint devers elle luy apporter certaines nouvelles.

Madame Marguerite, seur du Roy, vefve du duc d'Alançon, estoit par les chemins pour aller visiter le Roy son frère, quand un saufconduict de l'Empereur luy fut apporté pour passer seurement; parquoy, au mois de septembre, elle s'embarqua à Aigues-mortes, et vint descendre à Barcelonne, de là à Sarragosse, et de Sarragosse à Madril, en intention de traitter de la délivrance du Roy son frère. Son arrivée vint bien à propos; car, ayant trouvé le Roy en si extrême maladie que dit est, elle servit plus à sa convalescence que n'avoient faict tous les médecins. A son arrivée à Madril, elle trouva l'Empereur qui l'estoit venu visiter, non, à mon avis, par charité qu'il eust vers luy, mais craignant qu'il mourust, et par ce moyen il perdist son prisonnier qui estoit le fruict de sa victoire; car, depuis son arrivée en Espagne, jamais ne l'avoit veu, quelque promesse que luy eust faicte le vice-roy de Naples. Ladite duchesse d'Alançon, après avoir veu le Roy hors de danger, et trouvant l'Empereur tousjours obstiné en ses demandes desraisonnables (hors mis qu'il ne parloit plus de faire monsieur de Bourbon roy), délibéra s'en retourner en France, laissant près de l'Empereur, l'archevesque d'Ambrun, depuis cardinal de Tournon, et le premier présidant de Paris, de Selva, et messieurs de Montmorency et de Brion, rapportant, quand et elle, pouvoir du Roy, tel qu'il le pouvoit donner au lieu qu'il estoit; par lequel il remettoit le gouvernement du royaume à monsieur le Dauphin, son fils aisné, avec permission de le faire couronner, se délibérant plustost mourir prisonnier que de faire chose qui portast préjudice à son royaume. Et dépescha le mareschal de Montmorency et le seigneur de Brion, pour aller servir mondit seigneur le Dauphin en France, lesquels toutesfois ne partirent si soudain; car l'Empereur, voyant la sœur du Roy retirée et malcontente, et ledit seigneur résolu de tenir prison plustost que d'endommager son royaume en la sorte que vouloit l'Empereur, donna espérance de plus gratieux traitté. Le voyage de madame la duchesse d'Alançon dura trois mois : sur son retour elle fut avertie que l'Empereur avoit donné charge de l'arrester, estant son saufconduit expiré, car il ne l'avoit voulu prolonger; parquoy elle feit telle diligence, que le chemin qu'elle avoit délibéré de faire en quatre jours elle le feit en un; et avertit le seigneur de Clermont de Lodesve, qui estoit lieutenant de Roy dedans Narbonne de la venir recueillir à Salluces (1), parce que c'estoit le dernier jour du saufconduit; ce qu'il feit en si bonne compagnie, que ceux qui avoient charge de l'arrester n'osèrent entreprendre d'exécuter leur charge. Et là elle eut nouvelles comment le roy Henri de Navarre estoit par subtils moyens sorty et eschappé des prisons des Espagnols, où il estoit demouré depuis la bataille de Pavie.

(1526) Or, à la fin, il fut accordé par les députez ce qui s'ensuit : sçavoir est, que le Roy, arrivé en France, mettroit entre les mains de l'Empereur le duché de Bourgongne, promettant d'employer son pouvoir à le faire accorder aux estats du païs; quitteroit la souveraineté de Flandres et Artois, et son droit du duché de Milan et du royaume de Naples, et espouseroit madame Aléonor, sœur de l'Empereur et douérière de Portugal; avec plusieurs autres conditions : pour seureté desquelles promesses, le Roy, partant de Fontarabie, mettroit entre les mains des députez de l'Empereur, en entrant en son royaume, monsieur François, dauphin de Viennois, son fils aisné, et monsieur Henry, duc d'Orléans, le second. Ce que le Roy volontiers accorda (2), entendant bien que, quelque promesse qu'il fist, estant prisonnier gardé et non

---

(1) Salces : c'était une forteresse du Roussillon.
(2) L'auteur ne dit point ici tout ce qu'il y eut de dur dans les conditions du traité. Une lettre citée par Bayle, écrite par Palamède Gonthier, secrétaire de l'amiral Brion, datée de Londres, 5 février 1535, porte que Henri VIII dit à ce secrétaire « qu'il estoit souvenant et
» bien record que, quand ils se entrouvèrent dernié-
» rement ensemble, ledict seigneur roy François, par-
» lant un jour à messeigneurs le Dauphin, d'Orléans et
» d'Angoulême, ses enfans, leur dict ces propres mots :
» que, s'il sçavoit qu'ils oubliassent jamais les torts et
» inhumains traittemens faits à luy et eulx par ledict

sur sa foy, estoit de nulle valleur, et que, par cy-après, il pourroit par argent ravoir messieurs ses enfans.

Les choses ainsi conclues et accordées, partit monsieur le mareschal de Montmorency pour venir devers Madame, à ce qu'elle eust à prendre le chemin au plustost que possible luy seroit, à Bayonne, et y mener messieurs les hostagers. Pareillement l'Empereur vint à Madril veoir le Roy, auquel lieu ils eurent long propos ensemble; puis allèrent en une mesme littière veoir la royne Aléonor, sœur de l'Empereur, et vefve du roy de Portugal, laquelle, par ledit traitté, avant que partir d'Espagne, le Roy devoit fiancer; ce qu'il feit. Puis le Roy marcha droict à Fontarabie, où fut faict l'eschange de luy et de messieurs ses enfans. L'Empereur feit conduire le Roy jusques à Bayonne, par ses ambassadeurs, pour luy faire ratifier ledit traitté, incontinant qu'il seroit en son royaume; ausquels le Roy, y estant arrivé, feit response qu'il estoit besoing qu'il sceust premièrement l'intention de ses subjects de Bourgogne, parce qu'il ne les pouvoit aliéner sans leur consentement, et que de brief il feroit assembler les estats du païs pour sçavoir leur volonté.

Estant le Roy de retour en son royaume, ordonna des estats vacans par le décez de ceux qui estoient morts à la bataille. Au lieu du grand maistre bastar de Savoye, ordonna le mareschal de Montmorency grand maistre et mareschal; au lieu de l'amiral Bonnivet, ordonna le seigneur de Brion amiral; au lieu du mareschal de Chabannes, le seigneur Théodore Trévoulse fut mareschal; et la compagnie dudit de Chabannes fut séparée, sçavoir est, cinquante hommes-d'armes au seigneur de La Milleraye, Charles de Mouy, et les autres cinquante à Antoine des Prez, seigneur de Montpesat; au seigneur de Fleuranges, fils aisné de messire Robert de La Marche, seigneur de Sedan, la mareschaucée de Foix; lequel seigneur de Fleuranges avoit esté pris à la bataille, et avoit esté prisonnier à L'Ecluse en Flandres, fort estroittement, pour la haine que portoit l'Empereur à sa maison. Et parce que, le jour de la bataille, ayant le Roy son cheval tué entre ses jambes, ledit seigneur de Pomperant, qui s'en estoit allé avecques monsieur de Bourbon, descendit à pied pour le secourir, de sorte qu'il estimoit que, sans ledit Pomperant, avant l'arrivée du vice-roy de Naples, il eust esté en danger de sa personne, le Roy retira ledit Pomperant à son service, et luy donna la compagnie de cinquante hommes-d'armes, vacante par la mort du seigneur de Saincte-Mesme, qui estoit mort prisonnier: vray est que luy, estant prisonnier à Pissequeton, avoit jà donné audit Pomperant les cinquante hommes-d'armes susdits et l'avoit envoyé devers Madame. Et au seigneur de La Rochedumaine donna la moitié de la compagnie de monsieur d'Alançon de cent hommes-d'armes, dont il estoit lieutenant, lequel estoit mort à Lion, au retour de la bataille. De la compagnie du seigneur Louis de La Trimouille, donna cinquante à son petit-fils et cinquante à messire Jean d'Estempes, seigneur de La Ferté-Nabert; à l'amiral de Brion, le gouvernement de Bourgongne, vacant par la mort du seigneur de La Trimouille; celuy de Dauphiné au comte de Sainct-Pol, vacant par la mort de l'amiral Bonnivet; et au seigneur de Montmorency donna le gouvernement en chef de Languedoc, dont auparavant il estoit lieutenant soubs monsieur le Dauphin, auquel le Roy l'avoit baillé après le partement de monsieur de Bourbon; et au grand sénéschal de Normandie, messire Louis de Brézé, donna le gouvernement de Normandie, vacant par la mort de monsieur le duc d'Alançon, dont par devant il estoit lieutenant du Roy.

Pour revenir à l'Empereur, ayant entendu la response faicte par le Roy à ses embassadeurs à Bayonne, despescha le vice-roy de Naples, Charles de Lannoy, seigneur de Mingoval, le duc de Trajette, le seigneur Alarçon, pour venir devers le Roy, espérant que la response des estats de Bourgongne seroit suivant son intention: ce que non. Lequel ils vindrent trouver à Congnac, auquel lieu ils feurent receus et festoyez magnifiquement; mais, peu de jours après, ils virent chose qui ne leur pleust guères, car ils virent et ouirent publier en leurs présences une ligue faicte entre le pape Clément, le roy de France, le roy d'Angleterre, les Vénitiens, les Suisses et les Fleurentins, qui s'appella la Saincte-Ligue, pour mettre l'Italie en liberté, et en chasser tous estrangers, et remettre le duché de Milan entre les mains de Franscisque Sforce, avec quelques conditions, laissant place à l'Empereur pour y entrer, si bon luy sembloit: chose qu'ils trouvèrent estrange; dequoy je ne m'esbahy, car, au lieu qu'ils pensoient prendre possession du duché de Bourgongne (estant jà party le prince d'Orenge pour aller prendre ladite possession comme gouverneur), on leur présenta un traitté entièrement contraire à l'Empereur leur maistre.

» *Empereur, en cas qu'ils ne se vengeassent, si faire*
» *luy-mesme ne le pouvoit, comme il espéroit durant*
» *sa vie, qu'il leur donneroit dès-lors sa malédic-*
» *tion.* »

Parquoy, après avoir pris congé du Roy, retournèrent en Espagne, rapportans qu'où l'Empereur vouldroit prendre argent pour la rançon du Roy, et rendre messieurs les enfans de France, ledit seigneur le luy fourniroit; autrement non ; et pour l'exécution desdits traittez, chacun, pour sa quotte portion, devoit mettre ses forces ensemble. Et pour conduire l'armée que le Roy devoit fournir pour son respec, en fut donnée la charge à Michel Antoine, marquis de Salluces, lequel fut dépesché avec quatre cens hommes-d'armes et dix mille Suisses que le Roy avoit envoyé lever, dont estoit colonnel le comte de Tende, et quelque nombre de gens de pied françois.

Ce pendant que ces traittez se faisoient, le duc Francisque Sforce, qui estoit assiégé dedans le chasteau de Milan, tomba en telle nécessité de vivres, qu'il n'y avoit plus que menger. Or estoit à l'heure mort le marquis de Pesquaire; parquoy le seigneur Antoine de Lève et le marquis de Guast, cousin-germain dudit marquis, avoient pris l'administration de l'armée et de tout l'Estat du duché de Milan, ensemble de l'assiégement du chasteau ; lesquels firent grande diligence de pourveoir à ce que secours de vivres n'entrast dedans; et, parce que le payement estoit failly à leurs soldats, mirent une imposition sur la ville de Milan, intolérable. L'empereur, estant averty de la mort du marquis de Pesquaire, dépescha soudain le duc de Bourbon, pour estre son lieutenant-général en Italie, lequel vint descendre à Gennes, puis, arrivé qu'il fut à Milan, trouvant la ville en désespoir pour les grandes cruautez qui leur estoient faictes, tant par impositions insuportables que pour la tyrannie que leur faisoient les soldats, assembla les habitans de la ville, et leur remonstra l'ennuy qu'il portoit pour les injures qui leur avoient esté faictes par cy-devant, mais qu'il estoit délibéré du tout les soulager; si est-ce qu'il estoit besoin de trouver trente mille escus pour contenter ses soldats, et , cela fourny, si jamais leur estoit faict tort, il prioit Dieu qu'au premier lieu qu'il se trouveroit, fust en bataille ou assault, il fust tué d'un coup d'arquebouze, ce que depuis luy advint devant Romme.

Pendant que ces choses se faisoient à Milan, le Pape et les Vénitiens faisoient toute diligence d'assembler leur armée pour venir à Milan secourir le chasteau, le sentans en grande extrémité , et firent marcher leurdite armée droict à Laudes. Le marquis du Guast et Antoine de Lève, de ce advertis, craignans que leurs ennemis ne se missent dedans Laudes, qui leur eust esté grand empeschement pour les vivres de la ville de Milan, en toute diligence dépeschèrent trois enseignes d'Espagnols, pour se mettre dedans ; mais, arrivez qu'ils furent audit lieu , vint un bruict parmy eux, que ladite ville de Milan devoit estre livrée à sac; lesquels, à ceste cause, pour ne perdre leur part du butin, sans aucun commandement s'en retournèrent à Milan, laissans dedans Laudes Fabrice Maramault, avec sept cens hommes de pied italiens, lequel permist à ses soldats de faire aux citadins toutes cruautez, tant usitées que non usitées.

Quoy voyant, le seigneur Ludovic Vistarin , citadin de Laudes, homme noble, se délibéra de secourir sa patrie, et, pour cest effect, envoya devers Francisque Marie, duc d'Urbin, capitaine-général de la seigneurie de Venise, à ce qu'il eust à marcher, et qu'il le mettroit dedans la ville, moyennant qu'il luy promist sa foy de ne souffrir faire extortion aux citadins ; ce qui fut exécuté ; et se sauva ledit Fabrice, avec sesdits soldats, dedans le chasteau. Le marquis du Guast, averty de la perte de Laudes, partit de Milan en toute diligence, pour trouver moyen de la recouvrer, devant que l'armée du Pape et des Vénitiens y fust arrivée, pensant, par le moyen de ceux du chasteau, pouvoir entrer dedans; mais le duc d'Urbin, qui estoit homme de guerre, y avoit si bien pourveu par tranchées, que ledit marquis laboura en vain ; et ce qu'il peut faire, fut de retirer les soldats qui estoient dedans le chasteau, avecques lesquels il s'en retourna à Milan. Ce temps pendant, le reste de l'armée des Vénitiens et celle du Pape marchoient en toute diligence par le Plaisantin, aussi faisoit Michel Antoine, marquis de Salluces, avecques l'armée des François, et desjà avoit passé le pas de Suze, et estoit descendu en Piémont. Aussi les dix mille Suisses que le Roy avoit faict lever, marchoient par le païs des Grisons, sans lesquels les François ne vouloient combatre : mais lesdits Suisses furent lents à marcher, si, que ce temps pendant, la famine pressa de sorte le duc de Milan, qu'il fut contraint de remettre le chasteau de Milan entre les mains de monsieur de Bourbon, soubs condition que ceux de dedans ledit chasteau s'en iroient avecques leurs armes et bagues sauves, et que la ville de Côme, tenue par les Impériaux, seroit remise entre les mains dudit duc de Milan, pour faire sa demeure jusques a ce que l'Empereur eust cogneu sa justification, disant qu'à tort et sans cause, le marquis de Pesquaire l'avoit spolié dudit duché. Estans donceques ces traittez signez et accordez, et après avoir mis le chasteau entre les mains de monsieur de Bourbon, lequel en feit capitaine le seigneur Tensane, vieil gentilhomme de Bourbonnois, partit ledit seigneur Sforce pour s'en aller à Côme; mais par les chemins luy fut raporté que les Impériaux, en lieu de luy livrer la ville de Côme, avoient délibéré de le mettre prisonnier, et mesmes que ses meubles qu'il avoit laissez à Milan en garde, par faulte de charroy pour les emporter, avoient esté baillez à sac aux soldats. Cela entendu par ledit Sforce, il se retira au camp de la ligue, se joignant avecques elle, pour les injustices qui luy avoient esté faictes. Ce pendant, le marquis de Salluces, avec l'armée du Roy, qui estoit de quatre cens hommes-d'armes et quatre mille hommes de pied gascons, et cinq cens chevaux-légers, arriva au camp de la ligue; luy arrivé, fut conclu d'envoyer Malateste Baglion, avecques huict mille hommes de pied et quelque nombre de cavallerie, pour prendre la ville de Crémonne, par le moyen du chasteau qui tenoit pour le duc, dedans laquelle estoient mille lansquenets, cinq cens hommes espagnols, et deux cens chevaulx-légers pour la part impériale. Après avoir esté, ledit Malateste, plusieurs jours devant Crémonne sans riens prouffiter, fut advisé que le duc d'Urbin, général de la seigneurie de Venise, iroit en personne, avecques l'armée vénitienne, à l'expugnation de ladite ville de Crémonne; auquel lieu, arrivé qu'il fut, en peu de jours contraignit les Impériaux, de sorte qu'ils firent capitulation telle, que, si dedans dix jours ils n'estoient secourus, ils remettroient la ville entre les mains de la ligue; ce qu'ils feirent, parce qu'il ne leur vint point de secours.

Pendant que ces choses se démenoient au duché de Milan, le pape Clément, estant à Romme, voyant la grande despense en laquelle il estoit, de tenir une armée au duché de Milan, autre en la Romagne, pour le souspeçon qu'il avoit de la part collonnoise, feit un traitté avecques Vaspasien Colonne, fils du feu seigneur Prospère Colonne, au nom de toute la maison colonnoise, par lequel furent remises toutes les injures précédentes, tant d'un costé que d'autre, faisant une paix générale. Les choses ainsi accordées et jurées, le Pape rompit son armée qu'il avoit en la Romagne : dont mal luy print, car, peu de jours après, le cardinal Colonne et le seigneur Ascagne Colonne levèrent à l'improviste, dedans leurs terres qui sont vers le royaume de Naples, grand nombre de soldats, et marchèrent droict à Romme, de sorte que, devant que le Pape en fust averty,

ils furent à Sainct-Jean-de-Latran. De la chose si soudaine et inopinée, le Pape fut si estonné, que le principal remède qu'il sceut faire, fut de se retirer au chasteau Sainct-Ange; et avec luy se retirèrent tous les cardinaux, et si grand nombre de citadins, pour sauver leurs personnes, que les vivres qui estoient dans ledit chasteau n'estoient pour les nourrir trois jours; qui fut cause que le Pape, craignant la famine, fut contraint de capituler : par laquelle capitulation il promist faire retirer son armée du duché de Milan, et de quatre mois ne donner secours à la ligue. Les Impériaux estans dedans Milan ayans eu ceste nouvelle, leur augmenta grandement le cueur. Semblablement le seigneur Georges de Fronsberg, sçachant que son fils Gaspard de Fronspec, général des lansquenets qui estoient dedans Milan, estoit en extrême nécessité, tant pour le service de l'Empereur que pour la salvation de sondit fils, avoit levé, de ses propres deniers, quatorze mille lansquenets; et avec bon nombre de cavallerie et d'artillerie qui luy fut baillée par Ferdinant, roy de Hongrie, frère de l'Empereur, marchoit en toute diligence pour secourir ceux de Milan, et desjà avoit passé le pas de Trente, et le pais des Vénitiens, qu'il avoit passé de force par la faveur du duc de Mantoue.

Le marquis de Salluces, chef de l'armée du Roy, et le duc d'Urbin, de celle des Vénitiens (car desjà l'armée du Pape s'estoit retirée), avertis dudit secours, abandonnèrent le siége dudit Milan pour aller trouver leurs ennemis et les combatre au passage; mais ils vindrent trop tard, car desjà ledit Georges de Fronsberg avoit gaigné la pleine; parquoy ne s'y feit que quelques légères escarmouches, à l'une desquelles, au passage d'une petite rivière, le seigneur Jean de Médicis fut frappé d'un coup d'arquebouze par la jambe, dont il fut contraint de se faire porter à Mantoue, auquel lieu, peu de jours après, il mourut dudit coup; qui fut une grande perte pour la ligue, car il estoit tenu un des plus hommes de guerre d'Italie. Estant le siége levé de devant Milan, comme j'ay dit, les Espagnols voulurent contraindre monsieur de Bourbon de les payer de six mois qui leur estoient deuz; autrement ils estoient délibérez de sacager et se retirer. Pour à quoy obvier et contenter les soldats, ledit de Bourbon feit prendre la nuict les principaux et plus riches de la ville, lesquels, avec astrapades et autres inventions de tourmens, il contraignit de bailler argent, de sorte qu'il paya ses gens de guerre pour deux mois. Peu après, voyant n'y avoir plus de moyen que le duché de Milan peust soustenir son armée, mesmes estans Crémonne et Laudes entre les mains de la ligue, délibéra d'aller chercher pasture ailleurs ; parquoy, laissant Antoine de Lève à Milan, avec la superintendence de l'Estat du duché, se résolut d'entrer dedans les terres de l'Eglise, desquelles aisément il pouvoit user à son plaisir, estant le Pape désarmé, pour la paix qu'il avoit faicte avec les Colonnois ; et, pour cest effect, manda Georges de Fronsberg, pour se venir joindre avec luy à Plaisance. Le marquis de Salluces, avec l'armée françoise, averty de l'entreprise dudit duc de Bourbon, laissant le duc d'Urbin à la campagne avec l'armée vénitienne, feit telle diligence, qu'il arriva avec son armée le premier à Plaisance. Monsieur de Bourbon, voyant la ville si bien pourveue et de si gens de bien, et l'armée vénitienne en campagne, n'osa entreprendre de l'assaillir.

J'ai laissé à vous dire comment le Pape, cognoissant l'injure qu'il avoit receue des Colonnois, ses subjets, et que le vassal ne peult capituler avec son souverain chose qui luy puisse servir, ayant pris les armes contre luy, rompit lesdits traittez, et appella à luy le comte de Vaudemont, frère du duc de Lorraine, descendu de la maison d'Anjou, maison fort désirée par les Napolitains ; lequel, estant party de Marceille avecques les gallères du Roy, ayant en sa compagnie le seigneur Rence de Cère, baron rommain, arriva à Romme ; puis, y ayant dressé une armée de huict ou dix mille hommes et de quelque cavallerie, marcha droict au royaume de Naples : lequel de arrivée print la pluspart des places colonnoises et la ville de Salerne ; et, s'estant présenté jusques devant les portes de Naples, et chassé dom Hugues de Montcade, vice-roy de Naples, et levé le siége de devant la ville de Frézélon, que les Impériaux tenoient assiégée ; à ceste occasion, le vice-roy de Naples, dom Charles de Lannoy, voyant les choses malbaster pour luy, feit une trefve avec le Pape, au nom de l'Empereur, pour quatre mois ; au moyen dequoy fut nostre armée licentiée ; chose qui vint mal à propos, car il estoit apparant qu'on eust mis l'Empereur hors de l'Estat de Naples, parce que tout le royaume estoit mutiné, ayant prins les armes contre les Espagnols, pour les tribus que le vice-roy leur demandoit, joint que l'Empereur n'avoit armée à Naples, et que toutes ses forces estoient avec monsieur de Bourbon. Ce faict, mondit seigneur de Vaudemont sur ses gallères se retira à Marceille, fort mal content dudit accord ; car les Napolitains le demandoient, pour estre, comme dit est, de la maison d'Anjou.

Le seigneur de Bourbon, voyant son entreprise de Plaisance faillie, se délibéra tenter autre fortune, car la faim et la faulte de payement le chassoit, et conclud en toute diligence de surprendre Florance (sentant qu'elle estoit révoltée de l'obéissance du Pape et de la maison de Médicis, et qu'il n'est que pescher en eau trouble), pour la bailler à sac à ses soldats. Mais le seigneur de Langey, qui pour lors estoit audit lieu de par le Roy, pour la conservation de la Saincte-Ligue, averty de ladite entreprise, donna avis au marquis de Salluces du chemin que devoient prendre les Impériaux, et que, venant par autre chemin qu'il luy manda, il pourroit prévenir ledit de Bourbon, et arriver le premier à Florance, et par ce moyen sauver la ville du sac. Le marquis, qui n'estoit paresseux, feit telle diligence avec son armée et le duc d'Urbin, général de la seigneurie de Venise, qu'ils arrivèrent le soir à Florance ; dequoy monsieur de Bourbon averty, changea de chemin pour tirer à Romme. Le seigneur de Langey, voyant Florance en seureté, ayant avis que l'entreprise dudit de Bourbon estoit, au cas qu'il faudroit son entreprise de Florance, qu'il voudroit exécuter celle de Romme, nonobstant la trefve faicte par le vice-roy de Naples avec le Pape, estant en tel désespoir, qu'il n'avoit esgard à aucune foy promise, ledit seigneur de Langey, prenant la poste, en vint avertir le Pape d'heure, tellement qu'il avoit moyen d'y pourvevoir ; car les bandes noires, qui estoient celles du feu seigneur Jean, n'estoient qu'à une journée ou deux de Romme, lesquelles le seigneur Horace Baglion avoit en charge. Mais le Pape, se fiant aux accords par luy faicts avec le vice-roy, n'y voulut pourvevoir. Aussi le seigneur Rence de Cère luy offroit dedans trois jours mettre ensemble cinq ou six mille hommes de la part ursine. Toutesfois le Pape, estant ou abusé ou estonné, ne voulut pourvevoir à chose du monde, qu'il ne veist les ennemis devant sa porte ; de sorte que son principal combat fut de se retirer dedans le chasteau Sainct-Ange, avec une partie des cardinaulx et ambassadeurs, laissant la ville sans garde ; ce que voyans le seigneur Rence et le seigneur Langey, trouvèrent moyen de promptement lever deux mille hommes pour faire ce qui leur seroit possible, attendans le marquis de Salluces. Mais il advint une chose estrange : car un porteur d'enseigne, ayant la garde d'une ruine qui estoit à la muraille au bourg Sainct-Pierre, voyant monsieur de Bourbon venir avecques quelques soldats, à travers les vignes, pour recognoistre la place, entra en tel effroy, que, cuidant fuir devers la ville, passa, l'enseigne au poing, par ladite ruine, et s'en alla droict aux ennemis : monsieur de Bourbon, voyant ceste enseigne venir droict à luy, estima qu'elle fut suivie d'autres gens, et que ce fust une saillie faicte sur luy ; parquoy s'arresta pour recueillir les hommes qui venoient à son secours, et faire teste, attendant son armée, laquelle incontinant se mist en armes. Ledit enseigne, ayant marché environ trois cens pas hors la ville, et oyant l'alarme au camp dudit seigneur de Bourbon, se recogneut, et ainsi qu'un homme qui vient de dormir, reprist ses esprits, et tout le pas s'en retourna devers la ville, et par la mesme ruine dont il estoit sorti rentra dedans. Monsieur de Bourbon, ayant veu la contenance de cest homme, et ayant cogneu ladite ruine, commanda de donner le signe de l'assault, et luymesme marcha le premier, l'échelle au poing. Mais, arrivé qu'il fut près des murailles, fut tiré par ceux de dedans un coup d'arquebouze, qui luy donna au travers de la cuisse, dont il mourut soudain (1). Plusieurs estimèrent que ce fut punition divine, pour le serment qu'il avoit faict aux Milanois, lequel après il avoit faulsé. Le prince d'Orange, estant plus prochain de luy quand il tomba, le feit tost couvrir d'un manteau, à ce que les soldats, voyans mort leur chef, ne s'estonnassent ; puis suivit chaudement l'entreprise, de sorte qu'ils entrèrent pesle-mesle dedans la ville. Le seigneur Rence et le seigneur de Langey, avec ce qu'ils peurent ramasser de leurs hommes, en combatans se retirèrent au chasteau de Sainct-Ange, après avoir long-temps gardé le pont d'iceluy, et qu'ils y furent forcez. Lesquelles choses arrivèrent le sixiesme jour de may 1527.

Je n'ay que faire de vous dire les cruautez lesquelles furent commises à ladite expugnation ; car il est assez manifeste ce qu'on a accoustumé de faire en tels actes, et aussi que la pluspart de l'armée estoient allemans, qui outrepassent les autres en férocité ; et mesmes estoient presque tous protestans, parquoy grands ennemis du Pape ; et dura le pillage environ deux mois. Aucuns ont estimé que si monsieur de Bourbon ne fust encores mort, il se fust faict roy de Romme et roy de Naples pour le malcontentement qu'il avoit contre l'Empereur, qui l'avoit trompé ; car, luy ayant promis sa sœur, la roine Aléonor, douairière de Portugal, il ne l'avoit faict ; puis, l'envoyant au duché de Milan, l'avoit laissé sans le secourir d'argent, comme le laissant en proye : mais Dieu voulut les choses autrement.

Estant mort monsieur de Bourbon, Philibert de Châlon, prince d'Orenge, par le consentement de tous, print la charge de l'armée ; lequel assiégea le chasteau Sainct-Ange, dedans lequel le Pape et presque tous les cardinaux s'estoient retirez, mesmes les ambassadeurs des princes chrestiens. Ledit prince d'Orange, faisant les approches pour batre le chasteau, fut frappé d'un coup d'arquebouze par la teste, dont il fut en danger de mort ; mais, pour cela, ne laissa le siège d'estre continué. A cause dequoy, le pape Clément, désespéré de secours, et craignant tomber entre les mains des Allemans, ses ennemis, joinct qu'il avoit faulte de vivres, capitula avecques le prince d'Orange ; par laquelle capitulation luy et tous les cardinaux demourèrent prisonniers entre les mains dudit prince. Mais le seigneur Rence de Cère, le seigneur de Langey, et autres tenans le party du Roy, ne voulurent accepter ladite capitulation, ains avoient délibéré d'attendre le secours du marquis de Salluces ; parquoy firent capitulation particulière, et, par icelle, leur fut permis d'eux en aller, armes et bagues sauves ; et le Pape, avecques ceux de son party, fut retenu prisonnier au chasteau en seure garde.

Le Roy et le roy d'Angleterre, son bon frère, voyans l'inhumanité de laquelle avoit esté usé envers Sa Saincteté, et le scandale advenu à l'Eglise chrestienne, de retenir prisonnier le chef d'icelle, délibérèrent d'y pourvoir ; et, pour cest effect, le roy d'Angleterre envoya devers le Roy le cardinal d'Iorc, lequel avoit la principalle superintendance de ses affaires, et vint trouver le Roy à Amiens, où, après plusieurs collocutions et conseils tenus, fut accordé entre eux d'envoyer une armée à communs frais en Italie, pour remettre le Pape en liberté, et les terres de l'Eglise entre les mains de Sadite Saincteté. Et pour la conduite de ladite armée, fut ordonné messire Odet de Foix, seigneur de Lautrec, avecques le nombre d'hommes tel qu'il sera dit par cy-après. Puis, estant le cardinal d'Iorc de retour en Angleterre, et le seigneur de Lautrec ayant pris congé du Roy pour dresser son armée, à laquelle contribuoit le roy d'Angleterre, pour sa quotte portion, soixante mille Angelots tous les mois, fut ordonné messire Anne, seigneur de Montmorency, grand maistre et mareschal de France, pour, de la part du Roy, aller en Angleterre confirmer les traittez, et porter l'ordre dudit seigneur Roy au roy d'An-

---

(1) Son corps fut porté à Gaëte, où on lui éleva un tombeau avec l'épitaphe suivante : *Aucto Imperio, Gallo victo, superatâ Italiâ, pontifice obsesso, Româ captâ, Borbonius hîc jacet.*

gleterre, son bon frère et perpétuel allié ; lequel de Montmorency print congé du Roy, environ le dixiesme d'octobre 1527, ayant en sa compagnie Jean Du Bellay, évesque de Bayonne, et depuis cardinal Du Bellay; le seigneur de Humières, chevalier de l'ordre du Roy ; monsieur Brinon, premier président de Rouen et chancelier d'Alançon, avecques douze ou quatorze tant gentilshommes de la chambre du Roy, que capitaines de gens-d'armes, tels que le seigneur de Rochebaron, le seigneur de Boutières, le seigneur de La Rochedumaine, le seigneur de La Guiche, le seigneur d'Allègre, messire Joachim de La Chastre, capitaine des gardes du Roy, avecques plusieurs autres, jusques à cinq ou six cens chevaux.

Estant ledit grand maistre arrivé à Douvres, trouva grand nombre d'évesques, gentilshommes et autres, envoyez de la part du roy d'Angleterre, desquels il fut recueilly fort honorablement, et accompagné jusques à Londres. Au devant de luy sortirent de ladite ville mille ou douze cens chevaux, avec nombre infiny de peuple, pour le recueillir; lesquels l'accompagnèrent jusques au logis qui estoit ordonné pour sa personne, qui estoit à Sainct-Pol, au palais épiscopal de Londres. Deux jours après, fut conduit par barques sur la rivière de la Tamise, à Grenovich, trois milles au-dessoubs de Londres. sur ladite rivière, auquel lieu le Roy faisoit sa demeure, où il fut recueilli par le Roy et le cardinal d'Iorc, en grande magnificence. Or fault-il entendre qu'en toutes choses ledit cardinal estoit honoré comme la propre personne du Roy, et séoit tousjours à sa dextre, et, en tous lieux où estoient les armes du Roy, celles du cardinal estoient au mesme reng : si qu'en tous honneurs ils estoient esgaulx. Après que ledit grand maistre eut exposé au Roy sa légation, et après avoir esté festoyé par plusieurs jours, tant audit Grenovich qu'à Londres, fut conduit par ledit cardinal en une sienne maison qu'il avoit bastie nouvellement, à neuf milles au-dessus de Londres, sur la rivière de la Tamise, nommée Hamtoncourt. Auquel lieu luy et toute sa compagnie fut, par quatre ou cinq jours, festoyé de tous les festimens qui se pourroient souhaitter, avecques riches tapisseries et vaisselle d'or et d'argent, en nombre presque innumérable. Estant de retour à Londres, luy fut par le roy d'Angleterre, le jour de la feste Sainct-Martin, faict un festin en sa maison de Grenovich, autant magnifique que j'en vey oncques, tant de services de table que de mommeries, masques et comédies ; ausquelles comédies estoit madame Marie, sa fille, jouant elle-mesme lesdites comédies. Puis, après avoir faict présens à un chacun, donna congé ledit roy d'Angleterre à mondit seigneur le grand maistre, lequel laissa ledit seigneur Du Bellay, évesque de Bayonne, ambassadeur pour le Roy devers ledit roy d'Angleterre, pour entretenir les traittez. Estant mondit seigneur le grand maistre de retour, feit rapport au Roy des choses par luy négotiées, qui furent fort à son contentement.

Vous avez ouy par cy-devant, comme le seigneur de Lautrec avoit pris congé du Roy pour marcher en Italie, qui avoit esté environ la Sainct-Jean : l'Empereur, pour lors estant en Espagne, averty de ladite entreprise et dudit partement, feit arrester prisonnier l'évesque de Tarbe, depuis cardinal de Grantmont, lequel estoit ambassadeur de la part du Roy devers Sa Majesté, avecques les autres ambassadeurs des alliez et confédérez en la Saincte-Ligue. Dequoy le Roy et le roy d'Angleterre, son bon frère, avertis, firent arrester pareillement les ambassadeurs dudit seigneur Empereur, et despeschèrent Guienne, roy d'armes du Roy, et Clarence, roy d'armes du roy d'Angleterre, de la part de Leurs deux Majestez, pour de leur part aller deffier l'Empereur, mandans premièrement à leurs ambassadeurs, qui depuis avoient esté mis en liberté, de prendre congé dudit seigneur Empereur, et de se retirer devers Leursdites Majestez.

Ladite despesche faicte, et le Roy ayant eu nouvelles comme ses ambassadeurs estoient en liberté et sur leur retour, manda quérir l'ambassadeur de l'Empereur, pour luy faire entendre les occasions qu'il avoit eu de sa retention, se plaignant de plusieurs autres torts qui luy avoient esté faicts par l'Empereur son maistre. Et pour cest effect, le vingt-huictiesme jour de mars, l'an 1527, avant Pasques, le Roy estant en sa bonne ville et cité de Paris, accompagné des princes de son sang et autres princes, prélats et seigneurs, tant de son royaume qu'estrangers estans pour lors en sa cour, et semblablement les ambassadeurs des princes et potentats estans autour de luy, feit venir devers Sa Majesté l'ambassadeur de l'Empereur, nommé maistre Nicolas Perrenot, seigneur de Granvelle. Iceluy Granvelle, après avoir faict la révérence au Roy en la présence des dessusdits, luy remonstra que, depuis trèze jours, par l'adresse de monsieur le grand maistre de France, il avoit receu lettres de l'Empereur, son naturel et souverain seigneur, du septiesme du mois de février, contenantes que messieurs les ambassadeurs du Roy avoient, le vingt-uniesme jour de janvier, pris congé de sondit maistre, et, le lendemain, le vingt-deuxiesme, un hérault luy avoit, de par ledit seigneur, intimé la guerre et deffié; et qu'à ceste cause, luy mandoit sondit maistre de prendre congé du Roy le plustost qu'il pourroit, et s'en retourner devers luy: et desplaisoit audit ambassadeur que les choses fussent passées en ces termes, ainsi eslongnées et mises hors du chemin et moyen d'establissement de paix et amitié, laquelle sondit maistre avoit tousjours désirée et espérée, attendu ledit traitté de Madril, dont s'estoit ensuivie la délivrance du Roy; et avoit tenu ledit ambassadeur la main de tout son pouvoir et devoir au bien de ladite paix: mais, puisque l'on estoit venu à ceste rigueur; que, obéissant au bon plaisir de sondit maistre, il supplioit au Roy luy donner congé, luy requérant qu'il le luy vousist octroyer avec bon et suffisant saufconduit, pour en liberté et seureté retourner vers sondit maistre, comme la raison et honnesteté le vouloient, et avoit tousjours esté faict et observé par les princes magnanimes et vertueux; et qu'il ne pensoit avoir faict, durant sadite légation, chose pour bailler occasion d'en faire autrement; et néantmoins, si, de son particulier et privé endroict il avoit esté ennuieux, ou s'y fust civilement conduit, il supplioit au Roy l'excuser et le luy pardonner, en le merciant de l'honneur que luy, messieurs de sa cour, et autres de son royaume, luy avoient faict durant sa légation. Ces propos finis, le Roy, de sa propre bouche, luy parla en ceste manière:

« Monsieur l'ambassadeur, il m'a despleu et
» desplaist très-fort que j'aye esté contrainct de
» ne vous traitter jusques icy si gratieusement et
» humainement que, par le bon et honneste of-
» fice que vous avez faict estant par deçà autour
» de moy, vous avez très-bien mérité; où je
» vueil bien dire que vous estes tousjours aquitté,
» tant à l'honneur de vostre maistre et conten-
» tement d'un chascun, que je suis tout asseuré
» qu'il n'a tenu à vous que les choses n'ayent
» pris autre fin et issue qu'elles n'ont peu faire,
» pour le bon zèle et affection que je vous ay
» tousjours cogneu avoir au bien de la paix,
» conduitte et addressement des choses; en
» quoy ne fay doubte que vous n'ayez tous-
» jours faict vostre bon et loyal devoir. Mais,
» ayant entendu ce que l'Empereur vostre mais-
» tre, avoit commandé, contre tout droict, tant
» divin qu'humain, estre faict à mes ambassa-
» deurs et à tous ceux de la ligue estans par
» devers luy, pour le bien de la paix, et contre
» toutes bonnes coustumes qui jusques icy ont
» esté bien gardées et observées entre les prin-
» ces, non seulement chrestiens, mais aussi infi-
» delles, il m'a semblé que je ne pouvoy rien
» moins faire, pour le devoir que j'avoy à mes-
» dits ambassadeurs prins contre raison et dé-
» tenus, que de faire de vous le semblable, en-
» cores que je n'eusse aucune envie de vous
» maltraitter, pour les raisons dessus dites. Pour
» lesquelles et pour le devoir auquel en ce faict
» vous estes mis, je vous avise, monsieur l'am-
» bassadeur, qu'outre ce que je pense que vos-
» tre maistre ne faudra à vous en récompenser,
» vous estes asseuré que là où je vous pourray
» particulièrement en aucune chose faire plaisir,
» je le feray d'aussi bon cueur que vous vou-
» driez m'en vouloir faire requérir.

» Et pour satisfaire et respondre à ce que vos-
» tre maistre a dit de bouche à Guienne et Cla-
» rence, roys d'armes du Roy mon bon frère,
« perpétuel et meilleur allié, et de moy, sur l'in-
« timation de la guerre qui luy a esté faicte de
» par nous, qui consiste en huict poincts, je
» vueil bien que chacun l'entende. Premiere-
» ment, quant à ce qu'il dit qu'il s'esbahit que,
» m'ayant prisonnier de juste guerre, et ayant
» ma foy, je le deffie, et que par raison je ne le
» puis ny doy faire, je vous respon, pour luy
» dire que si j'estoy son prisonnier icy, et qu'il
» eust ma foy, il eust dit vérité; mais je ne sça-
» che que ledit Empereur ait jamais eu ma foy,
» qui luy sceust de rien valloir; car, première-
» ment, en quelque guerre que j'aye esté, je ne
» sçay que luy aye jamais ny veu ny rencontré.
» Quand j'ay esté prisonnier, gardé de quatre ou
» cinq cens arquebouziers, malade dedans le
» lict à la mort, il n'eust pas esté malaisé à m'y
» contraindre, mais peu honnorable à celuy qui
» l'eust faict; et, depuis que j'ay esté retourné
» en France, je ne cognoy ne luy ny autre qui
» ayt eu puissance de la me pouvoir faire bail-
» ler; et de ma libérale volonté c'est chose que
» j'estime trop, pour si légèrement m'y obliger.

» Et, pour-ce que je ne vueil que mon hon-
» neur demeure en dispute, encores que je sça-
» che bien que tout homme de guerre sceust as-
» sez que prisonnier gardé n'est tenu à nulle foy,
» ny ne se peult obliger à riens, si envoye-je à
» vostre maistre cest escrit, signé de ma pro-
» pre main, lequel, monsieur l'ambassadeur, je
» vous prie vouloir lire, et, après, me promet-
» tre de luy bailler, et non à autre. »

Et ce faict, le luy feit, ledit seigneur Roy, présenter par Jean Robert et l'un de ses secrétaires d'Estat et de sa chambre. Lequel escrit print iceluy ambassadeur en ses mains, faisant son excuse de le lire, disant audit seigneur Roy comme, par les lettres de son maistre, apportées ouvertes, et qui supposoit le Roy et son conseil avoir veues, par lesquelles lettres il n'avoit plus de pouvoir, ains estoit révoqué de sa légation, et ne pouvoit ny entendoit plus négocier ny prendre de charge ; requérant au Roy (combien qu'il fust en sa main et puissance) qu'il voulsist en honnesté avoir regard à ce qui estoit de la faculté et puissance dudit ambassadeur, et encores aux choses convenables, et qui pouvoient concerner et estre de la charge et qualité d'un ambassadeur, et non le presser plus outre.

A quoy respondit le Roy : « Monsieur l'am-
» bassadeur, puisque vous ne voulez prendre
» ceste charge de lire cest escrit, je le feray
» lire en ceste compagnie, afin que chacun en-
» tende et cognoisse comme je me suis justifié
» de ce que, contre la vérité, vostre maistre
» m'a voulu accuser ; et si, après, vous ne vou-
» lez les luy porter et présenter, je dépescheray
» l'un de mes héraulx, pour aller en vostre com-
» pagnie, et pour lequel vous obtiendrez sauf-
» conduit bon et valable, pour pouvoir aller vers
» vostre maistre, porter ledit escrit ; protes-
» tant et demandant acte, devant ceste compa-
» gnie, que, là où il ne voudroit qu'il vînt en
» sa cognoissance, je me suis aquitté de luy faire
» entendre, tout ainsi que je le devoy, de sorte
» qu'il ne sçauroit prétendre cause d'ignoran-
» ce. » Après avoir achevé lesdits propos, le Roy appella Robertet, et tout hault luy commanda lire ledit escrit ; ce qui fut faict par luy, de mot à autre, en la manière qui s'ensuit :

« Nous, François, par la grâce de Dieu, roy de France, seigneur de Gennes, etc. ; à vous, Charles, par la mesme grâce, esleu empereur de Romme, et roy des Espagnes, faisons sçavoir que, nous, estans avertis qu'en toutes les responses qu'avez faictes à noz ambassadeurs et héraulx envoyez devers vous pour le bien de la paix, vous voulant sans raison excuser, nous avez accusé, en disant qu'avez nostre foy, et que sur icelle, outre nostre promesse, nous en estions allez et partis de voz mains et de vostre puissance, pour deffendre nostre honneur, lequel en ce cas seroit trop chargé contre vérité, vous avons bien voulu envoyer ce cartel, par lequel (encores que tout homme gardé ne puisse avoir obligation de foy, et que cela nous fust excuse assez suffisante, ce nonobstant, voulant satisfaire à un chacun et à nostredit honneur, lequel nous avons voulu garder et garderons, si Dieu plaist, jusques à la mort) vous faisons entendre que, si vous nous avez voulu ou voulez charger, non pas de nostredite foy et délivrance seulement, mais que jamais nous ayons faict chose qu'un gentilhomme aymant son honneur ne doive faire, nous disons que vous avez menty par la gorge, et qu'autant de fois que vous le direz, vous mentirez ; estant délibéré de deffendre nostre honneur jusques au dernier bout de nostre vie. Parquoy, puisque contre vérité vous nous avez voulu charger, désormais ne nous escrivez aucune chose, mais nous assurez le camp, et nous vous porterons les armes, protestant que, si après ceste déclaration, en autres lieux vous escrivez ou dites paroles qui soient contre nostre honneur, que la honte du délay du combat en sera vostre, veu que, venant audit combat, c'est la fin de toutes escritures. Faict en nostre bonne ville et cité de Paris, le vingt-huictiesme jour de mars, l'an 1527, avant Pasques. » Ainsi signé FRANÇOIS.

L'escrit achevé de lire, le Roy, continuant son propos, dit audit ambassadeur : « Monsieur
» l'ambassadeur, il me semble que l'Empereur
» cognoistra, par ce que vous venez d'ouir lire,
» que je satisfay assez à ce qu'il m'a chargé, et
» à mon honneur, qui me gardera vous en dire
» autre chose. Mais quant à ce que vostre mais-
» tre dit, que ce luy est chose nouvelle d'estre
» deffié, veu qu'il y a six ou sept ans que
» je luy fay la guerre sans l'avoir deffié ; je
» voudroy qu'il souvînt mieux à vostre mais-
» tre des choses qu'il faict, ou à son conseil,
» pour l'en avertir après qu'elles sont faictes,
» car, s'il s'en veult bien enquérir, il trouvera
» que dom Prévost du Trecq, lors son ambas-
» sadeur devers moi, me deffia, estant à Dijon,
» contre le contenu du traitté d'entre luy et
» moy, parquoy, puisqu'il me deffioit, il me
» semble qu'il se devoit tenir pour adverty que
» je me vouloy deffendre. Et en tant que vostre
» maistre dit, qu'il ne pense avoir en riens dé-
» mérité envers Dieu, iceluy Dieu sera juge de
» noz consciences, et non pas nous, et tes-
» moing, quant à moy, que je ne désire tyran-
» nie, ny usurpation, ny chose qui ne soit rai-
» sonnablement mienne, ny prétendant ny as-
» pirant à l'Empire ny à la monarchie.

» Et au regard de l'excuse que vostredit mais-
» tre a faicte de la prise et détention, contre
» tout droict, de nostre Sainct-Père, vicaire et
» lieutenant de Dieu en terre, personne sacrée
» et inviolable, je m'esbahy comme propos où
» il y a si peu d'apparence de vérité s'osent met-
» tre en avant parmy les gens ; car, comme est-
» il vraysemblable que vostredit maistre n'ayt
» esté consentant de ce qui a esté faict en la per-
» sonne de nostredit Sainct-Père, veu que sa
» prison a esté longue ; et que, au lieu de chas-
» tier ceux qui, sans son commandement,
» avoient, comme il dit, faict acte si exécrable
» et si peu chrestien comme cestuy-là, il leur
» a permis prendre et traitter avec Sa Saincteté,

» de sa rançon, luy en faisant payer et débour-
» cer deniers, jusques à vendre et prendre ar-
» gent des bénéfices et choses divines dans ses
» royaume et païs; chose qui n'est seulement con-
» tre Dieu et la saincte Eglise, mais très-dange-
» reuse à prononcer et dire, veu les hérésies
» qui ont cours pour le temps qui est à pré-
» sent.

» Et quant à ce que vostre maistre dit, que je
» sçais bien que mes enfans sont entre ses mains
» hostagers, et que mes ambassadeurs sçavent
» bien qu'il ne tient à luy qu'ils n'en sont déli-
» vrés, vous luy direz que je sçay très-bien que
» mes enfans sont entre ses mains, dequoy il
» me desplaist très-fort; et à ce qu'il dit qu'il
» ne tient point à luy qu'il ne les délivre, je ne
» vueil autre advocat en cela pour me deffen-
» dre, que le devoir en quoy je me suis mis de
» les ravoir, sinon que chacun sçait que je suis
» leur père; et quand ils ne seroient mes enfans,
» mais seulement gentilshommes, estans au lieu
» où ils sont pour ma rançon, si devroy-je pour-
» chasser leur liberté de toute ma puissance: la-
» quelle chose j'ay faicte de si grandes et exces-
» sives offres, que jamais les Roys mes prédéces-
» seurs, qui ont esté prisonniers des Infidelles,
» ne furent requis de telles et si desraisonnables
» sommes, à la quarte partie près, que toutes-
» fois je ne refuse de vouloir bailler, pour par-
» venir au bien de la paix. Et pour, entre tant
» de grandes offres, vous en réciter une seule,
» vostredit maistre sçait très-bien que je luy ai
» faict offrir à la délivrance de mesdits enfans,
» luy bailler et faire délivrer la somme de deux
» millions d'escus, tant en argent comptant
» qu'autrement, du deu d'Angleterre que reve-
» nu de terres et rentes en ses propres pays; qui
» est somme telle et si grande, qu'elle me rend
» innocent envers tout homme qui sera de bon
» jugement, que je ne me feusse voulu destituer
» de telle force, pour après faire la guerre à ce-
» luy à qui je l'eusse baillée.

» Toutesfois, si pour la détention de mes en-
» fans il ne vouloit venir à nulle raison de
» traitté, vouloit me faire abandonner mes amis
» avant la restitution de mesdits enfans, ayant
» pris un pape, lieutenant de Dieu en terre,
» ruiné toutes les choses sacrées et sainctes, ne
» vouloit entendre et remédier à la venue du
» Turc, ny aux hérésies et sectes nouvelles qui
» pullulent par la chrestienté, qui est office
» d'empereur, moy estant père et portant le nom
» de Très-Chrestien, je ne sçay, si toutes ces
» choses ne me pouvoient esmouvoir à la guerre,
» quelles autres injures ou raisons seroient suf-
» fisantes à m'y provoquer et faire venir.

» Néantmoins, pour tout cela, n'ay-je laissé à
» luy faire les offres que je vous ai dites, comme
» vous sçavez assez : et par ceste raison, se
» peult clairement cognoistre et juger qu'à mon
» grand regret et desplaisir je suis venu à faire
» la guerre, veu que j'achetoy la paix si chère,
» sans les autres quittances, renonciations de
» droicts et restitutions de villes et païs, qui
» excèdent assez la somme que je vous ay cy-
» devant dicte.

» Quant au roy d'Angleterre, mon bon frère
» et perpétuel allié, je le tien pour si sage, si
» vertueux et si bon, qu'il n'a faict et ne fera
» chose là où son honneur n'ayt esté et n'y soit
» entièrement gardé; et aussi qu'il sçaura si
» bien et si vertueusement respondre des choses
» qui luy touchent, qu'on luy feroit tort d'en
» vouloir respondre pour luy. Bien vous dy-je,
» monsieur l'ambassadeur, que la bonne, ferme
» et perpétuelle amitié qui est entre mon bon
» frère perpétuel allié et moy, est telle, que, là
» où il seroit en estat, pour indisposition de sa
» personne (dont Dieu le gard), de n'en pouvoir
» respondre, je vous avise que je ne voudroy en
» rien moins faire que je voudroy faire pour
» moy-mesme, y employant non seulement mes
» royaume, païs et seigneuries et subjects, mais
» ma propre personne, laquelle n'y sera jamais
» espargnée, là où il en aura besoing; et cela
» veux-je que tout le monde entende.

» Aussi, monsieur l'ambassadeur, pour ce
» que mon hérault Guienne m'a dit que vostre-
» dit maistre luy donna charge me dire qu'il
» croit que je n'ay esté averty de quelques pro-
» pos qu'il tint à mon ambassadeur (1) le pré-
» sident, luy estant en Grenade, pour me faire
» sçavoir, lesquels me touchoient très-fort, et
» qu'il m'estimoit si gentil prince que, si je les
» eusse sceus, j'y eusse respondu, je vueil bien
» à cela vous dire que mondit ambassadeur m'a
» averty de beaucoup de propos, mais non
» point de chose qui rien sceust toucher mon
» honneur; et si l'eust faict, vous estes asseuré
» que je n'eusse failly ne si longuement de-
» meuré à y respondre; car, dès que j'ay en-
» tendu les choses que je vous ay dittes, j'y ay
» faict la response que je vous ay baillée à lire,
» signée de ma propre main, laquelle je tien si
» suffisante, qu'elle satisfaict non seulement à
» ce que vostredit maistre sçauroit avoir dit
» par cy-devant, mais entièrement à tout ce

(1) Cet ambassadeur était le président Calvimont. Charles-Quint lui avait dit : « Votre maistre a lâchement » violé la parole qu'il m'a donnée à Madrid : s'il ose le » nier, je le lui soutiendrai seul à seul, les armes à la » main. »

» qu'il pourra dire contre mon honneur par cy-
» après.

» Et, au regard de ce qu'il dit que, par les-
» dits propos, je cognoistray qu'il m'a mieulx
» tenu ce qu'il me promist à Madril, que je ne
» luy ay tenu ce que je luy promis, il ne me
» souvient point luy avoir faict quelque pro-
» messe ; car quant au traitté qui est par escrit,
» je m'en tien assez justifié du peu d'obligation
» que j'y ay, veu que je ne fu en liberté ny devant
» ny depuis ledit traitté, jusques à ce que j'ay esté
» en mon royaume, ny mis sur ma foy, pour
» pouvoir la garder et observer. Et du demeu-
» rant, quand j'y ay bien pensé, je ne trouve point
» avoir eu avec luy autre propos d'obligation,
» si ce n'est quant à l'entreprise du Turc, que
» toutesfois et quantes qu'il l'entreprendroit, et
» que sa personne y seroit, que je m'y trouve-
» roy pour l'accompagner avec mes forces : la-
» quelle chose j'avoue et trouve très-bonne ; et
» pleust à Dieu de vouloir convertir les passions
» particulières d'un chacun, tant au bien géné-
» ral de toute la chrestienté, que toutes noz
» forces feussent employées en un si sainct et
» bon effet! luy promettant, quant à moy,
» qu'il peult estre tout asseuré qu'il n'aura ja-
» mais pour ceste occasion si tost le pied à l'es-
» trier, que je n'aye plustost le cul sur la selle
» pour ce faire, encores que je n'aye les Turcs si
» près mes voisins, comme de nouveau il les a
» en Hongrie, et par conséquent en Allemagne. »

Ces propos parachevez, le Roy licentia ledit seigneur de Grenvelle, avec bonnes et gratieuses paroles quant à sa personne, le priant ne vouloir faillir de faire donner saufconduit au hérault qui l'accompagneroit pour présenter l'escrit cy-dessus dit à l'Empereur, son maistre. Et ce faict la compagnie se sépara.

Lorsque ces choses se faisoient en France et en Angleterre, comme j'ay dit ci-dessus, le seigneur de Lautrec avoit passé la montagne avec une partie de son armée ; mais encore n'estoient arrivez dix mille Suisses, desquels le Roy avoit envoyé faire levée, aussi n'estoit arrivé qu'une partie des lansquenets qui devoient estre soubs la charge du comte de Vaudemont ; parquoy, pour les attendre, s'en alla séjourner en Lastisane. Or, pour vous faire entendre une partie des forces que ledit seigneur menoit : de la gendarmerie, y estoit la compagnie de mondit seigneur de Lautrec, de cent hommes-d'armes, conduitte par le baron de Grantmont, son lieutenant ; celle de monsieur de Vaudemont, autre cent, conduitte par le seigneur de Gruffy, son lieutenant ; celle de monsieur de Lorreine, cent, conduitte par le capitaine Pierrepont, son lieutenant ; la compagnie de monsieur d'Albanie, cent, conduitte par le seigneur de Moriac, son lieutenant ; le seigneur de Lignac, cinquante hommes-d'armes ; la compagnie de monsieur de La Fayette, cinquante, conduitte par son fils ; le seigneur de Montpesac, cinquante ; le seigneur de Pomperant, cinquante ; cinquante du seigneur de La Trimouille, petit-fils de feu messire Louis de La Trimouille, conduitte par Louis de Beauvillier, seigneur de La Ferté-aux-Oughons, son lieutenant ; le comte Hugues de Pépolo, boulonnois, cinquante ; le seigneur de Tournon, cinquante ; et son frère, son lieutenant, messire Claude d'Estampes, seigneur de La Ferté-Nabert, cinquante ; le seigneur de Neigre Pelisse, cinquante ; le seigneur de Leval, de Dauphiné, cinquante ; et maistre Jerminghen, anglois, gentilhomme de la chambre du Roy et du roy d'Angleterre, ayant charge de deux cens chevaux-légers, homme bien estimé, et son lieutenant maistre Care, lesquels moururent audit voyage, comme les autres François, de l'infection de l'air, devant Naples. De gens de pied, le comte de Vaudemont, six mille lansquenets ; le comte Pètre de Navarre, six mille Gascons ; le seigneur de Burie, quatre mille François et dix mille Suisses, avec bon nombre d'artillerie, desquels avoit la charge le seigneur de Mondragon, gascon. Ayant le seigneur de Lautrec séjourné quelques jours en Lastisane, fut averty que le comte Ludovic de Lodron, lequel estoit dedans Alexandrine avec six mille lansquenets, en avoit envoyé deux mille au Bosc, petite ville, pour contraindre le peuple des environs de fournir deniers pour la solde desdits lansquenets estans à Alexandrie.

Le seigneur de Lautrec, considérant que, s'il pouvoit deffaire lesdits lansquenets, ce luy seroit grande faveur, et affoiblissement pour son ennemy, dépescha bon nombre de gendarmerie avecques une partie des Suisses qui jà estoient arrivez, pour aller clorre ledit lieu du Bosc, et empescher que les lansquenets ne se peussent retirer en Alexandrie, ce pendant qu'il marcheroit avec le reste de son armée et l'artillerie. Estant partie ceste troupe, ledit seigneur de Lautrec marcha après en toute diligence ; puis, estant arrivé devant Bosc, soudain feit faire les approches et planta son artillerie au lieu qu'il cogneut le plus avantageux pour luy et dommageable à l'ennemy ; dont il feit telle et si furieuse batterie, que n'ayans les ennemis loisir de remparer, voyans l'assaut prest à donner, capitulèrent, de sorte qu'ils s'en allèrent la vie sauve et sans armes ; mais depuis vindrent au service du Roy, soubs les enseignes du comte de Vaudemont :

aussi le seigneur de Lautrec, encores que par la composition ils deussent laisser les armes, par l'honnesteté de la guerre les leur rendit; qui fut cause, à mon avis, qu'estans mal receus et soldoyez d'Antoine de Lève, estans quittes de leurs sermens, ils prindrent la solde du Roy.

Pendant ce temps, le seigneur André Dorie, qui avoit la charge des gallères du Roy, estant party de Marceille avecques quatorze gallères, feit telle guerre au Gennevois, que nul s'osoit trouver en mer le long de la rivière de Gennes, en sorte que vivres et marchandise y deffaillirent, et faisoit sa retraitte à Savonne. Cependant le seigneur César Frégoze, lequel depuis peu de temps estoit venu du service des Vénitiens à celuy du Roy, averty, par les amis qu'il avoit à Gennes, de la nécessité de vivres en laquelle estoient les habitans, fut dépesché par le seigneur de Lautrec, avec bon nombre d'hommes, tant de pied que de cheval, pour leur aller faire la guerre par terre; et leur feit telle, qu'en peu de jours n'y demoura ny grains, ny bestial, ny autres vivres, desquels les habitans de ladite ville peussent estre substantez à six lieues à la ronde. Les Gennevois, estans en telle extrémité, ne veirent autre moyen de leur salvation, sinon par mer; parquoy armèrent six gallères, lesquelles ils mirent à l'aventure pour avoir vivres. Or la fortune leur fut si bonne, qu'estans en mer, se leva une tourmente telle, que André Dorie fut contraint de se retirer à Savonne: sur laquelle retraitte, le comte Phelippin, nepveu dudit André Dorie, fut pris et mené à Gennes; dont lesdits Gennevois furent si enorgueillis, n'estimans plus les François, qu'ils feirent une saillie sur César Frégose, telle, qu'ayant mis en chasse les premiers qu'ils trouvèrent, comme mal advisez chassèrent si avant, que les François leur coupèrent chemin entre la ville et eux, de sorte que tout ce qui estoit sorty fut deffaict, et le comte Gabriel de Martiningues, leur capitaine-général, fut pris prisonnier. Pour lequel infortune ils s'estonnèrent tellement, qu'ils mirent la ville entre les mains dudit César Frégose, au nom du Roy, où peu de jours après, arrivant ledit seigneur de Lautrec, y ordonna pour gouverneur et lieutenant du Roy, le seigneur Théodore Trévoulce, mareschal de France, puis, peu de jours après, les Impériaux et ceux de la part adorne, qui s'estoient retirez dans le chasteau, le remirent entre les mains du Roy.

Au temps que le seigneur de Lautrec pourvoyoit à l'estat de Gennes, il manda aux lansquenets qui estoient au Bosc, qu'ils eussent à marcher à Alexandrie, pour empescher le secours d'entrer dedans; puis, ayant pourveu, comme dit est, à l'estat de Gennes, les suivit avecques son armée. Auquel lieu d'Alexandrie estant arrivé, en toute diligence feit mettre son artillerie en batterie; et, n'eust esté le seigneur Albert Barberan, qui la nuict entra dedans avec mille hommes de guerre, dès ce jour estoit en hazard d'estre prise d'assault, parce que les habitans estoient si estonnez, pour la perte de leurs lansquenets qu'ils avoient perdus au Bosc, que peu de gens mettoient la main aux armes.

Le lendemain, les Vénitiens envoyèrent renfort de bon nombre d'artillerie, de pouldre et de boullets; dequoy ledit seigneur de Lautrec feit telle batterie, que le comte Ludovic de Lodron, qui estoit chef en ladite ville, la rendit, par composition telle, que les lansquenets et autres gens de guerre estans dedans la ville, s'en irolent leurs bagues sauves, faisans serment de ne porter armes de six mois contre les François ny leurs alliez. Estant la ville entre les mains du seigneur de Lautrec, la remist entre les mains des députez du seigneur Francisque Sforce, suivant la ligue faicte et jurée entre les alliez de la Saincte-Ligue. Au mesme temps, Jean Jacques Médequin, castelan de Muz, et depuis marquis de Marignan, avoit faict levée de quelque nombre d'hommes pour amener au service du duc Sforce, et se venir joindre avecques l'armée françoise; dequoy le seigneur Antoine de Lève averty, et sçachant que ledit Médequin estoit logé à quatorze milles de Milan, en lieu ouvert et non fortifié, partit de Milan à l'improviste avecques toutes ses forces, et feit telle diligence, qu'arrivant au poinct du jour sur le logis dudit Médequin, depuis nommé Jean-Jacques de Médicis, le surprint, de sorte que ses forces furent défaictes, et luy se sauva à Muz. Ce faict, craignant que monsieur de Lautrec vint à Milan, qu'il avoit laissée despourveue, s'en revint en toute diligence loger aux faubourgs de la ville. Auquel lieu estant arrivé, ayant les nouvelles de la prise de la ville de Gennes et de Alexandrie, et se voyant peu de gens sans payement, désespéré de pouvoir garder la ville de Milan, délibéra de l'abandonner et de se retirer à Pavie; mais, estant averty du peu de vivres qui estoient dedans, chaugea d'opinion, et y envoya le comte Ludovic de Bellejoyeuse (lequel, depuis peu de temps, avoit abandonné le service du Roy, pour une querelle qu'il avoit contre le seigneur Fédéric de Bozzolo), accompagné de deux mille cinq cens hommes de pied.

Le seigneur de Lautrec, ayant remis Alexandrie entre les mains du duc Sforce, s'en alla à Vigève, laquelle se remist en son obéissance : aussi feit tout le païs de l'Omeline. Auquel lieu de Vigève il passa le Tésin pour aller à Biagras, laquelle pareillement il print et remist entre les mains dudit Sforce. Ce faict, faignant de prendre le chemin de Milan, tourna tout court à Pavie, laquelle il assiégea du costé du chasteau, et l'armée vénitienne par l'autre part ; lesquels commencèrent une furieuse batterie, chacun de son costé. Le seigneur de Lautrec ayant faict brèche, mais non raisonnable, quelques François se présentèrent à donner l'assault, sans commandement ; mais, ainsi que follement ils estoient allez, follement furent repoussez. Le lendemain, de la part de monsieur de Lautrec, fut faicte telle batterie, que la brèche fut si raisonnable que la ville fut emportée d'assault. Et n'y mourut, tant de ceux de dedans que de dehors, qu'environ trois cens hommes, parce que ceux de la ville, se voyans forcez, se sauvèrent par dessus le pont, le rompant après eux afin de n'estre suivis. Le feu fut mis en quelques maisons au milieu de la ville, laquelle fut sacagée ; et n'eust esté la diligence dont usa ledit seigneur de Lautrec, ladite ville eust esté mise en cendre, pour la mémoire qu'avoient les soldats de la bataille qui avoit esté perdue quatre ans auparavant. Ayant, ledit seigneur de Lautrec, sauvé la ville du feu, et l'ayant remise ès mains du duc de Milan, vint devers luy le cardinal Cibo, légat de la part du Pape, pour le sommer à ce que, suivant les traittez d'entre le Pape, le Roy et le roy d'Angleterre, il eust à marcher, pour mettre l'armée impérialle hors des terres de l'Eglise, et mettre Romme en liberté. Le duc Sforce, de ce averty, accompagné de grand nombre de gentilshommes milannois, vint devers ledit seigneur de Lautrec, le suppliant ne passer outre, que premièrement il n'eust mis le reste du duché hors des mains des Impériaux ; chose, à ce qu'il disoit, aisée à faire, parce que desjà Antoine de Lève estoit dénué d'hommes et d'argent, et la ville de Milan en nécessité de vivres, parquoy il seroit contrainct de l'abandonner, ne trouvant lieu seur pour sa retraitte.

Le seigneur de Lautrec, combien qu'il eust la cognoissance que ces remonstrances estoient raisonnables, et mesmes estoit son opinion et intention de ce faire ; mais le légat, au contraire, le pressoit de passer outre, disant que c'estoit chose aisée à l'armée vénitienne et celle du duc, de parachever ladite conqueste, veu que Antoine de Lève pour toutes choses ne tenoit plus que Milan, desjà demy-affamée, et l'armée impérialle ruinée ; parquoy ledit seigneur de Lautrec condescendit aux remonstrances dudit légat. Toutesfois il fut contrainct de faire séjour à Pavie plus qu'il n'espéroit ; car encores n'estoient arrivez tous les lansquenets qui estoient soubs la charge du comte de Vaudemont, et les Suisses firent refus d'entreprendre le voyage de Romme. Estans lesdits lansquenets arrivez, marcha ledit seigneur de Lautrec à Plaisance (auquel lieu, Alfonce, duc de Ferrare, se joignit en ligue avecques le Roy, laissant la part impérialle) ; et là se traitta le mariage d'Hercules, fils dudit duc Alfonce de Ferrare, et de madame Renée, fille du roy Louis douziesme, et seur de la feu royne de France : lequel mariage fut consommé au palais à Paris, peu de temps après, en grande magnificence ; et en la salle de Sainct-Louis se feit ce festin. Plusieurs ont estimé, et c'est mon opinion, que si le seigneur de Lautrec eût employé le temps qu'il séjourna à Plaisance et à Boulongne, aisément il eût remis en l'obéissance du duc Sforce tout le duché de Milan, et n'eût laissé à exécuter son entreprise de Naples ; car ayant chassé de la Lombardie les Impériaux, il eust esté plus formidable à toute l'Italie. Mais je pense qu'il estoit si bien avisé, que ce qu'il faisoit estoit à bonne intention, ou par commandement qu'il avoit de son prince.

Antoine de Lève, voyant les forces de France partir du duché de Milan, et n'ayant en grande réputation ny l'armée des Vénitiens, ni l'armée du duc, qui estoient demourées entre le Pau et Tésin, entreprint d'eslargir ses limites, pour plus aisément avoir vivres ; et, pour cest effect, partant de Milan, vint assaillir Biagras, laquelle ville il print sur les gens du duc Sforce ; puis, mettant en ordre des batteaux, délibéra de faire un pont sur le Tésin, pour faire le semblable à Vigève, Morterre, Noare, et toute l'Omeline. Dequoy monsieur de Lautrec, qui estoit à Plaisance, adverty, dépescha le comte Pètre de Navarre, avecques cinq ou six mille hommes de pied françois, et quelque gendarmerie ; lequel à son arrivée reprint ladite ville de Biagras, taillant en pièces ce qu'il trouva dedans, puis la remist entre les mains du duc de Milan, lequel y meit meilleure garde qu'il n'avoit faict au précédant.

Le seigneur de Lautrec, ayant exécuté ladite entreprise, partit de Parme et Plaisance, environ le commencement de l'hyver 1528, et marcha à Boulongne-la-Grâce, passant à Rége ; audit lieu de Boulongne il trouva le cardinal Cibo, légat et gouverneur de ladite ville, auquel lieu il hyverna son armée jusques environ le commencement de février. Cependant qu'il séjourna à Boulongne, les Impériaux, voyans la bonne fortune dudit seigneur de Lautrec, craignans perdre leur butin, mirent le Pape à rançon pour faire le payement de leur armée, faisans entendre qu'ils avoient commandement de l'Empereur de le mettre en pure liberté, mais que, pour contenter leur armée, ils estoient contraincts, encores que ce ne fust le vouloir dudit Empereur, d'avoir argent de luy, craignans que les soldats, estans mutinez, ne feissent offence à sa personne. Mais, à vray dire, ils avoient doubte qu'arrivant le seigneur de Lautrec, ils fussent contraincts de le mettre en liberté; car ils l'avoient mis à une somme si desraisonnable, qu'il n'avoit le moyen de la payer : parquoy ils le mirent en une rigoureuse garde, encores qu'il eust baillé ostages. Enfin, il trouva moyen de tromper ses gardes, et, montant sur un genet d'Espagne, se sauva au chasteau d'Orviette : mais les ostages, depuis, payèrent sa rançon. Partant de Boulongne, le seigneur de Lautrec prist le chemin de Rimini, et de là à Senégaille; de là à Anconne et à Récanat, auquel lieu (parce que c'estoit du patrimoine de l'Eglise) il fut très-bien receu; car les Impériaux, le sentans approcher, avoient abandonné toute la Romagne, se retirans vers le royaume de Naples. Auquel lieu de Récanat séjourna le seigneur de Lautrec quelques jours, pour refreschir son armée : partant de ce lieu, dressa son chemin par Pezaire et autres villes du duché d'Urbin; de là entra en l'Abrusse, païs de petites montagnes, fort fertile et plantureux de vins, bleds et huilles, et alla loger à Lenzanne; puis, suivant le bord de la mer Adriatique, s'en alla loger au marquisat du Guast. Au partir du Guast, l'armée entra au païs de l'Aquille : auquel lieu feit telle tempeste de temps, que, encores que les soldats fussent frais et reposez, si en mourut-il plus de trois cens, tant de pied que de cheval, pour la tourmente et les froidures qui feirent. Partant dudit lieu, l'armée tira le chemin de la Pouille, parce que le seigneur de Lautrec vouloit recevoir le tribut de la foire de la douane, qui sont cent mille ducats, pour luy servir au payement de son armée; ce qu'il feit. Audit païs de la Pouille estoit le haras de l'Empereur, duquel les chevaux furent distribuez par les compagnies.

Au mesme temps, estant encore à la Pouille, fut averty que Philebert de Challon, prince d'Orenge, lequel, depuis la mort de feu monsieur de Bourbon, estoit demouré lieutenant de l'Empereur en son armée, marchoit avec ladite armée pour luy empescher le chemin.

Après lequel avertissement il s'en alla loger à Nochières (1), avecques l'infanterie françoise et seulement les gentilshommes, lesquels estoient venus pour leur plaisir pour veoir la guerre, et le reste de l'armée les envoya loger à Foge, distant dudit lieu de Nochières de quatre ou cinq milles. Estant l'armée ainsi divisée, l'ennemy se vint camper à Troye, sur le chemin de nostre armée. Le seigneur de Lautrec, voyant l'ennemy si près, manda à la gendarmerie qui estoit logée à Foge, de se venir joindre avec luy : dequoy l'ennemy adverty, sortit de son camp avecques toute sa cavallerie, pensant empescher ladite gendarmerie de se joindre avec le reste de nostredite armée; mais, voyant nostre gendarmerie marcher en bonne ordonnance, l'armet en teste et la lance sur la cuisse, délibérez de combatre, se retira en son fort, sans mesmes oser leur dresser l'escarmouche; parquoy nostre gendarmerie, sans empeschement, vint à Nochières trouver mondit seigneur de Lautrec.

Le seigneur de Lautrec, ayant assemblé son armée, et sçachant l'ennemy estre campé audit lieu de Troye, partit de Nochières avec toutes ses forces, pour l'aller combatre : l'ennemy, de sa part, sortit de son camp pour venir audevant de luy, mais il n'approcha de trop près; si est-ce qu'il s'y feit de belles escarmouches, deux jours durant. Le seigneur de Lautrec ne feit que deux lieuës pour jour, dont le deuxiesme jour passa un canal pour lors estant sans eau, mais fort profond, et vint loger son camp près du pied de la montagne là où estoit l'ennemy, et près de la ville de Troye; lequel logis ne se feit sans y avoir de belles et braves escarmouches, où un chacun feit son devoir, tant d'un costé que de l'autre. Le lendemain, qui estoit le premier samedy de caresme, l'armée de France marcha en ordre de bataille, toute preste à combatre, et monta la montagne, laissant l'ennemy à main gauche, pour trouver moyen de le tirer hors de son fort; mais jamais il n'en voulut desloger : parquoy nostre armée tourna la teste vers l'ennemy, marchant nostre artillerie la bouche devant, sçavoir est, douze canons, six bastardes et six moyennes, les enseignes d'Allemans, desquelles estoit général le comte de Vaudemont, qui pouvoient estre jusques au nombre de huict mille hommes, et le nombre de trois mille Suisses, desquels estoit colonnel monsieur le comte de Tendes (qui estoient les vieilles bandes qui depuis deux ans estoient en campagne avecques le marquis de Salluces); les

(1) Ou Lucéria.

enseignes de trois mille hommes de pied françois, desquels estoit colonnel le seigneur de Burie; quatre mille Gascons, desquels estoit colonnel le comte Pètre de Navarre, et le seigneur de Candalle avecques luy; et les enseignes de dix mille Italiens. Et marchèrent les colonnels desdites trouppes, chacun à la teste de leur bataillon.

Or est-il que l'avant-garde, bataille et arrière-garde marchoient tout d'un front, seulement y avoit distance entre deux bataillons, de deux cens pas, et marchèrent avec la plus grande volonté de combattre que gens qu'on eust veu de nostre vivant; de sorte qu'il y a grande apparence que, si ce jour on eust combattu, veu la volonté des hommes, la victoire eust esté pour les François. Sur les aisles de chacun bataillon, y avoit une trouppe de gendarmerie pour les soustenir; à l'aisle droicte des Suisses estoit ordonné la compagnie de cent hommes-d'armes du duc d'Albanie, conduitte par le seigneur de Moriac, son lieutenant, et le seigneur de Pomperant, avec cinquante hommes-d'armes dont il estoit capitaine. L'escarmouche se dressa sur lesdites compagnies, pendant laquelle, après que noz Suisses eurent, comme ils ont accoustumé, baisé la terre, espérans combatre, et que tous ceux de l'armée d'une voix crioient *bataille*, mondit seigneur de Lautrec feit tourner son artillerie sur le costau d'une montagne, et la feit tirer sur l'ennemy : les escarmouches estoient encores meslées, mais chacun fut contrainct de se retirer de son costé, pensans jouer le gros jeu. Et y perdirent les Impériaux de leurs hommes, mais peu. Sur les bataillons qui marchoient après l'artillerie, descendit jusques au nombre de trois cens chevaux des ennemis, quoy voyant mondit seigneur de Lautrec, luy en personne, l'armet en teste, l'espée au poing, vint commander aux seigneurs de Moriac et de Pomperant, d'aller charger ceste trouppe d'ennemis, ce que soudain fut exécuté. A ladite charge se trouvèrent les seigneurs de Tournon, avecques leurs hommes-d'armes; aussi feit la jeunesse françoise, qui y estoit venue pour son plaisir, tels que le seigneur de Bonnivet, de Jarnac, le baron de Conty, Chastaigneraye, Cornillon, et autres, jusques au nombre de trente ou quarante. La charge fut si vigoureusement faicte, que tous les ennemis qui estoient sortis furent deffaicts, et les enseignes et les guidons gaignez.

Ce pendant que ladite charge se feit, monsieur de Lautrec logea son armée vis-à-vis de l'ennemy, sur une platte montagne, où y avoit une vallée entre luy et l'armée de l'ennemy, assez ample; auquel lieu estant campé, se feirent ordinairement de belles escarmouches, charges, prinses, et recourses. Le lendemain que le camp de France fut logé, fut dit audit seigneur de Lautrec que, si le jour précédent il eust combatu, il estoit apparant qu'il eust gaigné la bataille, à quoy il feit response : « Je » ne pouvoy donner la bataille sans y perdre » beaucoup de gens de bien; mais je les auray » la corde au col. » L'armée fut audit lieu huict jours, durant lequel temps se leva une tempeste de vent, telle et si impétueuse, qu'il ne demoura pavillon ny tente debout; et y feit une telle froidure, et le temps si contraire, qu'il y mourut grand nombre d'hommes devant que partir de là. Aussi une des occasions qui meut monsieur de Lautrec de ne donner la bataille le jour qu'il la présenta, fut qu'il attendoit le seigneur Horace Baglion, qui amenoit trèze enseignes de gens de pied des plus agguerris d'Italie, qui estoient les bandes noires qui avoient esté, de longue main, soubs la charge du seigneur Jean de Médicis.

Un vendredy au soir arriva ledit Horace Baglion avecques ses bandes. Dequoy l'ennemy estant averty, la nuict d'entre ledit vendredy et le samedy, meit toutes les campanes des mullets dans les coffres, et, sans sonner trompettes ny tabourin, deslogea, prenant le chemin des bois droict à Naples. Dequoy le seigneur de Lautrec averty, envoya quelque compagnie de gendarmerie et quelque trouppe de chevaulx-légers à leur suite, qui en deffirent quelques-uns demeurez sur la queue, mais bien peu. Plusieurs capitaines françois furent d'avis que mondit seigneur de Lautrec devoit suivre le prince d'Orenge, et, s'il l'eust faict, il estoit apparant qu'il l'eust deffaict; car, arrivant ledit prince à Naples, dont Hugues de Montcade, lequel pour lors estoit viceroy de Naples, et autres principaux serviteurs de l'Empereur, avoient ledit prince d'Orenge en telle haine, que les portes de Naples luy eussent esté fermées, et, arrivant nostre armée sur ces disputes, elle eust séparé la querelle. Mais Dieu le voulut autrement, et ne voulut que mondit seigneur de Lautrec prînt le meilleur avis. Beaucoup de gens eurent opinion que le comte Pètre de Navarre luy donna ce conseil, qui estoit homme qui avoit esté nourry au païs, disant qu'ayant pris le reste du royaume, il auroit la ville la corde au col. Mais il avint le contraire de son dessein, car il leur donna loisir de se pourvoir et de mettre ordre à leurs affaires.

Le lendemain que le prince d'Orenge fut deslogé de Troye, le seigneur de Lautrec dépescha le seigneur Pètre de Navarre, avec bon nombre de gens de pied françois, et les bandes noires, et bon nombre de gendarmerie avec une bande d'artillerie bien pourveue de munitions, pour aller devant Melphe, et la mettre en l'obéissance du Roy, à ce que nostre camp estant devant Naples, le prince de Melphe, qui avoit jusques au nombre de trois mille hommes de pied et une bonne trouppe de cavallerie, ne rompist les vivres à nostre armée, faisant souvent des saillies. Arrivé qu'il fut devant Melphe, meit son artillerie en batterie, où, après avoir battu deux jours, fut donné un assault, auquel furent repoussez les soldats de la Toscane, encores qu'ils feissent fort bien leur devoir; mais le second, donné par les Gascons, la ville fut forcée, non sans grande perte, pour la résistence que feirent ceux de dedans. Les François, animez de la perte de leurs compagnons, l'ayant forcée, y feirent un grand carnage; car, de compte faict, il y mourut, tant de gens de guerre que des habitans de la ville, jusques au nombre de six à sept mille personnes, dont de gens de guerre y avoit environ trois mille. Et fut pris ledit prince de Melphe prisonnier, en combatant, les armes au poing; aussi fut prise sa femme et ses enfans, qui s'estoient retirez dans le chasteau. Estant le siége devant Melphe, le seigneur de Lautrec envoya une trouppe de gendarmerie et de gens de pied, pour prendre Venouze: lesquels estans arrivez audit lieu, après avoir dressé quelques eschelles contre les murailles, ceux de la ville, estans surpris, l'abandonnèrent et se retirèrent dedans le chasteau, qui estoit une très-forte place; mais, quelques jours après, n'ayans espérance de secours, se rendirent, eux et le chasteau, par composition. Ladite place de Venouze estoit celle que le capitaine Louis d'Ast (1), du temps du roy Louis douziesme, garda un an auquel que tous les François furent hors du royaume de Naples, contre toute l'armée du roy d'Arragon, et, au bout d'un an, s'en revint en France par composition, armet en teste et enseignes desployées.

Le sac de Melphe parachevé, le seigneur de Lautrec passa son armée par le païs de Labour, arriva devant Naples le premier jour de may 1529 (2), auquel lieu estant arrivé, se logea à Poge Réal, et la pluspart de toutes les villes et places du royaume se meirent en son obéissance, au nom du Roy, hors mis le chasteau de Manfredoine, assis sur la mer Adriatique, tirant à Sainct-Nicolas-du-Bar et Gaïette. D'aucuns, cognoissans la nature du païs, ne furent d'avis qu'il logeast son armée à Poge Réal, d'autant que, venantes les chaleurs, l'air y est incontinant infecté, pour les eaues qui n'y sont salubres; mais le seigneur Pètre de Navarre l'asseuroit que, devant que lesdites chaleurs vinssent, la ville seroit affamée; d'où vint la principale ruine de nostre armée. Estant logé le camp devant Naples, se feit une entreprise de quarante hommes-d'armes estans de la compagnie du duc d'Albanie et du comte de Vaudemont, conduits par le seigneur de Gruffy, sur la ville et chasteau de Vic; laquelle, pour la diligence qu'ils feirent, ils surprindrent, de sorte qu'ils prindrent et ville et chasteau, où fut trouvé du butin inestimable, tant de vaisselle d'or et d'argent, que d'autres riches meubles; de sorte qu'il y eut environ douze cens escus pour homme-d'armes de ce qui vint au butin. Vous pourrez estimer quels autres biens il y pouvoit avoir, qui ne vindrent à cognoissance; mesmes y furent pris les sceaux de l'Empereur. Estant nostre camp logé et assis devant Naples, fut faict un fort dedans les marais de la Magdalène, près de Naples, qui fut nommé le fort de Basque, parce qu'il fut commis à la garde de deux capitaines basques, sçavoir est, du capitaine Martin le Basque et du capitaine Raymonnet, qui estoient deux vaillans capitaines, ayant des soldats de mesmes comme ils monstrèrent, ainsy qu'entendrez par cy-après. Aussi fut entrepris, près Sainct-Martin, un autre fort, par le seigneur Pètre de Navarre, plus grand que le précédent, pour y loger bon nombre d'hommes, et garder que les assiégez n'y feissent saillies sur les chevaux du camp, pour les surprendre à l'abrevoir; où il y eut grand combat, pour une sortie que feirent les Impériaux pour empescher ladite fortification; mais enfin, estans repoussez jusques dedans les barrières, fut ledit fort parachevé; et y fut mis, pour la garde, le seigneur de Burie, avec la charge de gens de pied françois ausquels il commandoit, et le baron de Grantmont avec des Gascons; aucuns le nommèrent le fort de Gascongne, autres le fort de France. Lequel fort feit beaucoup d'ennuy à ceux de la ville, pour les entreprises qu'ordinairement faisoit ledit seigneur de Burie et de Grantmont sur eulx. Et, entre autres, s'en feit un près Nostre-Dame de Pied-de-Grotte, où le seigneur de Bonnivet, jeune gentilhomme et vaillant, après avoir fort bien faict son devoir, fut blessé de sorte que les entrailles luy sortirent du corps: toutesfois fut porté à Venouze, et fut guérie sa playe; mais depuis il mourut par maladie.

La veille de la Penthecouste subséquente, les ennemis, pensant surprendre le fort de Basque,

(1) D'Ars.
(2) Lisez 1528.

lequel les tenoit de près, partirent de la ville sept ou huict cens hommes, pour leur donner une camisade : environ minuict, le guet du fort, qui estoit vigilant, entrevit quelque blancheur ; parquoy, le monstrans l'un à l'autre sans faire bruit, estimoient que ce fussent moutons couchez là auprès, tant que l'un, ayant la veue plus certaine que les autres, jugea que c'estoient gens de guerre couchez sur le ventre, avecques des chemises blanches pour les surprendre. A cause de quoy ils avertirent leurs capitaines, lesquels, sans faire alarme, de main en main le feirent entendre à leurs soldats, et les feirent mettre chacun en sa deffense, préparez de recevoir leur ennemy ; puis, estans les capitaines sur une platte-forme, après avoir mis quelques fauconnaux aux lieux dont ils se pouvoient ayder, demandèrent : *Qui va là!* et *qui vive!* Mais l'ennemy, sans faire response, donna de la teste de furie droict aux remparts, lesquels n'estoient guères haulx, de telle hardiesse, que lesdits ennemis montèrent jusques sur le hault du fort ; mais, ainsi que furieusement ils montèrent, ils furent recueillis de ceux de dedans, en telle asseurance, que tout ce qui monta hault fut tué, et ceux aussi qui s'efforcèrent de ce faire. Et y mourut des assaillans, de compte faict, deux cens cinquante ; et y furent blessez, de la part de dedans, les deux capitaines, sçavoir est, le capitaine Martin, dequoy il mourut peu de jours après, et le capitaine Raymonnet, d'une arquebouzade à travers du genoil, dont il fut contrainct, pour ne se pouvoir tenir debout, long-temps combattre sur un genoil. Et telle fut l'issue de ladite entreprise. Peu de jours après, le seigneur Horace Baglion, chef des enseignes noires, ayant faict entreprise d'aller chercher les ennemis entre ledit fort et la Magdalène, les ayans trouvez, les chargea de telle vigueur, qu'il les remist dedans la ville, mais, mal suyvi de ses hommes, fut tué à coups d'hallebarde, sur sa retraitte, sans estre cogneu ; qui fut grand dommage. Sa charge fut donnée au comte Hugues de Pépolo, boullenois, duquel a esté parlé en plusieurs endroits de ces Mémoires.

Durant ledit temps, le comte Phelippin Dorie, nepveu du seigneur André Dorie, estoit avec huict galères près de Naples. Le seigneur dom Hugues de Montcade, vice-roy de Naples, estant dedans la ville, averty que les soldats desdites galères ordinairement s'en alloient au camp, de sorte que lesdites galères le plus souvent demouroient sans grande garde, feit armer six galères qui estoient au port de Naples, pour aller surprendre les huict galères de Phelippin. Le seigneur de Lautrec, par ses espies estant averty de l'entreprise, envoya le faire entendre audit Phelippin, et quand et quand, secrettement et sans bruit, lui envoya quatre cens arquebouziers esleus, conduits par le seigneur du Croq, gascon, pour recueillir la furie de l'ennemy. Dom Hugues de Montcade, n'estant averty du renfort venu dans lesdites gallères, partit du port de Naples, avecques les six gallères qu'il avoit équippées de tous gens esleus, et, entre autres, du marquis du Guast, du seigneur de Ris, bourguignon, pour ceste heure sommelier du corps de l'Empereur, et plusieurs autres gros personnages, et feit voile droict à noz gallères, sans les marchander. Mais, ainsi que gaillardement les avoient assaillies, ils feurent receus ; et, de première abordée, les gallères françoises en mirent deux des leurs en fond, à coups de canon ; les autres furent investies, et furent combattues main à main et pied à pied, tellement que ce combat tant furieux dura l'espace d'heure et demie, avecques grande perte d'hommes, tant d'un costé que d'autre ; de sorte que des Impériaux n'en reschappa que bien peu ; et entre autres y mourut dom Hugues de Montcade, vice-roy de Naples ; et fust prisonnier le marquis du Guast, le seigneur de Ris, Ascagne Colonne, le beau Vauldré, plusieurs autres gros personnages : des quatre cens arquebouziers françois n'en reschappa que soixante, qu'ils ne fussent morts ou grandement blessez. Ceste victoire obtenue, deux de leurs gallères, qui n'avoient point esté mises en fond, à l'arrivée furent prises ; les deux autres, s'estans sauvées à la fuitte, se rendirent à Naples ; de l'une desquelles gallères le prince d'Orenge feit pendre le patron, dequoy l'autre ayant cognoissance, s'en alla rendre au comte Phelippin Dorie.

Le seigneur de Lautrec, averty de la victoire, manda que l'on envoyast en France les prisonniers ; ce qui fut faict, et furent baillez à Phelippin Dorie, avec deux gallères pour les conduire ; mais, passant à Gennes, le seigneur André Dorie les retint, mettant en avant que le Roy ne lui avoit satisfaict de la rançon du prince d'Orenge, qu'il avoit pris prisonnier à Porte-Fin, durant que le Roy estoit au siége devant Pavie ; dont depuis avint la ruine de nostre armée de Naples, parce que ce fut le motif de la révolte d'André Dorie, et le marquis du Guast, estant son prisonnier, le pratiqua pour l'attirer au service de l'Empereur.

Or ay-je laissé à vous dire que, peu après la despesche de monsieur de Lautrec pour aller à Naples, le Roy pareillement avoit despêché une armée de mer pour aller en Sicile, soubs espérance des pratiques et intelligences que disoit avoir un Sicilien, nommé César Impérator, et autres Siciliens de sa faction, cuidant par ce moyen divertir les forces impérialles du royaume de Naples, ou bien s'investir de l'isle de Sicile. De ladite armée le Roy avoit faict son lieutenant-général le seigneur Rance de Cère, et le seigneur André Dorie, amiral de l'armée de mer, espérant qu'au temps que monsieur de Lautrec arriveroit devant Naples, ladite armée de mer arriveroit en Sicile; chose qui fut très-bien pourveue si Dieu eust permis qu'elle fust venue à exécution : mais l'armée, estant partie des havres de la Tuscane, fut surprise d'une tourmente telle, qu'elle fut contraincte de prendre la volte de Corsèque (1), et, pour avoir vivres, prindrent le train de Sardaigne, où ils prindrent terre. Auquel lieu ayans mis leurs hommes en terre, le vice-roy de Sardaigne, pour l'Empereur, vint rencontrer nostre armée, qui n'estoit que de deux à trois mille hommes; et luy estoit accompagné de quatre à cinq mille hommes de pied et de trois à quatre cens chevaux. Ce nonobstant, noz gens les rompirent, et de la mesme furie emportèrent la ville de Sassary d'assault : auquel combat fut tué, des nostres, le seigneur Jacques du Bellay, colonel de deux mille hommes de pied. Après laquelle exécution, la peste se meit dans leur armée, pour les vivres qu'ils y trouvèrent en abondance, attendu la grande nécessité que les soldats avoient endurée, et, venus à en avoir largesse, tombèrent en fièvres qui se tournèrent en peste. Aussi se meit quelque division entre le seigneur Rance et le seigneur André Dorie; pour lesquelles deux occasions ils furent contraincts de se rembarquer et se retirer à Gennes, ayans consumé les vivres qu'ils avoient pour leur voyage de Sicile. Et eux arrivez à Gennes, fut envoyé le comte Phelippin, avec les huict gallères qui combattirent devant Gennes, ains que dessus a esté dict.

Pour vous faire entendre les occasions de la révolte d'André Dorie, aveques les praticques que je vous ai dit du marquis du Guast (dequoy depuis arriva l'entière ruine de nostre armée de Naples; car, sans le secours de André Dorie, la ville de Naples n'eust eu le moyen d'estre secourue de vivres, ayans, comme j'ai dit, perdu leur armée de mer, chose qui les amenoit la corde au col), après que ledit seigneur de Lautrec eut remis en l'obéissance du Roy la ville de Gennes, le Roy, par le conseil d'aucuns, délibéra de fortifier Savonne et y faire le port, qui eust esté l'entière ruine de Gennes; et dès l'heure transporta à Savonne le commerce de la marchandise et principallement la gabelle du sel qui estoit à Gennes, luy faisans entendre que, par ce moyen, il tiendroit les Gennevois en plus grande obéissance; mais ce fut bien le contraire, car, eux désespérez de ladite novalité, laquelle, à la longue, seroit la ruine de leur ville, les principaux citadins vindrent devers André Dorie et luy remonstrèrent qu'il estoit en son pouvoir de remettre sa patrie en sa première liberté, chose qu'il ne devoit différer estant amateur du païs; ausquels ledit André Dorie feit response que ce qu'il pourroit faire pour son païs avec son honneur, il le feroit. Or, sur ces malcontentemens, avint l'occasion cy-dessus ditte des prisonniers qu'il retint; parquoy, les ayant entre ses mains, délibéra d'envoyer un gentilhomme devers le Roy, pour luy supplier de luy faire raison de la rançon du prince d'Orange et autres prisonniers prins quand et luy, et pareillement de l'estat de ses gallères qui luy estoit deu; et que, là où le Roy luy en feroit refus, il promist aux Gennevois de tenir la main à ce qu'ils feussent remis en liberté.

Le seigneur de Lautrec, averti de ceste praticque par le moyen du seigneur de Langey, dépescha ledit Langey devers le Roy pour luy supplier d'y pourvoir. Lequel seigneur de Langey, passant à Gennes, pour la grande familiarité et habitude qu'il avoit audit André Dorie, logea en son palais où il trouva moyen d'entendre la volonté dudit André Dorie; et y feit telle diligence que ledit Dorie l'asseura que là où il plairoit au Roy luy faire raison de ses prisonniers et remettre le trafic de la gabelle du sel à Gennes, et autres libertez qu'ils avoient accoustumé d'avoir, tant de son temps que des Roys ses prédécesseurs, il feroit aveques le peuple que, pour seureté de leur foy, ils livreroient au Roy douze gallères entretenues à leurs despens, sur lesquelles il pourroit mettre tels capitaines et soldats que bon luy sembleroit, retenant seulement deux gallères pour la garde du port. Le seigneur de Langey vint en poste à Paris trouver le Roy, logé en la maison de Ville-Roy, auquel il exposa ce qu'il avoit de charge de la part de monsieur de Lautrec, aussi ce qu'il avoit entendu de l'intention d'André Dorie; chose qui fut remise au conseil où les demandes dudit André Dorie ne furent trouvées raisonnables, et mesmement par le chancelier Du Prat, qui avoit grande authorité, et quelques remonstrances que feist ledit seigneur de Langey, de l'apparence qu'il y avoit que, mal contentant André Dorie, le hazart estoit tant de la perte de Gennes, que de la ruine de nostre armée qui estoit

---

(1) Le chemin de l'île de Corse.

devant Naples, au cas que ledit André Dorie se révoltast estant le plus fort sur la mer et le plus riche en argent comptant, lequel, s'il se voyoit dédaigné, exposeroit tout son bien et sa vie pour s'en ressentir. Mais, toutes choses débatues, fut conclu de dépescher le seigneur de Barbezieux, pour aller à Gennes se saisir, tant des gallères du Roy que de celles d'André Dorie, le faisant amiral sur la mer du Levant et destituant André Dorie; et, s'il veoit l'occasion, qu'il se saisist de la personne dudit Dorie.

Les choses ne furent si secrettement ordonnées que ledit André Dorie n'en fust averty; parquoy, pour sa seureté, se retira sur ses gallères. Le seigneur de Barbezieux, arrivé à Gennes, alla parler à luy, suivant le commandement que le Roy luy en avoit faict. Lequel Dorie feit response qu'il sçavoit bien qu'il avoit charge de se saisir de sa personne et de ses gallères; mais que, quant aux gallères du Roy, il les luy remettroit entre les mains, suivant le commandement que le Roy lui en faisoit, et, quant aux siennes, il en feroit à sa volonté. Le marquis du Guast et autres prisonniers qui estoient entre ses mains, voyans ces troubles, secrettement achevèrent leur pratique; de sorte qu'ils eurent promesse de luy d'aller au service de l'Empereur, jouxte la concordat de fe faict et passé entre eux, promettans de le faire ratifier à l'Empereur. Vray est qu'il déclara au seigneur de Barbezieux qu'il n'avoit intention autre, sinon de servir sa patrie; mais, peu de temps après, s'estant déclaré, donna tel refreschissement à ceux qui estoient dedans Naples, que, sans son secours, on les eust eus la corde au col par famine. Il me souvient qu'en ce temps-là, venant par les postes d'Italie, devers le Roy, qui estoit à Paris, je rencontray Antoine Dorie, cousin dudit André, au pont, à Gasson près Montargis, qui alloit en poste à Marceille, qui me dist les nouvelles de la révolte de son cousin, le détestant comme homme qui avoit faict acte d'infamie; mais, peu de temps après, j'eus nouvelles comment ledit Antoine Dorie avoit desrobé les gallères desquelles il avoit la charge du Roy, et qui n'estoient siennes, s'estant rendu au service de l'Empereur.

Pendant que ces choses se traittoient, le Roy estoit ordinairement solicité par le seigneur de Lautrec de luy envoyer secours d'hommes et d'argent, parce que, s'estant mise la mortalité en son camp, il en avoit beaucoup perdu; parquoy le Roy avoit ordonné d'y envoyer l'amiral de Brion pour y mener le secours par mer et le faire vice-roy de Naples, d'autant que le seigneur de Lautrec pourchassoit son retour en France. Mais les choses se changèrent, je ne sçay pour quelle occasion; car il y envoya le prince de Navarre, frère du roy Henry de Navarre, accompagné de peu de gens, desquels la pluspart estoient jeunes gentilshommes y allans pour leur plaisir et pour aquérir honneur: aussi y fut conduit quelque argent, non en telle somme que monsieur de Lautrec espéroit. Lequel prince de Navarre arriva à Nolle, conduit par le seigneur de Barbezieux; mais estant descendu en ladite ville de Nolle, il se trouva accompagné de si petit nombre de gens, qu'il fut contrainct d'envoyer en nostre camp quérir escorte pour le conduire. Et, pour cest effest, monsieur de Lautrec y envoya monsieur de Candalles, lequel, passant par devant Naples à son retour, conduisant ledit prince de Navarre, ceux de la ville feirent une saillie sur luy, telle et si gaillarde, que nous y perdismes beaucoup de gens; et, entre autres, ledit seigneur de Candalles fut fort blessé et mené prisonnier dedans Naples; mais estant racheté pour un des leur pris au combat, mourut de ses blessures dès qu'il fut en nostre camp. Aussi y fut pris le comte Hugues de Pépolo, lequel, comme j'ay dit, avoit eu la charge des bandes noires par la mort du seigneur Horace Baglion, lequel aussi fut racheté pour un Impérial pris des nostres à ladite faction. Qui fut le premier lieu là où, depuis dix-huit mois que le seigneur de Lautrec estoit party de France, les ennemis avoient combatu en combat esgal: si est-ce qu'estant sorty renfort de nostre camp, les ennemis furent repoussez jusques dans leurs barrières. Durant ce temps, le seigneur Rance de Cère, lequel, depuis le retour de Sardaigne, s'estoit tousjours tenu avecques l'armée des Vénitiens et du duc de Milan, en Lombardie, fut mandé par le Roy d'aller à Naples pour luy faire service, parce qu'il avoit le moyen de ce faire pour avoir la part ursine à son commandement. Et à ceste fin, ledit seigneur Rance alla à Port-Hercule, auquel lieu il trouva messire Nicolas du Bellay, chevalier de Rhodes, lequel, avecques deux gallions et quelque fuste qu'il avoit, embarqua ledit seigneur Rance et le descendit à Nolle en seureté.

Arrivé qu'il fut en nostre camp, il trouva la mortalité telle que les deux parts de l'armée estoient mortes ou malades, et, entre autres, de mors, le comte de Vaudemont, le seigneur de Gruffy et plusieurs autres capitaines, et le seigneur de Lautrec malade; toutesfois il despescha ledit seigneur Rance pour aller à l'Abrusse lever gens nouveaux pour refreschir nostre armée, délibérant, ledit seigneur de Lautrec, mourir sur le lieu plustost que se retirer un pas; aussi, luy vivant, les ennemis n'entreprindrent jamais d'assaillir nostre camp. Le seigneur Rance avoit charge de prendre argent en l'Abrusse, pour soldoyer des hommes, mais il trouva des trésoriers qui n'avoient un liard par leur dire; parquoy fut contrainct de se joindre avecques le seigneur néapolitain, fils du feu seigneur Jean Jourdan Ursin, qui avoit levé des hommes pour le service du Roy à ses despens. Il fut dit que ceux qui avoient la charge pour le Roy en l'Abrusse avoient mangé les deniers et mesmes La Foucaudière, auquel le seigneur de Lautrec en avoit donné la charge : aussi estant de retour de Naples, il en fut prisonnier; mais, par le moyen de Antoine Du Prat, chancelier, il en eschappa. Vous avez ouy cy-devant comme le prince de Melphe avoit esté pris dans sa ville de Melphe, faisant bien son devoir; aussi avoient esté pris sa femme et ses enfans; ledit prince de Melphe avoit envoyé par plusieurs fois devers l'Empereur, le suppliant de le secourir pour payer sa rançon, luy remonstrant la perte qu'il avoit faicte de sa ville et de ses biens, pour le service de Sa Majesté; mais, voyant que l'Empereur n'en faisoit compte, fut contrainct de prendre le party du Roy, lequel le mist en liberté avec sa femme et ses enfans : parquoy, ayant renvoyé à l'Empereur son serment, le seigneur de Lautrec le dépescha pour faire levée de quelque nombre d'hommes, tant de pied que de cheval, pour aller assléger Galette; ce qu'il avoit faict, et la tenoit de près. Durant ce temps, de jour en autre, à la vue de nostre armée de mer, André Dorie mettoit vivres et refreschissement dedans Naples.

Le Roy, averty que le duc de Brunsvich marchoit pour secourir Naples, avec douze mille lansquenets et bon nombre de cavallerie, et desjà estoit passé le pas de Trente; aussi averty comme Antoine de Lève avoit repris Pavie sur le duc de Sforce, et que les Impériaux commandoient en toute la campagne, nonobstant l'armée des Vénitiens et dudit duc de Milan, dépescha le comte de Sainct-Pol avec une armée de cinq cens hommes-d'armes et cinq cens chevaux-légers, soubs la charge du seigneur de Boisy, et six mille hommes de pied soubs la charge du seigneur de Lorges, et trois ou quatre mille lansquenets, soubs la charge du seigneur de Montejean; et de la gendarmerie y avoit la compagnie dudit comte de Sainct-Pol, de cent hommes-d'armes; de monsieur de Chasteaubriant, soubs la charge du seigneur de Montejean, de cent autres; cent de la compagnie du grant sénéchal de Normandie, de laquelle estoit lieutenant le seigneur d'Annebault; le seigneur d'Allègre, cinquante hommes-d'armes, et cinquante de monsieur de Boisy.

Le Roy feit commandement audit seigneur comte de Sainct-Pol, qu'au cas que ledit duc de Brunsvich marcheroit à Naples pour la secourir, qu'il se meist à sa queue, et se vînt joindre avecques monsieur de Lautrec : mais, passant les montagnes, ledit comte de Sainct-Pol eut nouvelle comme ledit duc de Brunsvich, par faulte de payement, s'estoit retiré en Allemagne avecques ses lansquenets. Parquoy il avertit l'armée des Vénitiens, de laquelle estoit général Francisque Marie de La Rouère, duc d'Urbin, pour se venir joindre avec luy; et, en l'attendant, meit en son obéissance toutes les places que tenoient les Impériaux entre le Pau et le Tésin, jusques à Pavie. Auquel lieu de Pavie se vint joindre l'armée vénitienne; lesquels, estans assemblez, conclurent d'assaillir la ville de Pavie, parce qu'elle estoit d'importance, pour estre assise au milieu du duché de Milan. Après laquelle délibération, le comte de Sainct-Pol l'assiégea d'une part, et le duc d'Urbin d'une autre. Antoine de Lève, cuidant donner faveur aux assiégez, se vint camper à Marignan : toutesfois, cognoissant qu'il n'estoit suffisant pour nous combatre, et craignant, pour sauver l'un, perdre tous les deux, se retira dedans Milan.

Le comte de Sainct-Pol et le duc d'Urbin, après avoir faict brèche raisonnable, estans en dispute à qui toucheroit de donner l'assault, car les Vénitiens disoient leur appartenir, les François au contraire, enfin fust arresté que les deux chefs jetteroient le dez pour veoir à qui toucheroit le sort d'assaillir le premier : la fortune toucha pour les Vénitiens. Le seigneur de Lorges, voyant lesdits Vénitiens trop longuement temporiser d'exécuter ce qu'ils avoient gaigné au hazard, s'amusans à escarmoucher de loing à coups d'arquebouzades, se jetta entre eux et la brèche, et donna droict à ladite brèche; de sorte que, devant que les Vénitiens eussent mis les armes au poing, la ville fut prise d'assault. Auquel assault, ledit seigneur de Lorges, montant le premier, avoit pris près de luy le capitaine Florimond de Chailly et le seigneur de Grandzay, pour estre à ses deux costez, pour le favoriser et soustenir là où besoing seroit; lesquels y furent tous deux tuez; aussi fut l'enseigne qui marchoit devant luy; mais soudain trois autres reprindrent leurs places, tellement qu'il força la brèche. Le seigneur Pètre de Birague et Pètre de Boutigères, estans chefs dedans la ville, se retirèrent au chasteau; lesquels, deux jours après, se rendirent.

Durant ce temps, environ la fin de juillet 1528, la mortalité se renforça dans nostre camp devant Naples, tellement qu'en moins de trente jours, de vingt-cinq mille hommes de pied n'en demoura pas quatre mille qui peussent mettre la main aux armes, et de huict cens hommes-d'armes n'en demoura pas cent. Et mesmement y moururent le seigneur de Lautrec, le comte de Vaudemont, le prince de Navarre, nouvellement arrivé; le seigneur de Tournon et son frère, messire Claude d'Estampes, seigneur de La Ferté Nabert; le seigneur de Nègre Pellisse, le seigneur de La Val de Dauphiné, le baron de Grantmont, le seigneur de Gruffy, le seigneur de Moriac, le seigneur de Montdragon, capitaine de l'artillerie; le seigneur du Croq, le seigneur de La Chasteigneraye, le seigneur de Candalle, le seigneur de Luppe, le seigneur de Cornillon, le seigneur de La Grutture, le seigneur de Maunoury, le baron de Buzancés, l'aisné Jarnac, le seigneur de Bonnivet, le comte Hugues de Pépolo, le baron de Conty, le comte Wolf, et un infiny nombre d'autres bons personnages et soldats, et de gentilshommes qui y estoient allez pour acquérir honnneur, et sans solde; et une légion d'autres, que je laisse, parce que ce papier ne sauroit suffire à les nommer. Si le Roy eût secouru ledit seigneur de Lautrec, d'hommes et d'argent, ainsi qu'il pouvoit faire, il fust demeuré possesseur du royaume de Naples : car nostre armée fut ruinée par faulte d'estre refreschie.

Le Roy, ayant eu les nouvelles de la mort du seigneur de Lautrec, s'il en fut fasché il n'est besoing de le descrire, car vous pouvez estimer quel ennuy luy fut d'avoir perdu un tel personnage : et, pour luy faire l'honneur tel qui luy appartenoit, outre les honneurs qu'on a de coustume de faire aux lieutenans de Roy, luy fist faire son service à Nostre-Dame de Paris, où assistèrent tous les princes du sang, en tel dueil que si c'eust esté pour monsieur le Dauphin.

Le seigneur de Lautrec mort, Michel Antoine, marquis de Salluces, homme autant courageux, aymé et suivy des gens de guerre que nul autre, print charge de la conduitte de ceste armée ruinée : parquoy, ramassant le surplus de ceux qui pouvoient porter les armes, fut conseillé de lever son siège de devant Naples, et se retirer à Averse, attendant le secours que pourroit amener le seigneur Rence de Cère. Sur sa retraitte, l'armée impérialle sortit sur la queue; mais il y meit si bon ordre, qu'il se retira avec peu de perte de ce qui estoit avecques luy en son avant-garde. Or, ayant laissé le seigneur de Pètre de Navarre à la bataille, en forme d'arrière-garde, fut ordonné le seigneur de Pomperant, le seigneur de Nègre Pelisse, et le seigneur Paule Camille Trévoulce, tous trois capitaines d'hommes-d'armes des ordonnances du Roy; ces deux dernières troupes furent rompues par ceux qui sortirent de Naples, et fut mené Pètre de Navarre à Naples, où il mourut (1). Estant le marquis arrivé au lieu de Averse, quand et quand il fut assiégé des ennemis, où, après longue et furieuse batterie, fut blessé d'un esclat poulsé par l'artillerie, qui luy rompit le genoil; parquoy, se voyant inutil et sa playe rengréger, chercha moyen de sauver le reste des hommes qui estoient avecques luy, et feit la capitulation telle, avecques le prince d'Orenge, que s'ensuit :

« Premièrement, est accordé que le marquis de Salluces, incontinant la présente capitulation signée, rendra et mettra ès mains du prince d'Orenge, ou ceux qui par luy seront ordonnez, la cité et chasteau de Averse, que pour ceste heure il occuppe et détient au nom du Roy, avec toute l'artillerie, munitions, vivres et autres biens qui sont dedans ladite cité et chasteau.

» *Item*, est accordé que ledit seigneur marquis, comme lieutenant-général du Roy, et le comte Guy de Rangon, demoureront prisonniers dudit seigneur prince, avec promesse de les bien traitter jusquesà ce qu'ils soient en liberté ou autrement.

» *Item*, est accordé que tous les capitaines et gens de guerre qui sont en ladite cité, tant à cheval qu'à pied, hommes-d'armes, archers, chevaux-légers, tant françois qu'italiens, lansquenets, suisses, et autres soldats, de quelque nation qu'ils soient, estans à ladite ville au service du Roy, doivent laisser en la puissance dudit seigneur prince, toutes les enseignes, guidons et banderolles, et toutes leurs armes. Et est accordé, par ledit seigneur prince, que tous les capitaines, lieutenans, enseignes, guidons, gens-d'armes et chevaux-légers, pourront amener quand et eux trois montures, comme courtaulx, roussinots et mulles, ainsi qu'ils verront pour le meilleur, sçavoir est l'un des trois; et chacun capitaine, lieutenant ou enseigne de gens de pied, pourront amener un courtault ou mulle.

» *Item*, est accordé que les gens de guerre italiens ne feront aucun service de six mois prochains venans, pour le Roy ny ses alliez, ny autre contre l'Empereur, mais se retireront en leurs maisons, ou bien en autre lieu où bon leur semblera; et les François, Gascons, Suisses, et aultres soldats, gens de guerre, capitaines, enseignes, tant de cheval que de pied, estans

(1) D'après Brantôme, Pierre de Navarre fut étouffé par ordre de l'Empereur entre deux matelas, ou étranglé en secret.

en ladite cité, s'en iront en leurs maisons, sans aucunement s'arrester en quelque lieu que ce soit.

» *Item*, est accordé, et ainsi le promet ledit seigneur marquis, qu'il fera tout son effort de faire rendre et mettre entre les mains dudit seigneur prince, ou à ses députez, toutes les places et villes fortes, tant du païs de Calabre, de l'Abrusse, qu'autre terre de Labour et de la Pouille; et aussi toutes les terres du royaume de Naples qui se trouveront en la puissance du Roy, celle des Vénitiens ou autres alliez; et de remettre tout le royaume en la puissance dudit prince, comme il estoit alors que le seigneur de Lautrec le vint assaillir. Et s'entend que tous les capitaines et soldats qui sont aux fortes places et provinces, jouiront des grâces desquelles jouissent ceux qui sont dans ladite cité d'Averse. Aussi promet ledit prince audit marquis de faire accompagner lesdits capitaines et soldats avecques seureté et bonne sauve-garde, sans leur faire aucune violence ny fascherie, jusques aux limites du royaume; et, de là en avant, ne sera plus obligé.

» Lesquelles capitulations lesdits princes et marquis ont promis et promettent sur leur foy observer et garder, et n'y point contrevenir en manière que ce soit; et, en vérité de ce, ont affermé et signé de leurs mains, et fait séeller du séel de leurs armes. Faict au camp impérial, devant Averse, le trentiesme d'aoust 1528. »

Les choses ainsi passées, le marquis fut porté dans une litière à Naples, où peu après il mourut : aussi fut le seigneur Do et le chevalier Nicolas Du Bellay. Ce fut une perte grande de la mort de ce gentil prince, car c'estoit un autant vertueux prince qui ayt esté de son temps, et autant aymé des soldats et gens de guerre. Dedans Averse mourut de maladie le seigneur de Pomperant, gentil capitaine. Une partie des nostres, qui avoient santé, se retirèrent à l'Abrusse, pour trouver le seigneur Rence et le prince de Melphe, lesquels s'estoient joincts ensemble et s'estoient retirez dans Barlette et autres villes maritimes; lesquelles ils gardèrent jusques à ce que, par le traitté de Cambray, elles furent remises entre les mains de l'Empereur. Autres se retirèrent le chemin de Romme, desquels peu se retirèrent jusques en France, pour la pauvreté qu'ils endurèrent par les chemins; autres se retirèrent sur noz gallères. Le seigneur de Burie et le baron de Grantmont, aussi ceux qui estoient dedans le fort de Basque, ayans tousjours gardé leurs fors, quelques jours après, n'ayans espoir de secours, et commençans à avoir faim, capitulèrent; de sorte qu'ils sortirent avecques les armes; mais ledit baron, peu de jours après, mourut du travail qu'il avoit porté. Durant tous ces voyages, tant du marquis de Salluces, que de monsieur de Lautrec, que du comte de Sainct-Pol, il y avoit bonne patience entre les païs de Picardie et les bas païs de l'Empereur, et toutes leurs frontières de par deçà, horsmis quelque routure qui avint l'hyver d'après le partement du seigneur de Lautrec, qui ne dura que sept ou huict mois que tout ne fust rappaisé.

J'ai oublié à vous dire que le comte Guy de Rangon estoit sorti au camp impérial pour parlementer; mais, estant sur son partement, ceux de dedans firent la composition cy-devant ditte, sans en avertir ledit comte; parquoy il maintint qu'il n'estoit compris en la capitulation, et fut mis en liberté par le jugement des capitaines. Le seigneur de Barbezieux, après avoir recueilly ce qu'il en peut charger, feit voile, et s'en alla joindre avec les gallères vénitiennes, pour aller rencontrer André Dorie, qui s'estoit jetté en mer pour destrousser les François retournans de Naples : mais, ayant descouvert nostre armée, qui estoit joincte à celle des Vénitiens, et ne se sentant suffisant pour les combatre, se retira près du chasteau de l'isle d'Ische, auquel lieu nostre armée le tint assiégé deux jours, sans l'oser attaquer, pour le lieu avantageux où il estoit, estant deffendu du chasteau. Cognoissant, le seigneur de Barbezieux, et aussi le général de l'armée vénitienne, que c'estoit temps perdu de cuider combatre ledit André Dorie, veu le lieu fort où il estoit surgy à la garde de l'artillerie du chasteau, firent voile pour tirer le chemin de France; mais les Vénitiens, estans en mer, abandonnèrent nostre armée et se retirèrent en leurs ports. André Dorie, sentant l'armée séparée, feit voille et se meit à la suitte de noz gallères, lesquelles, estans arrivées à Gennes, et sentans qu'André Dorie estoit à leur suitte, abandonnèrent le port de Gennes, et prindrent la route de Savonne; mais ils furent suivis de si près, que la patronne du capitaine Jonas fut investie et prise par les ennemis. Et de la mesme entreprise, ledit seigneur André Dorie révolta Gennes, et s'en feit seigneur et maistre. Quelques autres navires, où estoit le seigneur de Termes et le fils aisné du seigneur de Sercu et autres, pensans se retirer à la Calabre, furent pris des Turcs. Telle fut la fin de ceste armée tant superbe, laquelle, vingt-huit mois durans, avoit commandé à l'Italie, la Romaigne et le royaume de Naples; et, ne pouvant estre vaincue par les hommes, Dieu y mist la main, pour montrer qu'à luy seul appartient l'honneur et la gloire des victoires.

Les habitans de Capoue, deffaillans de leur foy, sçachans que le seigneur Rance de Cère marchoit avecques huict ou dix enseignes des gens du seigneur Néapolin Ursin, fils du seigneur Jean Jourdan, pour se mettre dedans Capoue et donner faveur à nostre camp, aussi sçachant la mort du seigneur de Lautrec, advertirent le seigneur Fabrice Maramault, qu'il eût à marcher avecques quelque nombre de gens de pied et de cheval, pour se mettre en embuscade près la ville, en lieu à propos ; et ils metteroient peine de le faire maistre de leur ville, et d'en expulser les François ; ce qu'il feit. Les Capouans, ayans dressé leur trahison, vindrent persuader aux François qu'il estoit besoing de faire une saillie, pour mettre du bestail dedans la ville, et autres vivres, avant que la nécessité y vînt, et qu'ils avoient moyen de ce faire. Les François, voyans qu'il y avoit grande apparence à leur dire, sortirent ; mais, voulans rentrer, trouvèrent les portes fermées, et que les Capouans avoient mis par l'autre porte le seigneur Fabrice dedans ; parquoy chacun regarda à se retirer au lieu qui luy sembla plus à propos pour sa sauveté. Nolle et les autres villes feirent le semblable, car ils mirent les ennemis dedans, voyans la ruine tourner sur nous.

Le comte de Sainct-Pol, averty de la révolte de Gennes, espérant par diligence la pouvoir recouvrer, partit du duché de Milan, avecques trois mille hommes de pied, et quelque cavallerie pour les soustenir, et marcha droict à Gennes, avecques promesse d'aucuns de la luy faire surprendre ; mais ayant failly son entreprise, et noz gens repoussez de l'assault de la ville, fut contrainct de se retirer, parce qu'il n'avoit mené artillerie ny porté vivres que pour vingt-quatre heures ; puis, se voyant estre desjà bien avant l'hyver, et son armée fort travaillée, se retira en Alexandrie pour hyverner. Pendant ce temps, le seigneur Théodore Trévoulse, par faulte de vivres, fut contrainct de rendre le chasteau de Gennes, sortans luy et ses hommes leurs bagues sauves.

[1529] Les Gennevois, ayans le chasteau entre leurs mains, marchèrent à Savonne, dont estoit gouverneur le commandeur de Morette, laquelle ville, peu de jours après, il rendit entre les mains desdits Gennevois, non sans en estre fort blasmé, parce que le comte de Sainct-Pol marchoit en toute diligence pour luy donner secours. Estant doncques Savonne entre les mains des Gennevois, rasèrent la forteresse et gastèrent le port, pour avoir meilleur moyen de la tenir en subjection. Le comte de Sainct-Pol, ayant tousjours devant les yeux la perte de Gennes, cherchoit tous les moyens à luy possibles de la pouvoir recouvrer ; parquoy, estant adverty que ladicte ville estoit mal poueuë d'hommes, et mesmes que, le plus du temps, le seigneur André Dorie se tenoit en un sien palais, hors la ville, dépeschea le seigneur de Montejean avecques une trouppe d'hommes, pour aller assaillir ladicte ville ; et, cependant, un capitaine italien nommé Valsergue, avecques une autre trouppe, devoit aller surprendre ledict André Dorie dedans son palais, hors la ville ; mais ils furent si mal guidez, que le jour les surprint avant que d'arriver audict lieu. A ceste cause, ayans failly à l'une et l'autre entreprise, se retirèrent sans perte et sans gaing en Alexandrie.

Peu de temps après, estant venue la primevère, le comte de Sainct-Pol, avecques si peu d'hommes qui luy estoyent restez (parce que la plus grande part s'estoyent retirez en France, pour l'hyver et les maladies), se jetta en campagne, et marchea droict à Morterre, laquelle ville il print de force, et tailla en pièces tout ce qui estoit dedans. Le comte Philippes Tourniel, de ce adverti, abandonna Noare, et se retira à Milan : parquoy le comte de Sainct-Pol remist en son obéissance ladicte ville et toutes les dépendences d'icelle.

Le duc d'Urbin, averty que nostre armée estoit en campagne, avecques l'armée vénitienne dont il estoit chef, passa la rivière d'Adde, et se vint joindre à Marignan avecques nostre armée ; aussi firent ceux de la part du duc Sforce.

Estans les armées assemblées audict lieu de Marignan, cognoissans n'estre suffisans pour assaillir Millan, mesmes que la gendarmerie françoise, qui s'estoit retirée l'hyver en France, n'estoit encores de retour, et qu'il estoit entré dedans Milan trois mille Espagnols de renfort, fut conclud que l'armée vénitienne se retireroit à Cassan, l'armée des François à Biagras, et celle du duc à Pavie, afin que chacun de son costé mist peine d'empescher de mener vivres en la ville de Milan, laquelle, en ce faisant, en peu de temps seroit affamée, parce qu'à dix milles ès environs il n'y avoit rien labouré. Suivant ladite conclusion, les Vénitiens se retirèrent à Cassan et le duc à Pavie et à Vigève. Mais le comte de Sainct-Pol, ayant tousjours les affaires de Gennes en fantasie, changea d'opinion ; car, laissant le chemin de Biagras, print le chemin de Landrian, qui est à douze milles de Milan, et y arriva le samedy ; mais toute la nuict il feit une pluie si extrême, que la rivière, qui est fort petite, devint si grosse, qu'il n'y eut ordre de faire passer l'artillerie; parquoy on fut contrainct de séjourner le dimenche. Auquel jour Antoine de Lève, estant averty de ce faict, partit de Milan sur le soir, et, avecques toutes ses forces, vint planter son armée près de la nostre, devant le jour, sans que noz gens en eussent la cognoissance.

Le comte Hannibal de Nugolare, ayant charge de deux cens chevaux-légers, et le capitaine Piton, avecques pareille charge, avoient esté ordonnez pour recognoistre les chemins venans de Milan, et entendre si de la part de l'ennemy rien se remuoit : lesquels trouvèrent la peiste de l'armée impérialle; mais ils ne la suivirent, ny avertirent les nostres, et, à ce qu'on dit, par jalousie l'un de l'autre, prindrent autre chemin qui ne leur estoit commandé : qui fut la ruine de nostre armée; car le comte de Sainct-Pol, se reposant sur lesdits quatre cens chevaux-légiers, n'y avoit autrement pourveu.

Le lundy matin, estant la rivière retirée, de sorte qu'on pouvoit passer, monsieur de Sainct-Pol feit passer l'artillerie et tout le bagage et carriage, pour passer droict à Pavie, se reposant sur ledit comte Hannibal et Piton, comme dit est, estimant le païs estre bien descouvert; mais, sur la fin du passage, une pièce d'artillerie demoura embourbée; parquoy mondit seigneur de Sainct-Pol demoura luy-mesmes avec si peu de gendarmerie qu'il avoit, et environ quinze cens lansquenets soubs la charge du capitaine Nicolas de Rusticis, dit le Bossu, et commanda d'abatre une maison pour avoir des chevrons pour mettre soubs le rouage et faire passer ladite pièce. Mais, estant embesongné pour cest effect, luy survint un affaire de plus grande importance; car, à l'improviste, l'arquebouzerie espagnolle fut sur ses bras, laquelle, de prime abordée, fut par nostre gendarmerie rembarrée dans le bataillon de leurs Allemans; mais, se trouvant un ruisseau profond entre les François et Espagnols, leur arquebouzerie se retira derrière ledit ruisseau, où y avoit un pas de trente ou quarante pieds de large. Les lansquenets françois feirent teste, et de grande furie repoussèrent ce qui estoit passé le ruisseau; mais, arrivez sur le bord, furent fort foullez de leur arquebouzerie qui estoit delà le canal : parquoy furent contraincts de se retirer hors du danger desdits arquebouziers. Le soir précédant, avoit esté conclu que le comte Guy de Rangon, ayant charge de l'avant-garde, dès le matin prendroit le chemin de Pavie; ce qu'il fit, de sorte qu'il n'eut cognoissance du combat, qu'il ne fust à Pavie en seureté : aussi le comte Claude Rangon, avec la trouppe qu'il avoit sur la queuë, y fît bien son devoir. Jean Thomas de Galleras et le castellan de Laudes, colonnels de gens de pied italiens, voyans le combat, par autre chemin se retirèrent à Pavie, laissans combatre ceux qui en avoient envie. Ce temps pendant, quelque nombre de leur cavalerie passa le canal, laquelle fut soustenue par si peu de gendarmerie que nous avions, où fut porté par terre messire Jean de Cambray, guidon de monsieur le grand séneschal de Normandie, et autres sept ou huict avecques luy, et furent pris. Alors nos Allemans furent contraints de se retirer vers une cassine, tenans bataille avecques monsieur de Sainct-Pol au mieux qu'il leur estoit possible pour la contraincte du lieu. Mais, tout en un coup, leur cavalerie ayant passé le pas avec un gros bataillon d'Allemans, vint charger monsieur de Sainct-Pol de telle furie, qu'ils luy firent abandonner la cassine; et noz Allemans, se voyans investis sans plus d'espérance de combat, se rendirent aux Allemans impériaux, pour sauver leur vie.

Le comte de Sainct-Pol et le seigneur d'Annebault, avecques si peu de gendarmerie qui leur resta, commencèrent leur retraitte, tousjours tournans visage; mais, estans retirez jusques à un quart de mille, trouvèrent au-devant d'eux un canal, lequel le seigneur d'Annebault passa; mais le comte de Sainct-Pol, pour la foiblesse de son cheval, demoura dedans, et là tout ce qui estoit demouré avecques luy fut pris ou tué; et, entre autres, ledit comte de Sainct-Pol, le seigneur Jean Hiéronyme, castellan, nouvellement revenu de Naples, le comte Claude Rangon, furent pris et menez en une cassine, près de là, où estoit le seigneur Antoine de Lève. Le seigneur d'Annebault, avecques si peu de gendarmerie qui avoit passé le canal avecques luy, tourna vers laditte cassine par autre chemin, et donna alarme aux Impériaux, pensant recouvrer ledit comte de Sainct-Pol; mais, voyans qu'il n'y avoit ordre, se retira à Pavie où estoit l'armée du duc; et le seigneur Antoine se retira à Milan avecques ses prisonniers. Telle fut l'issue de ceste armée.

Pendant que ces affaires se passoient ainsi en Italie, madame Louise, mère du Roy, et madame Marguerite, tante paternelle de l'Empereur, traittoient ensemble pour faire une paix générale entre les deux Majestez; et avoient tant travaillé pour cest effect, que le jour estoit prins de se trouver, elles deux, à Cambray, avecques le conseil de l'Empereur et du Roy : auquel lieu ils se trouvèrent environ la fin de may 1529. Estans doncques lesdites princesses arrivées à Cambray, avecques tout pouvoir desdites Majestez de conclurre une paix finalle; après avoir esté trois sepmaines ensemble, et plusieurs choses débatues, tant d'un costé que d'autre, estans quelquesfois les affaires prestes à conclurre, autrefois désespérées, enfin fut traittée une paix (1), par laquelle fut dit que le Roy payeroit pour sa rançon, à l'Empereur, deux millions d'écus d'or, desquels en seroit fourny douze cens mille escus, alors que l'Empereur mettroit les enfans du Roy en France et en liberté; et seroient baillées pour quatre cens mille escus, racheptables dedans un temps, les terres que madame Marie de Luxembourg, mère du duc de Vendosme, avoit en Flandres, Artois, Brabant et Hainault, et aussi les terres qu'avoit dedans lesdits païs le duc de Montpensier, cousin-germain dudit duc de Vendosme. Et pour les autres quatre cens mille escus restans des deux millions, le Roy devoit acquitter l'Empereur de pareille somme envers le roy d'Angleterre, car ledit Empereur estoit obligé envers icelluy roy d'Angleterre en quatre cens mille escus, à cause de prest, pour seureté de laquelle somme l'Empereur estoit tenu de bailler audit Roy la ville de Sainct-Omer et celle d'Aire en gage, chose qu'il n'avoit fournie. Et, outre lesdits deux millions de rançon, le Roy devoit acquitter l'Empereur, envers ledit roy d'Angleterre, de cinq cens mille escus, en quoy l'Empereur luy estoit redevable pour l'indamnité du mariage d'entre ledit Empereur et madame Marie, fille dudit roy d'Angleterre, ayant, depuis lesdites obligations, pris en mariage la fille de Portugal et laissé ladite Marie; car, passant l'Empereur par Angleterre pour aller en Espagne, après le trespas de Ferdinand, roy d'Arragon, son grand-père, il avoit promis espouser ladite madame Marie, et, au cas de défault, devoit payer audit roy d'Angleterre cinq cens mille escus d'indamnité. Et outre, parce que le roy dom Philippe, père de l'Empereur, passant en Angleterre pour aller en Espagne, avoit engagé au père du roy d'Angleterre pour cinquante mille escus, une fleur de lys d'or, enrichie de pierreries, où y avoit de la vraye croix, venant du bon duc Philippe de Bourgongne, le Roy la devoit dégager et la rendre audit Empereur. Et devoit le Roy quitter la souveraineté de Flandres et Artois et espouser madame Aléonor, sœur de l'Empereur; et, au cas qu'il en vînt enfant masle, il devoit avoir le duché de Bourgongne. Et devoit le Roy quitter à madame Marguerite de Flandres, ce qu'il avoit

(1) Le traité de Cambray fut signé le 3 août 1529.

droict de prendre sur la seigneurie de Salins; et devoit le Roy contenter les héritiers de feu monsieur de Bourbon, de sa succession, encores qu'il l'eût confisqué. Les traittez ainsi conclus, fut pris jour de se trouver, au dixiesme de mars subséquent, à Bayonne et à Fontarabie, pour exécuter le contenu d'iceux. Et quittoit le Roy ce qu'il prétendoit au duché de Milan et au royaume de Naples: ce qu'il ne pouvoit parce que desjà c'estoit chose aquise aux enfans de France par la succession de madame Claude, leur mère, fille du roy Louis douziesme, duc d'Orléans, duquel dépendoit ladite succession de Milan, à cause de madame Valentine, son ayeule.

Ces choses ainsi accordées, fut envoyé le seigneur de Langey, en Angleterre, pour traitter avec le roy d'Angleterre des neuf cens cinquante mille escus, tant pour les quatre cens mille escus, et pour les cinq cens mille escus de l'indamnité, et des cinquante mille escus pour la fleur de lys, dont le Roy estoit tenu d'acquitter l'Empereur envers ledit roy d'Angleterre; chose qui fut malaisée à conduire, pour le mal contentement qu'avoit le roy d'Angleterre pour n'avoir esté appellé ausdits traittez.

Or est-il qu'alors ledit roy d'Angleterre vouloit répudier madame Caterine, sa femme, tante de l'Empereur et fille du roy d'Espagne, disant, comme il estoit vray, qu'elle avoit premièrement espousé son frère aisné, et que le Pape ne pouvoit dispenser une femme d'avoir espousé les deux frères; mais, estant empesché par l'Empereur et ses ministres, n'en pouvoit venir à bout. Qui fut cause qu'enfin il se ramodéra du malcontentement qu'il avoit du Roy, espérant que, par le moyen dudit seigneur de Langey, qui estoit fort favorisé aux universitez, tant de France, Italie, qu'Allemagne, il pourroit obtenir ce qu'il demandoit (ainsi qu'il feit, tant à Paris que par les autres universitez de France, aussi à Pavie, Padoue, Boulongne-la-Grasse, et diverses facultez), qui estoit de faire déclarer par les universitez, que le Pape ne le pouvoit dispenser dudit mariage, comme estant du droict divin. Parquoy, pour venir à ses fins, accorda audit seigneur de Langey plus que le Roy ne demandoit; car les quatre cens mille escus, qui estoit l'une des principalles sommes de deux millions qu'il falloit bailler comptant, il les presta au Roy, à payer en cinq années; les cinq cens mille escus d'indamnité, il les donna au Roy; et à son fillueil Henry, duc d'Orléans, il donna la fleur de lys, qui estoit cinquante mille escus. Les choses ainsi accordées, le roy d'Angleterre envoya, quand et ledit seigneur Langey, maistre Briant, gentilhomme de sa chambre, lequel apporta avec luy toutes les obligations, quittances, et autres pièces nécessaires, et mesmes ladite fleur de lys, pour le tout fournir quand le temps en seroit.

[1530] Le Roy, estant asseuré du roy d'Angleterre, au commencement du mois de février s'en alla à Blois, pour acheminer toutes choses, à ce qu'au dixiesme de mars, lors en suivant, ses députez se trouvassent à Bayonne, pourveus de ce qui leur estoit nécessaire; et, pour exécuter les choses traittées et accordées, esleut le seigneur de Montmorency grand maistre et mareschal de France, auquel il avoit toute fiance. Lequel, ayant pris ceste charge, s'achemina à Bordeaulx et à Bayonne, luy ayant le Roy donné tout pouvoir de faire et accorder, comme s'il y estoit en personne; et avecques luy l'archevesque de Bourges, qui fut faict cardinal, luy estant à Bayonne, et se nomma cardinal de Tournon; et grand nombre de la noblesse de France. Menant ledit seigneur de Montmorency, quand et luy, les douze cens mille escus que le Roy estoit tenu de livrer comptant, arrivé qu'il fut à Bordeaux, aussi y arriva maistre Briant, en poste, conduit par le seigneur Martin Du Bellay, frère du seigneur de Langey, parce qu'iceluy seigneur de Langey estoit demouré pour le fait du roy d'Angleterre, cy-devant mentionné, pourveus de tout ce qui estoit nécessaire à fournir de la part dudit roy d'Angleterre.

Au dixiesme de mars, ainsi qu'il estoit promis, arriva mondit seigneur le grand maistre à Bayonne; aussi feit le connestable de Castille à Fontarabie, et avec luy le seigneur Du Prat, chevalier de l'ordre de l'Empereur, ayans toute puissance de Sa Majesté. Estans tous arrivez au lieu ordonné, convindrent ensemble pour trouver le moyen de la forme de faire l'eschange de messieurs les enfans avecques l'argent, en seureté d'une part et d'autre, car chacun se défiait de son compagnon. Enfin toutes choses débatues, fut conclu que les douze cens mille escus, en la présence des gens à ce députez de la part du connestable de Castille, seroient nombrez et mis en des casses de boys, en chacune casse vingt-cinq mille escus; puis seroient emballées lesdites casses et séellées des seaulx desdits députez, et pareillement des députez de la part de monsieur le grand maistre; et seroient lesdits escus tous esprouvez, et, pour cest effect, estoient venus les maistres des monnoyes d'Espagne et de France: qui fut chose longue, de sorte que cela dura près de quatre mois. La cause de ce long séjour fut que le chancellier Du Prat (lequel, au traitté de Cambray, avoit plus l'oreille de madame la Régente que nul autre),

persuadé par quelques gens des monnoyes, meit en avant (encores que les députez de l'Empereur fussent contents de prendre les escus marchands et ayans cours), pensant faire le prouffit du Roy, qu'on mist lesdicts escus au marc et à l'aloy, et fondant lesdits escus, se trouvoit grand intérest: si que, finablement, pour demourer d'accord, fut baillé aux députez de l'empereur quarante mille escus d'avantage, pour les intérets de l'aloy sur la somme de douze cens mille escus.

Il y a une rivière (1) venant des montagnes de Navarre, qui vient tomber en la mer, passant tout au long des murailles de Fontarabie, laquelle rivière sépare la France d'avecques la Bisquaye; et y reflotte la mer deux fois le jour; delà l'eau est assise Fontarabie, deçà l'eau y a un village françois, nommé Andaye. Il fut ordonné qu'à mi-chemin de Fontarabie et Andaye, il seroit mis un bac, pareil de ceux qui servent à passer les chevaux sur les rivieres en France, lequel seroit enfoncé en forme d'un ponton par dessus; et, parce que ladite rivière, quand la mer est retirée, est si petite, qu'elle se passe aisément à gué, fut ordonné qu'à chacun coing dudit ponton seroit un gros câble, et à chacun câble un ancre, en sorte que, reflottant la mer, elle lèveroit ledit ponton jusques à la hauteur de l'eau, qui tiendroit ferme à cause desdits câbles et ancres; et y auroit au milieu dudit ponton une barrière, à ce qu'arrivans les batteaux aux costez, les François passeroient d'un costé de la barrière et les Espagnols de l'autre. Et devoit avoir mondit seigneur grand-maistre, partant de Sainct-Jean-de-Luz pour venir audit lieu d'Andaye, pour la seureté de son argent, quatre enseignes de gens de pied et deux cens chevaux; et le connestable de Castille, delà l'eau, pareil nombre, pour la garde de Messieurs: et seroit permis à monseigneur le grand-maistre d'envoyer six gentilshommes françois par tout le païs de Bisquaye et de Navarre, pour cognoistre si aucune assemblée s'y feroit; et devoit avoir pareil nombre le connestable de Castille en France. Plus, fut permis que les François pourroient envoyer librement courriers en Espagne et les Espagnols en France. Et se devoit faire le passage en la sorte que je vous diray. Il devoit avoir une barque dedans laquelle seroient mis les douze cens mille escus et la fleur de lys avecques les obligations d'Angleterre, au costé devers Andaye; et devoit estre dedans le seigneur de Montmorency, grand-maistre de France, accompagné de douze gen-

(1) La Bidassoa.

tilshommes françois, chacun la cappe, l'espée et le poingnard, sans autres armes, et douze batteries françoises tirans la rame : puis devoit avoir une autre barque françoise à l'embouchement de la mer, et une espagnolle pour recognoistre, chacun de sa part, si rien s'innovoit du costé de la mer ; et, au-dessus de la rivière, devers Béhaubie et Saincte-Marie, devoit pareillement avoir deux batteaux, pour pareille seureté de la venue de la rivière. Puis devoit avoir, devant Fontarabie, une barque de pareille grandeur que celle où seroient les douze cens mille escus, et dedans ladite barque devoit avoir du fer, à raison de la pesanteur desdits douze cens mille escus, dans laquelle devoient estre messieurs les enfans et le connestable de Castille, avecques douze gentilshommes espagnols, ayans l'espée et le poingnard, et douze batteliers espagnols, aussi tirans la rame. Puis devoit avoir autres deux batteaux, en l'un desquels devoit avoir six gentilshommes françois et deux espagnols, conduits par six batteliers françois, lesquels gentilshommes avoient la charge qu'à l'embarquement de devers Fontarabie, ils iroient visiter si les Espagnols auroient autres armes que celles qui avoient esté ordonnées, ou autre plus grand nombre d'hommes : et pareillement autre batteau, auquel estoient six gentilshommes espagnols et deux françois, faisant pareil effect de nostre costé. Puis devoit estre la Royne Aléonor en une autre barque, sur la main droicte de messieurs les enfans, accompagnée du cardinal de Tournon et de dix gentilshommes françois, et le seigneur Du Prat avecques dix espagnols ; et en une autre barque joignante seroient les dames de ladite Royne. Puis y devoit avoir deux gallions françois et deux espagnols en mer, dont les françois devoient estre du costé Sainct-Sébastien, en Biscaye, et les espagnols, devers Sainct-Jean-de-Luz et Bayonne, pour veoir si de costé ou d'autre viendroient quelques autres navires. Et les batteliers qui conduiroient la Royne, ne devoient vauguer sinon à mesure que Messieurs vaugueroient. Et devoit estre toute l'artillerie de Fontarabie démontée, et, pour cest effect, devoit avoir deux gentilshommes françois dedans ladite ville.

Les choses ainsi conclues, vint le jour que se devoit faire ledit eschange (qui fut environ la fin de juing ou le commencement de juillet) : monsieur le grand-maistre partit de Sainct-Jean-de-Luz, qui est à deux lieues de Fontarabie, avec trente-deux mullets portans douze cens quarante mille escus en casse ; car il y avoit quarante mille escus, pour la tare de l'or, outre lesdits douze cens mille escus dont j'ay parlé ; et partit ledit grand-maistre dès minuict, pour arriver à Andaye au poinct du jour, parce que la marée estoit du matin. Partant de Sainct-Jean-de-Luz, iceluy grand-maistre envoya un gentilhomme à Fontarabie, avertir le connestable de Castille de son département, à ce qu'il se tînt prest de sa part. Mais, arrivé que fut le gentilhomme à Fontarabie, trouvant encores le chasteau fermé, et le connestable de Castille au lict, se retira au logis du seigneur Du Prat (1), qui n'estoit encores levé, auquel il dit l'occasion qui l'avoit là mené ; et, ne trouvant moyen de parler audit connestable, qu'il vouloit bien l'avertir qu'il eust à se préparer, de sa part, comme avoit faict monsieur le grand-maistre, de la sienne. Mais ledit Du Prat fit response que, s'ils n'estoient venus pour autre effect que pour avoir messieurs les enfans, ils s'en pourroient bien retourner ; car ils n'estoient délibérez de les rendre, parce que nous avions rompu le traitté (à ce qu'il disoit), pour avoir arresté un courrier à Bayonne ; et que desjà Messieurs, qui estoient à la Bauterie, avoient esté faicts retourner à Renary, quatre lieuës en arrière. Le gentilhomme, retournant devers mondit seigneur le grand-maistre, le trouva à mi-chemin de Sainct-Jean-de-Luz et de Fontarabie, et luy feit entendre la dépesche qu'il avoit eu dudit seigneur Du Prat. Nonobstant ledit rapport, il délibéra de marcher jusques sur la grève, pour se mettre en son devoir. Auquel lieu arrivé qu'il fut, appella les députez de la part du connestable de Castille, leur demandant s'ils estoient satisfaicts des choses qui estoient promises par le traitté : lesdits députez firent response qu'ils se tenoient satisfaicts, et qu'en tous lieux ils en porteroient tesmoignage.

Leur response ouye, monsieur le grand-maistre dépescha le seigneur de La Guische, parce qu'il parloit espagnol, lequel estoit gentilhomme de la chambre du Roy, auquel il commanda d'aller à Fontarabie, et déclarer de la part dudit grand-maistre, au connestable de Castille, comme il estoit là arrivé pour fournir à tous les articles contenus ès traittez qu'ils avoient faicts ensemble, et qu'il le sommoit de sa part faire son devoir ; autrement, s'il y faisoit faulte, il estoit délibéré de l'appeller en lieu qu'il luy feroit confesser avoir failly de sa foy. Mais à l'heure se trouva un des députez dudit connestable de Castille, commandeur de Sainct-Jacques, lequel pria mondit seigneur le grand-

(1) Ce Duprat, qu'il ne faut pas confondre avec le chancelier de ce nom, était un gentilhomme espagnol, membre du conseil de Charles-Quint.

maistre de luy permettre aller à Fontarabie, parler audit connestable, l'assurant qu'ayant parlé à luy, il n'auroit besoing de luy faire tel mandement; ce que par ledit grand-maistre, de l'opinion des capitaines et gentilshommes y estans, luy fut accordé. Parquoy ledit commandeur s'estant embarqué, feit telle diligence, qu'à son retour il asseura monsieur le grand-maistre que, devant que la marée fût basse, messieurs les enfans de France se trouveroient sur le bord de la grève, devers Fontarabie, pour exécuter les choses promises entre eux deux, et que dedans une heure elles se pourroient parachever. Sur la parole duquel, monsieur le grand-maistre feit descharger les mullets et préparer toutes choses pour faire le passage. Puis, environ trois heures après midy, Messieurs arrivèrent sur la grève devers Fontarabie. Alors chacun se prépara, selon l'ordonnance que j'ay dit par cy-devant; de sorte que le batteau où estoient Messieurs, arrivé qu'il fut au ponton, s'accrocha de plat contre ledit ponton, et celuy où estoit l'argent à autre costé, accrochans lesdits batteaux par les deux bouts au ponton. Puis estans deux gentilshommes sur ledit ponton, l'un françois, l'autre espagnol, l'un du costé de la barrière, l'autre de l'autre (et estoit le François le seigneur de Sainct-Pey, basque). L'Espagnol appella le connestable de Castille; le François, le grand-maistre de France. Lesquels ayans chacun deux batteliers, passèrent, sçavoir est, le grand-maistre dedans la barque de Messieurs, et le connestable dedans la barque de l'argent, puis, consécutivement, jusques à ce que tous les François furent dedans ladite barque où estoient Messieurs, et tous les Espagnols dedans celle où estoit l'argent. Ce faict, chacun feit force de gaigner sa rive; mais ne sceurent faire si grande diligence, que, quand monsieur le Dauphin, monsieur d'Orléans et la royne Aléonor arrivèrent à Sainct-Jean-de-Luz, il ne fust nuict.

Ce faict, le seigneur de Montpesat fut dépesché en poste, pour en avertir le Roy, qui estoit à Bordeaux; vous pouvez penser l'aise que receut le père de veoir ses enfans en liberté. Ces nouvelles entendues, le Roy partit de Bordeaux pour aller au-devant de la royne Aléonor et de ses enfans; aussi firent le semblable Messieurs et la Royne, pour aller au-devant du Roy, et le vindrent rencontrer entre Rocquehort de Marçan et Captieux, en une petite abbaye, auquel lieu, une heure devant le jour, le Roy et la Royne furent espousez. Puis, ayant ladite Royne faict son entrée à Bordeaux, prindrent le chemin par Congnac, pour venir à Amboise et à Bloys, puis à Sainct-Germain-en-Laye, auquel lieu firent séjour, attendans les préparatifs, tant du couronnement de la Royne à Sainct-Denis, que de son entrée à Paris. Lequel couronnement fut faict à Sainct-Denis; et, l'entrée faicte, le tournoy fut faict en la rue Sainct-Antoine, en grande magnificence (ainsi qu'il est accoustumé faire aux autres Roynes), au mois de mars 1530. En ce temps, le duc Maximilian Sforce, auparavant duc de Milan (lequel, après la journée de Marignan, avoit remis entre les mains du Roy le droict par luy prétendu au duché de Milan), mourut à Paris.

Durant ce temps, l'Empereur ayant asseurance du Roy, qui estoit celuy qui plus luy pouvoit empescher ses desseings, délibéra de se faire couronner, et pour ce faict, cognoissant que du Pape il falloit qu'il prînt la couronne, chercha de le gaigner. Ce dont l'Empereur vouloit rechercher le Pape, le Pape mesmes le rechercha, pour, par son moyen, avoir la raison des Florantins, et se venger de l'injure qu'ils luy avoient faicte durant qu'il estoit captif des Impériaux; car ils avoient saccagé tous les biens de ceux de la maison de Médicis, dont il estoit le chef, et les avoient bannis de Florence, avec tous leurs bienvueillans et adhérans. Parquoy, pour estre restitué à sa patrie, feit un concordat par ambassadeurs avec l'Empereur, par lequel il estoit dit que, là où ledit Empereur le voudroit favoriser et secourir de son armée, pour estre remis en sa patrie, il consentoit de luy bailler la couronne impériale, laquelle de son prédécesseur il n'avoit jamais peu obtenir. Les choses ainsi accordées, l'Empereur s'embarqua à Barcelonne et vint descendre à Gennes, auquel lieu le vindrent congratuler les légats du Pape; aussi feirent ceux de la plus grande part des autres potentats d'Italie. De Gennes l'Empereur vint à Plaisance, où le duc Francisque Sforce, voyant ses affaires malbaster (car de nouveau il avoit perdu Pavie), chercha, par le moyen du Pape et des Vénitiens, d'estre remis en la seigneurie de ses prédécesseurs; remonstrant n'avoir faict faulte, et que la tyrannie du marquis de Pesquaire, qui l'avoit spolié de son Estat, l'avoit contrainct de chercher moyen d'y rentrer: enfin, estant l'Empereur à Boulongne-la-Grasse (1), par le moyen du Pape fut remis en son Estat, avecques quelques conditions apnant le septre d'or, lui dit : « Empereur, notre fils, prenez ce sceptre, et servez-vous en pour régner sur les

---

(1) Charles-Quint fut couronné par Clément VII, dans cette ville, le 22 février 1530. Le Pape, en lui don-

posées en l'investiture; et demeura entre les mains de l'Empereur le chasteau de Milan et le chasteau de Crémonne, jusques à ce que les conditions fussent accomplies : aussi, par après, l'Empereur, pour plus grande seureté, luy bailla en mariage sa niepce, fille du roy de Dannemarc, qui estoit prisonnier et spolié de son royaume.

L'Empereur ne se pouvoit résoudre de dresser son armée contre les Florentins, d'autant que le Turc, avec une très-puissante armée, estoit en campagne, monstrant vouloir assiéger Vienne : à ceste occasion il craignoit avoir besoin de ses forces, pour secourir son frère, le roy Ferdinand, aussi pour garder ses païs. Mais, estant à Boulongne, eut nouvelles que le Turc s'estoit retiré devant Vienne, avec perte et honte : parquoy accorda au Pape de faire marcher son armée devant Florence, estant mal content d'eux, pour avoir servy les François contre luy, au royaume de Naples, soubs la conduitte du seigneur de Lautrec; mais couvroit son entreprise sur la restitution de la case de Médicis en leur pristine authorité. Pour exécuter ladite entreprise, ordonna messire Philebert de Châlon, prince d'Orenge, chef de son armée, luy mendant se retirer de l'Abrusse, où il séjournoit son armée, luy mandant de prendre le chemin de la Tuscane; aussi manda à dom Ferrant de Gonzague, général de sa cavallerie, et au marquis du Guast, général de l'infanterie espagnolle, de faire le semblable. Le siége fut assis devant Florence, lequel dura onze mois continuels, durant lequel se feit de belles entreprises par les assiégez; et, entre autres, y fut tué ledit prince d'Orenge, chef de l'armée impériale, à une entreprise par luy faicte pour rompre un secours venant aux assiégez. Dedans Florence, estoit capitaine-général le seigneur Malateste Baglion, de la nation pérousine, et le seigneur Stephe Colonne, de la nation romaine, lesquels y feirent tellement leur devoir, qu'ils en sont à recommander. Autres ont escrit de ladite guerre tuscane, parquoy je m'en passeray à tant; aussi ce n'est que la matière dont j'ay délibéré traitter, mais de celle de ma patrie, et aussi de ceux qui en dépendent, dont j'ay eu la cognoissance.

◇◇◇

Procès-verbal contenant la défense du Roi Très-Chrétien, contre l'élu en l'Empereur, délayant le combat d'entr'eux.

En la grande sale du palais royal de Paris, par le commandement du Roi, a été dressé un tribunal au-devant de la table de marbre, de la hauteur de quinze marches, auquel ledit seigneur s'est trouvé le dixième jour de septembre, l'an 1528, pour ouir parler le hérault d'armes que l'on disoit l'élu en Empereur lui envoyer. Et étoit ledit seigneur accompagné en la manière qui s'en suit : Premièrement, étoit à sa main dextre, assis dedans une chaire, très-haut, très-excellent et très-puissant prince, le roi de Navarre, duc d'Alençon et de Berry, comte de Foix et d'Armignac; en ce même côté, étoit assis, sur un banc, monseigneur le duc de Vendomois, pair de France, lieutenant-général et gouverneur de Picardie; don Hercule d'Este (fils aîné du duc de Ferrare), duc de Chartres et de Montargis; le duc d'Albanie, régent et gouverneur du royaume d'Ecosse; le duc de Longueville, grand chambellan. Près lesquels, à un autre banc, étoient assis les présidens et conseillers de la cour de parlement; et derrière eux, plusieurs gentilshommes et gens de lettres. De l'autre côté étoient assis, en chaires séparées, messeigneurs les révérendissimes, monseigneur le cardinal Salviati, légat de notre Saint-Père le Pape et du Saint-Siége apostolique; monseigneur le cardinal de Bourbon, évêque et duc de Laon, pair de France; monseigneur le cardinal de Sens, chancelier de France; monseigneur le cardinal de Lorraine, archevêque de Narbonne; messeigneurs les ambassadeurs de très-haut, très-excellent et très-puissant prince le roi d'Ecosse; les ambassadeurs de la très-illustre seigneurie de Venise; l'ambassadeur du très-illustre duc de Milan; l'ambassadeur des seigneurs des ligues des hautes Allemaignes; l'ambassadeur de la seigneurie de Florence. En un autre banc étoient l'évêque de Transilvanie, ambassadeur de très-haut et très-puissant prince le roi de Hongrie; l'évêque duc de Langres, pair de France; l'évêque comte de Noyon, pair de France; l'archevêque de Lyon, primat de Gaule; l'archevêque de Bourges, primat d'Aquitaine; les archevêques d'Aix et de Rouen; les évêques de Paris, de Meaux, de Lisieux, de Mâcon, de Limoges,

---

» peuples de l'Empire, auquel Dieu, nous et les élec-
» teurs, vous avons trouvé digne de commander. » Il
lui remit l'épée : « Prenez cette épée, lui dit-il, vous
» devez vous en servir pour la défense de l'église contre
» les ennemis de la foi. » Il lui présenta le globe : « Ce
» globe, que nous vous donnons, représente le monde,

» que vous devez gouverner avec vertu, religion et fer-
» meté. » Il posa la couronne sur sa tête en lui disant :
« Empereur, recevez cette couronne qui doit servir de
» témoignage à toute la terre, de l'autorité qui vous est
» conférée, pour vous faire honorer, servir et obéir de
» tous les peuples qui sont soumis à votre puissance. »

de Vabres, de Conserans et de Tarbes: et à leur dos étoient les maîtres des requêtes et conseillers du grand conseil. Aux deux côtés de la chambre dudit seigneur étoient le comte de Beaumont, grand-maître et maréchal de France, et le seigneur de Brion, amiral de France, lieutenant-général et gouverneur de Bourgogne; et derrière ladite chaire, étoient plusieurs chevaliers de l'ordre; c'est à sçavoir: le comte de Laval, lieutenant-général et gouverneur de Bretagne; le seigneur de Montmorency; le seigneur d'Aubigny, capitaine de cent lances et de la garde écossoise; le comte de Brionne, Ligne et Roussy; le seigneur de Fleurange, maréchal de France; le seigneur de Ruffey; le seigneur de Genoilhac, grand-écuyer et maître de l'artillerie de France; Louis, seigneur de Clèves; le seigneur de Humiers et le comte de Carpy. Et derrière étoient le comte d'Etampes, prévôt de Paris, et avec lui plusieurs gentilshommes de la chambre dudit seigneur, entre lesquels étoient le comte de Tancarville; le seigneur de Guymené; le fils du comte de Roussi; le fils du seigneur de Fleurange; le seigneur de La Rochepot; le seigneur Douatry, grand-maître des eaux et forêts; le seigneur de Lude; le seigneur de Janly; le seigneur de Villebon, bailly de Rouen; le baron de Chasteau-Morant; le seigneur de La Loüe; le vicomte de La Motheaugroing, et le seigneur de Verets. Et outre, les maîtres d'hôtel, pannetiers, échansons, écuyers tranchans, et autres officiers domestiques, il y avoit grand nombre des deux cents gentilshommes de la maison dudit seigneur, et plusieurs autres gentilshommes; et à l'entrée dudit tribunal étoient les capitaines des gardes et prévôt de l'hôtel. Et devant la chaire dudit seigneur, étoient, à un genou, les huissiers de chambre; et, aux pieds du degré dudit tribunal, étoient les prévôts des marchands et échevins de ladite ville de Paris. Et au bas de la sale, dont les portes demeurèrent toujours ouvertes, y avoit un nombre infini de gens de diverses nations. En la présence desquels ledit seigneur Roi a dit et exposé que la cause qui l'avoit mû faire icelle assemblée, étoit pour ce que l'élu en Empereur lui avoit envoyé un héraut d'armes, lequel, ainsi que ledit seigneur pensoit, et que celui hérault avoit dit, comme aussi son sauf-conduit contenoit, portoit audit seigneur lettres-patentes et authentiques de la sûreté du camp, pour le combat qui devoit être entre ledit élu en Empereur et lui. Et, d'autant que ledit héraut d'armes, sous ombre d'apporter la sûreté dudit camp, pourroit, pour divertir et éloigner l'affaire, user de quelques fictions, simulations ou hypocrisie; et que ledit seigneur Roi demande la brièveté et expédition dudit combat, afin que, moyennant icelui, se puisse mettre fin à la guerre qui a si longuement duré entre eux, au soulagement de toute la chrétienté, éviter l'effusion de sang, et autres maux qui en adviennent, a bien voulu, ledit seigneur, que cela fût connu par toute la chrétienté, afin que chacun puisse à la vérité juger dont procède le mal et la longueur. D'autre part aussi a fait ladite assemblée, pour remontrer qu'il n'a légèrement entrepris un tel acte, car le droit est de sa part; et quant eût fait autrement, son honneur eût été grandement blessé; ce que les seigneurs de son sang, et autres ses sujets du royaume, n'eussent trouvé bon; et sçachant la cause du combat et le droit d'icelui seigneur, se comporteront comme bons et loyaux sujets doivent faire, espérant, avec l'aide de Dieu, y aller de sorte, que clairement se verra si le droit est de son côté, et que, contre vérité, il a été accusé d'être infracteur de sa foi. Les Rois ses prédécesseurs et ancêtres, dont les effigies sont en taille, effigiées par ordre en icelle salle, qui ont eu leur temps fait successivement actes glorieux, et augmenté grandement leur royaume, estimeroient ledit seigneur n'être capable d'être leur successeur, s'il souffroit contre son honneur une telle note lui être par l'élu en Empereur imputée, et qu'il ne défendît de sa personne son honneur, ainsi et par la forme et manière accoutumée. Et, pour entendre la matière, faut présupposer qu'après que, par fortune de guerre, ledit seigneur Roi fut pris de ses ennemis devant Pavie, à nul desquels ne bailla sa foy : pensant que seroit, par la magnanimité de l'élu en Empereur, mieux traité en Espagne, autour de lui, qu'ailleurs, consentit y être mené; ce que fut fait sur les galères qu'il fit armer à ces fins. Et, lui arrivé en Espagne, fut mis au château de Madrid, où a été nuit et jour gardé par gros nombre d'arquebusiers et autres, qui lui ennuyoit et fâchoit grandement, tellement que, pour la détresse où il étoit, devint malade jusqu'à la mort. L'élu en Empereur le visita, et depuis, sur sa guérison, se traita un accord entre les députés d'icelui élu en Empereur et les ambassadeurs que Madame, mère dudit seigneur, y avoit envoyés à ces fins, par vertu du pouvoir que ledit seigneur Roi lui avoit laissé, de régir son royaume, quand il partit d'icelui pour passer les Monts, par lequel elle ne pouvoit obliger la personne dudit seigneur. Même que, par l'inspection d'icelui traité, chacun évidemment pourra connoître qu'il est déraisonnable, tant en paroles qu'en effets, et violemment extorqué; et que jamais prince qui eût été en liberté n'eût passé un tel traité, ni pour sa délivrance promis telle rançon que celle qui fut promise. Lequel traité, toutefois, firent jurer audit seigneur, qui étoit prisonnier, contre les protestations que par plusieurs fois il avoit publiquement faites, lui étant encore bien malade, en danger de récidivation et de la mort. Après lequel traité, ledit seigneur, tenu toujours sous la garde des dessusdits, hors la liberté, fut mis en chemin pour retourner en France, sur les ôtages de messseigneurs ses enfans, auquel fut dit par plusieurs fois qu'après qu'il seroit en France, en sa liberté, falloit qu'il baillât sa foi, sçachant et connoissant que ce qu'il avoit fait et promis en Espagne étoit nul; et si n'est records ledit seigneur que ledit élu en Empereur lui dit jamais que s'il n'accomplissoit le contenu audit traité, le tiendroit infracteur de foi; et ores que lesdites paroles lui auroient été dites, ledit seigneur n'étoit en sa liberté pour lui répondre aucune chose, et n'y auroit donné son consentement. Par ainsi, avec cas du présent, il y a deux choses à considérer: l'une, le traité extorqué violemment, fait par ceux qui n'avoient pouvoir d'obliger sa personne, et lequel, quant au demeurant, a été accompli par Madame, mère dudit seigneur, qui a baillé ôtages Messeigneurs les enfans dudit seigneur; l'autre est la prétendue foi dudit seigneur, sur laquelle ne peuvent faire fondement, devant qu'au moyen d'icelle, ne l'ont mis en liberté. Or, en matière de guerre, la foi d'un prisonnier, si celui à qui elle a été baillée ne le met en pleine liberté, n'a aucun effet d'obliger, de sorte que s'il évade de ceux qui le gardent, ne peut être redargué de foi enfreinte; et par ainsi qu'ils ont tenu ledit seigneur sous grosse garde, et n'ont fait fondement sur sa foi, ne la peuvent accuser, car en rien ne l'oblige. Aussi, par plusieurs fois les ministres dudit élu en Empereur ont dit et confessé que la foi qu'ils prétendoient avoir dudit seigneur étoit nulle, parce qu'il n'étoit en liberté; que là où il seroit, étoit nécessaire que de nouveau leur baillât la foi; ce que ledit seigneur ne fit, ains seulement bailla messeigneurs ses enfans en ôtages; qui étoit une autre grosse et grande sujettion pour montrer qu'ils ne s'arrêtoient à sa foi, et ne le mettoient en pleine liberté sur icelle. Aussi faut présupposer qu'en matière d'honneur et combat, y a assaillant et deffendeur: l'assaillant baille la sûreté du camp, et le défendeur, provoqué et assailli, baille les armes. Or, averti ledit seigneur Roi, tant par ses ambassadeurs, héraut d'armes, qu'autres, que ledit élu en Empereur le blâmoit d'avoir rompu sa foi, et usoit de grosses paroles touchant grandement son honneur, ainsi qu'il se pourra voir par les lettres missives qu'icelui élu en Empereur a écrites à maître Jean de Calvimont, président de Bordeaux, ambassadeur dudit seigneur en la cour d'icelui élu en Empereur, lesquelles ledit seigneur fit lire devant toute l'assistance, et dont la teneur s'en suit: « Monsieur l'Ambassadeur, » j'ai vu les lettres que vous m'avez écrites, » touchant les paroles que vous dis en Grenade; » et aussi ai vu les extraits de votre procès-» verbal, par lesquels j'entends très-bien que » ne voulez avoir souvenance de ce qu'alors » vous dis, pour en avertir le roi de France, » votre maître, afin que vous rediez lesdites » paroles, pour satisfaire à votre désir; c'est » que je vous dis alors, après plusieurs propos, » qui n'étoient de grand substance, par quoy » n'est besoin de les répéter, que ledit Roi votre » maître avoit fait lâchement et méchamment » de non m'avoir gardé la foi que j'ai de lui, » selon le traité de Madrid, et que, s'il vouloit » dire du contraire, je lui maintiendrois de ma » personne à la sienne. Vèla les propres paroles » substantielles que je dis au Roi votre maître, » en Grenade, et je crois que ce sont celles que » tant désirez sçavoir; car ce sont les mêmes » que je dis au Roi votre maître en Madrid, » que je tiendrois pour lâche et méchant, s'il » me failloit de sa foi que j'ai de lui; et, en les » disant, je lui garde mieux ce que je lui ai » promis, qu'il ne fait à moi. Je les vous écris » volontiers, signées de ma main, afin que, » d'ici en avant, vous, ni autre, n'en fassiez » doute. Donné en notre ville dudit Madrid, » dix-huitième jour du mois de mars 1528. » Ainsi signé CHARLES, et contre-signé L'AL-» LEMAND. » Et à la rescription desdites lettres, est écrit: « A monseigneur l'ambassadeur du roi » de France, maître Jean de Calvimont, che-» valier, second président de Bordeaux, étant » de présent à Posa, en Castille; » et le dixième jour d'après la date d'icelles lettres, en pleine assemblée et assistance, comme celle qui étoit lors présente, après avoir ouï l'ambassadeur dudit élu en Empereur, et qu'il prit congé de retourner par devers son maître, et qu'on tenoit pour assuré qu'icelui élu en Empereur avoit assailli et blâmé ledit Roi de foi non gardée; pour la conservation de son honneur, et pour soutenir la vérité, auroit ledit seigneur Roi fait réponse par écrit audit élu en Empereur, signée de sa main, laquelle a fait lire en icelle assistance, de la teneur qui s'ensuit: « Nous, » François, par la grâce de Dieu..... » (voyez la lettre ci-dessus rapportée; lequel écrit fut envoyé par un héraut d'armes, en Espagne, qui, sans autre parole ni contestation, le mit, en la présence d'une grosse assemblée, entre les mains dudit élu en Empereur. Si a demandé depuis icelui élu en Empereur un sauf-conduit audit seigneur, pour lui envoyer un héraut; lequel sauf-conduit lui a été envoyé, limité pour apporter la sûreté du camp, et non autrement. Et, d'autant que ledit seigneur désire, comme dit est ci-dessus, cette matière prendre briève fin et expédition, pour le soulagement de la chrétienté, ne veut et n'entend entrer en paroles, ni autres contestations qui pourroient tendre à déguiser et prolonger l'affaire. Et, d'autant que ledit élu en Empereur a fait son accusation, et ledit seigneur Roi baillé ses défenses, ne reste plus que le camp, dont l'élu en Empereur doit fournir, et ledit seigneur les armes. Et par ainsi, si ledit héraut ne baille la patente authentique pour la sûreté du camp, et n'observe le contenu en son sauf-conduit, ledit seigneur n'entend lui donner audience. Et ce fait, a commandé ledit seigneur qu'on fît venir pardevers lui ledit héraut; ce qui a été fait : et a comparu devant ledit seigneur, affublé de sa cotte d'armes. Auquel héraut dudit élu en Empereur le Roi a dit : « Héraut, portes-tu la sûreté du camp, telle qu'un » assailleur, comme l'est ton maître, doit bailler à un deffendeur tel comme je suis? » Le héraut lui a dit : « Sire, il vous plaira me donner congé de faire mon office. » Alors le Roi lui dit : « Baille-moi la patente du camp, et je » te donnerai congé de dire après tout ce que tu » voudras de la part de ton maître. » Le héraut commence à dire : « La très-sacrée Majesté..... » Sur lequel mot le Roi lui a dit de rechef : « Montre-moi la patente du camp, car je pense » que l'élu en Empereur soit gentil prince, ou » le doive être, qu'il n'auroit point voulu user » de si grande hypocrisie, que de t'envoyer sans » ladite sûreté du camp, vu ce que je lui ai » mandé; et aussi tu sais bien que ton sauf-» conduit contient que tu portes ladite sûreté. » Ledit héraut a répondu qu'il croyoit porter chose que seigneur Roi s'en devroit contenter. A quoi ledit seigneur Roi a répliqué : « Héraut, » baille-moi la patente du camp; baille moi la, » et, si elle est suffisante, je l'accepte; et, » après, dis tout ce que tu voudras. » A quoi ledit héraut a répondu qu'il avoit commandement de son maître de ne le bailler point, qu'il n'eût premièrement dit aucune chose qu'il lui avoit donné charge de dire. Alors le Roi lui a dit : « Ton maître ne peut pas donner des lois » en France, et d'autre part, les choses sont » venues à tel point, qu'il n'est plus besoin de » paroles; et si dois être averti que je n'ai fait » porter paroles par mon héraut à ton maître, » mais ce que je lui ai mandé a été par écrit, » signé de ma main; à quoi ne falloit autre ré» ponse que ladite sûreté du camp, sans laquelle » je ne suis délibéré de te donner audience; car » tu pourrois dire chose dont tu serois désa» voué, et aussi ce n'est pas à toi à qui j'ai à » parler ni à combattre, mais seulement à l'élu » en Empereur. » Ledit héraut a dit lors audit seigneur qu'il lui donnât donc congé et sauf-conduit, pour s'en retourner; ce que ledit seigneur lui a accordé, et a dit au héraut : « Prends » acte. » Et, après, a demandé à moi, Gilbert Bayart, seigneur de Neufville, baillif de Montpensier, vicomte de Mortaing, son conseiller notaire, et secrétaire d'état de sa chambre, signant en ses finances, acte comme il n'avoit tenu et ne tenoit à lui qu'il ne reçût ladite patente, et qu'en la lui baillant telle qu'elle doit être, il ne refusoit de venir audit combat. Et ce fait, s'est retiré en la chambre ordonnée, pour tenir son conseil. Et ledit héraut a requis audit seigneur que les choses susdites lui fussent baillées par écrit; ce qui avoit été accordé. Fait en ladite ville de Paris, les jour et an que dessus. Ainsi signé, BAYART.

◊◊◊

Réponse de Charles-Quint au cartel de François I.

Charles, par la clémence divine, empereur des Romains, roi des Allemaignes, des Espaignes, à vous, François, par la grâce de Dieu, roi de France, fait sçavoir comme, par Guyenne, votre hérault, j'ai, le huitième de ce mois de juing receu vostre cartel du vingt-huitième de mars, lequel du plus loing que de Paris en ce lieu eust peu plustost venir; et, en suivant ce que de ma part fut dit à vostredit hérault, je vous responds à ce que dites, que en aucunes responses par moi faictes à vos ambassadeurs et hérault, envoyés devers moi pour bien de paix, me veuillant sans raison excuser, vous ai accusé; que je n'ai jamais veu hérault venant de vostre part, sy non celui qui vint à Bourgos me intimer la guerre. Et, quant à moi, ne vous ayant en rien failly, je n'ay nul mestier de m'excuser; mais vostre faulte est celle que vous accuse. Et, en ce que dites, que j'avoye vostre foy, vray est, entendans de celle que vous avez donnée par le traité de Madrid, selon qu'il appert par escriptures signées de vostre main, que retourneriés en ma puissance, comme prisonnier de bonne guerre, en cas que n'accomplissiés ce que par ledit traité m'avez promis; mais que j'aye dit, comme audit cartel dictes, que sur icelle, et oultre vostre promesse, vous estiez allé et party de mes mains et de ma puissance, ce sont motz que oncques ne dis; car jamais n'ay prétendu d'avoir vostre foy de non partir, mais bien celle de retourner en la forme traictée; et si l'eussiez ainsi, n'eussiez failly à vos enfans ny à l'acquit de vostre honneur. Et, à ce que dictes que, pour deffendre vostredit honneur, lequel, en ce cas, seroit trop chargé contre vérité, vous avez bien voulu envoyer vostre cartel, par lequel dictes que, encores que tout homme gardé ne puisse avoir obligation de foy, et que cela vous fust excuse assez suffisante, ce nonobstant, veuillant satisfaire à un chacun et à vostredit honneur, lequel dictes vouloir garder, et que garderez, si Dieu plaist, jusques à la mort, me faictes entendre que si vous ay voulu ou veulx charger, non pas de vostre foy et délivrance seulement, mais que vous ayez fait chose que ung gentilhomme aymant son honneur ne doyve faire, dictes que j'ay manty par la gorge, et que, autant de fois que le diray, que mantiray, estant délibéré de deffendre vostre honneur jusques au dernier bout de vostre vye, je vous responds que, en suivant la forme traictée, vostre excuse, d'avoir esté gardé, ne peut avoir lieu; et puisque tant peu estimez vostre honneur, ne m'est merveille que nyés estre obligé d'accomplyr vostre promesse; vos parolles ne souffisent pour satisfaire à vostredit honneur; car j'ay dit et diray sans mentir, que vous avez fait laschement et meschamment de non m'avoir gardé la foy et promesse que j'ay de vous, selon ledit traicté de Madrid. Et, en ce disant, je ne vous charge de choses secrettes et non possibles de prouver, puisqu'il en appert par escriptures signées de vostre main, desquelles ne vous povez excuser ny les nier; et si vous voulez affermer le contraire, puis, seulement en ce cas, je vous tiens habilité pour combattre; je vous dis que, pour le bien de la chrestienté, et éviter effusion de sang, et mettre, par ce, fin à ceste guerre, et pour deffendre ma juste querelle, je maintiendray ce que dit est de ma personne à la vostre, estre véritable. Et ne veulx user envers vous de tels mots que vous faictes, veu que vos euvres mesmes sont celles, sans ce que je ne aultre le dye, que vous desmantent; et aussi que chacun peut user de tels propos plus seurement de loing que de près. A ce que dictes que, puis, contre vérité,

vous ay voulu charger doresnavant ne vous escripre aucune chose, mais que je vous asseure le camp, et vous me pourterez les armes, il vous fault avoir pacience que l'on dye ce que vous faictes, et que je vous escrive ceste response, par laquelle je vous dis que je accepte de vous livrer le camp, et suis content pour ma part, et vous asseurer par tous les moyens raisonnables que sur ce seront advisés; et à cest effet, et pour plus prompt expédient, je vous nomme dès maintenant le lieu dudit combat, sur la rivière qui passe entre Fontarabie et Andaye, en tel endroit et de la manière que de commun consentement sera advisé plus sceur et plus convenable : et me semble que, par raison, ne les povés aucunement refuser, ne dire non estre bien asseuré, puisque y fustes délivré, en recevant vos enfans pour hostaiges et moyennant vostre foy, par avant baillée, pour vostre retour comme dit est; et, veu aussi que sur la mesme rivière fiastes vostre personne et celles de vos enfans, pourrés bien fier la vostre seule, puisque je y mettray la mienne, et que nonobstant la situation dudit lieu, se trouvera bon moyen qu'il n'y aura avantaige plus à l'ung qu'à l'autre, et à l'effect que dessus. Et, pour appoincter sur l'élection des armes, que je prétends me appartenir, et non à vous, et afin qu'il n'y ait longueur ni dilacion en la conclusion, pourrons envoyer sur ledit lieu gentilhommes de chacun cousté, avec souffisant, pour où d'adviser et conclure, tant de la sceureté esgale dudit camp que de l'élection desdites armes, jour dudit combat, et du surplus touchant à ce cas. Et si dans quarante jours après la présentation de ceste, ne me respondés, et ne me advisés de vostre intention sur ce, l'on pourra bien veoir que le délai du combat sera vostre, que vous sera imputé, et adjoinct avec la faulte de non avoir accomply ce que promistes à Madrid. Et quant à ce que protestés, que si, après vostre déclaration, en aultres lieux je dis ou escripts parolles qui soient contre vostre honneur, que la honte du délai du combat sera myenne, veu que, venant audit combat, est la fin de toutes escriptures, vostredite protestacion est chose bien excusée; car ce n'est à vous me garder que ne dye vérité, encore qui vous griesve, et aussi je suis bien sceur que, par raison, ne puis recepvoir honte du délai du combat, puisque tout le monde peut congnoistre l'affection que j'ay d'en veoir l'effect. Donné à Mouson, en mon royaulme d'Arragon, le vingt-quatrième jour du mois de juing, l'an 1528.

QUATRIESME LIVRE.

Le roy François, ne se pouvant contenter des conditions rigoureuses du traité de Cambray, se fortifie d'alliances en Allemagne, Angleterre et Italie ; toutesfois la roine Aliénor s'efforce de l'entretenir en amitié avec l'Empereur, et les faire entrevoir. Le roi Jean d'Hongrie demande secours d'argent au Roy, qui luy est accordé. L'Empereur, d'autre part, presse le roi de luy aider à faire la guerre aux Turcs, dont il est refusé, sinon que ce fust pour la deffense d'Italie. Le duché de Bretagne, du consentement des Estats, s'unit à la couronne de France. Le concile universel est mis en termes entre les princes chrestiens. Merveille, gentilhomme milanois, est fait inhumainement mourir par le duc de Milan, combien qu'il fust pardevers luy ambassadeur pour le Roy, lequel s'en ressentit, de sorte qu'il estoit prest à luy faire la guerre, si la vengeance ne fût prévenuë par la mort de ce duc. Monsieur d'Orléans espouse Catherine de Médicis, à présent roine mère du Roy. Les ducs de Wittemberg sont restituez en leurs Estats, qu'occupoit le roi Ferdinand, à l'aide des princes d'Allemagne, prattiquée par le seigneur de Langey, à laquelle le Roy contribuoit d'argent. Les légionnaires sont instituez en France, et commence à se descouvrir la haine que le Roy portoit au duc de Savoye.

Vous avez entendu cy-devant comme s'estoient portées les affaires entre ces deux grands princes, de sorte qu'un chacun estimoit une paix par toute la chrestienté, leur vie durant : mais ceux qui, par longue expérience, avoient la cognoissance des choses de ce monde, pensoient, à mon certain jugement, que le Roy ne pouvoit autrement qu'il n'eust quelque ressentiment du traittement que l'Empereur luy avoit faict en la rédemption de messieurs ses enfans. Car, s'il l'eust seulement rançonné en deniers, c'estoit chose qui se pouvoit oublier en peu de temps, mais, veu les rigoureuses conditions qu'il avoit apposées audit traité, comme de quitter la souveraineté des pays de Flandres et d'Artois, de toute ancienneté estans de la couronne de France ; et aussi quitter le droict du duché de Milan, appartenant à ses enfans, et non à luy, et le droict du royaume de Naples et de Sicile, ne pouvoit que le Roy ou sesdits enfans, avec le temps, ne s'en ressentissent, pour avoir amoindry les bornes et limites de son royaume. Or, ainsi qu'ils pensèrent en avint ; car plusieurs, qui mieux aymoient le trouble de la chrestienté que le repos, mettoient en avant à l'Empereur, que si le Roy avoit recouvert l'Estat de Milan, jamais ne le laisseroit en repos en ses royaumes de Naples et de Sicile ; parquoy, à leur avis, il estoit requis audit seigneur Empereur, de forclorre au Roy toute espérance d'y retourner, ce qu'il pouvoit faire en rendant iceluy duché à Francisque Sforce, duquel il tireroit une grosse somme de deniers ; et qu'en ce faisant, il contenteroit tous les potentats d'Italie, lesquels aymeroient mieux à Milan un duc égal ou moindre qu'eux, que un Empereur ou Roy, duquel la puissance leur fust suspecte : et qu'à ce moyen, il les attireroit tous à quelque ligue deffensive, pour ledit Sforce, en quoy il se fortifieroit de nouvelles alliances, et affoibliroit le Roy en les luy ostant. Autres luy mirent d'avantage en avant qu'estant le pays de Savoye assis au passage de France en la Lombardie, s'il attiroit le duc à sa dévotion et à ceste ligue, cela seroit mettre un grand obstacle et boullevert au devant du Roy, et à ce que jamais il n'entreprint en Italie : et pour ceste fin, luy conseilloient de bailler à ce duc la comté d'Ast, avecques ses appartenances, afin que d'icy en avant il eust particulier intérêt ès guerres de Lombardie. Aussi des Suisses et Grisons luy fut parlé, pour les dissouldre, par le moyen dudit duc de Savoye, de l'alliance et amitié du Roy, et les tirer et convertir à la sienne, et, par tous moyens, tascher à le dénuer d'amis, et le mettre si bas qu'il n'eust moyen de se ressourdre. Mesmes il avoit desjà (comme j'ai dit en la fin du précédant livre) accordé, par le moyen du Pape et des Vénitiens, avecques le duc de Milan.

Et se feirent tous ces discours devant que l'Empereur passast de Barcelonne à Gennes. Et sur ceste occasion, ledit Empereur faignit se laisser aller à la persuasion du Pape et des Vénitiens, mais, à vray dire, il avoit jà conclu en son cerveau, pour les raisons susdittes, de restituer ledit duché à Francisque Sforce : lesquelles remonstrances furent faictes tant et si longuement à l'Empereur, qu'il s'accorda de suivre ce train. De l'autre part, à l'entour du Roy et de messieurs ses enfans, y en avoit d'autres qui, par occasions et opportunitez, leur remonstroient ceste indignité dont envers eux usoit l'empereur, en aymant mieux bailler un tel Estat que celuy de Milan ès mains de Sforce, yssu de basse condition et d'une bastarde, et lequel il avoit souvent dit et maintenu publicquement luy avoir esté faulseur de foy et traistre, qu'à luy, qui estoit son beau-frère, ou à messieurs ses enfans, il appartient si justement; s'il l'eust retenu pour luy, bien de par Dieu; mais de le bailler à un tel, comme par mespris et despit d'eux, c'estoit une chose intollérable. Et qui eust aussi pensé, disoient-ils, qu'un duc de Savoye eust si avant contemné les forces et authorité d'un roy de France, que d'accepter la comté d'Ast, ancien patrimoine de la maison d'Orléans? Si contre l'Empereur on ne s'en veult venger, ou qu'on ne puisse le faire, obstant les traittez contre le duc de Savoye le peult-on faire; car on a contre luy assez d'autres bonnes et justes querelles. Et si l'Empereur entreprend de le soustenir, comme il est apparant qu'il le voudra faire, ne sera-il pas infracteur de paix? N'aura pas le Roy occasion très-juste de répéter à l'encontre de luy, l'obéissance et souveraineté de Flandres et d'Artois? luy et messieurs ses enfans, de recouvrer l'estat de Milan? Ils y ont tant d'intelligences, il y a tant de mal-contens qui les y appellent, les maulx que leur ont faict endurer les Espagnols y ont canonisé le nom des François, fautil perdre l'occasion que la fortune nous offre?

Tels et semblables propos luy estoient tenus souvent, et tous autres qui peuvent esmouvoir un cueur ulcéré, pour se ressentir d'un outrage et desdaing. Le Roy se ressentoit bien du dommage, plus encores du mespris, et voyoit bien que, s'il ne tenoit qu'à juste occasion, il n'en pouvoit avoir faulte; car l'Empereur avoit, dès le commencement, contrevenu au traitté, d'autant qu'il n'avoit rendu les officiers de messieurs les Dauphin et duc d'Orléans, lesquels injustement il avoit mis en gallères par force, encores qu'il en eust esté sommé par le Roy, en vertu d'iceluy traitté de Cambray. D'avantage, il n'ignoroit point les praticques et menées qui se faisoient par les gens de l'Empereur, du roy Ferdinand, son frère, et des ducs de Savoye et Sforce, pour divertir les Suisses et autres de son alliance et amitié, qui estoit directement entrevenu au traitté. Mais il avoit devant les yeux les maulx avenuz en la chrestienté, durant les guerres passées, et qui aviendroient, s'ils retournoient à prendre les armes. A ceste cause, vouloit traitter par amitié, pour recouvrer le sien, avecques le temps, par le moyen de quelque argent, et plustost vouloit user d'amiable composition, que de voye de la guerre. Et pour ceste occasion, envoya le seigneur de Rabodange devers l'Empereur et le roy Ferdinand, son frère, en ceste opinion de chercher le chemin de plus estroicte alliance; et en ce estoit entretenu par la royne Aléonor, laquelle, comme femme de l'un et sœur de l'autre, et comme sage et vertueuse princesse, n'obmettoit rien envers l'un ny l'autre, qui luy semblast estre requis à les entretenir en bonne paix, et conferrer en plus grande amitié.

A ceste cause, estant le seigneur de Morette en Allemagne, ambassadeur de la part du Roy près de l'Empereur, ladite dame moyenna que le seigneur de Courbaron, un des gentilshommes de la chambre de l'Empereur, et qui avoit esté fort privé de l'archeduc Philippe, son père, fust envoyé devers le Roy, estant lors à Sainct-Germain-en-Laye, pour moyenner l'appointement des Gennevois avecques le Roy, à ce que le commerce et traffic de la marchandise leur fussent permis en France. Et, soubs couleur de ceste négotiation, eut charge ledit Courbaron, de s'addresser à ladite dame, et de moyenner une entrevue de l'Empereur et du Roy, pour entr'euxmesmes conclurre de ces estroittes alliances; chose que le Roy, ne désirant rien plus que bonne paix, et oster toute occasion de rancune, ne trouva mauvaise. Mais, parce que ceste praticque se dressoit avec la Royne, ne s'en voulut entremettre, jusques à ce que les choses en fussent plus avant; et en laissa faire à ladite dame et à madame la duchesse d'Angoulesme, sa mère, ausquelles en devisa ledit de Courbaron par plusieurs fois, et si avant, que la Royne, sur les propos de luy, envoya premièrement le seigneur de Tombes, et, depuis, l'escuyer Silly, vers l'Empereur, pour arrester le lieu et temps de ceste entrevue.

[1531] L'Empereur alors, soit qu'il eût mis ces propos en avant pour mettre en jalousie les alliez du Roy, ou pour crainte que les siens n'y entrassent, ou qu'il voulust en un mesme temps avoir praticque en divers lieux, pour s'attacher à celle qui mieux feroit pour luy, en avertit le cardinal Campeige, lors estant légat devers le Roy, pour moyenner la réunion de l'Eglise et la paix universelle entre les Chrestiens. Puis en escrivit lettres au Pape, l'asseurant par icelles que quelques praticques qu'il eust avecques le Roy, que toutesfois il ne feroit rien pour luy, et que Sa Saincteté n'en devoit entrer en jalousie ny en souspeçon. Le Sainct-Père, ce nonobstant, ne s'osant trop fier en ceste asseurance, envoya vers le Roy, se douloir et plaindre que, sans son sceu et communication, telles praticques se démenassent : de quoy ledit seigneur s'excusa, remonstrant que ladicte praticque n'estoit encores si avant, qu'elle méritast d'estre communiquée légièrement avecques Sa Saincteté, devant qu'il y eust aucun fondement; car c'estoit chose tant seulement mise en avant aux dames, par l'Empereur. Et de faict, fist le Roy cesser icelle particque, et ne peut autrement imaginer, sinon que l'Empereur eust mis les propos en avant afin de tirer de luy chose qui mist tous ses alliez en souspeçon, et les fist jetter en ses bras; ne voulut toutesfois en prendre ouverte division avecques luy; mais, de la cassation et roupture d'iceux propos, envoya, par le seigneur de La Pommeraye, s'excuser audit seigneur Empereur, sur le trespas, alors intervenu, de feu madame sa mère, laquelle avoit avec la Royne manié ladite praticque. Les meurs, conditions et vertus de laquelle dame, et le grand regret qu'elle a laissé d'elle, me semblent estre chose trop prolixe, si je vouloy amuser ma plume à les racompter.

Estant le seigneur de La Pommeraye arrivé devers l'Empereur, ledit seigneur luy déclara, pour dire au Roy, comment il s'en alloit en Germanie, dresser une armée contre le Turc, qui se préparoit de faire nouvelle descente en Autriche, priant le Roy que, ce pendant, il voulsist demourer son amy : ce que le Roy non seulement luy accorda, mais le fist prier de faire une assemblée des princes et potentats chrestiens, pour aviser de faire et dresser une armée à communs frais, pour résister à l'entreprise dudit ennemy de nostre foy. Et ceste mesme requeste et offre le Roy fist faire à nostre Sainct-Père, par l'évesque d'Auxerre de Tainteville, son ambassadeur devers Sa Saincteté. Lequel Sainct-Père fist à sçavoir au Roy qu'il envoyast pouvoir à son ambassadeur d'en communiquer et traitter avec les autres ambassadeurs des princes et potentats chrestiens : à quoy obtempéra ledit seigneur, et y envoya le duc d'Albanie, avec ample pouvoir, y offrant non seulement ses forces, mais sa propre personne.

En Germanie, à l'autre voyage auquel avoit esté l'Empereur, il avoit beaucoup promis de choses aux princes et autres Estats de l'Empire, lesquelles ils prétendoient ne leur avoir esté observées et tenues par Sa Majesté, combien qu'elles concernassent grandement les droicts, priviléges et libertez du Sainct-Empire. Aussi tendoit iceluy Empereur à contraindre lesdits princes et autres Estats de l'Empire, qu'ils receussent le roy Ferdinand, son frère, à roy des Rommains, approuvans l'élection faicte de luy, contre et au préjudice de la bulle dorée et observances anciennes dudit Sainct-Empire, dont y avoit plusieurs d'entre eux très-mal contens. Et de faict, le duc Jean, électeur de Saxoigne, le duc Jean Fédéric son fils, les ducs Guillaume et Louis de Bavière, lansgrave Philippe de Hesse et autres princes, firent entre eux aucunes assemblées et parlemens, et mesmement un traitté pour la conservation et deffence de tous les droicts, priviléges et libertez du Sainct-Empire; et par plusieurs fois avoient envoyé devers le Roy, le requérir d'y vouloir entrer, en vertu d'une ancienne ligue et alliance qui a esté inviolablement observée de fort long-temps entre l'Empire et la couronne de France. A quoy ledit seigneur avoit tousjours respondu en termes généraux, et envoyé devers eux un docteur alleman, nommé Gervais Wain, pour entretenir iceux princes en son amitié, sans toutesfois faire ou promettre particulièrement aucune chose qui peust contrevenir aux traittez qu'il avoit avecques l'Empereur.

Et sur le poinct que ledit seigneur Empereur avoit de fresche mémoire, descouvert au Pape les propos de l'entrevuë cy-dessus mentionnée, et que le Roy avoit occasion de penser et prester l'oreille à ce que plusieurs luy avoient dit souvent, c'est à sçavoir, que ledit Empereur ne tendoit qu'à l'entretenir le bec en l'eau de toutes choses, ce pendant qu'il se fortifieroit d'amis et d'alliances, et l'en discommoder à son pouvoir; retournèrent devers luy les messagiers d'iceux princes, avecques amples instructions, signées de leurs seings et séellées de leurs seaulx, et luy apportèrent un double autantique de leur traitté, afin qu'il vist et cogneust leur intention n'estre pour invasion quelconque, mais seulement pour la tuition de l'Empire, à laquelle il estoit obligé par leur ancienne alliance, sans généralement ny particulièrement déroger, par la teneur d'icelle, aux traittez faicts avecques l'Empereur; luy remonstrans, au surplus, comme, s'ils estoient par luy abandonnez, ils seroient contraincts, ou de hazarder leurs Estats en évidens périls, ou d'entièrement se soubsmettre au vouloir et intention de l'Empereur, lequel apparemment ne tendoit autre fin qu'à les assubjettir et rendre l'Empire héréditaire à sa maison; et n'estoient aucuns d'iceux sans crainte que ledit seigneur Empereur, soubs umbre et couleur de ceste armée contre le Turc, ne convertist contre eux les forces mesmes qu'ils luy bailloient pour s'ayder contre l'ennemy commun de nostre religion. Finablement, tant luy fut dit et persuadé, qu'il se délibéra d'envoyer devers eux homme bien instruict et informé de son vouloir et intention; et avecques ceste promesse furent les messagers renvoyez. Lesquels, arrivez en Germanie, ne furent négligens de renouveller ceste requeste, et, par plusieurs itératives lettres, haster le Roy d'exécuter sa promesse, d'autant plus que desjà l'Empereur, averty de leur alliance et traitté, se hastoit de venir à Ratisbonne, tenant propos et usant de menasses à leur désavantage.

Le Roy, qui en toutes choses vouloit user de communication avecques le Roy d'Angleterre, son bon frère et perpétuel allié, dès le commencement des susdites praticques, avoit envoyé devers luy ambassadeurs, pour résider auprès de luy, et luy faire entendre les requestes et offres d'iceux princes de l'Empire, et sur ce, luy demander conseil et avis, comment ils pourroient eux deux ensemble y entrer sans roupture et infraction des traittez qu'ils avoient avecques ledit Empereur. Le roy d'Angleterre, ayant entendu ceste demande, avoit envoyé l'évesque d'Wincestre trouver le Roy, qui lors estoit à Vatteville en Normandie, pour faire avecques luy quelque nouveau traitté, tendant, par toutes les voyes à luy possibles, à faire entrer le Roy en ligue offensive ou deffensive contre ledit Empereur; ce que ledit seigneur ne voulut accorder, voulant tousjours observer sa foy promise. Bien estoit-il consentant d'entrer en despense pour ayder les princes de l'Empire à la conservation et deffence de leurs biens, franchises et libertez; et au seigneur de Liquerques, ambassadeur de l'Empereur (lequel, ayant eu nouvelles de ceste praticque, luy en estoit venu parler), ledit seigneur Roy avoit dit ouvertement que ces traittez il les garderoit inviolablement avecques l'Empereur; mais de faire, en faveur et pour le particulier bien d'iceluy, chose quelconque outre le traitté, ledit seigneur Empereur luy en donnoit trop peu d'occasion, attendu le trop peu d'amitié qu'il trouvoit en luy, et la peine que ledit seigneur Empereur prenoit au contraire de luy tollir et faire perdre tous ses amis et alliez.

L'évesque d'Wincestre, cependant, print congé du Roy, sans faire autre conclusion, dont le roy d'Angleterre, son maistre, qui avoit le cueur amèrement ulcéré contre l'Empereur, pour les propos et menaces dont il usoit contre luy, print tel regret et desplaisir, qu'il sembloit, en plusieurs des propos qu'il tinst à l'ambassadeur du Roy estant près de luy, qu'il se voulust esloigner de l'amitié du Roy, son frère. Pour à quoy remédier, ledit ambassadeur le pria de luy bailler de rechef ce qu'il demandoit par escrit, alléguant qu'il pouvoit estre que ledit évesque ne s'estoit pas bien faict entendre : ce qui meut ledit Roy de luy bailler de nouveau les articles du traitté qu'il entendoit faire, et qu'il appelloit plus estroitte alliance. Lesquels articles, en grande partie, tendoient en ligue offensive : mais, après avoir entendu les remonstrances de l'ambassadeur, il fut content de les modérer; et iceux, modérez, furent envoyez au Roy par homme exprès.

Cependant fut dépesché par le Roy, vers les princes d'Allemagne, messire Guillaume Du Bellay, seigneur de Langey, gentilhomme de sa chambre, auquel il ordonna premièrement de l'excuser envers eux, et déclarer les causes du retardement de sa dépesche, intervenu, non par négligence dudit seigneur, ou faulte d'affection et bon vouloir à la deffense et conservation des droicts, us et coutumes dudit Empire, mais pour autant qu'il avoit envoyé devers le roy d'Angleterre, son bon frère et perpétuel allié; lequel monstroit affection et désir de leur aider à ceste entreprise, et avoit envoyé devers luy l'évesque d'Wincestre, qui avoit séjourné plus d'un moys avecques luy, et seroit depuis retourné vers sondit maistre, pour luy faire rapport de sa négociation, asseurant à son partement que son maistre fourniroit à son pouvoir quelque bonne somme de deniers, combien qu'il ne fust encores résolu de vouloir contribuer à icelle. Mais que, pour n'apporter la dilation, et donner occasion ausdits princes de s'ennuyer et penser que ledit seigneur fust refroidy en cest affaire, il avoit bien voulu envoyer ledit Du Bellay devers eux, tant pour purger ladite demeure, qu'aussi pour les asseurer en parole de prince, que pour l'affection qu'il portoit à la conservation des privilèges, us et coustumes dudit Sainct-Empire, ils le trouveroient prest à leur secours, quand ores il adviendroit qu'il se trouvast seul à leur donner ayde, et que sondit frère (qu'il ne pensoit) ne fust assez à temps résolu de l'ayde qu'il luy voudroit faire.

Secondement, il fut par le Roy ordonné audit Du Bellay d'asseurer iceux princes que s'il estoit ainsi, que l'Empereur, envers lequel il désiroit inviolablement observer et garder les alliances et traittez qu'il avoit avec luy, voulsist, à cause de ladite conservation des anciennes observances du Sainct-Empire, se mettre en armes à l'encontre d'eux (ce qu'il ne pensoit qu'il deust avenir), en ce cas ledit seigneur n'estoit pas pour les abandonner, ains les ayder et secourir, à son pouvoir, sans y riens espargner. Et pour ce que lesdits princes avoient requis par les ambassadeurs, jusques à quelle portion des frais il contribueroit à la guerre si elle avenoit, et quelle somme il consigneroit préalablement, à ce qu'ils ne fussent si tost surprins et opprimez qu'il n'eust loisir d'y envoyer secours de si loingtaine province, fust baillé très-ample pouvoir audit Du Bellay d'en traitter et accorder avecques eux ; mais avecques très-exprès commandement que ces deniers ne fussent employez à l'offension ou invasion d'aucuns ses confédérez, et mesmement de l'Empereur, mais seulement à la deffence et conservation des droicts et priviléges du Sainct-Empire, ou protection et deffence d'iceux ; et qu'à ce faire et tenir il prînt bonne et seure obligation d'iceux princes. Et quant au duc d'Wittemberg, ledit seigneur Roy de très-bon cœur s'emploiroit à luy faire tout le secours et plaisir que, sans contrevenir à ses traittez, il pourroit faire. Au demourant, fut donné charge audit ambassadeur de veoir et entendre quels moyens y pourroit avoir de mettre union en Germanie, touchant le faict de la religion, et de remonstrer ausdits princes et Estats comment, pour ceste leur division, ils pourroient entrer en guerres intestines, et les maulx et inconvéniens qui en pourroient avenir, à eux particulièrement, et universellement à toute la chrestienté. Au lieu de Honnefleur fut dépesché ledit Du Bellay, vers la mi-mars l'an 1531, et environ la mi-avril ensuivant arriva devers iceux princes de l'Empire.

Ce temps pendant, arrivèrent deux ambassadeurs vers le Roy : l'un par le roy Jean de Hongrie, qui fut le seigneur Hiérome de Lasco, principal homme de sa cour ; et l'autre par l'Empereur, qui fut le seigneur de Ballançon, second sommelier du corps dudit seigneur. Celuy de Hongrie demandoit alliances de mariages, et secours d'argent pour subvenir aux nécessitez de son royaume, qui, par les guerres passées, avoit esté grandement destruict, et les places desmolies. Sur le premier article, fut proposé le mariage de madame Isabeau, sœur du roy de Navarre ; sur le second, luy fut accordée une somme de deniers, par condition qu'elle ne fust employée à faire guerre ou invasion contre aucun des confédérez du Roy. Et fut faicte grande instance audit de Lasco, de remonstrer au Roy son maistre, qu'il se donnast de garde sur toutes choses, et, quelques guerres qu'on luy fist, de n'invader son ennemy avec le secours et ayde du Turc ; obstant que, s'il le faisoit, ledit seigneur Roy seroit contrainct de prendre les armes contre luy, sans aucun esgard de leur alliance, pour obvier que le Turc, ennemy de nostre foy, n'enjambast sur la chrestienté. Puis après, ledit Lasco, portant la somme d'argent promise, afin de la faire distribuer aux usages et non autres qu'elle avoit esté ordonnée, fut envoyé Antoine Macault, secrétaire et vallet de chambre du Roy, lequel depuis rapporta ladite somme.

Ballançon de par l'Empereur feit entendre la grosse et puissante armée que le Turc avoit amenée en Hongrie, pour invader le païs d'Autriche, ensemble les grands préparatifs que l'Empereur avoit faicts, autant par mer que par terre, pour résister à ses entreprises ; tellement que ledit seigneur Empereur n'avoit, quant à la force, aucune cause de le craindre ne doubter, demandoit toutesfois au Roy qu'il luy voulust secourir de quelque bonne somme de deniers ; d'un nombre de ses hommes-d'armes, et de ses gallères qu'il avoit en la mer de Levant. A quoy ledit seigneur respondit que, quant aux deniers, l'Empereur avoit puis n'aguères eu de luy deux millions d'or, qui luy devoient suffire ; et que, au demeurant, il n'estoit marchand ne banquier, pour seulement fournir deniers, mais prince chrestien, qui en un tel affaire vouloit avoir sa part du danger, ou honneur, ou perte.

Quant à sa gendarmerie, c'estoit la force de son royaume, et que, l'ayant perdue, il demoureroit inutile à jamais faire entreprise honnorable pour la chrestienté, et au demourant en proye et à l'injure de tous ses ennemis ; parquoy ne la vouloit hazarder : mais il hazarderoit quand et quand sa personne, et l'accompagnant de tel nombre de gens de pied et d'artillerie à ce requise, qu'il ne la pourroit perdre sans faire grand dommage à son ennemy. Et que nous estions sur la fin de l'esté, et que sa gendarmerie ne pourroit estre avant le fort de l'hyver en Autriche ; parquoy elle seroit desconfite et rompuë du chemin, du temps et de malaise, avant que veoir l'ennemy, et sans faire service. Joinct qu'ayant l'Empereur assemblé une telle force, comme ledit Ballançon l'avoit magnifiée, il n'estoit mestier d'envoyer secours en Germanie, mais plustost en Italie, où il n'y avoit aucun préparatif pour résister à autre armée du Turc, que l'on disoit y devoir descendre ; et, pour en estre le Roy plus voisin que d'Autriche, son armée pourroit y arriver plus à temps, et qu'il offroit de la garder avecques cinquante mille combatans. Et que l'Empereur soustint de sa part ceste première impétuosité du Turc en Germanie ; et que luy, de la sienne, avecques l'ayde du roy d'Angleterre, son bon frère et perpétuel allié, seroit prest, à l'esté ensuivant, d'aller en personne avecques les forces dessusdites, ou plus grandes, en quelque part qu'il seroit besoing. Et quant à son armée de mer, il avoit grande coste ès païs de Provence et Languedoc, subjette aux incursions des pirates, qui lors estoient sur la mer à grosse puissance ; parquoy il ne la pouvoit honnestement prester, et abanner en proye de l'ennemy sesdits païs de Languedoc et Provence, aux despens desquels saditte armée estoit souldoyée. Telle fut la responce du Roy, laquelle, rapportée à l'Empereur estant lors à Ratisbonne, la récita en plains estats de l'Empire, tendant par tous moyens à l'imprimer en mauvaise part aux oreilles des princes et potentats de la Germanie, afin que, par ce moyen, il peust mettre ledit seigneur Roy en leur haine, comme ne tenant compte de leurs périls et dangers.

Quoy entendant, ledit Du Bellay, ambassadeur du Roy devers les princes de l'Empire, et cognoissant, après avoir communiqué avec le seigneur de Veilly, aussi ambassadeur du Roy devers l'Empereur, le peu d'espérance qu'il avoit de bien asseurer la paix et amitié entre ledit seigneur et l'Empereur; voyant aussi que, pour la longueur et dissimulation dudit Empereur, les princes commençoient desjà de bransler de peur qu'ils avoient d'estre surpris de luy et abandonnez du Roy, accorda les articles qui par les ambassadeurs d'iceux princes luy avoient esté proposez, et entre eux accordez au lieu de Cebeng, ès païs du duc de Saxe : qui fut cause que le duc Jean Fédéric de Saxe, qui jà estoit acheminé pour venir à Ratisbonne, se retira, et au lieu d'Estingnan, ès païs de Bavières, se trouvèrent tous lesdits ambassadeurs, où ils accordèrent lesdits traittez, et confirmèrent amitié entre le Roy et lesdits princes et potentats.

Durant qu'en Germanie se tenoit la diette impérialle, le Roy, qui avoit receu les articles du roy d'Angleterre, son bon frère, modérez ainsi que dit a esté, après y avoir ajousté et diminué, les renvoya en Angleterre, avec pouvoir, au seigneur de La Pommeraye, son ambassadeur, pour traitter et capituler selon iceux. Les principaux articles furent que, si l'un ou l'autre roy estoit assailly en son royaume, le roy de France seroit tenu d'ayder au roy d'Angleterre du nombre de cinq cens hommes-d'armes françois, souldoyez toutesfois aux despens du roy dudit païs, et pour la deffence de ses mers, depuis les rads Sainct-Mahé jusques au destroict de Callaiz, de douze navires équippées et avitaillées à la raison, avecques trois mille hommes de guerre sur iceux navires; et réciproquement seroit tenu et obligé le roy d'Angleterre fournir de pareil équipage de navires, en cas que le roy de France fust assailly en son royaume, et de luy envoyer six mille Anglois, qui toutesfois seroient souldoyez aux despens du Roy.

Aussi par ledit traitté fut accordé qu'incontinant après que l'un ou l'autre seroit assailly, seroient tenus réciproquement d'arrester tous marchands subjects du prince agresseur, lesquels pour lors se trouveroient en leurs royaumes, sauf toutesfois à semondre par après ledit prince agresseur, de rendre ceux de celuy desdits deux princes qu'il auroit retenus en commençant la guerre; et, en cas de reffus, seroient baillez tous les marchands ainsi retenus, entre les mains du prince assailly, pour recouvrer les siens et se récompenser de sa perte.

Aussi, que l'un ny l'autre prince ne pourroit par cy-après faire traitté ny alliance avecques aucun autre prince, potentat ou communauté, sans le sceu et associement l'un de l'autre. Lequel traitté conclu de ceste sorte, ledit seigneur de La Pommeraye porta, de par le roy d'Angleterre, au Roy son maistre, lors estant en Bretagne en la maison du sire de Chasteaubriant; ensemble luy porta la dépesche de cinquante mille escus, que ledit roy d'Angleterre consentit de fournir et contribuer, à la deffence et conservation des droits et priviléges du Sainct-Empire; avecques charges de moyenner, envers le Roy son maistre, une entrevue pour ensemble traitter des moyens de résister au Turc, au cas qu'il persévérast d'envahir la chrestienté; ce que ledit seigneur accorda très-volontiers. Et estant arrivé sur cest accord, le susdit sieur de Langey, retournant de devers les princes dudit Empire, le Roy incontinant le renvoya devers ledit roy d'Angleterre, pour luy communiquer le traitté faict en Allemagne, et luy compter au long tout le discours de sa négociation.

Estant le Roy en Bretagne, comme dit-est, fut accordé par les Estats d'iceluy païs de Bretagne, que François, fils aisné du Roy, dauphin de Viennois, seroit recogneu pour duc de Bretagne, à la charge que, luy venant à régner, ledit duché seroit réuny à la couronne; et que le fils aisné de France par cy-après porteroit le tiltre de dauphin de Viennois et duc de Bretagne; et seroient meslées les armes de Bretagne avecques celles de France et de Dauphiné; et ainsi consécutivement aux autres qui viendroient à régner, au cas que ledit Dauphin mourust sans hoirs. Et par là fut aboly le traitté faict par le mariage du roy Charles huictiesme avecques madame Anne, duchesse de Bretagne; aussi celuy du roy Louis, douziesme de ce nom, avec ladite Anne; et celuy du roy François, premier de ce nom, pour lors régnant, avecques madame Claude, fille dudit roy Louis douziesme et de ladite Anne : et furent les choses émologuées avecques toute seureté pour l'avenir.

Estant arrivé ledit Du Bellay en Angleterre avec ledit de La Pommeraye, par ensemble ils accordèrent avecques iceluy roy d'Angleterre, du jour, lieu, moyen, ordre et cérémonie de ladite entreveuë : dont, pour conclurre des cérémonies qui se devoient faire, le Roy donna la charge au seigneur de Montmorency, grand-maistre et mareschal de France, et le roy d'Angleterre, au duc de Norfolc, pour toutes choses accorder, ainsi que par cy-devant avoit faict ledit grand-maistre avecques le cardinal d'Iorc, quand il vint à Compiègne, et que ledit grand-maistre alla en Angleterre, ainsi qu'il est récité au premier livre de ces Mémoires.

Les choses bien arrestées, arriva à Boulongne sur la mer le roy d'Angleterre, environ le vingtiesme jour d'octobre 1532, auquel lieu il fut receu par le Roy et messieurs ses enfans : où, après grandes amitiez, fraternitez et privautez qui se pouvoient faire entre tels princes à sa réception, furent le Roy et ledit roy d'Angleterre logez tous deux dedans la maison abbatialle dudit Boulongne, dont la moitié fut départie pour le Roy, l'autre moitié pour le roy d'Angleterre, son bon frère. Auquel lieu le Roy donna son ordre de Sainct-Michel au duc de Norfolc et au duc de Suffolc, comme aux deux estans plus près de la personne dudit roy d'Angleterre : aussi ledit roy d'Angleterre donna son ordre de la Jarrettière à messire Anne, seigneur de Montmorency, grand-maistre et mareschal de France, et à messire Philippe Chabot, seigneur de Brion, amiral de France. Et, après que tous les festins et autres resjouissances furent parachevées audit lieu de Boulongne, où s'estoient trouvez tous les princes, cardinaux et grande partie des prélats et noblesse de ce royaume, aussi pareillement de Angleterre, allèrent les deux Rois, de compagnie, à Callaiz ; où se feit pareil recueil au Roy, que celuy qui avoit esté faict à Boulongne au roy d'Angleterre, au grand contentement des princes et de tous leurs subjets. Et audit lieu de Callaiz fut passé, du vingt-huictiesme jour dudit mois et an, un traitté entre eux, contenant en substance ce qui s'ensuit :

Que, combien qu'ils creussent fermement que les propos scandaleux semez à l'encontre d'eux, n'eussent lieu ne foy parmy les gens de bien, et qu'ils fussent tenus à tels qu'ils devoient estre, c'est à sçavoir, bons zélateurs du bien et augmentation de la chrestienté, dequoy pouvoient assez faire foy les offres souvent par eux faictes pour résister contre le Turc, toutesfois, eux désirans de plus en plus donner cognoissance parfaicte de ceste leur volonté, et afin que les autres princes se peussent joindre à eux, et regarder, par un mutuel consentement, quel ayde chacun pourroit faire à ce sainct œuvre ; et pour donner ordre à pourveoir aux parties en confins plus prochains du danger d'iceluy Turc, au cas qu'il poursuivist son entreprise ou en commençast une nouvelle, ils s'estoient assemblez en intention d'en délibérer et conclurre.

Et, nonobstant qu'en ceste leur assemblée leur fussent venues nouvelles de la retraitte du Turc, eux néantmoins, craignans que sa retraitte fust pour aucun nouveau desseing, attendu qu'il laissoit en Hongrie bonne partie de son armée, délibérèrent de mettre ensemble, le cas avenant, jusques au nombre de quatre-vingts mille hommes, dont y en auroit dix mille de cheval, avec l'artillerie requise pour ledit camp, et de ne séparer ne desjoindre leurs forces sans le consentement l'un de l'autre. Ensemble fut accordé, par iceluy traitté, qu'ils envoiroient par devers les potentats où ils auroient à passer, fust en Italie ou Germanie, selon l'occurrence, leur demander passage et vivres, en payant raisonnablement.

Outre ledit traitté, le roy d'Angleterre feit au Roy son frère grandes plaintes et doléances du tort qu'il maintenoit luy estre faict par le Pape, sur la matière de son divorce ; et mesmement qu'il vouloit le contraindre, ou d'aller en personne à Romme, ou d'y envoyer homme, avecques procuration expresse, pour ester à droict : chose que ledit Roy maintenoit estre contre toute disposition de droict, sans aucun exemple du temps passé ; mais, au contraire, que, toutes les fois que pareils cas estoient avenus entre princes souverains, on leur avoit envoyé juges sur les lieux ; car, d'un affaire tel et touchant si près la conscience, et dont il estoit besoing que les parties parlassent par leur bouche, il n'est raisonnable de le commettre à procureur, et d'aller un prince souverain à Romme, laissant l'administration et régime de son païs, il n'estoit raisonnable. Encores se plaignoit-il des griefs et exactions de l'Eglise rommaine sur le clergé et peuple d'Angleterre, tendant à fin d'animer le Roy son frère contre le Pape et l'Eglise rommaine. Et le requist très-instamment qu'eux deux ensemble envoyassent ambassadeurs devers le Pape, pour le sommer et appeller au concile, pour venir veoir les abus et griefs qu'il faisoit aux princes chrestiens et leurs subjets, et iceux estre par ledit concile reparez et réformez. Ce que ledit seigneur Roy ne voulut entièrement reffuser ; mais, pour autant que ledit Sainct-Père lui avoit faict porter parole par le cardinal de Grandmont, de se trouver ensemble à Nice ou en Avignon, après que l'Empereur seroit de retour en Espagne, il requist le Roy, son bon frère, qu'il fust content de surattendre. Et, pour monstrer qu'il avoit bonne envie et volonté aussi de se plaindre, luy racompta ses griefs et doléances, de ce que ledit Sainct-Père l'avoit tenu en longue dissimulation de quelques décimes que jà auparavant Sa Saincteté luy avoit accordé lever sur le clergé de France, pour résister aux entreprises du Turc.

Secondement, pour les nouvelles et indeuës exactions dont s'estoient plaincts à luy ceux de l'Eglise gallicane, que l'on faisoit à Romme pour l'expédition des bulles, par lesquelles l'argent de son royaume se vuidoit journellement et se transportoit hors d'iceluy; outre plus, que le clergé s'apauvrissoit, et ne se faisoient les réparations des églises ne les alimens et nourritures des pauvres, ainsi qu'ils devoient; et, pour plus clairement monstrer ce que dessus, ledit clergé mettoit en avant les annates excessives qu'il convient payer, ès quelles n'y a aucune équalité. Et aveques ce, plusieurs officiers nouveaux avoir esté créez, qui sont payez sur l'expédition d'icelles bulles, outre ce que l'on avoit accoustumé d'en payer le temps passé, lesquels offices, quand ils viennent à vacquer, se vendent au prouffit dudit Sainct-Père; et se payent propines grosses aux huissiers, chambriers, protenotaires, leurs serviteurs et vallets, les hortolans et autres; et, pour la restauration de l'église des Apostres, grande somme de deniers, qui estoient toutesfois ordinairement employez à faire la guerre au Roy.

Et, outre cela, qu'il y a grande multiplication de bulles où il ne seroit besoing d'en avoir qu'une, et que plusieurs autres choses frustratoires se payent, où n'y a raison ny apparence; de sorte que c'est, ce disoient-ils, un vray engin et filet à prendre argent. D'autre part, qu'il ne se souloit prendre qu'une annate du bénéfice qu'on impétroit; mais, de présent, on la faict payer de tous les autres bénéfices qu'on impètre par dispense. Et, quant aux compositions arbitraires qui se payent des dispenses que l'on baille sur les cas prohibez de droict, elles sont excessives et pernicieuses. Et, outre ce que dit est, la prorogation de six mois pour prendre possession à ceux qui ont des bénéfices par résignation, estoit cause de commettre plusieurs faulcetez, ainsi qu'on avoit veu par expérience.

Pour réparation desquels abbus, le Roy avoit esté souvent requis de convoquer un concile de l'Eglise gallicane; ce que ledit seigneur avoit tousjours délayé de faire, attendant que le Pape mesmes y pourveust. Mais, ayant n'aguères ledit seigneur tenu les Estats du païs et duché de Bretaigne, luy avoient esté présentez les griefs et doléances du clergé d'iceluy païs, où il y avoit des choses si très-scandaleuses, et tant contraires et esloignées de l'honnesteté et charité qui doit estre en l'Eglise, qu'il ne seroit possible de plus; de sorte que ledit seigneur ne pouvoit bonnement croire que cela fust venu a la cognoissance de Sa Saincteté.

D'avantage, avoit ledit seigneur autres grandes causes de se douloir, d'autant qu'ayant esté Sa Saincteté avertie du grand debvoir à quoy s'estoit mis iceluy seigneur pour la protection et deffence de la chrestienté, ledit Sainct-Père toutesfois avoit souffert et enduré ledit seigneur estre calomnié, au contraire, sans qu'il ayt faict aucun semblant de faire entendre sa justification; chose en laquelle ledit seigneur n'auroit esté négligent envers ledit Sainct-Père, quand on l'a voulu charger à tort en aucune manière. Se douloit aussi ledit seigneur que l'évesque Verulan, envoyé par le Sainct-Père au païs des ligues, avoit entièrement faict ce qui luy estoit possible, par menées et praticques secretes et autrement, pour rompre la ligue et confédération que ceux dudit païs ont avecques luy; ce qui luy sembloit n'avoir mérité envers le Sainct-Siége apostolique, ny mesmement envers Sa Saincteté, depuis son assomption à la dignité papalle; car, en tout et par-tout, il seroit monstré envers le très-obéissant et dévot fils de l'Eglise. Toutesfois, il luy sembloit bon, avant qu'envoyer les ambassadeurs (ainsi qu'il avoit accordé au Roy son bon frère, pour sommer le Sainct-Père de réparer les faultes que dessus), y procéder par autre plus douce voye, veu que l'occasion et opportunité s'y adonnoient.

En ce temps estant arrivé l'Empereur à Gennes, luy vint nouvelles comme le Turc estoit descendu en Hongrie et délibéroit de marcher jusques en Autriche; mais cela ne divertit son entreprise d'Italie, et délibéra de plustost laisser ses païs et son frère en proie à l'ennemy; ainsi passa outre, pour rencontrer le Pape, pour parler ensemble, ainsi que par cy-devant j'ay parlé en autre article de sa retraitte. Le roy Très-Chrestien, qui sçavoit assez le mauvais vouloir que luy portoit l'Empereur, et que pareillement au roy d'Angleterre, son frère, qui pareillement le sçavoit bien, ne luy en portoit moins, à cause du divorse qu'il entendoit faire, pour lequel aussi le Sainct-Père estoit animé contre luy, de sorte qu'il pensoit que ces deux Majestez assemblées, facilement pourroient traitter quelque chose à son préjudice ; à ceste cause, délibérèrent que les cardinaux de Tournon et de Grantmont, comme créatures dudit Sainct-Père, iroient devers luy, soubs umbre de l'accompagner à ceste vüe ; lesquels pourroient aucunement obvier à ce que contre Leursdites Majestez ne se feist quelque mauvaise conclusion, à tout le moins, si elle se faisoit, les en advertir, pour y estre par eux pourveu et donné ordre. Et leur donneroit commission de remonstrer audit Sainct-Père, comme ses créatures tenues et obligées à luy, les torts, griefs et doléances qu'ils avoient entendues desdits deux Roys, et le malcontentement qu'ils avoient de Sa Saincteté, et comme ils avoient délibéré d'envoyer vers luy ambassadeurs communs, pour le sommer de réparer iceux griefs ; sinon, qu'ils y pourvoiroient, de sorte que Sa Saincteté cognoistroit qu'eux deux ensemble n'estoient à mespriser. A ceste cause, remonstreroient et persuaderoient, par tous les moyens dont ils se pourroient aviser, à Sa Saincteté, qu'elle devoit tascher sur toutes choses de contenter lesdits seigneurs, et mesmement le roy d'Angleterre, l'affaire duquel luy estoit en recommandation autant que son propre. Luy remonstreroient pareillement, qu'il vousist bien meurement et prudemment considérer de combien luy pouvoit ayder et servir d'avoir pour amis deux tels Roys ; et au contraire, les entretenans malcontens, quelle deffaveur ce pouvoit estre à luy et au Sainct-Siége apostolicque, attendu mesme qu'iceux deux Roys avoient une telle et si parfaicte amitié ensemble que l'on pouvoit tenir clairement, et réputer pour chose seure, que l'un et l'autre, avecques tous et chacuns, leurs affaires n'estoient qu'une mesme chose : au moins, on ne pouvoit ignorer qu'ils ne feussent, avecques toutes leurs amitiez et alliances publicques et secrettes, pour faire et exécuter, quand bon sembleroit, de grandes choses. A quoy Sa Saincteté devoit bien avoir esgard, afin de ne les irriter, et induire d'eux mettre en chemin d'entreprendre aucune chose contre elle, dont luy en pourroit ensuivre un gros dommage et regret perpétuel à l'avenir.

Car, où ils entreprendroient de demander un concile universel (ayans la commodité d'en célébrer un particulier de leurs royaumes, païs, terres et seigneuries, et d'autres qui voudroient y adhérer), et Sa Saincteté ne l'accordoit ou déleyast, ils prenoient son délay pour reffus, et le fissent sans elle. Facilement ils se pourroient justifier de ce que dessus, en récitant leurs griefs aux autres princes chrestiens, lesquels se ressentiroient de pareils griefs ou plus grands, et en aviendroit qu'il deffendroient à leurs subjects d'estre si osez ni hardis que de porter ou envoyer argent à Romme, directement ou indirectement, par lettres de banque, change ou autrement, sur telles peines qu'ils se feroient obéir. Diroient d'avantage iceux cardinaux, avoir entendu du roy Très-Chrestien, qu'au cas que Sa Saincteté voudroit procéder par censures à l'encontre de luy et de son royaume (chose que ses prédécesseurs n'ont jamais accoustumé de faire par le passé contre le roy de France), et que ledit seigneur fust contrainct d'aller à Romme quérir son absolution, iroit si bien accompagné, que Sadicte Saincteté seroit très-aise de la luy accorder ; adjoustans iceux cardinaux aux dessusdites remonstrances, qu'elle eust à considérer l'estat où sont les Allemagnes, le païs des ligues, et autres plusieurs païs de la chrestienté, comme ils se sont disjoincts de l'obéissance de l'Eglise rommaine ; dont il seroit à craindre que, si deux si puissans Roys s'en destournoient, à faulte de justice (comme ils pourroient dire et alléguer), ils trouveroient plusieurs qui leur adhéreroient ; et eux deux ensemble, avec leurs amitiez ouvertes et secrettes, comme dit est, pourroient faire un tel effort, qu'il seroit bien difficille d'y résister ; et au lieu de la paix, qui est de présent en la chrestienté, se pourroit causer une guerre plus grande que celle qui avoit eu lieu par le passé.

Fut, outre plus, apposé aux instructions desdits cardinaux, que, là où ils trouveroient nostre Sainct-Père en bonne disposition de modérer les choses, et principalement envers le roy d'Angleterre, ils luy missent en avant, comme par avis, qu'il feist une entrevue avecques le roy Très-Chrestien, à Nice ou en Avignon, suivant le propos cy-devant mentionné ; et que ledit seigneur moyenneroit envers le Roy son frère, pour s'y trouver pareillement. En laquelle veuë se pourroient toutes choses rabiller par le bon et honneste moyen ; laquelle assemblée il seroit bon de faire avant qu'iceux Roys eussent envoyé faire ladite sommation, et que les choses fussent plus avant aigries. Telle fut la conclusion entre les Roys ; et en fut par le roy Très-Chrestien donné avis à l'évesque d'Auxerre de Tinteville, son ambassadeur, comme lesdits cardinaux se trouveroient à l'entrevue du Pape et de l'Empereur, pour là respondre, en ce que mestier seroit, de l'intention dudit seigneur ; aussi leur fut expressément ordonné de faire ce pendant toute extrême instance envers ledit Sainct-Père, de vouloir donner au roy d'Angleterre juges en ses païs. Et ce faict, prindrent les Roys congé l'un de l'autre à Sainct-Uvert, entre Callaiz et Boulongne, où se feit la séparation des deux seigneuries, jusques auquel lieu le roy d'Angleterre estoit venu avec le roy de France. Et passa la mer, avecques ledit roy d'Angleterre, le seigneur de Monpesat, gentilhomme de la chambre du Roy, afin de servir d'ambassadeur pour le Roy envers ledit roy d'Angleterre.

Estant le Roy de retour, alla passer son hyver à Paris et aux environs, où il feit assembler un bon nombre de prélats de son royaume, ausquels ils remonstra les grosses affaires qu'il avoit eues par le passé, l'apparence des affaires avenir, et la provision qui estoit nécessaire pour y obvier, leur demandant quelque volontaire subside pour y satisfaire. Ce que lesdits prélats, encores que ledit seigneur n'en eust point de bulle (chose qui est accoustumée d'avoir en pareil cas), luy accordèrent librement, et jusques à deux ou trois décimes, à son plaisir. Et là eut nouvelles de l'évesque d'Auxerre, son ambassadeur à Romme, comment le Pape, averty de la délibération des cardinaux de Tournon et de Grantmont, de venir assister à ceste veue, l'avoit trouvée très-bonne, et avoit requis qu'ils apportassent pouvoir du Roy, pour y traitter selon les occurrances qui s'offriroient pour le bien de la chrestienté. Dont ledit seigneur avertit le roy d'Angleterre, son bon frère, pour entendre son vouloir, et s'il luy sembloit bon d'y en envoyer un pareillement de sa part; à quoy il s'accorda; et envoyèrent tous deux chacun un de pareille teneur et puissance.

L'an 1533, le quatriesme jour de janvier, arrivèrent noz cardinaux à Boulogne-la-Grasse, où jà estoient arrivez nostre Sainct-Père et l'Empereur. Lequel Empereur, entre autres choses, principallement tendoit à renouveller, et, en renouvellant, déclarer plus à son avantage et au désavantage du Roy, la ligue auparavant faicte entre luy et les potentats d'Italie, voulant y comprendre Gennes, soubs couleur et espèce que le Roy, par le traitté de Cambray, avoit quitté toute l'Italie, soubs lesquels termes devoit Gennes estre comprise. Et remonstroit audit Sainct-Père et autres potentats, que ledit seigneur Roy ne prétendoit la querelle de Gennes n'estre comprise en sa renonciation, sinon en intention de se réserver une porte ouverte pour y entrer, inquiéter et troubler tout le demourant; parquoy il estoit besoing, pour l'en forclorre entièrement, faire déclaration que ladite seigneurie de Gennes estoit comprise en la susdite ligue, et par icelle receue en la protection dudit seigneur Empereur et de tous les dessusdicts potentats, alliez et confédérez.

Nostre Sainct-Père, qui avoit jà eu quelques nouvelles du malcontentement des deux roys de France et d'Angleterre, et n'avoit quasi aucun espoir d'estre favorisé ni soustenu du roy de France, et d'autre part se veoit pressé de l'Empereur, une fois par offre et douceur, autre par menasses et rigueur, de consentir à ceste déclaration de ligue, avoit presques résolu, en sa délibération, de condescendre à la volonté dudit seigneur Empereur, et de se jetter entièrement entre ses bras, pour avecques luy courir une mesme fortune; et alloit tant seulement un peu temporisant et délayant, attendant veoir que luy apporteroit la venue de ses cardinaux.

Iceux cardinaux, quand ils entendirent, à leur arrivée, comment les affaires se portoient, et combien il estoit à craindre que, s'ils alléguoient audit Sainct-Père tout le malcontentement des Roys, ils luy augmentassent son désespoir, et que l'Empereur, au moyen de ce, le fist précipiter en sa dévotion, et en faire à son apétit contre le roy d'Angleterre, chose qui l'aigrist plus fort, et dont s'ensuivist un trouble de la chrestienté, se délibérèrent d'entrer à l'exécution de leurs instructions, par le dernier article d'icelle; et, au lieu de commencer par la voye de rigueur, et finir par douceur, ainsi qu'il leur estoit ordonné, prindrent le chemin du tout contraire. Et commencèrent à luy faire entendre, comme désirans (ainsi que de faict ils désiroient) le bien de luy et du siége apostolicque, combien il devoit tascher à entretenir le roy Très-Chrestien au bon vouloir qu'il avoit, tant envers Sa Saincteté qu'au bien et repos d'Italie; et que ledit seigneur Roy, outre le bon office qu'il avoit faict pour adoucir l'aigreur où il avoit trouvé le roy d'Angleterre, son bon frère, en quoy il n'avoit peu proffité (comme ils remettoient à luy dire par après), et qu'incontinant qu'il avoit entendu la délibération dudit Sainct-Père, touchant la pacification et repos d'Italie, et que Sa Saincteté craignoit que ledit seigneur, à cause de la querelle qu'il prétendoit à la seigneurie de Gennes, ne vînt quelquefois à troubler ledit repos, il leur avoit donné charge que, là où il ne tiendroit à autre chose que le faict de ceste pacification ne feust bien et entièrement asseuré, ils offrissent à Sa Saincteté de soubmettre au jugement d'icelle tous les différends et querelles qu'il avoit avec les Gennevois; et que toute la réservation qu'il en faisoit, n'estoit que pour seulement chastier aucunes particulières offences d'iceux Gennevois, que Sa Saincteté n'ignoroit.

A ceste cause, qu'elle se devoit bien garder de comprendre Gennes en aucune ligue en laquelle Sadite Saincteté fust contrahente, pour autant que l'Empereur et le Roy, par le traitté de Cambray, s'estoient soubmis aux censures apostoliques, et avoient consenty que Sa Saincteté peust user d'icelles, à l'encontre de celuy qui premier contreviendroit audit traitté; en quoy gisoit cognoissance de cause, laquelle luy appartenoit. Parquoy Sa Saincteté demoureroit juge entre lesdits seigneurs, s'il avenoit que, le Roy entreprenant quelque chose contre les Gennevois, l'Empereur voulust à ceste cause prétendre que ce fust enfraindre ledit traitté; de laquelle cognoissance, et du moyen de faire ce bien à la chrestienté, jugeant ce différend, de la mettre en paix, Sa Saincteté se priveroit et se feroit partie, s'esloignant de l'office et devoir de pape et père commun, si elle entroit en ligne où les Gennevois fussent comprins.

Offroient d'avantage iceux cardinaux audit Sainct-Père, que, s'il vouloit, en ensuivant la parole qu'autrefois il avoit faict porter au Roy, de parlamenter avecques luy à Nice, ou Avignon, ou autre part ès environs, ledit seigneur s'y trouveroit, et le feroit juge de tout le différend qu'il avoit avecques lesdits Gennevois, et mettroit peine, autant que luy seroit possible, d'y faire aussi trouver le roy d'Angleterre, son bon frère, ou personnage ayant de luy toute puissance de mettre fin à la difficulté de son divorce; prians, iceux cardinaux, Sa Saincteté de ne riens innover cependant contre ledit roy d'Angleterre. Plus luy offrirent, de par le Roy, qu'à ladite entrevue, si elle se faisoit, on pourroit conclurre et mettre à exécution certain propos autrefois mis en avant entre Sa Saincteté d'une part, le duc d'Albanie et le cardinal de Grantmont d'autre, au nom du Roy.

Toutes ces choses pleurent grandement au Sainct-Père, principalement parce qu'il pouvoit encores espérer appuy du costé de France; et fut très-aise d'avoir trouvé ceste eschappatoire pour s'excuser envers l'Empereur, qui tant le pressoit et incitoit d'entrer en ceste déclaration et ampliation de ligue. Et fault entendre que les propos que ramenturent iceux cardinaux, auparavant mis en avant par ledit Sainct-Père avecques les dessusdits duc et cardinal, estoient merveilleusement avantageux et honnorables audit Sainct-Père, et à la grande exaltation et appuy de sa maison, laquelle il avoit en recommandation singulière : et tels estoient les propos que maintenant vous entendrez.

Estant le duc d'Albanie, comme il est dit cy-dessus, envoyé vers nostre Sainct-Père, pour, avec les ambassadeurs des autres princes et potentats chrestiens, traitter des choses concernans le bien et repos de la chrestienté, et de la résistence contre le Turc et autres ennemis d'icelle, après que les ambassadeurs de l'Empereur et autres eurent déclaré n'avoir commission ny pouvoir de ce faire, ledit Sainct-Père, ayant opportunité de parler et conférer privément des affaires de sa niepce, la duchesse d'Urbin, avec ledict duc d'Albanie, proche parent, et qui autresfois avoit espousé la tante maternelle de ladite duchesse, entrèrent, entre autres propos, sur ceux qui autresfois avoient esté mis en avant par le pape Léon, et depuis refreschis par Sa Saincteté, du mariage de monseigneur Henry, alors duc d'Orléans, second fils de France, avec ladite duchesse, offrant ledit Sainct-Père au duc d'Albanie, d'accroistre le bien d'icelle par cestuy mariage, faisant des seigneuries de Rheige, Modène, Rubière, Pise et Ligorne, et d'avantage de Parme et de Plaisance, sinon à meilleure condition, à tout le moins par eschange et récompense d'autres terres. Outre laquelle donation ainsi par luy accordée, et après que lesdits d'Albanie et cardinal eurent le consentement du Roy, et charge d'y consentir en son nom, dès le mois d'avril l'an 1531, ledit Sainct-Père promist de donner audit futur espoux l'ayde et secours qui entre eux seroit avisé, pour le recouvrement de son Estat de Milan, à luy appartenant, en partie à cause de l'investiture donnée au feu roy Louis douziesme par le feu empereur Maximilian; et pour autre partie luy appartiendroit par le transport et cession que en devoient faire le Roy et messeigneurs les Dauphin et duc d'Angoulesme, ses autres enfans; aussi tout ayde et secours à saditte niepce, future espouse, pour le recouvrement de sondit Estat et duché d'Urbin. Et le neufiesme jour de juing ensuivant, Sa Saincteté feit ladite donation, par lettre signée de sa main, et dès lors, comme maintenant, promist de rechef, sur sa foy, délivrer au Roy lesdites villes et terres, aux termes qui seroient entre eux advisez (la consommation du mariage préalable), et que, pour le recouvrement d'Urbin, il fourniroit à la moitié des frais, excepté de ceux de la gendarmerie du Roy, parce qu'elle estoit à sa soulde ordinaire.

Néantmoins ce pourparlé de mariage, si est-ce que par le Sainct-Père n'osoit tenir pour asseuré, ny se persuader que le Roy luy voulust tant faire d'honneur, que d'entendre à la consommation d'iceluy. Mais ceste confirmation de propos, offerte de nouveau par iceux cardinaux, dont l'un avoit esté à la première ouverture qui en avoit esté faicte, le resjouit merveilleusement, et le rasseura, qu'il ne se laissast du tout aller à la dévotion et appétit de l'Empereur, ains accorda l'entrevue et parlement avecques le Roy, auquel il en escrivit de sa main, priant toutesfois que la chose fust tenue secrette, jusques après le partement de l'Empereur, et que desjà il peust estre arrivé en Espagne. Et rasseuré qu'il fut, noz cardinaux, au plus dextrement qu'il fut possible, luy exposèrent le demeurant de leur créance, et principalement de l'affaire du roy d'Angleterre, pour lequel ils avoient ordinairement recharge du Roy une fois ou deux la sepmaine, avec expresse commission de ne s'employer moins aux affaires de luy qu'aux siens propres et particuliers; et mesmement qu'en ses propres ils ne traittassent ny arrestassent rien de chose qui leur fust mise en avant, sans le sceu, vouloir et consentement des ambassadeurs dudit roy d'Angleterre; ausquels ambassadeurs iceux cardinaux communiquèrent toujours, non seulement ce qu'ils entendoient mettre en avant, mais toutes les lettres qu'ils recevoient dudit seigneur roy Très-Chrestien. Lesquels ambassadeurs, après avoir considéré l'estat présent des choses, furent d'avis que pour lors on ne pouvoit moins faire pour le Roy leur maistre, que de ne riens précipiter, et remettre le tout jusques après le partement de l'Empereur, et, cependant, donner ordre seulement que le Sainct-Père ne passast outre, au préjudice et grief de la cause de leurdit maistre.

Quelques jours après la venue d'iceux cardinaux, l'Empereur cogneut bien, aux propos et contenances de nostre Sainct-Père, qu'il estoit moins enclin à luy qu'auparavant, et se doubta bien d'où estoit cela procédé; car autresfois avoit-il entendu quelque chose de ces propos de mariage : mesmement ledict Sainct-Père les luy avoit faict déclarer, et sur iceux demander son avis; et, estimant toutesfois que la chose jamais ne vînt à fin, ledit Empereur l'avoit grandement conforté d'y entendre. A ceste cause, pour en sçavoir la vérité, et pour rompre le dessaing du Roy, l'Empereur feit, par les seigneurs de Cauves et Grantbelle, mettre en avant audit Sainct-Père le mariage de ladite duchesse d'Urbin avec le duc Francisque Sforce. Laquelle offre nostre Sainct-Père monstra bien de la trouver grande et le parti bon; toutesfois il leur déclara ouvertement l'autre party dont il estoit en propos : bien disoit-il qu'il le trouvoit si hault et si honnorable pour sa maison, ayant esgard aux dignitez et degrez des maisons, que, sans point de faulte, il n'osoit espérer tant de bien et d'honneur; mais, puisque les propos en estoient si avant, qu'il ne pouvoit, ce nonobstant, sans offencer le Roy, qui tant d'honneur luy présentoit, entendre ailleurs à quelconque autre party, si la rompture ne venoit premièrement du costé dudit seigneur; joinct que sa niepce avoit du bien en France, jusques à cinq ou six cens mille escus vaillant, qu'elle confisqueroit au Roy, en prenant hors de son royaume party de mariage sans son consentement et congé.

A cela fut répliqué, par les dessusdits Cauves et Grantbelle, que, quant à la perte et confiscation du bien, l'Empereur avoit bon moyen de l'en récompenser, car il luy bailleroit, en contrechange de ce qu'elle avoit en France, autant et plus vaillant au duché de Milan, pour estre propre d'elle et des siens, et dont il l'investiroit dès lors, du consentement d'iceluy duc, lequel à ce tenir et observer inviolablement s'y obligeroit, et ses successeurs après luy, par toutes obligations et seuretez que Sa Saincteté demanderoit; quant au mariage d'Orléans, qu'ils ne vouloient ne pouvoient nier que ce party ne fust trop plus honnorable et avantageux que l'autre, mais qu'il ne falloit que Sa Saincteté en fist fondement, ne qu'elle espérast que le Roy en mist les propos en avant, sinon en intention de l'amuser, pour, ce pendant, faire son prouffit de luy, puis le quitter quand il auroit faict. Au demourant, ils conseilloient à Sa Saincteté que, pour s'en esclarcir promptement, il demandast ausdits cardinaux s'ils avoient pouvoir de traitter d'iceluy mariage; et, au cas qu'ils ne l'eussent, que c'estoit bien suffisant indice pour évidemment cognoistre l'intention du Roy estre telle qu'ils alléguoient. Ainsi qu'ils conseillèrent il fut faict : et à ce respondirent les cardinaux, que pouvoir et mandement avoient-ils bien, mais par lettres missives et verbalement, et non point soubs les seing et séel dudit seigneur; toutesfois ils offroient à Sa Saincteté de l'envoyer quérir, et de l'avoir en peu de jours signé et séellé.

L'Empereur, néantmoins, continuait ce pendant sa poursuitte de faire conferrer, déclarer et amplifier ceste ligue, y comprenant l'Estat de Gennes; et nostre Sainct-Père tousjours se couvroit de l'excuse devantditte, qu'estant juge accepté par les parties, il ne pouvoit ne devoit se renger de l'un ny de l'autre costé. Le duc d'Urbin, comme ayant intérest en l'affaire, print charge d'aller vers la seigneurie de Venise, de la part de l'Empereur, essayer s'il pourroit attirer les Vénitiens à cest effect; mais il n'y peut riens obtenir, car les Vénitiens déclarèrent absolument qu'ils n'y vouloient entrer plus avant qu'ils y estoient. Leurs ambassadeurs firent sçavoir à noz cardinaux, que lesdits Vénitiens avoient faict ceste response, ne voulans comme en rien offenser n'y irriter le Roy; au Sainct-Père et à l'Empereur, ils alléguoient autre raison, c'est à sçavoir, qu'ils ne pouvoient le faire sans irriter le Turc, avecques lequel ils avoient trefves ou paix jurée, et contre lequel André Dorie avoit faict rigoureuse guerre, qui de sa nation estoit Gennevois : ainsi en divers lieux ils se servirent de diverses raisons pour une mesme response et à mesmes propos. Le duc de Ferrare y vouloit bien entrer, voire en pressoit bien fort, espérant, au moyen de ceste déclaration, s'asseurer des seigneuries de Rheige et Modène; et offroit à nostre Sainct-Père, outre et par-dessus la sentence donnée par l'Empereur en son conseil, de luy payer cent mille escus comptant; mais le Sainct-Père n'y voulut entendre, ny consentir, ny approuver laditte sentence. Or avoit l'Empereur, dès le commencement qu'il mist ceste déclaration de ligue en avant, requis aux confédérez et alliez, que tous ensemble fissent une taxe entre eux, pour contribuer à la soulde des gens de guerre qu'il remonstroit estre requis d'entretenir en Italie, pour la seureté du repos et tranquillité d'icelle, à ce que surprise n'y fust faicte inopinément; laquelle soulde pouvoit monter à la somme de six vingt mille escus par chacun moys. Et, pour l'entretènement desdits gens de guerre, il demandoit expressément que l'on consignast promptement le payement du premier moys entre les mains d'un banquier gennevois, fondant ceste contribution et entretènement de gens de guerre, sur le danger des invasions du Turc : et, quant à sa part, il ne vouloit estre subject à laditte contribution, alléguant les grands frais et despense qu'il luy conviendroit faire au cas que l'on vînt quelquefois à la guerre, ainsi qu'il estoit assez apparant et croyable : et tellement avoit jà persuadé, que la chose valoit presque autant que concluc. Mais, depuis qu'il eut commencé à faire si grande instance d'y comprendre l'Estat de Gennes, il fut contrainct d'oster le masque, et d'avouer que c'estoit seulement pour crainte du Roy, et proposa contre luy de grandes et griefves plainctes, comme contre un turbateur ordinaire de la paix et tranquillité publique.

Sur quoy, les cardinaux françois et l'ambassadeur du Roy ne faillirent de chaffauder et bastir des remonstrances, à un chacun à part, et puis à tous en général, en alléguant et déduisant, par bonnes et vives raisons, comme la chose que demandoit l'Empereur estoit pour mettre le trouble et non le repos en Italie; et qu'indubitablement il ne tendoit à ceste poursuitte, sinon pour entretenir son armée en Italie aux despens d'autruy, prest à marcher contre le Roy, à toutes occasions et opportunitez, sans y frayer un escu du sien. Quoy avenant, il ne falloit point doubter que le Roy, ayant ceste occasion de se tenir sur ses gardes, n'entretînt une autre armée en la frontière d'Italie, sur le marquisat de Saluces et sur ses païs de Dauphiné, de peur que l'Empereur à l'improviste luy vînt courir sus; en quoy il estoit grandement à craindre que deux armées ne fussent long-temps si prochaines, sans que, par la coulpe de l'une ou de l'autre, elles s'attaquassent ensemble, et que d'une petite étincelle s'allumast un grand feu, au dangier évident de toute l'Italie : joinct que les potentats d'icelle auroient, ce pendant, entretenu à leurs despens une armée, laquelle, par aventure, seroit un jour employée contre eux-mesmes, pour les opprimer et leur tollir la liberté. Car ils pouvoient assez juger et recueillir, par la praticque oblique qu'il avoit faicte, que les Gennevois entrassent en ceste ligue, non comme républicque et membre d'Italie, mais comme ses subjects particuliers; et, par tant d'autres divers et apparens indices, que son intention aspiroit entièrement à réduire et remettre la totalle monarchie en sa main.

Ces remonstrances leur touchèrent si avant, et furent prises par eux de telle sorte, qu'à la longue il fut arresté de ne faire point de consignation, mais que seulement chacun des confédérez se quottiseroit à ce qu'il devroit fournir, avenant la guerre en Italie, et bailleroit banques respondantes de sa taxe et quottisation, laquelle contribution montoit de cent à six vingt mille escus par chacun mois, en temps de guerre. Aussi fut arresté que l'Empereur osteroit son armée hors de Lombardie, afin de ne donner au Roy occasion d'en dresser une autre sur la frontière; et que seulement il laisseroit Antoine de Lève, pour capitaine-général de la ligue, et avec luy aucuns capitaines, pour estre prests à lever gens quand besoin en seroit; pour l'estat desquels capitaine-général et capitaines particuliers, iceux confédérez payeroient vingt-cinq mille escus par chacun mois. L'Empereur, après ces choses ainsi concluës, renvoya en Espagne trois mille hommes de sadite armée, autant, ou environ, à Naples, et au surplus il donna congé. Le duc de Ferrare entra en ceste ligue moyennant la suspension pour dix-huit mois, que lui accorda nostre Sainct-Père, de ne rien entreprendre sur luy à cause des villes de Rheige et de Modène, sans toutesfois approuver la dessusdite sentence de l'Empereur : aussi y entrèrent les Gennevois, mais comme contrahans, et non comme subjects de l'Empereur, encores que de rechef ils en fussent très-instamment recherchez et solicitez. L'ambassadeur des cinq cantons, lequel estoit allé demander au Sainct-Père et à l'Empereur ayde et secours, au cas que les autres cantons substraicts de l'obéissance de l'Eglise rommaine leur feissent guerre, fut pareillement recherché d'entrer en ligue au nom de ses supérieurs ; à quoy il feit response de n'en avoir charge ny mandement.

Durant ce temps, et dès environ la mi-février, estoit arrivé le pouvoir du Roy, adressant aux cardinaux et à son embassadeur, avec clause expresse de traitter et conclurre le mariage du duc d'Orléans avec la duchesse d'Urbin ; dont l'Empereur se trouva moult esbahy, et n'eust jamais pensé, si comme il disoit à nostre Sainct-Père, que ledit seigneur Roy le deust envoyer. Parquoy il s'efforçoit de remonstrer et persuader à Sa Saincteté, que le Roy ne l'avoit envoyé, sinon pour mine, et que, s'il pressoit les ambassadeurs de tirer avant et de conclurre le traitté, ils n'y voudroient aucunement entendre : mais les cardinaux et ambassadeurs offrirent de ce faire ; dont l'Empereur fut encores plus estonné, parce qu'il se voyoit frustré de son intention d'attirer ledit Sainct-Père contre le Roy. Requist lors à Sa Saincteté, qu'au moins elle ne traittast point sans y comprendre quatre articles, lesquels il disoit luy avoir esté par ledit Sainct-Père accordez et promis d'y comprendre, alors qu'il luy conseilla d'entendre audit mariage ; chose toutesfois dont ledit Sainct-Père nyoit avoir jamais ouy parler. Le premier article estoit de faire envers le Roy qu'il promist de ne rien innover en Italie, l'autre, de faire qu'il reconfermast les traittez de Madril et de Cambray ; le tiers, de prendre dudit seigneur asseurance de consentir au concile ; le quart, de faire obliger le Roy, et promettre que par le roy d'Angleterre il ne seroit riens innové plus avant qu'il avoit esté, touchant le faict de son divorce. A ce respondit nostre Sainct-Père, que le bien et honneur qui à sa maison estoit accordé par le Roy, en acceptant son alliance, estoient tels et si grands, que c'estoit audit seigneur, et non à luy, d'y apposer et ordonner les conditions ; bien offroit-il de s'employer en ce qu'il pourroit, et moyenner, envers ledit seigneur et tous autres, que toutes choses demourassent en bonne paix et repos.

Cette incidente mention du concile maintenant me semond et rappelle à réciter ce qu'auparavant en avoit esté proposé. L'Empereur, ayant promis aux Allemans de le faire convoquer au dedans d'un an, avoit envoyé vers nostre Sainct-Père, le requérir de ce faire ; et luy avoit envoyé quelques articles de modifications qu'il jugeoit estre bonnes et raisonnables à tenir en la convocation d'iceluy, principalement pour la réformation des hérétiques, secondement pour résister aux invasions du Turc, et tiercement pour assopir les divisions d'entre les princes et potentats de la chrestienté. Nostre Sainct-Père, après avoir leu iceux articles, donna charge à un nombre de ses principaux conseillers et gens de bon sçavoir, que de rechef ils les vissent et examinassent et luy en rapportassent leur avis, à ce que sur iceux il délibérast et conclust ce qu'il luy sembleroit estre bon d'y respondre. Lesquels gens doctes et scavans luy en feirent les remonstrances qui s'ensuivent, et lesquelles nostre dit Sainct-Père feit entendre à l'Empereur, premièrement par la bouche de l'archevesque de Cortonne, gouverneur de Boulongne, et depuis par escrit à luy présenté par le cardinal Campeige, légat, et par le protenotaire de Gambare, son nonce et ambassadeur auprès de Sa Majesté impérialle. Premièrement, sur le premier article, qui estoit la réformation des hérésies, il leur sembloit estre grandement à considérer que, faisant la congrégation et concile universel expressément et particulièrement à ceste fin, si on y admettoit les hérétiques à disputer les opinions de long-temps réprouvées par les saints conciles, ce seroit chose de très-mauvais exemple, et apparence de danger qu'à l'avenir ils estimassent tousjours leur estre licite de révoquer en doubte les choses résolues et déterminées, et, par long traict de temps et ancienne observation, approuvées ; de manière que toutes choses, et jusques aux articles de la foy, se pourroient journellement disputer et mettre en controverse, et ne se pourroit faire certain fondement sur aucune doctrine, dont résulteroient nouvelles et infinies occasions de nouveaux erreurs et innovation des anciens.

Si, au contraire, ils n'estoient admis à disputer leursdites opinions, ils ne se voudroient tenir pour convaincus par la seule authorité du concile, ains allégueroient qu'ils auroient esté condamnez sans estre ouys et pirement traittez que ne furent les Arriens et autres, lesquels eurent audience ès congrégations des conciles anciens pour y disputer ce qu'ils sentoient et entendoient de la foy. Et avec telles et semblables doléances se départiroient du concile sans atendre la détermination et fin d'iceluy, et, par icelles, ils conferneroient en leurs erreurs et intelligences le peuple crédule et adhérant à eux. Secondement, s'ils se sont opposez aux conciles passez, et ont nié l'authorité d'iceux, comment peult-on espérer que du futur ils se doivent contenter? et s'ils veulent y contredire, quel scandale sera-ce en nostre temps que la convocation demeure infructueuse, si, pour autre empeschement, ou pour les invasions du Turc, ou pour la division d'entre les princes chrestiens, ledit Sainct-Père et l'Empereur estoient sans moyen de pouvoir avecques armes exécuter la détermination d'iceluy, contre les rebelles et désobéissans? Tiercement, qu'ayant tousjours esté grande l'obstination et pertinacité de tous les hérétiques qui oncques furent, encore est plus celle de ceux de présent, lesquels adhèrent, à ce qu'ils disent, à la lettre de la Saincte-Escriture, en rejettant l'authorité des saincts conciles et l'interprétation des saincts pères, qui, par inspiration divine, ont esclarcy ce que, par aventure, la pure lettre bailloit douteux et ambigu: parquoy seroit à craindre que, si les choses du sacrement et de l'authorité de l'Eglise venoient à estre disputées, ils ne se voulussent jamais rendre vaincus; chose qui, non-seulement rendroit la détermination du concile illusoire, mais scandaliseroit grandement ceux qui auroient attendu plus grands effects d'iceluy. Quartement, que si, comme l'on a peu évidentement cognoistre, parce que lesdits hérétiques ont proposé à la diète impérialle, à Ausbourg, ils ont demandé le concile, à la seule fin de persévérer en leurs mauvaises opinions, jusques à la convocation et détermination d'iceluy, lequel (ainsi que bien ils cognoissent) ne peult, après qu'il sera indict, estre assemblé en moindre espace de temps que d'un an ou plus, et pourra durer la congrégation, non seulement quelques mois, mais quelques années, pendant lequel temps ils espèrent que pourra survenir des empeschemens, si que ledit concile se dissoudra ou interrompra sans détermination, ou sans exécution de ce qui sera déterminé : à ceste occasion ils persévéreront en leur erreur et doctrine, et éviteront le chastiment de Sa Majesté Impérialle. Quintement, faict à considérer que, si lesdits hérétiques prennent, ainsi qu'ils firent à la diète d'Ausbourg, occasions de se départir du concile, avant qu'il soit déterminé (lesquelles occasions, justes ou injustes, ne leur peuvent deffaillir), il en pourroit avenir pis qu'au concile de Basle; car si, au temps de lors, estant l'estat de l'Eglise pacifique, et si, peu de temps auparavant, par le concile de Constance, fust levé le schisme qui avoit si long-temps duré; et la question qui estoit lors entre le pape Eugène et le concile, sçavoir si le Pape estoit par-dessus le concile, ou le concile par-dessus le Pape, fut occasion de si grand désordre en l'Eglise, qu'en un mesmes temps furent deux conciles, dont, par la création du pape Fœlix, résulta un schisme qui dura jusques au temps du pape Nicolas, il ne fault faire doubte qu'au temps présent, que la doctrine chrestienne est en si grande confusion, par la coulpe et malignité des hérétiques, la mesme difficulté se remettroit en avant. Et si le concile déterminoit que le Pape fust par-dessus (ainsi qu'à la vérité il est), lesdits hérétiques, prenans fondement sur la détermination contraire du concile tenu à Constances, et n'ayans esgard à ce qu'alors ils estoient trois soy-disans papes, et non un seul vicaire de Dieu, ainsi que nous avons à présent, alors allégueront ce concile n'estre point libre, comme desjà ils murmurent, et son authorité n'estre point suprême, à laquelle aucune raison vueille qu'ils se soubsmettent; et chercheront de diviser et dissoudre ledit concile, se séparans des autres, et retenans avec eux quelques prélats, ainsi qu'il s'en trouvera de curieux des choses nouvelles, aspirans, et par ce moyen, espérans de parvenir à plus grands biens et authorité; dont à ceste cause ils pourroient tenir un autre concile, et y créer un antipape qui approuvast leurs hérésies, et meist la religion chrestienne en plus grande confusion qu'elle n'est encores. Et si, au contraire, le concile terminoit l'authorité sienne estre par dessus celle du Pape, ce seroit une difficulté grande, et un danger non moindre; car si Sa Majesté impérialle vouloit par sa puissance et authorité mettre fin audit concile, ou le transférer en autre lieu, pour interrompre les brigues faictes à l'encontre de l'authorité du Pape (comme en tel cas seroit requis), ledit concile prétendroit ne pouvoir estre conclu ne transféré en autre part sans sa propre authorité mesmes, et se pourroit de soy transférer ailleurs, outre le gré de Sadite Majesté, sans qu'elle peust, encores que son pouvoir soit grand, y remédier : comme, par exemple, il advint à l'empereur Sigismond, de bonne mémoire, auquel, après avoir tant labouré pour l'Eglise, et encores que par son industrie et authorité, avecques gros frais et travaulx extrêmes, il eust levé le schisme tant invétéré, ne fut toutesfois possible d'obvier, en quelque devoir qu'il s'en sceust mettre, aux discordes et divisions du concile de Basle. Dont faict à croire que, si le futur concile venoit à durer quelques années, comme il est à présuposer qu'il durera si la suprême authorité luy demeure, il pourroit succéder occasion que Sa Majesté Impérialle ne pourroit si longuement y estre présente.

Quant à la seconde cause de la convocation dudit concile, afin de pourvoir à la répulsion du Turc, iceux députez mettoient en avant, qu'estans ses appresls si grands et si prochains pour invader la chrestienté, que la convocation du concile seroit, quant à cest effect, par trop tardive; et seroit besoing, en premier lieu, de pourveoir et donner bon ordre à y résister et repousser; ce que trop à tard s'exécuteroit, au cas que l'on attendist jusques à ladite convocation : joinct que ladite convocation de concile serviroit d'excuse et dilation à ceux qui devroient et ne voudroient assister et donner ayde à ladite répulsion du Turc, et se couvriroient de dire que, selon la détermination dudit concile, ils donneroient tel ayde que par commun consentement seroit conclu et arresté.

Disoient d'avantage, que, si ores le Turc n'avoit volonté de si tost faire entreprise contre la chrestienté, néantmoins, voyant ladite convocation en termes de traitter à son grand dommage, il se pourroit tant plus haster et amener de tant plus grande force, pour prévenir la détermination de l'entreprise qui se dresseroit pour luy résister. Plus, ils remonstroient que si, estant le concile assemblé, il ne se trouvoit moyen de réduire les hérétiques à l'union de nostre saincte foy, et qu'ils se départissent sans conclusion dudit concile, il y auroit danger qu'ils s'accordassent avec le Turc, ainsi qu'a faict le vaivode de Transsylvanie, soubs espérance qu'il leur seroit permis et loisible d'occuper les biens de l'Eglise, et de vivre en la liberté qu'ils disent évangélique, mais qui plustost est semblable à la loy mahométique : chose qui seroit cause de la ruine chrestienne, à tout le moins d'engendrer une perpétuelle guerre entre eux et nous, comme elle fut engendrée et dure encores entre nous et lesdits Mahométans.

Lesdits articles proposez de la part de l'Empereur à nostre Sainct-Père, ensemble la responce de Sa Saincteté, avoient esté communiquez au Roy, par le seigneur Du Prat, chevalier de l'ordre de l'Empereur, afin de sçavoir aussi son intention, tant sur ladite proposition que sur la response faicte à icelle. A ce respondit le Roy que, nonobstant qu'en la response et remonstrance dudit Sainct-Père y eust des raisons fort apparentes du danger et inconvénient qui pourroit avenir de la convocation du concile, il y avoit, de l'autre part, autres grandes raisons, qui faisoient moult à considérer, et principallement de la disposition et termes èsquels estoient réduites les affaires de la religion, lesquels, si Dieu par sa grâce n'y mettoit la main, estoient beaucoup plus en apparence d'avoir pis qu'en espérance de mieux avoir, dont grand inconvénient pourroit advenir en la chrestienté; lequel avenant (que Dieu ne veuille!) il estoit certain que les princes chrestiens qui seront par cy-après, donneront (de quiconque en sera la coulpe) grand blasme et charge audit Sainct-Père et ausdits princes chrestiens qui aujourd'hui sont, d'avoir laissé tomber les choses en telle confusion, ou par faulte d'avoir convoqué le concile, ou pour avoir, en le convoquant, adjousté telles modifications et restrictions, qu'elles puissent servir d'excuse et couleur à qui voudra dire que prou de gens à cause d'icelles n'y auroient voulu entendre.

Parquoy son avis estoit, attendu les deux poincts principaux cy-dessus touchez ès remonstrances dudit Sainct-Père, entendre à l'un sans obmettre l'autre; c'est à sçavoir, que tous les potentats chrestiens, quelque particulière doctrine qu'ils eussent, par lettres et ambassadeurs, communiquassent préalablement ensemble de cest affaire, et lesquels ambassadeurs et chacun d'eux, au plus tost que faire se pourroit, envoyassent à Romme, avecques pouvoirs amples et suffisans pour aviser et arrester ensemble de la commodité du lieu, et du temps où se pourroit, sans le danger d'aucun, célébrer ledit concile, comme pour jetter et mettre par escrit, d'un commun accord et consentement, tous les poincts et articles dont il sera besoing et requis de parler en iceluy; laissant toutesfois à tous et à chacun plaine et franche liberté (moyennant qu'il ne se parle des particulières querelles, en quelque façon et manière que ce soit) d'y proposer et mettre en avant tout ce qui luy viendra en fantasie, pour l'union, bien et repos de la chrestienté, service de Dieu et repression des vices, extirpation des hérésies et confirmation de nostre foy, sans y particulariser autrement, ne faire mention du contenu ès remonstrances de nostre Sainct-Père, comme d'y articuler spécialement qu'il n'y soit point disputé des choses desjà traittées par les conciles, ne que cela fust ouvrir la voye pour faire par cy-après le semblable sur ce qui seroit arresté en ce nouveau concile; car, ajoustant une partie en première instance, et avant que les ambassadeurs et députez des uns et des autres eussent communiqué ensemble des dessusdits articles et restrinctions, touchant le faict et ce qui concerne la religion, c'estoit donner à plusieurs occasion ou excuse de ne s'y trouver, ainsi que dit est : mais, envoyant un chacun ses ambassadeurs et députez avec pouvoirs non limitez, telles occasions et excuses faudroient; et, se trouvans ensemble, n'y auroit celuy auquel il ne semblast très-bon de rédiger et mettre par escrit, selon l'avis et consentement commun, les poincts principaux dont l'on voudra et devra traitter audit concile, et que les particulières querelles qui pourroient mettre division entre les assistans, ce tems pendant demourassent assopies.

Lesquels articles et poincts ainsi rédigez, estoit l'avis dudit seigneur Roy que l'on intimast alors le concile, et non plus tost, et que chacun en apportast un double à ses supérieurs, afin que tous, au temps préfix, y retournassent instruicts et bien résolus de ce qu'ils ont de dire là-dessus; ou, s'il avenoit que ceux qui aujourd'huy se sont séparez de l'obéissance de l'Eglise rommaine, s'accordassent avec les autres ès dessusdits poincts qui se devoient traitter, il seroit à espérer qu'ils prinssent avec les autres le chemin de salut; et là où ils ne s'accorderoient, à tout le moins ne pourroient-ils nier qu'ils n'eussent refusé la raison et le concile qu'ils auroient tant demandé. Et quant au demourant, pourroient lesdits ambassadeurs, en ceste leur première assemblée, et sans attendre l'indiction du concile, délibérer et arrester entre eux le moyen et chemin que l'on auroit à tenir pour y pourvoir et donner ordre, et leurs supérieurs aussi, chacun en son endroict, mettre peine que les erreurs ne pullulassent en leurs païs et subjection. Ainsi, conduisant les choses à la sincérité cy-dessus récitée, estoit bien l'avis dudit seigneur Roy que l'on ne pourroit espérer, avec l'ayde de Dieu, sinon bonne et louable issue dudit concile.

Peu avant la fin de février, receut l'Empereur ceste response et avis du Roy, lesquels il interpréta et print tout autrement que n'espéroit et ne s'estoit persuadé ledit seigneur. Premièrement, en ce qu'il sembloit au Roy estre convenable à l'effect du futur concile, que les ambassadeurs des princes et potentats chrestiens préalablement projectassent les poincts et articles dont il seroit traitté audit concile, l'Empereur estoit d'avis que cela seroit de plain sault restraindre et diminuer l'authorité dudit concile, lequel, et tout ce qui s'y traittera, doit entièrement dépendre de l'inspiration du Sainct-Esprit, et non de l'appétit et restriction des hommes. Secondement, il sembloit à l'Empereur, et de ce grandement se plaignoit, que le Roy, à l'article faisant mention de résister aux invasions du Turc, n'avoit faict aucune offre ne response, comme s'il eust jugé que le danger particulier des plus voisins du feu ne deust toucher à luy, qui en estoit des plus loingtains. Et furent ces remonstrances, en forme de réplique ou doléance, apportées de par l'Empereur au Roy, lequel ne se peut assez esmerveiller, sinon qu'aucun, afin de le calomnier, eust desguisé sa response à l'Empereur; dont procédoit et pouvoit estre la cause que ledit seigneur Empereur se plaignoit, et, sur ce dernier article, prenoit occasion et couleur de sa plaincte.

Car, attendu que, par saditte response, après avoir amplement déclaré son avis touchant le faict de la religion, il avoit sur la fin ajousté que les ambassadeurs et députez, en vertu de leurs pouvoirs, avisassent et arrestassent entre eux ce qui seroit de faire pour donner ordre et pourvoir au demourant, il luy sembloit avoir suffisamment faict entendre son bon vouloir, d'autant qu'il estoit assez plus convenable au bien, tuition et deffence de la chrestienté, que, par iceux ambassadeurs et députez qui promptement se pouvoient envoyer à Romme, il fust traitté dudit affaire, que non pas attendre à en traitter au concile, lequel, ainsi que cy-devant a esté dit, ne se pouvoit encores assembler d'un an, pendant lequel temps on donneroit prou de loisir au Turc, jà préparé, comme d'assaillir et endommager la chrestienté. Aussi quant à l'autre poinct, où l'Empereur alléguoit qu'en traittant et promettant par les ambassadeurs des potentats chrestiens, les poincts et articles dont au concile il seroit décidé, cela seroit restraindre l'authorité dudit concile, lequel, à ce qui s'y traittera, ne doit dépendre que du Sainct-Esprit, sembloit au Roy que sa response avoit esté sinistrement et malignement interprétée; car, envoyant ambassadeurs avec plain et ample pouvoir, et d'une pure et sincère affection au bien et union de l'Eglise chrestienne, son opinion et avis estoient que leur assemblée ne pouvoit estre sans le Sainct-Esprit, et que tout ce qu'ils arresteroient devoit estre tenu pour un préambule et commencement de concile.

Pour toutesfois satisfaire entièrement à son debvoir, il envoya plus ample et certaine déclaration de son vouloir audit seigneur Empereur. Et quant au premier poinct, luy feit entendre, puisque Sa Majesté vouloit que le concile fust intimé sans aucune restriction, et sans préalable convocation entre ceux qui devroient y assister, luy, de sa part, en estoit très-content; et n'avoit esté le premier qui eust parlé de restriction ou limitation, ainsi qu'il pouvoit estre évident à qui liroit les articles que luy avoit ledit Du Prat apportez et présentez de la part dudit seigneur Empereur; et qu'au surplus, ce qu'il avoit mis en avant de ne parler des particulières querelles, il l'avoit faict en bonne intention, et pour obvier à ce que le concile ne fust empesché à la vuidange d'icelles, au lieu d'y traitter des affaires de la religion; et, nonobstant qu'il n'y eust prince en toute la chrestienté auquel on détint du sien autant que l'on faisoit à luy, toutesfois avoit-il bien voulu, pour le bien et prouffit universel, oublier ou délayer la querelle de son intérest particulier. Protestant de rechef et ouvertement, qu'à son avis il ne fut oncques temps qui plus requist que celuy de présent de convoquer et célébrer un bon concile; et, puis qu'il avoit pleu à Dieu les constituer ès lieux et dignitez où ils estoient, que la meilleure, plus saincte et salutaire euvre que chacun d'eux peust faire, estoit de s'employer à ce qu'il fust célébré le plus tost que faire se pourroit, avecques telle et si pure intention, que les vices et abus qui s'y commettroient ne meissent tous les précédens en dispute, et feissent soupseçonner qu'il y eust esté procédé de mesme sorte, afin qu'il s'intimast en lieu commode et de sûr accès, à ce que nul fust refusant d'y aller et qu'il se puisse véritablement dire concile universel, et non pas national ou provincial, ainsi que l'on pourroit le baptiser, si toutes les nations chrestiennes n'y assistoient. Et quant à la résistence contre le Turc, encores qu'il eust payé douze cens mille escus, et luy en convint encores payer huict cens mille, pour le parfaict des deux millions, outre les gros frais et pertes qu'il avoit supportez, que toutesfois sa finale et certaine résolution estoit, nonobstant lesdites insupportables charges qu'il a soustenues et luy convenoit encores soustenir, quand il verroit que le Turc seroit pour en personne assaillir la chrestienté, d'y employer, non seulement ses forces et le sang de sa noblesse, mais aussi sa personne et propre vie; espérant et se tenant assuré que ledit seigneur Empereur fera le semblable, lequel il prioit de vouloir prendre sesdittes responses en bonne part, comme procédantes d'homme qui sur toutes choses du monde désire n'avoir jamais cause de vivre autrement qu'en bonne et loyale amitié avec luy.

Telles furent les demande, response, répliques et remonstrances entre le Pape et ces deux princes, touchant l'intimation et célébration du concile. Mais, nonobstant que, ce pendant, vinssent nouvelles, unes sur autres, qui bien devoient faire haster la conclusion, comment le Turc, après son retour en Constantinople, qu'il feit en triomphe comme victorieux et comme ayant empesché l'Empereur de conquérir le royaume de Hongrie, ainsi qu'il s'en estois vanté, avoit faict publier la guerre contre ledit seigneur Empereur, ses païs et subjets, autant par terre que par mer, et des grands préparatifs qu'il faisoit en diligence, de l'armée qu'il dressoit à Zacinthe, pour le recouvrement de Coron, pris par les Impériaux et ceux de Malthe l'année mesmes; toutesfois, autre chose ne fut exécutée ny concluc, et ne se peurent le Pape ny les princes entendre l'un l'autre, ou, à mon avis, ne voulurent; car, accordant l'un ce que l'autre demandoit, il y avoit entre eux si grande deffiance, que l'autre ne le pouvoit trouver assez bon. Ainsi se passa ceste négociation, par dissimulation des uns envers les autres, pour quelque secrette et à nous incogneue volonté de Dieu, qui, par la grandeur de noz péchez, ne veult par aventure, nous envoyer encores tant de bien.

Revenons maintenant à la ligue que feit l'Empereur à Boulongne. Après qu'il eut conclu laditte ligue, il délibéra de se retirer en Espagne, et, avant son partement, demanda la création de trois cardinaux à nostre Sainct-Père; mais il ne luy en fut accordé qu'un. L'ambassadeur de France aussi demanda un chappeau en faveur du Roy; lequel luy fut accordé pour monseigneur Jean d'Orléans, archevesque de Tholouse, et oncle du duc de Longueville; après en demanda un en faveur du roy d'Angleterre, pour l'évesque de Wigorne, auditeur de sa chambre; lequel, pour lors, ne fut dépesché. Laquelle requeste l'Empereur print merveilleusement en mauvaise part, ou pour la cognoissance qu'il avoit, par ce moyen, que les affaires de ces deux roys alloient tous d'un bransle, et que l'un ne faisoit pour l'autre moins que pour soy, ou qu'il interprétoit ou avoit opinion que l'ambassadeur de France l'eust faict par émulation de luy, à cause du malcontentement qui estoit entre luy et le roy d'Angleterre; en sorte qu'il déclara ouvertement que ceste requeste luy venoit plus à desplaisir et contre cueur, que si ledit ambassadeur en eust demandé quatre pour son maistre. Il se partit toutesfois de Boulongne, le dernier jour de février, sans faire autrement déclaration publique de son vouloir à l'encontre du Roy.

Audit seigneur Roy, pendant que ces choses se démenèrent à Boulongne, et que les cardinaux françois, au desceu de l'Empereur et des siens, praticquèrent l'entrevue cy-dessus mentionnée, l'évesque de Côme, depuis cardinal de Carpy, nunce de nostre Sainct-Père auprès de

Sa Majesté, avoit proposé de moyenner une entreveue, non seulement dudit Sainct-Père et de luy, mais de l'Empereur avec eux. Auquel le Roy, dissimulant l'asseurance que desjà il avoit dudit Sainct-Père, ne s'en voulant descouvrir à luy trop, avant que premièrement il n'en sceust l'intention de Sa Saincteté, à cause que ceste praticque jusques alors avoit esté menée sans le sceu d'iceluy nunce, respondit que, quant à l'entreveue dudit Sainct-Père et de luy, bien estoit-il content d'y entendre, mais non à celle de l'Empereur avec eux, sinon que le roy d'Angleterre fist le quatriesme : chose que toutesfois il disoit ne luy sembler estre faisable ; car luy, de sa part, et le roy d'Angleterre, de la sienne, s'y voudroient trouver, de peur de surprise, chacun aussi fort en son endroict comme s'y trouveroit l'Empereur ; et que de là pourroit avenir, qu'estant ensemble trois forces de trois princes assez peu amis, qu'en lieu de confermer une paix, ils entreroient en une guerre.

De ceste ouverture à luy faicte par le nunce, et de ce qu'il luy en avoit respondu, il avoit, dès l'unziesme jour dudit mois, averty les cardinaux françois et son ambassadeur à Romme : aussi leur avoit faict response à ce qu'ils luy avoient escrit touchant l'eslection du lieu de ladite veue en la ville de Nice, que ce lieu ne luy sembloit estre propre, obstant que la ville estoit à un prince qui luy avoit usé de si estranges et mauvais tours, qu'il ne le vouldroit aucunement employer, aussi qu'il ne se voudroit mettre dedans ladite ville, sans avoir la ville et chasteau en sa puissance ; qui seroit chose de grande difficulté, et de gros frais et despense sans besoing, veu qu'ils ne pouvoient avoir faulte d'autres lieux aussi commodes, esquels ledit Sainct-Père pourroit commander comme chez soy.

Et pour ce que, sur le poinct de ceste dépesche, le Roy avoit eu lettres du roy d'Angleterre, qui le prioit de luy envoyer homme auquel il peust déclarer privément, pour luy dire quelque chose qu'il ne vouloit escrire ne pour l'heure encores communiquer à personne, sinon audit Roy son bon frère et au personnage fidelle qu'il choisiroit pour luy en porter la parole ; à ceste cause, tant pour cest effect comme pour faire entendre audit roy d'Angleterre toute la négociation faicte à Romme touchant la ligue d'Italie, le reffus des Vénitiens d'y entrer, celuy du Pape d'y comprendre Gennes ; la proposition, responses et répliques sur le faict du concile et sur la résistance aux entreprises du Turc ; aussi de l'asseurance de l'entreveue du Pape et de luy, les propos du mariage de la duchesse d'Urbin, et de l'autre entreveue du Pape, de l'Empereur et de luy ; de sa responce sur ce ; des nouvelles du Turc et de Coron, venues par la voye de Venise, et généralement tout ce qui avoit esté par luy négocié depuis le congé pris entre eux à Callaiz, ledit seigneur roy Très-Chrestien dépescha vers luy messire Guillaume Du Bellay, seigneur de Langey, desjà mentionné cy-devant, auquel, entre autres choses, il donna charge de luy déclarer comme, suivant la conclusion par eux prise en leur parlement secret, non seulement il avoit accordé le mariage de monseigneur le duc d'Orléans, son second fils, avecques la duchesse d'Urbin, mais que, pour mieux asseurer nostre-dit Sainct-Père, et le divertir totalement de la devotion de l'Empereur, il luy avoit accordé qu'à ceste entreveue il mèneroit mondit seigneur son fils, afin que ledit Sainct-Père pareillement y amenast ladite duchesse, et qu'il se mist une fin au faict dudit mariage ; remonstrant audit roy d'Angleterre, combien il luy sembloit estre requis que luy aussi se trouvast à ladite veue, pour estre l'homme du monde qui plus à propos, plus efficacement, et avec plus apparentes persuasions, pouvoit faire entendre la justice de sa cause ; attendu mesmes la seureté que Sa Majesté pouvoit avoir en ceste ditte veue, et la conséquence qui en pouvoit redonder à la pacification et repos de ses affaires ; car, quant à la seureté du voyage, il auroit à venir par le royaume de France, où il pouvoit estre en telle seureté qu'en Angleterre : quant à la seureté du lieu, lequel on avoit voulu choisir à Nice (ce que ledit seigneur n'avoit trouvé estre à propos, pour estre ladite ville ès mains de celuy qu'il n'avoit cause d'y vouloir employer), il y seroit pourveu, de sorte qu'ils n'auroient occasion, en quelque lieu que fust ladite entreveue, de craindre par terre ne par mer, en aucune manière leurs ennemis. Et qu'à ceste cause, ledit seigneur s'estoit arresté en la ville de Paris, pour mettre fin à ses ordonnances, tant de gens de cheval que de gens de pied, que pareillement, du faict de sa marine, selon qu'entre eux deux auroit dernièrement esté conclu, remettant la délibération d'y venir ou non, à l'avis et conseil dudit roy d'Angleterre, et selon que ses affaires le requéroient. Si toutesfois il luy sembloit n'y devoir venir en personne, ledit seigneur luy conseilloit d'y envoyer tel personnage qu'il se peust entièrement fier en luy comme à soy-mesmes. Ceste fut la principalle charge donnée audit Langey, et de communiquer avecques ledit roy d'Angleterre, et prendre son avis des affaires dont de rechef les princes de Germanie le recherchoient très-instamment.

L'affaire que le roy d'Angleterre vouloit faire entendre au Roy, estoit qu'après tant de dissimulations et remises que l'évesque de Romme (car ainsi nommoit-il le Pape) par si long-temps avoit usé envers luy sur la matière de son divorce, il avoit procuré qu'elle fust vuidée par l'Eglise anglicane, l'archevesque de Cantorbéry, primat d'Angleterre, y présidant; et que, par sentence de ladite Eglise, son mariage avoit esté déclaré nul, et la dispense nulle, comme donnée sur un cas non dispensable, et qui ne dépend de la puissance du Pape ny de l'Eglise; suivant laquelle sentence il se seroit entièrement départy de son premier mariage, et avoit espousé madame la marquise Anne de Boulan, à ce présens iceluy archevesque, les père, mère et frères, et le duc de Norfolc, oncle de laditte dame, sans y appeller autres tesmoings; et qu'il vouloit encores le tenir secret pour quelque temps, en attendant si, à ceste entrevue dudit évesque de Romme et du Roy (laquelle on espéroit devoir estre en may ensuivant), ledit évesque luy voudroit faire justice; et au cas que non, alors seroit-il délibéré (voulust ou non toute l'Eglise de Romme) manifester et publier sondit mariage, et se substraire entièrement du joug et servitude d'icelle Eglise; de la tyrannie et usurpation de laquelle il avoit composé un traitté bien ample, mais qu'il n'entendoit encores le publier jusques à ce qu'il veist en quel devoir se mettroit ledit évesque de Romme, touchant de luy administrer justice.

Priant sur ce le Roy son bon frère luy vouloir estre aidant, ainsi qu'il avoit en luy parfaicte fiance, en cas que l'Empereur et ledit évesque de Romme luy voulussent à cause de ce, courir sus et mouvoir la guerre; car il avoit entendu que ledit évesque s'estoit vanté de susciter toute la chrestienté à l'encontre de luy, s'il refusoit de se rendre obéissant à sa détermination de la dessusdite matière de divorce; aussi que l'Empereur, à deux fois qu'il avoit parlé audit évesque, luy avoit faict un discours long et plain de grande passion, de la cruelle guerre qu'il entendoit faire contre ledit roy d'Angleterre, au cas qu'il ne reprinst et restituast en ses honneurs la royne Catherine, sa tante; et luy avoit déclaré les moyens qu'il avoit d'exécuter vivement icelle guerre, et principallement au moyen de la bonne intelligence qu'il disoit avoir avec le roy d'Escosse. Or est à sçavoir que, de tous ceux qui entendoient parler de ces affaires, n'y avoit homme qui ne creust certainement que ledit seigneur Empereur fust pour exécuter ceste délibération, et pour ce y avoit beaucoup de bons personnages qui s'employoient, en tout ce qui leur estoit possible, à inventer quelque gratieuse voye de rapaiser ce différend, de peur que d'iceluy sourdist une guerre en laquelle entrassent tous les autres princes chrestiens, les uns pour l'une, et autres pour l'autre partie. Desjà l'Empereur avoit praticqué le roy d'Escosse, et luy avoit envoyé son ordre.

Le commencement de division et les causes d'icelle entre lesdits roys d'Angleterre et d'Escosse, oncle et nepveu, en ce temps vindrent par le costé d'Escosse. Dont fut le Roy premièrement averty par le rapport du seigneur de Langey, lequel estant embarqué sur un gallion de la traverse de Boulongne, et ayant desjà faict plus que la moitié du chemin dudit Boulongne à Douvres, apparurent au long de la coste au-dessus de Douvres, environ les dix heures du matin, trois nefs équippez pour guerre, et que, nonobstant qu'elles feissent voile, ne faisoient point de chemin, ains se tenoient au-dessus du vent, comme si elles fussent là (ce qu'en effaict elles estoient) pour y guetter les navires qui arriveroient audit lieu de Douvres : parquoy ledit Langey, encores que le Roy ne fust en aucune ouverture de guerre, voyant toutesfois leur contenance, et doubtant plus qu'autre chose que ce fussent nefs de coursaires qui en voulussent au premier trouvé, feit, sans attendre, changer la voile et tirer au large de la mer, afin de veoir que feroient icelles nefs. Lesquelles aussi, voyans qu'il avoit changé la voile pour crainte d'elles, incontinant tournèrent la proue devers luy, et, jusques aux dix heures de soir, que le vent leur faillit, et que l'obscurité de la nuict leur osta la veue de son gallion, ils luy donnèrent la chasse, en le servant continuellement à coups de canon, dont plusieurs tomboient près de luy; d'un coup, entre autres, tuèrent le patron d'une nef de Bretagne venant avecques luy de conserve, et prindrent ledit navire, qui ne pouvoit si bien diligenter que le gallion, lequel s'aydoit de voile et de ramme. Au lendemain matin, ledit seigneur de Langey, qui avoit gaigné la nuict le port de la Rye, veit iceux navires desjà multipliez jusques au nombre de neuf, à cause des autres vaisseaux qu'ils avoient prins, esquels ils avoient mis de leurs gens de guerre et artillerie, dont ils avoient, à ceste intention, apporté plus qu'il ne leur estoit mestier pour iceux trois navires; et par les pescheurs affuyans au port, il entendit que c'estoient Escossois, lesquels avoient armé lesdits navires en ceste première déclaration d'hostilité que les choses estoient encores comme entre paix et guerre. Dequoy, arrivant en poste vers le roy d'Angleterre, il luy en donna le premier avis; et peu après luy en vindrent autres avertissemens de plusieurs endroits, lesquels ne pleurent guères à Sa Majesté, non qu'il fust meu, tant pour les forces et puissances de cest ennemy, comme pour doubte de la suitte de l'Empereur et de ses alliez. Mais, avant bien peu de mois, fust ceste guerre appaisée, au moyen et par l'intervention du roy de France. Et à tant laissant cestuy, je retourne au propos de l'Empereur, que j'ay entrelaissé.

Party qu'il fut de Boulongne, il continua son chemin jusques à Gennes, où il s'embarqua le huictiesme jour d'avril, prenant sa routte droict en Espagne; et le seigneur de Veilly, ambassadeur de France, le suivit, et les cardinaux françois accompagnèrent le Pape depuis Boulongne jusques à Romme. Auquel lieu estant arrivé, nostre Sainct-Père, lesdits cardinaux françois persévérèrent tousjours à moyenner que ce trouble d'Angleterre se peust appaiser, sans qu'il en avint quelque tempeste en l'Eglise; et continuellement en estoient semonds par lettres et messagers du Roy, lequel désiroit merveilleusement que ceste chose se terminast avant que nostredit Sainct-Père eust nouvelles de ce qu'avoit faict ledit roy d'Angleterre; et, à ceste cause, insistoit plus chaudement à ce que l'on avançast ceste entreveue, en espérance que, parlant à Sa Saincteté, il y trouveroit quelque expédiant. Et, outre plusieurs autres despesches auparavant envoyées en faveur dudit roy d'Angleterre, estant, dès le quatriesme jour d'avril, arrivé devers luy le milor de Rochefort, frère de la nouvelle royne, il en escrivit à nostre Sainct-Père unes lettres fort affectionnées, dont le roy d'Angleterre mesmes luy avoit envoyé la minute, tendant à fin que Sa Saincteté acceptast l'exoyne (1) dudit Roy, et luy envoyast des juges au pays d'Angleterre, qui décidassent la matière sans la tirer en la cour de Romme. Au contraire de ce, l'ambassadeur de l'Empereur et plusieurs cardinaux, ou adhérans à luy, ou poursuivans que l'authorité de l'Eglise rommaine fust maintenue et gardée, ne faisoient moindre instance entre nostredit Sainct-Père, à ce qu'il procédast contre ledit roy d'Angleterre, et mesmement parce qu'ils avoient eu nouvelles (combien que non encores certaines), non pas que ledit Roy eust consommé ledit mariage avec madame Anne de Boulan, ainsi qu'il avoit en effect, mais seulement qu'il faisoit procéder à la déclaration de nullité de la dispense du premier : ce qu'ils estimoient et maintenoient estre entrepris au préjudice de la puissance et authorité du Sainct-Siége apostolique.

Nostre Sainct-Père, qui volontiers eust temporisé, pour essayer d'y mettre une gratieuse fin, d'autre part leur remonstroit que de procéder à la condemnation, et puis ne faire exécuter la sentence réallement et de faict, seroit une entreprise frustratoire qui tourneroit au grand mespris et villipendement dudit Sainct-Siége; et de la faire exécuter il ne pouvoit, ainsi qu'il disoit, entreprendre, sinon que l'Empereur, ensemblement avecques luy, l'entreprint; et quand ores ils entreprendroient ensemble, si luy sembloit-il à craindre que le roy Très-Chrestien, lequel avoit avecques ledit roy d'Angleterre telle et si estroicte alliance, joignist ses forces avecques luy, dont il avînt une combustion et trouble en la chrestienté, plus grande que au paravant. Ainsi s'alloit excusant nostredit Sainct-Père, qui peu après eut nouvelles certaines, non que le roy d'Angleterre eust encores effectuellement procédé au faict de son nouveau mariage, mais que, pour tout vray, l'archevesque de Cantorbéry avoit prins cognoissance de la matière, chose qui tournoit au grand ravallement dudit Sainct-Siége, attendu mesmement la litispendence qui en estoit devant les juges à ce députez par Sa Saincteté, dont ledit Sainct-Père se plaignoit fort ausdits cardinaux françois, à cause que, durant le temps qu'on le prioit de superséder, et de ne riens innover jusques à ceste entrevue, ledit Roy tousjours innovoit et passoit outre.

Entre ces poursuittes d'une part et d'autre, et après les nouvelles certaines venues à Romme, de l'embarquement de l'Empereur à Gennes, le Pape, environ la fin du mois d'avril, non en consistoire public, mais en congrégation d'un bon nombre de cardinaux, avoit proposé la requeste à luy faicte par le Roy, de s'approcher en quelque part où ledit seigneur se peust aboucher avec luy, et deviser ensemble des choses concernans la religion chrestienne et répulsion du Turc, ennemy de nostre foy, et pour autres si sainctes occasions portées amplement par lettres dudit seigneur, qu'aucuns des cardinaux ausquels ne plaisoit ceste entrevue, ne trouvèrent chose que honnestement ils sceussent alléguer au contraire. L'ambassadeur de l'Empereur feit entièrement tout ce qui luy fut possible, et allégua toutes les raisons qu'il sceut imaginer afin de rompre ceste entreprise, à tout le moins de différer la conclusion jusques à ce que l'on eust nouvelles de l'avis dudit Empereur

---

(1) Excuse qu'on présentait en justice.

son maistre; mais il ne peut obtenir sa requeste, et les cardinaux qui luy adhéroient et désiroient faire entendre ceste nouvelle audit seigneur Empereur, oncques ne peurent se résoudre en chose qui honnestement se peust faire ou demander pour l'interrompre, sinon que nostredit Sainct-Père, avant qu'en conclure, en escrivit un brief au Roy : ce qui fut faict, et, le brief envoyé, ne tarda guères que nostre Sainct-Père n'eust la response du Roy.

Ceste response vers la fin de may fut présentée à nostre Sainct-Père, en congrégation à laquelle assistèrent les cardinaux françois; et, pour ce que aucuns autres cardinaux qui eussent bien voulu rompre ce coup, et par l'Empereur en avoient esté requis, n'osans parler si librement devant eux, demandèrent jour à une autre congrégation, ce qui leur fut accordé : à laquelle ne se voulurent trouver les cardinaux françois, non ignorans pour quelle intention les autres avoient demandé terme de respondre, avouans premièrement que les causes proposées par le Roy estoient telles et si sainctes, que nul pourroit les condamner. Remonstroient néantmoins, que peu de causes ne leur sembloient estre suffisantes pour remuer un pape de son siége, et qu'il seroit bon envoyer devant quelque prélat, pour entendre plus particulièrement l'intention du Roy; ce que nostredit Sainct-Père leur accorda. Et fut dépesché l'évesque de Savance, lequel desjà, auparavant, nostre Sainct-Père avoit mandé au Roy de l'envoyer vers luy, pour aviser du lieu plus commode à exécuter ceste entrevue; car, quant au temps, desjà estoit-il arresté que nostre Sainct-Père, pour le danger et inconvénient de sa personne, à cause des extrêmes chaleurs de Provence, ne partiroit que jusques après les premières pluyes; et mesmes luy avoit le Roy donné ce conseil, lequel, ce temps pendant, alla visiter ses païs de Languedoc et d'Auvergne.

Et quant au lieu, nostre Sainct-Père, ainsi que nous avons dit cy-dessus, avoit désigné que ce fust à Nice; et, pource que le Roy ne vouloit employer le duc de Savoye en son nom, Sa Saincteté l'avoit faict au sien propre, et avoit pour ceste cause envoyé devers luy un de ses plus privez chambriers, auquel, pour quelque temps, le duc avoit librement offert de faire le vouloir de Sa Saincteté, se réputant, à ce qu'il disoit, heureux qu'une si saincte chose se traittast en ses païs. Et, à vray dire, ce luy eust, par aventure, esté un grand heur, qui eust peu obvier aux infortunes qui depuis luy sont avenues; car, en effect, la grande instance que faisoit nostre Sainct-Père, de s'aboucher ès païs d'iceluy duc, estoit pour l'y faire venir quand il verroit le moyen de pouvoir le réconcilier au Roy. Toutesfois l'Empereur, auquel ne pouvoit plaire ceste entrevue, et ne vouloit riens laisser intenté, moyennant qu'il la peust rompre, luy envoya faire telles remonstrances, que peu après il commença de varier et alléguer des difficultez. Parquoy fut, entre l'évesque de Savance et monseigneur Anne, sire de Montmorency, alors grand-maistre et mareschal, et à présent connestable de France, après avoir devisé de Villefrance, Antibe, Fréjus, Tholon et Marceille, et faict visitation de tous lesdits lieux, arresté, pour la conclusion, qu'elle se feroit à Marceille.

L'Empereur, cherchant encores les voyes et moyens de la rompre, ou de la faire si longuement différer que l'hyver vinst, envoya un gentilhomme exprès, environ la fin de juing, soliciter nostre Sainct-Père de faire et administrer justice à la royne Catherine, sa tante, avecques grandes protestations, au cas que Sa Saincteté la luy déniast ou délayast. Et pour ayder à ceste poursuite, nouvelles vindrent à Romme, ainsi que telle chose ne se peult longuement céler, comme l'archevesque de Cantorbéry, soy intitulant légat né en Angleterre, avoit donné sentence contre la première dispence du roy d'Angleterre, et qu'espousé ledit Roy avoit la marquise Anne de Boulan; aussi qu'il avoit faict le livre cy-dessus mentionné, contre les prééminences et authoritez de l'Eglise; lesquelles nouvelles esmeurent tellement tout le collège des cardinaux, que tous en une voix vindrent demander justice à nostre Sainct-Père, contre les attentats et entreprinses du roy d'Angleterre. Ausquels obtempérant, ledict Sainct-Père (1)

---

(1) La lettre suivante, écrite au Roi par le cardinal de Tournon, le 17 août 1533, donne une parfaite idée des embarras du Pape :

« Sire, quant au faict du roy d'Angleterre, votre bon frère, j'ai faict entendre à Sa Saincteté ce que m'en avez escript, et lui ai déclaré comme vous ne pouvez non vous ressentir de ce qu'on avoit fait contre ledit roy d'Angleterre. A quoi Sa Saincteté a respondu qu'il est très-marri qu'il ne vous a pleu satisfaire de ce que tant de fois vous lui avez faict requérir, mais que ledit sieur roi d'Angleterre l'a contrainct et presque forcé de faire ce qu'il a faict : mesmement, depuis qu'il a vu que ledit seigneur Roy ne s'est seulement contenté de faire le mariage contre les brefs et inhibitions sur ce faictes, mais outre cela a faict publier ses loix au grand détriment de l'autorité de Sa Saincteté et de tout le Saint-Siége apostolique, et davantage fait procéder jusqu'à sentence l'archevêque de Cantorbéry, lequel se dict en sa mesme sentence, dont nous avons vu le double en plein consistoire, légat né en Angleterre du Sainct-Siége apostolique;

prononça les censures à l'encontre dudict roy d'Angleterre, au cas que dedans certain temps il ne réparast lesdicts attentats. Ce nonobstant, il ne désista de ses propos touchant l'entreveuë de luy et du Roy, ains proposa en plain consistoire, sa délibération et arrest pour ladicte veuë, ordonnant à ceux qui auroient à faire le voyage, que chacun se tînt prest et en ordre. Les Impériaux, après avoir entendu ceste délibération, et advertis que le Pape avoit à faire le voyage sur les gallères de Rhodes, les demandèrent pour ayder à secourir Coron, à l'encontre des entreprises du Turc, espérans, ou de rompre, par ce moyen, ceste entreveuë, ou de prendre occasion et couleur de dire que, par sa faulte, et pour avoir Sa Saincteté diverty lesdites gallères ailleurs, l'Empereur avoit esté contrainct d'abandonner Coron, ville si propice et de telle conséquence à la chrestienté, advenant opportunité de faire entreprinse contre ledit Turc, et pour délivrer de servitude les Grecs, noz frères chrestiens, et tout l'empire de Constantinople. Quoy prévoyant, Sa Saincteté ne voulut acquérir ceste réputation d'estre cause d'un si grand mal, et non seulement accorda que lesdites gallères feissent le voyage de Coron, mais d'avantage y ajousta les siennes, et délibéra de faire son passage sur celles de France. D'autre costé, les ambassadeurs de l'Empereur et du roy Ferdinand, son frère, des ducs de Savoye et de Milan et autres, craignans qu'en ceste entreveue il se brassast quelque chose à leur désavantage, faisoient, d'un commun accord et consentement, tout ce qu'ils pouvoient imaginer qui servist à divertir et aliéner messieurs des ligues, de la confédération et amitié du Roy, et principalement les cantons obéissans à l'Eglise rommaine, leur donnant à entendre que ledit seigneur Roy favorisoit les Protestants contre eux. Et à mener ceste praticque leur adhéroit l'évesque Vérulan, nunce du Sainct-Père auprès desdits seigneurs des ligues, lequel estoit chargé d'y faire mauvais office à l'endroict du Roy. Et tellement furent mesdits seigneurs des ligues persuadez par tels rapports, qu'ils furent en grand bransle d'entrer en la ligue d'Italie contre le Roy. Mais ledit seigneur, averty de ceste praticque, y obvia sans en faire semblant, en leur envoyant argent comptant, et promettant contribuer en leur deffence six mille escus par chacun mois, au cas que les autres cantons leur fissent la guerre pour le faict de la religion ; et, par plusieurs siennes dépesches à Romme, se plaignit audit Sainct-Père du mauvais office que faisoit ledit Vérulan, lequel, à cause de ceste plaincte, fut finalement révoqué par ledit Sainct-Père, qui dudit mauvais office s'excusa envers le Roy, et audit Vérulan ordonna se trouver à ladite entrevue, pour se justifier dudit faict.

Environ la mi-juillet estoit le duc de Norfolc arrivé devers le Roy, pour se trouver à ladite entreveue au nom et de la part du roy d'Angleterre, son maistre ; mais, arrivé qu'il fut, il entendit qu'à Romme avoit esté innové quelque chose, mais ne sçavoit quoy, à l'encontre de son maistre ; parquoy il voulut prendre congé et s'en retourner. Le Roy, toutesfois, le retint et luy dissimula, tant qu'il luy fut possible, la vérité du faict, espérant trouver encores voye de gratieuse conclusion ; car il avoit incontinant envoyé devers nostre Sainct-Père luy remonstrer le lieu que tenoit ledit roy d'Angleterre, combien de temps on l'avoit tenu en suspens, et que la longueur de son affaire, l'affection qu'avoit sa conscience d'estre hors de scrupule, et le désir qu'il avoit d'avoir en son royaume héritier de sa chair, l'avoient contrainct de passer outre, sans attendre la résolution de Sa Saincteté ; laquelle devoit considérer et avoir esgard qu'il valoit trop mieux le retenir en l'obéissance et dévot fils de l'Eglise, comme il avoit esté auparavant, que de l'avoir rebelle, désobéissant et ennemy : dont ensuivit inconvénient et pernicieux exemple, et très-dangereuse conséquence ; ajoustant ledit seigneur aux autres remonstrances, qu'entre luy et ledit roy d'Angleterre estoit telle fraternité, que tous les outrages qui se feroient audit roy d'Angleterre, il les estimeroit

---

et il a procédé contre et par-dessus l'autorité dudit Siége. Et de vrai, Sire, comme je vous ai escrit assez souvent, et comme celui qui l'a vu à l'œil, la plus grande partie des cardinaux se désespéroient contre le Pape, s'il n'eût fait ce qu'il a faict ; et croi que monsieur de Grammont, qui l'a vu comme moi, vous en dira autant. Quoi qu'il y ait, Sire, il me semble que vous ne ferez pas peu pour le roi d'Angleterre, si vous pouvez arrester le duc de Nortfolck à ceste voie ; car, comme je vous ai déjà touché quelque mot par les lettres que je vous escrivois dernièrement, pour peu de semblant que le roy d'Angleterre fasse, de réparer les attentats et de obéir au Pape, et que Sa Saincteté puisse avoir couleur avecques son honneur, de faire pour ledit roi d'Angleterre, je vous asseure, Sire, que, pour l'amour de vous et de lui, il le fera d'aussi bon cœur qu'il lui est possible ; et peut-être que, quand vous serez ensemble, il se y trouvera des expédiens qui seront malaisés à trouver, si ledit duc de Nortfolck n'y est. Ce que j'en dis, Sire, n'est que pour le désir que j'ai au service du roi d'Angleterre, ainsi que tant de fois vous m'avez escrit et commandé. Je crois, Sire, que vous avez bien sçu comme ledit roi d'Angleterre a révoqué tous ses ambassadeurs par deçà, et a demandé au docteur Benoît qu'il prînt congé du Pape, pour s'en retourner. » (*Mémoires de Du Bellay*, édition de l'abbé Lambert, dans les pièces justificatives, tome 2, p. 454.)

faicts à soy-mesmes, et ne s'en ressentiroit moins, en quelconque manière, que de son propre et particulier outrage. Toutesfois le duc de Norfolc, environ la mi-aoust, entendit au vray le contenu de la sentence prononcée contre le Roy son maistre; et, à ceste cause, il envoya vers sondit maistre le milor de Rochefort, sur chevaux de poste. Lequel seigneur Roy manda incontinent audit de Norfolc prendre congé du roy de France, et se retirer; aussi révoqua le duc de Richemont, son fils naturel, estant lors à la cour dudit seigneur roy de France, et ses ambassadeurs estans rier nostre Sainct-Père. Ledit seigneur Roy, ne pouvant retenir iceluy de Norfolc par remonstrances ny prières qu'il luy sceust faire, s'accorda de luy donner congé, en le priant de moyenner que le Roy, son bon frère, y envoyast autre bon et scavant personnage, pour voir et estre tesmoing du bon office qu'il entendoit faire pour luy envers ledit Sainct-Père; ce que ledit de Norfolc procura : et y furent envoyez l'évesque de Wincestre, par devant appellé le docteur Stephné, et maistre Briant, gentilhomme de la chambre dudit roy d'Angleterre, et cousin-germain de la royne Anne Boulan.

Environ ce temps, estant le Roy à Thoulouse, arriva vers luy messire Bonacurse Gryne, secrétaire des ducs Guillaume et Louis de Bavière, par eux envoyé, tant en leurs propres et privez noms, comme des autres princes et alliez avec Sa Majesté, suivant l'alliance n'aguères faicte entre eux : et fut sa charge de faire entendre au Roy comme, sur la consignation des cent mille escus qu'il avoit par le traitté promis, eux tous estoient condescendus et demourez de bon accord ensemble, qu'elle se fist entre les mains desdits de Bavière, sur ce, toutesfois, le requérans, attendue l'impossibilité de bailler par eulx les cautions promises, sans éventer trop avant et divulguer l'occasion de la susdite consignation qu'ils désiroient (et la raison de leurs affaires vouloit) estre secrette, qu'il fût content de s'en fier en eux, et sur l'obligation qu'ils en feroient, telle que son conseil adviseroit. Auquel Bonacurse le Roy feit telle et si gratieuse responce, qu'il s'en contenta, luy promettant que, ceste entrevue partie, il envoiroit homme avec pouvoir de traitter à eux ou leurs commis et députés à ceste fin.

Ce temps pendant, se dressèrent tous les préparatifs pour ceste entrevue, et partit monseigneur le duc d'Albanie avecques les gallères de France, pour aller quérir nostre Sainct-Père; ausquelles fut adjousté un nombre d'autres vaisseaux, pour apporter les trains et bagages des cardinaux et autres estans à la suitte de Sa Saincteté. Le seigneur Laurens Cibo et le comte de Masse vindrent, de par nostredict Sainct-Père, visiter monseigneur le duc d'Orléans, et luy apportèrent quelque présent. Monseigneur le comte de Tonnerre fut pareillement dépesché du lieu de Carcassonne pour aller visiter la duchesse d'Urbin, à laquelle aussi il porta quelque présent de par le Roy. En ce mesme temps, vindrent nouvelles au Roy de la mort de l'escuyer Merveilles, son ambassadeur auprès du duc de Milan, gentilhomme milanois, nourry de toute ancienneté en la maison de France, et escuyer d'escuyerie du Roy. Et estoit venu au service du roy Louis douziesme avecques le seigneur Galéas de Sainct-Severin, qui depuis fut grand escuyer de France; et persévéra ledit Merveilles jusques à la mort dudit roy Louis, et depuis estoit demouré au mesme estat et service du roy François, premier de ce nom. Auquel escuyer Merveilles le duc de Milan feit trancher la teste pour les causes et en la manière qui s'ensuit :

L'an 1531, ledit Merveilles avoit demandé congé au Roy, pour aller en Lombardie visiter ses parens, et, pour avoir esté bien traitté en France, de manière qu'il s'y estoit faict riche, il y alla en gros équipage, tint maison, et festia les principaux et plus prochains serviteurs du duc, ausquels, et au duc mesmes, feit des présens; et par apparance s'insinua fort en la grâce d'iceluy duc et du comte Maximilian Stampe, qui lors avoit le principal maniement de la maison et affaires du duc. Quelque temps après, estant ledit Merveilles retourné en France, au temps que l'Empereur dressoit en Allemagne son armée contre le Turc, messire Francisque Taverne, nepveu dudit Merveilles, et chancelier du duc, allant de par luy en Allemagne, passa par France, et, au nom de son maistre, visita le Roy, lors séjournant à Fontainebleau; auquel il dit, en devisant de plusieurs choses, que s'il plaisoit à Sa Majesté envoyer quelque ambassadeur auprès d'iceluy duc son maistre, ce luy seroit chose fort agréable, et que par ce moyen se pourroit guider beaucoup de bonnes choses; et qu'y envoyant quelqu'un, ledit Merveilles seroit fort à propos et bien au gré dudit duc son maistre : mais, pour autant que le duc son maistre avoit tout à faire de s'entretenir en grâce de l'Empereur, lequel pourroit, si à son sceu il y avoit un ambassadeur de France devers le duc, luy en tenir quelques rigoureux termes, il vouloit bien supplier le Roy que ce tiltre d'ambassadeur fust et demourast secret entre lesdits seigneurs Roy et duc; et que, pour la justification de sondit maistre, au cas que l'Empereur en entrast en souspeçon à l'encontre de luy, le plaisir fust du Roy, de donner audit Merveilles unes lettres à part, adressantes au duc en faveur d'iceluy Merveilles, et en recommandation de ses particuliers affaires, afin que par icelles sondit maistre peust, en un besoing, faire foy que ledit Merveilles estoit près de luy, non comme ambassadeur, mais comme sollicitant ses propres affaires. Ce que le Roy facilement luy accorda, et outre les lettres de créance et instructions qu'il feit dépescher audit Merveilles, il luy feit aussi bailler lesdites lettres ne faisans mention que des propres et particuliers affaires de luy ; et, pour son estat et moyen de vivre auprès de la personne d'iceluy duc, il luy ordonna certaine somme par mois, outre les autres estats et bienfaicts qu'avoit ledit Merveilles de luy.

A Boulongne-la-Grasse estoit le duc avecques l'Empereur, alors que ledit Merveilles arriva en Lombardie ; et, pour ne mettre le duc en souspeçon de l'Empereur, ne voulut passer outre, ains, s'arrestant à Milan, feit sçavoir sa venue au duc, et comme il avoit lettres à luy présenter de la part du Roy, et aucunes choses à luy exposer, concernantes le bien et utilité de la chrestienté ; et que, pour éviter le souspeçon qui par son chancellier avoit esté remonstré au Roy, il ne vouloit passer outre, sans son ordonnance et mandement, comme celuy qui avoit du Roy expresse charge de luy obéir en tout ce qu'il luy plairoit. A quoy luy respondit par lettre en datte du dix-septiesme de décembre 1532, laquelle j'ay bien voulu transférer icy de mot en mot en telle manière :

« De par le duc de Milan. Nostre très-cher et
» spectable, nous avons entendu tout ce que par
» vostre lettre du douze du présent mois vous
» nous avez escrit de vostre arrivée, et de l'or-
» dre qu'avez tenu de par le roy Très-Chres-
» tien ; chose qui nous a esté de souveraine sa-
» tisfaction, estant l'humble serviteur que nous
» sommes de Sa Majesté, et si comme nous enten-
» dons d'estre par cy-après, ayant cher que vous
» nous teniez en sa bonne grâce. Quant à vostre
» séjour en celle nostre cité et Estat, vous di-
» sons que bien nous plaist que vous y soyez,
» tant que bon vous semblera, et que, pour plu-
» sieurs respects, nous vous y verrons tousjours
» volontiers; et mesmes pour les dessusdits que
» vous estes de par Sa Majesté Très-Chrestienne ;
» et là où nous pourrons faire chose qui vous
» soit à gré, nous le ferons tousjours de bonne
» volonté. Dieu vous conserve. »

Telle fut en substance la response du duc : auquel, estant depuis de retour à Milan, ledit Merveilles, s'addressant premièrement audit chancellier Taverne, qui já estoit retourné de son voyage d'Allemagne, vint présenter ses lettres qu'il avoit du Roy, et luy exposer sa créance de poinct en poinct ; laquelle fut agréable au duc, auprès duquel il demoura long-temps, l'accompagnant en tous lieux, et hantant avec luy fort privément et domesticquement. Il peult estre qu'il ne sceut assez bien céler qu'il fust ambassadeur du Roy, ainsi que chacun désire estre estimé et honnoré, principalement quand il retourne de service estrange au païs de sa nativité. Et tant avint, comment qu'il soit, que l'Empereur en eut nouvelles, et en print grande jalousie contre le duc, en sorte que les paroles qui estoient mises en avant de son mariage avecques la niepce dudit Empereur, en furent presque en totale rouppture. Parquoy le duc envoya s'excuser, et monstrer à l'Empereur (afin de luy faire foy que ledit Merveilles estoit près de luy pour ses particulières affaires) les dessusdites lettres de recommandation, qui avoient esté dressées par le conseil dudit chancellier Taverne, pour, avenant (ce qui avint), servir au duc à ceste fin. Non pourtant estoit ledit Empereur encores satisfaict, ayant opinion que ledit Merveilles eust pris ceste umbre et couleur en intention de manier plus secrettement autres choses de plus grand poix avecques le duc ; et s'en pleignit tellement, que le duc luy envoya de rechef faire nouvelles excuses, l'asseurant qu'avant peu de jours il feroit telle démonstration, que ledit seigneur Empereur auroit cause de se mettre hors de tout souspeçon que ledit Merveilles n'autres le sceussent jamais attirer à la dévotion du roy de France. Or luy avint l'occasion de ce faire en ceste manière :

Le premier jour de juillet audit an, allant ledit Merveilles, avec ses serviteurs, accompagner le duc parmy la ville, un gentilhomme de la maison Castillon s'addressa, de fortune ou de propos délibéré, à l'un des serviteurs dudit Merveilles, nommé Baptiste, homme idiot et sot, auquel demandant qui estoit son maistre, ledit Baptiste, monstrant son maistre, respondit qu'il estoit au seigneur Merveilles de France. « Mais à Merveilles de la fourche, » répliqua ledit Castillon. Quoy entendant un autre des serviteurs de Merveilles, qui toutesfois n'en sonna mot pour l'heure, attendit que le duc fust monté et entré au chasteau, et ceux qui l'avoient accompagné sortis dehors ; et luy sortant alors à la queue dudit Castillon, auquel il s'addressa : « Seigneur, dit-il, vous avez tan-
» tost dit que monsieur de Merveilles, mon
» maistre, allast à la fourche ; qui n'a esté bien
» dit à vous, et ne sont paroles à dire ne profé-

17.

» rer contre un tel personnage. » A quoy respondit ledit gentilhomme qu'il n'en avoit jamais parlé. Le scrviteur alors répliqua qu'il ne falloit point qu'il le niast, car luy l'avoit ouy et entendu. Le gentilhomme dit de rechef qu'il n'en avoit parlé, et que tous ceux qui le disoient en avoient menty. Et adoncques le serviteur dit que c'estoit luy-mesmes, comme un bélistre, et, ce disant, mist la main à l'espée. Le gentilhomme, estimant par avanture que l'autre ne fust de qualité pour s'attaquer à luy, se retira, et deux siens serviteurs desgueinèrent contre celuy de Merveilles; mais ils furent par les assistans séparez. Ce faict, et ledit Merveilles estant retiré en son logis, son serviteur luy compta ce que dessus, et comment le tout estoit allé. Et pour ceste cause, ledit de Merveilles appella un gentilhomme, sien amy et parent dudit Castillon, et l'envoya vers luy, sçavoir s'il avoit usé de telles parolles : lequel Castillon luy asseura et jura que non. Au moyen dequoy, ledit Merveilles envoya de rechef, en luy faisant sçavoir qu'il luy desplaisoit doncques de ce que son serviteur luy avoit dit et faict, le priant, sur ce, le tenir pour excusé. Le duc, averty de ce débat, envoya deffendre à tous deux qu'ils ne passassent plus outre, ains qu'ils eussent à s'en cesser et déporter : à quoy respondit Merveilles qu'à ceux qui avoient le débat se devoient telles inhibitions adresser, et non point à luy, qui n'avoit querelle ny débat à personne du monde. Pour cela ne laissa ledit Castillon de s'accompagner tousjours de dix ou douze personnes ayans pertuysannes et hacquebuttes; et avecques ceste compagnée passa et repassa souvent au long du logis de Merveilles, tellement qu'un soir il trouva cinq ou six de ses serviteurs, lesquels il s'efforça d'outrager (ce qu'il eust faict s'ils ne se fussent retirez). Merveilles, voyant ceste continuation, et craignant que plus grand inconvénient n'advint, envoya devers le capitaine de la justice, le prier qu'il y vousist pourvoir; car, de sa part, il ne vouloit point que ses serviteurs se vengeassent aucunement de l'outrage que l'on avoit essayé de leur faire, mais aussi ne vouloit qu'on continuast à les outrager. Le capitaine de justice n'en tint compte, ains endura que ledit Castillon continuast de passer et repasser en ceste manière par-devant le logis dudit de Merveilles; de manière qu'un autre soir il aborda ses serviteurs ainsi que la première fois il avoit faict ; mais il trouva qu'ils se tenoient sur leurs gardes, et qu'ils se mirent si bien en deffence, que luy fut tué et les autres mis en fuitte. Au lendemain matin, qui fut le quatriesme jour de juillet, le capitaine de justice vint au logis de Merveilles, et feit inventaire de tous ses biens, et le constitua prisonnier, ensemble tout ce qu'il trouva de ses serviteurs; et à l'un d'eux, aagé de quatre-vingts ans, et qui par vieillesse estoit devenu sourd, ledit capitaine feit bailler l'estrapade, pour essayer de tirer de luy quelque confession contre son maistre. Auquel Merveilles, ce pendant qu'il fut prisonnier, ne permist que homme de ses amis parlast ou le visitast : aucuns d'entre eux (ainsi qu'à Milan est la coustume en pareil cas) couchèrent ses justifications par escrit, et les présentèrent audit capitaine, qui les print et rompit en pièces, sans les daigner lire et regarder. Et le dimenche ensuivant, après la minuict, ledit capitaine, ayant premièrement sceu la volonté du duc, luy feit trancher la teste; et au lundy, avant le jour, le corps, sans teste, fut trouvé devant la place des Marchans, audit Milan.

Un nepveu dudit Merveilles se sauva, et vint en diligence, sur chevaux de poste, apporter nouvelles au Roy, et se plaindre de l'outrage et injustice qu'il alléguoit estre apparente, premièrement, par la requeste qu'avoit faicte ledit Merveilles au capitaine de justice; secondement, pour le refus d'accepter ses justifications; tiercement, par la précipitation de son procès, condemnation et exécution, à quoy il fut procédé à jour de feste, exécuté de nuict, sans forme ny figure de justice, et le tout en trois jours, encores que par les status et coustumes de Milan, à tout homme condamné à mort, de quelque estat et qualité qu'il soit, on doit donner trois jours après sa condemnation, pour alléguer et mettre en avant ses justifications, et, à plus forte raison, qu'ils se devoient donner à un tel personnage, ancien serviteur et ambassadeur d'un tel prince qu'est un roy de France. La plaincte dudit nepveu et la façon de ceste mort fut trèsmal prise du Roy et de son conseil, et n'y avoit homme, de ceux qui avoient accoustumé de voyager et aller en ambassade pour le Roy, qui n'estimast luy en pendre autant à l'œil. Et à ceste cause, faisoient tous instance, avec solicitation extrême, envers ledit seigneur et son conseil, qu'ils eussent à s'en ressentir, et en faire telle démonstration, que ce fust exemple à tous autres de ne violer le droict des gens, et que les ambassadeurs (desquels le nom entre les armes des ennemis doit estre sacrossainct et inviolable) fussent en seureté, au moins à l'endroict de ceux devers lesquels ils sont envoyez.

Le Roy, pour ne précipiter la vengeance autant qu'avoit esté le faict, délibéra, premièrement, de demander au duc mesmes réparation de cest outrage; secondement, d'en escrire à tous les princes et potentats de la chrestienté, comme de chose touchant et appartenant à tous universellement. Au duc il escrivit en ceste manière :

« Mon cousin, j'ay entendu comme, ces jours passez, contre tous droicts anciens et louables coustumes de tout temps gardées et observées entre les princes, vous avez faict trancher la teste à l'escuyer Merveilles, mon ambassadeur résidant à l'entour de vostre personne; chose qui m'a tant et si grièvement despleu et desplaist, pour le gros outrage et injure qu'en ce faisant m'a esté faict, qu'il n'est possible de plus, et dont je suis délibéré perpétuellement me ressentir, jusques à ce que réparation m'en soit faicte telle qu'il appartient. Je l'avoy envoyé près de vous, comme celuy que jusques icy j'avoy trouvé et cogneu en tous actes si honnestement se porter et conduire, qu'il m'est difficile à persuader qu'il eust voulu faire chose méritant un tel supplice. Encores qu'ainsi fust qu'il eust faict un cas pour le mériter, si fault-il que vous entendiez que vous ne deviez de tant vous oublier que de procéder à faire une telle exécution, sans préalablement m'en advertir et m'envoyer son procès, attendant sur ce ma response qui eust esté si juste et raisonnable qu'eussiez eu cause de vous en contenter : qui estoit la vraye voye qui de tout temps et ancienneté a esté ensuivie en telles matières. Et, pour ce que de la mort qu'il a soufferte, l'injure principale s'en addresse et est faicte à moy, laquelle pour rien du monde je ne suis délibéré souffrir, je vous advise qu'il fault que vous mettiez en debvoir de la réparer, tant et si avant que j'en sois satisfaict, comme la raison le requiert ; sinon, et en deffault de ce, je vous signifie que, par tous les moyens dont je me pourray adviser, je procéderay à l'encontre de vous et vous feray cognoistre que très-indiscrètement, et sans vous en avoir donné cause vous m'avez faict injure par trop grande. De laquelle je me plaincts, et en escry à tous les princes chrestiens mes amis, alliez et confédérez, comme à ceux ausquels semblablement cest affaire touche, comme pour estre commun entre nous, afin qu'ils cognoissent et entendent que, si je me ressen d'une telle injure et outrage, et que je m'en attache à vous pour le vous faire sentir et cognoistre, j'en ay très-bonne et raisonnable cause. »

A nostre Sainct-Père, comme à père commun, en escrivit semblablement, afin qu'il cogneust si, pour ne luy estre cest outrage réparé, il en poursuivoit la réparation par la voye des armes, qu'il ne le faisoit sans grande occasion et bien justifiée.

A l'Empereur (à ce que, si la chose procédoit jusques aux armes, il n'eust cause de penser que ce fust pour autre occasion) il en escrivit en la forme et teneur qu'il s'ensuit :

« Très-haut, très-excellant et très-puissant prince, nostre très-cher frère, cousin et allié, combien que par tous droicts ne soit permis ne loisible offenser les ambassadeurs, lesquels de tout temps ont jusques icy jouy des prérogatives et priviléges que par louable et ancienne coustume leur ont esté octroyez, et que de faire le contraire, tous roys, princes et potentats y ont grand intérest, d'autant qu'au moyen de ce, la communication et entretènement de la paix et amitié entre eux se pourroit perdre, par succession de temps, au grand détriment et danger de leurs royaumes, païs et Estats ; toutesfois, très-hault, très-excellant et très puissant prince, nostre très-cher, très-aimé frère, cousin et allié, le duc François Sforce, comme nous avons esté avertis, a, ces jours, faict trancher la teste à l'escuyer Merveilles, nostre ambassadeur résidant à l'entour de sa personne, lequel jusques icy avons cogneu en tous actes s'estre si honnestement conduit et porté, que c'est chose difficile à nous persuader qu'il eust faict ny voulu faire chose pour mériter un tel supplice et punition. Et, encores que cest inconvénient luy fust avenu de commettre cas pour lequel il eust mérité ladite punition, néantmoins ledit duc ne pouvoit ne debvoit faire procéder à laditte exécution sans préalablement nous envoyer son procès, et sur ce attendre nostre response, laquelle luy eussions faict telle et si raisonnable qu'eust eu bonne cause de s'en contenter. Et ce que trouvons encores grandement estrange, c'est qu'il a esté procédé si sommairement en cest affaire, qu'en deux jours, la prise, le procès, la condamnation et exécution de mort s'en sont ensuivies : qui nous est une telle et si grande injure, et qui nous revient à si grand ennuy, qu'il n'est possible que la puissions comporter. Et à ceste cause, luy avons escrit nous en faire la réparation telle qu'il appartient. Ce que vous avons bien voulu faire entendre, et semblablement aux autres princes chrestiens noz bons amis, alliez et confédérez, comme à ceux qui y ont intérest, et ausquels ceste affaire touche, pour estre commun entre nous, afin qu'il soit clairement cogneu que la poursuite que pourrons faire en cest endroit, ne procède pour autre cause que pour ceste

» seulement, ne que, soubs couleur d'icelle,
» ayons vouloir d'entendre au recouvrement du
» duché de Milan ; à quoy, comme Dieu sçait,
» ne taschons aucunement par ceste voye, ains
» nous suffira d'avoir réparation de laditte in-
» jure, à laquelle, quand ledit duc voudra en-
» tendre et se mettre en devoir de la nous faire
» telle que la raison et l'offense à nous faicte le
» requièrent, ne procéderons plus avant à l'en-
» contre de luy ; mais aussi, au deffault, vou-
» lons bien vous avertir que chercherons, par
» tous moyens à nous possibles, de lui donner à
» cognoistre que ne sommes pour souffrir un tel
» outrage. Et quand un chacun pensera à part
» luy, si le semblable luy estoit faict, comme
» il le prendroit et la démonstration qu'il en fe-
» roit, il trouvera que nous avons bonne cause
» et raisonnable de nous ressentir de faire pour-
» suitte de laditte réparation. Très-haut, très-
» excellant et très-puissant prince, nostre très-
» cher et très-aimé frère, cousin et allié, nous
» supplions le Créateur vous avoir en sa très-
» saincte et digne garde. »

Au roy Ferdinand, au roy d'Angleterre et autres princes et potentats en escrivit en pareille substance et aux seigneurs des ligues. A Romme se préparoit nostre Sainct-Père pour exécuter ceste entreveue quand il receut la lettre du Roy touchant la mort dudit Merveilles.

A l'Empereur furent présentées les lettres par le seigneur de Velly, ambassadeur du Roy, lequel aussi en parla de bouche, selon qu'il en avoit charge dudit seigneur son maistre. Sa responce fut que ledit Merveilles avoit très-bien mérité la mort, et qu'il n'estoit aucunement ambassadeur, ains gentilhomme privé, subject du duc, et poursuivant auprès de luy ses particulières et propres affaires, comme il apparoissoit par lettres du Roy mesmes recommandant ledit Merveilles au duc, en sesdits propres et particulières affaires. L'ambassadeur luy monstra sur le champ autres lettres du duc mesme au Roy, par lesquelles il apparoissoit que ledit Merveilles estoit ambassadeur du Roy vers iceluy duc. Mais l'Empereur n'en feit autre démonstration ; ains, se voyant de tant plus asseuré du duc, et que jamais ne seroit pour s'addonner à la dévotion du Roy, dépescha peu de jours après le seigneur Du Prat, jà plusieurs fois devant nommé, pour aller quérir en Flandres la seconde fille du roy Cristierne de Dannemarc, niepce dudit seigneur Empereur et la donner à femme au duc, ainsi qu'il luy avoit promis auparavant. Et presque en un mesme temps furent faictes les nopces dudit duc, et du duc d'Orléans avec la duchesse d'Urbin ; car le huictiesme jour de septembre, audit an 1533, partit nostre Sainct-Père de Romme, y laissant le cardinal de Monté, oncle du pape Julles dernier décédé, légat en son absence, lequel toutesfois mourut bientost après. Le Roy avoit ordonné plusieurs brigantins et frégattes armez, pour descouvrir en la haulte mer et au long de toutes les costes, à ce que d'aucune part il n'avînt surprise ny inconvénient à nostredit Sainct-Père. Et, attendant Sa Saincteté, le Roy se pourmenoit à l'entour de Marceille, visitant le païs ; auquel lieu il feit ce pendant un court voyage pour veoir quel ordre avoit esté mis à la recevoir honorablement.

Audit lieu de Marceille vint devers le Roy, de la part du duc Francisque Sforce, pour l'excuser de la mort de Merveilles, messire Francisque Taverne, devant nommé, chancellier d'iceluy duc, lequel, par ordonnance du Roy, fut ouy au conseil estroict. L'excuse et remonstrance qu'il proposa, fut que le duc son maistre ne pensa jamais que ledit seigneur Roy deust prendre ceste mort en la sorte qu'il la prenoit, par les lettres pleines d'expostulation que Sa Majesté luy en avoit escrites, d'autant que ledit Merveilles n'estoit ambassadeur, et n'en avoit ordre ne lieu, ny estoit estimé ne tenu tel en la cour du duc sondit maistre ; mais qu'il y estoit comme son subject et vassal et pour ses propres affaires et négoces, ainsi que les autres vassaux et subjects de sondit maistre ; lequel jamais n'avoit sceu ne pensé qu'iceluy Merveilles fust domestique ou serviteur, non qu'ambassadeur ou messager du Roy ; et que, quand il l'eust sceu, il luy eust porté le respect qu'il convient porter aux serviteurs de si grand prince et de la personne du monde à laquelle il avoit autant d'obligation, et à laquelle il vouloit porter autant d'honneur et de révérence ; et qu'il n'eust souffert estre touché à la personne dudit Merveilles, sans préalablement en avertir ledit seigneur Roy ; mais, ignorant qu'il fust autre que son subject et vassal, il avoit permis et souffert que la procédure et justice fust faicte contre luy, comme contre tel, et comme contre homme méritant telle punition pour le conflict et homicide commis à l'encontre d'un gentilhomme de la maison de Castillon, l'un des gentilshommes ordinaires de la maison d'iceluy duc ; aussi que ledit Merveilles estoit homme vicieux, séditieux, scandaleux, réceptateur ordinaire d'homicidaires et autres gens mal vivans, et mesmement d'aucuns lesquels avoient conspiré en la mort d'iceluy duc son maistre et d'aucuns autres, ses prochains et privez serviteurs ; et tellement que ledit duc par plusieurs fois luy avoit faict dire qu'il n'avoit sa demeure agréable à Milan. Ajoustant, ledit chancellier, avoir luy-mesmes dit souvent audit Merveilles, que le duc vouloit et que besoing estoit qu'il se retirast, à quoy il n'avoit obtempéré : pendant lequel temps estoit avenue la mort dudit de Castillon, laquelle ice-luy chancellier récita lors, ensemble la prise et exécution dudit Merveilles, presque de mot à mot ainsi qu'elle est cy-devant couchée ; seulement obmist et ne voulut mentionner la requeste dont nous avons parlé, faicte par ledit Merveilles au capitaine de justice et les justifications présentées par les amis de luy estant prisonnier.

Ceste légation et remonstrance fut trouvée par le conseil incrédiblement estrange et mal à propos, d'autant que ledit chancellier estoit propre nepveu et fils de la sœur dudit Merveilles, et que luy plus que nul autre estoit informé du contraire de ce qu'il mettoit en avant. Ce que luy fut alors remonstré de poinct en poinct, et, premièrement, que le duc sondit maistre ne pouvoit ignorer que ledit Merveilles ne fust serviteur, voire ambassadeur du Roy auprès et devers luy, et qu'il en apparoissoit assez, tant par les propres lettres dudit Merveilles, escrites estant à Boulongne, desquelles le Roy avoit le double, et par la response que luy feit le duc, dont ledit seigneur avoit l'original en sa puissance ; joint que ledit Merveilles avoit demouré premièrement au service du feu Roy, et depuis à celuy du Roy présent, l'espace au moins de vingt-cinq ans : parquoy il estoit impossible que le duc n'en fust averty ; lequel n'avoit esté si négligent que de ne sçavoir les noms et les biens de tous les gentilshommes du duché de Milan qui en estoient hors. Aussi qu'il n'estoit vraysemblable que ledit chancellier, qui bien sçavoit les causes de sa dépesche, et qui l'avoit présenté au duc, et avoit ordinairement hanté avec luy, n'en eust adverty ledit seigneur duc, afin de ne luy laisser commettre un tel erreur à l'encontre d'un tel et si puissant prince que le Roy. Sur ce poinct, confessa bien ledit chancellier que voirement s'estoit Merveilles adressé à luy pour le faire parler au duc son maistre, mais ne luy avoit aucune chose déclarée plus avant ; et qu'il n'avoit jamais pensé qu'il s'adressast à luy, que comme oncle à nepveu en ses affaires, ne qu'il eust à parler d'autres négoces au duc, sinon, par avanture, en intention de tirer quelque chose de luy, pour en escrire au Roy, et pour s'entremettre, s'il estoit possible, d'estre médiateur de bonne et seure amitié entre eux. Si la première remonstrance de ce chancellier avoit semblé à tous moult estrange, encores plus qu'impertinente sembla ceste réplique ; et luy fut remonstré combien à luy séoit mal d'user de ce langage, attendu qu'il sçavoit bien que ledit Merveilles avoit lettres de créance au duc, et sa créance portée par instruction signée du Roy ; aussi que luy-mesmes, au lieu de Fontainebeleau, avoit procuré sa dépesche et mis en avant ce moyen de luy donner autres lettres de recommandation particulière, pour servir d'umbre et couverture aux fins et intention qu'il a esté dit cy-devant. Et quand tout ce ne seroit, si n'estoit-il excusable ny soustenable en droict et justice, veue la précipitation de la procédure faicte contre luy, lequel fut, seulement par souspeçon et comme présumptivement, consentant de l'homicide faict par ses gens, emprisonné le vendredy, et le dimenche jugé et exécuté clandestinement et de nuict : chose pour monstrer évidemment que le duc eust peur et crainte qu'en le faisant exécuter publiquement, la pluspart du peuple y mist empeschement et fist tumulte, pour crainte que le Roy, s'en ressentant contre le duc, ils se sentissent aussi sans coulpe de la vengence qu'il en voudroit et pourroit faire ; et que à Milan mesmes en estoit le bruict commun. C'est grande force que de conscience, et qui merveilleusement faict perdre sens et propos à ceux qu'elle condamne.

Il me souvient avoir veu en mes jeunes ans ledit chancellier estre estimé l'un des plus subtils et prompts advocats, et plus argut en ses responses, qui fust pour lors en Lombardie ; mais, à ceste objection, le sens luy faillit au besoing, ou le sang, qui ne peult mentir, le feit respondre si mal à propos, et contredisant à tout ce qu'il avoit dit auparavant, que, pour excuser ceste exécution nocturne et clandestine, il allégua que le duc son maistre l'avoit ainsi voulu, non pour la peur et craincte dessusdittes ; mais, pour autant que ledit Merveilles estoit au service d'un si grand roy, il luy avoit porté ce respect de ne luy faire ceste honte que de l'exécuter publiquement. A ceste cause on luy rompit alors la broche, en luy remonstrant, puisque, par son dire, il confessoit le duc avoir bien sceu que ledit Merveilles estoit serviteur du Roy (ce qu'auparavant il avoit nié), la raison vouloit qu'à l'homme niant chose si manifeste il n'en fust disputé plus amplement ; et que le Roy avoit très-bien entendu ses excuses fondées en paroles, sans justification aucune ; et qu'au contraire le Roy luy avoit monstré par lettres et autrement, deuement et clairement, que le duc son maistre ne pouvoit soustenir qu'il ignorast ledit Merveilles estre son serviteur et ambassadeur. Et partant, il vouloit que réparation de ceste injure luy fust faicte, selon que premièrement il luy en avoit escrit; autrement il la se feroit faire en temps et lieu.

Telle fut la response et dépesche baillée audit chancellier; et n'y avoit homme du conseil du Roy qui ne jugeast cest outrage si grand et infâme, que, non seulement il avoit juste cause d'en entreprendre la vengeance contre le duc; mais qu'à grand peine s'en pouvoit-il passer à son honneur; et pensoit bien un chacun que si à ceste entreveue ne s'y en moyennoit quelque réparation, le printemps ensuivant ne se passeroit sans qu'il y eust de la meslée.

Le mois d'octobre fut, de la tour d'If et de Nostre-Dame-de-la-Garde, descouvert l'armée de mer, laquelle apportoit nostre Sainct-Père; desquels lieux fut faict le signal; lequel veu de Marceilles, partirent du port un bon nombre de brigantins et frégattes pour aller au-devant de Sa Saincteté, dedans lesquels y avoit bonne compagnie de noblesse, avecques force trompettes, clairons et haulxbois. Arrivé qu'il fut à l'entrée du port, fut salué de la Majour de Nostre-Dame-de-la-Garde, de la tour Sainct-Jean, de l'abbaye de Sainct-Victor et de plusieurs autres lieux éminens, de plus de trois cens grosses pièces d'artillerie, ausquelles les gallères rendirent leur salut, de sorte que tout le port et les environs se monstroient estre en feu. Ce faict, Saditte Saincteté descendit en terre du costé de Sainct-Victor, à l'opposite de la ville, le port entre deux, en un palaiz estant au seigneur de Montmorency, grand-maistre et mareschal de France; lequel il avoit faict préparer pour la réception de saditte Saincteté, attendant qu'il feroit son entrée. Pareillement ledit sire de Montmorency, sur lequel le Roy s'estoit reposé de toutes choses pour la réception de Sa Saincteté, avoit faict préparer dedans la ville deux palaiz, l'un pour le Pape, l'autre pour le Roy; et y avoit entre les deux une rue sur laquelle il avoit faict édifier, de charpenterie, une grande salle par laquelle on alloit d'un logis en l'autre; et estoit ladite salle grande, et fort à propos pour tenir le consistoire du Pape et des cardinaux, et aussi pour faire les assemblées de Sa Saincteté et du Roy; et le tout tendu de fort riches tapisseries.

La saincteté du Pape après avoir esté conduitte jusques au palaiz que j'ay dit luy avoir esté préparé delà le port, chacun se retira en son quartier, jusques au lendemain que Saditte Saincteté se prépara pour faire son entrée. Laquelle fut faicte en fort grande sumptuosité et magnificence, luy estant assis sur une chaire portée sur les espaulles de deux hommes, et en ses habits pontificaux, horsmis la tyare, marchant devant luy une hacquenée blanche, sur laquelle reposoit le sacrement de l'Autel; et estoit ladite hacquenée conduitte par deux hommes à pied en fort bon équippage, avecques deux resnes de soye blanche. Puis après marchoient tous les cardinaux en leurs habits, montez sur leurs mulles pontificales, et madame la duchesse d'Urbin, séparément, en grande magnificence, accompagnée d'un grand nombre de dames et de gentilshommes, tant de France que d'Italie. En ceste compagnie estant le Père-Sainct au lieu préparé pour son logis, chacun se retira; et tout ce fut ordonné et conduit sans nul désordre ny tumulte. Or, ce pendant que le Pape faisoit son entrée, le Roy passa l'eaue dans une frégatte, et alla loger au lieu dont le Pape estoit party, pour, de ce lieu, le lendemain venir faire l'obéissance au Père-Sainct, comme roy Très-Chrestien. Or avoit-il esté ordonné de long-temps que maistre Guillaume Poyet, président en la cour de parlement de Paris et depuis chancellier, feroit l'oraison au Pape, quand le Roy luy feroit la révérance. Et estoit ledit Poyet le plus éloquent advocat de son temps, et mieux parlant la langue françoise; mais je pense bien que la latine ne luy estoit si commune, et, pour ceste raison, avoit faict forger son oraison de longue main par les plus doctes hommes de ce royaume, et l'avoit bien estudiée. Mais il avint autrement qu'il ne pensoit; car, le matin, au lever du Roy, le maistre des cérémonies vint devers Sa Majesté, luy faire entendre la substance sur laquelle Sa Saincteté prioit ledit seigneur qu'on fist ladite oraison, afin de n'offencer les autres princes et potentats, laquelle instruction estoit toute contraire à ce qu'avoit projecté ledit Poyet. Parquoy, se voyant surpris, suplia le Roy de donner ceste charge à un autre, remonstrant que c'estoit le faict d'un prélat, attendu que c'estoit pour l'union et bien de l'Eglise; mais, à bien dire, c'estoit qu'il n'avoit le temps de pouvoir changer le language ne la substance de saditte oraison: parquoy en fut baillée la charge à Jean Du Bellay, évesque de Paris, lequel, encores qu'il fust prins à l'improviste, s'en deschargea au contentement tant des estrangers que de ceux de sa nation.

Estant le Roy préparé, partit pour venir au palais où estoit le Pape, accompagné des princes de son sang, comme monseigneur le duc de Vendosmois, le comte de Sainct-Pol, messieurs de Montpensier et de La Rochesuryon, le duc de Nemours, frère du duc de Savoye, lequel mourut audit lieu, le duc d'Albanie, et plusieurs autres, tant comtes, barons, que seigneurs, estant tousjours près de luy le seigneur de Montmorency, son grand maistre. Estant le Roy arrivé au palaiz, fut receu, par le Pape et tout le collége des cardinaux assemblez en consistoire, fort humainement. Ce faict, chacun se retira au lieu à lui ordonné, et le Roy mena avecques luy plusieurs cardinaux, pour les festoyer, et, entre autres, le cardinal de Médicis, nepveu du Pape, homme fort magnifique et bien accompagné. Au lendemain, ceux ordonnez par Sa Saincteté et par le Roy commencèrent à s'assembler pour traitter des choses pour lesquelles l'entreveue se faisoit. Premièrement, fut traitté du faict de la foy, et, pour autant que les choses n'estoient préparées pour le concile, ainsi qu'avez peu veoir par ce qui en a esté dit cy-devant, fut dépeschée une bulle pour (en attendant ledit concile) réprimer les hérésies en ce royaume, et empescher que les choses ne vinssent en plus grande combustion qu'elles n'estoient. Puis, fut conclu le mariage du duc d'Orléans, second fils du Roy, avecques Catherine de Médicis, duchesse d'Urbin, niepce de Sa Saincteté, avec les conditions telles ou semblables que celles qui autresfois avoient esté proposées au duc d'Albanie, ainsi que pouvez avoir entendu par cy-devant. Ledit mariage fut consommé en grande magnificence, et les espousa nostre Sainct-Père. Ce mariage ainsi consommé, le Sainct-Père tint un consistoire, auquel se créa quatre cardinaux à la dévotion du Roy, sçavoir est : le cardinal Le Veneur, par devant évesque de Lizieux et grand aumosnier du Roy; le cardinal de Boulongne, de la maison de Chambre, et frère maternel du duc d'Albanie; le cardinal de Chastillon, de la maison de Colligny, nepveu du sire de Montmorency, fils de sa sœur et du mareschal de Chastillon; le cardinal de Givry, oncle paternel de madame l'amirale de Brion. Ce faict, fut célébrée une messe papale, à la fin de laquelle nostre Sainct-Père donna sa bénédiction et absolution générale par toute la chrestienté, comme au jeudy de la sepmaine saincte. Les choses ainsi parachevées, le Pape s'embarqua, pour retourner à Romme, environ le vingtiesme jour de novembre, et le Roy print son chemin pour se retirer vers Avignon. Aussi fut parlé de l'affaire du roy d'Angleterre, pour lequel le Roy feit grande instance; mais, estans les choses si avant, que d'avoir esté jetter la fulmination contre ledit Roy, les cardinaux contestèrent, de sorte que la chose fut remise à Romme, où tout le collége seroit assemblé; cependant le Roy pourroit envoyer devers ledit roy d'Angleterre, pour luy persuader de se remettre en l'obéissance de l'Eglise rommaine.

Depuis le partement de Marceille, ne séjourna le Roy, jusqu'à ce qu'il fust à la coste Sainct-André, sinon deux jours, en passant en Avignon; auquel lieu il assembla son estroict conseil, et délibéra sur une requeste à luy faicte, tant de la part du jeune duc Chrestofle de Wittemberg, au nom de luy et de son père, comme des ducs Guillaume et Louis de Bavière, ses oncles. Nous avons dit par cy-devant la gratieuse response que feit ledit seigneur à messire Bonacurse Gryne, secrétaire desdits ducs de Bavière, comment il leur avoit promis d'envoyer homme avecques pouvoir de traitter et conclurre avecques eux, selon leur intention et requeste : de laquelle response il avertit ses princes et maistres, et luy demoura en ceste Cour, attendant la dépesche dudit personnage, jusques après le partement de ceste assemblée. Ledit jeune duc Chrestofle de Wittemberg avoit eu, dès le mois d'aoust, response des alliez et confédérez en la ligue de Suève, à une sienne longue lettre du dernier jour de juillet, par laquelle il leur avoit faict entendre ses justes causes de doléance sur le traittement rigoureux dont, sans sa coulpe, on avoit usé à l'encontre de luy; et par laditte response luy avoient les commis et députez d'icelle ligue signifié que, pour estre son affaire fort intrinqué, tellement qu'il estoit presque impossible de la décider et y faire fin, par lettres et responses, entre absens, ils luy avoient semonds à se trouver en personne, au commencement de septembre prochain, à une diète, pour entendre à la décision de sondit affaire, qu'ils offroient de tenir en la ville d'Ausbourg, où ils estoient lors assemblez à la délibération d'autres affaires. Et à ceste fin, luy avoient envoyé saufconduit en ample forme, soubs les seings et seaux secrets des triumvires, ou trois capitaines, lesquels estoient alors messire Guillaume de Kerlngen, Léonard de Bappahein, mareschal du Sainct-Empire, et Ulricq Naytarei, bourgmestre de la ville de Ulme. Or est la coustume en Germanie qu'en toutes les assemblées qui se font à la requeste d'aucun personnage, et pour ouir et décider ses propres et particulières affaires, ledit personnage y mène le plus grand nombre qu'il peult assembler de ses familiers amis et adhérans, ou leurs commis et députez, pour assister à l'audience et décision de sa matière.

Lequel nom et tiltre d'assistance est de telle condition, que quiconques assiste à autruy, faict la cause et matière sienne, et tacitement s'oblige à luy donner ayde et faveur, et jusques à prendre les armes pour luy en un besoing, en cas de dénégation et maligne dissimulation de justice. Suivant laquelle coustume, ledit duc Chrestofle avoit envoyé devers plusieurs roys, ducs et princes, les requérir et supplier de luy vouloir assister en cestuy sien affaire; sçachant doncques la promesse qui aux ducs de Bavière ses oncles avoit esté faicte par le Roy nostre maistre, d'envoyer un personnage avec pouvoir de traitter, ainsi comme j'ay dit, avec eux, il luy escrivit de fort gratieuses et humbles lettres, la substance desquelles il m'a semblé estre bien à propos d'insérer en cest endroict, ensemble la response du Roy, et recharge faicte par luy, accompagnée de la prière et grande instance de sesdits oncles les ducs de Bavière, qui par ledit Gryne, leur secrétaire, fut faicte de bouche, et baillée par escrit audit seigneur roy de France.

La salutation accoustumée premise, il luy exposoit comment, en la grande et longue affliction et calamité de son père et de luy, qui estoient (jà dix-sept ans avoit) expulsez et chassez de leur païs et biens, la première espérance qu'ils avoient eue de se résouldre, avoit esté par la nouvelle qu'il eut de la consommation du mariage de Sa Majesté avec la royne madame Aléonor, son espouse, et sœur des empereur et roy des Rommains, ausquels estoient leurs biens appliquez et parvenus; se confians, iceux ducs, père et fils, qu'estant la mère d'iceluy duc Chrestofle, fille d'une sœur de l'empereur Maximilian, père du roy Philippe de Castille, père dudit empereur Charles et du roy Ferdinand et de laditte royne Aléonor, il ne pouvoit estre que luy, comme un allié des parties, interposant son crédit et authorité sur cest affaire, lesdits seigneurs Empereur et Roy n'y eussent esgar, et les jettassent hors de ceste grande leur misère et calamité; laquelle interposition de son crédit et authorité ils ne pouvoient non espérer, pour son accoustumée bonté, compassion et promptitude de secours envers tous affligez et opprimez de nécessité. A ceste cause, luy estant accordé saufconduit de venir à une assemblée des alliez et confédérez en la ligue de Suave, spoliateurs et expulseurs de sondit père, par eux à luy octroyé pour ouir et entendre ses doléances, il supliot Sa Majesté vouloir escrire aux dessusdits Empereur et Roy, et envoyer autre ambassadeur ausdits alliez et confédérez de Suave, leur recommandant affectueusement et prenant en sa protection les affaires de luy et de son père; lesquels affaires il ne doutoit que, par sa protection et assistance, ils ne se portassent favorablement et bien, et qu'ils n'en demourassent perpétuellement et infiniment obligez à Saditte Majesté, à laquelle, pour fin de lettre, ils se recommandoient de rechef et très-humblement.

Ceste fut la requeste dudit jeune duc Chrestofle, sur laquelle, après avoir meurement pensé, le Roy luy feit response, qu'estant de sa nature et coustume, enclin et prompt à secourir quiconque en avoit besoing, non seulement ses alliez de sang, il luy desplaisoit merveilleusement que, sans le sceu et consentement desdits seigneurs empereur et roy des Rommains, ausquels touchoit l'affaire d'iceux ducs et père et fils, qui estoient jouissans et saisis des biens et Estats d'iceux, il ne pouvoit, sans offension de ses traittez, entreprendre la protection de leurdit affaire, ne pour ceste fin escrire ou envoyer ambassadeur ausdits alliez et confédérez de Suave; car ce seroit tacitement les blasmer et reprendre d'iniquité, s'il requéroit ou poursuivoit que les biens et Estats d'iceux père et fils leur fussent, par jugement de la ligue, rendus comme injustement et à tort occupez et détenus par les susdits Empereur et Roy. Ausquels vouloit-il bien de bon cœur et affectueusement escrire, qu'ayant esgard à la prochaine alliance d'iceux ducs avec Leurs Majestez, ils eussent esgard à leur donner moyen de vivre et s'entretenir en tel estat qu'il appartenoit à gens de telle estoffe et de si noble alliance comme ils estoient; offrant, au demourant, audit duc Chrestofle, l'ayder et secourir de son propre, duquel il pouvoit disposer à son plaisir et sans offension ou juste malcontentement de personne, et faire pour eux, et en tout et partout, ce que, sans contrevenir à ses traittez, il pourroit et seroit loisible de faire.

La vérité estoit en effet que le Roy désiroit moult de veoir les ducs susdits remis en leur Estat, et que volontiers il eust trouvé moyen de les y ayder, y despendant du sien, tant pour affoiblir d'autant les forces de l'Empereur et de son frère, comme pour acquérir en Allemagne nouvelles amitiez, et par bienfaicts y confermer celles que desjà y avoit acquises, et rendre à l'Empereur la pareille, qui en toutes parts s'essayoit à luy substraire ses alliances, et les unir et joindre à luy; mais il le vouloit faire avec occasion si coulourée, qu'il peust deffendre et maintenir n'avoir, en ce faisant, contrevenu audit traitté, lequel il se contentoit assez garder au pied de la lettre, sans en rien l'estendre en faveur et avantage de qui ne luy en donnoit la cause. Parquoy de ceste sienne volonté n'estoit ignorant ledit Bonacurse, secretaire des ducs de Bavière, et par lettres en chiffres la feit entendre à ses princes et maistres, qui pareillement en advertirent le duc Chrestofle, leur nepveu, auquel ils portoient affection toute autre qu'ils ne faisoient au père : et s'il eust esté en leur puissance de le remettre au duché sans y remettre le père, ils s'y fussent employez trèsvolontiers; et s'en estoient assez ouvertement laissez entendre, ne pensans toutesfois en pouvoir venir à bout, à cause que la pluspart de ceux qui tendoient au recouvrement de ce duché favorisoient au père principalement, et ne leur sembloit estre raisonnable d'y mettre le fils et abandonner le père. Donc, voyans qu'ils ne pouvoient ce qu'ils vouloient, voulurent à la fin ce qu'ils pouvoient ou jugeoient estre plus facile. Et de rechef en escrivirent amplement audit Bonacurse, leur ambassadeur et secretaire, lequel, après avoir déclaré leur intention au Roy, la luy bailla par articles escrits, contenans en substance ce qui s'ensuit :

Premièrement, qu'ils le remercioient de la bonne et gratieuse response qu'il avoit faicte audit leur ambassadeur, en promettant et asseurant audit seigneur Roy qu'à tousjours-mais ils iroient et tiendroient le droict chemin avecques luy. Secondement, ils l'advertissoient du sauf-conduit octroyé audit duc Chrestofle, leur nepveu, par le moyen d'eux et de leurs secrettes praticques et menées; et qu'en ceste diète ne se traitteroit chose laquelle Sa Majesté ne puisse, par quelque sien ambassadeur, assister audit jeune duc Chrestofle, avecques les ambassadeurs et commis d'autres plusieurs roys et princes chrestiens, lesquels aussi leur presteroient assistance et adhérance pour le pacifier et accorder avecques le roy Ferdinand ; et laquelle pacification ne se traitteroit, sinon amiablement, et suivant les droicts, us, status, immunitez et priviléges du Sainct-Empire et de la nation germanique : ausquels statuts et priviléges ledit roy Ferdinand n'oseroit, ne pourroit contrevenir, autrement il s'acquerroit ennemis, et susciteroit à l'encontre de soy tous les Estats du Sainct-Empire. Si que le Roy, favorisant à ceste entreprise, ne failliroit à faire de deux choses l'une, ou d'obtenir du roy Ferdinand la restitution de ces ducs, lesquels et leurs adhérans en seroient ses obligez à jamais, et ledit roy Ferdinand, affoibly d'autant de païs et d'autant d'amis et adhérans ; ou de le contraindre à refuser justice, en quoy il acquerroit toute l'inimitié de la Germanie, qui le pourroit par force destituer, non-seulement de ce duché, mais du tiltre et nom de roy des Rommains; et ce, sans que le roy de France s'en empeschast si ouvertement, qu'on le peust accuser d'avoir le premier enfrainct les traittez et capitulations avec l'Empereur.

Et à ceste cause, le prioient, attendu que desjà il avoit délibéré d'envoyer le seigneur de Langey en Allemagne pour avec eux traitter et conclurre de la forme et manière de la consignation par luy promise pour la conservation d'une ligue défensive non offensive, et que les députez et commis de tous les princes contrahans au traitté de Smalcade se trouveroient ensemble à ceste diète, pour y assister et adhérer à la poursuitte de ceste restitution ; ce considéré, son bon plaisir fust d'escrire et recommander cest affaire aux alliez et confédérez de Suave, et ordonner audit Langey d'y assister ainsi et en la manière que feroient les autres, à tout le moins selon que par ledit Langey, son ambassadeur, seroit convenu et accordé avecques les dessusdits ducs de Bavière ; aussi que son plaisir fust d'escrire à monseigneur le duc de Lorraine, et à monseigneur le duc de Guise, son frère, à ce que, s'il avénoit audit duc Chrestofle, ou aucun de ses gens et serviteurs, aller ou venir, ou séjourner parmy leurs païs, ils fussent contens de le luy souffrir et permettre, luy usant, au demourant, de toute raisonnable et honneste faveur et humanité, selon qu'ils espéroient dudit seigneur roy de France que volontiers il accorderoit et obtiendroit d'eux sans aucune difficulté.

Ces remonstrances, ainsi faictes et baillées au Roy par escrit, furent accompagnées d'unes lettres de recharge par le duc Chrestofle, par lesquelles, entre autres choses, il remonstroit que ceste diète, non-seulement se faisoit du seul consentement de l'Empereur et de Ferdinand son frère, mais qu'ils y auroient eux-mêmes leurs commissaires et députez ; ensemble, que ledit roy Ferdinand avoit consenty et accordé que ceste matière fust mise en dispute de droict, et décidée par l'assemblée d'iceux confédérez. Et qu'il fust vray, envoya au Roy, pour en faire foy, le double d'un sauf-conduit dudit roy Ferdinand à luy accordé, en dacte du vingt-cinquiesme jour du mois de may lors dernier passé, et d'unes lettres, en dacte du lendemain, addressantes au capitaine de laditte ligue, touchant l'affaire dudit duc Chrestofle, par lesquelles il s'offroit à faire, non-seulement justice, mais traittement gratieux, et encores, envers l'Empereur, tout l'avancement qu'il pourroit de sa parole, faveur et recommandation. Si que ledit seigneur Roy nostre maistre ne devoit plus craindre ne doubter qu'en assistant et adhérant à ceste poursuitte de justice, il offençast ny l'Empereur ny le Roy son frère, ny fist chose que les propres vassaux et subjects de l'Empire ne fissent en cas pareil, et sans commettre, en ce faisant, aucune cause de répréhension.

Le Roy, ainsi que j'ay dit, après avoir entendu toutes ces remonstrances, et veu les doubles des lettres et sauf-conduit, encores que, par la teneur et substance d'iceux, il fust assez aisé à cognoistre que ledit seigneur roy Ferdinand n'avoit aucune volonté de rendre ce duché, se contentoit toutesfois d'avoir la couverture desdites lettres et sauf-conduit, lesquels il interprétoit au meilleur sens, et qui faisoit selon son intention, c'est-à-dire, selon que chantoit la lettre, ne se voulant persuader que ledit roy Ferdinand voulust escrire autrement qu'il pensoit. Et pour ce, délibéra et arresta en son conseil d'obtempérer à la requeste d'iceux ducs de Bavière et Wittemberg, et envoya ledit seigneur de Langey, avecques charge de traitter et conclurre de la consignation dessusdite, avecques ceste clause, toutesfois, que ses deniers ne pourroient estre employez à l'invasion d'aucun, ains seulement à la deffence desdits anciens us, observances et priviléges de l'Empire, et autres certaines clauses, limitations et restrinctions contenues au traitté qu'il en passa; luy donna pareillement charge de faire, pour la restitution de ces ducs, entièrement tout ce qu'il pourroit faire avec suffisamment coulourée couverture, et sans ouvertement contrevenir au texte de ses traittez et convenances : aussi luy enjoignit, sur toutes choses, d'essayer tous moyens possibles à faire que ceste ligue de Suave ne se rénovast, mais que de tous poincts elle se dissolust. Et sur ce, luy donna lettres de créance aux commissaires de l'Empereur, au roy Ferdinand, s'il se trouvoit à ceste assemblée, et, en son absence, à ses commis et députez, et à tous les autres confédérez de ladite ligue universellement.

Le seigneur de Langey, à son arrivée, adverty que le roy Ferdinand ne se trouveroit à ladite assemblée, voulut bien faire entendre à ses ambassadeurs son arrivée et l'occasion pour laquelle le Roy l'avoit dépesché; et, pour cest effect, leur envoya une lettre qu'il leur escrivit, avecques celles du Roy addressantes au roy Ferdinand, ou à eux, en son absence : laquelle j'ay ici insérée, avec deux oraisons qu'il feist en ladite assemblée pour induire les députez à réintégrer les ducs de Wittemberg en leurs seigneuries.

« Messieurs, quand le Très-Chrestien roy de France, mon maistre, fut prié par les ambassadeurs du duc Chrestofle de Wittemberg, » qu'il luy pleust deffendre sa cause et celle de » Ulrich, son père, envers le roy Ferdinand, » combien qu'il leur deust octroyer cela, d'autant plustost que plus il avoit deu apprendre » par ses afflictions propres à secourir les affligez, toutesfois la parenté du roy Ferdinand » l'en destournoit, voyant qu'à luy touchoit » principalement cest affaire. Mais, après qu'il » a généralement et particulièrement entendu » comme tout l'affaire s'est porté au commencement, et en quel estat il est maintenant, » et qu'à la requeste du roy Ferdinand mesmes, » on avoit donné une journée pour les remettre » en leurs biens, de sorte qu'il sembloit y » avoir plus de besoing d'amiable confirmation » que de deffence, alors il a cogneu appartenir » à son devoir (estant commun amy) de faire » une recommandation de ses alliez, et principalement de cestuy pauvre innocent, envers » le roy Ferdinand, aussi son allié et amy, » ayant grande occasion de congratuler à tous » deux : aux uns, pour avoir trouvé un port en » la tourmente de leurs biens; et au roy Ferdinand, pour raison du bon advis et conseil » qu'il a pris, d'user de miséricorde. Je ne suis » donc pas venu pour excuser la faulte de Ulrich, combien qu'il en ait quelque cause, sinon juste, à tout le moins conjoincte avec » une juste douleur, mais pour congratuler du » pardon faict et de la vengeance modérée, ou » (si les choses s'y adonnoient) pour les obtenir de vous par prières. Si suffisamment il a » enduré et souffert, estant chassé hors de sa » maison et tiré d'avec ses enfans, lesquels il » n'a peu veoir depuis, il est temps qu'on rende » maintenant ce seul et unique fils au père, et » le père au fils, et à tous deux leurs Estats. » La restitution desquels, quant à l'un, dépend » entièrement de la miséricorde du roy Ferdinand; mais, quant à l'autre, il y va du devoir. Il a dès maintenant beaucoup (et peult » à l'avenir d'avantage) de moyens pour » s'enrichir plus dignes de sa grandeur, que de » vouloir accroistre le sien (quand il luy seroit » permis) par la ruine et destruction de ceuxcy, ses parents, desquels, s'il n'a pitié (ce » qu'il a délibéré d'avoir), il ne leur demeure » rien entièrement que la vie et une perpétuelle » calamité. Toutes lesquelles choses et semblables, combien que par le Très-Chrestien roy » de France, mon maistre, fussent fort bien entendues, toutesfois il l'a voulu admonnester » amiablement, afin qu'il ne se laissast divertir » d'une si bonne et si saincte entreprise, qui est

» la plus excellente chose et la plus honnorable
» qu'il sçauroit laisser à sa postérité ; et , si ses
» prières y peuvent ayder, il l'en supplie très-
» affectueusement ; ou si l'authorité d'un com-
» mun amy peult donner quelque moyen à vui-
» der tels différends , il y offre tout son pou-
» voir, m'ayant commandé proposer icy, en
» son nom, quelques avis qui se trouveront
» honnestes et prouffitables pour parvenir à un
» bon accord. Mais puisque j'enten que le roy
» Ferdinand n'assistera point à ceste assemblée,
» qui est contre ce que l'on avoit faict entendre
» au Très-Chrestien Roy, et qu'il vous a donné ,
» très-révérends et très-magnifiques seigneurs ,
» plein et entier pouvoir de composer et ap-
» poincter tous différends , je vous envoye les
» lettres de mondit seigneur Roy, qui apparte-
» noient au Roy vostre maistre, et , en son ab-
» sence , à vous , afin que vous sçachiez par
» icelles que tout ce que je vous déclare est en
» son nom, et procède de son vouloir et inten-
» tion. »

Dès le vingt-cinquiesme jour de novembre,
audit an 1533, arriva le duc Chrestofle à Ausbourg , et avecques luy se trouvèrent, pour y
assister et adhérer, au nom du duc Jean-Fédéric,
électeur de Saxongne, messire Chrestofle de
Tambanhain, chevalier ; messire Théodore Spié-
ger , docteur ès droicts ; au nom du duc Henry
de Brunsvic et Lembourg, un homme de loy ;
au nom du duc Ernest, aussi de Brunsvic et
Lembourg, messire Chrestofle de Sainct-Am-
pergh et Baltazar Clavier ; au nom du duc Albert de Prusse , messire André Rip, docteur ; au
nom du duc Albert de Méchelpurg, messire
Sébastien , chancellier de Schwenispurgh ; au
nom du duc Jean Clèves et Julliers, messire
Charles Harts, docteur ; au nom de lansgrave
Philippe de Hesse , messire Herman de Mal-
speirg, son mareschal, et messire Jean de Finsy
de Lieuchamp, son chancellier ; au nom du
comte Georges de Wittemberg , messire Jaques
Truch, chevalier , et messire Jean Cuoder, docteur, son chancellier ; et de princes ecclésiastiques , au nom du duc François , évesque de
Munstre, messire Thomas de Hordo , son mareschal , et Josse Rullant, docteur, son chancellier.

Le seigneur de Langey , dessus nommé , ambassadeur du Roy nostre sire, fut instamment
requis de se vouloir inscrire au nom des assistans ; mais, adverty de l'importance de ce nom,
et que quiconques assiste à une cause la faict
sienne , comme a esté dit cy-dessus, ne voulut y
entrer comme ambassadeur de prince assistant ,
mais comme médiateur de paix et d'amitié entre les parties , aussi veoit-il que les ambassadeurs mesmes des ducs de Bavière, qui avoient
procuré sa dépesche, n'y entrèrent point comme
assistans, mais seulement comme du nombre
des alliez et confédérez de la ligue : parquoy il
s'en excusa au mieux que possible luy fut. Le
roy d'Angleterre y avoit aussi envoyé un sien
ambassadeur ; mais il partit d'heure qu'il y arriva tard et après que l'assemblée fut départie.
Le roy Jean de Hongrie, pour la difficulté des
chemins, n'y envoya point d'ambassadeur, mais
bien y escrivit lettres fort affectionnées en faveur des ducs dessus nommez.

Le huictiesme jour de décembre , fut faict à
sçavoir au duc Chrestofle, qu'au dixiesme jour,
à sept heures , il auroit audiance à l'assemblée ;
et autant en fut faict à sçavoir audit seigneur de
Langey , qui estoit seulement arrivé au mesme
jour huictiesme de décembre. Lequel tout le lendemain feit diligence, ainsi qu'il luy avoit esté
ordonné, d'entendre au long et à la vérité le faict
et les merites de cest affaire de Wittemberg ,
outre ce que par les chemins il en avoit appris
de l'un des gens du duc Chrestofle, qu'il rencontra passant à Souleurre, et qui, pour instruction, luy avoit baillé une longue lettre imprimée du duc son maistre , du trente-uniesme
jour de juillet précédent (car il n'en avoit
autrement esté instruict a son partement);
et comme si le Roy en eust esté informé du
commencement jusques à fin, ceux qui le prièrent et solicitèrent d'y envoyer , ne furent si
advisez que de lui en envoyer information ou
par escrit ou de bouche.

Au jour et heure assignez, se présenta le duc,
accompagné de tous ses assistans , qui furent
tous assis de rang à un costé des siéges ; et ce
pendant aucuns commissaires de la ligue , envoyez à ceste fin, entretindrent un espace de
temps ledit seigneur de Langey , ambassadeur
du Roy, dedans une autre salle, ce pendant qu'il
se disputa du rang et lieu qu'il devoit tenir, car
il ne vouloit se seoir au-dessoubs des ambassadeurs et commis du roy Ferdinand, et luy sembloit suffire qu'il cédast le premier lieu aux députez et commissaires de l'Empereur, mais le second appartenir au Roy son maistre. Pour éviter ce différend, et ne préjudicier au droict de
l'un ny de l'autre Roy, fut advisé que, pour ce
jour et autres , si l'ambassadeur de l'un se trouvoit à la diète , l'ambassadeur de l'autre ne s'y
trouveroit. Et fut ledit seigneur de Langey ,
ambassadeur, conduit et mené par messire Guillaume Kéringen, l'un des capitaines de la ligue,
et par messire Léonard Eloq, docteur, ambassadeur du duc Guillaume de Bavière , capitaine-

général de ladite ligue ; et fut assis auprès des commissaires de l'Empereur, lesquels estoient monseigneur Chrestofle de Stayn, évesque d'Ausbourg, et le comte de Montfort. Si présenta ses lettres de créance aux dessusdits commissaires et députez des confédérez de laditte ligue, dont je inséreray icy le commencement de laditte lettre de créance, afin que la longueur d'icelle n'importune le lisant :

« François, par la grâce de Dieu, roy de
» France, à très-révérends, très-illustres, ma-
» gnifiques et spectables électeurs, princes et au-
» tres estats de l'Empire, assemblez à tenir la
» diète en la ligue de Suave, noz très-chers amis,
» cousins et confédérez, salut. En ces grands
» et urgens affaires de la chose publique
» chrestienne qui sont et règnent de nostre
» temps, etc. »

Après la lecture de laditte lettre, le seigneur de Langey déclara à l'assistance ce qu'il avoit de charge du Roy son maistre ; puis, par le duc Chrestofle de Wittemberg, fut mis en avant ce qui sembloit luy servir pour son faict. Ses remonstrances furent bien prises, horsmis des députez du roy Ferdinand de Hongrie, lequel estoit jouissant dudit duché, et ceux qui luy estoient adhérans ; de sorte qu'il n'y eust ordre qu'il se fist aucune conclusion pour ce jour, encores qu'ils en fussent fort persuadez par une oraison qui leur fut faicte sur le champ par ledit seigneur de Langey, laquelle vous verrez icy traduitte de latin en françois :

La première oraison du seigneur de Langey, faicte à messieurs des estats d'Allemagne, pour et en la faveur du duc de Wittemberg, traducte de latin en françois.

« Si le Très-Chrestien roy de France, mon maistre, eust voulu jusques aujourd'huy seulement avoir esgard à son devoir, et à ce que l'humanité requéroit, long-temps a qu'envers ces Estats, c'est-à-dire envers ses amis et confédérez anciens, il eust entrepris de deffendre et favoriser la cause des illustres et misérables ducs de Wittemberg ; à quoy faire, l'exemple de sa récente calamité l'admonestoit, comme celuy qui se devoit efforcer de relever les misères d'autruy, par la mémoire et souvenance des siennes propres, attendu mesmement que beaucoup d'autres raisons le mouvoient : c'est à sçavoir, l'authorité et faveur de plusieurs grands et très-vertueux princes qui prioient pour eux, leurs alliances et affinitez, la grande apparence et espérance que la vertu de l'un devoit croistre avec les ans sa grande et indubitable innocence, et de tous deux la fortune telle, qu'elle peult esmouvoir leurs ennemis mesmes à pitié et compassion ; car, certainement, l'un, pour l'exigeance du crime, a suffisamment souffert, et l'autre, pour son innocence, a esté trop misérablement traitté. Mais à dire la vérité, autant que toutes ces considérations enflammoient le roy Très-Chrestien de les secourir, autant l'en refroidissoit le bruit commun d'aucuns, qui n'entendoient les desseings de voz affaires, ainsi que maintenant il se peult juger, et avoient faict courir jusques à ses oreilles, que, par édict perpétuel, aviez transporté au roy Ferdinand tous leurs biens et Estats ; tellement qu'il luy estoit à craindre que, prenant en main la tuition et deffence de ceste cause, il offensast ceux avec lesquels il est lié de très-estroitte alliance et confédération. D'avantage, il sçavoit fort bien que pour le respect et honneur du roy Ferdinand, et mesmes pour le regard de vostre estimation, il ne devoit penser qu'un prince non ambitieux voulust usurper les biens de ses voisins et alliez sans estre jugez par les lois et coustumes, ny que vous, tant estimez prudents et vertueux, deussiez, sans occasion, imposer et estendre la peine du forfaict du père sur le fils innocent ; car, si cela n'estoit couvert de quelque exécrable indignité de crime, ce vous seroit à jamais une tache d'inhumanité et de cruauté, et à luy pareillement d'impiété et d'avarice. Mais, ayant depuis entendu, et en général et en particulier, par les lettres du duc Chrestofle, en quelle sorte a esté cest affaire entrepris et commencé, et en quel estat il est de présent, après y avoir songneusement pensé, il n'a voulu refuser secours à ses alliez, princes dignes de commisération, en l'endroict mesmement où il est question de tous leurs biens et fortunes : ou, pour mieux dire, les voyant favorisez de tant de seigneurs qui se joignent à leur cause, il n'a voulu faillir de les congratuler de ce que le recouvrement de leurs Estats n'est point fondé et assis sur une opinion incertaine et doubteuse, mais despend de vous et de vostre clémence, et de la bénignité du roy Ferdinand. Et pour vous faire bien entendre la charge qui m'a esté commise de ceste congratulation, j'espère vous monstrer clairement qu'ils ne doivent seulement estre remis en leurs biens, et principalement cestuy pauvre innocent, mais qu'ils le doivent estre par vous, et tellement par vous, que si plus long-temps ils en demeurent privez, toute la coulpe doresnavant en tombera sur vous, et nullement sur le roy Ferdinand.

» Et si je vous monstre cela évidemment, et aussi que le Roy, mon maistre, vous estimant tels que ne pouvez avoir oublié l'équité, la miséricorde, la prudence et autres vertus qu'il a cogneues en vous, à très-bon droict il a peu et deu congratuler à ceux-cy et à vous : à ceux-cy, de ce qu'ils ont trouvé un port gratieux pour s'asseurer après une tant impétueuse tourmente et tempeste ; et à vous aussi est à bon droict deue ceste congratulation, d'autant qu'avez pris ce bon avis et très-sainct conseil, de vouloir user de clémence et miséricorde, par laquelle il me semble que les hommes s'approchent de Dieu. Je vien donc au faict, auquel je ne voy point avoir besoing de beaucoup de paroles ; car il vous peult souvenir à tous qu'après la mort du père de cestuy-cy, alors que ce duché par vous fut transporté à l'Empereur, et par luy, peu après, au roy Ferdinand son frère, vous adjoustastes par mots exprès ceste condition, qu'il en appoinctast avec Ulrich ; et au regard de cest innocent qui, en l'aage de quatre ans où il estoit, n'a peu commettre crime ne faire acte déshonneste, vous luy réservastes la poursuitte de tous ses droicts, et nommément des chasteaux de Tubinge et de Neyffen. Non long-temps après, qu'il vint à demander d'estre remis en la possession d'iceux, lesquels estoient entre les mains du roy Ferdinand, et voulant poursuivre ce qui luy appartenoit, iceluy Roy déclara ouvertement qu'il luy permettoit tout ce qui seroit de droict et d'honnesteté ; et n'a pas consenty seulement que ceste journée soit assignée pour vuider ce différend, mais il en a voulu estre le principal autheur.

» Cest acte, certes, du roy Ferdinand, tant plus je le considère, tant plus je cognoy qu'il n'a peu faire plus prudemment ; car, s'il eust délibéré de leur rendre et restituer leurs biens et Estats, lesquels il tient par vostre moyen, sans vous en communiquer, je dy à vous, qui estes aucunement cause de la fortune à laquelle ces ducs sont maintenant réduits, il eust peu sembler qu'il n'eust tenu compte de vostre bienfaict, ou qu'il se fust voulu séparément acquérir leur bonne grâce, et les rendre obligez à luy seul, les laissant cependant irritez contre vous, comme s'il eust désiré et pourchassé que ce qu'ils avoient perdu par vous, ils pensassent, sans vous, et peult-estre malgré vous, l'avoir recouvert de la main de celuy auquel estoit commode et proffitable le retenir. Mais, puisque les choses sont encores en leur entier, et qu'il remet en vostre vouloir de restituer en leurs Estats les ducs de Wittemberg, les deux ensemble ou l'un seul, je vous laisse à juger en quelles de leurs seigneuries vous semble qu'ils doivent estre rétablis, aymant mieux que l'on estime qu'ils y soient rentrez par vostre jugement que par son bienfaict. Puis aussi qu'il a voulu avoir tel esgard qu'il doit, tant au bien qu'il a receu de vous, qu'à vostre repos et à vostre réconciliation avec eux, et estant content de ceste seule louange, que, n'ayant esté trop arrogant ny présumptueux en recevant un bienfaict de vous, il a voulu apparoistre n'estre point tant inique détenteur de l'autruy, que libéral du sien, il se peult facilement juger qu'il ne vous a point cependant osté par envie ne la bonne grâce ny l'honneur : la bonne grâce, que l'un tienne de vous les ornemens de sa jeunesse et l'espérance de son plus fort aage, et que l'autre vous doive l'aise et la tranquilité de sa vieillesse ; mais l'honneur, sans doubte, sera entièrement vostre, et non comme aux faicts de guerre, où les gens-d'armes s'attribuent une grande partie de la gloire, car en cecy vous n'aurez point de compagnon, d'autant que chacun peult veoir et cognoistre que vous avez aydé et secouru le fils innocent de vostre ennemy, et tendu la main pour relever vostre ennemy abatu et vaincu. Et certes, le roy Ferdinand ce faisant, combien qu'il ne le vous ayt expressément déclaré, si est-ce qu'il monstre assez par effect qu'il vous a voulu tellement laisser toute la gloire et la bienvueillance qui se peult attendre d'un tel acte, qu'il n'en puisse cy-après en aucune manière encourir blasme ou reproche, en quelque part que puisse tourner vostre jugement. Car il est nécessaire que celuy-là se condamne de soy-mesmes, qui n'ose remettre sa cause à l'opinion de personne ; et celuy qui se veult submettre aux loix et coustumes, monstre qu'il espère de deux choses l'une : ou qu'il n'a volonté de retenir le bien d'autruy contre raison, ou que ceux ausquels il s'est submis luy feront injustement gaigner sa cause ; dont l'un je croy facilement, et l'autre est trop eslongné et indigne de sa réputation et de la vostre. Et de faict, quant à ce qui luy touche, je n'auray jamais opinion qu'il voulsist, encore qu'il en eust la puissance, entreprendre la chose illicite et desraisonnable, ains aymeroit beaucoup mieux monstrer son autorité et employer ses forces au secours de ses alliez qu'à leur ruine ; il m'est certainement advis qu'il ne prétend aucune chose en leurs biens, mais plustost veult entendre s'il les peult justement retenir, ou si, de vostre consentement, il les leur doit laisser. Et, quoy qu'il en soit, je ne penseroy jamais que vous puissiez trouver bon ny raisonnable de despouiller ceux desquels ne se dit point que l'un ayt commis faulte excessive, et l'autre n'a rien faict : plustost je penseroy, veu qu'il fault distinguer les crimes, et que les peines sont diverses, que l'on ne sçauroit mieux faire que vous eslire pour juger si Ulrich le père (car du fils qui en peult doubter?) n'a pas assez souffert en dix-sept ans, et s'il n'a pas faict suffisante pénitence pour la qualité du crime qu'il a commis. Car, nonobstant qu'il ayt faict faulte envers vous, il est certain néantmoins que ce n'a esté en haine de vostre ligue, ains contre son gré et sans y penser, par un désir ardant de se venger, et par une juste je ne sçay quelle douleur. Et peult-estre (je diray ce mot avec vostre congé et permission) qu'il a tellement failly, qu'il n'y a personne d'entre vous estant en sa place, qui n'en eust autant faict : car vous sçavez, Messieurs, que les habitans de Reuthling, chasteau en Suave, lequel est maintenant de ceste ligue, ont porté longues et grosses inimitiez aux prédécesseurs d'Ulrich, et les ont continuez en son endroict; tellement qu'aucuns d'eux ont malheureusement tué et massacré les habitans coustumiers de ses forests, dont il a très-instamment requis luy estre faict raison par les gouverneurs du chasteau : mais tant s'en fault qu'ils ayent faict démonstration exemplaire des meurtriers, que plustost les ont retirez dedans leur ville, et les ont nourris et soustenus; au moyen de quoy, se voyant indignement offensé, il ne se fault esmerveiller s'il s'est enflammé de cholère, et si promptement enflammé, que vous avez plustost entendu le chasteau avoir esté pris et assailly. En cecy, Messieurs, je ne dy rien de la vengeance qu'avez faicte de luy; car j'ay délibéré de déduire seulement les raisons pour lesquelles j'estime qu'il est raisonnable qu'elle soit modérée, vous priant, devant toutes choses, vouloir représenter à voz yeux les corps morts de ceux qui estoient en sa protection, estans cruellement hachez en pièces et jettez devant ses pieds.

» Considérez aussi, s'il vous plaist, les pleurs et plainctes de leurs parens, femmes et enfans, se jettans à genoux devant luy, et réduisez en vostre mémoire quel dueil il pouvoit avoir d'estre ainsi contemné, et quels propos tenoient ses subjects, qui le persuadoient de se venger, autrement on luy feroit encores pis. Je me rapporte à vous, et vous laisse à penser quel courage là-dessus il pouvoit avoir. Quant à moy je suis d'advis que, s'il y a quelque temps d'obéir à une juste douleur, et de se venger (comme je croy que vous me confesserez en estre quelquefois temps entre les hommes), cestuy-là, certes, est aucunement nécessaire, quand, après avoir demandé justice d'un forfaict, en lieu d'en faire la raison, on voit les malfaicteurs, non-seulement mis en sauve-garde dedans les murailles de la ville, mais estre appellez aux honneurs publics. Certainement il faict grand mal à toutes personnes, et singulièrement aux grands seigneurs de veoir leur authorité contemnée et mesprisée; et cognoissons que nature nous a apprins de nous esmouvoir à la deffendre par armes, si autrement il n'est commode d'en avoir satisfaction. Lisez les histoires des anciens, et il se trouvera que peu de guerres ont esté entreprinses par noz prédécesseurs, sinon pour ceste occasion. Et, afin que par vostre congé il me soit permis vous dire de rechef ce que j'en ay sur le cueur, j'estime que si vous eussiez esté au lieu de Ulrich, les mesmes causes qui l'ont meu eussent eu pareille puissance sur vous que sur luy : il a esté esmeu de juste douleur, estant outrageusement offencé et injurié, de sorte qu'il ne s'est peu commander qu'il n'ait vengé la mort des siens. Ce que je vous supply ne penser estre dit par moy, pour vous rendre reprochable ce qui vous doit estre honorable, ayant faict la vengeance de celuy qui a destruict voz confédérez: je ne vouldroy aussi l'avoir dit pour faire comparaison de la faulte de Ulrich avec vostre acte tant vertueux, et encores moins pour nier qu'il n'ayt failly, veu que luy-mesmes le confesse; car il devoit faire plaincte du tort qu'il avoit receu, en ceste assemblée, soubs l'authorité de laquelle il s'en fust beaucoup plus commodément ressenty. Parquoy il a failly et témérairement faict : il le confesse et s'en repent; il en porte la peine dure et longue; son recours est à vostre bonté; il demande pardon et promet que doresnavant il sera paisible; et si autresfois il a esté bouillant et trop outrageux, l'aage maintenant, le long exil et ses adversitez l'ont refroidy et modéré.

» Pardonnez donc, s'il vous plaist, Messieurs, à celuy qui déteste son délict; pardonnez à celuy qui le confesse; pardonnez-luy à ceste heure que l'envie est moindre sur luy, puisqu'en la chaleur de son meffaict luy avez laissé quelque espérance de miséricorde. Vous avez faict vostre devoir, et n'ayant peu à temps secourir et sauver voz confédérez, vous avez pris la vengeance de l'outrage qu'ils ont enduré; et cela est le prochain remède de la deffence et tuition qui leur estoit deue. Vous avez tiré voz alliez hors de servitude, et avez chassé hors de sa maison et de son païs celuy qui leur avoit osté leur liberté : vous avez fait jusques icy tous actes de magnanimité et de vertu; vous avez faict cognoistre que vous n'estes ceux desquels on doive outrager les amis et confédérez. Je vous prie, Messieurs, ne prendre garde aux paroles de ceux que j'ay entendus à mon arrivée en ce lieu, lesquels, toutesfois, ne veulent qu'on pense qu'ils en soient autheurs, et vous font soufler aux oreilles que, pour conserver la réputation de vostre constance, vous ne devez aucunement recevoir en vostre bonne grâce ceux dequels vous ayez quelquefois voulu prendre vengeance; mais avisez plustost que ce qu'ils veulent maintenir pour constance, ne soit droictement une opiniastre cruauté et cruelle opiniastreté. Les constans, sans doute, ont accoustumé de pardonner, ainsi qu'avez faict ; et à mesure que celuy qui a mérité vengeance se retire de ses mauvaises entreprises, aussi se fault-il retirer de toute sévérité et rigueur : et a l'on cogneu par expérience, que plusieurs grands et illustres personnages, de la mémoire de noz antécesseurs et de la nostre, ont au commencement esté fort vicieux, et à la fin se sont changez et rengez au bon chemin ; de manière qu'après leur feu de jeunesse passé, ils ont récompensé leurs follies de plusieurs vertueux actes, et de grands mérites envers la république. Je les pourroy icy nommer, si je ne pensoy estre odieux de réduire en souvenance les faultes des gens de bien, jà par le temps abolies et oubliées.

» Vous avez aussi leu que voz majeurs, après s'estre vengez de leurs ennemis, et après les avoir vaincus, leur ont assez souvent pardonné, et, qui plus est, aux estrangiers ont quelquefois restitué leurs biens, et en ont rapporté, tant en la guerre qu'en la paix, non seulement grande gloire, mais grand prouffit : combien devez-vous plus espérer et attendre de cestui-cy, et ne doubter qu'il ne doive et qu'il ne puisse par cy-après estre paisible à ses voisins et proffitable à la république ; veu qu'au moyen d'une juste douleur, et pour l'affection qu'il porte aux siens, faisant une faulte commune, il a troublé une fois seulement le repos public, et a plustost pensé faire chose digne de luy, qu'il n'a crainct qu'on luy en sceust mauvais gré, et qu'on le prist en mauvaise part. Et, encores que son crime fust si grand, qu'il ne deust estre aboli par le temps, ny adoucy par la peine, ny remis pour les prières de ceux qui solicitent pour luy, si est-ce qu'il appartient à vostre constance d'entretenir la condition promise à ces ducs, estant le crime récent et nouvellement perpétré, alors que, leur ostant leur duché, vous le donnastes à un autre ; car, comme il vous a esté honnorable de prendre les armes contre celuy qui a destruit vos alliez et confédérez, il est plus honnorable, au mesme cours de la victoire, d'avoir donné lieu de repentance et espoir de miséricorde, suivant l'exception apposée dedans l'apoinctement par vous faict. Je diray d'avantage, comme il vous a esté très-honnorable d'avoir secouru le fils innocent de vostre ennemy, ainsi sera-il maintenant déshonneste qu'il ne jouisse, par vostre moyen, du bien de ceste exception, et que l'envie se renouvelle, laquelle par le temps se devoit envieillir et oublier ; et sera plus déshonneste d'adjouster à la première peine ceste calamité, c'est à sçavoir que, pour son erreur ou crime, il voye son fils unique, innocent, estre à jamais participant de ses adversitez, en lieu d'estre l'appuy et le repos de sa vieillesse. Je puis dire d'avantage, qu'il sera très-déshonneste que cest innocent en temps de paix soit despouillé des reliques des biens de ses ayeux, que vous luy avez laissé durant la guerre ; et que la peine de la faulte d'autruy soit transmise sur celuy qui n'en fut jamais souspeçonné, tant s'en fault qu'il l'ait perpétrée. Voz majeurs, en se vengeant des offences à eux faictes, souvent ont remis les faultes des pères à la miséricorde des enfans, et les faultes des jeunes gens ont esté par eux plustost attribuées à l'aage qu'à malice : et voudriez-vous ordonner que cestuy très-innocent, de la bouche duquel il ne sortit oncques parole qui peust offencer personne, demourast en misère perpétuelle pour le délict d'un autre, lequel, toutesfois, n'est si grief ne si meschant, que la peine ne deust estre diminuée par le temps, et la haine assopie ? tournerez-vous la vengeance du crime du père sur l'enfant qui est au berseau ?

» Considérez, Messieurs, je vous supply, de l'un la vieillesse calamiteuse, et de l'autre la misérable jeunesse, sans qu'il ait mérité, afin qu'en l'innocence de l'un, vous ayez esgard à vostre bonté et justice, et en l'amendement de l'autre, vous usiez de vostre clémence. Considérez qu'ils sont venuz et extraicts de hault lieu, et qu'ils n'auront faulte ny de parens ny d'amis pour les secourir ; et, encores qu'ils permettent qu'ils soient punis, ils ne veulent néantmoins que du tout ils soient destruicts et ruinez : car, pour ne parler de ceux qui sont aux escoutes, attendans de sçavoir comment chacun de vous se comportera en cest affaire, vous voyez quelle assemblée de gens il y a qui soustiennent leur party, non pas d'Allemagne seulement, mais des royaumes loingtains. Tous ceux-cy estimeront avoir receu faveur de vous, si vous favorisez ces pauvres misérables ; et, au contraire, ils penseront estre offensez, si vous leur tenez la rigueur, et leur faictes quelque tort ; et, pour le faire brief, je pense que vous devez considérer que vostre trop rigoureux jugement laissera à vous et à voz enfans une sémence de la guerre, avec quelque déshonneur d'avoir usé de cruelle vengeance contre l'un, et n'avoir gardé la foy à l'autre; et, au contraire, vostre douce sentence sera cause du repos public, et vous engendrera grand honneur. Mais quand je dy cecy, je ne le dy pas pour ce que je pense qu'ils veulent chercher le moyen de recouvrer leurs biens par voye de faict et de par armes, car de gens vaincuz n'est le courage tel ny l'audace si grande; mais, d'autant que j'enten qu'il y a, non des hommes, mais des pestes entre les hommes qui sèment en derrière un venin pour vous faire croire que s'ils sont remis en leur entier, à la première occasion qui se pourra offrir, il est à craindre qu'ils ne se vengent de tous en général, au moyen des torts et griefs qu'on leur aura faict en particulier, sans adviser au trouble de la paix publique ; je le dy afin que vous entendiez que vous devez plus avoir craincte que les bannis entreprennent quelque nouvelleté, que ceux qui, par vostre bienfaict, auront esté remis en leurs Estats : car, comme la perte de tous biens est un poignant esguillon pour essayer tous moyens possibles et impossibles de les recouvrer, ainsi tousjours se trouvent quelques personnes qui ont pitié de ceux qui sont foullez et opprimez. Donc, messieurs, pour oster de voz esprits tout souspeçon de guerre, aydez à ce pauvre innocent; retirez à vous ce pénitent, afin que, luy advenant ce nouveau bien, tous les vieils maux soient oubliez, et que désormais les esprits des deux travaillent plus à vous rendre la pareille, qu'ils ne font maintenant pour estre restablis et réintégrez en leur pristine et ancienne dignité.

» Ainsi faisant, vous aurez une plus certaine et plus asseurée paix du Seigneur Dieu des armées, lequel reçoit à grâce les repentans, et est deffenseur des innocens; car c'est le seul qui peult mettre la paix en voz terres, et, s'il ne conserve la cité, pour néant veille celuy qui la veult garder. Faites donc que ceux qui sèment tant de mauvaises nouvelles, puissent cognoistre que le bon Dieu est appaisé par sa pitié et miséricorde, moyennant laquelle la guerre est destournée et la paix asseurée, non par meschantes assemblées et séditieuses pratiques d'aucuns qui vouloient chasser le pénitent et ruiner celuy qui n'est coulpable. Mais il me semble que j'ay assez dit pour l'équité de ceste cause, et trop pour vostre miséricorde et prudence; car vous pouvez avoir suffisamment entendu que, comme tous deux doivent jouïr de la clause de l'exception cy-devant touchée, ainsi l'innocent doit estre totalement restitué en son premier estat. Et cela se doit faire par vous, au jugement desquels le roy Ferdinand s'est submis, en intention que toute l'envie de ce jugement, ou la bonne grâce, l'honneur ou l'infamie, tombe sur vous : et si vous suivez sa volonté, et que vous jugiez selon l'honnesteté et équité, nécessairement tous deux seront par vous restablis; et, au pis aller, quand vous userez de toute rigueur, il ne peult à tout le moins que cestuy-cy ne soit restitué en ses biens et honneurs.

» Et si n'avez changé d'opinion, je puis hardiment, sortant par où je suis entré, leur congratuler de ce qu'ils ont trouvé en la perte de tous leurs Estats un dernier refuge en vous. Je vous doy semblablement congratuler de ce que, par la bonté du roy Ferdinand, l'occasion vous est offerte d'acquérir leur bonne grâce; car, après que par ce bienfaict les aurez liez et obligez à vous, jamais ne pourront estre sinon très-affectionnez envers vous et voz enfans, et auront d'autant plus grande occasion de conserver l'union et paix commune, que plus ils se sentiront estre tenuz à vous. Cela vous promet ce suppliant, tant en son nom qu'au nom de son père ; cela vous promettent tous ces ambassadeurs, au nom de leurs princes : et, outre leurs prières et promesses, si celles du Très-Chrestien Roy, mon maistre, sont de quelque efficace (comme certes elles doivent estre), il vous promet autant, et vous prie très-affectueusement croire, s'il y a chose (comme en tels différents souvent advient) dont on ne puisse demourer d'accord, que vous le vueillez employer. Et si l'authorité d'un amy commun y peult ayder, vous pouvez faire estat qu'il n'y espargnera la peine, le soing et la diligence qu'on doit attendre d'un prince qui grandement désire la réconciliation d'entre les alliez, et, sur toutes choses, à la paix publique en recommandation très-singulière. »

Toutes les remonstrances et persuasions dudit Langey, au nom du Roy son maistre, ny celles des assistans de messieurs les ducs de Wittemberg, ne peurent amollir les cueurs des commissaires et capitaines de la ligue de Suave, ausquels touchoit de donner jugement : et, encores que le duc Guillaume de Bavière, qui estoit capitaine général de laditte ligue, meist peine de favoriser lesdits ducs de Wittemberg, père et fils, pour estre ses proches parens, si n'eut-il moyen d'y remédier, pour les grandes brigues qui se faisoient, tant de la part de l'Empereur, soubs main, que du roy Ferdinand, son frère. Parquoy, à la requeste des assistans desdits ducs, le seigneur de Langey délibéra à la première assemblée leur user d'autre persuasion, au nom du Roy Très-Chrestien, son maistre, pour tenter si les remonstrances faictes au nom d'un si grand Roy que ledit Roy Très-Chrestien, les pourroit induire à quelque raison. Parquoy, à la première assemblée, usa de l'oraison qui s'ensuit, traduitte de latin en nostre vulgaire françois:

Seconde oraison de monsieur de Langey pour les ducs de Wittemberg.

« Messeigneurs, vous avez, par mon oraison, en ce mesme lieu, entendu les causes pour lesquelles le très-invincible et Très-Chrestien roy de France, mon maistre, a, du commencement, différé, et depuis s'est condescendu à vous recommander la cause du duc Chrestofle de Wittemberg, icy présent et supliant envers vous, tant pour soy-mesme que pour le duc Ulrich, son père. Vous avez entendu pareillement quelle estoit son intention et délibération en cesteditte matière, et comme à l'heure de ma dépesche on luy avoit faict entendre; et telle estoit son espérance, que, par vostre moyen et bienfaict, et par la clémence et bénignité du sérénissime roy Ferdinand, ceste assemblée leur seroit port seur et prompt refuge de leur misérable et longuement agitée fortune. Et à ceste cause, il ne m'envoyoit point tant pour leur donner aucun reconfort ou faveur en leur affliction, comme pour congratuler à eux, et à vous, et audit sérénissime roy Ferdinand: à eux, pour ceste porte qu'ils pensoient leur estre ouverte à rentrer en leurs premiers tiltres et dignitez; à vous, messieurs, et audit sérénissime roy Ferdinand, de ceste vostre bonne et saincte délibération, d'user en leur endroict d'équité ou miséricorde. Leur estant cependant si mal advenu, qu'ils sont, non seulement deceus de leur attente (qui desjà ne pend plus qu'à un extrême et débile espoir), mais que, pour le comble de leur malheur, leurs adversaires (qui, pour vous faire approuver et trouver bonne leur entreprise, ne se fondent tant en la justice de leur cause, qu'en faux et calomnieux rapports) tendent à vous amener en haine et mauvaise réputation cestuy vostre supliant innocent.

» Je suis certes contrainct par ces importunes, mais justes prières, puisqu'en ceste calamité je le voy encores avoir espérance que ma parole et recommendation, au nom du Très-Chrestien Roy mon maistre, pourra grandement luy servir, tant à se purger envers vous, qu'à vous mouvoir de reprendre ceste voye, soit d'équité ou de miséricorde, dont faulse calomnie vous destournoit; je suis, dy-je, contrainct changer mon instituée oraison gratulatoire en recommendatoire et paroles excusatoires, en laquelle l'occasion de porter paroles en ce lieu m'est offerte telle et si abondante, que langage à moy n'à autre, en la déduisant, ne peult faillir, comme à celuy qui n'ay sinon à faire requeste à ceste vostre noble assemblée de gens esleus, c'est-à-dire très-bons et très-justes, et vous persuader que contre justice et vérité vous ne veillez en vostre protection recevoir mensonge et injustice.

» Une chose principalement m'a troublé et diverty de si promptement et volontairement entreprendre ceste charge; c'est que les adversaires de ce duc, ou en effect ont aigry à l'encontre de luy, ou faulsement, et (ce qui plus me plairoit et que je croy) vous mettent en avant qu'il soit ainsi. Ledit sérénissime roy Ferdinand, que j'attendoy luy devoir estre bienveillant et bénin, avecques lequel l'alliance est telle et si estroicte du Roy, mon maistre, tant par affinité que par traitté, que maintenant il trouve ceste charge, de vous porter parole, trop plus dure et plus difficile que de prime face je ne la pensoy, et ne m'a esté peu malaisé d'arrester en ceste controverse, ce que en faveur de luy je pourroy dire sans offenser l'autre, contre lequel je ne voudroy ne doy vouloir proférer ou dire une seule mauvaise parole, ne qui touchast à son honneur, et sçay bien, quand je le feroy, que ce ne seroit sans encourir l'indignation du Roy Très-Chrestien, mon maistre. Toutesfois, quand je considère qu'à l'un, en se départant de ceste querelle, tous ses Estats, qui sont très-grands, demeurent saufs et entiers, et que sa réputation en accroist; et que l'autre est réduit en ceste extrémité, que de vostre jugement aujourd'huy dépend entièrement tout son bien, estat et moyen de vivre, ce peu que luy reste des misérables et affligées répliques des anciens tiltres et dignitez de ses ancestres; ensemble que sa réputation et bonne opinion demeureroit blessée, si vous l'estimiez tel que ceux-cy le vous peignent.

» Qand je considère aussi que je suis appellé de par luy, et qu'en sa faveur je suis dépesché vers vous, je trouve, messieurs, que je ne suis plus en mon entier, et que je n'ay aucune apparente excuse de luy refuser ma parole en cest endroict, sans trop grandement blesser l'honneur, tant dudit Roy Très-Chrestien, mon maistre, que ledit sérénissime roy Ferdinand: du Roy mon maistre, en le faisant apparoistre seul inhumain, impitoyable et inexorable, si,

18.

en la si grande affliction de son allié innocent (pour lequel je voy de toutes parts accourir estrangers, et qui en rien ne luy attouchent, pour assister à sa cause et la prendre comme la leur), il ne vouloit au moins prester la parole d'un sien serviteur pour vous recommander son affaire en justice; du roy Ferdinand, d'autre part, en l'estimant de telle sorte, qu'à son escient il voulust soustenir une mauvaise querelle, et que mesmes il voulust contre justice usurper le total bien de son proche parent, pauvre et innocent; qu'il deust prendre en mauvaise part qu'avec révérence et honneur on luy face entendre la vérité, qui luy est faulcement déguisée par ceux qui, soubs son nom, comme je monstreray, et au grand préjudice de sa réputation, veulent exécuter leur particulière et privée malveillance contre cest innocent et toute sa maison. Toutesfois, je mettray peine (et cognoy bien que la raison le veult) d'user en ceste partie de telle raison et modération de dire, que tous amis et ennemis entendront bien que ma parole ne s'addressera point contre l'intention ou propre volonté dudit sérénissime Roy (lequel je pense estre prince juste, équitable et modeste), mais seulement contre l'effect et jugement que gens malings et pervers ont captieusement extorqué à l'encontre de cestuy pauvre innocent, son parent.

» Et, pource qu'en ceste assemblée je ne voy point ses députez, ou, pour mieux dire, les adversaires et parties de cestuy vostre supliant, je vous suplie tous, Messieurs, me vouloir estre tesmoings et arbitres de ce que je diray; et, à mon espérance, vous direz au départir que je n'auray oubliée que, en parlant de la très-misérable misère d'un amy et allié dudit seigneur Roy mon maistre, en chose toutesfois qui aucunement se pourroit estendre jusques à la personne aussi de son amy et confédéré, il me fault sobrement et modestement parler, et que je ne me seray ny abandonné à la recommendation de l'un, ny à mon escient foullé l'honneur de l'autre, ny mis en arrière la considération de la commune alliance avecques les deux. Et si vous, Messieurs (en excusant préalablement la longueur de mon exorde, qui a esté nécessaire pour esclarcir et faire entendre l'intention dudit seigneur Roy mon maistre), voulez en ceste action m'escouter aussi attentivement et avecques telle bénévolence qu'en la précédente vous m'escoutastes, j'espère vous faire cognoistre et toucher au doigt l'innocence de ce duc et la justice de sa cause; les faulses et impudentes calomnies de ses adversaires; ensemble que sa protection et deffense est unie et conjoincte inséparablement, au prouffit de vostre empire, à la réputation de ceste compagnie, à vostre devoir envers la patrie et ses habitans, envers vous-mesmes et vos enfans à jamais, en sorte que, sans dommage, forfaict et reproche, vous ne pouvez l'abandonner. J'espère esclaircir cela, non seulement sans offense, mais avecques bonne grâce dudit sérénissime roy Ferdinand, du nom duquel ces imposteurs veulent couvrir leurs calomnies et meschancetez.

» Et afin que, pour entrer en ma narration, je parte de mesme lieu dont part et procède la source de ceste matière, il vous souvient bien, messieurs, alors que vous despouillastes le duc Ulrich de son duché et ornemens, et en revestîtes vostre très-auguste Empereur, alors roy des Romains, sous quelques restrictions et conditions, dont en ma précédente oraison a esté faict mention, vous ne voulustes que du forfaict du père la perpétuelle vengence s'estendist sur ce jeune duc Chrestofle, son fils, alors enfant de quatre ans; et à ceste cause vous luy réservastes l'action de ses droicts généralement sur son duché, et particulièrement le meistes en possession des places de Tubinge et de Neyff, que par le traitté de reddition d'icelles vous luy aviez expressément réservées, lesquelles estans par luy possédées, et, quelques temps après, aucuns, soy disans estre commis et procureurs de vostredit auguste Empereur, et de très-hault et puissant prince le duc Guillaume de Bavière (lesquels ils disoient estre les tuteurs dudit jeune prince), par fraulces et machinations, le déboutèrent de sa possession; et fut ledit prince, enfant et non entendant ses droicts, avecques ses places héréditaires, baillé en garde, pour estre nourry et institué, audit sérénissime roy Ferdinand, auquel l'Empereur avoit baillé le surplus de laditte duché, non tant à tiltre n'à droict de propriété, que de garde et possession précaire.

» Estant depuis ce jeune prince venu en aage de cognoistre ses affaires, et réputant à bienfaict receu de vous, ce que ne luy avez faict du pis que vous luy eussiez peu faire, s'est résolu d'user de vostre bienfaict, et a requis estre restitué et remis en ses droicts. Mais, alors qu'il a pensé la chose estre en ces termes qu'il fust à tout le moins restitué en ses places, il s'est soudainement trouvé déjetté de son attente. Et luy ayant ledit sérénissime roy Ferdinand accordé ceste diète, et qu'en icelle raison luy seroit faicte selon la loy, lesdits ennemis et adversaires, ayans une haine extrême et enracinée à l'encontre de luy et de toute sa maison, à cause d'aucuns leurs amis et le père de l'un, autresfois attainct, convaincu et condamné, et, par loy et coustume du païs, exécuté par officiers du duc Ulrich, pour crime de lèze majesté, jamais n'ont laissé à toutes opportunitez de importuner; tant qu'à la requeste et continuelle interpellation de plusieurs, ledit sérénissime Roy s'est laissé vaincre et gaigner, et vous a envoyez icy pour agents et ambassadeurs à débattre sa raison, les dessusdits aperts et capitaux ennemis de ceste maison de Wittemberg; lesquels se voyans en si belle occasion et opportunité de la ruiner et totallement destruire, vous pouvez croire qu'ils n'auront failly à estendre leur charge et créance envers vous, selon qu'il leur a semblé d'estre le plus avantageux et à propos, pour achever et mettre à exécution leur entreprise.

» Et, de prime face, quand le duc a parlé de ses droicts en général, luy en ont couppé la broche, disans que de ce ils n'avoient charge : parlant de sa restitution et réintégration, particulierement en sesdites places, ils luy respondent de récompense, et luy proposent des conditions, Dieu sçait quelles et combien approchantes de raison. Et, pour ce qu'il ne luy semble les devoir accepter, à cause que par icelles se voit à jamais débouté, non seulement de son duché, mais du nom et tiltre de sa maison, qui est ancienne, ils vous le paignent homme contumax, rébarbatif, reculant à toute raison, et font de belles protestations en ceste assemblée, devant vous et devant le peuple icy assemblez publicquement, que pour autre intention il ne refuse les plus que raisonnables offres qu'on luy faict, sinon pour avoir occasion de commencer la guerre, pour dissiper et abolir la paix et union publique, et alumer un feu qui pourroit embraser toute la Germanie; prétendans vous induire, soubs ceste couleur, à faire ou renouveller une ligue, de laquelle, en la faisant telle et en la forme qu'ils la demandent, je vous ferai cognoistre qu'entièrement la conséquence est pernicieuse, et mettra vous et voz enfans à jamais en infinité de périls et dangers. Et à ceste cause, vous avez mestier aujourd'huy, si onques vous l'eustes, d'user en voz délibérations, de gravité de jugement, de constance, d'humanité et de vertu, et de foy et de providence : de gravité de jugement, en n'adjoustant légièrement foy à gens qui vous mettent en avant choses par eux controuvées et non apparentes; de constance, en ne privant celuy qui se tient obligé à vous de vostre bienfaict, sans sa coulpe; d'humanité, en ayant compassion de l'innocent affligé; de vertu, en déclarant librement et ouvertement que vous n'estes tels personnages

soubs la facile connivence et dissimulation desquels aucun doive prendre occasion d'opprimer et destruire un innocent; de foy, en tant que vous, par ancienne observance estans tenuz à garder les Estats et honneurs réciproquement les uns des autres, par plus forte et meilleure raison estes tenus d'y conserver cestuy-cy, duquel le bien, sa maison deffaillant, revient à l'Empire, auquel vous avez la foy et serment; de providence, en ouvrant les yeux de voz esprits, et prévoyant combien de cest exemple il pend à chacun de vous de mal et de danger.

» Mais afin que, par la cognoissance des principes, vous puissiez mieux entendre l'issue et conséquence d'iceux, et plus certainement ordonner ce que finablement vous avez à faire, entendez un peu la justice de ceste cause, le plus que devoir où cestuy s'est submis, ensemble les impostures et faulx donnez à entendre de ses ennemis. Et premièrement, je vous amèneray et mettray en avant ce droict commun, que jamais, par les loix de ce Sainct-Empire, n'a esté veu que l'homme fust contrainct d'accepter, avant que d'estre restitué, aucun traitté ou condition de récompense, encores moins de la prendre au choix et appétit de ses adversaires, et renonçant par luy à tous les anciens droicts, tiltres, dignitez et remembrances de la maison dont il est issu. Ils me diront qu'à prendre ceste récompense ce duc Chrestofle est tenu et obligé par un contract, sur lequel ils se fondent, qu'ils disent estre faict par ses tuteurs : de ce traitté il vous fault veoir s'il est supposé ou véritable, si subsistant ou invalide; quant à moy, il ne peult cheoir en mon entendement qu'il puisse estre appellé contract, s'il ne convient à la deffinition et description de ce contract. Et puisque sur iceluy ils veulent faire fondement, qu'ils monstrent premièrement que cedit duc Chrestofle eust onques mestier de tuteurs; qu'ils monstrent que ceux de luy ayent esté ou peu estre baillez, lesquels ils mettent en jeu; monstrent que lesdits supposez tuteurs ayent entre eux faict ce traitté, ou que ceux qui en leur nom le feirent en eussent onques d'eux mandement ne pouvoir; monstrent que lesdits supposez tuteurs ayent ce traitté approuvé après le faict, ou qu'il leur ayt esté loisible, ou de le faire, ou de l'approuver. Cela monstré, il fault qu'ils convainquent que Ferdinand en son endroict l'ayt gardé : alors on leur advouera qu'ils le puissent appeller contract; alors on leur advouera qu'ils y puissent faire fondement, et qu'ils puissent cestuy-cy contraindre à le garder. Mais, puisqu'il est certain qu'il ne luy a point fallu de tuteurs, et qu'il estoit en puissance de père; puisqu'il est certain que ces prétendus tuteurs ne luy furent oncques baillez, et ne pouvoient à tels estre baillez, admis et receus, dont l'un estoit saisy du bien de mineur, l'autre avoit esté chef d'armée pour le spolier; et puisqu'il est certain qu'ils n'ont faict ce contract, et que par iceluy il appert qu'à ceux qui le feirent ils n'en donnèrent oncques mandement ne pouvoir; qu'il n'appert point qu'ils ayent ratifié; qu'il est certain assez qu'ils n'eussent peu s'ils eussent voulu, et qu'il ne leur eust esté loisible d'aliéner à leur apétit les biens stables et immeubles du mineur; et posé ores, et non admis, le cas que toutes solemnitez y eussent esté gardées; puis, toutesfois, qu'il appert que ledit contract a esté limité de temps et de conditions; puisqu'il appert le temps estre expiré et les conditions n'avoir esté gardées par Ferdinand; puisqu'il appert de sa volonté contraire, et que l'eschange que par ledit prétendu contract il devoit bailler n'est plus en sa puissance, et que ceux de vous icy assistans qui l'avez de luy acheptée, d'autant que vous sçavez bien que vous n'avez aucune volonté de la luy rendre, sçavez conséquemment qu'il n'est en luy de purger sa demeure. Qu'y a-il plus qui puisse le jugement d'aucun tenir en suspend, et ne doubte que leur contract qu'ils appellent ne soit invalide et nul? Maintenant doncques, ils disent que, lors de la reddition de ses places, et que, par la mesme composition qu'elles luy furent réservées et demie-baillées, en vertu d'icelle il fut accordé qu'en luy baillant récompense, il seroit tenu de les restituer, et que cestedite condition et article fut rédigé par escrit. Pourquoy ne les produisent-ils doncques? Ils disent qu'ils ont perdu les lettres : ô belle invention! pour ce qu'ils n'osent produire de faulces lettres, de peur d'estre convaincus faulsaires, ils aiment mieux dire les avoir perdues. Qu'ils s'en taisent doncques, et seuffrent que la perte de leursdites lettres soit le gaing de cestuy-cy, et qu'il la puisse compter à son advantage. Il est bon à sçavoir, Messieurs, que ceux que vous voyez estre si songneux, et se mettre par force ès biens d'autruy, si curieux à donner couleur de droict à leurs usurpations, eussent esté si peu diligens à garder la pièce sur quoy ils fondent leur principale couleur.

» Or soit ainsi (ce que non) qu'en la composition desdites places, cest article fust couché, de quelquesfois les pouvoir récompenser; certes Ferdinand n'y estoit lors entrevenant, ne veu n'ouy : et si ce droict de permutation fut à quelqu'un réservé, ce fut au prouffit de ceste vostre ligue, auquel, s'il vous eust ores esté réservé, vous avez depuis renoncé en n'en usant, quand, librement et franchement, et sans condition aucune ne modification, vous avez remis le duc Chrestofle en possession d'icelles, comme de ses choses héréditaires, et, comme telles, l'avez faict advouer et obéir et servir par les subjects et vassaulx d'icelles. Et n'est besoing de m'arrester à la preuve de ceste pure et libre possession, et qu'elle fust sans aucune charge ou récusation, puisque je parle devant ceux qui estoient au faict, ausquels il en souvient, et qui peuvent cestuy-cy dédire, s'il ment. Lesquelles choses, comme elles soient entièrement, ainsi que je dy, et que ce mineur a esté déjetté de sa possession, non violente, non clandestine, non précaire, en laquelle il a par temps légitime et préfix de droict persévéré; si tous les droicts de toutes gens et nations chantent le spolié devoir estre avant tout œuvre restitué; si ce duc, en requérant qu'envers luy on use de ce droict, demande chose que par les loix civiles on ne luy peult nier, voyez, toutesfois, à quelle raison il s'est voulu soubmettre.

» Mais quelle desraison! Il a esté content de souffrir, pour à ceste vostre compagnie donner à entendre qu'il n'est si mal aisé à contenter qu'on le vous faict : c'est que, pour donner temps à ses adversaires de meurir leur aigreur et de luy faire raison d'eux-mesmes, il a consenty de laisser endormir et reposer sa demande, moyennant que les fruicts seulement du passé de sesdites places luy fussent restablis jusques à présent, et pour l'avenir, asseurance baillée jusques à dix mille florins, pour son moyen de vivre en attendant. Est-ce point cecy, messieurs, que sesdits adversaires appellent refuser la raison? Est-ce pour cecy que, par leurs calomnieuses protestations publiques, ils veulent contre cestuy assembler ciel, terre et mer? et que, pour le vous amener en haine, ils le vous preschent homme contumax, intraittable, estrangé de toute raison, de toute équité, de toute voye d'amitié, ennemy, infracteur de paix et repos public? Ordonnez-leur, Messieurs, qu'ils ne posent en faict ce qui n'y est : ordonnez-leur qu'ils ne baillent nom de contract à ce que leurs ancestres n'appellèrent oncques ainsi, et n'estimèrent devoir oncques estre observé, autrement vous estes indoctes, non docteurs en droict : ordonnez-leur qu'ils ne vous allèguent plus ce tel quel supposé contract avoir esté par le maistre observé, autrement ils se convainqueront d'évidente mensonge envers vous, qui sçavez le contraire.

» Ordonnez-leur, quand on leur met en avant les droicts évidemment exprès, qu'ils se taisent, s'ils ne sçavent y respondre; et qu'ils ne mettent en jeu des traictés imaginaires, qui ne sont ne furent oncques, et desquels, s'ils faisoient ores apparoistre, ils ne seroient de rien mieux appuyez; autrement ils appresteront à rire à ceste compagnie. Ordonnez-leur qu'ils ne vous protestent plus de belles et plus que raisonnables conditions, par eux offertes et par cedit duc refusées; autrement, que vous, qui cognoissez assez la condition d'icelles, et quelle trenchante cognée ce duc, en leur obtempérant, eust esbranlée contre la racine et fondement de sa pétition, les ferez mettre hors de ceste compagnie, comme resveurs, et qui tels vous estiment. J'oublioy quasi, Messieurs, à vous alléguer un autre bien férial et solemnel argument, dont impudemment ils usent parmy les banquets et assemblées de peuple; c'est qu'il touche à vostre réputation et à vostre devoir envers ces deux princes que vous avez eslevez, l'un Empereur et l'autre roy des Romains, leur asseurer ce duché, lequel est tant en leur bienséance que plus ne peult, pour s'en venir des autres païs qu'ils tiennent en Germanie, jusques en leur Païs-Bas, passant sur le leur. N'est-ce pas, messieurs, un singulier fondement, et digne que par eux et devant vous, et pour fonder une telle cause, soit allégué? comme s'ils vous pensoient si estourdis, si aveuglez, si hors de sens, que vous ne sentissiez, vous ne veissiez, vous n'entendissiez quelle puissance et liberté, en accordant ceste raison, vous bailleriez d'icy en avant à tous vos futurs Empereurs, d'estimer leur estre loisible user de mesme loy, et d'entreprendre sur les biens de vous et vos successeurs, non ce que la loy veult, non ce que la raison, non ce que la foy naturelle entre le seigneur et le vassal, mais ce qui leur viendroit à plaisir, à bienséance et à volonté.

» Mais je voudroy bien, Messieurs, laissant cependant cestuy et tous autres argumens, car je sçay bien que ces menées ils ne font, et que ces propos ils ne tiennent au sceu desdits seigneurs Empereur et Roy, je voudroy bien, disje, qu'on leur demandast de quel visage, de quelle contenance, de quelle asseurance ils oseroient entreprendre de mettre ce conseil en avant à leur maistre, à vous, à leur auguste et invicte Empereur : à leur maistre, que, contre la religion du serment, qui l'oblige à garder les droicts de ce Sainct-Empire, il usurpast et appropriast à soy ce duché, qui, de son institution première (la ligue de ces ducs deffaillant), est affecté et incorporé, dès maintenant comme pour lors, à la chambre et recepte impériale; à vous qui estes membres de l'Empire, de faire ligue et alliance pour maintenir ladite usurpation; à leur Empereur, de l'approuver, ratiffier et l'en investir. Ce seroit certes chose trop indigne en cest Empire (qui se régist par la loy et religion) du serment qu'on luy doit, que, pour gaigner un tel duché, celuy se départist de la loy, celuy faillist de son serment à l'Empire, qui, estant par vous esleu à roy des Romains, est obligé à faire obéir les autres à la loy, et à garder le serment qu'ils ont à l'Empire : autant seroit-ce chose indigne à celuy qui de tous les autres prent le serment, contre son serment apliquer et aproprier à sa maison les indubitables droicts dudit Empire. Mais je veux, messieurs, en cest endroict que vous me croyez. Il n'est rien plus esloigné de tels conseils, que sont ces deux sérénissimes frères; et jamais aux machinateurs d'iceux ils n'adjousteront foy, sinon qu'on les leur déguise en toutes autres couleurs, comme maintenant les susdits conseillers de Ferdinand (qui est un vice commun et régnant sur beaucoup de personnes), soubs umbre de se monstrer diligens, assidus et industrieux, distrayent, tant à tort ou droict, les seigneurs de leurs maistres, veulent (comme je disois n'aguères, et vous trouverez estre véritable) exécuter leurs propres et particulières affections, et ont, pour ce faire, embrassé ceste cause plus aigrement et opiniastrement que par le Roy leur maistre il ne leur est ordonné, au moins qu'il n'est convenable à l'intégrité de son nom; et tellement sont audacieux en leur calomnie, que, pour estranger, d'une part, et divertir le Roy leur maistre de sa première et bonne délibération qu'il avoit conceuë envers cestuy vostre supliant, luy donnent à entendre que, de vous-mesmes et volontairement, vous ne désiriez autre chose, sinon de renouveller ceste ligue et, par icelle, à tout jamais luy asseurer ce duché; mais que, pour la réputation seulement, vous en voulez bien estre requis.

» A vous, d'autre part, ils doivent aussi donner à entendre l'affection et volonté de leur maistre, ce qui leur plaist et qui mieux leur semble à propos pour vous esmouvoir à ce faire. Et pensent bien vostre affection envers luy estre telle, qu'à sa requeste vous le faciez sans contredit : aussi pensent-ils qu'en ce faisant, si bien vous ne condamnez ouvertement et par mots exprès ce pauvre innocent, en effet toutesfois, et par conséquence, vous le condamnerez, et entièrement destournerez ledit seigneur roy Ferdinand de luy faire la raison, laquelle, à ce que j'enten, il luy eust, long-temps a, faicte, si, par le faux rapport qui lui a esté faict de voz opinions, il n'eust esté déconseillé. Or, considérez, Messieurs, autant qu'il vous a esté honnorable, estans armez et victorieux, attremper et modérer au cours de victoire la vengence contre le père, et à cest innocent réserver le moyen de vivre et espérance de retourner à ses Estats, si maintenant il ne vous seroit pas autant déshonnorable de non seulement clorre les yeux au devant de la ruine et oppression du mesme innocent, mais l'opprimer et ruiner vous-mesmes. Vous-mesmes, certes, le ruinerez entièrement par ceste ligue, donnans au monde occasion de penser que vous ayez approuvé ce que par cy-devant a esté faict contre luy, et que vous aprouviez ce que par cy-après se fera : car on ne pensera point qu'une telle assemblée de gens choisis de tous Estats, sans le trouver expressément et grandement coulpable, eust faict une ligue au préjudice de tout son bien, de laquelle, au temps advenir, la conséquence et danger de l'exemple redonde sur eux. Ou si on pensoit que sans grande et meure délibération, et sans prendre garde à tort ou à droict, vous l'eussiez faicte, ou qu'à votre escient (ce que Dieu ne veuille) vous eussiez voulu opprimer un innocent, vous associerez une tache sur votre réputation, que toute l'eaue de la mer ne seroit suffisante à effacer, ne toutes les ténèbres du monde pour la cacher : car vous pouvez assez entendre que luy, estant ainsi dénué de tous biens, jamais ne pourra porter, s'il est de cueur aussi haultain comme de lieu illustre, qu'on le voye en ce païs, misérable vivre, auquel il a de sa naissance nom et tiltre de prince. Estant doncques nécessairement contrainct de se bannir hors du païs, que pourroit-il emporter avecques luy, sinon la honte et reproche de l'Empereur, du Roy son frère, de vous tous, en quelque part du monde qu'il se puisse trouver ? et donner à un chacun matière de dire en le monstrant : « C'est cestuy-là qui autresfois, qui » maintenant, qui sans sa coulpe, qui hors » d'Allemagne... » Vous entendez le surplus des sentences, et je me déporte volontiers de les achever ; car je voy vos cueurs desjà se mouvoir, et que tacitement, et par signes et visages, vous advouez et recognoissez ce que je dy estre vérité : mais ne pensez point que cependant ces bons forgeurs de calomnies (pourveu que ce que par eux-mesmes ne peuvent, ils le puissent faire par vous, par l'authorité ou de leur maistre ou de l'Empereur) facent grand compte, ne de ce que le monde en dit présentement, ne de ce qu'à mille ans on en dira. Je pourroy en cest endroict (et les propos s'y offrent) vous réciter combien et quelles parolles, à cause de tels conseils, se disent publiquement en toute la Germanie, à l'encontre des seigneurs dessus nommez, et à grand tort, selon mon advis, par gens qui descrient maintenant leur misérable ambition et avarice immodérée. Maintenant leur puissance, trop peu féable et trop suspecte, vous advise de prendre garde à eux, et qu'ils n'abbayent à autre chose qu'à occuper et à soy assubjettir toute la Germanie ; et qu'en opprimant maintenant l'un et maintenant l'autre, et occupant leurs biens, il semble qu'ils veulent asseoir leurs garnisons en plusieurs et diverses parties d'icelle, pour après, à leur apoinct et quand ils la voirront affoiblie de ses principaux membres, l'assaillir alors universellement, plus hardiment et à moins de danger.

» Je vous pourroy aussi rectifier infinité d'exemples que l'on amène, tant d'estrangers que de vostre nation, tant de modernes comme d'anciens, de ceux qui, en voyant opprimer leurs voisins, n'en ont tenu compte ny faict semblant, et n'ont jamais cogneu qu'en l'oppression d'autruy on machinoit la leur, jusques à ce qu'ils se sont veus eux-mesmes trébucher en pareille servitude. Lesdits exemples ainsi mis en avant, tendans à ce que vous pensiez à nostre faict et à la conservation de vostre liberté, et qu'en remettant devant voz yeux le danger de voz voisins, vous pensiez à ce que vous-mesmes devez ou espérer ou craindre. Mais je m'en déporte légièrement, de peur qu'aucuns, qui paraventure pensent quoy que ce soit, qui voudroient bien qu'entre le Roy mon maistre et lesdits seigneurs, les choses ne soient point entièrement accordées, ne feissent du cueur d'autruy jugement selon le leur, et meissent en avant, ou que ledit seigneur Roy mon maistre expressément m'eust attitré, ou que de moy-mesmes, en espérant de luy complaire, j'eusse affecté ceste occasion de vous réciter et descouvrir chose à quoy paravanture aucuns de vous ne pensent encore.

» Quoy toutesfois que l'on vous en puisse dire, ne croyez point, si par inadvertance il m'eschappe quelque mot qui puisse desplaire ausdits seigneurs, si d'avanture ils estoient tendres des oreilles, que je le face, ou par ordonnance, ou au sceu, ou au nom dudit seigneur Roy mon maistre. Voz bons visages en grande partie m'ont invité à dire franchement ce que j'avoy auparavant délibéré de taire, et en grande partie m'y a contrainct l'outrecuidance de ses gens icy, lesquels sont cause qu'à l'encontre desdits seigneurs telles paroles sont dittes et semées. Et, afin qu'en ceste partie je porte tesmoignage de moy-mesmes, il ne fut oncques homme plus malaisé à persuader en choses dittes à l'encontre des princes, que je suis et tousjours ay esté, tant de ma nature que de mon instituée forme de vivre. Et quant ausdits sérénissimes seigneurs qui sont tant tenus et obligez à vous, qui tant sont creuz et augmentez en biens, en forces, en dignitez, au hazard de voz personnes, de voz biens, de voz puissances, je ne penseray jamais que d'eulx vous devriez riens craindre : bien suis d'avis seulement qu'avec telle et si grande révérance qu'il appartient à Leurs Majestez, on leur ramentoive aucunes fois ce qui est de leur devoir, et qu'ils ne se laissent séduire par faulx conseil. Ils sont exorables et bénins, ils ont surtout en singulière recommandation leur bon renom et la bonne conscience que Dieu nous baille pour en toute nostre vie estre tesmoings d'honnestes entreprises et vertueux faicts : qui est la cause pour laquelle ce duc a plus grand regret se veoir privé de son bien; car il entend et cognoist, comme j'enten aussi et cognoy, que si seulement quelqu'un advertissoit le roy Ferdinand de son devoir, ou qu'il ne fust destourné par autre de sa naturelle clémence, il luy feroit la raison bientost et volontiers.

» En ceste mesme opinion estoit le Roy Très-Chrestien, mon maistre, quand il me dépescha de sa cour, non tant pour autre chose faire, que pour venir congratuler, comme j'ay dit. Combien que prévoyant en soy, et cognoissant qu'aux controverses qui sont de grandes choses, encores les parties au principal demeurent d'accord, il est néantmoins bien malaisé que les dépendances en brief temps soient appaisées; et qu'à ceste cause, pendant que si quelque chose y avoit, ainsi que je le trouve en effect, qui fust encores à démesler, son authorité fust de quelque crédit (ainsi que par raison elle doit estre, et croy qu'elle soit envers le roy Ferdinand, lequel il pensoit que je trouvasse ici), il me bailla lettres de créance à luy porter, et, en son absence, à ses ambassadeurs estans de pardeçà; et n'eut oncques plus grand désir de faire chose que d'interposer son authorité, comme amy et allié commun des deux parties, et s'employer à les mettre d'accord. Et m'avoit donné charge de leur proposer un moyen de paix infaillible, et aux deux parties expédient et prouffitable, lequel alors il avoit en sa main : et s'il eust pleu à Dieu, ou que ledit sérénissime roy Ferdinand eust icy envoyé autres personnages qui eussent esté ambassadeurs et non parties, ou que, sans m'arrester à eux, je fusse droict allé devers luy, je suis bien asseuré que non seulement il ne se feust laissé destourner de la voye de clémence et d'équité où il estoit jà entré, mais quand il n'y eust encores entré, il l'eust faict alors, la créance ouye que j'avoy à luy dire; et ne seriez maintenant, ô illustre seigneur duc Chrestofle, en ceste perplexité d'attendre jugement aujourd'huy, duquel entièrement dépend tout vostre bien!

» Mais, puisque, de mauvaise fortune, je ne l'ay trouvé, et que, m'estant adressé à ses gens et députez, il leur semble non seulement ne devoir employer en ceste affaire l'authorité du Roy nostre maistre, mais ont rejetté insolentement et refusé d'accepter ses lettres, et faict en sorte que je ne suis en mon entier de maintenant pouvoir aller vers ledit sérénissime Roy, sans commission et ordonnance nouvelle, vous ne prendrez en mal si quant à ce point je n'obtempère à vostre requeste; car il m'a semblé de pouvoir et devoir faire honnestement et sans offence de recommander un affaire en ceste compagnie, de la part du Roy mondit seigneur et maistre; ce que j'ay songneusement accomply et accompliray de bon cueur; et ne fairay chose pour vous qui soit au préjudice, ou puisse estre justement trouvée mauvaise dudit sérénissime roy Ferdinand. Le Très-Chrétien Roy, mondit seigneur et maistre, s'il le vouloit, il ne pourroit par les traittez qu'ils ont ensemble; et si par les traittez il le pouvoit, il ne le voudroit, pour l'alliance du sang qui est entre eux; mais en toutes autres choses que, sans blesser sa foy, son honneur et le devoir du sang, il pourra faire en vostre faveur, vous le trouverez à jamais vostre allié et bon amy, et ne sera son bien espargné en vostre nécessité. Tousjours a esté la cour de France la plus libérale de toutes autres, sans contredict; tousjours a esté ouverte et abandonnée, et oncques si libérale ne fut que soubs ce Roy, au refuge et repos de tous princes exilez et souffreteux. Par plus forte raison, devez-vous espérer qu'elle ne sera close à vous qui en estes allié, à vous qui, pour la justice de vostre cause, pour l'innocence de vostre personne, semblez à voz ennemis mesmes estre très-digne de miséricorde et compassion.

» J'ay toutesfois opinion et ose vous augurer que du sérénissime roy Ferdinand vous devez encores espérer meilleure chose que l'apparence jusques icy ne montre; et quand je seroy en ceste noble assemblée interrogué par serment, j'oseroy affermer qu'il n'a commandé ne sceu, et que jamais il ne trouvera bon que ses agens dessusdits ayent refusé les lettres du Roy mon maistre. Et me laisseray jamais persuader que luy, qui franchement n'avoit faict refus d'accepter lettres assez injurieuses du turc Soliman, ennemy commun de nostre foy, leur eût souffert de refuser lettres gratieuses et de recommandation d'un Roy Très-Chrestien, son amy, son confédéré, son allié si proche : aussi peu me laisseroy persuader que luy, qui au différent d'un riche royaume s'est volontairement soubmis au jugement arbitraire dudit Soliman, son ennemy, refusast maintenant d'ouïr les moyens qui, de la part d'un Roy (comme je dy, son amy, confédéré, allié si proche), furent mis en avant pour la pacification d'un duché, lequel, eu esgard à ses autres Estats, ne luy peult estre de fort grande conséquence. Mais, afin que vous entendiez dont cela procède, ces bons ambassadeurs ont crainct (ce que fust advenu en effect) que, pour l'ouverture d'icelles lettres et le récit de ma créance, le moyen leur fust clos d'assouvir leur haine et volonté particulière, en laquelle ils sont si animez, que, tout ainsi que Dido de Vergile, ils seroient contens de se perdre et ruiner, moyennant qu'ils ruinassent, qu'ils destruisissent et père et fils, et toute la race et la mémoire de la maison.

» Mais estant son intention bonne, et ne tendant sa volonté à faire tort à autruy, estant seulement dissuadé par les dessusdits, qui ne sont ne de grand nombre, ne de grande authorité, lesquels pour ceste heure luy desguisent les matières, vous pourrez espérer que ceste couverture et déguisement ne puisse longuement durer, et que le temps, qui tout descouvre, luy fera cognoistre et descouvrira leurs calomnies, impostures et faulx donnez à entendre. Alors pourront de luy impétrer vostre susdite innocence et si estroitte parenté, non seulement ce que vous demandez, mais plus grande chose y entretenant le jugement bon et juste, qui aujourd'huy procédera sur vostre faict de ceste solemnelle et saincte assemblée, entre les bras de laquelle vous devez vous rendre et abandonner. Et comme desjà ils soient par moy suffisamment informez que vostre matière est conjoincte et une avec le prouffit de leur Empire, avecques leur devoir envers la patrie qui les a engendrez et nourris, envers leurs patriotes, envers eux-mesmes et leurs enfans, en eux, après Dieu, vous devez mettre vostre espérance, et y fonder vostre appuy et support, les requérant humblement qu'ils veullent (comme il est en leur puissance) aujourd'huy exterminer la conséquence de mauvais conseil, qu'elle n'opprime la justice de vostre cause, le prouffit de leur Empire, la dignité de leur patrie, l'espérance de tous autres, d'eux-mesmes et des leurs à jamais. De vous, messeigneurs, il me semble, la chose bien entendue, qu'il peult et doit espérer ce que dessus; et si voz ancestres, pour soustenir les causes des innocens qui en rien ne leur attouchoient, ont entrepris plusieurs loingtaines et difficiles guerres, de combien devez-vous embrasser et prendre en la protection, à tout le moins par vostre jugement, la cause de cestuy qui vous attouche, et qui est inséparablement conjoincte avec le prouffit ou dommage de vostre Empire, avecques la bonne ou mauvaise réputation vostre; et entendu mesmes que cestuy vostre supliant estimera que vous ayez assez grandement faict pour luy, si tant seulement vous prenez résolution, ou de rompre entièrement ceste vostre ligue, ou en la renouvellant excepter et forclore ceste sienne querelle, laquelle n'y comprenant et exceptant, vous conferrez les mensonges qu'eux en ont portées au roy Ferdinand, ou vous assiégerez à cest innocent le pas de rentrer à ses biens : vous obligerez-vous à le priver de vostre bienfaict sans sa coulpe, et à contrevenir à vostre propre faict ?

» Au contraire, l'y comprenant et sans autre chose faire pour luy, vous le remettrez sus, faisant cognoistre au roy Ferdinand ce qu'on luy a tousjours déguisé, quelle opinion est la vostre en ceste cause, et ce que vous désirez que de sa part il y face. Finablement, il y a un poinct lequel, à mon advis, me reste seul à vous esclaircir pour m'acquitter envers vous de ma promesse : je vous ose bien asseurer qu'en ce faisant, vous vous acquitterez envers ledit sérénissime roy Ferdinand de la foy que vous luy pouvez devoir, et que non seulement ne ferez chose qui luy doive tourner à desplaisir, mais luy ferez chose agréable et dont il vous devra sçavoir gré, en luy donnant ceste occasion de recognoistre ce qui est de son devoir, et luy descouvrant les impostures et déguisemens de ceux qui, sans avoir esgard à sa réputation, donnent matière au monde de mal parler de luy, de son ambition et cupidité insatiable; tous lesquels propos, pour la cause que je vous ay ditte, je ne vueil icy réciter plus amplement. Faictes-vous donc aucune doute encores, messieurs, que vous ne devez estendre vostre miséricorde sur cestuy vostre supliant, qui oncques à nul de vous, qui oncques à autre, quel qu'il soit, feist mal ne desplaisir, qui oncques ne dist ne fist chose qui deust desplaire, ny aux yeux, ny aux oreilles d'hommes du monde; qui a jà si longtemps porté si griefve pénitence du faict d'autruy; en la miséricorde duquel, ainsi que je vous ay faict aparoistre, la gloire de vostre nom, la foy à celuy que voulez régner sur vous à vostre Empire, à vostre patrie, aux habitans d'icelle, à vous et au vostre, évidemment se conserve : la gloire de vostre nom, soit que vous délivrez l'innocent d'oppression, soit que luy maintenez vostre bienfaict; la foy, à celuy que voulez régner, auquel vous devez bon conseil ; à vostre Empire, à cause de la protection de ses droicts ; à vostre patrie, à cause de la conservation des Estats les uns des autres ; à voz patriotes et à voz enfans, à qui vous devez la diversion, non seulement du danger, mais de la craincte de tels exemples, de telle sorte que s'entreprenant sur un, mais aussi touchant à tous. Si toutes ces causes ne vous sont suffisantes (ce qu'elles sont) pour vous esmouvoir à ce faire, adjoustez-y la requeste que vous en font tant de Roys, prélats, ducs, comtes, barons, et de tous autres Estats, lesquels, pour vous monstrer l'affection qu'ils portent à ceste matière, ont envoyé avecques luy par devers vous, leurs ambassadeurs, pour luy aider et favoriser son party ; sans parler de ceux-là cependant, qui, pour la briefveté du temps et distance des lieux, n'ont peu y envoyer, lesquels estimez y estre d'esprit, combien qu'ils n'y soient de corps. Tous ceux-cy, Messieurs, ensemble avec cestuy, recevront bien et ayde de vous ; tous ceux-cy, dy-je, ne rendrez point seulement vos debteurs, ny obligerez à vous, mais, comme je puis appercevoir de voz visages et contenance, les avez desjà pour jamais à vous et à voz enfans obligez. »

Ceste oraison parachevée donna grande vigueur à l'affaire du duc Chrestofle de Wittemberg, avec l'affection que desjà plusieurs princes y avoient, tant pour la tyrannie dont l'Empereur et le roy Ferdinand son frère usoient envers luy innocent, que pour la parenté dont il attouchoit aux plus grands princes de l'assemblée ; de sorte qu'en premier lieu, la ligue de Suave, laquelle avoit duré soixante et dix ans à l'avantage de la maison d'Atriche, fut dissolvée et annullée. Puis après, les ducs de Bavière, lansgrave de Hesse et leurs alliez et confédérez, eurent plusieurs parlemens pour la rédintégration du duc de Wittemberg dedans ses païs, détenus et possédez par force par Ferdinand, roy de Hongrie, frère de l'Empereur. Mais enfin, tout considéré et débatu, ne virent autre moyen, sinon d'y aller par armes, puisque justice n'avoit lieu ; chose qui ne se pouvoit faire sans argent. Parquoy, ayant recherché le seigneur de Langey pour cest effect, et pour trouver la seureté de la consignation de cent mille escus, dont par cy-devant a esté parlé, et ledit seigneur de Langey trouvant qu'il n'y pouvoit entrer sans directement aller contre le traicté de Cambray (car ce seroit bailler deniers pour faire la guerre à l'Empereur), trouva un expédiant qui fut tel, que le duc de Wittemberg estoit seigneur de la comté de Montbelliar, assise aux confins du duché de Bourgongne, de la Franche-Comté et de la comté de Ferrette ; laquelle comté de Montbelliar ledit duc de Wittemberg vendroit au Roy pour le pris et somme de six cens mille escus, à condition toutesfois de rachapt : puis ledit duc de Wittemberg, ayant les deniers siens, en pourroit disposer à son vouloir, ou en guerre ou en paix, sans que le Roy contrevînt en aucune chose audit traitté de Cambray. Les choses ainsi proposées furent exécutées, et furent les deniers livrez ès mains dudit duc de Wittemberg ou de ses députez, et le Roy mis en possession de la comté de Montbelliar ; auquel lieu fut mis pour baillif et gouverneur le seigneur de Cermes.

Des deniers de ladite vendition fut promptement, et devant que l'Empereur et le roy de Hongrie y peussent pourvoir, dressée une armée par les ducs de Bavière, lansgrave de Hesse, et le duc de Wittemberg, et autres leurs alliez, tellement qu'en peu de temps ledit duché fut levé hors de la main dudit roy de Hongrie, et le duc de Wittemberg et son fils remis en possession ; et fut chef de ladite entreprise Philippe, lansgrave de Hesse. Et peu de temps après, furent lesdits deniers restituez au Roy, à trente ou quarante mille escus près, dont lesdits ducs de Bavière furent respondans, et par ce moyen ladite comté de Montbelliar remise entre leurs mains.

Je me suis assez longuement tenu sur ce propos ; il fault revenir au Roy, qui estoit party d'Avignon, lequel estoit arrivé à la coste Sainct-André, environ le premier jour de décembre, prévoyant l'inconvénient qui pourroit advenir de la sentence donnée par le Pape ; mais le Roy avoit obtenu de Sa Saincteté partant de Marceille, qu'il seroit délayé à la fulmination, jusques à ce qu'on eust nouvelles de la volonté du roy d'Angleterre, sçavoir s'il se pourroit trouver moyen de le faire revenir à l'obéissance de l'Eglise romaine ; et, pour cest effect, dépescha Jean Du Bellay, évesque de Paris, pour aller en poste devers icelui roy d'Angleterre, afin de l'induire d'envoyer ses ambassadeurs à Romme, pour le faict de ladite sentence. Ledit évesque de Paris, arrivé qu'il fut, trouva le roy d'Angleterre en grande colère contre le Pape et tout le Sainct-Siége apostolique, se plaignant des injustices qui luy avoient esté faictes, d'autant qu'ils luy avoient refusé d'envoyer commissaires pour cognoistre de sa cause, le voulans contraindre d'abandonner son royaume pour aller à Romme en personne, ester à droict. Mais, après plusieurs remonstrances qui luy furent faictes par ledit évesque de Paris, se condescendit que là où ledit Sainct-Père voudroit superséder en ladite sentence, jusques à ce qu'il eust envoyé juges députez pour estre ouy, il supersédéroit aussi l'exécution qu'il avoit délibéré de faire, qui estoit de se séparer du tout de l'obéissance romaine; et, parce que ledit évesque de Paris se présenta luy-mesmes pour faire ledit voyage de Romme, luy asseura que là où il luy feroit entendre qu'il auroit accordé, se confiant en luy, attendu la grande amitié laquelle de long-temps il luy avoit portée, pour avoir esté deux ans ambassadeur du Roy près de luy.

L'évesque de Paris, ayant obtenu ce que dessus du roy d'Angleterre, encores qu'il fust Noel et que l'hyver fust autant extrême que jamais, n'estima sa peine à rien, veu le bien qu'il cognoissoit pouvoir advenir de sa légation : parquoy partit en telle diligence, qu'il arriva à Romme, devant que chose eust esté exécutée contre ledit roy d'Angleterre plus avant que ce qui avoit esté faict au précédant; et, ayant eu audience au consistoire, remonstra ce qu'il avoit obtenu pour le bien de l'Eglise, envers ledit roy d'Angleterre. Les choses furent trouvées raisonnables, et luy fut préfix temps pendant lequel il devoit avoir response du roy d'Angleterre. A ceste cause, il dépescha un courrier devers ledit Roy, luy donnant charge de faire toute diligence pour estre de retour au temps limité. Estant le temps venu, et le courrier non de retour, fut procédé au consistoire à la fulmination de la sentence. L'évesque de Paris remonstra au Pape particulièrement, et en général à tous les cardinaux, leur suppliant luy donner encores temps de six jours, alléguant qu'il pouvoit estre qu'il estoit survenu inconvénient au courrier, ou que la mer avoit esté tempestative (comme souvent il advenoit); que le vent estoit contraire, ou pour l'aller, ou pour revenir; que la diligence dudit courrier auroit esté empeschée; leur remonstrant aussi que si le roy d'Angleterre avoit eu patience six ans, ils luy pouvoient donner six jours de délay.

Telles furent les remonstrances qu'il leur feit en plain consistoire. Ausquelles plusieurs des plus voyans condescendirent; mais la pluralité des autres l'emporta contre le moindre nombre de ceux-là qui avoient bien considéré l'inconvénient qui en adviendroit à l'Eglise; et fut la chose si précipitée, que ce qui ne se pouvoit faire en trois consistoires se feit en un seul, et fut la sentence fulminée. Ne passèrent deux jours après, que le courrier arriva, lequel apporta tous les pouvoirs et déclarations du roy d'Angleterre dont ledit évesque de Paris s'estoit faict fort; chose qui estonna merveilleusement ceux qui avoient esté d'opinion de précipiter les choses. Et par plusieurs fois s'assemblèrent pour trouver moyen de rabiller ce qu'ils avoient gasté; mais ils ne trouvèrent moyen d'y remédier. Le roy d'Angleterre, voyant l'indignité dont on avoit usé en son endroict, et le peu de respect qu'ils avoient en Sa Majesté, ayant faict aussi peu de cas de luy que du moindre de la chrestienté, se sépara, luy et son royaume, de l'obéissance de l'Eglise romaine, se faisant, immédiatement après Dieu, chef de l'Eglise anglicane. Voilà en somme ce qui arriva, et à tant mettray fin à ce propos.

Le Roy, voyant l'indignité dont avoit usé envers luy le duc de Milan, par la mort de son ambassadeur Merveilles, et cognoissant que par justice il n'en pouvoit avoir raison, et mesmes que l'Empereur n'en avoit faict grand cas, quand il leur en avoit faict sa plainte, délibéra par armes en avoir réparation; et, parce qu'il estimoit bien que l'Empereur voudroit estre de la partie, voulut pourvoir à ce qu'il fust suffisant et préparé pour sousteuir l'effort de ceux qui le voudroient empescher d'avoir saditte réparation; et, cognoissant qu'il pouvoit tirer des estrangers, se voulut toutesfois fortifier de sa nation. Et, afin que soudain il eust les hommes à son premier mandement, ordonna avec ceux de son conseil de dresser, à l'exemple des Rommains, en chacune province de son royaume, une légion de six mille homme de pied, dont il bailleroit la charge à six gentilshommes, lesquels auroient pour chaque mille hommes deux lieutenans, et soubs chacune enseigne cinq cens hommes; et donna grands priviléges ausdits légionnaires, tant aux cappitaines que soldats, lesquels devoient une fois l'an, en temps de paix, faire une monstre générale. Et, afin que les capitaines peussent sçavoir le nom et surnom de chacun, et le lieu de sa demeure, tant pour les avoir soudainement prests à tous mandemens, que pour les chastier s'ils faisoient faulte; et pour cest effect dépescha les commissaires à ce nécessaires.

Environ le mois de may 1534, estant ledit seigneur adverty que les légions estoient prestes, voulut bien aller visiter les prochaines de luy. Et, pour cest effect, se trouva en sa ville de Rouen, capitale de Normandie, auquel lieu les monstres de la légion d'icelle province furent faictes en sa présence; dont estoient capitaines six gentilshommes, sçavoir est : le seigneur de Bacqueville, le seigneur de La Salle, le seigneur de Sainct-Aubin l'hermite, le seigneur de Sainct-Aubin gobellet, le seigneur de Cantelou aux deux Amants, et le seigneur de Sannevelles. Ayant veu ladite légion de Normandie, de laquelle il se contenta fort, print le chemin d'Amiens, pour là faire le semblable de la légion de Picardie; et, environ le vingtiesme jour de juing, se trouva ladite légion en armes, en la plaine tirant d'Amiens à Sainct-Fuscien : de laquelle estoient capitaines le seigneur de Sercu; Jean de Mailly, seigneur d'Auchy; Jean de Brebançon, seigneur de Cany; le seigneur de Saisseval; le seigneur de Heilly, surnommé de Pisseleu. A ladite monstre se trouvèrent toutes les dames, en la présence desquelles se dressèrent plusieurs escarmouches fainctes, tant à cheval qu'à pied, tant de la gendarmerie que de la noblesse de la cour. En ce temps-là estoit l'Empereur à son voyage de Thunis.

Ayant le Roy faict la monstre de Picardie, print son chemin par la Champagne, pour veoir faire la monstre de la légion de laditte province, laquelle fut faicte près de la ville de Reims. Après laquelle monstre, il dressa son chemin par Mésières, pour visiter la frontière, tant de Champagne que de Bourgongne. Mais, estant arrivé à Mésières, fut adverty qu'un gentilhomme de la maison d'Aspremont, seigneur de Buzancy, avoit fortifié une sienne maison nommée Lumes, à demie-lieue près au-dessus de Mésières, sur la rivière de Meuze, tirant à Sedan; et après l'avoir fortifiée, se descognoissant, ne la voulut relever du Roy ne du comte de Retheil, dont elle estoit mouvante à cause de la seigneurie de Mésières et comté de Retheil. Le moyen pour lequel on luy avoit souffert de la fortifier, fut que son père estoit gouverneur de Mésières et de Rethélois, estant en tel crédit près du seigneur d'Orval, que toutes choses luy estoient permises, pour l'asseurance qu'il avoit de sa fidélité. A ceste occasion, les officiers dudit Mésières avoient tolléré laditte fortification; au surplus ledit gouverneur, père dudit seigneur de Buzancy, ayant les tiltres du comté de Retheil, avoit desrobé ceux qui concernoient la fidélité qu'il devoit de laditte maison de Lumes.

Le Roy, de ce adverty, et qu'il avoit refusé l'ouverture de la porte à ses officiers qui estoient allez devant pour habiller son disner, trouva ce refus de mauvaise digestion; parquoy feist équiper six canons, et manda faire marcher la légion de Champagne, délibéré de se faire obéyr à son subject rebelle. De laquelle chose adverty ledit seigneur de Buzancy, et voyant les forces du Roy tourner sur luy, craignant y perdre la vie, se ramodéra, et par le moyen et à la requeste de messire Robert de La Marche, seigneur de Sedan, obtint grâce du Roy, moyennant qu'il remist sa place entre les mains du seigneur de Sainct-André, chevalier de l'ordre du Roy, au nom de Sa Majesté. En laquelle place depuis, le Roy, en la faveur dudit seigneur de Sedan, le restablit, luy donnant estat pour la garde d'icelle, faisant le serment de la garder au nom de Sa Majesté, envers et contre tous. Mais depuis, estant la guerre survenue, diverty de l'affection du service du Roy par la persuasion de sa femme, laquelle estoit native des païs de l'Empereur, se révolta, faisant le serment à l'Empereur. Pour punition de laditte rébellion, le roy Henry, à présent régnant, a prins depuis laditte place et faict raser et confisquer laditte terre.

Vous avez entendu comment le Roy se préparoit pour avoir raison de l'injure qui luy avoit esté faicte en la personne de son ambassadeur. Et pour cest effect, dépescha le comte Guillaume de Fustemberg en Allemagne, pour faire levée de vingt enseignes de lansquenets. Puis envoya ambassadeurs devers le duc de Savoye, pour luy demander passage par ses païs, pour avoir raison de l'offence à luy faicte par le duc de Milan : ce que le duc de Savoye luy reffusa, à la persuasion, à ce que l'on dit, de la duchesse son espouse; chose que le Roy trouva fort estrange, veu l'ancienne alliance et prochaineté de parentage qui estoit entre eux, et aussi la grande patience qu'il avoit eue, depuis le trespas de madame Louise de Savoye, sa mère, de demander le partage de laditte dame, dont il estoit héritier par la succession du duc Philippe, père de laditte Louise et du duc de Savoye. Or est-il que ledit duc Philippe en premières nopces espousa une fille de Bourbon, de laquelle il eut le duc Philebert de Savoye et laditte Louise, mère du Roy; puis en secondes nopces espousa une fille de Pontièvre, dont il eut le duc Charles de Savoye, dont à présent est faicte mention, et le comte de Genève, depuis duc de Nemours : parquoy le Roy maintenoit qu'à luy appartenoit une grande portion de laditte succession de Savoye, attendu que sa mère estoit du premier lict et seule héritière du duc Philebert, qui estoit mort sans enfans. Pour ceste occasion, le Roy envoya devers ledit duc de Savoye maistre Guillaume Poyet, quart président de la cour du parlement de Paris, avec autres gens de loy, pour luy demander raison et luy faire apparoir des droicts du Roy : à laquelle chose le duc de Savoye, en façon du monde, ne voulut entendre; et revindrent les députez du Roy sans rien faire. D'autre part, le Roy fut adverty comment par tous moyens il taschoit de divertir les Suisses de l'alliance de France : aussi sçavoit comment, avant le partement de l'Empereur pour le voyage de Thunis, il avoit obtenu de l'Empereur en achapt le comté d'Ast, qui est l'ancien partage de la maison d'Orléans.

Le Roy, voyant toutes ces choses précédentes, cogneut bien par les effects la mauvaise volonté que luy portoit ledit duc de Savoye, son oncle; parquoy, luy manda, pour la dernière fois, qu'il eust à luy faire raison, autrement qu'il la chercheroit par armes. A laquelle sommation le Roy n'eut responce où il peut faire fondement; et, sçachant aussi que ledit duc de Savoye avoit assiégé Genève, souffrit que le seigneur de Vérez, gentilhomme de sa chambre, et natif de Savoye, avecques une partie de la compagnie du seigneur Rence de Cère, entrast dedans Genève pour donner secours aux assiégez: aussi messieurs de Berne, qui avoient pris la ville de Genève en leur protection, mandèrent par leurs ambassadeurs au duc de Savoye, qu'il eust à laisser en patience ceux de Genève leurs alliez. Mais n'ayans eu dudit duc responce suffisante, se mirent aux champs avec dix ou douze mille hommes, pour secourir les assiégez; mais ledit duc de Savoye n'osant attendre leur puissance, se retira : ce que ne feirent messieurs de Berne, car ils entrèrent dedans les païs du duc, et le spolièrent d'une bonne part du meilleur païs qui fust en son obéissance, et l'ont attribué à eux : puis, passans à Lozanne, en chassèrent l'évesque et l'ont attribuée à leur jurisdiction, en faisant quelque part à leurs alliez, et de présent en jouïssent.

Estant le Roy en Bourgongne, il eut nouvelles de la victoire de l'Empereur à Thunis, dont il s'en congratula avec le sieur de Liquerques, ambassadeur dudit Empereur près luy; mais il n'eut advertissement du chemin qu'il prenoit, sinon peu après qu'il fut adverty de son arrivée à Palerme, du retour de son voyage, et de la grande ruine de son armée, pour les grands travaux et chaleurs qu'ils avoient endurez, et comme il avoit faict une assemblée pour faire demande d'une somme de deniers au païs. A sa requeste luy furent accordez deux cens cinquante mille escus, outre dix mille hommes que ledit païs luy avoit souldoyez l'esté précédant pour trois mois. Estant encores le Roy à Dijon, dépescha de rechef devers monseigneur de Savoye, pour entendre de luy sa dernière résolution; mais ledit duc de Savoye, se confiant à l'heureuse victoire de l'Empereur, ne luy feit responce sur quoy on eust peu faire fondement.

L'Empereur, estant arrivé à Palerme environ la my-octobre 1534, feit grande démonstration au seigneur de Velly, ambassadeur pour le Roy, du contentement qu'il avoit de l'apparence de la joye et plaisir que le Roy avoit eu de sa victoire de Thunis, et aussi de l'entrevue de la royne Aléonor, sa sœur, et de la royne de Hongrie, son autre sœur; puis luy compta la perte qu'il avoit receue à Minorque par Barberousse, et le désir qu'il avoit d'en nettoyer la mer; et que, pour cest effect, il désiroit faire avecques le Roy son maistre de plus estroictes alliances, à ce que eux deux participassent à l'honneur et au prouffit qui pourroient advenir des conquestes qu'eux deux ensemble pourroient faire sur la Grèce; et puis le laissa sans conclusion, le remettant à ce que le seigneur de Granvelle luy en diroit.

Or, je pense bien que c'estoit le fondement que l'Empereur vouloit prendre pour abuser le Roy et l'amuser, craignant que, ce temps pendant que ses forces estoient débiles et l'armée du Roy préparée, le vint assaillir au duché de Milan, détenu, contre raison, par ledit Empereur, de l'héritage de messeigneurs les enfans de France; car ledit seigneur de Velly parlant à Granvelle, ledit Granvelle luy renouvella les offres que par cy-devant l'Empereur avoit faictes au Roy, d'une pension de cent mille escus sur ledit duché de Milan, au nom de mesdits seigneurs les Enfans, ou de celluy d'eux que le Roy voudroit nommer; puis luy parla du mariage de madame Marie, fille d'Angleterre, sans autrement (quelque instance ou poursuitte que feit ledit seigneur de Velly) luy déclarer l'intention de l'Empereur. Au moyen de quoy vous pouvez conjecturer ce que j'ay dit cy-dessus, que l'Empereur avoit soupseçon, pendant qu'il n'avoit le moyen de secourir le duché de Milan, que le Roy le vint assaillir.

Au mois de novembre ensuivant, l'Empereur faisant doubte que le Roy ne cogneut les abus et dissimulations dont il usoit en son endroict, et que cela invitast le Roy à se haster; attendu mesmement qu'il se préparoit pour demander par armes au duc de Savoye, ce qu'il n'avoit sceu obtenir par doulce et amiable composition; et pour encores tousjours l'abuser, iceluy Granvelles s'eslargit envers ledit seigneur de Velly, ambassadeur, de luy déclarer la volonté qu'il disoit qu'avoit l'Empereur de faire le mariage de la fille de Portugal, fille de la royne Aléonor, avecques monseigneur le Dauphin, disant que la princesse d'Espagne estoit trop jeune pour mondit seigneur. Et parce qu'il vouloit estraindre les alliances plus fermes, d'autant que la fille d'Angleterre, madame Marie, estoit trop aagée pour monseigneur d'Angoulesme, l'Empereur présenteroit autre party, dont le Roy se contenteroit : et sembloit à ces propos qu'il voulust parler de la princesse d'Espagne.

Peu de temps après survint la mort de Francisque Sforce, duc de Milan; et l'Empereur ayant nouvelles que le Roy se préparoit de plus en plus pour avoir la raison du duc de Savoye, et craignant qu'il marchast jusques à Milan (comme il estoit aisé), ledit seigneur de Granvelle, parlant au nom de l'Empereur, proposa au seigneur de Velly, ambassadeur du Roy, comme estant mort le duc de Milan, et ayans tous les capitaines dudit duché relevé les places de l'Empereur, alors se pouvoit faire une ferme et estroicte alliance entre l'Empereur et le Roy ; parce qu'estant mort ledit duc de Milan, l'Empereur n'estoit plus obligé, et pouvoit disposer à son plaisir dudit duché. Parquoy furent mis en avant les mariages que par cy-après vous entendrez ; et par là cognoistrez amplement que tout le faict de l'Empereur ne tendoit qu'à toute dissimulation pour faire temporiser le Roy, ainsi qu'il feit, et faire entendre à tout le monde qu'il avoit cherché la paix, et remettre sur le Roy l'infraction d'icelle : aussi vous apparoistra comme les choses se passèrent et quelle fut l'issue.

Finablement, vous pouvez avoir entendu comme j'ay procédé à réduire par mémoires ce qui est advenu depuis l'an 1513, espérant continuer jusques au trespas du roy François, de bonne mémoire, pour supplier et amender aucunement la perte irréparable de ce qu'avoit escrit mon frère avant son trespas, non si au long ny du style dont mondit frère avoit usé, ainsi que par évidence le démonstrent ses œuvres ; mais ce que j'ay veu et peu entendre, je l'ay discouru au mieux et plus près de la vérité qu'il m'a esté possible, pour laisser mémoire aux autres qui le pourront mieux faire que moy, mais malaisément plus fidellement ny plus près de la vérité. Vous verrez par cy-après trois livres que j'ay recueillis des fragments de ceux qu'avoit composez feu messire Guillaume du Bellay, mon frère ; puis après, je suivray au mieux qu'il me sera possible, et au plus près de la vérité, ce qui est advenu jusques au trespas du feu roy François, de bonne mémoire, premier de ce nom.

<><><>

Extrait d'une lettre écrite sur l'ordre et cérémonies observées à l'entrevue des rois de France et d'Angleterre.

La présente sera pour vous advertir de la grand chère, triomphe et festins qui se sont faits depuis trois jours en çà en cette ville de Boulongne, en laquelle dès samedi dernier, dix-neuviesme jour d'octobre, le Roi arriva, et le jour d'après s'en alla à Marquise, qui est une petite ville moitié chemin de Boulongne et de Calais. Auquel lieu de Marquise ledit sieur adverti de la venue du roi d'Angleterre, séjourna tout le jour jusqu'au lundi ; et environ dix heures du matin qu'il partit pour aller au-devant dudit roi d'Angleterre, accompagné de messieurs de Vendosme, de Guise, Saint-Pol, grand-maistre et admiral, avec la bande des deux cens gentilshommes, et autres gros seigneurs de France, rencontra ledit roi d'Angleterre, après avoir chevauché environ une lieue, tirant vers Calais. Et de si loin que lesdits deux Rois se virent, si sortirent hors de leurs troupes et piquèrent droit l'un à l'autre ; et eux arrivés près se prindrent à se embrasser ; après lequel embrassement se laissèrent et piquèrent outre, et vinrent embrasser, c'est à sçavoir : le Roi les princes d'Angleterre, et le roi d'Angleterre les princes de France. Et iceux faicts, se reprindrent l'un l'autre et chevauchèrent ensemble ; et bailla la main droite, le Roi au roi d'Angleterre, à toute force, car il la refusa souvent, et en cet ordre chevauchèrent environ deux lieues, tirant à Boulongne, et par les chemins prindrent leur vin sur un petit taillis, sur une fontaine qui est à l'entrée des terres de France. De laquelle ville, environ une heure après midi, sortirent messieurs les Enfans de France, accompagnés de messieurs les légat, cardinaux et prélats de France, en moult bel ordre et richement accoustrés, et allèrent une lieue au devant desdits deux Rois. Lesquels se rencontrèrent à une lieue près dudit Boulongne, et sitôt que mesdits sieurs les apperçurent, piquèrent vers eux, et, l'un après l'autre, feirent la révérence au roi d'Angleterre, et lui feirent chacun une harangue, et les embrassa ledit roi d'Angleterre, et leur feit merveilleusement bon accueil, et à tous messieurs dessusdits prélats.

Cela fait, toute la dessusdite compagnie tira à Boulongne, lesdits deux Rois toujours par ensemble, lesquels furent salués de plus de mille coups de canon ; et à la descente de cheval, le Roi mena le roi d'Angleterre jusqu'à sa chambre ; lequel soupa tout seul, et le Roi d'un autre costé. Et après le soupé, le Roi vint en la salle commune, qui étoit ordonnée pour faire les festins, et se retirèrent eux deux ensemble à un cabinet qui est près de ladite salle, où ils furent long-temps. Et faut entendre que le logis desdits deux Rois est dans l'abbaye de cette ville, où il y a une grande cour environnée de deux grands corps de maisons, dont en l'un, sur la porte, est logé le roi d'Angleterre, et en l'autre, le Roi. Et y a, quasi au milieu desdits corps de maison, une salle qui est le réfectoire des moines, qui est tendue, le plancher qui est de taffetas incarnat, en cornette de taffetas de couleurs du Roi, et tapissée de quatre pièces de tapisseries principales, qui sont des victoires de Scipion l'Afriquain, fait de haute-lice, tout de fil d'or et de fil de soye, ces personnages les mieux faits et au naturel qu'on pourroit faire, et n'est possible à paintre du monde les faire mieux sur tableaux de bois; et dit-on que l'aune en couste cinquante escus. A un bout de la salle est un buffet de six dégrés, chargé de vaisselle d'or et d'argent doré, avec de grandes coupes d'or enrichies de pierres précieuses, et en grande quantité, qui fait merveilleusement bon voir; et dessus ledit buffet est pendu un ciel de satin cramoisi, semé de lyons et autres bestiaux faits de perles. A l'autre bout est la table pour manger, sur laquelle est tendu un autre ciel, auquel est dame Charité, faite au naturel, et tout de fil d'or et de soye. En cettedite salle, mardi au soir, soupèrent lesdits deux Rois, et au-dessus le roi d'Angleterre, servi par ses gens, à tête nue et à genoux, et le Roy pareillement des siens, à sa mode accoustumée. Et quant aux habillemens desdits deux princes, le Roi, ledit jour de mardi, envoya au matin, au roi d'Angleterre, pourpoint, saye et robe, et le reste des habillemens, bonnet et autres choses, en tout pareil à ceux qu'il porta ledit jour; qui étoit un pourpoint et saye de satin cramoisi, découpés et faits en triangles, lesquels étoient tenus et lassés de perles jointes ensemble, et y avoit merveilleusement grande quantité desdites perles; dessus avoient une robe de velours blanc, brochée de fil d'or, doublée de crépines d'or, faites quasi à filets à prendre poisson. Et en ces habillemens, ledit jour, le roi d'Angleterre vint le premier à la messe, accompagné de ses gens, tous de l'aage de trente à soixante ans, dont il a bon nombre habillés richement, et mesmement de grosses chaînes; et sont en sa compagnie, entre autres, le comte de Richemont, le duc de Suffort et le duc de Nortfort.

Or y avoit près du grand autel de Notre-Dame-de-Boulongne, deux oratoires, dont, au cousté dextre, étoit celui dudit roi d'Angleterre, tendu de drap d'or et d'argent frizé, avec le ciel de même; et en l'autre cousté, celui du Roi, tendu de velours parsemé de fleurs de lys d'or. Audit oratoire, du cousté droit, se mist le roy d'Angleterre, et ouyt une messe basse; et en fit recommencer une autre en attendant le Roy, lequel vint à l'église vers le commencement de l'Evangile de la seconde messe dudit roi d'Angleterre, accompagné de tous les princes de France, cardinaux et gentilshommes, ayans robbes la pluspart brodées de fin or. Ainsi que le Roi estoit au milieu du chœur, devant ledit grand autel, ledit roi d'Angleterre sort de son oratoire, et vient embrasser le Roi, en lui donnant le bon jour et à messieurs les Enfans et princes; et s'en retourna avec monsieur le cardinal de Lorraine en son oratoire, pour achever d'ouyr sa messe, et le Roi au sien, pour ouyr la sienne, pendant laquelle les chantres chantoient des motetz. A la fin desdites deux messes, lesdits deux Rois se reviennent prendre et s'en retournent à ladite abbaye, où ils disnèrent à part; et durant le disner, les trompettes, haut-boys, cornets et chantres ne cessèrent de jouer et chanter. Le service est merveilleusement beau, car tous les maistres d'hostel du Roi sur robbes de velours ont grosses chaînes d'or, la moindre de mil ou douze cens escus. Mercredi, le Roi donna à disner aux princes d'Angleterre, et le roi d'Angleterre aux princes de France; et cejourd'hui le roi d'Angleterre avoit un pourpoint tout cousu de diamans et de rubis, lequel on estime cent mille escus; et a donné à disner à messieurs les légat, cardinaux de Tournon et de Gramont, avec messieurs Loys de Nevers, mareschal de Florenges, Barbezieux et Humières, tous assis à sa table. Et après disner est allé jouer à la paume avec les princes de France, ce qu'il fist aussi mardi. Et vous avise qu'il n'est possible de montrer plus grand signe d'amitié que lesdits deux princes se montrent l'un à l'autre. Ils s'en vont demain à Calais, et n'y va du train du Roi que six cens chevaux : lequel y doit séjourner jusqu'à mardi, et icelui jour reviendra en ceste ville, et d'ici reprendra son chemin à Paris. Ce matin le Roi a fait présent au roy d'Angleterre de six pièces de chevaux qui sont fort beaux. Mesdits sieurs les Enfans estoient à ce matin à son lever, et les veoit très-volontiers : c'est un beau et gracieux prince. Le jour du jeudi, le roy d'Angleterre donna à messieurs les Enfans, qui vindrent lui donner le bon jour, trois cent mille escus, que le Roi luy devoit encore de sa rançon : et fut donné l'ordre de France, cedit jour avant que partir, à messieurs les ducs de Suffort et Nortfort.

Depuis ces présentes escrites, vendredi passé, après disner lesdits deux Rois partirent de ceste ville pour aller à Calais; et avoit ledit roi d'Angleterre une robbe à chevaucher, de drap d'or frizé, à grandes déchiquetures qui estoient tenues de gros diamans et rubis. Lesdits sieurs Rois, accompagnés des gros seigneurs et gentilshommes de France et d'Angleterre, et audevant d'eux messieurs les Enfans, sortirent de la ville; et les envoyèrent, mesdits sieurs les Enfans et mesdits sieurs les légat et cardinaux, jusques à une lieue loin de la ville, où ils retournèrent. Lesdits deux Rois, celui jour arrivés audit Calais, fut loger le Roi en une maison de marchand, qui est toute quarrée, quatre corps de maisons, la cour au milieu; et le roi d'Angleterre assez loin de ladite maison. Et estoit au logis dudit roy d'Angleterre madame la marquise de Boulan, accompagnée de dix ou douze damoiselles, à laquelle le Roi envoya un présent, par le prévost de Paris, d'un diamant qui est estimé quinze ou seize mille escus. Hier, qui fut dimanche, le Roi s'habilla merveilleusement triumphamment, et avoit un pourpoint de broderie, enrichi des plus beaux diamans que l'on veist oncques, et estoit estimé ledit pourpoint plus de cent mille escus; le roi d'Angleterre portoit une robbe de drap d'or damassée, de couleur violette, et dessus un collier qui estoit fait de quatorze rubis, dont le moindre estoit gros comme un œuf, et de quatorze diamans qui n'estoient si gros; et entre lesdites pierres, environ deux doigts de large, y avoit deux rangs de grosses perles, et au droict de l'estomac y avoit une escarboucle grosse quasi comme un œuf d'oye, et estimoit-on ledit collier à plus de quatre cent mille escus.

Ledit roi d'Angleterre vient voir souvent le Roi, et se met en grand peine de faire bonne chère à toute la compagnie, et y a merveilleusement bonne grâce à ce faire. Hier, après disner, il donna passetems au Roi d'un combat d'ours avec des dogues et d'un taureau, dedans la cour de la maison du Roi. Le Roi séjournera jusqu'à demain, et s'en reviendra coucher en ceste ville, et fera sa feste à Estapes. Demain le roi d'Angleterre donnera son ordre de la Jarretière à messieurs les grand-maistre et admiral. Le Roy a desfrayé tous les Anglois, et ensemble le train en ce lieu de Boulongne, où ils ont esté par trois jours; et le roy d'Angleterre pareillement a desfrayé à Calais tous les François et leur suite, combien qu'ils fussent beaucoup plus de François à Calais qu'ils n'ont esté d'Anglois en ce lieu de Boulongne. Le roy d'Angleterre donna hier au Roy le comte de Richemond, son bastard, qui est un jeune enfant de quinze ou seize ans, et cedit jour, lui fit présent de fins chevaux de son haraz, dont il y a quelques coursiers et autres moyens chevaux.

Lesdits princes prindrent congé l'un de l'autre, et se séparèrent mardi dernier, 29 d'octobre 1532.

FIN DES MÉMOIRES DE MARTIN DU BELLAY.

LES MÉMOIRES

DE

MESSIRE GUILLAUME DU BELLAY.

LES MÉMOIRES

DE

MESSIRE GUILLAUME DU BELLAY.

LIVRE CINQUIESME.

La mort du duc Froncisque, dernier de la race des Sforces, donna juste occasion au Roy de demander le duché de Milan à l'Empereur : ce pendant, pour s'y appreter le chemin, se saisit de Savoye et Piémont, prenant occasion sur le droit qu'il y avoit à cause de sa mère. L'Empereur, retournant du voyage de Tunis, entretient les ambassadeurs du Roy en espérance qu'il luy restitueroit le duché de Milan, afin d'avoir loisir d'apprester ses forces pour oster le Piémont au Roy et venir en Provence ; mais, premier que s'y acheminer, il fait plusieurs harangues et protestations publiques contre le Roy, en présence du Pape et des cardinaux, à Rome, ausquelles le Roy envoye sa responce par escrit.

[1535] Toutes les actions, négociations et pratiques de ces deux grands princes, en tout le cours de ces précédentes années (ès quelles encores qu'ils ne fussent en guerre, il ne se pouvoit dire toutesfois qu'ils fussent en paix), donnoient assez grande apparence de ce que à la fin en adviendroit ; et desjà, combien que les propos de la confirmation de ceste paix et multiplication d'estroittes alliances entre eux se continuassent tousjours, toutes choses, néantmoins, tendoient apparemment à ouverture de guerre : et bien jugeoient tous personnages de bon esprit, qu'à l'un ne à l'autre ne restoit plus, sinon le moyen et couleur de se deffendre et couvrir envers le monde du blasme et charge de la première invasion. Le Roy avoit les causes de regret et desplaisir que vous avez peu entendre par les précédens livres de ces Mémoires ; et l'Empereur, cognoissant bien ceste juste cause de regret (ainsi que le feu se pouvoit plustost conserver et nourrir en cœur de prince magnanime, pour s'enflamber en temps et lieu, que s'amortir et estaindre en le couvrant), cherchoit, à ceste cause, tous les moyens possibles de se fortifier à l'encontre des futures invasions, et de tant débiliter le Roy de ses forces, alliances et bons voisins, que si ores volonté luy venoit, moyen et puissance de s'en ressentir luy deffaillissent. Mais fortune, ou, pour mieux dire, Dieu courroucé contre noz péchez, et ne nous voulant encores faire dignes de seure et ferme paix en noz jours, permist et voulut que les mesmes occasions que chercha l'Empereur, et par lesquelles estoit son intention de divertir le Roy, ou, par nouvelles difficultez opposées à ses desseings, le mettre en craincte de faire entreprise, eschaufférent et hastèrent d'avantage ledit seigneur. Les bagues que le duc de Savoye avoit engagées pour faire prest au duc de Bourbon, rebelle et faisant guerre contre le Roy ; les lettres qu'il avoit escrites, gratulatoires de sa prise ; les praticques qu'il avoit faictes pour aliéner les Suisses de l'aliance de ceste couronne ; l'achapt du comté d'Ast ; le refus de prester Nice pour l'entreveue du pape Clément et de luy, et le passage dans ses païs, qu'il luy avoit freschement refusé de bailler, pour aller faire la vengence de l'outrage que luy avoit faict le duc Sforce en la mort de l'escuyer Merveilles, son ambassadeur, avoient assez donné à cognoistre audit seigneur combien luy portoit le duc de bonne volonté. Le Roy avoit aussi pour ceste cause esté content de donner au duc quelque empeschement à son entreprise de Genève, et combien que non ouvertement, de manière toutesfois qu'il se vouloit bien laisser entendre et luy faire cognoistre que peu de prouffit luy adviendroit de ne l'avoir amy. Et bien estoit à penser que le duc ne pouvoit ignorer aucunement que le seigneur de Verets, nay son subject, mais domestique et de la chambre du Roy, ne se fust ingéré si avant, et aussi peu la compagnie du seigneur Rence, que de favoriser, sans le sceu et consentement, ou, par avanture, sans secret commandement du Roy, les habitans de la ville de Genève contre luy. Ceste cognoissance, avec la considération de la puissance et prochaineté d'un roy de France, qui peult tousjours en un moment, ou nuire ou ayder grandement à un duc de Savoye; la considération aussi que ceste grande et voisine puissance, pour estre successive de père en fils, se peult estimer perpétuelle, au prix d'une puissance impériale élective, devoit par raison mouvoir le duc à se retourner et rallier au Roy, et ne point abandonner du tout une ancienne, voisine et perpétuelle alliance, pour en accepter une nouvelle, loingtaine et temporaire ; mais sa conscience desjà le jugeoit avoir si grandement offensé le Roy, que sa réconciliation luy sembloit estre comme impossible ; et en ceste persuasion, la duchesse son espouse, qui l'avoit faict entrer en ceste dance, l'entretenoit et nourrissoit en tant qu'il luy estoit possible. Desjà les Suisses, à la requeste de messieurs de Genève, leurs alliez, avoient faict entendre au duc que s'il continuoit à les grever et molester, force leur seroit de s'en entremettre : et n'avoit satisfaict la response du duc à messieurs des ligues; parquoy il s'attendoit bien qu'il ne fauldroit d'avoir la guerre sur les bras, laquelle, à son advis, ne se desmelleroit sans que le Roy en fust de la partie ; et, pour ce, avoit-il envoyé vers l'Empereur, alors arrivé nouvellement à Palerme en Sicile, du retour de son voyage de Thunis, luy demander secours et ayde pour ceste guerre. Tant secrettement ne feit le duc ceste dépesche, que tost après le Roy n'en eut nouvelle ; et luy fut d'avantage rapporté que le duc avoit faict porter parole de bailler à l'Empereur en contrechange d'autres terres en Italie, tout ce qu'il tenoit de païs deçà les Monts, en commençant depuis Nice jusques à l'entrée du païs des ligues, y comprenant aussi la ville de Genève. Si cest eschange se fust faict, il n'y avoit point de doubte que l'Empereur n'eust bordé ce royaume de tous costez, en manière qu'il fust venu au dessus de son intention, de mettre au devant des desseings du Roy tant de nouvelles difficultez, qu'il eust eu beaucoup à penser et à craindre devant qu'entreprendre à se ressentir, et faire démonstration de desplaisir et regret qu'il avoit en son esprit. Sur ceste nouvelle, vouloient toutes humaines et divines raisons que le Roy en toute diligence pourveust et obviast à un tel et si grand inconvénient, et ne souffrit dresser une telle eschelle pour envahir par cyaprès et transgresser les bornes et ceinture de son royaume; voulut bien, toutesfois, encores un peu temporiser et délayer, tant pour raison de la dépesche qu'il faisoit lors au seigneur de Velly, son ambassadeur vers l'Empereur, comme pour pouvoir envoyer encores une fois tenter la dernière résolution du duc, auquel il se délibéra de demander, non seulement passage par sesdits païs, mais délivrance de la pluspart de ses places, et comme siennes, et qu'il prétendoit à luy appartenir à cause de feue madame Louise de Savoye, sa mère, sans plus les laisser ès mains de personnage si mal féable, et en qui fust de les bailler aux ennemis de ceste couronne. Pour ce délay et temporisement n'avoit-il toutesfois laissé de faire sçavoir au comte de Fustemberg, encores que, depuis la mort du duc Sforce, il luy eust ordonné de seulement payer ses capitaines, sans faire levée de lansquenets, dont il avoit eu intention de se servir en la poursuite de la réparation de la mort dudit Merveilles, que, nonobstant ceste sienne précédante ordonnance, il les levast et feist passer en France, en intention que, si par amiable composition il ne pouvoit recouvrer du duc de Savoye ce qui estoit sien, il eust de tant plustost son armée preste pour y procéder par autre voye.

La cause de la dépesche que faisoit lors ledit seigneur au seigneur de Velly, son ambassadeur, estoit en substance telle que s'ensuit. Le seigneur de Granvelle avoit sur chemin tenu propos audit sieur de Velly, chevauchant en la suite de l'Empereur, que l'intention dudit seigneur estoit de ne disposer aucunement de l'Estat et duché de Milan, jusques à ce qu'il eust des nouvelles du Roy : et plusieurs fois estoit rentré avecques luy sur ses propos, conseillant toutesfois, de n'en parler audit seigneur sans en avoir premièrement charge du Roy, combien que làdessus ledit seigneur de Velly luy répliquast que, si on avoit bonne volonté, le Roy avoit par cydevant faict assez à sçavoir son intention, et en avoit baillé article par escrit, selon ce qu'il en avoit esté pourparlé avec le seigneur de Noircarmes. En ces entrefaictes, ayant ledict seigneur de Velly occasion de parler à l'Empereur, et de luy faire à sçavoir la restitution et passage, à sa requeste, des chevaux du viroy de Sicile, et de la délivrance d'un Ragusien, s'estoit ingéré d'entrer en matière plus avant, et de dire audit seigneur, entre autres choses, comment le Roy, s'il pensoit que l'Empereur vousist maintenant luy complaire de l'héritage de messeigneurs ses enfans, reprendroit et restraindroit volontiers la praticque de plus estroitte conjonction avec luy ; qui seroit cause de confermer entre leurs deux maisons une parfaite et inséparable amitié et intelligence, moyennant laquelle ne seroit à douter que chacun d'eux ne fust, de là en avant, pour avoir les affaires de l'autre, envers qui que ce fust, en pareille recommandation que les siens propres; joinct qu'ils feroient un bien universel à la chrestienté, en s'unissant ensemble pour résister aux entreprises que le Turc, ennemy de nostre foy, menassoit alors de faire. Sur ceste remonstrance, luy avoit respondu l'Empereur qu'il avoit tousjours volontiers escouté (et maintenant n'en vouloit moins faire) toutes les choses que le Roy avoit mises en avant : ausquelles, s'il n'avoit satisfaict, ce auroit esté parce qu'il ne l'auroit peu faire; car on sçavoit bien qu'il avoit laissé le duc Sforce en l'Estat de Milan, du bon consentement du Roy, et pour mettre l'Italie en repos; à ceste cause, que le Roy regardast et déclarast comment il entendoit de faire, tant en cela qu'ès choses concernantes la foy et la paix universelle de la chrestienté; déclarant toutesfois, ledit seigneur Empereur, qu'en ce faisant, il voudroit avoir toutes les plus grandes seuretez qu'il pourroit prendre pour l'observation des choses qui se traitteroient selon lesquelles il feroit aussi de sa part tant que le Roy se devroit contenter. Ceste fut la response, le remettant à en deviser plus amplement avec le seigneur de Granvelle, lequel en effet s'estoit un peu plus ouvertement laissé entendre, si ces propos estoient selon que la pensée; c'est à sçavoir, que les trois poincts sur lesquels demandoit l'Empereur que le Roy dist franchement son intention, l'un estoit de la guerre contre le Turc, en laquelle il offroit de partir avecques le Roy tout le bien et le mal qui en procéderoit; l'autre, quant à la foy et réunion de l'Eglise, en laquelle il s'attendoit bien que le Roy conviendroit à toutes choses raisonnables, et mesmement quant à la réduction d'Angleterre, touchant laquelle promettoit bien ledit Granvelle que l'Empereur ne requerroit le Roy de chose qu'il ne peust faire fort raisonnablement et à son grand honneur; le tiers poinct de la paix universelle en chrestienté, il le réduisoit au repos d'Italie, lequel il ne pensoit point pouvoir estre conservé sans que le Roy se désistast du faict de Gennes, et sans forclorre monseigneur d'Orléans du duché de Milan, et que plus volontiers on orroit parler de monseigneur le duc d'Angoulesmes, donnans assez à entendre qu'ils vouloient, en tant que possible seroit, esloigner le duché de Milan de toute apparence de retomber à la couronne de France. Et au demeurant, et sur toutes choses, pria ledit de Granvelle ledit seigneur de Velly, que toute ceste praticque se démenast secrettement et sans passer par trop de mains, mettant en avant que pour traitter la chose plus couverte, il seroit bon que monseigneur le cardinal de Tournon, monstrant d'aller, pour le debvoir du degré qu'il tenoit, faire un temps de résidence auprès de Nostre Sainct-Père, se trouvast à l'arrivée de l'Empereur à Rome; envers lequel, indubitablement, s'il y venoit bien résolu du Roy, il trouveroit telle correspondance, qu'estant la matière desjà si souvent discutée, il seroit incontinant aisé à voir quelle yssue l'on devroit espérer de toute la négociation. Tous ces propos avoit ledit seigneur de Velly, par le seigneur d'Espercieu, faict à sçavoir au Roy, et depuis avoit trouvé les choses en si bon train, à son advis, qu'il avoit eu opinion, et l'avoit ainsi mandé au Roy, qu'il eust esté bon d'envoyer vers l'Empereur monseigneur l'amiral de France, pour traitter et conclurre de toutes choses : et ceste estoit la cause pour laquelle se faisoit la dépesche cy-dessus mentionnée, vers ledit seigneur de Velly; car nonobstant que les nouvelles qu'il mandoit ne semblassent tendre sinon à bien, le Roy, toutefois, avoit nouvelles certaines qu'ès Païs-Bas de l'Empereur on se préparoit à la guerre, et mesmes que le comte de Nansau avoit envoyé faire une grosse levée en Allemagne; que l'Empereur faisoit repasser en Italie Dom Ferrand de Gonzague et ses Espagnols qui estoient demourez en Sicile. Parquoy ne se voulant tant amuser que mal luy en prist, sur ces propos, mis en avant en termes généraux par l'Empereur et par les gens qui avoient le maniement de ses affaires, il dépescha ledit Espercieu, avec response de ce qu'il avoit apporté, mandant par lui au seigneur de Velly, son ambassadeur, qu'il eust au plus promptement que faire se pourroit, et quoyque feust avant la fin du mois de janvier, qui jà estoit entré, à luy faire entendre la finale et claire résolution de l'Empereur, et fut telle que s'ensuit la charge qui audit Espercieu en fut donnée. Premièrement, quant aux estroittes alliances entre l'Empereur et le Roy, c'estoit chose que le Roy non seulement désiroit, mais qu'il vouloit estre bastie de si bonne façon, que la grandeur de l'un jamais n'engendrast jalousie ne souspeçon à l'autre. Quant à bailler au duc d'Angoulesme, son fils, l'Estat et duché de Milan, en excluant le duc d'Orléans son autre fils, c'estoit chose où il ne vouloit aucunement entendre; car ce seroit occasion de haine et de picque, et à l'advenir de guerre, entre lesdits frères, qu'il avoit nourris et vouloit entretenir en paix et amitié. Quant à offrir à l'Empereur, voulant entreprendre la conqueste d'Arger, de lui envoyer ledit duc d'Orléans son fils, aussi peu le trouvoit-il raisonnable ; car, en ce faisant, il y seroit plustost en espèce et lieu d'hostage, qu'il ne feroit démonstration de bonne affection et confidence entre les deux princes ; qu'il ne vouloit pourtant laisser de secourir et assister à l'Empereur en la susditte entreprise, ains luy offroit à l'entrée du printemps ses galères, avecques deux mille hommes payez, et sur icelles un bon chef, personnage d'expérience et d'authorité ; adjoustant que si l'année ensuivante ledit seigneur entreprenoit le voyage de Constantinople, luy de bon cueur y assisteroit en personne, et l'y accompagneroit avecques toutes ses forces. Et quant à la réformation et réunion de l'Eglise, il avoit esté, estoit et seroit tousjours prompt et affectionné, autant en Allemagne qu'en Angleterre et partout ailleurs : bien estoit d'advis, quant au faict d'Angleterre, afin qu'il eust plus de couleur de presser le Roy dudit païs à se condescendre à l'opinion universelle des chrestiens, que l'Empereur fist que Nostre Sainct-Père sommast de ce faire tous les princes et potentats chrestiens, et à lui assister et donner main forte, pour faire obéir ledit Roy à la sentence et détermination de l'Eglise. Quant à la paix et repos d'Italie, que lui au cas qu'au duc d'Orléans son fils, l'Empereur donnast et délivrast le duché de Milan, renonceroit à jamais à sa querelle du royaume de Naples, et feroit renoncer ledit d'Orléans, son fils, à celle de Florence et d'Urbin, avec telles et si grandes seuretez, que l'Empereur mesmes adviseroit : comme de faire une ligue universelle, laquelle, d'un accord et consentement commun, fust obligée à conserver et maintenir ceste renonciation, et courir sus au premier qui au temps advenir y contreviendroit ; déclarant toutesfois qu'il n'entendoit point accepter l'investiture de Milan pour ledit duc d'Orléans, son fils, autrement qu'en la mesme forme et manière que l'avoient eue ses prédéccesseurs : en quoy faisant, il donneroit très-volontiers à l'Empereur jusques à la somme de trois à quatre cens mille escus, pour s'en ayder à la première entreprise qu'il feroit. Et au demourant, s'employeroit en faveur dudit seigneur Empereur, espérant bien d'en venir à bout, envers les princes et estats de l'Empire, qu'ils advoueroient et receveroient unanimement le roy Ferdinand, son frère, à vray et légitime roy des Romains ; luy ayderoit à réduire en son obéissance toutes choses de droict appartenantes à la maison d'Autriche ; et généralement s'employeroit à toutes autres choses où justement employer se pourroit, et sans aucune chose y espargner, pour la grandeur et accroissement desdits seigneurs Empereur et roy des Romains son frère ; renonçant à toutes autres praticques et alliances préjudiciables à leurdit accroissement, réservant seulement de ne rien entreprendre par voye de faict, injustement, à l'encontre de ses anciens amis et alliez, et comprenant au nombre d'iceux le duc de Gueldres, auquel il avoit sa foy promise : bien offroit-il toutesfois, au cas que l'Empereur voulust entrer en ceste grande confidence, de renoncer au droict à luy acquis par la donation que luy avoit faicte iceluy duc de Gueldres, et le remettre en puissance et liberté d'en disposer de rechef à son plaisir et signamment, au prouffit dudit seigneur Empereur et de sa postérité. Et, pour ce que ledit seigneur de Granvelle avoit tenu quelques propos des lansquenets qui se levoient en Allemagne au nom du Roy, bien vouloit advouer qu'il en faisoit lever six mille, mais non pour envoyer ailleurs qu'à recouvrer du duc de Savoie (au cas qu'il fust délayant de luy faire raison) les païs et terres à luy appartenantes par succession de feue madame sa mère, pour le recouvrement desquelles choses il envoyoit ses ambassadeurs en faire demande et offrir amiable composition au duc ; et au refus duquel il entendoit poursuivre son droict par la voie des armes, se tenant seur et certain que l'Empereur, ayant transigé et appoincté de toutes autres choses, ne vouldroit, au préjudice de luy, favoriser ledit duc de Savoye contre raison. Telle fut la response du Roy, avec promesse qu'incontinant la déclaration de l'Empereur sur ce venue, il envoyeroit par mer, afin de faire meilleure diligence, mondit seigneur l'amiral qu'il demandoit, ou à Naples ou à Rome, selon ce qu'il luy seroit faict à sçavoir, pour de toutes choses traitter et conclurre, en sorte que chacun d'eux en demourast content.

Ceste dépesche faicte, le Roy, persévérant en sa délibération, après avoir en son conseil estroict déduit les droicts et querelles qu'il avoit contre le duc de Savoye, et, par l'advis de sondit conseil, ordonné comment il procéderoit en ceste affaire, dépescha monsieur le président Poyet devers mondit seigneur de Savoye, lequel y prouffita autant qu'on avoit faict aux précédentes légations ; car la duchesse de Savoye entretenoit ledit duc en ceste opinion, l'asseurant du secours de l'Empereur.

Espercieu cependant arrivé à Naples, le seigneur de Velly se retira vers l'Empereur, auquel, de l'instruction qui avoit esté baillée audit Espercieu, il déclara ce que luy sembla, selon les occurrences et occasions, estre requis de déclarer; mais il n'en retira de luy aucune plus ouverte démonstration de vouloir venir à conclusion et fin des propos mis en avant. Il trouva toutesfois grande multiplication de bonnes paroles, sans venir aux particularitez, avecques itératives protestations que les choses fussent tenues secrettes, et mesmement à Nostre Sainct-Père (lequel avoit le moyen, et ne faudroit de le mettre à exécution, de donner de grandes traverses, ou à l'Empereur, ou à la praticque, s'il entendoit qu'elle se menast sans luy); et que, à ceste cause, estant le cardinal Du Bellay auprès de Sa Saincteté, de laquelle il dépendoit entièrement, il estoit requis et nécessaire de luy dissimuler et cacher ceste négociation, de peur qu'il luy advînt de la déclarer, et que de la déclaration il advînt roupture. Toutesfois il fist en advertir ledit Sainct-Père, et mesmement par le seigneur André Dorie, qui vint vers Sa Saincteté à Rome, en partie pour ses propres affaires, et pour obtenir une dispense qu'il impétra pour le fils de sa femme, de pouvoir espouser la seconde fille d'Antoine de Lève, nonobstant qu'il eust auparavant espousé l'aisnée, qui depuis estoit décédée; aussi en partie envoyé par ledit seigneur Empereur, tant pour luy rendre compte du voyage de Thunis, comme pour luy déclarer ceste praticque, laquelle il luy déclara bien au long, et luy donnant asseurance que Sa Majesté, encores qu'elle prestast l'oreille aux gens du Roy qui luy en portoient parole, estoit toutesfois résolue de n'en traitter ne conclure aucune chose, sinon après en avoir communiqué avecques icelle, et par son consentement, advis et bon conseil.

Or ne tarda guères que le Roy fût adverty, et de la grande instance que l'Empereur faisoit, de tenir ceste praticque secrette à Nostre Sainct-Père, et de la déclaration que ce néantmoins il luy en avoit faict faire: laquelle chose avecques la longue dissimulation et les remises dont il usoit sans venir au poinct, luy donnèrent grande occasion que l'Empereur en ceste affaire taschast mettre ledit Sainct-Père en souspeçon et deffiance de luy. Et pource feit, dès le cinquième jour de février, une dépesche au seigneur de Velly, en l'advertissant de rechef qu'il eust à presser l'Empereur et ceux de son conseil de se laisser plus clèrement et ouvertement entendre, et qu'autrement ils luy donneroient cause penser, par les frivoles excuses qu'ils mettoient en avant pour ne bailler le duché de Milan au duc d'Orléans, que l'Empereur ne tendist sinon à l'amuser et mener de paroles, ce pendant que luy s'armeroit et fortifieroit. Car quant à dire que le duc d'Orléans estoit trop prochain de la succession à la couronne, on pouvoit bien considérer que son frère le Dauphin estoit en aage et de complexion d'avoir enfans plustost que de n'en avoir point. Secondement, qu'il n'estoit raisonnable qu'en forcluant le plus aagé, luy, qui estoit père de tous deux, baillast ou pourchassast de bailler un tel Estat au plus jeune : qui seroit mettre une division, picque et occasion de pis entre lesdits frères; et seroit retomber à mettre l'Italie en guerre, et non pas, comme l'Empereur le désiroit, en paix, repos et tranquillité : car il falloit penser de deux choses l'une, ou que son fils le duc d'Orléans, irrité de ceste sienne exclusion, entreprendroit la guerre contre son propre frère, pour recouvrer ce qu'il penseroit luy appartenir, ou, pour le mieux, qu'eux deux ensemble s'accorderoient, et, laissant le duc d'Orléans le duché de Milan paisible au duc d'Angoulesme, son plus jeune frère, le duc d'Angoulesme luy bailleroit le passage, gens, vivres, et tout ce qui seroit en sa puissance, jusques à l'assistance de sa propre personne, pour luy ayder à recouvrer lesdits duchez de Florence et d'Urbin, pour doubte desquelles l'Empereur différeroit de bailler Milan audit d'Orléans. Parquoy sembloit au Roy que le plus prompt expédient pour assopir les querelles de Florence et Urbin, et tenir Italie en repos, estoit de contenter le duc d'Orléans par le duché de Milan, et, au moyen de ce, faire renoncer et luy et sa femme aux autres querelles, et faire une ligue (comme il est dit cy-devant) conservatrice de ceste renonciation; adjoustant d'avantage qu'il vouloit absoluement que l'Empereur déclarast quand il bailleroit investiture dudit duché, à quel tiltre, en quelle forme et soubs quelles conditions il le vouldroit faire; car, quant à luy, son intention estoit qu'elle fust ample, et s'estendist à tous les descendans du premier duc Louis d'Orléans; se contentant toutesfois, quant à sa personne, pour satisfaire à la volonté de l'Empereur qui ne vouloit mettre ledit duché de Milan entre les mains d'un roy de France, de n'en estre investy, sinon comme usufructuaire, et comme ayant le bail et jouissant des fruicts au nom de ses enfans, ducs titulaires.

Telle fut en substance la dépesche que feit le Roy au seigneur de Velly, sur la response qu'il luy avoit faicte à ce que Espercieu avoit par instructions respondu audit de Velly sur les premiers propos mis en avant depuis la mort du duc Sforce. Et au seigneur de Liquerques, ambassadeur de l'Empereur, lequel en avoit autant déclaré de bouche au Roy, comme luy avoit le seigneur de Velly mandé par lettre, ledit seigneur feit pareille response, adjoustant que, là où il voudroit retenir en son cueur aucune mauvaise volonté contre l'Empereur, il accepteroit ledit duché à quelques conditions que ce fust, et puis en feroit comme il entendroit; mais qu'il le vouloit avoir à tel party, qu'il demourast content et amy de l'Empereur, et qu'entr'eux deux ny eust jamais jalousie de grandeur ou de l'un ou de l'autre, laquelle y estant, jamais ne seroit possible qu'il y eust amitié durable. Quant à luy, qu'il ne vouloit estendre sa grandeur plus avant que Milan; celle de l'Empereur, il la désiroit autant avant qu'il plairoit audit Empereur, et à l'accroistre luy assisteroit partout de son ayde et faveur, en gardant toutesfois chacun ses amis, tant d'une part que d'autre, car il ne vouloit des siens en abandonner aucun. Et quant au faict de Gennes, dont l'Empereur avoit faict mention, que luy estoit content de superséder sa querelle en faveur de luy, jusques à ce qu'elle se puisse vuider par quelque bon et honneste moyen. Sur ce, concluant (et priant le seigneur de Leidequerques d'ainsi le remonstrer à l'Empereur) que plus grande seureté ne pouvoit ledit seigneur avoir de luy, qu'avoir ceste cognoissance; qu'il aymoit mieux entrer en roupture que de faire un traitté à regret, que par après il ne voulust ou sceust tenir.

Pendant ces allées et venues, l'Empereur eut nouvelles de Venise, comment le seigneur de Beauvois y estoit allé pour faire mettre en avant quelques partis nouveaux avecques la Seigneurie: et de son ambassadeur estant rière le Roy, que l'évesque de Wincestre y estoit aussi arrivé de la part du roy d'Angleterre, aussi pour la conclusion de quelque nouveau traitté; pareillement d'Allemagne, touchant la négociation qu'y avoit faicte le seigneur de Langey de par le Roy. Et, comme est la coustume de qui se deffie penser du mal d'avantage, et du bien moins qu'il n'y a, en feit faire de grandes plainctes au seigneur de Velly, par les seigneurs Du Prat, de Cannes et de Granvelle, et principalement du faict d'Allemagne, dont il feit aussi faire ses plainctes à Nostre Sainct-Père, lequel toutesfois avoit desjà esté adverty de toute laditte négociation pour le cardinal Du Bellay et par l'évesque de Mascon, ambassadeur du Roy auprès de Sa Saincteté, laquelle, à ceste cause, s'en esmeut moins qu'elle n'eust faict. Ausdites plainctes respondit ledit seigneur de Velly, que ce n'estoit chose inconvéniente ne desraisonnable, que le Roy son maistre, en traittant avecques ledit seigneur, entretînt ses autres amis et confédérez: et quant au faict d'Allemagne, que ledit seigneur de Langey avoit parlé publiquement, et non d'autre chose que de la réduction de l'Eglise en bonne occurrence et union de doctrine. Ce nonobstant, il l'advertiroit très-volontiers de l'ombre que ledit seigneur en prenoit, et se tenoit bien asseuré qu'il en auroit response à son contentement et satisfaction. Si est-ce que l'Empereur print làdessus ou occasion ou couleur de refroidir, pour un temps, les propos qui se demenoient avecques luy de ceste investiture et délivrance de Milan; et dépescha le sieur Du Prat en Allemagne, soubs umbre de l'envoyer entendre la vérité des praticques et menées qu'y faisoit le Roy; mais en effect pour y en faire d'autres contre luy; et pour y faire nouvelle levée de lansquenets, ainsi que depuis il a esté sceu et cogneu. Aussi envoya le seigneur André Dorie à Gennes, équipper son armée de mer, pour faire (ainsi qu'il feit) courir le bruict de son entreprise d'Arger, mais, à la vérité, pour un faulx alarme qui luy fut donné, ou pour souspeçon que deffiance luy avoit engendré que le Roy praticquast à faire révolter ledit Estat de Gennes; ne voulut toutesfois qu'il en fust aucune chose communiqué à l'ambassadeur de France. Et fut le partement dudit Dorie sans bruit; chose qui donna, depuis estre venue à la cognoissance du monde, grande matière et occasion d'en estimer et craindre ouverture prochaine de guerre, plutost qu'en espérer confirmation de paix et d'amitié.

Le Roy ce pendant fut adverty, par lettres de monsieur le président Poyet, de la response du duc de Savoye, laquelle n'estoit selon son intention : bien vint devers le Roy le comte de Chalan, de par le duc de Savoye, pour penser réparer la deffaicte qui avoit esté faicte par les gens du duc, de la compagnie du seigneur Rence, comme j'ay dit cy-dessus; la response doncques de monsieur de Savoye n'estoit que dissimulations. Le Roy, s'estant mis envers luy en toutes les raisons qu'il estoit possible, et voyant qu'il falloit que les armes en fissent le jugement, dépescha le comte de Sainct-Pol pour entrer en Savoye; ce qu'il feit en telle diligence, qu'avant que monseigneur de Savoye eust loisir de pourvoir à son faict, il conquist toute la Savoye, sans trouver résistence, hormis à Montmélian, où y avoit un capitaine napolitain, nommé Francisque de Chiaramont; lequel, enfin, se voyant sans vivres et espérance aucune de secours, rendit la place, ses bagues sauves, et, depuis, mesprisé par ledit duc de Savoye, vint au service du Roy, où il luy a faict plusieurs bons services en plusieurs lieux.

Le Roy ne laissoit, ce temps pendant, à poursuivre son entreprise envers l'Empereur, et n'estoit chose qu'il eust peu faire à son honneur, encores que c'eust esté à son dommage, à laquelle il se fust très-volontiers condescendu, pour, avecques paix et amitié de l'Empereur, avoir le duché de Milan, pour le duc d'Orléans son fils. Et, à ceste cause, pour satisfaire audit seigneur Empereur, il trouva moyen de contenter le roy d'Angleterre, et, de son consentement, différer pour quelque temps la conclusion du traitté avec l'évesque de Wincestre. Aussi révoqua le seigneur de Beauvois, qu'il avoit envoyé à Venise, et de la négociation du seigneur de Langey en Allemagne, escrivit en sorte que l'Empereur s'en contenta, ou, pour le moins, monstra de s'en contenter; et tellement que, le dix-neufième jour de février, estant le seigneur de Velly prest à dépescher un courrier vers le Roy, les seigneurs de Cannes et de Granvelle luy firent instance de différer pour ce jour-là, et que luy de sa part, aussi eux de la leur, pensassent plus avant sur ceste difficulté du duc d'Orléans au duc d'Angoulesme.

Au lendemain matin ils l'envoyèrent quérir, et, après longue disputation, voyans qu'ils ne pouvoient tirer de luy autre chose, luy accordèrent le duché de Milan pour monseigneur le duc d'Orléans, moyennant toutesfois que le Roy trouvast party pour la vefve duchesse, niepce de l'Empereur, et, sans se déclarer ouvertement, donnèrent occasion de penser qu'ils entendissent qu'elle fust donnée au roy d'Escosse. Ce qui feit audit seigneur de Velly plus adjouster de foy à leur dire, et qu'ils parloient comme de chose conclue et arrestée, ce fut ce qu'ils luy remonstrèrent et prièrent de remonstrer au Roy, qu'ils n'avoient si peu travaillé en cest affaire, qu'ils ne pensassent bien avoir mérité que le Roy leur laissast ce que le duc Sforce leur avoit donné audit duché : parquoy il s'enhardit, et jugea d'entrer plus avant aux particularitez, et mesmement des seuretez qu'ils demanderoient ; à quoy ils respondirent qu'ils ne les demandoient sinon honnestes et raisonnables, et telles qu'eux-mesmes les bailleroient de leur costé. Aussi parla des conditions de l'investiture; surquoy ils interrompirent sa parole, disans qu'il suffisoit, pour ceste fois, d'avoir consenty et accordé le principal, et que monsieur l'amiral, à sa venue, acheveroit le demourant; auquel on feroit tort, estant tel personnage qu'il estoit, et attendu le lieu qu'il tenoit auprès de son maistre, si on le faisoit venir pour seulement ratifier ce qui avoit esté faict par autruy; mais que bien pouvoit-on asseurer le Roy qu'à la venue dudit seigneur amiral, tout le surplus se concluroit, et sans aucune difficulté ; priant toutesfois, sur toutes choses, que ceste conclusion fust secrette entre eux, et qu'ils se gardassent bien de faire ne dire chose au moyen dequoy il vînt à la cognoissance du cardinal Du Bellay que ceste difficulté fust vuidée ; et qu'eux aussi donneroient garde que le comte de Sifuentes, leur ambassadeur auprès de Nostre Sainct-Père, n'en sçauroit riens.

A tout ce parlement assistèrent, outre lesdits seigneurs de Cannes et Granvelle, autres deux secrétaires de l'Empereur ; et au lendemain l'un d'eux apporta monstrer audit seigneur de Velly unes lettres de pareille substance qu'avoient esté les propos du jour précédent, laquelle escrivoit l'Empereur au seigneur de Leidequerques, son ambassadeur, avec charge expresse qu'il la monstrast et leust de mot à mot au Roy. Bien luy dit celuy qui luy apporta monstrer les lettres, que, depuis ceste difficulté vuidée, l'Empereur avoit eu telles nouvelles du traittement que le Roy faisoit au duc de Savoye, que si plustost il les eust entendues, jamais ne fust condescendu à dire le mot; mais puisqu'il estoit dit, c'estoit assez, et que l'Empereur, espérant que par un mesme moyen s'appointeroient les choses de Savoye, ne s'en desdiroit jamais.

En un mesme temps eut le Roy ceste nouvelle et autres, qui diminuoient beaucoup de la foy qu'autrement il y eust adjoustée. Premièrement, que Nostre Sainct-Père avoit esté par les gens de l'Empereur adverty par le menu de toute ceste conclusion, ou, pour mieux dire (et comme par les effets il a depuis esté cogneu), simulation : dont ledit Sainct-Père entra en très-grande defflance et souspeçon contre le Roy. Secondement, qu'incontinant après la révocation de Beauvois, l'Empereur avoit tant pressé les Vénitiens, qu'ils estoient entrez en ligue défensive pour le duché de Milan, en faveur de tel personnage qu'à Sa Majesté plairoit en investir, et qu'il faisoit très-grande instance d'y faire aussi entrer Nostredit Sainct-Père. Tiercement, qu'il avoit envoyé offrir de grands partis au roy d'Angleterre, pour le tirer à sa devotion. Quartement, de l'allée du seigneur Du Prat en Allemagne, et qu'en passant à Milan, il avoit porté paroles entièrement contraires à ce que demandoit et espéroit le Roy de l'Empereur ; passant aussi par Flandres, il avoit, avecques les députez du païs et des autres Païs-Bas de l'Empereur, à ceste fin convoquez et assemblez, conclu et arresté de grands préparatifs de guerre. Pour la cinquiesme, estoient les préparatifs que faisoit le seigneur André Dorie; lesquelles choses de tant plus luy estoient suspectes, que l'Empereur luy faisoit dire soubs main que tous ces préparatifs se faisoient, les uns pour l'entreprise d'Arger, et les autres pour mieux couvrir et céler à Nostre Sainct-Père que la susditte difficulté du duc d'Orléans au duc d'Angoulesme fust vuidée : et le Roy, toutesfois, estoit adverty de plusieurs bons lieux, que Nostredit Sainct-Père estoit informé de tout par le menu. Et à ceste cause, il se résolut de pousser outre en Savoye et plus avant, sans interrompre toutesfois sa négociation avec l'Empereur, à quelque fin qu'elle se deust réduire.

Ceste année fut un grand et merveilleux cours de prophéties et prononstications, qui toutes promettoient à l'Empereur heureux et grands succès, et accroissement de fortune; et quand plus il y adjoustoit de foy, de tant plus en faisoit-l'on semer et publier de nouvelles : et proprement sembloit, à lire tout ce qui espandoit çà et là, que ledit seigneur Empereur fût en ce monde nay pour impérer et commander à fortune. Ce nonobstant, et combien que le Roy ne fust en aucune doubte que, mouvant guerre au duc de Savoye, il s'attireroit sur les bras toutes les forces de l'Empereur; encores aussi qu'il sçeust très-bien quelle estoit l'inclination des aucuns (en conférant telles prononstications avecques l'heur et félicité qui avoient jà par si longtemps accompagné toutes les entreprises dudit seigneur Empereur) à espérer et attendre, et des autres, à craindre qu'il en advînt tout ainsi que les prognostications promettoient, comme si elles fussent procédées du propre oracle du Sainct-Esprit, et de manière que jusques en ce royaume aucuns superstitieux en fussent espourez et effrayez, luy, toutefois, ne s'en estonna, ne changea jamais sa délibération, pour chose dont il en fust menassé par telles inventées pronostications, ains demoura tel que tousjours il avoit esté, c'est-à-dire, magnanime, et constant à mespriser et contemner ceste manière de supersticieuses et abusives prophéties, comme celuy qui ne varia oncques de la cognoissance et foy qu'il a et tousjours a eue en Dieu seul cognoissant et dirigeant le cours des choses futures, et qui en sa puissance a retenu et réservé la disposition des temps et des momens, et lequel il espéroit certainement luy devoir estre en ayde, attendu le grand devoir où il s'estoit mis, de chercher, par amiable composition, non tant à recouvrer le sien, qu'à faire au moins que l'occupateur l'en servist, non pas en feit, comme j'ay dit, eschelle à ses ennemis, pour envahir et transgresser les bornes et limittes de son royaume.

A ceste cause, il ordonna que l'équipage fust prest, duquel il avoit faict estat pour l'entreprise et conqueste des choses que luy occupoit le duc de Savoye; en laquelle entreprise il avoit estably et ordonné son lieutenant-général messire Philippe Chabot, comte de Busances, amiral de France, et avec luy les chefs et capitaines particuliers qui ensuivent. Et premièrement, hommes-d'armes, le nombre de huict cens et dix lances, à sçavoir est : la bande dudit seigneur lieutenant-général; celle de messire Jaques Galiot, grand escuyer et maistre de l'artillerie de France; celle de messire Robert Stuard, mareschal de France et capitaine de cent Escossois de la garde du Roy ; celle de messire René, sire de Montejan : chacune de cent hommes-d'armes ; celle de monseigneur François, marquis de Salluces; de messire Claude d'Annebault; de messire Antoine, seigneur de Montpesat; de messire Jean de Touteville, seigneur de Villebon, prévost de Paris ; de messire Gabriel d'Alègre ; de messire Charles Tircelin, seigneur de La Roche du Maine; chacune de cinquante; et celle du seigneur Jean-Paule de Cère, de soixante hommes-d'armes. Chevaux-légers, mille, c'est à sçavoir : soubs la charge du seigneur d'Esse, cent; du seigneur de Termes, cent; du seigneur d'Aussun, cent; du seigneur de Verets, savoisien, cent : la charge générale desquels fut donnée audit seigneur d'Annebault, chevalier de l'Ordre, et depuis mareschal de France. Gens de pied françois, douze mille du nombre des légionnaires, sçavoir est : deux mille Picards, soubs la charge de messire Michel de Brabançon, seigneur de Canny, et messire Antoine de Mailly, seigneur d'Auchy; deux mille Normans, soubs la charge du capitaine La Salle et du capitaine Sainct-Aubin l'hermite; deux mille Champenois, soubs la charge de messire Jean d'Anglure, seigneur de Jour, et du seigneur de Quinsi; mille de Languedoc, soubs la charge du chevalier d'Ambres; quatre mille de Dauphiné soubs la charge du seigneur de Bresieux et autres; et mille, soubs la charge du seigneur de Forges, l'un des eschansons ordinaires du Roy : de toutes lesquelles bandes de gens de pied la charge générale fut donnée audit sire de Montejan, aussi chevalier de l'Ordre, et depuis mareschal de France. Lansquenets, six mille, soubs la charge du comte Guillaume de Fustemberg. Soldats françois non légionnaires : le capitaine Lartique Dieu, cinq cens; le capitaine Blanche, cinq cens; le capitaine Auguar, cinq cens; la capitaine Vartis, navarrois, cinq cens. Italiens, soubs la charge du seigneur Marc-Antoine de

Cusan, gentilhomme milanois, l'un des escuyers d'escuirie du Roy, deux mille; et soubs la charge du seigneur Crestofle Guast, mille, avec bon nombre d'artillerie; pour le faict de laquelle furent ordonnez trois commissaires, deux contreroolleurs, quarante canonniers, onze conducteurs de charroy, deschargeurs, charpentiers, charrons et forgeurs; et pour les cas inopinez, soixante personnes extraordinaires : pionniers, huict cens; chevaux, six cens octante; et la principale charge de laditte artillerie à messire Charles de Coucis, seigneur de Burie, l'un des gentilshommes ordinaires de la chambre du Roy.

De Crémieu en Dauphiné, partirent, le sixiesme jour de mars, le nombre de trois mille légionnaires dudit païs, et les mille estans soubs la charge du seigneur de Forges; avec lesquels partit le seigneur d'Annebault, auquel se vint joindre la bande du seigneur Jean Paule de Cère, au lieu de Briançon; et quelques jours après, le seigneur de Montejean les acconsuivit en poste, et à deux journées près les suivoient les lansquenets. Là vindrent nouvelles ausdits seigneurs d'Annebault et de Montejean, comment le comte Philippe Torniel, et Jean-Jacques de Médicis, marquis de Marignan, marchoient au devant d'eux, avec quatre mille hommes de pied, pour gaigner et leur clorre le passage de Suse; parquoy ils se hastèrent de marcher à l'encontre d'eux, craignans que, si l'ennemy gaignoit le passage avec les gens qu'il avoit aguerris, eux, qui avoient presque tous gens nouveaux et de nombre aussi peu qu'en avoit l'ennemy, fut difficile, voire impossible, d'y faire ouverture. Leur diligence fut telle, qu'ils eurent passé jusques en la pleine au dessoubs de Suse, avant que les ennemis y arrivassent; lesquels ne les osèrent attendre, mais se retirèrent en arrière, et furent de nos gens suivis, de logis en logis, jusques à Thurin, ville capitale du Piémont, en laquelle ils ne s'osèrent mettre : parquoy les habitans, ainsi destituez et abandonnez, se rendirent à la sommation desdits seigneurs d'Annebault et de Montejan, qui entrèrent dedans et la mirent ès mains du Roy. Les ennemis se logèrent à Chivas, et là fut envoyé un trompette les sommer; parquoy ils en deslogèrent, et se rendit Chivas à l'obéissance du Roy. Cependant, arrivèrent les lansquenets à Thurin, et peu après monsieur l'amiral lieutenant-général du Roy, qui là ferma son camp, et depuis au lieu de Chivas, en attendant le surplus de son armée qui estoit encores par les chemins, et qui arrivoit journellement à la file; dont plusieurs le blasmèrent, dequoy il ne poursuvit sa fortune contre gens estonnez.

Le douziesme jour d'avril, arriva l'artillerie que conduisoient lesdits deux mille légionnaires des seigneurs d'Auchy et de Canny. Le quinziesme jour, au matin, il deslogea de Chivas, en intention d'aller campaier sur la Grande Doaire : ceste Doaire s'appelle Grande, à la différence de l'autre Doaire qui sort du mont Genève. Desjà estoit le camp dudit seigneur amiral, depuis son arrivée, renforcé de quatre à cinq mille hommes de pied françois, et environ de quinze cens Italiens; et pouvoit avoir en tout le nombre de quinze à seize mille hommes de pied, y comprenant les lansquenets; de gens de cheval, il n'en pouvoit encores avoir plus hault de deux cens cinquante, en hommes-d'armes, archers et chevaux-légers. De l'autre bort de la rivière estoient les seigneurs dom Laurens Emanuel, ambassadeur de l'Empereur; Jean-Jacques de Médicis et Jean-Baptiste Castalde, avec le nombre de quatre à cinq mille hommes de pied, et gens de cheval, le nombre de quatre à cinq cens, qui monstrèrent contenance de vouloir faire teste et de garder le passage de la rivière. La délibération dudit seigneur amiral n'estoit point de passer ce jour la rivière; mais incontinent que noz gens veirent l'ennemy en teste, ils furent surpris de telle ardeur et impétuosité de combattre, que commandement ne remonstrance du pont qui n'estoit encores faict, n'eurent lieu envers eux, qu'ils ne le pressassent et importunassent de leur donner congé de passer outre, tellement que, vaincu de leur importunité, il fut contraint de leur donner congé; ce qu'il ne feit si tost, qu'avecques le mot ils ne se jettassent en la rivière, jusques à l'estomach; et, bien que l'eau fut forte et roide, toutesfois jamais, ne lansquenets ne François, ne perdirent leur ordre en la traversant; et commencèrent à s'approcher de l'ennemy par telle furie, qu'il n'osa faire contenance de les attendre, ains print le chemin pour se retirer, aux grandes allures, à Vercel. Et si tous noz gens de cheval ordonnez à ceste entreprise, ou quelque meilleur nombre d'eux eussent alors estez arrivez, en sorte que nos gens eussent esté les plus forts de cheval, aussi bien qu'au contraire l'estoient les ennemis, pour les escarmoucher souvent et contraindre de marcher en bataille tant que noz gens de pied les eussent acconsuivis, il n'y a point de doubte qu'ils n'eussent esté défaicts par les nostres, avant que jamais ils fussent arrivez audit Vercel. Un légionnaire passa la rivière à nage, pour aller quérir un batteau de l'autre costé, lequel il emmena en despit des ennemis, encores qu'ils lui tirassent des coups d'arquebuse sans nombre; mais jamais il ne fut touché. Monseigneur l'amiral, pour donner cueur aux austres, luy fist donner, en présence de tous, un anneau d'or, ensuivant l'ordonnance du Roy. Et ce jour alla nostre camp loger au lieu de Savillan, où il séjourna tout le lendemain, attendant les vivres, qui n'estoient arrivez, à cause que le pont, ainsi que j'ay dit, n'estoit encore faict quand ledit camp passa la rivière.

Ce temps pendant, ne se discontinuoient à Naples les praticques de confirmation de paix et de plus estroittes alliances d'entre l'Empereur et le Roy; et d'autant plus les entretenoit l'Empereur (à ce que depuis il a esté cogneu), pource qu'il espéroit, soubs couleur de ceste praticque, moyenner que l'entreprise du Roy contre le duc de Savoye procéderoit plus lentement, et qu'il auroit tant plus de loisir et de commodité de se préparer à la guerre, au cas que la paix ne se peust conclurre à son intention : car il se tenoit à offense du Roy, et souvent s'en plaignoit au seigneur de Velly, ambassadeur de France. Lesdits seigneurs de Cannes et de Granvelle, principaux entremetteurs des affaires de l'Empereur, allégoient en somme, que le Roy, sur et pendant les praticques de paix, n'avoit deu entrer en guerre; le seigneur de Velly, au contraire, leur remonstroit que ceste guerre ne pouvoit aucunement toucher à l'Empereur, et que la praticque mise en avant estoit seulement sur les querelles qui estoient ou avoient esté entre eux, et non point sur celles de Savoye, pour lesquelles ceste armée du Roy estoit dressée, mais avecques exprès commandement de ne toucher aucune chose que l'Empereur tinst ou possédast, à quelque tiltre et couleur que ce fust; que l'on pourroit, toutesfois, si ledit seigneur Empereur le trouvoit bon, en vuidant les autres querelles, vuider aussi celles de Savoye par un mesme moyen. L'Empereur monstroit de n'estre du tout hors de volonté de conclurre les praticques, et tousjours les entretenoit, meslant entre deux vertes une meure, aujourd'huy doubte, demain espérance, jusques au jour de son partement de Naples, qu'il dist au seigneur de Velly qu'estant sur son deslogement, il ne luy pouvoit donner response résolue, mais qu'à Gaiette les seigneurs de Cannes et Granvelle la luy donneroient.

Ceste remise ne sçavoit le seigneur de Velly s'il devoit interpréter à cérimonie de vouloir faire les choses meurement, ou dissimulation, attendant nouvelles de la levée de ses lansquenets. Et ce pendant l'Empereur ne perdoit temps à presser en toutes manières Nostre Sainct-Père de se vouloir déclarer partisan envers luy. Au lieu de Gaiette, le seigneur de Velly pressa d'avoir response; mais il n'en peut tirer autre, sinon que, s'il n'avoit nouvelle du Roy, qu'il attendist avoir la response à Rome, pendant quel temps il pourroit avoir nouvelles du Roy; aussi, que l'Empereur alors pourroit parler du faict de Savoye, lequel il ne pouvoit à son honneur dissimuler. Respondit le seigneur de Velly, que le délayer jusques à ce que l'on eust nouvelles du Roy, n'estoit sinon perdre temps, et que le Roy n'escriroit riens qu'il n'eust préalablement responce sur les articles dont on l'avoit remis de respondre à Gaiette. Réplicqua le seigneur de Granvelle, qu'il craignoit fort que le traittement que l'on faisoit au duc de Savoye, nuisist beaucoup à la conclusion de ceste praticque; *item*, que la demande de l'usufruict, et pour le propos que mettoit en avant le Roy, de ne vouloir abandonner aucun de ses confédérez, desquels propos n'avoit esté parlé auparavant, sembloit à l'Empereur que le Roy, pour la facilité qu'il auroit trouvée en luy, en hausast d'autant plus ses demandes. Et quant aux confédérez, il n'estoit besoing d'en parler, tant que l'on fust d'accord du principal, combien que sur ceste article l'Empereur n'estoit pour demander choses que raisonnables. Et quant à Gueldres, particulièrement on le laisseroit jouir sa vie durant, accomplissant par luy les choses qu'il avoit traittées et à l'observation desquelles le Roy par le traitté de Madril estoit obligé; des autres alliances d'Allemagne que l'Empereur les permettoit au Roy, pourveu qu'il n'en abusast point. Quelques jours après fut déclaré au seigneur de Velly que l'Empereur vouloit, au cas qu'il traittast aucune chose, que tous les confédérez du Roy signassent les traittez, et que luy en feroit autant faire aux siens, d'autant aussi que, pour l'investiture de Milan, il vouloit exclurre quiconques viendroit à estre roy de France : à ceste cause il vouloit que les estats de France et de Milan le jurassent, et que cela fust publié par édict incommutable, lequel le roy de France et les ducs de Milan jurassent, à leur advènement, d'observer et entretenir comme les choses d'ancienne observance. Puis demandoit l'Empereur estre asseuré que le duc de Lorraine jamais ne feroit querelle touchant le duché de Gueldres; aussi vouloit que le Roy rompist le mariage de la fille de Vendosme au roy d'Escosse; car il vouloit lui bailler sa niepce, la duchesse de Milan, et que la fille de Vendosme fust baillée au prince d'Orenge, et que le Roy prînt en soy la charge de bien colloquer la fille du duc de Lorraine, de laquelle avoit esté mention pour ledit prince d'Orenge.

En ceste manière se comporta l'Empereur, depuis Naples jusques à Marine, place appartenante au seigneur Vespasien Colonne, en terre de Rome, tenant les praticques en assez bon train, et avec espérance de paix, un jour plus et un jour moins, et mettant aujourd'huy une condition en avant, au lendemain une autre, ainsi qu'un homme qui ne se vouloit laisser entendre : et donnoit occasion de penser qu'en effect son intention fust bonne, mais qu'il craignist que le Roy entretinst ceste praticque, seulement pour sentir et cognoistre de luy, par ce moyen, à quoy l'on le pourroit finablement tirer ; en se tenant toujours luy en son entier, de dire après, ou si, ou non, selon que l'occurence et événement des choses et du temps luy donneroient jugement et cognoissance de ce qui luy seroit meilleur de faire : comment que ce fust, il vouloit bien qu'on le pensast ainsi, et, à ceste fin, mettoit et faisoit mettre toutes ces conditions en avant, pour donner à penser qu'il ne le feroit, si son intention n'estoit de conclurre. Et, nonobstant qu'au lieu de Fundi le seigneur de Velly trouvast quelque plus grande difficulté qu'auparavant, au lieu de Marine, toutesfois, il sembla que toutes choses fussent bien rabillées, et qu'il n'y eust plus de difficulté, sinon sur ce que le Roy vouloit estre investy luy-mesme de l'usufruict ; de manière qu'il fut dict audit seigneur de Velly, qu'il pouvoit bien escrire au Roy d'envoyer mondit seigneur l'amiral pour conclurre et passer le traitté, comme de chose totalement accordée ; bien fut adjoustée ceste condition, que le Roy, préalablement, fist retirer son armée qui estoit en Piémont. Et sur ceste asseurance, le seigneur de Velly envoya le seigneur d'Espercieu, son cousin, vers le Roy, pour l'advertir au long et par le menu de toutes les plainctes qu'on luy avoit faictes, de toutes les difficultez et conditions qu'on luy avoit mises en avant, et de la finale et, à son jugement, bonne résolution qu'il avoit eue.

Si l'Empereur, de son costé, monstroit de craindre que le Roy tendist, par ceste praticque, seulement sçavoir à quoy il se voudroit laisser mener, autant et plus craignoit le Roy, ce que par tant d'apparences il devoit craindre, que l'Empereur (ainsi que les effects depuis ont faict cognoistre la vérité) ne l'amusast sinon pour l'entretenir en despense, ce pendant que luy à son plaisir se prépareroit à la guerre : et grande occasion luy en donnoient, non seulement les choses dessus déduittes, comme la grande instance que ledit Empereur faisoit de tenir secrètes les choses à ceux mesmes ausquels luy après les descouvroit, et taschoit à en faire son prouffit, mais autres certains advertissemens qu'il avoit de lettres escriptes par l'Empereur au duc de Savoye, par lesquelles il luy mandoit ne se soucier de chose qui luy fust advenue, car avant peu de jours il luy feroit tout rendre : chose que, par aventure, l'on eust peu interpréter comme si l'Empereur eust esté seur de le pouvoir faire amiablement en rendant le duché de Milan. Mais qui rompoit et faisoit impertinente ceste interpretation, estoit que l'Empereur hastoit ce pendant sa creue de lansquenets en toute diligence, luy qui n'estoit et n'est coustumier d'entrer en despense ès choses que sans cela il pense pouvoir faire ; aussi qu'il avoit ordonné au seigneur dom Ferrand de Gonzague aller mettre ensemble ses chevaux-légers, qui pareillement ne se pouvoit faire sans autre despense ; plus, qu'il prenoit des villes impériales en Allemagne, artillerie et munitions, qu'il faisoit conduire à la volte d'Italie ; et qui faisoit conjecturer qu'il le fist afin de traitter les armes en la main, aussi bien que le Roy, et plustost comme supérieur que comme inférieur de forces, estoit que l'Empereur avoit déclaré aux légats de Nostre Sainct-Père, et par le moyen d'un cardinal (lequel, pour cause, je ne vueil à présent nommer), estoit venu à la cognoissance du Roy, que ledit seigneur Empereur jamais ne bailleroit Milan au Roy, ne permettroit que il eust un seul pied de terre en Italie ; et mesmement faisoit secrètement praticquer Nostre Sainct Père, la seigneurie de Venise et les autres potentats d'Italie à ce qu'ils s'opposassent à l'investiture dudit duché en faveur de personne estrangère quelconques. Et pour mieux coulourer son affaire qu'il ne le fist pour le Roy, au cas qu'aucuns d'iceux potentats révélassent qu'il pratiquoit ceste opposition envers eux, il avoit faict soubs main tenir propos que le roy de Portugal luy fist demander ledit Estat pour son frère, en fournissant quelque bonne somme de deniers. Et tout ce que dessus un des légats, estroittement adjuré par Nostre Sainct-Père de luy dire à la vérité tout ce qu'il avoit trouvé aux propos dudit seigneur Empereur, avoit déclaré à Sa Saincteté, luy asseurant certainement que l'Empereur n'avoit amy ne frère qu'il aymast tant, qu'il luy voulust bailler ledit duché ; ains que son intention ferme et résolue estoit de le retenir pour soy quoy qu'il advînt.

Le Roy, qui jusques alors avoit esté content que son armée procédast lentement, se délibéra de la faire plus vivement poulser outre, et, à cette fin, envoya messire Louis de Rabodanges, l'un de ses eschansons ordinaires, faire entendre sa délibération à monseigneur l'amiral, et luy dire expressément que, s'il trouvoit ses ennemis en lieu avantageux, voire seulement en lieu esgal et sans avantage, il se hazardast de les combatre; et mesmement qu'il marchast droict à Vercel, afin d'attirer les ennemis à venir secourir la ville, et par ce moyen à la bataille. A Savillan trouva ledit seigneur de Rabodanges nostre camp prest à marcher, et monsieur l'amiral en délibération d'aller essayer de forcer ladite ville de Vercel, en laquelle y avoit, pour le duc de Savoye, le nombre de trois mille hommes de guerre, dont les mille estoient lansquenets; et à quatre milles au-dessus estoit le seigneur Antoine de Lève, avec environ six cens chevaux et douze mille hommes de pied, et là se portoit ledit de Lève, non pour lieutenant de l'Empereur, mais pour capitaine-général de la ligue d'Italie; faisoit toutesfois contenance et se vantoit de courir sus à nostre camp, s'il s'efforçoit de passer outre. Or, dès ledit temps que mondit seigneur l'amiral partit d'avec le Roy pour son entreprise, avoit esté dépesché Gaucher de Tinteville, vers les seigneurs Caguin de Gonzague, comte Guy de Rangon, Hannibal de Gonzague, comte de La Nugolares, tous pensionnaires du Roy; lesquels avoient faict une levée de six mille hommes de pied avecques cinq cens chevaux-légers, la pluspart tous gens d'eslitte et nourris ès guerres passées d'Italie, et ne pouvoient, sans estre rencontrez par le seigneur Antoine de Lève, se venir joindre avec ledit seigneur amiral : et à ceste cause, avoit-il desjà, quelques jours auparavant, envoyé demander passage pour eux audit seigneur de Lève, et sçavoir de luy s'il avoit à s'en asseurer comme d'amy ou s'en garder comme d'ennemy. A quoy avoit ledit de Lève respondu qu'il leur bailleroit asseurance, moyennant qu'ils vinssent pour la ligue d'Italie, dont il se disoit capitaine de par l'Empereur.

Partant doncques de Savillan, avoit bien voulu ledit seigneur amiral, à cause de l'exprès commandement qu'il avoit du Roy, de ne riens attenter en chose qui fust tenue ou possédée au nom de l'Empereur, envoyer de rechef audit de Lève; et par une trompette luy envoya lettres pour entendre son intention, ausquelles lettres respondit assez bravement, toutesfois avecques dissimulation, de sorte qu'on n'eust sceu y faire fondement. Et sur ce, marcha ledit sieur amiral en avant, tirant droict à Vercel. Ce jour-là y eut quelque mutinerie entre les gens de pied françois et lansquenets, en laquelle moururent des gens beaucoup, et d'une part et d'autre; et plus grand inconvénient fust advenu sans ce que le comte Guillaume de Fustemberg y arriva, qui feit retirer les siens en telle obéissance, qu'oncques, depuis qu'il y eut parlé, ne s'en trouva un qui marchast un pas en avant, encores que du commencement ils eussent eu du pire, et alors se veissent renforcez de gens, avecques moyen de se venger de leur dommage. Ce que j'ay bien voulu réciter en cest endroict, à ce que ce soit exemple combien est requise la discipline militaire, et de combien sert un chef en telle multitude, qui sçache tirer obéissance de ses gens. Au deuxiesme logis arrivèrent noz gens à deux milles près de Vercel, et furent les François et lansquenets logez séparément, pour éviter noise et division; mais je laisse à tant ceste matière, et retourne à la négociation des choses qui ce pendant se traittoient avecques l'Empereur.

En ces entrefaictes estoit ledit seigneur Empereur arrivé à Romme, où avoient esté faicts, long-temps auparavant, les préparatifs à le recevoir bien solennellement. Et, pour ce qu'entre plusieurs édifices qui, pour luy faire la voye plus large et droicte, avoient esté abbattus et démolis, fut aussi abbatu le temple de Paix, anciennement et de long temps gardé pour la mémoire des anciennes structures, ainsi que sont autres plusieurs édifices et ruines à Romme, gens curieux et superstitieux, dont audit lieu a ordinairement grand nombre, interprétèrent la chose à mauvais augure, et commencèrent à en faire des préjudices et discours, en disant que c'estoit signe que l'Empereur y estoit entré, non à heure d'y establir et confermer la paix, ainsi qu'il se vantoit, mais pour en oster au contraire toute mémoire et souvenance. Et peu après feit l'Empereur des actes assez, qui confermèrent beaucoup le monde en ceste opinion.

Il avoit, ledit sixiesme jour d'avril, esté de six à sept heures avec Nostre Sainct-Père. Au lendemain l'évesque de Mascon, ambassadeur du Roy vers Nostredit Saint-Père, et le seigneur de Velly, aussi ambassadeur du Roy vers l'Empereur, eurent audience de Sa Saincteté; à laquelle ils exposèrent que jusques alors avoit esté la pratique de paix entretenue par le Roy leur maistre, en espérance que le tout se concluroit par le moyen et intervention de Sa Saincteté, lequel moyen et intervention y estoient fort nécessaires, pour oster et purger les suspicions et deffiance qu'ils avoient l'un de l'autre, et les rendre bien confidens et unis ensemble; prians Sa Saincteté vouloir y mettre peine, et mesmement à faire condescendre l'Empereur à l'investiture de Milan, en la personne du duc d'Orléans : à quoy ledit Velly, comme ayant long-temps négocié avec l'Empereur, asseuroit Sa

Saincteté qu'elle trouveroit ledit seigneur assez enclin et disposé, ne passant toutesfois plus outre sur ce propos, car encores pensoit-il que l'Empereur eust tenu secret à Nostredit Sainct-Père, ainsi qu'il avoit voulu estre tenu par le Roy, ce que desjà il en avoit esté accordé. Et au surplus, premièrement prièrent Sa Saincteté leur faire part des choses qui, en si long parlement, avoient esté, le jour précédent, agitées entre eux pour le bien et repos de la chrestienté, service de Dieu, exaltation et gloire du Sainct-Siége.

Respondit Nostre Sainct-Père qu'il avoit trouvé l'Empereur assez désirant la paix, et que luy, par advis dudit seigneur, au lendemain feroit congréger (ce qu'il feit) les cardinaux du Sainct-Siége, ses frères, en consistoire, pour avecques eux delibérer de ce qui seroit requis, tant pour l'intimation du concile (auquel il ne faisoit doubte que le Roy ne luy assistast) comme pour ceste intelligence entre iceux deux princes, et paix universelle de la chrestienté. Et qu'en cest affaire, luy estoit résolu, ainsi que le debvoir vouloit, de s'entretenir en neutralité; et là-dessus s'estendit à dire combien il estoit tenu de maintenir justice, et d'obvier à l'obstination de celuy qui se monstreroit desraisonnable : bien vouloit-il les advertir avant la main, qu'à ce qu'il en pouvoit entendre, jamais l'Empereur ne se condescendroit de bailler Milan au duc d'Orléans. A ce n'osèrent répliquer les dessusdits de Mascon et de Velly, craignans d'offenser l'Empereur, au cas que sans son congé ils parlassent plus avant de la chose qu'il avoit pressé de tenir secrète. Mais, puis après, en parla ledit de Velly au seigneur de Granvelle, le priant de ne vouloir envers Nostre Sainct-Père traverser le Roy, pour la volonté qu'il avoit usé de tenir secret ce que ledit seigneur Empereur avoit ainsi voulu. Et pensoient en effet que ceste difficulté que faisoit Nostre Sainct-Père, ne procédast d'autre occasion, sinon que l'Empereur à son escient luy en eust faict le difficile, pour luy donner ce contentement qu'il pensast d'avoir esté le médiateur et compositeur d'icelle et autres difficultez. Le seigneur de Granvelle alors, après avoir faict quelque expostulation de ce qui se taisoit contre le duc de Savoye, asseura ledit de Velly que l'Empereur, ce nonobstant, persistoit en sa promesse, combien que, s'il eust sceu ledit traittement qu'on luy faisoit, il n'eust jamais promis ce qu'il avoit faict; mais que toute la difficulté procédoit de Nostre Sainct-Père, lequel vouloit peu de bien à la maison de Médicis, et à ceste cause ne voudroit veoir une fille de laditte maison estre duchesse de Milan. Et, à ce que mieux on adjoustast foy à son dire, permist audit seigneur de Velly de dire franchement à nostre Sainct-Père et l'asseurer que s'il vouloit bien à bon escient s'employer envers l'Empereur à ce qu'il investist le duc d'Orléans de l'Estat et duché de Milan, ledit seigneur Empereur infailliblement le luy accorderoit.

Je ne puis dire quelle intelligence secrette il y avoit entre ledit Sainct-Père et l'Empereur; bien sçay-je dire qu'au lendemain les dessusdits évesque de Mascon et seigneur de Velly allèrent vers Nostre Sainct-Père, et luy dit ledit seigneur de Velly ouvertement que dès Naples il avoit peu, s'il eust voulu, conclurre l'investiture du duc d'Orléans; mais que le Roy avoit tant voulu déférer à Sa Saincteté que de n'en vouloir rien conclurre sans elle, encores que ce fust chose qui luy touchast de si près, comme d'éviter le trouble entre ses enfans, et conséquemment de tout son royaume. Ledit Sainct-Père, soit qu'il eust ainsi conclu avecques l'Empereur, ou qu'il fust vray ce que le seigneur de Granvelle avoit dit de luy, répliqua lors aux dessusdits de Mascon et de Velly, que de parler du duc d'Orléans il n'y avoit aucune raison; et quant à luy, qu'il estoit père universel, et devoit penser à la tranquilité d'Italie aussi bien qu'à celle du royaume de France. A tant luy remonstra ledit seigneur de Velly que toutesfois qu'entre lesdits frères enfans du Roy y auroit trouble à cause du duché de Milan, le mesme trouble redonderoit sur Italie, et tant insista que ledit Sainct-Père luy accorda d'en faire requeste à l'Empereur, auquel alla le seigneur de Velly gaigner le devant, et le prier de ne s'y vouloir rendre difficile; mais il ne tira de luy sinon expostulations et plainctes, fors qu'à la fin il luy promist, en termes généraux, de ne faire chose qui préjudiciast à la bonne volonté qu'il avoit de se bien entendre avecques le Roy. Vray est que, partant ledit Velly d'avecques Sa Majesté, les seigneurs de Cannes et de Granvelle luy donnèrent meilleure espérance, voire asseurance que là où Nostre Sainct-Père ne feroit difficulté sur ceste investiture pour le duc d'Orléans, aussi n'en feroit point l'Empereur leur maistre. Et, sur ceste asseurance, l'évesque de Mascon au lendemain retourna dire ce que dessus à Nostre Sainct-Père, en luy remonstrant que si l'Empereur, estant arrivé à Romme, et après avoir communiqué avec Sa Saincteté, se trouvoit estre variant de ce qu'il avoit promis estant à Naples, et tant de fois réitéré depuis, on auroit apparente cause de souspeçonner que d'elle et par son moyen procédast ceste variation, attendu mesmement que Saditte Saincteté avoit tousjours, dès le commencement, allégué ces mesmes difficultez.

Nostre Sainct-Père, se voyant ainsi pressé de près, respondit alors que les seigneurs de Cannes et Granvelle, incontinant qu'ils eurent le jour précédant communiqué avecques lesdits de Mascon et de Velly, estoient venuz luy réciter tout ce que les uns et les autres avoient dit, respondu et répliqué ; et que, parlant franchement, luy se doubtoit fort que l'Empereur et eux entretinssent expressément pratique pour les amuser, et à ce que, sur ceste espérance, ils amusassent le Roy pendant le temps que ledit seigneur Empereur se préparoit à la guerre; que toutesfois, pour leur complaire, il s'employeroit encores à obtenir ce qu'ils demandoient pour le duc d'Orléans, combien qu'il fust certain que ce seroit peine perdue. A quoy répliqua l'évesque de Mascon que le Roy, sans cela, jamais ne viendroit à conclusion. « Je pense » doncques, dit Nostre Sainct-Père, que les » choses ne peuvent sinon estre en rompture ; » car l'Empereur ne veult, et, quand il le vou- » droit, ne peult bailler Milan sans le consente- » ment d'aucuns, lesquels, à mon advis, ja- » mais n'y consentiront. » Il vouloit dire des Vénitiens, devers lesquels avoit l'Empereur envoyé, pour, ainsi qu'il disoit, qu'ils y consentissent, mais, comme couroit le bruit, qu'ils y contredissent.

En ce mesme temps arriva le seigneur d'Espercieu, lequel j'ay dit par cy-devant avoir esté dépesché sur les plainctes que l'Empereur avoit faictes au seigneur de Velly. Sur ceste occasion envoya ledit de Velly demander audience, et, après avoir salué ledit seigneur Empereur de par le Roy, luy feit les responses et remonstrances sur chacun article, ainsi qu'il luy estoit ordonné de faire. Premièrement, quant à ce que l'Empereur alléguoit que le Roy donnoit assez à cognoistre qu'il ne vouloit conclurre ledit traitté, puisqu'au lieu d'envoyer monseigneur l'amiral à ceste fin, il l'avoit envoyé ailleurs, et pour effect contraire, c'est-à-dire pour faire la guerre, le Roy respondoit qu'attendant response de la difficulté qu'on luy faisoit sur l'usufruict qu'il demandoit luy estre réservé, aussi voyant la remise de Naples à Gaiette, et de Gaiette à Romme, et que l'armée qu'il avoit préparée pour avoir la raison de ce que le duc de Savoye luy occupoit, luy demouroit cependant inutile, il avoit envoyé ledit amiral poursuivre saditte raison, en attendant que ledit seigneur Empereur le mandast, lequel encores ne l'avoit mandé; mais que, nonobstant qu'ayant le Roy, à la requeste de l'Empereur et à son instance, révoqué un gentilhomme de sa chambre qu'il avoit à Venise, luy eut cependant traitté avecques les Vénitiens, qui se pouvoit dire innovation ; toutesfois la première et principale charge qu'il avoit donnée audit amiral, estoit de ne toucher aucune chose qui, à quelconque tiltre, appartînt à l'Empereur, ou dont il fust jouissant et possesseur : joinct qu'il n'avoit esté demandé préfixement que ledit amiral y allast, mais luy ou autre personnage d'authorité : mesmement, qu'il avoit esté parlé d'un cardinal, et qu'à ceste cause le Roy avoit ja faict la dépesche de monseigneur Jean, cardinal de Lorraine ; lequel, faignant d'y aller afin d'assister à Nostre Sainct-Père, pour le debvoir du lieu que tiennent les cardinaux, pourroit plus ouvertement manier ceste pratique, laquelle vouloit l'Empereur estre tenue si secrète, et auquel, pour estre prince et si prochain du Roy que nul autre pourroit l'estre d'avantage, ledit seigneur Empereur adjousteroit foy ; puis après, quand on auroit mis les choses en bon train, le mander alors audit amiral, qui s'y trouveroit avecques ample et suffisant pouvoir, dont il estoit desjà garny.

La vérité estoit en effect que l'Empereur ne ses ministres n'avoient du commencement demandé ledit seigneur amiral précisément ; et, sur ce que depuis ils en firent instance, fut advisé qu'estoit raisonnable de l'y envoyer et laisser son armée sans chef, estant le seigneur Antoine de Lève si près, et assez donnant à cognoistre que, si le moyen et opportunité s'offroient, il eust bien voulu jouer d'une surprise à ladite armée ; mais, pour oster toute occasion de dire ou penser que le Roy ne voulust entendre à ceste confirmation de paix, laquelle certainement il désiroit, sur toutes choses, fut advisé d'y envoyer mondit seigneur le cardinal ; et (ce que beaucoup de gens rusez trouvèrent faict plus bonnement que cautement) fut ledit seigneur amiral, par homme exprès, adverty de ceste conclusion, avec mandement de ne marcher outre avant qu'il eust parlé à luy ; et que, cependant, retirant son camp en quelque lieu de seureté, il donnast advis de ceste dépesche au seigneur Antoine de Lève, à ce qu'il ne donnast empeschement au courrier qui portoit ceste nouvelle au seigneur de Velly, ainsi qu'il avoit faict à Espercieu venant au Roy.

L'Empereur, ouye ceste première response et remonstrance à sa première plaincte, sans attendre quelle seroit la response aux autres, interrompit les paroles du seigneur de Velly, luy répliquant que par sondit traitté avecques les

Vénitiens, il n'avoit rien innové, mais seulement confermé ce qui avoit esté faict à Boulongne, et n'avoit faict chose qui l'empeschast de traitter avec le Roy; *item*, que son traitté n'estoit que paroles; ce que faisoit le Roy contre le duc de Savoye estoit autre chose que paroles, qui deussent précéder les effects; et quant au pouvoir qu'avoit l'amiral, il n'estoit à propos, car luy n'avoit accoustumé de traiter en ceste sorte; que bien s'estoit-il veu plus au dessoubs du Roy qu'il n'estoit, mais qu'il n'avoit jamais rien faict pour la force d'iceluy, et que jamais ne fut, et encores estoit moins pour se laisser conduire à traitter par force; adjoustant qu'estant le duc de Savoye son vassal, et son allié de si près, raison ne vouloit qu'il luy faillist. Quant à l'usufruict, puisque le Roy en attendoit response, que ledit Velly la pourroit veoir sur les articles que luy avoit baillez à Nostre Sainct-Père. Sur ce, luy respondant ledit Velly que desjà il les avoit veuz, et qu'il y trouvoit novation sur la personne du duc d'Orléans à celle du duc d'Angoulesme, dit l'Empereur alors que ce qu'il avoit accordé, il l'avoit faict soubs condition que les seuretez se trouvassent telles que luy eust cause de s'en contenter : ce qu'il voioit estre impossible, joinct qu'il n'estoit tenu d'observer son offre, que le Roy n'avoit acceptée. Répliqua le seigneur de Velly, quant à l'acceptation, que le Roy l'avoit faicte par ses lettres de l'huictiesme, et quant aux seuretez, que ledit seigneur Empereur avoit tousjours dit qu'il ne les demanderoit sinon raisonnables; aussi que les demandant autres, il sembleroit qu'il eust voulu décevoir le Roy, luy accordant une chose dont il espérast invalider la promesse par impossibilité d'une autre. Dit l'Empereur avoir promis, et voirement promettoit encores, de ne demander chose desraisonnable, et qu'il en useroit du conseil de Nostre Sainct-Père et de ses autres confédérez. Le seigneur de Velly persévéra, insistant qu'il ne rétractast sa promesse, et alléguant les autres promesses faictes ailleurs pendant ceste praticque, lesquelles pouvoient mettre le Roy en doubte de la volonté dudit seigneur Empereur, comme : la praticque qu'il menoit en Angleterre, les lettres par luy escrites au roy de Portugal, en luy offrant l'Estat de Milan pour son frère; aussi le bruit commun qui estoit en la ville de Rome, en toute Italie et Allemagne, que l'on donnoit paroles au Roy pour l'amuser et faire surseoir son armée; et, après tout cela, ceste rétractation de la promesse faicte pour le duc d'Orléans : lesquelles choses assemblées et mises en considération, ne pouvoient sinon jetter le Roy en désespoir, et le conduire à faire ou promettre ailleurs chose que puis après il ne pourroit honnestement ne rétracter ne dissimuler.

En ceste manière faisoit le seigneur de Velly ses remonstrances, comme celuy auquel il grevoit jusques au cueur, avoir si avant asseuré son maistre de chose qu'il voyoit lors aller à rebours, et ce, pour s'estre fié sur la parole d'un si grand prince qu'un empereur. D'autre costé se sentoit l'Empereur picqué un peu plus avant qu'il n'eust voulu; et pour ce, demanda en colère audit de Velly s'il avoit pouvoir et mandement de traitter au nom du Roy son maistre. A quoy il respondit que non, voulant au demourant alléguer les raisons, et parachever de dire les responses et remonstrances du Roy sur le surplus des expostulations et plainctes qu'on luy avoit faictes. Mais l'Empereur ne le souffrit parler plus avant, et, se tournant à luy : « Don- » ques, dit-il, puisque vous n'avez pouvoir, ne » pouvez-vous dire que je vous donne paroles, » mais plustost vous à moy : et tant y a que de » ce que je vous ay dit je ne passeray plus outre, » que je ne voye vostre pouvoir. »

Ceste response estoit telle, que si ledit Velly et autres manians à Rome les affaires du Roy, n'eussent bien sceu l'intention dudit seigneur estre entièrement encline à la paix, en la recouvrant avec honnestes conditions, ils avoient assez occasion de se désister entièrement de la praticque, jusques à ce qu'ils eussent autres nouvelles et mandement du Roy. Toutesfois l'évesque de Mascon ayant sceu, par Nostre Sainct-Père, que l'Empereur, entre plusieurs propos et parlemens qu'ils avoient euz ensemble, avoit faict mention de luy, comme trouvant estrange que, depuis son arrivée à Rome, ledit évesque n'avoit encore esté vers luy, délibéra, sur ceste occasion, d'y aller et taster de luy, en devisant s'il pourroit faire qu'il retombast sur ces propos. Au lendemain, qui fut le troisiesme jour depuis l'arrivée de l'Empereur à Rome, après toutes les cérémonies faictes en l'église Sainct-Pierre, ausquelles assista l'Empereur en ses habits impériaux, portant la couronne sur sa teste, le seigneur Pierre-Louis de Farnèse tenant devant luy la pomme ronde, et le marquis de Brandebourg portant le sceptre, et messire Jacques de Longueval, seigneur de Bossu, grand escuyer, portant l'espée, ledit évesque de Mascon envoya vers Sa Majesté luy demander l'heure qu'il luy plairoit luy donner accès pour luy aller faire la révérence; laquelle heure luy fut assignée au lendemain matin.

A l'heure assignée vindrent ensemble ledit de Mascon et le seigneur de Velly, lesquels

20.

trouvèrent les ambassadeurs de Venise desjà entrez en la chambre dudit seigneur Empereur, qui tost après en sortit pour aller à la messe; et, s'approchant de luy lesdits ambassadeurs de France, l'évesque de Mascon prist la parole, et luy dist qu'estant ambassadeur du Roy Très-Chrestien, son bon frère, devers la Saincteté de Nostre Sainct-Père, il n'avoit voulu faillir de luy faire la révérence et luy présenter son très-humble service. L'Empereur respondit qu'il estoit très-aise de le cognoistre, et avoir entendu de Nostre Sainct-Père que ledit évesque avoit tousjours faict très-bon office, et qu'il désiroit à ceste cause luy faire plaisir. Puis s'addressant au seigneur de Velly : « Il me semble, » dit-il, par les derniers propos que vous me » tinstes, quand je vous déclaray le contenu ès » articles par moy communiquez à Nostre Sainct-» Père, que le Roy mon frère n'est point pour » les accepter, d'autant que je me suis retiré de » ce qui avoit esté parlé pour le duc d'Orléans » son fils; et pour ce, je désireroye merveilleu-» sement sçavoir si vous avez rien d'avantage » de son intention. »

Sur cela respondit ledit seigneur de Velly qu'attendue la brièveté du temps qu'il y avoit que l'on estoit entré en ceste difficulté touchant ledit seigneur duc d'Orléans, Sa Majesté pouvoit bien entendre et cognoistre qu'il estoit impossible qu'il en fust encores autrement averty, pour ce qu'à peine pouvoit estre arrivé en la cour du Roy son maistre, le messager qui en portoit les nouvelles. Desquelles iceluy seigneur de Velly dist ne doubter point qu'elles ne semblassent bien estranges audit seigneur, attendu les propos qui luy en avoient esté tenuz par cy-devant, et les honnestes responses qu'il en avoit faictes, ensemble les bonnes euvres qu'il avoit offert exécuter, et en estoit prest, faisant Sa Majesté Impériale ce qui avoit esté traitté pour ledit seigneur duc d'Orléans. « Je ne » vueil pas, dit l'Empereur, blasmer ses euvres, » aussi ne vueil-je pas justifier les miennes en » secret; et pour ce, suis-je bien aise que » vous, monseigneur de Mascon, soyez pré-» sent : vous m'accompagnerez tous deux, s'il » vous plaist, devers le Pape, et là je vous dé-» clareray mon intention. » Et ce disant, appella aussi les ambassadeurs de Venise pour le suivre.

En ceste sorte entrèrent tous ensemble en la chambre du consistoire, où le Pape est de coustume se vestir de ses habits pontificaux; et là trouvèrent messieurs les cardinaux, attendans Nostre Sainct-Père, avec lesquels s'amusa ledit seigneur Empereur, en devisant sur pieds l'es-pace d'un gros quart-d'heure. Ce pendant on advertit Nostre Sainct-Père, qui encores ne sçavoit riens de sa venue. Sa Saincteté luy envoya demander s'il luy plaisoit monter en sa chambre; et il respondit vouloir attendre Saditte Saincteté. Nostre Sainct-Père descendit tost après, et s'allèrent eux deux ensemble appuyer au bout d'un lit qui estoit dressé en ladite chambre. Et là déclara ledit seigneur Empereur à Sa Saincteté qu'il luy désiroit parler d'aucunes choses d'importance, en la présence du sainct et sacré collège des cardinaux. Sur quoy, ordonnant Sa Saincteté que tous autres vuidassent la chambre, ledit seigneur le pria très-affectueusement que tous demourassent, et qu'il vouloit bien parler publiquement. Et alors messieurs les révérendissimes cardinaux s'assemblèrent à l'entour d'eux, comme en demy-cercle, auquel estoient les ambassadeurs de France, et derrière eux ceux de Venise; après, grand nombre d'autres ambassadeurs et de prélats, ducs, comtes, barons et autres personnes notables.

Adoncques l'Empereur, le bonnet au poing, commença dire comment il estoit venu pour deux raisons principales : la première, pour baiser les pieds de Sa Saincteté, luy offrir sa personne et son pouvoir, et la supplier de vouloir convocquer le concile universel; en quoy ayant trouvé Sa Saincteté, non seulement bien disposée, mais si très-affectionnée et prompte, il la remercioit grandement du bon commencement qu'il y avoit desjà donné, et de la délibération qui en auroit esté arrestée au dernier consistoire ou congrégation générale, le suppliant vouloir continuer et parachever cest euvre si nécessaire à toute la chrestienté, offrant tout ce qui seroit en sa puissance pour les conduitte et heureux progrès d'iceluy. La seconde principale raison de sa venue estoit pour luy faire entendre combien de tout temps il avoit, pour le bien de la chrestienté, désiré avoir bonne intelligence et amitié avecques le roy de France, et qu'il n'eust point esté marry que maintenant les choses se fussent peu dresser entre eux à quelque meilleure conclusion; mais qu'il avoit trouvé ledit roy de France si desraisonnable, qu'il estoit contraint, de toute sa vie et des choses qui ont passé entre eux deux, rendre compte et raison, en présence dudit sainct collège, des ambassadeurs, des princes et potentats, et des autres seigneurs et notables personnages y assistans, afin que l'on sçache lequel a plus juste cause de se douloir de l'autre; priant Sa Saincteté, s'il se trouvoit long en ce récit, le vouloir en excuser, tant pour la diversité des choses, que pour la débilité de sa mémoire, et la non trop bonne disposition de sa personne.

Ceste excuse prémise, l'entrée de sa narration fut du traitté de mariage, autresfois accordé par les défuncts de bonne mémoire, empereur Maximilian et roy Louis de France, d'entre luy, nepveu dudit Maximilian, et madame Claude, fille aisnée dudit roy Louis, laquelle depuis auroit esté royne de France; lequel mariage n'ayant esté accomply, par la coulpe et faulte dudit roy Louis, l'empereur Maximilian, irrité de cest outrage, entreprint la guerre contre ledit roy Louis et le chassa du duché de Milan. Quelque temps après, estant luy en l'aage de quinze ans, le roy François seroit venu à la couronne de France, auquel il désira grandement avoir alliance et amitié; et, nonobstant qu'il fust encores en si bas aage, si avoit-il dès-lors bonne cognoissance de la prochaineté du lignage qui estoit entre eux par le moyen de madame Marie de Bourgongne, son ayeule; et qu'à ceste cause, il auroit envoyé devers ledit roy de France grosse et notable ambassade (en laquelle estoit le comte de Nansau, son cousin), renouveller et restraindre ses alliances avec ledit roy de France, et fut traitté du mariage de luy et de la belle-sœur dudit Roy. Que peu après seroit survenue l'entreprise de Milan par le Roy, lequel auroit obtenu victoire; dont luy auroit esté aussi aise que de chose qui luy eust peu advenir, et auroit laissé d'obéir à l'empereur Maximilian, son ayeul, qui luy avoit commandé de l'empescher le plus qu'il pourroit. Que, tout ce nonobstant, le Roy auroit depuis voulu entrer en nouvelles capitulations avecques luy, en luy voulant bailler madame Louise, sa fille aisnée, à femme, et, au deffault d'elle, madame Charlotte, sa seconde fille, et le requist alors d'entrer avecques luy en guerre contre le roy d'Angleterre, pour le recouvrement de la ville de Tournay; chose dont luy le desconseilla, et tant persista, qu'il l'en feit désister à sa requeste. Que peu après, seroit intervenue la mort du roy Ferdinand d'Arragon, son ayeul maternel, et que luy estant à ceste cause besoing de passer en Espagne, force luy fut pour s'asseurer du Roy, et pour n'entrer avecques luy en roupture, traitter avecques luy tout de nouveau; à quoy luy ne voulut estre refusant, jusques à consentir et accorder au Roy cent mille escus de pension par chacun an, sur le revenu de ses royaumes de Naples et de Sicile.

Depuis, seroit ensuivie la mort de l'empereur Maximilian, et que, vacant l'Empire, tous deux auroient aspiré et cherché de parvenir à ce degré. Sur lequel propos usa ledit seigneur Empereur d'une fort longue démonstration des bonnes et raisonnables causes qu'il avoit eues d'y prétendre plus tost que nul autre, veu que si grand nombre de ses prédécesseurs y seroient parvenus, et que c'eust esté à luy faillir grandement à son honneur, au cas qu'il n'eust employé tous ses esprits à recouvrer une telle dignité, qui estoit desjà comme héréditaire et acquise à sa maison. Que, ce nonobstant, il n'auroit jamais eu à mal que le Roy de France luy fist concurrence, lequel aussi de sa part auroit par plusieurs fois dit à l'ambassadeur que luy Empereur tenoit en France, que ceste poursuitte devoit entre eux estre comme de deux amans cherchans tous deux l'amour d'une mesme dame; et quand l'un y seroit parvenu, que l'autre ne luy en devroit porter aucun maltalent, ains qu'ils devroient (et que telle estoit sa volonté) persévérer néantmoins en leur première bienveillance et amitié. Mais que, nonobstant ces bons propos, le Roy, après que luy fut déclaré Empereur, seroit entré en jalousie de sa grandeur, et l'auroit faict presser de renouveller leurs alliances soubs autre formé et conditions, en le faisant obliger à espouser madame Renée, sa belle-sœur, qui à présent est duchesse de Ferrare, et, ne se contentant de cela, l'auroit aussi faict presser d'asseurer lesdittes alliances par ostages, ce que luy auroit refusé de faire, non y estant obligé, et que l'ambassadeur du roy de France estant lors en Allemagne, y auroit faict de très-mauvaises praticques. Ne dit point ledit seigneur et ne sçait pas si ce fut par le commandement du Roy son maistre; bien dit que ledit ambassadeur se seroit eslargy jusques à dire à luy Empereur dessusdit, que, s'il ne confermoit et asseuroit icelles alliances en la manière que le Roy son maistre le demandoit, il ne pourroit penser qu'il les voulust entretenir, comment que ce fust. Dès-lors, dit ledit seigneur, commença le roy de France à faire démonstration de sa mauvaise volonté contre luy, et à prétendre aux choses de Naples; mais quoy ne comment ne dist plus outre.

Puis adjousta que le Roy auroit d'une part suscité messire Robert de La Marche à faire la guerre audit seigneur, à cause de quelque sienne querelle, trouvant ledit messire Robert de La Marche homme propre et tel instrument qu'il le demandoit pour exécuter ses mauvaises intentions, ainsi qu'estoit le duc de Gueldres en cas pareil, et que sont les deux personnages dont ledit roy de France et ses prédécesseurs auroient accoustumé de s'ayder à faire ennuy à luy Empereur et aux siens prédécesseurs. De l'autre part, et en un mesme temps, auroit ledit roy de France suscité le sire d'Albret à poursuivre le recouvrement du royaume de Navarre, prétendant luy estre loisible d'ayder audit d'Albret, en tant qu'il estoit dit par ledit traitté d'entre eux Empereur et Roy, que luy Empereur en cheviroit avecques ledit d'Albret; ce que jamais il n'auroit refusé de faire, ains auroit offert de bailler récompense audit d'Albret, d'autant que vault ledit royaume de Navarre; et que de ceste sorte se seroit allumée la guerre entre eux deux; qui fut au mesme temps que l'hérésie luthérienne commença de pulluler en Allemagne, et qu'en Espagne, en son absence, se soubslevèrent les païsans à l'encontre de luy : et laquelle guerre auroit entre eux duré jusques à la bataille de Pavie, en laquelle ledit roy de France fut faict son prisonnier; et depuis fut par luy délivré, avecques certaines conditions apposées et contenues au traitté de sa délivrance, passé à Madrid entre les députez d'iceux seigneurs Empereur et Roy, lequel traitté non seulement les députez du Roy auroient promis de faire garder et observer inviolablement, mais le Roy mesme, en passant avecques luy devant un crucifix que sur le chemin ils rencontrèrent, le luy auroit ainsi promis et juré : qui fut la cause que luy entra en quelque espérance qu'ainsi seroit, combien qu'il eust bien auparavant esté adverty que ledit roy de France avoit dit à quelque personnage que jamais il n'en tiendroit riens; comme à la vérité il n'auroit faict, sinon autant qu'il en avoit accomply préalablement avant sa délivrance, s'excusant qu'il n'estoit en sa puissance d'accomplir les dessusdittes conditions : et que quand il auroit esté recherché, au cas qu'il ne fust en sa puissance de les accomplir, que doncques il s'en retournast en Espagne prisonnier, ainsi qu'il estoit auparavant, il auroit respondu n'avoir promis ne donné sa foy de ce faire. Et qu'alors fut par ledit Roy traittée la ligue qui se nomma Saincte, de par laquelle auroit, luy Empereur, esté admonnesté de rendre et délivrer au Roy ses enfans, ainsi que s'il les y eust euz par mauvais art et enchantement, et non baillez ostages pour la seureté et observation du traitté. A faulte de laquelle délivrance, et pource que luy n'auroit obéy à la sommation de ceste Saincte-Ligue, seroit ensuivie la guerre, pendant laquelle, ainsi que ledit Roy avant sa prison auroit envoyé le duc d'Albanie avecques armée au royaume de Naples, ainsi envoya-il le seigneur de Lautrec à la mesme entreprinse, en laquelle il mourut. Depuis, auroit envoyé le comte de Sainct-Pol à l'entreprinse de Lombardie, lequel y auroit esté pris environ le temps que luy Empereur passa d'Espagne en Italie; et que ledit roy de France, qui tousjours auroit voulu laisser passer quelque chosette avant que prester l'oreille aux propos de paix, alors se laissa conduire à en ouïr parler, et fut faict ledit traitté de Cambray, que ledit Roy n'auroit depuis gueres bien observé.

Mesmement, qu'estans peu après venues nouvelles des préparatifs que faisoit le Turc, et de son entreprise de descendre encores en Germanie, et luy Empereur se préparant à y résister, ledit roy de France auroit tenu plusieurs propos à son désavantage, soubs umbre qu'il n'y avoit esté appellé, disant mériter bien que ledit seigneur Empereur tînt compte de luy, et qu'il ne faisoit ceste entreprise seul, sinon pour desdaigner les autres princes chrestiens, et par ambition et affection qu'il avoit de parvenir à la monarchie : dont luy Empereur se vouloit bien justifier en la présence d'iceux assistans. Et proposa que, quant à l'ayde ou secours du roy de France, il n'en avoit voulu user, obstant qu'au seigneur de Balançon, qu'il avoit envoyé vers ledit Roy, il auroit faict response que pour le secourir il viendroit en Italie avecques cinquante mille hommes de pied, accompagnez de trois ou quatre mille chevaux; ce que luy auroit jugé n'estre à propos, ne pour le particulier intérest de Sa Majesté, ne pour le bien et repos de l'Italie : et quant à la monarchie, que s'il y eust aspiré, jamais n'en eust esté contredit par ledit roy de France, ains luy auroit ledit Roy offert son ayde à l'y faire parvenir envers et contre tous, moyennant qu'on luy eust voulu accorder seulement le duché de Milan.

Dit d'avantage que, depuis son retour de Germanie, ayant Sa Majesté faict une ligue à Boulongne pour la deffension d'Italie, ledit Roy s'en seroit plaint, et ce sans aucune occasion qu'il eust de justement s'en plaindre; car icelle ligue n'auroit esté faicte qu'à bonne fin et avecques princes chrestiens : disant ces mots avecques une contenance par laquelle et autres propos qu'il avoit souvent tenus, il vouloit donner à entendre que le Roy en eust faict une avecques princes non chrestiens.

Après, allégua comment le Roy se seroit plaint de la mort de Merveilles, que le duc de Milan avoit faict exécuter, et en laquelle mort icelui duc avoit eu très-bonne et très-juste occasion, pour les meschantes practiques dont estoit ledit Merveilles autheur et entreteneur,

Lesquelles plainctes disoit ledit seigneur estre procédées de la seule envie qu'avoit ledit roy de France de trouver occasion ou couleur de rompre les traittez dernièrement faicts entre eux, desquels l'on pouvoit juger comment ils auroient esté observez et accomplis de bonne foy par ledit Roy; lequel ayant promis, entre autres choses, de ne faire aucunes praticques en Allemagne, y en auroit faict infinies, et, entre les autres, suscité le lansgrave de Hesse à faire l'entreprise de Wittemberg; chose que ledit Roy ne pourroit nier, attendu qu'icelle entreprise auroit esté faicte de ses deniers; et qu'en Italie aussi peu se seroit-il abstenu de faire menées et praticques au préjudice des traittez, et mesmement, depuis peu de jours en ça, par le seigneur de Tinteville, et auparavant, alors que luy Empereur se préparoit pour aller en Afrique. Durant lequel préparatif ledit Roy, pour le mettre en jalousie et le tenir en crainte, auroit aussi faict de son costé gros appareil de guerre, combien que depuis il s'en seroit désisté facilement, non en faveur de luy, mais estimant qu'il seroit plus à son propos de le laisser aller au hazard de ceste entreprise, et y despendre ses deniers, afin que si pis ne luy advenoit, à tout le moins il en eust faulte par après.

Dit d'avantage, en se plaignant, comment ledit Roy de France luy avoit, contre ledit traitté, retenu long-temps aucuns ses subjects en ses gallères par force, et ce soubs umbre seulement que luy n'en pouvoit rendre autres du Roy, qui se perdirent avecques Portunde sur ses gallères; lesquels subjects du Roy il auroit depuis rendus, incontinant qu'il les auroit peu avoir en sa puissance, c'est à sçavoir après la victoire de Thunis, de laquelle seroit au moins redondé ce bien particulier audit roy de France; bien disoit-il estre vray, et ne vouloit désavouer, que ledit seigneur Roy ne luy eust aussi rendu les siens après avoir eu les prisonniers de Thunis; mais que, cherchant tousjours nouvelle occasion de se douloir, luy auroit après faict faire instance, par le seigneur de Velly, son ambassadeur, de luy rendre certains autres prisonniers que tenoient les seigneurs André et Antoine Dorie en leurs gallères, lesquels toutesfois estoient prisonniers pour autre occasion que pour la guerre, et pour la délivrance desquels y avoit de grandes disputations à démesler.

Item, que, depuis la mort du duc Francisque Sforce, le Roy luy auroit faict demander le duché de Milan, ou pour luy, ou pour l'un de ses enfans; à quoy il auroit faict telle responce, que tous ceux qui l'entendront tesmoigneront par icelle combien il est affectionément désireux de la paix; car, nonobstant que le roy de France y eust renoncé, et que luy eust grande occasion et juste tiltre de le retenir à soy, il ne luy avoit toutesfois voulu refuser; bien avoit-il, avant la main, voulu sçavoir l'intention du Roy sur ce qui appartient au général de la chrestienté, comme du concile et de la réduction des Lutériens; aussi d'establir une bonne et seure paix en Italie, et de quelles forces ledit roy de France luy voudroit ayder à l'encontre du Turc; et que, soubs ces conditions, il luy auroit accordé donner ledit duché de Milan au duc d'Angoulesme : chose de laquelle il pensoit que ledit Roy se devoit raisonnablement contenter, parce que la royne de France, sa sœur, luy en avoit escrit auparavant, en luy donnant à entendre par ses lettres, que ledit Roy désiroit grandement avoir avecques luy bonne intelligence et seure amitié, laquelle amitié se pouvoit asseurer, en baillant à l'un de ses enfans iceluy duché. Bien advoua-il estre vray que par sesdittes lettres elle donnoit à cognoistre que le Roy aymeroit mieux ledit duché pour le duc d'Orléans; toutesfois que non, pourtant il se contenteroit de l'avoir pour l'un, s'il ne pouvoit obtenir pour l'autre : et que luy, à ceste cause, encores qu'il eust peu d'occasion de faire plaisir au roy de France, attendu qu'en faisant porter parole de paix à Sa Majesté, venue seulement pour visiter ses royaumes de Naples et de Sicile, faisoit si grands préparatifs de guerre, voire avoit assailly desjà le duc de Savoye, sans avoir aucun esgard, et qu'estoit son oncle, et que, par les capitulations, il ne pouvoit riens prétendre en Italie, ne faire entreprise contre les alliez de Son Impériale Majesté.

Toutesfois, afin de monstrer sa bonne intention et combien il désiroit la paix de la chrestienté, aussi pour estre par cy-après excusé devant Dieu et devant les hommes, il offrit de nouveau trois partis au Roy, en la présence de Sa Saincteté, du saint colége et de tous les autres assistans : dont le premier fut de bailler le duché de Milan à l'un des enfans du Roy, moyennant que par là il se trouvast moyen d'asseurer une bonne et durable paix, sans laquelle voye il ne le voudroit aucunement faire; et néantmoins ne veoit point, tandis que le Roy persisteroit (ainsi qu'il en monstroit avoir la volonté) à demander ce duché pour le duc d'Orléans son fils, et non pour l'autre, que la dessusditte voye se puisse trouver, à cause que l'expérience des choses passées donnoit assez à cognoistre que le Roy ne demandoit ce duché pour s'arrester à tant, mais pour luy servir de degré à passer plus outre; d'autant que ledit duc d'Orléans pourroit prétendre aux Estats de Florence et Urbin, comme mary de la niepce des papes Léon et Clément ; et que si bien on luy mettoit en avant que ledit duc d'Orléans renonceroit à ses querelles, ainsi qu'offroit le roy de France, luy Empereur ne veoit point que lesdites renonciations fussent plus fortes que celle qu'avoit faicte le Roy du duché de Bourgongne : et qu'à ceste raison, ce qu'il feroit pour le duc d'Angoulesme avec autant de seureté (monstrant son doigt), il ne le feroit pour le duc d'Orléans avecques tant (et monstroit alors son bras) : pour autant que faisant nouveau traitté de paix avecques le Roy, il vouloit que ce fust vraye paix et non moyen de nouvelle guerre. Aussi vouloit que le Roy, en ce faisant, déclarast en quoy et avec quelles forces il luy assisteroit à la célébration du con[1]cile, et à toutes choses qui tendroient à la réformation de la république chrestienne, à l'extirpation des hérésies et à l'entreprise contre les infidelles : lesquelles choses ne se pouvans accorder sans préalablement oster toutes offenses, il demandoit que le Roy, avant toute œuvre et que procéder aux articles de paix, révocast et retirast son armée de Piémont ; car sans cela il ne vouloit entendre à la paix, et moins pouvoit l'espérer.

L'autre party qu'il offroit estoit que, au cas que le Roy ne voulust entendre au premier, dont il luy donnoit terme de vingt jours à respondre, non pour user de braverie, mais pource qu'il pensoit bien qu'environ ce temps-là leurs deux armées seroient si près l'une de l'autre, qu'à peine s'en départiroient-elles sans meslée, en ce cas, et pour éviter plus grande effusion de sang, dont tant et trop s'estoit espendu à cause d'eux, aussi qu'il estoit raisonnable que ceux se missent au danger pour lesquels estoit excitée ceste tempeste, ils vuidassent entre eux deux leurs différends, de personne à personne, et que c'estoit ce qui avoit autrefois esté faict, comme par David et autres ; car, encores qu'ils fussent roys, ils n'estoient toutesfois autres qu'hommes, combien qu'ils fussent un peu plus polis et mieux équippez que les autres. Dist au surplus en ceste matière, que, pour autant qu'il **sembleroit à plusieurs estre chose fort difficile de mettre ceste théoricque en praticque, pour l'infinité des difficultez qui peuvent sourdre à trouver lieu convenable et commun pour le combat**, qu'à luy ne sembloit point estre plus difficile de trouver lieu propre à cest affaire, que d'en trouver un à convenir et traitter de paix entre eux ; et quand ores il seroit plus difficile, si estoit ce qu'il s'y pouvoit trouver moyen, comme de combatre en une isle, ou sur un pont ou bateau en quelque rivière. Et quant aux armes, eux deux se pourroient aisément accorder à les prendre ; qu'elles fussent esgalles, et que luy de sa part les trouveroit toutes bonnes, fust-ce de l'espée ou du poignard, en chemise. Mais que, venant à ce poinct, il vouloit que celuy qui obtiendroit la victoire fust obligé de bailler ses forces à Nostre Sainct-Père, pour luy donner faveur à l'indiction et célébration du concile, à la réduction des rebelles et désobéissans de l'Eglise, à l'obéissance d'icelle, et à la résistence du Turc, ennemy de nostre foy : aussi que le vaincu à faire et accomplir ce que dessus assistast de toutes les siennes forces au vainqueur. A quoy ledit seigneur Empereur, dès lors comme pour le cas advenant, s'obligea envers Nostredit Sainct-Père et le Sainct-Siége apostolique, requérant d'avantage Sa Majesté, que, le cas advenant de ce combat, le Roy mist en dépost le duché de Bourgongne et luy le duché de Milan, pour estre les deux délivrez au vainqueur, et que de tous lesdits poincts accomplir ils baillassent et l'un et l'autre bons et seurs ostages.

Le troisiesme party, fut la guerre, à laquelle protesta ledit seigneur Empereur de jamais ne venir sans contraincte, disant qu'il sçavoit bien, si on venoit à cela, qu'elle seroit si cruelle que le vainqueur y auroit peu de prouffit, mais que la victoire appareilleroit au commun ennemy de nostre foy le pas et l'entrée pour nous venir courir sus, en espérance qu'il trouveroit, au moyen du dommage qui d'une part et d'autre adviendroit à l'occasion de ceste guerre, trop moins de résistance à l'encontre de ses forces, qu'il ne seroit requis au bien commun de la chrestienté : qui estoit la seule cause que Sa Majesté moult envis descendoit à ce party ; mais que force luy estoit de ce faire, et que pour son honneur il n'y pouvoit plus reculer, attendu la provocation que luy en avoit faicte le roy de France si à grand tort et injustement, et ce pendant qu'il luy faisoit tenir propos de paix, sans toutesfois luy avoir jamais envoyé homme qui eust charge, commission ne pouvoir de la traitter. Mais puisqu'il se voyoit en ceste sorte contrainct à prendre les armes maugré luy, qui les prendroit de telle heure, que chose du monde ne l'en destourneroit, jusques à ce que l'un ou l'autre des deux en demourast le plus pauvre gentilhomme de son païs ; lequel malheur il espéroit et se tenoit seur et certain qu'il tomberoit sur le Roy, et qu'à luy Dieu seroit aydant, ainsi qu'il avoit esté par le passé.

Adjoustant ledit seigneur Empereur à ce propos, que pour trois bonnes et justes causes avoit-il ceste espérance, voire asseurance de victoire : l'une que le droict estoit de son costé, car il n'estoit aggresseur ne provocateur en ceste guerre ; l'autre, que le Roy la luy avoit commencée au temps plus oportun et plus à propos, et plus à l'avantage de luy Empereur, qu'il eust esté possible de imaginer ; la tierce, qu'il trouvoit ses subjects, capitaines et soldats si bien disposez en si bonne amour, affection et volonté vers luy, et si bien expérimentez en l'art militaire, qu'il se pouvoit entièrement reposer du tout sur eux : chose qu'il sçavoit certainement estre du tout au contraire envers le roy de France, duquel les subjects, capitaines et soldats estoient tels et de telle sorte, que si les siens de luy estoient semblables, il se voudroit lier les mains, mettre la corde au col, et aller vers le roy de France en cest estat, luy demander miséricorde.

Sur ce protestant, au lieu de conclusion, que ce qu'il avoit mis en avant de la paix n'estoit point pour crainte ou peur qu'il eust du Roy; car ce ne fut jamais sa coustume de s'abaisser à demander paix en sa perte, mais seulement quand il estoit vainqueur, et pour obvier aux dessusdits inconvéniens qui adviendroient indubitablement de ceste guerre. Et à tant il discourut et déduisit, par infinité de paroles, les maux qui estoient à venir de la guerre, outre l'occision et mortalité du peuple chrestien, comme la ruine des villes et païs, suscitation de sectes et hérésies, esmotion de peuple, et rébellion contre les seigneurs, et à eux telle nécessité imposée, qu'ils soient contraincts de se rendre subjects aux passions et volontez de leurs propres subjects, voire des plus vils et plus meschans ; là ou de paix viennent et procèdent tous biens au contraire. Parquoy de rechef il protesta que s'il se trouvoit quelque bon moyen de paix, il ne seroit pour le refuser, et que nul sien particulier bien ou interest l'en destourneroit, moyennant toutesfois que le Roy préalablement et avant qu'en parler plus outre, retirast sadite armée qu'il avoit au Piémont. Et à tant, disant à haute voix qu'il conseilloit, qu'il désiroit, qu'il demandoit la paix, fina sa parole, baissant la teste pour lire en un petit brevet qu'il avoit environné à l'entour de son doigt.

Nostre Sainct-Père, reprenant ses propos, avoit commencé à louer les bonnes paroles et offres dudit seigneur Empereur, alors que Sa Majesté, après avoir jetté les yeux sur son brevet, luy dist en l'interrompant : « J'avoye, très-
» Sainct-Père, oublié à vous prier, en ma con-
» clusion, d'accepter et recevoir mes justifica-
» tions, et de vouloir prendre la peine de bien
» peser les choses et entendre lequel a tort,
» ou du Roy ou de moy; vous assurant que là
» où vous trouverez que le tort soit de mon
» costé, je suis content que vous favorisiez et
» secouriez le Roy à l'encontre de moy; aussi
» là où vous trouverez au contraire que je me
» mette à la raison, et que le Roy n'en tienne
» compte, en ce cas je prie et invoque Dieu,
» vostre Saincteté, ce sainct collège, et tout
» le monde à l'encontre de luy. » Ceste protestation ainsi finée, Nostre Sainct-Père, continuant sa parole, loua les bons propos et bonnes offres dudit seigneur Empereur, en ce qu'elles tendoient au bien de la paix, à laquelle il espéroit que le Roy ne seroit moins enclin de son costé, veu qu'il en avoit desjà déclaré sa bonne intention. Parquoy ledit Sainct-Père espéroit qu'ils ne viendroient n'à la guerre n'au combat; et quand il faudroit venir à l'un ou à l'autre (que Dieu ne voulust!), Sa Saincteté toutesfois estoit d'advis qu'estans iceux deux princes tels membres et principaux appuis de la république chrestienne, il ne pourroit à icelle république venir si grand dommage de la guerre, quelque grande et cruelle qu'elle fust, que du combat de personne à personne entre eux, s'il advenoit (comme il estoit à craindre) que l'un ou paravanture tous deux y mourussent. Parquoy il conseilloit qu'en délaissant les autres deux partis, on s'attachast à l'un, qui estoit de paix et d'amitié entre Leurs Majestez, pour à laquelle parvenir il estoit délibéré s'employer en tout ce qu'il pourroit envers l'un et l'autre ; et qu'à ceste intention il s'estoit résolu, par la délibération et advis de ses frères les cardinaux du Sainct-Siége, demourer neutral entre eux deux, et père commun, afin de pouvoir plus esgallement, et sans estre suspect de l'un ou de l'autre, conduire les choses à ceste fin ; enquoy il avoit espérance de les trouver, ainsi qu'il désiroit, tous deux raisonnables. Bien protesta qu'il ne pourroit autrement faire, là où l'un ou l'autre seroit pertinax et desraisonnable, que d'user envers luy de la puissance et authorité de l'Eglise.

De ceste response monstra l'Empereur estre moult satisfaict et content, et voulut, en remerciant, baiser la main de Sa Saincteté. Ce faict, l'évesque de Mascon s'avança, et dist audit seigneur Empereur, qui avoit faicte sa proposition ou protestation en langue espagnolle, que, pour n'entendre laditte langue, il n'avoit pas bien compris le tout; parquoy, il respondroit seulement à l'article concernant la paix, à laquelle il asseuroit bien que le Roy son maistre ne se trouveroit dur ne desraisonnable; remettant au surplus la response au seigneur de Velly, son compagnon, qui, pour avoir long-temps esté ambassadeur auprès de Sa Majesté, le pouvoit mieux avoir entendu que luy. Ledit de Velly s'approchant pour respondre (1), et demandant estre ouy sur ce, ledit seigneur Empereur reprint la parole, disant que, touchant la paix, on luy en avoit tenu propos assez souvent, et que luy maintenant demandoit des effects et non des paroles; adjoustant que tout ce qu'il avoit dit, il le bailleroit par escrit, mais que pour l'heure il n'auroit point d'autre audience. Et à tant se levèrent et séparèrent lesdits Sainct-Père et Empereur; les ambassadeurs de France aussi se retirèrent à part, en attendant que ledit Sainct-Père fust revestu de ses habits pontificaux; et revestu qu'il fut, l'évesque de Mascon se tira près de luy, en le priant vouloir tenir la main à ce que ledit seigneur Empereur luy baillast sa dessusditte proposition par escrit; le seigneur de Velly aussi en fist instance à Sa Majesté, qui luy promist de ce faire. Après, luy remonstra ledit de Velly, voyant l'oportunité qu'il avoit de luy dire en absence de Nostre Sainct-Père, que la faulte n'estoit point au Roy son maistre, s'il n'avoit là envoyé homme avecques pouvoir de traitter la paix; car Sa Majesté n'avoit jamais déclaré qu'il la voulust traitter à Romme, ains avoit tousjours dit qu'il ne vouloit point que Nostre Sainct-Père entendist en quels termes estoient les praticques, jusques à ce qu'elles fussent conclues. A quoy ledit seigneur Empereur respondit : « Vous sçavez bien, dit-il, long-temps » a que je venoye icy, et je le vous avoye dit » pour l'escrire au Roy vostre maistre; » et ce disant, il se vint rassembler avecques Nostre-Sainct-Père et allèrent ensemble à la messe. Au sortir de là, nosdits ambassadeurs trouvèrent les seigneurs de Granvelle et commandeur de Cannes, lesquels, par contenance, montrèrent d'estre fort desplaisans de cest affaire, disans qu'ils ne s'attendoient point que ledit seigneur Empereur fust venu pour faire un tel sermon; mais qu'il n'en falloit prendre que la première partie. Lesdits ambassadeurs respondirent que le Roy leur maistre estoit pour satisfaire de response et à l'un et à l'autre partie. Et à tant se départirent les uns des autres assez gratieusement.

Sur le soir, envoya Nostre Sainct-Père vers l'évesque de Mascon, à ce qu'il vint parler à Sa Saincteté devant qu'escrire au Roy son maistre; ce qu'il fist. Et au lendemain, à l'issue du disner de Sa Saincteté se trouvèrent ledit évesque de Mascon et le seigneur de Velly, ausquels ledit Sainct-Père, avec visage correspondant à ses propos, asseura qu'il estoit fort malcontent de ce qui estoit advenu, et que jamais n'en avoit entendu aucune chose auparavant; affermant bien que si l'Empereur s'en fust descouvert à luy, jamais il ne l'eust supporté ne souffert. Toutesfois, pour ce que les choses passées se pouvoient mieux blasmer que corriger, il les prioit bien instamment de vouloir faire bon office au bien de la paix, et d'escrire au Roy ceste nouvelle au plus dextrement qu'il leur seroit possible, taisant ce qu'ils pouvoient taire, sans faire faulte envers luy, et qui seroit pour plus

(1) Laissons parler ici Brantôme : « Une chose, dit-il, » voudrois-je bien sçavoir, si, lorsque l'empereur Charles-Quint, après sa glorieuse et triomphante victoire » de la Goulette et du royaume de Thunis, qu'il vint » tant braver à Rome, devant le Pape et tous les cardinaux, contre notre Roy, et le menacer de la façon » qu'il fit; si au lieu de l'évêque de Mascon, mais principalement de monsieur de Velly, pour lors ambassadeur près de Sa Majesté Impériale, il y eust eu quelque brave et vaillant chevalier de l'ordre du Roy, ou » un capitaine de gendarmes, ou autre vaillant gentilhomme de main et de bonne espée et bravasche; si » l'Empereur se fust tant avancé en paroles, et s'il » n'eust pas songé deux ou trois fois, quand il eust veu » l'autre parler à luy et respondre bravement, quelquefois mettant la main sur le pommeau de l'espée, quelquefois au costé, pour faire semblant de prendre sa » dague, quelquefois faire une démarche brave, quelquefois tenir une posture altière; maintenant son » bonnet enfoncé, maintenant haussé avec sa plume, » ores au costé, ores au devant, ores en arrière, maintenant laisser pancher à demy sa cape, comme qui vou» droit l'entortiller autour du bras et tirer l'espée; non, » je ne sache point si cet Empereur tant asseuré, encore qu'il fust très-brave et déterminé, qu'il n'eust » songé à sa conscience, et pensé : *Que veut faire cet* » *homme avec ces façons? Il pourroit faire un coup* » *de sa main en ce conclave serré, où il n'y a homme* » *d'espée des miens pour me secourir :* si bien qu'il se » fust avisé de retrancher le fil à ses premières hautaines » et outrageuses paroles. Au lieu que monsieur de Mascon, et monsieur de Velly, encores qu'il leur respondit un peu bien pour son estat et profession, ne » pouvant tenir autre contenance, sinon quelquefois » avec les doigts rabiller son bonnet carré, racoustrer et » estendre bien, avecques ses deux mains serrées et les » poulces estendus, sa cornette de taffetas, retrousser sa » grande robe de velours ou de satin sur les costez; » tout cela ne pouvoit donner la moindre terreur du » monde, ny à penser rien de peur dans l'âme. Si bien » que j'ai ouy dire qu'en ce faict il alla beaucoup de » l'honneur de nostre Roy, par faulte de quelque bra» vasche et présomptueuse réplique de l'ambassadeur, » dont le Roy n'en fut trop content. »

l'aigrir. Lesdits ambassadeurs luy remonstrèrent qu'ayant esté la déclaration faicte par l'Empereur ainsi publicquement, et en si grande compagnie, il estoit impossible de la desguiser audit seigneur; ce nonobstant, ils useroient en l'advertissant, de la plus grande douceur qu'ils sçauroient adviser. Bien craignoient-ils qu'il en fust d'ailleurs adverty, par adventure, autrement qu'eux ne l'en advertiroient; car ils entendoient de maintes personnes, que les choses avoient esté diversement prises et très-mal interprétées; dont il ne pouvoit estre que ledit seigneur Roy n'en fust adverty par plusieurs voyes et moyens. Ledit Sainct-Père, à ce propos, ayant l'occasion opportune, s'excusa vers eux de la response qu'il avoit faicte à l'Empereur, disant l'avoir faicte à l'improviste, comme homme surpris, et que jamais n'eust pensé qu'il eust deu tenir les propos qu'il avoit tenuz; et qu'il avoit entendu que sadite response avoit aussi esté sinistrement interprétée; car son intention n'estoit et jamais n'avoit esté se départir de neutralité, laquelle il vouloit observer inviolablement et en tous cas. Et ce qu'il avoit dit d'user de la puissance de l'Eglise contre celuy qui reffuseroit la raison, il ne l'entendoit sinon par exhortation et admonnestement, ainsi que sa qualité le requéroit. Dont lesdits ambassadeurs le remercièrent, et, au demourant, le prièrent croire que leur maistre ne seroit celuy qui refuseroit ladite raison; après, luy déclarèrent combien ils désiroient de mieux entendre dudit seigneur Empereur, en présence de Sa Saincteté, aucuns articles de la dessusdite protestation, pour, selon iceux, les déduire au Roy leur maistre en la plus grande douceur qu'il leur seroit possible.

L'Empereur alors estoit prest à partir, et, sur ces propos, survint pour prendre congé de Nostre Sainct-Père : parquoy lesdits ambassadeurs se tirèrent un peu en arrière, en attendant qu'on les appellast, si comme en feit quelque espace de temps après; mais, avant la main, furent par Nostre Sainct-Père advertis et priez de ne point ennuyer l'Empereur en propos, parce que ce jour là il avoit à faire grand chemin. L'entrée de leur devis fut sur ce que l'Empereur avoit, le jour précédent, parlé du combat, au cas que la paix ne se puisse conclurre; mais qu'il n'avoit point déclaré qu'il eust aucune cause ou querelle sur laquelle il prétendist fonder le combat, sinon qu'il sembloit que, pour éviter la guerre qui pourroit advenir à cause de leurs différends, il offroit de les vuider de personne à personne. Desquels propos ils désiroient estre esclarcis, à sçavoir si ledit seigneur entendoit par iceux avoir appelé le Roy au combat, auquel cas ils pouvoient bien respondre de l'intention du Roy leurdit maistre, qu'il ne seroit pour le reffuser, et que bien pouvoit souvenir audit seigneur Empereur qu'autresfois avoit esté question de telle matière, mais qu'à présent il n'en estoit point qu'ils sceussent, ne mesmement que le Roy leurdit maistre voulust, ou, quoy que ce soit, eust faict aucune démonstration de vouloir avoir le duché de Milan par force, attendus les propos que le seigneur de Velly, l'un d'iceux ambassadeurs, en avoit tenuz, et les offres que luy de Velly en avoit, de la part du Roy, faictes à l'Empereur; ausquelles offres il avoit esté par Sa Majesté respondu, en sorte que ledit seigneur Roy leur maistre s'en estoit contenté; qui pouvoit assez estre suffisant tesmoignage de sa volonté, joinct que monseigneur l'amiral de France, à son partement qu'il commença faire marcher son camp en Piémont, avoit eu (comme souvent il a esté dit) exprès commandement de ne toucher en aucune chose qui fust ès mains et puissance de Sa Majesté Impériale, comme de vray il n'avoit faict, et aussi peu estoit pour faire à l'advenir. Et quant aux choses traittées entre Leurs deux Majestez, elles estoient par escrit, et facilement pouvoit ledit Sainct-Père juger de ce que depuis estoit advenu d'une part et d'autre; en quoy ils ne vouloient lors entrer plus avant, mais entendre seulement si ledit seigneur Empereur avoit intention d'imputer au Roy s'il eust failly de sa parole, ou faict chose dont on le puisse charger de son honneur, et si par ses paroles il l'entendoit avoir deffié.

Ce pendant qu'ils parlèrent, estoient maintes personnes en la salle du Pape; et toutesfois ils furent ouïs à part et sans y appeler les assistans, jusques à ce que l'Empereur y voulust respondre. Et alors il leur dit que, pour avoir le jour précédent parlé en pleine et publicque audience, il vouloit bien pareillement leur respondre en la présence de tous les assistans, et mesmement pource qu'il estoit adverty que l'on avoit mal entendu et mal interprété les choses par luy dites. Et pour ce il fist approcher iceux assistans, et puis commença dire en langage italien, comment il avoit esté requis par les ambassadeurs de France de mieux et plus ouvertement se déclarer ès choses qu'il avoit hier dittes, à cause qu'il entendoit que maintes personnes les avoient mal interprétées : parquoy il vouloit bien satisfaire à cela, et déclarer plus entendiblement les quatre poincts qu'il entendoit avoir touchez ledit jour précédent. Qu'en premier lieu, il avoit un peu prolixement compté les choses qui estoient par cy-devant passées entre luy et le Roy, en quoy faisant, il n'entendoit ne pensoit point avoir aucunement taxé ne blasmé ledit seigneur Roy, mais seulement de s'excuser et descharger; et qu'il seroit très-marry que l'on tournast ses paroles en autre sens qu'il ne les avoit dittes; car, quant au Roy, il l'estimoit tant, qu'il n'avoit aucune cause de mal dire de luy; bien estoit-il malcontent d'aucunes choses dittes et faictes par luy, desquelles dire et faire il eust peu bonnement se passer, attendue l'estroitte alliance qui estoit entre-eux deux, et les bons tours qu'il avoit faicts et encores estoit prest de faire audit seigneur Roy; mais, quelque chose que luy eust ditte, ce n'avoit point esté en intention d'aigrir les choses, ne de rompre avecques le Roy, ainçois qu'il désiroit (si comme il avoit tousjours désiré) s'accorder avecques luy, et parvenir à une bonne paix, qui estoit le second poinct par luy touché. Laquelle paix il désiroit, comme la chose qui plus luy estoit nécessaire et plus à son prouffit que nulle autre; car il cognoissoit bien qu'ayant paix il évitoit un grand inconvénient universel, et en particulier asseuroit son aise, son Estat et son honneur; que bien estoit vray qu'à ce faire ne vouloit-il point estre contrainct ne conduit par force, et que si une fois il tournoit la teste vers le Roy, ainsi qu'il avoit déliberé, il n'y auroit chose, quelle qu'elle fust, qui puis après le destournast de ce qu'il auroit commencé, quand ores le Turc entreroit et descendroit avecques toute sa puissance en ses païs et terres qu'il laissoit derrière luy; pource qu'il cognoissoit qu'en voulant entendre à l'un et à l'autre, il ne pourroit remédier à tous deux. Et à ceste cause, il avoit délibéré de plustost entendre au Roy, et que, pour ce faire, il assemble et assembloit journellement toute la plus grande puissance que possible luy estoit d'assembler, pour, une fois pour toutes, y mettre fin, s'il advenoit qu'il luy convint venir à la guerre; mais qu'il feroit, ainsi que desjà il avoit dit, tout ce qu'il luy seroit possible de faire pour n'y point venir; et que par les effects on verroit que nulle propriété ne prouffit particulier l'en destourneroit. Au cas aussi qu'eux deux ne puissent tomber en accord ensemble, bien luy sembloit, en troisiesme lieu, plus convenable et à moindre inconvénient qu'ils vuidassent entre eux deux ces différends, à leur seul et propre danger, que d'exposer tant de gens à la mort qui n'en peuvent mais : ce qu'il vouloit avoir dit par advis et opinion seulement, et non que par cela il eust voulu deffier le Roy, mesmement en la présence de Nostre Sainct-Père, sans le congé duquel il ne voudroit entrer en telle affaire. Davantage, qu'il sçavoit bien que le Roy estoit prince grand, et de cueur et de stature, et qui maintesfois avoit monstré son hault vouloir et magnanimité; parquoy ce n'estoit chose que luy vousist légèrement entreprendre, que de venir au combat avecques luy; joinct qu'il ne sçavoit point en avoir cause ne matière, si n'estoit pour obvier à un plus grand mal, quand on le verroit advenir, et pour éviter plus grand inconvénient, comme d'une guerre en chrestienté, de laquelle apparemment s'ensuivroit la totale ruine, à tout le moins grande inclination et diminution d'icelle.

Et à ce propos rentra sur le mesme discours que le jour précédent il avoit faict, de tous les maux qui estoient advenuz, et qui encores pouvoient advenir de la dissention et guerre d'entre eux; aussi tous les biens et avantages qui peuvent d'autre part advenir d'une bonne paix et intelligence entre eux, laquelle alors il magnifia par une copieuse multiplication de paroles, en déduisant combien il désiroit que le moyen s'en puisse trouver, et qu'en s'accordant ensemble ils accordassent aussi le différend du Roy et du duc de Savoye. Et concluant que si eux deux se pouvoient asseurer et prendre confidence l'un avecques l'autre, ce seroit le plus grand bien et la plus grande félicité qui puisse advenir à la chrestienté; ainsi que par la guerre tout le contraire, comme la porte ouverte au Turc et l'entrée donnée pour nous venir assaillir; la secte luthérienne et autres hérésies, non seulement en liberté de s'entretenir, mais de tousjours multiplier; le concile et la réduction d'iceux hérétiques à l'obéissance de l'Eglise, empeschez et desvoyez, et tous affaires tombez en telle confusion, que les princes seroient exposez aux dangers de leurs propres subjets, les prélats sans authorité, le monde sans foy et sans religion, la révérence de Dieu anéantie, avecques toutes les malheuretez et persécutions que l'on peult et doit attendre de la fureur et ire divine; et que ce sont choses qu'il veoit si apparentes et si prochaines advenir, que l'on ne devoit point s'esbahir s'il avoit ainsi parlé, pource que si leurs deux armées s'approchoient, ainsi comme il estoit apparant, en si grand nombre de combatans qu'il y auroit d'une part et d'autre, et qu'il n'y eust autre chose que la diversité des langues et l'occasion du pillage, si n'en pouvoit-on attendre moins que rupture, et que ceste estoit la cause qu'il auroit requis qu'avant le terme de vingt jours à venir, le Roy fist retirer son armée : ce qui estoit le quatriesme poinct touché par luy, non pas en intention ne qu'il voulust entreprendre de limiter et préfinir le temps au Roy, mais qu'il sçavoit qu'environ ledit temps pourroient estre leurs deux puissances si approchées l'une de l'autre, qu'il seroit alors malaisé d'obvier à la roupture.

Nostre Sainct-Père, prenant la parole, luy commença à dire que, de sa part, il avoit, le jour précédant, pris les propos dudit seigneur Empereur en bonne part, mais que voirement y avoit eu maintes personnes qui les avoient autrement prises, au moyen de quoy il estoit grandement aise que Sa Majesté les eust plus entendiblement interprétées, pour obvier qu'aucuns malings n'en escrivissent au Roy, de sorte que les choses s'en aigrissent d'avantage, et fussent pour avancer la roupture d'entre Leurs Majestez : à quoy il espéroit que les ambassadeurs de France qui là estoient, dont Sa Saincteté pouvoit asseurer de l'un et Sa Majesté de l'autre, pour la cognoissance qu'ils en avoient de longue main, feroient chacun bon office en cest endroit, en donnant cest advis au Roy leur maistre, avecques toute la douceur à eux possible, afin d'obvier à ladite roupture. Lesdits ambassadeurs alors respondirent que Sa Saincteté pourroit à tout remédier par son authorité, en se monstrant, ledit Sainct-Père, comme il estoit père commun, et demourant esgal à tous deux : ce que Sa Saincteté accepta de faire, adjoustant qu'entre les autres grâces que Leurs Majestez ont de Dieu, ils ont ceste particulière de grande importance, c'est que par sa divine disposition la chrestienté leur estoit commise, et que d'autant plus qu'ils acquerroient grande louange d'en bien user, et aussi d'autant plus de blasme et vitupère s'ensuivroit s'ils estoient cause de la ruine et destruction de la chose qui leur estoit commise. Parquoy il requéroit ledit seigneur Empereur estre content de mettre (ainsi que luy espéroit) à exécution et vray effect les bons propos qu'il luy avoit tenuz de la paix; et qu'il avoit aussi espérance que le Roy, qui luy en avoit escrit de pareils, ne se trouveroit dur ne mal traittable en cest affaire. A ce faire se soubsmist l'Empereur, et de rechef entra sur le dénombrement des biens qui adviendroient d'une bonne confidence entre eux, et du désir qu'il avoit que le Roy (si comme il l'en prioit) se voulust fier de luy. Et en ce disant, s'estoient lesdits Sainct-Père et Empereur levez pour prendre congé l'un de l'autre, quand le seigneur de Velly, l'un des ambassadeurs de France, s'approcha de l'Empereur, et luy requist que son bon plaisir fust de déclarer en la présence de Nostre Sainct-Père et des assistans, si Sa Majesté luy avoit pas accordé autrefois de bailler le duché de Milan au duc d'Orléans, parce que ledit de Velly l'avoit ainsi escrit au Roy son maistre, et, voyant que ce propos ne s'entretenoit pas, craignoit d'en recevoir blasme, et que le Roy sondit maistre l'en estimast menteur et advanceur de paroles.

L'Empereur, à sa contenance, monstra qu'il eust bien voulu se démesler de respondre à ceste requeste, sans en faire autre déclaration : toutesfois il advoüa de l'avoir ainsi accordé audit de Velly, non seulement, mais de l'avoir ainsi escrit à son ambassadeur en France, pour le dire audit Roy son frère; mais qu'il n'avoit jamais pensé et ne pensoit point encores qu'il fust possible d'y trouver les seuretez suffisantes, ne que le Roy fust pour luy consentir les conditions qu'il luy entendoit demander à toutes fins. Sur quoy répliquant ledit de Velly que c'estoit bien le moyen de mettre le Roy en plus grande deffiance, non pour le mettre en confidence avecques Sa Majesté Impériale, de luy mettre en avant une chose qu'en l'y mettant il n'eust intention ou ne pensast qu'il se trouvast moyen de la mettre en effect ; d'avantage, que Saditte Majesté luy avoit tousjours dit qu'en baillant ledit duché de Milan au duc d'Orléans, il ne demanderoit au Roy conditions quelconques, non raisonnables, ains se départiroit en aucunes choses de ses noms, droicts, raisons et actions. L'Empereur alors s'excusa que le Roy n'avoit pas accepté l'offre en temps deu; aussi qu'il avoit faict passer son armée en Italie et faict trop de dommage au duc de Savoye, lequel il estoit tenu de deffendre, non seulement pour luy estre si estroittement allié comme il est, mais aussi pour estre son vassal; car tout ainsi que les vassaulx sont tenuz mettre et mettent leurs biens et vie pour leur seigneur naturel et droitturier, le semblable doit le seigneur faire pour eux; adjoustant Sa Majesté Impériale, qu'elle n'avoit jamais accordé bailler iceluy duché au duc d'Orléans, sinon moyennant et soubs condition que ses alliez et confédérez le voulussent; lesquels ne le vouloient en aucune manière consentir, car ce seroit mettre un nouveau feu en Italie, pour les raisons qu'il avoit le jour précédant alléguées; mais que là où le Roy voudroit accepter cest Estat pour le duc d'Angoulesme, Sa Majesté estoit encores en disposition de le luy bailler, avecques les conditions qui en partie avoient esté mises et en partie se mettroient en avant à la conclusion du traitté; mais pour le duc d'Orléans, non; car, outre les obstacles préalléguez, il seroit du tout dépendant et partisan du Roy ; là où le duc d'Angoulesme, si ores il dépendoit dudit Roy son père, toutesfois en prenant à femme l'une des niepces de Sa Majesté Impériale, sa femme en dépendroit et seroit partisanne; de manière que les choses demoureroient moyennées.

Le seigneur de Velly avoit jà ouvert la bouche pour remonstrer audit seigneur Empereur que ce scrupule et doubte de partialité n'estoit ne moyen ne signe de confidence; aussi que Sa Majesté, quand elle luy accorda le duché pour monseigneur le duc d'Orléans, ne luy avoit point allégué ceste condition de vouloir et consentement de ses confédérez, quand ledict seigneur Empereur se leva, luy faisant signe de ne parler plus avant, et, se tournant vers Nostre Sainct-Père : « Est-il pas beau, » dit-il, qu'il fault que je prie le roy de France » d'accepter un duché de Milan pour l'un de » ses enfans, et que, nonosbtant que sesdits » enfans ne soient point de la Royne ma sœur, » on me vueille contraindre à leur donner par-» tages, et au choix d'autruy? » Et en ce disant, print congé de Sa Saincteté, sans plus avant donner audience ausdits ambassadeurs de France. Iceux ambassadeurs, toutesfois, tant pour obtempérer à la requeste que leur en avoit faicte Nostre Sainct-Père, comme pour la bonne affection qu'ils portoient au bien de la paix, ne voulurent escrire au Roy leur maistre tous les propos qu'ils avoient entendus, ains luy en dissimulèrent grande partie, comme du combat aveques l'espée ou le poingnard, en chemise; la façon et terme dont avoit l'Empereur usé, magnifiant la force et vertu de ses subjects, et vilipendant ceux du Roy, et que si les siens fussent tels que ceux du Roy, il se lieroit les mains et iroit en cest estat luy demander miséricorde; aussi l'article où il avoit dit que le Roy luy avoit offert de le faire monarque (dont luy-mesmes après s'estoit repris), et autres articles que l'on pourra juger en conférant la protestation dudit seigneur Empereur à la response qu'y fist le Roy, lequel a respondu seulement aux articles dont il a eu advertissement.

Ce temps pendant avoit esté dépesché monseigneur le cardinal de Lorraine, pour aller vers l'Empereur, ainsi que vous avez cy-devant ouy; et, nonobstant que, depuis son partement, le Roy avoit eu des nouvelles de la susdite mutation et des propos que l'Empereur avoit tenuz (mais n'en avoit encores eu certain ne particulier advertissement, ne par la voye de sesdits ambassadeurs, ne par celle de l'ambassadeur dudit seigneur Empereur estant rière luy), pour cela ne contremanda-il point ledit sieur cardinal, afin qu'en tout événement il mist le bon droict de son costé, tant envers Dieu qu'envers le monde, et qu'il fust à chacun notoire et manifeste qu'il n'avoit reculé à la paix, ains se seroit mis en tous devoirs possibles de la demander.

Ledit seigneur cardinal arriva le dix-huictiesme jour d'avril, au soir, au lieu où estoit nostre camp logé, apportant lettres de créance, escrites de la main du Roy, aveques mandement qu'il déclara de bouche à monseigneur l'amiral, lieutenant-général du Roy, qu'il se gardast d'innover chose quelconque, ains advisast d'eslire un lieu opportun à retirer son camp en seureté, sans marcher outre, jusques à ce qu'il eust dudit seigneur cardinal nouvelles du lieu où il alloit, ou que le Roy luy envoyast nouvel ordre d'autrement s'y gouverner. De ceste nouvelle fut ledit seigneur amiral en grande perplexité comment il auroit à procéder et prendre conclusion en ses affaires; car il avoit, d'une part, nouvelles seures que l'Empereur en toute diligence se préparoit à la guerre, et que de la paix il y avoit peu d'espérance : parquoy il luy sembloit estre chose de dangereuse conséquence (outre la perte de réputation qui luy en pourroit advenir) de reculer ou arrester un camp, estant desjà entré en cours de victoire. Il considéroit d'autre part, et avoit toujours devant les yeux, que s'il passoit outre, après le commandement contraire qu'il avoit du Roy, tant par lettres réitérées que par la bouche de mondit seigneur le cardinal, encores que de son entreprise il vînt à bonne fin, si toutesfois l'Empereur se retiroit de la promesse qu'il avoit faicte du duché de Milan, il pourroit prendre et coulourer son excuse sur ce que depuis sa promesse on auroit innové : dont luy pourroit estre blasmé du Roy, lequel avoit singulière affection de recouvrer le sien par amiable composition plustost que par exploict de guerre; et là où il luy conviendroit venir aux armes, le faire aveques telle justification, que l'on cogneust évidemment qu'il n'avoit rien obmis de ce que pour n'y venir se pouvoit faire. A ceste cause il feit appeller au conseil, afin de délibérer sur ceste matière, tous les capitaines estans en sa compagnie; et assemblez qu'ils furent, et après avoir faict lire en leur présence les lettres qu'il avoit du Roy, ensemble la créance rédigée par escrit que luy avoit mondit seigneur le cardinal exposée de bouche, leur en demanda leurs advis et opinions. A quoy respondirent aucuns, en peu de paroles, que sur chose expressément commandée par le maistre ne gisoit délibération, mais obéissance et exécution ; aucuns alléguèrent d'avantage la doubte et incertaineté de l'issue, laquelle, arrivant autre qu'à poinct, ne laissoit aucun moyen d'excuse à qui auroit entrepris contre l'expresse inhibition et deffense du maistre.

Le seigneur de Burie, qui avoit esté recognoistre la ville de Vercel, et avoit charge de l'artillerie, interrogué sur cest article, respondit et se fist fort de faire telle brêche au dedans de vingt-quatre heures, que l'assault s'y pourroit donner au grand désavantage de ceux de dedans. Et sur sa response fut répliqué alors que ce n'estoit assez de faire brêche, mais qu'il falloit considérer le nombre de gens de guerre qui estoit dedans, le nombre des nostres, et celuy du prochain secours auquel estoit fondée l'espérance de l'ennemy. Dedans la ville y avoit le nombre de trois mille hommes, dont les mille estoient lansquenets. Les nostres ne pouvoient encores estre plus de quinze à seize mille hommes de pied ; de gens de cheval il n'y avoit que soixante et dix hommes-d'armes, et cent archers de la compagnie dudit seigneur amiral, et des compagnies du seigneur Jean Paule ; et du marquis de Salluces, environ de trente à quarante hommes-d'armes, et le double d'autant d'archers ; de chevaux-légers, environ deux cens ; et des gentilshommes de la cour, venuz à ceste guerre pour acquérir honneur et faire service au Roy, de cinquante à soixante ; le surplus de noz gens, autant de cheval que de pied, arrivoient encores journellement à la file. Sur le bord de la rivière de Sésia, à quatre milles de là, s'estoit venu loger le seigneur Antoine de Lève, avecques douze ou quatorze mille hommes de pied, et de chevaux environ six cens ; et de là pouvoit facilement, au cas que la ville ne fust prise du premier assault, la refreschir de gens et vivres, et empescher noz fourrageurs ou vivandiers, ou, ce pendant que noz gens donneroient l'assault, venir par autre costé nous donner la bataille, ou, passant l'eauë par endroit, aller surprendre la ville de Turin, qui n'estoit point encores fortifiée : et quand ores nous eussions eu Vercel du premier assault, il convenoit y laisser gens, et d'autant affoiblir nostre camp, en hazard d'y recevoir honte et perte de gens. Autres en eut qui répliquèrent à toutes les difficultez dessusdites : premièrement, que l'on pouvoit avecques une partie de noz gens donner l'assault, avecques les autres deffendre à l'ennemy le passage de la rivière ; et si tant bien advenoit de l'entreprise que de réduire la ville en l'obéissance du Roy, qu'alors on pourroit, obéissant au mandement dudit seigneur, départir et retirer nostre camp en ladicte ville et autres, attendant nouvelles de ce que ledit seigneur cardinal auroit négocié avecques l'Empereur.

Ceste opinion (si la chose eust esté exécutée avant que ledit seigneur cardinal eust esté arrivé, à tout le moins avant que ledit seigneur Antoine de Lève en eust la nouvelle), n'eust point semblé mauvaise à la pluspart des assistans ; mais desjà ledit seigneur amiral avoit adverty ledit de Lève de la venue et de la commission dudit seigneur cardinal, et luy avoit envoyé demander la seureté de son passage et homme pour le conduire là par que l'Empereur alors se trouveroit : parquoy, en passant outre, et ne venant au dessus de l'entreprise, il ne demouroit, ainsi qu'il est dit cy-dessus, aucune excuse dont ledit seigneur eust moyen de couvrir sa faulte, et si bailloit-on à l'Empereur, ou bien ou mal exécutant, excuse et couverture de ne riens accomplir de la promesse. A ceste cause, commencèrent tous à se résouldre qu'en obéissant au Roy on se retireroit en arrière ; le sieur d'Annebault fut bien d'advis de ne passer outre, mais non de reculer en arrière, pour n'acquérir à leur camp ceste défaveur, en donnant à l'ennemy occasion de se vanter que peur et craincte le leur fist faire. Et, par son opinion, fut conclu et arresté de séjourner au mesme lieu où ils estoient, qui n'estoit point contrevenir au mandement du Roy, jusques à ce que mondit seigneur le cardinal, arrivé au camp de Lève, mandast ce que l'on auroit à faire, afin que, si on se retiroit en arrière, ce fust avecques réputation et à la requeste de l'ennemy. A la pluspart des compagnons qui desjà tenoient Vercel en leur espérance pour ville gaignée, et avoient leur attente fondée sur le butin, ne fut ceste nouvelle ne la venue de qui l'apportoit aggréable ; et de tant plus que le passer outre leur estoit défendu, de tant plus bravement en parloient et demandoient estre menez à l'assault ; et de telle asseurance en devisoient entre eux, qu'il a semblé à beaucoup de gens, autant des ennemis comme des nostres, que si on leur eust laissé faire ils eussent emporté la ville d'assault.

Monseigneur le cardinal, arrivant vers le seigneur Antoine de Lève, fut honorablement et humainement receu de luy : si luy feit entendre sa charge, et comment le Roy, pour obtempérer à la requeste de l'Empereur, et pour luy donner à cognoistre combien il désiroit avoir avec luy parfaicte intelligence et amitié, n'avoit voulu (encores qu'il luy semblast bien y avoir quelque perte de réputation) luy refuser de faire arrester son camp, en plain et apparant cours de victoire, par laquelle facilement il pouvoit obtenir et recouvrer ce qui estoit sien, à l'encontre du duc de Savoye, occupateur et détenteur injuste ; afin que la poursuitte de sadite victoire n'altérast et interrompist les praticques et moyens de la paix, en laquelle, en faveur de l'Empereur, estoit ledit seigneur Roy content de comprendre iceluy duc de Savoye, abandonnant plustost une partie de ce que justement et indubitablement luy appartenoit. Assez gratieusement luy respondit le seigneur de Lève à ce propos, sans advouer toutesfois que la victoire nous fust si certaine ; et firent eux deux ensemble quelques accords, c'est à sçavoir, que luy de Lève ne passeroit point deçà la Sésia, et ledit sieur amiral se retireroit au deçà de la Doaire, en attendant nouvelle de la négociation dudit seigneur cardinal avecques Nostre Sainct-Père et Empereur à Romme ; car encores les pensoit trouver ledit seigneur cardinal ensemble. A monseigneur l'amiral furent ces accords envoyez avecques lettres itératives du commandement et volonté du Roy, suivant lesquels, et aussi pour ce que nostre camp estoit logé en lieu estroict, environné de trois ou quatre villes du Montferrat, où il y avoit garnison d'ennemis, lesquelles se pouvoient renforcer et donner de l'ennuy aux vivres qui venoient en nostredit camp, ledit seigneur advisa de se retirer au lieu de Sainct-Germain, en espérance de s'asseurer, y estant, de la ville d'Ivrée, et de tout le val du costé de Guise, pour en tirer gens au service du Roy, au cas que l'on persévérast à la guerre, et secourir Turin, s'il advenoit qu'il en eust mestier.

L'Empereur, ainsi que j'ay dit, après les propos cy-dessus récitez, aucunement déclaratif de sa précédante protestation, avoit pris congé de Nostre Sainct-Père, et, sans faire autre séjour, estoit party de Romme, laissant derrière luy, pour apporter les articles de neutralité, signez de la main de Nostredit Sainct-Père, messeigneurs de Cannes et de Granvelle, avecques lesquelz noz ambassadeurs, à l'instance de Nostredit Sainct-Père, avoient encores communiqué touchant la praticque de paix, et n'en avoient du tout esté reboutez, ne mis entièrement hors d'espérance ; mesmement leur avoit esté dit et respondu, sur ce qu'ils requéroient, ainsi que l'Empereur avoit promis, avoir le double par escrit de sa dessusditte protestation, que Sa Majesté, pour bonnes causes et raison à cela mouvans, avoit depuis advisé de ne le leur bailler point, ains de l'envoyer au seigneur de Leidequerques, son ambassadeur en France, afin que luy-mesmes la leust au Roy, et, la lisant, adoucist les choses qui pourroient aigrir ledit seigneur, en sorte que ceste praticque se continuast encores et se conduisist à bonne fin. Ceste response, et ce que l'Empereur en ses seconds propos avoit rabillé, donnoient espérance au seigneur de Velly qu'à la fin se pourroit tirer quelque bonne conclusion ; et eut opinion, ou que l'Empereur eust usé publiquement de ceste haultaineté de langage et braverie, pour donner à cognoistre qu'il ne craignoit l'effort du Roy, et que pour cela ne luy feroit rien faire ; et que, pour avoir usé de ses termes haultains, il avoit peu penser d'avoir acquis une grande réputation de magnanimité, surquoy il se pourroit persuader et induire à prendre cela pour contrepoix de la déclaration d'hostilité qu'avoit faicte le Roy contre le duc de Savoye ; ou bien que la venue de monseigneur le cardinal de Lorraine (laquelle il sçavoit estre prochaine, et avecques lequel il pouvoit tout rabiller et conclurre) l'auroit meu à user de ces termes, afin de donner aux potentats d'Italie et autres ses confédérez, occasion de penser qu'auparavant n'y auroit encores eu entre luy et le Roy aucune asseurance ne promesse. Et bien l'aydoit Nostre Sainct-Père à s'entretenir en espérance, de sorte que ledit Velly, craignant que ledit seigneur cardinal, entendant sur chemin les nouvelles de ceste protestation, s'en retournast arrière sans passer outre, voulut bien envoyer au devant, et luy persuader de, ce nonobstant, achever son voyage ; aussi escrivit au Roy, luy conseillant et supliant que, nonobstant que ladite protestation fust par trop aigre et picquante, son bon plaisir fust toutesfois d'y respondre modestement, et de manière que les choses ne s'en aigrissent d'avantage.

Les articles ce pendant furent signez, lesquels, en somme, contenoient comment ledit Sainct-Père, très-déplaisant de la mauvaise intelligence et apparence de prochaine rupture entre l'Empereur et le Roy, et désirant estre entre eux deux bon et confidant médiateur, se déclaroit estre neutral et ne vouloir assister d'aide ne de conseil au faict de la guerre à l'une ne à l'autre partie, ne souffrir qu'en ses terres, ou de sa juridiction, se fist aucun amas ou assemblée de gens de guerre pour aucun d'eux ; aussi de n'accepter autour de sa personne homme quelconque, et de quelque estat ou condition, qui luy portast paroles contraires ou préjudiciables à sa neutralité ; ne souffriroit qu'en ses places et villes fortes entrassent et séjournassent gens de guerre de l'un ou de l'autre party, mais les feroit garder et tenir en bonne seureté, par ses propres subjects ou souldoyez; n'empescheroit aucun, durant ladite neutralité, d'entrer en la ligue deffensive d'Italie; qu'il sursoiroit les différens et controverses de Sa Saincteté, c'est à sçavoir avec le duc de Ferrare pour un an, et pour six mois avec le duc d'Urbin et son fils, à cause du duché de Camerin; qu'il entretiendroit l'assistence promise par le feu pape Clément aux cinq cantons de Suisse, à l'encontre des autres cantons aliénez de l'obéissance de l'Eglise; et que dès-lors il consigneroit quelque bonne et raisonnable somme de deniers, pour estre preste à tous besoings et toutes occurences.

Ceste neutralité signée et délivrée aux seigneurs de Cannes et de Granvelle, ils se partirent de Romme, et avecques eux le seigneur de Velly, ambassadeur du Roy, pour venir au lieu de Siène, où estoit l'Empereur alors; auquel lieu arriva aussi monseigneur le cardinal, et à son arrivée faisoit son compte de seulement faire la révérence à Sa Majesté, et de remettre à luy dire sa créance après disner, à cause qu'il estoit desjà heure de messe. Mais luy ayant faict la révérence, et dit seulement en termes généraux l'occasion de sa venue, y adjoustant toutes les plus convenables paroles qu'il avoit peu, sans entrer au faict de sa principale charge, ledit seigneur Empereur de luy-mesme respondit estre bien aise de sa venue, pour s'esclarcir (ainsi qu'il disoit) et veoir quelle espérance il pourroit avoir de la bonne confidence et amitié du Roy. Et ce voyant, ledit seigneur cardinal usa de ceste occasion et opportunité, luy déclarant particulièrement comment le Roy entendoit de se conjoindre avecques luy par toutes les plus estroittes façons que l'on pourroit adviser; et que pour y parvenir, et donner à cognoistre combien franchement il alloit en besongne, il avoit non-seulement deffendu à monseigneur l'amiral de France, son lieutenant-général en l'armée de Piémont, de ne passer plus outre que le lieu où lors il se trouveroit, ains auroit aussi faict retirer son armée dudit lieu, où alors elle estoit, afin de ne faire chose qui altérast l'espérance de paix; parvenant à laquelle, ainsi que l'on s'en pouvoit comme asseurer, attendues les praticques qui en avoient esté jusques à l'heure que luy avoit esté dépesché de la part du Roy, ledit seigneur n'estoit pour luy espargner chose qui fust en sa puissance; et mesmement, oyant que Sa Majesté auroit plaisir qu'allant en son entreprise d'Algère, monseigneur le duc d'Orléans luy fist compagnie, ledit seigneur Roy ne seroit délayant de le luy envoyer, avec telle suitte et compagnie qu'il appartient à un fils de roy de France, pour aller en un tel voyage. Et pour autant que jusques alors avoit le Roy accordé tous les articles qu'on luy avoit mis en avant, excepté celuy de l'usufruict, que, pour les raisons auparavant déduittes par son ambassadeur, il avoit tousjours demandé pour luy, maintenant il estoit content de ne s'y arrester plus; bien vouloit-il que, pour oster à tout le monde occasion de penser qu'entre eux n'y eust pleine et entière confidence, Sa Majesté fust contente de le luy accorder, en s'asseurant de luy qu'incontinant il s'en démettroit audit duc d'Orléans son fils; et que, cela faict, ledit seigneur Roy seroit content de venir au-devant dudit seigneur, afin de s'entre veoir et asseurer l'un de l'autre, jusques à Mantoüe, ou ailleurs, ainsi qu'à Sa Majesté plairoit en déviser; et de faire toutes les choses qu'il sçauroit luy estre agréables, et qu'il pourroit faire sans contrevenir à ses alliances. Lesquelles offres estoient toutes si bonnes entrées à parvenir à confidence et amitié entre eux deux, que ledit seigneur cardinal, encores que sur les chemins il eust entendu partie des paroles et déclarations que Sa Majesté avoit proposées à Romme, n'avoit toutefois voulu faillir ne différer de les venir faire entendre à Sa Majesté, les estimant telles et si raisonnables, que, pour les paroles cependant intervenues, il ne pensoit un si grand bien devoir estre interrompu.

Sur ces paroles, commença l'Empereur à luy réciter la plus grande partie des poincts qu'il avoit touchez en sa protestation, pour se justifier, et fonder la doubte qu'il avoit de ne pouvoir assez seurement besongner avecques le Roy, pource qu'il ne veoit point qu'il puisse ne doive accorder le duché de Milan au duc d'Orléans; et, comment que soit, il n'en vouloit rien faire, mais que bien seroit-il content de le bailler au duc d'Angoulesme, avecques une de ses niepces en mariage, soubs les conditions qui en traittant seroient advisées, pourveu que le Roy n'eust aucunement affaire audit Estat : car il espéroit que ledit seigneur d'Angoulesme, outre l'alliance qu'il prendroit avecques luy, seroit aussi tenu et obligé à luy d'un tel et si beau présent que le duché de Milan; et qu'à ceste cause il vivroit avecques luy en bonne paix et amitié, et luy Empereur aussi luy porteroit réciproquement telle faveur, que paisiblement il pourroit jouir dudit Estat, sans y tenir aucunes garnisons à la foulle du peuple : et quant à l'usufruict, qu'il ne le consentiroit au Roy, directement ou indirectement, en quelconque manière. Le cardinal luy remonstra que s'il vouloit traitter avecques le Roy pour amour de luy, qu'il ne devoit point faire ceste différence, ne s'attacher à autre seureté qu'à la sienne, pource qu'il estoit celuy avecques lequel Sa Majesté auroit affaire, et duquel elle pouvoit espérer ayde et support présentement, et non pas de messeigneurs ses enfans; que d'autre part, ayant esté ledit Estat levé au Roy, auquel il appartenoit, la raison vouloit bien, puisqu'à luy ne se rendoit, au moins que ce fust luy qui ordonnast auquel il seroit rendu de ses enfans. A ce propos, l'Empereur interrompit sa parole, en maintenant qu'à luy appartenoit iceluy Estat, et non à autre.

Surquoy répliqua le cardinal qu'à cause de la renonciation faicte par le Roy, sur laquelle il ne vouloit lors insister à débattre la validité ou invalidité, on pourroit coulourer que ledit seigneur n'y eust plus de droict; mais, quant à messeigneurs ses enfans, on ne pourroit nier que ce ne fust leur propre et vray héritage, et qui justement ne leur pouvoit estre tollu: toutesfois que, pour le bien de paix, ils estoient contens de l'accepter et recevoir de Sa Majesté, ou en don, ou autrement, en telle forme qu'il luy plairoit, moyennant que ce fust selon et en la sorte que Sadite Majesté desjà auparavant l'avoit accordé à l'ambassadeur du Roy. Et sur ce mot, l'Empereur luy trencha la parolle, disant que jamais n'en avoit riens accordé par sa bouche. Monseigneur le cardinal, qui ne vouloit, pour ceste première venue, rompre la praticque entièrement, print couleur d'en vouloi déviser audit ambassadeur, et à tant print congé de luy; joinct aussi qu'il vouloit bien, avant que la chose vînt au désespoir, gaigner le loisir de despescher un courrier exprès devers le Roy, pour l'advertir de ce qu'il avoit trouvé en ceste première arrivée, aussi pour en donner en passant advis à monseigneur l'amiral, afin que, venant les choses en roupture, on ne le surprînt à l'improviste.

Le lendemain au matin, ainsi que ledit seigneur Empereur achevoit de s'habiller, retourna vers luy ledit seigneur cardinal, et luy dist comment il avoit communiqué particulièrement de sa charge avecques ledit ambassadeur du Roy, et de luy entendu ce qu'il avoit par cy-devant traitté; mais que, tout bien considéré, il ne veoit point qu'il peust passer outre, si Sa Majesté ne vouloit en façon qu'il fust ouy parler de monseigneur d'Orléans; car cestuy-là estoit le seul fondement de sa dépesche et commission, conclue et dressée sur le consentement que Sa Majesté en avoit baillée: et qu'à ceste cause il avoit délibéré, avecques son bon congé, de s'en aller vers Nostre Sainct-Père, pour luy exposer l'intention du Roy au bien de la paix, et les choses que pour y parvenir il avoit offertes; ensemble la response et refus de Sa Majesté Impériale, et rétractation qu'il faisoit de l'article accordé pour monseigneur le duc d'Orléans.

Sa Majesté ne monstra point apparence que le partement dudit seigneur cardinal luy despleust; seulement luy répliqua les justifications cy-devant récitées du refus qu'il faisoit de bailler cest Estat audit duc d'Orléans. Et, pource qu'entre autres choses, il avoit dit n'en avoir jamais rien promis de sa bouche, le seigneur de Velly, auquel touchoit cest article, pour n'estre du Roy son maistre estimé menteur, pria Sa Majesté de ne luy faire ce tort que de luy laisser un tel blasme envers sondit maistre. Sa Majesté advoüa lors avoir donné charge aux seigneurs de Cannes et de Granvelle de luy en porter en son nom la parole, aussi d'en avoir escrit à son ambassadeur Leidequerques estant rière le Roy, pour de sa part le luy faire entendre; mais que le Roy n'auroit accepté ceste offre, alors qu'elle luy fut faicte, ains, en contrevenant aux traittez d'entre eux (à prendre iceux traittez au pied de la lettre), auroit envoyé son amiral de la sorte que l'on le sçavoit estre venu; dont luy n'a peu ne se mal contenter et ressentir. Et d'avantage, que les seuretez ne se pourroient trouver telles qu'il les vouldroit pour le duc d'Orléans, et telles qu'elles fussent pour contenter ses confédérez. Ledit seigneur cardinal le pria qu'il voulust déclarer quelles seuretez il demanderoit, et qu'elles seroient bien estranges, si le Roy, pour l'envie qu'il avoit de venir à ceste mutuelle confidence entre eux, ne les accordoit. Il respondit, en somme, qu'il en avoit dit son intention à Nostre Sainct-Père, lequel il pensoit en avoir adverty le Roy. A ce luy répliqua ledit seigneur cardinal, en luy remonstrant qu'il n'estoit croyable qu'alors qu'il accorda bailler cest Estat, il n'eust paravant pensé aux seuretez qu'il devroit demander au cas advenant; et qu'à luy, qui estoit de si loing venu pour traitter et conclurre avecques Sa Majesté, il pouvoit bien faire cest honneur que de luy déclarer son intention. Et sur ce l'Empereur respondit qu'il n'estoit point conseillé de parler autrement, sans veoir pouvoir et sans sçavoir l'intention de ses confédérez, encores qu'il se promettoit bien qu'ils ne refuseroient jà chose qu'il veuille. D'avantage il adjousta que, si ores il bailloit ledit duché à qui que fust des enfans du Roy, il n'entendoit de le bailler que par investiture nouvelle, et comme fief escheu et revenu à l'Empire, estant en sa plaine disposition et volonté.

A tant fut prest ledit seigneur Empereur, et partit de Siène au mois d'avril : monseigneur le cardinal luy feit compagnie jusques hors la ville, et, au prendre congé, l'Empereur le pria qu'à son retour il repassast par luy. Sur ce retourna ledit seigneur cardinal en son logis, pour, avant que prendre son chemin vers Rome, faire une dépesche au Roy, et l'advertir de sa négociation : ce qu'il fist, en le confortant autant que possible luy fut, de ne respondre à la protestation de l'Empereur aucune chose qui accélérast la roupture. Par le mesme courrier il fit pareille dépesche à monseigneur l'amiral, suivant sa première délibération, en l'advertissant que tous les propos qu'il avoit sceu tirer en tout son parlement avecques l'Empereur estoient douteux et ambiguz, tels toutesfois que par iceux on pouvoit plus attendre prochaine guerre que diuturnité de paix. Monseigneur l'amiral, desjà quelque temps auparavant, pour ce qu'il luy avoit esté escrit par le seigneur de Montmorency, alors grand maistre et mareschal de France qu'il ne pouvoit (estans les choses ainsi qu'elles estoient) faire plus grand service au Roy, que de fortifier quelques lieux et places, afin d'y retirer son armée, attendant secours du Roy, au cas que l'Empereur descendist à trop grosse puissance, avoit, à ceste cause, entrepris la fortification de Turin, et dépesché le seigneur Stephe Colonne, avecques cent hommes-d'armes et quatre mille hommes de pied, tant pour avoir l'œil à ladite fortification, comme pour aviser à sept ou huict milles deçà le Pau, quelque lieu fortifiable pour y asseoir son camp en seureté ; aussi pour doubte qu'estant le païs desgarny de gens, le capitaine Jacques Scalenghe, qui estoit arrivé à Gennes, ne fist révolter le Mont-Devis, Fossan et Savillan : aussi avoit esté visiter la ville de Ivrée, laquelle ne trouvant fortifiable, à cause de son assiette, qui est telle, que la montagne regarde à l'entour dedans la ville, il avoit, ce nonobstant, mis dedans le seigneur Marc-Antoine de Cusan avecques ses deux mille hommes, pour, si besoing estoit, y amuser l'ennemy quelque espace de temps, et donner lieu ce pendant à ladite fortification de Turin. Ayant doncques eu ceste nouvelle, avoit envoyé diligenter les remparts et bouleverts commencez en ladite ville, et donner ordre à fortifier un camp, au dessoubs de Carignan, le long du Pau, pour y retirer son armée, au cas que l'Empereur vînt avecques tout effort qu'elle ne fust suffisante pour l'attendre en pleine campagne : et de tout advertit le Roy du lieu Marcenasch, en l'asseurant que s'il avoit seulement terme d'un mois, il attendoit l'Empereur et tiendroit Turin contre luy et toute sa puissance. Depuis, adverty de la diligence dont l'Empereur usoit à unir et accroistre ses forces, et qu'Antoine de Lève avoit délibéré de passer en l'Astizanne, pour nous rompre les vivres par derrière ; aussi ayant descouvert que le duc de Savoye menoit quelques pratiques pour révolter Fossan, à ceste cause, et pour favoriser le païs tout au long du Pau, il envoya le seigneur de Monpesat, avecques sa compagnie et celle de monseigneur le grand escuier, quatre mille hommes de pied françois et huict cens italiens, se saisir dudit Fossan, Vigon, Savillan, Cony et Mont-Devis, et autres villes à l'environ. Et de ce donna-il aussi advis au Roy, du vingt-neuviesme jour du mois, en luy envoyant les lettres de monseigneur le cardinal ; et, au demourant, luy conseilloit que, si ores il n'avoit délibéré d'accorder les conditions que demandoit l'Empereur, il temporisast toutesfois un mois, en dissimulant, et que cependant la ville de Turin seroit mise en telle fortification, que si l'Empereur y venoit, il en remporteroit honte et confusion.

Le dernier jour du mois, arriva le courrier vers le Roy ; et le mesme jour, luy apporta le seigneur de Leidequerques, ambassadeur de l'Empereur, et luy leut de mot à mot la protestation dudit seigneur Empereur son maistre, non pas telle qu'il l'avoit eue, mais telle qu'elle avoit depuis esté modérée, dont toutesfois il ne voulut bailler le double ; la cause pourquoy ne la déclara, mais depuis elle a esté sceue, comme nous dirons en autre endroit de ces Mémoires. Le Roy, sur ce qu'il retint en mémoire de la lecture qui luy en avoit esté faicte, et sur ce que ses ambassadeurs luy en escrivirent, dressa une response, laquelle, pour avoir esté dictée par luy-mesme, qui de son faict pouvoit respondre mieux que nul autre, il m'a semblé devoir insérer de mot à mot en cest endroict, sans aucune chose y adjouster, diminuer ou diversifier ; laquelle fut de la teneur qui ensuit :

« J'eusse merveilleusement désiré, Très-
» Sainct-Père, et vous, messieurs les cardi-
» naux du Sainct-Siège apostolique, et ambas-
» sadeurs, qu'il m'eust esté possible d'estre
» présent, quand l'Empereur vous a par long
» ordre déduit publicquement l'affaire d'entre
» nous deux, afin d'avoir peu respondre à un
» chacun article, et ne laisser voz esprits sus-
» pendus, n'ayans ouy parler qu'une partie.
» Toutesfois, puisque cela m'a esté impossible,
» j'ay pensé par escriture satisfaire à ce que
» touche mon honneur et la vérité ; chose à moy
» assez difficile, d'autant que ledit Empereur n'a

21.

» voulu bailler à mes gens par escrit ce qu'il a
» dit, ne son ambassadeur pareillement me
» bailler la lettre, ne double après la m'avoir
» leuë ; parquoy je suis contrainct de respondre
» à ce seulement dont mes gens m'ont adverty.
» Toutesfois, la confiance que j'ay au certain
» jugement et bonté de Vostredicte Saincteté,
» avecques l'estime que j'ay de toute la compa-
» gnie, laquelle je désire m'entendre, me font
» penser que la cause de la nue vérité sera sans
» passion d'un chacun de vous bien entendue. Et,
» pour commencer, il me semble que l'Empe-
» reur n'a récité que la moitié de la cronicque,
» prenant seulement ce que faict pour luy, et
» laissant ce que faict pour moy; et qu'il soit
» vray, en ce qu'il commence à dire que moy
» estant venu à la couronne, il envoya devers
» moy le seigneur de Nansau, pour estraindre
» noz amitiez, je croy qu'il ne trouvera point
» que de mon costé elle luy fust refusée. Encore
» croy-je qu'il ne niera point que mon amitié
» et intelligence ne luy nuisist pas à le tirer hors
» des mains de madame Marguerite, sa tante,
» et de la subjection de son grand-père, qui à
» ceste heure-là estoit son mainbrug (1). Et,
» quant à ce qu'il dit que, continuant ceste amitié,
» il fut aussi joyeux de ma victoire contre les Suis-
» ses, qu'il estoit possible, je l'entendy ainsi par
» mon ambassadeur estant près de luy ; qui me
» rendit très-grande obligation à luy, et eusse
» faict en cas pareil, si telle victoire luy fust
» advenue.

» Quant à ce qu'il dit, qu'il n'obéit point à
» l'Empereur, son grand-père, le pressant de me
» travailler du costé de deçà durant ladite
» guerre, s'il eust faict le contraire, il eust faict
» contre le traitté qu'il avoit juré; et si sçait
» bien que je faisoy lors entièrement tout ce
» que je pouvoy, et fy encores depuis, pour le
» rendre obéy et paisible par toutes les Espa-
» gnes ; et est tesmoing luy-mesme, de ce que
» mon ambassadeur en fist par le commande-
» ment ; et croy que ma faveur ne luy nuisit
» de rien en ce temps-là. Quant au mariage de
» mes filles, combien que de leur mort il me
» despleust comme à père, encores n'en eu-je
» moins de desplaisir, pour l'alliance et amitié
» qu'elles pouvoient entretenir entre luy et moy.
» Quant au faict de l'Empire, où il dit qu'alors
» commença à naistre la jalousie d'entre nous
» deux, il est vray que je dy à son ambassadeur
» les paroles qu'il allègue, que c'estoit comme
» si nous estions tous deux à la poursuitte d'une
» dame, et qu'advenant ce qu'avenir pourroit,

(1) Tuteur.

» nous ne lairrions à demourer bons amis en-
» semble; et certainement je le pensoy ainsi
» que je le disoy. Quant à ce qu'il dit que de-
» puis qu'il fut esleu Empereur, je le priay de
» renouveler noz alliances, et de les asseurer
» par ostages, il est bien vray que je désiray
» d'asseurer et de perpétuer nostre amitié ; car,
» estant morte ma fille aisnée, et l'autre si jeune
» que l'attente luy en estoit trop longue, j'eu
» désir de revenir au traitté qu'avoit faict mon-
» sieur de Nansau, touchant ma belle-sœur; qui
» m'estoit chose nouvelle, ne donné à cognois-
» tre audit Empereur que je ne cherchasse son
» amitié par tous les moyens que je pouvoy.
» Quant à ce qu'il dit que je l'ay voulu presser
» de donner ostages pour la seureté des allian-
» ces, il sçait bien que par les traittez que nous
» avions ensemble, il me devoit par chacun an
» bailler cent mille escus, pour le royaume de
» Naples, et que ce fust à faulte de payement
» que je luy demanday seureté ou respondant ;
» et s'il m'eust bien payé, je n'avoy que faire
» de demander cela. Et quant aux praticques
» qu'il dit avoir esté faictes par mon ambassa-
» deur estant en Allemagne, mondit ambassa-
» deur est icy, qui m'asseure et afferme n'avoir
» jamais practiqué chose contre ledit Empereur;
» bien avoir tousjours voulu faire le devoir en
» mon nom, comme duc de Milan, envers le
» Sainct-Empire, et m'entretenir avecques les
» Estats d'iceluy en bonne intelligence, comme
» j'estoy tenu : et quand il aura faict d'avan-
» tage, il aura faict contre mon vouloir, dont je
» ne le laisseray impuny en me faisant apparoir
» du meffaict.

» Quant au faict du roy de Navarre, l'Em-
» pereur sçait bien le temps, contenu en noz
» traittez, dedans lequel il devoit satisfaire au
» roy de Navarre, et qu'en deffault de ce, je
» le pouvoy secourir, sans rompre avecques le-
» dit seigneur Empereur : lequel terme je lais-
» say passer de long-temps, pensant tousjours
» qu'il luy satisferoit ; mais à la fin il a fallu
» que je satisfisse à ma promesse. Et au regard
» de messire Robert de La Marche, je ne luy
» fy jamais faire la guerre; et qu'il soit vray,
» j'offry à l'ambassadeur dudit seigneur Empe-
» reur de luy faire ayde contre ledit messire
» Robert (ainsi que le traitté le portoit),
» mais que j'en fusse requis ; et révoc-
» quay par effect les gens qu'il avoit sans
» mon sceu levez en mon royaume; qui fut
» cause qu'il perdit plusieurs de ses places.
» Parquoy, Très-Sainct-Père, vous pouvez as-
» sez juger qu'en ceste première guerre je ne
» suis en rien coulpable de la roupture. Quant au

» traitté faict à Madril, j'en ay tant respondu
» par le passé, et si au long, que ce seroit user
» de redite : bien diray-je qu'un chacun sçait
» que prisonnier gardé demeure en liberté de
» sa foy, et que, mesme à Fontarabie, où je fu
» délivré, et par tout le chemin, à mon retour,
» j'estoy plus gardé que dedans Madril, et ja-
» mais je ne fu sans avoir garde : parquoy je
» sorty de prison, en liberté de ma foy et sans
» aucune obligation. Et quant à ce qu'il dit
» avoir esté auparavant adverty comme j'avoy
» dit que le traitté ne se tiendroit, j'advoüe de
» l'avoir dit, cognoissant qu'il n'estoit tenable;
» et qui m'eust mis sur ma foy, je ne l'eusse ac-
» cepté à ceste condition.

» Quant à la ligue et à ce qu'on luy fit en-
» tendre pour la restitution de mes enfans, ce
» fut pour le faire venir à party et traitté juste
» et raisonnable, en payant ma rançon comme
» je devoy, et non pour autre raison; et l'allée
» de monseigneur de Lautrec fut pour délivrer
» Nostre Sainct-Père de la prison où il estoit,
» et en ensuivant le vestige de mes prédéces-
» seurs. Après, voyant que la délivrance de
» Nostre Sainct-Père estoit empeschée, et que
» l'Empereur ne vouloit entendre à aucun
» party, et ne voyant sureté d'aucune paix
» avecques luy, je ne voulu perdre ceste occa-
» sion : et à ce qu'il dit que ledit seigneur de
» Lautrec y mourut, il est vray, et non luy
» seulement, mais la pluspart de mon armée,
» que, s'il eust pleu à Dieu les deffendre de la
» mortalité, comme il avoit faict jusques-là de
» leurs ennemis, je ne sçay comme les choses
» fussent depuis passées. Quant au traitté de
» Cambray, au lieu d'adoulcir celuy de Madril,
» qui estoit importable et intollérable, ils y ad-
» jousterent beaucoup d'articles davantage; et,
» pource que la prison des enfans est celle du
» Père, je fu contrainct passer outre; toutes-
» fois, encores que ledit traitté fust de la sorte
» que je dy, il ne se trouvera jamais que j'aye
» rien faict au contraire, quelque occasion que
» j'en aye eue.

» Et quant à la venue du Turc en Alle-
» magne, et à Balançon qui fust envoyé pour
» cest effect devers moy, ledit Balançon me
» demanda ayde pécuniaire et mes gensdar-
» mes : je luy respondy que je n'estoy ne ban-
» quier ne marchant, pour bailler argent, et
» que l'Empereur venoit d'avoir de moy deux
» millions d'or, pour ma rançon, de laquelle
» somme il se devoit contenter : mais, ce non-
» obstant, combien que j'eusse assez d'occa-
» sion de me reposer, je luy offry ce que les
» Rois mes prédécesseurs ont tousjours offert
» (lesquels n'ont jamais esté taxez par princes
» de la chrestienté, pour faire leur devoir con-
» tre les Infidèles), qui estoit ma personne et
» mes forces, pour aller en Italie et ailleurs,
» laissant à l'Empereur le lieu honorable,
» comme je devoy : luy disant en outre que la
» pluspart de mes gens de pied, je les feroy de
» la nation d'Allemagne; et qui m'eust de-
» mandé, je fusse allé en tel équippage, que
» j'eusse eu part ou de l'honneur ou du dom-
» mage. Quant à la ligue de Boulongne, cha-
» cun sçait assez pourquoy elle fut faicte. Quant
» à la mort de l'escuyer Merveilles, mon am-
» bassadeur, encores qu'il eust faict des pra-
» ticques contre Francisque Sforce (ce que je
» ne croy, car il n'en avoit point de charge),
» si fut le cas si meschant et infâme, que je ne
» croy que ledit seigneur Empereur le voulust
» trouver bon, veu qu'estant grand prince
» (comme il est), il a besoing de beaucoup
» d'ambassadeurs : et fault dire vray, qu'après
» en avoir faict ma plaincte audit Empereur,
» comme à mon beau-frère, j'ay trouvé moult
» estrange ledit Sforce avoir esté par luy sous-
» tenu en son tort.

» Quant à avoir practiqué en Allemagne de-
» puis le traitté de Cambray, il n'est rien si
» vray que moy et mes prédécesseurs n'avons
» jamais esté sans avoir bonne intelligence et
» amitié au Sainct-Empire et aux princes d'ice-
» luy; et quelquefois ay veu de mon temps
» qu'encores que l'Empereur et le roy de
» France se fissent la guerre, l'on ne perdoit
» point du costé de France l'amitié que l'on
» avoit en Allemagne. Mais, quant à la guerre
» d'Wirtemberg, il est vray que j'achetay du
» duc d'Wirtemberg le comté de Montbelliard
» à rachat d'un an; et depuis il m'a rendu mon
» argent, dont il ne m'a poinct faict de plaisir,
» car j'eusse mieux aymé ledit Montbelliard;
» et au regard de ce qu'il feit dudit argent, je
» n'ay eu cause de m'en enquérir. Quant aux
» subjects dudit Empereur estans en mes gal-
» lères, il sçait bien que s'il m'eust rendu ceux
» qu'il avoit faict prendre estans au service de
» mes enfans en Espagne, je les luy eusses ren-
» duz; ce que j'ay faict incontinant qu'il m'a
» rendu les miens. Quant au faict d'Eschenaiz,
» de ce que ledit Empereur dit qu'il a practiqué
» contre luy en Italie, je ne croy point que le-
» dit d'Eschenaiz l'ait faict, veu qu'il n'en a
» poinct de commission, et attendu aussi que je
» n'ay point de guerre avecques l'Empereur; et
» n'ay jamais pensé ne pense que pour prendre
» des gentilshommes italiens en mon service,
» ce soit rompre la paix; et, veu que l'Empe-

» reur ne parle que de la liberté d'Italie et du
» repos d'icelle, ce seroit, soubs ceste umbre,
» rendre trop grande captivité ausdits gentils-
» hommes d'Italie, si, soubs ceste couleur, ils
» n'osoient prendre party d'autre prince que de
» luy; et seroit, soubs le nom de liberté, les
» travailler de servitude. Et quant à la pratic-
» que du duché de Milan, vray est que, ayant
» tousjours entendu, par les gens dudit Empe-
» reur, que ledit seigneur estoit très-déplaisant
» qu'il n'avoit le moyen de pouvoir y satisfaire
» durant la vie de Sforce, d'autant que l'obli-
» gation qu'il avoit à luy l'en empeschoit, je le
» luy ay (cessant ceste occasion après la mort
» dudit Sforce) faict demander pour moy; et,
» voyant qu'il vouloit que ce fust pour l'un de
» mes enfans, luy ay nommé mon fils d'Or-
» léans, pour les raisons que je luy ay faict al-
» léguer, tant pour la pacification de mes Es-
» tats que pour le bien et repos de la chres-
» tienté, priant audit Empereur se vouloir faire
» entendre clairement, ainsi que de mon costé
» je faisoy à son ambassadeur, auquel je parloy
» franchement. A la fin, après beaucoup d'al-
» lées et venues, il le m'accorda, comme m'a
» dit son ambassadeur. Et ne restoit plus article
» en dispute, que le faict de l'usufruict pour
» moy, dont je me suis désisté, comme je l'ay
» faict entendre audit Empereur. Parquoy je ne
» voy aucune difficulté à la paix, si l'Empereur
» veult tenir ce qu'il m'a faict dire; car il m'a
» faict asseurer qu'il ne demandera seuretez qui
» ne soient honnestes et raisonnables, et s'il les
» demandoit autres, ce seroit signe de ne vou-
» loir point traitter. Doncques, de mon costé,
» ne se sçauroit dire que noz praticques de paix
» faillent ne demeurent; car j'ay accordé les
» propres articles que son ambassadeur m'a dit:
» parquoy, s'il ne les accorde, la roupture
» vient de luy et non de moy. Et, bien qu'il ne
» m'ayt baillé ledit duché, ne pour moy, ne
» pour mes enfans, si n'ay-je encores rien faict
» contre luy : mais au contraire, quand le
» Turc est venu en Autriche, je ne me suis
» point remué, ains ay offert l'ayde que dessus,
» et, luy allant en Africque, suis demouré,
» comme il a voulu, pacifique et sans faire
» guerre : chose que j'eusse peu plus aisément
» faire que maintenant qu'il est en Italie,
» comme vous, Très-Sainct-Père, sçavez.

» Quant à toutes les choses qui touchent le
» bien de la chrestienté, je ne donneray avan-
» tage à aucun prince de le désirer plus que
» moy, et la façon dequoy je fay vivre mes
» subjets le tesmoigne. Parquoy, Très-Sainct-
» Père, la patience dont j'ay usé, attendu les
» injures et torts qui me sont faits, l'héritage
» de mes enfans usurpé, le retirement de mon
» armée, le commandement que je leur ay
» faict d'entrer en garnison, pour ne troubler
» l'espérance de paix; le pouvoir de la traitter,
» que j'ay envoyé à mon cousin le cardinal de
» Lorraine; le désistement que j'ay faict de l'u-
» sufruict, sont assez justes tesmoings si je
» désire avoir ce qui m'appartient, ou par paix,
» ou par guerre. Et ne doit trouver estrange
» Vostre Saincteté si je parle si avant : car si
» celuy qui occupe le bien d'autruy se peult
» plaindre, que doy-je faire, m'estant dé-
» tenu le mien et de mes enfans, contre rai-
» son?

» Quant au faict de monsieur de Savoye, je
» n'y trouve nul fondement, qui par tant de
» fois a esté requis de me faire la raison, tant
» de ce qu'indueëment, par occupation de ses
» prédécesseurs, il me détient, que du partage
» des biens qui avoient appartenu à feu madame
» ma mère, que Dieu absolve; laquelle, en son
» vivant, avoit à diverses fois envoyé plusieurs
» personnages devers ledit seigneur de Savoye,
» son frère; et depuis son trespas ay encores en-
» voyé devers luy personnages bien instruicts,
» avec mes tiltres et enseignemens, pour faire
» entendre clairement, à luy et à son conseil,
» le bon et évident droict à moy appartenant ès
» terres et seigneuries qu'il a indueëment déte-
» nues : à quoy il n'a voulu entendre; si que
» besoing m'a esté d'y procéder par la voye des
» armes; en quoy faisant n'ay aucunement con-
» trevenu aux traittez faicts avecques ledit sei-
» gneur Empereur, ès quels est dit que ne me
» mesleray des praticques d'Italie, en faveur de
» quelque potentat que ce soit, contre ny au
» préjudice du seigneur Empereur; et ne puis
» entendre comment il puisse prétendre que
» ceste guerre soit contre luy, veu qu'il n'a esté
» touché à chose qui luy appartienne, mais au
» contraire ayt tousjours esté défendu de n'y at-
» tenter aucunement. Et ne peult la compréhen-
» sion dudit seigneur de Savoye en tiltre
» d'allié, faicte au traitté de Cambray, l'exemp-
» ter et faire tenir quitte de ce qu'il me doit et
» détient; car il n'est mis au traitté comme prin-
» cipal contrahant, et n'y fut disputé des droicts
» à moy appartenans; parquoy ne peuvent avoir
» esté comprins ne remis par ledit traitté. Et
» m'attendoy, comme encore fay-je, veu la
» proximité du lignage et prochaine alliance
» qui est entre l'Empereur et moy, qui soustien-
» droit et préféreroit mon droict à celuy dudit
» seigneur de Savoye; et ne voye point que de
» tous autres qui ont pris les biens de monsei-

» gneur de Savoye, on le trouve mauvais que
» de moy, encores que je soye beau-frère, ayant
» bonne et juste querelle, et ne voulant avoir
» que ce qui est mien. Et quand il plairoit à
» vostredite Saincteté, je vous feroy monstrer
» mes droicts, qui tesmoigneront ce que je vous
» dy; et tousjours, en me rendant ce qui est
» mien, serai-je content de luy rendre le sur-
» plus de ce que je tien. Et quant à ce que l'Em-
» pereur dit que, pour le bien de la chrestienté
» (ne pouvant estre la paix), il seroit meilleur
» que par nous deux, de personne à personne,
» noz différends fussent vuidez; je respon à cela
» que, n'estant chargé d'aucune chose touchant
» mon honneur à laquelle je n'aye satisfaict, et
» cest offre de combat estant de volonté seule-
» ment et sans contraincte dudit honneur, il me
» semble que nos espées sont trop courtes pour
» nous combattre de si loing. Mais si l'occasion
» nous faict aprocher (comme il est croyable
» qu'il le faudra si nous rentrons à la guerre),
» et si ledit Empereur demeure en ceste volonté
» de combattre, et que à ceste heure-là il m'en
» appelle, je suis content, s'il trouve que je re-
» fuse de satisfaire à mon honneur, d'estre con-
» damné par tous gens de bien, ce que je crain
» plus que le combat. Et quant à ce que l'Em-
» pereur a déclaré depuis n'avoir dit aucune
» chose pour me taxer ou blasmer, et par ses
» lettres n'avoir entendu tenir la paix pour
» rompue, c'est chose dont je suis très aise.

» Voilà, Très-Sainct-Père, et vous messieurs
» les cardinaux du Sainct Siége apostolique et
» ambassadeurs estans présens, ce que je vueil
» bien estre déclaré en vostre présence, non
» pour offendre personne, mais seulement pour
» ma justification, et faire clairement apparoir
» à chacun la droicte et syncère volonté que
» j'ay à la paix et au bien universel de la chres-
» tienté, et que de moy ne procède ne procé-
» dera l'ouverture de la guerre; ce que l'on
» peult facilement juger par les grands devoirs
» où je me suis mis et mets pour y obvier. »

Telle fut la response du Roy à la proposition faicte par l'Empereur à Romme. Pource que, par l'estroite amitié confermée entre luy et le roy d'Angleterre, ils s'estoient promis l'un à l'autre s'entre-communiquer toutes les nouvelles qu'ils recevroient d'importance, et ce que sur icelles ils auroient conclu et arresté, il envoya un double par la poste, après le seigneur de Polisy, de la maison de Tinteville, baillif de Troyes, lequel puis naguères il avoit dépesché vers ledit seigneur roy d'Angleterre; et luy avoit baillé un double de la lettre d'advertissement de la susdite proposition que luy en avoient escrite les évesques de Mascon et seigneur de Velly, ses ambassadeurs.

La cause de la dépesche dudit baillif avoit esté sur ce que ledit roy d'Angleterre avoit communiqué à l'évesque de Tarbes, de la maison de Castelnau, ambassadeur du Roy, nostredit maistre, en Angleterre, une lettre fort affectée que l'Empereur luy avoit escrite, contenant en substance cinq principaux articles. Le premier estoit du jour que ledit seigneur Empereur espéroit arriver à Romme, et de ce qu'il disoit prétendre y vouloir faire; le second, de l'invasion faicte par le Roy nostredit maistre sur les païs du duc de Savoye, surquoy il le prioit de se vouloir employer à moyenner et faire envers ledit seigneur Roy qu'il voulust rendre ce qu'il avoit pris et occupé sur iceluy duc de Savoye; le tiers estoit de la crainte que disoit l'Empereur avoir, et avecques juste et apparente raison, que ledit seigneur Roy passast outre, et luy fist la guerre au duché de Milan; quoy advenant, il le prioit de luy vouloir en ce cas donner ayde et secours. Par le quatriesme il le prioit de vouloir mettre en oubly ce qui estoit passé de malcontentement entre eux, à cause du divorce de la royne Catherine, sa tante, duquel malcontentement estoit alors cessée l'occasion, par le trespas de ladite Royne : parquoy il le prioit que, pour lever d'entre eux tout souspeçon et racine d'inimitié, il fust content de renouveler les vieils traittez de leur confédération et amitié. Pour le cinquiesme et dernier, il le advertissoit comme il dressoit contre le Turc une grosse armée pour la défension de la chrestienté, à quoy il le prioit de vouloir estre contribuable, veu que c'estoit contre les ennemis de la foy.

Le roy d'Angleterre, qui de sa nature dépend volontiers à tenir gens en diverses provinces, pour entendre des nouvelles de tous costez, et à faire des présens secrets à ceux qui ont le moyen d'entrer avecques les principaulx entremetteurs d'affaires des princes et potentats estrangers (encores qu'en aucuns endroicts son argent soit mal employé, de sorte qu'aucuns, parmy un ou deux advertissemens véritables, luy mandent, en plusieurs autres choses, le blanc pour le noir), avoit toutesfois ordinairement du costé de Romme assez seurs et véritables advertissemens; mesmement avoit desjà sceu que l'Empereur prétendoit à Romme de faire et brasser le contraire de ce qu'il luy mandoit. Quant au second article, sçavoit qu'il n'estoit raisonnable d'en faire la requeste au Roy son frère, lequel n'estoit entré en la participation de ceste entreprise. Quant au troisiesme, sçavoit non-seulement que l'Empereur ne craignoit estre assailly à Milan, ains qu'il estoit délibéré de donner au plustost qu'il pourroit la bataille aux gens du Roy au païs de Piémont. Quant au quatriesme, sçavoit qu'il avoit esté accusé par l'Empereur envers nostre Sainct-Père et plusieurs autres, d'avoir faict empoisonner la royne Catherine, et quels autres propos l'Empereur en avoit tenuz. Et quant au cinquiesme, sçavoit que l'Empereur se préparoit à la guerre, non pour aller contre le Turc, en la défension de la chrestienté, mais pour la raison jà devant ditte. Et à ceste cause, fist la response audit seigneur Empereur, ainsi qu'il avoit déclaré audit évesque de Tarbes.

LIVRE SIXIÈME.

L'Empereur dresse une grande et forte armée de plusieurs nations, pour assaillir ce royaume par la Provence; les Françoys l'arrestent quelque temps en Piémont, devant Fossan, qu'ils sont enfin contrains rendre par composition, les ayant trahiz le marquis Françoys de Salluces, que le Roy avoit ordonné son lieutenant en Piémont. Ce faict, l'Empereur tient conseil, harangue ses gens, se promet avoir de grandes intelligences en France, et tourne la teste de son armée vers Nice, pour entrer en Provence.

L'Empereur, en faisant toutes ses praticques, ne laissoit toutesfois encores d'entretenir en quelque espérance le seigneur de Velly, ambassadeur du Roy; non pas qu'il eust aucune volonté de venir à conclusion (car en effect il ne l'avoit jamais eue, comme peu après nous déclarerons), mais il ne vouloit entrer en ouverte déclaration de guerre, que premièrement il n'eust certaine nouvelle que l'armée du comte de Nansau fust preste à descendre en Picardie au mesme temps que luy commenceroit de l'autre part à faire acte d'hostilité contre le Roy: encores espéroit-il en dresser une autre (non toutesfois si promptement), laquelle il vouloit envoyer, au fort des affaires, descendre en Champagne, quand les garnisons du païs en seroient deslogées, pour se venir joindre (ainsi qu'après elles firent) avecques celle de Picardie. Le Roy, encores qu'il dissimulast d'entendre que l'intention de l'Empereur fust telle, si en estoit suffisamment adverty; car, outre le bruict qui en estoit commun en Italie, en France, en Allemagne et en Angleterre, il avoit ordinairement nouvelles d'Allemagne, du nombre de gens que l'Empereur y faisoit lever, combien et quels estoient ses capitaines, quand et par qui, et de quels deniers ils devoient recevoir payement, et en quel temps ils pourroient estre mis ensemble : en avoit aussi du costé de Picardie, de quelque amas de Wallons, qui jà se faisoit, et de l'argent qui leur devoit estre baillé au lieu de Lens, en Artois. Mais bien sçavoit que lesdittes forces ne pouvoient pas encores estre si tost prestes; parquoy il luy suffisoit, en attendant ce que le temps amèneroit, tenir ceste frontière là en seureté de surprise, et en Piémont garder bien ce qu'il y avoit.

Aucuns de son conseil ordinaire, et autres que pour lors il voulut y faire appeller pour estre à la délibération de ses affaires, estoient d'advis contraire; et mesmement, après avoir sceu la crue response que l'Empereur avoit faicte à monseigneur le cardinal de Lorraine, eussent bien voulu que, tout ainsi que l'Empereur l'amusoit de paroles, il eust usé contre luy d'un mesme art, et que, durans ces allées et venues, et soubs couleur de envoyer audit seigneur cardinal, aujourd'hui une instruction, et demain autre nouvelle, il eust faict tenir argent en Italie, ou par bancque ou par autre voye, pour en diligence renforcer la trouppe des seigneurs Caguin et comte Guy Rangon, et en mesme temps faire passer en Italie les Suisses que desjà ledit seigneur avoit retenuz en son service, pour s'en venir ces deux bandes unir avecques les forces que desjà ledit seigneur avoit au Piémont; et puis que, voyant son poinct, il usast de l'oportunité s'offrante, et sans avoir tant de respect à qui n'estoit pour le luy avoir semblable. D'autres en avoit qui bien approuvoient ceste opinion, mais ils jugeoient les forces de l'Empereur estre desjà si près des nostres, qu'ils ne pensoient point que ceste opinion fust exécutable à temps, joinct qu'ils sçavoient plus intrinséquement que les autres la finale intention et résolution du maistre, et la cognoissant pleine de justification envers Dieu et le monde, y vouloient bien adhérer, et demourer en cest advis de bien garder ce que nous tenions, et, sans entrer en plus grande despense, sur-attendre tant que l'Empereur fust agresseur indubitable. A tant le Roy, reprenant les propos, conclut sur iceux en ceste manière :

« Si nous n'eussions aux actions humaines à
» satisfaire à autre qu'à Dieu seul, servateur,
» estimateur et juge des cueurs et pensées des
» hommes, et auquel n'est incogneuë la volonté
» que me garde l'Empereur en son courage, et
» que, pour obvier en préoccupant à sadite volonté, je me fusse contenté de juste querelle,
» pieçà l'essay-je peu faire à grand marché,
» ou du temps qu'il estoit empesché contre le
» Turc en Autriche, ou du temps que l'armée
» des lansquenets qui avoient remis le duc de
» Wittemberg en son duché, ou depuis quand
» celle des Suisses qui ont secouru Genève se
» sont envoyez offrir à moy, l'une des offres
» alors que l'Empereur entroit en son expédition de Thunis, et l'autre luy estant de retour
» en Sicile, moult affoibli de gens et de deniers :
» mais à mes propres amis et juges équitables je

» n'eusse peu justifier mon faict, sinon par ap-
» parences et présumptions ; aux iniques et non
» amis, encores à présent ne le sçauroy-je suffi-
» samment faire par autre voye, et vous sçavez
» ce qu'en plusieurs autres délibérations en tels
» affaires je vous ai tousjours déclaré mon in-
» tention. Mais entendez toutesfois que, quant
» à moy, ce n'est de ceste heure que le cueur
» m'a présagy et jugé que l'intention de l'Empe-
» reur envers moy, avant son partement et de-
» puis son retour du voyage de Thunis, estoit
» et a tousjours esté telle qu'aucun de vous à
» présent commencez à cognoistre. Et si para-
» vant j'en eusse esté en quelque doubte, croyez
» que, de l'heure qu'il respondit à mon ambas-
» sadeur que, puisqu'il n'avoit pouvoir de
» moy, il le passoit et entretenoit de paroles,
» je m'en fusse tenu asseuré du tout et hors de
» doubte ; car quelle occasion eust-il eue d'allé-
» guer à mon ambassadeur une telle raison,
» sinon que par luy-mesme il juge autruy, et
» sçait très-bien qu'alorsqu'il m'envoya le comte
» de Nansau (lequel aussi vint sans pouvoir),
» luy ne le fist que pour me donner paroles et
» m'amuser ce pendant qu'il feroit son voyage ?
» afin que, soubs ceste espérance, je ne pour-
» suivisse la réparation de l'outrage que m'a-
» voit faict Francisque Sforce ; et luy, durant
» soudit voyage, fist, sans que je m'en doub-
» tasse, faire en Allemagne, par le comte de
» Nausau (qui, soubs umbre et couleur de ceste
» négociation, abbrégea son chemin par mon
» royaume), ceste assemblée que maintenant
» vous luy voyez mettre sus.

» Vous sçavez assez combien de fois j'en ay
» esté adverty d'Allemagne par mes amis, et
» que, nonobstant que ledit comte fist courir le
» bruit que c'estoit pour le recouvrement du
» comté de Catzenellnbogen, j'eusse toutefois à
» me tenir sur mes gardes. Or, quelque mal ou
» bien qui m'en advienne, encores à présent
» vueil-je persister à me gouverner plustost sur
» ce que me faict entendre, que sur ce que faict
» au contraire l'Empereur, afin d'éviter entiè-
» rement que, l'assaillant sur le bruict de ce
» qu'il se prépare contre moi, toute couleur luy
» faille de pouvoir dire que non pour m'assaillir,
» ains pour se garder il se fust préparé, ou que,
» pour affection que j'eusse de trouver occasion
» de roupture contre luy, j'ay bien voulu à un
» bruit incertain légèrement adjouster foy. Et
» ne pensez point que je prenne telle conclusion
» sur opinion que j'aye de n'avoir mes forces
» prestes à temps ; car, avant que l'Empereur
» ait pris tout ce que j'ay ordonné fortifier au
» Piémont, elles y seroient facilement arrivées :
» mais je vueil entièrement que le tort et blasme
» de l'aggression tombe sur luy. Et, pour plus
» luy oster d'excuse et de couleur des siennes
» forces qu'il met sus, je suis délibéré, puis-
» qu'il faict telle instance que je retire mon
» armée deçà les Monts, et en Piémont laisser
» seulement garnison ès villes que j'ay (comme
» dit est) ordonné faire fortifier. Et, si bien je
» fay en ceste délibération quelque tort ou re-
» culement à mes affaires, si ay-je telle con-
» fiance en Dieu, vray juge et vengeur de foy
» desguisée, que, si bien l'Empereur en ce com-
» mencement se conjouïst de ma négligence,
» autant esprouvera-il (la guerre ouverte et
» rompue par luy) de desplaisir et de dommage
» du temps perdu, que j'espère après recouvrer
» par diligence, persévérance et vive force. »

Sur ce propos, et avant que le Roy eust finé sa parole, fut apporté au conseil un pacquet du seigneur de Velly, dépesché par la poste ; lequel fut ouvert et leu devant le Roy, auquel estoit par ledit de Velly, entre autres choses, donné advis que les seigneurs de Cannes et Granvelle luy avoient demandé si monseigneur l'amiral viendroit point trouver l'Empereur, ainsi qu'il avoit esté advisé ; adjoustant qu'il n'y auroit mal de faire encore durer ceste practique, soubs le nom de monseigneur le duc d'Angoulesme, si de monseigneur le duc d'Orléans ne vouloit l'Empereur ouïr parler, afin au moins de gaigner ce peu de temps pour achever la fortification de Turin encommencée, au cas que la pratique en autres choses fust infructueuse. Le Roy alors, en se soubriant, dit : « Encores
» nous veult donner l'Empereur à entendre que
» nous devons quelque chose espérer de luy.
» Or, il faut imaginer de deux choses l'une, ou
» que ses lansquenets ne peuvent arriver si tost
» qu'il espéroit, ou, s'ils sont arrivez, que là
» dessus il veult pour ambassadeur avoir mon
» lieutenant-général, afin d'envoyer ce pendant
» assaillir mon camp, et le trouver et sur-
» prendre sans chef à l'improviste. Que ferons-
» nous doncques à cest homme icy ? Si nous ne
» l'envoyons, il prendra là-dessus son excuse et
» couleur de dire que, quand c'est venu au
» joindre, nous avons par cela donné à co-
» gnoistre que nous ne voulions venir à la con-
» clusion ; si nous l'envoyons, il n'y fera rien
» d'avantage, mais je me seray justifié, luy sera
» en peine de trouver une autre excuse. Ad-
» vienne de par Dieu ce qu'advenir pourra :
» j'avois desjà ainsi conclu et arresté de retirer
» par deçà mon armée, tant seulement laisser
» des gens de guerre en Piémont ce qui suffira
» pour mettre ès garnisons des villes tenables,

» accordons-luy ce qu'il demande, voyons quand
» il accouchera de ce dont il est gros, et fai-
» sons cognoistre à tous amis et ennemis que de
» nostre costé nous avons faict plus que raison
» et devoir. »

A tant il dépescha vers ledit seigneur amiral, et luy manda de ne plus tenir camp, et que seulement il parachevast de fortifier Turin et quelques autres places. Premièrement il escrivit de Carmagnolles, mais depuis il escrivit de Fossan ou Cony, ou toutes deux, et qu'il y mist le nombre de quatorze ou quinze mille hommes de pied, ensemble ce qu'il jugeroit estre nécessaire de gendarmerie et de chevaux-légers; et si ledit nombre estoit plus qu'il n'en estoit besoing à fournir bien et suffisamment lesdittes villes, qu'il mist ce qui restoit dudit nombre de quatorze ou quinze mille hommes, en quelques places au deçà, lesquelles fussent couvertes des autres, et qu'en chacune il mist un chef auquel eussent les autres à obéir en toutes choses, et que le reste de son armée il renvoyast deçà; luy se tinst prest d'aller vers l'Empereur à toute heure que par monseigneur le cardinal de Lorraine il seroit mandé, aussi que de ce que dessus il donnast advis au seigneur de Velly. Par le seigneur de Rabodanges fut envoyée ceste dépesche, et par le seigneur de Renty une autre à messeigneurs Charles, duc de Vendosmois, et Claude de Lorraine, duc de Guise, l'un gouverneur de Picardie, et l'autre de Champagne, leur ordonnant fortifier quelques places en Picardie et en Champagne, et qu'ils départissent leur gendarmerie et leurs légionnaires ès lieux qu'ils verroient estre plus à propos et à main pour luy faire service : leur feit d'avantage envoyer argent, pour lever promptement le nombre de quatorze mille adventuriers, pour aussi les départir ès villes de frontière; ensemble le payement d'autres deux mille adventuriers à lever quand le besoing en seroit, et autre bonne somme de deniers pour employer tant aux fortifications qu'aux envitaillemens desdittes villes. Et particulièrement escrivit à messire François de Montmorency, chevalier de son ordre, et son lieutenant audit païs de Picardie, soubs la charge et en l'absence dudit seigneur duc de Vendosmois, qu'il eust à y avoir l'œil et vacquer diligemment, et principalement d'aller en personne faire l'avitaillement de Térouenne, et en passant visiter la ville de Montereul, et l'avertir de ce qu'il trouveroit y estre nécessaire. La cause pour laquelle particulièrement il voulut luy donner ceste charge fut pour autant qu'il n'en vouloit travailler le duc de Vendosmois, qui alors estoit empesché sur la conclusion qui se devoit faire du mariage de sa fille aisnée avec le roy d'Escosse.

En ce temps estoit le marquis de Saluces arrivé en poste à la Cour, auquel le Roy donna des villes du Piémont, qu'il prétendoit estre des anciennes appartenances du marquisat, à sçavoir est Savillan, Cony, Fossan, Cavalimont, Mont-Devis et plusieurs autres, jusques au nombre de dix-sept. Et, à ce que depuis il a esté sceu, n'esto't ledit marquis venu les demander en espérance de les obtenir, mais pour avoir cause ou couleur, en cas de refus, de coulorer ce que depuis il feit : car, à ce que l'on a certainement entendu, il y avoit long-temps que sa praticque traînoit, qui estoit telle. Ledit marquis, par le moyen du comte de Pauquepaille et d'un sien contrerolleur, praticquoit avecques Antoine de Lève, promettant espouser sa fille ; et, par ce moyen, luy promettoit ledit Antoine de Lève luy faire gaigner le procès qu'il avoit intenté devant l'Empereur pour le marquisat du Montferrat qu'il maintenoit luy appartenir, à l'occasion (à son dire) que ledit marquisat estoit substitué; que là, et au cas qu'il y eust faulte de hoir masle, il n'alloit en fille, mais retournoit à celuy qui estoit ou seroit marquis de Saluces, estant de la maison. Or estoit-il que du marquis de Montferrat et de madame d'Alançon, sœur du duc d'Alançon, estoit sorty un fils et une fille, mariée au duc de Mantoue ; et le fils, qui fut marquis de Montferrat, en piquant un cheval, le cheval tomba, dont tout soudain il mourut sans estre marié. Parquoy vouloit dire ledit marquis François de Saluces, qu'à luy appartenoit la succession dudit marquis nouvellement décédé, et non à sa sœur. Aussi ledit marquis François estoit fort supersticieux et avoit adjousté foy aux prophéties qui avoient esté faictes, qui disoient que l'Empereur devoit estre monarque, de sorte qu'il craignoit de perdre son Estat de Saluces; et mesme ledit marquis, un jour, à Fossan, parlant au seigneur Martin Du Bellay, luy disoit qu'il avoit pitié de ses amis de France, qui perdroient leurs biens parce qu'on ne pouvoit aller contre les oracles de Dieu, dont les prophètes estoient dénontiateurs.

Dès le deuxiesme jour de may avoit esté dépesché le seigneur de Rabodanges, avecques la charge que vous avez entendue. Et depuis parce que monseigneur l'amiral estoit d'advis de ne rompre encores son camp qu'il avoit fortifié au lieu de Carignan, luy fut envoyée une itérative dépesche conforme à la première et ordonné que lesdittes garnisons mises à Turin et à Fossan et autres villes qu'il adviseroit, pour soustenir et rompre la première impétuosité de l'Emperçeur, au cas qu'il entrast à roupture, il renvoyast incontinant le surplus de son armée en France; sinon qu'il veist apparemment qu'Antoine de Lève n'eust forces plus qu'esgales, et fist contenances de vouloir passer au-deçà de la Sesia, contrevenant aux promesses accordées entre monsieur le cardinal de Lorraine et ledit de Lève, auquel cas il luy estoit ordonné de hazarder la bataille, la raison de la guerre toutefois gardée, et moyennant qu'il feist tousjours ledit seigneur Empereur aggresseur et luy deffendeur; et au cas qu'il ne vist apparence de ce faire, il ensuivist la première ordonnance qui luy avoit esté envoyée par ledit seigneur de Rabodanges, et luy se tint prest à monter incontinant à cheval, au premier mandement qu'il auroit dudit seigneur cardinal de Lorraine de l'aller trouver.

Au lieu de Pistoye, receut le seigneur de Velly advertissement de ce que par la despesche du seigneur de Rabodanges avoit esté ordonné audit seigneur amiral; et, sur ceste occasion, estoit rentré avecques l'Empereur en propos de ceste négociation de paix. A quoy luy fut respondu que l'Empereur aucunement n'y entendroit, sinon qu'avant tout œuvre, l'armée du Roy eust repassé les monts, et le duc de Savoye fust entièrement réintégré. Sur quoy répliquant ledit seigneur de Velly, que Nostre Sainct-Père avoit bien dit à l'évesque de Mascon et à luy que Sa Majesté feroit ceste response, mais à la fin se contenteroit que seulement les offenses supersédassent d'une part et d'autre; à quoy le Roy non-seulement avoit optempéré, mais qui estoit grande approbation de sa bonne volonté, avoit desjà mandé que son armée des garnisons en hors se retirast en France, et que l'on donnast congé aux gens des seigneurs Caguin et comte Guy de Rangon, et monseigneur l'amiral, de se trouver avecques monseigneur le cardinal de Lorraine, et par ledit seigneur cardinal il luy estoit mandé. L'Empereur, ce nonobstant, persista en ses demandes, sans aucune chose modérer, sinon qu'il s'en conseilleroit, et puis donneroit response. Ceste response il bailla par escrit, au troisiesme jour, mais si confuse, qu'il estoit assez apparant que de propos délibéré il l'avoit baillée telle, pour ne dire chose qu'il n'eust moyen, au cas qu'il luy en vint advantage, de la desguiser. Et, ce pendant il ne perdoit temps, heure ne moment à faire diligenter ses forces; et jà, dès le huitiesme du mois, le seigneur Antoine de Lève estoit venu, contre sa promesse, campiger au-deçà de la Sesia, entre Turin, Vercel et Sainct-Germain, avec son nombre de chevaux accoustumé, unze mille lansquenets, sept mille Italiens et deux mille Espagnols, sans ceux de Sicile, et sans la trouppe qu'amenoit l'Empereur avec soy. Monseigneur le cardinal de Lorraine estoit, ce temps pendant, arrivé à Rome, où il trouva qu'il ne se parloit plus que de la guerre, et que desjà publiquement se vantoient les Impériaux que l'Empereur la vouloit faire au Roy, non seulement au païs de Piémont, et pour la restitution du duc de Savoye, mais, en un mesme temps, au cueur et aux frontières de son royaume, par tant de lieux et endroits, que le Roy ne sceust auquel entendre. Si envoya demander son audience à Nostre Sainct-Père, et, au jour et à l'heure qu'elle luy fut signifiée, proposa sa charge en ceste manière :

« Si oncques, Très-Sainct-Père, vous fustes
» en doubte auquel il tient, ou de l'Empereur
» ou du Roy, qu'entre eux, et soubs vostre au-
» thorité, ils ne sont venuz à quelque bonne et
» seure intelligence et amitié; et si, parce que
» vous-mesme en avez veu et entendu, à la ve-
» nue dudict seigneur Empereur en ce lieu, vous
» n'avez du tout esté mis hors d'iceluy doubte,
» je suis seur et certain que vous en serez en-
» tièrement hors, après avoir entendu ce que
» m'avoit ledict seigneur Roy ordonné luy pro-
» poser et offrir en vostre présence et par vostre
» conseil, et que, le rencontrant sur le chemin
» des postes, au lieu de Sienne, je luy ay offert
» et mis en avant. Je ne perdray temps à vous
» réciter les allées et venues, offres, accepta-
» tions, simulations et dissimulations, entrevues
» de l'un à l'autre, depuis cinq ans en çà, sur
» les moiens de confirmation de paix, estroictes
» alliances et fraternelle amitié, car vous en
» devez estre assez et plus que informé, voire (si
» l'affection que vous avez à l'union de la chres-
» tienté ne vous supportoit) attédié (1), je vien-
» dray doncques au but et à la dernière conclu-
» sion que le Roy, à mon partement, tenoit pour
» indubitable : c'estoit que l'Empereur, ainsy que
» vous, Très-Sainct-Père, avez sceu, accordoit
» bailler à monsieur le duc d'Orléans, second
» fils du Roy, l'Estat et duché de Milan, mais
» l'usufruict que le Roy en vouloit retenir, il ne
» luy vouloit aucunement accorder; encores vou-
» loit que le Roy ce pendant cessast toute hosti-
» lité contre le duc de Savoye, jusques à ce qu'il
» fust cogneu et jugé du différent d'entre eux.
» Là-dessus, Très-Sainct-Père, fut faicte ma dé-
» pesche par le Roy. Passant en son camp, pre-
» mièrement j'ay faict désister son lieutenant-
» général de l'entreprise qu'il avoit, et jà estant

(1) Importuné, irrité.

» apparemment sur le poinct d'emporter d'as-
» sault la ville de Vercel; secondement, et
» après avoir parlé au seigneur Anthoine de
» Lève, capitaine-général de la ligue d'Italie,
» j'ai faict retirer ledict lieutenant-général du
» Roy jusques par delà la Doaire, et mettre
» ses gens ès garnisons, cessant effectuelle-
» ment tout acte d'hostilité. Ce faict, je suis
» venu visiter ledit seigneur Empereur, et, de
» par le Roy, luy ay quicté l'instance auparavant
» faicte de cest usufruict; offert de mettre en
» justice le différent d'entre luy et le duc de
» Savoye; présenté toutes les forces et puissan-
» ces dudict seigneur, au service non seulement
» de la chrestienté, mais au particulier et pro-
» pre de l'Empereur et de sa maison, en réser-
» vant seulement les alliez dudit seigneur Roy,
» qu'il ne pouvoit, sans reproche et charge de
» son honneur, abandonner. Tant s'en a fallu
» que, luy portant ceste ambassade, je l'aye
» trouvé en la mesme délibération, que tout au
» contraire il a du commencement différé de con-
» fesser (combien qu'à la fin il l'ait advoué)
» d'avoir jamais accordé tout ce que dessus,
» mais en conclusion m'a déclaré, au moins as-
» sez donné à entendre, qu'il ne feroit: et,
» à ce que je puis comprendre, et le bruit com-
» mun est parmy ceux qui sont à sa suitte, il
» s'en va droict faire la guerre au Roy. Si est-
» ce, Très-Sainct-Père, que bien considérant
» comment sont passez entre ces deux princes
» les affaires des précédentes guerres, chacun
» de eux, ou en sa propre fortune, ou en celle
» de l'autre, ou en toutes deux, trouvera par
» quoy estre induict à se devoir renger à party
» raisonnable, et que, par la vicissitude et al-
» ternation des heureux succès et malheureux
» événemens, ils ont tous deux dequoy cognois-
» tre et juger combien chacun se doibt asseurer
» ou désespérer de fortune.
» Soit ainsi que l'Empereur et plus souvent
» et plus inespéréement l'ayt esprouvée amie et
» favorable, si trouvera-il qu'en toutes ses vic-
» toires les affaires du vainqueur ont esté la
» pluspart du temps en aussi grand danger et
» branle que ceux du vaincu. Messire Robert
» de La Marche (duquel sourdit le commence-
» ment de toutes ces guerres) avoit à l'encontre
» de l'Empereur, usé de quelque manière d'in-
» vasion; ledit seigneur print sur luy la plus
» grande partie de toutes ses places; et, comme
» si le Roy eust donné cause à ceste invasion,
» le vint assaillir en son royaume, print Moson,
» assiégea Mésières, fut depuis repoussé par le
» Roy, perdit quelques siennes places de nom,
» et feit une retraitte de nuict assez appro-
» chante de fuitte, se retirant en Espagne, où
» il trouva que Fontarabie, l'une des clefs et
» principaux boulevers de son royaume d'Es-
» pagne, avoit esté prise par les gens du Roy.
» Fortune d'autre costé le récompensa: les
» siens prindrent Tournay; il fist révolter le du-
» ché de Milan contre le Roy, lequel y envoya
» nouvelle armée, qui prospéra du commence-
» ment, à la fin fut défaicte à la Bicoque. Le
» Roy dressa une autre armée, qui tellement
» exploicta, qu'à peine avoit l'Empereur une
» place tenant pour luy en Lombardie. De re-
» chef la mutation de fortune fut soubdaine:
» l'armée du Roy fut rompue; celle de l'Em-
» pereur osa passer en Provence, trouva la ville
» d'Aix, capitale du païs, et assez d'autres
» abandonnées; assiégea et grandement tra-
» vailla Marceille; puis, à la nouvelle de l'ar-
» rivée du Roy marchant contre eux, se retira
» en désarroy. Le Roy, de ceste empraincte,
» repassa deçà les Monts par autre et plus court
» chemin, réduisit presque toute la Lombardie
» à son obéissance. L'armée de l'Empereur un
» peu après se renforça: celle du Roy se con-
» somma et fut vaincue; luy, prisonnier, con-
» duit en Espagne, en sortit par composition
» assez rigoureuse. Sur le refus que peu après
» feit l'Empereur à la ligue de toute Italie,
» France et Angleterre, de modérer les condi-
» tions desraisonnables, il fut bien près de perdre
» non seulement la Lombardie, mais tout le
» royaume de Naples: fortune le releva; re-
» couvra ce qu'il avoit perdu; eut le pape Clé-
» ment son prisonnier. Pour la délivrance de
» Sa Saincteté, le Roy dressa une armée qui,
» pour un temps, fut victorieuse tant en Lom-
» bardie et en la rivière de Gennes, qu'au
» royaume de Naples, jusqu'à ce que, sur le
» poinct de la très-grande ruine dudit seigneur
» Empereur, et après qu'il eut perdu plusieurs
» armées de mer, entièrement deffaictes par
» celle du Roy, ses principaux chefs, prison-
» niers, eurent moyen de corrompre ceux de
» l'armée du Roy, et de tourner sa victoire
» en desconfiture. Soudainement il répara ses
» forces, et, d'arrivée, toute Italie trembla
» devant elles; à la fin en advint aussi malheu-
» reuse issue.
» Voilà jusques alors, Très-Sainct-Père, la
» véritable histoire abbrégée, et que vostre
» Saincteté ne peult ignorer, de toutes les guerres
» d'entre ces deux princes, en laquelle je ne
» voy point que l'Empereur ait eu si ferme et si
» constante félicité, ne que les forces de France
» en soient si affoiblies, que, sur ceste espé-
» rance, il doive, estant bien conseillé, mettre

» de rechef à la discrétion de fortune ses vic-
» toires du temps passé, au hazard de perdre
» aussitost en un jour ce qu'en tant d'années il
» peult dire avoir acquis de réputation et gloire,
» comme de les augmenter et accroistre jusques
» à la consommation et comble d'honneur. Vray
» est que, sur sa félicité tenant le dessus à l'en-
» droict du Roy, pacification et entrevue entre
» eux, laquelle, à ceste cause, fut à telle con-
» dition, que ledit seigneur Empereur a peu
» se glorifier d'avoir plustost donné qu'accepté
» la paix. Cestuy m'a tousjours semblé le prin-
» cipal avantage qu'il y ayt eu, s'il ne l'eust
» donnée avec certains trop rigoureux articles,
» et tels qu'il a eu juste occasion et remors, de
» crainte que messieurs les enfans du Roy se
» ressentissent un jour de leur ancien patri-
» moine, qui, par ce traitté de paix, leur a
» esté tollu. Les praticques et moyens d'oster
» toute racine de regret, et de tenir ces princes
» en bonne intelligence et amitié, par lesquels
» moyens nous sommes entrez sur ceste ma-
» tière, estoient déjà si avant, que plusieurs
» gens les tenoient pour conclues, espérant que
» ledit seigneur Empereur, qui souloit dire que
» la défiance et seule craincte qu'il avoit du
» Roy le divertissoient de plusieurs haultes en-
» treprises apparemment d'heureuse et facile
» yssue, seroit par ceste réconciliation (ainsi
» qu'en effect il eust faict), non seulement dé-
» livré de ceste craincte, mais asseuré qu'estant
» desjà une partie de la chrestienté à sa dévo-
» tion, et le surplus à celle du Roy, il auroit
» le tout à la sienne, au moyen de l'ayde et as-
» sociation des forces et alliances dudit seigneur
» Roy; et pourroit faire avecques ceste acces-
» sion de forces, un tel et si grand accroisse-
» ment à la république chrestienne, que nul
» autre, depuis Charles-le-Grand, n'en auroit
» faict de pareille. Quel malheur et quelle mu-
» tation, Très-Sainct-Père, peult-estre cecy, ne
» quel avantage au bien et augmentation de la
» fortune et gloire de l'Empereur, y peuvent es-
» pérer ou comprendre ceux qui le détournent
» de ceste sienne, à luy utile, honorable et
» seure intention? J'ay bien voulu dire, Très-
» Sainct-Père, qu'on l'en destourne: car Dieu ne
» vueille qu'en cueur de prince de telle et si su-
» prême excellence, se trouvast si vile et infame
» simulation, que d'avoir sciemment voulu au
» contraire de son intention user des propos qu'il
» a tenuz.

» Si le prouffit de l'Empereur le mène, quel
» prouffit a-il d'un duché qui tant luy a cousté
» à conquérir, et à garder luy coustera davan-
» tage, et tiendra ces deux si puissantes et in-
» vincibles maisons, qui doivent estre le port
» et refuge de naufrage de toute la chrestienté,
» perpétuellement en division et despense, os-
» tant à l'une et à l'autre occasion et moyen d'en-
» tendre à plus grandes et honorables choses?
» Or mettons en une balance toute la conqueste
» qu'a faicte l'Empereur, en l'autre le contre-
» poix que fortune cependant luy a envoyé: pre-
» mièrement que, durans ces affaires, il n'a peu
» satisfaire au devoir de fraternité envers le roy
» Christierne de Dannemarch, son beau-frère,
» lequel a perdu, à faulte de ce, son royaume
» et sa liberté; secondement, qu'aussi peu a-il
» eu moyen de secourir le roy Louis de Hon-
» grie, son autre beau-frère, qui, contre le Turc
» ennemy commun de nostre foy, a perdu son
» royaume et sa vie, avecques telle playe que
» chacun sçait en redonder à la chrestienté. Je
» ne dy pas que l'Estat de Milan ne soit bel et
» gros; mais il ne sçauroit approcher d'estima-
» tion aux dessusdits dommages, à l'effusion de
» tant de sang chrestien qui, pour ceste querelle,
» a esté respandu; à la perte de tant de bons et
» vertueux capitaines, de tant de puissantes ar-
» mées perdues, et par mer et par terre, les-
» quelles si nous eussions employées en plus
» saincte et recommandable guerre, nostre Sau-
» veur Jésus-Christ fust à présent cogneu par
» toutes les plus estranges et barbares contrées
» du monde. Quant au Roy, Très-Sainct-Père,
» qui en a esté spolié, divine et humaine raison
» l'excuse de ce qu'il en a faict jusques icy; et
» si plus avant il en faisoit, encores que son
» traitté l'accusast, par lequel il luy est prohibé,
» si luy serviroient les mesmes raisons de quel-
» que excuse, pour le devoir auquel il est tenu
» envers ses enfans, envers son royaume, en-
» vers son peuple, de partager sesdits enfans en
» sorte que leur patrimoine ne diminue, et que
» leur contentement et satisfaction tienne ses-
» dits royaume et peuple en paix, repos et union.
» Si aussi l'honneur et gloire dudit seigneur Em-
» pereur le mène, quelle gloire peult-il avoir
» plus grande, qu'après avoir obtenu glorieuse
» victoire, en user encores plus glorieusement et
» magnifiquement, acquérant, avecques le tiltre
» de la libéralité, le moyen de parvenir à plus
» justes et honorables conquestes, dont ne luy
» peult matière faillir, et aussi peu l'exécution
» à l'ayde mesme du Roy et de ses confédérez?
» Et s'ils s'arrestent sur la seureté, laquelle, à
» ce que j'enten, ils ne peuvent trouver suffi-
» sante pour bien affermer l'intelligence, foy et
» amitié entre deux princes si freschement ré-
» conciliez après si grande inimitié, je dy au con-
» traire, Très-Sainct-Père, que tout ainsi que s

» jamais n'eust eu adversité, l'amitié se fust peu
» concilier plus facilement entre eux, ainsi plus
» facilement se fust-elle peu dissouldre; car, con-
» tractant ensemble de per à per, et sans que
» l'un eust quelque avantage sur l'autre, l'obli-
» gation de ceste amitié seroit esgale, là où main-
» tenant le Roy demoureroit tenu de la libérale
» gratuité dont luy auroit l'Empereur usé, avec-
» ques l'obligation à la recognoissance du bien-
» faict, sinon qu'il voulust estre du tout estimé
» ingrat, et indigne de toute amitié, support et
» faveur de Dieu et des hommes. Je dy davan-
» tage, qu'estant le Roy de cueur tel qu'il est,
» et que longue et privée hantise m'a faict co-
» gnoistre en luy entièrement, ce bienfaict qu'il
» auroit receu seroit celuy qui produiroit le ré-
» ciproque bienfaict, avecques la recognois-
» sance que je disoy : et par ainsi seroit ceste
» mutuelle amitié conferrée par les deux plus
» estroits et seurs liens qui, oncques depuis le
» monde créé, soient usitez en tels affaires :
» c'est à sçavoir du commun et réciproque prouf-
» fit en résultant à l'une et à l'autre partie, et de
» la foy, qui est de telle nature, que nul hom-
» me sçauroit mieux obliger à soy la foy d'au-
» truy, qu'en ayant foy et confiance en luy.

» Jusques icy, Très-Sainct-Père, j'ay parlé,
» en partie comme envoyé vers vostre Saincteté
» de par ledit seigneur Roy, en partie comme
» prince chrestien, affectionné singulièrement au
» bien et repos commun de la chrestienté, sui-
» vant les anciens vestiges de mes progéniteurs :
» encores de sa part vous asseureray-je que son
» intention est et sera (Dieu vueille qu'aussi heu-
» reuse que bonne !) de céder une partie de ses
» droicts, plustost que, s'arrestant opiniastre-
» ment à obtenir tout ce qui luy appartient, estre
» contrainct de venir aux armes avecques l'Em-
» pereur. Au cas, toutesfois, que force luy soit
» d'y venir, il le fera (je parle à ceste heure,
» Très-Sainct-Père, comme l'un des frères et
» membres du corps du Sainct-Siége apostolique)
» de sorte que je crains beaucoup que nous don-
» nions au commun héréditaire ennemy de nos-
» tre foy un trop joyeux spectacle de ceste
» guerre, et que des corps des chrestiens qui en
» icelle mourront (qui devroient estre un obs-
» tacle et avant-mur au devant de luy) nous luy
» dressions un pont et passage pour nous venir
» assaillir en noz foyers. Dieu tout puissant y
» vueille remédier, et vous, Très-Sainct-Père,
» qui sçavez assez comment il en va, et quelle
» est la puissance, et par terre et par mer, de
» nostredit commun ennemy, vous y employer,
» de sorte que vous en laissiez en ce monde la
» gloire immortelle de vostre nom, et en l'autre

» vous entriez en triomphe, menant captifs et
» vaincuz par vostre intégrité, prudence et sol-
» licitude, la haine, rancune, division, guerre,
» cruauté, avecques toutes les autres pestilentes
» malheuretez qui aujourd'huy travaillent ceste
» républicque chrestienne, dont Dieu par son
» éternelle providence vous a donné la charge.
» A vous touche, Très-Sainct-Père, et d'autant
» plus vous touche d'y travailler (vostre Sainc-
» teté veult bien que je parle librement), que
» j'ay desjà ouy quelque murmure (telle est au-
» jourd'huy la malignité du monde) que l'Em-
» pereur, apportant icy bonne disposition et vo-
» lonté à la paix, à son partement ne l'a telle
» remportée. »

Ces remonstrances ouyes, Nostre Sainct-Père monstra, tant en paroles qu'à son visage, avoir un merveilleux regret que les choses ne se fussent autrement conduites; et, monstrant en soy-mesme la fin et conclusion d'icelles remonstrances, advoüa franchement audit seigneur cardinal avoir desjà esté adverty des propos qui s'en tenoient en la ville de Romme. Là dessus il fit un assez long narré du bon office qu'il avoit faict en ceste matière, de l'obstination en laquelle il avoit trouvé l'Empereur, et de l'asseurance en laquelle il estoit party, de trouver au Roy peu de résistance, et du bon ordre qu'il disoit avoir mis en ce que ledit seigneur Roy ne tirast des lansquenets outre ce qu'il en avoit, et des Suis-ses encores moins : et tellement s'en estoit ledit Sainct-Père laissé persuader, que peu s'en fal-loit qu'il ne voulust conseiller au Roy de pren-dre à perte ou à gain, apointement à l'appétit et volonté de l'Empereur. A la fin, toutesfois, il se résolut d'envoyer deux légats vers ces deux princes, l'un qui fut le cardinal de Carpi, vers l'Empereur, et le cardinal de Trévoulx vers le Roy, avec charge toutesfois que tous deux iroient de compagnie, jusques à ce qu'ils arriveroient là par où se trouveroit l'Empereur, afin que, par-lans eux deux ensemble à Sa Majesté, l'autre passast outre vers le Roy, d'autant plus résolu de ce qu'il auroit à luy proposer, et de ce que l'Empereur luy pouroit promettre. A tant ledit seigneur cardinal de Lorraine, prenant congé de Nostre Sainct-Père, alla passer à Venise.

Parachevant son chemin, il vint trouver l'Empereur au lieu de Pétresancte, auquel, après avoir faict une recharge, tant en son propre et particulier nom, comme de la part et commission de Nostre Sainct-Père, pour le convertir et induire à la conclusion de ses précédentes pro-messes. Voyant finablement que remonstrances n'y avoient lieu, il print congé de luy, en paro-les de telle ou semblable substance :

« Je voy et cognoy, Empereur très-auguste, par le chemin que vous tenez, et par tous voz préparatifs et propos, que, quant à vous, le Roy vostre frère n'a plus occasion de fonder son espérance en autre party que celuy des armes : et d'avantage, par aucuns propos que m'ont tenuz les entremeteurs de voz affaires, j'enten que maintenant vos desseings ne tendent tant à la restitution du duc de Savoye, comme à l'invasion du Roy en son royaume. Si ne laisseray pourtant à vous suplier encores ceste fois que vous vueilliez un peu estre maistre de voz passions, et que ne vous laissiez entièrement conduire à courroux et espérance, les deux plus mal seurs et malfiables autheurs du monde. L'événement de la guerre est commun et incertain, et tant plus vous avez eu de victoires, tant plus vous avez à vous garder de faire entreprise qui puisse obscurcir la gloire des choses passées, par quelque malheur qui vous advînt plus grand, que n'est l'occasion de vous en abandonner au hazard ; et lequel malheur vous avenant, seroit sans point de faulte attribué à vostre conseil et mal fondée opinion, et tous les succez passez à fortune et aventure non préméditée. Quant au Roy vostre frère, je puis encores vous asseurer que si vous ne prenez premier les armes, si la trompette premièrement ne sonne de vostre costé, si vous ne faictes acte d'invasion contre luy, certainement il ne rentrera point en guerre avecques vous ; mais si vous l'assaillez, et mesmement en ses païs, ainsi que s'en ventent voz gens (vous me pardonnerez, Sire, si je vous parle librement, et comme je le pense), mais je vous ose dénoncer et prédire que, si j'ay bonne cognoissance des forces de son royaume, de l'unanimité, consentement et union de son peuple, et de l'affection et foy qu'il porte à son prince ; et si avecques ce je cognoy du Roy (duquel je suis nourry et eslevé) le cueur, asseurance et persévérance en une grosse entreprise quand il y est, et sa grande diligence de pourvoir et, au besoing, donner ordre à ses affaires, le temps ne tardera guères à venir, que pour un grand bien vous souhaitterez de Dieu vous en pouvoir retirer à bagues sauves. Car il fault que vous entendiez, Sire, que le François a toute autre façon de faire à deffendre un païs de conqueste, qu'à deffendre son propre païs, ses villes, ses champs, ses possessions, ses foyers, églises et autels ; et les y ont bien peu de gens assaillis sans prompte ruine, ou, à tout le moins, très-grand et extrême danger. Parquoy je vous dy, Sire, de rechef, advisez-vous, et vous donnez garde que, mal entreprenant, vous ne ennoblissiez et faciez cognoistre, par quelque incogneu et auparavant non célébré quartier de France, vostre calamité. Mais j'espère, pour conclusion, Sire, que vous aymerez mieulx vous souffrir icy desconseiller et divertir de vostre entreprise, que d'aller en France à l'apparent hazard d'y recevoir honte et dommage. »

L'Empereur, encores que telle proposition ne luy fust aggréable, ne fit toutesfois semblant de prendre trop en mauvaise part la liberté de langage dont luy usoit ledit seigneur cardinal ; et à ce ne le mouvoit tant la qualité du personnage (qui de soy méritoit assez estre respectée), comme la grâce et façon de le dire dont estoit la qualité du personnage accompagnée. Si le remercia de l'advertissement qu'il luy donnoit, en priant Dieu ne luy faire tant de grâce qu'il eust véritablement prophétisé ; adjoustant, néantmoins, que encores n'avoit-il closes les aureilles à party raisonnable de paix, moyennant que le duc de Savoye (auquel il ne pouvoit honnestement faillir) fust réintégré préallablement et avant toute œuvre ; et, au cas que non, ses délibérations, quelles qu'elles fussent, estoient si bien instituées, qu'il n'en pouvoit espérer sinon bonne yssue. Si est-ce toutesfois que, parlant depuis audit seigneur cardinal, il luy ramenteut gratieusement que, des propos qu'il luy avoit tenuz à Pétresancte, il l'avoit expérimenté trop véritable prophète.

Le dix-septiesme jour de may arriva, de retour à la Cour, estant au lieu de Sainct-Rambert, au païs de Forest, mondict seigneur le cardinal de Lorraine, et fit rapport au Roy de tout ce qu'il avoit trouvé ou recueilly, tant des propos, visages et contenances de l'Empereur, à l'aller et au venir, et de Nostre Sainct-Père à Rome, que des nouvelles qu'il avoit entendues çà et là depuis son partement : en substance, que de bonne composition avecques l'Empereur, il n'en falloit espérer aucune ; que sa délibération estoit de venir faire la guerre en France ; que ses gens se vantoient d'avoir mis si bon ordre, que d'Allemagne le Roy n'auroit point de gens, et aussy peu des cantons ecclésiasticques des ligues ; et que des protestans, ils espéroient l'avoir si bien brouillé envers eux, autant en Suisse qu'en Allemagne, que d'eux aussi ne tireroit-il ayde ne support. Aussi rapporta comment le seigneur Antoine de Lève avoit, comme nous avons dit dessus, passé deçà la rivière de Sésia, et n'estoit plus pour dissimuler longtemps, sans faire quelque effort à l'encontre de noz gens.

Le Roy, sur ces nouvelles, et autres qu'il

avoit eues de ses frontières de Champaigne et Picardie, de l'amas qui se y commençoit à faire, après en avoir conféré avecques aucuns de ses plus privez, et qui avoient le principal maniement de ses affaires, fist assembler son conseil, et, proposant premièrement les choses ainsi qu'elles passoient, autant delà les monts qu'en sesdictes frontières de Picardie et de Champagne : « Tantost, dit-il, serons-nous au bout » des simulations et dissimulations de l'Empe- » reur, et ne serons plus en noz consultations » en la difficulté que nous avons esté à délibérer » et conclure si nous devions nous préparer à » la guerre, comme contre un tel ennemy que » luy, ou différer encores quelques temps, jus- » ques à ce que les effects contraires à ses pro- » pos le déclarassent estre invaseur. Or, à ce » que pouvez comprendre par les nouvelles » ouyes, il aura bientost osté le masque ; et si » bien à aucuns il a semblé que la façon de faire » dont j'ay usé fût par trop plus conscientieuse » et scrupuleuse, que bonne et duisante à l'a- » vancement de mes affaires, si est-ce que je » ne m'en repen ; car à ceste heure serons-nous » arrivez au poinct auquel, après seure et rai- » sonnable paix, je désiroy plus de parvenir, » c'est de n'entrer avecques luy en guerre que, » premièrement à Dieu, secondement aux hom- » mes, ne semblast juste. Si doncques toute » guerre est juste qui est nécessaire et forcée, » et, par le commun consentement des humains, » celuy est forcé à la guerre, et prent justement » les armes, qui est forclos de toute autre espé- » rance, il me semble que, au jugement de » tout le monde, non que de Dieu (duquel ja- » mais je n'ay douté), nous avons tout le bon » droict du nostre, et tout le tort mis du costé » de l'ennemy. Et pour entrer par le duc de Sa- » voye, le monde universel me sera tesmoin de » combien de fois j'ay peu, je ne dy pas con- » quérir ne prendre, mais retenir, alors que j'ay » eu en ma puissance la pluspart de ce qu'il » occuppe et tient du mien, et ce, du temps » qu'il n'estoit si fortifié d'alliances qu'il est ; » mais je me suis contenté, ce pendant qu'il me » laissoit le passage ouvert et libre sur le mien » propre, de luy en faire seulement porter au- » cune fois quelque parole, pour éviter la pres- » cription, et jusques icy eusse continué, s'il » eust aussy continué à m'estre bon et fidèle » voisin. Je me déporte (car vous le sçavez » bien) de réciter comment, depuis que par » ceste alliance de Portugal il a eu celle de » l'Empereur, il s'est maintenu en mon endroict ; » les bagues prestées à mon subject rebelle pour » avoir argent à me faire la guerre ; les lettres » gratulatoires de ma prison ; les brigues faictes » pour détourner les Suisses de mon alliance ; » l'achat de l'héritage de moy et de mes enfans, » et jusques à reffuzer au pape Clément la » ville de Nice, qui m'appartient, pour y par- » lementer avecques moy, et de fresche mé- » moire, le passage par le mien propre, en af- » faire qui de si près me touchoit, que le mes- » pris outrageux usé contre moy roy de France, » par un Sforce sans force, duc titulaire et » précaire de Milan : mais sur un tel et si mal » fondé reffus, qui est celuy (je vous prie) qui » n'eust pris incontinant les armes, pour recou- » vrer ce qui seroit sien ? Et j'ay voulu tou- » tefois, en m'y préparant, essayer encores la » voye de raison, et, en deffault de la trouver » en luy, je n'ay peu faire moins que de la me » faire par la voye des armes que je me treuve » en main.

» L'Empereur, encores que nous soyons pa- » rens et que je soye son beau-frère, a voulu » toutesfois entreprendre ceste querelle pour le » duc de Savoye, comme pour son vassal et » allié, et a demandé que je feisse surseoir et » arrester les exploicts de guerre : je les ay » faict arrester, voire en plein cours de la cer- » taine et destinée victoire. Il a plus voulu que » je fisse reculer mon camp de devant Vercel ; » en cela luy ay-je obtempéré. Il a demandé » que, pour traicter la paix, je luy envoyasse » le lieutenant-général et chef de mon armée » (requeste, certes, assez hors de propos) ; je le » luy ay toutesfois accordé. Il a d'avantage » voulu que je retirasse mon armée deçà les » monts ; encores en cela luy ay-je voulu com- » plaire, mandant à mondict lieutenant-général » que, délaissant seulement des garnisons en » quelques places, il me renvoyast par deçà le » surplus des Italiens des seigneurs Caguin et » comte Guy, en hors, ausquels j'ay ordonné » qu'il donnast congé. Aussi a mis en avant que » fisse décider par justice le différant que j'ay » avecques le duc de Savoye ; à cela mesme je » me suis offert, et m'en suis voulu soubsmet- » tre au jugement de Nostre Sainct-Père. Et, » pour une fois conclurre, que ay-je, pour Dieu ! » obmis à faire de tout ce que se doibt et peult » faire pour contenter Dieu et les hommes, et » leur approuver ma justification ? Et luy cepen- » dant a faict passer son camp deçà les termes » et limites prescripts entre nous ; a augmenté » ses forces à raison que j'ay dimuné les mien- » nes ; et ne reste plus que le mot, que (comme » il est passé en proverbe) on ne donne l'assaut » à Sagonce, ce pendant qu'à Rome, icy et » ailleurs, je laisse couler temps en consulta-

» tions ; voire, qui plus est, ne tient propos entre ses gens que de me venir faire la guerre en France, et de me rendre l'un des plus pauvres gentilshommes de mon royaume.
» Certainement, encores que le monde fust si aveuglé de tous les sens, non que des yeux corporels, si ne peult l'Empereur abuser Dieu tout voiant, sçachant et précognoissant que, si autre affection ne le mouvoit que de réintégrer le duc de Savoie, il se contenteroit de tascher au recouvrement de ce que j'ay pris sur ledit duc, et non à la prise de quelques villes de mon royaume, desquelles je bailleroy plustost récompense au duc, en achetant de luy ce qui est mien, pour éviter guerre, que de le plus laisser en main si suspecte et mal fiable. Mais il se vante de deux choses l'une, et faict son compte de la première partie de la disjonctive, ou qu'il sera roy de France, ou moy empereur : estre empereur je ne pré- ten, et, si j'ay satisfaict (ainsi que j'ay) à tout debvoir envers le duc, envers l'Empereur, envers Dieu, tesmoing et arbitre de tous traittez, roy de France ne sera-il jamais ; et le mesme Dieu, ulteur et juge de superbe et intolérable contumace, tournera sa fureur et vengence à l'encontre de celuy envers lequel ne se peuvent trouver aucunes assez agréables raisons de pacifier et oublier inimitié. Doncques, d'autant que nous cognoissons quelle différence il y a de celuy qui a Dieu propice à celuy qui l'a contraire, et que nous pouvons maintenant (avecques noz consciences bien informées et satisfaictes) entrer en ceste guerre, portons-y tous, non seulement le mesme cueur de bien qu'en autres entreprises nous avons porté, mais une certaine ire et indignation, comme à l'encontre, non que d'ennemis, mais d'infracteurs, abuseurs et déguiseurs de foy. Reste maintenant à délibérer, en tant que nous avons nouvelle que l'ennemy dresse deux armées, en quelle part nous ferons tirer noz principales forces, et qui nous sera plus à propos (encores que ce dépende du chemin que luy tiendra) ; lequel nous mettra mieux, ou de passer les monts au devant luy, ou d'attendre à le combatre en nostre païs : et l'un et l'autre party se peult fonder et en raisons et en exemples ; mais, vous ayant assemblez icy pour en dire chacun sa franche et libre opinion, et non point celle que vous jugerez m'estre plus agréable, je ne vous déduiray les unes ne les autres raisons, mais, sur ce que vous autres m'en ouvrirez l'esprit, prenant des opinions des uns et des autres, je concluray. »

A la proposition du Roy assentirent universellement tous ceux qui furent appellez à ce conseil ; car, outre ce que tous estoient en bonne persuasion du plus que debvoir où il s'estoit mis avant que prendre les armes contre le duc de Savoie, à aucuns d'eux sembloit qu'il eust aussi bien faict de poursuivre vigoureusement, comme d'user de tant de respect à l'Empereur, aux plaintes duquel estoit la response tousjours aussi raisonnable comme facile et prompte, moiennant qu'à riens du sien il n'eust esté touché par nostre armée, suivant la première délibération qui en avoit esté prise ; et bien eussent aucuns voulu que monseigneur l'admiral n'eust esté si promptement obéissant aux mandemens du Roy, ains qu'il se fust saisy de Vercel, en attendant une seconde jussion : or ne se peuvent plus révoquer les choses une fois passées. Et quant à la délibération sur la manière de se gouverner aux affaires présentes, tous furent d'advis (et bien estoit-il ainsi à présumer) qu'entreprenant l'Empereur, ainsi qu'il se vantoit, la conqueste du royaume de France, et du tout ruiner et en déposséder le Roy, que là par où seroit sa personne, là seroit le fort de l'affaire, et qu'il y auroit toutes ou, quoy que soit, la pluspart de ses forces ensemble ; et, si bien d'autre costé il faisoit quelque entreprise, ce seroit seulement pour travailler et divertir les forces du Roy, et le mettre en plus grande despense, non pas pour faire un gros et vif exploit de guerre ; car, attendu que le Roy avoit ordonné de fortifier et tenir deux ou trois places en Piémont, et y jetter bonnes et fortes garnisons, autant à pied que de cheval, la raison de la guerre vouloit, ou que l'Empereur, avant que passer en France, les forçast, ou qu'il laissast en Piémont suffisante force pour les tenir toutes assiégées, ou qu'il assist autres aussi puissantes garnisons que celles du Roy, en quelques places voisines, pour tenir celles du Roy en subjection, à ce que, moyennant quelque peu de renfort, elles ne s'assemblassent et tinssent la campagne, et fissent, par occasion, quelque autre effort, paraventure de grosse conséquence. A ceste cause, n'estoit-il vraysemblable qu'estant le Roy servy comme il appartenoit, et l'Empereur voulant nettoyer le Piémont avant que passer outre, il feist de l'année grosse envahie au royaume de France ; et aussi peu qu'en laissant seulement quelques villes garnies, et non pas armée pour assiéger les nostres, il luy fust possible, sans ayde d'autruy, dresser et entretenir en un mesme temps, après une si grosse despense qu'il venoit de faire en Barbarie, deux grosses et puissantes armées, pour faire, en deux divers lieux du royaume, entreprises quelconques de notable conqueste, et principalement en ces deux provinces de Champagne et Picardie, qui d'elles-mesmes ne sont aisées à forcer, ne grandement oportunes et subjectes à l'injure et proye de l'ennemy. Et à ceste cause, leur sembloit à tous estre requis que le Roy, en pourvoyant seulement les principales places desdittes frontières, retirast auprès de soy le surplus de ses capitaines et plus expérimentez gens de guerre, au meilleur nombre que possible luy seroit, et dressast un bon et puissant équippage, avecques lequel il fust prest à tourner la teste en quelque part, ou deçà ou delà les monts, que son ennemy s'addresseroit à luy faire guerre. Aucuns adjoustoient que l'on devoit haster et diligenter ces forces, en sorte qu'elles fussent à temps prestes pour aller recueillir nostre ennemy delà les monts, avant qu'il eust passé jusques deçà, et que plustost on entretînt et feist la guerre en païs de conqueste, que sur le propre et naturel, et duquel nous tirions les commoditez requises à soustenir le faix de la guerre, ce que ne pourrions faire si abondamment, en l'ayant au milieu et comme ès entrailles de nostre royaume.

Le Roy, après avoir entendu leurs opinions, fut bien aussi de cest advis, d'assembler le plus qu'il pourroit de ses forces auprès de sa personne, pour s'en ayder et les employer ensemble ou séparées, ainsi que les entreprises de l'ennemy luy en donneroient occasion et opportunité, fust-ce de passer delà les monts si ledit ennemy entreprenoit de nettoyer le Piémont avant que passer deçà, ou de l'attendre à combattre en ce royaume s'il se hazardoit d'y faire descente. « Mais, quelque part, dit-il, qu'il
» entrepreigne à faire son effort, mon intention
» n'est point de luy présenter ne luy donner oc-
» casion de me présenter la bataille, ains luy
» laisser consommer gens, temps, munitions,
» vivres, argent, à siéges et batteries de villes,
» afin qu'il espreuve sa part des incommoditez
» qu'en pareil cas nous avons esprouvées par
» cy-devant : tant y a que la raison et le devoir
» de la guerre ne portent point qu'il doive entre-
» prendre de passer deçà; car, en laissant telles
» garnisons derrière que j'ay ordonné mettre en
» mes places de Piémont, il est impossible qu'y
» laissant autres pareilles, afin de tenir les
» miennes subjectes, qui est le moins qu'il
» puisse faire, il demeure encores assez puis-
» samment équippé pour nous venir rencontrer
» en barbe avecques toutes noz forces unies. Et
» là où il passeroit avecques toute sa puissance,
» ce seroit bien la chose que plus je désireroy,
» pour la raison que je déduiray, et à laquelle
» je m'arreste jusques icy, nonobstant l'incon-
» vénient que vous m'avez allégué estre à crain-
» dre à qui a la guerre en son païs; car tel in-
» convénient ne se peult estendre sinon en bien
» petite contrée de nostre païs. Ceste raison,
» outre ce que vous m'avez mis en avant de
» l'effort que ce pendant pourroient faire noz
» garnisons, avecques tant soit peu de renfort
» et supplément qu'ils eussent, est que, tant
» plus il amènera de gens, tant plus il luy fau-
» dra de vivres, tant plus de chevaux, jumens
» et asnes à les conduire à sa queuë à travers les
» montagnes; dont il luy faudra tel nombre,
» que le double d'autant de fourrage qu'il en
» faudra pour sa cavallerie, ne pourroit suffire
» à les nourrir. Or jugez doncques, estans les
» lieux où il aura de passer, encores que je n'en
» feisse détourner ou gaster (ainsi que je feray),
» tous les vivres et fourrages qui s'y pourront
» trouver, assez de nature malaisez à soustenir
» et nourrir une armée d'amis passans en dili-
» gence et par estappes, jà de long-temps ordon-
» nées et préparées, en quel estat se trouvera
» une armée ennemie, qui, à chacun passage
» rompu (comme je les feray tous rompre, et
» plus en un jour qu'ils ne rabilleront en quinze),
» sera contraincte de séjourner icy un, là deux,
» là trois, et en tel lieu huict ou dix jours,
» pour les refaire ? Croyez que le passage, seu-
» lement avant qu'ils soient descendus en la
» plaine, les aura combattus à demy; et quand,
» après leur passage, ils penseront de mieux
» trouver, alors ils auront en teste bonnes villes
» et bien fortifiées, bien estoffées d'artillerie et
» de munitions, grosses et puissantes garnisons
» dedans, et telles, de nombre, de bon courage
» et d'expérience que j'ay bien moyen de les y
» mettre. Autour d'eux ne trouveront riens à la
» campagne, ne verront chose qui soit à leur
» commandement, ne rencontreront ville (si elle
» n'est gastée et déserte) qui les reçoive; de
» tous costez auront païs ennemy; et au lieu
» qu'en Piémont ils auroient à leur doz la Lom-
» bardie plantureuse, les peuples amis et favo-
» rables, les grosses rivières pour apporter les
» vivres, le moyen prompt et en main de se ra-
» freschir aucunesfois de gens; en contre-change,
» ils auront les Alpes hautes, malaisées, stéri-
» les, les passages assiégez, et tousjours à com-
» battre incontinant qu'ils seront en çà passez,
» par aussi peu de seureté, l'ordre mis tel que
» je pense y mettre, de jour à autre, par le
» moyen de tels empeschemens, retardement de
» la soulde à leurs gens de guerre. Ceste diffi-
» culté, qui de soy est grande et de très-mau-
» vaise conséquence, le cours du temps, les

» surprises en païs ennemy, incogneu, oportun à
» ambusches, la faulte de vivres qui en adviendra; le tout, concurrant ensemble, est bien
» suffisant pour faire d'une grosse armée une
» petite. Nous, au contraire, aurons tout païs
» nostre à l'entour de nous, ne verrons rien qui
» ne soit en nostre disposition; et si verrons de
» toutes parts abondance et planté, toutes contrées grasses et opulentes, et forces rivières
» à nostre commandement; noz deniers, ainsi
» qu'ils se recueilleront, arriveront, sans aucun
» besoin d'escorte, en toute seureté; le temps,
» qui ruinera l'ennemy, renforcera, multipliera,
» aguerrira noz gens; et aurons nostre passe-
» temps, si nous voulons, de veoir l'ennemy se
» deffaire de luy-mesmes, en nous séant, par
» manière de dire, ou nous pourmenant à noz
» aises en un beau camp et bien fortifié : non
» toutesfois que je vueille, ne que mon intention
» soit d'y demourer tousjours oisif et sans rien
» faire; mais je vueil dire que, quand nous aurons à faire entreprise, la raison et oportunité
» nous y conduira, et non fortune ou appétit de
» l'ennemy : c'est-à-dire que nous aurons noz
» forces puissantes et gaillardes, que nous serons prompts et vigilans, pour ne faillir à nostre occasion, et à l'ennemy ne donner la
» sienne.

» Telle est en substance ma conclusion, pour
» entrer de bonne heure, et sans perdre de
» temps, à l'exécution des choses, d'autant que
» j'ay desjà mandé à monseigneur l'amiral,
» assis qu'il aura ses garnisons, qu'il me renvoye deçà le surplus de mon armée, et qu'il
» donne congé aux gens des seigneurs Caguin
» et comte Guy, retenant seulement les capitaines et aucuns des principaux compagnons
» en mon service; je suis d'advis, quant à ce
» poinct, de l'heure que l'Empereur entrera en
» guerre ouverte, leur renvoyer dire qu'ils remettent leurs bandes sus. Et quant au retour
» de monsieur l'amiral, je suis encores et demoureray, pour deux raisons, en la mesme
» opinion : l'une, pour continuer jusques au bout
» à donner tout le tort de l'invasion à l'ennemy;
» l'autre, qu'ayant assis ses garnisons, il seroit
» trop foible à la campagne. Parquoy mon intention est de luy mander qu'incontinant luymesme se retire vers moy, attendu qu'il n'a
» plus occasion d'attendre que monsieur le cardinal le mande, qui desjà est icy de retour;
» et à tous ceux qui demeurent delà, ordonneray d'obéir, en son absence, au marquis de
» Saluces, auquel (ainsi que je luy ay accordé)
» je feray despêcher un pouvoir d'y estre et
» commander, ainsi que mon lieutenant-général.

» Au Dauphiné, j'envoiray un autre bon chef,
» y recueillir les gens de guerre qui retourneront delà, et par bon advis les distribuer ès
» lieux plus oportuns et propices à garder et
» deffendre le passage des Alpes, ce temps
» pendant que je dresseray et assembleray mes
» forces. Lesquelles unies, si l'Empereur s'arreste au Piémont, j'y passeray en tel équippage, que je ne craindray point à le rencontrer, et d'essayer avecques une bonne trouppe
» de François, si encores aujourd'huy la France
» porte les gens que toute ma vie j'ay veu faire
» fuir les Espagnols devant eux, ou si les Espagnes en ont produit d'autres que ceux qui
» tousjours ont accoustumé de fuir devant nous.
» Je sçay que sur nous ils ont eu, depuis un
» temps, quelques avantages, et voirement
» avantages, mais par le nombre, car, pair à
» pair, je n'ay jamais veu que de vive force le
» François n'ayt battu, encores espère, battra
» l'Espagnol avecques sa braverie.

» A nostre gendarmerie feroy-je une trop
» grosse injure, si je la mettoy en dispute de
» comparaison avec celle de l'Empereur. Italiens, en aura-il; aussi aurons nous, et non
» des pires, et tant que nous en voudrons. Et
» quant aux lansquenets, si de nombre les siens
» passent les nostres, ils ne les passent ne de
» courage, ne de vertu, ne d'expérience; et nous
» aurons des Suisses à suppléer le nombre, quelque chose que l'Empereur ayt praticqué, ou
» qu'il se soit vanté au contraire. En Allemagne,
» pourroit estre que ses gens, ainsi qu'ils ont de
» bonne coustume, m'y auroient quelque peu
» brouillé, usans de leurs accoustumées calomnies et mensonges; si est-ce que vous avez
» tousjours veu la vérité y avoir lieu, quand
» elle est cogneue : et, à ceste cause, ne me
» semble point hors de propos d'y envoyer personnage instruict de mes affaires, qui sçache
» user du langage qu'il cognoistra le besoin et
» occasion le requérir. Encores veux-je que,
» tant à mon nom comme en celuy de mes enfans, il demande une journée impériale,
» pour y faire exposer et déduire noz droicts et
» raisons, desquels est meu le différant d'entre
» nous et l'Empereur, à ce que les estats de
» l'Empire en jugent comme vrais juges, et
» ausquels appartient de cognoistre des différends de l'Empereur et des vassaux de l'Empire, tels que nous advouons estre, et moy et
» mes enfans, à cause du duché de Milan. Et
» d'avantage, arrivé que je seray à Lion, auquel lieu j'enten incontinant me retirer pour
» donner ordre à mes affaires, mon advis est,
» d'autant que nous sommes au temps des foi-

» res, faire venir à moy tous les marchans al-
» lemans qui s'y trouveront, et leur tenir des
» propos accommodez au temps, par lesquels
» ils puissent, où besoing sera, et si on avoit en
» leur païs desguisé quelque chose au préjudice
» de mes affaires, eux-mesmes déposer du con-
» traire pour la vérité. »

A ceste délibération s'accorda tout le conseil, et grandement louèrent la sage prévoyance et meure providence du prince en ses affaires. Suivant laquelle délibération, et dès le premier jour de juing, il dépescha messire Jean, seigneur de Humières, chevalier de son ordre, et capitaine de cent hommes-d'armes de ses ordonnances, soubs monseigneur le Dauphin, lequel il envoya pour estre son lieutenant-général audit païs de Daupbiné. Renvoya messire Francisque de Mocet, comte de Pontrême, gentilhomme de sa chambre, à mondit seigneur l'amiral, son lieutenant-général delà les monts, approuvant la délibération que par ledit comte il luy avoit mandée, des chefs et garnisons qu'il entendoit laisser à Turin, Fossan et Cony; en luy mandant que, cela faict, il se retirast vers luy. En Allemagne dépescha messire Guillaume Du Bellay, seigneur de Langey, aussi des gentilshommes de sa chambre, tant pour les causes et raisons cy-dessus touchées, que pour répéter des ducs de Bavière les cent mille escus consignez entre leurs mains en l'an 1533, attendue l'occasion d'icelle consignation cessante, le terme de la rendre pieçà escheu, et le présent et urgent affaire que ledit seigneur avoit de s'ayder entièrement de tous ses membres.

En Picardie il envoya un trésorier avec grosse somme de deniers, tant pour lever gens où besoing seroit, que pour la fortification et réparement des places; ensemble deux commissaires d'artillerie, qui furent les seigneurs de Lusarches et de La Magdalène, avec bon nombre de canonniers : et manda se retirer vers luy-messire Jean de Créquy, seigneur de Canaples, comte de Mante et de Meulanc, chevalier de son ordre, et capitaine de cent gentilshommes de sa maison; et messire Odart, seigneur du Biez, capitaine de cinquante hommes-d'armes, et séneschal de Boullenois, auquel, à son arrivée, il donna le colier de son ordre.

A Marceille il envoya son lieutenant et capitaine-général, messire Antoine de La Roche-Foucault, sieur de Barbezieux, aussi chevalier de son ordre, et capitaine de cinquante hommes-d'armes. Fist creuë de gens-d'armes, jusques au nombre de trois cens lances : à monseigneur Antoine, comte de Marle, fils aisné et à présent duc de Vendosmois; à monseigneur Jean d'Orléans, marquis de Rothelin; à monseigneur François de Clèves, comte de Nevers; à monseigneur le prince de la Roche-sur-Ion, à chacun d'eux cinquante lances. Feit aussi creuë de chevaux-légers et de gens de pied : au seigneur Jean Paule de Cère donna charge de deux cens chevaux-légers et de deux mille hommes de pied; audit seigneur de Canaples, deux cens chevaux-légers et deux mille hommes de pied; à messire Martin Du Bellay, autres deux cens chevaux-légers, et deux cens arqueBouziers à cheval, et deux mille hommes de pied italiens, dont il en bailla cinq cens au capitaine Jean de Turin, cinq cens à Sainct-Pètre Corse, cinq cens à Colle Scorte, cinq cens au capitaine Chinche.

Peu de jours après, ayant ledit seigneur advertissement qu'en Espagne se faisoit quelque levée pour descendre, ainsi que le bruit estoit, en Guienne, encores qu'il ne luy semblast croyable que l'Empereur voulust distraire ses forces en tant de lieux ; pour n'estre toutesfois surpris, et aussi pour tenir les Espagnols mesmes en craincte, et à ce que plus envis ils fournissent argent à l'Empereur, il ordonna y faire une levée de quatre mille hommes de pied, lesquels, en tout événement, fussent prests à employer en telle part que se dresseroient les affaires; et, à ceste cause, y envoya le roy de Navarre, son lieutenant-général et gouverneur audit païs de Guyenne, lequel mist toutes les Espagnes en un grand souspeçon.

En Dauphiné, le sire de Humières, passant à Grenoble, fist assembler le parlement, les gens des comptes et les gens de la ville, et leur remonstra les grands préparatifs que le Roy faisoit, non-seulement suffisans pour résister aux ennemis et garder ses subjects de violence, mais pour faire contre l'ennemi une bonne et grosse entreprise; qu'à ceste cause ils ne s'estonnassent ne prinssent peur, ains demourassent tousjours de bonne volonté. De là passa jusques à Ambrun, et fist pareilles remonstrances en toutes les deux villes et autres : il trouva le peuple assez estonné, mais, au demourant, de bonne volonté, et furent grandement rasseurez par sa venue. Par son advis et ordonnance ils envoyèrent partout le païs aucuns de messieurs de la cour et de la chambre des comptes, ensemble des gentilshommes du païs, pour faire la description des vivres qui s'y trouvoient; en feirent distribuer par les estappes, à Grenoble en feirent gros magazins, pour y estre prests à départir en tous les lieux où seroit besoing. Cela faict, ledit de Humières pourveut en diligence les chasteaux d'Exilles, Chasteau-Dauphin, La

Bussière, Bellecombe, Avallon et autres de la frontière, de gens, vivres, et artillerie telle que les places la requéroient, et munitions et autre équipage selon le besoing. A Rocquesparvière se mist messire Jean de Bouler, esleu de Riez, frère du seigneur de Cental, auquel appartient ladite place : et, pour le renforcer, et à sa requeste, luy envoya messire Humières le nombre de cinquante hommes de guerre ; mais ce fut faict quelque temps après. Et, pour cause que le seigneur Antoine de Lève avoit envoyé sommer ladite place, semblablement autres places, ainsi que le temps en apportoit les occasions, furent par ledit de Humières faictes et changées nouvelles provisions, comme chacune en son temps sera déclarée par cy-après. Luy ordinairement feit sa résidence audit lieu d'Ambrun, allant et venant toutefois à Briançon, Exilles, Gap et ailleurs, selon que les affaires du Roy le requéroient ; et si bien et sagement, avecques diligence, s'y gouverna, que son service fut grandement loué et recommandé.

En Allemagne, le seigneur de Langey, à son arrivée, trouva les choses si aigries contre le Roy, que, par certaine expérience, il cogneut que, non sans cause, se vantoient les Impériaux d'y avoir tellement brouillé ledit seigneur, que, des ecclésiastiques ne des protestans, il ne tireroit plus de lansquenets. Aussi trouva que, non sans cause, l'Empereur avoit révocqué la promesse qu'il avoit faicte à Rome à noz ambassadeurs, de leur bailler le double de ce qu'il avoit proposé devant Nostre Sainct-Père ; car luy ou ses gens en avoient par toute Allemagne semé des doubles, si divers et différends les uns des autres, et desguisez, selon qu'ils les estimoient devoir estre agréables à ceux ausquels ils les envoyoient, qu'il y en avoit autant de sortes comme il y a de sectes en la loy de Mahomet. Aux protestans en avoient esté envoyez qui parloient d'eux, en sorte qu'à les lire, il sembloit, plustost qu'autrement, que l'Empereur eust esté leur intercesseur envers Nostre Sainct-Père. Et davantage, ledit seigneur avoit escrit unes lettres à aucun d'eux, sçachant qu'il la publieroit à tous les autres, par laquelle il luy faisoit à sçavoir que, par deux ou trois fois, il avoit eu longues et privées communications avec Nostre Sainct-Père, et aucuns des cardinaux tels que ledit Sainct-Père y avoit voulu appeller, ès quelles certifioit-il leur avoir déclaré les causes mouvantes iceux protestans, en certains principaux poincts, à dissentir de l'église romaine, et tellement leur avoit faict cognoistre lesdites causes n'estre estrangées de la raison, que jà il estoit en espérance de remporter dudit Sainct-Père approbation et confirmation d'iceux articles, si, sur le poinct de la conclusion, ne luy fust arrivée la nouvelle inopinée comment le camp du Roy estoit devant Vercel, ville dépendante du duché de Milan, et prest à passer outre audit duché ; qui auroit esté cause que, sans attendre la conclusion de Nostredit Sainct-Père, force luy auroit esté prendre congé de Sa Saincteté, faire unir ses forces en diligence, et tourner droict la teste contre l'ennemy, à bien grand regret d'avoir laissé ceste œuvre imparfaicte, mais en espérance que bientost, avec leur bonne ayde (dont en si juste et saincte cause il les requéroit, sans les taxer ne cottiser, mais le tout remettant à leur discrétion), il auroit repoulsé son ennemy, violateur de paix et interrupteur de toutes sainctes et bonnes entreprises, pour incontinant aller reprendre ses brisées, et parachever ce qu'il avoit encommencé.

Aux ecclésiastiques avoient esté envoyez des doubles de laditte protestation, desguisez en autre manière; car, ores que, pour le contentement d'iceux ecclésiastiques, il y feist quelque mention de la doctrine lutérienne, c'estoit si sobrement, qu'il n'y avoit chose qui deust offenser la partie protestante. Envers chacune des parties usoient les Impériaux de cest art, et, pour animer toutes les deux, avoient faict courir le bruit qu'en France tous Allemans avoient esté bannis du royaume, à son de trompe, et que tous subjects du Roy qui se trouvoient avoir hanté en Allemagne, estoient indifféremment exécutez à mort cruelle, comme lutériens hérétiques. Par ce moyen incitoient les Protestans contre le Roy, comme persécuteur de leur doctrine ; et les autres, comme contre celuy qui tous les pesast à une balance. Et davantage, leur avoient, aux uns et autres, donné à entendre que le Roy indubitablement ne faisoit la guerre tant pour sa propre ou particulière querelle, comme pour intelligence qu'il avoit au Turc, et en intention de divertir les forces et de l'Empereur et de l'Empire, ce pendant que ledit Turc, ennemy de nostre foy, par autre costé les invaderoit. Et trouvèrent des évesques à leur dévotion, lesquels, ou par malignité, ou qu'ils fussent ainsi persuadez, osèrent le faire publier, et par la bouche des prescheurs, et par attaches imprimées aux portes des églises de leurs diocèses.

Et, pour comble de la persuasion, feirent imprimer, avecques privilège impérial (afin de mieux authoriser l'impression), unes lettres de deffiance, contenant le nom du hérault, la datte et lieu de la présentation d'icelle, faicte au Roy en grosse assistance de ses princes et barons; par laquelle deffiance ledit hérault, en présentant au Roy une espée, d'un costé forgé à flambes, et de l'autre esmaillée de rouge, luy auroit déclaré l'interprétation de ceste espée : qui estoit signifiance de guerre mortelle, à feu et à sang, que l'Empereur son maistre luy dénonçoit, au cas qu'il ne se retirast et départist de l'infâme, malheureuse et damnable alliance et conspiration qu'il avoit faicte avec le Turc, à l'encontre des Chrestiens et de la religion chrestienne. Laquelle deffiance en ceste sorte publiée par toute la Germanie, il est incroyable combien de gens elle avoit esmeu contre le Roy; car il y en avoit bien peu qui ne creussent certainement que l'Empereur ne l'eust envoyée telle. Or n'estoit-il pas à présumer qu'un tel prince l'eust envoyée telle, et à autre tel prince qu'est un roy de France, s'il n'eust esté bien informé au vrai que ledit seigneur Roy eust faict ceste conspiration avec le Turc. Advint d'avantage, qu'au mesme temps se levèrent aucuns boutefeux, lesquels, allans de nuict par païs, bruslèrent plusieurs bourgades et villes champestres en Allemagne; et firent les Impériaux courir le bruict qu'iceux boutefeux estoient par le Roy attiltrez et envoyez pour ce faire ; tellement qu'à l'occasion de cestes et autres persuasions, ceux qui auparavant ne se vouloient mouvoir du païs avant que faire monstre, couroient volontairement chercher les capitaines, pour les mener à la guerre contre le Roy; chose qui beaucoup servit au comte de Nansau pour faire mettre ensemble les lansquenets, que peu après il mena en Picardie. Restoit encores à dresser l'autre camp, lequel, ainsi que j'ay dit cy-dessus, l'Empereur avoit délibéré de faire descendre en Champagne, au plus fort des autres affaires, et lequel, sans grande despense de l'Empereur, eust esté prest à poinct nommé, si, par la prévoyance dont usa le Roy, d'envoyer veoir en Allemagne quels troubles et tragédies on luy avoit excitées, n'y eust esté remédié.

En ceste persuasion contre le Roy trouva le seigneur de Langey toute la Germanie; et, s'addressant à ceux ausquels il avoit plus de foy, et desquels il avoit plus tiré de secours es autres affaires qu'auparavant il y avoit conduits et négociez pour le service du Roy, ils pensoient avoir faict beaucoup pour luy, de tant se hazarder seulement que de ne l'encuser aux gens de l'Empereur, ou du roy Ferdinand son frère, et de luy conseiller qu'il se retirast en diligence, sans passer outre ; et à la vérité, allant plus avant, il luy eust esté de jour impossible de faire chemin sans estre cogneu, ou arresté pour suspect; et de nuict luy estoient les chemins aussi mal seurs, à cause que depuis soleil couché jusques au jour, tous les païsans faisoient le guet aux champs à l'encontre des boutefeux, et ne laissoient passer allans ne venans sans parler à eux. A ceste cause, trouvant un sien particulier amy (1) et serviteur du Roy, qui fut content de le retirer et tenir en sa maison caché pour quelques jours, ce pendant qu'il essayeroit dextrement et feroit preuve de la volonté d'aucuns autres personnages qui avoient plus de puissance et authorité à luy tenir la main, et moyenner que la vérité des choses fust cogneue, pour oster et abolir ceste sinistre opinion que l'on avoit dudit seigneur Roy, conclust et arresta d'user de ce conseil; et par luy en fist tenter deux entre les autres, et, de propos en autre, les conduire si avant que de luy dire qu'ils désiroient merveilleusement ouïr parler quelqu'un qui, de tous ces affaires dont l'on faisoit un si grand bruit, leur sceust compter au long la vérité; car il leur estoit bien dur à croire que Dieu eust si avant abandonné le Roy. Et alors iceluy personnage, après la foy prise et baillée entre eux trois, se descouvrit à eux que le seigneur de Langey estoit en sa maison, incogneu de toutes personnes fors que de luy; si s'accordent ensemble qu'ils le viendroient veoir et orroient ce qu'il voudroit dire. En autre lieu je pourray faire venir à propos de les nommer, afin de ne frustrer la mémoire de leur bienfaict et service; mais à présent ne vueil-je les nommer, pour ne les rendre oportuns au maltalent de qui n'a pris plaisir en ce qu'ils en feirent.

Arrivez qu'ils furent, encores qu'il semblast bien, à leurs paroles et contenance, qu'ils n'adjoustassent foy aux plus énormes articles mis sus au Roy, si est-ce qu'ils luy donnoient le tort en aucunes choses; et autres en récitèrent èsquelles plusieurs grands personnages, non de légère et téméraire créance, le luy donnoient pareillement. A tous lesdits articles leur respondit ledit seigneur de Langey, de manière qu'ils en demourèrent satisfaicts; et furent bien d'advis qu'aussi demoureroient plusieurs autres, si on leur avoit de mesme respondu : qui fut cause que ledit Langey rédigea les responses qu'il leur avoit faictes par escrit, et trouva moyen de les faire secrettement imprimer et publier par toute la Germanie, tant en latin qu'en alleman, et depuis en françois, afin qu'en plus de lieux elles fussent leuës, et la vérité cogneuë. Aussi, pour faire cognoistre aux protestans

(1) On croit que cet ami de Guillaume Du Bellay demeurait à Andernach, en Westphalie.

combien ils estoient abusez en la persuasion qu'ils avoient sur la lettre que leur avoit l'Empereur escrite, et sur les doubles de la protestation dudit seigneur, il les feit de mot à mot translater à la vérité, et imprimer en alleman, et publier par toute l'Allemagne; chose qui diminua beaucoup de l'affection qu'iceux protestans avoient desjà mise à l'Empereur, mais ne leur osta encores la mauvaise volonté que tant les ecclésiastiques qu'eux portoient au Roy. Car, nonobstant qu'aux dessusdits personnages ledit Langey eust faict conster véritablement, par lettres du seigneur de Leidekerke, ambassadeur de l'Empereur, escrites et signées de sa main, qu'encores il estoit en la cour du Roy, qui estoit pour confuter ceste defflance de guerre imprimée, et leur eust aussi monstré lettres qu'il avoit d'aucuns marchans allemans, escrites à Lion, de fresche date, pleines de contentement et satisfaction qu'ils avoient du bon traittement que leur faisoit le Roy en leurs affaires, et dont ils remercioient ledit de Langey, comme celuy qui les avoit introduits et recommandez, qui estoit assez pour prouver ceste nouvelle de bannissement controuvée, si est-ce qu'au populaire, qui plus avoit esté persuadé, n'estoit venue ceste cognoissance du contraire.

Advint si bien que, sur ces arres, les marchans venans des foires de Lion, et qui s'estoient hastez pour estre à temps à celle de Strasbourg, arrivèrent les uns après les autres ; dont adverty, ledit Langey fist sçavoir de ses nouvelles en diverses villes, à quelques siens amis et serviteurs du Roy, et par iceux fist souvent, et à divers jours, et en diverses compagnies, ès lieux plus hantez et fréquens, interroger lesdits marchans, quelles nouvelles ils apportoient de France : si rapportèrent lesdits marchans toutes choses conformes à ce que par cy-devant est plus amplement racomté. Premièrement, interrogez sur ceste defflance, assseurèrent qu'au temps de leur deslogement de Lion, il n'y avoit point encore de defflance entre l'Empereur et le Roy, et qu'encores estoient les ambassadeurs de l'un vers l'autre; que tousjours se continuoient propos de paix entre eux, mais bien tendoient les actes et démonstrations à la guerre. Plus, affermèrent qu'au temps contenu en ceste defflance imprimée, faisant mention qu'elle avoit esté signifiée au Roy estant à Lion, ledit seigneur, un mois devant, et plus de quinze jours après la datte, avoit tousjours esté aux lieux de Sainct-Cher, et de Sainct-Rambert, et de Montbrison. Interrogez de ce bannissement, asseurèrent que, tout au contraire, le Roy leur avoit offert, au cas que la paix (que Dieu ne voulust!) se vînt à rompre entre luy et l'Empereur, ils auroient, ce nonobstant, telle seureté que ses propres subjects parmy son royaume; et davantage, pour ce que les chemins pourroient paravanture, à cause de la guerre, estre mal seurs à gens estrangers apportans aux foires argent en grosses sommes, qu'ils trouveroient en ses coffres, à leur commandement, sans se mettre en hazard d'en apporter en France, les cens et les deux cens, voire les quatre et les cinq cens mille escus, pour employer au faict de leur accoustumée marchandise, et à rendre après la guerre en France, ou en Allemaigne durant icelle, s'il luy advenoit besoin d'y en employer ; et qu'au surplus il leur auroit usé de telles et si gratieuses offres, qu'ils ne pouvoient sinon grandement s'en louer et contenter. Interrogez par aucuns Protestans de ceste grande persécution que l'on disoit estre faicte en France contre leur doctrine, respondirent estre bien vray que le Roy ne vouloit souffrir aucune mutation ès choses ecclésiastiques, sinon par bonne et meure délibération des supérieurs et ausquels il touche ; mais qu'au-contraire de ceste extrême rigueur et sévérité, il avoit faict publier un édict (et aucuns d'eulx en avoient des transcripts) par lequel il rappelloit et remettoit en seur accès et jouissance de leurs biens, tous ceux qui pouvoient estre accusez ou souspeçonnez d'avoir attenté ou parlé contre la doctrine ecclésiastique, moyennant qu'ils feissent seulement promesse et vœu, chacun ès mains de son diocésain, de vivre dores en avant en bons chrestiens, et soubs la doctrine et obéissance de saincte Eglise.

Le seigneur de Langey, ce temps pendant que peu à peu s'espendoit la vérité, voyant que toutesfois il ne luy seroit loisible d'aller publiquement en tant de lieux qu'il luy eust convenu pour exécuter la charge qu'il avoit du Roy et de messeigneurs ses enfans, de demander une journée impériale, pour faire entendre et exposer leurs droicts et raisons ès choses dont entre l'Empereur et eux estoient leurs différens, envoya ses lettres de créance, aveecques une sienne bien ample centenant en effect la substance de sadite créance, à monseigneur le duc Louis de Bavière, comte Palatin, électeur, à ce que, comme doyen des électeurs séculiers (pourtant aussi qu'il estoit le plus voisin de France), il fist à sçavoir aux autres laditte demande et requeste du Roy et mesdits seigneurs ses enfans. Et luy, durant le temps que son messager alla et vint, estoit allé vers les ducs Guillaume et Louis de Bavière, pour répéter d'eux la consignation dessus mentionnée, dont il ne rapporta sinon paroles et excuses assez mal fondées, c'est à sçavoir qu'ils disoient craindre que si alors ils la rendoient, estant la guerre ouverte entre l'Empereur et le Roy, ledit seigneur Empereur auroit occasion ou couleur de dire qu'ils auroient baillé argent au Roy pour luy faire la guerre; et, outre ce, luy avoit esté dit par iceux ducs qu'il se retirast de leur païs, pour doubpte qu'il ne vînt à la cognoissance dudit seigneur Empereur, ou du roy des Romains, et que commandement leur fust faict (auquel ils n'osassent désobéir) de le livrer entre leurs mains.

Ayant si peu exploicté en cedit voyage, il receut lettres sous les seings et séel du palatin électeur, avecques aussi froide response, sçavoir est, qu'il envoyeroit les lettres du Roy et de messeigneurs ses enfans, ensemble celle dudit seigneur de Langey contenant la substance de sa charge et créance, au roy des Romains, vicaire général de l'Empire, pour y pourvoir ainsi qu'il jugeroit bon estre. Laquelle response receuë, ledit de Langey, désirant ores qu'au Roy son maistre ne fust accordée la journée qu'il demandoit, qu'à tout le moins il fust à tous notoire et manifeste combien grandement s'estoit mis ledit seigneur en son debvoir, et à luy ne tenoit que de ses différends ne fust jugé par ceux ausquels en appartenoit la cognoissance, escrivit autres lettres, de pareille ou approchante substance, aux électeurs et autres princes de l'Empire, et à chacun d'eux en fist tenir une, avecques un double des lettres de créance du Roy et de mesdits seigneurs ses enfans, lesquelles il feit pareillement publier et imprimer par toute la Germanie, de la teneur et manière qui ensuit :

« Très-révérends, très-illustres et très-excel-
» lens princes, etc., lorsque le Roy Très-Chres-
» tien, mon souverain seigneur et maistre,
» me dépescha pour venir en ceste Germanie,
» luy et messeigneurs sérénissimes ses enfans
» avoient, tant par le bruit commun que par
» lettres d'aucuns, entendu que promptement
» il s'y devoit tenir une journée impériale, et à
» ceste cause m'avoient donné lettres et créance
» commune à vous tous, mes dessusdits sei-
» gneurs, et charge de vous requérir et deman-
» der en leur nom assignation d'autre journée
» impériale, en laquelle il leur fût loisible d'en-
» voyer seurement, et sans offension de per-
» sonne, ambassadeurs instruicts et informez
» suffisamment, pour vous exposer et déduire
» les droicts, noms, raisons et actions qu'ils
» prétendent, tant en l'Estat et duché de Mi-
» lan, qu'en autres choses violentement et à
» tort occupées et retenues sur eux ; aussi pour

» vous approuver et justifier leurs faicts, et de-
» vant ce Sacrosainct-Empire (envers lequel
» ils veulent et désirent leur splendeur et di-
» gnité demourer entière et immaculée) purger
» et réfuter, non point les crimes, mais les ca-
» lumnies à eux imposées et mises sus.

» Arrivé doncques en ceste intention, j'y ay
» trouvé deux choses contraires à l'exécution de
» ma charge : l'une, que ceste journée dont il
» avoit eu nouvelles ne se tenoit point ; l'autre,
» que je ne trouvoy seureté de chemins, si j'en-
» treprenoy de vous aller trouver chacun chez
» soy ; et, qui plus est, aucuns personnages, et
» des plus principaux en degré et authorité,
» m'ont amiablement, mais acertes, adverty
» que je n'estoy menacé que de la fin de mes
» jours, si j'estoy rencontré où que ce fust en
» Germanie. Icy me fault confesser vérité : je
» ne fu petitement esmeu de ceste nouvelle, et
» non seulement (encores que j'en eusse cause,
» et le fusse en effect) pour le danger particu-
» lier de ma personne, et pour celuy des affaires
» du Roy mon maistre, mais aussi tant pour la
» nouvelleté que pour l'indignité de la façon de
» faire ; car en ce me sembloit, outre l'offense
» faicte au Roy, y estre aussi offensée la répu-
» tation et authorité de ce Sacrosainct-Empire et
» de la nation germanique ; lesquels ayans esté
» par cy-devant en estimation de telle gran-
» deur et excellence de cueur et de puissance,
» que de vindiquer de toute injure, non seule-
» ment eux, mais autruy, qui est celuy qui ne
» s'esmouveroit à commisération, de veoir main-
» tenant vostre liberté, non que grandeur, estre
» si ravallée, qu'il vous convienne souffrir et
» comme tacitement consentir qu'il y ayt homme
» à l'appétit duquel il vous faille ou accep-
» ter ou répudier les ambassadeurs des roys et
» princes ; qui vous puisse ordonner et comman-
» der ausquels vous donnerez et ausquels vous
» refuserez l'entrée, et vous deffendre encores
» particulièrement de ne la donner à ceux la
» ligne desquels (soient ou François ou Franco-
» Germains) a descendance des mesmes autheurs
» de cestuy vostre Empire? Lequel Empire
» vous a par eux esté concilié, par eux remis
» et restably des Grecs aux Latins, comme par
» restitution postliminaire ; et par la libéralité
» desquels, outre les grandes provinces qu'ils
» ont, par grand travail, sueur et sang, ac-
» quises à l'enrichissement et ornement de cedit
» Empire, à la fortification et seureté de vostre
» liberté, ont davantage esté augmentez les
» noms et limites de Germanie, et vostredit
» Empire décoré de l'accession de tant de grosses
» seigneuries, qu'eux de leur propre et an-

» cien patrimoine avoient et possédoient des
» deux costez du Rhin ; et lesquels, outre tous
» ces anciens bienfaicts, ont tousjours une
» si grande conjonction à vostredit Empire,
» par amitié, par acoustumance et par déli-
» bération, que, mesmement entre les plus
» grands feux de la guerre, et plus ambrasez
» qui ayent esté entre leurs roys et voz empe-
» reurs (comme vous en avez n'a pas long-temps
» veu l'expérience), la société d'entre vous n'en
» a jamais esté dissoulte, ne la communication
» discontinuée.
» Estans doncques les choses en ceste sorte,
» souffririez-vous, très-révérends et très-illustres
» princes, que pour iceux soit deschirée en vous
» l'observation du droict des gens, et de ceux
» qui avecques vous ont telle société en cest
» Empire qu'ils vous ont acquis, les légats et
» ambassadeurs fussent violez, le nom desquels
» doit estre en telle et si sacrosaincte révé-
» rence, qu'ils soient et conversent seurement
» et sans danger entre les armes des ennemis ?
» Si est-ce, quant au Roy mondit souverain
» seigneur et maistre, que, pour le respect qu'il
» vous porte, il remet ceste et autres injures in-
» solites, et indignitez à luy faictes, entière-
» ment à la volonté de Dieu. Mais quant à moy,
» qui par luy et mesdits seigneurs ses enfans
» ne suis icy envoyé que pour devant vous (aus-
» quels, ainsi que le droict de l'élection de l'Em-
» pire, appartient la cognoissance et jugement
» des fiefs qui en dépendent) déduire les droits
» qu'ils ont et prétendent en la teneur d'iceluy,
» et pour en jugement (auquel ils sont déférez
» et accusez de ne vouloir ester) y faire appeler
» les détenteurs et occupateurs d'iceux leurs
» droicts, desquels leur est la privation de tant
» plus griefve, que, les ayant, ils peuvent (et
» le tiennent à tiltre honorable) se dire et nom-
» brer entre les princes dudit Sainct-Empire, je
» n'ay peu certainement faire de moins, afin
» que ma légation ne leur fust entièrement in-
» fructueuse, que d'exécuter par lettres et mes-
» sages, ce que possible ne m'est sans extrême
» et apparant danger exécuter de bouche. Et
» pource avoy-je adressé les lettres du Roy et
» de mesdits seigneurs ses enfans avecques
» unes miennes contenantes la substance de ma
» charge, à très-illustre prince monseigneur
» Louis, comte Palatin, comme à celuy auquel
» pour estre voisin de France, et la retraitte
» d'autant plus courte, je pouvoy le faire avec
» moins de danger ; en le priant très-instam-
» ment que son plaisir fust communiquer, sur
» la requeste desdits seigneurs, avecques mes-
» seigneurs ses collègues, électeurs et autres tels

» princes ou estats de l'Empire ausquels il ju-
» geroit en appartenir la cognoissance, et, par
» advis et délibération commune d'eux, res-
» pondre et faire droict sur icelle.
» Mais par ses lettres il m'a faict response
» qu'il envoyeroit le tout au sérénissime roy
» Ferdinand, qui le feroit tenir à l'Empereur
» son frère, lequel sçauroit très-bien comment
» cest affaire se devroit gouverner. Sur ceste
» sienne response, très-prudens et très illustres
» princes, que puis-je ne doibs-je espérer et
» attendre ou de l'Empereur ou du roy Ferdi-
» nand son frère, sinon qu'ils ayent à suppri-
» mer et lettres et créance ? sçachant que l'un se
» sent luy-mesme revestu de la despouille, et
» enrichy du patrimoine de mesdits souverains
» seigneurs et princes ; sçachant que tous deux,
» en tous leurs faicts et dicts, travaillent à mettre
» le Roy mon maistre en sinistre réputation et
» opinion du monde ; et que, l'accusant mainte-
» nant de vouloir, outre droict et raison, en-
» treprendre sur le duché de Milan, et aupara-
» vant l'avoir tenu et occupé sans tiltre, ils
» font, ainsi que vous voyez, assiéger et guet-
» ter les passages, pour doubte qu'estant la vé-
» rité des choses tout au contraire, et n'estant
» rien de ce qu'ils luy mettent à sus, il ne s'en
» envoye justifier, et rétorquer ceste même ac-
» cusation, ainsi qu'il appartient, sur eux. C'est
» chose certainement seure et constante que
» l'empereur Maximilian, après cognoissance
» de cause, et parties ouyes en droict, et par
» l'advis et délibération des princes de cest Em-
» pire, receut en foy et hommage, investit et
» mist en possession le feu roy Louis décédé,
» ensemble le Roy mon maistre, son prochain
» héritier et gendre, dudit estat et duché de Mi-
» lan, comme de chose à eux appartenante de
» propre héritage de leurs ayeulx et bisayeulx.
» Et lequel Roy, mondit souverain seigneur et
» maistre, non seulement ne refuse de se soubs-
» mettre, en la décision de ceste cause, au ju-
» gement des estats de l'Empire, mais de soy-
» mesme, et plusieurs fois, l'a demandé ; tant
» s'en fault, ne qu'en cestedite matière, ne
» qu'en celle de Savoye (laquelle aussi vous a
» esté desguisée) il ait jamais reffusé d'ester
» à droict. Constitué doncques entre tant de dif-
» ficultez, et voulant éviter reproche de m'estre
» si négligentement acquitté de ma charge,
» que, n'ayant eu moyen de satisfaire entière-
» ment, je n'aye au moins en quelque partie sa-
» tisfaict à mon devoir envers luy et mesdits
» seigneurs ses enfans, il m'a semblé, très-ré-
» vérends et très-excellens princes, en espé-
» rance de remporter de vous quelque response,

» et leur pouvoir dire quelle attente de refuge
» et secours ils peuvent fonder en vostre équité,
» devoir escrire et envoyer par messager exprès
» ceste lettre commune à tous vous ensemble,
» et une particulière à chacun, et, implorant
» vostre foy, vous supplier avoir esgard à la
» saincte et ancienne conjonction et alliance de
» nostre royaume et de noz Roys à vostre Empire, à la cognation ancienne et tant souvent
» renouvellée, à l'amitié jamais interrompue
» entre noz princes et ceux de vostredit Empire; et qu'il vous plaise considérer quels personnages vous estes, en quel degré constituez; quel est l'office de ceste antique et véritablement germanique liberté; quelle chose
» vous estes tenus faire envers cest Empire,
» envers la mémoire des autheurs et instituteurs d'iceluy, envers l'universelle républicque
» chrestienne. Ne souffrez, s'il est possible, que
» ces deux principaux chefs de ladite républicque se combatent et affoiblissent l'un l'autre; considérez qu'en la grandeur et force
» d'iceux elle peut et doit espérer de chercher
» son accroissement de grandeur et gloire, sa
» fortification contre les adversitez et périls;
» que les ancestres d'eux ont tousjours, et par
» sur tous autres, employé leurs biens, puissances et personnes, à l'entretènement, augmentation et prouffit d'icelle.

» Ceste-cy est la principale requeste que je
» vous fay; ainsi que la principale charge que
» j'ay de mesdits seigneurs et maistres est de
» vous requérir que si, par les faulses accusations intentées contre eux, vous avez en voz
» esprits engendré quelque préjudice de leur
» cause, vous le vueillez démettre, et que du
» costé dont sera le droict vous souffriez incliner
» et passer aussi l'opinion de justice. Laquelle
» chose certes j'espère, si ensemble vous réduisez en mémoire la déclaration et approbation
» solennelle de leur ancien et certain droict héréditaire, par le tesmoignage et jugement de
» l'empereur Maximilian, en la personne du
» feu roy Louis dessusnommé, et le tort que
» depuis luy en feit ledit empereur Maximilian;
» lequel, après avoir extorqué de luy au-dessus
» de cent cinquante mille escus, pour luy bailler l'investiture dudit duché, peu de temps
» après, et paravanture avecques les mesmes
» deniers qu'il avoit receuz de luy, assemblant
» une puissante armée, l'en desposséda violentement; et l'ayant depuis le Roy mon maistre
» recouvert, et jà par plusieurs années possédé
» à l'encontre de l'occupateur injuste, vostre
» Empereur l'en a, pareillement et sans cognoissance de cause, spolié, quoyque le droict voulust, ainsi que voz ancestres et vous en avez
» tousjours usé, que le pouvoir et authorité de
» transférer les fiefs impériaux d'un personnage à
» l'autre, appartiennent à la loy et non à l'audace
» ou volonté de qui que soit. Duquel droict et loy,
» comme ainsi soit qu'à vous proprement et péculièrement appartienne la cognoissance, vostre
» plaisir sera de bien délibérer quelle response
» vous aurez à faire sur la raisonnable requeste
» de mesdits souverains seigneurs et sérénissimes princes, lesquels vous prient et requièrent
» ne les avoir en si peu d'estime, que desdaigner à entendre leur droict et raison, aussi
» bien que des autres princes de cestuy Sainct-Empire. A moy semble, sans point de doubte,
» que, s'il vous souvient bien qui vous estes,
» c'est-à-dire seigneurs et princes de liberté,
» juges souverains de toutes les choses controverses en cedit Empire, vous devez envers
» ledit seigneur Empereur insister à bon escient, à ce que justice leur soit ouverte, leur
» cause entendue et cogneue, et luy content de
» se renger à la raison et obéir à ce que par
» vous en sera jugé, plustost que de persévérer
» en l'opinion suivant laquelle (je ne sçay si
» avecques la dignité gardée) il se vante de
» plustost vouloir assembler et unir toutes ses
» forces et puissance, et les esprouver contre le
» Roy, que contre le Turc, héréditaire ennemy
» du sang et nom des Chrestiens; et de mieux
» aymer luy abandonner en proye tout ce qu'il
» laisse de païs derrière soy, que de se permettre de mouvoir de ceste intention et de retourner la teste en arrière de l'invasion une
» fois entreprise contre un roy des ancestres et
» prédécesseurs duquel est advenue à la maison
» d'Autriche l'occasion des gros biens et puissance qui principalement l'ont mise et colloquée en ceste suprême haulteur où maintenant
» vous la voyez.

» Or tant y a que, là où Sa Majesté voudra
» persévérer en cestedite sienne volonté, et si
» une fois il entre hostilement ès païs dudit Roy
» Très-Chrestien, mon maistre, comme il se
» vante de vouloir faire, et, paravanture, a
» desjà commencé, il trouvera, et luy et messeigneurs ses enfans, prests et si grandement
» équippez à le recueillir hardiment, et sans
» crainete de ses menaces, qu'à l'ayde de Dieu
» ils n'obmettront rien de ce qu'appartient à
» princes vigilans et bons protecteurs et amateurs de leurs subjects et de leur patrie. Mais,
» avant qu'en venir jusques à là, et qu'une telle
» tempeste s'excitast, par laquelle ils cognoissent toute chrestienté estre oportune et exposée au hazard de grande ruine et vastité, ils

» ont bien voulu vous faire, par moy, entendre ce que dessus, et vous prier que, pour le devoir du lieu que vous tenez, vous advisiez de trouver la voye d'obvier à ceste effusion de sang chrestien, ou, à tout le moins, quelque modération à l'apparence du prochain danger, afin que, par ceste leur déclaration, il puisse conster, à vous et à tous autres, que, s'ils viennent à la guerre contre ledit seigneur Empereur, ce ne soit par volontaire délibération, mais par contraincte et par nécessité de répulser injure et se deffendre. A laquelle leur intention et commandement n'ayant peu satisfaire de bouche, encores que j'aye prou essayé de moyens envers plusieurs et diverses personnes, j'ay eu mon dernier reffuge et recours à l'escriture, très-humblement suppliant voz Excellences qu'il ne vous soit grief ne moleste de me faire, par ce messager, entendre quelle sera vostre délibération sur ceste très-équitable demande et requeste.

» Très-révérens, très-illustres, etc. Dieu, tout bon et tout puissant, vueille conserver et bien fortuner voz dessusdites Excellences, et, en cest urgent et pesant affaire, qui véritablement touche et appartient à tous, vous inspirer tel advis et conseil que le requièrent et vostre devoir et la nécessité de la république chrestienne. »

Ce temps pendant que le seigneur de Langey feit ceste et autres dépesches, la vérité des choses qui faulsement avoient esté mises sus au Roy, fut espandue par la Germanie, et les calomnies entièrement descouvertes. Et mesmement ès villes impériales, aucuns des marchans nouvellement retournez de Lion, ainsi que j'ay dit, feirent grandement leur devoir envers le sénat, chacun de sa ville, de réciter le bon et gratieux traittement et les honestes offres que leur avoit faictes ledit seigneur Roy, avant leur partement de Lion : chose qui tellement modéra ceste indignation conceüe contre luy, que de treize mille hommes qu'espéroit le roy Ferdinand faire descendre en Champagne, et qui plus s'estoient mis ensemble par une particulière affection, les uns du butin et les autres de vengeance, que, pour le service de luy ne de l'Empereur son frère, il ne se trouva que le nombre de deux ou trois mille hommes ; tous les autres déclarèrent ouvertement que, sans paye entière, ils ne feroient le serment, et ne le feroient, sinon avec ceste exception qu'ils ne porteroient les armes contre le roy de France, en guerre invasive, ès païs et seigneuries de l'ancienne obéissance de la couronne. Ainsi fut ceste levée rompue, et, du peu de nombre qui se contentèrent de faire autre serment, les uns passèrent en Italie, les autres s'allèrent joindre avecques l'armée du comte de Nansau.

En Piémont avoit desjà monsieur l'admiral, ensuivant l'ordonnance du Roy, assis la garnison dedans la ville de Turin : en laquelle il mist, pour chef et lieutenant de Roy, messire Claude, seigneur d'Annebault, ayant charge de cinquante hommes-d'armes, et chevalier de l'ordre du Roy, et Charles de Coucis, seigneur de Burie, par cy-devant nommé ; messire Gabriel, seigneur d'Alègre, avecques sa compagnie de cinquante hommes-d'armes. Chevaux-légers : le seigneur d'Aussun, cent chevaux ; le seigneur de Termes, cent ; le seigneur de Dessé, cent ; outre lesquels y demourèrent plusieurs gentilshommes de grosse maison, lesquels s'y voulurent enfermer pour acquérir loz et bruit, et faire service au Roy et à la chose publicque ; entre lesquels furent le seigneur de Piennes, surnommé de Halluin, le comte de Tonnerre, le seigneur de Listenay, Guy Chabot, fils aisné du seigneur de Jarnac, Paul Chabot, seigneur de Clervaux, le seigneur d'Escars, messire Louis de Bueil, comte de Sancerre, François de Vivonne, Charles de Cossé, seigneur de Brissac, Jean, seigneur Do, Jean de Clermont, seigneur de Traves. De gens de pied y demourèrent les seigneurs d'Auchy et de Canny, avecques chacun mille hommes picards ; La Salle, avecques mille Normans ; Quincy, avecques mille Champenois ; Lartigue Dieu, cinq cens Gascons ; le capitaine Blanche, cinq cens ; Anguar, cinq cens ; le seigneur Marc-Antoine de Cusan, avecques deux mille Italiens ; et desquels gens de pied demoura chef et capitaine-général ledit messire Charles de Coucis, seigneur de Burie, lieutenant pour le Roy, avec ledit seigneur d'Annebault. Ledit seigneur amiral, avec sa compagnie de cent hommes-d'armes ; celle de monseigneur le mareschal d'Aubigny, aussi de cent ; celle du seigneur de La Roche-du-Maine, de cinquante ; et celle du seigneur de Villebon, de cinquante ; les lansquenets du comte Guillaume, avec le reste de l'armée, se retira dedans Pignerol, et le surplus de son armée bailla au marquis de Saluces, le laissant en sa place lieutenant-général du Roy.

Estant à Pignerol, il eut un messager de la part dudit seigneur marquis, luy demandant renfort de gens, parce qu'il disoit se sentir trop foible, attendu la grande puissance qu'il entendoit venir contre luy : parquoy il luy renvoya la compagnie du seigneur de Bonneval, absent, la conduisant alors le seigneur de Brossés, son lieutenant; les seigneurs de La Roche-du-Maine et de Villebon, avec leurs compagnies, chacune de cinquante hommes-d'armes ; celle du seigneur de Montejean, de cent hommes-d'armes, conduitte par le seigneur de Vassé et de La Jaille; et celle du seigneur Jean Paule de Cère, soixante; le chevalier d'Ambres, avec mille hommes de pied gascons; et le seigneur de Saint-Aubin, avec mille Normans ; le capitaine Wartis, navarrois, cinq cens hommes de pied : lesquels, dès le jour mesme, vindrent loger à Vigon, et de là à Villefranche, et de là envoyèrent à Savillan, sçavoir audit seigneur marquis ce qu'ils auroient à faire. Lequel, deux jours après, escrivit au seigneur de La Roche-du-Maine, pour le faire sçavoir au seigneur de Villebon, qu'eux deux, au lendemain matin, s'en vinssent à Villeneuve-du-Sollier ; et qu'il s'y trouveroit accompagné du seigneur de Montpesat, du comte de Pontrème et autres, pour adviser aux affaires du Roy. A quoy ils obéirent, et dès le matin entrèrent en conseil, et après disner le continuèrent, sans aucune chose conclurre, sinon que ledit marquis ordonna que les seigneurs de La Jaille et de Vassé, lieutenans du seigneur de Montejean, ramèneroient sa compagnie en France ; et, sans autre conclusion, s'en retourna chacun au lieu dont il estoit party, jusques à ce que ledit seigneur marquis les remandast.

Deux jours après, il les manda de rechef venir avec leurs compagnies au lieu de Savillan, ordonnant au seigneur de Villebon qu'il s'y en vînt devant faire les logis, et au seigneur de La Roche-du-Maine, de demourer derrière avec les bandes, et qu'il advisast à les conduire seurement, parce que les ennemis estoient en campagne et avec grosse trouppe. Le lendemain qu'ils furent arrivez audit lieu de Savillan, y vint le seigneur de Montpesat, venant de Fossan, où il avoit esté pour ordonner la fortification du lieu. Monseigneur le marquis, ouy le rapport dudit seigneur de Montpesat, et l'opinion qu'il avoit, encores que les murailles dudit lieu fussent merveilleusement foibles, de la pouvoir ce nonobstant tenir, en ayant quelque espace de temps à la remparer et y parfaire des bastions de terre qu'il y avoit faict commencer, ne se voulut condescendre à ceste opinion, ains fut d'avis de renvoyer tout ce qu'il avoit de gens de guerre en France, et d'envoyer le sieur de Verets en poste vers le Roy, pour luy faire entendre ceste délibération, et les raisons à ce les mouvans : sçavoir est, qu'estant desjà l'ennemy si près, et avecques si grosse puissance, il n'y avoit ordre ne moyen de pouvoir à temps fortifier et rendre tenable aucune autre ville de Piémont que celle de Turin ; et que de retenir gens outre ceux qui jà y estoient, c'estoit les perdre à escient.

Les capitaines luy respondirent qu'ils estoient là pour luy obéir ainsi qu'à lieutenant-général du Roy, et qu'ils avoient commandement d'aviser le faire ; que toutefois il leur sembloit, pour le bien et service du Roy, devoir tenir encores une ou deux places, outre celle de Turin, à cause que, n'en tenant qu'une, c'estoit ouvrir à l'ennemy le passage en France, laissant seulement un siége volant à Turin, ou, par avanture, luy donner occasion, n'ayant à faire qu'à une place, et qui n'estoit encores en deüe et suffisante fortification, d'y convertir entièrement ses forces, et quoy qu'il luy coustast, l'emporter d'assault, afin que, passant en France, il ne laissast rien derrière qui luy fust ennemy ; et persistoit le seigneur de Montpesat en son opinion de tenir Fossan. Le seigneur de La Roche-du-Maine estoit d'advis que l'on tint plustost Cony, à cause que la ville estoit plus grande, et par ainsi capable de plus grosse garnison; aussi qu'il y avoit moins à fortifier qu'il n'y avoit à Fossan; car, enfermant les fauxbourgs avecques la ville, il ne pouvoit avoir plus hault de quatre à cinq cens pas à remparer ; aussi que desjà les vivres et munitions y estoient, lesquels, en tenant Fossan, il y faudroit faire conduire dudit lieu de Cony ; joinct qu'à l'entour on auroit à commandement les païs de Saluces, du Dauphiné et de Provence; et pourroit-on mettre le comte Guillaume, avecques ses lansquenets, à Barselonne, ou ailleurs où l'on adviseroit pour le mieux, et quelques autres garnisons à Démons, à Roquesparvière et autres places à leur doz : en quoy faisant on donneroit à l'ennemy beaucoup à penser, avant qu'il vînt mettre le siége audit Cony, ou qu'il entreprint, en le laissant derrière, de passer outre la montagne. Plusieurs des autres capitaines se rengèrent à ceste opinion, et le seigneur de Montpesat offrit luy-mesme de se mettre en laquelle des deux il luy seroit ordonné, priant, sur toutes choses, que l'on prist quelque briefve conclusion, sans perdre temps en délibérations, qui se devroit employer à l'exécution.

Monseigneur le marquis, quoy qu'on luy remonstrast, ne voulut pour ce jour prendre autre conclusion, sinon qu'au lendemain iroient le sieur de La Roche-du-Maine et le seigneur Chrestofle Guascho revisiter la ville de Fossan ; et que, leur rapport ouy, se prendroit lors une conclusion de ce que l'on auroit à faire. Audit lendemain, allèrent les dessus nommez à Fossan, et retournèrent le mesme jour, estant ledit sieur de La Roche-du-Maine encores plus avant fondé que le jour précédant en sa première opinion de Cony, et d'autant plus qu'à Fossan il n'y avoit eau que de cinq puis et d'une fontaine hors la ville, que l'ennemy, en l'assiégeant, facilement leur pouvoit oster. Le marquis, cherchant (ainsi que depuis il a esté sceu) matière de dissimulation et temporisement, ne voulut encores conclurre, ains ordonna qu'au lendemain iroient avecques luy tous les capitaines et de cheval et de pied, pour en conclurre audit Fossan, sur le lieu, et mèneroient chacun sa compagnie ou bande, prestes à demourer dedans, au cas qu'il fust trouvé raisonnable de le tenir; et, au cas que non, d'aller pareillement visiter la ville de Cony, et, ne la trouvant deffensable, se retirer tous ensemble le chemin de France; et que luy entreprendroit de faire conduire l'artillerie après eux, et la faire passer la montagne seurement. Les capitaines ne furent point de cest advis, alléguans que ce seroit chose honteuse (ores que force leur fust de se retirer) abandonner leur artillerie; et aussi peu estoient-ils d'advis de mener à Fossan toutes leurs bandes, y consommer les vivres, dont ils auroient besoing s'il advenoit qu'ils la délibérassent tenir. Mais le marquis persista d'y mener tout, en disant qu'ils n'y coucheroient plus hault d'une nuict; et de ceste sienne délibération advisa le Roy par le sieur de Verets, en poste; combien que desjà luy en avoit donné autre; ensemble manda qu'il ne pouvoit tirer obéissance des capitaines.

Arrivez qu'ils furent à Fossan, trouvèrent qu'en usant de bonne diligence, ils auroient temps assez de parachever les bastions encommencez, s'y employans les gens de guerre avecques huict à neuf cens pionniers qui avoient commencé l'ouvrage, et que, du Mont-Devis (qui n'estoit loing d'eux) ils y pourroient faire venir des vivres, sans toucher à ceux de Cony, et, par ce moyen, faire au Roy ce service, qu'en tenant l'une et l'autre ville, arrester l'ennemy sur cul, et donner temps à noz forces de se réunir et joindre ensemble. Tel fut l'advis et délibération de tous les capitaines, et le déclarèrent ainsi audit seigneur marquis, en le priant de promptement se vouloir résouldre : pour ce jour ne voulut-il encores conclurre, remettant la chose en délibération jusques au lendemain. Et ce pendant les pionniers s'enfuirent tout au long de la nuict, en sorte qu'il n'en démoura point quarante; et depuis a esté sceu que ledit marquis les en avoit faict fuir. Combien que pour lors il ne fût sceu, bien y eut des gens beaucoup en la compagnie qui prindrent grand souspeçon sur luy, et mesmement quand au lendemain; il se monstroit entièrement résolu de vouloir tenir la ville, ce que jamais il n'avoit trouvé bon ce pendant qu'il y avoit moyen de la mettre en deffense; tellement que ceux qui n'osoient souspeçonner si mal de luy, ne pouvoient toutesfois n'attribuer ceste mutation à trop grande légèreté ou faulte de résolution. Autres en y avoient qui pensoient pis, et ne trouvoient bon que le comte de Pocquepaille, qui estoit à luy, alloit et venoit ordinairement au camp des ennemis; mais il couvroit lesdittes allées et venues sur sa querelle de Montferrat, disant que, soubs umbre de laditte querelle, il l'envoyoit pour entendre nouvelles de leurs entreprises et délibérations; à quoy les uns adjoustoient foy, les autres non. Le seigneur Martin Du Bellay, en plein conseil et devant tous, luy dist qu'un chevaucheur d'escuirie du Roy, nommé Bonsot, venant de Milan, avoit passé par Ast, et y avoit veu marqué le logis dudit seigneur marquis auprès de celuy de l'Empereur; à quoy ledit marquis, en soubsriant, respondit estre bien asseuré que ledit Du Bellay n'en croyoit rien, ne pareillement autre de la compagnie.

Tous asseurèrent que non, et qu'ils le tenoient pour si gentil prince, qu'il ne voudroit faire une si grande meschanceté, mais bien le prioient de vouloir prendre conclusion aux affaires, et ne perdre plus de temps en si longues et irrésolues délibérations. Alors il leur dist que la dissimulation dont il avoit usé avoit esté pour cognoistre quel cueur et volonté avoient, non pas les capitaines, desquels il n'avoit jamais doubté, mais leurs soldats et gens de guerre; lesquels voyant en si bonne volonté, il se vouloit résouldre de tenir Fossan, et les prioit qu'en ensuivant la promesse et instance qu'ils en avoient faicte, ils se délibérassent d'y faire leur devoir; et que, le nombre ordonné de ceux qui devoient y demourer, ils délibéreroient après sur le faict de Cony. Les capitaines répliquoient qu'en leur rendant les pionniers qui alors y estoient quand ils offrirent à la tenir, ou autres en pareil nombre, eux, nonobstant le temps perdu en rien faisant, seroient prests d'accomplir leur promesse, et mettroient peine d'en rendre bon compte, luy remonstrant toutesfois le peu d'apparence qu'il y avoit de tant avoir perdu de temps en dissimulation et sans avoir aucune chose fortifié ne remparé. Le marquis, monstrant d'estre bien marry, entre les autres choses, de la fuitte des pionniers, arrivée si mal à propos, reconfortoit les capitaines, en leur disant que de son marquisat il feroit venir, du jour au lendemain, le double d'autant de pionniers, et tous à demy aguerris, et qui au besoing serviroient et de gens de guerre et de pionniers. Mais ce pendant n'en venoit pas un : luy tous les jours assembloit le conseil en sa chambre; mais, au partir, les capitaines n'en rapportoient conclusion, sinon que leurs vivres tous les jours appetissoient, pour cause du grand nombre de gens qu'ils estoient, et du Mont-Devis ne d'ailleurs il n'en venoit ne tant ne quand.

Vous avez cy-devant entendu comment le marquis, dès le commencement, et avant la dépesche du seigneur de Verets, qu'il envoya du sceu des capitaines, avoit faict sçavoir au Roy la grosse puissance qu'avoit l'Empereur, et la désobéissance que luy trouvoit aux capitaines qu'on luy avoit laissez ; et, qu'à ceste cause, il ne veoit moyen de pouvoir tenir ne Fossan ne Cony, et que le mieux qu'il sçauroit faire estoit de renvoyer en France tout ce qu'il avoit de gens de guerre, outre ceux de Turin. Le Roy, incontinant ceste nouvelle ouye, dépescha le sieur d'Eschenais en diligence vers lesdits sieurs marquis et capitaines, pour entendre et sçavoir comment il en alloit, en les priant très-expressément que, sur tous les services qu'ils luy voudroient faire, ils usassent de toute possibilité pour tenir lesdittes villes, de peur qu'il eust l'ennemy si soudainement sur les bras en son royaume, que ses forces ne fussent à temps réunies et mises ensemble pour le recueillir : en ce faisant, il leur promettoit estre prest avant le terme d'un mois ou de trois sepmaines, pour envoyer les secourir, s'ils pouvoient tenir jusques à tant et rompre ceste première impétuosité de l'ennemy; qui seroit faict à luy et à son royaume un tel service, que jamais il ne le mettroit en oubly; quand toutesfois elles ne leur sembleroient estre gardables, qu'il aymoit trop mieux, avant que perdre tant de gens de bien, qu'ils se retirassent, se sauvant et son artillerie. Ledit sieur d'Eschenais trouva les capitaines en la meilleure volonté du monde; mais, pour autant que l'Empereur et toutes ses forces estoient si près (car, à la vérité, le siège fut mis devant Fossan, au-dedans de huict jours après), ils craignoient bien d'entreprendre à les garder, estans les villes si mal reparées, et eux sans pionniers et sans moyen d'en recouvrer ; et se plaignoient fort de la dissimulation du marquis, lequel avoit tant laissé couler de temps sans y besongner et sans se résoudre ; aussi comptèrent les souspeçons qu'ils avoient contre luy. De manière que peu s'en falloit que, se départant du tout de la délibération de les garder, ils ne pensassent seulement qu'à sauver les hommes et l'artillerie ; et si n'en trouvoient pas les moyens aisez, attendue la prochaineté de l'ennemy, sinon que de la retirer en quelque place de seureté. Le marquis vouloit qu'on la mist à Raveil, un chasteau sien qu'il disoit inexpugnable (et véritablement est fort malaisé à prendre); mais les capitaines, encores qu'ils ne luy voulussent déclarer, ne s'osoient toutesfois fier de la mettre en sa puissance ; et fut parlé de la envoyer à Roquesparevière, moyennant que l'on trouvast, par visitation de la place, qu'elle y peust estre seurement. Et, à ceste cause, furent envoyez pour la visiter lesdits d'Eschenais et le seigneur Chrestofle Guasco et autres, lesquels rapportèrent que l'artillerie n'y demoureroit point seurement.

Sur ce différant, arriva le sieur de Sansac, envoyé par le Roy en poste, après avoir entendu la charge du seigneur de Verets, et ce qu'il avoit davantage rapporté de la cognoissance qu'il avoit des choses; lequel Sansac, outre les lettres qu'il apportoit audit sieur marquis, en avoit de particulières, avecques créance au seigneur de Montpesat et autres capitaines, par lesquelles expressément le Roy les prioit qu'ils essayassent plus que le possible, à tenir l'une desdittes places seulement quinze jours, et qu'en ce faisant ils luy feroient un service inestimable. Parquoy ils conclurent entre eux, et le déclarèrent audit seigneur marquis, de s'en mettre au hazard, et de servir chacun de pionnier. Ledit marquis leur demanda en laquelle des deux villes ils se voudroient plustost hazarder, ou s'ils estoient d'advis de les tenir toutes deux. Et, sur la response qu'ils firent qu'à luy estoit (ayant desjà ouy leurs opinions) de conclurre laquelle ils tiendroient, mais que les deux, ils y veoient alors peu d'apparence, veu le peu d'ordre que l'on y avoit mis, et que mieux valoit en bien garder une, que de se mettre au danger que l'une fist perdre l'autre : « Et je vueil (dist-il
» adoncques) les garder toutes deux ; et, pource
» que vous, monsieur de La Roche, tenez ceste-
» cy pour la plus foible, je vueil y demourer en
» personne. » Et sur ce, ledit sieur de La Roche, en se monstrant et offrant soy-mesme : « Voicy,
» dist-il, un aussi homme de bien qui de bon
» cueur y demourera quand et vous, et pour
» vous y obéir ainsi que la raison veult. »

Les autres capitaines ne peurent bien estre de cest accord, et nonobstant qu'ils se couvrissent d'autre excuse, disant qu'il n'estoit raisonnable qu'un lieutenant-général du Roy se laissast assiéger en la première place et plus prochaine du danger, à cause que ce seroit donner cueur aux ennemis de la forcer, en intention que, luy pris, l'entreprise seroit vaincue, et aux assiégez oster toute espérance du secours qu'ils pourroient à un besoing espérer du lieutenant-général du Roy : parquoy il leur sembloit beaucoup meilleur et plus à propos que, laissant à Fossan telle force qu'il jugeroit estre suffisante, luy, avecques le surplus de son armée, se retirast à Cony, pour le tenir tant qu'il pourroit ; et ce pendant qu'ils entendroient à remparer et fortifier la ville, il fist de son costé diligence de leur faire amener vins et farines, dont à Cony et aux environs y avoit grande abondance, et audit Fossan bien peu, et mesmement de farines et de moulins point, et aussi peu de quoy en faire. Si n'estoit-ce toutesfois la principale intention qui les mouvoit à l'en dissuader; mais ils craignoient que, demourant audit Fossan, il baillast et la place et eux ensemble ès mains de l'ennemy; car le souspeçon tousjours croissoit sur luy, et leur venoit de plusieurs lieux advertissement qu'il avoit traitté avecques l'Empereur : ils n'en osoient néantmoins encores faire semblant, avant que sçavoir l'intention du Roy. Pour ce soir, il arresta (quelque chose qu'on luy eust remonstré) de demourer audit Fossan, et y retenir avecques luy le seigneur de La Roche-du-Maine et autres, jusques au parfaict de deux cens hommes-d'armes et trois mille hommes de pied ; le surplus envoyer dedans Cony. Ainsi se départit le conseil ; et, au lendemain matin, avant le soleil levé, ledit sieur marquis fist rappeller les capitaines, pour adviser et conclurre ce que seroit à faire.

Assemblez qu'ils furent, le sieur de Montpesat luy demanda sur quelle chose ils avoient à délibérer, et si le soir précédant ils avoient pas prise leur conclusion : à quoy il respondit, en s'adressant au seigneur de La Roche, que les paroles du soir, à l'aventure, ne ressembleroient point à celles du matin ; et, sur ce que ledit seigneur de La Roche luy répliequa que les siennes, quant à luy, estoient telles au matin qu'au soir, il luy dist que non pas les siennes pour ceste fois; car il vouloit que les seigneurs de Montpesat, de Villebon et ledit de La Roche, avecques leurs compagnies; et le seigneur de La Rocque, avecques celle du grand escuyer ; et les capitaines Anglure et Sainct-Aubin, avecques leurs bandes, chacune de mille hommes de pied champenois et normans ; Wartiz, avecques la sienne, de cinq cens Gascons ; et Sainct-Pètre Corse, avecques les Italiens qu'il avoit, en nombre de trois à quatre cens, demourassent audit Fossan ; et que luy, après disner, s'en iroit à Cony avecques le surplus de la trouppe, et leur renvoiroit le chevalier d'Ambres avec sa bande, qui estoit de mille Gascons, lesquels serviroient de faire escorte aux vivres,

artillerie, boulets et munitions qu'il promettoit leur envoyer. Et sur ceste conclusion, disna, puis s'en partit, laissant à Fossan les capitaines et gens de guerre dessusdits, et pour capitaine-général et lieutenant du Roy, pour commander à tous, ledit sieur de Montpesat, chevalier de l'Ordre.

Après le partement dudit sieur marquis, vindrent nouvelles, combien que non certaines, au sieur de Montpesat et autres capitaines estans à Fossan, comment ledit marquis, auparavant ceste conclusion prise (c'est à sçavoir, alors qu'il tenoit propos de s'enfermer quand et eux en laditte ville de Fossan), avoit mandé ceste sienne délibération au seigneur Antoine de Lève, l'admonnestant qu'il y vint hastivement et sans se travailler d'y amener grosse artillerie; car il luy bailleroit ensemble la ville et les hommes entre mains ; aussi que, depuis son partement pour aller à Cony, il avoit renvoyé vers ledit Antoine de Lève, luy donner advis de ceste mutation, et le faire haster de venir avant que la ville fust en deffense, parce qu'un chacun mettoit la main à l'œuvre, autant capitaines que soldats, et pourroient en bien peu de temps mettre la ville en deffense; mais qu'en se hastant de venir, il n'y trouveroit aucune résistance ; et que, se présentant devant l'une des portes, ceux de dedans s'en iroient par l'autre. Ce qui plus feit adjouster de foy à cest advertissement, fut que le marquis ne leur tenoit promesse de leur envoyer les vins, farines, artillerie, boullets et munitions qu'il leur avoit promis. Et, à ceste cause, le sieur de Montpesat, accompagné du sieur de Sansac, du sieur de Castelpers, son lieutenant, et de vingt chevaux, se délibéra d'aller vers luy jusques à Cony, sçavoir à quoy tenoit qu'il n'en avoit nouvelles. Si trouva ledit sieur marquis faisant fort l'empesché à mettre ordre au partement desdittes munitions ; et avoit desjà faict tirer une longue coulevrine et trois canons, et faisoit charger les boullets et poudres, et des farines environ de douze cens sacs, avec bonne quantité de vins, et, en présence dudit sieur de Montpesat, feit acheminer l'artillerie, luy promettant qu'avant la nuict le tout seroit rendu audit Fossan.

Le sieur de Montpesat, se confiant en la parole dudit marquis, accompagnée de l'apparence qu'il voyoit de l'exécution, et aussi pource qu'il ne vouloit estre longuement absent de sa charge, s'en retourna plein d'espérance à Fossan, le chevalier d'Ambres, et sa bande de mille hommes de pied gascons avecques luy ; mais après luy arrivèrent seulement un canon et une longue coulevrine, cinq caques de poudre, et quelques boulets, mais peu, et d'autre calibre que n'estoient les pièces : tout le surplus, de vins, artillerie et munitions, fut par ledit marquis envoyé à sa maison de Raveil, et luy dès la nuict ensuivant s'y retira. Ce fut fait le jeudy septième jour de juing; et le mardy ensuivant, environ les deux heures après midy, arriva l'avant-garde du seigneur Antoine de Lève, lequel, au mandement dudit marquis, estoit party de devant Turin dès le vendredy précédant, y laissant, pour continuer le siége, le nombre de dix mille hommes, soubs la charge de Scalingue, gouverneur d'Ast, et ce jour vint coucher à Carmagnolle; et le mesme jour, fut despesché, par le seigneur d'Annebault, messire Jean de Cambray, son lieutenant, pour sçavoir des nouvelles du Roy, et luy en faire sçavoir de celles de Piémont. Et en ce temps mourut monseigneur Jean, duc d'Albanie, chevalier de l'ordre du Roy, capitaine de cent hommes-d'armes, et gouverneur de Bourbonnois, Auvergne, Forests et Beaujolois; son gouvernement fut donné à messire Jean de Bretaigne, duc d'Estampes, et sa compagnie partie en deux : la moitié fut donnée à monsieur de Chabannes, baron de Curton, et l'autre moitié à monsieur de La Fayette. Aussi mourut messire Louis d'Orléans, duc de Longueville et comte de Dunois, aussi chevalier de l'ordre et capitaine de cinquante lances; la compagnie duquel fut baillée à messire Louis d'Orléans son frère, marquis de Rothelin. L'avant-garde du seigneur Antoine de Lève repoussa le guet de ceux de Fossan, à son arrivée, et faillit à prendre ceux qui estoient au couvent de Saint-François, hors la ville, faisans abbattre le clocher de l'église et autres édifices dudit couvent qui pouvoient nuire à la deffense de la ville; et là se dressa une grosse escarmouche entre ladite avant-garde et ceux de dedans, qui sortirent au secours et pour retirer leurs pionniers, dont en y avoit desjà eu aucuns de morts et blécez. A ceste saillie moururent des Impériaux beaucoup, et non seulement de coups de main et de arquebutte, mais aussi de l'artillerie de dedans, qui feit grandement son devoir à favoriser noz gens. La nuict survenant, sépara ceste escarmouche; et arriva le seigneur Antoine de Lève, avecques toute sa force, qui se vint loger à la portée d'une arquebuse, près la ville, audit couvent de Sainct-François, qui, pour la briefveté du temps, et pour avoir peu de pionniers, n'avoit esté parachevé d'abattre.

Le sieur d'Eschenais, qui, après la conclusion prise de garder Fossan, avoit repris la poste, estoit cependant arrivé devers le Roy, et luy avoit rendu compte de ce qu'il avoit veu et entendu, et mesmement du département du marquis, et du soupsecon que l'on avoit sur luy; chose qui ne pouvoit entrer en l'entendement de ceux qui l'oyoient dire; car, ayant esté ledit marquis nourry dès enfance avecques le Roy, ayant eu de luy bon estat pour s'entretenir ce pendant que le marquis Michel Antoine, son frère, avoit vescu; ayant esté faict par luy chevalier de son ordre; son marquisat ayant esté par arrest adjugé au Roy (comme il a esté récité cy-devant), à cause de la félonnie et rébellion commise par le marquis Jean-Louis aisné de la maison, après le décès du marquis Michel; et en ayant le Roy faict don et baillé investiture audit marquis François; luy ayant davantage donné freschement de la conqueste faicte sur le duc de Savoye, jusques au nombre de quarante-six (1) villes estans la fleur du Piémont, et montans plus en revenu que ne faisoit son marquisat; au surplus, luy ayant tant faict d'honneur et monstré de confiance, que de l'avoir faict son lieutenant-général et luy bailler sa force entre mains, le cas insolite et nouveau, et duquel il ne se trouve aucun exemple en toutes histoires du temps passé, rendoit la chose à un chacun, non que difficile, mais impossible à croire. Et certainement il ne fut encores jamais veu, ouy, ne leu, qu'un chef d'armée feist une faulte si orde et infâme, que d'attirer et mettre (en tant qu'à luy en a esté) dedans le cueur et ès entrailles du royaume de son prince, bien méritant de luy en un recours de fortune assez prospère, et alors que moins on s'en donnoit de garde, une armée ennemie, autant puissante, exercitée et bien en ordre, qu'il en ayt point esté veu de la mémoire des hommes. Je vueil que Vitellius ait esté abandonné par Cécinna, prenant le party contraire de celuy qui l'avoit honoré et avancé; mais ce fut après que les affaires dudit Vitellius furent du tout en désespoir, et pour se renger à la fortune, qui à l'un des contendans adjugeoit par son assistence la chose par eux deux ambitieusement prétendue; Stilico, Narses, ayent commis pareille faulte, mais ce fut pour grande et juste occasion d'indignation, et pour se venger de la non méritée ingratitude. Cestuy-cy, sans cause d'indignation, a trahy son prince naturel, en cours de fortune assez prospère, et sur le poinct que sondit prince usoit envers luy de meilleur en meilleur traittement, et de plus grand en plus grand avancement en biens, honneur et authorité. Ne fault doncques demander si ceste

(1) Dix-sept, suivant l'édition de 1572.

nouvelle fut au Roy merveilleusement estrange : pour cela toutefois ne voulut-il succomber à fortune ; mais, ensuivant sa nature ou coustume, qui tousjours a esté de croistre de cueur en ses adversitez, et d'icelles se résoudre plus terrible et formidable à son ennemy, dépescha incontinant le seigneur Jean Paule de Cère, avecques grosse somme de deniers, pour aller en toute diligence se mettre en l'une desdites places de Fossan et Cony, et, si mestier avoit de gens, lever jusques au nombre de trois mille hommes de pied italiens, et deux cens autres servans sur chevaux-légers. Avecques luy renvoya ledit d'Eschenais, et par luy escrivit audit sieur marquis que, pour certaines et bonnes causes, il eust à faire un voyage vers luy, laissant ce pendant ledit seigneur Jean Paule en l'une des places, et le seigneur de Montpesat en l'autre. Mais, arrivez qu'ils furent au col de l'Agnel, ils rencontrèrent la compagnie dudit seigneur Jean Paule, et celle du capitaine Bonneval, et le seigneur Chrestofle Guasco avecques mille Italiens dont il avoit la charge, qui s'en retournoient en France ; et leur comptèrent comment Fossan estoit assiégé, le marquis ouvertement révolté contre le Roy, et qu'il avoit envoyé des lettres à la poste, pour faire tenir audit seigneur, et que par icelles (ainsi qu'ils avoient entendu) il luy demandoit congé, alléguant les causes et raisons qui à ce le mouvoient. Parquoy ledit seigneur Jean Paule fut d'advis de temporiser au lieu où il estoit, ce pendant que ledit d'Eschenais iroit vers le Roy, sçavoir ce qu'il luy plairoit ordonner, ceste nouvelle entendue, et, pour ne perdre temps, fit par moyens entendre au seigneur d'Annebault à Turin, et au sieur de Montpesat à Fossan, la cause, tant de sa venue que de son arrest, et la charge qu'il avoit eue du Roy.

Les occasions surquoy fondoit le marquis sa révolte estoient telles, à ce qu'il en dist à messire Martin Du Bellay, estant à Fossan, mesme depuis qu'il eust pris le party de l'Empereur, estant ceux dudit Fossan en tresve, jusques à ce qu'ils eussent nouvelles si le Roy auroit agréable la capitulation par eux faicte ; que tous marquisats estoient de droict tenus de l'Empire, et que si ses prédécesseurs s'estoient retirez de l'obéissance dudit Empire, pour attribuer la souveraineté au Dauphin de Viennois, luy, qui avoit cognoissance de ce faict, ne pouvoit moins que de retourner à son seigneur naturel. Auquel fut respondu par ledit sieur Du Bellay, que, si ses prédécesseurs l'avoient tenu anciennement de l'Empire, et luy l'avoit tenu, par temps immémorable, du Dauphiné, il devoit moins que ses prédécesseurs se retirer de l'obéissance de celuy qui l'en avoit investy, non investy mais donné en pur don (car, estant adjugé au Roy par confiscation pour la rébellion de son frère aisné Jean-Louis, ledit sieur luy avoit donné) ; et qu'il n'avoit tiltre que celuy du Roy, comme Dauphin ; et si le Dauphin n'y avoit droict, luy n'en pouvoit avoir, mais son frère Jean-Louis. En somme, la maladie ne procédoit de là, il estoit homme qui adjoustoit foy aux devins, lesquels luy avoient prédit que l'Empereur devoit ceste année desposséder le Roy de son royaume ; et mesme offrit audit Du Bellay, que l'Empereur estant jouissant comme il seroit dudit royaume, luy faire plaisir. Or, deux choses luy tourmentoient l'esprit : l'une, la crainte qu'il avoit de perdre son Estat ; l'autre, l'espérance qu'il avoit, faisant cette révolte, d'estre favorisé de l'Empereur, en la cause qu'il prétendoit au marquisat de Montferrat ; de sorte que, parlant audit Du Bellay, dist : « Je n'ay envie d'aller en » France contrefaire le prince de Melphe, » qu'il vouloit dire estre deshérité.

Au demourant, le Roy ordonna et escrivit au sieur de Humières, qu'outre les cinq cens hommes qu'il avoit levez au païs, pour la garde et seureté des passages, il se servist des bandes du seigneur Chrestofle Guasco, auquel il donna charge de les accomplir jusques au nombre de deux mille hommes, et voulut qu'il servist en celle frontière, combien qu'il eust faict requeste d'estre employé ailleurs, pour doubte qu'il avoit qu'estant si près du marquis de Saluces (avecques lequel il avoit longuement et privément hanté, et mesmement, se retirant ledit marquis avecques l'Empereur, avoit demeuré quelques jours avec luy, et, s'il l'eust voulu croire, l'eust entièrement suivy, et laissé le service du Roy), on eust paravanture quelque souspeçon et deffiance sur luy ; mais le Roy s'y voulut fier, et qu'il demourast là. Et fut aussi envoyé le sieur de La Tour à Essilles, avecques trois cens arquebusiers, et audit sieur de Humières ordonné mettre bonne garnison dedans Suse, pour avoir souvent nouvelles de la ville de Turin, en laquelle fut renvoyé le capitaine Cambray, dessusnommé, avecques le payement des gens de guerre estans dedans. Aux compagnies du seigneur Jean Paule de Cère et du capitaine Bonneval, fut mandé qu'ils s'en allassent en Provence, pour soulager le Dauphiné ; au comte Guillaume de Fustemberg, qu'il prînt avecques ses bandes le chemin de Cisteron, et qu'y laissant le bagage, il les conduisist à Barselonne, ès terres neufves, vivant gratieusement, jusques à ce qu'il eust certaineté que l'Empereur passast deçà les monts, et qu'ayant la dessusdite certaineté, il commençast à faire le dégast au païs, afin que l'ennemy n'y trouvast vivres n'autre soulagement. A Grenoble fut envoyé quelque quantité de poudres, et une somme de deniers, pour renforcer les estappes; et au sieur de Burie, qui estoit dedans Turin, fut donnée la compagnie de cinquante hommes-d'armes qui auparavant avoit esté audit marquis; et le sieur d'Eschenais redépesché, pour aller vers le sieur de Montpesat à Fossan, luy dire, de par le Roy, que s'il estoit possible, il tînt encores trente jours, à ce que le secours que ledit seigneur entendoit luy envoyer fust plus puissant et mieux équippé que s'il estoit dressé à la haste; que s'il voyoit toutesfois ne le pouvoir faire, il ne se hazardast tant, que, par trop attendre à parler, il fust contrainct de prendre composition honteuse. Mais ledit sieur d'Eschenais, voyant qu'il ne pouvoit seurement passer, bailla ses lettres et sa créance par escrit, signée de sa main, au seigneur Chrestofle Guasco, qui entreprit de la faire tenir.

Pour retourner à noz gens assiégez audit Fossan, est à sçavoir que, quand ledit siége arriva, le bastion, qui estoit toute la force de la ville (si forteresse y avoit), n'estoit encores de six pieds de hault, et par aucuns endroits la terre estoit dehors plus haulte que ledit bastion: parquoy le seigneur Antoine de Lève, pour faire ses approches avant qu'ils fussent en plus grande deffence, feist, dès le lendemain qu'il fut arrivé, commencer les trenchées, où d'une part et d'autre furent tirez force coups d'arquebuse, et furent tuez beaucoup de ceux de dehors, qui, en faisant leurs trenchées, se descouvroient trop hardiment; aucuns des nostres aussi furent tuez et blécez, cedit jour et autres, en besongnant audit bastion, pour cause de la terre qui estoit, comme j'ay dit, plus haulte dehors que dedans, en sorte que noz gens ne pouvoient y aller ne venir, sans bien grand danger. Pour y obvier, furent la nuict assis des gabions au devant des endroicts que la terre par le dehors estoit la plus haulte; mais, pour autant que la terre dont ils furent remplis estoit seche et non foullée, tout s'en alla en poudre, quand l'artillerie de dehors eust commencé à tirer contre, qui tenoit ceux de dedans en grosse et merveilleuse peine. Pour le premier jour ne pour le second, elle n'avoit encores esté plantée; et fut la principale entente de ceux de dehors faire leurs trenchées et amener leurs gabions, et de ceux de dedans, se remparer et fortifier. Au troisiesme jour, commença la batterie avecques seulement deux canons; et assez lente; la muraille toutesfois estoit si meschante et débile, qu'au lendemain toutes les deffences furent rasées. Environ le soir, il fut arresté, par ceux de dedans, de faire une saillie à pied et à cheval, les uns d'un costé, les autres d'autre: le baron de Castelpers, lieutenant du sieur de Montpesat, eut charge de mener les gens de cheval; et le capitaine Wartis, navarrois, les gens de pied: par la porte du chasteau sortirent ceux de cheval, et les gens de pied par la cazematte du bastion, en une valée assez loing de la ville.

Les lansquenets, qui estoient la force du camp impérial, estoient logez dedans la prairie, et, pour estre assez loing du danger, avoient leur guet assez foible, contre la coustume toutesfois de leur nation: le capitaine Wartis, qui en estoit advery, et qui estoit, comme j'ay dit, sailly à couvert, tira droict en celle part, et d'arrivée leur feit du dommage. Le seigneur de Castelpers commença lors à apparoistre avecques ses chevaux, qui feit donner l'alarme chaude: et pourtant le seigneur Antoine de Lève, qui avoit autour de luy les Espagnols, y envoya très-bonne troupe, en intention de clorre le chemin du retour à ceux de dedans. Ceux qui estoient ordonnez par luy à la garde des trenchées, voyans ainsi courir chacun à l'alarme, y coururent aussi en diligence, laissans l'escorte de leurs pionniers assez débile. Le capitaine Sainct-Pètre Corse qui estoit, avecques le sieur de Villebon, ordonné à la garde du bastion, voyant la garde des trenchées ainsi desgarnie, sortit dehors, et, à l'ayde d'aucuns Champenois et Normans, qui aussi sortirent par un autre costé, donna dedans lesdites trenchées en telle furie, que d'arrivée y tua vingt-cinq ou trente hommes, et contraignit les autres à prendre la fuitte vers le logis du seigneur Antoine de Lève, qui envoya pour les soustenir la pluspart de ce qui luy estoit demouré de gens. Ceste meslée fut cause que les premiers qu'il avoit envoyez tournèrent chemin pour venir au secours. Noz gens de cheval qui, d'autre costé, voyoient un chacun abandonner le convent pour courir à ceste alarme, tirèrent ceste part, aussi pour soustenir le capitaine Sainct-Pètre, qui avoit roidement repoussé ceux des trenchées jusques là endroit: et fut contrainct ledit de Lève de se faire porter hors de son logis pour se sauver; mais fut de si près suivy, que ses porteurs l'abandonnèrent en un bled, où fust pour se tirer hors du danger, ou pour donner occasion de les suivre par autre chemin qu'ils prindrent, et ce pendant guarantir ledit de Lève, qui demouroit en sa chaire caché, pour la haulteur des bleds qui en ostoit la veue à ceux qui les suivoient; qui fut la cause de sa sauveté. Ce faict, noz gens se retirèrent sans perte, mais aucuns blessez, dont par après en mourut trois ou quatre. Lesdits capitaines Sainct-Pètre et Wartiz furent tous deux blessez de coups d'arquebuse, l'un en la main et l'autre au pied; mais furent bientost guariz : avec eux amenèrent prisonnier un Napolitain, capitaine de trois cens hommes de pied.

Jusques alors n'avoient encores les ennemis faict batterie bien asprement; car, s'asseurans en ce que leur avoit mandé le marquis, ils ne pensoient point que les assiégez voulussent tenir : laquelle opinion servit beaucoup ausdits assiégez ; car le seigneur Antoine de Lève leur avoit tousjours laissé, sur ceste espérance, et encores laissa l'espace de dix ou douze jours, la porte tirant à Cony en liberté, pensant que par là ils se retireroient : qui donnoit ausdits assiégez grand reffreschissement, parce que de sept puys qu'ils avoient en la ville, les cinq furent taris en deux jours; mais, au moyen de ceste porte ouverte, et à la faveur de leurs arquebusiers, qui leur faisoient escorte, ils s'alloient fournir d'eau à la fontaine, qui de ce costé-là estoit au pied de la ville; et sans cela ne leur eust esté possible de tenir. Or entra en fantaisie audit de Lève, que lesdits assiégez, pour avoir plus honneste excuse de se retirer, attendissent qu'il eust faict bresche : et, à ceste cause, deux jours après ladite saillie (laissant toutesfois encores ceste porte ouverte, pour aller à Cony), il feit de bien grand matin commencer à tirer en batterie avec quatre canons; et à tous les coups faulsoient la muraille, et non sans blesser beaucoup de noz gens. Avant le midy eurent faict bresche, et assez rase, par laquelle eussent peu entrer jusques à trente hommes de front; puis cessèrent de tirer, environ d'une à deux heures; qui feit penser aux nostres que ce fust pour donner l'assault; et à la vérité le pouvoient faire, car il n'y avoit point de fossé au-devant, et pouvoient venir au combat ceux de dehors aussi facilement que ceux de dedans : parquoy il fut commandé aux gens-d'armes de descendre en une trenchée qui avoit été faicte par derrière la muraille, au dedans de la ville; et, pour les soustenir, furent les gens de pied mis sur le bord d'icelle trenchée.

Les ennemis firent bien contenance de venir à l'assault; qui fut cause que les nostres demourèrent tout le jour à ladite bresche, les hommes-d'armes l'armet en teste, et les gens de pied selon qu'ils avoient esté ordonnez : et généralement y furent tous, exceptez ceux qui avoient esté ordonnez à se tenir en la place, pour secourir en la part qu'il seroit besoing. Ainsi se passa tout ce jour, et ne fut point donné d'assault : bien mirent les ennemis en leurs trenchées un bon nombre de leurs gens esleuz, qu'ils y firent tenir toute la nuict, espians s'ils pourroient surprendre la bresche; et les nostres tindrent aussi toute la nuict cinquante hommes-d'armes en leur trenchée, pour obvier à ladite surprise. Les nostres tousjours continuèrent, sans guères prendre repos, à remparer au-devant de la bresche, et y firent une trenchée par dedans avecques un rempart, et la trenchée bien flanquée ; et chacun en son quartier en fist le semblable, dont jamais ne s'en destournèrent, pour quelque ennuy que l'ennemy leur fist, lequel toute la nuict tira par intervalles, en intention de les empescher. Douze jours fut la bresche en ceste sorte, sans qu'il se donnast aucun assault. Le seigneur Antoine de Lève n'y vouloit hazarder ses Espagnols, les réservant à entreprise de plus grosse conséquence, parce qu'en eux, pour estre tous vieils soldats, estoit entièrement toute son espérance; les Italiens n'y vouloient marcher, s'ils n'estoient payez; les Allemans ne s'estimoient point estre moindres en réputation que les Espagnols, et n'y vouloient marcher tous seuls.

En somme, ledit de Lève se délibéra de ne les point assaillir, tant pour raison dudit différend, que pour l'asseurance qu'il avoit d'emporter bientost la ville par famine, et sans y hazarder ses gens hors de besoing; car il pensoit bien de vray que les assiégez n'avoient ne vin ne farines, et, si bien ils avoient quelques bleds, ils n'avoient point de moulins, et les manouvriers qu'ils avoient euz auparavant pour en faire, en avoient esté dès le commencement renvoyez par le marquis avec les pionniers; et, ores que parmy les bandes des gens de pied il se trouvast quelques maistres du mestier, ils y estoient sans outils : et avecques ce, du peu de provision qu'ils eussent, et de quoy que ce fust, ledit marquis avoit luy-mesme faict la description, après y avoir tenu le plus long-temps qu'il luy fut possible un nombre superflu de gens pour les faire plustost consumer et faillir; et la description qu'il en avoit faicte, l'avoit-il envoyée dès-lors audit de Lève. En effect, dès le seizième jour du siège, se trouvèrent les capitaines réduits jusques à là qu'à vivre mégrement, ils n'en avoient plus que pour quatre ou cinq jours, à toute extrémité; et de poudres, à peine pour soustenir un assault : de secours de France avoient eu nouvelles certaines que de quinze jours ils n'en pouvoient espérer; du costé du marquis, point, car ils sçavoient bien qu'il estoit devenu. Or n'eust encores jamais pensé le seigneur de Lève que leurs vivres eussent tant duré que desja ils avoient; car, en matière de mangeaille, il tenoit la nation françoise pour mal aisée à contenter de peu : parquoy il pouvoit croire que le marquis eust mal diligemment faict sa description; et commençoit moult à s'ennuyer de tant perdre de temps à une telle ville : et pour ce feit-il dresser ses canons au droict du boullevert qu'il pensoit luy estre plus dommageable s'il luy eust convenu venir à l'assault.

Le sieur de Villebon avoit la charge dudit boullevert, avecques ses cinquante hommes-d'armes, et Sainct-Pètre Corse, avecques trois cens hommes de pied, pour les soustenir ; et n'en bougeoient ne jour ne nuict avec ladite troupe. Les ennemis, y ayans dressé leur artillerie, n'eurent pas grandement canonné, qu'ils n'eussent tout désemparé un parapect qu'il y avoit, faict de bois et chambries seulement entassez l'un sur l'autre, et sans terre, sinon peu. Battant plus bas, ils commencèrent à plonger dedans le boullevert; et courut un bruict en la ville, qu'ils dressoient une platteforme pour battre en cavalier et plonger au dedans du bastion. Laquelle considération (avecques la petite provision de vivres et de poudres, et l'advertissement qu'ils avoient eu du Roy, à eux envoyé par le moyen du seigneur Chrestofle Guasco, qu'ils n'atendissent tant à composer, que force leur fust de faire composition honteuse) fut cause qu'ils devisèrent ensemble de trouver quelque honneste moyen de faire que non eux, mais l'ennemy parlast le premier, afin qu'ils en eussent de tant plus gratieuse raison. Cherchant l'occasion, elle s'y offrit d'elle-mesme; car le seigneur Antoine de Lève envoya un trompette demander un prisonnier; et, pource qu'il avoit cognoissance au sieur de La Roche du Maine, pour avoir esté ledit de La Roche prisonnier autour de luy après la bataille de Pavie, il donna charge au trompette de le saluer de sa part, et luy demander s'il luy ennuyoit point d'estre si longtemps sans boire vin. Le sieur de La Roche luy respondit que véritablement luy ennuyroit-il, au cas qu'il fust en ceste nécessité; que toutesfois il la supporteroit pour son honneur et pour le service du maistre : et pour donner à cognoistre qu'il n'estoit là réduict, en bailla deux flascons au trompette, pour présenter en son nom audit seigneur de Lève. Le trompette, entre autres choses, en devisant avecques les capitaines, leur demanda s'ils sçavoient pas bien que le marquis de Saluces estoit au service de l'Empereur : à quoy le sieur de Montpesat respondit que non, et que jamais il ne le croiroit sans avoir, luy-mesmes ou quelqu'un de ses gens, parlé audit marquis. Sur ceste occasion, ledit de Lève, au lendemain matin, envoya le mesme trompette, nommé Augustin, dire aux dessusdits capitaines que, s'ils luy envoyoient un gentilhomme, lequel pourroit venir à seureté avecques le trompette, il leur donneroit assurance que le marquis estoit au service de l'Empereur : ensemble envoya recommandations et remerciement audit sieur de La Roche du Maine, et des amandes, des concombres et autres fruicts nouveaux, en luy mandant qu'il avoit bien bonne envie de le veoir. Au sieur de Montpesat et autres capitaines sembla estre à propos d'envoyer quelqu'un vers luy quand et le trompette ; et y fut envoyé un gentilhomme de Périgord, homme-d'armes de la compagnie dudit sieur de Montpesat, nommé, ledit gentilhomme, Sainct-Martin.

Arrivé que fut ledit Sainct-Martin, après avoir salué ledit seigneur Antoine de Lève de la part dudit sieur de Montpesat, il luy demanda que son plaisir fust luy donner sauf-conduit pour aller jusques à Saluces, parler au marquis, et sçavoir la vérité de ses affaires. Surquoy ledit de Lève prenant la parole : « Je » sçay, dit-il, mon gentilhomme, que vous » n'estes icy venu demander le marquis en es- » pérance de le trouver à Saluces, car il est en » Ast avecques l'Empereur ; et si vous en estes » en doubte, je vous donneray demain, si vous » voulez retourner, un trompette qui vous » conduira : mais j'enten très-bien que vous » n'avez ceste charge de le demander, sinon » pour une couleur et vous servir d'excuse, » pour venir sentir de moy ce que je voudroy » dire, et quelle grâce je vous voudroy faire » pour vous tirer de la nécessité où vous estes ; » laquelle je sçay assez quelle vous l'avez, car » j'ay icy la description de tous les vivres et » munitions que le marquis vous a laissez (et » en ce disant luy monstra, signée de la main » du marquis.) Or fault-il conclurre nécessai- » rement, quelque bon mesnagement dont vous » avez usé, et que maintenant vous soyez bien » près du but; et m'esbahy, au demourant, » comment voz capitaines, qui sont gens de » guerre, se sont voulu enfermer en une si » pauvre ville qu'est ceste-cy. Tant y a que » l'Empereur est prince débonnaire, et n'est » point cruel envers les Chrestiens, mais seule- » ment en veult aux Infidèles : parquoy je con- » seille à voz capitaines et à vous, que, sans » autrement envoyer au marquis, vous addres-

» siez à moy, et je seray moyen que l'Empe-
» reur vous usera de miséricorde. Entre autres,
» vous direz au sieur de La Roche du Maine
» que, pour la cognoissance que j'ay de luy,
» j'ay grand regret qu'il soit où il est, et là où
» je pourray luy faire plaisir, je le feray de
» très-bon cueur, et, comme celuy qui l'ayme,
» luy conseille de bien penser à ce que je luy
» mande. » Le gentilhomme luy respondit qu'il
n'avoit charge de parler, et aussi peu d'ouïr
parler un tel langage, et qu'en la ville il ne s'estoit point apperceu qu'ils en eussent occasion;
que toutefois il en feroit volontiers le rapport
au lieutenant du Roy et aux capitaines, et qu'au
lendemain il viendroit prendre le trompette
pour le conduire en Ast, et luy rapporteroit la
response qu'ils luy auroient faicte.

Les capitaines, après longue délibération
faicte, furent d'avis que ledit Sainct-Martin,
gentilhomme de Périgort, retournant le lendemain prendre le trompette, essayast d'entendre
du seigneur de Lève quelle composition il leur
voudroit faire : et trouvant ledit Sainct-Martin
l'occasion, tint au sieur de Lève lesdits propos.
A quoy il respondit que, si l'un des capitaines
venoit vers luy pour en traitter, il l'offriroit
telle, qu'ils n'auroient cause de la reffuser : ce
que ledit Sainct-Martin promist de rapporter
aux capitaines; lesquels conclurent d'y envoyer
le lendemain; et y alla le sieur de Villebon,
conduit par le mesme trompette. Le seigneur
de Lève luy tint d'arrivée semblables propos
qu'il avoit faict audit Sainct-Martin, y adjoustant que, nonobstant qu'il fust bien asseuré
d'avoir la ville quand il voudroit, à sa discrétion , il vouloit néantmoins user de ceste courtoisie et gratieuseté aux capitaines, gentilshommes et gens de bien qui estoient dedans,
que de les laisser sortir leurs vies sauves et sans
rançon, à chacun le baston blanc au poing. A
quoy le sieur de Villebon respondit qu'il luy
parloit un langage qu'il n'avoit point accoustumé d'ouïr; parquoy il luy prioit luy donner
congé de s'en retourner, en l'asseurant que dedans la ville il n'y avoit telle nécessité qu'il se
persuadoit, et, quand elle y aviendroit, qu'encores estoient assez gens de bien pour luy faire
couster la moitié de son armée avant qu'estre
mis à ceste raison. Et sur ce, prenant congé
sans autre réplique, s'en retourna dedans la
ville, où il feit rapport aux autres capitaines de
ce qu'il avoit trouvé audit de Lève: lesquels,
tous d'un commun accord, se résolurent de
mourir plustost en gens de bien, que d'accepter
composition si honteuse. Le jour ensuivant,
dès le matin, fut Augustin le trompette à la
porte de la ville, apportant encores des fruicts
nouveaux, avecques gratieuses recommandations au sieur de La Roche du Maine; disant
que le seigneur Antoine de Lève s'esbahissoit,
veu qu'il n'estoit jamais venu homme de son
costé par lequel il ne fist à sçavoir audit de La
Roche le désir qu'il avoit de le veoir, ce nonobstant, il ne luy en avoit jamais faict response :
adjoustant que, s'il luy plaisoit venir disner
avecques luy, ce luy seroit un grand plaisir, et
se mettroit volontiers en debvoir de le bien
traitter.

Le sieur de Montpesat et tous les autres capitaines estoient à la porte quand le trompette
y arriva; et avecques eux estoit le sieur de
Sainct-Martin, dessus nommé, qui les pria,
veu les affaires telles qu'elles estoient, de bien
peser et les paroles du trompette et ce qu'aucuns
d'eux-mesmes avoient ouy des propos que le
seigneur de Lève avoit tenus dudit sieur de La
Roche, et qu'à son advis ledit de Lève ayant
esprouvé que sa braveté de paroles ne les avoit
point estonnez, il seroit homme de tenir plus
gratieux propos audit sieur de La Roche. Tous
s'accordèrent à ceste opinion; et ledit de La
Roche, ne voulant estre opiniastre, feit response
au trompette, puisque le seigneur de Lève avoit
tant envie de le veoir, qu'au lendemain matin il
iroit disner avecques luy, mais que ce fust de
bien bonne heure. Ne tarda pas demie-heure,
que le trompette fût de retour à la porte, avec
quatre petits penniers de poires, et apporta response qu'au lendemain, à sept heures, il viendroit quérir ledit de La Roche; à quoy il
ne faillit, mais le sieur de La Roche s'excusa
pour le matin, et remist de se trouver vers luy
à midy. A l'heure ditte, le vint quérir le trompette; avecques luy alla le chevalier d'Ambres,
et à leur arrivée furent recueillis de plusieurs
gentilshommes italiens, allemans, espagnols que
le seigneur de Lève avoit envoyez au-devant:
luy se fist apporter en sa chaire pour les embrasser. Et après plusieurs cérémonies et propos
longs et superfluz à racompter, persévérant ledit sieur de La Roche de ne vouloir rendre la
ville, sinon en sortant, ainsi qu'ils y estoient
entrez, le seigneur de Lève répliqua qu'ils ne
pouvoient faire ores que luy le consentist, car le
marquis ne leur avoit laissé que dix chevaux
d'artillerie, qui n'estoient nombre suffisant pour
l'emmener toute, et, répliquant le seigneur de
La Roche qu'ils en emmeneroient au moins ce
qu'ils pourroient, ne voulut toutefois accorder
d'en laisser emmener. Aussi ne vouloit consentir que les hommes-d'armes et archers emme-
nassent, sinon un cheval de service, et que

les enseignes aussi demourassent ; après consentit bien qu'elles fussent emportées, mais non pas desployées. Et finablement fut accordée la composition, soubs les articles qui ensuivent:

« Premièrement, que lesdits sieurs capitaines françois pourroient (si bon leur sembloit) tenir la ville jusques à la fin du mois complet, à commencer du jour et datte des lettres du Roy, dont estoient desjà passez quatre jours ; et qu'au dessusdict terme du mois complet, il la consigneroit audit seigneur Antoine de Lève ; et de ce faire bailleroient dès à présens ostages, dont luy, seigneur de La Roche du Maine, seroit l'un, et autres deux ou trois gentilshommes de sa maison. Si toutesfois il leur sembloit et venoit à propos d'en desloger plustost que faire le pourroient, avecques les mesmes conditions subséquentes. *Item*, que si, durant ledit terme, le roy de France ou son armée venoit lever le siége estant devant la ville, ou autrement luy donner secours, ledit sieur Antoine restitueroit les ostages ; et laisseroit la ville en la forme et estat qu'elle estoit lors ; aussi qu'ausdits sieurs capitaines, durant ledit temps, ne seroit loisible de fortifier laditte ville, ne d'y faire autres rempars que ceux qui jà y estoient, sauf qu'à la brèche qui estoit tombée, il leur seroit permis de la racoustrer, et que ledit seigneur Antoine bailleroit dès-lors un gentilhomme des siens pour regarder en quel estat elle estoit. *Item*, que, durant ledit temps ne seroit donné aucun empeschement ou trouble à ceux de dedans, et que ledit de Lève retireroit ce pendant son armée delà le pont d'Esture. Quant à l'artillerie et munitions, et tous les grands chevaux qui excéderoient la haulteur de six palmes et quatre doigts, demoureroient dedans la ville, sinon le nombre de douze chevaux, tels que voudroient choisir les capitaines, lieutenans, enseignes et guidons. Qu'au demourant, ils sortiroient enseignes desployées, avec tout le reste de leurs chevaux, audessoubs de ladite mesure, de leurs courtaux, beste d'emble, mulles, mullets et bagage ; promettant de les asseurer et faire accompagner jusques en lieu de sauveté, au païs et obéissance du Roy, et de leur faire provision de ponts et vivres par le chemin. *Item*, que ledit seigneur Antoine permettoit au sieur de Montpesat envoyer un ou deux ou trois gentilshommes vers le Roy, tels qu'il voudroit choisir, et les feroit accompagner jusques à l'entrée des païs du Roy, par gens qui les attendroient douze jours au lieu où ils les laisseroient, pour les raconduire au retour en seurté. Plus, permettoit ledit de Lève que l'argent passast seurement, venant de France, pour le payement desdits gens de guerre estant a la ville. »

Lesquels articles ainsi accordez, voulut le seigneur Antoine faire signer audit sieur de La Roche, qui le refusa, disant qu'il en vouloit communiquer et faire le rapport au sieur de Montpesat et à ses autres compagnons ; aussi que de les signer il appartenoit audit sieur de Montpesat qui estoit chef en la garnison et chevalier de l'ordre du Roy ; mais que le lendemain il le luy ameneroit en une chapelle à mi-chemin de son logis et de la ville, et que là tout se parferoit. Ainsi qu'il le promist il l'accomplit, et se présentant pour ostage, et avec luy le sieur de La Palisse, fils unicque de feu monsieur le mareschal de Chabannes, et le sieur d'Assier, aussi fils unicque de monsieur le grand escuyer de France ; desquels il se contenta, disant toujours l'avoit trouvé homme de parole et raisonnable. Il lui feit alors une requeste, avant qu'il y eust aucune chose signée, en le priant très-instamment (veu qu'il l'avoit trouvé tel) qu'il l'asseurast de ne l'en refuser aucunement : ce que ledit seigneur de Lève luy accorda et asseura, pensant que la requeste deust estre le bon traittement, et de laisser aller lesdits jeunes ostagers passer aucunement le temps avec les dames. Mais le sieur de la Roche ayant eu son asseurance, luy demanda que, durant ledit terme accordé, il fist aux gens de Fossan, pour eux et pour leurs chevaux, délivrer vivres en payant, et qu'autrement, s'il advenoit qu'ils eussent secours, il ne les rendroit en l'estat qu'ils estoient à l'heure de la composition. Le seigneur de Lève monstra contenance d'avoir à desplaisir ceste requeste : ce nonobstant, il l'accorda, soubs déclaration qu'ils n'en prendroient sinon ce que leur en faudroit par chacun jour, et non plus. Et fut cest article adjousté aux précédens. Et, ce faict, en furent escrits deux originaux, dont l'un signé du seing et séellé du séel dudit de Lève, fut baillé au sieur de Montpesat, et audit de Lève l'autre, soubs le seing et séel dudit Montpesat.

Le vingt-quatriesme jour du mois de juing, audit an 1536, fut le sieur de Sansac despesché vers le Roy, avecques ceste nouvelle. Durant ce terme, sourdirent quelques altercations entre noz gens et les ennemis : mais il y fut par les capitaines si bien pourveu des deux costez, qu'il n'en advint inconvénient ; et alloient les François de Fossan au camp de l'Empereur, aussi privéement que dedans la ville. Environ huict jours après ceste capitulation, l'Empereur, qui estoit venu d'Ast à Savillan, vint visiter le camp du seigneur Antoine, accompagné de plusieurs princes et seigneurs, comme sont les ducs de Savoye, d'Albe, Bavière, de Brunsvich, des princes de Salerne et de Bisignan, des marquis du Guast et autres; et, y arrivant environ les six heures du matin, feit mettre toute soir armée en bataille pour la veoir; et, la trouvant belle et bien en ordre à son gré, fist appeller le sieur de La Roche du Maine et ses compagnons, afin de la leur monstrer; lesquels y vindrent à cheval, avecques leurs sayes accoustumez à vestir sur le harnois, ainsi qu'ils estoient semez de croix blanches, et tout à cheval lui firent la révérence. Il estendit un bras et embrassa le sieur de La Roche du Maine, puis le feit couvrir pour le chault, disant qu'il ne vouloit pas qu'il fust malade, mais vouloit bien luy faire plaisir, et qu'il luy vouloit faire veoir son armée. A quoy ledit de La Roche réplicqua qu'estant telle ainsi qu'il l'estimoit estre, c'estoit bien le rebours de luy faire plaisir que de la luy faire monstrer; car si elle estoit bien piètre et ruinée, plus de plaisir y prendroit-il qu'à la veoir belle, sinon qu'ils s'accordassent ensemble luy et son maistre, sans faire combatre l'une contre l'autre, au si grand dommage de la chrestienté, deux si puissantes armées comme ils pourroient eux deux la mettre sus; et que, si tous deux estoient bien conseillez, ils s'apoincteroient et tiendroient, eux deux, et Turc et tous autres en subjection; mais de penser deffaire l'un et l'autre, ils s'abuseroient, car, quelque armée qu'il luy sceust monstrer, le Roy luy présenteroit en barbe une aussi belle; et quant ores ceste première qu'il auroit dressée seroit deffaicte, que Dieu ne voulust, il en auroit remis sus une autre dedans quinze jours, et mettroit, en un besoin, autant de gentilshommes à pied comme ledit sieur Empereur avoit en ceste armée de gens de toutes sortes. Sur ce, retournant à sa première parole, qu'ils feroient très-bien de s'accorder, et d'employer d'un commun accord ces tant puissantes et belles armées au service de la foy chrestienne, l'Empereur à ce luy réplicqua qu'il n'ignoroit point les forces du Roy, aussi cognoissoit-il bien les siennes; et quant à s'accorder ensemble, c'estoient propos ausquels il n'auroit jamais les oreilles bouchées, mais qu'on les tînt ainsi qu'il appartient.

A tant il ordonna au marquis Du Guast et à un seigneur espagnol de luy aller monstrer et à ses compagnons toute son armée, et commanda de les mener disner avecques les princes d'Allemagne, et qu'après disner il les verroit encores: ce qu'il fist, et demanda de rechef audit seigneur de La Roche qu'il luy sembloit de l'armée qu'il avoit veuë; lequel respondit qu'il l'avoit trouvée très-belle, et que c'estoit seulement dommage qu'elle n'estoit employée en autre entreprise. L'Empereur luy demanda où il présumoit qu'il la vouloit employer: ledit de La Roche luy dit que c'estoit en Provence. L'Empereur luy fist responce que les Provenceaux estoient ses subjects; le sieur de La Roche luy respondit qu'il les trouveroit ses subjects fort rebelles et mal obéïssans. Or en devisoit l'Empereur en un langage que l'on cognoissoit facilement qu'il s'estoit persuadé que jamais le Roy ne seroit pour luy résister; et s'avança jusques à demander combien de journées il pouvoit encores avoir depuis le lieu où ils estoient jusques à Paris : à quoy ledit de La Roche respondit que, s'il entendoit journées pour batailles, il pouvoit encores y en avoir une douzaine pour le moins, sinon que l'agresseur eust la teste rompue dès la première. Sur ceste response, se print l'Empereur à soubsrire; et luy dist quelqu'un des assistans qui cognoissoit ledit de La Roche: « Je » vous avoye bien dit, Sire, qu'il vous sçauroit » dire quelque mot s'il vouloit. » Et l'Empereur, en reprenant la parole, redoubla que là où on parleroit de paix ainsi qu'il appartenoit, on ne trouveroit qu'il y eust les oreilles closes; et, en ce disant, luy donna gratieusement congé, recommandant que luy et ses compagnons fussent humainement traittez.

Le marquis de Saluces hantoit aucunefois avecques eux, et s'efforçoit entièrement à les persuader qu'ils se retirassent en France, sans attendre le terme qui leur estoit accordé, alléguant qu'il leur pourroit, en l'attendant, mal prendre, d'autant que l'Empereur estoit délibéré de marcher outre; et que, s'ils demouroient derrière, les païsans pourroient leur donner sur la queue et les deffaire, pour le moins leur donner un gros ennuy; mais ils persistèrent d'attendre le retour de Sansac, et luy répliquoient que, si l'Empereur, avecques toute sa puissance, avoit crainct de leur donner assault, ayant bresche plus que raisonnable, par plus forte raison craindroient les païsans de les assaillir. En somme, ils attendirent la venue de Sansac, et le jour du terme, qui greva beaucoup aux ennemis, car ils ne les vouloient laisser derrière, de peur qu'ils eussent moyen de se renforcer et leur donner des affaires sur la queue, ou d'assaillir le nombre des gens qu'ils entendoient laisser à l'entretènement du siège de Turin : si est-ce qu'à l'Empereur il desplaisoit grandement de tant donner de loisir au Roy de se préparer et fortifier.

Le sieur de Sansac venu, et le jour préfix arrivé, le chevalier Cicongne, milannois, ordonné par le seigneur Antoine de Lève, et le sieur de

Sainct-Martin, par plusieurs fois cy-devant-nommé, de la part de ceux de Fossan, mesurèrent les chevaux qui devroient sortir dehors ; en quoy ledit Cicongne usa d'exorbitante rigueur ; et, outre celle dont il usa, fut encores tenu beaucoup de tort à d'aucuns gentilshommes françois, ausquels furent ostez des chevaux desjà visitez et jugez estre de la mesure accordée, aussi plusieurs hacquenées et autres bestes d'amble, contrevenant aux articles de la capitulation ; mais force fut qu'ils endurassent, estant le camp de l'Empereur si près. Au demourant, ils sortirent en armes et enseignes desployées, autant les gens de pied que les gens de cheval, estant le seigneur Antoine de Lève en sa chaire pour les veoir passer, à deux geets d'arc près de la porte. Et quand ils furent à demy-mille ou environ hors de la ville, fut par aucuns des Impériaux rué sur le bagage qui marchoit à la queue des gens de guerre, comme de gens qui pensoient cheminer (ainsi qu'il leur avoit esté promis) en bonne seureté. La charette du sieur de Villebon, entre autres, fut prise et menée en arrière, et faict plusieurs autres détroussemens. Cest alarme rapaisé, les capitaines, pour obvier qu'à l'advenir n'en arrivast de semblables, ordonnèrent douze cens hommes de pied, tous gens esleuz, qui de là en avant marchèrent tousjours devant le bagage ; et sur les aisles, autres trois cens, tous arquebusiers, et sur la queue, jusques à cent cinquante hommes de cheval des mieux montez et armez, avecques deux cens arquebusiers pour les soustenir ; entre lesquels gens de cheval et le bagage marchoit tout le reste de leurs gens, tant de pied que de cheval, dont messire Martin du Bellay eut la charge des gens de cheval qui demeurèrent sur la queue, et le chevalier d'Ambres, des gens de pied.

Et en cest ordre marchèrent tout le jour, ayans tousjours sur les aisles une trouppe de la gendarmerie impériale, laquelle estoit sortie de Villefranche où elle estoit en garnison, en intention de ruer sur les bagages desdits gens de guerre sortis de Fossan, et firent lesdits Impériaux quelque contenance de ruer dessus ; mais il en fut tué huict ou dix de coups d'arquebuse : parquoy à la fin ils se retirèrent, sans oser enfoncer les nostres, qui ceste nuict couchèrent à Cardey. Et au lendemain marchèrent, en pareil ordre, jusques à un village sis au-dessous de Pignerol, ayans tousjours, ainsi que le jour précédant, les gens de cheval de l'Empereur et sur la queue et sur les aisles, et s'escarmouchans souvent avecques eux, sans toutesfois y avoir receu aucun dommage. Au troisiesme jour, de là Pignerol et de çà Perouse, au milieu de la montagne, se trouvèrent en grosse troupe les païsans qui avoient pris les armes ; et, marchans à couvert ès voyes et sentiers de la montagne, en costoyant noz gens, leur donnèrent de l'ennuy beaucoup, et en blessèrent plusieurs : à la fin, toutesfois, ils furent repoulsez et contraincts de se retirer avec grosse perte de leurs gens ; car il en fut tué de six à sept vingts hommes, surpris entre les nostres, qui par deux endroicts avoient gaigné le dessus de la montagne pour venir enclorre et deffaire ladicte trouppe des païsans ; laquelle deffaite estonna tant les autres, qu'ils ne pensèrent plus chacun à autre chose qu'à se sauver. Et sur le soir arrivèrent les nostres à Fenestrelles, au dedans des païs du Roy, à sauveté ; duquel lieu fut dépesché messire Martin Du Bellay, en poste, pour advertir le Roy comment les choses estoient passées, et pour entendre de luy ce qu'il vouloit que fist ceste trouppe venant de Fossan.

Durant ce siège, et pendant ce terme de la reddition de Fossan, le Roy, encores qu'il n'eust esté defflé ne par hérault ne par lettre, jugea toutefois, en hostilité si descouverte, n'estre à propos d'avoir plus aucuns ambassadeurs ny messagers entre luy et l'Empereur ; et, à ceste cause, escrivit à tous les gouverneurs et capitaines de ses frontières, que de là en avant ils arrestassent tous courriers allans à l'Empereur, ou venans de luy ou de ses ministres ; et au sieur de Vely, son ambassadeur, qu'il prînt congé de l'Empereur. A celuy dudit seigneur Empereur il ordonna pareillement de se retirer ; et, pour le conduire en lieu de seureté hors de son obéissance, luy bailla messire Louis du Perreau de Castillon, l'un des gentilshommes ordinaires de sa chambre, et luy fit, ce nonobstant, honnorable présent, ainsi qu'est la coustume de faire aux ambassadeurs des princes ou seigneuries, de l'un à l'autre ; mais ledit ambassadeur, ayant sceu depuis que le sieur de Vely, lequel il rencontra par chemin, n'avoit voulu accepter présent dudit seigneur Empereur, envoya celuy qu'il avoit accepté du Roy, au sire de Humières, dessus nommé, lieutenant du Roy en Dauphiné : peu après luy escrivit de Suse, du vingt-cinquiesme jour du mois, comment il avoit un pouvoir de l'Empereur son maistre, pour traitter quelques moyens de paix, s'il plaisoit au Roy d'envoyer audit sire de Humières un semblable. Le Roy, du commencement, fist response qu'il n'en envoiroit point, et que les choses estoient trop avant pour entamer propos de paix ; et pensoit bien que c'estoit quelque nouvelle invention pour encores l'amuser ; mais quelques jours après, voulant tousjours conferrer le devoir de son costé, il révocqua ceste dépesche, et envoya le pouvoir audit sire de Humières; encores depuis il donna passage par son royaume audit ambassadeur, allant, si comme il disoit, pour le bien de la paix, au Païs-Bas de l'Empereur. Ce nonobstant, il n'en sortit aucun effect; et a depuis esté cogneu que l'Empereur avoit usé, par sa confession mesme, de ce moyen, pour abréger le chemin de faire sçavoir de ses nouvelles au comte de Nansau, et pour en avoir des siennes, afin que ses deux armées se réglassent d'une mesme teneur.

Le Roy, qui n'en pensoit pas moins, ne s'endormit, ainsi que l'Empereur avoit eu opinion, sur la venue ne practique dudit ambassadeur, ains en continuant, ainsi qu'il avoit commencé, de donner ordre à tous ses affaires, dépescha Jean, cardinal du Bellay, évesque de Paris, pour aller, comme son lieutenant-général, en ladite ville et païs circonvoisins, pour y entretenir et asseurer le peuple qu'il ne s'estonnast, ainsi qu'il advient aucunefois entre les peuples non accoustumez aux incommoditez de la guerre, quand ils voyent leur païs assailly par tant et divers endroicts, comme l'Empereur menassoit et procuroit de faire, aussi pour avoir esgard au faict des finances, dont le fons de la recepte des païs circonvoisins estoit à Paris, afin de secourir la Picardie, Champagne et autres lieux de frontière, selon l'exigence des affaires. Au sire de Humières ordonna que, retournans noz gens de Fossan, il les départist au long de la montagne pour asseurer et tenir les passages; et que surtout il envoyast souvent espies sur espies, pour entendre le convine des ennemis, et quel chemin ils entreprendroient pour faire descente en France; et que, là où ils monstreroient de vouloir prendre le chemin du Mont-Genève, il envoyast en toute diligence rompre le passage, à force de pionniers, et rompre le cabestan assis sur la montagne, à ce qu'ils ne s'en aydassent à passer leur artillerie; au Chasteau-Dauphin qu'il meist le capitaine Monnein avec ses gens, et les remplist jusques au nombre de cinq cens. Au seigneur Jean Paule, outre les deniers qu'il luy avoit auparavant faict délivrer pour lever les gens de guerre italiens (ce qu'il fist, et la pluspart en retira du camp des ennemis), il envoya, par Picquet, commissaire ordinaire des guerres, le payement des gens de guerre estans à Turin, afin qu'il essayast de passer outre et le porter en ladite ville; ce que ledit seigneur Jean Paule exécuta, mais non sans grosse difficulté, à cause que les ennemis avoient garnisons à Bozzolin, à Sainct-Ambrois, à Rivolles et à Groullian, places assises entre Suse et Turin, en païs estroict, et des deux costez enclos de montagnes: il y passa toutesfois sans perdre aucun de ses gens, sinon un de ses chevaux-légers italiens, nommé le comte Sébastian de Monte-Cuculo, et luy blessé d'un coup d'arquebuse en l'espaule, dont il fut guary en peu de jours.

Aussi dépescha le sieur de Noailles avecques un trésorier, et le sieur de Bourran, commissaire ordinaire de ses guerres, pour aller faire la monstre et payement des gens de guerre qui retourneroient de Fossan; ausquels, pour le service qu'ils avoient faict, et pour leur ayder à se remonter, il fist donner un quartier, outre ce qu'il leur estoit deu. Et fut baillé audit Noailles, par instruction, de faire marcher la gendarmerie vers Avignon, auquel lieu avoit le Roy délibéré de faire l'amas de son camp, pour après le faire marcher outre jusques au lieu qu'il seroit avisé. Et pour choisir un lieu commode, furent dépeschez messeigneurs le prince de Melfe, napolitain, Stefe Colonne, baron romain, tous deux chevaliers de l'ordre, Poton Raffin, sénéchal d'Agenois et capitaine de cent archers de la garde du Roy; et, peu après, messire Jean de Bonneval, capitaine de cinquante hommes-d'armes des ordonnances dudit seigneur, avec commission pour faire le gast, tel que je déclareray par cy-après. La dépesche faicte dudit Noailles, le Roy, sur l'opinion qu'il avoit tousjours, comme j'ay dit cy-dessus, eüe que l'Empereur entreprendroit de passer en Provence, il envoya nouvelle instruction, ordonnant au sire de Humières faire marcher ladicte gendarmerie de Fossan, par ce qu'elle estoit moins que suffisamment remontée, le chemin droict à Marceille, auquel lieu elle pouvoit, sans trop grand nombre de chevaux, faire le service requis à la deffense de la ville; et furent, pour servir à la campagne, retirées hors de ladite ville la compagnie dudit Bonneval, et autres qui estoient mieux montées et équippées pour ce faire. Par autre dépesche, fist ledit seigneur à sçavoir à messire Louis d'Angerand, sieur de Boisrigault, qu'il fist avancer les Suisses de sa levée, et qu'ils prinssent le chemin de Montluel. Auquel lieu se trouva ledit seigneur, au jour qu'ils y passèrent, et à chacun des capitaines donna en présent une chaîne de cinq cens escus, et de là il les fist marcher droict à Valence, auquel lieu il alla bientost après, c'est à sçavoir incontinant qu'il eut certaineté que l'Empereur avoit pris le chemin de Provence: et, avant son partement, dépescha monseigneur Robert Stuard, chevalier de son ordre, seigneur d'Aubigny, mareschal de France, capitaine de cent lances de ses ordonnances, et de cent archers escossois de sa garde ; messire Jacques Galiot, aussi chevalier de l'ordre, capitaine de cent lances de sesdittes ordonnances, grand-escuyer et grand-maistre de l'artillerie de France, pour recueillir les capitaines et gens de cheval et de pied qui arriveroient audit lieu d'Avignon ; mais, pour y estre chef et son lieutenant-général, par sur tous il avoit faict élection de messire Anne de Montmorency, aussi chevalier de son ordre, capitaine de cent lances, grand-maistre et mareschal, et à présent connestable de France, lequel toutesfois il retint encores en sa compagnie jusques au vingtiesme jour du mois de juillet.

L'Empereur, attendant ce pendant le partement des gens de Fossan, et que la délivrance de la ville luy fust faicte, estoit allé séjourner à Saluces, faisant en diligence ses préparatifs ; et, au lieu de Savillan, du Montdevis, de Cony et de Tende, faisoit ordinairement besongner tous les moulins et fours qui se trouvèrent ; et feit grosse munition de biscuit et provision de toutes les bestes de charge qu'il peut recouvrer au païs, pour faire mener après son camp ledit biscuit et autres vivres. Le seigneur Antoine de Lève, pour aussi ne perdre temps ce pendant que le jour de la délivrance de Fossan arriveroit, avoit, dès le dernier jour de juing, envoyé sommer la place de Roquesparvière, appartenant à messire Jean de Boller, sieur de Cental ; mais le frère dudit Cental, élu de Riez, luy fist response que la place estoit tenue du Roy, et que luy, comme fidèle et bon vassal, n'y laisseroit entrer, sinon par sur son ventre, homme qui ne fust amy du Roy sondit seigneur ; et, pour accomplir sa promesse plus seurement, envoya demander secours au sire de Humières, qui luy envoya tel nombre de gens de guerre et canonniers qu'il luy demanda. Parquoy ledit de Lève ne fist point d'autre entreprise contre ladicte place, et fist tourner ses gens vers le Chasteau-Dauphin, en espérance de le surprendre : lesquels, faillans à leur entreprise, se mirent à l'assiéger ; mais, advertis que les bandes du sieur Chrestofle Guasco et celle du seigneur de La Tour y venoient au secours, ils se retirèrent à Sainct-Pierre, au marquisat de Saluces. Le Roy pourtant ne laissa d'envoyer renfort de gens audit chasteau, par le capitaine Paulin, lieutenant dudit Monein, qui estoit venu vers luy de par ledit Monein, son capitaine.

Audit Savillan arrivèrent messieurs les cardinaux Trivulce, ordonné d'aller devers le Roy, et le cardinal de Carpy, devers l'Empereur, envoyez par Nostre Sainct-Père, leur intimer le concile à célébrer en la ville de Mantoue, au vingt-septiesme jour de may, l'an ensuivant, que l'on compteroit 1537 ; aussi pour moyenner la paix entre lesdits seigneurs Empereur et Roy. Ils feurent solennellement recueillis et ouys, en présence de plusieurs princes et autres seigneurs : et quant au faict du concile, l'Empereur y consentit et promist de s'y trouver en personne, et que nul autre que la puissance de Dieu l'en empescheroit : quant à la paix, qu'ils sçavoient bien qu'à Rome il avoit protesté que s'il venoit la guerre contre le Roy (chose qu'il ne voudroit faire que moult envis), il la feroit de sorte que nulle occasion, quelconque elle fust, luy feroit tourner la teste en arrière qu'il n'eust exécuté son intention, disant ne se vouloir départir aucunement d'icelle sienne protestation, sinon que préalablement le Roy eust entièrement restitué, réintégré et desdommagé le duc de Savoye ; et alors, s'il luy envoyoit demander la paix, il luy respondroit selon que les choses luy sembleroient le requérir.

Au cardinal Trivulce, lequel avoit charge de passer en France vers le Roy, sembla n'estre hors de propos de parler audit seigneur Empereur à part, et pensa que, nonobstant ceste hautaineté qu'il monstroit en public, il luy pourroit particulièrement tenir quelques plus gracieux propos, et plus inclinables à raisonnable composition. Son audience obtenue, il demanda entre autres choses, si, s'accordant le Roy à ce que demandoit Sa Majesté Impériale de la réintégration du duc de Savoye, ou à tout le moins, de mettre les choses en séquestre, Sadite Majesté seroit contente que luy cardinal, allant vers le Roy, lui tînt encores propos ; qu'en ce faisant, Sa Majesté Impériale rendroit le duché de Milan à monseigneur le duc d'Orléans : à quoy respondit l'Empereur que non ; et le cardinal répliquant, avecques humble requeste, que, pour chose qui fust advenue, il ne changeast de l'opinion qu'il avoit eue de ce faire, et qu'il avoit déclaré en si bonne compagnie qu'en plein consistoire de Nostre Sainct-Père, de son collège, de tant d'ambassadeurs estrangers : respondit l'Empereur à cest article, qu'il n'avoit point changé d'opinion, car il n'avoit jamais eu volonté de bailler ledit duché ; seulement avoit voulu donner au Roy bonnes paroles, et chercher tous les moyens de le faire désarmer, ce pendant que luy s'armeroit, ainsi que le Roy en cas pareil avoit, en l'entretenant de belles paroles, assailly et spolié le duc de Savoye. Autre chose n'en peut tirer ledit cardinal, et sur ce, prenant congé, passa les monts pour venir trouver le Roy. Son collègue demoura encores quelque temps avecques l'Empereur, et puis fut envoyé par luy gouverneur audit duché de Milan.

Tous les préparatifs que faisoit l'Empereur estoient comme pour prendre le chemin de Provence; luy s'en vantoit, et ne se vouloit laisser desmouvoir de ceste intention; et ordinairement avoit en main ou devant les yeux, une carte des Alpes et du païs bas de Provence, que luy avoit donnée le marquis de Saluces; et là estudioit si souvent et ententivement, appliquant le tout à ses désirs et affections, que desjà il présumoit d'avoir le païs en son bandon, ainsi comme il en avoit la carte. Et n'estoit point en ceste sienne persuasion sans y avoir aucuns astipulateurs et qui le servissent d'agréable au lieu de véritable conseil; et, comme ceux qui donnent de l'esperon au cheval courant volontairement et de soy-mesme, l'enhortoient à faire promptement passer son armée deçà les monts, pour là y exploitter en ce cours de victoires qu'elle estoit; et poursuivant lequel, ils ne faisoient doubte que sans combat, au moins sans danger, il ne conquist en peu de temps toute la Gaule, moyennant qu'il se hastast de passer; et que de l'occasion que Dieu luy avoit envoyée, telle qu'il n'en vient souvent de pareilles, et qui peu durent quand elles viennent, il voulust user de saison, et avant que le Roy eust temps de se renforcer et préparer à soustenir le faix de son invasion. Et quant à ce dernier article, n'estoient-ils point hors de propos, si c'eust esté chose aussi facile à exécuter qu'à dire. Les autres, et le plus grand nombre, débattoient au contraire, et leur sembloit estre plus à propos de poursuivre la reconqueste encommencée des païs gaignez par le Roy sur le duc de Savoye, et lesquels ils avoient présens et à main, que d'aller assaillir l'autruy et loingtain païs; et d'establir delà les monts un bon repos et seureté, que de venir faire la guerre en France. « De suivre et d'exécuter ce conseil, nous es-
» pérons, disoient-ils, qu'il adviendra de deux
» choses l'une : ou que bientost nous parachè-
» verons de recouvrer et nettoyer ce païs d'en-
» nemis, ou que le Roy (doubtant qu'ayant
» vaincu ceste entreprise, nous ne passions d'au-
» tant plus fors et vigoureux sur luy, et mieux
» aymant faire la guerre en païs d'autruy que
» la soustenir en son propre) se délibérera, pour
» obvier à cest inconvénient, de passer deçà
» avecques toutes ses forces. Advenant le pre-
» mier article, alors pourrons-nous, sans
» craincte que mutation advienne par deçà,
» marcher asseurément contre luy delà les
» monts. Advenant le second, ce nous sera
» beaucoup plus grand avantage de l'y atten-
» dre et recueillir avecques toutes les nostres
» forces, que si nous allions le combattre avec-
» ques une partie seulement, en laissant icy
» l'autre (comme force nous seroit de faire) à la
» poursuitte de la susditte conqueste commen-
» cée, et au danger que le Roy, se confiant en
» la bonne obéissance de ses subjects, et en la
» force et bon ordre mis à la seureté de ses vil-
» les, se contente de les bien garder et deffen-
» dre, et faisant le guast de trois ou quatre jour-
» nées de païs au-devant de nous, sans y lais-
» ser autre chose que solitude et désolation, si-
» non en aucunes places bien munies de vivres,
» de gens, artillerie et munitions, tellement
» que, par la raison de la guerre, nous ne puis-
» sions ne devions passer outre et les laisser
» derrière nous, il se vienne loger en un camp
» avantageux, fortifié, couvert desdittes villes,
» et qu'au siège de chacune il nous arreste pour
» le moins autant qu'il a faict devant la ville de
» Fossan, devant laquelle, telle est si peu def-
» fensable, que chacun de nous la cognoist, nous
» avons séjourné autant que si c'eust esté pour
» conquérir Paris, ville capitale de France.
» Cela advenant, pourroit-il pas, ce pendant,
» nous survenir quelqu'un des inconvéniens qui
» autrefois luy sont en pareil cas survenus en
» Italie? Pourra-il pas aussi, voyant l'Italie
» desnuée de force, y envoyer, si bon luy sem-
» ble, autre nouvelle armée de France, ou en
» Italie mesme, en laquelle, délivrée de la peur
» et craincte de nous, il peult faire lever une
» armée, soubs la charge mesme et par le
» moyen de ceux qui naguères luy en avoient
» levée une? Pourra-il pas, cela faict, meslant
» la force avecques les praticques, ayant à faire
» à une nation encline naturellement à révoltes
» et mutations, acquérir et peuples et païs, ce
» pendant que nous serons amusez au-devant
» d'une seule ville?

» Nous ne voudrions, Sire, en cest endroict
» vous apporter mauvaise augure, en vous ra-
» mentevant à combien de grands princes et
» seigneurs est autrefois advenu, non seule-
» ment de perdre du leur en voulant trop per-
» tinacement envahir autruy, mais d'y recevoir
» telle perte qu'onc depuis eux ne leur race
» n'ont eu moyen de s'en résoudre; ne dire que
» (si les choses autrefois advenues sont tous-
» jours en possibilité d'advenir encores, tant
» que les raisons et conditions seront pareilles)
» nul homme ne peult témérairement et incon-
» sidérément assaillir autruy, qui ne se mette
» grandement au mesme hazard : car nous sça-
» vons bien que les forces de vous, Sire, sont
» telles, voz querelles si justement fondées, voz

» entreprises si bien pesées, la faveur de Dieu
» et de fortune si bien accompagnans vostre
» vertu, que tel inconvénient ne peult vous ad-
» venir; mais, seulement pour acquitter nostre
» debvoir, et, à ce que sur les difficultez que
» nous mettons en avant, vous pourvoyez selon
» vostre prudence accoustumée, avons bien
» voulu les vous ramentevoir, et vous faire sou-
» venir que vous aurez à faire à une nation qui,
» en son païs et dehors, a tousjours esté fort
» belliqueuse, mais en son païs a esté plus re-
» tenue et mieux usant de conseil qu'elle ne faict
» dehors; à une nation qui jamais par autre
» que vous ne fut battue, sans que le vainqueur
» y ait receu très-grosse perte; à une nation,
» laquelle, encores que vous ayez souvent vain-
» cue, si a-ce esté de sorte que jusques icy
» nous ne cognoissons encores en riens que
» vous soyez enforcy sur elle de voz victoires,
» ne qu'elle soit débilitée pour toutes ses pertes.
» Toutes ces raisons ne nous desmouveroient
» toutesfois que nous ne suivissions vostre opi-
» nion et de ceux qui à nostre advis y adhèrent
» fidèlement, et paraventure plus prudemment
» que nous, si nous n'avions à combattre que
» l'ennemy; mais nous avons à combattre les
» destroicts des Alpes, à vaincre un long et mal-
» aisé chemin, et, cela vaincu, nous ne trou-
» verons en aucun lieu, ne pour aller en avant
» ne pour faire séjour, amitié, bienvueillance
» ne seureté. Jusques icy vous avez tousjours
» conduit vostre armée par païs d'amis, mieux
» aymant le repos que d'irriter noz forces.
» Derrière, nous avons le païs obéissant et les
» passages ouverts, pour avoir et vivres et ren-
» fort de gens à toutes heures que besoing sera :
» d'icy en avant, en quelque part que nous
» tournions la teste, nous aurons, devant et
» derrière, et par les costez, toutes choses en-
» nemies et contraires, et (qui n'est petitement
» à craindre) un aer mal sain et très-dangereux
» à gens qui ne l'ont accoustumé, si vous entre-
» prenez, ainsi qu'est vostre intention, de
» faire vostre passage en Provence : de ma-
» nière, Sire, que plus difficile nous sera le
» combat du long et mauvais chemin, de la
» faulte de vivres, de l'intempérie de l'aer, de
» la famine et pestilence qui en résulteront,
» que ne sera le combat de l'ennemy, lequel
» deffera moins de noz gens que ne fera le
» moindre de noz susdits adversaires. C'est,
» Sire, ce que principalement nous craignons,
» et qui nous tient en ceste opinion de n'en-
» vahir le païs d'autruy, devant que luy ait en
» cestuy-cy posé les armes, sans moyen et pos-
» sibilité de les reprendre; en laquelle nous

» voudrions persister, si nous ne pensions cer-
» tainement que vous sçachez quelque chose à
» vostre avantage que nous sçavons, et que
» paraventure la raison ne veult qu'aucuns de
» nous sçachent encores. »

Telle fut la remonstrance de la pluspart de ses capitaines, et, entre les autres, du seigneur Antoine de Lève, lequel, jusques à se vouloir faire mettre à genoux hors de sa chaire, le requéroit et supplioit de se laisser persuader à ses bons, loyaux et anciens serviteurs. Aucuns toutesfois estoient d'opinion que secrètement ledit de Lève estoit d'advis que l'Empereur passast deçà; mais, du vouloir et sceu dudit seigneur, il monstroit devant le monde et publiquement le contraire, afin que, venant l'Empereur au-dessus de son entreprise (ainsi qu'il en avoit bonne espérance, voire s'en tenoit pour asseuré), toute la gloire et honneur en fust attribué audit seigneur Empereur, et dit par le monde que son cueur avoit esté si grand, sa prévoyance et conduitte si bonne, que, contre l'opinion de tous, il eust osé entrer, et eust eu la prudence de conduire à heureuse fin une entreprise désespérée.

L'Empereur doncques, ce néantmoins, persistant tousjours en sa délibération, print la parole, et, concluant, usa de ceste remonstrance :
« Si je n'avoye, dit-il, certaine cognoissance,
» et de la guerre que nous entreprenons, et de
» l'ennemy auquel nous avons à faire, et de
» nous-mesmes, qui avons à l'exécuter, je ne
» blasmeroy point, ains approuveroy plustost
» et ensuivroy ceste délibération, ou, pour
» mieux dire, considération vostre; mais, co-
» gnoissant que nous l'entreprenons contre un
» infracteur de foy allant à l'encontre de ses
» traittez, et qui, contrevenant à iceux, a
» contre le duc de Savoye (compris au traitté
» de Cambray, ainsi que noz autres confédérez),
» commencé la guerre, qu'il sçavoit bien estre
» réduitte contre nous, je ne fay point de
» doubte que nous n'ayons Dieu pour nous, le-
» quel est juste juge et vindicateur rigoureux
» des traittez non observez et de la foy violée.
» Et adjousteray que nous avons à faire à un
» ennemy contre lequel nous avons eu, presque
» vingt ans durans, une perpétuelle victoire, et
» telle (afin que je vous face entendre au con-
» traire de vostre dire, nous estre demouré
» chose pour nous sentir d'avoir esté vainqueurs,
» et à eux d'avoir esté vaincus) que nous
» jouissions encores du duché de Milan, pour
» tesmoignage et butin d'icelle nostre victoire,
» ce qui nous doit mouvoir à retenir en ceste
» guerre les cueur et espérance, tels que vain-

» cueurs, et leur laisser l'effroy et le désespoir,
» tels que les vaincus ont accoustumé tousjours
» d'avoir. Contrepesant noz forces outre ces
» deux poincts, avec celles de l'ennemy, et que
» nous les avons, quant au nombre, trop plus
» grosses, et, quant à la qualité, mieux estof-
» fée de gens expérimentez à la guerre, telle-
» ment qu'en laissant une partie deçà, encores
» nous demourera-il dequoy fournir à la puis-
» sance de l'ennemy, tel que l'avons, je ne
» trouve point si grand inconvénient, comme
» vous me le faictes, ne de séparer ne deviser
» nosdittes forces, ne de passer les monts et as-
» saillir nostre ennemy en France.

» Et pour entrer par ce second poinct, lequel
» nous fera retomber sur l'autre, je vous pour-
» roy alléguer infinité d'exemples, ès quels plu-
» sieurs assaillis en leur païs ont diverty l'enne-
» my en le contre-assaillant au sien, et, sauvant
» le leur, ont acquis et tenu celuy dudit enne-
» my : mais j'aime mieux fonder mes entrepri-
» ses sur la raison, qui est tousjours certaine,
» que sur l'exemple, qui à bien grande difficulté
» se peult alléguer en cas entièrement pareil, et
» en tous ses poincts esgal et semblable. Vous
» me dittes que nous devrions, avant que trans-
» férer la guerre en France, la parachever deçà
» les monts, et nettoyer le païs de ce qui reste
» icy de nos ennemis : je tien au contraire, et
» non pour une seule raison, qu'il faict pour
» nous de passer de là, plustost que d'entretenir
» la guerre sur le nostre et de noz amis, et de
» plustost la faire en France, que de la souste-
» nir en Italie : laquelle, en ayant esté vexée et
» travaillée par si long temps, toutes raisons
» veulent que nous l'espargnions maintenant, et
» la laissions, puisqu'il nous est loisible, repo-
» ser et reprendre ses esprits ce pendant que
» France sera, en son tour, courue, gastée,
» pillée, bruslée, esprouvant la craincte, l'es-
» pouventement, la consternation et fuitte du
» peuple, le sac et robement de maisons, la dé-
» solation, ruine et feu des villes, et autres
» telles malheuretez accompagnantes la guerre,
» qui par trente ans ont presque continuellement
» régné sur Italie. Paris et la couronne de
» France fault qu'il soit le prix et le loyer
» de ceste victoire, non pas Turin et le Pié-
» mont.

» Jusques icy nous avons trop enduré au Roy
» faire la guerre sur l'autruy; contraignons-le
» un peu, à bon escient, de venir au poinct de
» deffendre le sien : voyons si le François au-
» tant dedans que dehors son royaume est ainsi
» gentil compagnon ; si dedans il est si sage et
» retenu comme vous dittes. Ne cognoissez-vous
» point sa nature par tant d'espreuves que vous
» en avez faictes, qu'il ne vault sinon à une pre-
» mière impétuosité ? A dissimuler et temporiser
» il s'annéantit et pert courage. Et d'autre part
» je cognoy le Roy estre prince de cueur si
» haultin, voire plustost téméraire, qu'il s'esti-
» meroit avoir receu une grosse honte, s'il me
» laissoit entrer et séjourner en son royaume,
» sans qu'il me vînt présenter la bataille ; et s'il
» la me présente, qui est celuy de vous qui ne
» se tienne asseuré de la victoire ? Croyez-moy,
» certainement que le seul moyen de mettre fin
» à ceste guerre, c'est qu'il soit, outre ce qu'il
» est, empereur et roy des Espagnes, en ma
» place; ou moy, en la sienne, roy de France,
» outre ce que je suis ; et pour en venir au bout,
» il nous fault approcher de plus près, et le
» chercher aux entrailles de son royaume, non
» pas nous amuser en ce païs, en attendant qu'il
» y passe, pour luy donner moyen, espargnant
» son païs, qui luy foncera tousjours argent,
» de venir faire icy vivre son armée à noz des-
» pens, et l'enrichir du pillage de ce dont nous
» devons chercher de nous prévalloir à la soulde
» et entretènement des nostres. Et n'est rien
» plus vray que le rebours de ce que vous crai-
» gnez, qu'en France il ait plus grande commo-
» dité de se renforcer de gens : tout au con-
» traire, s'il passe deçà, l'espérance de la proye,
» par la licence et liberté qu'il baillera de piller
» et mettre tout à sac en païs de conqueste, luy
» attirera tous les jours gens nouveaux : ce que
» je suis seur qu'il n'aura point en France; car,
» y tenant police, comme raison veult qu'il
» face en ses païs, tout ce que pourra faire le
» soldat sera de vivre de sa soulde à bien grande
» peine, et peu se trouvera de gens qui, sans
» espérance d'autre prouffit, vueille venir, pour
» la simple soulde, gaigner des coups ou la
» mort à l'encontre de nous. Et y laschant la
» bride pour attirer le soldat, il foulera son
» peuple ; et, où l'ennemy ne pourra parvenir
» sitost, l'amy pillera et dissipera les vivres ;
» les deniers royaux n'en seront de si bon re-
» venu; mutineries, séditions, rébellions en
» adviendront; et mesmement, si le Roy se
» joue à nous donner le passe-temps de veoir
» cest exemple de justice et vengence divine,
» que luy, qui a tant gasté, pillé, bruslé le païs
» d'autruy, gaste, pille, brusle luy-mesme son
» propre, comme vous craignez qu'il face au-
» devant de moy, exécutant de luy-mesme ce
» que faisant l'ennemy encores le feroit à grand
» regret. Parquoy cela n'est chose qui m'estonne,
» ne pour laquelle nous laissions d'avoir vivres
» à suffisance ; car, outre l'ordre que j'y ay

» mis, nous passerons si avant en ses païs, que
» nous en aurons, et qui ne nous cousteront
» rien, 'en abondance.

» Et quant à ce que vous craignez qu'il se
» renforce du costé de deçà, je vous asseure
» que je luy ay dressé assez d'autres empesche-
» mens ailleurs, pour luy en faire divertir la
» pensée ; car, outre ceste armée, à laquelle je
» ne fay point doubte qu'il ne s'adresse avec-
» ques toutes ses forces, et celle que vous sçavez
» estre desjà preste pour descendre en Picardie,
» soubs la charge des comtes de Nansau et de
» Reux, et autre qui au-devant de moy se vien-
» dra joindre par le costé de Languedoc, qu'à
» la requeste de l'Impératrice, mes royaumes
» d'Espagne mettent sus, et vers laquelle j'en-
» voye prestement vingt-trois gallères, pour
» luy faire clairement entendre ma délibération,
» et le temps qu'elle devra commencer à mar-
» cher ; j'en fay encores dresser une autre pour
» descendre, au fort des affaires, en Champagne,
» et de là passer en Bourgongne ; ès quelles deux
» provinces elle sera pour faire, avecques les
» moyens que l'on m'y donne, non moindre
» effect en mon service que feront les autres,
» chacune en son endroict. De manière qu'ayant
» si beaux et grands préparatifs en tant de lieux,
» et le Roy si entrepris qu'il ne sçauroit à temps
» assembler forces suffisantes pour en un mesme
» temps résister à tant d'armes, et ores que je
» n'eusse les intelligences que j'y ay, il est im-
» possible que, d'une part ou d'autre, nous ne
» gaignions de vive force l'entrée jusques au
» dedans du cueur de son royaume, et face tel
» amas de gens que bon luy semblera. Sépa-
» rons et divisons hardiment noz forces, en
» laissant ce peu de nombre de gens qui est re-
» quis à entretenir le siége devant Turin : ce
» que nous menerons avecques nous par delà
» sera tousjours suffisant à le combattre, prin-
» cipalement s'il veult (ainsi que vous l'avez
» proposé) diviser et séparer luy-mesme les
» siennes à la garde et deffense des villes qu'il
» aura délibéré de tenir et fortifier à l'encontre
» de moy; joinct que vous cognoissez tous, aussi
» bien que moy, quels gens de guerre sont les
» François à pied. A cheval ils se veulent faire
» estimer quelque chose, et, à la vérité, ils y
» sont plus duicts et accoustumez ; mais vous
» sçavez qu'à Fossan et à Conflans, nous leur
» avons entièrement desmonté deux cens cin-
» quante hommes-d'armes ; à Turin y en a près
» de deux cens qui ne peuvent espérer meilleure
» fortune ; les autres bandes qui ont esté deçà,
» ne peuvent estre sinon à demy-deffaites, pour
» avoir en si peu de temps et sans séjour faict le
» voyage de passer et repasser les monts : en
» sorte que vous avez à combattre le reste et les
» reliques, et non la gendarmerie accoustumée
» de France. Tout leur refuge et espérance gi-
» soit ès lansquenets et Suisses, desquels ils fai-
» soient compte de recouvrer à leur appétit et
» commandement ; mais nous avons, Dieu mer-
» cy, donné si bon ordre, que de lansquenets
» ils n'en auront plus, et de ceux qu'ils ont, je
» ne dy pas tous les moyens que j'ay en main
» de les leur faire perdre ; et des Suisses j'ay
» promesse certaine et asseurée, qu'à leurs
» gens ils ne donneront congé d'aller au service
» de prince quelconque hors de leur païs.

» A ceste cause, je suis encores tousjours en
» ceste opinion de laisser icy raisonnable force
» pour entretenir le siége de Turin, et, avec-
» ques la trouppe que nous avons icy et ce que
» nous retirerons encores d'Italiens, passer en
» France, et faire (nonobstant les difficultez
» que vous avez prudentement discourues) le
» chemin de Provence, en suivant le long de la
» marine. Car, quant à la difficulté des pas-
» sages, nous ne donnerons cest honneur aux
» François, qu'ils la sçachent mieux supporter
» que nous : quant aux vivres, nous y avons
» pourveu, et par la voye de la mer en serons
» ordinairement secourus. Aussi par la mesme
» voye ferons porter nostre artillerie et bagage,
» qui par l'autre chemin seroit chose de trop
» grande coustange. Et quant à l'intempérie et
» incommodité de l'aër du païs, elle n'y est
» point plus véhémente que celle de Afrique,
» que ceste armée a vertueusement soufferte.
» Et toutes choses considérées, je ne voy chose
» en somme qui me face moins doubter que
» ceste victoire nous soit trop hazardeuse, que
» contre un ennemy si surpris et despourveu
» de bonnes gens de guerre peu honnorable.

» Voilà en conclusion mon advis ; mais non
» que j'y vueille estre opiniastre, ains ay déli-
» béré de prendre telle résolution, conseil et
» courage, que me donneront mes soldats, les-
» quels sont ceux que nous avons à mettre en
» œuvre. Chacun de vous face assembler les
» siens et sortir les enseignes aux champs, à ce
» que je les voye tous ensemble, et parle à eux
» publiquement. » En peu d'heure, estant chacun adverty, avant la main fut ceste concion
assemblée ; et l'Empereur, après avoir un peu
regardé, leur commença parler en ceste manière :

« Je ne voy, compagnons, à l'entour de moy,
» en quelque part que je tourne les yeux, sinon
» tous bons visages, annonçans et me mettans
» ainsi qu'en évidence l'affection telle qu'elle

» est dedans voz cueurs. Je voy une armée si
» florissante, et composée de gens tous esleuz,
» et comme choisis l'un après l'autre; les gens
» de pied, tous vrais soldats et vétérans; la ca-
» vallerie si bien équippée; telle compagnie
» d'artillerie, et si bien estoffée de tout ce qu'il
» luy fault, qu'à mon advis nous n'aurons plus
» faulte, sinon d'ennemy qui ose nous attendre,
» et ne nous priver du moyen d'esprouver la
» vertu de ceste armée : tant y a que deçà les
» monts nous ne pouvons le trouver tel qu'il
» vaille et soit digne que nous y employons une
» telle puissance. Ils estoient icy advolez comme
» une volée d'oiseaulx au pillage d'un champ
» semé; aussi à la vostre arrivée se sont-ils re-
» tirez, ainsi que la mesme volée d'oiseaulx
» s'enfuit au premier coup de traict qu'elle a
» ouy. Maintenant nous sommes en délibéra-
» tion, à sçavoir si nous devons aller chercher
» de là les monts un ennemy moins indigne
» de nostre effort, ou si nous devons attendre
» qu'il nous vienne chercher icy : l'y attendant,
» nous destruisons le païs qui est nostre, et
» vous autres consommez vostre soulde sans en
» prouffiter; encores n'est-il à croire qu'il y
» vienne jusques icy. Les François, avant qu'a-
» voir esprouvé noz forces, se sont entretenus
» à la guerre plus témérairement que constan-
» tement, à l'encontre de nous, ainsi qu'ils
» sont bouillans et précipitans de nature; mais
» je cuide qu'ils ne l'entreprendront, mainte-
» nant qu'ils ont, si souvent et à leur grand
» dommage, esprouvé que nous sommes autres
» gens qu'ils ne sont. En les allant chercher par
» delà, je croy qu'aussi peu attendront-ils le
» choc, comme ils ont faict deçà les monts,
» sinon que nous voulussions penser qu'ayant
» leurs forces à présent diminuées d'un tiers,
» ils eussent plus de cueur et d'espérance qu'ils
» n'en ont eu quand ils les avoient entières.
» Tout ce qu'ils feront sera de tenir un peu de
» contenance, et aujourd'huy reculer une jour-
» née en arrière, demain une autre, et sans
» jamais nous faire résistance. Et si, d'avanture,
» nécessité les contraignoit de venir au combat,
» à quoy le cueur jamais ne les menera, vous
» devez indubitablement estre asseurez que la
» fortune de la guerre, comme vray juge, fera
» incliner la victoire de nostre costé, où est le
» bon droict, et qui poursuivons la réparation
» de foy violée, avec restitution des choses sur-
» prises au préjudice de noz traittez. Reste à
» sçavoir seulement si vous estes ceux-mesmes
» que vous avez esté, si vous avez délibéré de
» faire ainsi que vous avez appris et accoustu-
» mé, c'est-à-dire, si vous avez du cueur assez

» pour passer les monts, et pour, je ne dy
» combattre ne conquérir le royaume de France,
» mais aller accepter la victoire contre l'enne-
» my, et la conqueste dudit royaume qui à
» vous se présente. Si vous n'avez du cueur as-
» sez, icy nous fault demourer, et vitupéreuse-
» ment faillir à nostre fortune qui s'offre; si
» autrement, ce me sera tesmoignage de vostre
» vertu, cueur et volonté, si vous eslevez
» joyeusement une acclamation et cry militaire,
» comme si maintenant vous aviez à marcher
» en bataille. » A ces parolles, tous s'escrièrent
unanimement, demandans à marcher et passer
outre. Et l'Empereur alors, en collaudant leur
promptitude de foy et courage : « Ma bonne for-
» tune, compagnons, sera, dit-il, celle qui
» accompagnera ceste vostre acclamation, et
» prospérera ce que nous entreprendrons; et
» certainement, si le roy de France avoit telles
» gens comme vous estes, et je les avoy tels
» qu'il les a, j'ay desjà dit en bonne compagnie,
» et de rechef dy encores, que je me feroy lier
» les mains derrière, pour m'aller rendre pri-
» sonnier, et luy demander miséricorde, à telles
» conditions que bon luy sembleroit de les
» m'imposer; et suis asseuré qu'il le feroit, s'il
» vous cognoissoit tels que je vous cognoy, et
» s'il sçavoit au demourant d'autres entre-
» prises secrettes, qui à présent ne sont à dé-
» clarer, lesquelles me rendront la conqueste
» de France si facile, que j'espère en peu de
» jours estre paisiblement obéy en la ville de
» Paris. »

Telle fut la départie de la concion; et ces propos avoit-il prononcez avec si asseurée contenance, que le cueur sembloit redoubler à ces gens, et ne leur ennuyoit sinon que sur l'heure on ne les faisoit marcher en avant. Quelles estoient ces secrètes entreprises dont il parloit? je n'ay encores sceu entendre. Vray est que, peu après, fut descouvert un traitté qu'il avoit sur la ville de Langres; dont nous parlerons en l'autre prochain livre de ces Mémoires. Aucuns pensèrent qu'il eust quelques grandes intelligences en France, par le moyen du marquis de Saluces; et à ce croire les induisoit l'estrangeté de son affaire, et le peu d'aparence qu'ils trouvoient qu'un homme qui n'estoit sans expérience des choses de ce monde (outre le blasme qu'il s'estoit acquis à perpétuité), eust voulu se faire ennemy de son seigneur et prince naturel, et qui tost ou tard le pouvoit ruiner en un instant, sinon qu'il ne fust seul de sa partie, et qu'avant qu'abandonner le Roy, il se fust persuadé quelque telle et si grande ruine prochaine dudit seigneur, que pour jamais il ne deust plus avoir cause de le craindre. Et de faict, le duc Guillaume de Bavière, en racomptant, dès le mois de juing précédant, au sieur de Langey, lors estant, ainsi que j'ay dit, en Alemagne, ce qu'il avoit entendu de l'affaire dudit marquis, faisoit son compte, et le disoit sçavoir de gens estans près de la personne de l'Empereur (à l'aventure du duc Louis de Bavière, son frère), que ledit marquis ne se trouveroit estre seul de ceste pratique, et qu'en France y avoit d'autres assez, tenans secrètement ce mesme party, et qui en leur saison se descouvreroient.

Autres estimoient que l'Empereur tint ces propos, ainsi que plusieurs bons chefs de guerre en ont tenu par le passé, disans qu'ils avoient une embusche secrette contre leur ennemy, et le faisoient en partie pour accroistre le cueur de leurs gens, et en partie pour mettre leurdit ennemy en souspeçon et deffiance des siens : chose qui a souvent gasté de grosses et importantes entreprises. Autres, depuis qu'ils entendirent la confession du comte Sébastien de Monte-Cuculo, imaginèrent que ceste fust la secrette entreprise, en laquelle prenoit l'Empereur une si grosse asseurance, comme s'il se fust fondé sur la mort espérée du Roy et de messeigneurs ses enfans, en s'asseurant qu'eux estans morts, il passeroit sans grande résistance à travers le royaume de France ; mais ceste espérance est si meschante, qu'il ne me sçauroit entrer en teste qu'un si grand prince que luy voulust user d'une si malheureuse et damnable trahison. Toutesfois, ceux qui en ont ce souspeçon se sont fondez en ce que ledit Sébastian dit avoir esté par ledit seigneur interrogé s'il sçavoit bien l'ordre et façon que tenoit le Roy à son boire et à son manger. Aussi que, alors que le seigneur dom Ferrand de Gonzague présenta ledit Sébastian à l'Empereur, en disant qu'il estoit appareillé à ce qu'il avoit promis à luy et au seigneur Antoine de Lève, et eux, de par luy, à Sa Majesté, si ledit seigneur Empereur eust entendu que leurs propos eussent esté de la praticque de quelques villes ou places, en France ou ailleurs (ce que disent ceux qui ne s'osent persuader une telle meschanceté avoir trouvé lieu au cueur de prince), il n'eust eu que faire de s'informer dudit Sébastian du boire et du manger du Roy.

Encores en a confermé aucuns en ce souspeçon, que le seigneur dom Loppes de Sorie, ambassadeur à Venise pour Saditte Majesté Imperiale, s'enquéroit, sur le temps que ces choses avindrent, qui seroit roy de France, et contre qui auroit ledit seigneur Empereur à poursuivre ceste guerre, au cas que le Roy et messeigneurs ses enfans allassent de vie à trespas ; chose qui sembloit estre hors de propos et impertinente à s'enquérir, s'il n'eust eu quelque opinion de mort prochaine d'iceux seigneurs.

En conclusion, quiconques ait esté autheur de cest énorme empoisonnement (car je ne le sçay, Dieu le sçait, et n'en voudroy blasmer personne à tort), l'Empereur, plein de grande asseurance de remporter heureuse issue de son entreprise, se résolut sur icelle de passer, ainsi qu'il fist, en Provence, dont depuis il se repentit souvent, et de sa bouche a déclaré au Roy, combien, ayant jusques alors faict profession de croire conseil, il s'estoit mal trouvé de se gouverner à sa teste.

LIVRE SEPTIESME.

Comme l'Empereur estoit sur le point de passer en Provence, il affecte un augure ou présage du succez de son entreprise; à ceste cause, s'advence deux journées plustost, pour arriver sur les confins de France à la feste de sainct Jaques, parce qu'au mesme jour de l'an précédant il avoit prins terre en Affrique et gaigné le royaume du Tunis, aussi que les Espagnols tiennent ce sainct pour leur patron; de là prent occasion d'haranguer ses soldats. Cependant les François font le gast en Provence, pour affamer son armée : d'un costé, le seigneur l'Humières pourvoit à la deffence du Dauphiné; d'autre, on met fortes garnisons à Marseille et à Arles. Monsieur le grand maistre de Montmorency dresse un camp à Avignon, et le retranche de fossez; le Roy en assemble un autre à Valance. Les sieurs de Montejan et Boisi sont deffaits à Brignolles. Les Bourguignons assiégent Péronne. Le dauphin François décède, au grand regret de tous. Le comte Rangon et les autres pensionnaires du Roy en Italie, assemblent une armée, de laquelle ils guerroyent les Gennevois et Impériaux, en Piémont. L'Empereur séjourne à la ville d'Aix, qui estoit abandonnée, et faict mine de vouloir assiéger Marseille et Arles; les païsans de Provence détroussent les biscuits qui venoyent de Piémont en son camp.

[1536] La dessusdite résolution prise, et le nombre ordonné des gens qui demoureroient au siége de Turin et à poursuivre ce qui restoit pour mettre fin aux affaires de Piémont, chose que l'Empereur estimoit trop plus facile que par effect il ne la trouva, il départit son armée en trois, afin de passer à plus grande commodité. Ceux de la première bande, en laquelle fut la gendarmerie, avec les lansquenets du sieur de Thamise, prindrent leur chemin par la rivière de Gennes, parce qu'ils conduisoient l'artillerie et le bagage que ledit sieur avoit ordonné (pour éviter les difficultez du passage) faire embarquer et conduire sur son armée de mer, à ce qu'ils se vinssent joindre à luy en la ville de Nice; et partit ceste trouppe le treiziesme jour de juillet. En la seconde marcha dom Ferrand de Gonzague, capitaine-général des chevaux-légers, et avecques eux quelques hommes-d'armes napolitains, les sieurs de Iselsthein, Diétric Sepch, Wolf Diétric le Kutrinheu et leurs chevaux. Après eux le marquis du Guast avecques les Espagnols, puis la maison de l'Empereur, et à sa queue le seigneur Antoine de Lève, puis les lansquenets du capitaine Marc de Ebenstein; et après eux se mist l'Empereur, accompagné seulement de six de ses chamberlans et d'une trouppe d'Espagnols, après lesquels marchoient les lansquenets du capitaine Gaspar de Fronsberg; et prindrent le droict chemin de Fossan à Nice. En la tierce bande furent les Italiens, qui prindrent le chemin par Cony, ausquels il fut ordonné qu'au plustost que faire se pourroit, ils se rendissent à Nice, et aux lieux de Sainct-Laurens et de Ville-Neufve, près de laditte ville de Nice.

Ce temps pendant, le Roy estant à Lion, où il tenoit ordinairement conseil, faisant les despesches récitées au précédant livre, et pourvoyant à tous les endroicts par où son ennemy pouvoit faire descente, après qu'il eut certaineté de la délibération de sondit ennemy, ne tarda plus à faire exécuter les choses qu'il avoit en son conseil arresté de faire, ledit cas advenant. A ceste cause, il dépescha messire Jean de Bonneval, seigneur dudit lieu, capitaine de cinquante hommes-d'armes de ses ordonnances, pour avecques sa compagnie (laquelle, pour les raisons cy-dessus déclarées, il luy ordonna retirer de Marceille) aller se joindre aux autres capitaines estans desjà sur le costé de Sisteron, pour faire le dégast et prendre garde aux passages de Rocquespervière et de Terres-Neuves; et luy donna instructions de ce qu'il auroit à faire, ensemble lettres addressantes à tous lesdits capitaines et à tous les baillifs, autres officiers et subjects de Sa Majesté, par lesquelles il leur estoit mandé obéir à monseigneur Claude de Savoye, comte de Tende, et audit capitaine Bonneval, ainsi qu'à sa propre personne, et comme à ceux qu'il ordonnoit ses lieutenans, ensemblement, et chacun à part soy, en l'absence l'un de l'autre, et à son partement luy donna charge, sur toutes choses, que luy et tous autres se gardassent de donner à l'arrivée quelque curée aux ennemis.

Audit lieu de Sisteron trouva ledit Bonneval le comte Guillaume de Fustemberg et ses lansquenets, qui avoient desjà bien avant commencé à faire le guast, et avoient pillé Barcelonne et tous le païs des Terres-Neuves; mais avoient excédé l'intention du Roy, d'autant qu'ils n'avoient eu respect aux églises ne choses sacrées. De Sisteron arrivant à Aix, auquel lieu il avoit donné assignation de se venir rendre à trois espies qu'il avoit dépeschées du lieu de Romans, il y trouva, en compagnie du comte de Tende, messeigneurs le prince de Melphe, Stephe Colonne et autres dessus nommez, qui avoient desjà visité la ville, et l'avoient jugée non tenable ; parquoy ils avoient regardé de trouver lieu oportun à y dresser et fortifier un camp qui la couvrist ; et avoient choisy le lieu où est une église de Sainct-Jean de Hiérusalem assez logeable ; mais il s'y trouvoit plusieurs difficultez, et mesmement pour une montagne qui regardoit dedans. Parquoy fut advisé d'en advertir le Roy, et que, ce pendant, les seigneurs Stephe Colonne et de Bonneval iroient visiter la ville de Grasse. Et sur chemin, ledit Bonneval bailla lettres du Roy par toutes les villes, comme à Trez, Sainct-Maximin, Brignolles, Draguignan et autres, et, suivant sa créance, leur commanda de retirer tous leurs vivres et bestial, sur peine de confisquer tout ce qu'à son retour de Grasse il trouveroit n'avoir esté par eulx retiré. Passant à Draguignan, ils prindrent avecques eux la compagnie de cent hommes-d'armes du sire de Montejean, depuis mareschal de France, qui estoit logé audit lieu et ès environs, et celle dudit de Bonneval, qu'il avoit retirée de Marceille ; et à Grasse trouvèrent partie de celle du Comte de Tende, aussi de cent hommes-d'armes, soubs la charge de messire Germain de Urre, sieur de Miolans, son lieutenant, avecques quatre mille hommes de pied provenceaux, desquels estoient capitaines le seigneur du Mas, Jean de Esbenault, sieur de Villeneuve, Jean de Pontènes, sieur de Carses et autres. Par les susdits Colonne, Bonneval et autres capitaines, fut visitée la ville par dedans et par dehors, et fut trouvé qu'elle n'estoit tenable par aucune raison.

Desjà, et dès le vingt-cinquiesme jour de juillet, estoit arrivé l'Empereur, avecques les deux premières bandes (mais non sans grande difficulté de vivres par le chemin), au lieu de Sainct-Laurens, première ville des païs du Roy, au decà de la rivière du Var, séparant la Gaule d'Italie. Or estoit-il ce mesme jour l'an révolu que l'Empereur avoit pris terre en Afrique, pour son entreprise de Tunis ; et, soit qu'il advint ainsi de cas fortuit, ou que ledit seigneur Empereur (ainsi que plusieurs ont eu opinion, à cause que ce jour-là il fist à son camp faire six lieues) eust, de propos délibéré, choisi son jour d'y arriver à cedit jour, afin de tourner en augure comme chose avantureuse et non préméditée, ce que songneusement il avoit jà conclut et pourpensé, si est-ce qu'ayant jà autresfois esprouvé qu'il n'y a chose de plus grande efficace que superstition pour esmouvoir et persuader un peuple à l'intention et opinion que l'on le veult régir et conduire, il voulut bien user de ceste occasion à son avantage, et mesmement pour ce qu'audit jour estoit la feste de sainct Jacques, apostre, lequel, d'une part, les Espagnols tiennent et révèrent d'ancienneté, comme le singulier patron et protecteur de leur nation et patrie ; et les Allemans d'autre part ont aussi d'ancienneté coustume de le venir saluer et adorer en Espagne. Consistant doncques la principale force de son armée, et mesmement desdittes premières bandes, en deux nations, espagnolle et germanicque, il les fist appeler et assembler en concion. Eux assemblez, il leur usa d'une oraison ou proposition telle, en substance, qu'elle se pouvoit espérer et attendre d'un homme alors outré de haine contre le Roy.

En icelle généralement il le descouppa de toutes les sortes d'opprobres conviticieuses qu'il est possible, le blasonnant, et appellant violateur de foy, infracteur d'alliances et traittez, défenseur des infidèles, éverseur et ennemy du repos et tranquilité des Chrestiens ; et au contraire parla de soy si magnifiquement qu'à peine l'on eust sceu juger à quoy il prenoit plus de plaisir, ou de hault louer ses conditions, ou de blasmer celles de son ennemy. Et alors commença à célébrer et magnifier l'heureux et fortuné augure du jour de son arrivée en ce lieu, remonstrant comment il falloit bien dire que miraculeusement son voyage estoit conduit et dirigé par le vouloir de Dieu, dispensateur et arbitre des choses humaines ; car, au mesme jour que l'an passé il avoit pris terre en Afrique, jour qui estoit presque universellement sainct et célébré à toutes les nations dont son armée estoit composée, et, quoy que ce soit, avoit esté à tous, sans exception, heureux et fortuné, par la notable et insigne victoire qu'ils avoient rapportée, arrivans à tel jour en Afrique, soubs sa conduitte et à son service, où ils délivrèrent laditte province de l'occupation et injure du Turc, ennemy de nostre foy, à celuy mesme jour avoient-ils mis le pied au-dedans des confins et limites de France. Surquoy il concluoit qu'à meilleur et plus juste tiltre, ils debvoient non seulement espérer, mais avoir foy et asseurance certaine qu'estans arrivez en France à mesme jour et soubs mesme chef, et avecques la mesme addresse et faveur de Dieu, ils conduiroient encores plus heureusement la guerre entreprise contre le Roy de nom Très-Chrestien, mais en effect rien moins que chrestien ; ou que, pour mieux dire, ils se pouvoient tenir seurs et certains que Dieu luy-mesme entreprendroit la vengeance du mépris et contemnement de sa religion, et eux, qui, après Dieu, estoient ensemble avec luy offensez et outragez, n'auroient autre affaire que de soy laisser mener et conduire à celuy Dieu, qui par la main d'eux l'exécuteroit et mettroit à fin. Et si à l'encontre du Turc ils avoient obtenu en Afrique une si noble et honorable victoire, plus noble et plus illustre seroit celle qu'ils rapporteroient indubitablement de ceste entreprise; car, supposé que le Turc soit infidèle et contraire à nostre foy, il ne l'est certes que par erreur et ignorance; mais le François, instruict et apris en la foy, ne peult, sinon malignement, s'en estre aliéné, s'alliant à l'encontre, et s'accompagnant honteusement à la cause et entreprise des infidèles.

« Et pensez-vous, dit-il adoncques, compa-
» gnons, si n'estoit l'offence de la religion par
» luy répudiée, le malheur de son énorme pé-
» ché, qui l'exagite et conduit à perdition, que
» luy, qui tant de fois a esté vaincu par vous,
» et alors qu'il avoit Allemans et Suisses en son
» ayde et à son service, estant destitué mainte-
» nant et hors d'espérance de l'un et l'autre se-
» cours, osast entreprendre de venir et se pré-
» senter en camp, avecques gens nouveaux et
» levez à haste, au-devant de vous autres vieux
» soldats, et qui pouvez nombrer autant de vic-
» toires sur luy, comme vous luy avez donné
» de batailles? Croyez-moy certainement qu'il
» ne le feroit jamais, si son péché ne le condui-
» soit à ceste évidente ruine. Et ce que vous
» avez veu que freschement il a osé entrepren-
» dre contre les païs de Savoye et de Piémont,
» encores qu'il les ait surpris à la despourveue
» et sans ce qu'ils donnassent de luy garde, si
» ne l'eust-il jamais osé penser, s'il ne se fust
» fondé, autant irréligieusement que téméraire-
» ment, en une folle espérance qu'il s'estoit per-
» suadée, que ceste nostre victorieuse armée
» jamais ne retourneroit entière d'Afrique, es-
» timant, comme je cuide, que Dieu ne fust
» pour nous assister et donner ayde en celle
» guerre, laquelle pour luy et pour son nom
» avoit esté par nous entreprise et dressée. Mais
» je suis par avanture, compagnons, trop su-
» perflu et prolixe, sans besoin, à vous dé-
» duire ces remonstrances et persuasions; car
» vous avez assez congneu par expérience qu'il
» en a en toute diligence, incontinant la nou-
» velle sceue de vostre retour, faict retirer son
» armée deçà les monts, d'aucuns en hors, qui,
» pour s'estre amusez au pillage, n'ont peu a
» temps arriver et se joindre à la trouppe des
» autres. Et ne fault point que vous pensiez que
» ceux de Fossan ne de Turin s'y soient jamais
» enfermez, sinon par nécessité de se deffendre
» et couvrir des murailles, et non point en es-
» pérance de pouvoir aussi défendre les murail-
» les par la prouesse ou vertu qui soit en eux;
» leur intention seulement a esté de gaigner un
» peu de temps, en espérance, pour la grande
» affection que j'avoye de passer outre, et de
» n'avoir occasion de m'arrester longuement à
» cause d'eux, je les receveroy à mercy, en leur
» donnant la vie de grâce, avec seur passage et
» saufconduit, pour eux retirer à sauveté en
» leurs maisons. Et qu'il soit vray, desjà, com-
» pagnons, nous avons, par vostre moyen et
» vertu, contrainct ceux de Fossan de se rendre
» à nostre mercy, en vous quittant et délaissant
» leurs chevaux, harnois et bagage. Ceux de
» Turin nous avons jà mis en telle nécessité de
» vivres et de toutes autres choses, et mesme-
» ment depuis que nous avons prise la forteresse
» du pont du Pau, où estoit toute leur espérance
» du secours de vivres, que nous pouvons estre
» infailliblement asseurez de recouvrer la ville
» en peu de jours. Et ceux là, toutesfois, es-
» toient et sont la fleur et l'eslite de l'armée du
» Roy : de ceux-cy doncques nouvellement le-
» vez, et gens seulement armez à demy, tirez
» par force de la charrue, qui n'ont encores au-
» cune cognoissance de leurs capitaines, et de
» leurs capitaines sont aussi peu cogneus, juge-
» riez-vous qu'ils soient, je ne dis pas pour com-
» battre, mais pour oser seulement se mettre et
» présenter en bataille ?
» Croyez-moy, compagnons, que tout ce qui
» gist entre les Alpes, depuis ceste mer jusques
» à l'Océan, tout ce qui est contenu entre le
» Rhin et le mont Pyrénée sera vostre, par une
» seule bataille, ou, pour mieux dire, par une
» seule monstre et contenance de bataille; et
» n'y aura autre chose que les chemins, et non
» point le combat, qui vous esloigne de retarde
» ceste victoire. Cestuy est le loyer et la ré-
» compense que Dieu vous a réservez et prépa-
» rez pour tant de peines et travaux que vous
» avez portez et soustenuz pour luy et pour
» l'exaltation de son nom et de sa gloire. »

Telle fut sa proposition en somme, combien qu'il y adjousta encores assez d'autres indignitez à l'encontre du Roy, en s'involvant et fourrant si avant en embages et superfluité de paroles, que grande partie des assistans (ainsi que j'ay ouy dire gens qui estoient présens) s'ennuyèrent et faschèrent de la longueur et insolence de sa harangue. En y eut toutesfois aucuns (je ne sçay si pour servir à ses oreilles, sçachans qu'en sa félicité il ne vouloit ouir autre propos, ou que leur opinion fust telle, ou qu'ils ne pensassent point qu'il luy peust arriver mutation de fortune), lesquels, par une militaire acclamation, commencèrent à regretter seulement et se douloir à luy de ce qu'ils avoient à faire à tel ennemy qui n'oseroit les regarder en barbe; si que l'occasion leur deffailloit de pouvoir monstrer et faire cognoistre combien, par si longue exercitation et continuation aux armes, ils estoient devenuz excellens et singuliers en l'expérience et art militaire. Se voyans doncques privez de la tant désirée occasion, et puis qu'ils n'avoient plus besoing de s'amuser à consulter comment et par quel moyen ils pourroient avoir et obtenir victoire, commencèrent dès-lors à consulter comment ils deviseroient et partiroient entre eux le fruict et gros butin d'icelle; et jà en avoit qui demandoient les charges et les estats, et autres qui les places et biens des principaux de la cour de France. L'Empereur, eslevé d'une certaine espérance et opinion des choses présentes, et se glorifiant au bruit, réputation et bonne fortune des passées, prenoit plaisir à les escouter, adjoustant foy à ce qu'il espéroit; et jà recueilloit avant la main le fruict et contentement de la victoire, qu'il tenoit sienne indubitable, et autant que si desjà il l'eust obtenue. Huict jours entiers qu'il fist séjour audit lieu, attendant aucunes bandes, lesquelles n'estoient encores arrivées de Piémont, ne fut mention d'autres dépesches que de dons et départemens d'estats, offices, capitaineries, gouvernemens, villes, chasteaux, et autres biens des subjects et serviteurs du Roy.

Le huictiesme jour, commença le seigneur dom Ferrand de Gonzague (lequel, ainsi que j'ai dit, avoit la charge de tous les chevaux-légers du camp impérial) à les acheminer et faire marcher avant; et avecques soy print le seigneur dom Alfonce de Sainct-Severin, prince de Salerne, avecques le nombre de quatre mille hommes de pied. Son chemin fut tirant vers Grasse, par un païs montagneux et aspre: parquoy il envoya devant bon nombre de gens, pour descouvrir s'il y auroit quelques embusches par les montagnes. Sa contenance monstroit de vouloir passer plus avant en çà, si ses avant-coureurs n'eussent descouvert de loing une trouppe des nostres, qui cheminoient en ordonnance au long du costau, tendant au chemin que tenoit ledit Gonzague. Lesdittes gens des nostres pouvoient arriver au nombre de deux mille hommes au plus; mais j'estime que ledit Gonzague eut opinion qu'il y en eust d'autres embuschez deçà la montagne, et que ceux-ci se monstrassent seulement pour l'attirer, à son désavantage, aux destroicts et difficultez des passages. Quoy que ce soit, il se retira dont il estoit party, sans dresser escarmouche ne combat.

Par autre costé marchèrent quelques gens de pied espagnols devers Antibe, lesquels furent bien vivement chargez de deux bandes de légionnaires du païs; mais la tenue ne fut pas comme la charge, ains furent lesdits légionnaires repoussez de l'arquebuserie espagnolle, laissans leurs capitaines en gros danger, lesquels toutesfois s'en retirèrent très-honnestement, en combattant tousjours, et soustenant l'ennemy, tant qu'ils se rendirent en lieu de seureté. Cecy estoit advenu le jour précédant que lesdits seigneurs Colonne et Bonneval arrivassent à Grasse; lesquels, ayant trouvé, comme j'ay dit, la ville n'estre tenable, délibérèrent que l'un iroit vers le Roy en faire le rapport, qui fut le seigneur Stèphe Colonne, et ledit Bonneval exécuteroit sa charge de faire le guast; lequel feit emporporter et amener hors tout ce que porter et amener se pouvoit, au demourant mettre le feu, et rompre les murs de la ville par cinq ou six endroits, chacune brèche de trente ou quarante pas. Et, ce pendant que ces choses s'exécutoient, il envoya vers Antibe trente chevaux, pour avoir nouvelles des ennemis; lesquels amenèrent trois prisonniers, qui rapportèrent comme la trouppe estoit fort crue depuis le soir précédant, et asseurèrent la descente estre de cinq à six mille hommes. Parquoy ledit Bonneval, voyant la chose requérir diligence, dépescha le capitaine Miolans, avec les gens qu'il avoit de la compagnie du comte de Tende, et deux mille hommes de pied, pour aller, le chemin de France, rompre tous les fours et moulins, brusler les bleds et fourrages, et défonser les vins de tous ceux qui n'avoient faict diligence de les retirer ès places fortes; aussy gaster les puys, jettant des bleds dedans afin de corrompre les eaues. Luy s'en alla droict à Calien, appartenant au sieur du Mas, qui commença le premier à rompre ses moulins et brusler ses granges et bleds; et à Calaz en fist autant le seigneur du lieu. De là il vint à Draguignan, avecques sa trouppe, duquel lieu il envoya messire Gronguet, sire de Vassey, avec quarante ou cinquante hommes-d'armes de la compagnie du sire de Montejean, dont il estoit lieutenant, pour soustenir et renforcer le capitaine Miolans; et par le costé de la montagne, devers Digne, il envoya le capitaine Maure de Novate, guidon du seigneur Jean Paule de Cère, et avecques luy mille hommes de pied du seigneur Crestofle Guasco, venans alors du lieu où estoit le sire de Humières, ausquels il ordonna faire le semblable tout au long de la montagne. Après il print chemin droict à Carses, continuant de faire le guast; et audit Carses le sieur du lieu mist le feu luy-mesme en ses bleds, qui estoient aux champs en moullons, et fist boire tous ses vins aux compagnons. Telle fut l'affection de tout le peuple, gros et menu, au bien et commodité de la chose publicque, qui tous oublièrent le regret du particulier dommage.

Pendant le temps que se faisoit ladite exécution, estoient arrivées les bandes que l'Empereur avoit attendues à venir de Piémont; lesquelles arrivées, il se délibéra de faire tousjours marcher son armée jusques en Avignon, chose qu'il jugeoit luy estre autant facile et sans résistence, comme utile et commode à la facilité de son entreprise; et de là faisoit bien son compte de pouvoir, à son choix et appétit, dresser la teste, ou par delà, ou par deçà le Rhosne, ainsi que l'un ou l'autre luy viendroient plus à propos. De ceste délibération fut adverty le Roy, et jà, dès le commencement avoit bien prévu et pensé, avant la main, que son ennemy, s'il passoit en Provence, ne pouvoit prendre pour soy autre meilleur advis, ne qui lui fust de plus grande commodité, tant pour avoir les vivres à son commandement, que pour donner travail au païs, autant deçà que delà la rivière, laquelle, en ce faisant, il eust eue en sa puissance, au moyen du pont qui est dessus, joignant aux portes et clostures de la ville : et pour ce, estoit tousjours son intention et dessein d'y obvier en toutes manières, et de se saisir de laditte ville, premier que l'ennemy s'en peust saisir. A ceste cause, et, pour autant que ses forces n'estoient unies encores, avecques lesquelles il peust raisonnablement et à son honneur se présenter en personne au-devant de sondit ennemy, il avoit choisi le sire de Montmorency, alors grand-maistre et mareschal, et maintenant connestable de France, comme celuy en la vertu, prudence, conseil et diligence duquel, entre tous autres ayans le maniement et disposition de ses affaires, il avoit plus de foy et d'espérance; lequel il avoit ordonné son lieutenant-général, autant deçà que delà les monts, avecques très-ample et pleine puissance et authorité de pouvoir ordonner et faire en son absence, en général et particulier, autant que luy en présence eust peu ordonner, commander et faire. Mais, pour autant qu'il vouloit encores plus au long avecques luy consulter et délibérer des affaires de telle et si grande importance, il y envoya ce pendant, pour gaigner tousjours le devant, messire Robert Stuart, seigneur d'Aubigny, aussi mareschal de France, avec huict mille Suisses qui jà et nouvellement estoient arrivez devers luy; ensemble quatre cens hommes-d'armes complets, mais de diverses compagnies : ainsi que les uns estoient plus voisins et prochains, y estoient les premiers arrivez, ce pendant que les autres venoient aussi journellement, pour s'y trouver au jour qui à ce leur estoit préfix et ordonné. Avecques ceste trouppe s'en vint ledit seigneur d'Aubigny loger en Avignon, et, attendant la venue du sire de Montmorency, ne deffailloit de cueur ne de conseil à commander et pourveoir en diligence à toutes choses qui en telle presse d'affaires se peuvent et doivent pourveoir et commander. De ce travail et maniment d'affaires il se trouvoit grandement soulagé par la présence de messieurs Guillaume Poyet, alors second président en la cour de parlement de Paris, et conseiller du Roy en son conseil estroit, et depuis chancelier de France; Gilbert Bayard, aussi conseiller et secrétaire des finances dudit seigneur; Robert de La Martonnie et Gilles de La Pommeraye, maistres d'hostel ordinaires; et Charles de Pierrevive, l'un des quatre trésoriers-généraux de France; envoyez devant audit lieu d'Avignon, pour y faire amener de toutes les provinces de France qui plus seroient à main, toutes sortes de vivres et de fourrages, tant pour le nombre qui jà y estoit, que pour celuy que l'on espéroit y arriver après; en laquelle charge ils s'acquittèrent si grandement et songneusement, que de toutes choses y eut en nostre camp jusques en abondance, et non qu'à suffisance.

Le Roy, ce pendant, consultoit de toutes ses affaires avecques le sire de Montmorency, et des moyens qui leur sembloient estre requis à tenir pour mieux les conduire et gouverner, et pour en avoir issue plus heureuse et à moindre hazard; car ils sçavoient tous deux de quel poix estoient les choses à présent, et de quelle conséquence à l'advenir. Le sire de Montmorency, considérant en son esprit et à part soy, combien de la charge qu'il avoit, il luy pouvoit, en la bien conduisant, advenir d'honneur et de gloire, et combien au contraire d'une malheureuse issue luy adviendroit de honte et reproche, avoit ordinairement en imagination et comme devant ses yeux, la grande obstination et opiniastreté de l'ennemy, accompagnée de puissance excédant et surpassant celle de tous les autres ennemis que jamais eut le royaume de France; le grand nombre de gens et de belliqueuses nations qu'il auroit à combatre; la prochaineté d'eux, telle que desjà ils se pouvoient dire présens; l'opinion et réputation de leur prouesse et vertu; le long temps qu'ils avoient vescu ensemble suivant les armes; leur accoustumance de vaincre, non que de guerroyer, et non soubs estranger, mais soubs leur prince naturel et droicturier. Tout au contraire, il se veoit avoir plus de nom que de force d'armée, et ce qu'il avoit de gens, avecques ce qu'il en espéroit encores, estre mercenaires en grande partie; en autre partie, gens incogneuz les uns aux autres, et lesquels il luy adviendroit paraventure besoing et nécessité de mettre aux champs, avant que les capitaines fussent bien stilez à commander, et les compagnons à exécuter leurs commandemens; et si de male adventure il advenoit qu'ils fussent battus, il ne veoit point que les ennemis vainqueurs trouvassent lieu de résistance, ne les vaincuz de seureté, jusques à ce qu'ils arrivassent à Lion. Or estant telle aujourd'huy la condition des temps, que l'on estime les entreprinses selon l'issue, et non selon la conduitte, il cognoissoit évidemment (advint ce qu'avenir en pourroit) qu'on luy mettroit en compte et considération plus la fortune que le conseil. Au Roy venoient en ses discours toutes les mesmes imaginations, et autres semblables, lesquelles mettant en avant, et proposant à sondit lieutenant-général, et luy ordonnant ce qu'en chacun événement il auroit à faire, eux deux ensemble, sur toutes choses, pesoient l'espérance, la craincte, la raison et l'aventure, en mesurant et contrepesant les unes avecques les autres; de leur victoire ne leur résultoit aucune espérance de priver l'ennemy, ne de l'Empire, ne des Espagnes, ne de quelconques autres de tous les royaumes qu'il tient; de la victoire sienne, non seulement en advenoit la ruine de l'armée qu'ils dressoient, mais le danger et trouble de tout le royaume; comment que soit, le passage du Rhosne, la seigneurie de la mer de Levant, avecques asseurance de n'avoir jamais faulte de vivres, et le moyen de travailler le royaume par quelque endroit qu'il luy eust pleu, estoit le moindre fruict que l'ennemy pouvoit espérer de sa victoire.

L'espérance doncques et la craincte n'estoient équipolentes l'une de l'autre, et, bien qu'entre icelles y eust diverse raison, toutes deux gisoient en incertaineté, et plus dépendoient de la fortune et adventure, que de conseil et jugement; de manière que tant plus ils discouroient diligemment, tant moins ils trouvoient de certain advis et moyen d'y procéder. Pour résolution, après avoir long-temps débatu et l'une et l'autre partie, le Roy, se tournant au sire de Montmorency, luy usa de tel ou semblable langage: « Vous avez, dit-il, assez faict preuve, aux
» guerres passées, de vostre hardiesse et asseu-
» rance aux hazards, et me suis jusques icy
» trouvé loyaument et vaillamment servy de
» vous, de jugement et advis et bon conseil,
» qualitez propres et péculièrement requises à
» qui bien veult faire son devoir, en charge
» de chef et capitaine-général d'une entreprise,
» et que par icelles, autant que par force, les
» royaumes et empires se deffendent et main-
» tiennent en leur estat: aussi peu ay-je eu oc-
» casion de rien en désirer en vous; mais de
» ces dernières parties est la saison d'user main-
» tenant plus que de courage ne de hardiesse:
» mais tant y a que, raportant de ceste guerre
» la réputation, telle que j'espère et m'asseure
» que vous en raporterez, c'est celle qui accom-
» plira, jusques à consommation et comble
» d'honneur, toute la gloire et toute la louenge
» que vous avez acquise ès autres. Je vueil à
» ceste cause que vous entrepreniez la charge
» que je vous donne en ceste espérance, et en
» vous asseurant que je ne vous laisseray avoir
» faute, retardement, ne séjour de chose dont
» vous puissiez avoir besoing ou nécessité en
» vostre camp. Quant au moyen de vous y con-
» duire, vous sçavez combien vault fortune en
» toutes choses, et au faict de la guerre plus
» qu'en nul autre; et que bien souvent d'un cas
» de petit moment peult réussir un grand chan-
» gement et commutation des choses. Vous se-
» rez en faict et sur le lieu, pour tout juger et
» cognoistre à l'œil; je ne doute point que vous
» ne sçachiez bien prendre bon advis et bon con-
» seil, selon l'occasion et opportunité du temps
» et des affaires, et mesmement par les propres
» desseings et entreprises de l'ennemy. »

Grande asseurance donnèrent ces propos au sire de Montmorency, lequel, sur iceux, prenant congé du Roy, arriva le quatriesme jour après en Avignon; auquel lieu, ayant le tout communiqué avecques le sire de Aubigny, il fist venir à soy tous les capitaines et de cheval et de pied, et avecques eux aucuns vieis gens-d'armes, qui, par la longue expérience du mestier, y avoient acquis réputation et authorité. Assemblez qu'ils furent, il leur proposa et mist en avant le faict ainsy qu'il estoit: les forces de l'ennemy, celles que de présent avoit le Roy, et celles que encores il attendoit, tant de ses païs subjects, comme de Suisse et d'Alemagne; la difficulté de vivres où se devoit trouver l'ennemy, l'abondance que nous en pouvions avoir; quel fruict, quelle commodité, quel avantage nous pouvions attendre, au cas que nous feussions victorieux; quelle perte, danger et incommodité, au cas contraire, et que nous feussions vaincuz; de quelle part nous devoit venir crainte, de quelle part espérance; combien nous devions tascher d'obvier et remédier à l'une, combien d'accepter, accroistre et mettre à exécution l'autre, et mesmement en ce temps icy, auquel (si oncques mais) il estoit requis ; et devions tous nous employer de corps et de biens, à faire quelque digne chef-d'œuvre, pour l'asseurance, tuition et deffense de la patrie, et pour en repousser et mettre hors nostre ennemy qui, par trop grande confiance de sa fortune et de ses forces, et par outrageux et superbe contemnement et mespris des nostres, dévoroit desjà en son espérance cestuy nostre opulent et glorieux royaume. Sur ce leur fist autres plusieurs, mais briefs discours, et bien succinctement troussez, en demandant l'advis à un chacun, à sçavoir lequel estoit meilleur, ou de marcher plus avant en païs, ou d'attendre sur le mesme lieu, tant que le suppléement et renfort de gens ordonné par le Roy y fust entièrement arrivé; aussy quelle voye et moyen leur sembloit estre plus à propos pour bien conduire ceste guerre, et pour heureusement la mener à chef.

Sur cest endroit il voulut bien leur remonstrer et faire entendre que le Roy, s'il eust voulu, eust bien sceu de luy-mesmes prescrire et ordonner toute la raison, ordre et moyen qu'il eust voulu estre tenuz au faict de ceste guerre ; et quant à luy, venant du lieu dont il venoit, instruict de celuy auquel principalement touchoit, et qui, autant que nul outre, avoit le jugement accompagné d'expérience au maniement de tels affaires, qu'il n'estoit point ne trop perplex, ne travaillé d'opinion en ce qu'il auroit à faire ; mais que tous deux avoyent bien voulu tant déférer à la prudence, expérience et foy d'entre eux, que de leur en faire demander leur advis sur le faict, et la chose encores estant en son entier : parquoy il attendoit d'eux tous et de chacun, la franche, libre et libérale opinion.

Telle fut sa proposition au conseil ; et nonobstant qu'il avoit jà prise avecques le Roy ferme et résolue délibération de ne point venir au combat, et de ne jouer le gros jeu, sinon que extrême nécessité l'y contraignist, ou qu'une seure ou certaine opportunité s'y offrist, d'autant qu'ils sçavoyent et cognoissoyent très-bien que beaucoup plus est le devoir d'un chef et général d'armée qui a de combatre pour et en son naturel et propre païs, de meurement et sagement, que hardiment et soudainement s'exposer et mettre au hazard, si avoit-il approprié ses paroles, et composé sa contenance de telle sorte et manière, qu'on eust plustost jugé que son advis fust incliné à l'opinion contraire : et ce faisoit-il à propos et à son escient, parce qu'il cognoissoit la chose estre déjà venue en coustume, que grande partie des capitaines et autres qui sont appellez au conseil tendent aujourd'huy à la faveur, et opinent communément selon qu'ils pensent et conjecturent que le chef et principal capitaine le trouvera bon ; et telle qu'ils estiment estre son opinion, telle la donnent-ils, et appliquent tous leurs esprits à la conferrer et fortifier de raisons, en façon qu'elle puisse estre trouvée la meilleure. Et à ceste cause avoit-il cherché de donner aux assistans occasion de penser que son opinion fust autre qu'en effect elle n'estoit ; et par ce moyen, il faisoit son compte qu'en voyant impugner et confuter l'opinion qui véritablement estoit la sienne, par gens qui penseroyent faire tout le rebours, il auroit plus grande liberté de conférer et contrepeser les raisons et causes mouvantes de l'une et de l'autre opinion.

Les advis du commencement furent plusieurs et bien divers, mais peu après se résolurent tous en deux : les uns estoyent d'opinion que l'on marchast plus outre, et qu'on logeast le camp plus prez de l'ennemy, pour le combatre ès angusties et destroicts des passages, en lieu où il ne luy fust possible de s'estendre et de mettre en bataille toutes ses forces, plustost que d'attendre à ce faire quand il auroit pris pied en lieu plus ample et spacieux, et auquel il eust ledict moyen et commodité de s'estendre et de s'ayder de toutes ses forces ; les autres estoyent d'avis contraire, et leur sembloit plus à propos de surattendre au lieu où ils estoyent, pour donner au renfort et suppléement qu'on attendoit espace et temps de pouvoir arriver et se joindre avec eux. Ceux qui estoyent de cest advis, estoyent meuz et fondez sur les raisons jà devant déduictes, sçavoir est, sur la prochaineté du grand et bien aguerry nombre de gens estans au camp impérial, et sur le gros appareil qu'ils conduisoyent avecques eux ; aussy l'asseurance et courage que leur donnoit la fresche victoire qu'ils avoyent obtenue en Afrique, avecques la longue cognoissance et habitude des uns aux autres, pour la longue hantise qu'ils avoyent eue ensemble, suivans tousjours les armes à mesmes soulde, et sous leur mesme naturel et droicturier seigneur; là où les nostres, au contraire, estoient en grande partie, les uns mercenaires estrangers, et les autres levez nouvellement et à la haste, qui n'avoyent encores cognoissance ne mutuelle affection les uns envers les autres, et qui en effect ne pouvoient encore estre tels que l'on s'y deust tant asseurer que de les conduire si avant, qu'on vint à la nécessité du combat, et en lieu paravanture désavantageux. Et pour ceste cause, il leur sembloit que, pour le plus seur (en attendant que leursdittes gens, qui tous estoient différends de langue, de meurs et de religion, s'accoustumeroient et accoincteroient un peu ensemble, et apprendroient à se renger et retirer chacun en son ordre et soubs son enseigne, pour après estre plus duicts à faire service), il valoit mieux se fermer et fortifier audit lieu où ils estoient, auquel ils avoient singulière commodité de vivres, et grand moyen, en attendant le renfort et secours des gens qui leur venoient, et d'y temporiser et dissimuler, et de quelquesfois esprouver contre l'ennemy, par seures et légères entreprises, quelle seroit la hardiesse de noz gens à entreprendre, et quelle la vertu à exécuter. Sur ce, concluans en somme que le temps et conséquence des choses considérées, il faisoit pour nous délayer et prolonger la guerre, et, en amusant et ennuyant l'ennemy, luy refroidir et amortir ceste impétueuse ardeur en laquelle pour lors, il sembloit estre; et par tels moyens souvent étoit advenu que, par conseil, provision, ordre et dissimulation, se sont bien grandes choses conduittes à bonne et heureuse fin, lesquelles, si elles eussent esté précipitées, fussent réuscies au contraire, et au grand et pernicieux dommage des républiques.

Au contraire, alléguoient ceux qui tenoient l'autre opinion (et parmy eux peu avoit qui n'estoient point sans expérience), que le plustost marcher en avant et approcher de l'ennemy, estoit beaucoup le plus expédiant et le meilleur; car il pouvoit encores avoir environ de cent et octante milles jusques au lieu où il estoit, et que, de luy laisser gaigner autant de païs ouvert et sans résistance, ce n'estoit autre chose que luy bailler le chemin et l'ouverture de recouvrer vivres et fourrages à foison; et que, luy donnant ceste cognoissance de la craincte que nous ayons de sa force, estoit comme tacite confession que nous n'osions approcher de luy: chose qui estoit pour luy accroistre tousjours le cueur, ainsi que la peur et craincte aux nostres; et qu'à ceux qui encores estoient suspends et en grand bransle de se joindre à l'un ou à l'autre party, en attendant quelque commutation et changement de fortune, nous donnions occasion (d'autant qu'ils n'auroient cognoissance de la vérité du faict ne des causes nous mouvantes à dissimulation) de s'atacher au bruit commun qui s'en espandroit tousjours au plus grand avantage de celuy que l'on cognoistroit estre crainct et redoubté; chose qui les conferrmeroit en l'opinion desjà conceue de l'heur et félicité de l'Empereur (à laquelle ils attribuoient toutes choses), jusques à les faire joindre à luy, ou (quoi que ce soit) se divertir et aliéner de l'espérance en faveur du Roy. « Là » où, disoient-ils, si nous approchons de l'en- » nemy, et avant qu'il ait fermé le pied en Pro- » vence, nous arresterons sa fureur, et rompe- » rons ceste première sienne impression, ès des- » troicts et angusties des Alpes; il ne peult es- » tre (encores que nous ne tinssions ne Fréjus » ne Toulon) que, pour le moins, nous n'ayons » bien loisir de fortifier la ville d'Aix, capitale » de ceste province, ou bien de la couvrir de » nostre camp (ainsi qu'il a desjà esté advisé), » avant que l'Empereur y puisse jamais arriver; » et, en la deffendant, luy empescherons le pas- » sage, et luy osterons le moyen de venir outre » en avant. Et ne fault jà que ceux ausquels plai- » sent tant les dissimulations craignent aucune- » ment qu'en ce faisant, nous puissions tomber » en nécessité du combat, ne de jouer le gros » jeu, si bon ne nous semble; ains, au contraire, » nous pourrons journellement, faisant des am- » buscades par les destours et circuits d'entre les » crouppes et vallées des Alpes, leur donner » tant d'alarmes, ennuis et dommages, que l'oc- » casion s'offriroit d'oser et d'entreprendre quel- » que chose d'avantage, comme certainement » elle s'y offrira. Et veult la raison de la guerre, » et la nécessité de noz affaires le requiert, que » nous osions et entreprenions en telle assiette » ce que d'icy, et de pleine campagne, nous ne » devons oser ne faire; car l'Empereur a en » effect une armée autant ou plus puissante, et » de nombre et de vaillance de gens de guerre, » que nulle autre armée qui ait esté dressée de » nostre temps: mais bien est vray qu'ils sont » encores espars et non unis, embrasez et tra- » vaillez du voyage, sans expérience ne cognois- » sance des passages et destroicts des Alpes, là » où, si nous leur donnons le temps, sans au- » cune contrariété, de gaigner païs jusques en » la pleine, ils se réduiront en un camp, où ils » se logeront au large et à commodité, se refe- » ront du travail, reprendront force et courage, » aprendront les chemins par bien s'en enquérir » et par expérience. Et si bien nous attendons » renfort de gens, et de France, et de Suisse, et » d'Allemagne, si est-ce que l'Empereur a de ce » faire encores plus grande commodité que nous; » joinct que toute la force que nous avons au » Piémont, ne peult estre telle, qu'elle puisse » aucunement empescher qu'avant le bout du » mois, celle que l'Empereur a laissée pour y » poursuivre le surplus et reste de sa pleine vic- » toire, ne puisse icy arriver et se joindre aux » forces que desjà il a ensemble par deçà; et » faudra lors qu'aux deux, qui sont tous expé- » rimentez et vieils soldats, nous envoyons et » leur présentions en barbe noz gens nouveaux » et levez en la haste, pour les combattre.

» Davantage, l'ennemy attend de jour à autre » la venue du seigneur André Dorie, lequel, » venu, nous donnera nouvel alarme delà le

» Rhosne, au païs de Languedoc, auquel il
» peult descendre et mettre ses gens en terre à
» son plaisir; et, au cas qu'il n'y descendist as-
» sez puissant pour y pouvoir faire un gros effort,
» il aura les Espagnes à son doz, dont tous les
» jours il luy pourra venir renfort et de gens et
» de chevaux. Lesquelles choses estans une fois
» ainsi conduites à l'intention de l'ennemy
» (ainsi que facilement il les y pourra conduire
» par nostre temporisement et dilation), nous ne
» voyons point qu'il puisse choisir ne souhaitter,
» ne qui luy puisse advenir chose plus à son pro-
» pos et avantage; que si (nous ayant ainsi en-
» fermez entre deux armées, ayant d'un costé le
» Languedoc et les Espagnes ouvertes et à son
» commandement; de l'autre Italie et Sicile, et
» de toutes parts commodité de faire venir par
» mer, et vivres et autres choses nécessaires à
» supporter une longue guerre) nous voulons
» continuer au mesme temporisement et dila-
» tion, d'autant que desdittes Espagnes, Italie,
» Sicile, Germanie, et de ce qu'il tient en la
» Belgique, il recouvrera tousjours deniers à
» suffisance, qui sont le nerf et la principale
» force requise à faire la guerre. Et, au con-
» traire, il n'est possible que nostre royaume
» (paravant travaillé des guerres passées, et
» maintenant de nouvelle guerre au païs de Pi-
» cardie, outre celle que nous avons icy en Pro-
» vence) puisse suffire à fournir argent au Roy,
» pour entretenir en une longue guerre si grand
» nombre de gens qu'il en aura, mais qu'il ait
» adjousté à ce qu'il en a le supplément et renfort
» qui luy est requis et nécessaire. Or est que,
» tout ainsi que sans soldats la guerre ne se
» peult faire, eux ne se peuvent aucunement
» nourrir ne retenir ensemble, sans grande
» somme et abondance de deniers, desquels s'il
» nous advient une fois d'avoir faulte à nostre
» besoing, que nous auront lors valu noz dila-
» tions? Si, au moyen d'icelles, argent nous
» fault (dont à présent nous avons paravanture
» telle quelle suffisance, mais par emprunt faict
» des personnes privées), que nous aura valu
» d'avoir faict ce grand amas de gens, si sans
» les employer ils se séparent par faulte de paye-
» ment? Au demourant, il fault beaucoup à con-
» sidérer que nostre armée consiste presque
» toute de François, Suisses et Allemans, qui
» sont nations plus patientes naturellement de
» hazard et de travail, que de séjour et dilation :
» si promptement vous les mettez en euvre,
» elles osent, elles entreprennent, elles exécu-
» tent plus que force et nature humaine ne
» porte; si vous les retiriez de ceste première
» chaleur, ils s'appesantissent, ils languissent,
» et s'annéantissent du tout; et ne fault jà que
» nous soyons en peine d'en alléguer des viels
» exemples, et du temps passé.

» Naguères, et de fresche mémoire, si de l'ar-
» deur et courage que nous marchions droict à
» Verceil on nous eust laissé continuer et passer
» outre, il n'y a point de doubte que nous n'eus-
» sions emporté la ville, et maintenant porte-
» rions les armes victorieuses en païs d'ennemy,
» non pas serions, comme nous sommes, con-
» traincts à soustenir la guerre en France, et
» combattre pour la deffense de la patrie, de noz
» foiers et de noz églises. A ceste cause, et afin
» que vous, Monseigneur, qui estes nostre chef
» et lieutenant-général du Roy, ne soyez point
» en doubte que vous ne soyez accompagné de
» gens qui soient pour exécuter le hault et entre-
» prenant vouloir qui est en vous, nous sommes
» d'advis que vous devez marcher et faire teste
» en lieu dont vous puissiez entendre de près
» toutes les allées, venues et entreprises de l'en-
» nemy, afin que si, paravanture, il venoit à faire
» quelque faulte, ou (comme naguères vous
» avez pareillement discouru) il luy advenoit,
» par une trop grande confidence de ses forces,
» ou par un trop grand mespris des nostres, de
» se tenir peu sur ses gardes, ou de mal asseurer
» et fortifier son camp, ainsi qu'il advient sou-
» vent à qui trop peu estime son ennemy, vous
» soyez prest à recueillir ceste occasion à poinct
» nommé, et user du bénéfice de fortune, avant
» qu'il coule et vous eschappe des mains. C'est
» chose seure que plusieurs fois, en osant, en
» entreprenant, en mettant la main à l'œuvre,
» choses grandes et de poix ont esté exécutées,
» lesquelles aux nonchallans et négligens avoient
» semblé n'estre faisables ny espérables. Enco-
» res osons-nous dire d'avantage, que la diffi-
» culté qui leur est apparente, que vous ayez
» en si peu de temps assemblé une armée suffi-
» sante pour aller de vous-mesme assaillir vostre
» ennemy, vous rendra l'entreprise d'autant
» plus facile, quand vous oserez et entrepren-
» drez chose qu'il ne se puisse persuader que
» vous eussiez osé entreprendre ne penser. »

Ceste fut la remonstrance de ceste partie; et
jà la pluspart de la compagnie se laissoit conduire à ceste opinion, pensans, entre autres
choses, avoir donné un advis aggréable et satis-
faisant à l'affection et désir de leur chef et capitaine-général, duquel ils avoient ceste persuasion que, tant par sa naturelle inclination à
faire tousjours et entreprendre choses grandes
et honorables, et utiles à son prince et à son
royaume, comme, pour la fresche mémoire, du
dernier voyage de Piémont (duquel on avoit

donné quelque blasme au chef et lieutenant-général du Roy, de ce qu'il n'avoit plus pertinacement suivy sa fortune), il n'auroit chose en plus grande ne plus singulière recommandation, que d'accepter la première occasion et oportunité qui se offroit de faire nouvelle preuve de sa vertu, et d'augmenter et accroistre l'honneur et gloire jà paravant acquis au faict des armes.

Et en effect, ledit seigneur (ainsi que j'ay dit cy-devant), afin de sçavoir mieux discerner les opinions libres d'avecques celles des assentateurs et blandisseurs, avoit (comme souvent est advenu de faire à plusieurs grands et vertueux capitaines) donné aux assistans de grandes couleurs et occasions de penser qu'il inclinast à ceste opinion, et, à son escient, avoit laissé couller des parolles, comme si elles luy fussent eschappées sans y penser, par lesquelles ils avoient eûe occasion de juger qu'il fust entièrement d'opinion contraire qu'il n'estoit. Doncques, après qu'il eut bien songneusement considéré, non-seulement les propos, mais aussi la contenance, regard et visage d'un chacun, monstrant, par apparence et de propos délibéré, de penser dessus ce qu'ils avoient d'une part et d'autre mis en avant, pour à chacun d'eux donner ce contentement, que, nonobstant qu'ils eussent diverses opinions, chacun luy semblast toutesfois estre meu par bonne, apparente et bien fondée raison, il commença lors à conclurre, louant Dieu premièrement, comme de chose qui plus ne luy eust sceu venir à souhaict, de ce qu'estans partis en deux diverses délibérations, l'une ne l'autre partie toutesfois n'avoit faulte de courage et bonne volonté; ains que les uns, plustost qu'en avoir faulte, sembloient en avoir plus que besoing, et que plus avoient mestier les uns d'estre un peu retenuz, que les autres d'estre par exhortation esguillonnez et incitez. « Je voy, dit-il, évidemment
» que le but des uns et des autres, c'est de
» vaincre l'ennemy, comment que ce soit, et
» qu'à ceste guerre chacun veult employer ce
» qu'il peult et vault, au bien et à la deffense de
» son prince et de la chose publique : tous en-
» semble tendez et accordez à ceste mesme fin,
» mais non pas à mesme raison et moyen d'y
» parvenir. Aux uns il semble mieux à propos
» de s'arrester icy, et d'attendre l'ennemy en
» nostre fort; aux autres semble meilleur de
» marcher outre, et de nous aller campaier plus
» avant en païs. De ce dernier advis je parleray
» premièrement. Ceux qui sont en ceste opinion
» (à ce que j'ay recueilly de leur propos) crai-
» gnent deux choses et non sans cause : l'une,
» que, nous fermant icy, et laissant tout le païs
» ouvert et au commandement de l'ennemy, de-
» puis ce lieu jusques à l'endroit où il est main-
» tenant, nous-mesmes luy baillions plus grande
» et plus facile commodité de grains, de fourra-
» ges et de tous vivres pour hommes et pour
» chevaux, qu'il ne l'auroit ès destroits et dif-
» ficultez du passage des Alpes; la seconde chose
» qu'ils me semblent craindre, c'est que l'Empe-
» reur, interprétant nostre dilation et tempori-
» sement pour confession de nostre peur et
» craincte et defflance de nostre force, en fist
» courir le bruit encores plus grand et plus à son
» avantage que ne seront les choses en effect,
» et, par ce moyen, il destournast de l'amitié
» du Roy ceux qui encores sont en bransle et en
» suspens entre l'un et l'autre party, estonnant
» ceux qui sont du nostre; asseurant et confer-
» mant ceux qui tiennent le sien.

» Or, afin que nous ostions l'occasion du pre-
» mier doubte, je ne seroy jamais d'advis de
» nous arrester et fermer en ce lieu, sinon que
» premièrement on face (comme il a esté or-
» donné) de toute la campagne, et de toutes les
» villes et bourgades, champestres et non tena-
» bles, par où l'ennemy aura de passer, diligem-
» ment retirer ès villes et places fortes, tout ce
» qui se peult ou porter, ou chasser avant, ou y
» conduire en quelconque sorte. En ce faisant
» vous trouverez que tant plus nous attirerons
» l'ennemy en ça, c'est-à-dire que, tant plus
» nous l'eslongnerons de la mer, tant plus aura-il
» de faulte et difficulté de vivres, et tant plus
» luy en sera le port cousteux et malaisé. Quant
» au second point, je ne doubte pas que l'en-
» nemy ne s'ayde en ce qu'il pourra de cest arti-
» fice : si est-ce qu'il n'en peult advenir chose
» qui tant nous soit à craindre, comme il seroit
» de marcher et campaier si avant que nous ap-
» portassions (ainsi qu'il est advenu souvent)
» oportunité à l'ennemy de nous assaillir à son
» avantage, et à nous force et nécessité de com-
» batre à son choix et non au nostre, et de mettre
» au hazard et à discrétion de fortune le salut de
» la patrie, qui en grande partie consiste et dé-
» pend de l'événement et issue de ceste guerre;
» tant y a que toute guerre qui advient entre les
» humains, pour quelque cause et occasion que
» ce soit, faut qu'elle soit ou nécessaire ou vo-
» luntaire : conséquemment il faut diverse rai-
» son et considération à entreprendre l'une et à
» soustenir l'autre. Car, tout ainsi qu'à celuy
» qui l'entreprent hors de son païs, il touche et
» appartient d'avoir, avant qu'entreprendre, son
» armée avecques tout son équipage en ordre,
» et de première arrivée, assaillant son ennemy,

» estendre au long et au large la réputation et
» crainte de ses forces ; ainsi, mais au contraire,
» touche et appartient à nous, qui la soustenons
» en nostre païs, user de longueurs et dissimu-
» lations, et, en frustrant l'intention et impé-
» tuosité de l'ennemy, laisser, avecques le temps,
» refroidir son ardeur et anéantir sa puissance :
» car, en ce faisant, et à un besoing luy mons-
» trant aucunefois d'avoir crainte et peur de luy
» plus grande que nous ne l'avons en effect, ou
» nous luy engendrerons une telle confiance de
» sa force, et si téméraire contemnement de la
» nostre, que nous le pourrions attirer à nous
» venir assaillir en nostre fort, et à nous com-
» battre en lieu qui luy soit désavantageux ;
» ou bien luy pourrions tant donner d'ennuy, et
» tant le faire amuser et consommer, que nous
» luy ferions rabaisser son haut courage, dimi-
» nuer son espérance, et à la fin rompre et def-
» faire son armée d'elle-mesmes.

» Et quant à ce que vous mettez en avant,
» que l'Empereur a une des plus belles et puis-
» santes armées, de nombre, de gens et d'ex-
» périence de guerre, qu'il est possible de
» souhaitter, mais jusques à ores esparse et
» séparée les uns des autres, embarrassée par-
» my les montaignes, travaillée du long che-
» min, assez mal équippée de vivres, jusques
» icy endroict suis-je bien de vostre advis et
» opinion ; mais, en ce que vous dittes que,
» leur donnant du temps, ils se rassembleront,
» qu'ils se viendront loger plus commodément
» et au large, qu'ils se referont du travail,
» qu'ils reprendront force et courage, je tien,
» au contraire, que, si nous faisons bien et di-
» ligemment nostre devoir à leur empescher et
» rompre les vivres et les fourrages, le temps
» leur doublera toutes les incommoditez qu'ils
» ont maintenant. Et quant ores il sembleroit
» bon à l'Empereur (ainsi que vous monstrez
» en avoir doute) de faire venir joindre et venir
» à ses forces présentes, celles qu'il a laissées
» au païs de Piémont, et qu'il n'auroit (ce
» qu'il a) occasion de craindre qu'on luy fist
» venir au dos et par derrière une autre nou-
» velle puissance de par delà, je dy toutesfois
» que, quant plus il amassera icy de gens en-
» semble, tant plus tost (si, contre son espé-
» rance, nous voulons mener ceste guerre à la
» longue) viendra son camp à la faim et à faute
» et nécessité de vivres. Je veuil qu'il en trouve
» pour quelques jours en ceste Provence, et
» que nous n'y puissions si soudainement faire
» le guast ainsi qu'il appartient ; si est-ce qu'a-
» près avoir consumé le peu qu'il en trouvera
» il ne faut point qu'il fonde son espérance en
» ce qu'il luy en pourra venir des païs qu'il a
» laissez derrière son dos ; car vous sçavez que
» tout ce qui en l'autonne passé fut mis en gre-
» nier, et tout ce qui s'en est recueilly ceste
» année, a esté entièrement consumé, pillé et
» mis à perdition, tant par ses gens de guerre
» que par les nostres, qui ont trouvé le païs ou-
» vert et abandonné ; et si quelque peu s'en est
» sauvé, croyez que ce ne peult estre ne pour
» durer long-temps, ne pour une si grosse ar-
» mée ; et quand autrement en seroit (ce que
» non), si ne luy sera-il jamais possible de tant
» recouvrer des bestes qu'il luy en faudroit à
» l'apporter et conduire de si loing. Mais pour
» à tant retourner aux gens de guerre qu'il a
» laissez audict Piémont, je puis bien vous as-
» seurer certainement que vous ne devez crain-
» dre, ne luy espérer aucun renfort de ce costé-
» là ; car, à ce que j'en ay entendu jusques icy,
» nos gens n'y sont point encores si estroitement
» assiégez, qu'ils ne facent bien souvent des
» saillies contre l'ennemy, et que la pluspart
» du temps ils ne se retirent victorieux et char-
» gez de butin.

» Et d'avantage, nous n'attendons que l'heure
» que les seigneurs comte Guy de Rangon et
» Caguin de Gonzague se viendront joindre
» à nosdittes gens, avecques nouvelle armée
» non moins puissante de nombre, d'expé-
» rience et de courage que celle que l'Empe-
» reur y tient à présent. Car il ne faut, Mes-
» sieurs, que vous pensiez que l'Empereur ait
» encores aujourd'huy les mesmes gens de
» guerre qui luy ont tant gaingné de victoires :
» ce sont ceux dont il a le moins ; les uns sont
» morts ès guerres de Lombardie, autres ès
» guerres de Naples, autres en celles de Hon-
» grie ; plusieurs aussi, par les chaleurs et in-
» tempérie de l'automne en Afrique ; plusieurs
» sont périz en la mer ; plusieurs se sont retirez
» en leurs maisons, avecques le gaing et butin
» qu'ils avoyent faicts à la guerre. Les bendes
» qu'il a maintenant, croyez qu'elles sont rem-
» plies et refaictes de gens nouvellement levez,
» et qui n'ont guères plus que les nostres expé-
» rimenté les dangers, affaires et difficultez
» de la guerre. Et quant à ce que vous alléguez
» du seigneur André Dorie, je ne voy point
» que l'Empereur puisse asseoir en luy aucune
» certaine espérance en chose de tel moment et
» importance qu'est ceste guerre ; car vous sça-
» vez combien sont incertains et mal asseurez
» les desseings qui sont fondez au faict de la
» mer ; et n'a point André Doric commande-
» ment sur elle, parquoy aucun puisse pro-
» mettre qu'il arrive au jour nommé ; et s'il

» advient qu'il n'y arrive à temps, je puis vous
» asseurer que l'Empereur et tout son camp en
» peu de jours seront et à la faim et à faute
» d'argent. Or vueil-je à présent poser le cas
» que André Dorie ait le vent et navigage à
» souhaict, qu'il vienne à jour et poinct nom-
» mé, si ne me direz-vous point que ses gal-
» lères soient si grandes, ne qu'elles puissent
» plus porter de gens que les nostres, tant que
» pour ce vous devez craindre qu'il puisse des-
» charger en Languedoc, outre le Rhosne, si
» grosse puissance et nombre de gens qu'il soit
» pour seulement combatre les garnisons que
» j'ay mises au païs. Aussi peu, ou moins,
» devez-vous craindre que les Espaignes soyent
» si fertiles et si productives de gens, qu'elles
» ayent moyen, quand il seroit en Languedoc,
» de luy envoyer le supplément et renfort de
» gens qui luy seroit nécessaire, dégarnissant
» ce pendant leur païs, qui a mestier d'estre
» tenu en seureté, pour obvier aux entreprises
» que pourroient faire ceux du royaume de
» Grenade, nouvellement conquis, et qui moult
» envis et à grant regret ont abaissé le col sous
» le joug. Quel secours doncques pensez-vous,
» le tout bien considéré, que puisse apporter à
» l'Empereur ceste tant désirée venue de André
» Dorie, sinon de vivres et du payement de
» son armée pour quelques mois, ou, paravan-
» ture, seulement pour quelques jours? et quoy
» qu'il apporte, si ne sera-ce chose dont on ne
» trouve le bout. Et alors je ne sçay, et aussi
» peu le pourriez-vous comprendre que moy,
» où c'est qu'il en recouvrera d'autre, pour sa-
» tisfaire à tant d'armées qu'en un mesme temps
» il entretient en si loingtains et divers lieux ;
» car nous pouvons bien entendre qu'il fault
» nécessairement que ses finances soyent amoin-
» dries, outre les fraiz des guerres passées, par
» la despense qu'il luy a convenu faire en ce
» dernier voyage d'Afrique, encores que nous
» voulussions penser qu'en ses isles nouvelle-
» ment trouvées (1), et pour lesquelles il se
» plaist et baigne tant en gloire, il y eust des
» sources et fontaines d'or non tarissables.

» Et quant à ce que vous alléguez de la na-
» ture et condition des nations dont nostre ar-
» mée consiste, je vous dy, et vous le sçavez,
» que sa principale force (s'il veult venir au com-
» bat à la main) gist, aussi bien que la nostre,
» en gens de langue tudesque : parquoy, estans
» nez et nourriz en mesme terre et sous un
» mesme ciel et climat, je ne penseray point
» qu'ils en ayent apporté diverse complexion

(1) Allusion aux conquêtes espagnoles en Amérique.

» que celle des nostres, ne qu'ils soyent mieux
» pour endurer ne faim, ne soif, ne froid, ne
» chauld, ne que sans argent on les puisse
» mieux tenir en obéissance, ne qu'ils soient
» moins pour s'ennuyer et anéantir à la longue,
» ne pour moins rabatre et diminuer de ceste
» naturelle promptitude et hautesse de cœur.
» Encores oseray-je dire d'avantage (et sera
» pour venir tomber à propos de l'autre opinion
» mise en avant), que tous ces dangers et in-
» convéniens que nous craingnons, nostre en-
» nemy a beaucoup plus cause de les craindre
» que nous n'avons ; car, en usant nous autres
» à propos, et ainsi qu'il appartient, de ruses
» et dissimulations en ceste guerre, il descherra
» beaucoup, non seulement de leur ardeur et
» impétuosité, mais aussi de leur équippage et
» appareil de guerre ; et y en aura plusieurs,
» quand ils la verront tirer à la longue, no-
» tamment plus qu'ils n'espéroient, qui auront
» souvenance et regret de leurs maisons ; et
» quand ils verront tous les chemins assiégez
» de noz gens, en sorte qu'ils ne puissent aller
» loing au fourrage, ou sans extrême danger
» d'y recevoir honte et perte, ou sans y mener
» si grosse trouppe qu'elle soit suffisante à con-
» sumer ce qu'ils trouveront, ce leur sera force
» et contrainte de se saouler et appaiser leur
» faim de figues, raisins et autres fruits qu'ils
» trouveront autour du camp. Et de ce vous
» leur verrez bientost advenir qu'ayant à souf-
» frir ensemble, outre la mutation du ciel et de
» la terre, qu'ils trouvent icy contraires à leur
» naturel, et outre les chaleurs de l'automne et
» l'air malsain en ce païs à qui n'y est accous-
» tumé, de ceste autre soudaine mutation de
» viandes, dont ils se rempliront sans en tirer
» grande substance, ils tomberont en maladies,
» et successivement en pestilence. Nous, au
» contraire, si nous séjournons et nous fermons
» icy, aurons par le séjour abondance et super-
» fluité, non que provision et suffisance, de
» toutes les choses dont le mesme séjour leur
» donnera faute ; car tous les jours nous adjous-
» terons à la fortification de nostre camp ; il
» nous viendra comme une nouvelle armée, et
» de ceste-cy riens ne diminuera : partant les
» forces et conséquemment le cœur nous crois-
» tront.

» Et, pour commencer à l'un des poincts,
» nous avons icy facilité de nous fortifier autant
» qu'il est possible, et si avons du temps as-
» sez pour ce faire ; là où, si nous marchons en
» avant, autant de jours que l'ennemy aura
» moins à cheminer pour nous venir trouver en
» campagne, nous deffaudront et se diminue-

» ront du temps qui, en nous fermant icy, nous
» serviroit à nous y fortifier. Pour le second,
» je voy que tant plus nous irons en avant,
» tant plus nous sera la conduicte des vi-
» vres malaisée et de coustange ; et, au
» contraire, en nous arrestant au long de ceste
» grosse rivière du Rhosne, nous aurons tousjours
» et les vivres du païs, et ceux aussi des loingtai-
» nes parties et contrées de France : de sorte
» que je puis conclure que non seulement il y a
» plus de danger en trop nous avançant, que
» d'ennuy et d'inconvénient à temporiser ; mais
» qui plus est, que nostre victoire consiste plus-
» tost à nous gouverner meurement, que har-
» diment ne vaillamment ; car nous avons à
» nostre doz (chose qui bien faict à peser) tout
» le païs seur et à nostre bandon, et un Roy qui
» a très-bien sceu, et encores sçaura pourvoir
» qu'il ne nous advienne d'ailleurs occasion de
» crainte inopinée. Il me souvient que vous avez
» faict quelque doute, à cause de la guerre que
» d'autre part nous avons en Picardie ; mais
» vous pouvez asseurément oster ceste fantasie
» hors de vostre teste ; car, quand ainsi seroit
» que l'ennemy courust et gastast le plat païs,
» que fera-il contre tant de villes et places for-
» tes qui sont en icelle frontière, et qui sont
» remparées de closture, et fortifiées de gens et
» munitions pour y attendre quelconques enne-
» mis ? Et quand ores il plairoit au Roy d'y ha-
» zarder une bataille, vous avez les gens du
» païs si aguerris et si affectionnez au prince,
» les Allemagnes voisines, que je vous asseure
» estre de bonne volonté vers le Roy, et le che-
» min si ouvert à y faire descendre et Allemans
» et Suisses, que je ne voy point de cause pour
» laquelle (s'il sembloit bon au Roy) il ne le peust
» et deust faire, et mesmement ayant tant de
» places fortes, qu'une bataille gaignée ne peult
» conquérir le païs à l'ennemy. Mais il vault
» mieux, puisque l'on peult avoir victoire
» sans coup férir, et en temporisant et dé-
» layant, le deffaire de luy-mesme, puisque
» nous avons (quand tout est dit) le moyen
» de délayer tant qu'il nous plaira, sans que
» nous en tombions (ce que me semblez
» craindre) en aucune nécessité ne faulte de
» payement ; car il fault, Messieurs, que vous
» sçachiez que la commune de France n'a
» point envoyé moins offrir au Roy, pour
» employer en ceste guerre à la deffense du
» royaume, que tout le pouvoir et le bien d'un
» chacun en général et en particulier.

» Mais que diriez-vous en cest endroit, si je
» vous mettoy en avant que le Roy, jusques
» icy, n'a point encores mis la main à sa parti-
» culière espargne, qu'il a spécialement réser-
» vée et réserve pour un dernier et extrême be-
» soing ? Ce que je vous en dy toutesfois, ce n'est
» pas pourtant que je blasme vostre jugement
» ne considération des choses alléguées, ne que
» je condamne vostre opinion ; aincois serois-je
» du mesme advis, si je pensoy que d'une ba-
» taille il ne nous peust advenir autre inconvé-
» nient que d'une desconfiture ; mais, quand je
» considère qu'à la conduitte de ceste guerre,
» il fault avoir esgard à tout le royaume, du-
» quel en la force et vertu de ceste armée et en
» l'issue de ceste entreprise, gist le salut com-
» mun en grande partie, je pense alors que, de
» toutes noz consultations et délibérations, le
» principal poinct gist à bien estimer et peser le
» commencement, l'ordre, l'issue, le danger,
» et le prouffit. Sur ce, voyant que du commen-
» cement et de l'ordre dépend l'issue, et de l'is-
» sue le danger et le prouffit ; trouvant après
» que le prouffit ne contrepoise point au danger
» d'autant que, ceste armée rompue, il n'est rien
» que l'ennemy n'ose, et n'est rien que nous de-
» vions oser entreprendre ; et que, nous rappor-
» tans la victoire, l'ennemy ne pert rien du
» sien, à nous ne vient aucun accroissement,
» je conclu, en effect, qu'en une guerre de
» telle conséquence, il ne fault rien mettre à
» la discrétion de fortune, ne fonder son espé-
» rance sur les faultes que pourroit faire l'en-
» nemy ; ains que le meilleur commencement,
» le meilleur ordre, la meilleure espérance de
» victoire que nous puissions avoir ne tenir,
» s'est de pourvoir et faire que nous ne soyons
» point vaincuz. Je sçay très-bien que fortune
» autresfois a donné tel heur et si bonne issue
» de choses quasi non préméditées, que
» l'homme n'en eust osé tant souhaitter si on
» l'eust mis en liberté de choisir luy-mesme ce
» qu'il vouldroit avoir ; mais, d'autre part, il
» est aussi advenu plus d'une fois, que, pour
» n'avoir faict jugement et distinction du temps,
» de l'occasion, de l'espérance, du danger,
» de l'issue, tel est descheu de son at-
» tente, qui estoit, non seulement esgal, ains
» supérieur de force à son ennemy. Pour faire
» fin, je ne voy celle de voz deux opinions qui
» ne soit fortifiée de bonnes et apparentes rai-
» sons ; mais l'une gist au hazard, et peult y sur-
» venir quelque danger ; l'autre me semble
» seure et certaine en tout événement. Il est
» bien vray que, pour les mesmes raisons que
» vous avez sceu très-bien déduire, je désiroy
» fort, si c'estoit chose possible, que nous n'a-
» bandonnassions la ville d'Aix ; mais il me
» souvient qu'au temps de la descente de Bour-

» bon, il fut jugé qu'elle ne se pouvoit fortifier
» ne rendre deffensable, sinon par grande lon-
» gueur de temps, et qu'à ceste cause elle fut
» abandonnée par advis de plusieurs bons et sa-
» ges capitaines et bien expérimentez, et co-
» gnoissans des assiette et advenues du païs.
» Pour toutesfois ne rien conclurre légère-
» ment, au préjudice d'une notable ville et
» capitale de tout les païs, je suis d'advis
» que demain, de bon matin, nous montions
» à cheval, avecques une moyenne trouppe
» de gens choisis, et que sur le lieu nous
» en délibérions et jugeons à l'œil ; et là, s'il
» nous semble qu'elle se puisse assez à temps,
» fortifier, nous mettrons promptement, et sans
» y perdre temps, force manouvriers à l'œuvre ;
» si, au contraire, il nous semble qu'il ne se
» doive faire, nous la ferons vuider, abattre les
» portaux et tout ce qui serviroit (en l'y laissant)
» à l'ennemy, et la luy abandonnerons ouverte,
» vuide et inutile. »

A ceste conclusion s'accordèrent unanimement tous les capitaines et autres appellez au conseil. Au lendemain, le sire de Montmorency, partant dès la poincte du jour, ainsi qu'il avoit esté délibéré, s'en vint à Aix, et passant outre, visita l'assiette du camp dont il a esté parlé, laquelle, pour les raisons jà devant dittes, il trouva estre fort mal à propos ; puis vint recognoistre la ville tout à l'entour, laquelle, en somme, il trouva que des deux costez elle se pouvoit facilement fortifier, des autres deux malaisément, à cause de certaines collines qui regardoient de près au-dedans de la ville, et pouvoient servir de cavalier à l'ennemy, pour y planter son artillerie, et de là faire sa batterie. Parquoy la plus grande partie des assistans qui furent appellez à en délibérer sur le lieu et à veue d'œil, furent d'advis de l'abandonner, parce qu'ils jugèrent la fortification d'icelle requérir l'œuvre et besongne de plusieurs mois, non que de jours. Aucuns y en eut toutesfois qui, non seulement furent d'advis qu'elle se deust et peust fortifier, mais volontairement s'offrirent à la tenir et deffendre ; le plus apparant entre ceux de ceste opinion, fut le sire de Montejean, homme hardy et entreprenant, lequel fist grande instance et poursuitte qu'on luy en voulust donner la charge. Le sire de Montmorency, louant son cueur et bonne volonté, encores qu'il fust bien d'advis qu'il espéroit plus que luy n'autre ne pourroit facilement exécuter, luy accorda toutesfois qu'il y demourast et considérast plus à loisir et plus diligemment la charge qu'il offroit à entreprendre ; pesant bien et meurement ce qu'il devroit oser et ce qu'il oseroit espérer, ce pendant que luy feroit un voyage à Marceille ; et que luy, son rapport ouy, ordonneroit et concluroit au retour ce qu'il voudroit qui en fust faict.

Cela arresté, il print le chemin de Marceille, et, arrivé qu'il y fut, visita la ville, et par dedans et par dehors, considéra et loua les fortifications que le sire de Barbezieux y avoit faictes, et la diligence dont y avoit esté usé, y mist encore gens de renfort, sçavoir est, les compagnie de gens-d'armes qui n'aguères estoient retournées de Fossan, et les bandes italiennes du seigneur Chrestofle Guasco ; à tous les chefs et capitaines ordonna quelles charges chacun entreprendroit en son endroit, les asseurant, de par le Roy, que ledit seigneur auroit, en temps et lieu, bonne souvenance du bon service qu'il luy faisoit, et luy s'offrant à eux d'estre, à ceste fin, leur médiateur et intercesseur envers Sa Majesté. Ayant pourveu au faict de la ville, il alla visiter l'armée de mer, et, entendant en quel équipage elle estoit de toutes chose à ce requise, fist faire reveue des compagnons de guerre et gens de camp qui estoient sus, et prendre garde aux forçats s'ils estoient bien entretenuz et le nombre complet, ainsi qu'il appartient. En toute ladite armée il fist élection de trèze galères, les mieux en ordre et mieux fournies de gens, de vivres, harnois, artillerie, munitions et autre équippage ; entre les capitaines d'icelles, il ordonna celuy auquel ils auroient à obéyr, qui fut le baron de Sainct-Blancart ; ce qu'au demourant ils avoient à faire, et quand, et à quelle occasion et opportunité ; aux autres, il commanda de se tenir au port, pour la seureté d'iceluy et pour la tuition et deffense de la ville. En ladite ville de Marceille demourèrent à son partement ledit sieur de Barbezieux, lieutenant du Roy, avecques sa compagnie de cinquante hommes-d'armes, les seigneurs de Montpesat, de Villebon, de La Roche du Maine, avecques leur compagnies, chacune de cinquante hommes-d'armes ; le sieur de Boutières, avecques celle de monseigneur le duc d'Orléans, aussi de cinquante hommes-d'armes, dont il estoit lieutenant ; et le sieur de La Rocque avecques celle du grand escuyer, laquelle estoit de cent ; messire Antoine de Rochechouard, sieur de Chandenier, avecques mille hommes de pied de la légion de Languedoc, de laquelle il estoit chef et capitaine-général, et avecques lesdits mille hommes avoit la porte en garde messire Jacques d'Amboise sieur d'Aulbigeau, et le sieur Fontrailles, et le baron d'Escuisson, et ledit Chrestofle Guasco, avecques autant ; et les capitaines Wartiz, navarrois, et Sainct-Pètre, corse, avecques chacun six cens.

Le duc de Montmorency, en pourvoyant à ce que dessus, et à toutes autres choses qui luy semblèrent estre nécessaires ou utiles au faict présent et à la garde de laditte ville, avoit toutesfois son entendement occupé aussi bien aux choses qui luy estoient de plus loing; et luy vint en délibération de faire fortifier la ville d'Arle, et, après avoir en son esprit discouru la commodité et incommodité, en voulut bien communiquer avecques les capitaines qu'il avoit en sa compagnie. Tous furent d'advis et opinion d'y faire (puisque le temps le portoit) un voyage, avant qu'en prendre certaine résolution; et, partans de Marceille en ceste délibération, passèrent premièrement à Aix, où ils avoient laissé le sire de Montejean, qui avoit faict abattre quelques églises et autres édifices hors la ville, qui empeschoient que l'on ne peust si véritablement juger quel dommage pouvoient faire les collines qui regardoient dedans, et en partie pouvoient servir et de retraitte et de cavalier aux ennemis. Là fut mis de rechef en délibération si on devroit tenir ou abandonner la ville. Au sire de Montejean n'estoit point encores abbaissé le cueur et le désir qu'il avoit d'accroistre son honneur et gloire au faict des armes: si se mist encores en avant, et offrit de la tenir et garder en sorte que, tant qu'il fût en vie, jamais l'ennemy n'y mettroit le pied, moyennant qu'il eust autres cent hommes-d'armes, outre les cent dont il avoit la charge, et gens de pied jusques à six mille, avecques l'artillerie et l'équippage y appartenant. Et n'oublia à mettre en avant de l'avantage que l'on pouvoit avoir de tenir laditte ville, sinon jusques à l'extrémité, à tout le moins pour quelque long-temps, y amusant l'ennemy, tant qu'il se trouvast l'hyver sur les bras : mais le sire de Montmorency, cognoissant la difficulté, fort approchante d'impossibilité, de la sçavoir bien fortifier, et, quoy qu'il en fust, que ce n'estoit ouvrage de peu de jours, aussi que le temps pressoit, et que les pionniers n'estoient en main en si grand nombre qu'il en faudroit pour cest affaire, conclut et ordonna quelle seroit abandonnée; car il pensoit en soymesme que, tout ainsi que l'Empereur, à la première ville qu'il assaudroit, sans en venir audessus et à son intention, amattiroit et affaibliroit le cueur de ses gens, et apporteroit un grand préjudice et désperation à l'attente et issue de son entreprise, nous, en pareil cas, rabbatrions beaucoup de noz desseings et espérances, diminuerions du cueur et de la vertu de noz gens, et à noz ennemis l'accroistrions d'autant, si nous entreprenions de garder, et, nonobstant, perdions une ville première et capitale de la Provence. A ceste cause, il luy sembloit bien que, désaccoustumant les ennemis de vaincre et les François d'estre vaincuz, il donneroit assez bon commencement, et auroit suffisantes arres pour la future et désirée victoire : et, pour ce, commanda-il expressément que l'on deslogeast et transportast hors de la ville toutes choses qui, restans en icelle, pourroient y soulager et secourir l'ennemy, et qu'au surplus on rasast les portaux et tout le peu de deffence qui pourroient y estre.

Le capitaine Bonneval, en continuant de faire le déguast (ainsi qu'il a esté dict cy-dessus), estoit ce pendant venu loger à Brignolles, pour y trouver ou attendre les dessusdits Miolans et Vassey et autres capitaines, ausquels il avoit assigné de s'y retirer, incontinant leurs commissions exécutées, afin d'adviser tous ensemble ce qu'ils auroient à ordonner et faire de là en avant. Et audit lieu il trouva le comte de Tende, grand sénéschal et lieutenant du Roy en Provence, et avecques luy messire Claude Gouffier, sieur de Boisy (1), chevalier de l'Ordre, et premier gentilhomme de la chambre du Roy, lesquels luy apportoient lettres du sire de Montmorency, lieutenant du Roy, contenans, en substance, qu'il envoyoit les dessusdits pour avecques luy entendre au service dudit seigneur, et qu'ils donnassent ordre, s'il estoit possible, de surprendre quelques avant-coureurs de l'ennemy, pour entendre de sa conduitte et desseing, et quel chemin il devroit tenir; mais que tous, en ce faisant, s'employassent à continuer le dégast encommencé, d'autant plus diligemment, que l'Empereur aussi diligentoit sa descente; car, à la vérité, il estoit desjà alors arrivé au plain de Cannes ; et par espies avoient lesdits capitaines advertissement que le lendemain devoit marcher en çà le seigneur dom Ferrand de Gonzague, menant l'avant-garde avecques dix-huit cens chevaux et six mille lansquenets. Estans ensemble les dessusdits au conseil, eurent nouvelles que les habitans de Luc, petite ville sur le chemin de Fréjus, faisoient résistence à ceux qui vouloient y faire le guast : parquoy ils y envoyèrent cinq cens hommes de pied de renfort et fut le guast exécuté. Le sire de Vassey, lequel, venant de Fréjus et passant audit Luc, avoit entendu que laditte avant-garde devoit faire ce chemin, et que le maistre de camp alloit aucunefois trois ou quatre lieues

(1) Il était fils de l'amiral Bonnivet, et frère de Louis de Gouffier, tué devant Naples en 1528.

devant toute l'armée impériale, s'offrit et demanda qu'il luy fust permis d'aller au-devant, et le prendre, s'il le trouvoit à son avantage, pour avoir langue des ennemis, suivant le mandement dudit seigneur lieutenant-général du Roy: mais la compagnie ne voulut y consentir, pour crainte d'inconvénient et pour cause du commandement exprès qu'ils avoient du Roy et dudit seigneur lieutenant-général de se garder surtout qu'ils ne donnassent curée à l'ennemy; car ils avoient sceu, et mesmement ledit Bonneval, par seures espies qu'il tenoit au camp de l'Empereur, et qui tousjours luy avoient rapporté vérité, que l'ennemy ordinairement, quand il envoyoit quelque petite trouppe aux champs, envoyoit par autre chemin autre plus grosse force, pour soustenir les premiers. Et le mesme jour en avoit ledit Bonneval faict l'espreuve; car, ayant délibéré d'envoyer gens pour rompre le logis d'octante chevaux qui s'estoient venuz loger à un moulin environ deux lieuës au deçà de Fréjus, il eut nouvel advertissement d'espie sur espie, que, la nuict, s'estoient venuz embuscher au-dessus de six cens chevaux à l'entour dudit moulin. Et, à ceste cause, fut le lendemain arresté que le jour mesme on iroit loger à Sainct-Maximin, pour n'atendre de partir en alarme, au danger de quelque désordre; et dèslors fut sonné bouttez-selle, et le bagage acheminé devant, ce pendant que le guast se paracheveroit audit Brignolles.

Le seigneur de Vassey, après avoir failly à son congé d'aller veoir la contenance de l'ennemy, s'en estoit allé en diligence devers le sire de Montejean, son capitaine, estant lors avecques le sire de Montmorency, auquel il avoit compté d'un bout à autre tout ce qu'il avoit veu ou entendu depuis son partement d'avecques luy. Ledit sire de Montejean, qui ne se pouvoit assez contenter de ce qu'il ne s'offroit quelque oportunité de faire en ce commencement de guerre quelque recommandable service à son maistre et à la chose publicque, s'addressa incontinant au sire de Montmorency, et très-instamment lui requist que, durant le voyage qu'il feroit en Arle, son plaisir fust de luy permettre qu'il se retirast au lieu où estoit sa compagnie, à ce qu'il se mist en son debvoir de faire quelque service, trouvant oportunité et occasion avantageuse; et luy compta la façon de marcher que tenoit le maistre de camp impérial, quand il venoit recognoistre la place et assiette de ses logis; et jamais ne désista de sa requeste et instance, jusques à ce que ledit seigneur luy consentist, combien qu'envis et à regret, l'admonestant toutesfois qu'il se gardast d'estre surpris en voulant surprendre, et retenu en son entreprise, usant plustost de sens et ruse que hardiesse: sur toutes choses, qu'il ne marchast point si avant, que le mesme jour il ne se peust retirer, sans trop lasser ses chevaux, en lieu où il fust à seureté, de peur de mettre chose quelconque en hazard, dont à l'entrée de ceste guerre il advint quelque malheur qui apportast à l'opinion des hommes mauvais augure et préjudice de l'issue. Bientost après, craignant ledit seigneur lieutenant (ce que depuis advint) que ledit sire de Montejean, lequel il cognoissoit adventureux et plus accoustumé aux hazards qu'aux dissimulations, ne retînt bien l'advertissement qu'il luy avoit donné, luy dépescha un chevaucheur d'escuirie, avec lettres de contremandement, et coulourant sa mutation d'avis sur ce qu'il luy escrivoit avoir en main une entreprise, laquelle exécutant (ce qui estoit facile), ledit sire de Montejean pouvoit beaucoup plus acquérir d'honneur, et faire au Roy plus notable service, qu'en exécutant sa première délibération. Mais la fortune voulut que le chevaucheur print autre chemin et acconsuivit ledit sire de Montejean plus tard qu'il n'eust esté besoing; car ledit de Montejean, incontinant qu'il eut obtenu son congé, estoit, sans perdre temps, monté à cheval, et, rencontrant sur chemin le bagage qui marchoit vers Sainct-Maximin (ainsi qu'il a esté dit cy-dessus), l'avoit faict tourner en arrière dont il estoit party; tant que ledit bagage fut rencontré par ledit de Bonneval, qui parachevoit le déguast à l'entour de Brignolles, lequel ne souffrit retourner ledit bagage, ains le fist remarcher en avant et suivre le chemin qui avoit esté ordonné par le conseil.

Le sire de Montejean, en ces entrefaictes, estoit desjà entré à Brignolles, et descendu au logis des dessusdits comte de Tende et de Boisy, ausquels il avoit déclaré son intention d'aller veoir de près la contenance de l'ennemy, et d'essayer à surprendre ce maistre de camp. Or avoit-il trouvé ledit sieur de Boisy non moins convoiteux que luy de faire chose de mémoire, et d'accroistre son bruit et réputation; parquoy facilement il luy accorda d'estre son compagnon en ceste entreprise. Furent toutesfois d'avis d'en communiquer de rechef avec ledit de Bonneval, parce qu'il estoit le plus ancien, et d'essayer à luy faire trouver l'entreprise bonne. Si le firent appeller, et, entré qu'il fut en la chambre du comte de Tende, avec eux remirent en délibération à sçavoir ce que seroit bon de faire pour le bien et service des présens affaires du Roy, disant le sire de Montejean qu'il estoit là envoyé par le lieutenant-général dudit seigneur, pour estre avec eux, comme il estoit bien raisonnable, puisque sa compagnie y estoit, et qu'il avoit congé de donner quelque charge à l'ennemy, là où il luy viendroit en main occasion et opportunité de ce faire, comme en effet il luy sembloit bien qu'alors elle s'y offroit, pour les raisons desjà par cy-devant déduittes. Le capitaine Bonneval, ce nonobstant, persistoit en la délibération arrestée par le conseil, alléguant que de laditte entreprise, ores qu'elle fust bien exécutée, ne dépendoit point tant d'avantage aux affaires du Roy, comme de désavantage d'une cure donnée (si mal en advenoit) aux ennemis; et que c'estoit l'une des principales considérations qui leur fussent enchargées et recommandées, tant par le Roy que par sondit lieutenant-général : parquoy son opinion estoit de l'ensuivre. A quoy réplicqua le sire de Montejean, que certainement il estoit raison d'ensuivre l'intention du Roy et de son lieutenant-général, mais qu'ils n'avoient point commandé que, si sur chemin il se trouvoit quelque chose de bon, on le laissast. Au capitaine Bonneval (encores qu'en son courage il ne blasmast point ceste promptitude et gaillardise de cueur audit sire de Montejean, ne la volonté qu'il avoit de rassembler encores aux ennemis, contre lesquels il avoit freschement faict bonne preuve en la guerre de Piémont) sembla toutefois que ceste réplicque luy touchast un peu, et ne peust se contenir de luy respondre que desjà il avoit veu et faict veoir la contenance de l'ennemy, et que s'il eust veu quelque chose de bon pour son honneur et le service du Roy, il eust bien sceu le choisir et prendre, sans y attendre ne luy n'autre; mais que, pour conclusion, attendues les nouvelles qu'il avoit dudit ennemy, l'intention du maistre, et l'estat et conséquence de ses affaires, il persistoit en cest advis de se retirer à Sainct-Maximin, ainsi et pour les causes qu'il avoit esté advisé au conseil : et si bien ledit sire de Montejean estoit résolu d'exécuter son entreprise (ce que par son advis il ne feroit), si n'estoit-il raisonnable que la trouppe qu'ils avoient là pour le Roy (laquelle ne pouvoit estre en tout plus que de deux cent cinquante hommes-d'armes, et de trois mille hommes de pied) y demourast pour luy faire escorte, au hazard de luy arriver sur les bras toute l'avant-garde de l'Empereur, et au danger d'y perdre prou, soubs espérance de gaigner peu.

Ainsi fut conclu de desloger et sur chemin continuer le déguast. Les bandes du païs marchèrent les premières, et sur la queue le capitaine Claude, gascon, pour achever de gaster ce que les autres auroient espargné, parce qu'il auroit moins de respect à ce faire, que n'eussent eu les gens du païs, ausquels il faisoit mal de gaster les bleds et les maisons de leurs parens et voisins. Passant à Tourves, environ mi-chemin de Brignolles et de Sainct-Maximin, le sire de Montejean y descendit, parce qu'il y avoit vingt hommes-d'armes des siens logez, et avec luy descendit aussi ledit de Bonneval, pour prendre son vin. Là fut encores parlé de ceste entreprise, et déclara le sire de Montejean que pour ce jour il ne passeroit outre, car, au lendemain, il estoit délibéré d'aller donner quelque alarme aux ennemis, priant ledit de Bonneval qu'il luy prestast quelques gens des siens, pource que desjà ils avoient cognoissance du païs ; ce que finablement il luy accorda, voyant qu'il ne le pouvoit destourner de son opinion ; et luy laissa un homme-d'armes et douze archers des siens, le recommandant à Dieu qui luy donnast grâce de bien faire ; et ce faict, il acconsuivit la trouppe, marchant à Sainct-Maximin. Au lendemain, de grand matin, le sieur de Boisy vint tout armé, avec vingt-cinq hommes-d'armes des siens, fort bien en ordre, trouver les seigneurs comte de Tende et de Bonneval, pour prendre congé d'eux, et s'en aller à Tourves, ainsi qu'il avoit promis au sire de Montejean. Moult se travailla ledit de Bonneval, non seulement à divertir le sieur de Boisy de ceste entreprise, mais à luy persuader aussi qu'il en destournast les autres, luy remonstrant que, si leur advenoit inconvénient, le bruit nous en seroit de tant plus désavantageux, que tous deux estoient chevaliers de l'ordre, et l'un premier gentilhomme de la chambre, et des plus privez de la personne du Roy ; l'autre aussi de la chambre, capitaine de cent hommes-d'armes, et général de tous les gens de pied françois. Mais le sieur de Boisy, pource que desjà il avoit promis sa foy au sire de Montejean d'estre son compagnon en ladite entreprise, ne voulut faillir d'aller à Tourves : bien dist que, s'il s'estoit encores à la promettre, il ne la promettroit, et qu'il s'employeroit, arrivé qu'il seroit vers luy, à l'en destourner autant qu'il luy seroit possible; et à tant print congé d'iceux, et dressa son chemin à Tourves.

A Sainct-Maximin demourèrent les dessus-dits comte de Tende et Bonneval, lesquels envoyèrent le capitaine Claude du costé de Marceille, pour exécuter le déguast. Du costé de la montagne, feirent marcher la trouppe de gens de cheval et de pied du seigneur Jean Paule de Cère, laquelle ils feirent venir de Bargeaux (1), où elle avoit auparavant esté envoyée ; et la fist-

(1) Barjols.

on venir tousjours à main droicte, sur le chemin dudit Bargeaux à Aix, laissant Marceille à gauche. Au lendemain ils eurent nouvelles de la prinse des sires de Montejean et de Boisy, de laquelle nous parlerons par cy-après; et sur ceste nouvelle, ils dépeschèrent vingt chevaux, pour aller jusques à Tourves entendre la vérité de cest affaire. Ceux rencontrèrent et amenèrent un homme-d'armes du sieur Boisy, nommé Le Bourguignon, qui asseura d'avoir esté à la deffaite, et les avoir veu prendre et ramener à Brignolles. La nuict, estoit arrivé messire Jean, sire de La Jaille, l'un des lieutenans de Montejean, lequel désiroit fort qu'on allast droict audit lieu de Brignolles, essayer à recouvrer les prisonniers; mais les dessusdits comte de Tende et Bonneval adviserent qu'ils n'avoient que cinq enseignes ou guidons, et assez mal accompagnez, et que, de gens de pied, ils n'avoient qu'environ de trois mille hommes au plus; qui n'estoit suffisante trouppe pour aller forcer dix-huict cens chevaux et six mille lansquenets. Parquoy ils prindrent le chemin de Tretz, et, y arrivant, trouvèrent que la compagnie du seigneur Jean Paule estoit à Porrières, près de là, où elle avoit desjà repeu. A ceste cause ils ordonnèrent vingt chevaux pour aller, vers Sainct-Maximin, entendre des nouvelles si les ennemis marchoient en avant, et le surplus de la compagnie à faire le guet, ce pendant qu'eux repaistroient audit lieu de Tretz. Et là vint devers eux Claude de La Val, sieur de Bois-Dauphin, qui leur apporta lettres de créances du sire de Montmorency, lieutenant-général du Roy, pour entendre ce qu'ils avoient exploicté au faict de leur charge; par lequel ils luy donnèrent advis de ce qu'estoit advenu à Brignolles.

Après avoir repeu, ils abandonnèrent la ville à sac, à cause que les habitans, pour quelque commandement qu'il leur eust esté faict, n'avoient voulu ne transporter les vivres, ne faire le guast : et de là se retirèrent à Aix, auquel lieu, dès le soir mesme, arrivèrent selon l'advertissement de ce faire qu'eux en avoient donné, tous ceux qui avoient esté envoyez parmy le païs exécuter le déguast. Audit Aix fut trouvée grande quantité de vivres; car, outre la provision des habitans, plusieurs des autres villes, qui avoient transporté les leurs, ainsi qu'il leur avoit esté commandé, les y avoient amenez, sur l'asseurance qu'ils prindrent que ladite ville seroit tenue, alors qu'ils virent commencer à la fortifier. Et à ceste cause, autant les habitans, qui eussent peu sans ceste espérance sauver leurs biens, que les estrangers, qui auparavant les eussent peu conduire ailleurs, de tant plus envis et mal patiemment portoient ce dommage, de les mettre lors à perdition; et, si la force n'y fust arrivée, à bien grande peine en eussent esté obéis le sieur de Bonnes et autres, qui pour ce faire avoient esté ordonnez. Chacun toutesfois sauva ce que possible luy fut en telle presse, et le surplus fut bruslé ou jetté par les rues, les vins deffonsez ès caves, les moulins desmolis, les pierres de meule et moulages rompues et brisées, les fers des moulins emportez, et tous ceux que l'on peut trouver au païs qui s'entendoient à faire moulins, envoyez en nostre camp, soubs couleur qu'ils y seroient employez, mais, à la vérité, de peur que l'ennemy s'aydast d'eux à refaire lesdits moulins. Là eussiez veu un spectacle piteux et lamentable, pour la soudaineté d'un tel abandonnement de païs, deslogement et désolation de ville. Si est-ce toutesfois (encores que le dégast en fust plus grand) que la ville n'en demoura si entièrement desgarnie de vivres, comme elle fust démourée si les choses eussent esté faictes à loisir et à temps, avant que les dessusdits inconvéniens fussent arrivez. Là vindrent nouvelles aux dessus nommez comte et capitaines comment les ennemis estoient desjà venuz à Sainct-Maximin, qui fut occasion qu'ils deslogèrent d'Aix, et vindrent loger à Salon de Crau, où estoit la compagnie de monseigneur le mareschal d'Aubigny, laquelle y avoit esté dès le commencement, pour là et aux environs faire le dégast : mais le lieutenant dudit seigneur, qui avoit la charge de la compagnie et de ce faire, avoit plus mis de peine à vuider les bourses de deniers, que les greniers de bled, ne les granges de fourrages.

Sur ce poinct, je retourne au sire de Montmorency, lequel, party de Marceille (ainsi que j'ay dit ci-devant) pour aller visiter la ville d'Arle, eut sur chemin nouvelles, tant par espies que par rapport de prisonniers qui luy furent envoyez, que, nonobstant qu'il se devisast en plusieurs sortes du chemin que devoit tenir l'Empereur, toutesfois la pluralité de voix estoit qu'il avoit intention de marcher droict à Marceille pour l'assiéger, autant par terre que par mer, et d'essayer à parvenir de deux choses à l'une, ou de l'emporter d'assaut par un soudain et grand effort, ou d'attirer le Roy à y venir donner secours, et le contraindre, par ce moyen, de venir à la bataille; et, au cas qu'il ne parvînt à l'une ou à l'autre de ces deux intentions, qu'il jettoit ses desseings sur la ville d'Arle; et que, pour exécuter sa délibération, il n'attendoit plus que la venue du seigneur André Dorie, pour cause qu'il avoit sur son armée de mer bonne partie de l'artillerie, munitions, et autres appareils requis à batterie, mines et assaux de ville. Tout ce que dessus, encores qu'il vint par advertissement et rapport des ennemis, sur lequel fonder une conclusion en chose de grande et notable importance, semble aucunement avoir espèce de légèreté, estoit toutesfois si vraysemblable, et si approchant du devoir et raison de la guerre, que ledit sire de Montmorency fut bien d'advis d'avoir esgard autant à laditte raison et devoir, comme à la qualité des personnes dont procédoit l'advertissement; et pour autant il conclut et délibéra de haster son entreprise de la fortification d'Arle. Y arrivant, il recogneut diligemment la ville, en compagnie des capitaines qu'il avoit menez. A tous universellement sembla estre chose requise et nécessaire, mais difficile et comme hors d'espérance, de la pouvoir si promptement fortifier. Luy toutesfois, voyant le grand besoing qu'il estoit de ce faire, et le gros ennuy que nous pourroit faire une ville en telle assiette, si elle tomboit ès mains de l'ennemy, fut d'advis d'y faire besongner et vaincre par la solicitation et diligence toutes les difficultez qui s'y pourroient offrir. Si fist incontinant commander par tout le païs à l'environ des pionniers et manouvriers, désigna les endroicts et forme des rampars, fist commencer de mettre la main à l'œuvre, ordonna gens pour conduire et avoir l'œil dessus l'ouvrage, et pour haster et diligenter les ouvriers, pourveut de chefs et capitaines en la place, donna ordre à y faire venir des vivres, artillerie et munitions. Ce faict, il dépescha commission au sieur de Chandenier, son lieutenant au gouvernement de Languedoc, pour tenir gens prests à lever au païs, à la première nouvelle certaine qui luy viendroit que l'ennemy monstrast d'y vouloir faire entreprise : chose qui par les effects fut tost après cogneuë avoir esté bien et à propos délibérée. Partant de là, il vint passer à Tarascon et Beaucaire, villes assises des deux costez du Rhosne ; et, pour ne laisser aucun endroit despourveu, auquel par humaine prévoyance y eust moyen de pourvoir, il délibéra de les faire remparer et fortifier ; mais il remist à en conclure jusques après son retour en Avignon, parce que desjà il en estoit près, aussi que sur ce chemin il avoit eu nouvelles de la dessusditte deffaitte des sires de Montejean et de Boisy, et comment ils estoient prisonniers ès mains de l'ennemy ; parquoy il se hastoit, pour obvier à tous inconvéniens, d'arriver audit lieu d'Avignon, n'ignorant point que de l'aventure de telles premières rencontres s'engendrent communément ou peur ou asseurance entre deux armées.

Ceste deffortune leur advint en la manière qui ensuit. Eux et leurs gens assemblez à Tourves, ainsi qu'en avoient prise entre eux la conclusion, c'est à sçavoir, de sept à huict vingt chevaux en hommes-d'armes et archers de leurs deux compagnies, et quelque nombre de ceux de la compagnie du comte de Tende, soubs la conduitte du sieur de Torines, son guidon, et ceux que leur avoit baillez le capitaine Bonneval, ensemble les capitaines Sainct-Pètre, corse, Wartiz, navarrois, et La Molle, provençal, aveques tel nombre choisis de leurs gens de pied qu'ils advisèrent y devoir suffire, advint de cas fortuit, que l'ennemy, partant de Fréjus (où il s'estoit arresté trois jours à consulter ce qui seroit de faire), venoit loger au long de la rivière d'Argence, et que le seigneur dom Ferrand de Gonzague avoit passé la rivière pour venir, aveques les gens de cheval dont il avoit la charge, en la dessusnommée ville de Luc. Les sires de Montejean et de Boisy, bien advertis par leurs espies de cest affaire, montèrent au matin à cheval, et après-midy arrivèrent auprès du Luc, où estoient ledit maistre de camp, ou autre pour luy, et gens envoyez pour visiter le lieu et prendre logis pour l'avant-garde ; lesquels faillirent à estre pris par ledit de Vassey, lieutenant dudit sire de Montejean, et ledit seigneur de Torines, qui avoient charge de mener les avant-coureurs. Si se retirèrent en une vallée au dessoubs où lors estoit laditte avant-garde, en laquelle ils donnèrent l'alarme aussi chaulde comme s'ils eussent esté rencontrez, non seulement par les coureurs, mais par l'avant-garde entière des nostres ; et tel en firent courir le bruit parmy leur camp, de sorte que par tout le païs ès environs ne s'entendoit autre chose que le bruit de gens allans et venans de logis en autre, chevaux hannir, trompettes sonner, et battre tabourins pour avancer l'alarme. Les sires de Montejean et de Boisy, qui bien oyoient ce chault alarme, feirent sonner la retraitte, et se mirent à chemin, en intention de se retirer au plus loing qu'ils pourroient sur le chemin de la ville d'Aix, et arrivèrent, environ la nuict fermant, à Brignolles, leurs gens de cheval et de pied moult las et travaillez, tant par la grande chaleur qu'il avoit faict ce jour, comme pour le long chemin qu'ils avoient faict d'aller et venir. Et, à ceste cause, fut advisé entre eux, parce que leurs gens de pied ne pouvoient plus marcher sans repaistre, que, pour ceste nuict, ils séjourneroient audit lieu de Brignolles. Les capitaines demourèrent à cheval ce pendant que les soldats se logèrent ; et fut ordonné au capitaine de Vassey de faire des barrières et asseoir le guet à toutes les advenues du village : et, ce faict, un chacun se retira pour repaistre en son logis.

Au camp des ennemis, après que l'alarme fut donnée, et toute leur avant-garde en armes, le seigneur dom Ferrand, pensant véritablement, ou monstrant de penser que ceux qui l'avoient donnée eussent rencontré toute la nostre, se délibéra de marcher après et chercher occasion et oportunité de leur donner sur la queuë à son avantage. Si print une bonne trouppe de gens esleuz, et avecques eux marcha le grand pas devant, faisant suivre à son doz tout le surplus de ses gens de cheval, jusques au nombre, ou environ, de dix-huict cens chevaux, avecques eux six mille lansquenets, pour se pouvoir (au cas que mestier luy en fust) retirer et joindre à eux.

Sur mi-chemin de Brignolles et de Luc, il entendit, par gens du païs qu'il rencontroit allans et venans, quel nombre de gens pouvoient estre les nostres qui avoient esté cause de donner ceste alarme : voulant toutesfois en sçavoir mieux à la vérité, pour entendre aussi quel chemin ils avoient tenu, il envoya des coureurs devant, et pour guide leur donna un homme du païs et nay du lieu de Brignolles, qui avoit autrefois servy le duc de Bourbon, et, s'estant avecques luy retiré, quand il leva son siége de devant Marceille, avoit, par son moyen, esté faict sénateur de Milan. Cestuy fist diligence de rapporter seures et certaines nouvelles que noz gens, pour le plus, ne pouvoient estre qu'environ huict vingts chevaux et trois cens hommes de pied, fort las et travaillez, et que, pour se raffreschir et repaistre, ils s'estoient arrestez audit lieu de Brignolles, en intention de desloger avant le jour. Le seigneur dom Ferrand, adverty qu'ils estoient si petite compagnie, choisit un nombre des siens, ausquels il ordonna de marcher avant, et, costoyant Brignolles, s'aller embuscher au delà du village, en quelque lieu destourné, à costé du chemin que les nostres devoient tenir le lendemain. Ceux firent ainsi que commandé leur estoit, et quelque peu avant minuict, et une heure, ou peu plus, après que le guet des nostres fut assis, passèrent à costé dudit Brignolles, hors de la veuë et de l'ouye de leurdit guet. Furent toutesfois ouys par les mastins couchez à la campagne sur les fourrages, qui abbayèrent après eux assez longtemps ; parquoy les sire de Montejean et de Boisy firent incontinant sonner alarme et mettre tous leurs gens en armes : mais, quelque temps après, estant l'abbay des mastins cessé, aussi les gens retournez sans rien avoir trouvé (lesquels ils avoient mis dehors afin d'entendre dont venoit ce bruit), ordonnèrent à leurs gens de renvoyer leurs chevaux repaistre, et eux se reposer un peu, sans toutefois se désarmer du menu harnois, ne desseller autrement leursdits chevaux. Les nuicts alors estoient les plus courtes de l'an, parquoy ne tarda pas beaucoup que l'aube du jour commença de poindre : noz gens toutesfois mettoient desjà ordre à leur deslogement, en attendant qu'il esclarcist, et ce pendant avoient mis dehors quelques chevaux pour descouvrir, ès quels s'embatirent dix chevaux-légers de ceux que j'ay dit cy-devant avoir esté envoyez par ledit seigneur dom Ferrand pour s'embuscher au deçà du village, sur le chemin de la retraitte des nostres, et s'en alloient donner advis de ce qui avoit esté exploité par eux et du lieu où estoit leur embusche assise. Les nostres incontinant les chargèrent furieusement, et des dix en prindrent huict ; les autres deux se sauvèrent de vitesse, et arrivèrent vers ledit seigneur dom Ferrand, qui desjà estoit à un demy-mille près de Brignolles, auquel ils dirent la nouvelle, et de leur embusche, et de la surprise de leurs gens, et comme les nostres se préparoient à la retraitte. Luy, ce rapport ouy, voyant qu'il avoit, ainsi qu'il avoit désiré, noz gens enclos entre sa trouppe et son embusche, fist bien son compte qu'en se hastant un peu, il les pourroit encores trouver en désordre dedans le village, lequel il pensoit estre (ainsi que ses espies l'avoient laissé le soir précédant) ouvert et sans closture de toutes pars.

Sur ceste espérance, il donna congé aux siens d'aller donner dedans à bride abbatuë, par tous les endroits où ils s'adresseroient, pour y surprendre les nostres avant qu'ils fussent tous montez et rengez en bataille ; ce qu'ils eussent faict facilement (car il y en avoit des nostres qui bridoient encores leurs chevaux, et autres qui attendoient ou leur cuirasse, ou leur armet) si, par la prévoyance des capitaines, et par la diligence de ceux qui en eurent la charge, les barrières n'y eussent esté plantées, ainsi qu'il a esté dit cy-dessus. Le jour n'estoit encores clair, et ne s'apperceurent les ennemis d'icelles barrières, tant que leurs chevaux les vinssent choquer, dont il en fut renversé d'aucuns ; et autres recueillis par le guet des nostres, tant de cheval que de pied, et mesmement par le capitaine Wartis, auquel avoit esté ordonné de garder les deux flancs du costé de l'advenue où ils s'adressèrent, avec un bon nombre choisy des meilleurs arquebusiers qu'il eust en sa bande, pour soustenir le faix avec les gens de cheval, ce temps pendant que lesdits seigneurs de Montejean et de Boisy mettoient leurs gens dehors en ordonnance. La charge fut cruelle et bien combatue pour si peu de gens, et en mourut beaucoup des leurs, et mesmement des gens de nom. Les chefs à faire la première poincte furent le seigneur Valère Ursin, romain, et le seigneur Jean-Baptiste Péliacan, boulonnois; cestuy, entre autres, y mourut, et le seigneur Stèfe Del Camp, homme bien favori et aymé du seigneur dom Ferrand : de chevaux, en fut tué plus de quarante. Les sires de Montejean et de Boisy, se voyans réduits à ce choix party, que force leur estoit, ou de se retirer un peu honteusement, abandonnant leurs gens de pied à la mercy et discrétion des ennemis, ou de se hazarder entre honneur ou perte, encores qu'ils entendissent bien qu'ils avoient trop moins de force que de cueur, rengèrent toutesfois leurs gens en bataille, et sortirent à la campagne ; et, rappellant le capitaine Wartiz, lequel, et les autres capitaines de gens de pied avec leurs bandes, ils mirent sur les aisles des gens de cheval, et sur la queue (pour soustenir les ennemis s'ils les vouloient venir charger par derrière) laissèrent le capitaine Vassey avec douze hommes-d'armes, tels qu'il voulut choisir. Ne tarda guères que les ennemis n'arrivassent sur eux, sans toutesfois les approcher, du commencement, de plus près que d'un traict d'arc, sinon qu'un capitaine espagnol, nommé Sanche de Lève, demanda un coup de lance audit capitaine Vassey, qui luy octroya, et, leurs lances rompues, mirent tous deux la main aux masses, et tant s'esprouvèrent l'un l'autre, que l'Espagnol donna la foy.

Cependant noz gens marchèrent tousjours le petit pas, serrez ensemble avecques les arquebusiers, qui les couvroient très-bien sur les aisles. Peu à peu s'attacha la meslée, et jamais les nostres ne la refusèrent, se donnans toutesfois garde, sur toutes choses, de s'escarter, pour ne donner à l'ennemy oportunité de les forcer, et pource ne failloit chacun, incontinent qu'il avoit faict sa charge, de promptement se retirer en sa trouppe et en son ranc, à quoy faire ils estoient grandement secouruz par les gens de pied, lesquels tuèrent et blessèrent beaucoup des ennemis à coups d'arquebuse. Ce pendant qu'ils cheminèrent en ceste sorte par les chemins estroicts, ès quels l'ennemy ne se pouvoit ayder de toutes ses forces, mais estoit contrainct de combattre de pareil à pareil nombre, noz gens eurent presque tousjours l'avantage ; mais, depuis l'heure qu'ils furent arrivez en la campagne ouverte, et que la grosse trouppe des ennemis, chargeant les nostres, et sur la queuë, et sur l'un des flancs, ceux qui la nuict précédente avoient passé deçà, sortirent de leur embusche sur l'autre flanc : les nostres alors furent assaillis de toutes parts. Les ennemis croissoient tousjours de nombre de gens venans de renfort à la file ; leurs lansquenets se commençoient à descouvrir et approcher la multitude, et le présent secours haulsoit le cueur aux ennemis; le petit nombre, avec la nulle attente de secours, le rabaissoit aux nostres, lesquels estoient si assaillis de toutes pars, qu'il ne leur estoit plus loisible, quand ils avoient faict une charge, de se retirer en la trouppe, ainsi qu'ils faisoient du commencement, et à quiconques avoit une fois monstré le doz, n'estoit en sa puissance de recouvrer son renc. Par ce moyen, noz gens de pied (lesquels, et mesmement les capitaines, avoient faict un merveilleux devoir en ceste rencontre) se trouvèrent à la fin entrelassez peslemesle parmy les gens de cheval ; de manière que la victoire, qui jusques alors avoit esté suspense et en ambigu, se commença d'incliner à l'ennemy, et noz gens, qui paravant avoient plus combatu de courage que de force, commencèrent à estre aussi inférieurs en ceste partie. Depuis la poincte du jour dura le combat en ceste manière, jusques environ les huict ou neuf heures, et, en tout ce temps, n'advancèrent les nostres plus hault d'une bonne lieue de chemin. Là furent-ils entièrement rompus et renversez, et y moururent bien cent ou six vingts hommes de pied des nostres, et huict de la compagnie dudit sire de Montejean, entre hommes-d'armes et archers, quatre du seigneur de Boisy, et la pluspart des autres blessez : en sorte que de toute la trouppe ne réchappèrent plus hault de trois hommes d'armes, que tous ne fussent morts ou pris. Des ennemis moururent, sans les blessez, environ de cent à six vingts hommes de cheval; deux cens chevaux y moururent, mais le nombre vainquit la vertu. Lesdits seigneurs de Montejean et de Boisy, et les autres capitaines, et quelques jeunes gentilshommes de maison, qui les suivoient par affection de voir la guerre, y furent pris, et, entre les autres, le sire de La Roche-Guyon, nommé Loys de Silly, jeune gentilhomme et de bonne volonté, lequel y fist, pour sa jeunesse, telle preuve de sa personne, qu'il fut loué d'amis et d'ennemis. Les prisonniers furent ramenez à Brignolles, auquel lieu arrivèrent bientost après les lansquenets qui estoient partis avecques le seigneur dom Ferrand. Ledit seigneur, arrivé qu'il fut audit Brignolles, assist son guet à toutes les advenues du village, et au surplus de ses gens donna congé de s'aller reposer et refreschir. Ce temps pendant qu'ils se logèrent, il se retira pour escrire et donner advertissement à l'Empereur de ce qui estoit arrivé. Ledit seigneur Empereur, incontinant ceste nouvelle ouye, la print en gloire, du tout en la mesme sorte que si ses gens eussent vaincu, non pas par nombre, mais par vertu de gens; et pource fist à sçavoir et publier ceste victoire par tout le monde, faisant les choses encores plus grandes et riches qu'elles n'estoient, et de manière qu'à veoir le contenu de ses lettres, il ne sembloit rien moins à ceux qui les lisoient, sinon qu'il eust véritablement deffaict l'avant-garde du Roy : à d'aucuns il sembloit encores plus, et que desjà il eust eu plus que demie-victoire. Par tels moyens il attiroit à son party ceux qui auparavant estoient encores demourez en suspens et incertains du party qu'ils délibéroient tenir, confermoit ceux qui jà luy adhéroient, et tenoit en craincte ceux qui luy estoient contraires.

En Avignon, après que ces nouvelles y furent apportées, se mist entre noz gens un merveilleux effroy, et s'augmentoit journellement, à raison qu'un chacun aux légers et inconstans rapports qui se faisoient y adjoustoit encores quelque chose de sa particulière peur et craincte. Le sire de Montmorency, qui auparavant avoit crainct qu'il advînt de leur susdite entreprise ce qu'alors il entendit en estre advenu, se trouva en difficulté non petite, pensant par quel moyen il pourroit réparer ceste faulte à son honneur et au prouffit de la chose publique; car il n'estoit point ignorant que le cueur ne fust creu notablement aux ennemis, et amoindry aux nostres, de ceste maladventure de Brignolles : sçavoit aussi que lesdits ennemis estoient assez advertis du petit nombre de gens que nous avions, et, à ceste cause, il craignoit que ce premier heurt qu'ils avoient eu, les fist plus hardiment entreprendre, et s'avancer de nous venir chercher, avant que nostre renfort et secours fust arrivé. Et luy ne vouloit point, et luy sembloit chose trop dangereuse avant qu'il eust forces raisonnables, hazarder le combat en pleine campagne, avecques si peu de gens qu'il en avoit, contre une si grosse puissance, contre vieils soldats et aguerris, et contre un empereur y estant en personne. D'autre costé, il luy sembloit que de planter son camp, et de s'y fermer pour attendre l'ennemy, il n'estoit moins à craindre que ledit ennemy arrivast avant que sondit camp fust entièrement fortifié de fossez ne de remparts, et garny de gens et artillerie à suffisance; quoy advenant, il pourroit à trop grand marché se présenter, et y recevoir luy honte et le Roy dommage. De s'arrester aussi en Avignon, c'estoit se présenter à estre assiégé en ville non assez tenable, et malaisée à remparer si promptement en telle force qu'il appartiendroit bien, d'aller jusques à Marceille, qui estoit la seule ville de la frontière suffisamment remparée et garnie pour y attendre un siége impérial, c'estoit laisser le chemin ouvert à l'ennemy, lequel pourroit, laissant Marceille derrière, marcher en avant, sans y trouver aucune résistance, et se fortifier, ou deçà ou delà le Rhosne, à son appétit; et par ainsi le remède d'un inconvénient luy en apportoit tousjours un nouveau et plus grand. Sur ces discours et disputations qu'il faisoit en soymesme, ceste opinion vainquit finablement, de faire sortir ses gens hors de la ville et de les loger en camp, pour monstrer à l'ennemy victorieux contenance de hardiesse, et asseurance de se présenter contre luy, et que, pour une maleaventure et une rencontre désavantageuse, il n'avoit le cueur ne l'espérance faillie. Le principal doubte estoit sur la fortification de son camp; mais bien luy estoit advis que le grand nombre de pionniers qu'il y mettroit, et la diligence des soldats, ausquels il feroit mettre la main à l'œuvre, et l'assiduité continuelle des capitaines, ausquels il ordonneroit avoir l'œil dessus, compenseroient assez la briéveté du temps. A ceste cause, il se hasta d'arriver en Avignon, pour, dudit lieu, donner advis au Roy de ce qui estoit advenu, et luy faire à sçavoir la bonne espérance qu'il avoit, et le moyen qu'il vouloit tenir pour recouvrer et revencher ceste perte; lequel moyen sera par cy-après déclaré par l'effect et l'exécution d'iceluy. Mais, avant que ses lettres arrivassent au Roy, il luy arriva une autre assez et trop pire et plus douloureuse nouvelle de monseigneur le Dauphin son fils, laquelle je différeray de réciter pour le présent, et continueray les propos encommencez.

Le sire de Montmorency, arrivé qu'il fut en Avignon, feit assembler les capitaines, et leur déclara son intention (laquelle ils approuvèrent) de faire loger ses gens en camp, et les rasseurer un peu de la peur et espouventement qu'ils pouvoient avoir à cause de ladite desconfiture de Brignolles. Exécutant doncques ceste sienne intention, il leur ordonna de mettre leurs gens aux champs, en la prairie d'entre la ville et la Durance; et, quand tous y furent assemblez autour de luy, attendans ce qu'il leur voudroit dire, il leur exposa la vérité, mais en paroles si bien troussées, qu'il n'y eut occasion de les estonner à cause de la dessusdite desconfiture et prise des sires de Montejean et de Boissy, leur remonstrant que telles aventures (qui sont choses ordinaires en toutes guerres de grosse importance), non seulement ne doivent jamais estouner bonnes gens de guerre, ains leur accroistre plustost le cueur et affection de s'en revencher, accompagnez de discrétion, ruse et prudence de ce faire sans encourir nouveau hazard. Que bien estoit vray qu'il ne pouvoit pas estre que ceste nouvelle ne luy eust esté, voire fust encores desplaisante, parce que l'entreprise avoit esté quelque peu mal et trop hazardeusement guidée, et, par avanture, sans nécessité suffisante; mais qu'il supportoit la perte d'autant plus patientement, que noz gens (encores que vertu succombast à multitude, et qu'ils se fussent trouvez assiégez entre toutes les incommoditez estimables) n'avoient jamais toutesfois perdu le cueur, ne faict chose contre l'honneur et le debvoir de gens hardis et bien combattans; ains qu'ils avoient si cher vendue ceste victoire à l'ennemy, que, par le grand nombre de gens qu'il avoit ou perdus ou remenez blessez, il pouvoit avoir apris à ses despens que le royaume de France ne se peult assaillir sans perte, ne prouffit, en l'assaillant, s'y acquérir, lequel ne soit accompagné de dommage au double. Sur ce, concluant qu'ayant faict telle preuve de la valeur des nostres à l'encontre dudit ennemy, ne restoit que luy dresser et dextrement exécuter une bonne revenche, sans prester aucunement l'oreille aux propos de ceux qui tournent à malheur et au préjudice et conséquence du gros jeu, la fortune des premières et légères pertes; mais, au contraire (comme ainsi soit qu'une si grosse entreprise ne se conduise jamais sans qu'il y intervienne quelque contrariété de fortune au commencement, au milieu, ou à la fin) luy estimoit et pensoit que, par ceste seule adventure de Brignolles, fust satisfaict et purgé tout le désastre qu'avoit fortune préparé à nostre camp, et que la mesme adventure nous tourneroit à si bonne fin, que par icelle noz capitaines seroient, de lors en avant, plus prévoyans et rusez, et les soldats plus enclins à exploicter leurs prouësse et gaillardise à l'appétit d'iceux leurs chefs et capitaines. Ceste remonstrance leur fist, et proposa le sire de Montmorency de si hault cueur et d'une contenance si asseurée, qu'à icelle assentirent les soldats avecques une militaire acclamation, si unanime et si alaigre, que jà ils monstroient avoir en main ou devant les yeux l'asseurance et certaineté d'heureuse issue.

Ces propos finez, choisit le sire de Montmorency le lieu et assiette de son camp un peu au-dessus qu'il avoit autrefois esté, entre le Rhosne et la Durance, tirant de deux rivières ceste oportunité, que l'une luy servoit d'apporter vivres et autres choses nécessaires en son camp, l'autre estoit opposée et mise pour obstacle contre les advenues de l'ennemy. Ceste riviére, laquelle, traversant la Provence, se vient descharger dedans le Rhosne, a naturellement son bassin et cours incertain, et si très inconstant, qu'à grande peine en bien peu de lieux elle se peult passer à gué par les gens propres du païs et plus usitez à y passer; et, outre l'instabilité du fil de l'eaue, elle est par fois et par endroicts si grosse, et traîne telle quantité de gros cailloux, que gens et chevaux, à cause de l'une et l'autre incommodité, se trouvent souvent empeschez à y fermer et asseurer le pied. En ceste difficulté naturelle ne voulut le sire de Montmorency fonder entièrement toutes les forces de l'assiette et de l'asseurance de son camp, mais assist d'avantage garnisons en toutes les villes et chasteaux tenables au-delà de l'eaue, pour rompre aux ennemis la liberté de courir et fourrager, et le moyen d'entendre des nouvelles de nostre camp, et l'espérance de pouvoir à leur aise et appétit, sans trouver contraste ne rencontre, taster et choisir le gué de la rivière. En ordonnant et commandant ce que dessus, il désigna la forme, l'enclos et le circuit de sondit camp, lequel il fit entièrement clorre d'un bon fossé profond, large de vingt et quatre pieds d'ouverture, et s'estressissant au parfond, à telle raison et proportion, que le fons avoit le tiers moins de largeur que n'estoit la distance des bords d'en hault. Feit faire d'avantage un autre fossé large et profond, par lequel couroit un ruisseau qui, en divisant et séparant le camp presque par le milieu, et recevant l'esgout de toute la prairie par des trenchées obliques qu'il y fist faire en plusieurs endroicts, rendoit l'assiette des logis plus seiche, et portoit hors toutes les immundices et ordures d'iceux, et tenoit le camp net et sain. Selon la distinction et cours dudit ruisseau et des autres qui tomboient dedans, il fist distribuer et assigner les quartiers à ses gens de guerre, les nations séparées les unes d'avecques les autres, pour éviter l'occasion de murmure et débat entre eux, et ordonnant les endroicts, intervalles et estendue des rues et chemins allans et traversans parmy le camp. Environ le milieu d'iceluy, avoit une petite levée de terre en forme d'une colline, laquelle avoit regard à l'entour, en tous les quartiers et endroicts où il avoit gens logez; là il choisit son logis et prétoire, auquel il ordonna que les capitaines vinssent tous les matins pour entendre ce qu'il luy plairoit de leur commander: de là il voioit tout ce que se faisoit à l'entour de luy, et ne se pouvoit dresser noise ne tumulte, qu'il ne l'apperceust incontinant; de là il cognoissoit de quel costé on diligentoit et de quel costé on cheminoit aux réparations et fortifications qu'il avoit ordonnées, et ordinairement faisoit ou commandoit toujours quelque chose conducible et utile à ceste fin.

Tous les matins, au soleil levant (sinon que la venuë, ou de pacquets, ou de messagers, aucunesfois retardassent l'heure), la messe se disoit devant luy; icelle cessée, il se pourmenoit quelque espace au long de ses tentes, et là recueilloit humainement les capitaines venans vers luy pour prendre ses commandemens, administrant raison à qui venoit la demander; et généralement donnoit gratieuse audience à un chacun de ceux qui avoient à faire à luy. Ce temps pendant, on luy amenoit des chevaux, et, montant dessus en compagnie des capitaines et autres gens d'estoffe, se pourmenoit, en devisant des affaires, une fois autour du camp, une fois dedans, une fois dehors, et autrefois tout à travers, donnant ordre qu'on ne s'apparessast à la fortification, et que noise ou tumulte ne sourdist entre ses gens, et sur le chemin parlant aux uns et puis aux autres, sçachant et cognoissant très-bien que la parole et conversation avecques le chef n'est guères de moindre efficace que l'exercitation, pour duire et renger à vraye obéissance une trouppe nouvellement assemblée de diverses et différentes nations. Ayant faict ce tour, il venoit prendre son repas, et appelloit les capitaines et autres personnages qui par long usage estoient expérimentez et cogneuz, ou ès quels il y avoit quelque degré ou de dignité ou de bon conseil. Son repas pris et le conseil tenu, selon que les occasions le requéroient, il retournoit au mesme exercice de la matinée, sans refuser ou desdaigner ne veille, ne soing, ne travail, en aucune manière. Ainsi, en continuant, et chacun faisant son debvoir en sa charge, son camp fut en moins de quinze jours environné de fossé par dehors et d'un rampart de terre par dedans, avec les flancs et plattes-formes ès endroicts où il estoit requis; de manière qu'à peine il eust peu choisir beaucoup de villes ès quelles il eust voulu avec moindre craincte et danger attendre une grosse puissance de l'ennemy : les temps et l'usage toutesfois y adjoustoient encores journellement quelque nouvelle fortification. Les choses ainsi dressées, l'artillerie fut assise et plantée pour recevoir l'ennemy de front et pour le battre par les flancs, de sorte qu'il ne luy eust esté possible d'arriver à faire les approches, ne se venir présenter à l'assault, sans y recevoir perte et gros dommage. Et au surplus, il avoit à un chacun ordonné la distance et assiette de son guet, l'endroit et place ès quels tous ou chacun (selon que le requéroit le temps et le besoing) auroit à se venir renger et présenter, au cas qu'alarme vînt au camp; ce que toutesfois n'y advint jamais, car il y avoit mis tel ordre et police, que non seulement il donna cognoissance de son cueur et hardiesse, venant avecques si petite trouppe qu'il avoit du commencement se présenter au-devant de l'ennemy, mais bien autant ou plus de sa bonne prudence, prévoyance et considération; et bien monstra qu'il estoit party du Roy suffisamment instruict par luy, et que de sa part il avoit très-bien retenu, et mieux sçavoit exécuter ce que luy estoit besoin de faire et pourvoir en tout événement.

Ledit seigneur Roy estoit à Valance, non seulement comme le patron et chef de navire en sa poupe, ordonnant et commandant de poupe en proue, mais, outre le renfort qu'il envoyoit journellement audit sire de Montmorency, fortifioit laditte ville et y assembloit telle force, que là où à nostre camp il fust ores advenu quelque désastre, l'Empereur eust trouvé ledit seigneur en barbe, prest et appareillé de luy donner incontinant une autre bataille.

Ce pendant que les choses se conduisoient en ceste manière ès païs de Provence et de Languedoc, Henry, comte de Nansau, et Adrian de Croy, comte du Reu et grand-maistre de la maison de l'Empereur, estoient entrez en Picardie, avecques armée, pillans et gastans en tous lieux où ils passoient le plat païs et les villes de petite résistance, avoient desjà pris la ville de Bray-sur-Somme et quelques villettes aux environs, s'estoient essayez de prendre celle de Sainct-Riquier, ou d'emblée ou d'assault, mais ils en avoient esté repoulsez avecques perte de quelque artillerie, et assez bon nombre de gens, pour une si petite et légère entreprise. Partans de là, et faisans contenance de s'acheminer ailleurs, avoient failly de desrober Guyse. Monseigneur Charles de Vendosmois, gouverneur et lieutenant du Roy audit païs de Picardie, avoit assemblé des garnisons dudit païs, jusques au nombre de trois cens hommes-d'armes, et de gens de pied jusques à six mille, et avecques laditte force non seulement avoit contrainct lesdits seigneurs de Nansau et du Reu de repasser l'eau, mais avoit, pour faire la revenche du dommage qu'ils avoient faict en la frontière, marché avant dedans le leur, pris et pillé quelques villettes, chasteaux et bourgades. A Marolles, ville champestre et ouverte, estoient logez deux mille hommes des ennemis ; il avoit là dressé son chemin, en intention de les y surprendre ; mais le comte de Nansau, adverty de l'entreprise, et lequel estoit desjà renforcé de gens, marcha pour se venir joindre à eux ; qui fut cause que ledit seigneur de Vendosme repassa deçà l'eaue, pour ne hazarder témérairement ses forces, et attendoit la venue de monseigneur Claude de Lorraine, duc de Guyse, gouverneur et lieutenant pour le Roy en Champagne, lequel venoit joindre et unir ses forces avecques luy ; et ce pendant ordonna que l'on vuidast toutes les places non tenables en la frontière. Entre les autres, il avoit commandé que l'on abandonnast Guyse, et que seulement on mist garnison au chasteau pour empescher que l'ennemy ne se vînt loger en la ville.

Le comte de Nansau, adverty par ses espies de la diligence qui se faisoit audit lieu de Guyse, d'en emporter les meubles et vivres, et d'en emmener tout le bestial, et que les gens ordonnez à la garde du chasteau estoient si amusez et entontifs à faire vuider laditte ville, et en abattre toutes les deffenses qui pourroient y servir à l'ennemy, que ce pendant ils faisoient au demeurant assez mauvais guet aux advenues d'icelles, se délibéra d'y marcher hastivement, en espérance de les y surprendre en désordre, ainsi qu'en effect il advint ; et ne se peurent les gens de guerre assez à tant sauver et retirer au chasteau, que les gens dudit sieur comte n'en tuassent et deffissent les plus paresseux à la queue : les autres retirez et enfermez dedans, il envoya un trompette les sommer. Le capitaine, et aucuns d'entre eux qui n'avoient du tout mis leur honneur en oubly, furent d'advis de tenir la place ; le plus grand nombre estoit d'opinion contraire, et s'en trouva de si faillis de courage, qu'ils se jettèrent par les creneaux ès fossez, aymans mieux vivre un peu d'avantage avecques honte et reproche perpétuelle, que de soy hazarder à la sauver ou perdre en acquérant honneur. Les autres, et non toutesfois sans en recevoir blasme, rendirent la place à la volonté de l'ennemy. La punition dont on a depuis usé contre les moins délinqueurs, a esté telle, que tous ceux qui s'y sont trouvez extraicts de noble race, ont esté privez et dégradez, eux et leurs descendans, de tous tiltres et priviléges de noblesse, et faicts subjets aux subsides et impositions, comme non nobles et roturiers.

A Valance furent en un mesme jour apportées au Roy les nouvelles et de la prise des seigneurs de Montejean et de Boisy et de la honteuse reddition de Guyse, lesquelles furent à la Cour prises et interprétées diversement, selon les différens jugemens et considérations des hommes. Les uns estimoient lesdittes pertes légères auprès des grandes pertes passées, desquelles toutesfois on s'estoit relevé ; aucuns, encores qu'ils n'estimassent point la perte grande, ne laissoient point à peser et estimer le jugement et conséquence de ces premières arres sur le gros jeu ; et d'autres en avoit qui estimoient non-seulement ceste conséquence de préjudice, mais celle à quoy l'Empereur la pouvoit tirer, en semant et publiant les choses (ainsi qu'il fist) trop plus à son avantage qu'elles n'estoient. Le Roy, sans monstrer contenance de s'en estonner, mais débattant et contrepesant toutes les choses que dessus en son esprit, et pensant aux remèdes et recouvrement de l'une et de l'autre perte, vindrent à la Cour nouvelles d'un autre trop plus grand dommage et calamité. Ce fut de la mort de monseigneur le dauphin François, son fils aisné, lequel, nourry et eslevé par luy en singulière expectation de tout le monde qu'il parviendroit un jour à estre grand et très-excellent prince, estoit demouré malade au lieu de Tournon, venant par eaue avecques le Roy son père à Valance ; et là mourut avant la fin du quatriesme jour, non sans souspeçon et véhémente opinion qu'il eust esté empoisonné. Sans grande et moult perplexe difficulté ne fut la délibération de choisir le moyen, l'entrée, l'exorde et commencement de harengue, pour faire entendre au père une si dure, cruelle et triste nouvelle : il estoit force toutesfois de la luy faire entendre, et n'estoit chose que longuement on eust peu dissimuler ; mais il estoit extrêmement malaisé de trouver homme qui en voulust entreprendre la charge. Bien sembloit-il à tous avoir mestier de grand et singulier artifice en son oraison, pour celuy qui voudroit appaiser le desplaisir et regret que paternelle affection luy engendreroit de ceste nouvelle ; mais ne se trouvoit aucun consolateur assez à propos, car tous en avoient mestier eux-mesmes ; tellement ils estoient affligez et consternez, universellement et particulièrement, qu'il n'y en avoit aucun que tous d'une affection et d'une voix ne pleurassent ceste mort, ainsi que si c'eust esté de leurs propres enfans. Ceste amour et affection de grands et de petits, luy avoient du commencement conciliée, le lieu où il estoit né, la succession à la couronne, la vigueur, la semblance et la représentation qu'il avoit du père ; mais il avoit en peu de temps gaigné ce poinct, que ses vertus avoient laissé à la naissance, à l'attente de la couronne, à la considération du père, la moindre part en la faveur et affection qu'on luy portoit; car il n'avoit oncques obmis une seule chose à son escient qui affière et appartienne à personnage qui soit pour parvenir à estre le plus grand et le plus excellent prince du monde. La condition doncques et la male adventure s'offroit d'annoncer au père la mort d'un fils de si grande espérance, et le moyen de mort si très-indigne, que, départant du Roy, nul autre père se trouveroit qui n'en tombast en extrémité de percussion et consternation de cueur et d'entendement.

En ceste fluctuation et perplexité d'élection et choix de personnage qui entreprist de porter ceste douloureuse parole, ne se trouvoit autre quelconque à propos, que monseigneur Jean, cardinal de Lorraine, pour estre de plus longtemps familier et privé du Roy : mais, de l'heure qu'il eut mis le pied à la chambre, propos et paroles luy faillirent, et oncques ne sceut tant asseurer sa contenance, que le Roy de prime face ne cogneust à son visage, qu'il avoit eue quelque fâcheuse et malheureuse nouvelle; et, comme si le cueur luy eust présagé et dit ceste infortune, luy demanda incontinant quelles nouvelles de son fils. Monseigneur le cardinal se trouva la langue attachée aux lèvres; et, quoyqu'il l'eust naturellement faconde et diserte, il luy mascha plus qu'il ne prononça, et dit seulement, en béguayant, que certainement il luy estoit empiré, mais qu'il falloit avoir en Dieu espérance de la guarison. « J'enten bien, » dist le Roy alors, vous ne m'osez de première » entrée dire qu'il est mort, mais seulement » qu'il mourra bientost. » A ces mots respondit monseigneur le cardinal, en le confessant par signe plus que de bouche. Et lors n'eussiez veu sinon larmes, ny entendu sinon sanglots et soupirs des assistans. Le Roy, jettant un hault souspir, qui fut ouy des autres chambres, se tira sur une fenestre, seul et sans mot dire, avecques le cueur pressé de deuil, et réprimant ce deuil outre la commune naturelle puissance, jusques à ce que, sur le conflict d'entre constance et nature, il fut contrainct de jetter un autre souspir : et lors, tendant la teste nue, les yeux, les mains et la pensée au ciel : « Mon » Dieu, dist-il, je n'ignore point qu'il ne soit » raisonnable que je preigne en patience et en » gré tout ce qui procède de toy; mais dont me » peult venir, ne dont doy-je espérer et atten- » dre, sinon de toy, ceste constance et force de » cueur? Desjà tu m'as affligé par diminution » de seigneurie et de la réputation de mes forces, tu m'as adjousté maintenant ceste perte » de mon fils; que reste plus à présent, sinon » que tu me deffaces du tout? et quand ton » plaisir seroit d'ainsi le faire, enseigne-moy au » moins et me faits cognoistre ta volonté, afin » que je n'y résiste, et me conferme en ceste » patience, toy qui seul es puissant de ce faire, » aydant et renforçant la naturelle et humaine » infirmité. »

Telle fut son oraison en substance, finie par semblables propos religieux et chrestiens; mais les souspirs et larmes de ceux qui ne les récitoient, accompagnez d'une admiration et merveille d'une si grande constance et cueur de père, les empeschèrent de me compter le surplus, et moy, en semblable cas, de maintenant ne m'arrester plus longuement sur ce propos. Seulement j'y adjousteray ce mot avant que l'interrompre, que l'Empereur mesme, auquel, pour le loz et bruit multipliant avec les ans dudit seigneur Dauphin, le père estoit plus redoutable (encores qu'aucuns de ses principaux serviteurs soient encoulpez de ceste mort), ne se peut abstenir toutesfois, quand il en ouit la nouvelle, qu'il ne parlast honorablement de la personne, meurs et conditions dudit seigneur Dauphin, duquel nous devons espérer et croire qu'estant en ses jeunes ans emply de telles vertus, qu'en un autre jà homme parfaict eust esté appellé perfection, ce qu'en cestuy-cy estoit commencement de plus grande valeur, et qu'estant à l'attente d'un si florissant royaume, eslevé de telle nourriture que l'expectation de luy surmontoit desjà la grandeur d'un royaume, qu'il soit appellé de Dieu à un autre plus grand et plus heureux royaume que n'est celuy auquel il est, et sera rejetté à tousjoursmais. Et croy d'avantage qu'il n'y a point esté appellé par la voye qu'il y est allé, sans que Dieu ayt préparé, par l'oracle de sa divine justice, une exemplaire vengeance contre ceux qui ont esté autheurs de ce faict si énorme et si exécrable, que tout esprit et sçavoir deffaillent à trouver non convenable à son énormité.

A tant je retourneray au Roy, lequel, au commencement qu'il eut nouvelle de la guerre de Picardie, à l'heure qu'il estoit assez empesché contre un si puissant et non attendu ennemy en Provence, s'estant trouvé perplex (encores qu'il le dissimulast) comment il pourroit, en un mesme temps et sans ayde d'autruy, satisfaire à la guerre en tant de lieux, alors toutesfois qu'il eut ce grief et grand surcroist de desplaisir, et tel que tout autre que luy pouvoit y succomber, ce fut le poinct auquel tous ceux qui auparavant et naguères estoient en peine de trouver langage assez exquis et efficax à le réconforter, trouvèrent en son visage, en sa contenance, en ses paroles, dequoy eux-mesmes se réconforter; car oncques, puisqu'en ses grandes difficultez il se fust résolu de mettre du tout son espérance, et de n'attendre ayde ou secours d'ailleurs que de Dieu, jamais ne monstrera signe ou apparence d'estre troublé; mais, au lieu qu'autres se fussent desconfortez, il appliqua son esprit à remédier et donner ordre à ses affaires, et dès le soir mesme il assembla son conseil pour y entendre. A l'issue de son conseil, il despescha lettres et messagers à tous ses lieutenans-généraux, aux gouverneurs des provinces et villes, et à tous autres qui avoient maniement des affaires gisans en présente considération.

Le lendemain, il fist appeller monseigneur Henry, son second fils, n'aguères duc d'Orléans, depuis dauphin de Viennois et duc de Bretaigne, lequel, avec peu de gens, il tira en sa chambre à part, et luy usa seulement de ceste courte harengue. « Mon fils, dist-il, vous avez perdu » vostre frère, et moy mon fils aisné, en la mort » duquel je trouve que la mesme occasion me ré- » conforte qui m'accroist et augmente le regret » et desplaisir; c'est la mémoire et satisfaction » que j'ay de l'amour, et affection, et faveur » qu'il avoit desjà acquise en ce royaume envers » les grands et les petits. Mettez peine, mon » fils, de l'imiter et ensuivre, en sorte que vous » le surpassiez, et de vous faire tel et si ver- » tueux, que ceux qui aujourd'huy languissent » du regret qu'ils ont en luy, recouvrent en vous » dequoy appaiser et oublier ledit regret qu'ils » ont de luy. Je vueil qu'à ceste fin vous addres- » siez vostre intention, et y employez vostre » cueur, esprit et entendement; Dieu ne vous » faudra de vous y estre en ayde et à secours. » Telle fut la remonstrance du père au fils, laquelle fut incontinant recueillie, ou, pour mieux dire, interrompue des pleurs et souspirs, qui du plus parfond des cueurs des assistans furent alors exprimez par la douce mémoire de l'un, l'agréable présence de l'autre, et considération de la vertu et constance de leur commun seigneur et père. Lesquelles choses, certes, m'admonnestent aussi et contraignent de remettre le surplus de ceste matière à une autre fois, pour ne donner trop d'affliction à un coup, et à moy en l'escrivant, et au lecteur en le lisant, par la trop longue ramentevance du faict, duquel je désire et ne puis me départir, afin d'estancher les larmes que me continue la souvenance du trespassé, duquel Dieu vueille avoir l'ame au nombre des bienheureux, et aux vivans donner longue et heureuse vie, à sa gloire et contentement, honneur, exaltation et prouffit de leur royaume et de leurs subjets. Et à tant je revien au conseil tenu le soir précédant.

Le Roy, à l'issue du conseil, se mist à faire les despeches cy-dessus mentionnées, c'est à sçavoir: en Picardie, devers les ducs de Vendosme et de Guyse, ausquels il ordonna de haster, au plustost qu'il seroit possible, la nouvelle levée de lansquenets qu'ils avoient en main; au comte Guy de Rangon, seigneur Caguin et autres capitaines italiens, qu'en toute diligence ils fissent l'amas des gens de guerre dont il leur avoit donné la charge, et qu'ils missent peine de tant travailler l'ennemy en Italie, que ce luy fust cause de divertir en celle part les grandes forces qu'il avoit en France; au sire de Montmorency qu'il continuast, ainsi qu'il avoit commencé, à mettre peine de sçavoir ordinairement nouvelles du chemin, du séjour, du conseil et délibérations de l'ennemy, et que, selon l'opportunité des lieux et des temps, il accélérast ou différast les siennes entreprises. Aussi envoya devers les Suisses gens praticques du païs et des chemins, pour les amener en Provence par le plus court chemin. De ces deux articles prochains je parleray au dernier lieu, et premièrement parleray du comte Rangon, et de ce que depuis la reddition de Fossan a esté jusques à ores faict en Piémont; après je viendray aux affaires de Picardie, et ausdits seigneurs ducs de Vendosmois et Guyse.

Nous avons couché au précédant commentaire comment le Roy, quand il envoya monseigneur le cardinal de Lorraine pour traitter paix avec l'Empereur, fist arrester (afin de n'attenter chose qui troublast laditte praticque de paix) l'armée qu'il avoit faict lever en Italie par le seigneur comte Guy Rangon et Caguin de Gonzague, et que, pour les difficultez sur ceste leur demeure intervenues, laditte armée se deffist, se retirant un chacun où bon luy sembla. Cessant depuis ceste praticque et espérance de paix, et continuant, mais augmentant tousjours, le bruit du gros appareil que l'Empereur faisoit pour venir faire la guerre en France, le Roy envoya, par celuy mesme qui auparavant y avoit été, mandement et pouvoir de lieutenant-général audit seigneur comte Guy Rangon, lequel fist incontinant sçavoir à tous les capitaines de la précédante levée, aussi au seigneur César Frégouze, son beau-frère, que tous eussent à remettre leurs gens ensemble; et les conduire au lieu de la Mirandole; ce qui fut faict en moins de quinze jours, encores que la chose, du commencement, semblast avoir quelque difficulté, pour cause que le seigneur de Tamise avoit de l'autre costé de la rivière, vis-à-vis de laditte Mirandole, sept ou huict cens chevaux allemans et six mille lansquenets à pied, pour empescher que l'amas ne se fist; mais il fut à toutes ces difficultez obvié par la prudence et bonne conduitte des chefs, avec le travail et diligence des soldats.

Deux mille hommes de pied leva ledit comte Rangon, lieutenant-général, et le seigneur Caguin autant; le seigneur César Frégouse en leva nombre pareil, avec deux cens chevaux-légers; le seigneur Palvoisin Visconte, milannois; le seigneur Pierre Strozzi, florentin; le seigneur Balthasar, dit chevalier Azzal, ferrarois, chacun mille hommes; le seigneur Béringer de Caldore, napolitain; comte de Mouté, de Rise et Jean de Turin, florentin, chacun cinq cens; le seigneur Averolde, bressan, et le seigneur Bandin, de Tuscane, chacun quatre cens; et ledit Bandin, outre ses gens de pied, deux cens chevaux-légers. Autres deux cens chevaux-légers leva le sire de Taix; et, bien qu'il fust de nation François, et l'un des gentilshommes de la chambre du Roy, se trouvant toutefois en Italie, où il avoit esté pieçà envoyé pour recevoir au service du Roy le comte Galiot de la Mirandole, il fist sadite trouppe d'Italiens. Assemblez qu'ils furent, ledit seigneur comte Rangon ordonna et fist sçavoir à tous qu'ils se tinssent presls à partir au vingtiesme jour d'aoust.

Les sires d'Annebault et de Burie, estans en la ville de Turin, ce temps pendant ne laissoient rien, ne jour ne nuict, en arrière de tout ce qui affiert et appartient à bons et diligens capitaines, et bien expérimentez aux affaires de la guerre; se donnans garde songneusement de ne donner occasion n'oportunité, ou à l'ennemy, ou aux gens de la ville nouvellement réduitte à l'obéissance du Roy, d'oser faire desseing ou entreprise sur eux. Ne se contentoient point toutefois de ce faire tant seulement, ne de bien asseoir, revisiter et raffreschir leurs guets, mais se tenoient tousjours presls et appareillez à toutes occasions et oportunitez que leur bailloit ledit ennemy de faire des saillies hors la ville, quand ils veoient ledit ennemy approcher d'eux trop asseurément, et que, sans se hazarder témérairement, ils luy pouvoient donner quelque venue; et puis, cela faict, ils se retiroient, et, quand ils en voyoient estre le temps, amenoient le plus souvent et prisonniers et gros butin de bestés aumailles et autre bestial dedans la ville. A Ciria, ville suffisamment tenable, distante environ de sept milles de chemin, le capitaine Fabrice Maramault avoit assemblé, pour envoyer au camp impérial, toutes sortes de grains et autres vivres qu'il avoit peu assembler en tout le païs à l'environ; et avoit laissé trois cens hommes à la garde d'icelles munitions, lesquels, estimans n'avoir grand mestier de guet, et que les François avoient assez où s'employer à le bien faire en leur ville, sans faire aucune entreprise dehors, vivoient audit lieu de Ciria comme s'ils n'eussent eu aucuns ennemis au païs. De ce fut le sire d'Annebault adverty par ses espies, et y envoya le capitaine d'Essey, avec environ de soixante à septante chevaux, et les capitaines Auchy et de Cany avecques chacun cinq cens hommes de pied; lesquels, partans le soir après le guet assis, arrivèrent, sans estre descouvers, au pied de la muraille, et, leurs eschelles dressées, furent montez dessus, et eurent deffaict ou repoulsé les escouttes, avant que ceux qui estoient couchez aux liets eussent loisir de se vestir, armer et rendre au lieu que se donnoit l'alarme. Ainsi prindrent-ils la ville, et mirent au fil de l'espée tous ceux ès quels ils trouvèrent résistence; et, après avoir chargé de vivres et butin tous les chevaux et bestes portans charge, et faict acheminer devant eux tout ce qu'ils y trouvèrent de bestial, se retirèrent sans rencontre dedans Turin. Peu de jours après furent aussi prises, par ceux de laditte garnison de Turin, les villes de Rivolles, Aveillanne et Saint-Ambrois, combien qu'audit lieu d'Aveillanne y eust de garde au-dessus de deux cens bons hommes de guerre.

L'heureux succès desditles légères entreprises donna cueur à laditte garnison d'aspirer et oser entreprendre des choses plus grandes, et vint en fantasie au sire d'Annebault d'essayer à surprendre Fossan; mais, sur ces entrefaictes, et sur le poinct qu'il ordonnoit ceux qui devoient conduire ceste entreprise, le seigneur Marc-Antoine de Cusan eut nouvelles par ses espies, dont il advertit lesdits sires d'Annebault et de Burie, qu'à Savillan (où l'Empereur avoit laissé seize pièces d'artillerie, que grosse que moyenne, les poudres, boulets, cordage, et tout autre équipage à ce mestier appartenant, avecques une grosse provision de harnois, tant à la légère que pour hommes de pied) les gens qu'il y avoit laissez en garnison alloient fourrager et vivander, sans crainte ne respect, ès villages des environs, et que facilement on les pourroit surprendre et se saisir de la ville et de tout ce qui estoit dedans. Audit Marc-Antoine, qui la demandoit, ils accordèrent commission de ce faire, avecques les deux mille hommes de pied dont il avoit charge; ils baillèrent pour compagnon le capitaine Chambray, lieutenant de la compagnie dudit sire d'Annebault, avecques le nombre de cinquante à soixante chevaux choisis en toute la compagnie. Acheminez qu'ils furent, ils eurent nouvelle qu'assez près du lieu où ils estoient, s'estoient présentement retirez en un chasteau aucuns coureurs des ennemis, portans et chassans devant eux un gros butin. Si tournèrent la teste celle part, et prindrent le chasteau d'assault, encores qu'il fust vaillamment et pertinacement deffendu ; et y fut pris le seigneur de Beneste, de la maison Prouvenne, et le baillif Prouvenne, son frère ; lequel chasteau ils s'amusèrent à saccager, par aventure plus avarement que prudemment ; car, à l'opinion de plusieurs, ils se fussent faict maistres de Savillan, si, sans s'arrester ailleurs, ils fussent allez le droict chemin ; mais, ce pendant qu'ils s'amusèrent au pillage, les ennemis, qui eurent advertissement de leur entreprise, envoyèrent en diligence ce qu'ils peurent amasser de gens, se mettre dedans Savillan, en attendant qu'eux avecques plus grande force y arrivassent. Les dittes bandes, qui premièrement y arrivèrent, levèrent incontinant les ponts, barrèrent les portes, mirent les gens autour de la muraille et aux deffenses, par ce peu qu'il y avoit de flanc, des arquebuses à croq, sacrets, passevolans et autres petites pièces, se préparans en diligence de soustenir un premier assault, en cas que besoing fust ; et ce faisoient tant plus asseurément et hardiment, parce qu'ils sçavoient que le secours leur arriveroit bientost après.

Noz gens, quand ils furent ès faulxbourgs, et sceurent que leur entreprise estoit descouverte et la ville pourveüe de gens, feirent au moins ès dits faulxbourgs tout le dommage qu'ils peurent aux ennemis, rompirent et débrisèrent à coups de haches et de marteaux, deux gros canons qu'ils y trouvèrent, en sorte que, sans les refondre, on ne peust s'en servir à un besoing ; partirent entre eux tous les harnois de la munition de l'Empereur, et, au demourant, feirent butin de tout ce que bon leur sembla. Les capitaines, qui avoient mis leurs découvreurs sur les champs, eurent tantost advis que le capitaine Jacques de Scalenge approchoit avec le nombre (à ce qu'ils en avoient peu juger) environ de deux mille hommes, et bien autant de gens du païs amassez par les villages ; et pource, voyans que force leur estoit de venir au combat, se délibérèrent faire de nécessité vertu, et en toute diligence rassemblèrent et mirent leurs gens aux champs, bien rengez et serrez ensemble, ceux de cheval des deux costez sur les aisles ; et, sans attendre, chargèrent incontinant les ennemis, lesquels ils trouvèrent assez en désordre, parce qu'ils s'estoient hastez de venir, en espérance de trouver et surprendre les nostres audit désordre, et amuzez au pillage parmy les rues. Les ennemis soustindrent ce premier choc avecques plus grande hardiesse qu'obstination ; mais tost après se commencèrent à retirer et se mesler parmy les amassez du païs, en telle confusion, que pour se mettre en route il ne restoit plus que de tourner le doz. Noz gens de cheval, incontinent qu'ils les veirent esbranslez et en suspens du combat et de la retraitte, les chargèrent de telle furie, qu'ils les contraignirent à tourner le doz ; et sur ce, noz gens de pied les suivirent de près et mirent en telle roupte, que de là en avant y eut de la tuerie plus que de combat.

Le capitaine Scalenge, voyant ceste desconfiture, et que desjà exhortation ne chastiement ne luy prouffitoient envers eux, dépescha des mieux montez de sa trouppe, pour aller advertir en diligence le seigneur Jean-Jacques de Médicis, marquis de Marignan, de l'estat et danger où il se trouvoit. Ledit Jean-Jacques amenoit deux mille lansquenets en sa compagnie, lesquels, s'ils fussent promptement survenuz, et que force eust esté à noz gens, desjà las et travaillez de combattre en pleine campagne une telle trouppe de gens fraiz et reposez, il n'y a point de doubte qu'ils n'eussent esté deffaits. La poulsière que levoient iceux lansquenets en approchant, donna occasion aux capitaines Cusan et Chambray de faire sonner la retraitte et de cesser la chasse commencée : si est-ce qu'ils en tuèrent plus de trois cens, et en blessèrent beaucoup d'avantage ; de neuf enseignes en prindrent sept ; leurs gens de cheval, en s'enfuyant, arrachèrent les autres deux des mains des porte-enseignes, de peur que noz gens les prinssent comme les autres. Les capitaines, voyans la poulcière croistre et s'approcher tousjours, et doubtans que leurs gens, qui avoient le corps travaillé du chemin et les bras las de frapper sur l'ennemy, ne fussent point pour soustenir le choc de ceux qui survenoient fraiz et entiers, réveillèrent leurs gens, et se mirent au retour par autre chemin que celuy par où ils estoient venuz ; et advertirent le sire d'Annebault, par homme exprès et bien monté, du chemin qu'ils entendoient faire, à ce qu'il envoyast du secours au-devant d'eux : dont bien et heureusement leur en advint, ainsi que l'issue le monstrera par effect ; car, ainsi qu'ils marchoient après leur butin et bagage, qu'ils avoient envoyé devant avec une troupe d'arquebusiers pour l'accompagner, et eux le suivans, avecques le surplus de noz gens, au petit pas, de peur que, si l'ennemy les acconsuivoit, ils fussent rompus et deffaicts plus de leur lasseté propre, que par la force et vertu dudit ennemy, arrivèrent sur eux les avant-coureurs, lesquels, en les chargeant et puis se retirans par fois et alternativement, tendoient à les arrester et amuser jusques à ce que la grosse trouppe les approchast.

Noz capitaines, qui entendoient bien à quelle fin les autres tendoient, taschèrent plus à cheminer pour se tirer hors du danger, qu'à repousser trop avant lesdits avant-coureurs; et s'ils estoient aucunefois si pressez que force leur fust de tourner le visage, ils le faisoient de sorte que l'ennemy en rapportoit de la perte, et eux soubdainement acconsuivoient et hastoient la trouppe de marcher. Advint toutefois que le seigneur Cusan eut en la teste un coup d'arquebuse, qui l'empescha de si grandement faire son devoir que jusques alors il avoit faict; et peu à peu les ennemis se renforçoient de gens qui arrivoient par trouppes et à la file : de manière que les nostres estoient en danger de desconfiture, si le secours envoyé par le sire d'Annebault ne leur fust arrivé à ce besoin. Mais il arriva si à propos, que, sur le poinct et au lieu où les ennemis avoient pris le large, tendans à enclorre les nostres de toutes parts, noz gens de cheval envoyez fraiz à les secourir, s'embattirent pesle-mesle parmy leurs gens de pied qui estoient espars, et, les travaillant, tuant et chassant, les contraignirent de se renger ensemble, et donnèrent temps et lieu à noz gens de pied de se retirer, lesquels estoient de lasseté à demy recreuz et combattus. Lesdits gens de cheval estoient jusques au nombre de deux cens, et les menoit le sire d'Alègre, homme hardy, entreprenant, et sage autant que nul autre capitaine de son temps; après luy marchoient de gens de pied jusques au nombre de douze cens. Au moyen duquel secours, les nostres, avec bien peu de perte (quant aux gens), se retirèrent avec leur butin et bagage dedans Turin à sauveté. Toutesfois le seigneur Cusan se trouva si las, tant du chemin que de sa blessure, qu'il fut contrainct de s'arrester à Pignerol, auquel lieu il mourut bien peu de jours après, laissant bon nom et grand regret de luy entre les vivans.

Au mesme temps que ces choses se faisoient en Piémont, le comte de Nansau, après avoir saccagé Guyse et toutes les villes champestres à l'entour, mettant le feu partout où il passoit, et emmenant proye et butin d'hommes, de bestail et de biens meubles, conduisoit son armée droict au chemin de Sainct-Quentin. Monseigneur le mareschal de La Marche (1), qui avoit jà commencé de fortifier la ville de Laon, en deslogea incontinant qu'il entendit ceste nouvelle, délibéré de s'aller mettre dedans ledit Sainct-Quentin; tant il avoit ceste entreprise à cueur de se trouver chef assiégé en une ville, pour donner preuve du cueur, du soing, de l'industrie et diligence qu'il auroit à endurer un siège, soustenir un assault, et inventer les moyens de bien garder et deffendre une ville. Mais sur chemin il fut adverty, par ces descouvreurs, que l'ennemy, ayant eu advis du bon ordre qui estoit mis à la garde et deffence dudit Sainct-Quentin, avoit tourné bride soudainement, et tiroit le chemin de Péronne, pour avoir sceu que laditte ville, encores qu'elle fust forte par la nature et assiette du lieu, n'estoit toutesfois assez fortifiée suffisamment, et encores moins fournie du nombre de gens qui estoit requis à la tenir contre une si grosse puissance. Et à ceste cause, ledit seigneur mareschal, aussi changeant de délibération, tourna son chemin devers laditte ville de Péronne, environ le dixiesme jour d'aoust. Partant le camp des ennemis d'un petit village, ou plustost cense, appellée La Catelle, somma en passant le chasteau d'Aplincourt, qui se rendit incontinant, car il avoit abandonné pour non tenable. Au lendemain ils passèrent la rivière de Somme, au-dessus dudit chasteau, et vindrent, gastans et bruslans tout le païs, jusques auprès de Péronne. Le mesme jour y estoit entré le sire de Cercus, avec mille hommes de pied qu'il avoit en charge particulière, de la légion de Picardie, dont il estoit capitaine-général; et, nonobstant que, à venir de Ham, dont il estoit party environ minuict, et dépesché par monseigneur le duc de Vendosmois, il luy eust convenu passer à travers les villages et censes, qui encores fumoient de feu que l'ennemy en passant y avoit bouté, si avoit-il eu si bonnes guides, et tant bien s'estoit tenu sur ses gardes, qu'il y estoit, sans aucune perte, passé. Le lendemain y entra mondit seigneur le mareschal, avec cent hommes-d'armes; et luy servit aussi l'obscurité des fumées du païs que les ennemis avoient bruslé, à ce qu'il ne fust descouvert par eux sur le chemin. Sur le soir, le comte de Nansau, après s'estre long-temps pourmené à l'entour de la ville pour la recognoistre, s'en vint loger assez près de l'abbaye du mont Sainct-Quentin, autant fasché en son courage d'avoir failly à surprendre la ville avant que gens y fussent entrez, comme au contraire furent contens messeigneurs les ducs de Vendosme et de Guyse, quand ils sceurent que lesdits seigneurs mareschal et de Cercus estoient entrez dedans à

---

(1) Il s'agit ici du maréchal de Fleurange, dont les mémoires précèdent ceux de Du Bellay.

sauveté; car ils avoient bien bonne espérance que les nouvelles bandes qu'ils faisoient lever en toute la Picardie et la Champagne, et la levée des lansquenets qu'ils attendoient, soubs la charge du capitaine Nicolas de Rusticis, dit le Bossu, seroient arrivez et prests assez à temps pour venir lever ledit siége de Péronne. Tel estoit l'estat de noz affaires en la Belgicque.

Du païs des ligues, outre les huict mille Suisses de la levée faite par messire Louis d'Anguerant, seigneur de Bois-Rigault, lesquels en plus grand partie estoient arrivez au camp, et en partie y arrivoient de jour en jour par des chemins un peu longs et destournez, mais plus asseurez que le droict chemin, pour le destourbier et empeschement des passages, messire Estienne d'Aygue, seigneur de Beauvois, et Guillaume, seigneur d'Yzernay, l'un gentilhomme de la chambre, et l'autre varlet de chambre ordinaire du Roy, en avoient faict une autre presque de pareil nombre, ausquels, à raison qu'ils arrivoient par divers chemins au lieu qui leur estoit assigné, selon qu'ils se desroboient à la file de leur païs, outre le sceu ou soubs dissimulation des supérieurs et magistrats de leurs cantons, on bailloit guides et commissaires pour les conduire par les estappes, qui, à ceste fin, avoient esté ordonnées, par le plus court chemin, droict à Valance, où ils estoient recueillis par commandement du Roy, qui à tous les capitaines fist faire présent de cheines d'or pesantes chacune cent escus, et les addressoit au sire de Montmorency, son lieutenant-général; lequel, ainsi qu'ils arrivoient, leur faisoit délivrer les quartiers au camp, pour se loger chacun avecques sa nation, faisant retirer en sondit camp et au dedans du fort, tous ceux qui sans son ordonnance avoient dressé leurs tentes, ou faict leurs loges au dehors. En quoy faisant, et usant parmy ses soldats d'une sévérité de discipline militaire attrempée d'équité, selon les occasions, il obtint en bien peu de temps que, nonobstant que son armée consistast de nations non seulement diverses quant aux païs, mais aussi en opinions et sectes contraires, l'ordre et police furent tels entre eux, que son camp, à ceux qui y arrivoient, monstroit plus face et apparence d'une cité policiée, que d'un camp ainsi freschement et de si diverses nations assemblé.

L'Empereur, au commencement qu'il entreprit la guerre en France, faisoit bien son compte que le Roy ne recouvreroit point ne de lansquenets ne de Suisses : de Turin, il n'eust jamais pensé qu'il eust eu moyen de tenir : de la Belgique, il la comptoit desjà pour chose sienne.

Mais, peu après qu'il fut entré en Provence, et qu'il entendit certainement qu'il arrivoit tousjours au Roy quelques bandes de lansquenets; que de Suisses il en recouvroit plus qu'il ne vouloit; qu'en Italie il avoit faict son amas, et ses gens estoient desjà prests à marcher; qu'en la Belgicque la guerre y seroit plus longue et difficile qu'il ne l'avoit espéré; et d'avantage, que sur la mer Océane ses subjets ordinairement y recevoient perte, et sur la Méditerranée noz gallères se pourmenoient en liberté : alors eut-il certaine cognoissance qu'il n'auroit, sans ayde d'autruy, telle issue qu'il la désiroit de son entreprise. Il se délibéra d'essayer tous moyens possibles pour attirer le Sainct-Père et la ligue d'Italie à communication de frais et société de ceste guerre. Et à ceste fin avoit-il despêché le seigneur Ascagne Colonne, avecques pouvoir, instructions et lettres audit Sainct-Père et à tous les princes et potentats d'Italie, protestant envers eux (non qu'ainsi fust, mais pource qu'il servoit à son intention) que, entreprenant la guerre contre le royaume de France, jamais il ne l'avoit faict pour sa particulière et propre querelle, mais en contemplation du bien public et du repos commun de toute Italie, pour divertir l'insatiable cupidité du Roy, de la continuation de faire guerre en icelle; qu'eux-mesmes sçavoient bien, et il les en appelloit à tesmoignage, qu'il n'avoit laissé aucune voye intentée pour obtenir du Roy que leurs différends fussent plustost vuidez par ordre et forme de droict et justice, ou par appointement équitable, que non par armes et voye de faict, et jusques à s'estre condescendu de donner au duc d'Angoulesme, troisiesme fils dudit seigneur Roy, l'estat et duché de Milan, qui toutesfois luy appartenoit, non seulement comme à empereur, mais en son propre nom, premièrement, comme chose conquise par armes et par le droict de la guerre, et secondement, comme cédée à luy par le transport du vray seigneur, Francisque Sforce, qui estoit droict indubitable; et que, quand ores, il ne tiendroit qu'à vuider ses mains dudit estat et duché de Milan, qu'il ne se trouvast moyen de paix en la chrestienté, luy estoit, de son costé, prest à y entendre, et d'en disposer entièrement, par le consentement et advis commun de tous lesdits princes et potentats d'Italie : tant s'en faudroit qu'il eust son bien particulier en plus grande recommandation que le public; mais que, nonobstant tous les devoirs où il s'estoit mis si grandement, le roy de France avoit tousjours superbement et obstinément refuzé toutes honestes et raisonnables offres, et préféré la guerre injuste, cruelle, et d'incertaine issue, à une honneste, utile et certaine paix, jusques à dresser, encores à présent, nouvelle armée en Italie; en quoy il donnoit bien évidemment à cognoistre combien il avoit plus d'affection à travailler l'Italie, qu'à deffendre son propre royaume, auquel il avoit si grand faix de guerre sur les bras. Si toutesfois il estoit mis ordre à obvier que ledit seigneur roy de France ne mist ensemble les forces qu'il avoit levées audit païs d'Italie, ledit seigneur Empereur ne doubtoit point qu'il ne remportast de France une si grande et insigne victoire, qu'il asseuroit à perpétuité le repos et tranquilité d'Italie, attendu que autre quelconque ne la troubloit, sinon seulement ledit roy de France.

Toutes ces choses doncques considérées, il concluoit en ses instructions, que, comme ainsi fust que luy, qui estoit leur prince souverain et empereur, eust lors à entretenir en terre et en mer, en divers lieux et en mesme temps, quatre grosses et puissantes armées, plus pour le bien et repos d'entre eux que pour aucune offence à luy particulièrement faicte, et à ce qu'Italie ne soit assubjectie à domination et seigneurie estrangère, leur vray office et debvoir estoit de luy donner, en leur propre cause, ayde et secours, ou pour mieux entreprendre de consentement commun, et à communs despens avecques luy, la tuition et deffense de la liberté d'Italie, à laquelle faillans à ce besoing, en quoy pourront-ils jamais recognoistre l'obligation qu'ils ont envers elle, qui les a heureusement produicts, eslevez, nourris en la meilleure et plus amène et gratieuse contrée du monde? ou quelle chose peult-elle jamais avoir affaire d'eux, si elle ne l'a en la deffense et protection de sa liberté? Telles estoient les remonstrances que le seigneur Ascagne estoit chargé de faire universellement à tous, et particulièrement à un chacun des Estats, princes et potentats d'Italie. Au Sainct-Père il avoit à les faire presque pareilles; mais il estoit expressément chargé de luy dire et faire entendre d'avantage comment le Turc faisoit ses préparatifs pour faire en chrestienté une descente plus grande et mieux équippée qu'il n'en avoit encores faict jamais, et qu'à la prochaine primevère il seroit prest à y descendre en personne, et qu'en un mesme temps il vouloit, et par terre et par mer, assaillir les royaumes de Naples et de Sicile, et là se fortifier et y faire son magazin de tous équippages de guerre, pour, à toutes ses commoditez, poursuivre le surplus de l'Italie, et de là se transporter par toute la chrestienté. Et, afin que ledit Sainct-Père n'en fust en doubte, avoit aussi ledit seigneur Ascagne charge de remonstrer à Sa Saincteté comment desjà Barberousse estoit arrivé, avecques son armée, en la mer Méditerranée, qui la tenoit en telle subjection, que le navigage par icelle estoit interdit, au moins mal seur aux Chrestiens; et mesmement parce que le roy de France indubitablement s'estoit uny et alié avecques iceluy Turc, et qu'il en avoit osté le masque et cessé toutes dissimulations, car ouvertement il le sémonnoit et pressoit de descendre, si que, toutes excusations cessantes, ledit Sainct-Père ne pouvoit dissimuler que, pour donner exemple à tous les Estats de la chrestienté, il ne fust le premier à les exhorter et à commencer luy-mesme de prendre les armes, et que chacun, en ce commun danger, apportast quelque remède et soulagement, ainsi que le requéroit leur debvoir envers la commune patrie, envers la foy et la religion chrestienne, ensemble la considération de la cause, du temps, du salut à présent et de la liberté à l'advenir. Adjoustoit encores, afin que ceste entreprise ne fust infructueuse à Sa Saincteté, que l'Empereur, en ce faisant, estoit content, et luy offroit de disposer entièrement de l'Estat et duché de Milan, ainsi qu'il plairoit à sadite Saincteté, avecques participation de la seigneurie de Venise, en ordonner.

Le premier jour d'aoust estoit ledit seigneur Ascagne arrivé à Rome : le lendemain il eut audience, et exposa la créance dessusditte, en présence et compagnie du comte de Sifuentes, ambassadeur ordinaire de l'Empereur envers ledit Sainct-Père. Après, s'estant ledit comte retiré, il parla encores à Sa Saincteté à part, et luy offrit que ledit seigneur Empereur céderoit et transporteroit ledit Estat et duché de Milan à l'un des nepveux de Saditte Saincteté, et feroit, au surplus, que le duc de Ferrare (touchant les choses qu'il avoit controverses avecques elle) et le duc d'Urbin (touchant le duché de Camerin) en transigeroient et appointeroient au contentement et gré d'icelle Sa Saincteté, moyennant qu'elle fust seulement contente entrer en la ligue d'Italie, c'estoit à dire, d'en déchasser entièrement le roy de France. A Gennes, à Luques, à Florence, à Siène, avoit ledit seigneur Ascagne exposé sa créance, en y passant, et de tous avoit remporté une mesme response, qui fut, en somme, que, tout autant qu'ils valloient et pouvoient, ils s'employeroient de très-bon cueur, ainsi qui leur seroit ordonné par le commun advis de Nostre Sainct-Père et de Sa Majesté Impériale, au bien, tuition, deffence et salut d'Italie. Ledit Sainct-Père, après qu'il eut grandement et singulièrement loué l'affection dudit seigneur Empereur à procurer le bien et repos particulier d'Italie et le commun de chrestienté, respondit, au surplus, qu'il ne pouvoit blasmer l'advis et considération de Sa Majesté impériale, de transférer, si possible estoit, la guerre hors d'Italie; mais qu'il loueroit trop plus qu'elle ne fust ne là n'ailleurs entre les Chrestiens; car, en quelconque part qu'elle se face, soit en France, soit en Italie, entre Saditte Majesté et le roy de France, tousjours falloit-il que le sang chrestien y fût espandu, et qu'il s'en ensuivist l'amoindrissement et débilitation des principales forces de la chrestienté. Et quant au Turc, Sa Saincteté estoit bien asseurée que on ne sçauroit le convier à veoir un spectacle plus à son gré, qu'à veoir une si cruelle et mortelle guerre entre les deux plus puissans monarques d'icelle; car il estoit bien à penser que, quiconque en celle guerre soit le vainqueur ou le vaincu, c'est faire un pont et bailler le choix audit Turc de venir après assaillir lequel que bon luy sembleroit, se tenant seur que la victoire ne pouvoit estre sinon dommageable et préjudiciable aux forces et puissance du vainqueur mesme : mais que tant osoit bien Sa Saincteté asseurer ledit seigneur Empereur, que, pour celle année qui lors couroit, le Turc ne feroit faire aucune descente en chrestienté; car Sa Saincteté avoit en plusieurs advis certains et accordans ensemble, et mesmement par la voye des ambasadeurs vénitiens à Constantinople, que le Turc estoit résolu entièrement de ne faire autre chose pour le demourant d'icelle année, sinon de réparer, en tant que possible luy seroit, la perte et dommage qu'il avoit receu en Afrique, et recouvrer la commodité qu'il s'estoit préparée, et depuis avoit perdue, de faire quand bon luy semblera descente en Italie. Bien advouoit Sa Saincteté qu'il estoit vray que ledit Turc ce pendant vouloit donner ordre (encores qu'à cela il faillist) de préparer sa descente pour l'année qui vient, renforcer le nombre et équippage de ses vaisseaulx de mer, mettre provision aux finances, aux vivres, aux munitions et à la levée de ses gens de guerre, pour faire laditte descente avec gros effort et grosse puissance; et n'estre rien plus vray que tous ses plus avancez desseings tendoient sur la Sicile et sur Italie, ainsi que le mandoit Sa Majesté Impériale; et que, pour à ce remédier et obvier, il n'estoit possible de choisir autre meilleur chemin que celuy qui estoit par saditte Majesté mis en avant, que condonner chacun au bien public ses querelles et inimitiez particulières, et que tous ensemble, d'un mutuel consentement, s'appliquassent à la conservation et deffense du salut et repos commun : et qu'à ceste cause, autant qu'il congratuloit à la Majesté dudit Empereur ceste sienne continuation en bonne et saincte volonté de renouveller la pratique de paix et union, autant désiroit-il d'y employer et de mettre, non que son bien, mais aussi sa propre vie en hazard, pour estre arbitre et moyenneur de ceste paix; pour laquelle sienne affection et volonté mettre à exécution, il ne sçavoit trouver meilleure entrée que de persévérer en neutralité, sans condamner préjudiciablement la cause de l'une des parties, en adhérant et se joignant à l'autre. Tant s'en falloit que, par une telle voye et moyen, il voulust mettre en sa maison aucun Estat ne principauté au dommage, regret ou desplaisir d'autruy, et que, quand il plairoit à Dieu luy faire tant de bien et de grâce, que de le faire l'un des moindres instrumens qu'il employast à l'exécution d'un si grand heur, ceste volonté de Dieu, par luy ensuivie, luy seroit suffisant contentement et satisfaction de son travail; si que plustost il souhaitteroit la mort, que d'en chercher ou accepter autre loyer ne récompense.

Desjà estoit l'Empereur arrivé à Aix, alors qu'il eut nouvelle de ceste response. Sur son chemin, il avoit receu quelque perte, mais non du tout si grande en effect comme elle luy avoit esté griefve et ennuyeuse pour la qualité de ceux qui luy avoient faict le dommage; car ce avoient esté seulement les païsans et montaignards qui se tenoient embuschez ès destours et au dessus des passages estroicts au long des Alpes, et par occasion sortoient à l'improviste, aucunefois sur les avant-coureurs, et aucunefois sur la queue de son armée, en sorte qu'il ne se pouvoit eslargir aucunement, ne cheminoit journée, que de deux cens en deux cens pas il ne fust forcé de s'arrester et de se deffendre, sans toutefois avoir moyen de grandement endommager lesdits païsans, lesquels, soubdainement qu'ils se voyoient pressez, se retiroient à mont, par des chemins oblicques et incogneuz à autres qu'à eux mesmes, ainsi qu'ils se feussent évanouis de veuë. Au desloger, fut contrainct l'Empereur de passer au long d'une tourelle, en laquelle s'estoient enfermez jusques au nombre de cinquante hommes du païs, avecques des arquebuses qu'ils avoient recouvertes, en intention de choisir ledit seigneur Empereur à leur advis, et, quand il passeroit, descharger tous à la fois sur luy, pour le tuer, quoy qu'il leur en peust advenir après; car ils sçavoient bien qu'ils ne pourroient exécuter une telle en-

26.

treprise, sans que la vengeance ne s'en ensuivist par après. Et en effet, il s'en faillit bien peu qu'ils n'exécutassent leur intention; car ils en tuèrent un, qu'ils pensoient estre l'Empereur, à cause du riche accoustrement qu'il avoit sur le harnois, et de la suitte de gens après luy qui luy déféroient et faisoient honneur. Force fut à l'Empereur d'y faire amener le canon et y arrester son camp, qui en souffrit moult de malaise : la tour fut battue et les païsans contraincts de se rendre à la mercy dudit seigneur Empereur, lequel les fist tous pendre, tant par courroux de sa demeure, que pour exemple qu'autres n'eussent par après la hardiesse de faire telles entreprises. Et, adverty qu'en un petit plain environné de bois à l'entour, et assis sur la crouppe d'une montagne, à laquelle ne pouvoient ses gens arriver, s'estoit retiré un nombre de païsans, avec femmes, enfans et bestial, fist mettre le feu ès bois en divers lieux, au dessus du vent, de manière que tous y furent misérablement bruslez, d'aucuns en hors, qui, se voulans sauver du feu, tombèrent ès mains des ennemis, qui jamais n'en receurent un à mercy; dont fut depuis le populaire si aigry et animé contre l'Empereur et son armée, qu'oncques homme qui tombast entre leurs mains ne trouva d'eux plus gratieuse composition que de cruelle et inhumaine mort.

Audit lieu d'Aix arriva un courrier envoyé par le seigneur Ascagne, avec lettres et advis de tout ce que ledit seigneur avoit exploicté ou faict de sa commission, de laquelle il n'avoit remporté le fruict qu'en avoit ledit seigneur Empereur espéré. Si commença lors, en considérant et pesant les affaires plus songneusement et diligentment qu'il n'avoit faict auparavant, et les choses estans encores en leur entier, appercevoir et cognoistre que ce n'estoit entreprise légère que d'assaillir un roy de France dedans son royaume; et veoit très-bien, mais un peu tard, qu'il ne luy seroit aucunement possible de fournir et satisfaire long-temps à l'entretènement de tant d'armées qu'il avoit en tant de lieux, et en mesme temps. Pour y remédier en quelque partie, et puisqu'il estoit entré au lieu dont il ne se pouvoit ou vouloit ainsi légèrement retirer, il s'advisa d'envoyer à Anvers, et prier les marchans (ausquels il avoit baillé grandes assignations de remboursement sur les deniers qui luy avoient esté ottroyés par les Estats, et qui provenoient du revenu ordinaire de ses royaumes d'Espagne, Naples et Sicile) qu'ils se contentassent de luy prolonger un an le terme de leur remboursement, afin qu'il se peust ayder d'icelles assignations, en leur donnant récompense, telle qu'ils voudroient, de l'intérest qu'ils pourroient avoir à cause de ceste plus longue attente de leurs deniers. Pour à ce faire les induire, il n'y obmist moyen quelconque de persuasion, entrelassant ensemble prières, promesses, récompense, et craincte de plus long retardement, s'il advenoit, de male adventure, qu'estant ceste guerre de plus longue durée qu'il ne l'avoit espérée du commencement, son armée (que Dieu ne voulust) se vint à deffaire par faulte de paiement; quoy advenant, il estoit à craindre et penser que son ennemy poulsast sa victoire si avant, que Sa Majesté fust par ce moyen contraincte de leur faillir, à son grand desplaisir et dommage.

Ceste dépesche faicte, ledit seigneur Empereur, ayant en son cueur un extrême et merveilleux regret qu'ayant tant eu d'heureuses victoires ès guerres qui avoient esté menées par la conduitte seulement de ses capitaines, luy estant en personne maintenant, avec telle et si puissante armée, et après avoir bravadé de la sorte que chacun sçavoit, il fust contrainct de s'arrester si longuement sans faire aucune exécution ou honorable exploict de guerre, print en soy-mesme délibération nouvelle, ou, pour mieux, se résolut, mais trop tard, de mettre à exécution celle qu'il avoit auparavant prise, d'essayer sa fortune et d'assaillir vivement son ennemy; laquelle délibération luy eust peu, certes, et luy eust esté avantageuse, s'il l'eust exécutée à temps, et comme la raison de la guerre le vouloit, alors que les forces du Roy n'estoient encores unies, et que son peuple estoit intimidé pour la soudaine et non attendue descente d'un si puissant et grand ennemy. Au dessoubs de Aix, ayant la ville au doz, estoit son camp logé en une plaine, et sur deux collines doucement eslevées, et par les deux costez regardantes, en icelle plaine, la petite rivière de Lary, qui coule au long des murs de la ville, passant par le milieu en la longueur de sondit camp. Estant le quinziesme jour d'aoust en iceluy camp, il choisit jusques au nombre de trois mille Espagnols, quatre mille Italiens et cinq mille lansquenets, et, sans déclarer son intention à autres qu'aux capitaines, les fist partir environ la minuict, afin d'arriver où il prétendoit avant que noz gens en eussent nouvelles : luy-mesme avant le jour fut prest à cheval, menant en sa compagnie le duc d'Albe, espagnol, le seigneur Alfonce d'Avalos, marquis de Guast, et le seigneur dom Ferrand de Gonzague, italiens, et le comte de Horne, alleman, accompagnez de toute la fleur de ses gens de cheval. Et, avecques ceste trouppe, acconsuivit ses gens de pied, un peu après le soleil levé, assez près de la ville de Marceille, en une combe qui s'estendoit jusques à la plage de la marine.

En celle combe il fist arrester ses gens, et, prenant seulement ledit marquis avecques luy, et un bon nombre d'arquebusiers, marcha en personne pour recongnoistre la ville, tenant tousjours les chemins creux et les voyes obliques, pour n'estre descouvert de ceux de dedans, jusques à ce qu'il arriva près de la ville, à un ject de canon, où il se tint couvert d'une masure de maisons naguères abatues. Et de là il fist passer ledit marquis outre la masure, avecques gens choisis arquebusiers, pour recongnoistre de près un endroict que on luy avoit dict estre propice et oportun à y planter l'artillerie, et sur le costé que l'on tenoit la ville plus foible et moins deffensable. Ledit marquis, en regardant l'assiette du lieu, apperceut en un mesme temps, et que la ville avoit esté diligentement réparée en cest endroict, et que luy avoit esté descouvert de ceux qui faisoient le guet sur les remparts, et que desjà estoient sortis gens de la ville, qui avoient prins le chemin hault, afin de le venir enclorre par derrière. La cause de sa descouverte fut telle : les chevaux que l'Empereur avoit laissez en la combe dont j'ay dessus parlé, commencèrent fort à hannir, et tant, que la combe, enclose de montagnes d'une part, et de la mer d'autre, en retentissoit, en sorte que le vent en apportoit le bruit jusques dedans la ville ; qui fut en cause que ceux qui estoient de guet sur les murailles, furent d'autant plus ententifs à regarder autour des masures et chemins creux, autant que leur veuë pouvoit estendre, et, regardant ainsi curieusement, ils descouvrirent ledit marquis ; et le voyans près et à peu de compagnie, avoient mis lesdits arquebusiers dehors, en assez bon nombre, tendans à l'enclorre, s'il n'avoit autre suitte que ce qu'ils en descouvroient, et pour estre au besoing assez forts, au cas qu'ils trouvassent autres gens en embusche parmy les destours et chemins croisans entre les collines. Le marquis, voyant qu'il estoit descouvert, se retira par autre chemin qu'il n'estoit venu, vers la masure dont il estoit party, et fut en cause que ceux du guet apperceurent que derrière icelle y avoit encores gens; et pour ce firent-ils encores saillir gens de renfort, et, adressans à cest endroict la bouche de quelques canons, y mirent incontinent le feu, et feirent un tel exploict, à cause des pierres que les coups de canon escartèrent en donnant contre ladite masure, qu'il y eust des gens beaucoup et morts et biessez. L'Empereur en toute diligence se retira plus loing de la ville et hors de la portée du canon, en une valée qui estoit couverte entièrement d'un grand et large rocher duquel sortoit une fontaine d'eaue vive, auprès de laquelle il fist un léger repas. Et puis, après avoir communiqué sa délibération avecques les principaux des capitaines estans avecques luy, il ordonna le duc d'Albe et le comte de Horne pour demourer ès environs de Marceille, monstrant contenance de la vouloir assiéger, et ledit marquis du Guast avec le nombre de douze cens chevaux, et le capitaine Paul Saxe avec six cens enseignes de gens de pied, pour recongnoistre la ville d'Arle, et, s'il leur sembloit qu'elle fust pour estre facilement emportée d'assault, le faire à sçavoir aux dessusdits duc d'Albe et comte de Horne, à ce qu'ils se vinssent joindre à eux, ce pendant que luy en personne y viendroit avecques toute sa force ; leur donnant charge toutesfois, au cas que ladite ville leur semblast estre en telle deffence qu'elle fust pour y amuser long-temps son camp, eux, en ce cas, se retirassent avec lesdits d'Albe et de Horne devant Marceille, jusques à ce qu'ils eussent de luy autres nouvelles.

Ces choses ainsi ordonnées, l'Empereur se retira en son camp par le mesme chemin qu'il estoit venu. Noz gens que je vous ay dit estre sortis hors de Marceille, ainsi que les ennemis, soudainement estonnez à cause des coups de canon qui avoient donné dedans la susditte masure, se retiroient hors de batterie, espars en divers lieux, selon que chacun s'estoit trouvé à propos de se retirer en lieu de sauveté, et comme gens qui n'avoient pas bonne cognoissance ne du païs ne des chemins, en surprindrent et prindrent aucuns, lesquels ils emmenèrent au seigneur de Barbezieux, lieutenant du Roy, et aux autres capitaines estans en ladicte ville de Marceille. Par iceux prisonniers entendirent lesdits capitaines comme l'Empereur estoit en personne, avecques peu de compagnie, derrière ladite masure ; alors que les coups de canon y furent tirez, ayant en teste une salade bourguignonne, avecques un pennage de violet blanc et orengé, et sur son harnois vestu d'un saye de damas blanc. Ceste nouvelle oye, ne fault demander s'il y eust prou de gens qui furent d'advis de faire sur luy une saillie, et que la conséquence de prendre ou tuer un empereur, en quoy gisoit toute la victoire, n'estoit si petite qu'elle ne valût bien le hazard de perdre quelques gens au pis aller.

Les autres, ausquels plaisoient moins les choses précipitées et de hazard estoient d'advis de ne point desgarnir la ville, estimans bien que l'Empereur ne seroit venu si près sans avoir telle trouppe à sa queüe, qu'elle seroit bien suffisante, à un besoin, de combatre toute la garnison de Marceille, et que paravanture faisoit-il marcher toute son armée après luy. Et de le penser ainsi leur donnoient deux choses grande occasion : l'une, qu'à ceux qui faisoient le guet il sembloit à veoir, de veoir assez loin de la ville (c'estoit en la vallée où l'Empereur avoit laissé ses gens), entreluire du harnois à la réverbération du soleil qui donnoit dessus ; l'autre que les prisonniers disoient n'avoir rien sceu quand ils partirent du camp, ne quelle part on les conduisoit, ne que l'Empereur deust venir les acconsuivre. Et, à ceste cause, il leur sembloit bien à craindre que, si on mettoit grosse trouppe de gens hors de la ville, et que l'escarmouche attachée, survinssent les ennemis avecques trop grandes puissances, ceux de la ville fussent contraints de laisser à leur visage hacher leurs gens en pièces ; ou s'ils se mettoient à les soustenir, ils fussent repoussez, de sorte que les ennemis, paravanture, entrassent pesle-mesle avecques eux dedans la ville. Les autres, en ceste disputation, choisirent une voye moienne, qui fut de retirer ceux qui estoient sortis, sans les souffrir marcher plus avant, de peur qu'ils ne s'embatissent en quelque ambusche, et au lieu d'iceux, en envoier d'autre tous fraiz sur des frégattes et barques de pescheur, lesquels allassent, terre à terre costoiant la plage, hors de la veue de l'ennemy, jusques à ce qu'ils eussent gaingné le dessus de l'endroit où il leur sembloit avoir veu entreluire du harnois ; et qu'arrivant là, s'ils voioient qu'il y eust gens, et cognoissoient que par eux ils n'eussent point esté descouvers, ils prinssent terre et tournoiassent la combe respondant à la plage, tant qu'ils vinssent parmy les guarrigues donner alarme ausdits ennemis, et missent peine, en monstrant contenance de se vouloir, en combattant, retirer, de attraire lesdits ennemis, jusques au droit d'une certaine plage qu'on leur désigneroit, en laquelle on envoieroit quelques gallères, qui temporiseroient jusques à ce qu'ils veissent leur poinct, et, le voiant à propos, deschargeroient l'artillerie à travers eux à l'improviste ; faisans leur compte qu'ainsi advenant, il ne se pouvoit faire que, sans danger de recevoir honte ne dommage, ils ne fissent grosse tuerie ; et pourroient estre (comme souvent tombent les hazards aussitost sur les grans que sur les petits) l'Empereur mesmes, ou quelques autres gros personnages, se trouveroient au droict de la male-advanture.

Ceste opinion fut suivie et mise à exécution ; mais l'Empereur estoit déjà party. Noz gens, quand ils furent mis à terre, ainsi qu'il avoit esté advisé, firent un long circuit parmy les myrtes lentisques et autres tels arbustes dont le païs est si grandement couvert, et puis se laissèrent voir de loin, comme si ce fussent gens qui vinssent d'une autre part qu'ils ne venoient. Le duc d'Albe, sitost qu'il les apperceut, envoya quelques chevaulx-légers au-devant, ausquels il donna charge d'en approcher si près, qu'ils peussent estimer le nombre qu'ils pouvoient estre, et luy en mander nouvelles incontinant. Lesdits chevaulx-légers, arrivez qu'ils furent, et qu'ils veirent les nostres estre si peu, envoièrent promptement en advertir ledit seigneur duc ; et eux ce pendant, pour les amuser qu'ils ne se retirassent, et en espérance de les attraire en lieu qu'il ne s'en sauvast un pour en porter la nouvelle, ils commencèrent à vouloir charger. Et les nostres, qui estoient tous arquebusiers, deschargeans contre eux leurs arquebuses, monstrèrent contenance de les craindre bien peu, qui estoit ce que lesdits chevaux-légiers désiroient le plus ; car ils tendoient seulement à fin d'amuser les nostres, tant que la grosse trouppe des leurs arrivast ; et les nostres, en cas pareil, tendoient à fin d'attraire ladite grosse trouppe des ennemis, laquelle ne tarda guères à se descouvrir. Et lors les nostres, comme si ce leur eust esté chose inopinée, firent semblant de s'estonner, et reculèrent tousjours sans se mettre en fuitte abandonnée, tant que les ennemis fussent à l'endroit que eux avoient charge de les attirer ; et lors ils tournèrent soudainement le dos, et se sauvèrent parmy lesdits arbustes. Et sur ce commencèrent coups de canon de tirer à furie de noz gallères parmy la plage, qui estoit descouverte, au beau milieu des ennemis, et leur firent en peu d'heures un tel dommage, que les corps des uns, les bras et jambes des autres estendus sur la place, la lamentation des mourans, la consternation et désolation des fuians, estonnèrent tant ceux qui estoient sains et entiers, qu'ils ne taschèrent tous sinon à éviter le danger avant qu'en faire l'espreuve. Leur fuitte fut soudaine et pleine d'espouventement ; mais il advint une chose qui la leur creut encores grandement ; car noz gens, qui s'estoient retirez parmy les arbustes et garrigues, chargèrent si furieusement sur les fuyans, qu'ils furent cause de les mettre en opinion qu'ils fussent avant-coureurs de l'avant-garde de nostre camp, lequel, sur les nouvelles du deslogement de l'Empereur, se fust aussi deslogé d'Avignon, en intention de présenter la bataille. Le mieux qu'ils sceurent faire fut de se rallier et retirer ensemble plus à l'escart et loing de la marine, en une vallée ceinte à l'entour de rochers et collines, ès quelles ils assirent leur guet pour veoir si aucun viendroit sur eux. Là fit le duc d'Albe reveue de ses gens, et trouva en avoir beaucoup perdu, et mesmement de gens de nom, entre les autres le comte de Horne, et un autre capitaine alleman, son parent prochain, lesquels furent de tous moult regrettez. Les nostres se retirèrent à Marceille avecques bien peu de perte; ès mains des ennemis en tomba un en vie, qui fut amené prisonnier au duc, lequel entendit par luy tout le discours de ceste entreprise, et sceut qu'il n'estoit nouvelle que le camp du Roy fust deslogé. Le duc et les autres capitaines, en vengeance de la perte qu'ils avoyent faicte de gens de bien, firent cruellement tirer ledict prisonnier à quatre chevaux, sous couleur qu'il estoit Italien et avoit esté n'aguères à la soulde de l'Empereur, luy mettant à sus, par ceste occasion, qu'il estoit transfuge et traistre envers ledict seigneur.

Le seigneur marquis du Guast et le capitaine Paule Saxe avoient, durant ce temps, continué le chemin qui leur avoit esté ordonné, avoient traversé tout le plain de Crau, dict autrement les Champs-Pierreux, sans y avoir trouvé rencontre : et à coste dudict plain, vers les maraiz, assez près du pont de Crau, s'arrestèrent et prindrent advis de ce qu'ils auroient à faire. Le capitaine Paule Saxe demoura audit lieu avecques la trouppe; le marquis, avecques seulement trente chevaulx, vint jusques au pont, et y en laissa vingt à la garde; luy, avecques le surplus, passa le pont, et vint jusques en un tertre regardant sur la ville, lequel on luy avoit dit estre moult propice (ainsi qu'estoit la vérité) pour la tenir en extrême subjection : car, y asséant quelques pièces d'artillerie, et faisant batterie par le costé dont la ceinture, ou courtine, se venoit encoigner avecques celle qui est au-dessous d'icelle montaigne, elles eussent battu par-dedans la ville, au long d'icelle courtine, où seroit faicte la batterie, en sorte que ceux de dedans ne se feussent osez présenter à soustenir l'assaut. En ceste sorte s'arresta le marquis, et, se tenant derrière deux moulins à vent qui le couvroient, apperceut clérement qu'il avoit esté pourveu à l'encontre de la commodité qu'il y espéroit trouver ; et luy, en cas pareil, fut descouvert et apperceu des nostres. Mais tant y a, que si l'Empereur, avant que le sire de Montmorency, lieutenant-général du Roy, se fust advisé de faire fortifier laditte ville, y feust venu droit, ainsi qu'il avoit délibéré, sans point de faute il n'eust trouvé aucune résistance qu'il ne s'en fust saisi facilement; et de là il eust eu le passage du Rhosne à son commandement, et à son choix de nous assaillir, ou en Provence ou en Languedoc, ainsi que le temps luy eust mieux présenté l'occasion d'entreprendre ou l'un ou l'autre. Mais en peu de temps elle fut en telle réparation, au moyen de la sollicitation qu'en fist ledict lieutenant-général, et de la diligence dont les capitaines, et de l'assidu travail dont les soldats, et du devoir dont les habitans en usèrent, si qu'au treizième jour elle estoit en la plus grande asseurance du costé dont, treize jours auparavant, elle estoit la plus doutable et moins en estat de deffendre.

Laditte ville d'Arles siet sur le Rhosne, à l'endroict de la poincte où il se fend en deux, et, allant par deux bouches se descharger en la mer, enclost de ses deux bras une isle triangulaire, nommée La Camarolle. Le premier jour d'aoust y entrèrent les seigneurs Jean Carracciol, néapolitain, prince de Melphe, et Stèphe Colonne, romain, avecques pouvoir égal ensemble de lieutenant du Roy en laditte ville. Ledit jour y entra messire Antoine d'Ancienville, seigneur de Villiers aux Corneilles, commissaire de l'artillerie, avec douze pièces d'artillerie, que grosses que moyennes, et deux cens cinquante pionniers ordonnez au service d'icelles pièces. Le lendemain y arriva le capitaine Bonneval, avec sa compagnie de cinquante hommes-d'armes, et vingt de celle du seigneur de Boisy, lesquels menoit le seigneur de Montreul-Bonnin, son lieutenant. Ledit Bonneval, estant ordonné avecques le comte de Tende à faire le déguast, ainsi qu'il a esté dit cy-dessus, avoit receu lettres du seigneur de Montmorency, lieutenant-général dessusdit du Roy, par lesquelles luy estant mandé se retirer en laditte ville d'Arle, pour estre compagnon à la tuition et garde d'icelle avecques les dessusdits Melfe et Colonne, et luy ayant addressé sa compagnie, passa en diligence parmy le camp, afin de plus amplement entendre dudit seigneur lieutenant-général ce qu'il auroit à faire, et quel ordre avoit esté mis à la fortification de laditte ville, laquelle il sçavoit avoir esté auparavant très-mal tenable. Son séjour audit camp fut assez brief ; de là, passant à Tarascon, où il rencontra sa compagnie, visita le chasteau dudit lieu, aussi la place de Beaucaire, assise de l'autre costé du Rhosne, ainsi que par ledit seigneur lieutenant-général il luy avoit esté ordonné, auquel il fist sçavoir son advis de ce qu'il y avoit veu; suivant lequel advis, ledit seigneur lieutenant-général, ne voulant obmettre chose qui fust réparable par humaine prévoyance, fist réparer lesdittes places, et y mist le seigneur de Rabodanges, eschanson ordinaire, et de Sainct-Remy, commissaire de l'artillerie, avecques le nombre de cinq cens hommes de guerre.

Arrivé que fut ledit capitaine en Arle, il présenta ses lettres et communiqua sa charge aux dessusdits princes de Melfe et Stèfe Colonne, qui avoient jà commencé quelques fortifications aux endroits plus débiles; mais, quelque commencement qu'il y eust, les habitans estoient, ce nonobstant, hommes et femmes, fort estonnez, et principalement le menu peuple, à cause que plusieurs dames qui ordinairement y faisoient leur demeure (ainsi que la coustume du païs est autre qu'elle n'est au cueur de France, que les gentilshommes et gentilles-femmes se tiennent ès villes), avoient faict serrer leur bagage, pour se retirer ailleurs; qui donnoit grand espouvantement audit menu peuple, et occasion de craindre que la ville fust en apparant danger de tomber en inconvénient. Mais ledit capitaine Bonneval arrivé, d'autant qu'il estoit François, et que les gens de la ville entendoient son lagage mieux que des autres, aussi qu'il apportoit asseurance dudit sire de Montmorency, lieutenant-général (auquel avoit tout le païs une grande fiance), de ne leur laisser avoir faulte de choses quelconques nécessaires à la garde et deffence d'icelle, lesdittes dames se rasseurèrent, et ne deslogèrent point : et dès-lors commencèrent tous, et grands et petits, à mettre la main à l'œuvre; et ceux qui en avoient le moyen offroient à y employer de leur propre bourse. En laditte ville estoient alors environ de cent trente hommes-d'armes des compagnies dessusnommées : mille hommes de pied gascons, soubs la charge de Jean de Foix, comte de Carmain; mille Champenois, soubs la charge de messire Jean d'Anglure, seigneur de Jour; et de trois à quatre cens arquebusiers italiens : lequel nombre ne sembla aux dessusdits estre suffisant pour soustenir la continuation des assaus qui pourroient y estre donnez par un camp impérial. De bleds y avoit bien grande quantité, mais peu de farines, et pas un moulin ; parquoy il fut ordonné de faire jusques à vingt-cinq moulins à bras et à chevaux. De vins, y en avoit très-peu ; mais le Rhosne estoit à commandement pour y en amener, et les chefs de bonne volonté pour, à un besoin, boire de l'eau, aussy les soldats ; car, à la nécessité tous breuvages sont bons à qui a volonté de bien faire : toutesfois il fut advisé d'y en faire amener. Quant aux chairs, ils avoient moyen de recouvrer en un jour dix mille bestes à corne de laditte isle de La Camarolle, qui estoit vis-à-vis de la ville, un bras de Rhosne entre deux. De sel, y avoit en abondance ; de poudres, n'y avoit pas grande quantité, ne d'autres munitions servantes au faict de l'artillerie.

Toutes choses ainsy que dessus considérées, fut advisé que le prince de Melfe, lequel on pria d'accepter ceste charge (ce que très-volontiers il fit pour le service du Roy), iroit au camp lez Avignon, pour en advertir ledit sire de Montmorency, à ce qu'il y envoyast les choses nécessaires et requises à la deffence et seureté de laditte ville. Advint ce pendant que ledit prince de Melfe fist son voyage, quelque débat entre deux soldats, l'un de la bande d'Anglure, et l'autre italien, et tellement s'alluma la noise, entre eux premièrement, et puis après entre les compagnons de l'un et de l'autre, qu'à la fin presque toute la compagnie s'esmeut et banda contre les Italiens, lesquels estoient par trop petit nombre au prix des Champenois. Telle fut la meslée, qu'il en mourut de soixante à octante, que d'une part que de l'autre, et furent lesdits Italiens repoulsez jusques dedans le logis du seigneur Stèfe Colonne, auquel ils se retirèrent, pour estre ledit seigneur de leur langue et lieutenant du Roy en laditte ville : mais les Champenois estoient desjà si eschauffez, que, sans aucune considération du lieu que tenoit ledit seigneur, non seulement ils s'efforcèrent d'entrer pesle-mesle avec les Italiens, ains y accoururent à enseigne desployée, comme si c'eust esté contre les ennemis du Roy; attraînèrent une pièce d'artillerie jusques à la porte, les uns prests à la descharger contre icelle, les autres tirans à coups d'arquebuse contre ceux qui se monstroient aux fenestres afin de parlementer à eux et appaiser la noise, et en avoient desjà tué trois ou quatre; les autres montans sur les maisons pour les descouvrir et y entrer par là : de manière qu'il estoit apparant d'y arriver un gros et lourd inconvénient pour le service du Roy, si ledit capitaine Bonneval, oyant le bruit de ceste esmotion, n'y fust accouru soudainement avec seulement dix ou douze hommes-d'armes de sa compagnie qui se trouvèrent à son logis ; et à toutes les autres fist à sçavoir qu'ils le suivissent montez et armez, luy, pour la haste qu'il eût d'y arriver avant que pis advint, ayant seulement une rondelle au poing et son espée au costé, sans avoir eu le loisir de se couvrir d'autre harnois. Et, arrivé qu'il fut premièrement au lieu de ce tumulte, il fist commandement au seigneur de Villiers, qu'il rencontra, de retirer l'artillerie; qui luy estoit chose fort difficile, car les susdits mutins l'avoient attrainée par force et en despit des canonniers. Aussi fist commandement au seigneur d'Anglure, qu'il eust à faire retirer ses gens; mais peu y valut son commandement ne le crédit que trouva ledit Anglure avecques ses gens.

Sur ce poinct arrivèrent les seigneurs de Brosses, lieutenant dudit seigneur de Bonneval, et de Montreul-Bonnin, lieutenant du seigneur de Boisy, avecques leur gendarmerie bien armée et bien montée, et la lance sur la cuisse, ainsi qu'il leur avoit esté ordonné, dont ledit seigneur de Bonneval en renvoya vingt, ausquels il donna charge d'aller assembler, de logis en logis, tous les Italiens qu'ils trouveroient, pour les mener à un destour et lieu fort qu'il avoit autrefois choisi derrière l'église qu'on appelle la Majour, et que sur la vie ils donnassent ordre qu'ausdits Italiens ne fust faict mal ne desplaisir : aux autres il commanda de s'arrester auprès du logis dudit seigneur Colonne, jusques à ce qu'il leur commandast ce qu'ils auroient à faire. Et luy, avec dix hommes-d'armes qu'il fist mettre à pied, se pourmenant à l'entour du logis, trouva moyen de les mettre dedans par un huis de derrière, leur commandant qu'ils se monstrassent aux fenestres, afin que les mutins cogneussent que le logis estoit garny de gens; et luy, ce faict, s'en retourna vers iceux mutins, lesquels, voyans les hommes-d'armes aux fenestres, firent contenance de se vouloir mutiner contre ledit seigneur de Bonneval; mais il leur monstra tel visage, usant de remonstrances et de menasses, et leur faisant entendre qu'outre la gendarmerie qu'ils voyoient à sa queuë, estoit desjà en armes en la place, pour se venir joindre à luy, la bande du comte de Carmain, lequel ils sçavoient estre son nepveu germain, et qu'il avoit la puissance en main de les faire venir à la raison, qu'à la parfin ils se retirèrent; joinct qu'ils voyoient ledit seigneur de Villiers, commissaire de l'artillerie, et d'Anglure, leur capitaine, rengez avec ledit seigneur de Bonneval, qui grandement s'aquittèrent à rapaiser les choses, et avoient suitte d'aucuns de la mesme compagnie, ausquels desplaisoit ceste mutinerie et façon de faire contre un chevalier de l'Ordre et lieutenant du Roy.

La mutinerie appaisée, le seigneur Colonne envoya prier ledit seigneur de Bonneval de s'en venir vers luy à son logis, et, arrivé qu'il y fut, luy déclara qu'attendu l'outrage qui luy avoit esté faict, il n'estoit délibéré de plus demourer en la ville, et le pria très-instamment de l'en vouloir mettre dehors et faire accompagner jusques au lieu de seureté. Le seigneur de Bonneval, au contraire, luy remonstra qu'ayant ledit seigneur Colonne charge de la ville, de par le Roy, et l'Empereur estant jà si près qu'au plain d'Avillanne, au-dessoubs d'Aix, il n'en devoit ainsi desloger, ains faire à sçavoir au Roy, ou à monseigneur le grand-maistre, lieutenant-général du Roy, comment les choses estoient passées, à ce qu'on luy ostast et chastiast lesdits mutins, et qu'en leur lieu on luy envoyast d'autres gens plus obéissans et de meilleur service; et, attendant la responce du Roy, il ne devoit ne pouvoit riens craindre, car encores estoit la force entre les bons obéissans; et, sur ce, luy offroit de venir luy-mesmes coucher audit logis avecques luy, et de faire que toute la gendarmerie, avecques la moitié des bandes du comte de Carmain, feroyent le guet toute la nuict, afin qu'il n'y advint nouveau désordre. Mais, quelques remonstrances qu'il sceust faire, ledit seigneur Colonne (craignant que ceste première picque en engendrast encores quelque autre, dont le service du Roy se portast pis, et luy receust honte et reproche; alléguant aussi qu'il ne laissoit la ville sans chef, y estant ledit seigneur de Bonneval, qui, pour estre de la langue, pourroit plustost que luy tirer obéissance des gens mesmes qui avoyent faict ceste esmotion, s'il advenoit que l'Empereur approchast avant qu'on en y eust envoyé d'autres) persévéra en son opinion de se retirer au camp ou vers le Roy, et tant insista, que ledit seigneur de Bonneval y assentit. Et pour ce, fist-il monter à cheval jusques à trente hommes-d'armes des siens, dont il en ordonna dix à marcher devant, et après eux les gens dudit seigneur Colonne, et puis eux-mesmes avecques dix autres hommes-d'armes en leur compagnie, et les autres dix derrière; tant qu'ils arrivèrent au port de Trinquetaille, auquel passa ledit seigneur Colonne, et, prenant congé dudit Bonneval, luy recommanda et pria de mettre en pareille seureté ce peu de soldats italiens qu'il avoit laissez en la ville; ce qu'il feist avecques le mesme ordre dessusdict, et audit port de Trinquetaille leur feist délivrer des vivres jusques au lendemain. Ce faict, il commanda très-expressément audit d'Anglure qu'il feist chercher parmy ses bandes, et qu'il luy représentast les principaux autheurs de l'esmotion; et, ce pendant que ledict Anglure en fit la diligence, lequel estoit de sa personne gentil compagnon et de bonne volonté, mais très-mal accompagné de gens, il fist une dépesche à monseigneur le grand maistre, lieutenant-général du Roy, l'advertissant de ce qui estoit advenu, et le priant d'envoyer homme d'authorité, pour entendre comment les choses estoyent passées. Ledit seigneur grand-maistre y renvoya incontinant le prince de Melphe, et avecques luy messire Poton Raffin, séneschal d'Agenois et l'un des capitaines de ses gardes, et après eux envoya bon équippage d'artillerie et d'autres choses nécessaires; car, outre ce qu'il estoit généralement ententif à pourveoir et faire toutes choses qui pourroyent apporter nuisance, empeschement ou retardement à l'ennemy, et qu'il sçavoit quel avantage seroit audict ennemy de se pouvoir saisir de ladite ville, il avoit encores particulièrement une singulière affection à la bien fournir de toutes choses : d'autant que luy, presque seul, et contre l'opinion de plusieurs, avoit esté d'advis de la fortifier, et, à ceste cause, si mal en fust advenu, on luy eust peu mettre en avant qu'il eust esté meilleur et plus expédiant de la laisser ouverte et désemparée à l'ennemy, que, la fortifiant insuffisamment, donner audict ennemy l'honneur de l'avoir prise d'assault, à la grande augmentation de la gloire et réputation de ses forces et diminution du cueur et de l'espérance des nostres. Ledict seigneur d'Anglure délivra ès mains du seigneur de Bonneval deux des mutins de ses bandes, dont l'un se disoit estre gentilhomme, lesquels furent exécutez et penduz aux gouttières de la maison de la ville; et furent ses bandes renvoyées au camp : luy demoura en la ville fort malade.

Ses bandes arrivées au camp, furent publiquement, et, en signe d'ignominie, leurs enseignes ostées et désarborées, tous les mutins déclarez indignes et inhabiles à jamais de prendre soulde au service du Roy; et en leur lieu furent envoyez deux mille hommes, dont estoit chef et colonnel messire Louis de Luxembourg, comte de Roussi, lequel, toutesfois, et un sien frère nommé Jean de Luxembourg, seigneur de Chistelle, furent tost après contremandez par ledict seigneur lieutenant du Roy, pour les tenir près de sa personne, laissant mille hommes de leurs gens, dont le seigneur de Marieu, de Dauphiné, avoit la charge de cinq cens, et le seigneur de La Goutte, de Bourbonnois, les autres; et furent envoyez, au lieu des mille que ledict de Luxembourg amenoit, cinq cens hommes que conduisoit le seigneur du Palais, de la comté de Foix, et cinq cens autres que conduisoit le baron de Rixou, du païs de Languedoc.

Les réparations ce pendant se continuoient, en sorte que du costé qui plus estoit à craindre auparavant, il y eut, dès le trésième jour, moins de danger qu'en tous les autres, et y avoit jà six grans boulevers et platte-formes en deffence. Puis fut l'artillerie assise sur iceux boulevers, et ès autres lieux où l'on jugea qu'elle feroit meilleur service dedans la ville, à un ancien théâtre dict les Arennes, lequel regarde merveilleusement bien et à propos le tertre et hault lieu dont nous avons ci-devant parlé; de sorte que gens en trouppe ne s'y pouvoyent aucunement tenir à couvert. Sur ce théâtre fut advisé de mettre deux pièces d'artillerie, en lieu qu'elles pouvoyent battre de toutes parts à l'environ.

Toutes ces fortifications veoit le seigneur marquis du Guast, dudict hault lieu où il s'estoit embusché, derrière les moulins à vent, ainsi que j'ay dict cy-dessus, et bien jugeoit à l'œil qu'il avoit esté suffisamment remédié contre toutes les commoditez qu'il avoit espéré trouver au siége et batterie de la ville; mais tost après il eust moyen (et non sans danger de sa vie) d'en juger par expérience, non que de l'œil; car il fut descouvert des nostres, et fut incontinant par ledict séneschal d'Agenois, lequel se pourmenoit avecques ledit seigneur de Bonneval, monstré au seigneur de Villiers, commissaire très-diligent et très-expérimenté au faict de l'artillerie, lequel promptement addressa si à propos devers le lieu où estoit ledict marquis, les deux pièces estans sur le théâtre des Arennes, que si le marquis, voyant mettre le feu, ne se fust tiré à costé, il n'eust failly d'arriver la fin de sa vie. Les boullets qui tombèrent près de luy et firent jaillir la terre à l'entour, effrayèrent tellement le cheval sur lequel il estoit monté, qui de fortune en avoit esté atteint, qu'il retourna la teste vers le chemin dont il estoit venu, et n'en sceust le marquis estre maistre, qu'il n'arrivast au pont où il avoit laissé les vingt chevaulx de garde. Et de là se retira, reconduisant ses gens plus viste qu'il n'estoit venu; car il entendit le bruit de l'alarme qui se donnoit en la ville, et craignoit d'estre surpris avant qu'arriver au lieu où il avoit laissé sa trouppe, qui estoit derrière dessusdit lieu hault, tirant vers les maraiz, hors de veüe et descouverture de la ville, et auquel on pouvoit loger jusques au nombre de cinq à six mille hommes : qui avoit esté la cause que l'on craignoit ledit hault lieu regardant en la ville; car, quand il n'eust eu autre inconvénient, sinon que dudict regard en la ville, et de l'artillerie qui dudict hault eust peu (si on n'y eust réparé) battre par dedans au long de la courtine, pour empescher que l'on se veinst présenter à deffendre l'assault, et il n'y eust eu place pour loger à couvert gens pour deffendre l'artillerie, que ceux de dedans ne la vinssent gaigner ou pour le moins encloüer, ledict hault lieu n'eust tant esté à craindre. Les seigneurs prince de Melphe, de Bonneval et séneschal d'Agenois, voulurent bien que l'alarme se donnast chauld dedans la ville, non qu'ils voulussent faire quelque grosse saillie, mais pour esprouver le cueur des gens qu'ils avoient, lesquels ils trouvèrent de si bonne et prompte volonté, que dès-lors espérance de s'en bien aider accompagna l'affection qu'ils avoyent de ce faire. Les murailles furent incontinant garnies, et de chacune bande le nombre ordonné, et au lieu qui leur estoit ordonné de se rendre en cas d'alarme, les enseignes aussi aux lieux qui leur estoient ordonnez, et toutes si bien accompagnées, qu'il ne sembloit point que ceux qui estoient sur les murailles y fissent faute, et ne parloit-on sinon de sortir hors à toute force. Mais les chefs, qui avoyent souvent nouvelles du camp des ennemis, et mesmement par un religieux de l'ordre de sainct François, que ledict seigneur de Bonneval y entretenoit, et par lequel ils avoient eües nouvelles que l'Empereur menassoit fort de venir en Arle, ne les voulurent laisser saillir, craignans que le camp impérial fust à la queüe : louèrent toutesfois leur bonne volonté, et les priant de l'entretenir, et d'en réserver l'exécution au temps que les chefs jugeroyent estre opportun et leur commanderoient de ce faire, mirent seulement dix hommes-d'armes dehors, ausquels il fut commandé d'aller en avant jusques à ce qu'ils sceussent quelle suitte pouvoient avoir eüe ceux qui avoient esté descouvers de la ville, et quelle pourroit estre l'intention des ennemis. Lesdits hommes-d'armes allèrent fort avant sans trouver à qui parler; bien virent-ils le pistis des chevaulx, en la vallée où ils avoyent esté embuschez au long des maraiz, et le train de la retraitte, tant d'eux que des gens de pied ; mais ils s'en estoyent allez plus viste qu'ils n'estoient venuz, de sorte que leur diligence les osta de veüe et de cognoissance des nostres. Deux païsans furent trouvez dedans des brandes ou guarrigues, qui là s'estoyent mussez de peur. Par eux entendirent noz gens, et vindrent faire le rapport que lesdicts ennemis s'estoyent retirez avecques la grosse trouppe, et avoyent tous ensemble passé au long d'un lieu qu'on appelle Sainct-Martin, à plus d'une grande lieue de la ville, tendant au chemin de Marceille.

Ce temps pendant arrivèrent les vivres, artillerie et autres munitions qui devoient suivre les prince de Melphe et séneschal d'Agenois, entre autres choses, de dix ou douze batteaux de vin, qui estoit, quant aux vivres, ce dont ils avoient plus de besoin, et de poudres pour artillerie et harquebutte ; ensemble des matières requises à faire lances, pots et grenades, dont ils firent faire grande quantité par un canonnier habitant de la ville, compagnon expert à ce mestier, et lequel avoit esté au service de la religion de Rhodes. En ce temps arrivèrent quelques gallères de l'Empereur au-devant de la tour de bouche de Rhosne, laquelle ils canonnèrent long-temps. Ceux qui estoient dedans ne monstrèrent point contenance de gens estonnez, ains se deffendirent très-bien, et donnèrent des coups d'artillerie dans l'une de ses gallères, dont ils firent gros dommage aux ennemis, et à la fin les contraignirent de se retirer, mais grandement ennuiez d'avoir failly en leur entreprise ; car ils avoyent délibéré, s'ils la pouvoyent prendre, de faire là endroit un pont pour passer en Languedoc, en espérance de se saisir de plusieurs bonnes et riches villes du païs, mais mal garnies de gens de guerre, et encores pis fortifiées. Et, pour crainte qu'ils ne vinssent au-dessus de leur entreprise d'icelle tour, avoit le Roy ordonné quelques gens pour mettre ès villes de Nymes, Bésiers et autres, et moyen de commencer à réparer, outre les gens que le seigneur de Champdenier avoit paravant levez ou commandez estre prests, au besoin, en tout le gouvernement dudict Languedoc, lesquels servirent bien un temps après, mais pour le présent n'en fut mestier ; dont le Roy se contenta grandement du capitaine qui avoit la charge de sadicte tour, lequel, outre ce qu'il estoit gentil compagnon et serviteur affectionné, s'efforçoit encores de faire service, de tant plus qu'il avoit en sa jeunesse faict quelque coup en une querelle et débat, dont il taschoit effacer la coulpe et mémoire par son bien faire, ainsi qu'il fist ; car, en recognoissance de ce service, le Roy luy pardonna son mal-talent ; et a depuis eu ledict compagnon, nommé Viconte, charge de cinq cens hommes de pied au service dudict seigneur.

Peu de temps après, advint autre mutinerie d'aussi mauvaise et dangereuse conséquence que la première ; et fut la cause et commencement en ceste manière : deux compagnons de la bande du capitaine Arzac de La Besse, natif d'auprès de Bordeaux, en la basse Gascongne, lequel avoit cinq cens hommes soubs la charge du comte de Carmain, estans un jour à leur guet, veirent passer deux vivandiers qui menoyent des moutons aux champs, et soudainement descendirent de la muraille par les eschelles qui tous les jours s'y dressoyent aux matins et aux soirs se retiroyent, pour cause des gens qui y besongnoyent pour la fortification de la ville ; et par force prindrent cinq ou six moutons desdicts vivandiers, lesquels en vindrent faire la plainte au comte de Carmain, parce qu'ils estoient de ses bandes, luy requérant de leur en faire la raison. A quoy faire il ne fut aucunement refusant, mais fist incontinant prendre les délinquans, et mettre entre les mains des dessusdicts prince de Melphe et seigneur de Bonneval, qui les firent mener en la prison de la ville. Bientost après, ledict Arzac vint au logis du seigneur de Bonneval, le supplier de luy vouloir rendre lesdicts compagnons, et que ceste faulte leur fust pardonnée ; lequel fist response qu'il en parleroit au prince de Melphe, car de soy-mesme il ne le vouloit ne devoit faire, attendue l'importance et conséquence d'un tel cas, qui ne pouvoit estre sinon de mauvais exemple, pour deux raisons : l'une, d'avoir abandonné son guet pour aller au pillage, et par dessus les murs de la ville ; l'autre, pource que si justice n'avoit lieu contre ceux qui destroussent les vivandiers, c'estoit pour mettre la ville en nécessité, mesmement l'Empereur estant si près comme il estoit.

Ledict Arzac répliqua ce que bon luy sembla, et, entre autres choses, que, si lesdicts compagnons n'estoient renduz, il y avoit beaucoup de gens ès bandes qui ne le trouveroient pas bon. A quoy le seigneur de Bonneval respondit en luy commandant, de par le Roy, qu'il eust luy-mesme à mettre hors la ville tous ceux de sa bande qui ne trouveroient bon que justice fust faitte des infracteurs de la discipline militaire et des statuts et ordonnances de la guerre. Et à ce ledict Arzac ne fist aucune response, mais sortit hors avecques visage et contenance d'homme non content et marry. Advint, le soir après soupper, que, estant lesdicts seigneurs prince de Melphe et de Bonneval hors la ville, où ils asseoyent un guet d'iniquité, les compagnons de guerre qu'ils avoyent accoustumé d'y asseoir, espanduz en divers lieux pour obvier à toutes occasions de surprise, la bande dudict Arzac, qui estoit de cinq cens hommes, se mutina, et, commençant à crier *Gascongne !* pour esmouvoir les autres de la mesme nation, coururent droict à la maison de la ville, mettans peine et diligence de briser les portes et de forcer si peu de garde qui estoit dedans, et à ce qu'aucun ne vînt à la secourir, garnirent de picquiers et arquebusiers tous les coings d'une petite place qui estoit devant ladite maison. Le bruit de ce désordre vint aux oreilles du comte de Carmain, lequel, pour estre leur colonnel, y vint promptement, et se mist au-devant d'eux, l'espée en la main, faisant ce que possible luy fut pour appaiser la mutinerie et faire retirer chacun en son logis ; mais peu valurent ses remonstrances, ains il faillit deux ou trois fois à estre tué. Les dessusdicts prince de Melphe et seigneur de Bonneval, advertiz de ceste esmotion, y arrivèrent aussi en diligence, mais ne peurent jamais y arriver à temps, que desjà la maison de la ville ne fust forcée, tous les registres et papiers bruslez, et lesdicts compagnons de guerre, ensemble tous les autres prisonniers qui s'y trouvèrent, plainement mis en liberté.

Pour ce soir, ne furent d'advis les chefs d'en faire autre démonstration, pour doubte qu'en faisant chercher les délinquans, il advint autre inconvénient, comme pillage de maisons ou forcement de femmes, et telles choses que commettent folles gens de mauvaise volonté, quand ils ont couleur d'aller cherchant par les maisons, de nuict, qui (comme dict le proverbe commun) n'a point de honte ; mais advisèrent que, ce pendant, ledict seigneur de Bonneval feroit venir à luy tous les capitaines des autres bandes, un à un, à ce qu'ils gaignassent les principaux des compagnons, chacun de sa bande, pour tenir main et avoir raison des autheurs de ceste mutinerie, leur remonstrant combien telles façons de faire estoient hors des limites de raison, et quel détriment seroit envers le Roy, à tous les gens de guerre de la nation françoise, que telles esmotions advinssent souvent par eux, et que ce seroit occasion audict seigneur de prendre à son service gens d'estrangères nations, et de plus ne se servir de ceux de la sienne. Et tant usa ledict de Bonneval de remonstrances, avecques authorité, que tous luy promirent tenir la main à faire justice des malfaicteurs, jusques à faire mettre en pièces tous ceux qui oseroyent y contredire. Au lendemain matin, les dessusdicts de Melphe et de Bonneval, après avoir communicqué ensemble, feirent venir à eux le comte de Carmain, auquel ils ordonnèrent faire sonner le tabourin et mettre ses enseignes aux champs, aprester ses bandes pour les conduire au camp lez Avignon ; car ils n'estoyent délibérez de tenir gens ainsi mutins, à une ville de telle importance, et où ils attendoyent le siége de jour à autre. Toutes remonstrances cessans, et après toutes résistances, furent lesdictes bandes contraintes de sortir hors par la porte de Crau.

Par la porte du costé de Tarascon feirent lesdicts de Melphe et de Bonneval sortir la gendarmerie à cheval, ensemble deux mille hommes de pied des autres bandes, et trois ou quatre cens du païs, que conduisoit le seigneur d'Éguières, habitant en laditte ville. Ce faict, ils commandèrent audict comte de faire mettre ses deux enseignes chacune à part, pour veoir (ainsi qu'ils dirent) quel nombre de gens il y avoit en chacune; et lors ils appellèrent à eux ledict Arzac, capitaine de celle des deux bandes qui avoit faict l'esmotion, luy commandèrent de leur amener les principaux mutins de sadicte bande. Lequel Arzac leur amena deux pauvres compagnons, qu'il disoit estre ceux-là. Mais pour ce ne se tindrent lesdicts chefs satisfaicts, luy commandant qu'il en amenast encores d'autres et de plus apparens, car ils les vouloyent faire pendre en présence des autres trouppes : à quoy respondit ledit Arzac que qui voudroit pendre tous ceux qui en estoient coulpables, il ne faudroit aucun on excepter. Si furent lesdicts compagnons délivrez au prévost, qui les fist pendre en la présence de toutes lesdittes trouppes, lesquelles firent bon visage, disans toutes à une voix que telle et plus rigoureuse punition méritoyent gens mutins et désobéissans, et indignes de se trouver en bonne compagnie. Et lors fut audict Arzac son enseigne ostée, et luy et sa bande chassez de la compagnie, lesquels passèrent au long des bandes sans tabourin ; et leur fut commandé se retirer au camp, vers ledict seigneur de Montmorency, lieutenant-général du Roy, auquel ils remirent, ou de leur user de grace, ou d'exécuter le surplus de la punition qu'ils avoyent desservie. Et represta le comte de Carmain audict Arzac, son enseigne pour aller jusques au camp, à condition qu'il ne la peust par après desployer sans la permission dudict seigneur lieutenant-général du Roy ; mais le capitaine print autre chemin, et ne fut possible de le rencontrer, quelque diligence que l'on en fist ; car ledict seigneur lieutenant-général avoit délibéré de s'en prendre à luy-mesme, et non aux compagnons, lesquels aussy se départirent et esquartèrent par chemins divers les uns des autres. Et depuis ceste démonstration faicte, ne fut en ladicte ville d'Arle nouvelle d'aucun mal faict, désobéissance ne mutinement. Si laisseray à tant ce propos, et retourneray au Roy et aux nouvelles qui luy vindrent à Valance de l'arrivée (dont cy-dessus a esté parlé) de l'Empereur devant Marseille.

Ceste nouvelle, encores que tost après ensuivist celle du retour, et du peu d'espérance que l'Empereur avoit remportée de sadicte venue à Marseille, fut toutefois en si peu d'heures espandue, voire augmentée parmy la Court, de sorte que, non-seulement on devisoit et de sa dessusdicte venue et des approches desjà faictes devant la ville, mais que dedans huict jours il devoit venir nous assaillir en nostre fort ; et arriva ce commun bruit du populaire jusques aux grans, et non point comme chose que l'on craignist ne doutast, auquel cas on va seulement devisans les uns aux autres en crainte et en l'oreille, mais à haulte voix et publiquement, comme de chose désirée et de laquelle on espéroit bonne et heureuse yssue.

Ne faict icy à demander si monseigneur Henry, nouveau Dauphin et duc de Bretaigne, lequel estoit auprès de la personne du Roy, son seigneur et père, eut en la teste de grans partiz, incontinant ceste nouvelle oye, ne s'il fut bien empressant à l'entour de ceux qu'il sçavoit avoir envers ledit seigneur plus grand et plus favorable accez, pour luy aider et tenir main à impétrer son congé d'aller au camp. Et fut si grande son affection et ardeur à ceste entreprise, que, pour la peur qu'il avoit de n'y arriver à temps, il faisoit l'Empereur au double plus entreprenant et prompt de nous venir assaillir, que l'yssue et l'effect ne le monstrèrent; tant y a que tous les devis et propos de luy avecques ses familiers, n'estoient jamais autres que de ceste affaire. « Et s'il advenoit, disoit-il entre
» eux, que de male adventure l'Empereur y arrivast plus tost que luy, en sorte que luy ne
» fust assez à temps pour le recueillir, quelle
» espérance pourroit estre la sienne de recouvrer
» jamais occasion d'apprendre sa guerre, ne de
» faire preuve de sa personne en si juste et honorable querelle, ne contre si digne et sortable
» ennemy, au degré auquel il avoit pleu à Dieu
» le constituer, qu'en la querelle et deffense de
» la patrie, et pour en repousser un aggresseur,
» et contre un empereur auparavant et tant de
» fois victorieux, et, par apparence de l'appareil que nous avions et du bon droit que nous
» soustenions, exposé maintenant à estre vaincu?
» Et quoy que soit tel ennemy, qu'en rapportant
» victoire de luy, elle ne pouvoit estre sinon
» l'une des plus honnorables et triumphantes
» qui fust oncques rapportée d'homme, estant
» vaincu en bien combattant, on ne pouvoit,
» avecques la perte, en rapporter honte. »
Telles estoient ses considérations et remonstrances, et desquelles toutefois ne se promettant assez brefve expédition par le seul crédit de ceux qui lors estoient autour du Roy, ainsy que riens n'est assez prompt à qui ardemment désire et attent, il y voulut adjouster tous autres moyens, et envoya message sur message, jusques au camp, devers le sire de Montmorency, lieutenant-général dessusdict, duquel il eut lettres au Roy, et homme portant parrolles à ceste fin, telles que luy voulut les souhaitter.

Le Roy, qui en effect avoit loisir de recognoistre en son fils pareille ardeur et affection au faict des armes et à faire actes de vertu, comme il les avoit lors qu'il estoit en l'aage que maintenant il voioit estre son fils, tant plus il approuvoit en soy-mesme ceste sienne bonne et prompte volonté, tant plus se rendit difficile à luy accorder sa requeste, voulant par ce simulé reffus luy enflamber d'avantage le cueur jà embrasé d'honnesteté, désir et affection d'aquérir gloire et honneur en sa première jeunesse. A la parfin, il se laissa vaincre des prières, ou, pour mieux dire, faignant de se laisser vaincre, luy accorda comme demy-envis la chose que plus il désiroit. Desjà voioit-il ses forces unies et prestes, et telles qu'il luy sembloit (sans encourir blasme de témérité) pouvoir assembler désormais avecques son ennemy, et mettre à exécution la volonté qu'il avoit tousjours euë, de tirer droit en personne là par que tiroit sondict ennemy pour le combatre; et, à ceste cause, sachant que mondict seigneur son fils (lequel il n'eust voulu souffrir faire sa preuve ou apprentissage aux armes en entreprise trop hazardeuse) seroit si bien accompagné, qu'il ne pourroit (ayant Dieu en son aide) tomber en inconvénient de bonte ne de perte, aussi que luy estoit pour l'acconsuivre bientost après, il voulut bien, pour eslever et nourrir tousjours ceste plante d'honneur et vertu fructifiante au noble cueur de ce jeune prince, luy donner ceste usure et fruition de gloire, que de luy bailler en ceste jeunesse le nom et tiltre de chief et général d'une telle armée, et contre un si puissant ennemy que l'Empereur en propre personne.

Donques, accordé qu'il luy eust ceste requeste, se retournant vers luy et de regard et de pensée, luy commença dire en ceste manière : « Vous » allez, mon fils, avecques mon bon congé, et » d'une affection et désir que je ne blasme en » vous, apprendre un mestier que, pour l'attente à laquelle vous estes nourry, il est requis » et nécessaire que vous sçachiez, pour toutes-» fois en user, quand pour ce faire vous aurez » espérance d'estaindre les occasions d'en user » par après, ou plus souvent, ou à la plus » grande foulle et hazard de la républicque. » Vous trouverez-là monsieur le grand-maistre, » et avecques luy plusieurs bons capitaines, » ausquels je doy, pour le grand désir qu'ils ont » de faire bon service à moy et à la couronne. » A luy vous direz particulièrement comment » vous allez là, non pour commander à présent, » mais pour apprendre à commander, au temps » advenir, à luy et aux autres ensemble; vous » direz comment vous y allez, pour apprendre » d'eulx leur mestier, et les prierez qu'ils vous » donnent le moien de faire tel apprentissage, » que ce soit à vostre honneur et au leur, et au » service de Dieu premièrement, et puis de la » chose publicque de ce royaume. Soyez doulx » et privé parmy eux, et mettez peine d'acqué-» rir leur grâce, ainsi qu'avoit très-bien com-» mencé vostre frère, et gaingnez ce poinct, sur » toutes choses, que l'on vous trouve tel que, » si vous n'estiez celuy que vous estes, on eust » cause de désirer que vous le fussiez. »

Après ces remonstrances faittes, mondict seigneur le Dauphin print congé de luy, et ne tarda guères à estre prest de desloger. Là se congneut l'ardent désir et affection de la jeune noblesse de la Cour au mestier et exercice des armes; car il n'y eut celuy auquel naturelle inclination et appétit de gloire et honneur ne fist trouver en un instant son appareil et équippage prest à partir. Trois jours après arriva monseigneur le Dauphin en son camp, et vint le sire de Montmorency au-devant de luy jusques au deçà du pont de Sorgue, le recueillir avecques bon nombre de capitaines et autres plus apparens du camp; et ceste compagnie le conduisit en son logis, lequel il luy laissa, comme à supérieur et chef par-dessus luy : mais monseigneur le Dauphin ne le voulut souffrir desloger, ains se contenta d'une partie dudict logis, et demourèrent logez ensemble; et ledict sire de Montmorency faisant sa charge ainsi qu'il avoit faict auparavant, et mondict seigneur se gouvernant entièrement en toutes choses par le conseil et advis de luy.

Desjà estoit venu au camp la nouvelle comment l'Empereur estoit party de devant Marceille; mais le duc d'Albe et les autres que ledict seigneur y avoit laissez, tenoyent encores la ville assiégée, plus toutesfois par contenance que soubs espoir ou intention de la forcer, et seulement en espérance, ou d'attirer ceux de dedans à faire quelque téméraire saillie, ou le camp du Roy à venir donner secours aux assiégez, et, par ce moyen, en quelque lieu opportun et à leur avantage pour le combattre ; car l'Empereur estoit si près, qu'ayant advis du deslogement du camp du Roy, il pouvoit facilement prévenir et se venir à temps joindre à eux : mais pour néant fut ceste leur délibération, car ceux de dedans avoient bons chefs, qui ne les laissoyent sortir sinon à propos, et au dommage tousjours de l'ennemy. Et quant au deslogement du camp, le sire de Montmorency avoit pièçà délibéré ce qu'il en vouloit et debvoit faire ; et, tous les jours, ou par espies, ou par le tesmoignage des prisonniers, ou par tous les deux accordans ensemble, avoit ils certaines nouvelles du camp ennemy et de toutes les entreprises qui se dressoyent, voire des délibérations de leur conseil; et, incontinant qu'ils s'oublioyent, faisoit icelles mettre à exécution, encores qu'il se voioit en main la victoire seure, et sans hazarder les forces ne l'Estat du Roy son maistre. Si estoit ce que, nonobstant qu'il eust tousjours, depuis la surprise de Brignolles, tendu principalement à ceste fin de faire que noz gens en fussent d'autant plus advisez et retenuz à essayer la fortune, que l'ennemy en estoit plus hazardeux et entreprenant, il n'avoit voulu toutesfois laisser anéantir et perdre le cueur et hardiesse aux nostres; mais, selon qu'il avoit les advertissemens des entreprises et desseins de l'ennemy, luy-mesme (autant que jugement d'homme le pouvoit prévoir) ordonnoit qui, comme et jusques à quel but on iroit au-devant de luy; et comme plus ou moins il voioit procéder les choses, plus ou moins il laschoit la bride ou la retenoit à ceux qu'il avoit ordonnez à faire les exécutions de son conseil. Par ce moyen, il fist, sans riens mettre en hazard, telle revenche de Brignolles, que le camp ennemy ne fut oncques un jour, ou sans alarme, ou sans nouvelle de quelque rencontre, et ne passa jamais jour que leurs gens et les nostres ne s'assemblassent, les uns contre les autres, en quelque lieu, mais tous les jours et sans aucun en excepter, au désavantage et perte de l'ennemy; et oncques ne fut aux Impériaux possible de partir si secrètement, ne si à heures et temps incertains, ne par chemins si estranges et divers, que du venir ou du retour ils ne fussent rencontrez des nostres. S'ils sortoyent forts, ils mangeoyent ce qu'ils pouvoyent trouver, et en leur camp ne leur venoit aucun refreschissement; si foibles, ils estoyent taillez en pièces, ou, pour le moins, battuz et pris; de sorte qu'ils ne savoyent pas bien se résoudre du chemin qu'ils devoient tenir, ou de se laisser affamer par crainte et peur de ne s'oser eslongner du camp, ou de se mettre en péril évident du glaive de l'ennemy, pour éviter la mort odieuse et reprochable.

Il n'y avoit pas alors beaucoup de temps que le seigneur Jean Paule de Cère, passant avecques la compagnie de gens-d'armes dont il avoit la charge, et quelques chevaux-légers italiens, et messire Martin Du Bellay, avecques deux cens salades dont il avoit la charge, avecques trois enseignes de gens de pied italiens, et advertis par les espies qu'auprès de Lormarin, petite ville par laquelle estoit leur chemin de passer, estoient venues fourrager aucunes trouppes de gens de cheval des ennemis, avoient mis em busche de leurs gens de cheval en divers lieux et endroicts, afin que, s'ils failloient en quelque part, en l'autre ils ne failissent à les rencontrer. Or estoit advenu que, sur le chemin qu'eux-mesmes faisoient, s'embattirent lesdits gens de cheval ennemis, chassans devant eux un gros butin et de bestes blanches et d'aumailles, qu'ils avoient assemblez parmy les champs aux environs, et les avoient chargez si furieusement et à l'improviste, que la frayeur leur avoit osté le sens de considérer quel nombre ils estoyent et de quel nombre ils estoyent chargez; car ils estoyent de quatre-vingts à cent, bien équippez et montez, et ledit seigneur Jean Paule n'en avoit point plus de quatorze: mais avec ce peu de gens il rescouyt le butin, et print environ de trente prisonniers, et plus en eust pris, s'il eust eu des preneurs assez; tant est vray ce que l'on dit, qu'en une roupte, ne l'effrayé, pour la peur qui l'estonne, ne le vainqueur, pour le contentement de sa victoire, a esgard à nombrer ses gens. Les ennemis, désireux de venger ceste honte, avoyent mis, quelques jours après, cent arquebusiers dedans le chasteau dudit Lormarin, pour y faire une retraite et refuge de leurs coureurs, et en espérance aussi que s'ils pouvoyent attirer noz gens à les en venir déchasser, ils se tiendroient prests de venir par autre chemin enclorre et surprendre nosdittes gens. Ledict seigneur Jean Paule, ayant eu advis de ceste leur entreprise, le feit assavoir aux seigneurs de La Fayette et de Curton, qui se joignirent avec luy, et, outre le nombre qu'ils voulurent prendre des gens de cheval de leurs compagnies, luy amenèrent deux cens bons arquebusiers. Avec ceste trouppe, ils deslogèrent de Cavaillon, garnis d'eschelles faictes à la haste, lesquelles, après avoir garny de tous costez les advenues, de peur de surprise et inconvénient, ils dressèrent contre les murailles, et donnèrent un si furieux assaut, qu'ayant tué tous ceux qui plus vaillamment leur résistèrent, ils prindrent le chasteau de force, et tous les autres autrement amenèrent prisonniers avec eux, sans trouver aucune rencontre ny encombrier, combien que le seigneur dom Ferrand de Gonzague leur eust couppé le chemin avec bien douze cens chevaux et sèze enseignes de gens de pied; mais, par noz gens de cheval qui avoient esté mis sur les advenues, avoient esté pris quatre des avant-coureurs dudit Gonzague, et par eux avoit esté sceu le chemin qu'il tenoit, et en quelle part il attendoit les nostres: parquoy ils se retirèrent par autre chemin.

És mesmes jours coururent les ennemis à Cenas, villette distante de leur camp environ de huict milles et deux de Cavaillon. Ledit seigneur Jean Paule, adverty par ses espies, y alla incontinant, en courage de les y rencontrer; mais il trouva que jà ils estoient partis, et, à ceste cause, se mettant à chemin de sa retraitte, envoya seulement douze chevaux des siens pour rebourser le chemin jusques à Salon de Crau, qui rencontrèrent environ quarante fourrageurs des ennemis, partie à pied, partie à cheval, lesquels ils chargèrent de première rencontre, et, leur faisant habandonner leur butin, qui après fut rescoux par les païsans, les amenèrent tous quarante, prisonniers à Cavaillon. A Toulon avoit faict l'Empereur amas de toutes les bestes à charge qu'il avoit peu recouvrer en tout le païs, depuis Aix jusques à Nice et par de là, pour apporter le biscuit qu'il avoit faict faire audict Toulon, pour subvenir à la faulte que avoit son camp, de farines, moulins et fours. Les païsans, qui furent advertiz du jour que le biscuit devoit partir, firent si bon guet, et assirent leurs embusches si à propos, qu'ils amenèrent, ou tuèrent, ou blessèrent toutes lesdictes bestes, en sorte qu'elles n'eussent plus sceu faire service, et, continuant en ceste manière, tenoient ledict camp impérial en extrême indigence et nécessité de vivres. De toutes ces entreprises et autres semblables, qui seroient longues à racompter, estoit le sire de Montmorency adverty ordinairement; et bien pouvoit cognoistre à l'œil que la famine avant peu de jours contraindroit et réduiroit l'ennemy à la nécessité, ou de nous venir assaillir à nostre fort et à son désavantage, ou d'habandonner la Provence avecques grosse honte et dommage, et ne voioit point quel intérest il y avoit de le deffaire sans combat et sans hazard, en luy ostant le moien des choses sans lesquelles il ne pouvoit demourer, plustost que de vaincre en hazardant une bataille.

Telle avoit tousjours esté sa délibération; mais il y avoit toujours eu gens en sa compagnie, qui, encores que du commencement, après avoir esté la chose débattue d'une part et d'autre, s'y feussent tous condescendus, ne la pouvoient toutefois assez bien gouster, soit qu'en effect ils eussent plus défféré à son authorité que changé de leur opinion, ou que bien ils en eussent changé pour lors, voyans les apparentes raisons qui si avant faisoient contre eux, et que depuis, voyans les forces du Roy multipliées et suffisantes pour combatre l'ennemy, ils fussent à ceste occasion retombez en leurdicte première opinion. Mais tant y a, qu'en eux-mesmes, et quelquefois en leurs devis privez et particuliers, ils ne louoient tant ceste sienne prudence et maturité, qu'ils ne laissassent part en luy à faulte de cueur et de hardiesse. Mais depuis que monseigneur fut arrivé au camp, et qu'ils trouvèrent toute la jeunesse de leur opinion, laquelle (ainsi qu'est la coustume) estime et crainct moins les hazards et dangers, d'autant qu'elle les a moins expérimentez, alors recommencèrent-ils, toutes les fois qu'on assembloit le conseil pour adviser à ce qui estoit à faire, et pour délibérer à sçavoir qui estoit plus à propos, ou d'approcher plus près de l'ennemy, ou de continuer la guerre par dissimulations et temporisement, ainsi que l'on avoit commencé, à en parler plus librement et hardiment, et à demander avec instance que l'on marchast en avant et qu'on levast le siége de devant Marceille. Et jà estoient de cest advis, non seulement ceux qui en avoient esté du commencement, mais, avec eux, aucuns de ceux qui en avoient esté auparavant d'opinion contraire, soit qu'ils se départissent de la première, pour la confiance qu'ils avoient des forces qu'alors ils voyoient au Roy, ou qu'ils voulussent gratifier et complaire à l'appétit de leur jeune prince, qu'ils voyoient brusler d'ardeur et affection de s'esprouver à la guerre et de faire courir le bruit de sa vertu. « Et pourquoy, disoient-ils entre
» eux, ne luy obtempéreroient-ils en un si no-
» ble et honeste désir? et pourquoy l'abuseroient-
» ils, et quasi malignement le frauderoient d'une
» si belle et apparente occasion et oportunité,
» que Dieu luy offroit maintenant, d'acquérir
» gloire et réputation aux armes en sa première
» et florissante jeunesse? Ne quelle raison y avoit-
» il qu'ayans les grandes forces que le Roy avoit
» assemblées si chèrement, ils s'arrestassent et
» apparessassent au mesme camp où ils s'estoient
» fortifiez et comme couverts, alors qu'ils es-
» toient foibles et nullement suffisans pour ré-
» sister ou se présenter à l'ennemy? Leur devoit-
» il suffire, estans si forts et si puissans au-dessus
» de l'ennemy, de se tenir enclos, attendant
» qu'il vînt les assaillir, mais, qui pis est, souf-
» frir et endurer qu'il fist si peu d'estime et conte
» d'eux, que de venir à leur barbe assiéger une
» telle ville que Marceille, avec une si petite
» trouppe de gens, qu'il n'y en avoit assez pour
» faire littière et pour fouler aux pieds de leurs
» chevaux, avant que l'Empereur eust loisir de
» venir au secours avec la grosse trouppe de ses
» gens? Nenny, nenny, disoient-ils, c'est sur
» nostre honneur que nous prenons et voulons
» que, si l'on marche en avant, on nous repro-
» che par après que nous n'entendons ne valons
» rien au mestier, si jamais ceux qui assiègent
» Marceille se peuvent sauver et garantir de
» nous. »

Il en y avoit toutefois d'autres qui persistoient

en leur première opinion, et trouvoient qu'il estoit beaucoup plus seur contre l'ennemy, comme il estoit apparant et certain que bientost ils remporteroient, en continuant seulement de luy rompre de toutes parts les vivres, ainsi qu'ils avoient très-bien faict jusques alors; car ils sçavoient bien certainement que Marceille estoit si bien fournie et de gens, et de vivres, et de toutes autres munitions, et, au demourant, si bien remparée, qu'elle estoit imprenable à toutes les puissances du monde; et que, à ceste cause (en continuant ce que dessus), il estoit force nécessairement que la puissance de l'Empereur se deffist et séparast d'elle-mesme, pour la famine et mortalité qui estoit et se multiplieroit tousjours en son camp. Et quant au sire de Montmorency, le Roy, en le dépeschant, luy avoit si bien faict entendre son intention, et luy l'avoit si bien retenue, et jusques à présent suivie de poinct en poinct, qu'il ne vouloit, sur un bon commencement, se mettre en hazard de mauvaise issue; et, nonobstant qu'il eust diligemment et songneusement préparé toutes choses comme pour combattre dès le lendemain, si estoit-il tousjours constant et résolu en ceste conclusion de ne mettre en toute ceste guerre à la discrétion de fortune chose qui fust de conséquence, sinon qu'il en fust contrainct par une extrême nécessité, telle que par prévoyance humaine elle ne se peust éviter ne prévoir.

« Et pourquoy, dit-il, ayant la victoire cer» taine, non qu'apparente en main, l'eust-il à
» son escient remise en hazard, veu qu'il ne dé» pend moins d'honneur et de gloire de vaincre
» son ennemy par conseil et bonne conduitte
» que par bataille ? Pourquoy eust-il abusé du
» sang et de la vie de ses gens, dont il estoit
» forcé qu'en une bataille il en mourust, et
» communément des plus gens de bien, encores
» qu'il en raportast la plus heureuse victoire du
» monde ? » Monseigneur, oyant les raisons qui se déduisoient pour l'une et pour l'autre partie, combien qu'il variast quelquefois entre les deux opinions, et que la naturelle inclination de son cueur ardant et magnanime le tirast plus à l'opinion contraire, voulut estre toutefois maistre de soy, et s'arresta pour résolution à l'advis dudit de Montmorency. Et à vray dire, encores que le duc d'Albe et les autres qui estoient devant Marceille, n'eussent pas grand nombre de gens avec eux, si n'estoient-ils point si loing du camp de l'Empereur que, s'il eust eu nouvelles (ainsi qu'apparemment il devoit avoir) du deslogement de nostre camp d'Avignon, il ne luy eust esté facile, ou de se venir mettre au-devant de nous entre Avignon et Marceille, ou de se venir joindre aux gens qu'il avoit devant, plustost que nous ne fussions arrivez à leur présenter la bataille; et, si une fois il se fust joinct à eux, la bataille ne pouvoit estre sans quelque incertaineté de la victoire; et là où elle eust esté pour l'ennemy, elle luy donnoit un grand païs ouvert sur nous; au contraire, quant elle eust esté pour nous, elle ne nous donnoit conqueste de chose qui desjà ne fust nostre. Et pour ce, conclut mondit seigneur que l'on se conduiroit de là en avant ainsi qu'il avoit esté faict jusques alors, sinon que les desseings nouveaux de l'ennemy apportassent occasion de nouveau conseil.

LES MÉMOIRES
DE
MESSIRE MARTIN DU BELLAY.

LES MÉMOIRES
DE
MESSIRE MARTIN DU BELLAY.

LIVRE HUICTIESME.

Le camp de l'Empereur, en Provence, est affligé de famine et de peste ; à ceste cause, se retire vers la marine, où il reçoit quelque refraîchissement par les gallères d'André Dorie, de là il s'escoule par où il estoit venu. Les Bourguignons, après avoir faict grand effort de prendre Péronne au mesme temps, se retirent. Le Roy visite et réconforte son peuple de Provence, et sentent plus au long le discours de ce qu'avait faict l'armée de Rangon, en Italie. Estant le Roy à Lyon, se donne jugement contre l'empoisonneur du dauphin François. Le roy d'Escosse y arrive, et est fiancé avec Magdelène, fille du Roy. Les seigneurs de Burie et de Taïs sont deffaits, en prenant Cazal de Montferrat. Le Roy poursuit l'Empereur en la cour de parlement, en qualité de comte de Flandres, d'Artois et de Charolois ; et l'an ensuyvant, il entre au païs d'Artois et prent Hédin, Sainct-Paul, Liliers et Sainct-Venant. Peu après les Bourguignons reprennent Sainct-Paul, avec grand meurtre des François, gaignent Monstreul-sur-Mer, assiégent Térouenne, deffont monsieur d'Annebault en la secourant, et comme monsieur le dauphin Henry entreprenoit de lever le siége, se faict trêve pour peu de temps, par le moyen de la royne de Hongrie. Les affaires de Piémont se portent diversement, à l'occasion des querelles de Rangon et Gagnin de Gonzague ; le sieur d'Humières y est envoyé lieutenant pour le Roy, avec des lansquenets, et assiége pour néant. Ast prent Albe, fortifie Quéras ; puis son armée se mutine à faulte de payement, parquoy est contraint de se retirer. Le marquis du Guast demeure, par ce moyen, maistre de la campagne, reprent plusieurs villes sur les François, et les tient en serre, de sorte que le Roy est persuadé d'aller au secours : les ennemis luy veulent empescher le pas de Suze ; monsieur de Montmorency le force. Monsieur le dauphin Henry présente la bataille au marquis du Guast, et recouvre partie de ce qui estoit perdu. Il se faict trefve de trois mois entre le Roy et l'Empereur, laquelle est par après prorogée pour dix ans, en leur entreveue à Nice. Monsieur de Montmorency est fait connestable. L'empereur passe par France en amy, pour aller chastier les Gantoys. Le duc de Clèves espouse la fille du roy de Navarre ; le mariage toutesfois n'est consommé. La famine survient en Piémont, contre laquelle est sagement pourveu par le seigneur de Langey, qui y estoit lieutenant pour le Roy.

De toutes parts avoit l'Empereur nouvelles désavantageuses pour luy, et ne voyoit en son camp que famine et mortalité ; mais le grand regret qu'il avoit de se retirer sans riens faire, estant venu en si grand équippage, d'avoir parlé si bravement et rejetté si audacieusement tous les propos qu'on luy avoit tenu de prendre appointement avec le Roy ; ensemble la haine qu'il luy portoit, et l'espérance qu'il avoit mise en sa bonne fortune, qu'il pensoit devoir estre immuable et invincible ; joinct que la vertu et prouësse, tant de fois esprouvée, de ses capitaines et soldats, l'entretenoient en son outrage, et de jour en jour attendoit que André Dorie luy apportast deniers et refreschissement de vivres et quelques bonnes nouvelles, aussi que du costé de Picardie le comte de Nansau feist quelque chose qui contraignist le Roy à y divertir ses forces.

Le Roy, d'autre part, estoit à Valence, et faisoit en toute diligence remparer la ville, pour y donner obstacle nouveau aux desseins de l'Empereur, si, délaissant son entreprinse de Provence, il eust voulu prendre le chemin de Dauphiné. Là il recevoit les nouvelles qui luy venoient de toutes les parties de son royaume et de son camp d'Italie, et de tous ses alliez et confédérez, et pourvoioit à tout, selon l'exigence et occurrence des temps et occasions, en intention de ne marcher à son camp, sinon que l'Empereur vînt l'assaillir, auquel cas il ne vouloit faillir de s'y trouver, ou qu'il veist ses forces si bien unies et assemblées, qu'il peust, sans rien évidemment hazarder, aller chercher son ennemy, sçachant de quelle conséquence luy seroit de perdre une bataille en son royaume contre un si puissant et obstiné ennemy que l'Empereur, et quelle ouverture sondict ennemy auroit, après une victoire de pousser outre, là où, au contraire, l'Empereur ne pouvoit riens perdre du sien.

En ce temps arriva le seigneur André Dorie aveques les gallères de l'Empereur, qui luy apporta d'Espagne vivres et argent, et vint devers luy au camp, et fut par Sa Majesté recueilly fort humainement et honorablement ; et, sur sa venue, fut le conseil assemblé par plusieurs fois. Quelle chose y fut concluë, je ne sçay ; mais il feit publier un édict parmy son camp, que tous gens de guerre se tinssent prests à faire monstre et reveuë, et toucher deniers, et s'apareiller de partir au jour que l'on leur feroit à sçavoir, garnis chacun de vivres pour huict ou dix jours, afin qu'ils n'en eussent faute sur le chemin qu'ils feroient pour aller là par qu'il les entendoit mener. Il avoit, un peu au paravant, envoyé son artillerie à Marceille-la-Vieille, et icelle faict embarquer en ses gallères; qui avoit donné souspeçon au Roy qu'il eust délibéré d'aller par mer faire descente en quelque autre part où il n'eust esté mis si bon ordre aux affaires; et, à ceste cause, estoit ledict seigneur ententif et tousjours prest à tourner le visage là part que tireroit sondict ennemy. Soit que le vent fust trop contraire, ou que ledict seigneur Empereur changeast d'opinion à la venue dudict Dorie, il feit désembarquer sadite artillerie, et la remener en son camp; chose qui donna occasion de penser qu'il voulust venir assaillir le camp du Roy, ou aller après le duc d'Albe mettre le siége devant Marceille.

Le Roy eut nouvelles comment son camp delà les monts avoit mis en son obéissance grande partie du Piémont et tout le marquisat de Saluces, horsmis quelques chasteaux. Plusieurs de son conseil estoient d'advis et luy conseilloyent d'annexer iceluy marquisat au Dauphiné, comme commis et confisqué à luy par la rébellion et félonnie du marquis François; mais ledict seigneur aima mieulx ensuyvre sa naturelle clémence et libéralité, que la susdite opinion de son conseil. Et, à ceste cause, avoit mandé au cardinal du Bellay, son lieutenant-général à Paris, qu'il meist hors de prison le marquis Jean Louis, frère dudit François, lequel Jean Louis avoit esté privé dudit marquisat, et constitué prisonnier pour autre rébellion par luy commise. Venu que fut ledit Jean Louis au lieu de Valence, et présenté au Roy, ledit seigneur, en présences du duc de Touteville, comte de Sainct-Pol, gouverneur et son lieutenant-général au Dauphiné, des cardinal de Lorraine et archevesque de Milan et autres plusieurs, l'investit, et receut de luy le serment de fidélité contre et envers tous, comme son vassal et obligé, à cause dudit Dauphiné, dont meut et dépend ledict marquisat; puis ordonna luy estre délivré argent pour s'équipper et dresser son train, et s'en aller audit marquisat, et jusques-là le feit accompagner et conduire par l'escuyer Sainct-Julian, gentilhomme gascon, nourry en la maison de Saluces qui avoit esté guidon de la compagnie du feu marquis Michel Anthoine, et, depuis sa mort, lieutenant du marquis François; auquel de Sainct-Julian iceluy seigneur donna charge d'avoir l'œil aux allées et venues dudit nouveau marquis, de peur que par simplicité il ne se laissast surprendre au marquis François, lequel estoit plus cault et malicieux que luy.

A quoy faire ledict de Sainct-Julian s'aquitta songneusement; et bon mestier en fut, car, peu de sepmaines après, ledit François vint en la ville de Carmaignolle, et manda faire entendre sa venue à son frère estant au chasteau dudit lieu, et qu'il vouloit aller parler à luy. Jean Louis, encores qu'il fust bien et prudemment conseillé par ceux qui estoient à l'entour de luy, de n'accepter sondict frère, le plus fort, audit chasteau, et ne se fier en luy que bien à poinct, et qu'aucuns serviteurs du Roy estans avecques luy protestassent de rébellion envers le Roy, au cas qu'il acceptast en ses places ledit marquis rebelle et ennemy déclaré du Roy, ce nonobstant luy feit ouvrir la porte. Et, arrivant, sondict frère vint au-devant de luy, et s'embrassèrent l'un l'autre avec larmes et souspirs, et principalement le marquis François, lequel, en peu de jours, feit tant, par belles et douces paroles, accommodant son visage et contenance à icelles, que sondit frère n'avoit autre fiance qu'en luy, dont mal luy advint puis après; car le marquis François, ayant, par confidence de l'autre, meilleur moyen de l'abuser et surprendre, le tira hors de Carmaignolle, et le mena prisonnier au chasteau de Valfenière, et eust peu, en assez brief temps, réduire en sa main le marquisat, si ledit sieur de Sainct-Julian (prévoyant, dès le commencement, que la simplicité ou stupidité dudict Jean Louis, à la longue, ne tourneroit à bien) n'eust ce pendant practiqué le capitaine Salvadour d'Aguerres, capitaine, pour ledict marquis François, de la place forte et chasteau d'Urezeul; luy remonstrant qu'estant nay subject du Roy, et mis à la garde d'icelle place par ledict marquis François, estant subject et serviteur dudit seigneur, il ne pouvoit estre, par le serment qu'il avoit faict audit marquis, obligé ny contrainct à chose que vraysemblablement il n'eust voulu (quoy que ce soit) n'eust peu honestement promettre ne jurer: par quoy le Roy, son souverain seigneur, ne pouvoit estre comprins en la généralité du serment qu'il avoit faict audit marquis, de luy garder la place envers et contre tous. Et tant luy remonstra ledict Sainct-Julian lesdictes raisons appertement véritables, que ledict d'Aguerres luy avoit livré la place, et la tenoit ledict Sainct-Julian au nom du Roy; qui fut chose moult griefve et desplaisante audit marquis François; et disoit souvent qu'Urezeul luy estoit une busche en l'œil, et le gardoit de se pouvoir faire et dire marquis paisible.

Ce pendant que ces choses advindrent, le Roy eut nouvelles que l'Empereur avoit faict reveuë de tous ses gens de guerre, tant de cheval que de pied, commandant par édict public, par tout son camp, que tous se tinssent prests à desloger au jour que l'on leur feroit à sçavoir, et se garnir chacun de vivres pour huict ou dix jours, pour emporter avec soy, là part qu'il les voudroit mener, ainsi qu'a esté dict cy-dessus; mais quelle part, ne leur déclara. Le bruit fut bien que c'estoit pour venir assaillir le camp de monseigneur le Dauphin lez Avignon. Ceste nouvelle rapportée au Roy, il assembla son conseil, pour avoir advis de ce qu'il avoit à faire; car son intention estoit d'aller se joindre avecques mondict seigneur le Dauphin, son fils; et, puisque l'Empereur venoit assaillir son camp en personne, il estoit fort affectionné de s'y trouver aussi en personne, et, s'il estoit possible, rencontrer son ennemy en camp, de faire preuve de sa personne contre luy, et mettre à exécution, en présence de si gros exercites, ce que, par le cartel autrefois envoyé à l'Empereur, il n'avoit sceu exécuter. Le plus grand nombre estoit d'advis contraire, et qu'il devoit laisser cest honneur à son fils, duquel on pouvoit espérer que, usant du bon conseil de monseigneur le grand-maistre de Montmorency et autres expérimentez et sages capitaines estans auprès de luy, accompagnez de bon droit et juste querelle, il sçauroit bien donner à cognoistre à l'Empereur qu'il avoit à faire aux François en leur patrie, deffendans leurs femmes, enfans, maisons et églises. Aussi luy remonstroient l'incertitude de l'issue, généralement en toutes choses, et principalement en faict de guerre; et que, s'il advenoit (que Dieu ne voulust) que l'Empereur eust du meilleur, ledict seigneur, en se tenant audict lieu de Valence, avec les forces qu'il y avoit et celles qui journellement y affluoyent, encores seroit pour recueillir les reliques de son ost, et de tout ensemble dresser un nouvel exercite, avecques lequel il pourroit donner à son ennemy nouvelle bataille, et luy oster des mains la victoire, accumulant plusieurs exemples anciennes et modernes, estrangères et domestiques sur ce passage.

Finablement, il fut conclud que ledict seigneur envoiroit en son camp d'Avignon sçavoir au vray quelles forces il y avoit, quelles nouvelles on auroit de l'Empereur, et quel seroit l'advis, sur cest affaire, dudict sieur Dauphin, du seigneur grand-maistre et des capitaines estans auprès de luy. A ce s'accorda le Roy; mais en son cueur il avoit jà résolu ce qu'il en feroit. Au seigneur de Langey fut donné ceste charge, lequel estoit le jour précédent venu dudict camp apporter les susdites nouvelles du camp de l'Empereur. Arrivé que fut ledict seigneur de Langey devers mondict seigneur le Dauphin et grand-maistre, le conseil incontinant assemblé de notable nombre de capitaines, il exposa sa charge, et ce qui en sa présence avoit esté débattu devant le Roy. Long-temps dura ce conseil, et, après toutes les raisons pour et contre bien et meurement débattues et poisées d'une part et d'autre, la conclusion fut que le Roy ne devoit venir, allégans iceux capitaines, outre les raisons déduites par cy-avant, que si l'Empereur venoit assaillir le camp dudict seigneur, ce ne seroit honte à monseigneur le Dauphin, ne pareillement audict seigneur grand-maistre, de se tenir en leur fort, et contraindre l'ennemy de les y assaillir à son désavantage, chose que l'Empereur ne feroit jamais, estant adverty de l'équippage et forteresse dudict camp; ainsi seroit-il contraint de soy retirer en despit de luy, avecques grande perte de réputation : là où estant le Roy en personne en son camp, si l'Empereur y venoit, et seulement y faisoit tirer trois ou quatre coups de canon, il se pourroit après retirer, au cas que le Roy ne sortist hors de son fort, et se vanter de l'estre venu chercher à la portée du canon près, et en ses païs, sans que ledict seigneur eust eu le cueur et hardiesse de le recueillir. Et si le Roy, pour oster ceste occasion et couleur à son ennemy, vouloit sortir hors de son camp, lequel estoit environné de remparts et grands fossez, le danger seroit qu'au sortir hors par les yssues, qui estoient estroittes, il advint du désordre, et que l'Empereur assaillist les gens dudict seigneur, moytié sortis et moytié dedans.

Outre ceste raison, il y avoit des serviteurs du Roy beaucoup, autant en son camp qu'auprès de sa personne, lesquels estoient entrez en une superstitieuse crainte de la personne dudict seigneur Roy, à cause de certaines pronostications malicieusement semées et divulguées par les Impériaux, lesquelles menassoient fort le Roy de mort ou de prison en celle année; et tellement avoient-elles trouvé foy et crédulité és oreilles et cueurs, non seulement du simple peuple, mais des gros et notables personnages, que mesmes à Rome, aux changes, fut argent baillé sur ceste opinion. Avant le département dudict conseil, arrivèrent nouvelles, confirmatives des précédentes, que l'Empereur deslogeoit son camp; mais ne sçavoit-on encores si c'estoit pour venir assaillir le camp du Roy, ou pour venir assiéger Marceille, ou pour quelque autre intention. De ce rapporter au Roy fut aussi donné charge audict seigneur de Langey, mais principalement et sur toutes choses de le desmouvoir et desconseiller de sa délibération de venir en son camp. Tant s'en falloit que le rapport dudit seigneur de Langey, ne d'autres, qui furent l'un sur l'autre despeschez devers le Roy, demeussent ou divertissent aucunement ledict seigneur, que tout au contraire il commanda qu'on luy appareillast des batteaux, et que chacun se tint prest à desloger le lendemain, disant ledict seigneur qu'il ne souffriroit jamais que véritablement on luy peust reprocher que, l'estant l'Empereur en personne venu assaillir de si près, il fust demouré à Valence pour luy servir de providadour; qu'il entendoit bien que la pluspart de ceux qui luy desconseilloient estoient persuadez et séduits de ces vaines et folles pronostications, auxquelles il, qui estoit Roy Très-Chrestien, ne devoit ne vouloit adjouster foy, ains espéroit que, pour la bonne et ferme foy qu'il avoit à la parole de Dieu, qui deffend croire en telles supersticieuses proféties, ledict seigneur Dieu, seigneur et maistre des exercites, luy donneroit l'heureuse victoire, pour subvertir et faire apparoistre mensongers tous les devins et tels supersticieux et reprouvables pronosticateurs.

Au lendemain, après avoir dévotement prié Dieu de luy estre en ayde, et d'adresser et convertir son voyage, il s'embarqua, laissant bonne et grosse garnison audict Valence, et le deuxième jour arriva en son camp, accompagné triumphamment, tant de renfort qu'il amenoit avecques luy, que de grand nombre de gendarmerie de son camp, qui luy estoit venu au-devant. Il n'y eut pas séjourné long-temps, qu'en donnant ordre et se préparant pour recevoir ou donner la bataille, qu'il luy vint nouvelles, mesme par le capitaine Martin Du Bellay, comme l'Empereur et tout son camp estoit desloué, reprenant le chemin qu'il estoit venu, au long de la marine, laissant derrière luy, outre les morts qui estoient en nombre infiny, et tel que l'air en estoit corrompu tout à l'entour, une grande multitude de malades, lesquels ne pouvoient à pied n'à cheval suivre le camp. Je n'ay encores sceu, combien que j'y aye mis peine, entendre au vray si la nouvelle venue aux oreilles de l'Empereur de l'arrivée du Roy en son camp le meut de reprendre le chemin d'Italie, ou si, dès son partement, il avoit délibéré de ce faire: bien ay-je entendu qu'à la reveuë qu'il feit avant son partement d'Aix, il avoit trouvé que du nombre de cinquante mille hommes qu'il avoit au partir de Nice, il n'en pouvoit mettre en bataille plus hault de vingt-cinq à trente mille. Les principaux gens de nom qu'il y perdit, fut Antoine de Lève, Marc de Bustin, et un autre capitaine de lansquenets, sien parent, le comte de Horne, Baptiste Gastalde, et autres. Quoy que ce soit, la retraitte fut, pour les premières journées, assez précipitante, et la continua de ceste sorte jusques à ce qu'il se veist fort eslongné de son ennemy. Le jour qu'il deslogea, il alla coucher à Trez, et sur la queuë fut donnée alarme par les gens du païs, qui avoient prins les armes; auquel alarme fut tué le maistre-d'hostel du seigneur dom Francisque d'Est, frère du duc de Ferrare, et assez d'autres; et journellement leur estoit donnée fascherie par les dessusdits païsans, lesquels estoient armez des armes laissées par les malades et mourans, et avoient assiégez tous les passages et destroits des chemins, et desmoly les ponts qui estoient sur les torrens, alors impétueux pour la descente de la montagne, dont les ennemis se trouvèrent fort travaillez. L'Empereur, ce voyant, feit assembler force pionniers pour rabiller les passages, et ce pendant feit recueillir au mieux qu'il peut, et mettre au milieu, entre l'avant-garde et l'arrière-garde, tous les malades et blessez, afin de les sauver hors du danger de leur ennemy; mais il n'y sceut tel ordre mettre, que de jour en jour il n'en demourast grand nombre de ceux qui estoient si foibles, qu'ils aymoient plus cher demourer au long des rochers, et attendre là que les païsans, irritez d'ire et courroux à l'encontre d'eux, les achevassent de tuer et mettre hors de la misère où ils estoient, que de languir de maladie; endurans le travail et ennuy du chemin. Pour soustenir lesdits païsans, furent envoyez les chevaux-légers, lesquels serroient les ennemis de si près, qu'ils en souffrirent beaucoup de faim, parce qu'il leur estoit chose malaisée de se mettre aucunement hors du chemin pour fourrager; de manière que, depuis Aix jusques à Fréjus, où l'Empereur avoit premièrement logé son camp, tous les chemins estoient jonchez de morts et de malades, de harnois, lances, piques et arquebuses, et autres armes, et de chevaux habandonnez qui ne pouvoient se soustenir. Là eussiez veu hommes et chevaux tous amassez en un tas, les uns parmy les autres, et tant de costé que de travers, les mourans pesle-mesle parmy les morts, rendans un spectacle si horrible et piteux, qu'il estoit misérable jusques aux obstinez et pertinax ennemis; et quiconque a veu la désolation, ne la peult estimer moindre que celle que descrivent Josephe en la destruction de Hiérusalem, et Thucidide en la guerre de Péloponesse. Je dy ce que j'ay veu, attendu le travail que je prin à ceste poursuitte avecques ma compagnie, et pareillement le seigneur Jean Paule de Cère et le comte de Tende, de sorte qu'à mon retour à Marceille, je demouray quinze jours sans puissance de monter à cheval. En ce peû de chemin, au jugement des hommes, perdit l'Empereur, depuis son partement d'Aix jusques audit Fréjus, le nombre de quinze cens à deux mille hommes. Il luy fut mis en avant de s'embarquer avecques ses Espagnols; mais crainte des lansquenets qu'ils ne se mutinassent s'il se fust départy d'eux, les laissant en hazard et danger de l'ennemy, luy feit changer ceste délibération.

Le Roy ce pendant avoit faict faire la reveue et payer ses gens de guerre, en intention de marcher en personne à la suitte de son ennemy, et, quelque part qu'il peust l'attaindre, ne perdre ceste occasion de luy donner la bataille, et d'une mesme impression passer en Italie, où il avoit desjà son camp puissant à la campagne. Mais sur ces entrefaictes luy vindrent nouvelles par un gentilhomme nommé Longueval, expressément envoyé de la part du mareschal de La Marche, de la grande et horrible batterie de Péronne, et que les murailles en plusieurs endroicts estoient rompues et débrisées, en sorte qu'il n'y avoit plus ordre de la pouvoir tenir ny deffendre longuement, encores que mondit seigneur le mareschal de La Marche et les autres capitaines fussent délibérez, et en asseuroient ledit seigneur par lettres et raport dudit gentilhomme, que jamais ne la rendroient par composition quelconque, et que l'ennemy n'y entreroit, sinon par-dessus leurs ventres, ou qu'ils fussent tous morts de faim. A ceste cause, le Roy feit incontinent marcher et acheminer vers Lyon une grande partie de sa gendarmerie, et jusques au nombre de dix mille hommes de pied françois, délibéré de les suivre après, à grandes journées, pour secourir ladite ville de Péronne, s'il y pouvoit arriver à temps; et, au cas que non, pour la reprendre avant que l'ennemy l'eust remparée et renvitaillée; car il sçavoit de quelle conséquence luy eust esté, si l'ennemy eust eu loisir de ce faire, d'autant que l'Empereur l'eust tousjours secourue et envitaillée facilement, et à peu de dépense, pour estre voisine de plusieurs fortes places des siennes.

Du costé de Paris, le cardinal Du Bellay, qui estoit lieutenant du Roy audit lieu, voyant l'affaire qui se présentoit à Péronne, et afin d'avoir moyen de pouvoir secourir messeigneurs de Vendosme et de Guise, voulut entendre de ceux de la ville de Paris le secours qu'ils pourroient ou voudroient faire, avenant qu'il en fust besoin; et, pour cest effect, assembla le prévost des marchands avecques les eschevins en la maison de la ville, où, après leur avoir remonstré le danger qui leur pouvoit advenir, si la ville de Péronne tomboit ès mains des ennemis, ils offrirent de soldoyer dix mille hommes, pour autant de temps que l'affaire dureroit. Pareillement luy feirent offre d'une fonte d'artillerie, avecques grande munition de poudres et boulets; puis luy offrirent, pour remparer les lieux plus nécessaires de la ville de Paris, cinquante mille pionniers, ou plus, s'il estoit besoing. Desquelles offres il accepta seulement la fonte d'un nombre d'artillerie, et le payement de dix mille hommes, quand le besoing en seroit, dont la finance fut soudainement levée; et fut baillé la charge desdits dix mille hommes au seigneur d'Estrée. Aussi fut-il accepté par ledit cardinal Du Bellay quelque nombre de pionniers, plus pour faire contenance de fortification, qu'autrement, afin que l'ennemy de tant moins eust envie de le venir assaillir. Ce faict, voulut entendre quels vivres estoient dedans la ville, cognoissant qu'il ne seroit temps d'y pourveoir quand l'ennemy seroit à la porte; mais, après avoir faict faire la description, se trouva que vingt ans au précédent n'avoit esté si mal pourveuë, et ce pour deux occasions; c'est que les Parisiens n'ont accoustumé d'en faire provision, se confians sur le cours du marché, à l'occasion de l'abondance qui en vient ordinairement des rivières qui viennent tomber dedans Seine, lesquelles viennent des régions les plus fertiles d'Europe; mais ceste stérilité estoit advenue d'autant que l'hyver précédant la rivière estoit gelée, de sorte qu'elle fut trois mois sans porter batteau, et l'esté, pour les séeheresses, avoit esté si basse, qu'à peine pouvoit-elle porter les batteaux passagers.

Néantmoins, pour monstrer l'uberté du païs auquel est assise ladite ville de Paris, dès qu'il fut ordonné par ledit cardinal que, de six lieues à la ronde, chacun eust à amener ce qu'il luy seroit commode de vivres, et mesmes de bleds le tiers de ce que chacun en auroit en sa grange ou grenier, il se trouva en huict jours dedans la ville vivres pour un an, pour le peuple qui lors y estoit, et pour trente mille hommes de guerre d'avantage. Mais, ayant faict ledit cardinal les préparatifs cy devant déclarez et la levée desdits dix mille hommes, luy furent apportées nouvelles, par un gentilhomme envoyé de la part dudit mareschal de La Marche, comme le comte de Nansau avoit levé son siége et s'estoit retiré; lequel gentilhomme, passant outre, trouvant le Roy en son camp, luy apporta les pareilles nouvelles.

Vous avez entendu, par le précédent livre, comme le comte de Nansau estoit arrivé devant Péronne et avoit assis son camp près du mont Sainct-Quentin, reste à vous descrire le progrès dudit siége, qui s'ensuit : Le douziesme jour d'aoust, le camp des ennemis vint loger en une acense près de Péronne, avecques environ de mille à douze cens chevaux et neuf enseignes de gens de pied, et le lendemain vindrent passer l'eaue à l'endroit du chasteau de Haplincourt, lequel se rendit, ainsi que j'ay prédit, car il n'y avoit point de garnison ; là autour ils pillèrent aucuns villages, et feirent butin de bestial.

Or fault entendre, devant que passer outre, que laditte ville de Péronne estoit despourveuë de toutes choses, de sorte que les habitans furent esbranlez d'habandonner la ville. Mais, peu de jours au précédant, le seigneur d'Estrumel (1), gentilhomme voisin dudit lieu, se mit dedans avec sa femme et ses enfans, et y feit conduire tous les bleds, tant de luy que de ses voisins, à ses despens, et y apporta tout l'argent, tant sien que celuy de ses amis, pour soldoyer les hommes ; chose qui asseura le peuple, dont le Roy, pour recognoissance, par après luy donna un estat de maistre d'hostel de sa maison et une généralité de France. Dedans la ville estoient le seigneur mareschal de La Marche, comme dist est, avecques sa compagnie de cent hommes-d'armes, et le sieur de Moyencourt, son lieutenant ; messire Philipe de Boulinvilliers, comte de Dammartin, avec la compagnie de cinquante hommes-d'armes de monseigneur le duc d'Angoulesme, depuis duc d'Orléans, dont il estoit lieutenant ; le seigneur de Sercu, avec mille hommes de pied, le seigneur de Sainct-Séval, avecques autres mille, tous deux de la légion de Picardie. Le comte de Nansau, pour eslargir son camp, aussi craignant qu'il ne se feist assemblée de gens ès places d'entour pour luy rompre et coupper les vivres, envoyá, par un trompette, sommer le chasteau de Cléry, séant sur la rivière de Somme, à deux lieues dudit Péronne. Le capitaine du chasteau (car le seigneur en estoit absent, au service du Roy, au camp d'Avignon) print terme de respondre, et ce pendant envoya vers monsieur le mareschal de La Marche, lequel ordonna cent soldats, tant de la bande du seigneur de Sercu, que de Sainct-Séval, pour s'aller mettre dedans : ce qu'ils feirent, et passèrent à costé du camp des ennemis, sans dommage, mais non sans escarmouche par gens du camp impérial, qui les suivirent sur la queue.

Le comte de Nansau y feit mener dix pièces d'artillerie, dont il feit une furieuse batterie ; toutesfois, pour ce jour, il ne vint au bout de son entreprise, et perdit quelques gens, qui

(1) Jean d'Estourmel dont le dévoûment ne fut point oublié par la ville de Péronne.
(2) *Quatre escus*, suivant l'édition de 1572.

furent tuez par ceux de dedans, à coup de arquebuse à croq. Au lendemain matin il feit recommancer la batterie, et si bien luy vint à propos, que ce jour là monsieur le mareschal de La Marche avoit faict brusler les faubougs de Péronne, pour cause qu'aucunes enseignes de gens de pied des ennemis s'y estoient venuz loger. Surquoy prenant ledit comte de Nansau occasion et couleur de donner à entendre à ceux de dedans que la ville de Péronne estoit prise d'assault, pillée et bruslée, leur persuada tellement, qu'ils se rendirent à sa volonté, desquels il en feit pendre sept à la porte du chasteau, et les autres furent mis à rançon à quatre mille (2) escus par teste.

Au lendemain, qui fut le seiziesme jour dudit mois d'aoust, une trouppe éleue des ennemis se vint présenter devant la porte de Péronne, pour attirer ceux de dedans à l'escarmouche ; lesquels sortirent jusques au nombre de cent à six vingts ; qui, après avoir escarmouché quelque temps, voyans que les ennemis se multiplioient de gens venans les uns après les autres à la file, se retirèrent dedans la ville, et y amenèrent quelques prisonniers ; et y fut pris et blessé le seigneur de Rocourt, guidon de monseigneur du Reu. Dedans les vignes, entre le chasteau et la porte Sainct-Nicolas, assez près du fossé, en un lieu assez éminent et dont l'on peult regarder dedans la ville, là feirent les ennemis asseoir quatre menues pièces d'artillerie, pour offenser ceux de la ville allans et venans, ou pour remparer, ou pour se tenir aux deffences ; desquelles pièces ils tirèrent jusques à la nuict, mais ce fut sans tuer ne blesser personne. Le jour ensuivant, ils assirent six doubles canons au droict de laditte porte Sainct-Nicolas, et trois canons pour battre des moulins à eau séans auprès de la porte de Paris, afin que ceux de dedans n'eussent moyen de mouldre : mais peu leur eust prouffité la batterie, car elle ne pouvoit arriver si bas que les meulles et mouvemens des moulins. Mais un musnier venu des pays de l'Empereur habiter ès dits moulins, passa devers eux, et les advisa de faire une trenchée au lieu qu'il leur monstra ; laquelle faicte, ils ostèrent l'eau ausdits moulins, et mirent à sec une grande partie des marais, èsquels consistoit la plus grande part de la force et conservation de la ville ; et sans une fontaine que ceux de la ville feirent venir tomber ausdits moulins, pour renforcer si peu d'eau qui encores y couloit, la ville fust tombée en grosse nécessité de farines. Cependant on feit telle quantité de moulins à bras et à chevaux, qu'on répara le dommage que les ennemis avoient faict par leurs trenchées.

D'autre costé se faisoient deux batteries grosses et continuelles, par deux jours ensuivans, l'une contre la porte Sainct-Nicolas, l'autre contre la porte de Paris, et tellement, qu'ils y feirent bresche raisonnable pour assault; toutesfois ils furent d'advis, afin de ne hazarder leurs gens, de faire encores batterie tout le lendemain, ce qu'ils feirent depuis la poincte du jour jusques à la nuict, et, au rapport de ceux qui estoient dedans, tirèrent ce jour-là dix-huict cens coups de canon, chacune volée de quinze canons à la fois. Mais toute la nuict fut faicte telle diligence de remparer, tant par les gens de guerre, qui tous meirent la main à l'œuvre, chacun capitaine ayant pris un quartier en sa charge, comme par les gens de la ville, lesquels, tant pour l'affection qu'ils ont à leur prince, comme pour la craincte du maltraittement si la ville estoit prise d'assault, y travaillèrent, hommes et femmes, de toutes aages et conditions, qu'au lendemain matin, qui fut le vingtiesme du mois, les ennemis, se délibérans de venir à l'assault, veirent les bresches entièrement réparées à force de fagots, de fiens, de terre et de grosses balles de laine, tellement qu'ils furent contraints de recommencer la batterie, laquelle dura jusques environ deux heures après midy. Et marchèrent en avant à l'assault, c'est à sçavoir, à la porte Sainct-Nicolas, les Allemans, jusques au nombre de six mille hommes, et à la porte de Paris, les Hennuyers, Artoisiens et Flamends, jusques au nombre de deux mille. Le comte de Nansau, avecques quatre cens chevaux, y conduisit les Allemans, et se tint près du mont Sainct-Quentin, regardant l'assault, et prenant garde en quelle part il faudroit donner secours. Le comte du Reu, grand maistre de la maison de l'Empereur, avecques autres trois cens chevaux, conduisoit les Hennuyers, Artoisiens et Flamends. Monsieur le mareschal, le comte Dammartin, le seigneur de Moyencourt, et tous les autres capitaines, chacun selon sa charge, ce pendant ne perdoient temps à mettre bon ordre parmy leurs gens et les asseoir aux deffences. Le comte Dammartin gardoit la bresche du costé de la porte Sainct-Nicolas, le seigneur de Sainct-Séval celle de la porte de Paris, et le sieur de Sercu avoit la charge de la bresche d'au-dessous de Sainct-Fourcy; et tellement feirent leur devoir, chacun en son endroict, que les ennemis furent repoussez et y perdirent jusques au nombre de quatre ou cinq cens hommes. De ceux de dedans y eut quelques blessez; mais n'y mourut autre de nom, que le commandeur d'Estrepaigny, nommé de Humières, auquel la teste fut emportée d'un coup de canon. Les comtes de Nansau et du Reu, voians les choses aller autrement qu'ils ne désiroient, feirent sonner la retraitte.

Les trois jours ensuivans, ils tirèrent continuellement à coup perdu dedans la ville contre les maisons, et y feirent du dommage beaucoup. Le jour de la feste Sainct-Barthélemy, le comte de Nansau envoia, par un trompette, sommer ceux de dedans qu'ils eussent à se rendre dedans vingt-quatre heures, autrement, s'il prenoit la ville, il la mettroit à feu et à sang. A quoy fut respondu par monsieur le mareschal, eu l'advis et opinion de tous les autres capitaines, qu'ils avoient délibéré de si bien garder la ville, qu'on n'y entreroit sinon par dessus leurs ventres, mais que, plustost, il espéroit en sortir par dessus ceux des ennemis. Le comte de Nansau, ceste response ouye, ordonna qu'au lendemain on recommençast la batterie de plus fort en plus fort, et par tous les endroicts et quartiers de la ville; à quoy feust si bien obéy par le maistre d'artillerie, ayant septante-deux pièces d'artillerie en batterie, qu'il feit bresche en plusieurs lieux, et endommagea fort la grosse tour de la ville. Mais la diligence fut telle de ceux de dedans, de réparer tout durant la nuict, que l'ennemy veit, au lendemain matin, qu'il avoit faict bresche pour néant. Le jour Sainct-Louis ils recommencèrent la batterie par quatre lieux, avec six canons, entre deux tours estans entre la porte Sainct-Nicolas et la porte Sainct-Sauveur, et d'autres dix contre lesdittes portes et contre la courtine des murailles, depuis l'une porte jusques à l'autre. Un peu au-dessous avoient mis six pièces, dont ils battoient continuellement la bresche du jour précédent, pour endommager le rempart qu'on y avoit faict, et empescher qu'on y réparast d'avantage. D'autres sept pièces ils continuèrent la batterie commancée les jours prééédens contre la porte de Paris et contre la courtine prochaine, et dura ceste batterie jusques sur les trois heures après midy; et lors cessant la batterie, vindrent les ennemis en grande furie, les uns avec grand nombre d'eschelles, bonnes et bien doubles et renforcées, pour les dresser contre les murailles; les autres à l'endroict des bresches, en espérance que, donnant l'assault en plusieurs et divers lieux, ceux de dedans ne suffiroient à mettre gens par tous endroicts. Par trois fois ils s'efforcèrent de monter, et par trois fois furent vaillamment repoussez avecques grosse perte des leurs, entre lesquels y moururent trois porteurs d'enseigne, qui furent tuez sur la bresche de la porte de Paris, laquelle avoit en charge le seigneur de Sainct-Séval, et bien cinquante hommes-d'armes qu'archers, que d'une que d'autres bandes.

Les seigneurs de Nansau et du Reu, qui estoient ce pendant en armes, l'un d'un costé du Mont Sainct-Quentin, l'autre du costé de la porte de Paris, voyans la perte et dommage de leurs gens, feirent sonner la retraitte, auquel son se trouvèrent leurs gens beaucoup plus prompts et diligens qu'ils n'avoient esté à marcher à l'assault; car, de la haste qu'ils eurent de se retirer, ils laissèrent vingt-six eschelles dressées contre la muraille, lesquelles furent par ceux de la ville tirées dedans. Messieurs le mareschal et autres capitaines, cela faict, se retirèrent à l'église pour louer et remercier Dieu, et là trouvèrent le clergé, qui durant l'assault avoit faict procession autour de la ville, recommandant à Dieu la protection et conservation d'icelle. Voyans les seigneurs de Nansau et du Reu qu'ils ne pouvoyent riens profiter, et congnoissans que la grosse tour du chasteau deffendoit la brèche qu'avoit en garde le comte Dammartin, et celle qu'avoit en garde le seigneur de Sercu, dont ils estoyent merveilleusement offensez, se convertirent à la mine; mais ce pendant ne laissoyent à tirer ordinairement contre les maisons de la ville, à coup perdu, jettans feuz artificiels pour embrazer les maisons, qui sont en grand partie édifices de bois: et de faict en bruslèrent un bon nombre; car, quand ils voyoient le feu allumé en une maison, ils dressoyent en celle part l'artillerie, pour empescher que le peuple ne s'y assemblast à estaindre le feu; de sorte qu'il alloit prenant de maison en autre: et par un jour, entre autres, eust esté la ville en danger d'estre bruslée, si Dieu n'eust par sa grâce envoyé une forte pluye, laquelle estaingnist le feu, et non sans que ceste chose fust, par amis et ennemis, tournée à miracle divin.

Monseigneur le mareschal et les autres capitaines estoyent bien advertiz que les ennemis s'estoyent mis à miner, mais ne sçavoient pas bien au vray en quelle part. A ceste cause, ils mirent dehors le capitaine Damiette, enseigne du seigneur de Sercu, avecques environ douze ou quinze hommes choisis des bandes du seigneur de Sercu et de Sainct-Séval, lesquels, sortiz par une faulce porte du chasteau, marchèrent du costé qu'ils veirent les trenchées, et trouvèrent les pionniers et mineurs au droict de la grosse tour du chasteau, sur lesquels chargèrent à l'improviste, et en tuèrent jusques au nombre de vingt-quatre ou vingt-cinq; et en amenèrent six, entre lesquels estoit un capitaine, nommé le seigneur de Noyelles, qui avoit esté ordonné pour l'escorte d'iceux pionniers, lesquels rapportèrent au vray l'estat et endroit de la mine: à quoy il fut diligemment pourveu pour contreminer; mais si mal advint, que le comte Dammartin y fut tué, ainsi que je diray par cy-après. La chose qui plus donnoit effroy à ceux de la ville, tant capitaines, gens de guerre, qu'autres, estoit la faulte qu'ils avoient de arquebuziers et de poudre; car ils en avoient si peu, que, si l'ennemy feust retourné donner l'assault, à bien grand peine eussent-ils eu moien de se deffendre. Mais, quelques jours auparavant, monsieur le mareschal, prévoyant ceste nécessité, avoit à force de dons et promesses, persuadé à un bon soldat d'entreprendre le voyage devers messeigneurs de Vendosme et de Guise, estans à Ham, pour iceux advertir de cest affaire. Ledit messager, descendu par une corde ès-maraiz, chemina tant qu'il en sortit hors, et eust si bonne fortune, qu'il arriva devers lesdits seigneurs, qui, au plus diligemment que possible fut, y donnèrent ordre.

Monseigneur Claude de Lorraine, duc de Guise, print ceste charge sur soy, et deslogea avecques environ deux cens hommes-d'armes, et arriva de nuict auprès du camp des ennemis, du costé où estoit logé monsieur du Reu: et, après avoir conduict secrettement et sans bruit jusques sur le bord des maraiz environ quatre cens arquebuziers choisis, ausquels bailla pour guide le mesme messager qui estoit venu vers luy, il donna soudainement l'alarme par tous les endroicts du camp des ennemis; et avoit, de propos délibéré, amené tous les trompettes qu'il avoit peu assembler, lesquels tous en un mesme instant espandus de toutes parts, leur commanda de sonner dedans, en telle sorte que le camp impérial se meit en armes, et se joignirent ensemble lesdicts seigneurs de Nansau et du Reu, chacun en son ordre, comme pour donner ou recevoir la bataille. Les arquebusiers dont j'ay cy-dessus parlé, durant ce gros alarme, qui empeschoit que l'ennemy entendist ailleurs, et qu'il ne pouvoit ouyr le flot de l'eau par où ils cheminoyent, suyvans leur guide, arrivèrent au mesme lieu par où leurditte guide avoit passé, et furent tirez dedans, chacun un sac de pouldre pesant dix livres sur leur col. Desjà commençoit le jour à poindre, et s'estoit mondict seigneur de Guise retiré avecques sa trouppe en lieu qu'il estoit hors du danger de l'ennemy, quand ses arquebuziers furent descouvers et furent monstrez ausdits comte de Nansau et du Reu, montans à la file sur la muraille; chose qui merveilleusement leur despleut, car ils ne sçavoyent pas bien quel nombre de gens ne quelle quantité de pouldres on pouvoit avoir mis dedans. Pour aller sur la queue du duc de Guise, qui se retiroit ayant exploité son entreprinse à souhaict, ils ordonnèrent quelque nombre de chevaulx; mais ledict seigneur avoit mis ses gens en bataille, de sorte que l'ennemy ne l'osa enfoncer. Le quatrième jour de septembre, le comte de Nansau envoya un trompette vers ledict seigneur mareschal de La Marche, luy dire de sa part que, s'il vouloit luy rendre la ville en proye et pillage pour trois jours durant, il donneroit la vie sauve à luy et à tous les capitaines et gens de guerre; sinon, il mettroit tout à feu et à sang, sans excepter personne, de quelque estat ou condition qu'il fust. A quoy fut respondu, par ledict mareschal, que si, alors qu'il avoit faulte et de harquebusiers et de poudres, on luy eust porté ceste parolle, il n'eust voulu y prester l'oreille, et moins le feroit à présent, qu'il avoit en abondance de ce que auparavant luy deffailloit pour recueillir son ennemy.

Ceste response ouye par ledit seigneur comte, il commanda qu'au lendemain au matin on mist le feu en la mine, qui desjà estoit preste soubs la grosse tour du chasteau. Ce matin mesme, le comte de Dammartin (lequel jour et nuict travailloit incessamment à faire tout ce qu'un bon chef et capitaine doibt faire en telle nécessité, et mesme il avoit mis quatorze chesnes pour estançons, pour soustenir le costé de la tour devers la ville, et aussi avoit faict une platte-forme au millieu du chasteau, de la hauteur desdictes chesnes pour, estant ladite tour par terre, venir au combat) estoit de bon matin entré en une contremine qu'il faisoit faire pour éventer la mine des ennemis: et, ce pendant qu'il y estoit, fut mis le feu en laditte mine, laquelle emporta grande partie d'icelle grosse tour, et sous les ruines accabla ledict seigneur comte: dont ce fut aux François très-grand dommage, car il estoit bon capitaine et bien homme de guerre. Le Roy depuis, en mémoire et contemplation des services qu'il lui avoit faicts, retira et print en sa protection les enfans dudit comte. La tour ainsi abbatue, les ennemis y vindrent donner l'assault; de prime face y entra trois ou quatre enseignes des ennemis sur le hault du chasteau par ladite ruine; mais le seigneur de Moyencourt, avecques trente ou quarante hommes-d'armes, tant de la compagnie de mondit seigneur le mareschal, dont il estoit lieutenant, que de celle dudit comte, rasseurant les soldats qui estoient estonnez, chargea les ennemis de telle vigueur, qu'il les renversa dedans les fossez, et recouit le seigneur de Couldray et ceux desdittes compagnies, lesquels estoient enterrez soubs laditte tour: parquoy l'assault des Impériaux fut inutil, et y perdirent deux ou trois cens hommes. Le jour ensuivant, qui estoit la feste Nostre-Dame, ils recommencèrent la batterie contre ce qui estoit demouré debout de laditte grosse tour du chasteau et la ruinèrent entièrement: puis y donnèrent un autre assault autant furieux que nul des autres; mais ils en furent si vaillamment repoulsez, qu'il leur fut force de se retirer; et au lendemain furent trouvez morts en la tour plus de trois cens lansquenets et vingt hommes-d'armes des leurs. Le lendemain tirèrent encores à coup perdu contre les maisons de la ville. Le dimenche ensuivant, ils battirent tout le jour la tour du Beffroy, où estoit assise la cloche du guet de la ville, et feirent contenance de donner assaut, et en effect dressèrent grand nombre d'eschelles contre les murailles; mais sur les dix heures du soir ils commencèrent à retirer leur artillerie, et, sur les deux heures après la minuict, ils deslogèrent et meirent le feu en leurs loges et par toutes les maisons du village. Le comte de Nansau, avecques ses lansquenets, print le chemin d'Arras; le seigneur du Reu, le chemin vers Cambray, avec les Hennuyers, Artoisiens et Flamends; et les Liégeois et Namurois, devers Bapaulme, menant chacune trouppe avec soy une partie de l'artillerie.

Ceste nouvelle entendue par le Roy, il feit faire parmy son camp une procession générale, où assistèrent tous les princes temporels et spirituels, mesmes tous les capitaines et gens de guerre, pour louer Dieu de l'ayde et faveur qu'il luy avoit faicts. Après la procession faicte et le repas prins, il assembla son conseil et meit en délibération à sçavoir s'il devoit, en suivant sa première intention, marcher à la suitte de l'Empereur et passer jusques en Italie. Mais il fut advisé par le conseil qu'estant desjà sa gendarmerie acheminée bien avant devers Lyon, avec le nombre de gens de pied qu'il y avoit ordonnez, ledit seigneur Empereur, avant que le Roy eust réuny son camp, pourroit estre eslongné si avant que ledit seigneur Roy ne le pourroit plus acconsuivre; et que de passer en Italie sa personne, aiant l'hiver desjà si près, il ne sembloit estre chose raisonnable. Toutefois ne fut le Roy ne son conseil d'avis de rompre encores son camp; car il estoit bien adverty que l'Empereur estoit arresté, comme j'ay dit, au lieu de Fréjus; et, combien que ce fust l'opinion de tous que le vent contraire l'y retenoit, le Roy, nonobstant, craignoit quelque autre entreprise. L'Empereur à la vérité s'en alloit fort desplaisant d'avoir si mal exécuté qu'il avoit, et ne s'eslongnoit de vraysemblable, que, si le Roy se fust légèrement party, l'occasion s'offrante eust peu mouvoir ledit seigneur Empereur de rebourser son chemin, et de nouveau tenter sa fortune: si est-ce que son espérance ne tendoit point si hault, et avoit esté mis en délibération de son conseil qu'il s'embarquast avecques ses Espagnols, et se retirast en Espagne; mais crainte que les lansquenets ne se mutinassent (comme par effect en fut quelque apparence), s'il se fust party d'eux les laissant au hazard et danger de l'ennemy, luy feit changer ceste délibération.

Journellement estoit le Roy adverty par noz gens qui estoient à la suitte dudit seigneur Empereur, et par espies et prisonniers, comme toutes choses se portoient au camp impérial; si est-ce que doubte, comme dit est, de donner occasion à l'ennemy de faire nouvelle entreprise, retenoit, et non sans cause, le Roy en souspeçon: si ne voulut-il ce pendant perdre le temps, ains donna charge de son camp à monseigneur le mareschal d'Aubigny; luy, avec la suitte de sa maison, prenant en sa compagnie le seigneur de Montmorency, délibéra d'aller visiter le païs qui avoit esté gasté par les ennemis, afin de donner ordre partout et soulager son peuple qui avoit enduré pour la guerre; aussi pour ordonner les fortifications qu'il entendoit estre faittes par après ès principales villes de la frontière, tant de Provence que de Languedoc. Et premièrement il visita Marceille; à Aix ne voulut aller pour ne veoir à l'œil la désolation qui y avoit esté faicte, mais y envoya le seigneur de Langey, auquel donna charge de la bien visiter et de luy faire rapport des plus nécessaires et urgentes réparations qu'il y conviendroit faire. Ledit seigneur de Langey, partant de Marceille, vint à ladite ville de Aix, laquelle il trouva fort gastée et désolée de tous les gasts et désolations que guerre peult amener en une ville rendue à l'ennemy sans résistance, fors du feu, dont l'ennemy n'avoit usé à son partement, bien que plusieurs eussent esté de cest advis, mais l'Empereur le deffendit expressément; et ne fut mis le feu, sinon au palais où se tenoit le parlement, et principalement à la chambre des comptes, et ce par commandement du duc de Savoye, lequel voulut assister en personne à la veoir brusler. Il ne se sçayt que par imagination, qu'en ce faisant il ayt espéré brusler tous les tiltres, hommages et dénombremens rendus aux comtes de Provence par la noblesse, villes et communautez de Piémont, et par lesquels il se peult faire foy que ledit païs de Piémont appartient au comte de Provence.

Mais en cela son espérance a esté vaine; car, dès le commencement que la ville fut jugée non gardable, monseigneur le grand-maistre, prévoyant ce qu'advenir pourroit, et qui advint, avoit faict encasser tous iceux tiltres et enseignemens, et les avoit, sur mullets, envoyez en un sien chasteau, forte place nommée les Baulx. Ledit seigneur de Langey, appellez avecques luy le président, et un nombre de conseillers, et les principaux de la ville qui s'y trouvèrent pour lors, et l'advis eu des maistres charpentiers, maçons et autres servans au faict de bastiment, feit estimer combien il pourroit couster à réparer le dommage faict; et, l'estimation faicte en deniers, retourna vers le Roy, qu'il trouva sur le chemin, arrivant à Arles, auquel lieu ledit seigneur, après avoir ouy son rapport, ordonna ladite somme estre délivrée ès mains de trésoriers et commissaires, pour employer ausdittes réparations.

Le Roy, après avoir visité laditte ville d'Arles, s'en retourna à Avignon, pour estre près de son camp; et là vint devers luy, de la part du comte de Tende, lequel, depuis le partement du capitaine Bonneval d'avecques luy, avoit tousjours, avecques le seigneur Jean Paule et autres, suivy la retraitte de l'Empereur jusques à Nice, dont il envoyoit asseurer et donner certaine et indubitable nouvelle au Roy, que non-seulement l'Empereur, s'il eust voulu retourner en arrière, n'eust eu le moyen de trouver vivres, mais que mesme ledit comte, et ceux qui estoient avecques luy, encores qu'ils eussent le païs favorable, estoient la pluspart du temps sans manger un jour entier, et leurs chevaux sans manger autre chose que du broult.

Sur ce, ledit seigneur se délibéra de retourner à Lyon, et là faire quelque séjour pour donner ordre à ses affaires, et en passant revisiter ses villes de Tarascon, Beauquaire et Valence, pour ordonner sur la despense qu'il jugeroit estre nécessaire, par chacun mois, pour continuer les fortifications encommencées. Sur chemin il receut lettres de l'évesque de Tarbes, son ambassadeur résidant auprès du roy d'Angleterre, par lesquelles il fut adverty que les ambassadeurs estans auprès de luy, de la part dudit seigneur roy d'Angleterre, avoient informé leur maistre autrement que la vérité n'estoit, du faict de la venue et retraitte de l'Empereur, et de toutes choses qui en dépendoient; disans lesdits ambassadeurs que l'Empereur s'estoit retiré seulement par un stratagème, et que voyant Sa Majesté que, pour dommage qui se feit au païs du Roy, ne le pouvoit attirer à la bataille, avoit voulu essayer ce moyen de retraitte, pour essayer si le Roy, pensant icelle retraitte estre véritable, prendroit courage de le suivre, et que luy, par ce moyen, attirast ledit seigneur Roy à la bataille ; et, pour faire sa retraitte plus vraysemblable, luy-mesme avoit faict courir le bruit qu'en son camp on mouroit de faim, et que desjà il avoit perdu plus que le tiers de ses gens, et en apparence grande de bientost perdre le demourant, s'il ne se retiroit; mais qu'en effect il n'avoit telle faulte de vivres que l'on disoit, et n'avoit point perdu jusques à deux mille hommes depuis son partement d'Italie. Adjoustant lesdits ambassadeurs, que jamais, depuis la prise des seigneurs de Montejean et de Boisy, homme du camp du Roy n'avoit osé entreprendre de donner un seul alarme au camp dudit seigneur Empereur, ne mesmement le suivre sur la queue à son deslogement d'Aix ; et que, ce voyant, l'Empereur s'estoit arresté à Nice, attendant que le Roy feust eslongné, pour incontinant retourner en Provence, qu'il trouverroit desgarnie d'hommes ; et qu'il pourroit, avant que le Roy eust rallié ses forces, occuper toutes les places de conséquence, tant du païs de Provence que de Languedoc, jusques à l'entrée d'Espagne : et pour conduire ceste entreprise plus briévement à effect, il avoit faict lever gens en Espagne, pour venir au-devant de luy par le Languedoc.

Tels estoient les advertissemens donnez au roy d'Angleterre par ses ambassadeurs. Mais quant à la retraitte de l'Empereur, et ce qui avoit esté faict depuis la prinse desdits seigneurs de Boisy et de Montejean, ils escrivirent les choses tout au rebours. Quant au desseing de l'Empereur de se faire seigneur et maistre des païs de Provence et de Languedoc, pour avoir tout à luy depuis Italie jusques en Espagne, il est vraysemblable que ledit seigneur Empereur s'estoit asseuré autant promis de sa félicité, sur laquelle il est accoustumé de fonder principalement ses entreprises : et, quoy que soit, il ne tarda pas beaucoup, après la retraitte dudit seigneur Empereur, que les Espagnols descendirent en la frontière de Languedoc, guastans et pillans tout ce qu'ils trouvoient ès villes champestres et ouvertes. Mais le lieutenant de monseigneur le grand-maistre au gouvernement dudit païs de Languedoc, feit tel amas de gens du païs, sans mettre le Roy en aucune despense pour ceste inopinée descente, que lesdits païsans repoussèrent et rompirent lesdits Espagnols d'une telle ardeur et furie, qu'aussitost fut adverty le Roy de leur retraitte comme de leur descente.

Ledit seigneur Roy, après avoir pesé la conséquence de ce faux advertissement donné audit roy d'Angleterre par ses ambassadeurs, et pour raison aussi qu'il avoit délibéré donner madame Magdaleine, sa fille, au roy d'Escosse (1), qui la demandoit à femme, chose que ledit roy d'Angleterre avoit tousjours crainct et empesché, à quoy toutesfois le Roy ne pouvoit faillir honnestement, veu l'instance et longue poursuitte qu'en avoit faict le roy d'Escosse, et que, sur la nouvelle à luy venue du gros encombrement de guerre qui estoit venu sur les bras du Roy de tant de pars, il s'estoit en un mesme temps, de son propre mouvement et sans aucune requeste du Roy, non-seulement offert de courir une mesme fortune avec luy, mais s'estoit résolu et mis en chemin, pour ceste intention de venir en personne à son secours avec bon nombre de gens de sa nation (acte qui bien méritoit d'estre par raison grandement recogneu); pour ces deux causes, c'est à sçavoir, pour faire entendre au roy d'Angleterre la vérité du faict de Provence, dont le seigneur de La Pommeraye, son maistre d'hostel, jà cogneu et bien voulu dudit roy d'Angleterre pour les ambassades qu'il y avoit faictes, estoit amplement informé, pour avoir esté dès le commencement au faict des vivres des places, ainsi qu'il est dit cy-devant, et pour faire trouver bon audit roy d'Angleterre le mariage de la fille du Roy avec le roy d'Escosse, aussi pour entendre l'intention d'iceluy roy d'Angleterre sur une ouverture que ses ambassadeurs avoient souvent mise en avant audit seigneur Roy, qui estoit du mariage de monseigneur le duc d'Orléans avec madame Marie, fille dudit roy d'Angleterre, et de la royne Catherine, sa première femme, le Roy, ne voulant perdre l'amitié dudit roy d'Angleterre, et désirant, selon sa naturelle inclination, de demeurer ferme en ses alliances, et ne les changer que par contraincte et moult envis, despecha ledit seigneur de La Pommeraye devers ledit roy d'Angleterre ; lequel, y estant arrivé et gratieusement recueilly, luy exposa sa charge sur les trois poincts dessusdits. Quant au premier, il le dissuada tellement quellement, mais non du tout entièrement, de l'opinion qu'on luy en avoit imprimée. Quant au second, incontinant qu'il ouit mentionner de ce mariage d'Escosse, il s'en troubla de telle sorte, que de quatre jours après il ne voulut reparler audit Pommeraye, de peur (ainsi qu'il luy feit dire et remonstrer) de collérer trop fort contre luy; et ce pendant feit réciter audit Pommeraye, par les principaulx de son conseil, ses doléances,

(1) Jacques V.

et causes de malcontentement sur cest article : en somme, n'y eut jamais moyen audit Pommeraye de rapaiser ledit roy d'Angleterre; parquoy fut contrainct de se retirer sans faire grand exploit.

Ayant le Roy sur le chemin d'Avignon à Lion faict ladite dépesche, dépescha pareillement monseigneur le duc de Touteville, comte de Sainct-Paul, avecques le régiment du comte Guillaume de Fustemberg, et quelque autre nombre, tant de gens de pied que de cavallerie, pour aller mettre en son obéissance le païs de la Tarantaise, en Savoye, lequel s'estoit révolté peu de temps auparavant. Lequel comte de Sainct-Paul le remist en l'obéissance du Roy, et, pour punition, donna à butiner aux lansquenets toute ladite vallée, et mesme la ville de Conflans. Ainsi doncques, donnant ordre à tous affaires, arriva le Roy à Lion, auquel lieu il pourveut avec son conseil à toutes choses nécessaires, tant de çà que de là les monts; chose que je laisseray à réciter, pour retourner aux affaires de Piémont, que j'ay pieça entrelaissez. Devers luy estoient arrivez, un peu avant le partement de son camp d'Avignon, et mesme avant qu'il partist pour aller à Marceille, les seigneurs d'Annebault et Cæsar Fregoze, par lesquels il avoit entendu au long tout ce qui s'estoit exécuté ou entreprins audict païs de Piémont et autres endroicts d'Italie, durant le temps que les choses estoient conduites, ainsi que je les ay racomptées, tant en Provence et Languedoc, comme en Champagne et Picardie.

Dès environ la mi-juillet, sur le temps que partit monseigneur le grand-maistre pour aller en Avignon, Gaucher Dinteville, seigneur de Vanlay, fut dépesché par le Roy pour aller en Italie, pour faire levée de dix à douze mille hommes de pied, et jusques au nombre de six cens chevaux-légers ; et, parce qu'à la Mirandole il trouva grande partie des capitaines de la première levée, que j'ay dit par cy-devant avoir esté faicte avecques les principaux de leurs bandes, ladite levée fut faicte en quinze jours, et se feit l'amas audit lieu de la Mirandole, à la barbe de trois mille lansquenets et sept cens chevaux allemans, nouvellement venuz à Trente, et qui s'estoient logez à Cazal Majour, vis-à-vis ladite Mirandole, ayans toutesfois le Pau entre deux. Les capitaines furent le comte Guy de Rangon, capitaine-général de ceste armée, auquel fut particulièrement donné un colonnel de deux mille hommes; le seigneur Caguin de Gonzague, colonnel d'autres deux mille ; le seigneur César Fregose, colonnel d'autres deux mille ; Le Visconte, autres deux mille; le chevalier Assal, gentilhomme ferrarois, et le seigneur Pierre Strossy, gentilhomme florentin, colonnel chacun de mille ; le comte Belangier de Caldora, neapolitain, et le capitaine Jean de Turin, chacun cinq cens hommes ; le chevalier Averolde, gentilhomme bressan, et le seigneur Bandin, chacun quatre cens hommes : des capitaines de chevaux-légers, le seigneur César Fregose, deux cens ; le seigneur de Thais, gentilhomme françois et de la chambre du Roy, deux cens ; le seigneur Bandin, deux cens.

Le vingtiesme jour d'aoust, partit de la Mirandole le comte Guy de Rangon et son camp, et vint, la seconde journée, loger à moitié du chemin d'entre Parme et Reige ; de là commença le camp à marcher en ordonnance, et, passant au long des murs de la ville de Parme, vindrent loger à Castelguelfo, et, au lendemain, à cinq milles près de Plaisance : puis passèrent en ordonnance au long des fossez de ladite ville de Plaisance : de là passèrent la rivière de la Trébie ; sur la minuict y eut quelque alarme, mais il fut trouvé faux. Le vingt-septiesme jour, vindrent loger à quinze milles de Pavie, en une place qu'ils trouvèrent abandonnée, car tout le peuple s'estoit retiré à Pavie. Le vingt-septiesme jour, arrivèrent à une petite ville nommée Pontrème, à quatre milles de Tortonne, où ils eurent grande faulte d'eau, car ceux de la ville l'avoient destournée, afin que ledit camp n'y logeast ; et sur la minuict eurent alarme. Le vingt-huictiesme jour, arrivèrent ès fauxbourgs de Tortonne, où ils séjournèrent tout ce jour, jusques sur le soleil couchant ; et là se joignit à eux le seigneur Pierre Strossy. Environ le soleil couchant, le comte Guy feit donner alarme, afin que chacun se ralliast soubs son enseigne ; et quand tous furent ralliez, il les feit marcher en avant et cheminer toute la nuict, tellement qu'avant la poincte du jour ils eurent passé Saraval ; et le vingt-neufviesme jour, sans s'arrester, jusques à ce qu'ils arrivèrent à un petit chasteau nommé Bezolin, voisin, ce me semble, de Gennes de quatre milles ; et là eurent grande faulte de pain. Le trentiesme jour, et dixiesme du partement de La Mirandole, environ les neuf heures du matin, un peu avant l'heure du disner, arrivèrent à un pont voisin de deux milles de Gennes, là où ils s'arrestèrent ; et furent envoyez loger en Besaigne les colonnels du seigneur César et du seigneur Visconte, et les chevaux-légers du seigneur Bandin, et ceux de Michel-Ange, pour donner l'assault à la ville de Gennes par ce costé-là. Et d'autre part, vindrent nouvelles audit seigneur comte Guy comme son entreprise estoit descouverte, et qu'il estoit entré dedans la ville deux mille hommes de secours; depuis, il a esté sceu qu'un Lucquois du colonnel mesme du comte Guy, s'estoit desrobbé la nuict précédante, et avoit adverty ceux de la ville qu'ils eussent à se tenir sur leurs gardes, et qu'à son advis, le comte Guy et le seigneur César Fregose venoient pour essayer de les surprendre, veu le chemin qu'ils avoient tenu, et la diligence de marcher qu'ils faisoient.

Ce jour, fut amené par les chevaux-légers un prisonnier portant une malle en crouppe, lequel estoit serviteur d'un gentilhomme bourguignon qui avoit aussi esté prins; mais, à l'ayde des païsans qui s'estoient assemblez, il avoit eu le moyen de se sauver. Aussi fut amené prisonnier par un gentilhomme, le secrétaire du cardinal Doria, lequel incontinant fut délivré, car il estoit du party du seigneur César, et disoit qu'il estoit venu expressément parler à luy. Ce temps pendant, furent envoyez aucuns arquebuziers à une église et certaines maisons, environ à un mille de Gennes, parce qu'il fut rapporté au comte Guy que là s'estoient assemblez quelques gens du païs, lesquels avoient tiré à ses chevaux-légers quand ils passèrent au long de laditte église, et que c'estoient ceux qui avoient faict sauver lesdits Bourguignons; mais, incontinant que lesdits arquebuziers y arrivèrent, les susdits païsans se retirèrent à la montagne. D'autre costé furent tuez, de coups d'artillerie qui furent tirez de la ville, deux chevaux du camp françois, ainsi que ledit camp se mettoit en bataille devant la ville, en laquelle bataille demeurèrent nos gens jusques environ quatre heures avant la nuict, attendans s'il se feroit en la ville quelque nouveauté, par le moyen des partisans dudit César Fregose; mais il ne s'en fait aucune, car il y avoit dedans, outre les gens de la ville, jusques au nombre de trois mille hommes de guerre, dont y avoit quinze cens lansquenets, de ceux que j'ai dit estre nouvellement descenduz à Trente. Ce voyant, le comte Guy feit retirer chacun en son quartier, au lieu qu'il avoit choisy pour loger son camp, environ à un mille de Gennes, entre deux montagnes, sur lesquelles il avoit assis son guet; et là fut commencé à faire grand nombre d'eschelles; puis, environ la minuict, tout le camp fut en ordonnance, sans sonner la trompette ne le tabourin, et commença puis après à monter à contremont l'une desdittes montagnes, avec un grand et incrédible travail; car, outre ce que la montagne estoit haulte et la montée roide, le camp ne marchoit point par le chemin frayé; et desjà estoient les gens de guerre si mal menez et tra-

vaillez de la peine des jours et nuicts passées, avec le défault de vivres qu'ils avoient enduré, joinct qu'ils portoient les eschelles sur leurs espaulles, qu'il y en avoit beaucoup qui d'anhan et lasseté se jettoient par terre, comme recreuz et demis-morts, et falloit, à vive force et par menaces, les contraindre à porter les eschelles.

Environ deux heures avant le jour, arriva l'avant-garde au pied des murs de la ville, et furent les eschelles dressées, desquelles il ne se trouva que deux faictes à propos; et, à vray dire, on n'avoit point eu plus de quatre à cinq heures de temps à les faire. Ce nonobstant, chacun de ceux qui estoient ordonnez à donner l'assault, commencèrent à monter à mont, et les arquebuziers à coups de arquebuze repoussèrent ceux qui se monstroient à la deffence sur la muraille; et dura cest assault, continuant avecques grande impétuosité, jusques environ à une heure et demie de soleil; et si les eschelles eussent esté de mesure, ainsi qu'elles estoient trop courtes, l'opinion est de beaucoup de gens qu'elle eust esté emportée d'assault. Quoy que soit, le comte Guy, voyant que sans autres eschelles il estoit impossible de la gaingner, et que ses gens estoient tuez d'en hault, sans qu'il leur fust possible de se revancher, feit sonner la retraitte. De ceux de dedans y eut peu de morts, n'aussi beaucoup de blessez; bien y mourut un capitaine de nom de ceux de dehors, et y en eut beaucoup d'autres de blessez et de morts; aucuns disent cinquante, aucuns disent cent: entre autres y mourut le seigneur Hector de Caracciole, gentilhomme néapolitain, qui estoit au camp sans charge, et fut enterré dedans Gennes, par congé de ceux de la ville, devers lesquels avoit esté envoyé un trompette pour cest effect. Audit assault se porta vaillamment, entre les autres, un port'enseigne du seigneur Caguin, lequel monta jusques sur la muraille avecques son enseigne; et, quoyqu'il fust mal suivy, pour avoir esté les eschelles courtes, ainsi que j'ay dict, et que ceux de dedans luy eussent empoigné son enseigne, pensans la luy arracher des poings, il en rapporta toutesfois la haste avecques une partie du taffetas; l'autre partie luy fut arrachée par pièces.

Sonnée que fut la retraitte, le comte feit retourner ses gens par la mesme montagne qu'ils estoient venuz; ce qui fut faict sans aucune contrariété, et sans que de la ville sortist homme de pied ne de cheval pour donner sur la queue, sinon quelques-uns, estant desjà nostre camp arrivé au logis en la plaine d'entre les deux montagnes, qui se monstrèrent, sous quatre enseignes, sur le plus hault de l'autre montaigne. Le comte Guy y envoia des arquebuziers pour essayer à les attirer à l'escarmouche; mais ils se retirèrent incontinant. Tout ce jour demeura le comte en sondict camp, pour attendre le retour des colonnels du seigneur Cæsar et du seigneur Visconte, et des chevaulx-légers qui estoient allez avecques eux en Besaigne, lesquels il avoit mandez pour se revenir joindre avecques luy; mais ils prindrent autre voiage, et tournèrent vers Plaisance par un autre chemin qu'ils n'estoient venuz. Bien arriva le colonnel du comte, qui le jour précédant avoit esté envoié pour donner l'assaut en un mesme temps au costé du palais d'André Dorie; mais l'artillerie des gallères, qui les descouvrit, les contraingnit d'habandonner ceste entreprinse. Ce temps pendant, fut mis le feu en quelques villages à l'entour, pour se venger des villains qui avoient mis le feu en leurs pailles.

Le comte, après que son colonnel fut revenu, assembla le conseil; et fut advisé, attendu qu'ils n'avoient aucune artillerie pour faire batterie, de ne plus hazarder leurs gens autour de Gennes; et sur la minuict deslogea le camp, sans son de trompette ny de tabourin, et tout le lendemain, qui fut le premier jour de septembre, cheminèrent sans arrester, jusques à ce qu'ils arrivèrent en certains chasteaux, nommez Herma, Taier et Vada, à bien trente milles de Gennes, au pied de grandes montagnes, où ils ne trouvèrent pour les chevaux sinon quelque peu de bled, et pour les hommes des châtaignes; car les habitans estoient fuis ès montaignes avecques tout leur bagage et leurs provisions; en haine de quoy les soldats bruslèrent quelques villages, et saccagèrent lesdicts chasteaux, combien que le butin ne fust pas grand. Au lendemain, à une heure de jour, le camp deslogea et vint à douze milles de là, en un chasteau nommé Visan; et là fut dépesché le seigneur de Vanlay, accompagné de vingt chevaux-légers du seigneur de César Fregose, pour aller à Turin advertir le seigneur d'Annebault de la venue dudit comte et de son camp. Le troisiesme jour, ledit comte marcha quinze milles en avant, jusques à un chasteau nommé Cave, et au lendemain passa la rivière du Tanare à gué, et vint à un chasteau nommé Sérisolles, à quatre milles de Carmagnolle. Les ennemis, advertiz que le comte approchoit si fort, abandonnèrent le siége de Turin, faisans courir le bruit qu'ils s'en alloient au-devant dudit comte luy présenter la bataille: toutesfois ils ne luy donnèrent aucun empeschement, et vint, le cinquième jour du mois, loger à Carignan dedans la ville. Le seigneur d'Annebault, voyant le camp desloger, saillit à la queue avec sept ou huict cens hommes, et en passant au long de la tour du pont du Pau (de la prinse de laquelle l'Empereur avoit faict un si grand cas), la feit sommer de se rendre à sa discrétion; ce qu'ils feirent, se voyans hors d'espérance d'avoir secours. Et le lendemain, le seigneur de Burie sortit avecques sept ou huict cens vaillans hommes, et print Groillan, où il trouva force bleds et vins pour refreschir Turin. Arrivant le comte à Carignan, et passant en bataille au long du chasteau, où estoient environ soixante Néapolitains pour l'Empereur, lesdits Néapolitains tirèrent, et tuèrent un de noz soldats d'un coup d'arquebuze, dont le comte irrité, les envoya sommer par un trompette de se rendre à luy; ce que refusans de faire, de rechef il les envoya sommer, avecques commination de les faire tous pendre s'ils attendoient le canon; à quoy ils demandèrent terme d'envoyer devers ceux qui les avoient mis dedans. Sur ceste response, le comte dépescha vers le seigneur d'Annebault, à ce qu'il lui envoyast de l'artillerie. Ledict seigneur d'Annebault, incontinant ces lettres receues, partit luy-mesme avecques deux canons et deux longues coulevrines et deux moyennes, accompagné de cinquante hommes-d'armes et cent chevaux-légers, parce qu'il lui convenoit passer au-dessus du Montcallier, où s'estoit retiré le seigneur Scalingue, gouverneur d'Ast; lequel Scalingue, voyant arriver le canon, et craignant que le comte Guy se vint joindre avecques ledit d'Annebault pour assiéger Montcallier, abandonna la ville et se retira en Ast, où s'estoit retiré tout le camp de l'Empereur. Et puis après vindrent nouvelles par les chemins audict seigneur d'Annebault, comme les capitaines qu'il avoit envoyez à Quiers, estans advertis que la ville estoit taxée à vingt-cinq mille escus par les Impériaux, pour paier leurs gens (car autre moien n'avoient-ils d'avoir deniers), marchèrent audit lieu de Quiers, et, y trouvant mauvaise garde, parce que les soldats estoient empeschez à contraindre les habitans à paier laditte finance, l'avoient prinse d'emblée sur quatre cens hommes de guerre qui la tenoient pour l'Empereur.

Au-devant dudict seigneur d'Annebault, incontinant que ledit Scalingue fut deslogé, vindrent les députez de Montcallier luy présenter et faire l'obéissance; de là il passa outre, et arriva qu'il estoit encores matin à Carignan. Ceux du chasteau, voians arriver l'artillerie, envoyèrent deux des leurs avecques un tabourin parler audit seigneur comte; ausquels fut respondu par le comte d'arrivée assez rigoureusement, à cause qu'ils l'avoyent contraint de faire venir l'artillerie pour une place qu'ils sçavoient bien n'estre tenable. Ce pendant qu'ils prétendoient la finale response, fut menée une praticque par un Néapolitain qui estoit au seigneur Caguin, que ceux qui estoient Néapolitains se rendroient à luy; et en effet, dès le jour mesme, environ deux heures devant la nuict, ledit seigneur Caguin envoya son lieutenant, avecques ses lancepessades, prendre la possession du chasteau, et à une heure de nuict lesdits Néapolitains furent mis dehors, le capitaine et son port'enseigne avecques chacun un cheval, et tous les autres à pied; de leurs chevaux en demeura dix audict chasteau, avecques leur enseigne, que ledit lieutenant retint entre ses mains, disant que le tout appartenoit audict seigneur Caguin: et alors se descouvrit la simulte d'entre lesdits seigneurs comte et Caguin, laquelle n'apporta point de fruict au service du Roy. Audict chasteau furent trouvez, outre le bled, environ trois mille sacs de farine, qui estoit desjà ensachée pour envoyer au camp des ennemis, laquelle fut incontinant menée à Turin, par l'ordonnance et commandement dudit seigneur comte, et quelque quantité de vin qu'il assembla.

Le unzième jour du mois, vindrent gens de par la ville de Saluces, faire l'obéissance au Roy, et demandèrent un potestat; en vint aussi de plusieurs villes et chasteaux, tant du Piémont que du marquisat; et durant ce temps noz gens prindrent aussi la ville de Quiéras. Le quatorzième, arrivèrent lettres du Roy, de la retraitte de l'Empereur, et des nouvelles gens que le Roy envoioit pour mettre dedans Turin, sçavoir est, deux mille hommes de pied françois, sous la charge du capitaine René et du capitaine Godinière, et autres deux mille, sous la charge du chevalier de Birague, pour tirer dehors les autres qui avoient beaucoup enduré durant les siéges passez. Et mandoit ledit seigneur au seigneur d'Annebault qu'il vint devers luy, ensemble les autres capitaines, tant de cheval que de pied, avecques leurs bandes et compagnées, et qu'il laissast laditte ville en garde au seigneur de Burie, avecques les gens fraiz qu'il luy envoyoit, auquel de Burie il donna la charge de cinquante hommes-d'armes ausquels le marquis François de Saluces avoit commandé devant qu'il se fust révolté. Ce mesme jour, les capitaines Sainct-Pètre, corse, et Jean, de Turin, avecques leurs gens, s'embatirent avecques une trouppe d'ennemis, lesquels ils défirent, et en rapportèrent quatre enseignes; et amenèrent de prisonniers le capitaine Baron, le capitaine Sénégaille et le capitaine Pacier. Le vingt-cinquiesme jour, arriva le marquis Jean-Louis de Saluces à Carignan, envoyé de par le Roy, comme dit est, et le mesme jour alla coucher à Carmagnolle: ce qui s'est ensuivy de luy a esté racompté par cy-devant.

Ce temps pendant arriva le Roy à Lion, et là feit assembler tous les princes de son sang, chevaliers de son ordre, et autres gros personnages de son royaume; les légat et nunce du Pape, les cardinaux qui lors se trouvèrent en sa cour, aussi les ambassadeurs d'Angleterre, Escosse, Portugal, Venise, Ferrare, et autres; ensemble tous les princes et gros seigneurs estrangers tant d'Italie que d'Allemagne, qui pour ce temps-là résidoient en sa cour, comme le duc de Wittemberg, alleman; les ducs de Somme, d'Arianne, d'Atrie, princes de Melphe, et de Stillianne, néapolitain; le seigneur don Hypolite d'Est; le marquis de Vigève, de la maison de Trivulce, milanois; le seigneur Jean Paul de Cère, romain; le seigneur César Fregose, genevois; le seigneur Hannibal de Gonzague, comte de Lanyvolare, mantouan, et autres en très-grand nombre. Lesquels assemblez, il feit en la présence de eux lire, depuis un bout jusques à l'autre, le procès du malheureux homme qui avoit empoisonné feu monsieur le Dauphin (1), avec les interrogatoires, confessions, confrontations, et autres solemnitez accoustumées en procès criminel. Après que la lecture dudit procès fut parachevée, et que tous les assistans, au moins ceux qui peuvent selon la loy opiner en matières criminelles, eurent donné leur advis de cest énorme et misérable cas, les juges procédèrent à la condamnation, et l'arrest exécuté, qui fut d'estre tiré à quatre chevaux.

Le Roy séjourna encore à Lion quelques jours, et feit, avant qu'en desloger, délivrer le paiement à tous ses gens de guerre, donna congé à ceux dont il n'avoit plus que faire, comme aux lansquenets et Suisses, retenant seulement six mille lansquenets du régiment du comte Guillaume de Fustamberg, et tous les capitaines suisses, ausquels il donna estat pour vivre et s'entretenir en son royaume: aux malades et blessez d'iceux lansquenets et Suisses, il feit assigner logis et délivrer argent, outre leur solde, pour les faire penser et guérir. De ceux qu'il retint, il envoya les uns en garnison en Picardie, les autres après le duc de Touteville, comte de Sainct-Paul, pour le renforcer, et chastier au-

(1) Le comte Sébastien de Montécuculi fut accusé de ce crime.

cuns Savoisiens qui s'estoient eslevez sur un faux bruit qu'on avoit faict semer entre eux, que l'Empereur avoit donné et gaigné la bataille contre le Roy. Le comte de Sainct-Paul feit telle diligence en sa charge, qu'il remist en l'obéissance du Roy toute la Savoye et Tarantaise, et chastia ceux qui avoient esté cause de l'émotion : de sorte que depuis elle a esté obéissante au Roy, sans y avoir jamais révolte ny tumulte.

Le Roy, dès-lors qu'il eut donné ordre à Lion pour toutes les frontières de son royaume, deslogea de Lion ; et, sur le chemin au hault de la montagne de Tarare, entre ledit lieu de Tarare et Sainct-Saphorin, où y a un lieu qui s'appelle La Chapelle, auquel lieu, estant là au disner, le vint trouver le roy d'Escosse, lequel, ainsi comme j'ay dict en autre endroit, ayant eu nouvelles de la descente de l'Empereur ès païs du Roy, avoit faict faire en ses païs discrétion de seize mille hommes, pour venir au secours dudit seigneur, et ce, sans requeste ny sceu d'iceluy. Et jà s'estoit ledit roy d'Escosse embarqué par deux fois, mais avoit esté repoussé par vent contraire ; finablement et sans difficulté, arriva jusques en Normandie avec aucuns de ses navires, et print terre au havre de Dieppe. Là il oït nouvelles que l'Empereur et le Roy estoient sur le point de se donner la bataille, et, à ceste cause, pour n'y faillir, il print la poste ; mais sur le chemin il eut nouvelles de la retraitte de l'Empereur, qui fut occasion qu'il modéra la diligence de ses postes pour surattendre son train qui venoit après luy : mais le Roy envoya au-devant de luy pour le haster, et qu'il laissast venir son train après, et trouva ledit roy d'Escosse, ainsi que j'ay dict cy-devant, à ladite Chapelle, auquel lieu il fut grandement recueilly du Roy, et, après plusieurs autres propos, luy demanda l'une de ses filles en mariage.

Le roy, encores qu'il sceust très-bien combien il seroit difficile de le faire trouver bon au roy d'Angleterre, aussi qu'il luy sembloit aucunement faire tort à la fille de Vendosme, qu'il avoit desjà, comme future royne d'Escosse, adoptée en fille, n'osa purement escondire ledict Roy ; considérant la franche volonté dont il avoit usé envers luy, considérant aussi l'ancienne alliance des deux royaumes de France et d'Escosse, et que le père dudit Roy estoit mort en bataille, pour le party du feu roy Louis douzième, ne luy voulut aussi plainement accorder, mais remist la chose en délibération d'entre eux deux, après que ledit Roy auroit veu la dame. Et tant pour ceste cause que pour autres deux urgentes raisons dont j'ay parlé, avoit despeché par cy-devant le seigneur de La Pommeraye devers le roy d'Angleterre, ainsi qu'avez veu par cy-devant en ces Mémoires. Encores sur le chemin arrivèrent devers le Roy les ambassadeurs des ligues de Suisse, à la requeste et aux despens des estats de la comté de Bourgongne, pour le supplier qu'il fust content de n'innover ou entreprendre riens en ladite comté ; ce que ledict seigneur Roy leur accorda pour un an, voulant bien en ceste part gratifier à messieurs des ligues, combien que par plusieurs il en fust dissuadé, lesquels estoient d'advis qu'il y devoit envoyer les bandes du comte Guillaume, pour là s'yverner, et, ce pendant, y faire fortifier quelque place, pour la tenir par cy-après en subjection.

Aussi luy vindrent lettres de Rome, par lesquelles il estoit donné advertissement comme Nostre Sainct-Père, de son propre mouvement, avoit proposé en consistoire le décez de feu monseigneur le Dauphin, que Dieu absolve, remonstrant luy sembler estre raisonnable, pour les mérites du Roy et de ses prédécesseurs envers le Sainct-Siége apostolique, qu'on luy feist faire obsèques solemnelles, c'est à sçavoir, comme ils les font pour la mort d'un cardinal, et que sur ce y avoit esté quelque dispute, disans aucuns de messieurs les cardinaux que, par le pape Alexandre, pour la mort du fils du roy Ferdinand d'Arragon, avoit bien esté fait le semblable ; mais que ledit Alexandre, pour estre espagnol, avoit ce faict, plus par affection particulière à sa patrie, que par advis et délibération du consistoire ; finablement un chacun se réduisit à la volonté dudit Sainct-Père, et furent lesdittes obsèques honorablement faites en la chapelle papale.

[1537.] Aussi sur le chemin vindrent nouvelles au Roy de l'arrivée de l'Empereur en Espagne, lequel en son passage avoit eu beaucoup à souffrir, à cause du mauvais temps qui l'avoit accueilli sur la mer, en sorte qu'outre deux navires qui luy estoient péries à la veuë du port de Gennes, ès quelles estoit son escuirie en l'une, et son buffet en l'autre, il avoit perdu six de ses gallères, et en icelles bon nombre de gens de bien, et que ledit seigneur Empereur, ce nonobstant, persévéroit en son accoustumée braverie, menassant de bientost retourner en France, avecques plus grande et puissante armée qu'il n'avoit encore faict. D'autre costé vindrent nouvelles que les Normans s'estoient de rechef rencontrez sur la mer avecques les Espagnols venans du Pérou, et avoient faict gros butin sur eux, qu'on n'estimoit moindre de deux cens mille escus. Luy vindrent aussi lettres d'Allemagne, comme l'Empereur y avoit envoyé retenir des capitaines pour lever gens au temps nouveau, et des propos que les Impériaux faisoient semer à son grand désavantage et avantage dudit Empereur, mesmement en déguisant la mort de feu mondit seigneur le Dauphin. De Romme et de plusieurs autres endroicts d'Italie il avoit pareil advertissement. Aussi, peu de temps après, eut nouvelles de la mort du duc Alexandre de Florence; et du costé de Picardie eut advertissement que les Hennuyers commençoient à courir et faire butin en la frontière, et que jà ils estoient bon nombre de gens ensemble.

Parquoy, pour adviser à ce qui seroit à faire sur toutes les nouvelles dessusdittes, aussi pour la conclusion du mariage d'Escosse, le Roy print son chemin par Amboise et Blois, pour venir à Paris. Auquel lieu d'Amboise, luy vint faire la révérence monseigneur le mareschal de La Marche, auquel le Roy, pour le grand service qu'il luy avoit faict dedans Péronne, feit grand recueil: mais partant de là ledit mareschal pour aller à Sedan, parce que nouvellement messire Robert de La Marche, son père, estoit trespassé, par les chemins fut prins d'une fièvre, dont il mourut à Longjumeau, cinq lieues de Paris; qui fut grand dommage, pour avoir esté en son temps gentil chevalier et grand homme de guerre. Finablement, le Roy passant à Blois, fut conclu le mariage du roy d'Escosse avec madame Magdaleine, et là furent fiancez, remises les nopces à faire à Paris, auquel lieu arrivé, par advis de son conseil, donna provision requise à toutes choses. En Allemagne il escrivit lettres aux Estats de l'Empire, leur racomptant au vray comme il estoit allé de la mort dudit feu seigneur Dauphin, et leur offrant de rechef de soubsmettre à leur jugement ses droits prétenduz au duché de Milan, source et origine de toute ceste guerre. A Romme en escrivit aussi à Nostre Sainct-Père et au consistoire; et à ses ambassadeurs envoya le double de ce qu'il avoit escrit en Allemagne, afin qu'ils en feissent entendre le contenu à Sa Saincteté, et qu'un chacun sceust en quel devoir il s'estoit mis et mettoit. Quant à la mort du duc de Florence, je laisse à l'escrire aux autres, parce qu'il ne touche à ma matière, seulement me suffit de parler de ce qui touche le Roy et ses affaires.

Vous avez entendu cy-devant comme le seigneur de Burie estoit demouré gouverneur et lieutenant du Roy dedans Turin. Ayant iceluy entendu que ceux de Casal faisoient difficulté de recevoir le duc de Mantoue pour Marquis de Montferrat (auquel l'Empereur l'avoit adjugé contre le duc de Savoie et le marquis François de Saluces, qui y prétendoient droit), par le moyen d'un cordelier, et d'un gentilhomme de Montferrat, nommé le comte Guillaume de Biendras, et d'un autre, nommé Pierre-Antoine de Valence, praticqua un capitaine néapolitain, nommé le capitaine Damian Curial, qui estoit en garnison à Casal-de-Montferrat, au service de l'Empereur; lequel Damian promist au seigneur de Burie de luy livrer une des portes de laditte ville de Casal. Le seigneur de Burie n'en advertit le comte Guy de Rangon, lequel estoit lieutenant du Roy en Piémont, et estoit avec l'armée vers Savillan, craingnant que laditte entreprinse, estant entendue de plusieurs hommes, fust descouverte; mais, accompagné du capitaine Chrestofle Guast, qui avoit douze cens hommes de pied italiens, et du seigneur de Tays, avecques quelque nombre de cavallerie, délibéra d'exécuter son entreprinse. Or avoit fourny audit comte de Biendras une somme d'argent pour faire provision de pelles, hoiaux, sappes, et autres outils de castadoux, à ce qu'estant dedans la ville, il peust soudain trencher entre la ville et le chasteau, pour empescher les saillies de ceux dudict chasteau, attendant que le comte Guy peust venir à son secours avecques son armée et l'artillerie, pour battre le chasteau, lequel estoit forsable, tenant la ville; mais estant arrivé à Casal, et son entreprinse exécutée, de sorte qu'il estoit seigneur de la ville, trouva que ledict comte de Biendras n'avoit faict provision d'outils, comme il avoit promis; qui fust cause, ce pendant qu'il en chercha d'autres pour faire trenchées, qu'il se perdit beaucoup de temps, et que le marquis du Guast, qui estoit lieutenant-général pour l'Empereur, estant en Ast, eut loisir d'assembler son armée, et se venir jetter, par la porte des champs, dedans le chasteau, et du chasteau dedans la ville, où il ne trouva les trenchées pas à peine commencées. Ledit seigneur de Burie, qui n'avoit, comme dit est, que douze cens hommes de pied, avecques lesquels il soustint le faix d'une si grosse armée, enfin fut forcé par les ennemis, et fut prins prisonnier au combat; aussi fut le seigneur de Tais, et le capitaine Chrestofle Guast tué, et tout le reste mort ou prins, horsmis le comte de Biendras et le capitaine Damian, et autres qui estoient de la marchandise, lesquels se sauvèrent.

Il est apparent que, si le comte Guy et ledit seigneur de Burie eussent eu bonne intelligence ensemble, et que ledit comte Guy, avec l'armée du Roy, se fust voulu jetter près d'Ast, jamais le marquis du Guast n'eust entrepris d'aller au secours, craignant qu'en cuidant sauver l'un il perdist l'autre, et par ce moyen l'inconvénient ne fust venu audit seigneur de Burie. Le Roy, adverty de la prinse dudit seigneur de Burie, dépescha messire Guy Guiffroy, seigneur de Bouttières, pour estre son lieutenant-général à Turin, et manda au cardinal de Tournon, qui estoit son lieutenant à Lion, ayant audit lieu la superintendence de ses affaires, qu'il eust à secourir ledit Guiffroy de ce qui luy seroit nécessaire. Le marquis du Guast se contenta d'avoir rescous la ville de Casal, et, après y avoir pourveu, se retira en Ast pour faire teste au comte Guy de Rangon.

Estans les nopces du Roy d'Ecosse consommées, dont le festin se feit à la maison épiscopalle à Paris, le Roy fut adverty comme les ennemis, ayans renforcé leurs garnisons en la frontière de Picardie, commençoient à faire quelques légères entreprinses; et, en autres, sçachans que les chevaux-légers du vidame d'Amiens, estans en garnison à Dourlens, avoient dressé une entreprinse pour piller Avennes-le-Comte, trois lieues près d'Arras, lesdits ennemis s'estoient embusquez dedans ledit village, et à l'arrivée desdits chevaux-légers, les avoient desfaicts, non sans souspeçon d'avoir esté vendus par leurs guides. Le Roy, adverty de ce, envoya audit Dourlens le capitaine Martin Du Bellay, avecques deux cens chevaux-légers estans sous sa charge, et, peu de temps après, y envoya le capitaine George Cappussement, albanois, aussi capitaine de deux cens chevaux; et à Vervin, la bande du comte de Marle, fils aisné du duc de Vendosmes, de cinquante hommes-d'armes; à Sainct-Quentin, les cent hommes-d'armes dudit duc de Vendosmes, et conséquemment renforça toutes les autres garnisons de la frontière, lesquelles garnisons continuèrent tout l'hyver en guerre guerroyable, sans faire grandes ny mémorables choses, à cause des glaces et excessives neiges qui durèrent tout l'hyver, ne pouvans aller les gens de cheval au païs.

Ceste fut la provision qui soudainement fut mise pour la Picardie; mais, ce pendant, s'en dressoit une autre plus grande de force et d'entreprise : car le Roy assembla en sa bonne ville de Paris, au palais où se tient sa cour de parlement, les pairs de France et les princes de son sang, et quarante ou cinquante évesques, et sa cour de parlement dudit lieu, et plusieurs autres gros personnages de tous estats. Devant ceste assistance, le Roy présent, monsieur Cappel, advocat du Roy, print la parole, et remonstra les grandes et apparantes rébellions et félonnies que l'Empereur, comte de Flandres, Artois et Charolois, et détenteur de plusieurs autres païs mouvans et tenus de la couronne de France, avoit commises et perpétrées à l'encontre du Roy, son prince naturel et souverain seigneur; sur ce, concluant et requérant iceux comtez de Flandres, Artois et Charollois, et autres païs mouvans de la couronne, estre déclarez par arrest, commis et confisquez, adjugez, et réunis à la couronne.

La requeste ouye dudit advocat du Roy, euë sur icelle meure délibération, fut dit et prononcé qu'on envoiroit aux frontières, ès lieux de sieur accès, adjourner à son de trompe ledit seigneur Empereur, à ce qu'il eust à envoyer tel ou tels qu'il luy plairoit, instruits des mérites de sa cause, pour alléguer ce que bon leur sembleroit à l'encontre de ladite demande des advocat et procureur du Roy, et tout ce qu'ils auroient à dire; et ce pendant ausdits advocat et procureur ne seroient leurs fins et conclusions admises, ausquels personnages que ledit Empereur voudroit envoyer seroit donné bon et seur saufconduict de venir et de s'en retourner franchement. Les adjournemens bien et deuement faicts par un héraut d'armes du Roy, et n'y comparans aucuns de la part dudict seigneur Empereur, fut la demande desdits advocat et procureur intérinée, selon sa forme et teneur; et délibéra le Roy d'assembler, au premier temps opportun, une bonne et puissante armée, pour exécuter cest arrest en tout ou en partie. Les ennemis, au lieu d'envoyer à Paris alléguer leurs raisons, faisoyent leur compte d'entrer ès païs du Roy; et, advertis que Térouenne estoit très-mal fournie de vins, et que de gens de guerre y avoit assez peu, parce que puis n'aguères la compagnie de cinquante hommes-d'armes du seigneur de Bernieulles, frère puisné du seigneur de Créquy, gouverneur de la ville de Térouenne, revenant de courir après avoir pillé le val de Cassel, attendue sur sa retraitte près de Térouenne, avoit esté deffaitte, s'estoient lesdits ennemis assemblez à Aire, Bétune et Sainct-Omer; et faisoit le comte du Reu grande diligence pour surprendre ladite ville avant qu'on y meist renfort d'hommes. Parquoy le Roy ordonna que le capitaine Martin Du Bellay, avecques sa bande, estans lors à Dourlens, s'iroit mettre dedans ladite ville de Térouenne : lequel Du Bellay y entra le premier jour de février, sans dommage, encores que les ennemis eussent sept ou huict cens chevaulx sur le passage; mais le verglas et la tourmente fut si grande, et la nuict si obscure, que l'ennemy n'eut moyen de luy nuire. Et, environ quaresme-prenant ensuivant, y entra Sansac, avecques pareille charge de deux cens chevaulx, et tout le demeurant de l'yver jusques vers la mi-quaresme, continuans la guerre guerroyable entre les garnisons voisines, tousjours à l'avantage de ceux de Térouenne ; et tous les jours y avoit escarmouches, ou de ceux de Térouenne devant les portes des ennemis, ou des ennemis devant les portes de Térouenne ; et y veint, pour veoir la guerre, la plus part de la jeunesse qui estoit près la personne de monseigneur le Dauphin, comme le seigneur de Sainct-André, le seigneur de Dampierre, le seigneur Dandoyn, le seigneur de Decars, et le seigneur de La Noue, lesquels n'y furent sans avoir chascun jour du passe-temps.

Environ la mi-quaresme, le Roy dépescha le seigneur d'Annebault, capitaine-général des chevaux-légers, accompagné des seigneurs de Tais, du seigneur de Termes, et du seigneur d'Aussun, françois ; des seigneurs More de Novate, de Franscisque Bernardin de Viel-Mercat, italiens ; de Georges Capussement, et Théode Manes, albanois, ayant chacun deux cens chevaux-légers ; du seigneur du Biez, sénéschal et gouverneur de Boulongne, et du seigneur de Créquy, lieutenant du Roy à Montreul, avecques leurs bandes de chacun cinquante hommes-d'armes, pour aller mettre vivres en ladite ville de Térouenne. L'amas de vivres faict à Montreul, ledit seigneur d'Annebault advertit ceux de la garnison du jour et heure qu'il se trouveroit avecques les vivres en la forest de Foucambergée, afin qu'ils envoyassent descouvrir le païs vers Sainct-Omer et Aire, puis qu'ils vinssent au-devant de luy, recueillir lesdits vivres. A ceste cause, sortirent les chevaulx-légers de Térouenne, et eux estans en la campagne, trouvèrent, assez près de la ville, quelques gens de cheval des garnisons d'Aire et de Sainct-Omer, lesquels estoyent venus pour entendre des nouvelles ; mais les chevaulx-légers incontinant les chargèrent et leur donnèrent la chasse jusques auprès de leurs barrières, et, ce faict, se retirèrent tout le chemin de Foucambergée, au-devant des vivres, ainsi qu'il leur avoit esté mandé, laissans toutesfois quelque nombre de chevaux au guet, pour advertir s'il sortoit gens des garnisons des ennemis d'alentour.

A Sainct-Omer estoit le seigneur du Reu, lequel, adverty de la venue des vivres, se mist aux champs incontinant, avecques le nombre de cinq à six cens chevaux des garnisons d'Aire et dudit Sainct-Omer ; puis en envoya devant Térouenne un nombre, pour attirer ceux de dedans à l'escarmouche, et luy et sa trouppe se vindrent embuscher derrière la justice patibulaire dudict Térouenne. Entre les chevaux-légers que je vous ay dict cy-devant estre demeurez pour advertir si les ennemis se mettroyent aux champs, et les avant-coureurs du seigneur du Reu, se dressa l'escarmouche forte et roide ; et eussent lesdits chevaux-légers esté renversez ; mais ils furent soustenus par une trouppe d'hommes-d'armes du seigneur de Bernieulles, conduicts par le bastard de Halluyn, son enseigne ; qui fut cause que l'escarmouche fut plus longue, mais non si chaudement poursuivye qu'elle estoit commencée ; car ledit seigneur du Reu avoit donné charge à ses gens de ne pousser pas trop avant, de peur qu'il ne fust descouvert ; et de vrai, le guet de la ville, encores qu'il fust embusqué à la portée d'une moyenne près, ne le pouvoit descouvrir ; mais les chevaux-légers enfoncèrent si avant qu'ils le descouvrirent : dont ils envoyèrent advertir leurs capitaines qui estoient allez à Foucambergée.

L'intention dudit seigneur du Reu estoit que ceux qui avoient conduit les vivres jusques à Foucambergée, incontinant qu'ils les auroient livrez à ceux de Térouenne, s'en retourneroient, ainsi qu'avoit esté la coustume auparavant ; et luy, en ce cas, eust esté assez fort pour entreprendre de charger ladite garnison et destrousser les vivres. Mais autrement luy en advint, parce que les seigneurs d'Annebault et du Biez, advertis par les chevaux-légers de ladite ambuscade, faisoient marcher leur trouppe sur la montagne, à la main gauche, tirant à Sainct-Omer, en lieu à propos pour secourir les vivres, si ledit seigneur du Reu les eust voulu charger. Lequel du Reu, voyant les choses ainsi ordonnées, se retira dedans Sainct-Omer, et le seigneur d'Annebault et du Biez vindrent coucher à Térouenne, et renvoyèrent le reste de la trouppe à Montreuil, afin de ne consumer les vivres ; auquel lieu aussi se retirèrent, deux jours après, lesdits d'Annebault et du Biez, après avoir visité tout le païs à l'environ.

Environ la fin de mars, le Roy commença de mettre ses forces ensemble, et, partant d'Amiens, vint loger à Fliscourt, de là à Pernoy. Et en ce temps là mourut Charles, duc de Vendosmois, qui estoit demeuré malade d'une fièvre chaude audit lieu d'Amiens, avecques le regret de ce royaume, pour avoir esté prince magnanime, ayant faict de grands services à la couronne. Le seigneur de Montmorency, grand maistre de France, lequel le Roy avoit faict son lieutenant-général en son armée, partant de Pernoy avec l'avant-garde, adverty que la place d'Auchy-le-Chasteau, qui est assise sur la rivière d'Othie, mi-chemin de Dourlans à Hédin, portoit grand dommage aux vivres et aux allans et venans des garnisons des villes de Montreuil et Dourlans, délibéra de passer par là; et arrivé qu'il y fut avecques l'artillerie, ceux de dedans se rendirent leurs bagues sauves. Au lendemain le Roy y vint loger, puis marcha devant Hédin, place forte, et de conséquence audit seigneur Roy pour la seureté de ses autres places, et à l'Empereur fort nuisible estant entre noz mains. Faisant les approches devant ladite ville, fut tué d'un coup d'arquebuse messire Antoine de Mailly, seigneur d'Auchy, capitaine de mille hommes de pied, qui fut grand dommage; et fut blessé en la jambe le seigneur de Helly, aussi capitaine de mille hommes. Les approches faictes et commencement de la batterie, ceux de la ville se retirèrent tous avecques leurs biens, femmes et enfans, dedans le chasteau; la ville fut prise par les François, qui ne trouvèrent point de résistance; mais le chasteau estoit à prendre, qui estoit tenu pour bonne place, et laquelle le comte du Reu avoit très-bien pourveue de toutes choses nécessaires à la garde d'une place d'importance; si est-ce que le Roy se résolut de l'emporter, quoy qu'il luy coustast, et commanda faire les approches.

Dedans ledit chasteau estoit chef pour l'Empereur le capitaine Sanson, viel chevalier namurois, estimé fort homme de guerre parmy les Impériaux; le seigneur de Boubers, avec cinq cens hommes de pied; le seigneur de Vandeville, surnommé d'Estrumel, avec autres cinq cens, et cinq ou six cens, que Namurois que bas Allemans. Le Roy, pour ce jour, se logea à Filières, au long de la rivière de Cauche, au dessoubs de Hédin, auquel camp estoit le nombre de gens de pied qui s'ensuit, sçavoir est: le comte Guillaume de Fustemberg avecques huict mille lansquenets; le seigneur de Sercu, mille hommes de pied picards; les mille hommes du seigneur d'Auchy, mort le jour de devant; le seigneur de Helly, mille; Sainct-Séval, mille: de Normandie, le seigneur de Bacqueville, mille; le seigneur de La Salle, mille; le seigneur de Sainct-Aubin, mille: de Champagne, le seigneur Quincy, mille; le seigneur de Haraucourt, de Lorraine, mille; avecques plusieurs autres bandes qui ne sont icy dénommées; le tout revenant au nombre, tant Allemans que François, de vingt-cinq mille à vingt-six mille hommes de pied.

Et le lendemain, vint loger le Roy au Mesnil, à un quart de lieue du chasteau de Hédin, entre Hédin et le chasteau de Contes, auquel chasteau de Contes avoit garnison de par le seigneur du Reu (car c'est maison à luy appartenante); les gens de pied furent logez partie en la ville de Hédin et partie au parc, afin de tenir le chasteau assiégé de toutes pars. Aucuns capitaines, qui disoient avoir bien bonne praticque audit chasteau de Hédin, pour y avoir esté souvent et à loisir dedans, meirent en avant au Roy, et à monseigneur le grand-maistre, sur qui le Roy se reposoit principalement, que le plus expédiant estoit de prendre le chasteau par la sappe, et que par batterie ne s'y feroit jamais brèche, obstant la grosse espesseur de la muraille et le grand rempart dont elle estoit soustenue. Parquoy furent mis pionniers de tous costez pour besongner à la mine, et gros personnages ordonnez sur eux à conduire l'œuvre, comme le prince de Melphe, les seigneurs de Barbezieux et de Burie, et Villiers aux Corneilles, servant pour lors de maistre de l'artillerie: et fut tellement diligenté, qu'après ledit sappement, qui dura environ quinze jours ou trois sepmaines, tumba la moitié d'une tour estant devers la ville, en entrant de la ville au chasteau, à main gauche; mais la part tenant au chasteau demeura en son entier, de sorte que la place en fut peu affoiblie.

Le Roy, après avoir consommé beaucoup de temps et grand argent à ladite sappe, se délibéra de l'essayer par batterie, contre l'opinion de plusieurs qui n'estimoient que par batterie on y fist brèche, à l'occasion de l'espesseur du mur et la largeur du rampar; mais luy-mesmes en personne alla monstrer par un matin l'endroit et lieu où il vouloit que l'on plantast son artillerie; ce qui fut faict ainsi qu'il ordonna, et si près dudit chasteau, que la gueule du canon touchoit jusques au bord du fossé: si est-ce que les approches ne furent faictes sans dommage et pertes de commissaires de l'artillerie et canonniers; et, entre autres, y moururent les seigneurs de Lusarches et de Pont-Briant, tous deux commissaires d'icelle artillerie, gens bien expérimentez. Le seigneur de Villiers, qui pour lors en avoit la superintendence et principalle charge, usa de telle diligence, que, les approches faictes, fut la batterie si chaulde en deux jours, que le troisiesme, environ une heure après midy, la brèche fut faicte de bien trente toises.

Le Roy, estant en personne à voir et faire diligenter ladite batterie, fut cause qu'aucuns jeunes gentilshommes, convoitteux d'honneur et de réputation, voyans le Roy présent, tesmoin et rémunérateur du bienfaict et de la vertu d'un chacun, sans attendre le commandement de l'assault, et avant que l'ordre fust mis à le donner, et sans regarder qui les suivoit, marchèrent d'une telle impétuosité, qu'ils donnèrent jusques sur le hault de la brèche, mais ils n'y furent moins vigoureusement recueillis qu'ils assaillirent; les uns moururent sur la place, les autres s'en retournèrent fort blessez. Entre les autres, fut blessé d'un coup d'arquebuse au travers du corps, dont il mourut la nuict, Charles de Bueil, comte de Sanxerre, jeune homme qui avoit grande apparance de suivre la vertu de ses progéniteurs, et le seigneur Dauphigny, lieutenant du seigneur de Sercu, et le capitaine Damiette, porte-enseigne de laditte bande. Le seigneur de Haraucourt de Lorraine, ayant charge de mille hommes, et son frère, qui estoit son lieutenant, enfans du seigneur de Paroy, lieutenant de la compagnie du duc de Guyse, et son lieutenant au gouvernement de Champagne, le seigneur de Flièvères, fils du seigneur de Mardicoque, et plusieurs autres, blessez. Parquoy le Roy fit publier à son de trompe et de tabourin, que nul, sur la vie, entreprît d'aller à l'assault, s'il ne luy estoit commandé. Ce faict, il feit retirer toutes les trouppes, chascun soubs son enseigne, pour se refreschir jusques au lendemain matin; et dès le soir, ordonna, pour se mettre à pied, un bon nombre d'hommes-d'armes, avecques cinq ou six cens chevaulx-légers; et devoit avoir la charge de les conduire le seigneur d'Annebault, général des chevaux-légers. Puis fut ordonné que le matin toute la gendarmerie monteroit à cheval, et se getteroit en bataille sur la venue de l'ennemy, avecques tous les lansquenets et autres gens de pied qui n'estoient ordonnez pour l'assault, à ce que l'ennemy, durant ledit assault, ne vînt troubler la feste. Aussi furent ordonnez le seigneur de Tais et le capitaine Martin Du Bellay, avecques leurs bandes, l'un, pour aller rebourser le chemin d'Arras, l'autre, celuy de Bétune, Aire et Sainct-Omer, à ce que, si l'ennemy marchoit pour donner alarme à nostre camp, ils en peussent donner advertissement, et que l'alarme ne se donnast la nuict sans raison aux assaillans, estant l'ordre mis pour assaillir le matin, les uns pour marcher devant, les autres pour les soustenir, et autres, pour refreschir les assaillans. Ceux de dedans, qui avoient expérimenté le soir de quelle hardiesse et promptitude les autres avoient donné sur la brèche, craignans qu'au lendemain il ne fust en leur puissance de soustenir l'assault, ceste mesme nuict feirent sortir par la brèche un trompette, pour aller devers monseigneur le grand-maistre, qui estoit dedans les trenchées, solicitant et donnant ordre aux choses expédientes et nécessaires au futur assault; et, après un assez long parlement avecques luy, se rendirent au Roy, leurs bagues sauves, laissans en la place toute l'artillerie, munitions et vivres. Et au matin, ledit seigneur grand-maistre vint apporter ceste nouvelle au Roy, lequel ratifia les articles par ledit grand-maistre accordez aux assiégez; et sortirent du chasteau après disner, et leur fut baillé escorte pour les conduire à seureté.

Le Roy, ayant pourveu à la garde, tant de la ville que du chasteau, du seigneur de Sercu, qui en avoit autrefois rendu bon compte; auquel il donna cinquante hommes-d'armes et mille hommes de pied, feit marcher son camp à Mouchy-le-Cayeu, à deux lieues de Sainct-Paul, et au lendemain à Pernes; et, parce que de long-temps on avoit mis en avant audit seigneur que les ville et chasteau de Sainct-Paul estoient facilement fortifiables, et que, cela faict, se pouvoit donner beaucoup d'ennuy à l'ennemy, estant icelle ville assise à six lieues de Béthune, à neuf d'Arras, à six de Dourlans, à trois de Hédin, à six de Térouenne, et à cinq de Lillers, dès son arrivée à Hédin avoit envoyé le seigneur d'Annebault audit Sainct-Paul, pour mettre laditte ville et chasteau en son obéissance, laquelle avecques le chasteau et tout le païs qui en dépend, auparavant et durant les guerres passées, estoient demourez en la sauve-garde du Roy; toutesfois ledit païs estoit administré par officiers et commis de l'Empereur; mais, arrivé que fut ledit seigneur d'Annebault, tout fut mis en l'obéissance du Roy. Audit lieu de Sainct-Paul estoit sénéchal, de par l'Empereur, le seigneur de Liguereulles, lequel et autres officiers qui eussent payé grosse rançon, furent prisonniers du seigneur d'Annebault; mais le Roy les feit tous relascher sans payer finance, voulant garder sa sauve-garde en leur endroict jusques à ce jour, combien que plusieurs luy conseillassent du contraire, alléguans des raisons beaucoup, par lesquelles il apparoissoit qu'iceux sénéchal et officiers avoient contrevenu aux articles de la sauve-garde.

Lesdits ville et chasteau rendus à l'obéissance du Roy, ledit seigneur envoya de nouveau la visiter, pour sçavoir si et en combien de temps elle estoit fortifiable. Les advis en furent divers; mais un obtint, dont fut et principal autheur un Italien fortificateur, nommé Antoine du Castel, lequel du Castel entreprint et se feit fort de rendre la ville en six sepmaines imprenable à tout le monde, non qu'à l'Empereur, et tellement en asseura le Roy, qu'à ceste persuasion, laissant autres entreprises en arrière, lesquelles il avoit auparavant délibéré d'exécuter, logea son camp à Pernes, pour faire teste à l'ennemy pendant que la susditte fortification se feroit.

Ce pendant que le camp se logeoit, monseigneur le grand-maistre et monseigneur le duc de Guise, prenans avecques eux quelque nombre de gendarmerie et de chevaux-légers, se meirent aux champs pour aller le païs. Lesquels s'approchans de Lilliers, ville distante de deux lieuës par delà Pernes, ayans envoyé quelques avant-coureurs devant, lesquels, venuz jusques aux barrières, ne virent personne s'apparoir ny dedans ny dehors, si se jettèrent quelques-uns à pied, et, avecques des eschelles qu'ils trouvèrent aux faubourgs, se hazardèrent de monter sur muraille, ce qu'ils feirent sans résistence; car en toute la ville n'y avoit personne que des religieuses en un monastère, ausquelles s'addressèrent lesdits avant-coureurs, et d'elles entendirent que le seigneur de Liévin, capitaine de la ville, incontinant qu'il eut nouvelles du camp de France qui s'approchoit, s'estoit retiré par la porte des Maraiz, avecques toute sa garnison, droict à Sainct-Venant et à Marville, sur la rivière du Lys, ès quels lieux estoit logé le seigneur du Reu avecques une partie du camp de l'Empereur. Ce rapport feirent lesdits avant-coureurs à mondit seigneur le grand-maistre, lequel incontinant vint veoir la ville, et commanda que, sur peine de la vie, il ne fust faict mal ne desplaisir aux biens ne personnes desdittes religieuses; et, trouvant la ville à propos d'estre gardée pendant que le camp séjourneroit à Pernes, pour tenir le passage en seureté, à ce que ceux de Saint-Venant et Marville ne vinssent donner l'alarme en nostre camp, y laissa le capitaine Martin Du Bellay avecques ses deux cens chevaux-légers, et luy bailla mille hommes de pied, soubs la charge du capitaine La Lande, pour donner ordre que de ce costé-là ceux de Saint-Venant et Marville ne peussent passer pour donner ennuy aux fourrageurs de nostre camp. Les chevaux-légers et gens de pied ordinairement faisoient des courses ès marais, et en amenoient de gros butin, tant de bestial que de prisonniers des gens du païs d'alentour qui s'estoient retirez ausdits marais, pensans y estre à seureté; mais ceux de Sainct-Venant et de Marville avoient d'autres chemins oblicques et traversans à travers les marais; parquoy ne laissoient de sortir par autre costé, et faisoient de l'ennuy beaucoup aux fourrageurs et vivandiers, et faisoient leur retraitte au marais, en un lieu merveilleusement fort d'assiette, nommé Saint-Venant, et que l'on jugeoit n'estre forçable; car la rivière du Lys en cet endroict faict une isle, laquelle ils avoient fortifiée de rempars, et avecques des escluses faisoient flotter l'eau tout à l'entour, de sorte qu'on n'y pouvoit venir que par une advenue qui n'avoit point cent pieds de large; et au travers de laditte advenue avoient faict un fossé large et profond, bien bastionné par les flancs, et sur les bastions avoient assis bon nombre de arquebuses à croq, ès lieux qu'ils jugeoient pouvoir plus offenser leur ennemy, s'il approchoit.

Monseigneur le grand-maistre, prenant avec soy le comte Guillaume de Fustemberg et quatre mille de ses lansquenets, avec pareil nombre de gens de pied françois, entreprint de forcer ledit passage : si deslogea de Pernes, avec bonne délibération de ce faire, moyennant l'ayde de Dieu, et tellement poursuivit son entreprise, qu'il le força, mais non sans grande et merveilleuse difficulté; car, d'arrivée, les lansquenets furent repoussez par ceux de dedans en grande furie, où ils perdirent des hommes, sans beaucoup de blessez; et jà commençoit le jour à décliner, quand Charles Martel, seigneur de Bacqueville, normant, sousteneu par le capitaine La Lande, picard, apperceut un endroict du fossé plus mal garny de gens que n'estoient les autres; et ce pendant que l'ennemy estoit ententif à se deffendre ailleurs, et que les assaillans l'entretenoient, lesdits Normans se jettèrent audit fossé sans craincte de mort ou de hazard; et depuis qu'ils furent venus jusques au combat de main à main, l'envie d'acquérir honneur, et le service qu'ils avoient désir de faire à leur prince, les conduisit si avant, qu'avecques grande perte de gens ils forcèrent fossé, rempart et bastion. Les ennemis, se voyans forcez par cest endroict, habandonnèrent les autres deffences; parquoy le surplus des François et lansquenets entra dedans, et parmy eux ledit seigneur grand-maistre leur donnant courage; de sorte que lesdits ennemis de toutes parts furent contraincts de se mettre en fuitte, dont fut faicte extrême boucherie par les dessusdits Normans et Picards, pour revencher la mort de ceux qu'ils avoient perdus audit combat. Restoit encores le second fort à gaigner, auquel n'y avoit qu'un pont à garder, lequel estoit entièrement barré à grandes et grosses pièces de bois joignantes bien près les unes des autres, et les intervalles des barrières garnies de bons arquebusiers; plus, y avoit auprès du pont un moulin basty de pierre de taille, bien percé à propos, et garny d'arquebuses à croq et d'autre arquebuserie : en sorte que, sans l'effroy de ceux qui, après le premier pas forcé, s'en estoient fuis et retirez audit second fort, et que les victorieux les poursuivirent si vivement, qu'ils ne leur donnèrent loisir de prendre allaine ne de se recognoistre, la conqueste dudit second fort eust esté beaucoup hazardeuse; mais ils furent si chaudement menez et de François et d'Allemans, que de ceste furie ils furent forcez, et tous entièrement mis à l'espée, et jusques aux femmes s'estendit le courroux des lansquenets. Les morts furent estimez de douze à quinze cens, que d'un costé que d'autre, sans ceux qu'on présume avoir esté bruslez parmy les maisons; car, après avoir recueilly le butin qui estoit grand, le feu fut mis partout. La nuict estoit venue quand mondit seigneur le grand-maistre feit sonner la retraitte; et se retira, menant son armée chargée de butin, au lieu de Pernes où il estoit attendu du Roy, lequel fut très-joyeux de ceste exécution. Le seigneur de Chasteaubriant marchoit après, avecques quelques pièces d'artillerie; mais, à l'occasion des marais qu'il trouva, ne peut joindre jusques audit lieu de Sainct-Venant.

Ne tardèrent que de deux jours après, qu'il fut apporté nouvelles audit seigneur comme les Bourguignons estoient retournez dedans Sainct-Venant, et s'efforçoient de le remparer et fortifier : chose qui est bien aisée, car c'est une isle triangulaire et mal accessible. Si despescha incontinant audit capitaine Martin, estant à Lillers, comme dit est, à ce qu'il allast recognoistre ce que c'estoit, et, s'il trouvoit le lieu forçable avecques ce qu'il avoit de gens de pied, qu'il s'en meit à son devoir de le forcer; sinon, qu'il envoyast quérir du secours au camp, et il luy seroit tout soudain envoyé. Suivant lequel commandement, partirent de Lillers ledit seigneur Du Bellay, et le capitaine La Lande avecques sa troupe de gens de pied, lesquels jettèrent devant eux vingt-cinq ou trente chevaux et quelque nombre d'arquebusiers bien dispos, parce que le païs est fort de grands fossez et canaulx, et le reste de la cavalerie feirent marcher quand et les gens de pied. Lesdits coureurs ne furent si tost descouverts de ceux qui réparoient le fort, qui pouvoient estre le nombre de cinq à six cens hommes, qu'ils n'abandonnassent l'œuvre pour se sauver à la fuitte parmy les marais. Toutesfois, avant que se retirer, ils rompirent le pont, pour obvier qu'ils ne fussent suivis; mais les avant-coureurs françois incontinant meirent pied à terre, et, à l'aide des arquebusiers qui estoient à leur suitte, refirent

en haste le pont, au mieux qu'ils peurent, de clayes et des portes des maisons qui avoient esté sauvées du feu les jours précédans, et pardessus passèrent leurs chevaux, les menans par la bride, faisans sçavoir aux autres gens de pied qu'ils eussent à s'avancer de venir garder le pas et refaire le pont plus à loisir, afin qu'à leur retraitte ils y peussent passer à cheval. Ce faict, ils se mirent à la poursuitte des ennemis qui fuyoient, les uns à Marville où estoit campé monseigneur du Reu avecques quatre mille hommes de pied et quelque cavallerie, les autres droict à La Mothe-au-Bos, où il y a un chasteau fort voisin de là; mais ils ne sceurent si bien fuir, que les chevaux-légers n'en attaignissent quelques-uns, lesquels ils prindrent ensemble gros butin autour de La Mothe et de la forest; et s'ils eussent eu nombre d'hommes pour séjourner audit lieu de Sainct-Venant, ils eussent faict au païs de l'ennemy un dommage inestimable; mais, craignant que le seigneur du Reu, partant de Marville, leur vint coupper chemin, prindrent leur retraitte à Lillers avec leur butin. Le seigneur du Reu, qui avoit eu l'alarme par les fuyans, estoit sorty avec environ quatre ou cinq cens chevaux, et les suivoit tousjours de loing, mais ne les osa attaquer.

Quelques jours après, qui fut le premier jour de may, ceux de la garnison de Béthune, qui n'est qu'à lieue et demie de Lillers, advertis qu'il estoit party de nostre camp grand nombre de chariots pour venir quérir et amener en nostre camp une grande quantité de farines, que ceux de Lillers, ayans faict réparer les moulins, avoient fait mouldre pour subvenir au camp, feirent entreprise de les venir destrousser en chemin; et, à un quart de lieue de Béthune, à un passage d'un petit pont, meirent quinze cens hommes de pied en embuscade, et envoyèrent environ trois cens chevaux, qui vindrent coupper chemin ausdits chariots devant Lillers, les enfermans entre eux et les gens de pied; de sorte que tous les chariots et charrettes furent pris, et avecques eux un commissaire de vivres qui avoit sur soy quinze cens escus pour le payement desdittes farines. Et tellement s'escrièrent à la charge qu'ils feirent sur iceux chariots, que l'alarme en vint jusques à Lillers : les capitaines qui estoient dedans, du commencement qu'ils ouïrent ce bruit et grand hanissement de chevaux, eurent opinion que ce fussent ceux du camp de Marville, lesquels eussent quelque entreprise de les venir surprendre en laditte ville de Lillers; car à l'endroict des marais tendans audit lieu de Marville, y avoit une brèche, à fleur de terre, d'environ cent cinquante pieds de long, et pour ce coururent tous à laditte brèche; mais, après y avoir mis la fleur de leurs gens de pied pour la garde d'icelle, le sieur Martin Du Bellay, avecques les gens de cheval, jusques au nombre de cent, sortit à la campagne pour entendre que c'estoit au vray, et, n'ayans guères cheminé, descouvrit les Bourguignons, chassans le butin devant eux. Si les chargèrent incontinant, sans marchander, avecques telle impétuosité, que lesdits Bourguignons, avant qu'avoir recogneu de quel nombre de gens ils estoient chargez, se meirent en roupte; et furent par ceux de Lillers entièrement rescous tous les chariots, chevaux, prisonniers et argent, sans rien y perdre; encores donnèrent-ils la chasse aux fuyans jusques sur l'embuscade où estoient quinze cens hommes de pied, lesquels eurent tel effroy de veoir leur cavallerie rompue, qu'incontinant ils sonnèrent l'alarme; et sans cela, lesdits chevaux-légers de Lillers s'alloient droittement jetter en laditte ambuscade; mais, au son du tabourin qu'ils ouirent, ils s'arrestèrent, et se retirèrent le pas et bien serrez en leur garnison, menant, outre le butin recous, six hommes-d'armes et huict archers, qu'ils avoient prins en ceste chasse, estans de la compagnie de monseigneur du Reu, sans un qui fut tué sur le champ d'un arquebuzier à cheval, et quelques autres blessez et mis par terre; encores, sans la pluie qui survint et qui empescha les arquebusiers à cheval de jouer leur jeu, il en fust demeuré d'avantage, aussi qu'il faisoit si glissant, que les François, poursuivant leur victoire, tomboient par terre.

Le lendemain, qui fut le troisiesme jour de may, le Roy, qui, après avoir eu souvent nouvelles du camp des ennemis qui se renforçoit en Piémont, et de la prochaine descente d'un nombre de lansquenets nouvellement levez pour y venir, avoit délibéré d'y envoyer renfort de gens, et se contentoit, pour ceste année, d'avoir prins Hédin et fortifié Sainct-Paul, ainsi qu'il pensoit, se deslogea de Pernes, et s'en alla loger à La Contey, près d'Aubigny. De là feit sçavoir aux capitaines estans à Lillers, qu'ils eussent à le suivre, et à mettre le feu dedans la ville, réservant seulement l'abbaye des nonnains et les églises, et faire à l'entour des murailles le plus grand nombre de brèches qu'ils pourroient, afin que l'ennemy n'y retournast loger pour faire ennuy à Thérouenne et à Sainct-Paul; ce qui fut par iceux capitaines exécuté. Quatre ou cinq jours se tint ledit seigneur à La Contey, tousjours surattendant que laditte fortification de Sainct-Paul se parachevast.

Et ce pendant le comte Guillaume de Fustemberg, ayant faict secrettement pratiquer les Allemans estans dedans Arras, ausquels il estoit deu trois mois, et qui jà estoient quittes de leur serment, feit entreprise, avec le seigneur d'Annebault, et les chevaux-légers qui estoient tous soubs la charge dudit seigneur d'Annebault, d'aller courir devant Arras, en intention qu'iceux lansquenets, soubs umbre de sortir à l'escarmouche, se viendroient joindre avecques luy, quoy avenant, la ville feust demeurée desgarnie de gens, parquoy elle eust esté aisée à surprendre; mais le seigneur Distain, fils du comte de Bures, estant en la ville d'Arras, eut crainte ou souspeçon que, s'ils sortoient, il en advint ce que ledit comte Guillaume en attendoit; et, à ceste cause, ne voulut jamais souffrir qu'ils sortissent à l'escarmouche; et, afin de leur donner plus grácieuse et à eux aggréable excuse, leur dit que d'heure en autre il attendoit les commissaires contrerolleurs, et argent pour faire monstre; et que, ce faict, il leur donneroit congé d'escarmoucher tant qu'ils voudroyent. Ainsi fut vaine l'entreprinse dudit comte, et se retirèrent, luy et ledit seigneur d'Annebault, au camp, devers le Roy, lequel ils trouvèrent délibéré d'aller en personne visiter la fortification de Sainct-Paul. Et, à ceste cause, partant de La Contey, vint loger à Sainct-Martin, qui est un chasteau distant d'un quart de lieue audit Sainct-Paul, de là où part le petit ruisseau qui passe par laditte ville, appartenant ledit chasteau au seigneur de Baillueil. Estant sur le lieu, il visita la ville dudit Sainct-Paul et les remparts encommencez; et, voyant que l'Empereur n'avoit aucune armée ensemble, ny apparence (aux nouvelles qu'il avoit) que de trois mois il peust mettre suffisantes forces ensemble pour faire aucune entreprise de conséquence, il se délibéra de bien pourvoir laditte place de gens, de vivres, d'artillerie, munitions, et de toutes choses requises et nécessaires à la garde d'une place d'importance, et, ce faict, donner congé à une partie de son armée, autre partie envoyer en Piémont, avecques bon nombre de lansquenets qui luy venoient alors soubs la conduitte du duc Chrestofle de Wittemberg.

Audit Sainct-Paul il meit pour chef et gouverneur messire Jean de Touteville, seigneur de Villebon, prévost de Paris, avec les cinquante hommes-d'armes dont il avoit la charge; le seigneur de Moiencourt, nommé de Hangey, avec cinquante autres hommes-d'armes dont il avoit la charge; le capitaine Martin Du Bellay, avec ses deux cens chevaux-légers; le capitaine La Salle et le capitaine Sainct-Aubin, normans, avecques chacun cinq cens hommes de pied ; le capitaine Blérencourt et Yville, picards, chacun autres cinq cens hommes : et dedans le chasteau fut mis par ledit seigneur le capitaine René de La Palletière, avec mille hommes dont il avoit la charge. Les choses ainsi ordonnées, et argent laissé, tant pour le payement des pionniers, que pour achever la fortification, ledit seigneur vint loger à Sercamp, et le lendemain à Dourlans, où il donna ordre de rompre son camp, ayant mis premièrement audit lieu de Dourlans en garnison, le comte Guillaume de Fustemberg, avec sa trouppe de lansquenets, qui pouvoient revenir au nombre de huict mille, et de gens de cheval, le sieur d'Estrée, avecques la compagnie du duc d'Estampes, de cinquante hommes-d'armes, et le seigneur de La Roche-du-Maine, avec la sienne de pareil nombre, pour tousjours donner faveur à la fortification et parachèvement de Sainct-Paul.

En ce pendant arriva le seigneur de Langey vers le Roy, pour luy faire entendre au long et à la vérité l'estat des affaires de Piémont. Sur ce qu'il apporta fut tenu souvent conseil et plusieurs choses ordonnées, et, entre autres, fut ledit seigneur de Langey redépesché en Piémont. Par cy-après vous pourrez entendre ce qui en advint, qui me faict retourner à Sainct-Paul. Le seigneur de Villebon, après le partement du Roy, assembla les capitaines qui estoient demourez avec luy, et, parce qu'aucuns d'entre eux jamais n'avoient veu la ville depuis le commencement de la fortification, fut advisé que tous ensemble la visiteroient, pour après rapporter chacun son advis au conseil, pour donner ordre de diligenter les choses qui sembleroient estre plus hastives et nécessaires. Après l'avoir visitée, se trouvèrent, par opinion commune, que, sans toucher au dedans de la ville (laquelle estoit plus que nécessaire de remparer), il estoit impossible que de trois mois les boullevers fussent mis en deffence, ès quels, toutesfois, consistoit la principalle espérance et force de la ville. A ces causes, pour mieux diligenter, fut advisé de distribuer les quartiers aux capitaines qu'ils devroient garder, avenant le siége, afin que chacun en son endroict meit la main à l'œuvre, et feit besongner ses soldats avec les pionniers.

Au seigneur de Villebon, lieutenant du Roy, eschéut à garder, avec sa compagnie et mille hommes de pied des capitaines La Salle et Sainct-Aubin, le grand boullevert qui respond au chemin tendant à Mouchy ; au seigneur de Moiencourt, avecques sa compagnie et les bandes du capitaine René de la Paletière, le chasteau et le boullevert qui couvroit ledit chasteau ; à Messire Martin Du Bellay, avec sa bande de deux cens chevaux-légers, et les gens de pied de Blérencourt et Yville, qui devoient avoir chacun cinq cens hommes, les deux bastions d'embas, qui respondent vers Hédin et Dourlans, avec trois courtines qui attouchent ausdits boullevers. Ce département ainsi faict, un chacun meit la main à l'œuvre, faisant diligenter les pionniers, besongnans eux-mesmes à l'envy ; mais leur ouvrage paroissoit peu, veu la mauvaise assiette de la ville. Ne passa la fin du mois de may, qu'ils eurent nouvelles comment l'ennemy dressoit une grosse armée à Lans en Artois et autres lieux circonvoisins ; desquelles nouvelles il leur sembla devoir advertir le Roy, et demander renfort de gens, car, en effect, les bandes estoient fort mal complettes, et sur le nombre de trois mille hommes de pied qu'ils devoient avoir, il en défailloit plus de quinze cens ; et sur cent hommes-d'armes n'en avoient pas quatre-vingts, ne des deux cens chevaux-légers plus haut de huict vingts. Sur ce, leur fut respondu que de brief ils auroient le renfort qu'ils demandoient ; et ce pendant furent envoyez vers eux le jeune Picquet, commissaire des guerres, le seigneur de Marivaulx, avecques argent, pour faire la reveue des gens de guerre et les payer, aussi pour faire discrétion des vivres et munittons, et de tout en faire rapport au Roy. Au devant d'eux fut envoyé escorte de ceux de Sainct-Paul, jusques près de Sercamp ; car jusques là furent conduits par ceux de Dourlans. Advint que lesdits commissaires ne furent si tost retirez à Sainct-Paul, qu'il vint alarme de gens fuyans des champs à la ville, qui disoient avoir veu les ennemis près de là, pillans le pays, et amenans butin et prisonniers. Soudain remonta à cheval une trouppe d'hommes-d'armes de la compagnie du sieur de Moiencourt, et le sieur Martin Du Bellay avec ses chevaux-légers. Le sieur de Moiencourt marcha au pas ; ledit Du Bellay se mist devant, suivant le chemin que leur monstroient les fuyans : et guères ne marchèrent avant, qu'ils eurent nouvelles comme les ennemis avoient pillé le village de Sainct-Martin, et amenoient prisonniers aucuns des chevaux-légers dudit Du Bellay, lesquels ils avoient mis en garnison audit chasteau de Sainct-Martin, en se retirant de la conduitte desdits commissaires. Ces nouvelles entendues, ils poursuivirent lesdits ennemis à trois lieues loing de Sainct-Paul et quatre d'Arras, et les ayans attains, ils les chargèrent, et recouvrèrent tout le butin et les prisonniers, et prindrent des leurs cinq hommes de cheval et quelques gens de pied.

Dès le huictiesme jour de juin, le seigneur du Reu, qui avoit la conduitte de l'avant-garde de l'Empereur, accompagné de mille ou douze cens chevaux, vint recognoistre la ville et visiter les avenues, pour choisir lieu convenable à planter son camp. A l'endroit de la justice patibulaire de la ville, il s'adressa pour regarder le païs ; à ceux de dedans sembla estre chose à eux déshonorable, s'ils ne sailloient au-devant de luy ; et pource meirent-ils un nombre de gens de cheval de toutes bandes dehors, qui luy dressèrent l'escarmouche, où il y eut quelques lances rompues, et un homme-d'armes des leurs prins, qui estoit de la compagnie du seigneur d'Austrat, par le rapport duquel on sceust que tout leur camp estoit à Aubigny, deux lieues près d'Arras. Mais pour en entendre nouvelles plus certaines, fut advisé que, sur soleil couché, le capitaine Martin Du Bellay iroit celle part avec une trouppe de ses chevaux-légers, pour y arriver devant le jour, et essayer de prendre quelqu'un, pour sçavoir si le rapport dudit homme-d'armes prisonnier seroit certain. Ainsi qu'il fut ordonné il fut exécuté. Lesdits chevaux-légers marchèrent sans bruit jusques auprès d'Aubigny, et là ; par le grand nombre des feux, cognerent certainement que leur camp y estoit logé ; puis ledit Du Bellay, coupant entre leur guet et leurs sentinelles, avec dix chevaux, se renversant sur le chemin de sa retraitte, emporta leursdittes sentinelles, et fut sur sa retraitte avant que leur camp fust à cheval. Par iceux prisonniers ils sceurent asseurément que l'intention des ennemis estoit de venir assiéger Sainct-Paul. Il fault noter que la délibération du comte de Bures n'estoit de si tost assaillir Sainct-Paul, mais d'aller chercher le comte Guillaume de Fustemberg, qui estoit logé près de la ville de Dourlans ; car il luy sembloit bien qu'ayant desfaict le régiment d'Allemans dudit comte, il auroit bon marché et de Dourlans et de Sainct-Paul. Mais le seigneur de Licque, lieutenant du duc d'Arscot, estant allé rebourser le chemin entre Dourlans et Sainct-Paul, rencontra un messager qui estoit sorty de Sainct-Paul, envoyé de la part d'un Italien que on nommoit messire Francisque, qui avoit charge dedans la place de conduire pionniers, et portant ledit messager lettres de son maistre à un gros personnage estant près de la personne du Roy, par lesquelles il luy faisoit entendre la débilité de la place ; mais que, si l'ennemy leur donnoit temps de vingt jours, il espéroit que la place mériteroit bien faire recevoir honte à l'ennemy. Monseigneur de Bures, ayant ces nouvelles, changea d'opinion ; car, laissant le chemin de Dourlans, tourna la teste à Sainct-Paul. Et, le dimenche neufiesme jour de juin, au matin, environ soleil levant, apparut leur avant-garde devant le bastion d'embas, tirant droict à Dourlans ; et la conduisoit le comte du Reu, grand-maistre de l'Empereur, lequel, en passant, avoit prins le chasteau de Sainct-Martin par composition, où y avoit seulement cinq hommes qu'on y avoit laissez pour fermer la porte, en retirant le plus grand nombre qui y estoit auparavant.

A l'arrivée de l'avant-garde, se dressa l'escarmouche par ceux de dedans, tant de gens de cheval que de gens de pied, sans que les ennemis prinssent avantage sur eux, parce que ceux de dedans avoient pourveu d'arquebuserie tous les cavains et lieux avantageux pour la soustenir ; et dura ladite escarmouche jusques environ midy : et ce pendant arriva le comte de Bures, lieutenant-général de l'Empereur, lequel se vint loger avecques la bataille audit lieu de Sainct-Martin et aux environs. Sur le soleil couchant, à l'assiette du guet de l'advant-garde, se renforça l'escarmouche par ceux de la ville au-devant dudit bastion, mais seulement de gens de pied, car ceux de cheval ne pouvoient plus sortir, à cause que l'on avoit desjà remparé la porte, parce qu'elle ne valloit rien. Au lendemain, tout le camp passa le ruisseau qui court au long du village de Sainct-Martin, et vindrent passer par le hault au-dessus du chasteau, entre la forest et ledit chasteau, et logèrent une partie de leurs gens de pied en un gros village qui est au-dessus du grand bastion, et le reste de leur armée, tant de cheval que de pied, au long de la prairie qui tire droit à Mouchy, parmis les prez, hayes et villages à l'entour. Leur guet ordinairement estoit de mille ou douze cens chevaux et deux mille hommes de pied, sur le chemin qui vient entre Hédin et Dourlans ; car ils doutoient tousjours que la garnison de Dourlans, qui estoit forte, tant de gens de cheval que de pied, joincte avec celle de Hédin, leur vînt donner une estroitte et mettre leur camp en désarroy.

Or est-il que, pour venir de leur camp changer ce guet, il leur convenoit passer devant le boullevert d'embas, où estoient les chevaux-légers et les gens de pied picards, lesquels faisoient leurs saillies par une canonnière : parquoy, ordinairement, au changement du guet du matin, l'escarmouche duroit jusques sur le midy, où tous les bons compagnons du camp impérial ne failloient jamais à se trouver ; aussi faisoient ceux de dedans, car ils avoient la plus belle plaine qu'il estoit possible pour dresser l'escarmouche ; et pareillement au changement du guet du soir se faisoit le semblable jusques à la nuict. En ces escarmouches furent plusieurs blessez, tant d'une part que d'autre ; et, entre les autres, le seigneur de Gomicour, guidon du seigneur du Reu, eut un coup d'arquebuse à travers du corps, dont il fut en très-grand danger ; mais depuis il fut guéry. Les ennemis, durant cesdittes escarmouches, ne perdoient toutesfois temps à faire leurs approches, en la plus grande diligence qu'il leur estoit possible, car ils craignoient que le Roy, qui avoit encores bon nombre de gens ensemble, remeist son camp sus, et vînt pour secourir la ville (comme de faict il fust advenu, si ladite ville eust peu résister quelque temps à si grande force) ; et, faisans leurs approches, tiroient ordinairement aux deffences de la ville, et principalement à la grosse tour du chasteau, parce qu'au hault d'icelle on avoit guindé une longue couleuvrine qui leur donnoit de l'ennuy beaucoup à faire leurs approches. Le mercredy, au matin, qui fut le douziesme jour de juin, ceux de la ville commencèrent à descouvrir les trenchées des ennemis, et, voyans qu'ils faisoient leurs approches pour faire batterie, depuis la porte qui va à Mouchy jusques au petit bastion qui avoit esté faict à l'endroit de la porte de Hédin ; et, en effect, c'estoit le plus débile endroict de la ville, car il n'y avoit ny fossé, ny rempart, ny deffence aucune, que dudit bastion, lequel n'estoit encores si hault qu'il ne fust dominé par deux montaignes qui regardoient dedans, les capitaines s'assemblèrent pour adviser qui prendroit la charge dudit lieu, et de deffendre la brèche si elle s'y faisoit.

Ceste charge escheut au capitaine Martin Du Bellay avec ses chevaux-légers, et au capitaine Blérencourt avec ses gens de pied, et que le capitaine Yville demeureroit avecques les siens à la garde du bastion devers Dourlans. Ce jour, en faisant les approches, fut blessé d'un coup d'arquebuse, venant de la ville, le capitaine Conrard de Bemnelberph, surnommé au camp impérial le petit Hesse, duquel coup toutesfois il fut depuis guéry. Environ quatre cens pas contenoit la longueur de la courtine, qui estoit baillée en garde, avec ledit bastion, aux susdits Du Bellay et Blérencourt ; et n'y avoit en toute ceste longueur commencement de fossé ny de rempart, et n'avoit point la muraille plus de trois bons pieds d'espoisseur : de sorte que le nombre des pionniers qu'ils avoient estoit fort petit au regard de si grand ouvrage : toutesfois chacun y mettoit la main comme pour soy, et pour sauver sa vie et honneur, et acquérir réputation. Les capitaines ne partoient point de dessus le lieu, besongnans eulx-mesmes et donnans courage aux autres ; et faisoient apporter à boire et à manger sur le lieu, pour départir aux compagnons ; mais l'entreprise estoit si grande, que la journée de tous y paroissoit peu, joinct qu'ils estoient contraincts de consumer autant de temps à desmolir et abattre les maisons voisines et contiguës la muraille, comme ils faisoient à pionner et remparer ; et telle estoit la diligence de l'ennemy, que, faisant les approches de ce costé, il ne se reposoit de l'autre.

Au-dessus du grand bastion d'enhault, y avoit un grand chemin creux, qui excusoit l'ennemy de faire trenchées, et n'avoient eu ceux de la ville loisir de l'esplanader, pour la soudaine arrivée du camp impérial. Par là vindrent les ennemis à couvert, et dès le mardy, environ midy, avoient gaigné le pied de la poincte dudit grand boullevert, sans pouvoir estre aucunement deslogez de ceux de dedans ; et, arrivez qu'ils y furent, ne cessèrent de sapper et jour et nuyct, jusques au jeudy ensuivant, qui fut le quatorziesme de juin, et par là donnèrent l'assault, ainsi que je vous diray cy-après. Ceux qui avoient la charge du pan de mur que j'ay prédit, quelque difficulté qu'il y eust pour les coups de canon qui ordinairement donnoient parmy eux, et le peu de gens qu'ils estoient, avoient toutesfois usé de telle promptitude, sans perdre temps ne jour ne nuict, qu'au troisiesme jour ils eurent remparé plus de cent pas, commençant depuis la porte jusques à un hostel-dieu, qui touchoit contre la muraille, où ils furent contraincts d'interrompre l'entreprise pour abbattre ledit hostel-dieu, chose qui ne se pouvoit si légèrement faire. Et ledit treiziesme jour, qui fut le vendredy quinziesme du mois, les ennemis ayant faict leurs approches, envoyèrent un trompette avecques un hérault, et le capitaine Tonnoire, espagnol, capitaine de Gravelines, au petit bastion qui estoit à la porte de Hédin, environ le soleil levé, lesquels sommèrent le sieur de Villebon et autres capitaines, qu'ils eussent à rendre la ville, pour et au nom de l'Empereur, ès mains du comte de Bures, gouverneur et lieutenant-général pour Sa Majesté Impérialle en tous ses Païs-Bas, dedans vingt-quatre heures ; autrement estans forcez (comme il estoit apparent, veu la débilité de la place) il les feroit tous passer au fil de l'espée. A quoy fut respondu, par ledit seigneur de Villebon et autres capitaines, qu'ils avoient charge du Roy leur maistre de la garder pour et en son nom, et que jusques à la mort ils en feroient leur plain devoir. Lesdits capitaines et hérault, après plusieurs remonstrances faictes, s'en retournèrent porter response, et se plaignirent qu'aucuns soldats, en manière de dérision, leur avoient dit qu'ils attendissent à sommer Sainct-Paul jusques à ce qu'ils eussent prins Péronne, et que, Péronne prinse, s'ils retournoient sommer Sainct-Paul, ils penseroient alors ce qu'ils devroient respondre.

Le seigneur de Bures, la response ouie, feit commencer la batterie, depuis le portail où estoit l'horloge, jusques au boullevert où estoit la porte de Hédin; et dura ladite batterie continuelle, depuis les quatre heures du matin jusques à cinq heures de soir, pendant lequel temps il fut tiré, par compte faict, le nombre de seize à dix-huit cens coups de canon, de manière que la brèche pouvoit avoir ouverture de trois à quatre cens pas, et à la pluspart des lieux on y pouvoit bien monter à cheval. Et fault entendre que du costé de Dourlans, en un hault lieu qui regardoit dedans le bastion, ils avoient mis sept ou huict pièces, qui contraignirent ceux de la ville d'abandonner ledit bastion, qui estoit leur principale, ou pour mieux dire, seule deffence. Cela faict, ils vindrent donner un assault, avecques environ cinq à six cens hommes, non pour intention d'entrer en la ville de ceste poincte, mais seulement pour recognoistre la brèche, et, au demourant, faire selon que l'aventure en donneroit occasion. Et bien pouvoient lesdits six cens hommes venir au pied de la brèche à seureté; car le bastion, comme je vous ay dit, estoit du tout habandonné, et ceux de dedans estoient contraincts de se tenir couchez sur le ventre à l'endroit de la brèche, car autrement ne se pouvoient-ils garantir des pièces qui estoient au-dessus, lesquelles battoient tout le long de la brèche par dedans, et avoient faict si grand meurdre de ceux qui remparoient et abbattoient les maisons pour remparer, que, de ce qui estoit ordonné pour deffendre la brèche, plus du tiers estoient morts, ou tellement blessez, qu'ils ne pouvoient faire aucun service.

Les ennemis, ayans recogneu la brèche, ordonnèrent autres sept ou huict enseignes, pour se venir jetter au fossé qui séparoit le grand bastion d'avec la ville, lequel estoit assez compétemment profond en terre seiche. Or est-il que, pour entrer de la ville dedans ledit boullevert, failloit passer par le fons dudit fossé; et, parce qu'on avoit eu le loisir de faire deux courtines pour joindre ledit boullevert avecques la ville, on avoit seulement faict deux courtines de vaisseaux à vin, plains de terre, pour la deffense dudit chemin, qui alloit par le fons dudit fossé du bastion en la ville. Et ce faict, meirent le feu dedans les estançons qui soustenoient la poincte dudit bastion, où ils avoient sappé les jours passez, de sorte que ladite poincte alla par terre, et quand et quand tombèrent ès trenchées des ennemis tous ceux qui estoient sur ladite poincte à la deffence. Parquoy incontinant donnèrent l'assault par ledit endroit, où ils furent très-bien recueillis par les capitaines La Salle et Sainct-Aubin, avecques leurs gens : et jamais ils n'eussent prins le bastion par là; mais, tandis qu'ils donnoient l'assault, ceux qu'ils avoient faict descendre au fossé tournoyèrent tant, qu'ils arrivèrent à ladite courtine, faicte de poinsons, laquelle ils trouvèrent gardée seulement de vingt-cinq ou trente arquebusiers, lesquels ils forcèrent incontinant et meirent en fuitte, parce que, depuis qu'ils eurent gaigné le fons du fossé, ils estoient à couvert de toutes parts. Aucuns des fuyans se retirèrent dedans le bastion; autres, par la porte qui alloit de la ville au bastion, qui estoit par-dessoubs terre, se retirèrent dedans la ville; les uns et les autres furent suivis par les ennemis, qui entrèrent pesle-mesle avec eux. Ceux qui deffendoient le bastion contre l'assault qui se donnoit à la poincte, ne se donnèrent garde qu'ils veirent derrière eux quatre enseignes de Bourguignons, et se veirent assaillis par deux costez; tout ce que vertu et force naturelle peuvent faire de résistance ils y feirent; mais le grand nombre vainquit le petit, tous furent tuez et taillez en pièces, ou bien peu s'en fault. Sainct-Aubin, son lieutenant et enseigne y furent tuez; La Salle prins, mais si blessé, que peu après il en mourut; son lieutenant et son enseigne y moururent pareillement; aussi feit le port-enseigne du seigneur de Villebon, nommé Sainct-Martin.

Ce pendant que telle exécution se faisoit, l'assault continuoit tousjours à la brèche d'entre la porte de Hédin et le portail de l'horloge, et se deffendoient très-bien ceux de dedans, et desjà avoient soustenu un furieux assault, ne sçachans rien de ce qui s'estoit faict d'autre costé, quand ceux qui estoient entrez dedans la ville par la porte du grand bastion, après avoir gaigné le marché, tirèrent droict à ladite brèche, et furent les deffendans assaillis par devant et par derrière. Le seigneur de Moiencourt, capitaine de cinquante hommes-d'armes, qui estoit venu du chasteau au secours de son compagnon le capitaine Martin Du Bellay, ayant l'un des bouts de la brèche en garde, le plus proche de ladite place, sentant l'ennemy à son cul, tourna la teste droit au marché, auquel lieu il fut tué, et auprès de luy son frère, sieur d'Yve, et tous ceux qui l'avoient suivy. Les ennemis, suivans leur poincte, vindrent donner par le derrière à la brèche où estoit ledit Du Bellay, là où, estans assaillis par devant et par derrière, furent massacrez sept-vingts de la compagnie dudit Du Bellay, et le lieutenant et neveu du seigneur de Villebon, nommé Laubies; et le reste n'en eut moins. De ceste furie demeurèrent seulement en vie ledit Du Bellay, sauvé par un capitaine alleman, nommé le capitaine Bose, qui le trouva porté par terre parmy les morts; aussi fut le seigneur de Blérencourt. Le seigneur de Villebon, qui avoit autre quartier en garde, y fut pris par le capitaine Tonnoire, espagnol, s'estant retiré dedans une tour où falloit monter par une eschelle; aussi fut le capitaine Iville, ayant le bastion de la porte de Dourlans en garde, auquel advint un faict estrange, et presque pareil que celuy qui arriva à Romme quand monseigneur de Bourbon l'assaillit, et cestuy-cy je le vey. L'enseigne du capitaine Iville, qu'on avoit en estime de bien homme asseuré, estant à sa deffence sur le boullevert, son enseigne au poing, voyant l'ennemy marcher à l'assault, entra en tel effroy, que, pensant, à mon advis, fouir dans la ville, sortit par une canonnière, et fouit droict aux ennemis, son enseigne au poing, où il fut massacré; aussi un gentilhomme qui estoit auprès de moy, entra en telle frayeur, qu'il tomba mort sans estre frappé; car je le fey visiter. Le capitaine René de La Palletière, lequel avoit le chasteau en garde, fut pareillement forcé par le boullevert, lequel n'estoit encores du tout en deffence, et fut prins prisonnier; mais, sur un débat qui sourdit entre eux, à sçavoir auquel il avoit donné sa foy, fut tué. Il y mourut de toutes gens, tant de gens de guerre, citadins, que pionniers, environ quatre mille cinq cens hommes, et ne fut pardonné ny à femmes religieuses ny enfans; car vous sçavez de quelle gratieuseté usent les lansquenets quand ils sont victorieux : mesme le capitaine Martin Du Bellay, depuis avoir esté prins et amené dehors par la brèche pour le sauver, faillit à estre tué deux ou trois fois des Clévois, et l'eust esté, sans le seigneur Distain, qui l'accompagna jusques à la tente du comte de Bures, son père.

Le soir, après la fureur de la tuerie passée, le comte de Bures, lieutenant-général pour l'Empereur, feit crier par le camp que tous ceux qui auroient des prisonniers, eussent à les amener devant luy; ce qui fut faict. Le seigneur de Villebon fut envoyé à Gravelines, et depuis paya dix mille escus pour sa rançon; le seigneur Martin Du Bellay, dès le lendemain, fut mis à trois mille escus, et renvoyé sur sa foy, à la charge d'estre de retour dedans dix jours ou envoyer lesdits trois mille escus; et le cautionna le seigneur de Glaion, gentilhomme de la maison de l'Empereur, qui autrefois avoit esté nourry en France.

Dès le temps que le camp impérial commença de marcher, le Roy avoit commencé à redresser le sien pour secourir Sainct-Paul, espérant, à ce que luy avoient promis les fortificateurs, qu'elle pourroit bien arrester l'armée impériale jusques à ce qu'il y arrivast, veu la grande diligence dont il usoit; et jà estoient partis monseigneur le Dauphin et monseigneur le grand-maistre, avec bon nombre de la noblesse, pour aller faire teste à l'ennemy; et après eux faisoient venir à grandes journées les gens de cheval auparavant ordonnez pour aller au Piémont, lesquels, sur ceste nouvelle, avoient esté contremandez, quand devers eux arriva un trompette du Roy, lequel estoit party de Sainct-Paul en diligence, incontinant qu'il veit la ville prinse, et leur compta ceste mal plaisante nouvelle, laquelle du commencement on voulut tenir secrette, de peur d'estonner le peuple; mais à la fin elle fut déclarée avec telle dextérité que l'inconvénient ne fut trouvé si grand comme il eust esté si on eust laissé courir le bruit témérairement par gens qui vont tousjours adjoustans quelque chose à ce qu'ils ont ouy. Mondit seigneur le Dauphin et monsieur le grand-maistre, voyans que de secourir Sainct-Paul il n'y avoit plus d'ordre, prindrent résolution, ce nonobstant, de marcher en avant au plus tost qu'il seroit possible, tant pour obvier au danger des autres places de la frontière, que pour se revencher du dommage receu.

Trois jours demoura le camp impérial devant Sainct-Paul, après la prise de la ville, pendant lequel temps le comte de Bures feit brusler la ville, raser le chasteau et abbattre la grosse tour, pour raison qu'il ne trouva, par l'advis de son conseil, que ville ne chasteau se puisse mettre en telle fortification que ce soit pour attendre une grosse puissance. Le quatriesme jour, qui fut le dix-neufviesme de juin, il feit faire les monstres de ses lansquenets, qui se trouvèrent le nombre de vingt deux à vingt-quatre mille hommes, cinq ou six mille Wallons et huict mille chevaux, tant clévois, haults allemans, que des ordonnances des Païs-Bas de l'Empereur. Le mercredy deslogea le camp, et vint l'avant-garde loger à Auchy-les-Moynes, au bout du parc de Hédin, et la bataille à Blangy, en Ternois; qui fut cause de tenir les François en incertitude du chemin que lesdits Impériaux vouloient prendre, ou de Hédin ou de Montreul. Dedans Hédin estoit le seigneur de Sercu avec les cinquante hommes-d'armes dont il avoit la charge, et mille hommes de pied, dont estoit son lieutenant Philippe de Mailly, et le seigneur de Piennes, aussi capitaine de cinquante hommes-d'armes estans avecques luy, et avoient jà très-bien remparé la brèche que le Roy avoit faicte, et, au demourant, estoient fort bien pourveuz de toutes choses nécessaires à la garde et deffence d'une place de telle importance. D'autant que Hédin estoit bien pourveu, autant l'estoit mal Montreul; car le seigneur de Canaples, qui en avoit esté ordonné chef, n'y estoit entré que trois ou quatre jours devant, avecques mille hommes de pied nouveaux levez, et quelque deux cens chevaux des arrière-bans de Normandie. Or n'estoit alors la ville retranchée; parquoy, pour la bien pourveoir, eust esté besoin d'y avoir au moins six mille hommes de pied et trois cens hommes-d'armes. Sur ce, le comte de Bures se délibéra de ne s'amuser à Hédin, et print le chemin de Montreul, auquel lieu arrivé, assit son camp, une partie vers la porte de Hédin, du costé du bas de la ville, autre partie aux Célestins, tirant le chemin de Térouenne, autre vers la porte du grand marché qui tire à Abbeville. Ce faict, planta son artillerie contre le bas de la ville, une bande à l'endroit de la justice, autre sur un petit hault devers la porte du grand marché, laquelle battoit le long de la courtine du bas de la ville par dedans, et une autre bande sur un autre hault, où il y a une chapelle tirant le chemin qui va à Beaurain. Après avoir faict batterie le long d'une grande courtine, depuis le portail de devers Hédin, en tirant vers la porte du grand marché, se préparèrent pour donner l'assault; vray est que la brèche estoit raisonnable, mais malaisée aux ennemis à y venir, à cause des fossez qui estoient pleins d'eau; car, encores qu'ils eussent escoulé les eaues, le maraiz estoit demouré.

D'autre part y avoit un grand désavantage pour ceux de dedans; car, pour venir à la brèche, ils estoient descouverts de deux bandes de l'artillerie des ennemis, puis, estans à leur deffence, estoient encores veuz des deux costez par les flancs, et n'avoient l'opportunité de faire traverses pour eux couvrir; aussi le peu de nombre qu'ils avoient n'estoit suffisant pour garder la moitié du bas de la ville: parquoy l'ennemy venant à l'assault, tout le reste de la ville, qui a grand circuit, luy demouroit abandonné. Toutes ces choses considérées, le seigneur de Canaples, par l'advis des capitaines et des soldats qui estoient avec luy, estant à ce solicité par le comte de Bures, feit capitulation telle, que tous les gens de guerre sortiroient leurs bagues sauves et en armes, et les habitans avec ce qu'ils pourroient emporter de leurs biens sur eux. Jamais le comte de Bures, voyant la ville despourveue de toutes choses comme elle estoit, ne leur eust accordé composition si honorable, n'eust esté la crainte qu'il avoit de ce qui advint, qui estoit que, ce pendant qu'il s'amusoit audit Montreul, on meit secours dedans Térouenne d'hommes et de pouldres; car il estoit bien adverty qu'elle en estoit fort despourveuë: et si, partant de Hédin pour aller audit Montreul, il fust allé droict à Térouenne, bien à peine eust-on eu le moyen de la secourir comme l'on feit.

Messire François de Montmorency, seigneur de La Rochepot, estoit pour lors lieutenant-général pour le Roy en Picardie; lequel, cognoissant l'importance de Térouenne, et qu'il n'y avoit dedans plus hault de vingt-cinq ou trente hommes-d'armes de la compagnie de monseigneur de Bernyeulles, gouverneur dudit lieu, et pareil nombre de la compagnie de monseigneur de Créquy, son frère aisné, et environ cent hommes de pied et cent mortepayes, y envoya soudainement le seigneur de Cany, lieutenant de la compagnie du jeune duc de Vendômois, avec quarante hommes-d'armes de laditte compagnie; le seigneur de Foudras, son lieutenant, avec vingt hommes-d'armes de la sienne; le fils du seigneur de Dampierre, guidon de monseigneur le Dauphin, avec vingt hommes-d'armes de laditte compagnie; et le capitaine Sainct-Brisse, l'un des lieutenans du capitaine La Lande, avec quatre cens hommes de pied; lesquels à grande peine y arrivèrent à temps; car desjà Montreul estoit rendu, et le camp impérial logé à deux lieuës près de Térouenne. Et si de fortune le comte de Bures, au desloger de Montreul, eust envoyé ses gens de cheval droict à Térouenne, sans séjourner en chemin, ou qu'il fust allé tout droict au partir de Sainct-Paul, la ville estoit en danger; par faulte d'hommes, comme j'ay prédit; car la puissance qu'amenoit monseigneur le Dauphin ne fust jamais arrivée à temps pour la secourir.

Le vingt-deuxiesme de juin arriva mondit seigneur le Dauphin en la ville d'Amiens, accompagné de monsieur le grand-maistre de Montmorency, qui soubs luy avoit la principalle superintendence de l'armée; lequel incontinant manda le comte Guillaume de Fustemberg, estant pour lors à Corbie avec son régiment de lansquenets, et le capitaine Nicolas de Rusticis, dit le Bossu, nouvellement arrivé, ayant amené quatre mille bas Allemans, gens bien en ordre et aguerris ès guerres de Munstre et de Dannemare, à ce qu'au vingt-deuxiesme dudit mois ils se trouvassent à Abbeville, où il entendoit faire l'amas de ses forces. Le comte Guillaume avec sa trouppe fut logé dedans les faubourgs de Vimeu, le capitaine Nicolas de Rusticis, ès faubourgs de la porte Sainct-Gilles, tendant au Pontdormy. Et audit lieu d'Abbeville séjourna monseigneur le Dauphin, attendant le reste de son armée; durant lequel séjour il eut nouvelles par une mortepaye qui estoit sorty de Térouenne, nommé Pierre l'Oyseau, qui avoit passé à travers le guet des ennemis, comme dedans la ville de Térouenne on avoit grande nécessité d'arquebuziers, et mesmes de poudre pour l'arquebuserie. A ceste cause, fut conclu qu'il estoit nécessaire de les en secourir; et fut esleu le seigneur d'Annebault pour mener ledit secours, avec les chevaux-légers dont il estoit général, lequel incontinant se retira à Hédin, pour estre lieu le plus à propos pour exécuter laditte entreprise.

Le camp impérial estant deslogé de devant Montreul, l'avant-garde avoit esté loger à Renty, et la bataille à Verdures, et le lendemain devant Térouenne; auquel lieu estant arrivé monseigneur de Bures, avoit levé son camp, partie à Dellette, autre partie au-dessoubs de la justice, et l'autre au-delà du chasteau, en un lieu où, l'an 1513, Talbot avoit planté son camp; puis en extrême diligence feit faire les approches et mettre leurs pièces en batterie, depuis la tour des marais jusques au-dessoubs de la tour du chasteau, passant par-devant un lieu nommé La Patrouille, où, après avoir assis leur artillerie, feirent telle diligence, qu'en moins de douze jours ils battirent le chasteau, qui n'estoit que de deux tours, parce que, quand le roy d'Angleterre print la ville, audit an 1513, ledit chasteau avoit esté rasé. Brief, ils feirent telle batterie que noz gens furent contraincts de l'abandonner, et, se retirans, retrencher par derrière. Ce faict, continuèrent leur batterie jusques à La Patrouille, de sorte qu'ils feirent une brèche de deux cens pas de long. Vray est qu'elle n'estoit aisée à forcer; car noz gens s'estans retirez derrière, comme il est dit, avoient trenché le rempart et iceluy mis en tel estat que, si les ennemis eussent gaigné le hault dudit rempart, ils eussent esté contraincts de tomber en un fossé bien flanqué. Entre tant le seigneur d'Annebault, que je vous ay dit, estoit venu à Hédin pour dresser son entreprise, laquelle estoit de mettre dedans la ville quatre cens arquebusiers, portans chacun, lié autour de luy, un sac de cuir faict à poste, plein de poudre; et pour cest effect avoit choisi le capitaine Briandas.

Ayant mis ordre aux choses nécessaires, ledit seigneur d'Annebault partit de Hédin à jour couché, ayant sa compagnie avecques luy de cinquante hommes-d'armes; le seigneur de Piennes, avecques pareille charge; le seigneur de Tais, deux cens chevaux-légers; le seigneur de Termes, deux cens; le seigneur d'Aussun, deux cens; le seigneur de Sensac, deux cens; le capitaine Francisque Bernardin de Vilmarca (1), deux cens; le seigneur Maure de Novate, deux cens; le capitaine Georges Capussement, deux cens Albanois; et le capitaine Théode Manes, pareille charge: et marcha le chemin de Guinegatte, tenant tousjours le hault païs. Estant acheminé, jetta cent chevaux de coureurs devant, puis feit marcher les gens de pied à leur queue, et à la queue des gens de pied autres deux cens chevaux, ausquels il donna charge de marcher droit à Térouenne, sans s'amuser en aucun lieu, jusques à la porte, et plustost se hazarder d'estre pris et deffaicts, que d'y faillir. Et ledit seigneur d'Annebault, avec la gendarmerie et le reste des chevaux-légers, et plusieurs autres gentilshommes qui estoient venus pour leur plaisir et acquérir honneur, tels que le comte de Villars, le seigneur Do, et plusieurs autres, devoit demourer avec la trouppe au deçà de Térouenne, au dessus de Guinegatte, ayant enchargé aux chevaux-légers qu'il avoit jettez devant, que, dès qu'ils auroient mis les gens de pied dedans la ville, ils eussent à faire un signal, à ce qu'il eust à se retirer; et eux devoient demourer sur la queue, pour l'advertir si l'ennemy se jettoit à la campagne. Les gens de pied furent mis dedans la ville sans perte et sans alarme; le signal fut monstré, après lequel le seigneur d'Annebault se meit à faire sa retraitte, laquelle il eust faict aisément sans danger, mais les chevaux-légers qui avoient esté jettez sur les ailes, induicts par les jeunes gens qui vouloient rompre leurs lances, allèrent donner l'alarme au camp de l'ennemy, lequel ils trouvèrent à cheval, parce que ledit ennemy, ayant eu advertissement de laditte entreprise, avoit délibéré de l'empescher; ce qu'à mon opinion il eust faict; mais, estans montez à cheval pour attendre noz gens au passage, ceux de l'avant-garde qui venoient d'un costé, et ceux de la bataille, de l'autre, s'entre-rencontrèrent, et, par faulte de se recognoistre, à l'occasion de l'obscurité de la nuict, se chargèrent les uns les autres; où y eut grand désordre, et beaucoup

(1) Ou Viel-Mercat.

29.

de blessez, tant d'un costé que d'autre : et ce pendant noz gens entrèrent dedans la ville, et cela fut cause que noz gens, estans allez pour leur donner l'alarme, les trouvèrent à cheval. Le seigneur d'Annebault, lequel faisoit sa retraitte, estant adverty que ses chevaux-légers estoient à l'escarmouche, voulut temporiser pour les retirer; mais l'ennemy ayant faict grande diligence, vint pour luy coupper le chemin au passage d'un pont, auquel lieu luy et ceux qui estoient en sa compagnie combattirent si vigoureusement, que, durant le combat, il y mourut plus grand nombre d'Impériaux que des nostres; mais enfin, y arrivant toute la cavalerie du camp, fut ledit seigneur d'Annebault porté par terre et prins prisonnier, et auprès de luy le seigneur de Piennes, le comte de Villars, le seigneur Do, le capitaine Georges Capussement, le capitaine Francisque Bernardin, le seigneur de Sansac, et presque tous, mesmes les chefs, horsmis ceux qui desjà avoient passé le pont. Aucuns desquels, et, entre autres, le seigneur d'Aussun, s'estans retirez à Hédin, après avoir, luy et ses compagnons, changé de chevaux, retournèrent au lieu où avoit esté le combat, lesquels, trouvans les ennemis en désordre, comme gens qui pensoient n'y avoir plus d'ennemis en campagne, les chargèrent, et en deffeirent et prindrent bon nombre, et mesmes rescouirent plusieurs des nostres qui estoient prisonniers entre leurs mains.

Les ennemis, d'une part, se glorifièrent d'avoir eu une telle victoire à leur avantage; d'autre part, se trouvèrent mal du secours qui estoit entré dedans la ville, car ils avoient accoustumé ordinairement de venir sur le bord du fossé, tout privément et sans danger, parce que ceux de dedans avoient faulte et d'arquebusiers et de poudre; mais les arquebusiers nouveaux-venuz les servirent de telle sorte, qu'ils leur feirent changer de façon de faire; qui fut cause que la joye qu'ils avoient eue de leurs prisonniers ne leur dura guères. Peu de jours après, le seigneur de Cany, lieutenant du duc de Vendosme, et autres avecques luy, ayans cognoissance que, le plus souvent, des gros seigneurs de leur camp se venoient esbatre dedans les trenchées, délibérèrent de les y surprendre; ce qu'ils feirent par une saillie que feit ledit seigneur de Cany avecques ses compagnons, lesquels, trouvans lesdits ennemis dedans leursdittes trenchées, en mauvais équippage et mal sur leurs gardes, en taillèrent en pièce soixante ou quatre-vingts, et, entre autres, le porte-guidon du duc d'Arscot; et fut prisonnier le séneschal de Hénault, homme de grande maison, auquel ledit seigneur de Cany sauva la vie, autrement il fût passé au fil de l'espée comme les autres, et depuis fut rendu ledit séneschal en eschange pour le seigneur de Piennes.

Pendant ce temps, monseigneur le Dauphin et monseigneur le grand-maistre, voulans donner secours aux assiégez, ayans leur armée ensemble, s'en vindrent loger à Ham, petit village entre Dourlans et Auchy; de là, ayans pourveu à tous leurs affaires, allèrent loger à Auchy-le-Chasteau, sur la rivière d'Authie; puis à Fervens, sur la rivière de Canche, délibérez de prendre leur chemin près de Pernes, pour aller loger au-dessus de Térouenne, entre Guinegatte et Térouenne, et de là, ayans le hault, à coups de canon, leur faire abandonner le costé de delà l'eaue, vers Guinegatte, et, par ce moyen, secourir la ville, ou les contraindre de venir au combat à leur désavantage; et pouvoit avoir en nostre camp le nombre de quinze à seize cens hommes-d'armes, et environ deux mille chevaux-légers, de dix à douze mille Allemans, et douze ou quartorze mille François. Ce pendant, se commencèrent à mener traittez de la part de la royne de Hongrie, par le moyen du duc d'Arscot, pour venir à quelque traitté de paix, ou bien à quelque trefve, pendant lequel temps les choses se devoient mitiguer; et furent les choses tant démenées, qu'enfin il fut arresté que les députez d'une part et d'autre se trouveroient en un village nommé Bommy, estant du comté de Sainct-Paul, deux lieues près de Térouenne. De la part de monseigneur le Dauphin fut député le seigneur de Sainct-André, chevalier de l'ordre du Roy, et le président Poyet, tiers président de la cour de parlement de Paris, et Nicolas Berthereau, secrétaire du Roy et de monseigneur le grand-maistre. Lesquels se trouvans audit lieu de Bommy avec les députez de la part impérialle, après les choses bien débattues, fut conclu une suspension d'armes pour trois mois, entre les païs du Roy et les Païs-Bas de l'Empereur; et ce pendant seroit advisé s'il y auroit moyen de faire une paix entre ces deux grands princes et leurs alliez. Je me suis long-temps tenu de parler des affaires de Piémont, afin de mieux descrire les choses advenues en la Picardie; maintenant je parleray de ce qui y advint depuis ce temps-là.

Le Roy, partant pour son voyage de Hédin, avoit ordonné le seigneur de Humières pour aller en Piémont; et premièrement, afin d'estre seurement adverty en quel estat estoient ses affaires de par delà, ayant entendu y avoir plusieurs différends entre les chefs de son armée, et pour sçavoir les occasions desdittes divisions et différends qui y estoient, dépescha le seigneur de Langey, messire Guillaume Du Bellay, lequel à son retour vint trouver le Roy à la Contey, comme j'ay dit, à l'heure qu'il se retira de Pernes avecques son armée, retournant dudit voyage, qui luy feit entendre ce qu'il avoit trouvé et négocié audit païs, ainsi que je vous réciteray cy-après.

Vous ne devez ignorer, par ce que j'ay descrit au commencement de ce livre, comme le comte de Guy de Rangon arriva à Carignan avecques l'armée du Roy, venant de La Mirandolle pour le secours de Turin, et comme le seigneur Caguin de Gonzague, sans le sceu dudit comte, composa ceux qui estoient pour la part impérialle dedans le chasteau dudit Carignan ; dont il ne fut content, parce qu'il luy sembla que c'estoit le mespriser, attendu qu'il estoit lieutenant-général en l'armée du Roy. Et de là s'engendrèrent quelques particularitez entre eux, qui continuèrent, en manière que lesdits comte Guy et César Fregose, son beau-frère, se bandèrent contre ledit seigneur Caguin ; de sorte que le Roy fut contrainct d'y envoyer, ainsi que dit-est, le seigneur de Langey, pour cognoistre de leurs différends, et chercher le moyen de les mettre d'accord ; et avec ce luy donna charge d'entendre en quel estat estoient ses affaires de Piémont ; lequel partit pour cest effect peu de temps avant que le Roy allast assiéger Hédin.

Estant arrivé là par où estoit le comte Guy, voulut particulièrement entendre les différends et raisons, tant d'une part que d'autre. Le comte de Guy disoit qu'encores qu'il eust pleu au Roy luy donner la principalle charge, et le constituer son lieutenant-général en son armée, il avoit toutesfois déféré, en tout ce qu'il avoit esté possible, au seigneur Caguin de Gonzague, tant pour l'ancienne servitude dudit Caguin et de sa maison envers la couronne de France, que pour la qualité de sadite maison ; et ce, jusques à avoir esté, le plus du temps, tenir le conseil au logis dudit seigneur Caguin ; nonobstant lequel sien plus que debvoir, il ne l'avoit jamais peu entretenir en contentement, qu'il n'ayt tousjours tendu à roupture plustost qu'à amitié, tenant des propos de luy qu'il ne debvoit tenir, se vantant ledit Caguin de n'avoir changé de service comme ledit comte, et d'avoir ouvertement porté l'ordre du Roy, et non pas caché comme luy, adjoustant, outre ce, autres parolles mal sonnantes. Aussi ledit seigneur comte Guy ne se pouvoit contenter de la façon dont avoit esté usé à la reddition du chasteau de Carignan, et que, depuis lors, ils avoient esté plus mal ensemble qu'ils n'estoient auparavant. Lequel malcontentement entre eux s'augmenta encores d'avantage, quand ledit Caguin sceut qu'on luy avoit cassé partie de ses gens de pied, et le bon recueil qu'avoit faict le Roy à César Fregose, quand il luy vint faire la révérence au camp lez Avignon, en la compagnie du seigneur d'Annebault ; et aussi dequoy le Roy avoit ordonné qu'avenant le partement dudit comte Guy, ledit seigneur César demoureroit son lieutenant en l'armée : et furent lors escrites et divulguées aucunes lettres, au mespris et contentement dudit César Fregose, au nom de l'Arétin (1), lesquelles iceluy César disoit avoir vérifié avoir esté composées par ledit Caguin, auquel, pour ceste cause, ledit César avoit envoyé un cartel de défiance.

Le seigneur de Laugey remonstra audit comte Guy et César Fregose le reculement et préjudice du service du Roy par le moyen de ces différends, et que, par les chapitres de l'ordre de Roy, les chevaliers dudit ordre ne peuvent envoyer ny accepter cartel ne combat l'un contre l'autre, sans le congé de leur supérieur, qui est le Roy. Ledit César s'excusa, disant n'avoir jamais veu lesdits chapitres, aussi que, pour son honneur, il ne se pouvoit passer de faire ce qu'il avoit faict, attendu l'énormité des propos semez contre luy par les lettres divulguées au nom de l'Arétin. Toutesfois, pour ne désobéir au Roy, et ne retarder ou reculer le bien de ses affaires, il estoit content de ne passer outre pendant que cest affaire dureroit, moyennant que ledit seigneur Caguin ne passast outre de son costé.

Le seigneur Caguin, d'autre part, se plaignoit qu'ayant luy-mesme pratiqué le comte Guy, et amené au service du Roy, et se voulant accommoder et vivre unanimement audit service avecques luy, ce nonobstant le peu d'amitié qui estoit entre eux auparavant, ledit comte avoit faict moindre estime de luy qu'il n'appartenoit ; et si bien en aucune chose il en avoit faict compte, ce avoit tousjours esté avec certaines parolles ambiguës et à double entente ; et que le comte Guy, pour avancer César Fregosse, son beau-frère, avoit tousjours tasché à le reculer et luy faire et procurer choses par lesquelles il voyoit ledit comte tendre évidemment à luy faire abandonner le service du Roy ; alléguoit aussi l'ancienne servitude de sa maison, sa nourriture au service du Roy, sans y avoir jamais varié, combien qu'il en eust souvent esté re-

(1) Pierre Arétin.

cherché avecques grandes conditions; alléguoit aussi, outre ce, qu'il estoit autant homme de service (quant à sa personne) que ledit César Fregose; il avoit outre, tant de luy que de sa femme et de ses neveux, dont il avoit la garde de la minorité, Estats et pays où il pouvoit lever et avoir levé gens pour le service du Roy, et ses places prestes pour faire l'amas et le passage des gens pour venir audit service : aussi disoit avoir attiré le comte de La Mirandolle audit service du Roy, et avoir pour ces causes perdu de son bien, et quelques unes de ses places avoir esté desmolies.

Disoit d'avantage que, dès le commencement que le Roy voulut lever gens, il n'avoit voulu capituler avecques ledit seigneur, ainsi que les autres; seulement avoit déclaré l'affection qu'il avoit d'acquérir audit service augmentation d'honneur et de crédit, sans laquelle affection il fust demouré en sa maison, en laquelle il avoit de quoy se tenir honorablement. Toutesfois, voyant l'ennemy du Roy entré en France, il avoit eu seulement esgard à son affection de le servir à la nécessité, non pas en ceste sienne diminution de réputation; chose qui luy estoit mise en avant par tous ses parens et amis de par delà, qui luy desconseilloient de prendre et accepter une si peu honorable charge. Disoit d'avantage, qu'ayant esté accordé audit seigneur César Fregose tant de beaux partis, sur la promesse qu'il avoit faicte de bailler Gennes au Roy, et lesquels partis estoient suffisans pour attirer au service du Roy un duc de Mantoue, ou autre gros prince d'autre crédit que ledit César, que toutesfois il n'avoit rien seulement exécuté de sa promesse, mais s'en estoit mis à son devoir beaucoup moins qu'autres, se comprenant ledit seigneur Caguin au nombre d'iceux. Parquoy le Roy pouvoit honnestement différer lesdits partis à luy accordez, à tout le moins ne luy faire bien ny honneur, à luy qui estoit nouveau serviteur, outre ce qui luy avoit esté promis au commencement de la levée, au préjudice de la réputation des anciens et bons serviteurs; se prétendant intéressé que, pour bailler augmentation de gens de pied audit César, on luy avoit cassé les siens; disant que si on les luy eust cassez pour éviter et diminuer la despense, non pas pour en bailler à autre, ou bien que le Roy le luy eust escrit, non pas y procéder en la manière qu'il avoit esté, qui estoit, à ce qu'il disoit, qu'il n'avoit aucune chose entendu de la casserie, sinon par le bruit de ses malveillans, qui s'en vantoient pour le villipender, il l'eust plus patiemment porté.

Disoit aussi que ceste avoit esté la cause qui l'avoit meu d'escrire et dire ce qu'il a pensé servir à faire cognoistre aux gens qui l'eussent ignoré, que s'il estoit mal traitté pour bien traitter ledit César, cela n'estoit pour le mérite dudit César, ne pour chose qui valust mieux que luy; et si, pour ceste cause, ledit César Fregose, luy avoit envoyé le cartel de combat, qu'il n'avoit peu faire moins que de l'accepter, comme il avoit; et que, nonobstant qu'il eust délibéré de faire audit César de l'avantage plus qu'il ne devoit, afin de le faire venir au poinct du combat, il estoit toutesfois content, pour ne reculer le service du Roy, de différer jusques après l'exécution dudit service, sinon que depuis sa responce faicte par luy audit cartel, César Fregose eust escrit autre chose qui vînt cy-après, ou qui encores ne fust venue à sa cognoissance, ou qu'il en escrivist d'icy en avant, à quoy il escheust de faire response pour son honneur; auquel cas il vouloit suplier le Roy de ne prendre à mauvaise part s'il le vouloit garder.

Au demourant, feit entendre audit seigneur de Langey qu'il luy estoit besoin, pour sa santé, voyant les affaires pour lors n'estre guères eschauffées, s'il pouvoit avoir saufconduit de se retirer à sa maison, pour prendre l'eau des baings; et que s'eschauffant les affaires, s'il plaisoit au Roy luy donner charge honorable, il y viendroit en tel équippage, qu'il luy feroit service et acquerroit honneur; sinon, il demeureroit en sa maison, sauf que si le Roy marchoit en personne, il se retireroit vers luy pour luy faire service; et qu'il n'estoit délibéré, comme que ce fust, de jamais porter la croix rouge. De toutes les choses cy-dessus le seigneur de Langey advertit le Roy, lequel il vint trouver à La Contey, à l'heure qu'il se retiroit de Pernes avec son armée, à son retour du voyage de Hédin; et permist le Roy audit seigneur Caguin de se retirer en sa maison pour recouvrer santé.

Quelque temps auparavant, le Tholosan, qui estoit un soldat natif de Cony, avoit assemblé quelque nombre d'hommes sans soulde, pour le service du Roy, ayant seulement l'adveu du comte Guy, avec lesquels il avoit surpris la ville de Quiers sur les Impériaux; mais le comte Guy, ayant advertissement comme le marquis du Guast se préparoit pour la venir reprendre, y envoya le chevalier Assal, avecques deux enseignes de gens de pied dont il avoit la charge, et cinq cens hommes des bandes du chevalier de Birague, lesquels avec ledit Tholosan la gardèrent, et repoussèrent leurs ennemis en deux assauts qui leur furent donnez, dont le chevalier Assal entra en une certaine grandeur, de sorte qu'il escrivit lettres au comte Guy aussi arrogantes, en se magnifiant autant que s'il eust conquis un empire; choses que ledit comte trouva de fort mauvaise digestion, disant que, s'il y avoit honneur, il appartenoit au Tholosan plustost qu'à luy, car il avoit prins la ville, et avoit autant eu d'honneur à la garder que ledit Assal; bien advouoit ledit comte que ledit d'Assal estoit gentil soldat, et qui avoit bien faict son devoir. Brief, ledit seigneur de Langey avoit trouvé les affaires du Roy en telle combustion, qu'après avoir pourveu au marquisat de Saluces, au nom dudict Seigneur, ainsi qu'il en avoit commission, il revint vers luy, comme dict est, pour l'advertir de toutes choses, et qu'il estoit besoing d'y pourveoir promptement, s'il ne vouloit perdre le pays; car l'armée impériale de jour en autre se renforçoit, et la nostre diminuoit, pour les partialitez qui estoient entre les chefs. Et feit entendre au Roy que si monsieur de Humières, lequel, partant pour son voyage de Hédin, il avoit ordonné pour aller en Piémont, y arrivoit sans avoir une teste de quatre ou cinq mille Suisses ou lansquenets, et quelque renfort de gendarmerie, il ne voyoit moyen qu'il fust maistre de la campagne, et que l'habandonnant (veu la mauvaise provision qui estoit dedans les places), il y avoit apparence d'évidente perte pour le Roy.

Le Roy ayant entendu, audit lieu de La Contey, le rapport dudit seigneur de Langey, et après avoir mis les provisions à ses nouvelles conquestes, comme Hédin et Sainct-Paul, délibéra de rompre son camp, et ordonna de faire marcher les chevaux-légers droict au Piémont, pour renforcer l'armée qui y estoit; puis manda au duc Chrestofle de Wittemberg, qui amenoit dix mille lansquenets à son service, de prendre pareillement le chemin de Piémont, pour se joindre avecques mondit seigneur de Humières. Mais, avant que lesdits chevaux-légers eussent passé Lion, ayant advertissement que l'armée de l'Empereur marchoit pour venir à Sainct-Paul, ainsi qu'avez entendu, contremanda les chevaux-légers, faisant tousjours acheminer les lansquenets, et conclut de lever la charge de son armée au comte Guy, et l'envoyer en Italie pour autres entreprises à son service. Aussi furent envoyez pour recueillir lesdits Allemans, et faire leurs monstres, et les conduire, le seigneur de La Roche Matignon, et le seigneur de Borran, commissaire ordinaire de la guerre. Et desjà le Roy avoit despéché trois ou quatre cens hommes-d'armes, sçavoir est: le baron de Curton, avecques cinquante hommes-d'armes; le seigneur de La Fayette, cinquante; la compagnie du prince de Melphe, de cinquante; et soixante de la compagnie de monseigneur le Dauphin, dont ledit seigneur de Humières estoit lieutenant; et le seigneur de Brissac, ayant charge de deux cens chevaux-légers; le seigneur de Lassigny, mille hommes de pied; le seigneur d'Allègre, autres mille, outre la gendarmerie, chevaux-légers, et gens de pied, tant françois qu'italiens, qui estoient en l'armée, dont avoit eu la charge le comte Guy de Rangon. Aussi dépescha, pour faire marcher en Piémont, le capitaine Nicolas de Rusticis, dit le Bossu, lequel amenoit quatre mille lansquenets bas allemans, lesquels il avoit sustraicts de la levée que faisoit faire l'Empereur pour venir à Sainct-Paul, et douze cens chevaux-légers de l'armée qu'il avoit en Picardie, lesquels estoient desjà fort avancez pour aller trouver le seigneur de Humières; mais, estant adverty de la grande puissance qu'amenoit le comte de Bures en Picardie, contremanda ledit Bossu et lesdits chevaux-légers.

Peu de temps auparavant, le comte Guy, craignant que l'ennemy (se faisant le plus fort en campagne) ne le contraignist d'abandonner le Piémont, avoit en toute diligence faict fortifier Pignerol, afin de se fermer là avecques le reste de son armée, et luy faire teste, attendant le secours qui luy pourroit venir de France; chose qui fut bien considérée, ainsi que vous orrez cy-après. Aussi, quelque peu de temps après, le marquis du Guast s'estant mis en campagne, avoit remis entre les mains du marquis François tout le marquisat de Saluces, horsmis le chasteau de Verculo et celuy de Carmagnolles, tenuz encores par les François. A ceste cause, ledit marquis du Guast alla assiéger le chasteau de Carmagnolles, dedans lequel estoient deux cens soldats italiens, que le comte Guy y avoit envoyez. Le marquis du Guast, estant arrivé devant, les envoya sommer, de la part de l'Empereur, de rendre la place; à laquelle sommation ayant esté faict reffus, il feit approcher l'artillerie. Le marquis François de Saluces, lequel mieux qu'autre cognoissoit la place, mena deux canons sur la main dextre, en allant de la ville au chasteau, et rompit deux maisons pour se couvrir en lieu de gabions à mettre ses pièces, où, après avoir luy-mesme servi de canonnier, et tiré deux vollées de canon, fut apperceu d'un soldat du chasteau qui estoit sur la porte, lequel d'un mousquet tira si à propos, qu'il donna audit marquis du boullet au travers du corps, dont il tomba mort sur-le-champ.

Le marquis du Guast, craignant que sa mort n'estonnast les soldats, le feit couvrir d'un manteau, puis de rechef envoya sommer ceux de la ditte place, leur promettant honnorable composition; finablement leur fut accordé de sortir leurs bagues sauves. Estans sortis, le marquis du Guast les loua fort du bon devoir qu'ils avoient faict, leur demandant qui estoit celuy qui si bien avoit tiré d'une fenestre estant sur la porte : un soldat, ne sçachant à quelle intention il le disoit, et n'estant adverty de la mort du marquis de Saluces, ne sçachant aussi qu'il luy eust donné dudit mousquet, déclara que c'estoit luy qui tousjours avoit tiré de laditte fenestre. Ce rapport ouy, le marquis, contre sa promesse, le feit prendre et pendre et estrangler à laditte fenestre. Depuis cela, le Roy ayant remis le marquisat en son obéissance, en investit le seigneur Gabriel, évesque d'Aire en Gascongne, qui estoit frère dudit marquis de Saluces, lequel espousa la fille de monseigneur l'amiral d'Annebault, et est mort sans enfans, à cause de quoy ledit marquisat est retourné entre les mains du Roy.

Pendant ce temps, monseigneur de Humières, environ le huictièsme jour de juin, arriva à Pignerol : de quoy le marquis du Guast adverty, retira ses forces hors de Poirin, prenant le chemin d'Ast; puis, sçachant la descente des lansquenets du duc Chrestofle de Wittemberg, après avoir laissé dom Antoine d'Arragon chef dedans Ast, se retira avecques le reste de son armée le chemin de Versay. Monseigneur de Humières, qui estoit à Pignerol, ayant entendu que les ennemis avoient abandonné Chevas, manda au seigneur Ludovic de Birague, qui estoit dedans Vorling, de mettre deux cens hommes des siens dedans laditte place de Chevas. Et au mesme temps, qui fut environ le vingt-cinquiesme de juin, arrivèrent les bandes du duc Chrestofle de Wittemberg à Montcallier; ce qu'ayant entendu le seigneur de Humières, voulut partir de Pignerol, pour s'aller joindre avecques eux, et là faire sa masse pour marcher en campagne; mais les bandes italiennes feirent refus de marcher, que préalablement ils ne fussent payez de ce qui leur estoit deu; qui fut cause de faire séjourner nostre armée dix ou douze jours, durant lequel temps noz ennemis eurent loisir de se fortifier, joinct aussi que le terme du payement de noz lansquenets approchoit, chose, je vous asseure, qui fut en partie cause que ceste armée fut de peu de prouffit : car, comme dit est, ce pendant, le marquis du Guast hastoit la levée de ses lansquenets, lesquels depuis vindrent descendre à Trente, qu'amenoit le frère aisné du comte Guillaume de Fustemberg.

Le premier jour de juillet, les Italiens, estans payez de la simple paye, avecques promesse du surplus, marchèrent à Montcalier, où estant arrivé le seigneur de Humières, meit en délibération des capitaines le chemin que l'on devroit prendre, ou d'Ast ou de Vulpian. Sur ce, fut résolu d'aller en Ast, espérant la surprendre, parce qu'elle estoit mal pourveuë d'hommes pour la grandeur de la place; et pour cest effect, le troisiesme jour de juillet, nostre armée alla loger à Rive-de-Quiers; auquel lieu estans arrivez, les lansquenets demandèrent d'avoir l'artillerie en garde, chose qui leur fut accordée. Le lendemain nostre armée alla loger à Belot, et le sixiesme dudit mois, à un mille d'Ast, dedans laquelle ville estoit, comme dit est, demouré lieutenant pour l'Empereur dom Antoine d'Arragon, beau-frère du marquis du Guast, avec deux mille hommes de pied et deux cens chevaux. Nostre armée estant logée, et après avoir bien recogneu la place, fut ordonné que la nuict se feroient les approches, desquelles voulurent avoir la charge les lansquenets, encores que par plusieurs fois leur fust requis de laisser la charge d'icelles au seigneur Jean Paule de Cère; chose qu'ils ne voulurent jamais consentir. Sur la minuit, estant le seigneur de Humières et autres capitaines venuz pour veoir la diligence qui se faisoit aux approches, trouvèrent qu'il n'y avoit aucune trenchée commencée; et, ce pendant qu'ils estoient en dispute de ce qui estoit à faire, le jour vint, qui fut cause de remettre lesdittes approches à la nuict subséquente. Estant le jour venu, parce que le payement des lansquenets estoit escheu, ils se mutinèrent, et, venans au logis du seigneur de Humières, par l'enhortement principal de Hans, Ludovic de Landeberg, luy déclarèrent que, si promptement ils n'estoient payez, ils estoient délibérez de ployer leurs enseignes et se retirer: pour à quoy obvier, d'autant que nostre principalle force estoit de ceste nation, le seigneur de Humières emprunta de toutes les bourses du camp, de sorte qu'il leur presta cinq cens escus pour enseigne, attendant leur payement; dont pour l'heure ils se contentèrent.

Sur les trois heures après midy, ceux de la ville donnèrent l'alarme en nostre camp, pendant lequel, par le costé du pont qui est sur la rivière du Tanare, à l'opposite de nostre logis, entrèrent dedans la ville sept enseignes de gens de pied et trois cens chevaulx de secours; à cause de quoy le seigneur de Humières, par l'advis des capitaines, ne voyant apparence de pouvoir forcer la ville, et aussi peu de l'affamer, délibéra lever son camp; et, parce qu'il estoit adverty que la ville d'Albe estoit mal pourveuë, entreprint de l'aller surprendre. Sur la queue de son armée sortit toute la cavallerie d'Ast; mais il avoit laissé le seigneur de Brissac avec les deux cens chevaux dont il avoit la charge, avec luy quelque gendarmerie, qui feirent si bien leur devoir, que nostre camp, sans perte, vint loger au-dessoubs de Sainct-Damian. Et le lendemain, marchant nostre armée le chemin d'Albe, le seigneur Jean Paule de Cère rencontra sept ou huict cens Espagnols qui estoient partis d'Alexandrie pour entrer dedans Albe, lesquels il défeit; qui fut cause qu'arrivant monsieur de Humières devant Albe, ceux de la ville, n'ayans aucune garnison, sinon vingt-cinq Espagnols qui s'estoient retirez dedans le chasteau, se meirent eux et leur ville entre les mains dudit seigneur de Humières. Auquel lieu nostre armée séjourna trois sepmaines, ce pendant qu'on réparoit ladite ville et celle de Quiéras, laquelle pareillement s'estoit rendue entre les mains du Roy.

Durant le temps que nostre armée estoit en Albe, César de Naples, qui estoit gouverneur de Vulpian, homme vigilant, subtil et entreprenant, mais peu heureux en ses entreprises, sçachant nostre armée estre loing, et cognoissant que dedans Turin n'y avoit que la compagnie de gens de pied du capitaine Warty et du capitaine Augart (qui estoit peu pour la garde d'une telle place), pratiqua un caporal gascon de la garnison dudit lieu, pour luy livrer un boullevert de la ville, lequel est au droict de l'église Nostre-Dame, tirant vers la Douaire; et fut le marché conclu entre eux. La nuict que ledit soldat devoit livrer sa marchandise, escheut à son esquadron son rang de faire la garde audit boullevert; parquoy meit ordre qu'il ne mena à saditte garde que deux ou trois soldats, les plus malotrus qu'il eust, afin de plus aisément parvenir à son entreprise. César de Naples partit de Vulpian, qui n'est qu'à sept petits milles de Turin, accompagné de dix enseignes de gens de pied et deux ou trois cens chevaux. Estant arrivé au boullevert, le soldat luy bailla le signal au lieu où il devoit planter ses eschelles; ce qu'il feit en telle diligence, qu'avant que l'alarme fust à la ville, ils entrèrent cinq enseignes dedans ledit boullevert : car les soldats qui estoient à la garde avecques ledit caporal s'estoient sauvez à la fuitte entre la muraille de la ville et la douve qui est de terre. Or, est-il qu'à la muraille y avoit une porte pour entrer dudit boullevert dedans la ville, laquelle estoit ouverte, de quoy l'ennemy, pour l'obscurité de la nuict, n'eut cognoissance : qui fut cause de la salvation de la ville et des hommes qui estoient dedans; car, ce pendant que l'ennemy s'amusoit à dresser des eschelles à la muraille pour entrer dedans la ville, l'alarme se donna.

Le seigneur de Boutières, qui estoit gouverneur et lieutenant du Roy dedans Turin, s'estoit amusé la pluspart de la nuict à jouer au tablier; sortant de sa salle pour se retirer en sa chambre, ouit l'alarme; parquoy, ayant seulement avecques luy les Suisses de sa garde et quelque petit nombre de gentilshommes qui l'accompagnoient, sortit en la rue, où il trouva le peuple fuyant, qui lui dit : « Monsieur, sau- » vez-vous, les ennemis sont dedans. » Pour cest effroy, ne laissa ledit seigneur de Boutières à marcher droict au bastion; auquel lieu estant arrivé, une hallebarde au poing, sans autres armes, accompagné des citadins, lesquels avoient bonne volonté de faire leur devoir, et à ceste occasion avoient prins les armes, donna droict à la porte du boullevert, laquelle il trouva encores ouverte; mais de la poincte de la hallebarde la ferma, de sorte qu'un gentilhomme, sien parent, qui avoit marché le premier, fut enfermé dedans le boullevert avecques les ennemis. Les Impériaux, qui desjà avoient chargé l'artillerie qu'ils trouvèrent dedans le boullevert, bracquèrent une coulevrine bastarde droict à la porte, et, y mettans le feu, faulcèrent ladite porte, et passant le boullet rasibus du seigneur de Boutières, qui tenoit la porte, tua un gentilhomme estant auprès de luy. Ce temps pendant, les citadins avoient gaigné le hault de l'église, et à toute diligence jettoient les tuilles à la ruelle; car il fault entendre qu'entre l'église et la muraille de la ville, n'y a qu'une ruelle de sept ou huict pieds de large : parquoy elle fut remplie desdittes tuilles, pour donner espaulle et servir de rempart à la porte dudit boullevert.

Durant ce temps, le capitaine Wartis, navarrois, ayant charge de deux enseignes de gens de pied, après avoir pourveu à la garde de son boullevert et autres lieux de la ville nécessaires, craignant que par autre lieu on fust assailly, avecques deux cens arquebuziers arriva au combat, où, après avoir gaigné le hault des tours et de la muraille, feit si bien son devoir à coups d'arquebuse et d'arquebuse à croq, qu'il contraignit les ennemis d'abandonner le boullevert, avecques leur confusion et perte, car il mourut des leurs environ le nombre de sept ou huict-vingts. Le soldat qui avoit faict la menée fut prins, pendu et estranglé; si est-ce que tousjours il maintint que ce qu'il avoit faict estoit par le commandement dudit seigneur de Boutières, pensant prendre les ennemis à la pipée, mais qu'ayant oublié le jour que se devoit faire l'exécution, et n'ayant pourveu à son faict, luy en faisoit porter la pénitence. Toutesfois, je pense asseurément qu'il disoit ce propos pour alonger sa vie, car ledit seigneur de Boutières n'estoit pour avoir mis en oubly un faict de si grande importance.

Le seigneur de Humières, estant en Albe, adverty du hazard auquel avoit esté la ville de Turin; voyant aussi la mauvaise volonté en laquelle estoient les lansquenets, et estant tombé malade d'une fièvre, laquelle desjà lui avoit duré sept ou huict jours; n'ayant homme sur lequel il se peust reposer, pour les partialités et querelles qui estoient en son camp (car le seigneur César Fregose, qui avoit charge de mener l'avant-garde, et le seigneur Jean Paule de Cère, qui estoit colonnel de l'infanterie italienne, estoient en querelle; aussi estoit le seigneur Hannibal de Gonzague, comte de Lanivolare, et le seigneur de Brissac); mesmes estant adverty que du camp impérial estoient partis six mille Espagnols et douze cens chevaux, qui estoient entrez dedans Montcallier; et craingnant que, pendant qu'il feroit sa demeure, il advînt inconvénient à Turin, qui estoit assez mal pourveue d'hommes; après avoir laissé dedans Albe le seigneur Jules Ursin, cousin du seigneur Jean Paule, chef de ladite place, avecques mille hommes de pied soubs sa charge, et le capitaine Artigue-Dieu, gascon, avec cinq cens hommes, et cinq cens estans soubs la charge du seigneur Pierre Strozy; et dedans Quiéras le seigneur César Fregose, avec tel nombre d'hommes qu'il voulut choisir, délibéra, avecques le reste de l'armée, de dresser la teste vers l'ennemy, le pensant surprendre à Montcallier. De quoy le marquis du Guast adverty, retira audit lieu de Montcallier tout le reste de son armée qui estoit en campagne: chose qui fut cause de rompre l'entreprise dudit seigneur de Humières, lequel, ayant esté adverty que le desseing dudit marquis estoit d'aller surprendre Pignerol, assez mal pourveuë d'hommes, considérant que, s'il pouvoit la surprendre, il osteroit le moyen à nostre armée de se pouvoir retirer et d'avoir secours en gardant le pas de Suze, par l'advis des capitaines, au partir d'Albe, le treiziesme jour d'aoust, print le chemin de Quiéras, et ce pendant envoya le comte Francisque de Pontrème, pour en extrême diligence entrer dedans Pignerol, avecques cent ou six-vingts chevaux-légers et deux cens arquebusiers à cheval, faisant marcher après luy en toute diligence le colonnel du seigneur Gabriel d'Arimigny; puis dépescha le seigneur d'Allègre et le seigneur de Lassigny, ayant charge chacun de mille hommes de pied françois, pour entrer dedans Turin. Aussi dépescha les bandes d'Aramont, qui estoient de mille hommes de pied, pour se mettre dedans Quiers, outre les huict cens hommes que devoit avoir le chevalier Assal, qui en estoit gouverneur. Aussi envoya dedans Savillan le capitaine Jean de Turin, ayant charge de mille italiens. Et, ayant ainsi pourveu à toutes les choses cydessus, print son chemin avecques les lansquenets et le reste de son armée, pour se retirer au marquisat de Saluces, et là attendre des nouvelles du Roy, et le payement de ses lansquenets.

Sur son chemin arriva devant une petite ville nommée Busque, laquelle ayant faict refus d'obéir, commanda faire marcher l'artillerie, dont il estoit mal équippé, pour en avoir laissé la pluspart dedans les places qu'il avoit pourveues; mais, après avoir faict tirer quelques coups de canon, le comte Hanibal de Lanyvolare, ne voulant attendre que la brèche fust raisonnable, avecques quelque nombre d'Italiens qui estoient soubs sa charge, donna un assault, duquel ils furent repoussez; et fut ledit comte frappé d'une arquebuzade, dont il mourut, et fut son corps porté à Pignerol.

Noz gens repoussez de l'assault, et l'armée de l'ennemy logée à Poirin, plus forte que la nostre, d'autant que leurs lansquenets de secours estoient arrivez, fut conclud d'abandonner Busque, et, suivant la première délibération, nostre armée print son chemin à Saluces, où, estant arrivé, y pensant faire séjour, attendant des nouvelles du Roy, les lansquenets contraignirent le seigneur de Humières d'aller à Pignerol, encores qu'il leur remonstrast que c'estoit une ville qu'il vouloit garder, et que, si l'armée y logeoit, on auroit mangé les vivres devant qu'il en fust besoin, et mesme qu'il y avoit peu de pain et encores moins de vin; mais ils luy feirent response qu'ils chercheroient du pain, et, quant au vin, ils se passeroient à boire de l'eau, et qu'ils vouloient aller à Pignerol, attendre leur payement, et qu'ils ne souffriroient que luy ne l'artillerie les abandonnast. Finablement, il fut contrainct de leur obéir et aller à Pignerol, les laissant à un mille près de la ville, sur un ruisseau qui vient de la Pérouze, où ils retindrent l'artillerie avecques eux, permettans audit seigneur d'aller à la ville. Deux jours après, estant leur payement arrivé, contraignirent ledit seigneur de Humières de les payer sur les vieils roolles, sans avoir esgard au petit nombre d'hommes qu'ils estoient ; car, de dix mille payes, ils n'estoient plus de quatre à cinq mille hommes, et estoit autheur de tout ce mutinement Hans Ludovic de Landeberg, qui avoit le plus fort régiment, auquel le duc n'estoit obéy, pour son jeune aage.

Au mesme temps, César de Naples, gouverneur de Vulpian, feit entreprise pour surprendre Cazelles, petite ville de l'obéissance du Roy, sise mi-chemin de Turin à Vulpian ; et, pour cest effect, marchea avec huict ou dix enseignes, et assaillit ledit lieu par trois endroits : mais, ainsi que vigoureusement il assaillit, aussi en telle vigueur fut-il repoussé ; car, en trois assauts qu'il donna, perdit six ou sept-vingts hommes, et avecques sa courte honte se retira, laissant dedans le fossé trente ou quarante eschelles. Aussi le marquis du Guast, voyant le seigneur de Humières retiré à Pignerol, envoya treise enseignes de gens de pied dedans Siria, petite ville le long de la montagne, pour tenir le val de Suze en subjection, et empescher à ceux de Turin d'avoir nouvelles de France. Ce faict, envoya prendre le chasteau de Rivolle et le chasteau de Villanne ; de sorte que ceux de Turin ne pouvoyent avoir nouvelles par ledit val de Suze, sans grand hazard et difficulté, ne par le chemin de Pignerol, d'autant qu'il tenoit Montcallier, Carignan et Carmagnolle, et estoit le plus fort en campagne.

Le Roy, après que le seigneur de Langey luy eut faict le rapport qu'avez ouy, l'ayant trouvé à La Contey, le renvoya en Piémont, par plusieurs occasions. Lequel, à son retour, le vint trouver à Melun, malade d'une fièvre, le vingt-cinquiesme d'aoust, et luy feit entendre bien au long comme s'estoyent portez ses affaires depuis l'arrivée du seigneur de Humières en Piémont, et comme il estoit contrainct d'abandonner la campagne (ainsi qu'avez entendu par cy-devant), aussi la nécessité, tant de vivres que d'argent, en laquelle estoient ceux de Turin ; de sorte que, si dedans la Sainct-Martin lors ensuyvant, ils n'estoyent secourus, il estoit apparant qu'ils seroyent contraincts d'endurer une extrême famine, laquelle malaisément ils pourroient porter jusques à la sainct André. Le Roy, lequel desjà avoit licencié la plus grande part de son armée, se voyant en hazard de perdre le Piémont, qui desjà luy avoit tant cousté, délibéra de marcher en personne pour leur donner secours. Et à ceste fin, despescha monseigneur le Dauphin, son fils, et monsieur le grand-maistre de Montmorency, pour aller devant à Lyon assembler son armée ; et feit acheminer les bandes du comte Guillaume de Fustemberg, aussi celles du capitaine Nicolas de Rusticis, pour suivre mondit seigneur le Dauphin, et manda la gendarmerie et les chevaux-légers, lesquels estoient jà retirez en leurs garnisons, de se trouver, le vingt-cinquiesme du mois de septembre, à Lyon ; et puis envoya faire levée de quatorze ou quinze mille Suisses.

Ayant mis l'ordre cy-dessus mentionné, craignant que, par faulte de payement, les soldats de Turin se mutinassent, redepescha le seigneur de Langey pour aller trouver monsieur de Humières, et prendre de luy vingt-cinq mille escus, et trouver moyen de les mettre dedans Turin, attendant qu'il la vint secourir plus amplement. Lequel seigneur de Langey vint trouver le seigneur de Humières à Sesane, qui desjà avoit esté contrainct d'abandonner le Piémont, ayant laissé dedans Turin le seigneur de Boulières pour gouverner, avecques sa compagnie de gens-d'armes et quelques chevaux-légers, et quatre mille hommes de pied. Dedans Quiéras (comme j'ay dit), avoit laissé le seigneur César Fregose ; dedans Albe, le seigneur Jules Ursin ; dedans Savillan, le capitaine Jean, de Turin ; dedans Pignerol, le comte Francisque de Pontrème. Estant le seigneur de Langey arrivé à Sesane, monsieur de Humières trouva chose fort difficile de pouvoir porter lesdits deniers, d'autant que les ennemis tenoient Bosselin, Villane, Sainct-Ambrois et Rivole, et, à cause de la vallée, qui est estroitte, on est contraint de passer à la veuë desdittes places. Toutesfois le seigneur de Langey, craignant que, par faulte d'argent, Turin se perdist, se voulut hazarder de les y mettre, et s'en alla à Ours, auquel lieu estoient arrestez les lansquenets ; et, pour le crédit qu'il avoit envers eux-mesmes, pour avoir esté instrument de remettre le duc Chrestofle de Wittemberg en ses Estats, les persuada de retourner quand et luy jusques à Suze, dont le chasteau estoit encore en nostre obéissance. Y estans arrivez, les Impériaux, logez à Bossolin, Villane et Rivole, et autres lieux le long du val, estimèrent que ce fust toute l'armée qui tournast la teste devers eux, ce pendant que le marquis du Guast estoit avecques son armée vers Quiéras, et abandonnèrent lesdittes places ; parquoy ledit seigneur de Langey, après avoir promesse desdits lansquenets de l'attendre audit lieu de Suze, mena seulement quand et luy le capitaine La Mothe Gondrin, avecques vingt-cinq chevaux-légers de sa bande et bonnes guides. Le jour de la Nostre-Dame d'aoust, entra dedans Turin avecques l'argent, à la grande joye du seigneur de Boutieres et de tous les soldats qui estoient dedans ; car les païsans des environs, sentans l'argent arrivé, leur portèrent grand refreschissement de vivres, ce qu'ils ne faisoient devant que l'argent y fust. Puis, ayant faict la moustre des gens de pied, et faict la discrétion de vivres, se retira, non sans hazards, parce que les ennemis, ayans eu la cognoissance que les lansquenets estoient arrestez à Suze, le vindrent attendre sur le chemin, et n'y eut qu'un des siens tué et deux de prins.

Entre tant que ces choses se faisoient, comme j'ay récité, le marquis du Guast, ayant assemblé son armée en Ast, marcha devant la ville de Quiers, ayant vingt-cinq mille hommes de pied, trois mille chevaux, et vingt-quatre pièces d'artillerie, sçavoir est, douze canons, et le reste grandes coulevrines et bastardes. Estant arrivé devant Quiers, qui estoit le vingt-huictiesme jour d'aoust, feit diligence de mettre ses pièces en batterie pour faire deux brèches, et en quatre jours si bien diligenta, que les deux brèches furent raisonnables pour assaillir ; parquoy il ordonna l'assault aux deux brèches tout en un temps, puis esbanda deux ou trois mille hommes avecques eschelles, pour par plusieurs endroicts donner l'assault. Et, parce que dedans la ville y avoit peu d'hommes, au regard de la grandeur de la place, à cause que les enseignes n'estoient bien complettes, mesmes celles du chevalier Assal (duquel depuis j'euz la charge du Roy de faire son procès, et fut condamné ; mais le Roy luy donna la vie, et depuis s'en est servy), à ceste occasion, les assiégez ne peurent soustenir la force des ennemis ; à raison de quoy fut la ville emportée d'assault et saccagée. Et dudit lieu, après y avoir mis bonne garnison, marcha à Albe. Le seigneur Julles Ursin, ne voyant apparence de secours, et la ville n'estant encores achevée de remparer, ne flancquée en lieu du monde, et les ennemis ayans faict une brèche fort raisonnable pour assaillir, à laquelle noz gens ne pouvoient venir pour la deffendre, à l'occasion de quatre pièces que l'ennemy avoit mis de l'autre costé de l'eau, sur une montagne, qui les battoient par derrière ; et, ne voyans espérance de secours, pour estre nostre armée retirée, feit composition telle, qu'il fut conduit à Pignerol, et tous les soldats, les armes et bagues sauves.

Le marquis du Guast, ayant séjourné deux jours audit lieu, pour y pourveoir, print son chemin pour aller assiéger Quiéras, qui est cinq milles au-dessus d'Albe, sur la mesme rivière du Tanare, qui va descendre en Ast et en Alexandrie ; et est laditte ville de Quiéras sise sur une montagne qui n'a qu'une seule avenue, qui est du costé du Montdevis, laquelle avenue n'a qu'environ quatre-vingts toises de long, et ne se peult par autre part approcher. Du costé de laditte avenue assist le marquis du Guast son artillerie, où, après avoir faict brèche raisonnable, feit donner un assault fort furieux, qui fut soustenu par le seigneur César Fregose, lequel, comme j'ay dit, estoit demouré chef en laditte ville avecques grande asseurance ; et par deux fois furent portez les ennemis du hault de la brèche dedans les fossés, et dura le combat deux ou trois heures continuellement, à la grande perte et dommage des assaillans. Le marquis du Guast, cognoissant que par cest endroit il perdoit ses hommes sans espérance de rien conquérir, la nuict séquente, laissant des pièces pour battre à laditte brèche, pour empescher de la remparer, meit une autre bande d'artillerie pour battre l'encoingneure du costé du Montdevis ; laquelle ayant battue, noz gens, venans à la deffence de la brèche, n'estoient veuz par le flanc ; de sorte qu'il n'y avoit ordre de se tenir sur le rempart, et ce, par faulte que de bonne heure ledit César ou ses ingénieux n'avoient faict un cavallier à laditte encoingneure pour couvrir ledit flanc et servir de traverse. Parquoy ledit César, considérant qu'il n'y avoit plus moyen de tenir, parlamenta, et, par la composition, fut conduit en seureté avec tous les soldats, bagues sauves, jusques au lieu où estoit le seigneur de Humières et le camp du Roy.

Après la prise de Quiéras, le marquis dressa son chemin pour aller assiéger Pignerol, espérant que, s'il la pouvoit mettre entre ses mains, et fortifiant le Pas de Suse, il mettroit Turin en impossibilité d'estre secouru, et, par ce moyen, lèveroit l'occasion aux François de plus passer en Italie. Estant sur son chemin de Pignerol, passant près Savillan, envoya sommer le capitaine Jean de Turin de remettre la place entre ses mains ; lequel luy feit response d'avoir promis de la garder au nom du Roy, et que, là où il auroit prins les autres places de Piémont, venant à luy, il seroit très-bien recueilly. Le marquis, cognoissant que de s'amuser là ce seroit temps perdu, et que, prenant Pignerol, Savillan ne se pouvoit garder, pour n'avoir moyen d'estre envitaillée, passant outre, suivit son chemin de Pignerol, duquel lieu le seigneur de Humières se retirant à Sesane, ayant laissé le comte Francisque de Pontrème, lieutenant du Roy, avec cinq mille hommes de pied italiens. Laditte ville de Pignerol est une grande ville vague, laquelle, pour l'estrangeté de l'assiette, estant en montagnes et vallées, avoit esté auparavant estimée n'y avoir moyen de la fortifier : toutesfois, le comte Guy de Rangon, par l'advis de plusieurs fortificateurs, et mesme d'un Boullenois nommé Hiéronyme Marin, y avoit si bien faict travailler, qu'y arrivant, le marquis trouva, par l'advis de ses capitaines, qu'il n'estoit raisonnable de l'assaillir par force; parquoy délibéra de l'affamer, et, pour cest effect, se logea en l'abbaye qui est sur le chemin de la Pérouze, et le reste de son armée tout à l'entour de la ville; de sorte qu'il estoit malaisé ou bien impossible d'y entrer vivres; vray est qu'ordinairement ceux de dedans faisoient de belles saillies sur le camp impérial, ne le laissant en repos jour ne nuict.

Vous avez ouy cy devant comme nostre armée, estant si belle et gaillarde, estoit devenue inutile par les mutinemens des lansquenets et la faulte d'obéïssance; et le principal autheur desdittes rébellions estoit le capitaine Hans Ludovic de Landeberg, l'un des principaux colonnels du duc de Wittemberg. Iceluy Ludovic, entre autres choses, avoit outragé le seigneur de Borran, commissaire ordinaire de la guerre, pour avoir faict son office, et mesme avoit mis la main sur l'espée contre le seigneur de Humières, lieutenant-général pour le Roy, dont on n'avoit sceu avoir la raison, pour estre trop bien accompagné; mais en ce temps que les ennemis arrivèrent devant Pignerol, ledit Ludovic fut arresté prisonnier à Lyon, où, après son procès faict, eut la teste couppée sur un eschaffault, au lieu de la Grenette.

Le Roy, lequel en toute diligence faisoit marcher son armée, arriva à Lyon environ le sixiesme jour d'octobre, et, estant adverty que le marquis du Guast, sentant l'armée du Roy se préparer pour passer en Piémont, avoit faict retirer tous les vivres de la plaine dedans les places fortes, et ce qu'il n'avoit peu retirer l'avoit faict gaster, espérant par ce moyen empescher le passage du Roy pour la faulte de vivres, et avoit envoyé César de Naples, pour, avecques dix mille hommes, fortifier et garder le Pas de Suze, lequel y faisoit toute extrême diligence; le Roy, pour remédier à ce que son armée n'eust faulte de vivres, feit assembler tous les mullets, mulles, asnes, jumens et autres bestes de charge de tous les païs de Dauphiné, d'Auvergne, Forest, Beaujollois, Dombes, Lyonnois et Provence, et d'une partie de Languedoc, pour porter farines et autres vivres en telle abondance, que cela peust suffire pour son armée; et, estant délibéré luy-mesme en sa personne de passer en Italie, et ne voulant laisser son royaume despourveu durant son absence, dépescha monseigneur Charles, duc d'Orléans, son fils puisné, son lieutenant-général en Picardie, Normandie, Paris et Isle de France, et autres païs circonvoisins; et, pour la jeunesse dudit prince, qui n'avoit encores grande expérience du maniement des affaires, luy bailla pour l'accompagner et conseiller, le cardinal Du Bellay. En Bourgongne et Champagne renvoya le duc de Guise; en Guienne et Languedoc, le roy Henry de Navarre; en Bretagne, le seigneur de Chasteaubriant.

Le Roy, après avoir pourveu aux choses cy-dessus déclarées, ordonna monseigneur le Dauphin pour marcher devant avec l'armée, et avec luy le grand maistre de Montmorency, par le conseil duquel toutes choses se faisoient, et pour maistre d'artillerie, le seigneur de Burie, ayant quatre enseignes de gens de pied soubs sa charge; et au seigneur de Montejean donna charge de dix mille hommes de pied françois : et, parce que le seigneur d'Annebault, qui avoit esté prins prisonnier devant Térouenne, estant général de la cavallerie légère, n'estoit encores retourné de prison, donna sa charge de général, en son absence, au seigneur César Fregose. Et devoit y arriver jusques à quatorze cens hommes-d'armes, et quatorze mille Suisses dont il avoit envoyé faire levée, pour, passans à Genesve et à Chambéry, se venir joindre à nostre armée à Grenoble et aux environs. Et délibéra de faire séjour audit lieu de Lyon quelques jours après le partement de mondit seigneur le Dauphin, pour faire acheminer les compagnies qui n'estoient encores arrivées, venant de Picardie, Normandie, Bretaigne, Champagne et autres païs loingtains.

Environ le dixiesme jour d'octobre, partit mondit seigneur le Dauphin de Lyon, prenant le chemin de Grenoble et d'Ambrun; et arrivé qu'il fut à Briançon, trouva ledit seigneur de Humières, et de Maugeron, lieutenant du Roy en Dauphiné en l'absence de monsieur de Sainct-Paul, avec deux ou trois mille légionnaires du païs de Dauphiné, et les reliques de l'armée du seigneur de Humières, sçavoir est, les bandes qui estoient sorties d'Albe et de Quiéras par composition, ainsi qu'avez entendu, lesquelles estans joinctes avec le régiment d'environ huict mille lansquenets du comte Guillaume, marcha jusques à Ours, attendant le reste de son armée. Estant arrivé audit lieu d'Ours (qui est à quatre lieuës de Briançon et à quatre de Suze, auquel lieu se devoient rendre les gens de cheval, qui arrivèrent de jour à autre à la file), monsieur le grand-maistre de Montmorency, avecques l'advis des capitaines, entreprint d'aller à Essilles avecques une partie de l'armée, laissant le reste à Ours avec monseigneur le Dauphin, pour recognoistre la contenance de l'ennemy, et tenter fortune s'il y auroit moyen de forcer le pas de Suze, pour, selon ce qu'il cognoistroit, en advertir mondit seigneur le Dauphin, pour le suivre ; auquel lieu estant arrivé, marcha avec quelque cavallerie d'escorte pour luy-mesme visiter la fortification du passage, laquelle estoit à un mille deçà Suze, à un destroict de la descente de la montagne venant de Chaumont à Suze, lequel Chaumont est le dernier village séparant le Dauphiné du marquisat de Suze. Estant arrivé sur un hault duquel il pouvoit considérer laditte fortification, cogneut que sur deux petites montagnes tenans les deux costez dudit destroict, les ennemis avoient faict deux bastions, et, entre les deux, une grande et profonde trenchée, bien remparée, de sorte que les hommes y estoient à couvert, et bien flanquée desdits deux bastions ; mais il cogneut que, gaignant deux autres montagnes plus éminentes que celles où estoient les fortifications des ennemis, à coups d'arquebuse, on leur pourroit commander et leur faire abandonner leurs fortifications.

Ayant recogneu ce qu'il avoit désir de veoir, se retira à Essilles, et advertit monseigneur le Dauphin qu'il eust à marcher jusques audit lieu de Essilles, pour le soustenir, parce qu'il estoit délibéré de partir devant le jour pour tenter s'il pourroit forcer le pas. A l'heure qu'il avoit délibéré, il partit, ayant en sa compagnie les bandes du comte Guillaume, et mille ou douze cens soldats françois, de ceux qui estoient retournez de Piémont, et deux ou trois mille légionnaires de Dauphiné, parce que le reste de l'armée, tant de pied que de cheval, n'estoit encores arrivé ; ce qu'il ne voulut attendre, craignant que, temporisant, l'ennemy eust plus grand moyen de se fortifier. De gens de cheval n'avoit qu'environ quatre-vingts ou cent chevaux-légers, soubs la charge de monsieur de Brissac, y estant en personne pour les conduire, et quelques gentilshommes qui avoient prins les devans, ayans laissé derrière leur équippage. Avec ceste trouppe, mondit seigneur le grand-maistre arriva au lieu de Chaumont, où il ordonna de la forme de marcher, qui fut telle : à sa main droitte, tenant le pendant de la montagne, ordonna de marcher le comte Guillaume de Fustemberg avec ses bandes, luy commandant de desbander mille ou douze cens arquebusiers, pour gaigner le dessus du bastion qu'avoient faict les ennemis sur sa main droitte ; sur sa main gauche, ordonna le capitaine Artigue-Dieu et le capitaine Rat, avec autres capitaines françois et gascons ; et lui marcha par le milieu avec le reste des hommes qu'il avoit. Le capitaine Artigue-Dieu, et autres françois et gascons estans mieux engambes que les lansquenets, gaignèrent le dessus du bastion de main gauche, lequel commandoit au passage plus que l'autre, pour estre plus prochain, de sorte que dudit bastion on tiroit de poincte en blanc à coups d'arquebuse dedans le passage, et le forcèrent devant que les lansquenets arrivassent au leur. Les ennemis, se voyans commandez de hault à bas, et le capitaine Gavaret, lieutenant de l'Artigue-Dieu, avoir desjà, à la faveur de nostre arquebouserie, gaigné le bastion et taillé en pièces ceux qui ne s'estoient peu sauver à la fuitte, abandonnèrent le passage, et se meirent à vau de roupte ; lesquels mondit seigneur le grand-maistre, ayant à sa queuë monseigneur le Dauphin pour le soustenir, suivit de si près, qu'ils n'eurent loisir de s'arrester à Suze, où fut prins la plus part de leur bagage ; et furent suivis jusques à deux milles par delà. Vous pouvez estimer le traittement qu'eurent ceux qui demourèrent sur la queuë ; car ceux qui fuyent trouvent tousjours qui les chasse : et si nous eussions eu deux cens hommes-d'armes ou quatre ou cinq cens chevaux-légers pour les amuser à l'escarmouche, attendant l'arrivée de noz lansquenets, j'estime que, de dix mille hommes qui pouvoient estre, peu se fussent sauvez pour dire des nouvelles aux autres.

Monseigneur le Dauphin et monsieur le grand-maistre, ayans, contre l'espérance de plusieurs, forcé un pas si malaisé, si bien pourveu d'hommes et si bien fortifié, pour estre leurs gens travaillez, conclurent de se loger, pour ceste nuict, en un lieu qui est mi-chemin de Suze et du Bossolin, à l'entrée du val ; et fut advisé par monseigneur le Dauphin, avecques le conseil de monsieur le grand-maistre et autres capitaines, de temporiser un jour, attendant l'artillerie, gendarmerie, chevaux-légers et gens de pied, qui venoient à la file, parce que dedans le chasteau de Suze estoient demourez deux cens Espagnols qu'on ne vouloit laisser derrière, craignant qu'ils ne donnassent empeschement à noz vivres.

Le Roy, qui desjà estoit party de Grenoble, désirant luy-mesme se trouver au combat, marcha jusques à Ambrun. Le marquis du Guast, lequel tenoit Pignerol assiégé en grande nécessité de vivres, adverty de la deffaicte de

César de Naples, leva son siége et se retira à Rivole avec toutes ses forces, pensant audit lieu nous faire teste. Le seigneur de Burie, lequel avoit charge de l'artillerie, estant arrivé à Suze avecques son équippage, après l'avoir planté devant ledit chasteau de Suze, et tiré une volée de deux canons, ceux de dedans se rendirent à sa discrétion, qui fut telle, qu'on les envoya sans armes et en chemise. Monseigneur le Dauphin, estant l'artillerie arrivée et le reste de son armée, horsmis les Suisses, qui venoient à la file, desquels estoit capitaine-général le comte de Tende, marcha à Sainct-Antoine, et delà à Villane, espérant y trouver le marquis du Guast pour le combatre, lequel estoit logé à Rivole; mais ledit marquis, sçachant nostre armée avoir dressé son chemin droict à luy, ne voulut attendre le hazart, et se retira vers Montcalier, où, au bout du pont de deçà, il se logea : parquoy, monseigneur le Dauphin et monsieur le grand-maistre ne voulurent passer outre Villane, que premièrement ils n'eussent mis en leur obéissance le chasteau dudit lieu, afin de faire le chemin libre. Ledit chasteau est assis sur la poincte d'une montagne, chose qui donnoit grande espérance à ceux de dedans que ne pourrions loger nostre artillerie en lieu dont on les scust battre; mais monsieur le grand-maistre, après avoir bien revisité les environs, trouva une autre petite montagne quasi esgalle à celle du chasteau, du costé qui tire à Sainct-Michel. Vray est qu'il y avoit loing, et qu'il estoit malaisé d'y monter l'artillerie n'a beufs n'a chevaux; toutesfois, avec des cordages et avecques l'ayde, tant des Suisses que lansquenets, à force de bras, il feit guinder deux canons; puis envoya sommer ceux du chasteau, qui pouvoient estre deux cens Espagnols, lesquels ayans faict refus de rendre la place, en toute diligence feit tirer l'artillerie, laquelle en peu d'heures feit brèche, parce que la place n'estoit remparée, et n'avoient les assiégez moyen de la remparer, pour n'avoir dedans laditte place fumiers ne terre, à raison qu'elle est sise sur une roche. Les ennemis, ne voyans moyen de se couvrir, demandèrent à parlamenter; mais ce fut trop tard, car, cependant, les gens de pied françois, les voyans estonnez à l'opposite de la brèche, montèrent contremont le rocher, et avec eschelles entrèrent dedans, et taillèrent en pièces ce qui se trouva, horsmis le capitaine et l'enseigne, qui furent prins en vie, lesquels monsieur le grand-maistre fist pendre et estrangler, pour donner exemple aux autres de n'estre si téméraires d'attendre dedans une meschante place une armée françoise descendant en sa première fureur.

Après que le chasteau fut entre noz mains, et qu'on eut pourveu à la garde d'iceluy, la veille de Toussaincts, marcha nostre armée à Rivole, auquel lieu nous séjournasmes deux jours, et logeasmes où le camp impérial avoit campé les jours précédans, lequel, sentant que monseigneur le Dauphin marchoit en telle diligence, l'avoit abandonné, et s'estoit retiré à Montcalier comme cy-devant est dit; et fut le deslogement des ennemis si soudain, qu'ils n'eurent loisir de gaster les vivres qui estoient dedans, et laissèrent tous leurs malades à nostre miséricorde. Audit lieu de Rivole s'assembla le reste de nostre armée, horsmis quatre ou cinq mille Suisses, qui n'estoient encores arrivez. Ce nonobstant, fut mis en délibération des capitaines, sçavoir le chemin qu'on devoit tenir, ou de suivre l'ennemy, ou de prendre le chemin de Vulpian, Chevas et Vercel, ausquels lieux se pourroit faire quelque bonne exécution, trouvant les places despourveuës, lesquelles malaisément l'ennemy pouvoit secourir, estans ses forces de l'autre costé. Enfin, fut conclu d'aller loger à Grouillas, qui estoit lieu à propos pour prendre l'un et l'autre chemin, et est petite ville à trois milles de Turin et trois de Montcalier, où s'estoit retiré le camp impérial, parce qu'estant audit lieu de Grouillas, on auroit moyen de faire conduire des bleds dedans Turin, des petits forts des environs, ausquels en avoit grande abondance, et là faire faire la munition de pain pour suivre nostre camp, parce que c'estoit lieu fort propre pour cest effect, quelque chemin que nous voulsissions prendre.

Estans logez audit lieu de Grouillas, noz chevaux-légers feirent rapport que l'ennemy estoit campé au-deçà du Pau, vis-à-vis de Montcalier, ayant toutesfois le pont sur son doz pour se retirer quand bon luy sembleroit. Après lequel advertissement, fut conclu de tourner la teste droict à l'ennemy, et luy donner la bataille, ou bien le contraindre de repasser le Pau honteusement; et, pour cest effect, fut mise nostre armée en campagne, et fut mandé au capitaine Martin Du Bellay (lequel avoit esté laissé à Rivole avec sa compagnie et deux enseignes de gens de pied françois, pour attendre une grande part des Suisses, qui venoient à la file, et là en faire une masse pour les mener là par qu'il luy seroit mandé) qu'il eust à marcher avec saditte compagnie et lesdits Suisses, droict à la plaine de Montcalier, laissant dedans Rivole les deux enseignes de gens de pied françois, pour la garde du passage. Ce pendant que ledit Du Bellay marchoit avecques quatre mille Suisses, monseigneur le Dauphin et monsieur le grand-maistre estoient desjà arrivèz à la plaine, et avoient jetté leurs batailles, tant de cheval que de pied, en la forme qu'ils estoient délibérez de combatre, et noz chevaux-légers avoient attaqué l'escarmouche avecques les leurs, entre le Pau et noz batailles, à laquelle y eut beaucoup des leurs tuez, et quelques-uns prins, et peu des nostres; entre autres y fut blessé des nostres, d'un coup de lance, le seigneur d'Aussun, capitaine de deux cens chevaux.

Ce temps pendant, noz batailles marchoient gaillardement; de quoy l'ennemy estonné, ne se sentant suffisamment pour soustenir nostre effort, passa le pont, faisant tousjours entretenir l'escarmouche pour couvrir sa retraitte, et laissant deçà, pour le soustenir, mille ou douze cens arquebousiers et quelques piquiers; de quoy monseigneur le Dauphin et monsieur le grand-maistre ayans la cognoissance, dépeschèrent quelque nombre de gendarmerie et gens de pied pour les prendre à demy-passez, chose qui leur fut empeschée, à l'occasion d'une trenchée qu'ils avoient faicte, pleine d'eau et bien flanquée, de sorte qu'on ne les pouvoit enfoncer. Estant le marquis repassé le Pau avec son armée, ceux qu'il avoit laissé pour le soustenir, feirent le semblable, rompans le pont après eux, ayans crainte d'estre suivis; si est-ce qu'ils ne sceurent si bien faire, qu'il n'y en eust de prins et de tuez de ceux qui estoient demourez sur la queüe.

En l'armée du Roy y avoit de gendarmerie la compagnie de monseigneur le Dauphin, de cent hommes-d'armes, conduitte par le seigneur de Humières, son lieutenant; celle de monsieur le grand-maistre, cent, conduitte par le seigneur de La Guiche, son lieutenant; le mareschal d'Aubigny, cent hommes-d'armes escossois; le seigneur de Montejean, cent; la compagnie du seigneur de Beaumont-Brisay, cinquante; le seigneur de Bonneval, cinquante; le duc de Montpensier, cinquante; le seigneur Jean Paule, soixante; le baron de Curton, cinquante; le duc de Nevers, cinquante; le seigneur de La Fayette, cinquante; le seigneur de La Ferté-aux-Ongnons, cinquante; et plusieurs autres compagnies, dont je seroy trop prolixe de les nommer. Aussi y estoit le duc de Vendômois, pour accompagner monseigneur le Dauphin, mais estoit sa compagnie demourée en Picardie.

Monseigneur le Dauphin, et monsieur le grand-maistre, voyans l'ennemy estre repassé le Pau, délibérèrent d'aller passer à Carignan, auquel lieu ils pourroient refaire le pont, s'ils le trouvoient rompu, sinon passeroient un gué qui estoit au-dessoubs dudit pont, et pour cest effect, après avoir laissé bon nombre d'hommes au bout de deçà du pont de Montcalier, pour empescher que l'ennemy ne repassast, estant desjà le soleil couché, allèrent loger à La Loge et à Carpenay, et le lendemain à Carignan, auquel lieu ils firent refaire le pont. La nuict, quelques-uns de Montcalier qui portoient affection aux François, passèrent deçà l'eau, et trouvans le seigneur de Langey et autres en sa compagnie, luy firent entendre que le marquis estoit deslogé dès le soir, et s'estoit retiré à Quiers avec toutes ses forces, ayant laissé vingt-cinq ou trente mille sacs de bled, lesquels il avoit amassé sur le plat païs des environs, soubs espérance de se fermer là pour nous attendre. Laquelle chose entendue par le seigneur de Langey, avec eschelles, portes, clayes, et autres choses, trouva façon, luy deuxiesme, de passer vers Montcalier; et, arrivé qu'il fut, tous les citadins vindrent au devant de luy; lesquels, en grande et accélérée diligence, rabillèrent le pont si qu'avant qu'il fust jour, tous les soldats que monseigneur le Dauphin avoit laissé à la garde de la rivière, furent dedans la ville, sans faire tort aux citadins; ce qu'incontinant ledit seigneur de Langey fist sçavoir à monseigneur le Dauphin et à mondit seigneur le grand-maistre, lesquels ayans cest advertissement, firent passer leur armée à Carignan la rivière, et allèrent camper à Villedestellon, espérans encores trouver le marquis du Guast à Quiers, mais il n'y estoit plus, car, dès qu'il fut arrivé, il s'en alla à Ast, laissant quatre mille hommes dedans Quiers, et pour chef dom Antoine d'Arragon, son beau-frère. Parquoy noz gens coururent de toutes parts, sans trouver personne qui les contredist, et prindrent Poirin, Rive-de-Quiers, Villeneufve-d'Ast, Montafye, Antignant, et tous les petits forts jusques aux portes d'Ast, de Quiéras, d'Albe et de Fossan; et par tous les petits forts meirent gens pour les garder, parce que tous les bleds du païs estoient retirez dedans lesdits forts: qui fut un grand soulagement pour envitailler nostre camp et nos places. Aussi monsieur le grand-maistre envoya le président Poyet, et autres munitionnaires, à Montcallier, pour faire mener les bleds y estans, à Turin, tant par eau que par terre; de sorte qu'en peu de jours il y eut bleds et vins pour un an. Ce pendant, y avoit ordinairement escarmouche devant Quiers, et estoit nostre camp à Villedestellon, car le Roy avoit mandé à mondit seigneur le grand-maistre qu'ayant passé le Pau, il n'eust à passer outre, qu'il ne fust arrivé.

Le Roy, estant à Briançon, délibéra de passer la montagne pour suivre son armée, et, parce qu'il estoit mal accompagné, d'autant qu'il avoit tout envoyé après monseigneur le Dauphin, son fils, et qu'il sçavoit que le capitaine Martin Du Bellay estoit retourné à Rivole, au partir de la plaine de Montcalier, pour l'escorte du passage, luy manda qu'il eust à le venir trouver, avec sa compagnie, au Bossolin, à la descente de la montagne, pour luy faire escorte, et qu'il eust à envoyer gens le long de la rivière de la Douaire, à ce que ceux de Vulpian sur les chemins ne luy donnassent alarme, que premièrement il n'en fust adverty : ce que fist ledit Du Bellay, et alla trouver le Roy audit Bossolin, quelques jours devant la feste sainct Martin ; et estoit le Roy accompagné du cardinal de Lorraine, du comte de Sainct-Paul, et autres plusieurs gros personnages. Partant dudit Bossolin, ledit seigneur vint disner à Sainct Antonin, le long de la montaigne, assez près de Sainct-Ambrois ; et après disner, passant par dedans Villane, vint coucher à Javan, auquel lieu il trouva le seigneur de La Ferté-aux-Ongnons avec sa compagnie, envoyé par monsieur le grand-maistre pour accompagner le Roy. Dudit Javan, print lendemain le chemin de Carignan, et sur ledit chemin rencontra la compagnie du duc de Montpensier et celle des Escossois, qui venoient pareillement pour luy faire escorte. Estant arrivé à Carignan, vint devers luy monseigneur le Dauphin et monsieur le grand-maistre, pour conclure avec Sa Majesté ce qui estoit à faire. Auquel lieu estans ensemble, leur vindrent nouvelles comme ceux de Vulpian, parce qu'il n'y avoit point de cavallerie à Rivole ny Villane, couroient le val de Suze, et faisoient beaucoup de dommage à ceux qui suivoient le camp ; parquoy fut soudain redépesché le capitaine Martin Du Bellay pour y aller : lequel, arrivant à Rivole, oyant l'alarme comme ceux de Vulpian avoient destroussé, près Sainct-Antoine, cinq ou six mullets chargez d'argent pour le payement de l'armée, et amenoient ledit argent et les mullets, sans descendre, passa la Douaire, coupant le chemin de Vulpian, et vint si bien à propos, qu'à trois milles près de Vulpian, il attaignit les Impériaux, lesquels, s'estans mis à la fuitte, abandonnèrent les mullets, amenans seulement les trésoriers, sans jamais avoir eu loisir de rompre les balles. Ce voyant, ledit seigneur Du Bellay ne s'amusa à chasser les ennemis, mais seulement print peine de sauver l'argent du Roy, et l'amena en seureté, sans rien perdre, dedans le chasteau de Rivole, où estoit le reste du payement de nostre armée.

Après que le Roy eut communiqué avec monsieur le grand-maistre, fut conclu, par l'advis des capitaines, que monseigneur le Dauphin et le grand-maistre retourneroient le lendemain à Villedestellon, pour recognoistre la ville de Quiers ; car, à toutes fins, le Roy la vouloit assaillir, chose qui fut exécutée ; et ce pendant que mondit seigneur le grand-maistre recognoissoit la place, se dressèrent de belles escarmouches, tant de gens de cheval que de pied.

Par la trefve qui fut concluette en Picardie, dont cy-devant est faicte mention, fut permis à la roine Marie de Hongrie d'envoyer quelques gentilshommes siens en Espagne, passans seurement par le royaume de France ; aussi fut permis au Roy d'y envoyer de sa part, pour moyenner une paix ou trefve généralle ; ce qui fut faict respectivement d'une part et d'autre, et tellement exécutèrent leur légation ceux qui y furent envoyez, que la trefve et abstinence de guerre fust concluette, autant bien pour le Piémont qu'elle avoit esté pour la Picardie. Et par ledit accord estoit dit que chacun demoureroit possesseur de ce dont il se trouveroit saisy lors de la publication de la trefve : parquoy ceux de la garnison de Turin, de Vorling, de Savillan et autres places limitrophes, estans de ce advertis, eslargirent leurs limites au plus loing qu'il leur fût possible, et par toutes les petites places et castellets mirent des gens au nom du Roy : ceux du Mont-Devis feirent le semblable. Or il fut accordé, entre ledit seigneur marquis, lieutenant-général de l'Empereur en Italie, et monseigneur le grand-maistre, lieutenant-général pour le Roy, la forme dont l'on devoit user de ladite trefve, ainsi qu'il s'ensuit :

« Il a esté advisé, conclu et arresté entre
» messeigneurs le marquis du Guast, lieute-
» nant général de l'Empereur, et le grand-
» maistre de France, lieutenant-général du
» Roy, que ès villes que l'une et l'autre partie
» tiennent deçà les monts, seront mises les
» garnisons ; c'est à sçavoir, en celles qui sont
» soubs l'obéissance dudit seigneur Roy, en tel
» nombre et ainsi que par ledit grand-maistre
» sera advisé, et en celles qui sont soubs l'o-
» béissance dudit seigneur Empereur, ainsi
» qu'il sera pareillement ordonné par ledit mar-
» quis ; et le surplus des armées, d'une part et
» d'autre, seront renvoyées, et, dès demain,
» vingt-neufviesme de ce mois, ledit grand-
» maistre renvoyra celle d'iceluy seigneur Roy.

» Plus, a esté accordé qu'ès dittes villes et
» places, d'une part et d'autre, seront portez et
» mis vivres et autres munitions, et se feront
» toutes réparations et fortifications nécessaires,

» durant le temps de la présente trefve, ainsi et
» par la forme et manière que ceux qui auront
» la charge desdittes villes et places advise-
» ront, sans qu'il soit faict sur ce, mis ou
» donné, d'une part ny d'autre, aucun empes-
» chement ; et où il surviendroit quelque diffi-
» culté, elle sera vuidée par lesdits seigneurs
» marquis et grand-maistre, tant qu'ils seront
» par deçà, et, en leurs absences, par ceux
» qui demoureront lieutenans-généraux desdits
» seigneurs Empereur et Roy. Faict à Carma-
» gnolle, le vingt-huictiesme jour de novem-
» bre, l'an 1537. »

Le vingt-huictiesme jour de novembre, fut publiée la trefve à Carmagnolle, où le Roy estoit, et pareillement en Ast, où estoit le marquis du Guast, lieutenant-général de l'Empereur, à durer jusques au vingt-deuxiesme jour de février subséquent. Trois jours après, le marquis du Guast vint faire la révérence au Roy, à Carmagnolle, où il fut receu dudit sieur humainement. Ce faict, parce qu'il estoit accordé par ladite trefve, que les députez de par le Roy et ceux de la part de l'Empereur se trouveroient à Locate, pour là ensemblement adviser le moyen de faire une bonne et ferme paix entre Leurs deux Majestez, le Roy délibéra de se retirer en France ; mais, avant son partement, voulut bien pourvoir aux affaires du païs de Piémont, et, pour cest effect, ordonna le seigneur de Montejean gouverneur et son lieutenant-général audit païs ; le seigneur de Langey, Guillaume Du Bellay, gouverneur et son lieutenant-général dedans Turin ; à Pignerol, laissa gouverneur le comte Francisque de Pontrème ; à Savillan, le baron de Càstelpers ; messire Charles de Dros, piémontois, gouverneur du Mont-Devis, laquelle place il avoit surprise sur les Impériaux, et gardée durant qu'ils estoient les plus forts en campagne ; et dedans Vorling laissa le seigneur Ludovic de Birague.

[1538] Les choses ainsi ordonnées, le Roy print son chemin par Pignerol, et, après avoir licentié les Suisses pour se soulager de despense, amena quand et luy le comte Guillaume de Fustemberg avec son régiment, laissant à Carmagnolle le capitaine Nicolas de Rusticis ; puis, prenant le chemin par le Dauphiné, arriva à Lyon, ou, peu de temps après, dépescha monseigneur Jean, cardinal de Lorraine, et monsieur le grand-maistre de Montmorency, pour aller à Locate, convenir avec les députez de l'Empereur pour le faict de la paix. Lesquels, après avoir perdu beaucoup de temps, ne voyans moyen de parvenir à grande conclusoin, enfin arrestèrent une prolongation de trefve pour six mois, à commencer le vingt-deuxiesme jour de février, dedans lequel temps on se devoit rassembler pour encores chercher moyen d'accorder une paix finale ; et vindrent trouver le Roy à Moulins, où il estoit venu ce pendant faire séjour. En ce temps fut deffaitte, par l'armée du Turc, l'armée du roy Ferdinand en Hongrie, où il y eut une perte plus grande qu'il n'y en avoit eu de nostre temps. Le Roy, voulant honorer ceux qui aux guerres précédentes avoient travaillé pour luy faire service, et, entre autres, messire Anne, seigneur de Montmorency, pour les grands et insignes services qu'il luy avoit faicts depuis trente ans au précédant, et mesme, de fresche mémoire, à la descente de l'Empereur en Provence, et au pas de Suze, où, par sa diligence et vertu, il força les ennemis ; aussi aux guerres de Picardie, tant à la prinse de Hédin, qu'avoir secouru Térouenne, laquelle, sans sa diligence, n'avoit moyen encores de tenir huict jours, pour la famine qui desjà pressoit les assiégez, l'honora de l'estat de connestable, auquel n'avoit esté pourveu depuis le partement du duc de Bourbon ; aussi, n'ayant pourveu à l'estat de mareschal, qui estoit vaqué par le trepas du mareschal de La Marche, il en pourveut messire Claude d'Annebault, au précédent capitaine-général des chevaux-légers ; et la mareschaucée, vaquant par la promotion de messire Anne de Montmorency à l'office de connestable, il en pourveut le seigneur de Montejean, qui estoit demouré son lieutenant-général en Piémont.

Trois ou quatre jours après, fut vuidée une querelle, laquelle de long-temps avoit duré entre quatre gentilshommes de Berry, sçavoir est : le seigneur de La Tour-Landry et de Chasteauroux, le seigneur de Sarzay, le seigneur de Veniers et le seigneur de Gaucourt. Le seigneur de Sarzay, comme moteur de la querelle, fut appelé, et luy fut demandé s'il avoit dit que le seigneur de La Tour s'en fust fuy de la bataille de Pavie ; il feit response que ouy, et que le seigneur de Gaucourt luy avoit dit. Le seigneur de Gaucourt fut appelé, et luy fut demandé par le seigneur de Sarzay, s'il luy avoit pas dit que le seigneur de La Tour s'en estoit fuy de la bataille. Gaucourt, sans advouer ny désavouer, luy dist : «Vous m'avez dit que Veniers le vous
» a dit. » Sarzay soudain respondit : « Ouy,
» Veniers le m'a dit. » — « Messieurs, dit Gau-
» court, puisque Veniers le luy a dit, et qu'il
» le tient de luy, je n'ay que faire de respon-
» dre. » Parquoy ledit Gaucourt fut renvoyé, et fut appelé Veniers, qui nia audit Sarzay l'avoir dit, et luy donna le desmenty. Pour en co-

gnoistre la vérité, et sçavoir qui estoient faulx accusateurs, fut ordonné qu'ils combattroient en camp clos. L'occasion qui meut le Roy de leur donner le combat, fut que tous les trois accusateurs n'estoient à la bataille, mais en leurs maisons, à leur aise, parquoy il leur estoit malaisé de cognoistre qui avoit fouy. Le seigneur de Veniers porta les armes, qui estoient un corselet à longues tassettes, avec des manches de maille et des gantelets, et le morion en teste, et une espée bien trenchante à la main droitte, et une autre à la main gauche. En cest équippage, entrèrent en camp, conduits par leurs parrains et accompagnez de leurs confidents. Le seigneur de Bonneval estoit parrain de Veniers; le seigneur de Villebon, de Sarzay, pour l'absence du sieur de Boisy, qui estoit son parrain. Après les publications, sermens et autres cérémonies accoustumées faittes, furent laissez aller. Ils firent très-bien leur devoir de combatre de leurs deux espées; mais, comme gens qui n'estoient fort bien usitez en telles armes, enfin se saisirent au corps, abandonnans leurs espées. Le sieur de Veniers ayant desjà la daguette au poing, et le sieur de Sarzay cherchant de tirer la sienne, le Roy, ne voulant qu'ils passassent outre, jetta le baston: parquoy ils furent séparez par les gardes du camp, qui estoyent monsieur le connestable, monsieur le comte de Sainct-Paul, duc de Touteville, Louys monsieur de Nevers et monsieur le mareschal d'Annebault. Estans les deux champions remis en leurs chaires, pendant que le Roy, avec son conseil, ordonnoit ce qu'il vouloit qui fust faict, le sieur de Veniers, lequel estoit blessé sur le col du pied d'un coup d'espée, par faulte d'estre estanché, après que le Roy eut donné sa sentence, les mettant d'accord, et après avoir remis le seigneur de La Tour en son honneur, ayant le Roy affermé l'avoir veu le jour de la bataille faisant son devoir près de luy, une fièvre quarte, qui de longue main tenoit ledict Veniers, fut convertie en continue, dont peu de temps après il mourut.

Au mois de may subséquent, le pape Paule, tiers de ce nom, voyant la misère estre universelle par toute la chrestienté, à l'occasion des guerres, désirant mettre en patience l'Empereur et le Roy, pratiqua de faire une assemblée de ces deux princes au lieu de Nice, à laquelle, encores qu'il fust aagé de soixante-quinze ans, il se trouveroit, pour estre moyen de faire une paix générale parmy la chrestienté. Les deux princes s'y condescendirent, et le jour prins de s'y trouver, au commencement de juin, qu'on comptoit 1538, le Pape s'y trouva audit jour; aussi feirent Leurs deux Majestez. Et en ceste assemblée la saincteté du Pape travailla merveilleusement, pensant vuider tous leurs différends; mais, voyant n'y avoir moyen d'y trouver une paix finalle, proposa une trefve de dix ans, espérant que, durant ledit temps, les inimitiez enracinées dedans leurs cueurs se pourroient mitiguer; finablement, laditte trefve de dix ans fut conclutte, marchande et communictive entre les païs et subjects de Leursdittes Majestez, et toutes hostilitez d'armes suspendues. Les choses ainsi confirmées et jurées par Leurs Majestez entre les mains de Sa Saincteté, chacun print le chemin de sa retraitte: le Pape print la volte de Rome, l'Empereur celle de Barcelonne, et le Roy print son chemin par Avignon, pour retourner en France. Auquel lieu d'Avignon estant arrivé, eut nouvelles, de la part de l'Empereur, qu'il avoit désir encores de communiquer avecques luy, et que, s'il vouloit se trouver à Aiguesmortes, ledit seigneur Empereur y prendroit terre; chose que le Roy luy accorda. Et se trouvans à Aiguesmortes, l'Empereur mist pied à terre, et vint disner avec le Roy, en grande démonstration d'amitié et fraternité; puis le Roy alla dedans la gallaire de l'Empereur, auquel lieu ils eurent ensemble de grands propos: quels ils furent, je ne sçay; mais on ne s'est apperceu qu'il en soit sorty aucun effect. Après la trefve publiée, tout le reste de laditte année ne se feirent autres choses, sinon limiter ce de quoy devoit jouir un chacun.

L'an 1538, le Roy, estant à Compiègne, tomba malade d'une apostume qui lui descendit au bas du ventre, dont il fut en grand danger de mort. Au mesme temps vindrent nouvelles au Roy que le mareschal de Montejean, son lieutenant-général en Piémont, estoit en extrémité de maladie, et hors d'espérance de vie; parquoy il dépeschea, pour tenir son lieu, le mareschal d'Annebault, et avec luy le seigneur de Langey, pour tenir son lieu en son absence, et le capitaine Martin Du Bellay pour gouverneur de Turin, lequel gouvernement il avoit remis entre les mains du Roy peu de temps au précédent. Lequel d'Annebault, ayant nouvelles, par les chemins, du trespas du seigneur de Montejean, print la poste pour estre plustost en Piémont, ayant doubte qu'estant le païs sans gouverneur, il en advint quelque inconvénient. Aussi, durant laditte trefve, le Roy feit fortifier et pourveoir ses places de Piémont: à Turin, feit revestir de murailles les quatre boulleverts faisans les quatre angles de laditte ville; aussi feit faire les fossez tels qu'ils sont de présent. Feit pareillement édifier de nouveau un chasteau à Pigne-

30.

rol, où estoit l'ancien chasteau, composé de quatre boullevers et quatre courtines, laissant au milieu ledit ancien chasteau pour servir de roquette; et feit le semblable à Montcalier pour couvrir la ville, qu'elle ne fust veüe, comme elle estoit, de la montagne. Aussi fist faire trois boulleverts à Savillan; et le seigneur de Cental, esleu de Riez, feit, avecques l'ayde du Roy, fortifier Cental; aussi feist le comte de Beyne sa ville de Beyne, et les meirent en tel estat, que depuis l'armée impérialle, encores que maintefois elle ayt passé près de leurs portes, ne les a osé attaquer.

L'an 1539, les Gantois ayans esté offensez de plusieurs nouveaux tribus qui leur avoient esté imposez au nom de l'Empereur, et sentans que l'Empereur, qui estoit en Espagne, n'avoit grand moyen de promptement venir en ses Païs-Bas, délibérèrent de s'en ressentir, et, pour cest effect, saccagèrent les officiers de l'Empereur; et pour mieux se fortifier et venir à l'effect de leur entreprise, envoyèrent secretement devers le Roy luy offrir de se mettre entre ses mains, comme leur souverain seigneur; luy offrirent pareillement de faire faire le semblable aux bonnes villes de Flandre (chose que le Roy refusa, pour n'estre infracteur de foy envers l'Empereur, son bon frère, attendu la trefve jurée entre eux depuis deux ans); en advertist l'Empereur, lequel, cognoissant, par cest advertissement et autres qu'il avoit de ses serviteurs, que ses Païs-Bas, qui estoient sa force, estoient en hazard d'estre perdus, ne pouvant trouver moyen d'y pourvoir si promptement qu'il en estoit besoin; car, passant par Allemagne, il n'estoit pas asseuré des Protestans, lesquels luy pourroient empescher son passage, et, se mettant par mer, se mettroit au hazard des vents, qui le pourroient aussi bien jetter en Angleterre comme en Flandres, contre son vouloir, car il n'estoit asseuré du Roy du païs, pour les divisions qu'avez entendu par cy-devant qu'ils avoient eues à cause du divorce de la royne Catherine, sa tante, se résolut de se mettre sur la foy du Roy, et, pour cest effect, envoya ses ambassadeurs devers luy, estant encores malade à Compiègne, luy offrir, au cas qu'il luy baillast passage seur, de grandes choses, et, entre autres, d'investir luy ou l'un de ses enfans du duché de Milan.

Le Roy, jugeant le cueur d'autruy par le sien, et estimant qu'un tel prince que l'Empereur ne le voulust abuser de paroles, après plusieurs allées et venues, tant d'une part que d'autre, luy accorda telle seureté qu'il voulut demander, et mesme se mist à chemin pour aller au-devant de luy, encores qu'il ne fust bien sain de sa maladie, et envoya monseigneur Henry, dauphin de Viennois, son fils aisné, et monseigneur Charles, duc d'Orléans, son fils puisné, jusques à Bayonne, pour le recueillir à l'entrée de son royaume, et l'accompagner jusques au lieu où le Roy et luy se pourroient rencontrer. Or est-il que des promesses que ledit seigneur faisoit au Roy, il pria de n'estre importuné de les signer, à ce que par cy-après on ne peust dire qu'il les eust faictes par contraincte pour obtenir son passage; et qu'il pleust au Roy de s'asseurer de sa parole; mais qu'à la première ville de son obéissance où il arriveroit, il luy en donneroit telle seureté, qu'il auroit occasion de se contenter.

Or est-il que l'Empereur, de sa nature malitieux, voyant luy avoir esté accordé ce passage, pour dénuer le Roy de ses amis et alliez, attendu que ledit seigneur y alloit de bonne foy, inventa une chose que je vous diray. Les Vénitiens, qui estoient entrez en ligue avec l'Empereur contre le Grand-Seigneur, se trouvans y avoir esté abusez, car de jour à autre leurs richesses diminuoient, et cognoissans bien qu'il leur estoit besoin, pour la conservation de leur Estat, d'appoincter avec ledit Grand-Turc, estoient sur le train d'entrer avec luy en une paix ou en une bien longue trefve, et abandonner la ligue faicte avec l'Empereur, qui seroit à son grand préjudice. Pour à laquelle chose obvier, persuada le Roy, en sorte qu'il commanda au seigneur d'Annebault, mareschal de France, et son lieutenant-général en Piémont, d'aller, de compagnie avec le marquis du Guast, à Venise, comme ambassadeurs solennels, pour faire entendre à la seigneurie de Venise la grande fraternité qui estoit entre leurs deux maistres; et qu'ils eussent bon courage, car le roy de France se liant avec eux en ligue, comme il feroit, tous ensemble dresseroient une armée, tant par terre que par mer, pour chasser hors d'Europe la race des Ottomans. Car, en ce faisant, il mettoit les Vénitiens hors d'opinion d'accorder avec le Grand-Seigneur, et mettroit ledit Grand-Seigneur en haine contre le Roy; aussi mettroit le roy d'Angleterre en souspeçon, de sorte que ledit Anglois commençast à se rasseurer de l'Empereur, et s'esloigner de l'amitié de nostre Roy, mesme tous les autres alliez du Roy, entièrement en souspeçon, voyans les superintendens des deux Majestez en Italie en telle fraternité; chose qui fut exécutée. Et s'embarqua ledit mareschal d'Annebault au pont du Pau de Turin, et vint rencontrer le marquis du Guast à Cazal-Majour, auquel lieu ils se mirent tous deux en une barque, et en cest équippage allèrent à Venise faire leur légation.

Or, en ce faisant et durant les choses cy-devant dittes, le mois de décembre 1539 arriva l'Empereur à Bayonne, auquel lieu il fut recueilly par monseigneur le Dauphin et monseigneur d'Orléans, en grande magnificence, et luy fut faicte entrée solemnelle, où il donna grâces et rémissions, et délivra les prisonniers, ainsi qu'il eust faict en ses propres païs et royaumes ; et de là fut accompagné par mesdits seigneurs, et en toutes les villes où il passa, luy fut faict semblable honneur qu'à Bayonne.

[1540] Le mois de janvier, arriva à Chastellerault, où le trouva le Roy, duquel il fut receu en grande magnificence, ainsi qu'estoit la coustume dudit seigneur, car il n'eust peu faire les choses petites. Partant l'Empereur de Chastellerault, print son chemin à Amboise. Or au chasteau d'Amboise y a deux grosses tours, édifiées par le roy Charles VIII, par lesquelles on monte au chasteau ; et sont lesdittes tours si spatieuses et si artificiellement construictes, que charrettes, mullets et littières y montent aisément jusques audit chasteau, qui est assis sur le hault d'une montagne. Et, pour faire l'entrée de l'Empereur plus magnifique, le Roy ordonna la faire de nuict, par dedans l'une desdittes tours, aornée de tous les aornemens dont on se pouvoit adviser, et tant garnie de flambeaux et autres luminaires qu'on y voyoit aussi cler qu'en une campagne en plein midy. Mais, estant l'Empereur à mi-chemin de ladite tour, quelque malavisé, portant des torches, y mist le feu, de sorte que la tour fut toute enflambée ; et à cause des tapisseries où le feu se mist, la fumée fut si grande, ne pouvant expirer, qu'on fut en grande doubte que l'Empereur ne fust estouffé (1), et chacun taschoit à se sauver pour éviter le danger. Aucuns furent prins, souspeçonnez d'avoir faict ceste faulte, mais non par malice, que le Roy voulut faire pendre ; mais l'Empereur leur fist pardonner.

Partant d'Amboise, print son chemin à Blois, puis à Orléans, de là à Fontainebleau, auquel lieu, pour estre maison que le Roy avoit bastie pour les chasses et déduicts, le festoya et luy donna tous les plaisirs qui se peuvent inventer, comme de chasses royales, tournois, escarmouches, combats à pied et à cheval, et sommairement en toutes autres sortes d'esbattemens. Dudit Fontainebleau, tousjours accompagné de messeigneurs les Dauphin et d'Orléans, s'en alla à Paris ; et vindrent au-devant de luy tous les estats de la ville, en laquelle luy fut faicte entrée et réception toute telle qu'à la propre personne du Roy ; et mist en liberté tous les prisonniers qui se trouvèrent, tant à la Conciergerie qu'aux autres prisons de Paris. Partant duquel lieu, alla à Chantilly, maison de monsieur le connestable, où il fut receu fort honorablement ; puis, prenant son chemin par la Picardie, arriva en seureté en sa ville de Vallentiennes, première place de son obéissance, jusques auquel lieu l'accompagnèrent mesdits seigneurs les Dauphin et d'Orléans. Y estant arrivé, les ambassadeurs du Roy estimèrent que là il deust confirmer ce qu'il avoit promis au partir d'Espagne ; mais le bon prince, lequel jamais n'avoit eu envie de tenir sa promesse, les remist jusques à ce qu'il eust communiqué avecques son conseil des Païs-Bas, mais asseura qu'ayant chastié ses subjects rebelles, il contenteroit le Roy. Je pense bien que, si mal luy eust basté et qu'il eust trouvé son païs si eslevé contre luy qu'il n'y eust peu remédier, il eust peu tenir sa promesse, espérant se pouvoir ayder des forces du Roy ; mais, arrivé qu'il fut dedans ses païs, les Gantois, se voyans abandonnez du Roy (lequel mesme luy avoit donné passage par son royaume), et voyans l'Empereur marcher avecques grandes puissances contre eux, entrèrent en désespoir de pouvoir soustenir cest effort ; parquoy, en lieu de combatre, envoyèrent devers l'Empereur chercher miséricorde, chose qui leur fut accordée avecques telles conditions que l'Empereur leur proposa. Parquoy, marchant à Gand avecques toutes ses forces, se saisit des portes et de la place, mettant partout garnison, et fist mourir sept ou huict des principaux autheurs de la sédition, et à tout le reste du peuple donna pardon, à la charge toutesfois qu'ils feroient édifier une citadelle à leurs despens, pour tenir la ville en subjection et à perpétuité payeroient la soulde des hommes qu'il faudroit pour la garde d'icelle ; aussi leur osta leurs loix et franchises anciennes ; et ordonna, pour conduire et dresser ladite fortification, Jean-Jacques de Médicis, marquis de Marignan.

Ayant l'Empereur faict tout ce qu'il avoit délibéré, fut solicité par l'évesque de La Vaur, nommé George de Selva, ambassadeur pour le Roy devers luy, d'exécuter les choses par luy promises entre les mains dudit ambassadeur partant d'Espagne, et encores par plusieurs fois

---

(1) « Il arriva, dit Dupleix, un autre fâcheux accident à ce prince, par l'inadvertance du chancelier Poyet, lequel, en le saluant à son dîner, accrocha la queue de sa longue robe à une longue bûche qui tomba sur la tête de l'Empereur et l'étourdit de son poids ; néanmoins il dissimula sa douleur, et, après dîner, se fit panser par le chirurgien. »

réitérées passant par ce royaume; mais l'Empereur, se voyant hors de toute craincte, osta le masque de sa dissimulation, et déclara entièrement n'avoir rien promis : dont le Roy porta quelque mauvaise volonté à monsieur le connestable, se disant avoir esté par luy asseuré de la volonté de l'Empereur. J'estime bien que mondit seigneur le connestable luy en avoit donné quelque asseurance, parce qu'il pensoit estre asseuré de la promesse d'un tel prince que l'Empereur, et qu'il se fondoit sur l'asseurance de l'ambassadeur du Roy estant près de la personne dudit Empereur.

L'an 1540 se commença à traitter le mariage d'entre le duc de Clèves, de Gueldres et de Julliers, avec la fille unique de Henry, roy de Navarre, et de madame Marguerite, sœur du Roy; lequel traicté fut tant continué, qu'il fut conclu que ledit duc de Clèves viendroit en France devers le Roy; ce qu'il feit et le vint trouver à Chastellerault où il fut honorablement recueilly. Et audit lieu furent célébrées les nopces dudit duc de Clèves et de madite dame fille du roy de Navarre, de parole seulement, et non d'exécution, parce qu'elle n'estoit encores en aage nubile; mais fut accordé que elle, estant en aage, elle seroit conduitte à Aix-la-Chapelle, ville d'obéissance dudit duc, pour la finalle consommation dudit mariage. Ausdittes nopces se feirent de magnifiques tournois en la garenne de Chastellerault, d'un bon nombre de chevaliers errans, gardans entièrement toutes les cérémonies qui sont escrites des chevaliers de la Table-Ronde. Après lesdits tournois et autres festes et festins, s'en retourna ledit duc de Gueldres en ses païs; et s'en retourna le Roy vers Paris, et manda le mareschal d'Annebault, qui estoit son lieutenant-général en Piémont, lequel il mist près de sa personne et au maniement de ses affaires; et demoura en son lieu, lieutenant-général en Piémont, le seigneur de Langey messire Guillaume Du Bellay.

Vous avez n'aguères entendu comme, l'an 1537, le Roy passa en Piémont, au pas de Suze, pour secourir son païs, et comme les Impériaux avoient faict le guast pour nous empescher le passage et s'estre ensuivie la trefve, que les députez du roy et la royne de Hongrie avoient moyenné, dont l'Empereur s'estoit retiré, et le Roy et la pluspart de son armée en France; mais à cause que la trefve estoit courte, on ne voulut licentier les bandes françoises jusques au retour de monsieur le cardinal de Lorraine et de monsieur le grand-maistre qui estoient allez à Locate, où la trefve fut prolongée de six mois. Ce pendant, par faulte de payement, le seigneur de Montejean, qui estoit demouré lieutenant pour le Roy en Piémont, fut contrainct de permettre aux soldats de vivre à discrétion ou indiscrétion, et mangèrent ce qui estoit demouré. A ceste occasion, le peuple mesme, désespéré de faim, n'avoit semé en ladite année, qui fut cause que la famine survint l'an 1538; telle qu'un sac de bled, à Turin, qui n'avoit accoustumé estre vendu qu'un escu, se vendit dix et douze escus, et s'il y avoit du bled au marché, il falloit y mettre garde à ce que le peuple ne s'entretuast pour en avoir. A ce moyen, les terres demourèrent inutilles et incultivées.

Le seigneur de Langey, considérant que c'estoit la perte du pays, car, l'année subséquente, si l'ennemy se mettoit en campagne, rompant la trefve, on seroit contrainct luy livrer les places par faulte de vivres, ou d'en amener de France, qui estoit chose impossible, pour fournir les places, nourrir le peuple et semer les terres (car vous avez entendu comme le Roy, quand il passa, avoit mené toutes les bestes de somme de trois ou quatre provinces, et néantmoins les vivres qu'ils avoient portés n'avoient peu suffire seulement à nourrir le camp); à ceste occasion, il trouva moyen, par dons et autres choses, d'obtenir congé du seigneur André Dorie d'en amener par mer à Savonne et de là, par terre, en Piémont, moyennant qu'il en donnast audit André Dorie quelque portion en payant. Or y avoit-il des bleds en Bourgongne en abondance, desquels il fit charger sur la rivière de la Saonne un nombre suffisant, et de là, en dévalant sur la Rosne, et puis l'embarquer sur la mer; en quoy il fist telle diligence qu'en peu de temps les bleds furent à Savonne. Puis fist trencher une montagne nommée Douillane, de sorte que par charroy il le rendit à Quiéras, de là à Raconis, en trois journées de charroy; puis en départit par toute l'obéissance du Roy, à trois escus le sac, qui coustoit au précédant dix escus, et à chaque village (aportant l'estat de ce qu'il en falloit, tant pour semer que pour vivre jusques aux nouveaux, et en baillant un ou deux respondans) fournissoit dudit bled pour ledit prix de trois escus le sac, payant moitié comptant, moitié après l'aoust, tellement que toutes terres furent semées; qui a esté la salvation du païs, car peu après la guerre se déclara, comme entendrez cy-après, et eust esté ledit païs affamé; et le fist ledit seigneur de Langey à ses fraiz: de sorte que moi, qui suis son frère, en ay payé, depuis sa mort, cent mille livres à un homme seul, en quoy il estoit en arrière; mais il ne luy challoit de la despence, moyennant qu'il fist service à son prince.

LIVRE NEUFIESME.

Le bon traitement qui fut fait à l'Empereur, passant par France, aliéna la volonté de ceux qui en estoyent confédérez en haine de luy, et si ne peult de rien servir pour le faire accomplir les promesses qu'il avoit faites de restituer Milan; encores se descouvrit mieux la haine qu'il portoit au Roy, par l'assassinat des seigneurs Rincon et Fregose, ambassadeurs pour le Roy, pour la vengence duquel se rompt la trefve de Nice. Monsieur le dauphin Henry assiége Perpignan, monsieur d'Orléans conqueste le duché de Luxembourg, qui ne fut longuement gardé; le seigneur de Langey soustient les efforz du marquis du Guast en Piémont, luy suborne six mille Italiens, et par ce moyen le fait quitter la campagne; nos gens y guangnent quelques villes, par les intelligences qu'y avoit le seigneur de Langey; puis, monsieur d'Annebault vient lieutenant du Roi en Piémont, assiége pour néant Cony, ayant, par mauvais conseil, rompu les desseins du seigneur de Langey, lequel, retournant en France, meurt à Tarare, au grand regret des gens de lettres et d'expérience. Martin Du Bellay, son frère, estant demeuré gouverneur de Turin, eslargit son ressort par la prise des lieux de Bony, Catillon et Sainct-Raphaël. Monsieur d'Annebault, repassant les monts, est surpris de la tourmente sur le mont Cenys, et y perd plusieurs de sa suite, entre autres le sieur de Carrouges, et luy-mesme à peine en eschappe. Les Rochelois, s'estans révoltez, obtiennent pardon du Roy. Martin Du Bellay descouvre plusieurs intelligences des Impériaux en Turin, et en fait punir les thraistres. Estant après luy monsieur de Boutières gouverneur de la ville de Turin, César de Naples fault à la surprendre, une fois par escalade, et l'autre avec des charettes de foin. Monsieur de Vendosme dresse en Picardie plusieurs courses et entreprises sur l'ennemy, avitaille Térouenne, prent Liliers et le ruine.

[1541] Estant l'Empereur passé par ce royaume, et ayant esté recueilli en telle fraternité du Roy son frère, comme avez entendu par le discours du livre précédent, avec tous les honneurs dont le Roy avoit peu user en son endroict, et aussi, après que le Roy eut refusé ceux de Gand, qui de toute ancienneté estoient subjets de la couronne de France, lesquels s'estoient mis entre ses bras, comme entre les mains de leur souverain seigneur, luy offrans pareillement le semblable de la pluspart des bonnes villes de Flandres, mais le Roy, ne voulant en rien contrevenir au traitté de la trefve, ains garder sa foy, estima que l'Empereur la luy garderoit en pareille fidélité; luy ayant aussi baillé passage libre par son royaume, pour les réduire en son obéissance; car, par ailleurs, luy estoit malaisé d'y pourvoir d'heure, attendu que le passage de mer ne luy estoit seur, à cause des inimitiez d'entre luy et le roy d'Angleterre, et par Allemagne aussi peu, pour la crainte des Protestans; et aussi que ledit chemin estoit long : ces choses faisoient croire à toutes gens de bien que l'Empereur n'auroit à deffaillir à ce qu'il avoit promis au Roy, mais au contraire estimoient que ledit Empereur, estant arrivé en ses Païs-Bas, en feroit d'avantage que sa promesse ne portoit; excepté aucuns, qui cognoissoient les humeurs de l'Empereur estre tels, que ce qu'il peult, soit par tromperie ou autrement, luy est loisible pour parvenir à ses fins, entièrement fondez sur ambition, ainsi que peu après il sera cognoistre par les effects, et comme je déclareray. Aussi vous avez veu que, pour mettre tous les potentats et princes de la chrestienté en soupsçon, et mesme le Grand-Seigneur; et, pour mieux abuser le monde, il avoit persuadé au Roy d'envoyer le seigneur d'Annebault, son lieutenant-général en Piémont, en la compagnie du seigneur marquis du Guast, lieutenant-général au duché de Milan, devers la seigneurie de Venise, aussi avoit envoyé devers le Pape le sieur de Gié, pour pareil effet; ce que le Roy, qui tousjours avoit usé de bonne foy, voulut encores accorder, afin de faire cognoistre l'envie qu'il avoit d'accorder une ferme paix en la chrestienté.

Le Roy, se voyant ainsi loin d'espérance, par les dissimulations dont usoit l'Empereur en son endroict, voulut bien faire entendre à ses alliez comme les choses estoient passées entre ledit Empereur et luy; et, pour lever le doubte qu'ils avoyent, d'autant que l'Empereur, par ses ministres, leur avoit soubs main faict entendre que ledit seigneur avoit traitté avec luy à leur désavantage, pensant par ce moyen irriter tous les potentats de la chrestienté contre luy, à ceste cause, dépescha le seigneur César Fregose, chevalier de son ordre, devers la seigneurie de Venise, et le seigneur Antoine de Rincon, gentilhomme de sa chambre, devers le Grand-Seigneur, pour leur déclarer l'estat des affaires d'entre ledit Empereur et luy. Et, pour autant que le chemin dudit Rincon estoit de passer par Venise, fut ordonné qu'ils iroient de compagnie jusques audit lieu de Venise.

Estant le seigneur de Rincon arrivé à Lion, voulut y faire quelque séjour, pour pourvoir à ses affaires, pendant lequel le seigneur César Fregose vint devant à Suse, veoir sa compagnie de gens-d'armes, dont nouvellement le Roy luy avoit baillé la charge. Lequel séjournant audit lieu de Suse, le seigneur de Langey, lieutenant-général du Roy en Piémont, lors estant à Turin, eut quelque vent que le marquis du Guast (ores que fussions en trefves) avoit mis aguets par les passages, pour surprendre lesdits seigneurs Fregose et Rincon. A l'occasion de ce, ledit seigneur de Langey manda ausdits Fregose et Rincon qu'ils n'eussent à passer outre Rivole, que premièrement il n'eust communiqué avecques eux; et envoya de toutes parts pour entendre des nouvelles du département dudit seigneur marquis.

Le jeudy premier jour de juillet 1541, arrivèrent lesdits Fregose et Rincon à Rivole, et environ minuit y arriva le seigneur de Langey; aussi revindrent ceux lesquels de toutes parts il avoit dépesché pour entendre nouvelles, qui tous unanimement luy rapportèrent que par tous les passages le marquis avoit mis aguets, et mesme sur la rivière du Pau, parce qu'il avoit esté adverty que, pour raison que le seigneur Rincon estoit malaisé de sa personne, obstant la gresse dont il estoit chargé, se mettroit plustost en chemin par eau que par terre. Duquel raport ledit seigneur de Langey leur donna advertissement; et, après qu'ils eurent déclaré que leur intention estoit de se mettre sur la rivière, le prians ordonner que barques leur feussent appareillées au pont du Pau, près Turin, pour l'accomplissement de leur voyage, le seigneur de Langey, prévoyant le hasart où ils alloient entrer, par la notice qu'il avoit des meurs du marquis du Guast, les voulut, par tous moyens, suader de changer d'opinion, se faisant fort de les faire passer en seureté par terre, par le moyen qui s'ensuit: Il y avoit un capitaine milanois en sa compagnie, nommé Hercules Visconte, lequel, partant à jour couché de Rivole, les conduiroient de sorte qu'avant le jour ils arriveroient à La Cisterne, chasteau de Lastizanne, de l'obéissance du Roy, auquel lieu estans arrivez, tiendroient les portes fermées tout jour, et partans la nuict séquente, iroient coucher en un chasteau appartenant au frère dudit Visconte, où feroient le semblable. La troisiesme nuict, devoient arriver sur le Plaisantin, en seureté, pour estre terre du patrimoine de l'Eglise, et pour ce faire, vouloit ledit seigneur de Langey bailler audit Rincon un cheval d'Espagne fort aisé et allant l'amble.

Le seigneur Fregose, n'estimant le marquis du Guast homme qui eust voulu faire un tel acte, que de faire assassiner les ambassadeurs d'un tel prince très-chrestien que le Roy, attendu mesme qu'il estoit en trefve, demoura obstiné en son opinion, et ne voulut changer sa première délibération, ains résolut d'aller par eau, persistant à faire instance audit seigneur de Langey de luy bailler barques, suyvant le commandement du Roy. Le seigneur Rincon congnoissoit bien qu'il y avoit grande apparence au propos dudit sieur de Langey, mais avoit crainte d'altérer l'opinion de Fregose; ayant doubte que l'altérant, et si mal en venoit, on luy pourroit reprocher, veu que Fregose l'avoit pris en sa conduitte, il consentit d'aller par eau, aussi que c'estoit le plus aisé, non le plus seur.

Le samedy, deuxiesme jour de juillet audit an, ayans esté conducts en deux barques lesdits Fregose et Rincon et leur suitte, jusques à la tour de Simenne, près de Vorling, le seigneur de Langey, craignant ce qui advint, parce que ses advertissemens d'heure en heure luy redoubloient, envoya devers lesdits seigneurs, pour leur persuader de rechef de changer leur dessein, et où ils voudroient persévérer à leur obstination, ils eussent à luy renvoyer leurs instructions, lettres de créance et papiers, à ce qu'avenant le cas qu'ils fussent saccagez ou prins, ils n'en fussent trouvez chargez, lesquelles il leur feroit tenir seurement à Venise. Ce néantmoins, ils demourèrent en leur première résolution, mais bien luy renvoyèrent lesdites instructions par le comte Pètre Gentil, nepveu du comte Camille de Sesse, lieutenant dudit Fregose; puis, le jour mesme, s'embarquèrent, avec ledit comte Camille de Sesse, en une barque, et une partie de leurs serviteurs, et un soldat du seigneur Ludovic de Birague, nommé Boniface de Sainct-Nazare, en une autre, ayant chacun quatre vogueurs; et commencèrent à voguer environ les vingt-quatre heures, et allèrent toute la nuict jusques à deux milles au-dessoubs de Cazal de Montferrat. Le lendemain, environ midy, estans arrivez en un lieu appellé la Plage de Cantaloue, trois milles au-dessus de la bouche du Thésin, se présentèrent au-devant d'eux gens en armes estans sur deux barques, lesquels soudainement assaillirent et prindrent la barque où estoient lesdits Fregose et Antoine Rincon, et, parce qu'ils se mirent en deffence, leurs ennemis montèrent sur laditte barque, où lesdits seigneurs furent tous deux tuez. Dont promptement le seigneur de Langey fut adverty, et peu après eut autre advertissement qu'ils avoient mené le comte Camille de Sesse (lequel ils n'avoient tué audit assasinement) dedans le chasteau de Pavie, puis, la nuict subséquente, l'avoient mené dedans la roquette de Milan, et avoient mis au fond du chasteau de Pavie tous les battelliers qui avoient conduict tant les François que les Espagnols, à ce que par eux on n'en peust avoir tesmoignage, et que les soldats qui avoient faict ceste infame exécution, estoient de la garnison du chasteau de Pavie; lesquels, depuis trois jours et trois nuicts, n'avoient sorty de dedans leurs barques, armez d'arquebuses, picques et rondelles, et se faisoient apporter à menger d'une hostellerie qui leur estoit proche, et tenoient leurs chevaux au-dessoubs, en lieu nommé le port de l'Estelle : l'autre barque, où estoient Boniface de Sainct-Nazare et les serviteurs, donna à terre, et se sauvèrent, ceux qui estoient dedans, en un bois, jusques à la nuict, qu'ils se retirèrent en seureté.

Le seigneur de Langey, ayant eu les advertissemens que cy-devant avez entenduz, avec quelque asseurance de la vérité, dépescha le seigneur de Termes, capitaine de deux cens chevaux-légers des ordonnances du Roy et gentilhomme de la chambre de monseigneur le duc d'Orléans, devers le marquis du Guast, qui estoit à Milan, pour l'advertir dudit assasinement, luy mandant qu'il ne se pouvoit persuader qu'un faict si énorme, contre tout droict naturel, divin et humain, fust exécuté par son sceu, ordonnance ou commandement ; parquoy le prioit d'y donner telle provision, qu'elle fist foy à tout le monde, que non seulement il eust voulu consontir, mais aussi peu souffrir que telles choses se fissent.

Pendant que ledit sieur de Termes feit son voyage, arriva à Turin le comte Francisque de Landrian, avec lettres du marquis du Guast, par lesquelles il escrivoit au sieur de Langey avoir receu une lettre, envoyée de la part de la femme du seigneur César Fregose, dénontiative du fait advenu à la personne de son sieur et mary, dont il avoit esté autant émerveillé que de nulle autre chose qui luy eust sceu advenir (mesmes quand il la receut, il pensoit que ledit César et seigneur Rincon fussent desjà arrivez à Venise, pour avoir paravant, dès Cazal, quand ils passèrent, esté adverty de leur passage); et qu'il estoit bien asseuré que le sieur de Langey estimoit bien que l'inconvénient advenu audit Fregose avoit esté faict à son desceu, l'asseurant qu'il sentoit autant ceste chose que si elle eust esté faite en sa propre personne, pour avoir toujours tenu les serviteurs du Roy en telle estime, et les avoir gratifiez autant que ceux mesmes de l'Empereur.

Et, pource qu'il entendoit bien combien ce fait importoit, et le regret qu'en pourroient avoir Leurs Majestez, il avoit déterminé de faire user de toute diligence, pour entendre au vray comme la chose estoit passée ; et si aucuns sur lesquels il eust pouvoir, estoyent trouvez s'en estre empeschez, il en feroit faire telle justice et démonstration qu'il en seroit mémoire ; et que tout incontinant avoit dépesché le capitaine de la justice de Milan, qui ne faudroit d'y faire son devoir, luy offrant que, si bon luy sembloit, il eust à envoyer quelque député de sa part avec ledit capitaine de justice, pour assister et voir ce qui s'en feroit, le priant l'advertir continuellement de ce qu'il pourroit entendre estre requis pour chastier ceux qui se trouveroient coulpables, comme il est nécessaire et convenable à l'entretènement de l'entière amitié d'entre Leurs Majestez, et à la satisfaction d'icelles. Or pensoit le marquis avoir faict faire cest acte si occultement, et y avoir si dextrement pourveu, que jamais la vérité ne viendroit en lumière, et, par ce moyen, abuser le monde par ses paliations.

Le sieur de Langey, qui desjà avoit l'ombre de la vérité, cognoissant bien que tous les mandemens du marquis n'estoient que fiction et abus, ne luy feit response, attendant nouvelles dudit sieur de Termes, duquel le lendemain il eut response en substance, que le marquis ne pouvoit autre chose luy mander, sinon ce que, par le comte Francisque de Landrian, luy avoit desjà faict sçavoir ; mais bien le remercioit de la bonne opinion qu'il avoit de luy, qu'il n'eust voulu estre consentant ne participant d'une telle méchanceté, l'asseurant que jamais tel acte ne luy vint en fantasie. Ce néantmoins, le sieur de Langey, jusques à ce qu'il eust bien avéré le faict, dissimula tousjours, faisant entendre au marquis qu'il avoit estimé qu'il n'en estoit participant, pour craincte qu'il ne luy empeschast par tous moyens de vérifier laditte meschanceté. Bien luy manda qu'il ne trouvast mauvais s'il taschoit à descouvrir la verité, et si, après l'avoir cogneuë, il en advertissoit Nostre Sainct-Père, l'Empereur, le Roy, le roy d'Angleterre et la seigneurie de Venise, et autres potentats de la chrestienté, à ce qu'ils jugeassent que si roupture de trefve advenoit pour ceste occasion, ce qu'il n'espéroit advenir, tout le monde cogneust de qui viendroit le tort : aussi qu'il avoit jà faict commencer les informations, lesquelles il envoiroit devers le Roy son souverain seigneur, pour en faire ce qu'il verroit estre bon par son conseil, et qu'il estimoit le Roy son maistre, et son conseil n'avoir si peu de jugement que de ne cognoistre la vérité, après les avoir veuës. Outre, luy manda que le comte de Landrian, qu'il avoit envoyé devers luy, luy avoit faict entendre qu'il estoit à craindre que le duc d'Urbin, qui avoit querelle contre ledit seigneur Fregose, ou le prince Dorie, pour jalousie de l'Estat de Gennes, eussent faict faire cest assasinement, dont la vérité, par les informations qu'il espéroit estre parachevées dedans trois ou quatre jours, se congnoistroit, lesquelles le sieur de Langey faisoit faire à Plaisance comme en lieu neutre, pour oster le doubte de falsité.

Le marquis renvoya devers le sieur de Langey le comte de Landrian, le priant luy donner addresse et moyen nécessaire à ce que ledit comte peust aller et revenir seulement devers le Roy, pour luy faire entendre la diligence qu'il faisoit d'informer qui estoient ceux qui avoient esté exécuteurs ou participans de l'exécution de l'acte tant exécrable contre ses ambassadeurs, chose que le sieur de Langey luy accorda. Et, parce que, par ledict comte de Landrian, le marquis se plaignoit fort dequoy le sieur de Langey faisoit si grande instance d'avérer ledit assasinement, ne se voulant fier à la diligence que lui-mesme en faisoit, le sieur de Langey lui manda que, outre ses premières plaintes de la prinse ou assasinement dudit César Fregose et autres, il avoit entendu qu'un pacquet venant de Venise au Roy son maistre, et un autre de Sa Majesté allant à Venise, avoyent esté destroussez sur le chemin en la jurisdiction impériale, par gens vestus à sa devise, qui estoit directement contrevenu à la trefve, et que, pour ceste occasion, luy prioit qu'encores que le destroussement n'eust esté faict par son sceu, de luy en faire raison.

Devant la response du marquis, arriva le comte de Landrian, retournant de devers le Roy, lequel apporta lettres dudit seigneur audit marquis, par lesquelles luy mandoit avoir entendu, par la bouche du comte de Landrian, ce qu'il luy avoit mandé; et que, pour l'avoir tousjours tenu homme vertueux, n'avoit voulu penser que tels actes eussent esté exécutez par son sceu, pour estre si odieux et reprochables, estant seur que, puisqu'il avoit moyen d'y reremédier, sçachant où sesdits ambassadeurs avoyent esté pris, et qu'il pouvoit estre informé du lieu où ils estoyent prisonniers, qu'ils luy seroyent renvoyez, puisqu'il y avoit puissance : car le Roy faingnoit que les seigneurs Fregose et Rincon fussent prisonniers et non occis, en intention d'attirer la confession de l'assasinement, par la bouche du marquis, ou bien, s'il n'en estoit participant, il ne failliroit d'en faire justice exemplaire.

Avec ledit comte de Landrian, partant de Turin pour retourner à Milan devers le marquis, le sieur de Langey envoya le sieur de Termes, par lequel il feit entendre audit marquis que, outre ce que desjà il luy avoit amplement mandé, ayant intention, suivant le vouloir du Roy, et pour complaire à la grande instance que ledit marquis luy avoit faicte, de luy faire communication des informations faictes, de l'exécution commise aux ambassadeurs du Roy, il avoit délibéré les luy envoyer par ledit seigneur de Termes ; mais, estant pressé par le comte de Landrian de partir si promptement, il n'avoit eu loisir de les faire doubler, et que, pour le gratifier, luy vouloit bien mander, afin d'en faire punition, et que l'aage présent ou futur ne luy donnast blasme d'en avoir esté consentant ; et que le sieur de Termes luy feroit entendre sommairement que luy, sieur de Langey, et autres ministres du Roy, luy feroient apparoir du nombre et des noms de ceux qui avoient exécuté le délict, de quelles nations ils estoient, et où furent menez les prisonniers, par qui, à quelle heure, par quel chemin, avec quel ordre, par quelle porte, et à quelle heure ils furent mis dedans leur première prison, à qui consignez, où ils furent logez, combien de temps ils y demourèrent, par qui, à quel jour et à quelle heure ils furent transportez, par quel chemin, avec quel ordre et par quel nombre de gens. Car entendez que le sieur de Langey, pour mieux le vérifier, retira au service du Roy aucuns qui estoient mesmes de la faction, et les mariniers, tant ceux qui avoient mené Fregose, que ceux qui avoient conduit les soldats qui exercèrent ceste tyrannie, que le marquis avoit faict emprisonner au fons du chasteau de Pavie, pensant cacher la vérité, par lesquels il entendit comme les choses avoient passé, les ayant tirez dehors, par le moyen qu'il trouva de faire limer, de limes sourdes, les grilles estans au fons des prisons, devers le fossé du chasteau, et les feit mener à Turin, qui ne fut sans frais et vigilance.

Les choses ainsi avérées, le Roy renvoya devers le sieur de Langey, pour entendre de luy quel homme il cognoissoit à propos pour faire la légation pour laquelle il avoit dépesché le seigneur Antoine Rincon, et le moyen qu'il y avoit de le faire passer en sûreté. Le sieur de Langey luy nomma le capitaine Paulin (1), ca-

---

(1) « Je lui ai ouï raconter (au capitaine Paulin),

pitaine de gens de pied, et depuis baron de La Garde, lequel, dès le commencement de l'assasinement, il avoit envoyé devers Sa Majesté, et qu'il le feroit passer seurement jusques à Venise; ce qui fut faict; et feit très-bien sa charge ledit capitaine Paulin, de sorte que depuis le Roy s'en est servy en plus grandes affaires.

En ce temps estoit l'Empereur en Allemagne, à une diette qu'il tenoit à Ratisbonne, où il accorda aux Protestans un *intérim*, qui est autant à dire que jusques à ce qu'il y eust un concile qui déterminast des difficultez de la religion, chacun *intérim* pourroit vivre en la sérimonie qu'il avoit faicte par devant; et, par ce moyen, luy fut accordé à ladite diette, qu'au despens du ban d'Allemagne, le duc de Savoye seroit réintégré en tous ses Estats. Aussi peu après, Guillaume de Roquendolphe, lieutenant-général du roy Ferdinand, fut deffaict devant Bude, où mourut vingt mille Allemans, par l'armée du Turc, et le Turc en personne marchoit. Quoy voyant, l'Empereur, cognoissant qu'estant en Allemagne, et voisin de ceste grande perte, ne luy seroit honorable de n'aller au-devant de ces forces turquesques, parquoy, pour couvrir sa peur, délibéra de faire l'entreprise d'Arger, ne la sentant si difficile que celle contre le Grand-Turc. Aussi, passant par Italie, trouvant le Roy au despourveu, il peust luy faire une venue, aymant mieux laisser son propre patrimoine en proye, pour se cuider venger du Roy, lequel il avoit offencé par l'occision de ses ambassadeurs, après avoir receu une si grande grâce que de le laisser passer par son royaume et le favoriser à dompter ses subjects rebelles. Mais, estant arrivé à Milan, et cognoissant que le sieur de Langey, qui estoit lieutenant du Roy en Piémont, y avoit pourveu, de sorte qu'il n'y eust moyen de rien entreprendre, et mesme que le Roy avoit pourveu Marseille et la coste de Provence, suivit son entreprise d'Arger; laquelle fut mal fortunée pour luy, ainsi qu'autres ont descrit, parquoy je m'en tais, comme n'estant point de ma matière; bien diray-je, pour une parentaise, que l'Empereur estant à Luques, parlamenta avec le Pape. Le Roy envoya devers eux deux demander la raison de Fregose et Rincon, dont il n'eust response que frivolle. Revenons à ma matière.

Le marquis du Guast voyant ses entreprises descouvertes, et n'estre venu à la fin qu'il prétendoit, d'entendre les desseins du Roy par les instructions de César Fregose et du seigneur Antoine Rincon, sans qu'il luy eust esté possible de les sçavoir de leur bouche, puisqu'ils estoient morts, et ayant advis que le Roy avoit envoyé demander réparation dudit crime, tant à l'Empereur qu'aux Estats de l'Empire, délibéra d'envoyer à une diette, laquelle se devoit tenir en Allemagne, pour le faict de leur deffence contre le Turc, lettres pour se justifier, et accuser ceux desquels il estoit accusé; lesquelles furent présentées aux Estats de l'Empire assemblez à Ratisbone, et du depuis traduittes de latin en françois, dont la teneur s'ensuit:

« Ayant entendu que l'on a, contre toute rai-
» son, rapporté à voz révérendissimes et illus-
» trissimes seigneuries, que j'ay troublé le
» repos de la chrestienté, rompant la trefve
» d'entre l'Empereur et le Roy Très-Chrestien,
» je suis demouré long-temps en doubte si je
» devoy à telles objections faire response, parce
» que, voyant la vérité estre assez évidente,
» j'estimoy que d'elle-mesme, sans autre mienne
» justification, elle se pouvoit assez manifester;
» aussi me sembloit qu'en y respondant, je se-
» roy forcé de me départir de ma naturelle mo-
» destie, parce que, voulant à telles imputa-
» tions faire convenable response, je ne le
» pouvoy faire, saufve la révérence de qui m'a
» telles imputations données. Considérant tou-
» tesfois que bien souvent la vérité est si subti-
» lement couverte et adumbrée de parolles, que
» sa lumière luy peult estre ostée, aussi enten-
» dant combien chacun doit à son honneur
» avoir esgard, il m'a semblé que si, pour la
» deffense du mien, je ne m'efforçoy de remet-
» tre la nue vérité en sa vraye, propre et natu-
» relle lumière, je pourroy en quelque blasme
» et reproche encourir.

» Doncques à voz révérendissimes et illus-
» trissimes seigneuries a esté donné à entendre
» que les ambassadeurs du Roy Très-Chrestien
» ont esté tuez, que ses messagers ont esté
» blessez par gens vestus à ma devise, que

» dit Brantôme, et d'autres avec moy, car il ne s'en
» feignoit point, et en faisoit gloire, qu'estant extrait
» de bas lieu, les guerres de Piémont et de Milan émues,
» il y eut un caporal d'une compagnie, passant par le
» bourg dudit Paulin, et s'appeloit La Garde, du depuis
» il en voulut porter le nom, qui, le voyant jeune enfant
» d'esprit et de bonne façon, le demanda à son père pour
» le mener avec lui: le père le lui refusa; mais il se dé-
» robe de père et s'en va avec le caporal, qu'il servit de
» goujat environ deux ans, et puis le voyant de bonne
» volonté, lui donna l'arquebuse et le fit si bon soldat,
» qu'il parut toujours pour tel, puis fut enseigne et lieu-
» tenant, puis capitaine. Ah! qu'il s'est vu sortir de
» très-bons soldats de ces goujats! »

» d'Allemagne j'ay amené gens de guerre en
» Italie, et qu'à ce moyen on prétend que de ma
» part y ayt roupture de trefve.

» Au premier article, pour ce qu'autrefois
» j'ay esté nommé coulpable de tel effect, je
» diray à présent pour ma justification, une
» chose seulement. J'offry de constituer, et
» moy et tous ceux que le Roy allégueroit sus-
» pects de cest affaire, et les mains de Nostre
» Sainct-Père, afin que la vérité par ce moyen
» fust cogneuë et justifiée, et, depuis le parte-
» ment de Sa Majesté, je retournay de rechef
» à faire les mesmes offres. Or, si cest offre
» paravanture sembloit à aucuns n'estre assez
» justificatoire, j'en feray une telle, à la fin de
» ceste lettre, qu'entre chevaliers elle pourra
» estre plus recevable.

» Au second point, je ne respondray autre
» chose, sinon qu'allant rencontrer Sa Majesté
» Impérialle à Trente, vindrent avec moy plus
» de trois mille personnes habillez à ma devise,
» de manière que autres que les miens ont peu
» estre vestus d'icelle. Et d'avantage, quand
» j'auroy intention de vouloir que telle chose se
» feit, je sçauroy bien déguiser mes gens, en
» sorte qu'ils ne seroient si légèrement congneus
» à l'habit.

» Quant aux Allemans qui sont passez en
» Italie, il m'a semblé que, tenant le lieu que
» je tiens pour Sa Majesté Impérialle, à moy
» touche d'y faire response. Sçachent donc voz
» révérendissimes et illustrissimes seigneuries
» que, ayant entendu que les François faisoyent
» descendre en Italie de trois à quatre mille
» Suisses, et congnoissant que telle nation ne se
» lève pour garnison de villes, mais pour fac-
» tion à la campagne, je dépeschay le comte de
» Lodron en Allemagne, pour faire levée de
» deux mille hommes; et par la datte de mes
» lettres escrittes au roy des Romains, et par le
» temps que sont partis les Suisses pour venir
» en Italie, il se cognoistra que desjà les
» Suisses estoient en chemin auparavant que
» je donnasse ordre pour la levée desdits Alle-
» mans : dont est que, si par ce chef on tient
» que la trefve soit rompue, elle sera rompue
» par qui a premièrement conduit les Suisses,
» non par qui après a conduit les Allemans.
» Cecy sera quant aux choses que je pense vous
» avoir esté descrites de moy; et, si je vouloy
» passer outre, je pourroy, paravanture, dire
» que les courriers de Sa Majesté ont esté dé-
» troussez, et les lettres de Saditte Majesté de-
» tenues; qu'on a tenu praticques ès villes de
» Saditte Majesté, pour les surprendre et des-
» rober; que Marau a esté prins d'emblée, et

» que par mer a esté au sieur de Granvelle
» donné la chasse.

» Lesquelles choses je ne puis entendre
» comme on les puisse faire sans roupture de
» trefve; mais de ce je ne vueil pour le présent
» faire plus spécialle mention, me réservant à
» temps convenable à telle justification. Bien
» diray-je que ceux mesmes qui ont faict retenir
» les lettres de Saditte Majesté, se sont peu es-
» claircir par icelles quelle estoit son intention,
» en me donnant commission expresse qu'en
» aucune manière je ne feisse chose qui redon-
» dast à roupture de trefve; et telle estant
» l'intention de Sa Majesté, il n'est à croire
» que ses serviteurs doivent procéder au con-
» traire.

» Et, puisque nous sommes entrez en ce
» propos de roupture de trefve, je dy qu'estant
» faicte détermination par une très-saincte dé-
» libération du Sainct-Empire, de prendre les
» armes contre les ennemis des vrais Chres-
» tiens, il me semble que qui voudra véritable-
» ment cognoistre dont procède ceste roupture
» de trefve, l'on doit principalement regarder
» qui est celuy qui de la guerre entre les Chres-
» tiens doit sentir aucune satisfaction. Or sça-
» vent voz révérendissimes et illustrissimes
» seigneuries quel intérest a Sa Majesté Impé-
» rialle en la guerre contre les infidelles, de
» combien grande affection elle, à ceste fin, a
» procuré l'union et accord de la Germanie, et
» combien aussi elle a ceste entreprise à cueur,
» pour l'exécution de laquelle il est certain
» qu'il n'y a meilleur expédiant que la paix et
» union entre les Chrestiens. Ce présupposé,
» comme il est vraysemblable que par les gens
» de Sa Majesté soit procuré de troubler ceste
» paix, et de détourber ce que de si grande af-
» fection elle désire, et qui est plustost croya-
» ble, d'avoir cherché d'empescher ceste entre-
» prise, ou de la partie qui en est autheur et
» continuellement cherché que la paix se face,
» ou de celle qui, de tout son estude et engin,
» se travaille à faire que la guerre ne se face
» contre les Turcs? Quelle chose est plus à
» croire, ou que Son Impérialle Majesté, ayant
» une telle guerre que celle du Turc, vueille,
» par entreprise de nouvelle guerre, séparer et
» désunir ses forces, ou ceux qui ne
» voudroient que ceste guerre se fist, cher-
» chent par ce moyen de désunir sesdittes
» forces?

» Qui est celuy qui a cause de penser que Sa-
» ditte Majesté doive procurer que la puissance
» du Turc ne soit abaissée, ou celuy qui de son
» abaissement espère son exaltation, ou celuy

» qui estime que l'exaltation de l'Empereur et
» de l'Empire soit sa dépression et ravallement?
» La Germanie, très-révérends et illustrissimes
» seigneurs, ainsi qu'elle est la plus grande
» partie de chrestienté, ainsi est-elle le fonde-
» ment et soustien de tout l'Empire.
» Or à qui appartient plus qu'à l'Empereur
» de souhaitter et désirer qu'elle soit sauve et
» entière? Certainement à homme quelconque.
» Et comme peult-elle mieux estre conservée,
» sauvée et entière, qu'en résistant gaillarde-
» ment et vivement aux entreprises du Turc?
» Ne comme peult-elle plus gaillardement y ré-
» sister, qu'en demeurant bien unie? Si ceste
» union dépend de son salut, et si l'Empereur,
» sur toutes choses, désire qu'elle soit sauve,
» comme est-il vraysemblable que luy, en la
» désunissant par autres guerres, vueille amoin-
» drir ses forces pour mettre son salut en
» danger? Voz révérendissimes et illustrissimes
» seigneuries se vueillent réduire à mémoire
» qui est celuy qui continuellement a cherché
» et cherche de tenir lesdittes forces séparées?
» qui est celuy qui ne voudroit point que les
» forces de l'Empereur s'augmentassent? qui
» est celuy qui avec les armes cherche de s'im-
» patroniser des choses à l'Empire appartenans?
» qui est celuy qui ne voudroit point que la
» guerre se fist contre le Turc? Et, parce que
» pourront vosdittes révérendissimes et illus-
» trissimes seigneuries asseurément juger que
» ceux qui sont en telle volonté sont ceux-
» mesmes qui, pour désunir la Germanie,
» veulent interrompre le repos et tranquillité
» d'entre les chrestiens, à ce que le Sainct-
» Empire, se faisant plus grand, ne vienne
» avoir puissance de recouvrer les choses qui
» luy appartiennent, et de peur que le pouvoir
» de l'ennemy de Jésus-Christ ne soit, avec
» l'exaltation de l'Empire, abaissé et ruiné;
» contre ceux-là me semble que justement se
» doit conclurre estre recherchée la roupture
» de la trefve, et non contre aucun de Son Im-
» périalle Majesté, qui est en diverse et con-
» traire volonté.
» Mais, pour ne persister longuement en ceste
» matière, laquelle à voz révérendissimes et il-
» lustrissimes seigneuries doibt estre désormais
» trop claire et évidente, pour sur icelle se de-
» voir estendre un long propos, je retourneray
» à mon particulier, et dy que des choses sus-
» dittes, ainsi que je les ay dittes, ainsi me
» soubsmets encores à la justification, toutes les
» fois que de personne à qui la chose appar-
» tienne j'en seray requis, avec le bon congé tou-
» tesfois de Son Impérialle Majesté, de laquelle

» je suis asseuré qu'elle me fera ceste grâce.
» Et pour ce qu'il y a deux voyes de se justi-
» fier, l'une civile, et l'autre chevaleresse, je
» m'offre à deffendre civilement que de moy
» n'est procédée roupture de trefve, et, si aucun
» chevalier mon pareil me veult de telle chose
» imputer, et me vueille prouver son intention
» avec les armes, je deffendray qu'il dit le faux,
» et qu'autant de fois il aura dit le faux, quantes
» fois il m'aura donné ou donnera telle imputa-
» tion. A vous dire ce que dessus, révérendissi-
» mes et illustrissimes seigneuries, m'a conduict
» le grand désir d'estre du tout justifié devant vos
» révérendissimes et illustrissimes seigneuries;
» et, si je sçavoye autre voie de me pouvoir plus
» clairement justifier, je ne faudroy de la mettre
» en avant, parce qu'en une entreprinse si juste,
» si religieuse et si saincte, je ne voudroy que sur
» moy tombast un tant soit-il petit souspeçon,
» que contre la religion chrestienne je vousisse
» prendre les armes. Je dy cecy parce que je
» sembleroy les prendre contre Christ luy-mes-
» me, si, nourrissant la guerre entre les chres-
» tiens, je donnoy empeschement à la guerre
» qui s'entreprend contre ses ennemis; ainçois
» me réputeroy-je heureux si Dieu, par sa grâce,
» me concédoit qu'en une si glorieuse entreprise
» j'espandisse mon sang, et rendisse mon ame
» à sa divine majesté. »

Le sieur de Langey, auquel peu des actions du marquis estoient incognenës, dès que laditte lettre eut esté minutée, et avant qu'elle fust mise au net, en recouvra secretement une copie, à laquelle il ne faillit de faire response, attendu que par icelle il estoit taxé, non ouvertement, mais il se pouvoit cognoistre; et que d'avantage n'y estoit observée la modestie dont il devoit user en parlant d'un tel prince Très-Chrestien que le Roy son souverain seigneur, car il l'accusoit couvertement, laquelle il envoya en latin à messieurs des Estats de l'Empire, ainsi que celle du marquis, et en feit la traduction en françois, qu'il envoya au Roy, dont la teneur s'ensuit:

« Vous pourrez paraventure, très-révérends
» et très-ilustres princes, vous esbahir de prime
» face, qu'entre voz si grandes occupations sur
» la deffence et conservation de vos païs, je me
» sois meu à vous escrire d'autres affaires, soubs
» couleur de respondre à lettres, en quoy je ne
» suis aucunement nommé. Mais, s'il vous
» plaist prendre la patience de lire ou d'ouïr lire
» ma lettre jusques au bout, vous trouverez à
» fin que l'occasion qui m'a meu est conjoincte
» à celle dont maintenant la délibération vous
» tient occupez, et que, sans recevoir honte, je

» ne pourroy faire moins ; car, encores qu'en
» la lettre à laquelle je respons je ne soy expres-
» sément nommé, ceux, toutefois, qui de plu-
» sieurs endroits d'Italie m'en ont envoié des
» doubles, les m'ont envoiez en opinion qu'elle
» me touche, pour les raisons que vous-mesmes
» en lisant cognoistrez. Et pleust à Dieu, très-
» révérends et illustres princes, qu'à ceux des-
» quels la juste plainte a induit le marquis du
» Guast, capitaine-général et lieutenant de l'Em-
» pereur en Italie, à vous escrire une sienne
» prétendue justification, mais en effect accusa-
» tion d'autruy, à laquelle, par ceste mienne,
» je respons, jamais n'eust esté donné l'occasion
» d'icelle plainte. Si ainsi fust, très-révérends et
» très-illustres princes, je n'auroy présentement
» cause d'offencer voz publicques négoces, in-
» terrompre voz occupations pour entendre à
» moy, ce pendant que je confuteray, ou plus-
» tost vous monstreray comme d'elle-mesme se
» confute la remonstrance que vous faict ledit
» marquis, en laquelle, sous umbre de se vou-
» loir justifier, il accuse autruy contre raison,
» au contemnement et mespris de la grandeur et
» majesté du Roy mon maistre, qui est au cueur
» noble et hautain, le plus poignant et urgent
» esguillon qui soit à l'esmouvoir et inciter à
» vengence, et le forser à se ressentir par effect,
» toutefois à son grand regret et desplaisir, du
» lourd et infâme outrage que présentement
» j'ay à vous déduire : je dy, Messieurs, à son
» grand regret, car telle est la vérité, ainsi que
» Dieu à soy-mesmes est tesmoin, et aux hom-
» mes en font foy la précédente tant gratieuse
» poursuitte, et la tant patiente et longue attente
» de la réparation dudit outrage dont a ledit
» sieur Roy usé jusques icy.
» Or se plaint, Messieurs, ledit marquis, que
» l'on vous a donné à entendre qu'il est infrac-
» teur de la trefve entre le Roy et l'Empereur,
» et turbateur, à ceste cause, du repos et bien
» de la chrestienté, tant pour le meurdre com-
» mis ès personnes des ambassadeurs dudit sei-
» gneur Roy, et aucuns ses messagers assaillis
» et blessez par gens vestus à la devise dudit
» marquis, que pour quelque levée de lansque-
» nets venus pour luy en Italie.
» Du faict des ambassadeurs, il s'excuse par
» un offre qu'il dit avoir fait de se représenter,
» et ceux que le Roy en nommeroit coulpables,
» entre les mains de Nostre Sainct-Père, afin
» que la vérité du faict fust congnue ; des mes-
» sagers, par un grand nombre de gens qui l'ac-
» compagnèrent au devant de l'Empereur, ha-
» billez à sa devise, concluant qu'autres que les
» siens en auront peu estre vestus, qui, para-
» venture, auront commis le cas ; aussi que, s'il
» eust à ses gens commandé faire une telle exé-
» cution, il les eust bien sceu desguiser, en sorte
» que à l'habit on ne les eust cogneuz. De la
» levée des lansquenets, il s'excuse sur la pré-
» cédante levée des Suisses, qu'il dit avoir esté
» faicte par le Roy.
» Quant aux ambassadeurs, ayant esté le Roy
» Très-Chrestien par moy adverty et informé,
» pour le devoir du lieu que je tenoy pour luy,
» tel que ledit sieur marquis tenoit et le tient
» pour l'Empereur en Italie, que ce malheureux
» assassinement avoit esté faict en la jurisdic-
» tion impérialle, et sur le Pau, rivière si mar-
» chande que jour et nuict gens y naviguent
» ordinairement, en descendant ou montant au
» long de l'eau, de sorte qu'il estoit mal croya-
» ble que sans le sceu dudit marquis il fust ad-
» venu ; informé qu'il avoit esté exécuté par des
» Espagnols qualifiez estans soubs sa charge et
» résidans autour de sa personne ; informé aussi
» que par diverses portes, et après plusieurs
» allées et venues du chef de l'entreprinse vers
» luy, et lettres sur lettres de luy audit chef
» d'entreprinse, eux sortirent à un soir de Mi-
» lan, et, se rencontrans par chemin, arrivèrent
» de nuict au chasteau de Pavie ; et que dudit
» lieu, prenant en leur compagnie autres Espa-
» gnols dudit chasteau, ils s'allèrent embuscher
» sur le Pau, où ils feirent quelque séjour, jus-
» ques à ce qu'ils eurent exécuté leurditte en-
» treprise ; qu'ils s'en retournèrent menans pri-
» sonniers avec eux tous ceux qui au batteau des-
» dits ambassadeurs, tant barquerots que autres,
» qui demourèrent en vie ; *item*, qu'iceux pri-
» sonniers furent, quelques jours après, amenez
» et conduits ailleurs, en la puissance toutesfois
» dudit marquis ; ayant d'avantage esté ledit
» seigneur informé que iceux Espagnols, après
» ceste infâme exécution, s'estoient retirez vers
» ledit marquis, monstrans en apparence de
» plustost en espérer récompense que d'en crain-
» dre aucune punition : vous pouvez penser,
» Messieurs, que pieçà ledit seigneur pouvoit
» estre asseuré que ledit marquis en estoit con-
» sentant ou coulpable, quoy que soit, inexcu-
» sable, que, sans grande négligence en sa
» charge, il fust advenu. Mais pour ce que, par
» une sienne lettre, il baptisoit cest acte du
» nom de meschantise, qui estoit pour donner
» occasion de penser au moins qu'ainsi le bap-
» tisant, il ne vouloit que l'on creust qu'il en
» eust voulu estre participant ne consentant, le
» Roy, à ceste cause, gratieusement luy manda
» par lettres, et quelque temps après à l'Empe-
» reur, et depuis à Nostré Sainct-Père, comme

» autheur et protecteur de la trefve, et de rechef audit seigneur Empereur, avec la protestation pertinente que réparation luy fust faicte de cest outrage, du moins contre ceux qui l'avoient exécuté; et peult estre qu'il eust passé la chose soubs dissimulation, sans chercher expressément le scandale dudit marquis, se contentant de laisser au jugement de l'aage présente ou future, s'il estoit possible de croire que telle chose fust advenue avec les circonstances ey-dessus spécifiées, sans estre venu à sa cognoissance.

» Or voyez-vous, Messieurs, combien il y a proffité, combien de temps, combien patiemment il a attendu que quelque raison luy en fust faicte, et combien impudemment ledit sieur marquis se couvre de l'offre qu'il vous allègue et met en avant; car s'il eust eu tant soit peu d'envie, comme il s'en vante, de faire sortir en lumière la vérité de cest affaire, eust-il pas bien caté en son pouvoir, laissant seulement en liberté les uns et les autres barquerots qui en pouvoient parler véritablement et de veuë, et qui n'avoient aucune occasion d'en devoir, en faveur de l'un ny de l'autre, mentir? Mais il a faict, Messieurs, tout le contraire; car, outre la détention d'iceux (desquels toutefois j'ay recouvré aucuns eschappez de ses prisons), il a faict publier des édicts pénaux ès lieux où le faict pouvoit estre cogneu, que nul fust si hardy d'en deviser; et, au lieu des maltraittemens faicts à ceux qui desjà en ont parlé, a caressez, honorez, et creuz en estat ceux non seulement qui ont exécuté l'entreprise, mais ceux aussi qui ont travaillé à desguiser la vérité : qui sont, Messieurs, actes et voyes de telle nature, que, non sans cause, le Roy Très-Chrestien a refusé d'accepter la protestation contraire aux effects, de laquelle faisant mention en cest endroict, ledit marquis l'a récitée plus grasse qu'à la vérité paraventure il ne la feit, ou (comme je le vueil croire) ne se souvenant plus de si loing; car j'ayme mieux dire, Messieurs, qu'il en ait eu mauvaise souvenance, que qu'il ait voulu à son escient mentir devant vous, c'est-à-dire, devant la lumière de tout le monde. Encores me desplaist-il, Messieurs, que je n'ay autre moyen, sans le charger itérativement d'impudence, de confuter l'autre, combien que soit frivolle l'excuse qu'il met en avant, touchant les Messagers du Roy assaillis par gens vestus à sa devise; et que, contre le faict cogneu et vérifié, il ait osé alléguer raisons et conjectures si mal fondées, que de dire qu'il eust bien sceu (s'il eust voulu telle chose commander à ses gens) les desguiser en sorte qu'à l'habit ils n'eussent esté cogneuz; aussi que, pour monstrer qu'autres que les siens l'ayent peu faire, qui se soient vestus de sa livrée, il se couvre de dire que luy allant au-devant de l'Empereur, à Trente, avoit bien avec luy trois mille hommes vestus à sa devise.

» Quant à ce dernier poinct, je ne le vueil aucunement contredire; ains l'advouë sans difficulté, m'en rapportant à ceux qui par force l'accompagnoient, contrains de se vestir, armer et monter à leurs despens, ont, pour y fournir, engagé si avant leur patrimoine, qu'ils n'ont à présent moyen de satisfaire aux tyrannicques impositions que journellement il leur met sus. Mais quant à l'invasion, je voudroy, puisqu'elle ne se peult contredire, parce que les officiers de la seigneurie de Venise, ès païs de laquelle est advenue ceste invasion, ont pris et execute à mort les délinquans, non seulement vestus de la livrée, ains souldoyez en la garde dudit seigneur marquis, que luy, au lieu d'alléguer ceste mensongère négative excuse, se fust plustost attribué l'honneur de les avoir faict luy-mesmes exécuter jusques ès dittes terres de la seigneurie, et pourchassé, que lesdits officiers en fissent justice. Mais il a de si long-temps esté dit, et tant de fois que plus il n'en fault douter, et prouver que qui une fois a passé les bornes de honte, il fault que tost après il devienne appertement et naïvement impudent, et tellement, Messieurs, que l'homme plongé en ceste impudence ne pense plus que la chose dont il n'a honte semble à autruy honteuse ny reprochable, comme vous le pouvez, outre les deux préalléguez exemples, non moins facilement cognoistre, que parce que, pour se couvrir de la levée de ses lansquenets (qui seroit acte fort aisé à réparer, s'il n'y avoit autre occasion de roupture, et si en autre chose il n'eust jà esté procédé aux effects), ledit sieur marquis aussi, Messieurs, vous allègue une raison, et qui, par nous advouée, ne peult aucunement le relever, et qui, encores qu'elle soit malitieusement déguisée, ne le peult toutefois estre à bonne partie de vous; car il ne luy sert de dire que noz Suisses estoient en chemin au temps et datte qu'il escrivit au roy des Romains pour sadite levée de lansquenets, si bonne partie de vous sçavez très-bien que, dès le mois de janvier, et quelque temps auparavant, il avoit desjà envoyé retenir les capitaines, et ordonné qu'ils fussent prests à son premier mande-

» ment ; si desjà il s'estoit renforcé d'Espagnols,
» il avoit desjà faict grosse cruë de chevaux-lé-
» gers, il avoit desjà dépesché les capitaines
» d'un fort gros nombre de gens de pied italiens,
» desjà faict publier édict au duché de Milan,
» que tous soldats et gens de guerre dudict du-
» ché eussent à se faire enroller ès bendes d'i-
» ceux capitaines, sur grosses peines contenues
» en son édict. Encores pouvoy-je adjouster
» mille autres préparatifs de guerre, comme for-
» tifications de places au préjudice de noz ca-
» pitulations, fonte de nouvelle artillerie, amas
» de pouldres et autres munitions, ponts à pas-
» ser rivières, eschelles à assaillir places, cais-
» sons à porter pain en camp, et autres tels
» équipages qui se faisoyent auprès de nous se-
» crettement, mais en extrême diligence. Et
» quand tout cela ne seroit (ce que si), et que
» le Roy auroit faict la première levée, voire
» commencé la guerre effectuellement, quelle
» guerre fut oncques à plus juste cause commen-
» cée, que pour la vengence de l'assasinement
» d'ambassadeurs, la réparation duquel il a si
» gratieusement poursuivie et patiemment at-
» tendue, et, après toutes les solennitez et
» protestations requises, désespérée ?

» Or, puisque ceste déduction nous a rame-
» nez au propos de l'assasinement, qui est en
» effect l'estat et fondement de ceste matière,
» considérez, Messieurs, encores que ledict sieur
» marquis emploie tous ses esprits pour artifi-
» cieusement s'en justifier, comme il se couvre
» néantmoins si pauvrement, que la vérité de
» toutes parts y aparoist claire comme le jour,
» et comme, en disant une chose et taisant une
» autre, et tournoyant ainsi qu'un chien qui ne
» sçait où trouver le chevet à se reposer la teste,
» il ne franchit toutefois le sault de simplement
» et ouvertement nyer ou advouër le faict. Seu-
» lement dit qu'il s'est voulu représenter devant
» Nostre Sainct-Père ; et puis en la fin de sa let-
» tre (où il semble qu'il vueille faire peur aux
» gens d'entrer en camp sur cette querelle), il
» ne conclut point absolutement à propos sur
» cest article, ains, par astuce et cauteleuse-
» ment, baille le moien pour se réserver tous-
» jours une porte ouverte à s'en retirer hors, si
» bon luy semble.

» Secondement, vous voiez que, tout ainsi
» qu'un homme surprins à l'interrogatoire, et
» qui ne se trouve bien estofé de responses, a de
» coustume de se sauver par quelques autres
» diverses interrogations ; ainsi ledict marquis,
» voyant sa justification si froide, qu'entre gens
» de bon esprit elle peult estre prinse et inter-
» prétée pour une tacite confession, court main-
» tenant aux subterfuges de contre accusation,
» disant que, s'il vouloit, paravanture pour-
» roit-il mettre en avant (ce qu'il faict) que,
» du costé des gens du Roy, l'on a surpris quel-
» ques courriers impériaux, retenu les lettres
» de Sa Majesté, entretenu des praticques ès
» terres de son obéissance, prins la place de
» Maran d'emblée, et au seigneur de Grantvelle
» donné la chasse par mer. Après ceste présup-
» position, conclut en demandant (comme la
» question dont il ne se peult résoudre) comme
» telle chose sans roupture peult avoir esté faite
» en temps de trefve. Je le releveray, Messieurs,
» facilement, et par un seul mot, de ce scru-
» pule, c'est que celuy ne rompt la trefve qui
» se revenche, et contre l'infracteur d'icelle il
» est permis à l'offensé de s'en venger, en quel-
» que sorte et manière que ce soit ; et mesme-
» ment quand la réparation de l'offense luy est
» non seulement déniée, mais est par l'offen-
» dant persévéré, convient à présent accombler
» et adjouster offences sur offences, déprisant,
» contemnant et vilipendant si ouvertement et
» indignement la grandeur, puissance et majesté
» de l'offensé.

» Or, quand je n'aurois, comme j'ay, ceste
» juste response absolute et universelle, qui
» subvertit et rue par terre le fondement et pied
» de la contre accusation dudict marquis, en-
» cores pourroy-je particulièrement respondre à
» chasque article ; car quant à la plainte que
» cest hyver le marquis me feit entendre par un
» trompette, que sur le chemin, en un certain
» bois taillis, entre les villes de Conys et Fos-
» san, un courrier venant d'Espagne avoit esté
» détroussé de ses bouges, pacquets et argent,
» par gens de cheval armez, dont ceux que le-
» dict courrier souspeçonnoit luy furent repré-
» sentez, lequel les déchargea, et sur sa plainte
» on envoya gens avecques luy, revisiter le
» bois, qui est situé au mi-chemin desdites deux
» villes, qui toutes deux sont de la jurisdiction
» impérialle, et non de celle du Roy, ne près
» d'aucunes de ses garnisons, je pourroy dire
» qu'audit bois furent trouvez plusieurs pacquets
» espars çà et là, ouverts les uns et les autres ;
» entre les autres aucuns pacquets de l'Empe-
» reur adressans à Nostre Sainct-Père ; qui est
» chose assez donnant à penser que ceux qui dé-
» troussèrent ledict courrier, le feirent pour avoir
» son argent, et non pour crocheter les lettres
» de l'Empereur ; et que s'ils les eussent voulu
» crocheter, aussi bien eussent-ils crocheté cel-
» les qui alloient à Nostre Sainct-Père, comme
» les autres. Aussi pourroy-je dire qu'il n'est à
» croire que les soldats royaulx eussent deviné

» ny le jour, ny l'heure, ny le lieu que devoit
» passer un courrier venant d'Espagne avec
» lettres, pour ainsi se trouver à point pour le
» détrousser, et aussi peu eussent-ils sceu devi-
» ner que ledit courrier, qui estoit un courrier
» ordinaire de dépesches, de bulles et de mar-
» chans, eust deu apporter la dépesche et pac-
» quets de l'Empereur; et que si de long-temps
» ils y eussent esté embuschez en armes, atten-
» dans que ledit courrier passast, et que, du-
» rant la longueur du temps, ils n'eussent esté
» par les allans et venans découverts et cogneus,
» je laisse à un chacun penser s'il est croyable.
» Encores pourroy-je dire que ledit courrier dit
» luy-mesmes, en déchargeant ceux qu'il avoit
» souspçonnez (qui sont gentilshommes servans
» le Roy sur chevaulx-légers), que audit Conys,
» où il arriva vers la minuict, on l'avoit bien
» amusé deux heures avant que luy bailler che-
» vaulx, de sorte que l'on peult penser (et luy
» n'en estoit sans souspçon) que les propres hom-
» mes de Conys, sçachans qu'il avoit argent en
» ses bouges, l'eussent tout à propos arresté,
» pour ce pendant gaigner temps pour s'aller
» mettre en ambuscade. Et qui me pourroit ai-
» der à le croire, c'est que je me suis trouvé au-
» trefois avoir faict pendre en la jurisdiction
» du Roy, pour crimes commis et perpétrez en
» icelle, un homme qualifié subject et employé
» au service de l'Empereur, qui a confessé, par
» son procès, avoir faict délicts, actes et assa-
» sinement contre les propres soldats espagnols
» et les avoir tuez et meurdris de guet-à-pens,
» sans autre occasion que pour avoir leur ar-
» gent.
» Et quant au faict des practiques que dit le
» marquis avoir par nous esté entretenuës en ce
» païs, sur villes et places de l'obéissance impé-
» riale, s'il en parloit plus évidemment, et dé-
» signoit le temps, les places et les autheurs
» d'icelles practicques, ou je luy nieroy absolu-
» tement, ou luy diroy, ainsi que la vérité
» porte, que luy et les siens ont faict le sem-
» blable sur les nostres; encores pourroy dire
» d'avantage que si bien il est prohibé de sur-
» prendre les villes l'un de l'autre en temps de
» trefve, il n'est toutesfois prohibé de prester
» l'oreille à qui se vient offrir, ny de préparer
» et entretenir des practiques et moyens de pou-
» voir endommager son ennemy après la trefve
» expirée et corrompue. Et quant à la prise de
» Maran, certainement je pourroy dire qu'on-
» ques elle n'advint du consentement, partici-
» pation ny sceu du Roy, ne de gens qui eussent
» charge ny maniement de ses affaires, et que,
» si quelqu'un veult maintenir de si, se trou-

» veront des hommes prests à soustenir le con-
» traire avec les armes et la vérité. Vray est que
» ceux qui l'entreprindrent l'exécutèrent; co-
» gnoissans bien que sans gros adveu ils n'es-
» toient suffisans à longuement tenir leur prise,
» et advertis de cesdits outrages faicts par les
» gens de l'Empereur au Roy, et sur ce, pen-
» sans que vraysemblablement ledit seigneur
» seroit bien aise de recouvrer une telle place
» en contre-eschange à recouvrer ses ambassa-
» deurs, s'ils estoient vifs, ou pour commence-
» ment, s'ils estoient morts, d'en exécuter la
» deuë vengence, bientost après haulsèrent les
» bandières de France et envoyèrent offrir la
» place au Roy, avec langage toutesfois équi-
» pollent à protestation qu'à son refus ils trou-
» veroient autre à qui en faire marchandise. Et
» se laissèrent, Messieurs, entendre sur ceste
» marchandise, de telle manière qu'il estoit fa-
» cile à cognoistre qui seroit le marchant, et
» que la marchandise seroit préjudiciable et à
» Nostre Sainct-Père et à l'Empereur et à la
» seigneurie de Venise, à chacun en particulier
» et universellement à toute la chrestienté.
» Sur quoy, Messieurs, le Roy, voyant de
» quelle importance et conséquence estoit cest
» affaire, en communiqua incontinant aux am-
» bassadeurs des dessusdits, estans rière Sa
» Majesté, qu'ils en escrivissent à leurs sei-
» gneurs, en leur déclarant que, si, dedans le
» temps avec eux accordé, ne luy estoit par les
» susdits seigneurs envoyé meilleur advis, il
» accepteroit ladite place, non pour la tenir
» comme sienne, car elle ne luy est, ores qu'il
» y eust juste tiltre, d'aucun service ny commo-
» dité, mais pour éviter qu'elle ne tombast en
» telles mains que la chrestienté en receust
» dommage, et pour après en faire en temps et
» lieu ce qu'à un bon et juste prince appartien-
» dra d'en faire. Je vous laisse à juger, Mes-
» sieurs, que pouvoit faire le Roy en ceste
» occurrence, sinon qu'il eust faict rendre
» la place au roy des Romains, ce qui n'es-
» toit ny pouvoit estre en sa puissance? Y pou-
» voit-il pourvoir avec plus grande satisfaction,
» ne dudit Roy ny de l'Empereur son frère? Le
» marquis, paranvanture, dira (et de ce, par
» l'ambassadeur de l'Empereur, a esté faicte
» remonstrance) que ledit seigneur Roy devoit
» faire prendre le gentilhomme qui luy estoit
» venu offrir ladite place et le faire pendre, s'il
» ne la rendoit au roy des Romains: mais, par-
» aventure, quand il l'eust faict pendre, la place
» n'eust pourtant esté rendue; et puis, si les
» Impériaux pensent estre louables à leur mais-
» tre de violer le nom sacrosainct de légats et

» de messagers, ne tenir compte du droict des
» gens, n'avoir ne tenir aucune chose saincte et
» inviolable, le Roy n'a institué sa vie de ceste
» sorte, et n'est raisonnable que les droicts que
» pour soy-mesme il ne voudroit violer, il vio-
» last pour l'autruy bien de celuy qui pour l'of-
» fenser les viole, et monstre par ses effects ne
» penser estre mis en ce monde que pour s'es-
» sayer à le ruiner et deffaire.

» Reste, Messieurs, à respondre sur ceste
» chasse que dit le marquis avoir esté donnée
» au sieur de Granvelle. Or, je vous demande,
» Messeigneurs, attendu qu'estans naguères sor-
» tis hors de Vulpian César de Naples et autres
» capitaines impériaux, et venuz de nuict avec
» grosse trouppe de gens de cheval et de pied,
» jusques auprès de ceste ville de Turin, sur
» laquelle principalement il abbaye comme le
» chien après le cerf, monsieur le marquis du
» Guast ne veult toutesfois que je doive juger ny
» penser qu'ils y vinssent en intention de la
» vouloir surprendre, combien que je sçache
» que, ce temps pendant, estoit à Quiers, ville
» distante de cinq milles de ceste-cy, autre gros
» nombre de soldats impériaux prests à marcher
» quand il leur seroit mandé; combien encores
» qu'un gentilhomme, atiltré pour mettre le feu
» en certaines maisons, pour occuper chacun à
» l'estaindre ce pendant que l'on proposeroit
» les eschelles aux murailles, ait esté prins par
» noz gens, attainct et convaincu du faict, le-
» quel il a confessé, et après les deües confron-
» tations, a esté mis en quartiers; attendu, dy-
» je, ce que dessus, est-il raisonnable, Messei-
» gneurs, ores si je vouloy advouer que les
» capitaines des gallères du Roy estant au port,
» et voyans autres gallères en mer se mettre à
» la fuitte, qui est donner occasion de se faire
» suivre, fussent sortis hors et les eussent pour-
» suivis quelque espace, que, pour ce, le mar-
» quis se doive promettre et juger qu'ils le fis-
» sent soubs intention de courir sus audit sieur
» de Granvelle? A la vérité, je tiens tant de vos-
» tre prudence, jugement et équité, que vous
» ne voudriez luy estre loisible qu'il face une
» loy pour luy et autre pour moy, ne que toutes
» ses conjectures, desguisemens et palliations
» soient tenuës pour effect et vérité, et que mes
» véritables allégations et mes expositions des ef-
» fects jà ensuivis, soient au contraire répudiées
» ou réfutées. Icy pourroy et me seroit loisible,
» parler de luy en ceste matière plus librement;
» mais je vueil, sans protestation, me contenir
» en la modestie en laquelle il avoit protesté de
» se vouloir contenir et ne l'a faict.

» Vray est qu'en cest endroit pourroit dire
» si bien il est sorty des chanceaux ès quels il
» estoit enclos par saditte protestation, de vou-
» loir dire seulement ce qui serviroit à se dé-
» coulper sans coulper autruy, et ce qui seroit
» préjudiciable à son honneur, a toutesfois tous-
» jours tenu un pied dedans lesdits chanceaux;
» et en ce pourroit se couvrir de dire que si ores
» obliquement il accusoit autruy, ce n'estoit
» toutesfois sa principale intention, mais une
» forcée rétorquution pour asseurer et fortifier
» sa justification et faire apparoistre que, si
» ores il auroit faict quelque chose contre la
» trève, il l'auroit faict non volontairement,
» ains provoqué par précédantes praticques et
» contraventions.

» Luy soit donc permis, jusques sur ce point,
» de se couvrir sur ceste excuse, mais à ce que
» si après il déduit trop plus au long et trop véhé-
» mentement qu'il n'a déduit sadite prétendue
» justification, qui autant luy sert que contre
» la pluie la couverture d'un sac mouillé, il ne
» sçauroit dire qu'il soit, ainsi qu'il advient,
» coulé d'un propos en l'autre, ains appert que,
» par volontaire délibération, il va cherchant,
» comme jusques soubs terre, occasion d'accu-
» ser le Roy et de calomnieusement abuser de
» son nom, en hayne, envie et malveillance de
» toute la chrestienté. Mais si Dieu, très-révé-
» rens et très-illustres princes, qui luy-mesmes
» est la vérité, me preste vostre bénévole au-
» dience, ce pendant que je désigneray, sans
» autrement déduire, les moyens de respondre
» aux articles escheuz de ceste accusation, j'es-
» père en luy que la vérité victorieuse trouvera
» lieu pour s'arrester et fermer entre vous quel-
» ques traverses, calomnie et fauseté qu'il luy
» ait données ou pensé donner.

» Ledit sieur marquis assiet, Messieurs, l'es-
» tat de son accusation sur un si sainct fonde-
» ment que, s'il bâtissoit de mesmes, il pour-
» roit conduire un aussi sainct œuvre, comme
» pourra estre maudit celuy que l'on peult espé-
» rer de la manufacture et taille des matières et
» estoffes de sa structure. Ce fondement est la
» véritablement saincte résolution qu'avez prise
» entre vous de convertir voz armes à l'encontre
» de l'ennemy des vrais chrestiens. Sur ce fon-
» dement se doit bastir un sainct discours, une
» meure délibération, sans haine, sans faveur et
» sans envie, avecques tous les préparatifs et
» moyens requis et nécessaires pour, avec la
» propitiation de Dieu, bien commencer, heu-
» reusement conduire et glorieusement mettre
» ceste saincte résolution à fin. Mais au con-
» traire, ledit sieur marquis y fonde une ca-
» lomnieuse accusation d'un très-chrestien roy,

» d'un roy vostre amy, d'un roy qui, autant
» qu'il luy a esté possible et autant que l'a per-
» mis la malignité de ceux qui contre luy rétor-
» quent la propre coulpe dont ils se voient at-
» tains, a empesché que la tempeste ne tombast
» sur vous, pour à laquelle remédier vous estes
» maintenant en peine et en travail. Il est bien
» vray qu'il ne vous nomme point le Roy, mais
» pour le tirer plus avant en haine, il touche
» comme du doigt dessus, en le vous représen-
» tant, non point tel, comme l'on dit, de ses cou-
» leurs, mais, comme avant la fin de ma lettre
» vous cognoistrez, des leurs, indignement et
» malheureusement desguisé.

» Or, veult-il que vous croyez, très-illustres
» et très-révérends princes, que le Roy, sans en
» avoir occasion, entend recommencer la guerre
» entre luy et l'Empereur, pour empescher
» l'exécution de la vostre contre le Turc, ou
» pour le moins là réduire en trop plus grande
» difficulté, pour la désunion et séparation de
» voz forces? Veult aussi que ce nonobstant
» vous croyez que ledit seigneur ne vueille au-
» cunement que l'on vienne à faire ceste entre-
» prise? Certainement, Messeigneurs, en pré-
» supposant l'un estre vray, qui est entièrement
» faux, je penseroy que tout au contraire le Roy
» devroit, par toutes voyes possibles, faire
» conseiller à l'Empereur de se jetter à la cam-
» pagne et de haster ceste entreprinse, afin de,
» ce pendant que ses forces seront occupées,
» avoir de luy meilleur marché; car s'il est
» vray, sans contredit, qu'il vueille entrepren-
» dre guerre, doibt chercher d'en faciliter la
» victoire; et qui divise les forces de son enne-
» my la facilite. Doncques doibt, qui contre au-
» cun veult entreprendre guerre, chercher de
» diviser et de désunir ses forces : parquoy doibt
» le Roy, s'il veult entreprendre guerre contre
» l'Empereur, tel et si puissant ennemy, dési-
» rer et non craindre ou empescher qu'il entre-
» prenne la guerre contre le Turc, c'est-à-dire
» qu'il désunisse ses forces, et qu'il lui facilite et
» avance la victoire.

» Vous savez, Messeigneurs, ce que pour
» maintenant je vous vueil dire quant à ce
» point; suivons à veoir les démonstrations et
» ratiocinations dudict marquis proposans l'in-
» térest (il a voulu dire le prouffit que peult
» l'Empereur espérer en ces armes ainsi par
» vous prinses contre les Infidèles), présuppo-
» sant combien il a ceste entreprinse à cueur;
» ce que présupposé son proffit, je croy finale-
» ment qu'il continue ses argumentations, se
» confondant en multiplicité du silogismes, en
» inutile redite de mesme langage, et inter-
» rogatoires de véhémence hors de propos,
» sçavoir est, comme il seroit vraisemblable que
» par les gens de l'Empereur fût procuré la
» roupture de ceste paix et union? Comme
» croyable que luy, ayant prins une telle guerre
» contre le Turc, vueille, par entreprinse de
» nouvelle guerre, désunir ses forces? Qui est
» celuy qui plus que luy peult désirer que la
» puissance du Turc soit abaissée? A qui
» touche plus qu'à luy de désirer que la Ger-
» manie soit conservée, sauve et entière? Par
» quel moyen peult-elle mieux estre conservée
» que par résister gaillardement et vivement
» aux forces du Turc? Par quel moyen se peult
» entendre que plus gaillardement elle y résiste
» que par estre ensemble bien d'accord et unie?
» S'il est vraisemblable que luy, la désirant
» sauve et entière, que luy, sçachant que tout
» dépend de ceste union, voulust, en la désu-
» nissant par autres guerres, amoindrir les for-
» ces, et mettre le salut d'icelle en danger?
» Après, Messeigneurs, il vous requiert avoir
» souvenance qui est celuy qui a cherché de te-
» nir lesdittes forces séparées? qui est celuy qui
» ne voudroit que celles de l'Empire s'augmen-
» tassent? qui est celuy qui avec les armes
» cherche de s'impatroner des choses à l'Em-
» pire appartenans? Et veult, pour conclusion,
» que de celuy-là on pense que soit procédée la
» roupture de la trefve, le trouble et le travail
» que l'on craint en la chrestienté.

» Venant au premier article, j'avoue et croy
» certainement, et en faict foy l'expérience,
» que l'Empereur ne désire rien plus que le
» ravallement non seulement du Turc, mais
» aussi de tous les princes et potentats, de quel-
» que tiltre ou loy qu'ils soyent, moyennant que
» sa grandeur seulement en résulte. Au second
» point, je dy que véritablement à luy appar-
» tient de souhaiter que la Germanie demeure
» sauve et entière; mais, comme il en œuvre,
» vous le pouvez cognoistre par les effects,
» quand par son immodérée ambition et cupi-
» dité refusant l'honneste moyen que ceux qu'il
» accuse luy bailloyent, de vous faire jouir
» paisiblement et en repos de vos honneurs, il
» vous a volontiers attiré sur les bras un tel
» ennemy, que, pour sa témérité, les Chres-
» tiens ont perdu de son règne autant ou peu
» moins de païs qu'il leur en demeure et reste.

» Sur le troisiesme, quatriesme et cin-
» quiesme articles, je confesse que le moyen
» d'entretenir la Germanie sauve et entière
» est de gaillardement résister à ses ennemis.
» Je confesse que le moyen de gaillardement y
» résister est de la tenir unie, et je confesse qu'il

» ne voudroit point, en la désunissant par autre
» guerre, séparer et amoindrir ses forces. Mais
» pourquoy doncques, sçachant cela, ne s'est-
» il gardé de bailler au Roy ceste inévitable
» occasion de rentrer en guerre? Veult-il, par
» ceste frivole argumentation de ce que vrai-
» semblablement il a deu faire, vous faire croire
» le contraire de ce que la veüe découvre ce
» qu'il a faict?

» Sur le sixesme poinct, je dy qu'à mon ad-
» vis et de tout homme de jugement, celuy ne
» cherche de tenir voz forces séparées, qui,
» toutesfois qu'il a sceu quelque scintile de divi-
» sion entre vous, s'est efforcé d'y remédier,
» ainsi que tousjours a faict le Roy mon mais-
» tre, comme plusieurs de vous estes tesmoins,
» et de quants voyages par son commandement
» j'ay faicts vers vous, pour vous exposer et dé-
» clarer les moyens qu'il a estimez raisonnables
» pour vous réduire (quand entre aucuns y a
» eu différend) en mutuelle réconciliation et
» amitié. Au septiesme article, je dy que ceux
» qui ont voulu démembrer les fiefs mouvans de
» l'Empire, pour iceux ériger en particulières
» seigneuries, non recognoissantes ledict Sainct-
» Empire, en souveraineté; ceux qui en la
» journée d'Ausbourg refusèrent de consentir
» que ce qui, sans aucun leur coust ou danger,
» seroit par l'Empire conquis ou recouvré contre
» le Turc, fust acquis en la table dudict Em-
» pire, ains ont particulièrement contendu qu'il
» fust acquis et appliqué à leur particulière mai-
» son: ceux-là sont ceux qui non-seulement ne
» voudroient que les forces de l'Empire s'aug-
» mentassent, mais qui pourchassent à les af-
» foiblir et diminuer. Au dernier article, que
» ceux-là mesmes sont ceux qui se veulent im-
» patronir des choses audict Empire apparte-
» nans, et non ceux qui justement demandent à
» estre rédintégrez à leurs anciens patrimoines,
» mouvans et tenus en fief dudict Sainct-Em-
» pire, offrans d'en faire et user ainsi qu'à bons
» et fidelles vassaux appartient.

» Je vous ay, Messeigneurs, esbauché la
» matière, à laquelle ne restera (si par cy-
» après en estoit besoing) sinon luy bailler
» les traicts et le polissouer, pour plus clai-
» rement vous représenter les choses, et plus
» diligemment les déduire, en confutant dis-
» tinctement les argumentations dudict sieur
» marquis; ce que je ne pense devoir adve-
» nir, si bien je cognoy voz prudences et
» sincères jugemens à discerner la vérité de la
» mensonge; et pour ce me semble que, sans
» plus longue argumentation, je vous puis bien
» conclusivement dire: Qui est celuy qui trouble
» la paix et union des Chrestiens, qui rend dif-
» ficile l'entreprinse contre les Infidèles, qui
» contre Jésus-Christ mesmes prend les armes,
» si, comme conclud le marquis, celuy les y
» prend qui entretient la guerre contre les Chres-
» tiens?

» Vous m'advouerez, très-révérends et très-illus-
» tres princes, si celuy qui renouvelle la cause de
» la guerre la suscite, si celuy qui la suscite em-
» pesche et rend difficile l'exécution de la guerre
» contre les Infidèles, que celuy doncques em-
» pesche et rend ceste exécution difficile, qui a
» renouvelé la cause de guerre entre les Chres-
» tiens. Aussi m'advourez-vous, si la cause de
» ce renouvellement procède (ce qu'elle faict)
» de l'outrage faict au Roy en la personne de ses
» ambassadeurs, inhumainement et contre le de-
» voir des gens, assasinez et meurdriz, si ceux
» qui les ont assasinez et meurdriz sont gens de
» l'Empereur, que ceux doncques sont à l'Em-
» pereur qui ont donné cause et commencement
» de renouvellement de guerre. Encores m'ad-
» vourez-vous que celuy advouë l'outrage, qui
» peult et ne chastie ses gens quand ils l'ont
» faict, que qui advoue l'outrage faict l'outrage,
» et que celuy doncques a faict l'outrage qui,
» quand par ses gens a esté faict, l'a peu et ne
» l'a chastié. Tant y a que l'Empereur a peu et
» n'a chastié l'outrage faict au Roy en l'assasi-
» nement desdicts ambassadeurs: l'Empereur
» doncques advoüe cest outrage, l'Empereur
» doncques a faict l'outrage, l'Empereur donc-
» ques, en faisant cest outrage, est cause de
» renouveller la guerre, l'Empereur doncques
» trouble la paix et union des Chrestiens, l'Em-
» pereur doncques empesche et rend difficile
» ceste entreprinse contre les Infidelles; et, pour
» conclure, l'Empereur, au dire et induction
» du marquis, prend les armes contre Jésus-
» Christ mesmes, entretenant la guerre contre
» les Chrestiens.

» Vous voyez, Messeigneurs, comme ces sil-
» logismes enthymêmes procèdent, auprès des
» autres, rondement, selon la vraye raison dia-
» lectique; voyez comme ils subsistent et sont
» fermes et invincibles, parce qu'ils sont fon-
» dez sur vérité; quelle chose doncques répli-
» quera le marquis en cest endroict? S'il ne veult
» que quand le Roy aura receu de l'Empereur
» un aussi grand outrage qu'oncques en fut faict
» à prince de sa qualité, il le doibt toutesfois
» endurer et supporter patiemment, si l'Empe-
» reur après se vente de vouloir faire entreprinse
» contre les Infidelles. Mais qui est, Messei-
» gneurs, plus infidèle que celuy qui n'a ne foy
» ne loy, à qui n'est rien sacrosainct, respect,

» moiennant qu'il luy en vienne quelque proufit;
» qui tient loisible tout ce qu'il luy plaist, qui
» ose tout ce qu'il estime loisible, et qui, en tout
» ce qu'il ose, se targue toutefois contre la re-
» venche, pour s'escrier à tout le monde qu'on
» le veult troubler et empescher ès sainctes en-
» treprinses qu'il ambrasse pour la foy? Mais
» ne sçavons-nous pas bien, Messeigneurs, que
» toutes ses belles entreprinses, dont il s'est cou-
» vert et couvre, ne furent oncques ny ne sont
» pour le différend de la religion, mais pour sa
» pure et particulière ambition, et pour accrois-
» tre sa propre domination et tyrannie?

» Luy suffit-il pas que, pour ne destourner
» son entreprise de Tunis, le Roy Très-Chres-
» tien posât les armes qu'il avoit prestes et en
» main, pour venger l'outrage à luy faict en la
» mort de Merveilles son ambassadeur? Quel
» fruict toutesfois en parvint jamais à la chres-
» tienté? quelle augmentation à nostre foy? Je
» n'y en voy certainement point, s'il n'appelle
» augmentation de nostre foy d'avoir osté ce
» royaume-là des mains d'un Machométan,
» pour le bailler à un autre Machométan, et
» qu'en nostre religion soit avantage qu'à Tunis
» il y ait plustost un roy more qu'un turc.
» Si ceste patience du Roy n'a semblé à l'Em-
» pereur luy devoir suffire, au moins luy a deu
» suffire que ledit seigneur a enduré ce second
» outrage ainsi faict à ses ambassadeurs, et
» plusieurs autres que je réserve à dire si l'on
» me contraint de passer outre; et en a retardé
» la vengence jusques après le retour du voyage
» d'Arger, ores qu'il ait eu pendant ledit
» voyage, pour cause de l'absence, et depuis,
» à cause de la deffaitte de l'armée de l'Empe-
» reur, une si belle commodité, tant de venger
» sans grande résistence ledict outrage, comme
» de recouvrer l'ancien patrimoine de messei-
» gneurs ses enfans, si longuement et injuste-
» ment détenu et occupé.

» Et jusques à quand, Messeigneurs, jusques
» à quand veult l'Empereur abuser de ceste pa-
» tience et longanimité du Roy? Veult-il que
» ledit seigneur attende à se ressentir de tant
» d'outrages et à recouvrer ce qui est sien,
» jusques à ce qu'il l'ait spolié province à pro-
» vince de tout son royaume et patrimoine,
» continuant cependant à mesure qu'il aura des-
» robé quelque chose, à faire, pour empescher
» la revenche, semer et courir le bruit qu'il
» veult faire un voyage et entreprise contre le
» Turc? Je dy, Messeigneurs, qu'il ne le doit
» faire, et qu'il doit non seulement résister à
» ceux qui veulent occuper les finages du
» peuple qui luy est commis de Dieu, ains

» doit prendre les armes contre eux au plustost,
» et au plus grand avantage que possible luy
» sera; lequel avantage luy résultant si grand
» que plus ne pouvoit, de l'occupation et dis-
» traction des forces de l'Empereur en divers
» lieux, vous pouvez, Messeigneurs, claire-
» ment et évidemment cognoistre combien sin-
» cèrement il vous a, par ses ambassadeurs,
» adverty et conseillé, comme celuy qui à ses
» particulières affections a tousjours proposé le
» bien universel de la chrestienté, qu'entrepre-
» nans ceste guerre contre le Turc, vous eus-
» siez à bien poiser et considérer avant la main,
» si vous aviez tout ce qui est requis et néces-
» saire à commencer et soustenir une telle
» guerre, laquelle pour une seule bataille ou
» rencontre ne peult estre finie.

» Aussi pouvez-vous congnoistre combien
» malignement le calomniateur de ce conseil,
» qui s'est imposé le nom de Philalétée, vous a
» voulu desguiser la bonne intention et le pru-
» dent et sainct conseil dudict seigneur Roy, du-
» quel vous pouvez bien estimer que s'il eust
» préféré l'occasion et facilité de sa victoire
» particulière au bien de voz communs affaires
» (qui est en effect le fondement et soustien de
» l'Empire, et la plus grande partie de chres-
» tienté, comme ledict marquis autant vérita-
» blement que sans propos exclame par sa lettre,
» ainsi que si luy seul l'avoit trouvé, comme les
» enfans la febve au gasteau), s'il n'eust,
» dy-je, préféré le commun bien à son particu-
» lier, que plustost il vous eust conseillé d'en-
» trer à l'estourdy en ceste entreprinse, de la-
» quelle particulièrement à luy résultoit l'occa-
» sion et facilité de exécuter la sienne. Mais il
» a, Messeigneurs, dès le commencement de son
» aage, institué sa maison de vivre en estat
» chrestien et irrépréhensible, auquel jusques
» au bout il veult persévérer. Et si celuy veult
» comparoistre qui faict telles oraisons impri-
» mer et publier, et veult maintenir (ainsi que
» le marquis, par la conclusion et épilogue de
» sa lettre, entend à vous persuader) que le
» Roy vous desconseille ceste entreprinse, de
» peur qu'avec augmentation de vostre Empire
» l'ennemy de nostre foy soit abaissé, pour la-
» quelle foy désire ledit marquis espandre son
» sang et rendre l'ame, je vous asseure, Mes-
» seigneurs, et que ledit orateur et que ce glo-
» rieux nouveau martyr trouveront prou de ser-
» viteurs et subjects dudict seigneur Roy, qui
» avec les armes leur soustiendront qu'ils en ont
» faucement et meschantement menty, et autant
» de fois en auront menty, comme de fois ils
» l'auront dict et le diront.

» Il me déplaist, très-révérends et très-illus-
» tres seigneurs, et vous supplie me vouloir ex-
» cuser de ce que les trop excessives et outra-
» geuses parolles proférées contre le Roy mon
» maistre, m'ont forcé de venir jusques à ce
» poinct, auquel je mettroy fin à ma lettre ; né
» fust que par le précédent discours vous avez
» assez peu cognoistre que ladite lettre du
» marquis me touche, d'autant que la plainte
» qui a esté contre luy faicte ne peult estre
» fondée que sur l'advis que j'ay donné audict
» seigneur Roy, du progrès et façon de cest
» assasinement ; et que affermant ledict mar-
» quis que, outre ce qu'il en a dict, il offre de
» nouveau à se justifier, ou par la voye civile
» ou par la chevaleresse. Je feroy tort à mon
» honneur si sur cest article ne respondois ;
» doncques, pour respondre, je dy, soubs le
» bon plaisir du Roy mon maistre, duquel j'es-
» père qu'il me fera ceste grâce, que je suis
» très-content, et accepte, pour donner plus
» grande lumière à la vérité, d'estre le chevalier
» qu'il appelle à veoir sa justification par l'une
» ou par l'autre voye, et me trouvera prest à
» chacune sa requeste et sommation, afin qu'es-
» tant par moy défendu le contraire de ce qu'il
» en a dict, vous, Messeigneurs et tous autres,
» congnoissiez combien il s'est en son dire es-
» loigné de la vérité. Et à tant je prieray Dieu,
» très-révérends et très-illustres princes, vous
» donner en parfaicte santé très-longue et très-
» heureuse vie, et à la chrestienté tel repos et
» consolation qu'il sçait le bien des affaires
» d'icelle le requérir. »

Le Roy, se voyant hors d'espérance d'estre
satisfaict de ces injures par autre voye que par
celle qui à tout homme ne cognoissant supérieur est permise par le droict des gens, et ne
trouvant conseil domestique ny estranger qui
non-seulement ne confortast son opinion, mais
conseillast qu'il estoit de vivement s'en ressentir, à ce qu'il ne luy fust par cy-après imputé à
faute ou de prudence, ou de cueur, là où il en
auroit faict autrement, et que l'ombre d'une
paix palliée par son couvert ennemy, l'auroit
empesché de prendre les armes jugées nécessaires par tous ses amis, à la fin se résolut d'y
entrer, estimant que, quelque issue qu'il pleust
à Dieu en envoyer (au sainct vouloir duquel il
s'en remettoit, et en luy mettoit son bon droict
et espoir de sa cause), si ne pourroit l'entreprise n'estre aussi louable que la patience vitu-
pérable et honteuse. « Car, demeurant un faict
» si détestable impuny, qui est celuy, disoit-il,
» qui ne m'estimera indigne de tenir le lieu
» qu'avec si grande dignité mes prédécesseurs
» ont acquis, gardé et maintenu ? Qui est celuy
» qui désormais autant renommé port de ceste
» couronne voudra chercher refuge contre les
» griefves tempestes et oppressions des tyrans,
» comme tousjours il a esté par plusieurs roys
» et potentats aussi nécessairement cherché
» qu'heureusement rencontré ? Ou finablement,
» qui est celuy qui plus osera mettre l'espoir de
» son salut en la justice des roys de France, si
» eux-mesmes en leur propre faict se laissent
» oprimer par injustice ? Mais pourquoy voy-je
» cherchant exemple des choses extérieures et
» frivoles sur l'opinion d'estrangers, puisque
» de raisons domestiques et familières je puis
» prendre le réglement de mon faict, laissant
» à part les inconvéniens de dehors, comme
» ayans leur pivot seulement assis sur hon-
» neur ? et à l'imitation d'un bon père de fa-
» mille et sage administrateur, attachons-nous
» à ce qui à honneur et utilité ensemble touche.
» Si aujourd'huy je souffre que, sans raison
» n'occasion, par l'authorité de celuy de qui
» moins je devoy attendre d'offence, m'ayent
» esté tuez et meurdris si honteusement et si
» audacieusement, contre tout droict divin, na-
» turel et humain, mes serviteurs, mais, ô
» Dieu ! quels serviteurs ? gens d'estat, de ré-
» putation et de maison, ayans par leurs méri-
» tes acquis, l'un, degré honneste entre les
» plus apparens gentilshommes, l'autre, lieu
» éminent entre les grands seigneurs, et estans
» receuz en fraternité des princes, sans que de
» leur mort je face démonstration ; si je laisse
» au temps seul et à l'oubliance des choses pas-
» sées à faire l'effacement de leur sang ; si,
» cuidant ensevelir leur infortune, je la ressus-
» cite ; si j'augmente leur calamité par ma
» honte, qui sera, d'icy en avant, celuy qui
» pour donner vie à ceste monarchie mettra la
» sienne en danger ? Certes il n'y aura nul qui
» non-seulement pour elle ne refuse à s'y pré-
» senter, mais qui ne la juge ou indigne qu'on
» la serve, ou moy que je la gouverne ; dont en
» brief à la république insidée d'ennemis, des-
» garnie d'amis, privée de bonnes et dévo-
» tieuses volontez, ne pourroient n'advenir les
» inconvéniens qui tousjours sont advenus à
» Estats ou régis par mauvais administrateurs,
» ou dépourveuz de féal et amiable conseil.
» Les princes ont accoustumé d'estre blasmez,
» quand ils n'ont vengé la mort de ceux qu'al-
» liance avoit mis en leur société ; combien plus
» ceux que nature avoit mis en leur seureté ?
» Peu d'honneur ont acquis ceux qui ont sans
» résistence laissé démembrer une partie de
» l'Estat qui par leurs ancestres leur a esté laissé,

« encores moins ceux qui, sans en faire démons-
» tration, ont laissé oprimer celuy, ou qui par
» nature, comme subject, ou par élection, comme
» serviteur, est entré en leur sauvegarde. Car
» qui laisse occuper partie de sa province par
» autruy, quelquefois la laisse occuper à aussi
» bon ou meilleur que soy; dont advient qu'au-
» cunefois la mutation du seigneur est aux sub-
» jects, non-seulement tolérable, mais profita-
» ble, car l'oppression ne leur peult jamais estre
» que mauvaise : parquoy ne se peult nier plus
» n'estre à blasmer celuy qui, soubs son nom,
» laisse outrager les siens, que qui les souffre
» arracher de sa main, et violentement usurper
» par autruy. Estans doncques ces raisons si
» véritables, quelle vitupération auray-je, ou,
» pour mieux dire, quelle n'auray-je point, si
» je me rends paresseux à maintenir les miens
» en seureté, qui tousjours ay esté si prompt à
» la tuition des autres? ou quelle honte me sera-
» ce de n'oser à ce coup exposer mes forces,
» pour garder le repos de mes hommes, si tant
» de fois j'ay osé exposer ma vie pour mainte-
» nir mes provinces? Autrefois je n'ay faint,
» estant personne privée, à couvrir de ce corps
» la fuitte d'un peuple battu, chassé et espou-
» venté, n'osant lever les yeux contre deux prin-
» ces, dont l'un estoit victorieux et puissant
» Roy, l'autre assez belliqueux, combien que
» peu heureux Empereur : estant aujourd'huy
» chef et roy de ce mesme peuple, faindray-je
» à le couvrir de mes forces, mesmement contre
» les injures d'un seul qui jamais n'a iceluy peu-
» ple endommagé et moins estonné, souvent l'a
» essayé, jamais entamé, travaillé par cautelles,
» mais non par conquestes? Doy-je craindre à
» le garentir encores ce coup de l'oppression de
» celuy que piéça je luy avoy peu livrer entre
» les mains, si de tant de fois qu'il m'a si brave-
» ment provoqué, il m'en eust attendu une
» seule? Rome, Allemagne, Espagne en ont
» ouy ses braveries; Valentiennes et Provence
» ont veu et peu tesmoigner de ses fuittes.

» Voilà, disoit le Roy, la résolution, après
» toutes disputes, laquelle ambrasser utilité
» nous admonneste, honneur nous incite, néces-
» sité nous contrainct; car, quant à l'infraction
» dont noz ennemis nous pourroient calomnier,
» suivant leur invétérée coustume, je trouve que
» c'est chose à quoy j'ay suffisamment, si dire ce
» peult, satisfaict envers Dieu, et puis dire suffi-
» samment envers le monde, ainsi qu'il sera tous-
» jours cogneu par bons jugemens, et advoué
» par bonnes et sainctes consciences; peu me
» doit-il chaloir que les autres en veullent dire
» ou penser. »

A ces raisons s'estoyent facilement accordez tous ceux avec lesquels, ou pour fiance de leur loiauté, ou par cognoissance de leurs esprits, il avoit pleu au Roy s'en résoudre; car, combien que les raisons contraires et tendantes à dissuasion, eussent bien quelque apparente beauté (pour estre garnies, quant à l'universel, de ceste commune patience de paix, de repos, d'abondance de biens, d'entrecours de marchandise; quant au particulier, mesmes en ce qui touchoit les princes et plus éminents qui fussent en la compagnie de plaisirs, d'honneurs, de délices et triomphes, singulièrement en ce qui regardoit le chef, pour estre homme, à vray dire, qui ne les dédaignoit en leur saison, et qui, demeurant en paix, comme lors il estoit, les pouvoit jouir et avoir en plus grande abondance que nul autre; venant à la guerre, en estoit en la pluspart privé, et les luy convenoit séquestrer pour quelque temps, et paravanture pour toute sa vie), néantmoins, ayans lcelles raisons esté du commencement proposées, et après mises en parangon des autres, soudainement perdirent leur feuille et couleur, si comme, pour effacer pierres faulses, on eust mis en jeu de fines et orientales. Par ainsi estoit demeurée la chose sans dispute, au jugement et approbation de chacun; mais bien eussent voulu aucuns, pour estre l'entreprinse de tel poix, y mettre un peu de délay et mieux se fortifier, tant d'argent que d'amis, mesmes estant le Roy recherché d'aucuns princes et potentats, qui eussent acheté de leur sang un commencement de guerre entre ces deux grands monarques; pour estre, par le moyen et protection de l'un, mis en seureté et hors du danger de l'autre, qu'ils sçavoyent avoir de long-temps, par espoir, comme englouty et dévoré tout le monde; en considération de quoy ils n'eussent au Roy, duquel la foy estoit assez congneüe, refusé chose que raisonnablement il leur eust sceu demander, pour luy faire prendre les armes contre l'ennemy de la commune liberté.

Aussi au contraire estoit vraysemblable, veu les expériences du passé, que, là où desjà de soy-mesmes il les auroit prises, et que la guerre se verroit ouverte entre ces deux grands, et les cartes entre eux bien meslées, chacun des autres leur laisseroit jouer leur jeu, et de là en avant ils favoriseroient plus le Roy de souhaicts que de faicts, plus de désir et affection que de forces, ne d'argent, de traittez et alliances. Entre autres estoit bien à présumer, et le tenoit le Roy pour certain, que si, à la dernière guerre, le roy d'Angleterre, obligé à sa défension, tant par traittez que par infinies promesses, l'avoit planté et laissé porter seul tout le faiz d'icelle guerre, il seroit à ceste-cy pour faire le semblable, voire paravanture pis ; et ce qui luy faisoit présumer, c'estoit qu'il n'estoit pas bien content (ce monstroit-il) que ledict sieur eust donné si honnorable passage à l'Empereur, et qu'en iceluy il luy eust usé de tant de courtoisie ; mais à la vérité plus estoit-il ulcéré que ledict sieur eust favorisé le roy d'Escosse de deux mariages, l'un après l'autre, l'un de madame Magdaleine, sa fille, l'autre de la fille du duc de Guise, vefve du feu duc de Longueville et qu'il eust fortifié Ardres, qui est une bride à Callais ; et, qui plus encores luy pesoit, combien qu'il n'en monstrast le semblant, estoit qu'il n'eust sceu attirer ledict seigneur par offres ny alliances, pour avantageuses qu'elles fussent, comme il disoit, mais à la vérité non recevables, à muer en son royaume le faict et estat de la religion. Toutefois encores n'estoyent les choses tant recullées de moyen, qu'il n'y eust bien quelque apparence de l'attirer à société de guerre, veu d'une part l'estime qu'il avoit de la personne du Roy, et le grand honneur que de tout temps il luy portoit, et de l'autre le peu de contentement qu'il avoit de l'Empereur, se resentant continuellement en son cueur que souvent il luy avoit failly de foy, et aussi blasmant couvertement son ambition.

Mais bien, quand l'on eust pensé de l'attirer à laditte société par conditions raisonnables, si eust-il fallu du temps pour trouver résolution en son esprit, assez irrésolu de soy-mesmes. Le semblable eust-on peu espérer d'une partie de la Germanie, et mesmes entre les estats protestans ; car s'estans trouvez par cy-devant comme refusez de l'alliance par bonne partie d'eux proposée, et estant ledict refus procédé de l'exemple ou opinion que le Roy avoit craint d'en donner au peuple, pour la diversité des sectes, aussi pour ne monstrer à l'Empereur (auquel il ne vouloit laisser aucune occasion de se plaindre) qu'il se fortifiast de ses couverts ennemis, les propos d'icelle alliance d'avec lesdicts Protestans estoyent demeurez interrompus. Néantmoins, y en avoit aucuns d'eux qui secrettement cherchoyent de les renouer, et plus y en avoit d'apparence qu'au passé, que la chose se peust bien conduire ; car, quant au respect que le Roy avoit eu à l'Empereur, il le pouvoit maintenant, après si grièves injures, raisonnablement cesser.

Quant à l'exemple dessusdict, la chose avoit bien receu plus grande modération, car à présent il estoit proposé au Roy, par la confédération qu'il feroit avecques eux, un grand et quasi indubitable espoir de réduire la Germanie à union et concorde, tant de la foy que des principaux différens régnans en icelle, dont trop plus y avoit en l'alliance qui se fust faitte avecques eux, de bon exemple que de mauvais, et fust ce envers les plus dépravez jugemens du monde. Et avecques ce estoit beaucoup diminué du danger où les autres fois on avoit esté, que l'Empereur empeschast ceste pratique, comme il avoit les précédentes ; car, estant son ambition mieux par lesdicts Protestans découverte, que lors elle n'avoit esté, et le masque de son hypocrisie plus osté, il luy estoit plus facile d'y pourveoir, et de plus secrettement se fortifier contre elle.

Telle donc estoit la raison qui mouvoit aucuns à vouloir différer la guerre, pour y attirer les dessusdicts, aussi l'opinion qu'il avoyent de faire plus grande provision de deniers ; car, à la vérité, depuis la dernière guerre, le Roy avoit plus advisé de soulager son peuple par diminution de tailles et imposts, à enrichir sa noblesse par dons et grandes pensions, à retirer son domaine, aliéné par les Roys ses prédécesseurs et en partie par luy-mesmes, et à rembourser l'argent çà et là emprunté, qu'à en amasser de nouveau ; faisant son compte que l'Empereur (qui seul le pouvoit mettre en despense, au meu de la religion de tant et si solemnels sacremens que ceux qu'il avoit faicts, ou ceux de si grans et fréquentement receuz bénéfices ; ou aucunement touché, sinon du bien et repos de la chrestienté, à tout le moins du sien particulier) ne recommenceroit la guerre, ny le mettroit en nécessité de la recommencer. Et, à vray dire, les affaires du Roy eussent bien requis d'encores temporiser, tant pour les raisons susdictes, que pour avoir temps d'achever la fortification d'anciennes places, ou nouvellement commencées, ou que, tant delà, les monts que deçà, on commençoit à mettre en deffense et qui n'y estoyent encores ; mais au contraire, trois choses luy venoyent au-devant des yeulx : la première, que ceste umbre de paix donnoit grande couverture aux entreprinses que faisoit l'Empereur pour luy surprendre ses places de frontière, et venoit journellement en lumière que, pour une entreprinse découverte et rompue, soudain, comme d'une hydre, en sortoit une autre ; et à ce estoit au Roy malaisé de remédier, pour ne luy estre permis, par les voyes de la trefve d'empescher les commerces et communications des subjects de l'un à l'autre, de laquelle communication procédoyent les menées et trahisons.

La seconde raison et plus forte estoit qu'il ne voyoit que, sans deffences expresses, et ainsi

qu'ainsi déclaratives d'hostilité, il peust retirer ses subjects de la fréquentation des païs de l'Empereur, par laquelle les pauvres gens, pensans estre en seureté, se trouvoyent surprins et inhumainement occis, sans qu'on peust en avoir raison, et ainsi qu'il s'estoit fraischement, comme dict est cy-dessus, veu sur le Pau et en plusieurs autres endroicts; et en la mort d'iceux, le Roy, naturel tuteur de leurs vies, se sentoit, comme il devoit, merveilleusement blessé, se jugeant, là où il n'y pourvoirroit, coulpable de leur infortune. La troisiesme, urgente et qui se pouvoit dire insoluble raison, estoit qu'il faisoit bien à présumer (et, oultre la présumption, bons advis et seurs en estoyent venuz) que, voyant l'Empereur la guerre luy avoir esté expressément dénoncée, en cas qu'il ne satisfist dedans certain temps des meurdres cy-dessus mentionnez, pour obvier à ce danger, et afin de gaigner temps, attendant que toutes ses machinations eussent sorty effect, il faisoit son compte de proposer de nouveau quelque spectacle de zèle envers la république chrestienne, tel ou semblable qu'avoyent esté ceux de Tunis et d'Arger, disant : « J'ampliray les aureilles
» du monde d'une belle et grosse entreprinse
» contre les ennemis de la foy, et feray une re-
» présentation de si gros appareil, aux despens
» de mes subjects les plus exposez au danger
» de mes voisins, les plus faciles à abuser,
» sans ce que de ma part j'y face guères de
» mises, que j'auray occasion (faisant magnifi-
» quement sonner laditte entreprinse) de re-
» quérir le Roy Très-Chrestien, et le conjurer,
» tant au nom de son tiltre que de nostre mu-
» tuelle amitié, de m'y assister ou de forces
» ou d'argent. Et, combien que je ne l'estime
» si aisé à tromper en chose si évidente, mes-
» mement estant desjà batu du fillé, si obtien-
» dray-je, à l'exemple de ceux qui demandent
» le plus pour avoir le moins, que, durant ce
» temps de ma telle quelle expédition, ou du
» nom de l'appareil d'icelle, il servira tant à
» sa réputation et à l'opinion commune, et, es-
» tant si jaloux de son honneur qu'il est, aura
» si grand respect aux parolles qu'on pourroit
» semer à l'encontre de luy, que, craignant
» qu'on imputast à son émotion de guerre le re-
» tardement du bien public, indubitablement
» il se contiendra. »

Tel estoit le desseing de l'Empereur, véritablement bien et malitieusement fondé s'il eust eu à faire à homme malprenant et qui desjà n'eust entendu ses ruses ; car il est certain que si par le monde eussent esté respandues les fumées d'une expédition aphricaine ou turquesque, avant que la guerre fust ouverte entre ces deux princes, tous ceux à qui les arts de l'un n'estoient encores bien cogneuz, eussent imputé le retardement de la saincte expédition à l'autre. Pour à quoy obvier, et aussi voyant le Roy qu'en une façon ou autre, tousjours estoit-il en une grosse et continuelle despense, et qu'il luy falloit tenir autant de gens à sa soulde, tant en Italie qu'au long de la mer de Languedoc et Provence, pour remédier aux surprises machinées par l'Empereur, que s'il eust esté en guerre déclarée et ouverte, il jugea, avec les autres raisons cy-dessus alléguées, qu'il ne luy estoit loisible de plus longuement attendre pour exécuter ceste volonté. Deux voyes se présentoient, dont l'une, qui estoit couverte, plus se moustroit accompagnée d'utilité ; la seconde, qui estoit la descouverte et artificielle, n'en promettoit pas tant : car quant à la première, par gens meuz, qui de malcontentement, qui de vindicte, qui de partialité, qui d'avarice ou autre passion des autres, incitez de zèle qu'ils avoyent au bien de leur patrie, journellement oppressée, estoient au Roy présentez partis, de secrettement et à l'improvist le saisir de plusieurs places estans ou soubs la domination de l'Empereur, ou soubs sa protection, voire telles et de si grande conséquence, que leur seule conqueste se pouvoit bien compter pour grand loyer d'une longue et périlleuse guerre.

Pouvant doncques le Roy, par l'acquisition d'icelles, qui estoit le vray fruict de la guerre, et la fin qu'un convoiteux aggresseur en eust peu demander, se venger, il n'y avoit grande apparence qu'il deust refuser ces partis, attendu qu'ils se pouvoient exécuter sans bruit, sans péril, sans perte, sans mettre la main à l'espée, et à la bourse que bien peu, eu esgart à la marchandise. En l'autre voye, qui estoit de roupture et d'ouverte déclaration, moins se trouvoit d'utilité, mais, selon le commun jugement des hommes, plus d'honnesteté : car véritablement la guerre, prenant son commencement par surprises et emblées de places, eust aucunement peu ouvrir la porte de calomnie à ceux qui eussent voulu imputer audit seigneur que convoitise l'eust plus incité à ce faire que la justice, qu'en cest endroict nous appellons vengence. Quoy considérant, et voulant servir à l'honneur plus qu'au profit, laissa le chemin auquel il estoit invité par plusieurs, et qui à grand regret le luy voyoient laisser, et se délibéra d'ouvrir la guerre en divers endroicts, mais principallement en deux : l'un du costé des Espagnes, par la comté de Roussillon, l'autre par le païs de Luxembourg ; et l'élection de ces deux endroicts feit-il pour justifier son agression, non-seulement par la raison qu'il avoit en général d'assaillir son ennemy, mais en particulier de l'assaillir ès lieux qui de droict luy appartenoient, et luy estoient usurpez sans légitime tiltre : car quant à Luxembourg, outre les autres droicts et actions que de tout temps les Roys ses prédécesseurs y prétendoient, mesme par l'aquest qui en avoit esté faict par le duc Louis d'Orléans, frère du roy Charles sixiesme du nom, qu'autres, il en avoit une nouvelle par la cession, tant des chefs et vrays seigneurs titulaires de la maison dudit Luxembourg, qui injustement et par seule force en avoient, par le duc Philippe de Bourgongne et Charles son fils, esté spoliez, que aussi par le transport que luy en avoient faict ceux de la maison de La Marche, qui y prétendoient grand droict.

Quant à la comté de Roussillon, encores sont vivans ceux qui la virent laisser à Ferdinand, roy d'Arragon, alors régnant, par le roy Charles huictiesme, séduit et trompé par un Cordelier, nommé frère Olivier Maillard, directeur de sa conscience, homme apparant, de grande sanctimonie, mais (comme il advient où hypocrisie a lieu) avoit esté corrompu à force d'argent par ce roy d'Arragon, pour vendre et décevoir son maistre. Or n'avoit peu le roy Charles faire ceste aliénation au préjudice de la couronne, et quand il l'auroit peu faire, si n'avoit le roy d'Arragon, et moins ses héritiers, accomply les conditions réciproques mises et apposées au contract : par ainsi l'Empereur, qui n'avoit droit que de luy, ne s'en pouvoit dire autre qu'usurpateur et violent possesseur. Vray est que voulant le Roy commencer la guerre, l'eust peu à aussi bon droict commencer ailleurs, fust delà les Monts ou deçà, car assez d'autres lieux y avoit qu'il pouvoit et plus facilement entamer et aussi justement répéter ; mais bien voulut, pour son invasion, choisir ces deux sur tous autres ; Roussillon, afin d'attirer son ennemy au combat, car estant si prochain en ses païs, en sa maison avec ses forces, parmy ceux où le plus magnifiquement il avoit accoustumé d'extoller la gloire de son nom, il n'estoit croyable qu'il fust pour y fuir la lisse. L'endroit de Luxembourg choisit-il pour avoir plus aisé moyen de recueillir, et à moins de danger des personnes, les Allemans venans à sa soulde ; mais plus encores fut-il meu de ce faire, pour favoriser, par la proximité des lieux, le duc de Clèves, que l'Empereur à toute heure se vantoit de ruiner, et rendre le plus pauvre homme de la chrestienté, disant hault et clair qu'il quitte-roit plustost sa couronne que de luy laisser un poulce de terre ; et de faict, avoit de longue main commencé en ses Païs-Bas à luy dresser secrettement l'appareil d'une grosse tempeste ; ce que sçachant le Roy, luy vouloit bien donner à congnoistre que, d'une part, au lieu où estoit sa personne, de l'autre, en celuy où plus il s'estoit préparé, en ces deux endroicts chercheroit de l'assaillir. Doncques, de premier sault, il envoye un chef de ceste entreprise, son fils puisné, Charles, duc d'Orléans, accompagné de cinq ou six cens hommes-d'armes, et huict mille lansquenets, et six mille soldats de pied françois, ayant avec luy monseigneur Claude, duc de Guise, pour sa conduitte, et commander à l'armée sous luy, à cause de sa jeunesse ; et le seigneur de Jamets ; le seigneur de Sédan ; le comte d'Aumalle, fils aisné dudit duc de Guise ; François de Bourbon, sieur d'Enghien, frère de monseigneur de Vendosme ; le sieur de La Roche du Maine ; la compagnie de monseigneur le connestable, conduitte par le sieur de La Guiche, et plusieurs autres capitaines et chevaliers garnis de sçavoir, de proüesse et d'expérience.

[1542] En Roussillon envoya monseigneur le Dauphin, luy voulant, comme à successeur de son nom, par l'aguillon d'honneur et semonces de haultes entreprinses, de plus en plus inciter les esprits à embrasser la splendeur et imitation de ses ancestres ; et au mareschal d'Annebault, que pour vertu il avoit élevé, et auquel avoit assez grande fiance, ordonna d'estre auprès dudit seigneur pour la principale conduitte de la guerre, luy assistant, pour partie des labeurs et charges, le seigneur de Montpesat, pour lors lieutenant du Roy au païs de Languedoc, avec grand nombre de princes, seigneurs, capitaines, et autres gens d'honneur, de sçavoir et conduitte. Et ce que plus il commanda audit Dauphin, ce fut de jetter partie de ses forces, incontinant et en toute extrême diligence, au-devant de la ville de Perpignan, attendant le reste de son armée, qui s'y viendroit joindre, et que luy, qui le vouloit suivre de près, se présenteroit sur les lieux ; à quoi faire estoit conduit par plusieurs raisons, dont celle qui plus dominoit en son esprit, et à laquelle grande partie des autres se raportoit, estoit celle desjà touchée du combat. Car il jugeoit que là où soudainement il auroit faict (comme il estoit faisable) envelopper Perpignan, ville capitale de Roussillon, et la principale, ou, pour mieux dire, la seule barrière et boullevert des Espagnes, quant au costé de midy, et qu'il l'auroit forclose de plusieurs choses qu'il sçavoit lors luy défaillir pour l'attente d'un grand siége, l'Empereur seroit contrainct, ou par le respect d'honneur, ou, à tout le moins, par celuy de nécessité, de le venir combattre, sinon qu'à sa barbe il aimast mieux se veoir spolier d'une province nourrice des provinces voisines, du meilleur et plus nécessaire port qu'il eust ès mers de delà, de la ville dont la perte luy apportoit perte, non-seulement de ce qu'il avoit deçà la montagne, mais donnoit à son ennemy tout ce qui estoit delà en proye, ou de venir au faict d'armes par luy de si long-temps et en tant de lieux si haultement et si pompeusement presché.

Ce pendant que le Dauphin se prépara à ceste ordonnance, qu'il feit marcher la gendarmerie, l'artillerie, les vivres et munitions, et que Montpesat, pour lors lieutenant du Roy en Languedoc, outre les forces ordinaires de la frontière, faisoit assembler les légionnaires de Languedoc, que le roy de Navarre en faisoit approcher d'autres de Gascougne, que le mareschal d'Annebault s'acheminoit avec sa trouppe, ramenant d'Italie les Suisses, les chevaux-légers, les vieilles bandes de gens de pied françoises et italiennes, le Roy commençoit à se mettre à leur queuë, non de si près qu'il peust rompre les chemins aux soldats, ou empescher la facilité des estappes, mais non pourtant de si loing que d'heure en autre il n'en peust avoir nouvelles, comme ordinairement il avoit. Le duc d'Orléans pareillement mettoit en toute diligence ses forces ensemble.

Or vous ay-je dit cy-devant que quelques-uns avoient mis en avant au Roy plusieurs entreprises pour surprendre l'Empereur aux lieux les plus aisez et desquels il avoit moins de souspeçon ; entre autres le sieur de Langey, lieutenant-général pour le Roy en Piémont, après qu'il eut la cognoissance de l'outrage faict par les gens de l'Empereur à ses ambassadeurs, considéra bien que le Roy s'en voudroit ressentir, ainsi que la raison vouloit. A ceste cause, secrettement avoit pratiqué plusieurs places et capitaines au duché de Milan, ayant intention que son amas d'hommes fust faict à La Mirandole (dont desjà il avoit couvertement les capitaines tous gabarez); et devoit estre son amas de dix mille hommes de pied, huict cens chevaux et dix pièces d'artillerie; et estoient des principaux chefs d'icelle entreprise le seigneur Pierre Strozy, le comte Pétillane, le duc de Somme, et plusieurs autres, tant neapolitains, romains, que des terres de la seigneurie de Venise; lesquels assemblez, il marcheroit droict à Crémonne, dont il espéroit avoir le castellan et des principaux soldats à sa dévotion; de là à Laudes, de laquelle ville il s'asseuroit, et de deux mille hommes de pied qu'il trouveroit audit lieu; et de là à Milan, où pareillement avoit intelligence, et y fortifier la citadelle aux despens des citadins, et, par ce moien, brider et tenir en subjection tant le chasteau que la ville, et oster à l'Empereur le moien d'en tirer argent, dont se faisoit sa guerre. Or est-il que le sieur d'Annebault, après la résolution de la guerre, estoit marché en Piémont, ayant huict mille Suisses, six mille hommes de pied françois, sans la garde des places, et six mille Italiens, quatre cens hommes-d'armes et deux mille chevaux-légers ; parquoy l'intention dudict sieur de Langey estoit que, là où le marquis du Guast partiroit de la frontière de Piémont, ou pour aller au secours de Milan, ou pour combatre ledict sieur de Langey, ledict mareschal d'Annebault avoit en proye Quiers, Ast, Vercel, Alexandrie, Cazal de Montferrat, Fossan, Cony, Albe et Quiéras, et grand nombre de petites places ; car le marquis n'eust sceu tirer dix mille hommes pour mettre en campagne, sans laisser ses places dépourveües ; et, s'il marchoit, il demeuroit entre deux armées. Si, durant six semaines ou deux mois que ledit sieur d'Annebault fut avecques lesdittes forces en Piémont inutile, on eust voulu, laditte entreprise eust esté exécutée au nom dudict Strozy et des Neapolitains, demandans estre restituez en leurs biens, que l'Empereur leur usurpoit : mais voulant le Roy, comme avez entendu, commencer la guerre ouvertement et non à l'improviste, encores que du commencement il eust consenty et arresté laditte entreprinse, en fut diverty et la refusa ; mais j'ay ouy des proverbes de noz pères, que qui a le prouffit de la guerre en a l'honneur.

Ayant le Roy ordonné à monseigneur d'Orléans l'armée qu'il avoit à conduire, dépeschea Nicolas de Bossu, sieur de Longueval, pour aller à Gueldres et Juilliers, devers le duc de Clèves, faire une levée d'hommes, tant de pied que de cheval, et, passant au travers du païs de Brabant, se venir joindre avec iceluy duc d'Orléans ; ce qu'il feit, ainsi qu'entendrez cy-après.

Monseigneur le duc d'Orléans, ayant prins congé du Roy à Ligny-en-Barrois, alla trouver le duc de Guise, accompagné de quelque nombre de gens de pied françois ; et le lendemain, qui estoit environ le dixiesme de juin 1542, assemblèrent avec la gendarmerie une partie des gens de pied en un grand village sur la rivière de Meuze, à deux lieues près de Verdun, mi-chemin dudit Verdun et de Dun-le-Chasteau, auquel lieu feirent séjour trois jours, attendans l'artillerie. Au partir de là, allèrent loger devant Danviller, place de Luxembourg appartenant à l'Empereur, auquel lieu se vint joindre avec eux le baron de Hédecq, lequel autrefois avoit esté lieutenant du comte Guillaume de Fustemberg, avec son régiment de quatre mille lansquenets; aussi y arriva le comte de Mansfeld et le comte Piguelin, et le colonnel Riquerog, avec leurs régimens; et pouvoit estre, estans assemblez, le nombre de dix à douze mille lansquenets. Et vint à ceste heure-là au service du Roy, avecques le comte de Mansfeld, le comte Reingrave, jeune homme de bonne volonté, qui promettoit bonnes choses de luy, ainsi qu'on a congneu par après. Estans assemblez devant Danviller, fut présentée l'artillerie, dont fut tiré quelques coups à coup perdu, sans approches ny trenchées; mais les soldats estans dedans la place, ne voulans attendre plus furieuse batterie, demandèrent à parlementer; et, durant ledict parlement, noz soldats, sans aucune résistance, entrèrent dedans et la saccagèrent, chose qui estoit bien aisée, d'autant que la place n'estoit deffensable. Estant Danviller entre noz mains, par l'advis des capitaines, monsieur d'Orléans ordonna qu'elle fust rasée et bruslée, comme n'estant gardable; ce qui fut faict en toute diligence, mesmes par monsieur de Jamets, à l'occasion qu'elle luy portoit grand ennuy à sa place de Jamets.

Partant de Danviller, nostre armée print le chemin de Luxembourg; mais le lendemain vint nouvelles qu'il estoit tombé un pan de muraille à Yvoy, qui fut cause de faire tourner visage à nostre armée droit à laditte place : et y estant arrivée, en toute diligence mondict seigneur d'Orléans et le duc de Guise ordonnèrent de faire les approches; ce qui fut faict, mais mal à propos, car il fut assis trois canons et une bastarde si près du bord du fossé, sans gabions, trenchées ny autre couverture pour mettre en seureté l'escorte de la garde d'icelle artillerie, qu'il fallut, le jour venu, que ceux qui l'avoyent en garde l'abandonnassent, pour les coups de arquebuze que leur tiroient les ennemis. Et en plain jour, à la veüe de nostre armée, sans que nul les peust offenser, iceux ennemis sortirent de la ville, et attachèrent des cordes ausdittes pièces, pour les tirer dedans leurs fossez; mais ne leur fut possible, à cause de la pesanteur et de quelques coups de arquebuse tirez, mais de loing, par aucuns soldats des nostres, qui se hazardoyent plus que les autres. Ce que voyans, les ennemis mirent le feu aux flans et les bruslèrent, de sorte que lesdittes pièces furent mises sur le ventre, et cinq ou six jours après furent retirées, et puis envoyées à Sedan pour les remonter. Nonobstant ledict inconvénient, ne fut cessé la continuation des trenchées pour mettre les autres pièces en batterie du costé de vers les Ardennes, et fut faitte brèche assez raisonnable, qui toutefois ne fut assaillie; puis on fut dix ou douze jours sans tirer, ce pendant qu'on envoya à Sedan, à Mouson et autres villes prochaines, quérir renfort d'artillerie et de munitions. Lesquelles arrivées, on feit nouvelle batterie à l'opposite de l'autre, tirant vers le chemin qui va à Jamets; dont ceux de dedans s'estonnèrent, de sorte qu'ils demandèrent à parlementer; à quoy ils furent receuz : et tellement se mena la pratique, qu'enfin leur fut accordé par monsieur de Guise (lequel estoit ordonné de la part de monseigneur d'Orléans pour les ouïr) qu'ils s'en iroyent leurs bagues sauves, et pourroyent amener six fauconneaux et de la munition pour tirer chacun six coups. Chose qui vint bien à propos, car à la vérité la place estoit hazardeuse à assaillir sans grande perte d'hommes, veu le grand nombre de soldats, d'artillerie et de munitions qui estoyent dedans, et mesmes qu'au milieu de la grande brèche, au fons du fossé, y avoit un moineau qu'on ne leur pouvoit lever, qui eust faict un grand meurdre des assaillans; mais Dieu leur osta l'entendement. De la part de l'Empereur estoyent chefs audit Yvoy le bastart de Sombret, le sieur de Noyelles, hennuyer, capitaine de chevaux-légers, le capitaine Famas, le capitaine Gilles de Levant, et autres, jusques au nombre de deux mille hommes. Estant mondit sieur d'Orléans devant icelle place, y arriva le sieur de Longueval, accompagné de Martin Van Rosson, mareschal de Gueldres, et dix mille lansquenets, avecques environ de seize cens à deux mille chevaux clevois, qui avoyent passé par le païs de Brabant, ainsi qu'entendrez par ce discours.

Monseigneur le duc d'Orléans, ayant mis Yvoy en l'obéissance du Roy (dont fut baillée la garde au seigneur de Sedan, et depuis au baillif de Victry, comte de Nanteuil, lieutenant de la compagnie du duc Antoine de Lorraine), marcha pour aller devant Luxembourg, prenant son chemin par Arlon, petite ville à quatre lieues au deçà dudit Luxembourg, sise sur une montagne en assez bonne assiette, mais non fortifiée. L'armée approchant dudit lieu, le seigneur d'Anguin, François de Bourbon, avec sa compagnie et quelques autres qui l'avoient suivy, y alla devant, et la feit sommer au nom de monseigneur d'Orléans. Ceux de dedans, estonnez de la rédition d'Yvoy, qu'on estimoit la plus forte place du païs, et la mieux pourveue d'hommes, d'artillerie et autres munitions, rendirent la ville : au dessoubs de laquelle se vint loger le camp, et dedans se logea monseigneur d'Orléans ; mais quelques pillards (encores qu'il fust défendu de piller), cherchans quelque butin, mirent le feu en une partie de la ville, tellement que bien à peine peust-on faire retirer le bagage qu'il n'y en eust de bruslé ; et, après que le feu fut estaint, y fut laissé quelques gens, à ce que l'ennemy ne s'y mist pour coupper les vivres qui venoient en nostre camp de Stenay et de Mouson.

Partant d'Arlon, le camp alla loger auprès de Luxembourg, où, peu après avoir faict les trenchées, fut approchée l'artillerie au coing de la haute ville, à la main droicte de la porte par où on entre du costé de France, et fut faict brèche, toutesfois non raisonnable pour assaillir, car le fossé y est à fons de cuve, trenché en roc fort parfons ; si est-ce que ceux de dedans, combien qu'ils fussent trois mille hommes de guerre et quatre cens chevaux, s'estonnèrent, de sorte qu'ils se rendirent leurs bagues sauves, et les citadins demeurèrent en leur liberté. Estans sortis lesdicts gens de guerre environ deux heures après midy, monsieur d'Orléans entra dedans ; et fut mise si bonne police, qu'une heure après, les boutiques des marchans furent ouvertes, pour vendre et acheter en telle seureté pour eux qu'on feroit à Paris ou à Rouen. La ville ainsi réduite, monsieur d'Orléans laissa pour la garde d'icelle le comte de Mansfeld et le comte Piguelin, avec leurs régimens, lesquels promirent de la bien garder vers tous et contre tous ; ce qu'ils ne firent, ainsi que tantost vous orrez. Puis, en passant devant Montmédy, petite ville assise sur une montagne, laquelle on ne peult approcher que d'un costé, mondit sieur d'Orléans feit seulement monstrer son artillerie : incontinant ceux de dedans, esmeuz des précédentes prises, se rendirent ; et y furent mis gens pour la garder. Et telle fut l'exécution, qu'il ne restoit ès mains de l'Empereur du duché de Luxembourg, que Tionville, ville sur la Moselle, quatre lieues au-dessous de Mets, tirant à Trèves.

Monseigneur d'Orléans, ayant désir de se trouver près la personne du Roy et de monseigneur son frère, pour l'espérance qu'il avoit qu'il se donneroit une bataille devant Perpignan, délibéra de s'y retirer, laissant à Luxembourg et Champagne le duc de Guise, lieutenant-général du Roy ; et, pour séparer son armée, se retira à Verdun, auquel lieu il ordonna d'envoyer monsieur de Longueville, avec Martin Van Rosson et ses bandes, vers Liesse, lieu entre les deux frontières, pour y séjourner, et secourir ou la Picardie ou la Champagne. Puis, après qu'il eut fait quelque séjour à Verdun pour pourvoir au reste de son armée, partit en poste pour trouver le Roy à Montpellier, pensant de là aller devant Perpignan ; mais desjà le Roy avoit délibéré de retirer son armée. Deux jours après son arrivée devers le Roy, vindrent nouvelles de la perte de Luxembourg, et comme le comte de Mansfeld et le comte Piguelin l'avoient rendue bien légèrement et avecques peu d'occasion, dont le Roy fut fort mal content, et contre monseigneur son fils, et contre ceux qui luy avoyent conseillé de laisser son armée ; mais je croy que luy-mesme avoit esté son conseil. Aussi avoyent les ennemis reprins Montmédy, qui nous portoit grand dommage, tant à Stenay qu'au long de la rivière de Meuze : mais monseigneur de Guise rassembla ce qu'il peut promptement recouvrer de gendarmerie (car la pluspart avoit esté licentiée), et, avec quelques gens de pied, tant allemans que françois, marcha devant Montmédy, premier que ceux qui la tenoient eussent loisir de se recognoistre ; et la reprint, et y mist pour chef le capitaine Pétrus de La Lande, lequel y feit depuis bien son devoir, chose qui fort rapaisa le Roy. Le sieur de Guise, n'ayant moyen de plus tenir la campagne, assit ses garnisons, et envoya le régiment du capitaine Riquerog, allemant, le droict chemin de Piémont.

Durant que ces choses se faisoyent, tant à Luxembourg qu'à Perpignan, monseigneur Antoine, duc de Vendosme, qui estoit gouverneur et lieutenant pour le Roy en Picardie, ne voulut estre oysif ; car, après avoir assemblé les garnisons de son gouvernement, tant de pied que de cheval, avecques une bende d'artillerie, délibéra de ne laisser dormir ses ennemis ; et parce qu'il y avoit vers Ardres trois ou quatre petites places qu'ils tenoient, lesquelles faisoient grand dommage, tant à Ardres qu'au Boulonnois (entre autre le chasteau de La Montoire, sis en forte assiette, sur une petite montagne à l'entrée de la terre d'Oye, duquel on descouvre tout ce qui sort de la ville d'Ardres, et un autre, au bort du Boulonnois, tirant d'Ardres à Sainct-Omer, nommé Tournehan, appartenant au sieur de Bures, place de tout temps tenue des plus fortes du païs), entreprint de les lever d'entre leurs mains ; et, ayant pourveu à faire suivre les vivres après son camp, faisant son estappe à Dovère, marcha premièrement droict à la Montoire, laquelle fut abandonnée des ennemis, et la feit desmolir aux gens du païs, lesquels en firent leur devoir pour le dommage qu'elle leur avoit faict : et de là tourna ses forces à Tournehan, et y feit faire batterie de cinq ou six jours. Les assiégez, ne voyans remède de plus endurer la batterie, parce que la place estoit petite (car il est certain qu'une petite place ne vault rien devant la fureur de la batterie de maintenant), se rendirent leurs bagues sauves ; laquelle il ordonna estre rasée, mais, pour la grande espesseur des tours, mesmement de la grosse, eust esté long à la desmolir, il les feit miner, et, après avoir faict mettre quelques barils de poudre soubs la mine bien bouchée, les feit voler, et raser à force de pionniers ce qui restoit. Incontinant, bon nombre de petits forts, que les ennemis tenoient à la faveur de ladite place, se rendirent, et furent pareillement rasez. Puis, après avoir couru tout le païs vers Sainct-Omer, Aire et Bétune, n'osant son ennemy se présenter devant luy pour le combatre, encores qu'il eust plus de gens que luy, se retira, mettant ses hommes aux garnisons. Sur laquelle retraitte le comte du Reux, lieutenant-général de l'Empereur, faillit d'estre surpris en sa maison ; mais il se sauva par un batteau passant la rivière, et se retira à Sainct-Omer.

Naguères je vous ay dit que le Roy vouloit retirer son armée de devant Perpignan, quand monsieur d'Orléans le fut trouver à Montpellier. Or, afin de briefvement discourir ce qui fut faict en ce voyage, et venir à ladite retraitte, monseigneur le Dauphin assembla ses forces en Avignon, auquel lieu l'estoit venu trouver le sieur d'Annebault aveques huict mille Suisses, six mille hommes de pied françois, des vieilles bendes, dont estoit colonnel messire Charles de Cossé, sieur de Brissac, et six mille Italiens, et quatre cens hommes-d'armes, et seize cens chevaulx-légers, desquels estoit général le sieur de Termes ; et de là print son chemin à Nymes et à Narbonne, où se vint joindre le sieur de Montpesat, avec la légion de Languedoc et une partie de celle de Guienne, et six mille lansquenets, et bon nombre de Suisses nouvellement levez ; de sorte qu'il y pouvoit avoir quatorze mille Suisses, tout comprins, et se montoit l'armée à trente-six ou quarante mille hommes de pied de toutes nations, et deux mille hommes-d'armes et deux mille chevaulx-légers. De Narbonne alla loger auprès de Locate, partant duquel lieu, laissa à la main droitte le chasteau de Saulces, et y envoya une trouppe d'hommes suffisante pour le tenir en subjection et empescher les saillies que pouvoient faire ceux de dedans ; car il ne voulut s'y arrester, en intention de surprendre Perpignan, mais autrement advint.

Vray est qu'il n'y avoit nombre suffisant d'hommes pour garder une telle place ; mais l'artillerie et d'amonitions, tout ce que l'Empereur avoit mené en son voyage d'Arger estoit dedans, tellement qu'à l'arrivée de tous costez on estoit salué à coups de canon et de coulevrines, dont les ennemis estoient aussi libéraux que d'arquebouzades ; chose qui feit cognoistre en peu d'heure que les advertissemens qu'on disoit qu'avoit monsieur de Montpesat (par l'advis duquel avoit esté dressée ceste entreprise) n'estoient certains. Il est apparent qu'ils estoient advertis, veu que le sieur d'Annebault avoit séjourné en Piémont un mois ou cinq sepmaines, et qu'il estoit commun, dès Piémont, qu'on alloit à Perpignan ; aussi le chemin que print l'armée leur en pouvoit donner vraye certitude.

Estans arrivez devant Perpignan, ceux qui estoient ordonnez à ce faire, advisèrent, chacun en son endroict, de l'approcher, mais la pleine estoit si rase et la terre si sablonneuse, qu'il estoit malaisé de faire trenchées qui valussent, car la terre s'en alloit à vau le vent, et amplissoit les gabions de sablon. Vous pouvez estimer quelle seureté on pouvoit avoir, mesmes que la ville estoit si bien pourveuë de plateformes garnies d'artillerie, qu'il sembloit d'un porc-espy, qui de tous costez, estant courroussé, monstre ses poinctes. Aussi fut advisé, pour empescher qu'il n'y entrast secours, lequel n'y pouvoit venir que par deux endroicts, l'un par la mer, et l'autre par le pertuis par lequel pouvoit venir le secours du royaume d'Arragon, et on n'y peult passer qu'à la file, là fut envoyé le sieur de Termes avec les chevaux-légers, toutesfois si tard, qu'avant son arrivée le secours estoit passé et entré dedans la ville ; qui encouragea fort les ennemis, et nous donna peu d'espérance de parvenir où nous prétendions.

Un jour ceux de la ville, ayant, de dessus le rempart, cognoissance que nostre artillerie estoit mal gardée, feirent une saillie à la garde de leur artillerie, telle qu'ils firent abandonner la nostre à ceux qui l'avoient en garde, et se mettoient en effort de la tirer en leurs fossez ; ce qui estoit apparent qu'ils eussent faict, mais le sieur de Brissac, colonnel des gens de pied françois, auquel ne touchoit de la garder, y arriva à l'improviste, suivy de peu de gens, et estoit sans armes, horsmis un hausse-col, lequel feit une charge si furieuse, qu'il leur feit abandonner, et la retira : aussi fut-il blessé à la gorge ou au col.

Le Roy, lequel, ce temps pendant, avoit faict séjour à Montpellier, espérant marcher si l'Empereur se fust mis en campagne pour secourir sa ville, voyant que son armée se consommoit, et que l'Empereur n'estoit pour se hazarder, puisque sans bataille elle se pouvoit garder, envoya le comte de Sainct-Pol et l'amiral de Brion devers monsieur le Dauphin, pour entendre quelle espérance il pouvoit avoir du fruict de ceste grosse armée ; lesquels luy rapportèrent qu'ils avoyent cogneu qu'il y avoit moins d'espoir à la prinse de la ville, que le jour que le camp y arriva, et que, approchant l'hiver (auquel on alloit entrer), le païs estoit de telle nature, qu'aux premières pluies qui viendroient, il n'y auroit ordre de retirer l'armée, pour les torrens qui de tous costez coulent des montagnes, et que la mer faict regorger lesdicts torrens, de sorte qu'on se trouveroit enfermé entre deux mers et la montagne. Alors il cogneut bien, mais trop tard, qu'il avoit esté mal servy ; parquoy manda à monseigneur le Dauphin qu'il eust à faire sa retraitte ; à quoy il ne faillit d'obéir, combien qu'à son grand regret (considérant une si triomphante armée avoir esté tant inutile), car l'erreur n'estoit de luy, mais de ceux qui avoient abusé le Roy, ou par ignorance ou par envie qu'autres ne fissent mieux. Partant de devant la ville, les Espagnols firent plusieurs saillies, mais il avoit mis si bon ordre à sa retraitte, qu'elles furent au désavantage des ennemis. Nostre camp deslogea à telle heure, que, s'il eust encores attendu trois jours, ce qu'on craingnoit des inundations luy fust advenu, car le lendemain et les jours suyvans survint une si extrême pluie, que la pluspart de ceux qui estoient demeurez derrière, tant de cheval que de pied, furent contrains de passer à nous, et y en eut quelques-uns noyez. Voilà la fin de ceste armée, laquelle, à mon jugement, qui l'eust employée en Italie, l'estat de Milan eust esté bien esbranlé, pour les apparences que depuis on en a veu ; mais l'asseurance qu'on donnoit au Roy d'emporter Perpignan de première venue, luy feit prendre le pire party ; par avanture en ay-je mauvais jugement, mais c'est mon opinion.

L'amiral d'Annebault, partant de Piémont pour venir à Perpignan, avoit laissé le sieur de Langey, messire Guillaume Du Bellay, accompagné du sieur de Boutières, du sieur de Vassé, gouverneur de Pignerol, du capitaine Martin Du Bellay, prince d'Yvetot, gouverneur de Turin, du sieur d'Aussun, gouverneur de Savillan, avec leurs compagnies, tant de gendarmes que de chevaulx-légers, et deux mille Suisses, et quelques gens de pied, tant de François que Italiens, pour seulement bien petitement garder les principalles places de surprises, demeurant le plat païs en proye. De quoy le marquis du Guast adverty, assembla ses forces au pont d'Esture, lieu propre pour assaillir le Piémont en quelque endroit qu'il voudroit commencer, ou deçà ou delà le Pau, pour avoir les rivières à son commandement. Le sieur de Langey, qui estoit à Turin, sçachant la délibération dudict marquis, et que du costé de Cony, Quiéras et Albe, n'y avoit grande garde, parce que le marquis n'eust jamais estimé qu'estant demeuré ledict seigneur de Langey si desgarny d'hommes, eust voulu faire entreprinse, toutesfois il la dressa sur toutes les trois, tout en un coup, tirant de chaque ville quelque enseigne de gens de pied. Pour Quiéras dépescha le sieur d'Aussun, pour lors gouverneur de Savillan, et le sieur de Cental, éleu de Riès, avec une trouppe, non pour forcer, mais pour surprendre, autre en Albe, autre à Cony ; mais ceux qui allèrent à Cony et Albe se perdirent, si que le jour les surprint ; parquoy ce que monsieur de Langey tenoit le plus seur demeura inutil. Les sieurs d'Aussun et de Cental, partans de Savillan, marchèrent en toute diligence à Quiéras, avec eschelles, ayans pour leur conduite ceux que ledict Langey leur avoit baillés, pour les mener au lieu où ils se devoyent asseoir ; et, parce qu'il y a un petit chasteau, on tint prests deux canons, pour les faire marcher, s'il estoit besoin de le batre. Ils ne peurent néantmoins arriver que le jour n'éclèrast (car c'estoit aux nuicts les plus courtes de l'an), tellement que les intelligences que nous avions dedans ne s'osèrent descouvrir. Si est-ce que lesdicts sieurs, ne voulans avoir perdu leur peine, donnèrent jusques au lieu où leurs conducteurs les menèrent, et, encores que l'alarme fust à la ville, et que chacun vinst à sa deffence, plantèrent leurs eschelles et la forcèrent, et montèrent les premiers sur la muraille lesdicts sieurs d'Aussun et de Cental. Estans maistres de la ville, mandèrent l'artillerie, laquelle leur fut envoyée, pour batre le chasteau, dedans lequel s'estoyent retirez les gens de guerre ; mais, dès la première volée, une de leurs pièces se démonta, et quand et quand eurent advertissement que le marquis du Guast marchoit diligemment pour secourir la ville par le chasteau ; ce qu'ils firent entendre au seigneur de Langey, qui desjà estoit venu camper à Carignan avec les Suisses et si peu d'autres qu'il avoit faict tirer des garnisons, mesmes que l'une de leurs pièces estant ainsi inutile, ils estoyent d'advis de se retirer et de brusler et ruiner la ville, à ce que l'ennemy ne s'en peust prévaloir. Ce qu'ayant entendu, ledict sieur leur envoya promptement le sieur de Vassé, avec cinquante hommes-d'armes de renfort, par lequel leur manda qu'ils n'eussent à vuider de là, les asseurant qu'audict chasteau n'y avoit que deux sacs de farine et un cheval, et que, pour le grand nombre d'hommes qu'il sçavoit y estre, ils seroyent contrains, le lendemain, de parler ou de mourir de faim, d'autant que dès le matin mesmes les vivres leur failliroyent, et que le marquis, partant d'où il estoit, n'y pourroit arriver de trois jours, et qu'il les advertiroit d'heure, et leur bailleroit le moyen, si besoin estoit, de se retirer en seureté au Montdevy ou à Baine. Le lendemain, les soldats qui estoyent audict chasteau, parlèrent, et sortirent avec leurs armes, et fut trouvé qu'il y avoit trente-six heures qu'ils n'avoyent mengé. Le sieur de Langey y ordonna le sieur de Cental gouverneur, lequel soudainement y mist deux mille hommes, qu'il leva tant en ses terres qu'ailleurs.

Le marquis du Guast, adverty de la reddition du chasteau et de l'ordre qui y estoit, rompit l'entreprinse qu'il faisoit de le venir secourir, et délibéra de se récompenser ailleurs; parquoy, estant délogé du pont d'Esture, tourna ses forces vers Villeneufve d'Ast, laquelle (encores que le sieur de Langey l'eust bien pourveüe), pour la débilité du lieu, fut forcée, avec toutesfois peu de meurdre; aussi furent Poiring et Cambian, petites places non fortifiées. Le sieur de Langey, combien qu'il cogneust n'avoir les forces pour soustenir celles du marquis, lequel avoit quinze mille hommes de pied et environ deux mille cinq cens chevaux, et luy, tout mis ensemble, n'eust attaint à plus de cinq mille hommes de pied, estant adverty que l'entreprise du marquis estoit de ne plus s'amuser delà l'eau, mais venir passer la rivière à Carignan, pour y camper, et, ce faisant, nous oster tout le plat païs, depuis les montagnes jusques au Pau, pour affamer Turin, Pignerol et le reste de ce que nous avions deçà; et laisseroit fortes garnisons à Quiers, Ast, Fossan, Albe et Cony, pour le semblable estre faict aux places que nous avions delà le Pau, et nous lever la commodité du marquisat de Saluces, pour y remédier, revint avec ses petites forces camper à Carignan, et y commença un fort en toute diligence, afin que par art il peust garder ce que par force luy estoit impossible; car d'attendre son ennemy sans advantage, il n'avoit le moyen. Le marquis, ayant entendu la diligence qu'il faisoit d'empescher son entreprise, vint camper delà l'eau, sur le bord de la rivière, vis-à-vis de nous; et, d'autant que c'estoit au mois de juillet, que les eaux estoient retirées,

aisément on pouvoit, au-dessus et au-dessoubs de Carignan, passer la rivière à gué. Et, quinze jours durant que les deux armées furent logées au-devant l'une de l'autre, il y avoit ordinairement escarmouches; et falloit que jour et nuict nostre armée fust en armes pour l'empescher de forcer le passage, de sorte qu'on se reposoit à tour de roolle. Le sieur de Langey, considérant qu'à la longue ses gens n'auroient moyen de porter la fatigue, et que luy-mesmes, pour les longs travaux précédens qu'il avoit endurez, estoit devenu perclus, tellement qu'il ne s'aydoit que du cerveau et de la langue, trouva moyen de tirer du camp impérial cinq ou six mille hommes de pied italiens et quelque cavalerie, dont il se renforça, et affoiblit son ennemy d'autant. De quoy le marquis estonné, osta sa fantasie de plus essayer de passer le Pau, craignant qu'estant deçà l'eau, ceux qui jà s'estoient rendus à nous, surbornassent les autres qui estoient en son camp, et que par ce moyen il demourast le plus foible; parquoy il commença sa retraitte vers Villedestelon, s'approchant de Quiers.

L'opinion du sieur de Langey et de la pluspart des capitaines estoit de passer le Pau, et suivre l'ennemy, pour exécuter autres intelligences qu'il avoit en son camp et ailleurs; mais quelques-uns (je ne sçay pour quelle occasion, car au conseil ils avoient monstré semblant de la trouver bonne, et, suivant leur advis, il avoit parlé aux Suisses, qui luy avoient accordé en leurs présences de passer outre) se rétractèrent, et trouvèrent moyen de mutiner les Suisses, tellement qu'alors qu'on cuidoit marcher en avant, ils tournèrent leurs enseignes droict à Pignerol, chemin de la retraitte en France. Leur colonnel Sainct-Julian en fut souspçonné, et croy que ce fut à bon droict: et audit Pignerol se retira avec eux le sieur de Boutières. Le sieur de Langey, se voyant abandonné, ne sceut autre chose que de se faire porter en une chaire à Turin, avec le reste d'hommes qu'il avoit, et envoya les Italiens qu'il avoit tirez du camp impérial, à Cazelles et Siria, petites places entre Turin et Vulpian. Le marquis, adverty de la soudaine départie de nostre armée, envoya quelque nombre de gens passer le Pau, lesquels, trouvant un capitaine de Languedoc, avecques cinquante soldats, dedans le chasteau de Carignan, les sommèrent, au nom du marquis, de rendre la place, leur faisans entendre que, s'ils attendoient que l'artillerie fust arrivée, que son intention estoit de les faire pendre et estrangler. Le capitaine et les soldats n'attendirent à veoir l'artillerie, mais se rendirent à la première sommation. Ce qu'ayant entendu le sieur de Langey, qui estoit à Turin, à sept milles de là, craignant que le marquis suivist avec sa trouppe et parachevast le fort qu'il avoit commencé, despescha sur l'heure le capitaine Martin Du Bellay, son frère, gouverneur de Turin, avec sa compagnie, pour aller entendre comme les choses estoient passées, et quel nombre d'hommes estoit dedans, afin que, suivant ce qu'il luy manderoit, il se fist porter luy-mesmes sur le lieu, avec l'artillerie qu'il meneroit. Ledit capitaine Martin, pour avoir loisir de pourveoir à son affaire, au partir de Turin, jetta devant luy le capitaine Marville et le comte Maxime Antoine de Sesse, ses deux lieutenans, avec quarante ou cinquante chevaux, pour se mettre entre le Pau et la ville de Carignan, pour recognoistre si le marquis voudroit repasser l'eau. Estans arrivez sur la rivière, le comte Maxime Antoine laissa son compagnon au guet, et, par un trompette, envoya demander de parler à ceux qui estoient dedans le chasteau; ce que luy estant accordé, le capitaine sortit en seureté, lequel estoit de la cognoissance dudit comte Maxime, et autresfois avoit esté soubs sa charge. Ledit comte luy remonstra les grandes forces qui venoient, avec le grand nombre d'artillerie, et qu'ils estoient envoyez là seulement pour les investir, attendant les forces; l'asseurant bien que, s'il tardoit tant peu soit de parler, il ne seroit en sa puissance de luy sauver la vie, dont il le vouloit bien advertir, estant son amy. Les choses furent tellement menées, qu'il remist la place entre les mains du gouverneur de Turin, et furent conduits les Impériaux seurement à Quiers. Ce faict, il fut pourveu à la place, à ce qu'il n'y advînt plus d'inconvénient. Le Roy, ayant entendu la prise de Carignan par les Impériaux, avoit despesché un courrier en toute diligence, mandant au seigneur de Langey que, toutes choses laissées, il mist tout son effort à la recouvrer; mais arrivant, le courrier la trouva desjà entre noz mains, dont le Roy adverty en eut grand contentement.

Peu de jours après, le marquis du Guast, repassant le Pau auprès de Cressentin, vint assiéger Chivas, dedans lequel estoit le seigneur Hiéronime de Birague; mais, après avoir esté repoussé de deux assauts, se retira vers son armée à Cazal. Au mesme temps, César de Naples, voulant couvrir le chemin de Vulpian à Turin, délibéra de prendre Cazelles, espérant le faire aisément, parce qu'il n'y avoit que les Italiens, lesquels le sieur de Langey avoit tirez du camp impérial, et qu'il les pourroit retirer à sa dévotion : mais ledit sieur de Langey soudain y envoya le chevalier de Villegangon, pour le commander, craignant qu'entre tant de capitaines sans chef il n'y eust partialité. Ledit César les vint assaillir, mais il fut si bien recueilly, qu'il y perdit soixante ou quatre-vingts hommes, et se retira avec sa courte honte et y demeurèrent ses eschelles pour les gaiges.

Le sieur de Langey, voyant le marquis retiré à Cazal, avoit congnoissance qu'une place nommée Barges, laquelle ferme le chemin de Pignerol à Ravel et à Saluces, portoit grand dommage à toute la pleine, d'autant qu'elle est enclavée au milieu de noz terres, et que le marquis de long-temps ne la pourroit secourir, manda au sieur de Boutières, qui estoit à Pignerol, que, pour ne laisser les Suisses inutiles, il eust à marcher devant Barges, et luy envoya toutes les forces qu'il avoit près de luy, retenant seulement gens pour la garde de Turin. Le sieur de Boutières incontinant partit pour ladite entreprise, et mena quant et luy six canons qu'il print à Pignerol; mais, arrivé à Barges, trouva que les Espagnols avoyent fortifié un convent joignant le chasteau, et qu'il estoit impossible d'assaillir le chasteau sans premièrement prendre le convent. A ceste occasion, soudain feit ses approches, et mist ses pièces en batterie si diligemment, que dedans vingt-quatre heures il feit brèche, de sorte que les soldats françois, meslez avec quelque gendarmerie qui se mist à pied, emportèrent le fort d'assault, et mirent au fil de l'espée environ trois cens hommes qui estoyent dedans. Ce faict, approcha le chasteau, qui n'est qu'un donjon quarré, et gaingna les fauses brayes; aïant faict brèche, ceux du chasteau demandèrent à parlementer : enfin, plusieurs choses proposées, fut accordé que, si dedans six jours le marquis du Guast ne venoit assez fort pour lever le siége, ou gens pour luy, ils se rendroyent la vie sauve, dont ils baillèrent ostages. Le marquis, adverty de ceste composition, laissa tous autres affaires, et partit à grandes journées pour venir secourir les assiégez. Le sieur de Boutières, congnoissant que desjà il avoit passé le Pau vers Villefranche, et que, pour attendre une si grosse puissance, ses forces estoyent trop débiles, rendit les ostages aux assiégez, et par Brecqueras se retira à Pignerol. Ce pendant le marquis refreschit la place; puis, ayant crainte qu'estant esloigné, on ne surprinst quelques-unes de ses places (car il estoit bien seur qu'on avoit de tous costez pratiques secrettes), retourna promptement à Quiers; mais il ne sceut si tost venir, que le sieur de Langey ne luy eust soustrait par menées le chasteau de Montault et deux ou trois autres petites places du Montferrat, qui estoyent malaysées à prendre, à cause de l'hyver, où il n'y avoit moyen d'y mener l'artillerie.

Quelques jours après, le sieur de Langey, n'estant satisfaict que Barges n'estoit entre les mains du Roy, manda au sieur de Vassé, gouverneur de Pignerol, de pratiquer par le moien qu'il luy bailla, le capitaine d'icelle place de Barges, nommé Paule Monnet; puis, qu'il prinst quelques bandes nouvelles venans de France, et, avec quatre canons, qu'il eust à marcher droit audit lieu; ce qu'il feit en diligence, car il n'estoit homme paresseux d'exécuter choses honnorables et hazardeuses. Y estant arrivé, mist ses pièces en batterie, encores qu'il n'eust commissaires ny canonniers; mais tous ceux qui estoyent en sa compagnie mirent les mains à l'œuvre avec luy, spécialement un jeune homme de Picardie, frère du seigneur de Mailly, lequel naturellement s'adonnoit à l'artillerie : tous ensemble firent telle exécution, qu'en deux heures fut faict un trou dedans la tour, non toutesfois raisonnable pour assaillir; mais le capitaine, se voyant occasion de parler, remit la place entre les mains du sieur de Vassé, et se retira au service du Roy.

Vous avez cy-devant entendu comme le Roy avoit retiré son armée de devant Perpignan, de quelles forces elle estoit composée, et le prouffit qu'elle luy apporta. Afin de ne la laisser inutile, ains en employer une partie si peu de temps qui restoit de bonne saison, le Roy ordonna le sieur d'Annebault pour aller en Piémont, et avec luy le régiment des lansquenets du capitaine Riquerog, et les vieilles bandes françoises, les bandes italiennes, tous les chevaux-légers, et quatre cens hommes-d'armes, espérant que avec tel renfort (estant l'armée du marquis ruinée par faulte de payement) on pourroit faire un grand exploict. Le sieur d'Annebault, avec lesdittes trouppes, print le chemin de Briançon, et, faisant passer une partie de son armée à Pignerol, l'autre par Suze, l'envoya loger à Carignan, à cause que le marquis du Guast estoit logé à Carmagnolles, qui est delà le Pau, deux milles contremont la rivière, et luy vint coucher à Turin, pour là communiquer avec le sieur de Langey.

Or, ledit sieur de Langey avoit faict secrettement préparer des bateaux sur le Pau, pour, quand nostre armée seroit arrivée à Carignan, et durant que le marquis seroit incertain du chemin qu'elle prendroit, porter noz gens de pied et artillerie contre bas l'eau; et, pour la nourriture de l'armée, faict faire à Vorling, par le seigneur Ludovic de Birague, une munition de pain pour dix jours, pour, avant que l'ennemy fust adverty, surprendre Cazal et autres places, ausquelles il avoit intelligence, car en vingt-quatre heures elle y fust arrivée par eau, et le marquis ne pouvoit venir au secours qu'en quatre journées de camp, quelque diligence qu'il fist; mais il se trouva des envieux qui divertirent le sieur d'Annebault, combien qu'il y eust bonne fantasie.

Le sieur de Langey toutesfois, se voyant avoir perdu son temps et son argent, mist en avant autre party; c'est qu'un sien amy qui estoit avec le marquis, luy avoit donné advis que si la nuict on vouloit avec l'armée passer le Pau, on ne failliroit de rencontrer les Impériaux à un passage près Villedestellon, dont estoit impossible de leur sauver, moyennant qu'on envoyast trois ou quatre cens chevaux entre Carmagnolles et Villedestellon, et nostre armée en teste, entre Villedestellon et Quiers; car la nuict le marquis, craignant d'estre investy, se devoit retirer à Quiers, et que celuy qui donnoit l'advertissement luy-mesme les conduiroit. Ce party mis en conseil, fut approuvé, et fut ordonné qui iroit et en teste, et qui en queuë; mais la nuict venue, je ne sçay pourquoy ne pour quelle raison, on demoura. Seulement fut envoyé le capitaine Francisque Bernardin de Vimarca, avec deux cens chevaux-légers, pour les recognoistre, lequel trouva les choses ainsi qu'elles avoient esté mises en avant, et print sur leur queuë plusieurs butins et bagages. L'entreprise estoit indubitable, car les ennemis n'estoyent que trois mille lansquenets et mille Espagnols, qui estoit leur force d'estrangers; ainsi défaisant ceste trouppe, on pouvoit marcher en pays, parce qu'il ne demouroit au marquis que les Italiens, sans teste d'Allemans.

Finablement, le sieur de Langey, voyant qu'on ne vouloit exécuter ce dont il avoit tant travaillé et faict de si gros frais, tant à l'entretènement des hommes, que pour la fourniture de ce qui y estoit nécessaire, considéra bien que le pareil luy seroit faict en autres choses : à ces causes, pour la débilité de ses membres (car il estoit perclus à cause des longs travaux), avecques le congé du Roy, partit de Turin en une littière pour venir devers luy, auquel il désiroit, avant que mourir, déclarer beaucoup de choses pour son service, qu'il ne vouloit mettre en la bouche d'autruy, craingnant de faire tort à ceux qui en luy s'estoyent fiez; mais il ne luy fut possible d'y parvenir, car, le neufiesme jour de janvier 1543, il trespassa à Sainct-Saphorin, sur le mont de Tarare, au grand regret de plusieurs gens de bien, de sçavoir et d'expérience.

L'amiral d'Annebault, aiant failly d'exécuter telles entreprises, alla loger à Carmagnolles, d'où estoit délogé l'ennemy, auquel lieu il eut nouvelles, des sieurs d'Aussun et de Carses, lors estans à Savillan, que dedans Cony y avoit si peu d'hommes, que, s'il vouloit faire diligence de marcher pour l'investir, afin que secours n'y entrast, et amener artillerie pour faire batterie, il ne failliroit de l'emporter de première venue, parce qu'il n'y avoit gens suffisamment pour soustenir un assault. Ayant cest advertissement, partit avec quatre canons, laissant le sieur Martin Du Bellay, gouverneur de Turin, lieutenant du Roy deçà le Pau, pour pourvoir à tout, d'autant que les forces de l'ennemy estoyent vers le pont d'Esture. Le lendemain, ledict Du Bellay, ayant nouvelles que le régiment de Riquerog estoit arrivé à Rivoles, et qu'il leur faloit venir trouver le pont du Pau de Turin pour passer l'eau (car celuy de Carignan et de Montcallier estoient rompus), leur y feit préparer le logis et les vivres, espérant d'en tirer du service en passant chemin. Or, à trois milles de Turin, delà l'eau, sur la montagne de Montferrat, y avoit trois ou quatre petites places, à sçavoir, la tour Sainct-Bony, Chatillon et Sainct-Raphaël, qui portoyent grand ennuy à Turin, d'autant qu'elles descouvroient tout ce qui en sortoit, de sorte qu'on ne pouvoit aller à Cazal, Bourbon ny autres places que nous tenions au Montferrat (dont il nous venoit beaucoup de vivres, mesmes des vins), sans estre descouvert; lesquelles places il avoit failly peu devant de surprendre, et y avoit perdu des hommes, et, entre autres, le sieur de Malicorne, du Maine, capitaine de gens de pied, y avoit esté estropié de tout un costé d'une arquebuzade. Ledict gouverneur délibéra, à la faveur d'iceux lansquenets, les emporter de force; parquoy feit mettre en ordre quatre canons avec leur équippage, et prendre des beufs par la ville pour les conduire; et au matin, feit partir de Turin, aveques lesdicts Allemans, une partie de la compagnie du sieur d'Annebault, celle de monsieur de Langey, son frère, lequel estoit sur le chemin de France, où il mourut, comme dit est, et la sienne, avec trois enseignes de François, de la garnison de Turin. Estans arrivez devant Sainct-Bony, fut plantée l'artillerie, de laquelle en peu d'heures fut faict un trou, auquel fut donné l'assaut par les lansquenets, qui l'emportèrent de furie, et furent tous ceux de dedans tuez, horsmis le capitaine qui fut pendu, pour avoir esté si oultrageux de vouloir tenir une si meschante place devant le canon. Puis fit marcher à Chatillon, petite ville sur une montagne, qu'on ne peult battre, sinon d'une autre montagne opposite, mais il est impossible d'y mener artillerie sans engin ou force de bras, car les chevaux n'y peuvent monter. Les lansquenets, qui avoyent eu curée de ceux de Sainct-Bony, mirent la main à l'œuvre, de telle façon qu'ils montèrent deux canons aussi aisément que si ce n'eust esté qu'un fauconneau. Les assiégez, lesquels estoient quatre cens hommes de guerre en fort bon équippage, considérans le traictement qu'on avoit faict à ceux de Sainct-Bony, aussi voians ceste grosse armée de France venue à l'improviste, entrèrent en tel effroy, que, sans laisser tirer, se rendirent, leurs bagues sauves, et sortirent quatre cens hommes, aussi bien armez et aussi bon visage de soldats qu'il y eust en Italie. S'ils eussent faict leur devoir, estant l'assiette telle, il y eust eu de l'honneur à les assaillir. Ceux de Sainct-Raphaël n'attendirent qu'on allast à eux, mais envoyèrent au-devant se rendre; aussi feirent deux ou trois autres petits forts, tous lesquels furent rasez, excepté la ville de Chastillon, en laquelle fut mise garnison pour garder le passage, car elle estoit deffensable. Ce faict, il envoya passer les lansquenets à Montcalier, le long de la montagne, lesquels se rendirent le lendemain avec monsieur l'amiral qui marchoit à Cony.

Auquel lieu de Cony estant arrivé avec toute son armée, planta son artillerie au lieu qui luy fut dit estre le plus débile; mais on l'abusa, car c'estoit le mieux remparé. Et, après que la brèche fut faicte, on donna l'assaut: noz gens arrivez sur le hault, trouvèrent un rempart derrière la brèche, pourveu de bons hommes, de sorte qu'après avoir combatu une heure sur le hault de la brèche, ils furent contraincts de se retirer. Il y mourut des nostres beaucoup de gens de bien, entre autres le capitaine Bricotte, normant, son lieutenant et enseigne; le comte Guillaume de Biendras, montferratin, et son lieutenant; le lieutenant et enseigne du capitaine Sainct-Pètre, corse, et luy fort foullé de coups de pierre; Sainct-Estève, enseigne du capitaine Cavagues; et plusieurs capitaines et enseignes blessez. Estant retiré, deux cens chevaux et sept ou huict cens hommes de pied envoyez par le marquis du Guast, la nuict entrèrent en la ville par l'autre costé de la batterie. Le jour venu, monsieur l'amiral, ayant cognoissance de ce renfort, et voyant ses munitions d'artillerie faillir, ordonna de se retirer; on disoit que, s'il eust mené jusques à huict canons de leur suitte, pour faire deux batteries, afin de divertir les forces de dedans qui estoient petites, il y avoit apparence, ou qu'on les eust forcez, ou qu'ils se fussent rendus ; car, assaillant par plusieurs endroicts, ils n'estoient pour respondre à tout, mais ce ne fut le vouloir de Dieu. Sur la retraitte, le comte Maxime Antoine et le sieur de Marville, lieutenans du seigneur Martin Du Bellay, et le capitaine Théode Bedaine, albanois, rencontrèrent deux cens chevaux impériaux près de Bra, vis-à-vis de Quiéras, lesquels ils chargèrent et les défirent, dont ils prindrent la pluspart. Voilà ce qui fut faict en ce voyage.

Le sieur d'Annebault, de retour à Carmagnolles, se voyant n'avoir moyen de faire nouvelles entreprises, pour l'hyver qu'il avoit à dos, après avoir remis en l'obéissance du Roy quelques petites places, comme Villeneufve d'Ast, Poiring, Cambian et Rive de Quiers, que les ennemis avoient abandonnées, rompit son armée, laissant le sieur de Boutières, en son absence, lieutenant du Roy en Piémont, et à Turin, le seigneur Martin Du Bellay, prince d'Yvetot ; pour gouverneur à Pignerol, le sieur de Vassé ; à Chivas et Vorling, le sieur Ludovic de Birague ; à Savillan, le sieur de Termes : le reste de l'armée licentia, horsmis deux mille Suisses; soubs la charge du sieur de Sainct-Julian, et fit retourner en France le colonnel Riquerog, avec son régiment de lansquenets, pour estre employez aux lieux que le Roy ordonneroit ; et puis il partit pour retourner devers le Roy, environ le premier jour de janvier, prenant le chemin du Mont-Ceny. Arrivant à La Nouvalaise, on luy fit entendre que la tourmente estoit sur la montagne ; ce nonobstant, on ne luy sceut dissuader de passer ce jour-là, pensant corrompre le temps, contre l'opinion de tous les marrons, qui sont ceux qui cognoissent les tourmentes de la montagne, comme font les mariniers celles de la mer; mais estant à mi-chemin de la montagne, entre La Ferrière et la plaine de l'Hospitalet, la tourmente survint si extrême, que la pluspart de ceux qui estoyent en sa compagnie furent en hazard d'estre péris, quelques bons guides qu'ils eussent. Il s'en perdit bon nombre soubs les neiges, et entre autres le seigneur de Carrouges, jeune homme de bonne maison ; autres y perdirent la veüe, autres les pieds, et la plus grand part depuis ne furent en santé; semblablement plusieurs soldats allemans et autres, lesquels, sous espérance qu'un tel personnage que monsieur l'amiral ne s'estoit mis en chemin sans avoir consulté du passage, l'avoyent suivy, qui se perdirent. Quant à luy, ayant gaigné la plaine, il demoura si perdu, luy et ses marrons qui le conduisoient, que, sans des hommes qui estoient dedans les tavernettes qui sont au hault de la plaine, lesquels sortirent à son secours, indubitablement il eust faict pareille fin que les autres. Le sieur de Maugiron, cognoissant la nature du païs, mesmes que la tourmente venoit, demoura à L'Hospitalet, au pied des eschelles, jusques à lendemain, ayant retiré quelques gentilshommes passans par là, demy-gellez, lesquels furent sauvez par son moyen. Ce danger procède à cause qu'à main droite de ce passage, montant de La Ferrière pour venir à Lanebourg, y a une haulte montagne, et une autre à main gauche, qui font le chemin estroit, lequel est entre deux, et quand la tourmente se lève sur icelles, vous verriez des plottes de neige que le vent pousse contre bas, qui se font, estant amassées au hault de la montagne, fort petites (se monstrent-elles), mais, avant qu'arriver au passage, se font aussi grosses qu'une montagne, tellement qu'elles périssent tout ce qui se trouve en ce destroict en temps de tourmente ; mesme la plaine est si couverte et les chemins, que les propres guides s'y perdent, et mènent leur suitte périr dedans les cavains remplis de neiges. Ledit sieur amiral, eschappé de ceste fortune, arrivé qu'il fut à Lanebourg, au pied de deçà la montagne, prit la poste, parce qu'il avoit eu nouvelles du Roy pour le venir trouver en Chasteleraudais.

Le Roy, à son partement de Montpellier, après qu'il eut retiré son camp de devant Perpignan, eut advertissement que les habitans de La Rochelle s'estoient mutinez, et avoient faict quelque effort contre ses officiers de la gabelle, passant païs pour se retirer vers Chastelerauld, et de là à Paris, les voulut chastier, et en ceste intention feit marcher en sa compagnie le capitaine Ludovic, colonnel d'un régiment de lansquenets, qui estoit celuy qu'avoit eu le comte de Mansfeld, lequel s'estoit retiré en Allemagne. Mais, arrivé qu'il fut à La Rochelle, tous les habitans, non sans cause, craignans que Sa Majesté usast de la rigueur qu'ils méritoient, cherchèrent tous moyens de se réconcilier, et remettre du tout à son obéissance. Et le premier jour de janvier, s'assemblèrent au jardin de la maison où il avoit pris son logis, pour luy demander publiquement pardon de la rébellion attentée par eux en plusieurs voyes contraires à l'obéissance que le subject doit à son prince et souverain seigneur. Et le Roy estant audit lieu, assis en son tribunal, et iceux ayans les testes nuës, les mains jointes, et les larmes aux yeux, avec ceux des isles prochaines, feirent faire une requeste publique, demandans miséricorde par l'advocat, à ce que l'on disoit, desdittes isles, qui parla en ceste façon : « La malheureuse journée, sire, et détestable à jamais, en laquelle nous, vos très-humbles et très-obéissans subjets de ceste vostre ville de La Rochelle et des isles, avons esté tant délaissez de bon sens, de bon jugement et de raison, qu'oubliant la douceur et bénignité de vostre Majesté royalle, les biensfaicts envers nous, et les mérites d'icelle, sommes tombez en tel inconvénient, que d'avoir failly à recognoistre l'obligation et le devoir que nous vous devons par les raisons dessusdittes, et par tout droict tant divin qu'humain, ayans commis chose, sire, par laquelle nous devons encourir vostre indignation, et perdre vostre bonne grâce, par noz meffaicts; de sorte que de tant est la faulte que nous confessons plus grande, que vostre humanité et bonté envers nous est plus cogneuë et apparente; dont la coulpe de ces pauvres misérables que vous voyez prosternez à voz pieds pour requérir vostre miséricorde, est (quant à nous et nostre péché) indigne de la recouvrir. Mais quant à la grandeur et infinité de voz pitiez, ainsi que le roy psalmiste David se confioit en la grandeur des miséricordes de son Seigneur, nous avons espérance, sire, que vous entendrez la voix, et recevrez les confessions à mercy de ceux lesquels présentement baisent les pieds du trosne de vostre Majesté, vous supplians très-humblement, sire, avec desplaisir au cueur de vous avoir offencé, et les larmes aux yeux, ne regarder du tout à ce meffaict qui nous est advenu, pour raison duquel nous crions publiquement à haulte voix, et demandons vostre miséricorde : ains, sire, ayez, s'il vous plaist, esgard à vostre bonté et clémence accoustumée. » Et ainsi piteusement criant miséricorde, et se mettant à genoux, avec une voix tremblante, piteuse et lamentable, assez longtemps iceluy advocat, comme continuant sa harangue, dist : « A la mal heure, sire, nous sommes tant oubliez que de commettre chose qui nous ayt faict encourir vostre indignation, et perdre vostre bonne grace et la réputation en laquelle par le passé nous avons esté tant envers vous que voz prédécesseurs Roys, pour estre présentement spectacle à tout le monde de desloyauté et de désobéissance, pour laquelle, sire, nous vous supplions très-humblement nous vouloir faire miséricorde. » Et le peuple incontinant commença de rechef à crier miséricorde, jusques à ce que ceste voix piteuse tira les larmes des yeux des assistans et du Roy mesmes, qui bien peu après commença à respondre en ceste manière : « Je ne suis venu icy pour vous dire l'ennuy que je receu, quand, moy estant empesché en personne et mes enfans pour l'augmentation et tuition de mon honneur et de mon royaume, les nouvelles me furent apportées de la misérable rébellion que présentement vous confessez; mais bien pour vous dire, mes amis (car amis vous puis-je appeller, maintenant que vous estes retournez à la recognoissance de vostre offence), que le mal que vous avez faict, quand vous avez oublié (comme vous-mesmes confessez) l'office et devoir de subjects envers vostre prince, est un crime si grand et si nécessaire à punir, qu'il ne pourroit estre plus, pour les inconvéniens qui s'en ensuivent; car tout estat de monarchie et de république bien institué, ne consiste qu'en deux poincts, c'est à sçavoir, au juste commandement des princes et supérieurs, et en la loyalle obéissance des subjects; ou si l'un des deux fault, c'est autant comme en la vie de l'homme la séparation du corps et de l'ame, laquelle vie dure tant seulement autant que l'ame commande et le corps obéist. Dieu me doint grâce de ne faillir au commandement qu'il m'a donné sur vous, et lequel je tien et recognoy de luy, comme chose de laquelle il me fault rendre compte; et, combien qu'en ce commandement soit comprise la punition de la désobéissance, en laquelle je n'ay faulte d'exemples, tant vieux que nouveaux, que je puis suivre pour l'exécution de justice aspre et rigoureuse, qui a souventefois esté nécessaire pour remédier à l'insolence d'un peuple, il me semble toutefois n'estre moins raisonnable et convenable à un prince (mesmement qui en toute sa vie a eu ce propos de préférer tousjours miséricorde à sévérité et rigueur de justice) de recevoir, après la confession de la coulpe, son peuple se repentant et demandant pardon, qu'il est droict et équitable au peuple d'obéir et garder la foy à son prince, qui use plus de clémence que de justice. Je sçay bien que la pitié et miséricorde enseignée par nostre Seigneur Jésus-Christ, preschée par ses disciples et apostres, et manifestée par tout le monde, pourroit non-seullement non corriger, mais aussi corrompre un peuple de mauvaise volonté; mais je sçay aussi que vous estes enfans de si bons pères, desquels la fidélité a esté expérimentée par tant de noz prédécesseurs, et vous-mesmes jusques icy m'avez esté si bons et si loyaux subjects, que j'ayme trop mieux oublier ce mesfaict récent et nou-

» veau, que voz viels et anciens bienfaicts, et
» aussi peu convient à voz coustumes précéden-
» tes de désobéir, comme à ma nature de ne
» vous pardonner ceste offence présente. Facent
» les autres et exercent rigoureusement leur
» puissance ; je seray tousjours, tant qu'il me
» sera possible, pour la pitié et miséricorde, et
» ne feray jamais volontairement à mes subjects
» ce que l'Empereur a faict aux Gantois, pour
» moindre offence que la vostre, dont il a main-
» tenant les mains sanglantes, et je les ay, la
» mercy à Dieu, encores sans aucune taincture
» de sang de mon peuple ; aussi a-il, avec l'ef-
» fusion de sang des siens, la perdition de tant
» de testes et de tant d'ames, perdu semblable-
» ment les volontez et les cueurs. Et j'espère que
» ma miséricorde et clémence confermera voz
» courages, en sorte que de bons et loyaux
» subjects que vous avez tousjours esté par le
» passé, pour l'advenir serez encores meil-
» leurs ; et je vous prie oublier ceste offence qui
» est survenue, et de ma part il ne m'en sou-
» viendra jour de ma vie ; mais aussi je vous prie
» qu'il vous souvienne tant seulement d'estre
» tels que vous avez esté par cy-devant, et Dieu
» me doint grâce de faire envers vous encores
» mieux que je n'ay faict. Quant à l'offence
» et à l'inconvénient qui vous est n'aguères
» advenu, Dieu Nostre Seigneur et Créateur le
» vous vueille pardonner ; quant à ce qui me
» touche, je vous remets tant le criminel que le
» civil totalement, et vous pardonne sans
» excepter aucune chose, moyennant ce qu'avez
» accordé, que j'estime toutesfois beaucoup
» moins que voz cueurs repentans, sçachant
» très-bien que le bien du prince gist en la
» loyauté des cueurs de ses subjects plus qu'en
» autre chose. » Et à ceste parole le peuple commença à crier *Vive le Roy!* priant Nostre Seigneur luy donner bonne vie et longue, et continuant tousjours, jusques à ce que le Roy dist
d'avantage : « Je veux que tous les prisonniers
» soient délivrez présentement, et que les clefs
» de vostre ville vous soient rendues, et voz ar-
» mes, et que les garnisons de gens, tant à pied
» qu'à cheval, s'en aillent, et que soyez réinté-
» grez et restituez totalement en ma grâce, en
» vostre liberté et voz priviléges, et veux aujour-
» d'huy demeurer en vostre garde ; et, pour la
» resjouissance et congratulation, je veux que
» vous sonniez voz cloches, tiriez vostre artille-
» rie, faciez feu de joye, en rendant grâces à
» Dieu, et vous et moy, pour ceste bonne es-
» traine. » Et telle fut la fin de l'oraison du Roy,
avec larmes, tesmoingnant sa bonne affection
et charité envers son peuple. Après la fin de
ceste harengue, la voix du peuple réconforté
et resjouy merveilleusement, s'esleva tout en
un coup, et crya soudainement, en invoquant
Nostre Seigneur, le suppliant pour la longue
vie, santé et prospérité du Roy, lequel, en cest
acte ainsi qu'en plusieurs autres, laissa suffisant
tesmoignage de la clémence et bonté dont il a
tousjours usé aussi souvent comme l'occasion y
a esté disposée.

Au mesme temps, messire Martin Du Bellay,
gouverneur de Turin, ayant eu nouvelles du
trespas du sieur de Langey, son frère, demanda congé au Roy pour se retirer en France
et pourveoir à ses affaires (car il estoit mort
endebté de trois cens mille livres) ; toutesfois
ce ne fut sans mettre en seureté la ville de
Turin de plusieurs pratiques que l'ennemy avoit
dessus. L'une desquelles estoit, qu'environ trois
mois au précédant, le juge de Turin, natif de
Quiers, luy avoit porté paroles que, lorsque
ladite ville de Quiers avoit esté prise par le
marquis du Guast (estant dedans le chevalier
Assal, ainsi que cy-devant avez entendu),
ledit marquis l'avoit enhorté, que se retirant
à Turin, et qu'il eust moyen de luy faire service,
il le recognoistroit, ainsi que l'Empereur avoit
accoustumé de rémunérer ses serviteurs : disant
pour conclusion audit gouverneur, qu'il avoit
moyen de luy faire un grand service, car il envoiroit devers ledit marquis pour luy faire
entendre qu'estant parvenu à cest estat de juge de
Turin (comme il estoit), il auroit moyen de luy
mettre la ville entre les mains ; et, par ce
moyen, ledit gouverneur estant adverty du
temps et heure que le marquis viendroit, pourroit audit marquis apprester une amorce, et le
prendre, et tailler en pièces tout ce qui seroit
en sa compagnie. Le gouverneur, ayant ouy
ceste induction, voulut encores par autres
moyens plus amplement cognoistre la fantasie
du juge ; parquoy luy feit entendre qu'il la
trouvoit bonne, mais il faloit temporiser pour
quelque raison, et que, sur sa vie, il n'eust à passer plus outre sans son exprès commandement.

Or est-il que de long-temps le gouverneur
avoit souspçon sur ledit juge, parce que ; dès
le temps du sieur de Montejean, iceluy Montejean eut opinion, durant la trefve, d'avoir de sa
part un ambassadeur à Milan, près du marquis
du Guast, et y envoya l'un des sieurs de La
Mole, de Provence ; le marquis luy envoya à
Turin le maistre de camp de la tierce de Lombardie, un Espagnol autant subtil et advisé qu'il
fust en Italie, lequel demanda à loger en la
maison dudit juge, qui avoit trois filles, cour-
tisanes des plus magnifiques du païs. Ledit

maistre de camp faisoit despence ordinairement de cent ou six-vingts livres par jour, chez lequel se retiroient coustumièrement les soldats, spécialement les Navarrois et Basques; chose qui tousjours depuis avoit rendu suspect le juge audit gouverneur, craignant qu'il fust corrompu à cause de sa pauvreté; parquoy il mist sur tous les passages gens pour surprendre lettres qui se porteroient à Quiers, où estoit le marquis. Finablement, un marchand de Turin, nommé Luquin Bergue, que le gouverneur avoit adverty, s'asseurant de sa fidélité, feit surprendre un garson portant lettres dudit juge, par lesquelles il mandoit au marquis que l'heure estoit venue qu'il luy pourroit livrer la ville de Turin, car, estant mort le sieur de Langey, ils ne devoient plus estre en doubte d'estre descouverts; et qu'il eust à luy envoyer un sien fidèle transvesty, qui passeroit sur le pont du Pau, avecques deux ou trois jumens chargées de vin, lequel, ayant passé le pont, prendroit le chemin à la main gauche, venant chercher la porte du palais qui tire à La Douaire; et, si on luy demandoit à la porte dont il venoit, qu'il dist qu'il venoit de Rivolle, et que c'estoit vin qu'une sienne fille luy envoyoit; et que, au cas qu'on luy feroit refus d'entrer, il iroit luy-mesmes au gouverneur pour avoir congé, et que, par ledit messager, pour plus grande seureté, on luy envoyast un signal estant dedans sa lettre, qui estoit son cachet entre deux papiers.

Le gouverneur, voulant éclarcir ladite entreprise, à ce qu'en son absence n'en advînt inconvénient, manda le juge venir vers luy, lequel il tira en secret, l'interrogant si le moyen dont autresfois il luy avoit parlé de livrer le marquis entre ses mains, estoit encores en son entier: il feit response que ouy, et qu'il envoiroit une lettre audit marquis, sous son bon congé, par le prieur de Sainct-Dominicque, laquelle il luy monstreroit, semblablement la response, au bout d'une heure. Luy ayant accordé, il apporta la lettre audict gouverneur, à la réception de laquelle il appella le seigneur Regnal de Birague, président de Turin, et maistre Jean Vaillant procureur-général du Roy en Piémont. Après la lecture d'icelle, le gouverneur luy demanda s'il en avoit poinct escrit d'autres au marquis depuis qu'il avoit parlé à luy; il feit response que non, et que, s'il l'avoit faict, il auroit mérité la mort, attendu la deffence qu'il luy en avoit faicte. Sur-le-champ luy fut présentée sa lettre surprinse, à laquelle il ne sceut contredire: parquoy fut mené dedans le chasteau. Interrogué par ledit gouverneur et par les président et procureur du Roy, confessa que l'entreprinse du marquis et de luy estoit que le marquis luy devoit envoyer un nombre de charettes chargées de vin, aujourd'huy deux et demain trois, pour moins de souspçon, et que dedans les pièces de vin (parce que les vaisseaux sont de la longueur des charettes) devoit avoir, aux unes des arquebuzes dedans le vin, aux autres pertuisanes et corselets, avecques toutes autres sortes d'armes, horsmis picques, lesquelles il devoit faire descendre dedans ses caves. Puis devoyent venir plusieurs soldats italiens, à diverses fois, transvestiz en païsans, apportans vivres au marché, lesquels se devoyent retirer en la maison dudit juge, dedans grandes caves, haultes de voultes, claires et sèches, près de la place; et devoyent venir jusques au nombre de soixante ou quatre-vingts; puis, quelque matinée qu'ils orroyent tumulte à la porte de la ville, et crier Savoye, ils devoyent sortir en armes pour gaigner la place, pendant que les soldats de la garde seroient au combat de la porte.

Bien estoit adverty le gouverneur qu'il se faisoit quelques charettes à Ligny, ville impériale estant aux Provanes près de Vulpian, pour faire entreprinse sur Turin, et avoit gens ordinairement pour l'asseurer du partement d'icelles; mais, se voyant pressé de partir, et espérant par ce moyen rompre ceste entreprinse, feit faire le procès du juge, et luy feit coupper la teste. Touteafois il admonnesta le sieur de Boutières, qui estoit demouré lieutenant du Roy, et le sieur de Monnin, qui estoit ordonné à demourer gouverneur de Turin en son absence, à ce qu'ils eussent l'œil sur lesdittes charettes, car de bref s'esclairciroit l'entreprise qui se devoit faire; et leur laissa un homme, qui se tenoit à Grouillas, trois milles de là, nommé messire Alexandre de Carara, auquel s'adressoyent ses espies, pour les advertir des choses qu'il pourroit entendre; priant ledict sieur de Boutières de ne donner saufconduict aux ennemis d'amener foin dedans la ville, parce qu'estoit asseuré que ladite machination estoit par des chartées de foing.

Aussi y avoit une autre entreprinse, c'estoit que deux caporaux de la bande du capitaine La Mole, ayans esté pris à la guerre, furent practiquez par César de Naples, gouverneur de Vulpian, de luy livrer un boullevert de Turin; et, pour cest effect (les pensant avoir à sa dévotion), leur avoit avancé chacun deux cens escus, et un patant du marquis du Guast, de mille escus d'intrade chacun, au royaume de Naples. Après laquelle composition, ou, pour mieux dire, collusion, les deux caporaux en advertirent ledict Du Bellay, gouverneur de Turin, lesquels il conforta de promettre audict César le boullevert qu'autrefois il avoit surprins, comme avez cy-devant entendu, ayant ledict Du Bellay bonne intention de faire un grand carnage des Espagnols; puis, pour recongnoistre si le lieu seroit bien à propos, s'estoient laissez prendre à la guerre trois Espagnols, ausquels ils monstrèrent le lieu et le moien d'exécuter ce qu'espéroit ledit César.

Le jour de l'exécution, ledit Du Bellay devoit faire venir à Montcallier les deux mille Suisses qui estoient demourez à Carmagnolles, et, avec environ deux mille autres hommes de pied françois, qu'il tireroit de toutes les garnisons, et sept ou huict cens chevaux, tant de la gendarmerie que des chevaux-légers, devoient venir passer le Pau sur le pont de Turin, pour charger les ennemis. Pendant lequel temps, le seigneur Ludovic de Birague, accompagné de douze ou quinze cens hommes de pied des garnisons de Vorling, Chivas, et des terres du Montferrat, viendroit, par le costé de Vulpian, leur donner sur la queüe, et luy mettroit dedans le corps de la garde du boullevert, qui estoit au milieu, soixante ou quatre-vingts arquebusiers, et dedans les contremines autre nombre d'hommes, avecques corcelets et hallebardes, et fourniroit les tours de la ville de arquebuzes à croq et d'autre arquebuserie : et à l'heure que ceux qui devoient entrer dedans le boullevert seroient au combat, les Suisses qui auroient passé le pont du Pau avec la cavalerie, devoient venir charger ceux de dehors par les flancs, et le seigneur Ludovic sur la queüe, et mille ou douze cens hommes qui sortiroient de la ville par la porte du chasteau, qui leur donneroient à l'autre flanc ; de sorte qu'il y avoit grande apparence que peu se fussent sauvez ; mesmes estans en désordre et suivis jusques à Vulpian, il estoit apparent de l'emporter, la trouvant despourveüe, et ceux de dedans effroiez. Mais, cognoissant que ceste pratique ne se pouvoit conduire si promptement, et qu'estant absent en pourroit venir inconvénient, si les sieurs de Boutières et de Monnin n'y estoient fort vigilans, se voulut asseurer, avant que de partir, à ce que l'entreprise ne sortist à mauvais effect : parquoy commanda aux deux caporaux de faire venir le tabourin majour du marquis du Guast, nommé Le Moret, qui estoit celuy qui faisoit les messages avec les deux Espagnols ordonnez pour recognoistre le boullevert, lesquels iceluy Du Bellay fist prendre dedans leur logis, comme estans venus sans saufconduict, par le capitaine de la justice ; puis, estans confrontez contre les caporaux, confessèrent le faict, et eurent tous trois la teste couppée.

Le huictiesme jour de février 1543, avant Pasques, et huict jours après le partement dudit messire Martin Du Bellay, messire Alexandre de Carara, qui estoit celuy qu'il avoit laissé à Grouillas pour advertir le sieur de Boutières des choses qui surviendroient, environ minuit, envoia à la porte de Turin faire sçavoir audit sieur qu'à Vulpian et à Ligny estoient assemblez huit cens chevaux et cinq mille hommes de pied, qui prenoyent le chemin de Turin ; et qu'il pensoit bien que c'estoit l'entreprise dont de long-temps ledit Du Bellay l'avoit adverty qui se dressoit à Ligny. Le sieur de Boutières soudain fit monter à cheval le capitaine Francisque Bernardin, avecques vingt-cinq sallades de sa bende, pour rebourser le chemin dudit Vulpian ; lequel, arrivé qu'il fut à l'abbaye de Cette, deux milles par de-là Turin, tendant le chemin de Verseil, descouvrit les ennemis au point du jour, delà l'eau, et les ennemys luy ; lesquels, se voians descouverts, firent leur retraitte au lieu dont ils estoient deslogez, sans autre chose exécuter.

Le douziesme dudit mois, de rechef ledit de Carara envoia une lettre au sieur de Boutières, pour l'admonester du partement des ennemis, lequel, par oubliance ou par avoir trop d'affaires, ne regarda dedans laditte lettre ; or, venant l'aube du jour, il fit grand broillas, les ennemis jettèrent leur embuscade de gens de pied au moulin de La Sye, sur la petite Douaire, à un get d'arc de la ville, et leur cavalerie à Nostre-Dame de Campagnes ; puis firent marcher cinq chars de foing, conduits chacun de quatre bœufs, qui est contre la coustume du païs ; car on n'en met que deux à chacun chariot ; et pour ce, comme vous sçavez, que le dessous des charettes du païs est long et quarré et plat, un peu plus long que large, faict en forme d'un double râtelier, là-dessus ils avoyent assis la forme d'une grande cage, avec botteaux de foing si bien acoustrez contre lesdittes cages, qu'il n'y avoit hommes qui n'eust estimé estre une charette de foin : dedans chacune cage avoit six soldats avec jaques et manches de mailles, le morion, l'espée, le poignart et la rondelle, chacun sur un genoil, trois le visage d'un costé et trois de l'autre ; puis les deux costez, couppant une corde par dedans qui les tenoit serrez, tomboient comme une trappe, en sorte que les soldats pouvoient sortir tout à un coup, et servoient lesdits costez, en tombant, de pont pour descendre. Arrivant le premier chariot, dedans lequel estoit chef Alexandre Dymage, milanois, et estoit le bouvier un soldat avec jaques de maille, et courte dague sous une robe de toille, au premier pont, les portiers leur demandent : « D'où vient ce foing? » ils dirent de Ligny, et monstrèrent leur saufconduit du sieur de Boutières ; à ceste occasion, on les laissa passer. Estant le chariot arrivé devant le logis du capitaine Raimonet, qui avoit la garde de la porte avec sa bande, un ject de pierre dedans la ville, le capitaine Raimonet demanda à achepter le foing ; le bouvier luy feit bien cher, espérant le conduire jusques à la place. Quoy voyant, ledit Raimonet commanda à son lieutenant, le capitaine Perrichon, qu'il eust à donner d'une corcesque dedans ledit foing, parce que le gouverneur, au partir, leur avoit faicte ceste ordonnance, de laquelle il se souvint ; ce qu'il feit, et la retira toute sanglante : soudain les deux costez de la cage tombèrent, servans de ponts à ceulx qui estoient dedans pour descendre. Sortant, le premier donna un coup d'espée dedans le corps au capitaine Raimonet, et luy couppa un doigt ; Raimonet le saisit au corps, et à coups de dague le tua ; les autres donnèrent droict à la place. Ce pendant, les autres quatre chariots, voyant leurs compagnons descouverts, se jettèrent dehors, et forcèrent la garde de la porte, tellement qu'ils leur feirent abandonner leur garde, et en furent seigneurs et maistres, ensemble de leurs armes estans aux râteliers. Sans point de faulte, si ceux qui estoyent au moulin de La Sye, eussent faict leur devoir de diligenter, la ville estoit perdue, sans espérance d'y résister. Or y avoit-il ordinairement un esquadre, tant de nuict que de jour, à la garde de la place : de fortune, ce jour-là il touchoit au capitaine Salvateur d'Aguerre, lequel, oyant l'alarme à la porte et crier Savoye, tourna la teste droict audict lieu avec son esquadre ; si qu'il rencontra, au droict de l'hostellerie de la Couronne, les cinq soldats qui estoient échappez du premier chariot, qui jà estoient au combat ; mais, les ayant mis en fuitte, suivit tousjours son entreprise de gaigner la porte. Pendant ce combat, un mareschal de ville, qui se tenoit près de la porte, estant bien advisé, monta dessus icelle porte, et, avec son gros marteau, feit tomber la sarasine qui estoit attachée d'une chesne, mais, à cause de la rouille, ne pouvoit descendre ; toutefois, à force, rompit la chesne, et tomba la herse, qui osta le moyen aux Impériaux, qui jà estoient mille ou douze cens sur le bord du premier pont, de pouvoir entrer. Sur ces entrefaictes, y arrivèrent les sieurs de Boutières et de Monnin, et quant et quant fut fermée la porte, où fut enfermé, entre la herse et laditte porte, un Espagnol. Il n'y a point de doute que, si ceux qui avoient à conduire les chariots en eussent versé un dedans la porte, ou seulement dételé les bœufs, la ville estoit perdue ; car on n'eust peu ny abatre la herse ni fermer la porte, et desjà leur armée estoit sur le bord du premier pont, quand la herse tomba. César de Naples, voyant avoir failly à son desseing, se retira avec peu de perte, horsmis le lieutenant, qui fut tué d'un coup d'artillerie, et ceux qui estoient sortis des charettes, encores une partie se sauva, car, estant la herse trop courte, aucuns repassèrent par-dessous, qui eschappèrent. Tel fut le progrès et l'issuë de ceste entreprise : après, le sieur de Boutières regardant sa lettre, receuë la nuict, trouva que c'estoit l'advertissement qu'on luy en avoit envoyé, mais ne l'avoit encores veu au moins n'y avoit-il pourveu.

Peu de temps après Pasques 1543, le Roy, estant adverty que sa ville de Térouenne estoit mal pourveue de vivres, manda à monseigneur Anthoine, duc de Vendosmois, qui estoit son lieutenant-général en Picardie, d'assembler son armée pour la r'envitailler ; lequel en ceste occasion mist tel ordre, qu'au commencement d'avril se trouva l'armée ensemble prez de Hédin, en laquelle estoient monsieur François de Lorraine, duc d'Aumalle, fils aisné du duc de Guise, monsieur de Nevers, le mareschal du Biez, le seigneur de Lorges, colonnel des légionnaires, le régiment d'Allemans du capitaine Ludovic, et environ le nombre de cinq ou six cens hommes-d'armes et six cens chevaux-légers. Partant dudit lieu, alla camper à Gournay, qui est un village au-deçà de la forest de Foucamberge, lieu fort à propos pour faire conduire les vivres en son camp, venans de Hédin, sans troubler l'avitaillement de la ville, qui venoit de Montreul ; et estoit iceluy camp si bien ordonné, qu'il estoit malaisé à l'ennemy de couper les vivres, ny d'un costé ny d'autre : audit lieu séjourna douze ou quinze jours, durant lesquels il mist dedans Térouenne ce qui estoit nécessaire.

Pendant ce temps, monsieur d'Aumalle, jeune prince de grande volonté, désirant voir les ennemis, s'en alla à Térouenne avec environ cent chevaux de gentilshommes volontaires, qui l'accompagnèrent pour leur plaisir, ayant en sa compagnie le sieur de Laval, le sieur de Sainct-André, le sieur de Dampierre, le sieur de La Chasteigneraye, et autre bon nombre de jeunesse de la nourriture de monseigneur le Dauphin. Estant audit lieu, alloit de jour en autre à la guerre, accompagné du sieur d'Aiguilly, lieutenant de la compagnie du sieur de Villebon, gouverneur de Térouenne, avec sa compagnie de cinquante hommes-d'armes, de sorte qu'il se faisoit ordinairement, tant devant Aire que Sainct-Omer, de belles entreprises. Entre autres, un jour, estant sorty le seigneur d'Aumalle, et, en sa compagnie, outre les dessus nommez, le sieur d'Escars avec les deux cens chevaux-légers de sa charge, après avoir esté long-temps à l'escarmouche devant Aire, pour trouver moyen d'attirer les ennemis au combat, voyans qu'il estoit trop tard, et qu'il n'y avoit apparence qu'ils voulussent sortir, se mirent à la retraitte par le chemin qui vient de Bonny et de Hédin, et demoura ledit seigneur d'Aumalle sur la queuë, espérant que ceux de la ville sortiroient sur sa retraitte, et que, par ce moyen, feroit quelque faict d'armes; mais, estant sur le chemin pour se retirer à Térouenne, l'alarme se donna environ de quatre cens chevaux des ennemis, qui venoient de rebourser le chemin entre Hédin et nostre camp, espérans rompre noz vivres. Monseigneur d'Aumalle cogneut bien que le nombre des ennemis estoit beaucoup plus grand que le sien; mais, se confiant à la vertu des siens, délibéra de combatre, et, pour autant que c'estoit force aux ennemis de se retirer par un pont prochain, les y attendit, et y feit une charge brusque et furieuse, en laquelle furent portez par terre bon nombre de gens de cheval des ennemis; si est-ce qu'ils passèrent ledit pont pesle-mesle, monseigneur d'Aumalle et sa compagnie, parce que la force estoit leur; mais aussi ne fut ce sans grande perte des ennemis, car tousjours furent chargez par monseigneur d'Aumalle, jusques aux portes d'Aire, dont luy et les siens revindrent plus sanglans du sang des ennemis et de leurs chevaux que du leur, et amenèrent jusques à cent hommes de cheval prisonniers dedans Térouenne. La cause qui feit retirer ledit seigneur d'Aumalle, fut qu'il estoit sorty grosse trouppe de gens de pied d'Aire, pour luy coupper chemin au pont par où il falloit qu'ils feissent leur retraitte, et sans cela il eust faict plus grand effort.

Le vingt-cinquiesme jour d'avril de laditte année 1543, monseigneur de Vendosme (1) dépescha devers le Roy, qui estoit à Sainct-Germain-en-Laye, pour luy faire entendre que le paiement de son armée failloit à la fin d'iceluy mois d'avril, et que, s'il luy plaisoit envoier encores de quoy la soudoier un mois, il avoit moien (estant le païs de l'Empereur dépourveu d'hommes) conquérir quelque ville de sa frontière, mesmement la ville et chasteau de Ba-

paume. Le Roy qui, environ sur la fin de may, vouloit en personne marcher en campagne, comme vous orrez cy-après, ne voulut qu'il passast outre, ayant crainte de rompre son entreprise. L'occasion pour laquelle la frontière d'Artois et Hénault estoit si dépourveüe, c'estoit à cause que le duc de Clèves faisoit la guerre au païs de Brabant, et desjà avoit pris deux ou trois places sur l'Empereur, parquoy il avoit tourné toutes leurs forces pour luy faire teste.

Entre tant qu'on alla devers le Roy sçavoir son intention et luy faire entendre le défaut de paiement, monseigneur de Vendosme, adverty d'une place, laquelle faisoit grand ennuy au païs du Roy, nommée Lilliers, entre Bétune et Aire, à l'entrée des marais, délibéra d'employer le reste du payement de son armée à la lever des mains de l'ennemy; puis, estant arrivé devant, commença les approches. Ceux de dedans, qui estoyent cinq cens hommes de pied et deux cens chevaux, d'arrivée firent bonne mine; mais la fin ne fut telle que le commencement, car, après la brèche faicte, voyans noz gens se préparer pour l'assaut, demandèrent composition; laquelle leur fut accordée, et, après plusieurs parlemens, sortirent leurs bagues sauves, remettans la ville entre les mains de mondit sieur de Vendosme; chose qui vint bien à propos, car le feu s'estoit mis en noz amonitions, en manière qu'à peine avoit-on peu retirer nostre artillerie, que les affusts ne fussent bruslez. Aussi monsieur d'Aumalle, jeune prince d'insigne volonté, estoit prest pour aller luy-mesmes à l'assaut, et le duc de Vendosme, ne l'en pouvant dissuader, s'estoit aussi préparé pour y aller, encores qu'il fust lieutenant du Roy, dont n'en pouvoit qu'advenir inconvénient, là où l'un d'eux, ou tous deux (comme il pouvoit estre vraysemblable), y fussent demourez, d'autant qu'ils eussent voulu faire la pointe.

La ville estant rendue, y fut mis le feu, et les portes abatues pour la rendre inutile à l'ennemy; et, après avoir razé plusieurs petits chasteaux, tant aux environs de Térouenne, de Sainct-Omer, d'Aire, que de Bétune, s'achemina le camp pour la retraitte, attendant des nouvelles du Roy, en lieu dont en un jour il se peust retirer et licentier l'armée, ou marcher en païs, selon qu'il seroit commandé. Pour ceste commodité, fut advisé de se retirer à Fervens, sur la rivière de Canche, auquel lieu ils eurent nouvelles du Roy, lequel leur manda de mettre l'armée dedans les garnisons sans rien licentier, horsmis les légionnaires, lesquels en peu de temps on pourroit rassembler; chose qui fut exécutée.

---

(1) Antoine de Bourbon, depuis roi de Navarre, du chef de sa femme, Jeanne d'Albret. De ce mariage naquit Henri IV.

LIVRE DIXIESME.

L'année ensuyvant, le Roy fait la guerre en Hainault, guaste le terrouër d'Avennes et destruit quelques forts et chasteaux. Monsieur de Vendosme prent Bapaulme, sans le chasteau. Landrecy, que les Bourguignons abandonnèrent, fut trouvé commode pour estre fortifié : à ceste cause, le Roy, pour en favoriser la fortification, tient longuement un camp à Marolles : ce pendant Maubeuge et Emery sont prises par monsieur le dauphin Henry; mais il fault à prendre Bains, pour n'avoir moyen d'y camper plus de deux jours. Monsieur d'Anguian pert quatre gallères, cuidant prendre le chasteau de Nice, abusé de ce que le sieur de Grignan, gouverneur de Marseille, y pensoit avoir intelligence. Monsieur d'Orléans prent, pour la seconde fois, Arlon et Luxembourg. Peu de temps après, estant à peine fortifié Landrecy, l'Empereur l'assiége, le deffendans La Lande et d'Hessé. Le prince de Melphe avitaille Luxembourg à grande difficulté. Landrecy est refreschy de gens et de vivres, à la faveur de l'armée du Roy, qui y estoit en personne, lequel se retire par après : l'Empereur le suit quelque peu, puis lève le siége, et bastist une citadelle à Cambray pour l'opposer à Landrecy. Barberousse prent la ville de Nice, assiége pour néant le chasteau; et le marquis du Guast, venant au secours, prent Mondevis, et Carignan qu'il fortifie. Le sieur de Boutières, lieutenant pour le Roy en Piémont, prent Sainct-Germain; mais il est blasmé d'avoir laissé fortifier Carignan sans l'empescher, pour l'importance dont il estoit à la campagne du Piémont. Le Roy envoye en son lieu monsieur d'Anguian, qui prent Cressentin, Palezol et Desane, et assiége Carignan; le marquis du Guast lui tourne secourir, dont vint l'occasion de la bataille de Serizolles, après laquelle Carignan et plusieurs villes en Piémont et Monferrat furent prises par noz gens. L'Empereur et le roy d'Angleterre, courroucez de ceste victoire, assaillent la France de deux pars. Le Roy d'Angleterre assiége Boulongne, et la prent par la faute du gouverneur. L'Empereur prent Luxembourg, Ligny et Sandizier, vient jusques à Espernay, puis tourne vers Picardie, et accorde la paix au Roy, le laissant en guerre avec l'Anglois, contre lequel le Roy tourne ses forces de mer et de terre. Monsieur le Dauphin prent et pert en un moment la Basse-Boulongne; le fort d'Outreau se dresse pour arrester les courses des Anglois, qui sont deffaits par les nostres en plusieurs rencontres. L'Amiral d'Annebault, avec grand nombre de galères et navires, ne pouvant attirer sur mer les Anglois au combat, pigle leur coste. La paix se fait avec le roy d'Angleterre, lequel, peu après, va de vie à trespas : le roy François n'arreste guères à le suyvre, et décède à Rambouillet en 1547.

Desjà estoit la fin du mois de may 1543, que le Roy, estant à Villiers-Costerets, ordonna de rassembler de toutes parts son armée, pour se jetter en campagne, selon ce qu'il arresteroit en son conseil. Les uns estoient d'avis qu'il devoit marcher à Lilliers, nouvellement prise et bruslée par monseigneur de Vendosme et la fortifier; car il estoit aisé, parce qu'elle est en forte assiette, des deux parts fermée d'un marais, et n'y a qu'une advenue à fortifier du costé tendant à Pernes; et quand et quand fortifier Sainct-Venant, qui est deux lieües plus outre, sur la rivière du Lis, fort de nature, d'autant qu'il est en une isle triangulaire, environnée de toutes parts d'icelle rivière et de marais, laquelle on ne peult oster, de sorte qu'il n'y a ordre d'y arriver que par deux chaussées, et le tenant on pourroit courir librement tout le bas païs de Flandres, sans trouver ou ville ou passage qui face obstacle : puis à Sainct-Paul ou bien à Pernes faire un chasteau pour asseurer le chemin à Lilliers avec Térouenne, qui est à quatre lieües de là, sur la main gauche, tirant de Pernes audit lieu, pour y mener vivres; car tenant Térouenne, Pernes et Lilliers, et Hédin à la queüe, le païs seroit suffisant pour s'avitailler sans le secours d'autruy.

Les autres disoient qu'estant la ville d'Avennes desgarnie d'hommes, à cause que la garnison estoit à la guerre contre le duc de Clèves, l'allant investir à l'improvist, avant que l'ennemy eust l'opportunité de la secourir, on la prendroit; sinon on prendroit Landrecy, qu'on pourroit fortifier, et le chasteau d'Emery et quelques autres, pour avoir entrée au païs de Hénault. Qui fut l'opinion à laquelle le Roy s'arresta et dépescha l'amiral d'Annebault, nouvellement amiral, par le trespas de l'amiral de Brion, mort à Paris, à ce qu'il prinst le droit chemin, pour, en attendant son arrivée, clorre laditte ville d'Avennes, et empescher qu'il n'y entrast secours; et manda à monseigneur de Vendosme de rassembler son armée vers Abbeville et prendre son chemin à travers le païs de l'ennemy, pour vivre à ses despens sans fouler le sien, et le venir rencontrer au Cateau-Cambrézis : et par ce moyen il avoit l'armée que menoit l'amiral, en forme d'avant-garde, à sa main dextre, et celle de monseigneur de Vendosme à sa gauche et luy estoit au milieu.

L'amiral ayant prins congé du Roy à Villiers-Costerets, alla coucher à Soissons, de là à Montcornet en Tiérasse, auquel lieu il assembla les forces qu'il devoit mener; de Montcornet alla camper à Estrée-au-Pont, sur la rivière d'Oyse; duquel lieu, après avoir faict repaistre les chevaux, dès jour couché, fit partir le sieur de Longueval avec cinquante hommes-d'armes de sa compagnie, et Martin Du Bellay, sieur de Langey, avec la sienne, et le capitaine La Lande avec mille hommes de pied, pour passer entre Avennes et la haye d'Avennes, afin d'empescher que du costé de là l'eau il ne luy peust arriver secours. Or entre Estrée-au-Pont et Avennes, deux lieues au-deçà dudit lieu d'Avennes, passe une petite rivière qui sort de l'estang du Beufle, laquelle, pour la haulteur des rives, en peu des lieux est guaiable, et il a un seul pont à un village nommé Estrueul, par lequel on passe. Au bout d'iceluy pont les ennemis avoient faict un blocu (car ainsi nomment-ils ce que nous appellons un fort), dedans lequel avoit trois cens hommes pour la garde. Le sieur de Langey print le devant, menant avec luy une douzaine de pionniers, et entre ledit fort et l'estang du Beufle fit abatre les bords de la rivière, en sorte qu'il y passa à gué et se trouva devant les portes d'Avennes, premier que le sieur de Longueval et La Lande arrivassent à Estrueul, lequel tint ceux d'Avennes en telle subjection, que le capitaine La Lande força ledit fort d'assault, et meist ceux de dedans au fil de l'espée, sans que ceux de la ville en eussent la cognoissance. A Avennes passe une autre rivière, laquelle se nomme la rivière d'Avennes, et va tomber en la rivière de Sembre; le sieur de Langey, pour achever l'entreprinse de se jetter entre la haye d'Avennes et la ville, adverty de la prinse du fort, marcha pour passer ladite rivière, mais, avant qu'il y arrivast, vint devers luy un homme, envoié de la part de monseigneur l'amiral, l'advertir qu'il avoit changé d'opinion, et qu'il eust à se retirer le chemin de Cartigny, qui est sur la rivière du Beufle, tirant au chemin de Landrecy; à quoy il obéit. Si est-ce que sur sa retraitte ceux d'Avennes luy firent plusieurs charges; mais, ayant laissé trente ou quarante chevaux en une fosse, l'ennemy, qui n'en avoit la cognoissance, passa outre: incontinent ceux qui estoient demourez en la fosse leur donnèrent à dos et prindrent quinze ou vingt des ennemis. Je n'ay pas bien entendu à quelle occasion on avoit changé de desseing, sinon que l'on disoit que Sainct-Remy, commissaire de l'artillerie, avoit dit que la ville n'estoit forsable: si ainsi estoit, on ne devoit venir jusques-là pour laisser d'autres plus belles entreprises; si est-ce qui l'eust assaillie de furie, il estoit apparent qu'on l'eust prise, la trouvant dépourveue d'hommes comme elle estoit.

Estant nostre armée arrivée à Cartigny, fut ordonné que, le lendemain matin, le sieur de Langey iroit devant à Landrecy, pour faire le logis du camp, et, selon l'occasion qui se présenteroit, feroit sommer ceux de dedans de se rendre à la mercy du Roy, et que le sieur de Longueval les suivroit avec sa compagnie et les mille hommes du capitaine La Lande. Passant chemin, iceluy de Langey trouva le fort de Prissé abandonné des ennemis, auquel il meit des gens, attendant le camp; de là alla devant Landrecy, où il fit donner par quelques gens de cheval jusques aux barrières; mais nul sortit de la ville pour venir à l'escarmouche, plus avant que lesdites barrières. La ville de Landrecy est assise sur la rivière de Sembre, laquelle n'est encores fort grosse, mais, parce qu'elle est profonde et les bords hauts, elle se passe malaisément sans pont. Ceste rivière sort du vivier d'Oisi, qui est du duché de Guise, et vient tomber à Chatillon, et delà à Landrecy et à Marolles, de Marolles à Emery et à Maubeuge; et delà au pont sur Sembre, et se va descharger dedans la Meuze, près Naumur. Landrecy est deçà l'eau, et au-delà, à la portée d'un canon, est la forest des Mormaux. Le sieur de Langey, qui bien sçavoit que l'an 1521, lorsque monsieur de Vendosme print ladite ville, la nuict dont le lendemain il pensoit donner l'assault, les ennemis se retirèrent dedans la forest, de sorte qu'au matin on n'y trouva que le nid, pour obvier à cela, et qu'en partant ils meissent le feu dedans la ville, et bruslassent les munitions (car il sçavoit bien que le Roy la voudroit fortifier), fit rabiller un pont à un moulin auquel y a une tour quarrée, qui est au dessoubs de Landrecy, tirant à Marolles; puis y fit passer cent chevaux des siens, conduicts par le comte Maxime Antoine de Sesse, pour se jetter entre la forest et la ville, attendant la venue de monseigneur l'amiral, qui les pourroit renforcer: mais estant arrivé, luy demanda deux ou trois enseignes, avec quelque cent cinquante hommes-d'armes de renfort, car il y avoit lieu commode pour les loger sans hazard; toutesfois ledit amiral ne le trouva bon, et fit revenir ce que desjà estoit passé. Les ennemis, environ minuict, ne faillirent d'exécuter ce que ledit Langey avoit prévu, car ils délogèrent, et se retirèrent à la forest, parce qu'il n'y avoit personne delà l'eau; et au partir mirent le feu dedans la ville, en tant de divers endroits, qu'elle fut toute convertie en cendres, horsmis l'église, sans que l'on y peust remédier; et bruslèrent bleds, farines, et autres vivres et munitions, en si grand nombre, qu'il y en avoit à suffisance pour nourrir le nombre d'hommes qu'il faudroit à la garde de la place pour un an.

Pendant ce temps, monseigneur de Vendosme marchoit avecques son armée par le hault païs d'Artois, lequel, passant près de Bapaulme, assaillit la ville, et la mist en son obéissance. Dedans le chasteau, qui n'est qu'une roquette, s'estoyt retiré le sieur d'Auchimont, avecques tous les soldats et les habitans de la ville, femmes et enfans, en si grand nombre, qu'attendu qu'il n'y avoit qu'un puis, en deux jours il fut tary, de sorte qu'ils estoyent prests de se mettre à sa miséricorde, la corde au col. Mais le Roy, qui par plusieurs fois avoit mandé audit duc de Vendosme qu'il eust à passer outre sans s'arrester là ny ailleurs, luy feit un réitératif mandement et commandement que, sur peine de désobéissance et d'encourir sa malgrâce, il eust, ce jour-là, à le venir trouver à Casteau en Cambrézis, auquel lieu il ne feroit faute de se trouver; à quoy il ne voulut désobéir, et leva son camp, à la grande joye des assiégez, et à son grand regret. Le Roy estant arrivé à Casteau en Cambrézis, monsieur l'amiral le vint trouver, ayant tousjours laissé son camp près Landrecy, lequel luy apporta le dessein de la ville, à ce qu'il en ordonnast son bon plaisir. Le Roy luy commanda de se venir loger à Catillon, deux lieues au-dessus de Landrecy, sur la rivière, et que le lendemain il se trouverroit audit Catillon avec toutes ses forces, et là, estans sur les lieux, ils concluroyent ce qu'ils avoyent à faire. Estans ses forces unies audit lieu de Catillon, se trouva son armée de seize ou dix-huit cens hommes-d'armes, sçavoir est : monseigneur le Dauphin en personne, ayant cent hommes-d'armes sous sa charge; monseigneur d'Orléans sa compagnie de cent hommes-d'armes; Antoine, duc de Vendosmois, cent; le comte de Sainct-Paul, cent; monsieur l'amiral, cent; monsieur le duc de Guise, cent; monsieur d'Aumalle, son fils, cinquante; le mareschal du Biez, cent; la compagnie de monsieur d'Anguien, qui estoit allé en Provence, ainsi que je vous diray par cy-après, cinquante; le sieur de Brissac, cinquante; le sieur de Dampierre, cinquante; le sieur de Maugeron, cinquante; monsieur de Boisy, cinquante; le sieur de Longueval, cinquante; le sieur de Bonneval, cinquante; et plusieurs autres qui seroient longs à nommer; et dix-huit cens chevaux-légers, dont estoit colonnel le sieur de Brissac; douze mille légionnaires, tant de Picardie, Normandie, que de Champagne; le colonnel du sieur de Roignac, de quatre mille bas Allemans; le colonnel du sieur de Fresnoy, lorrain, de quatre mille; le colonnel de Ludovic, de quatre mille. Ayant veu son armée en campagne, entre Catillon et Landrecy, après avoir résolu de fortifier Landrecy, et avoir ordonné de ceux qui en auroient la charge, délibéra d'aller loger à Marolles, qui est un gros bourg où y a une abaye de moines, sur la rivière de Sembre, deux lieues au-dessous de Landrecy, parce que c'estoit le lieu plus à propos pour empescher l'ennemy de venir troubler les fortificateurs, puis ordonna le capitaine La Lande pour gouverneur d'icelle ville. Or est-il que la rivière de Sembre passe au bas de la ville, du costé de la forest, et, parce que ladite ville est fort en pente, le Roy la fit retrencher, car, du costé de la forest, il y a une montagne qui regardoit dedans, mais, à l'occasion dudit retrenchement, on estoit à couvert, et fit abandonner tout le bas; aussi y furent faicts trois gros boulleverts, dont l'un fut nommé le Dauphin, l'autre le boullevert d'Orléans, et l'autre le boullevert de Vendosme, et le retrenchement fut nommé la courtine du Roy; et, pour servir de quatriesme boullevert, y avoit un vieil chasteau en forme de roquette, qu'il feit remplir de terre, pour en faire une plateforme, servant de flan ausdicts boulleverts.

Quelque temps auparavant, le Roy, estant adverty de l'armée de mer que Barberousse amenoit à son secours, avoit envoyé monseigneur François de Bourbon, sieur d'Anguien, frère de monseigneur de Vendosme, pour estre en ladite armée, jointe avec la sienne de Levant, son lieutenant-général. Ledict sieur d'Anguien estant à Marceille, attendant nouvelles de l'armée de Barberousse, le sieur de Grignan, lequel estoit lieutenant du Roy à Marceille, luy proposa une vendition que luy devoyent faire trois soldats savoisiens du chasteau de Nice, qui luy promettoient livrer ledit chasteau, disans avoir telle intelligence dedans, que à leur arrivée il leur seroit livré. Le sieur d'Anguien, après avoir sur ce entendu la volonté du Roy, délibéra d'exécuter ceste entreprinse : pour laquelle exécution, il feit équiper quatre gallères, dont estoient chefs les capitaines Magdelon, chevallier d'Aux, Pierre Bon et Michelet; et, encores qu'il fust jeune d'âge seulement de vingt ans, s'y voulut conduire dextrement et sagement, ne se voulant du tout mettre au hazard de traistres, lesquels pouvoient aussi aisément vendre l'estranger que leur patrie. Et, pour ne riens laisser derrière du service qu'il pouvoit faire au Roy, s'il prenoit ledict chasteau, se jetta en mer avec unze gallères, outre les quatre; et, quelque asseurance que luy donnast ledit sieur de Grignan, de la facilité de l'entreprise et du peu de danger qui estoit en icelle exécution, donna charge audict capitaine Magdelon, frère du baron de Sainct-Blanquart, de se mettre devant avec lesdites quatre gallères, menant quant et luy les marchans ; et luy, avec le reste des gallères, print le largue et l'avantage du vent, ou pour servir ses gens, ou pour se retirer, si traïson y avoit, comme tost après elle fut descouverte ; car, soudain que ledict Magdelon approcha près de Nice, sortirent six gallères pour l'investir, et quinze qui venoient après, conduites par Janetin Dorie, couvertes du cap Sanct-Souspir, lesquels donnèrent la chasse audit Magdelon et sa compagnie jusques dedans le port d'Antibe, où lesdittes gallères furent abandonnées, réservé le capitaine Magdelon, qui fut blessé d'un coup de canon par la cuisse, dont il mourut ; et furent amenées lesdittes quatre gallères par Janetin au port de Villefranche. Le seigneur d'Anguien estant surgy au Cauroux, Janetin, qui venoit pour le surprendre, fut descouvert au clair de la lune, mais noz gens feirent telle diligence de lever l'ancre, et faire force et volte, que terre à terre ils se retirèrent à Tollon sans riens perdre.

Le Roy, ce pendant, qui estoit à Marolles, fut adverty que le chasteau d'Emery, qui est à deux lieües par delà, au-dessous, sur la rivière de Sembre, estant entre ses mains, se pouvoit fortifier : à ceste cause, ordonna monseigneur le Dauphin, avecques une partie de son armée et une bande d'artillerie, pour y aller le mettre en son obéissance. Lequel arrivé devant ladite place, mal pourveüe d'hommes, parce que le seigneur d'icelle estoit à la guerre en Gueldres, ceux de dedans, voyans les approches faictes, se rendirent à luy ; et fut laissé dedans le sieur de Sansac, avec deux cens chevaux-légers dont il avoit la charge, et quelque nombre de gens de pied ; mais peu de jours après il fut retiré au camp, et en son lieu fut envoié le sieur de Langey, avec sa compagnie et une enseigne de gens de pied de la légion de Picardie, à laquelle commandoit le capitaine La Moyenne, et le seigneur Hiéronyme Marin, boulonnois, fortificateur, pour fortifier ladite place. Aussi fut prins Barlemont, autre chasteau sur ladite rivière, et tout le païs couru jusques à Bains, et près les portes de Monts en Hainault. Ledit chasteau d'Emery est composé d'une roquette en quadrature, ayant quatre grosses tours aux quatre coings d'icelle roquette, et un grand fossé à fons de cuve, plein d'eau, puis revestu de quatre courtines, environ cinquante toises de chasque circonférence, loing de ladite roquette, avecques quatre grosses tours aux quatre coings desdittes courtines, et un portail ; et est ledict chasteau assis en une isle que faict en cest endroict la rivière de Sembre, et ne se peult battre ceste roquette, à cause qu'elle est couverte de la douve d'icelle ceinture. Derrière chacune encongneure des quatre tours qui sont en ladite ceinture, le sieur de Langey fit commencer un grand cavalier ; et, parce que les tours n'estoyent suffisantes pour soustenir une furieuse baterie, avoit aussi faict commencer de grandes trenchées par dedans, de cavalier en cavalier, afin que là où l'ennemy auroit batu et les tours et la courtine (chose toutesfois qui estoit malaisée à faire, parce que la muraille et la chaux estoient de marbre noir), il trouvast nouvel obstacle.

Aussi, peu de jours après, le Roy, adverty que la ville de Maubeuge, située sur la mesme rivière de Sembre, quatre lieües au-dessoubs d'Emery, en laquelle avoyent accoustumé les ennemis de faire leur amas quand ils vouloyent faire entreprinse en France, despecha de rechef mondit seigneur le Dauphin, pour l'aller mettre en son obéissance ; lequel arrivé devant la ville, pour n'estre pourveüe de gens de guerre qui attendissent le canon, les citadins se mirent entre ses mains ; et puis il se retira au camp, laissant pour chef audit Maubeuge, le sieur de Heilly, avecques mille hommes de la légion de Picardie, dont il avoit la charge, et le capitaine Sainct-Yve avec cinq cens hommes. En icelle ville y a un beau convent de canonisses gentifemmes, lesquelles ne font aucun veu de religion, et se peuvent marier à leur volonté.

Cinq ou six jours après, la garnison d'Emery, estant advertie que de jour en autre les soldats impériaux qui retournoient de la guerre de Gueldres, venoient loger aux faulxbourgs de Bains et villages circonvoisins, ne se doubtans de rien, d'autant qu'il y avoit dix lieues du camp jusques là, et qu'il n'y avoit gens de cheval dedans Maubeuge, entreprint de les y aller surprendre, faisant entendre au sieur de Maugeron, qui estoit au camp à Marolles, que s'il vouloit venir avec six ou sept vingts hommes-d'armes, on trouveroit moyen de faire entreprise, dont il pourroit sortir honneur et prouffit, lequel y vint avec sa compagnie de cinquante hommes-d'armes, et environ quatre-vingts hommes-d'armes de la compagnie de monsieur l'amiral d'Annebault, conduits par le sieur de Fontaines de Harcourt, son lieutenant. Passans auprès d'Emery, allèrent ensemble repaistre à Maubeuge, et, parce que les nuicts estoient courtes, ils montèrent à cheval à jour couché, menans seulement quand et eux, de la garnison de Maubeuge, le capitaine Sainct-Yve, avec cinquante arquebusiers à cheval, pour rompre les maisons des fauxbourgs de Bains; et meirent leur embuscade à une lieuë au-deçà de Bains, en un bois; et fut despesché le sieur de Marville, lieutenant du sieur de Langey, et avec luy le vidasme de Chartres, et le sieur de La Rocheguion, qui y estoient allez pour leur plaisir, et, pour mener lesdits arquebusiers à cheval, de Sainct-Yve, pour, au poinct du jour, surprendre les Impériaux dedans les fauxbourgs; puis envoyèrent le capitaine La Mothe Gondrin, lieutenant du sieur de Maugeron, demeuré malade à Maubeuge, avec la compagnie de son capitaine, pour donner jusques aux fauxbourgs de Mons, qui est à deux ou trois lieuës près de Bains, et Bains est à quatre lieuës près de Maubeuge, ayant iceluy La Mothe charge de mettre le feu en quelques maisons d'iceux faulxbourgs, afin d'oster à ceux de la ville (où y avoit grosse garnison, tant de cheval que de pied) la cognoissance de l'exécution que l'on vouloit faire à Bains; et se devoient les deux trouppes retirer à l'embuscade où estoit le sieur de Langey, pour les soustenir, avenant qu'ils fussent chargez par l'ennemy. Ceux qui allèrent à Bains surprindrent dedans les faulxbourgs cent ou six vingts hommes de cheval, qui estoient arrivez le soir, qui furent tous pris dedans leurs logis, horsmis quelquesuns qui se sauvèrent parmy les jardins, tous en chemise; et, après avoir pillé les villages circonvoisins, mesme une abbaye voisine de là, où se trouva grand butin, parce que nul c'estoit retiré, à raison qu'il y avoit dix lieues jusques à nostre camp, et qu'il n'y avoit point de gens de cheval à Maubeuge, se retirèrent à l'embuscade; aussi firent ceux qui estoient allez à Mons. lesquels pareillement ramenèrent gros butin. Estans leurs forces et butin rassemblez, retournèrent à Maubeuge, et, le butin départy, chacun se retira où il estoit ordonné.

Ce jour mesme, monsieur d'Aumalle, fils aisné du duc de Guise, ayant faict entreprise pour attirer ceux d'Avennes hors de leur ville, quelques-uns sortirent, mais ils n'abandonnèrent la faveur de leur artillerie; monsieur d'Aumale, espérant les irriter pour sortir plus avant, les chargea jusques sur le bord de leurs fossez, où ils perdirent beaucoup de leurs gens, et de sa part n'y mourut qu'un homme; toutesfois il ne s'esmeurent autrement; et combien que ledit sieur y fust demouré bien tard en intention de les provoquer d'avantage, si n'eust-il moyen de les attraire; lequel, voyant qu'il perdoit temps, se retira au camp.

Le Roy, ayant entendu, tant par les prisonniers que l'on avoit amenez de Bains, que par les François qui y avoient esté, que dedans n'y avoit aucuns gens de guerre (au moins bien peu), y envoya monseigneur le Dauphin et l'amiral d'Annebault avec une partie de l'armée, ne retenant que ce qui estoit besoing pour tenir en seureté ceux qui fortifioient Landrecy, pour la réduire en son obéissance; mais il fut abusé, car les ennemis, le lendemain qu'ils eurent eu cest alarme, avoient mis en la ville quatre enseignes de lansquenets de renfort; et aussi ils estoient advertis comme mondit seigneur le Dauphin ne menoit vivres que pour deux jours, dont ils pouvoient juger qu'ils n'auroient à soustenir que le premier effort : parquoy délibérèrent de faire teste à nostre armée. Lorsque monseigneur le Dauphin arriva devant la place, ceux qui conduisoient l'œuvre, n'ayans cognoissance de la forteresse, plantèrent l'artillerie au lieu qui estoit le plus remparé et le plus deffensable, de sorte que la batterie n'y feit grand dommage; si est-ce que plusieurs jeunes hommes, voyans la présence de monseigneur le Dauphin, se hazardèrent de donner jusques aux fossez, où ils furent bien recueillis; et en eut de morts et de blessez; et, entre autres, y mourut le sieur d'Allègre, jeune homme qui pour son aage avoit jà faict honneste preuve de sa personne; aussi le sieur de Chastillon, Gaspard de Colligny, jeune homme de grande volonté, y eut une arquebousade à la gorge, dont avec le temps il fut guéry.

Le Roy, adverty du grand nombre d'hommes qui y estoient, jusques à douze ou quinze cens Allemans, et estant pressé de monseigneur le Dauphin de luy envoier renfort de munitions d'artillerie et de vivres, ayant délibéré, sous son bon plaisir, de ne partir de là qu'il ne l'eust mise en son obéissance; considérant toutesfois iceluy le hazard qui pouvoit advenir de tenir son armée séparée, et que, s'il alloit en personne se joindre avec monseigneur son fils, il laisseroit sa fortification de Landrecy commencée et imparfaicte, et, demourant seul comme il estoit, estant sa principale force en la compagnie de sondit fils, les ennemis, qui renforçoient à Mons et au Quesnoy-le-Comte, quelque nuict luy pourroient donner une camisade; pour y obvier, manda à monseigneur le Dauphin qu'il eust à se retirer devers luy; qu'en passant il retirast les forces qui estoient à Maubeuge, rompant les fortifications et mettant le feu dedans les maisons, parce que c'estoit la ville en laquelle ordinairement l'Empereur assembloit ses forces venans d'Alemagne et de ses Païs-Bas;

a cela fut obéy par monseigneur le Dauphin, mais à grand regret de se retirer sans rien exécuter.

Au retour de monseigneur le Dauphin, le Roy eut avertissement qu'il y avoit deux places entre Avennes et Simay, l'une appellée Trélon et l'autre Glayon, auxquelles coustumièrement y avoit gens de guerre qui portoient grand dommage à sa frontière de Tiérasse et de Champagne : pour y aller, dépescha le sieur de Bonneval avec sa compagnie de cinquante hommes-d'armes, et le sieur de Stenaye, lieutenant de monseigneur d'Anguien, lequel estoit en Provence, et le régiment de lansquenets du seigneur de Roignac, et deux mille hommes de pied françois, mille du seigneur de Basqueville, et mille du capitaine Sainct-Aubin Gobelet, tous deux de la légion de Normandie, avec quatre canons et leur suitte. Arrivé que fut ledit sieur de Bonneval devant Trélon, après que ceux de dedans eurent apperceu marcher le canon, estimans que tout le camp du Roy y fust, envoyèrent pour parlementer, et se rendirent la vie sauve seulement ; aussi firent ceux de Glaion. Puis, après avoir faict butiner aux soldats ce qui y estoit, le sieur de Bonneval feit brusler lesdittes places, sans autrement ruiner la fortification, sinon abatre les portes ; qui fut cause que ladite place de Trélon fut depuis fortifiée par les ennemis, car, avant qu'elle fust bruslée, le seigneur d'icelle place craignoit à la fortifier, pour le regret qu'il avoit de desmolir un bastiment qui touchoit à la muraille. Ledit sieur de Bonneval, ayant exécuté sa charge, se retira au camp.

Quelques jours après, le Roy manda Martin Du Bellay, seigneur de Langey, qui estoit au chasteau d'Emery, venir devers luy pour sçavoir l'estat auquel estoit ledit chasteau, lequel luy feit entendre (quant à ce qui touchoit la fortification) que dedans douze jours la place seroit en estat pour soustenir l'effort d'une grosse armée, mais qu'il estoit besoing de la pourveoir de vivres ; car, estant son camp retiré, il estoit mal-aisé d'y en mettre, d'autant qu'il y avoit, entre Landrecy et Emery, deux rivières qu'il fault passer à pont, attendu qu'elles ne sont gaiables, et aussi que la ville d'Avennes luy coupoit le chemin. Le Roy, y voulant donner ordre, feit venir le président Olivier, depuis chancelier de France, les sieurs d'Esturmel, de La Hargerie et de Pierrevive, qui estoient commissaires des vivres, pour s'enquérir du moyen qu'ils avoient de fournir vivres audit chasteau ; lesquels firent rapport audit sieur qu'ils n'avoient l'opportunité d'anvitailler l'armée et la ville de Landrecy, et que, s'ils mettoient vivres dedans Emery, on affameroit le camp et n'y auroit ordre de pourveoir Landrecy, à faulte du charroy, qui ne pouvoit venir à cause des pluies continuelles qui n'avoient cessé depuis trois sepmaines ou un mois. Ayant ledit sieur entendu ce rapport, et se voyant pressé d'envoyer secourir le duc de Clèves, à l'occasion qu'il avoit nouvelles que l'Empereur avec son armée approchoit près de ses païs, délibéra de retirer les hommes qui y estoient, et de faire raser ledit chasteau, renvoyant sur le champ ledit sieur de Langey pour ce faire ; lequel feit telle diligence à la ruine d'icelle place, tant par mines que par autres moyens, que, dedans quatre jours, les quatre tours de La Roquette et le portail de la closture, avec deux des grosses tours des courtines, volèrent en l'air, et furent renversées dedans les fossez ; et fut la ruine si grande, que depuis on ne l'a rédifiée. Puis, pour approcher plus près de ses vivres, le Roy retourna loger à Castillon, qui est entre Guise, Bohain et Landrecy ; et, de jour en autre, ne failloit d'aller revisiter ses fortifications de Landrecy pour haster l'ouvrage, mesmes tous les princes et seigneurs de son camp estoient ordinairement à la sollicitation, mais on n'y pouvoit faire telle diligence qu'on eust voulu, à cause de la continuation des pluyes, comme j'ay prédit.

Environ la fin de juillet, le Roy, voyant sa place de Landrecy desjà en estat, et que, sans avoir espaule d'une armée, on pouvoit continuer la fortification, s'il laissoit seulement à Guise quelque nombre de gens de cheval et de pied pour y conduire les vivres, se retira audit lieu de Guise pour adviser au secours du duc de Clèves, son allié, et laissa dedans Landrecy, pour gouverneur, le capitaine La Lande, avec deux cens chevaux-légers soubs sa charge, et mille hommes de pied de la légion de Picardie, à laquelle pareillement il avoit à commander ; et, parce que iceluy La Lande estoit malade d'une fièvre tierce, craignant qu'elle ne rengrégeast, dont son service peust demeurer, y ordonna le sieur d'Essé, lieutenant de la compagnie de cinquante hommes-d'armes du duc de Montpensier, avecques ladite compagnie, luy donnant pareil pouvoir que audit capitaine La Lande. Outre, y laissa jusques à deux mille hommes de pied ; et puis, estant à Guise, dépescha monseigneur de Vendosme, pour aller en la basse Picardie, vers Monstreul et Abbeville, à ce que l'ennemy ne feist entreprise de ce costé-là, et meit à Guise le prince de Melphe avec deux ou trois cens hommes-d'armes ; et aussi le sieur de Brissac, avec douze ou quinze cens chevaux-légers dont il estoit général, pour faire l'anvitaillement et mener ce qu'il seroit nécessaire à Landrecy. Et, après avoir ainsi pourveu aux affaires, s'en alla à Marle, et delà à Nostre-Dame-de-Liesse, pour quelque temps se refreschir aux chasses, le long de la montagne de Reims.

Peu de temps après que le Roy se fut retiré de Guise, le comte du Reu, avec les forces du Païs-Bas, pensant surprendre Landrecy, non pourveue de vivres, vint planter son camp vers la forest de Mormault; mais ce fut trop tard, car desjà le prince de Melphe y avoit mis bon nombre de vivres. Le duc d'Aumalle, François de Lorraine, fils aisné de monsieur de Guise, le duc de Nevers, les deux frères de La Rochefoucault, le sieur d'Andelot, les deux frères de Brézé, surnommez de Maillé, le sieur de Crèvecueur, le sieur de Bonnivet, son frère, Sainct-Laurens de Bretagne, Mouy Sainct-Phale et une bonne part de la jeunesse qui suivoit monseigneur le Dauphin, espérans faire faits d'armes et acquérir honneur, partans de la Court, se mirent dedans. Un jour, le comte Roquendolfe, pour lors favorisé de l'Empereur, partit du camp impérial et vint passer la rivière de Sambre à Marolles, et se vint mettre en embuscade sur le chemin qui vient de La Capelle, en un vallon près de Longfavery, et envoya quarante chevaux devant la ville, pour les attirer à l'escarmouche. Le sieur d'Essé et le capitaine La Lande firent sortir le capitaine Ricarville, lieutenant des chevaux-légers dudit La Lande, avec trente chevaux, pour recognoistre ce qui estoit derrière; mais l'escarmouche s'attaqua forte et roide, car à toutes fins les Impériaux voulurent empescher que leur embuscade ne fût descouverte. Messieurs d'Aumalle et de Nevers et le reste de la jeunesse ne voulurent perdre leur part du passe-temps: parquoy, encores que ce ne fust l'opinion des viels capitaines, sortirent pour soustenir les nostres, qui estoient renversez. Le comte Roquendolfe, voyant les siens foulez, envoia son lieutenant avec cent chevaux, pour soustenir les siens; lequel lieutenant, dès la première charge, fut porté par terre et pris prisonnier, emmené dans la ville. Le comte Roquendolfe, de ce irrité, débusqua avec toute sa trouppe, lequel renversa les nostres, de sorte que à peine se fussent sauvez, sans le capitaine La Lande, qui sortit avec six cens arquebouziers et quatre cens picquiers; lequel, arrivant au combat, remit les nostres debout, de sorte que les Impériaux furent renversez et plusieurs pris et tuez. Des nostres n'y fut priz que Sainct-Laurens, lequel le lendemain fut renvoyé en eschange du lieutenant de Roquendolfe. Le Roy, de ce adverty, les contremanda de se retirer devers luy pour l'entreprise de Luxembourg; mais, à vray dire, c'estoit craignant qu'ils n'en fissent encores de semblables ou plus mal, au moyen de quoy sa ville pourroit estre en hazard. Le Roy ce pendant estoit autour de Reims, pour conclurre du chemin plus expédient pour secourir le duc de Clèves. Toutes choses débatues, se trouva n'y avoir chemin plus expédient que d'assaillir le duché de Luxembourg, pour, par ce moyen, divertir les forces de l'Empereur, ou, à tout le moins, ayant prins Luxembourg, d'avoir le passage plus facile pour luy envoyer une armée à son secours. Et, pour cest effect, dépescha le sieur de Longueval, et, en sa compagnie, le sieur de Langey, le sieur de Dampierre et le sieur d'Escars pour aller à Stenay, ville sur la Meuze, entre Verdun et Mouzon, à l'entrée dudit duché de Luxembourg, laquelle, depuis peu de temps, il avoit eue du duc Antoine de Lorraine, en eschange d'autres terres, pour faire les préparatifs, tant de vivres qu'autres choses, pour le passage de son armée. Ce que lesdits sieurs ayans exécuté, et bien entendu, par espies et autres advertissemens, en quel estat estoient les affaires de Luxembourg, ledit sieur de Langey retourna en poste devers le Roy, lequel il trouva en un village à trois lieües de Reims; auquel il fist entendre ce qu'ils avoient négotié, et aussi de la grand armée que l'Empereur amenoit, tant d'Italie que d'Allemagne, laquelle estoit preste, ou pour marcher contre le duc de Clèves, ou (comme il estoit plus à conjecturer) pour secourir son païs de Luxembourg, s'il estoit assailly.

Quelque récit que ledict seigneur de Langey eust faict au Roy de ceste armée que menoit l'Empereur, si est-ce qu'il ne se divertit de sa délibération, ayant déterminé que là où l'Empereur marcheroit en personne, aussi de s'y trouver pour le combattre en son païs et tenter la fortune si ledict Empereur auroit cest heur, estant présent, comme il avoit eu par ses ministres; et, au cas que sondict ennemy marchast, conclud aller à Sainct-Menehoult, place sur l'entrée de Luxembourg, pour y estre plustost joint à son armée ou pour devancer son ennemy. Aussi considéroit combien ce luy seroit grande réputation de lever de ses mains une duché des plus anciennes de la chrestienté, dont il estoit sorty cinq empereurs, la pluspart desquels ont audict lieu leurs sépultures, au cas que l'Empereur estant proche de là avec toutes ses forces d'Espagne, d'Italie et d'Allemaigne, ne osast entreprendre de la venir secourir.

Pour ladicte exécution, ledict seigneur ordonna monseigneur le duc d'Orléans, son fils puisné, et avecques luy, à raison de sa jeunesse, pour la conduitte de son armée, l'amiral d'Annebault.

Estant donc le Roy résolu de faire son entreprise, il manda au prince de Melphe (lequel, à son retour de devant Landrecy, après l'avoir fortifiée, il avoit laissé son lieutenant-général à Guise) se retirer devers luy, prenant le chemin de Reims, avecques la gendarmerie, chevaux-légers et gens de pied estans en sa compagnie; et manda au duc de Vendosme, qui estoit, comme j'ay dit, en la basse Picardie, qu'il se retirast audit lieu de Guise avecques les forces qu'il avoit, tant de cheval que de pied, pour favoriser, en tout ce qu'il seroit nécessaire, la ville de Landrecy. Le prince de Melphe, pour obéir au commandement du Roy, d'autant que la plus grande part des chevaux-légers estoient logez en deux villages par delà, en l'abbaye de Bonhourie, une lieue au-dessoubs de Guise, sur la rivière d'Oyse, tirant le chemin de Bohain et de Landrecy, commanda au seigneur de Brissac de les faire retirer à Guise, pour partir le lendemain tous ensemble à la pointe du jour. Le sieur de La Hunauldaye, capitaine de deux cens chevaux, et le capitaine Théaude Bedaigne, albanois, ayant pareille charge, se trouvans bien logez, délibérèrent de coucher audit lieu, laissans partir leursdits compagnons, espérans déloger si matin, qu'ils seroient à Guise avant le deslogement du seigneur de Brissac, leur général; mais de fortune les forces que l'Empereur avoit en ceste frontière s'estoyent assemblées ce jour-là, pour aller assaillir le chasteau de Bohain, et, comme elles estoyent sur leur chemin, le seigneur de Licques, lieutenant de la compagnie du duc d'Arscot, fut adverty par ses espies que lesdittes bendes de chevaux-légers estoient demeurées seules audit lieu, dressa entreprise de les aller surprendre et deffaire; et, pour cest effet, tira des trouppes impérialles huict cens chevaux esleuz bourguignons, et deux cens anglois, et quatre enseignes de gens de pied. Estant marché, et voyant desjà le soleil levant, et ses gens de pied marcher trop lentement, print les devans avecques la cavalerie, se faisant suivre par les gens de pied. Craignant arriver trop tard sur le logis de noz chevaux-légers, à son arrivée assaillit le logis du capitaine Théaude Bedaigne, lequel, ne voiant point de gens de pied, et se voyant seulement surprins de la cavalerie, ferma la porte de son logis, et, pendant le temps que les ennemis descendirent à pied et s'amusèrent à rompre la porte d'une grange où il estoit logé, meist le harnois sur le doz, et monta à cheval, la lance sur la cuisse, et à la désespérade sortit, estant la porte rompue, et de furie donna pesle-mesle, de sorte qu'il faulça ce qu'il trouva devant luy, et se vint joindre avecques sa trouppe, sans dommage, et avecques celle du seigneur de La Hunauldaye, qui estoit à cheval. Ce pendant le seigneur d'Aché, ayant charge de deux cens arquebouziers à cheval, et Bertran de Foissy, seigneur de Crené, oyans l'alarme, estant logez à l'abbaye de Bonhourie, montèrent à cheval et forcèrent le pont que les ennemis gardoient, et vindrent au secours des chevaux-légers, lesquels, voyans leur secours, prindrent cœur, de sorte qu'avec l'aide des arquebuziers à cheval, repoussèrent les ennemis. Estant venue l'alarme à Guise, le capitaine Théaude Manes, qui estoit logé aux faulxbourgs de Guise, avecques deux cens chevaulx-légers, monta à cheval par le commandement du seigneur de Brissac, général de la cavallerie, pour soustenir ses compagnons, pendant que ledit seigneur de Brissac (d'autant que desjà ses trouppes s'estoient acheminées le chemin de Marle) emprunta du prince de Melphe environ soixante chevaulx pour suivre ledit Théode, pour secourir ses compagnons; avecques laquelle trouppe passa l'eaue à Guise, par le faulxbourg, pour se jetter entre les bois et la rivière, espérant que les ennemis, estans travaillez du long chemin qu'ils avoient faict, et leurs chevaux déhallez, les trouvans en cest estat, leur pourroit faire recevoir une honte. Ayant faict un mille, et arrivez sur un hault, fut adverty, par le capitaine Théaude Bedaigne, que les ennemis commençoient à bransler, pensans nostre armée estre toute sur leurs bras, parquoy il estoit besoing de les charger devant qu'ils eussent loisir de se recognoistre; ce qui fut faict; car, s'estans rassemblées toutes ses trouppes ensemble, furent chargez de telle vigueur, que leur cavallerie fut renversée sur leurs gens de pied, de sorte que tout s'en alla à vau de routte, et furent suivjz si chauldement, qu'il en demeura sur la place trois cens de morts et six cens prisonniers, et les quatre enseignes de gens de pied prinses, avecques deux cornettes de la cavallerie. Le reste de l'armée impérialle, qui estoit allé assaillir Bohain, ayant eu nouvelles de ladite deffaitte, pensans que nostre armée fust toute ensemble, entrèrent en tel effroy, que, sans parachever leur entreprise, se retirèrent au Quesnoy-le-Conte.

Desjà estoit arrivée à Stenay une partie de l'armée, entre autres monseigneur d'Aumalle, monseigneur le marquis du Maine, son frère;

le seigneur de Longueval, le vicomte d'Estauges, le sieur de Dampierre, le sieur de Langey, le sieur d'Escars, et quelque autre nombre de gendarmerie, jusques à trois cens hommes-d'armes, et six ou huict cens chevaux-légers, avecques le régiment de quatre mille lansquenets du seigneur du Fresnay, et environ sept ou huict cens hommes de pied françois, attendans la venue du duc d'Orléans et de l'amiral d'Annebault, et du reste de l'armée. Ledict sieur de Longueval fut adverty que ceulx qui devoyent entrer dedans Luxembourg (lesquels pouvoyent estre trois mille hommes de pied et quatre cens chevaulx) estoyent logez à six lieuës de ladite ville de Stenay, par delà les bois, en un grand village près de Saincte-Marie, au comté de Signy, lieu malaisé à y conduire une armée, auquel ils devoyent faire leurs monstres et recevoir deniers, pour, au partir de là, se mettre dedans Luxembourg. Cela bien considéré, avec l'advis des capitaines, fut ordonné de les y aller surprendre ; et, pour cest effect, partismes dudit Stenay avecques deux canons et deux longues couleuvrines, afin que si les ennemis, nous sentans venir, se retiroient à Saincte-Marie et autres petits chasteaux des environs, on eust moyen de les forcer, ou bien, au cas qu'ils ne s'y retirassent, les ruiner, à ce que l'ennemy ne meist gens de cheval dedans, pour nous rompre les vivres quand nous serions devant Luxembourg.

Aians marché jusques à l'entrée des bois, il estoit environ demie-heure de nuict, et, parce que le village auquel estoient les ennemis estoit à un quart de lieuë delà les bois, en la plaine, sur un petit ruisseau, et un quart de lieuë outre ledict village, pareillement y avoit un autre bois, pour obvier qu'ils ne s'y retirassent, fut ordonné le sieur d'Escars, avec deux cens chevaux, pour marcher devant, et autres quatre cens chevaux qui le devoyent suivre pour le soustenir, et puis trois cens hommes-d'armes, avec les lansquenets, marcheroient après, le plustost que leur seroit possible. Semblablement luy fut ordonné, quand il seroit arrivé à la saillie du bois, qui pourroit estre au poinct du jour, qu'il donneroit à toutes brides dedans ledit village, pour les surprendre dedans leurs licts, et les empescher de se jetter en bataille, pendant que monseigneur d'Aumalle, avec lesdits quatre cens chevaux, le suivroit pour le soustenir. Ledict sieur d'Escars, arrivant au bort du bois à l'heure qu'il estoit dict, despecha le capitaine La Chappelle de Biron, avec trente salades, pour donner à toutes brides dedans le village, et luy le devoit suivre aux talons. Ledit La Chapelle exécuta ceste charge, et trouva la pluspart des ennemis, les uns sellans leurs chevaulx, autres en chemise, effroyez comme sont gens surpris en leurs logis, desquels il deffeit quelques-uns ; mais les ennemis, le voyans n'estre suyvy, se recogneurent et, se remettans ensemble, le contraignirent de tenir bride ; cependant, ils sauvèrent leur bagage et l'argent de leur payement, et eux aussi se retirèrent sans grande perte, car les bois estoyent prochains. Il est évident que, qui eust poursuivy ainsi qu'il estoit ordonné, et en la sorte qu'il s'offroit, on eust faict grand service au Roy, car on rompoit toutes les forces que l'Empereur avoit deçà, et mesmes on saisissoit le payement desdits trois mille hommes de pied qui se devoit faire après disner. Monseigneur d'Aumalle et monsieur de Longueval, voians que ceste entreprise avoit failly, tournèrent leurs forces sur le chasteau de Saincte-Marie, lequel endura le canon ; mais il se rendit, avec plusieurs autres petites places circonvoisines, lesquelles furent toutes rasées, si que l'ennemy, pour ce voyage, ne s'en pouvoit prévalloir. Après ceste exécution, lesdicts sieurs se misrent à leur retraitte, repassans les bois ; mais à grande difficulté peurent retirer leur artillerie, car deux jours et deux nuicts la pluye ne cessa, attendu mesmes que le païs est de soy fort enfondré, et qu'il y avoit grand nombre de bois abattu qui empeschoit les chemins. Si est-ce qu'avec grand travail nous vinsmes loger à Nostre-Dame d'Aneau, à deux lieuës de Stenay et une de Montmédy, deçà les bois, laquelle ville de Montmédy, ensemble celle d'Yvoy, estoient en l'obéissance du Roy, dès la première conqueste que avoit faite monseigneur d'Orléans, et Danviller estoit abandonnée.

Audit lieu d'Aneau arriva monseigneur l'amiral, pensant venir à temps pour ladite entreprise, un peu malcontent de ce qu'on y avoit esté sans luy, mais il n'y avoit eu ordre de le surattendre, parce que l'ennemy le lendemain en devoit desloger pour aller à Luxembourg. Après avoir séjourné un jour audit lieu, nous allasmes loger à Vireton, petite place du duché de Luxembourg, laquelle estoit abandonnée des ennemis : audit lieu se trouva monseigneur le duc d'Orléans. La nuict séquente, les mareschaux de camp deslogèrent pour prendre le chemin d'Arlon, et avec eux le seigneur de Brissac et toute la cavalerie légère. Arlon est, comme j'ay dit ailleurs, petite ville sur le hault d'une montagne, en assez forte assiette. Le sieur de Brissac, pendant qu'on faisoit l'assiette du camp, alla, en attendant l'artillerie, l'investir, à ce que

33.

personne n'y peust entrer ou en sortir. Les soldats de dedans, qui pouvoient estre quatre cens hommes, n'attendirent l'arrivée de tout le camp, ains, voyans marcher l'artillerie de loing (estant la place éminente), demandèrent à parlementer, ce qui leur fut accordé; lesquels enfin sortirent leurs bagues saûves, et les citadins firent le serment de fidélité : et y fut laissé pour la garde, par monseigneur d'Orléans, un soldat, nommé le capitaine Tavernier, avecques cinq cens hommes de pied. Le lendemain, qui pouvoit estre le dixiesme jour de septembre, nous partismes pour aller assiéger Luxembourg, et y arrivasmes environ les dix heures du matin. Dedans Luxembourg estoyent quatre cens chevaux en aussi bon équippage qu'il est possible; et, entre autres capitaines, y estoit Gilles de Levant, homme fort estimé par les Impériaux, et Jehan de Heu, l'un des seigneurs de Mets, et trois mille cinq cens hommes de pied, aussi bien armez et équippez que j'en vey oncques.

Estant le duc d'Orléans arrivé devant Luxembourg, fut logé près d'une église, en une petite vallée tirant le chemin dudit Luxembourg au mont Sainct-Jehan, à la portée d'une coulevrine près la ville, tellement que les boulets venans d'icelle ville passoient par-dessus son logis; et avoit devant luy logé le régiment d'Alemans du capitaine Ludovic, et à sa main droite celuy du capitaine Fresnay, et sur la gauche les légionnaires de Normandie et de Champagne; et estoient la gendarmerie et chevaux-légers campez aux lieux plus avantageux pour empescher l'entrée et saillie de la ville, couvers toutefois de gens de pied. L'assiette de Luxembourg est fort bisarre : la moitié de laquelle, tirant vers France, tient le hault, et, à l'opposite, y a une pointe de roche tendant vers les bois, sur laquelle est assis le chasteau, fort antique et superbe, des anciens ducs et empereurs issus de Luxembourg. Au bas de là basse-court d'iceluy est une abaye, en laquelle y a deux ou trois empereurs enterrez en sépultures fort riches et magnifiques; pareillement y est inhumé le roy de Bohême, qui mourut à la bataille de Cressy, estant venu au secours du roy Philippe de Valois, contre Edouart-le-Conquérant, roy d'Angleterre, le fils duquel roy de Bohême estoit empereur. A la main droitte dudit chasteau est la basse ville, à laquelle respondent trois grandes et profondes vallées où courent trois torrens, et sont ces vallées en roches taillées, dont malaisément on peult descendre à pied, sinon par quelques endroits; et par là se peult de jour en autre mettre secours dedans la ville, sans le pouvoir empescher, car on y vient tout à couvert des Ardennes. Qui fut cause que, dès la nuict que nostre camp arriva, on feit diligenter les approches, et fut délibéré de faire deux bateries à une encongneure de la haulte ville, à la main dextré, du costé de France, en les traversant l'une sur l'autre. De l'une desquelles batteries print la charge monseigneur d'Aumalle, et avec luy le seigneur d'Assier, grand-maistre de l'artillerie; de l'autre, le seigneur Pierre Strossy, gentilhomme florentin, cousin du feu pape Clément, lequel nouvellement estoit venu d'Italie, ayant amené trois cens soldats toscans, tous signalez, ayans esté ou capitaines, ou lieutenans ou enseignes; et estoient armez de corcelets dorez, avecques chacun un cavalin viste et dispost, les deux pars portans la picque, et la tierce l'arquebouze, allans tousjours avec les coureurs; et, s'il estoit besoing de combat ou d'assaillir un fort, ou garder un passage, ou le conquérir soudain, se mettoyent à pied, et ne leur faloit nul sergent pour les mettre en bataille, parce que d'eux-mesmes chacun sçavoit qu'il avoit à faire, car ils avoient tous commandé.

Monseigneur d'Aumalle, ayant la principale bresche en sa charge avec ledit sieur d'Assier, feit telle diligence, qu'une heure avant le jour ses pièces furent en batterie, et pour recognoistre quelque endroit de la ville (car il désiroit, si assault se donnoit, y aller), sortit hors de la trenchée, habillé de blanc, comme il avoit esté toute la nuict, pour estre cogneu des siens, à cause de l'obscurité; niais soudain qu'il fut hors de laditte trenchée, fut descouvert de dessus la muraille, et frappé d'un mousquet ou arquebusade à croq, qui luy persa le dessus du col du pied, près de la cheville, dont on fut contrainct le reporter au logis, et de là à Longvic, cinq lieuës au-deçà dudit Luxembourg, si fort blécé, que, sans le secours des chirurgiens du Roy, et aussi du duc de Guise, son père, lequel vint le faire penser, il estoit en danger de mort, car le coup estoit fort dangereux, pour raison des nerfs et os qu'il avoit froissez.

Le jour venu, monsieur l'amiral d'Annebault, lequel avoit la charge de l'armée soubs monseigneur d'Orléans, et avoit esté toute la nuict aux trenchées, feit saluer la place de cinq ou six volées de canon; mais après, ceux de dedans demandèrent à parlamenter, et à quatre des principaux fut baillé saufconduit pour venir vers mondit seigneur d'Orléans ; enfin, plusieurs choses débatues d'une part et d'autre, fut accordé aux gens de guerre de leur en aller avec les armes et bagues saûves; quant aux citadins, ceux qui voudroient demeurer, faisans serment de fidélité, jouiroient de tous leurs biens meubles et immeubles ; les autres pourroient aller seurement où bon leur sembleroit. Environ deux heures après midy, les Impériaux sortirent de la ville, à sçavoir, trois mille cinq cens hommes de pied et quatre cens chevaux, en fort bon équippage, prenans le chemin de Bastongne au comté de Signy ; audit Luxembourg fut mis le seigneur de Longueval en possession du gouvernement, et entra dedans sa compaignie de gens-d'armes, et le seigneur de Fresnay, avec deux mille lansquenets, pour pourvoir à ce qu'elle ne fust sacagée ; les habitans demeurèrent la pluspart avec leurs biens et franchises, horsmis les présidens et conseillers du parlement, qui se retirèrent en la compagnie desdits gens de guerre impériaux.

Cela faict, monseigneur le duc d'Orléans assembla tous les capitaines en son logis, pour consulter de ce qui estoit à faire, considéré que tout le duché de Luxembourg estoit en l'obéissance du Roy, horsmis Thionville, petite ville forte sur la rivière de Mozelle, quatre lieues au-dessous de Mets, leur proposant d'aller assaillir ladite ville ; ce dont les capitaines ne furent d'advis, allégans qu'il y avoit danger que, s'allant attaquer audit Thionville (estant l'hyver à dos), on n'eust ce pendant le moyen d'envitailler Luxembourg, si le Roy avoit délibéré de la garder. Mais il fut conclud qu'il seroit envoyé devers ledit seigneur un gentilhomme, lequel luy remonstreroit les choses que l'on cognoissoit sur le lieu ; c'estoit que malaisément on pouvoit fortifier Luxembourg, à cause de l'assiette et des montagnes qui regardent la basse ville, et qu'il ne se trouvoit autre expédiant que de retrencher la haute ville d'avec la basse, chose qui seroit longue et de grande despense ; et ores qu'elle seroit fortifiée, si estoit-il malaisé de l'envitailler ; pareillement, estant envitaillée pour cinq ou six mois, que toutefois il faloit dresser une armée bonne et gaillarde, pour la renvitailler, s'il y avoit continuation de guerre ; qui ne seroit sans grands fraiz et onéreuse despense, d'autant que l'ennemy, ayant l'Alemagne à son cul, pouvoit en peu de temps (voyant ladite ville diminuée de vivres) jetter vingt mille Allemans devant, qui ne luy cousteroient qu'un escu pour homme ; quant au Roy, partant seulement de sa frontière, luy falloit, pour le moins, sept journées de camp, l'aller et retour compris, car il y en avoit de Stenay jusques à Luxembourg, trois journées, et autant de retour, et une pour descharger. Et, pour conclusion, il sembloit à la plus saine part des capitaines, que le meilleur et plus expédiant estoit de faire abbatre les murailles d'icelle ville, et fortifier Arlon, plus fortifiable et facile à envitailler. Aussi fut advisé, en attendant sur ce l'intention du Roy, d'aller loger le camp au-dessous du mont Sainct-Jehan, quatre lieuës de Luxembourg, tirant le chemin de Thionville et de Mets, afin de n'empescher les vivres que ce temps pendant on mettroit audit Luxembourg ; et si le plaisir du Roy estoit qu'on assaillist Thionville, l'armée estoit à la porte.

Pour aller devers le Roy luy faire lesdites remonstrances, fut ordonné le seigneur de Langey, Martin Du Bellay, lequel trouva ledit seigneur à Saincte-Menehoul, ayant avecques luy le seigneur de Sainct-Paul, et le cardinal de Tournon qui avoit le maniement de ses affaires en l'absence de monseigneur l'amiral ; et feit entendre au Roy amplement et par le menu tout ce qui avoit esté mis en avant et débatu par les capitaines estans près de la personne de monseigneur d'Orléans. Monsieur de Sainct-Paul, le cardinal de Tournon et autres estans près du Roy, furent bien d'advis que l'on devoit raser Luxembourg, veu la difficulté de l'envitaillement ; mesmes que le président Olivier, depuis chancelier de France, lequel avoit la superintendance des vivres, leur avoit mandé qu'à peine avoit-il le moyen (pour la faulte de charroy) d'envitailler le camp, et, à plus forte raison, de mettre vivres dedans Luxembourg. Mais le Roy, quelque persuasion que on luy feist, demeura en son opinion de garder ceste ville, disant que elle estoit son héritage, et, si l'Empereur luy détenoit contre raison le duché de Milan, luy, par mesme moyen et avecques raison, pouvoit tenir celuy de Luxembourg ; ores qu'il n'y eust autre droit (comme il avoit), et s'il ne tenoit la ville principale, il ne seroit nommé duc de Luxembourg. Parquoy il envoia tous ses maistres-d'hostel, les uns à Semiers, autres à Estain, païs de Lorraine, et autres à Mets, pour avoir vivres pour la fourniture de sa ville, et manda quérir le seigneur de La Bourdaizière, auquel il en bailla la superintendance, estimant qu'il fust pour bien l'exécuter ; et aussi résolut de luy-mesme aller à Luxembourg, renvoyant ledit sieur de Langey devers monseigneur d'Orléans, pour luy déclarer son intention et afin d'envoyer escorte au-devant de luy.

Le vingt-cinquiesme jour de septembre, le Roy partit de Saincte-Menehoul, passant par Stenay, par Jamets et Long-vic, et arriva en son camp, au-dessoubs du mont Sainct-Jean, et logea audit mont Sainct-Jean, qui est un chasteau sur une montagne, lequel il bailla en garde au seigneur de Sansac, capitaine de deux cens chevaux-légers, après y avoir séjourné une journée pour ordonner de la fortification d'iceluy. Puis le lendemain, veille Sainct-Michel, s'en alla au giste à Luxembourg, auquel lieu il feit sa feste Sainct-Michel et la cérémonie de l'ordre ; et conséquemment disposa de la fortification d'icelle place.

Peu de temps auparavant, ayant le Roy ordonné l'amiral d'Annebault, pour passer outre et aller secourir le duc de Clèves, avec quatre cens hommes-d'armes et dix mille hommes de pied, eut advertissement comme iceluy duc de Clèves avoit accordé avecques l'Empereur ; aussi estant à Luxembourg ledit jour Sainct-Michel, en intention d'y faire quelque séjour, luy vindrent nouvelles que l'Empereur, en toute diligence, après avoir réduit ledit duc en son obéissance, marchoit avec toutes ses forces pour assiéger Landrecy, nouvellement fortifiée par le Roy, dedans les pays dudit Empereur. Aussi luy manda monseigneur de Vendosme, qui estoit à Guise, que, outre l'armée laquelle le sieur du Reux avoit de long-temps devant ledit Landrecy, y estoit arrivé dom Ferrant de Gonzague, lieutenant-général de l'Empereur, avecques un gros renfort, attendant la venue dudit Empereur. A ceste occasion, craignant que ladite place de Landrecy ne fust suffisamment pourveüe d'hommes, il y avoit faict entrer, par à travers le guet, René de La Chapelle-Rinsouin, sieur d'Espeaux, avecques cinquante hommes-d'armes de la compagnie du sieur de Jarnac, dont iceluy La Chapelle estoit lieutenant. Le Roy, aiant les nouvelles du renfort entré dedans sa place, fut fort satisfaict ; et quant audit Empereur, ledit sieur délibéra partir le lendemain pour l'aller rencontrer devant Landrecy, auquel lieu on l'attendoit journellement, et l'aller combattre, ou secourir sa ville ; mais ce ne fut sans avoir songneusement pourveu au faict de Luxembourg, dedans laquelle il laissa le sieur de Longueval son lieutenant-général, avec sa compagnie de cinquante hommes-d'armes ; le sieur de Jour, nommé d'Anglurre, avec mille hommes de la légion de Champagne ; le sieur de Haraucourt, de Lorraine, cinq cens hommes ; le vicomte de La Rivière, autres cinq cens ; et le sieur Hiéronime Marin, boulenois, avec cent ou six-vingts Italiens, lequel avoit entrepris la fortification de ladite place, et l'avoit retrenchée, gardant toutefois le bas, combien qu'il fust séparé du haut. Puis ordonna le prince de Melphe, son lieutenant-général en la compagnie, pour l'envitaillement d'icelle place, avec luy le sieur de Jamets et sa compagnie ; le sieur de Langey et le viconte d'Estauges, avec les leurs ; le sieur de Senarpont, avec la compagnie de monsieur de La Meilleraie, duquel il estoit lieutenant ; et le sieur de Guillaucourt, avec celle de monsieur de Sedan ; le sieur du Fresnay, avec deux mille lansquenets ; et le comte de Brienne, avec cinquante hommes-d'armes de sa compagnie, et dix mille hommes de pied, tant des légions de Normandie que de Champagne, dont il estoit colonnel ; et puis se retira à grandes journées, avec le reste de son armée.

Le Roy estant party de Luxembourg, comme dit est, délibéré d'aller rencontrer l'Empereur, lequel avoit assiégé Landrecy et Guise, tout par un mesme moyen luy fut proposé par le seigneur de Brissac, général de la cavallerie légère, que, s'il luy vouloit permettre de se mettre devant avec toutes ses trouppes, luy donnant pour le favoriser quelque nombre d'arquebusiers à cheval, il pourroit surprendre une partie de l'armée de dom Ferrand de Gonzague, lieutenant-général pour l'Empereur, qui tenoit le siège devant Guise ; parce que, ne se doubtans de si soudain retour de l'armée de Luxembourg, il estoit apparant que les chevaux-légers impériaux, ne trouvans nulle résistance, se pourroient escarter par le païs, loing de leur camp, pour faire butin : et, pour cest effect, manda le Roy au comte de Sainct-Segond, collonnel des gens de pied italiens, qu'il eust à luy fournir le nombre d'arquebusiers à cheval qu'il luy demanderoit ; mais ledit comte s'offrit d'aller en personne en sa compagnie (ce qu'il feit) avec les hommes plus expérimentez qui estoient en ses bandes. Arrivez qu'ils furent à Marle, quatre lieuës près de Guise, ayans passé à Nostre-Dame de Liesse et à Pierre-Pont ; le seigneur de Brissac fut adverty que le lendemain matin dom Ferrant de Gonzague, ayant eu le vent du retour du Roy à Coussy, et de son armée, n'estoit d'advis d'attendre l'armée dudict seigneur : parquoy estoit délibéré de faire sa retraitte à Landrecy, où estoit le reste de l'armée impérialle, abandónnant Guise, qu'il avoit entreprins assiéger ; qui fut cause que ledict seigneur de Brissac partit trois heures devant le jour pour arriver sur leur deslogement. Estant arrivé une petite lieuë près de Guise, sur un hault à couvert d'un bois, duquel lieu il pouvoit descouvrir tout le chasteau de Guise, cogneut que la garnison du chasteau, qui estoit le seigneur de Bourdillon, guidon de la compagnie de monseigneur de Nevers, avoit attacqué l'escarmouche contre les chevaux-légers impériaux ; parquoy, pour mieux recougnoistre l'intention de l'ennemy, dépescha le capitaine Théode Bedaigne, albanois, avec sa bande, pour de plus près aller recognoistre l'ennemy, et l'attirer, si possible estoit, à son ambuscade, à ce qu'il eust moien de leur couper chemin entre le chasteau et eux, et par ce moien les deffaire. Mais ledit Théode, après longuement les avoir escarmouchez, veit son entreprise estre vaine, parce que l'ennemy ne vouloit s'esloigner de la grosse trouppe que conduisoit dom Ferrant de Gonzague, qui, pendant lesdites escarmouches, se retiroit le chemin de Landrecy. Estant ledit Théode de retour, et faict son raport, ledit seigneur de Brissac, par l'advis des capitaines estans auprès de luy, dépescha cinq cens chevaux pour les charger à toutes brides, et luy, avec la grosse trouppe, se meit à leur queüe pour les soustenir : noz gens, ayans faict la charge gaillarde, renversèrent ce qu'ils trouvèrent des ennemis devant eux, où y en eut plusieurs prins prisonniers, tuez et portez par terre. Et entre autres y fut prins, par un chevallé-ger de la bande du sieur de La Hunaudaye, dom Francisque d'Este, frère du duc de Ferrare, capitaine-général de toute la cavalerie impérialle; le reste fut pressé si vivement, que dom Ferrant de Gonzague, qui estoit sur sa retraitte, fut contraint de rassembler tous ses bataillons, et tourner teste pour sauver le demeurant ; et se retira ledit dom Ferrant au camp devant Landrecy, et le seigneur de Brissac, à Marle, quatre lieuës de delà dont il estoit party. Celle fut la fin de ceste entreprise : l'armée de l'Empereur se logea devant Landrecy avec la trouppe que de long-temps le seigneur du Reux avoit, et demeura du costé de Marolles et de La Capelle, et celle de dom Ferrant se logea du costé du Cateau-Cambrézis, près la forest de Mormault. L'Empereur estoit au Quesnoy-le-Comte, attendant le régiment que luy amenoit le duc Maurice de Saxe, et celuy de Martin Vanrosson, mareschal de Gueldres, et dix mille Anglois que luy envoioit le Roy d'Angleterre de renfort ; car, sçachant la délibération du Roy, qui estoit de secourir sa ville, ne vouloit venir en sou camp, sans avoir toutes ses forces pour luy mettre au-devant.

Le prince de Melphe, lequel le Roy avoit laissé pour avitailler Luxembourg, après que ledict seigneur fut retiré, se vint camper aux Chellas, village deux lieuës deçà ledit Luxembourg ; mais, pour la faute du charroy, qui estoit à Stenay et à Mouson, où se faisoit l'amonition, la famine survint en son camp, si grande, que les capitaines mesmes n'avoyent un pain pour leur disner. La cause estoit qu'on avoit retenu audit Stenay tout le charroy, pour tout en un coup envitailler Luxembourg, de sorte que les lansquenets et légionnaires, ne voulans avoir la considération et patience de deux ou trois jours, se mutinèrent : toutesfois, à force de remonstrances, nous arrestasmes les lansquenets ; quant aux légionnaires, desquels estoit général le comte de Brienne, ils furent de si mauvaise volonté, que de dix mille, tant champenois que normans, n'en resta pas trois cens qu'ils ne retournassent en France : les capitaines demourèrent, mais soubs chacune enseigne n'y avoit pas trente hommes. Le prince de Melphe, et les capitaines estans près de luy, tels que j'ay nommez cy-dessus, se voyans afoiblis d'une si grosse trouppe, advisèrent de leur retirer à Erancy, cinq lieuës au-deçà, et trois lieuës près de Jamets, pour y attendre l'envitaillement, et estre plus près de leurs vivres. Auquel lieu ayans séjourné trois ou quatre jours, arriva l'envitaillement pour Luxembourg, lequel, nonobstant que n'eussions que deux mille lansquenets du capitaine Fresnay, avec la gendarmerie, et que fussions advertis que vers la Mozelle et chasteau de Roquedemar y eust assemblée de dix ou douze mille lansquenets pour nous empescher, si fut-il entrepris de le conduire, et fut mis dedans ladite ville, à la faveur de nostre gendarmerie, vivres pour trois mois.

Alors que nous y arrivasmes, ceux de la ville d'Arlon envoyèrent nous faire entendre comme le capitaine Tavernier (lequel avoit esté laissé dedans pour leur conservation), après avoir pillé toute la ville, s'en estoit allé avec son enseigne en France, sans dire à Dieu, et que ceux de Bastongne estoient venuz de la part impériale pour s'en saisir ; mais eux, ayans faict au Roy le serment de fidélité, n'y avoient obéy, délibérez de garder leur foy, moyennant qu'ils fussent secouruz, nous prians de leur bailler gens pour la garde d'icelle ville ; autrement, qu'ils seroient contraints par force d'obtempérer à l'Empereur. Le prince de Melphe, considérant la bonne volonté desdits habitans, lesquels avoient mieux gardé leur foy que le paillard auquel ils avoient esté baillez en garde, délibéra de les aller secourir des choses dont il seroit besoing. A ceste cause, partans de Luxembourg, vinsmes passer par ladite ville d'Arlon, en laquelle furent laissez trois capitaines de gens de pied, avec chacun environ deux cens hommes, sçavoir est, le capitaine Lanque, Le Mont Sainct-Père et un autre, avec vivres suffisamment pour quelque temps. Ce faict, nous retirasmes à Erancy, duquel lieu le prince de Melphe, ayant exécuté sa charge, dépescha le sieur de Langey en poste devers le Roy, pour sçavoir ce qu'il luy plairoit commander de nouveau, et, en attendant de ses nouvelles, on se retira entre Jamets et Stenay, pour mettre l'armée en seureté, et l'approcher des vivres, parce que les pluies estoient survenues telles, qu'il n'y avoit plus de moyen de conduire le charroy. Ledit Langey vint trouver le Roy à La Fère-sur-Oize; incontinent ledit seigneur redépescha un courrier pour faire entendre son intention au prince de Melphe, laquelle estoit d'aller combatre son ennemy devant Landrecy, ou bien secourir sa place; et, à ceste cause, qu'il eust à marcher en toute diligence, prenant son chemin, pour le plus court, le long de la frontière des bois, pour se venir rendre à Guise, et de là la par que seroit ledit seigneur.

L'Empereur, ce temps pendant, estoit au Quesnoy-le-Comte, et avoit toutes ses forces devant Landrecy, lesquelles estoient de dix-huit mille Allemans, et dix mille Espagnols des vieilles bandes, six mille Walons, et de huict à dix mille Anglois que le roy d'Angleterre luy avoit envoyé de secours, suivant leur concordat, et trèze mille chevaux, tant des ordonnances de ses Païs-Bas, que de Clévois et haults Allemans; et estoit son lieutenant-général en ladite armée dom Ferrant de Gonzague. Aussi estoit près de la personne dudit Empereur le duc d'Albe, lequel depuis n'aguères avoit esté faict grand maistre de le maison dudit seigneur, ayant récompensé le comte du Reux du gouvernement de Flandres et d'Artois; mesmes y estoient tous les princes et grands seigneurs, tant d'Allemagne que de ses Bas-Païs. Après que son camp fut logé, il feit asseoir son artillerie, de laquelle il feit diligenter de tirer, pour faire batterie par tous endroits, l'une, le long de la courtine réale qui tiroit entre le chasteau et le boullevert d'Orléans, l'autre batterie contre le chasteau, et l'autre au droit du boulevert de Vendosme et de la courtine qui regarde à Castillon; puis, considérant un petit tertre vers la forest de Mormault, qui regardoit le flanc du dedans de la grande courtine, y feit loger une longue coulevrine, pour empescher les assiégez de remparer et de venir à leur deffense; car il fault entendre que noz boulevers et courtines n'estoyent à demy haulcez, parquoy ceste pièce leur faisoit grand dommage; pour lequel éviter, ils cherchèrent tous les moyens à eux possibles de la lever de là. Enfin, ayans advisé de dessus le rempart que les lansquenets qui en avoient la garde estoient fort négligens,

et qu'ils ne se doubtoient de pouvoir estre assaillis que par un costé, à l'occasion que la rivière, qui passoit au recoupement de la ville basse, laquelle estoit abandonnée, estoit entre la ville et eux, délibérèrent de les surprendre, et enclouer laditte pièce; et, pour cest effect, meirent dehors le capitaine Ricarville avec quarante chevaux, et Sainct-Symon avec trente hommes de pied et douze pionniers, avec des cordages pour faire passer la rivière ausdits gens de pied: ceux qui furent mis dehors feirent si bon office, qu'ils surprindrent lesdits lansquenets, de sorte qu'ils les meirent à vau de roupte, leur faisans abandonner leur garde. Ainsi, se voyant la pièce demeurée, et avoir moyen de l'amener, la lièrent avec les cordes dont ils avoient passé l'eau, et, à force de bras, la traînèrent droict au boulevert d'Orléans, par lequel ils estoient sortis. Les ennemis, ayans de ce la cognoissance, donnèrent en toute furie pour la recouvrer, mais ne la peurent rataindre qu'elle ne fust embourbée dedans la rivière; et fut si bien secourue des assiégez, qu'elle fut mise en seureté dedans ledit boulevert d'Orléans; et soudain, parce qu'elle estoit chargée, fut tournée devers l'ennemy, et tirée sur luy; et aussi fut tué beaucoup de Bourguignons, à coups d'arquebuse de dessus le rampart, lesquels avoient donné jusques au fossé dudit boulevert, pour recourre laditte pièce.

Dom Ferrant de Gonzague, voyant noz gens faire ordinairement saillies sur son camp, ordonna redoubler ses trenchées, pour empescher que homme, fust à pied ou à cheval, peust sortir de la ville. Ce nonobstant, peu de temps après, le sieur d'Essé, ayant cognoissance de dessus le rampart, qu'il y avoit trois cens Anglois travaillans ausdittes trenchées du costé de leur garde, saillit avecques cent ou six vingts chevaux, et la pluspart de la jeunesse de la Cour demeurée en laditte ville; mais, ne pensans trouver que lesdicts Anglois, s'y trouvèrent huict ou neuf cens chevaux en ambuscade, en une vallée au-dessous, pour les soustenir, lesquels firent une charge audit d'Essé, telle qu'il demeura huict ou dix des siens, que morts que blessez, et luy eut le bras persé d'un coup de picque: aussi y eut-il eu plus grand désordre, sans cinq cens arquebusiers sortans de la ville, qui soustindrent l'effort de l'ennemy, à l'ayde desquels ledict seigneur de d'Essé se retira, tousjours combatant sans grande perte, horsmis celle de la première charge.

Sçachant aussi l'Empereur que le Roy se préparoit en toute diligence pour venir secourir les assiégez, feit tant diligenter sa batterie, qu'en peu de temps il feit brèche plus que raisonnable pour assaillir, laquelle fut trois sepmaines ouverte, horsmis quelque peu de rempart que noz gens pouvoyent faire la nuict, car le jour il estoit malaisé, d'autant qu'ils estoient descouverts de tous costez; et feit apporter grand nombre de fascines pour emplir les fossez. Mais, outre ce, les assiégez avoyent telle pénurie de vivres, qu'un chacun soldat n'avoit que demypain d'amonition par jour; quant au brevage, l'eau toute pure. Aussi, pour plus les tourmenter, en la basse ville, que nous avions abandonnée, avoit un portail dedans lequel les Impériaux mirent des gens, et dessus, des pièces d'artillerie, dont on commandoit à la brèche. Les sieurs de d'Essé et de La Lande, considérans le grand dommage qu'ils en recevoyent, mesmes que gens mal nourris et ordinairement en travail, comme estoyent iceux assiégez, tombent bientost sous le faix, conclurent de leur oster ledit portail, et ayans attiré toute leur artillerie audit lieu, au cas que le camp y vinst en trouppe, firent sortir trois cens hommes à un poinct du jour, lesquels combatirent si obstinément, qu'ils emportèrent ledit portail d'assault, devant que ceux du camp le peussent secourir : cela leur donna du repos, car oncques puis les ennemis n'osèrent entreprendre d'y retourner. Or congnoissoit bien l'Empereur, qui estoit au Quesnoy, que la brèche estoit suffisante pour assaillir, mais aussi n'ignoroit-il les gens de bien qui estoient dedans, et que malaisément les pourroit-il emporter d'assault, sans perdre beaucoup des siens. A ceste occasion, résolut de l'avoir par famine, au moyen de la nécessité de vivres qui y estoit, et le travail que jour et nuict il convenoit porter aux assiégez, dont, à ce qu'il pensoit, enfin seroyent mattez, tant qu'ils n'auroyent moyen de lever les armes, se persuadant aussi que le Roy n'arriveroit d'heure pour les venir secourir, que premier il n'eust moyen d'achever l'exécution qu'il avoit délibérée.

Environ le dix-huictiesme jour du mois d'octobre, les assiégez, considérans la nécessité de vivres, la débilité de la place, et l'insuportable travail que nécessairement ils portoyent jour et nuict, dépeschèrent le capitaine Yville, normant, lequel avoit cinq cens hommes dedans laditte place, et cognoissoit les addresses du païs, pour trouver moyen de sortir et advertir le Roy de leurditte nécessité; vers lequel, environ le vingtiesme dudit mois, il arriva à La Fère-sur-Oyze, où il faisoit de tous costez assembler son camp, ayant mesmes, comme j'ay dit, mandé au prince de Melphe se venir joindre avecques luy. Yville arrivé, déclara, en général et par le menu, l'estat des assiégez, et que, si de brief ils n'estoyent secouruz, la faim les chasseroit dehors, mais que la force ne les en pourroit lever tandis qu'il y auroit un homme en vie. Le Roy, ayant entendu la nécessité des assiégez et aussi leur bonne volonté, délibéra hazarder sa personne, plustost que de laisser perdre tant de gens de bien, et commanda audit Yville de trouver le moyen de rentrer (ce qu'il feit), et de les asseurer qu'il n'y auroit faulte qu'il les secourroit dedans briefs jours. Pour haster l'exécution de ceste promesse, soudain ledict sieur feit assembler son camp en l'abbaye de Homblières, une lieüe au-dessus de Sainct-Quentin, sur la rivière; et luy s'en alla à Sainct-Quentin, afin qu'un chacun le suivist; duquel lieu, y ayant seulement séjourné un jour, délogea pour aller camper à Prémont, gros village hors les bois de Bohain, tirant dudict Bohain à Cambray. Et le jour ensuivant, logea au village de Sainct-Souplex, au-dessus de Sainct-Martin à la Rivière, d'où aisément on oyoit la furieuse batterie que faisoit diligenter l'Empereur, sentant le Roy approcher, laquelle estoit de quarante-cinq grosses pièces d'artillerie. Parquoy, la nuict venue, le Roy, pour faire entendre aux assiégez que leur secours estoit prochain, feit tirer une volée de toute son artillerie, chose qui leur augmenta le cueur, et eurent grande réjouissance pour l'asseurance qu'ils eurent du secours.

Le Roy, estant campé audict lieu de Sainct-Souplex, assembla les capitaines pour consulter le chemin qu'il devoit prendre : aucuns furent d'advis qu'il devoit aller loger à Castillon, lieu avantageux, pour estre d'un costé couvert de la rivière de Sembre, et de l'autre costé d'un ruisseau marescageux, de sorte qu'il n'y avoit qu'une avenue, laquelle se pouvoit, en moins de vingt-quatre heures, trencher, parquoy se lèveroit le moyen à l'ennemy de nous assaillir. Semblablement noz vivres pourroient venir de Guise et Bohain, sans estre en sa mercy; et là, estans logez, on pourroit en un jour refaire les ponts sur la chaussée dudit Castillon, parce qu'elle y estoit bonne et fermée. Outre plus, si l'ennemy, qui avoit son armée séparée en deux, ne la remettoit ensemble, nous pourrions passer la rivière, et combattre ce qui estoit delà l'eau, du costé de Longfavery; et si l'ennemy, pour réunir ses forces, faisoit repasser vers la forest de Mormault ceux qui estoient audit Longfavery, nous y pourrions aller loger, et refreschir Landrecy d'hommes, de pionniers, de vivres et autres choses nécessaires, tout à nostre loisir, et de là nous retirer par Cartigny, ayans secouru la ville. Car, si l'Empereur nous vouloit venir combatre, il falloit qu'il allast passer la rivière à Marolles, deux lieuës au-dessoubs; ou bien si, nous estans logez audit Castillon, il passoit les forces qu'il avoit devers Mormault, pour les joindre à celles du Longfavery, nous pouvions semblablement aller au lieu d'où il partoit, car nous avions le passage de la rivière pour faire l'un ou l'autre. Ceste opinion ne fut la plus forte; ains, encores que le logis du Casteau-Cambrézis soit assez malaisé pour loger une armée, si fut-il conclud d'y aller loger (qui estoit la teste droit à l'ennemy), et qu'il estoit plus honorable de l'aller chercher, que de tourner autour du pot; et, pour visiter ce logis du Casteau, furent ordonnez monsieur de Sainct-Paul, l'amiral d'Annebault, le mareschal du Biez, et quelques autres.

Autres mirent en avant que, puisqu'il estoit ainsi résolú de prendre ce logis, ils estoient d'advis que, pendant que le Roy feroit teste à l'Empereur, on envoyast à Guise et à Vervin quelque homme cognoissant le païs, lequel feit assembler tout le bestial gras qui se trouveroit le long de la rivière de Cère et du pays de Laonnois, avec toutes les farines qu'on pourroit trouver, et soudainement lever tous les chevaux de labeur qu'on trouveroit, tant audit païs de Laonnois que Soissonnois, pour, tout assemblé, le faire conduire à La Capelle, et porter à dos de chevaux lesdittes farines, ne faisant chacun sac fort pesant, afin que le païsan peust aller sur sa beste et sur le sac, pour faire plus grande diligence, et que, ce temps pendant que le Roy tiendroit l'Empereur amusé pour le combat, on mist lesdittes farines, bœufs et moutons, dedans Landreçy. Ceste opinion fut approuvée : pour la conduitte de laquelle fut ordonné le sieur de Langey, avec pouvoir d'estre obéy, comme la personne du Roy, par le païs susdit; et fut mandé à sa compagnie, laquelle venoit de Luxembourg, et à celle du prince de Melphe, à celle du comte de Brienne, et au seigneur de Sansac, qu'ils le vinssent trouver à Vervin : desquels ne s'y trouva que ledit Sansac avec sa compagnie, et celle dudit seigneur de Langey. Le comte de Sainct-Paul, ledit sieur amiral, et autres, ayans visité le logis du Casteau-Cambrézis, le Roy marcha audit Cambrézis, et y logea son armée.

Deux jours après, lesdits comte et amiral, advertis que les forces de l'Empereur estoient deslogées de delà l'eau, et retirées deçà, et aussi qu'il avoit quelque peu discontinué la batterie qu'il faisoit si furieuse, sentant le Roy et son armée logez si près de luy, allèrent passer à Castillon, pour retirer de Landrecy les soldats, lesquels y avoient tant souffert, et la refreschir de soldats nouveaux. Aussi aisément y eust passé toute l'armée; mais j'ay entendu depuis qu'on avoit si mal pourveu pour les vivres et envitaillement, qu'on n'avoit un seul charroy, ny mesmement vivres que bien estroittement pour nourrir le camp, qui fut cause que l'opinion plus apparente, d'aller loger audit Castillon, ne fût suivie. En somme, mesdits sieurs de Sainct-Paul et d'Annebault y entrèrent sans danger de l'ennemy, et en tirèrent les sieurs d'Essé et de La Lande, et le capitaine La Chappelle-Rainsouin, avec leurs soldats, et y laissèrent pour lieutenant du Roy le sieur de Vervin, aiant charge de mille hommes du Boulonnois, de la légion de Picardie, et le capitaine Rochebaron, frère du sieur de Lignon de Boulonnois, avec autres cinq cens hommes. Le sieur d'Essé et autres estans arrivez au camp, le Roy, pour rémunération de leurs agréables services, les honora : il feit le sieur d'Essé gentilhomme de sa chambre; les sieurs de La Lande et de La Chappelle, les feit ses maistres d'hostel ordinaires; à tous les soldats qui avoient forfaict, leur donna grâce et les anoblit leurs vies durans; et, quant aux jeunes hommes qui y estoyent entrez pour leur plaisir et honneur acquérir, les décora selon leur qualité.

Durant ce temps, les deux armées n'estoyent sans grosses escarmouches d'un camp à l'autre. Or, entre celuy de l'Empereur et le nostre, y avoit une grande vallée, au fons de laquelle passe un ruisseau, lequel, venant du Casteau-Cambrézy, va tomber à Happre, gros village et prieuré, my-chemin de Cambray à Vallentiennes; et, combien qu'il soit petit, si est-il mal gaiable, pour estre hault de bords. Environ le vingt-huictiesme jour dudit mois d'octobre, l'Empereur, estant venu du Quesnoy en son camp, accompagné des régimens du duc Maurice et de Martin Vanrosson, feit présenter en hault de la montagne, de son costé, bon nombre de chevaux-légers meslez d'arquebousiers, derrière lesquels estoyent, en un vallon, deux ou trois gros bataillons de lansquenets et de gendarmerie pour les soustenir, qui n'estoient apperceuz. L'alarme se donne en nostre camp : soudain le sieur de Brissac, lequel estoit général des chevaux-légers, passa ledit ruisseau, et d'arrivée repoussa les Impériaux bien avant ; mais, ayant cognoissance desdicts gros bataillons de gens de cheval et de lansquenets qui marchoyent pour soustenir leurs gens, fut contraint de tenir bride ; de quoy il advertit le Roy, lequel, estant sur la montagne, de son costé, considérant que, si ceste escarmouche estoit continuée, le pourroit amener à la bataille à son désavantage (car il n'estoit raisonnable de passer le ruisseau, et aller combattre son ennemy à pied en montant), envoya monsieur l'amiral d'Annebault pour la faire retirer. Sur laquelle retraitte nous perdismes quelques gens par trop s'avanturer; entre autres, le sieur d'Andouins y fut frappé d'une arquebouzade, dont il mourut. Ce pendant le Roy estoit en bataille, monseigneur de Vendosme, d'autre part, avecques un esquadron, monseigneur de Guise d'autre, et un chacun au lieu où il devoit combatre; mais l'Empereur ne fut conseillé de passer sur nous, ains se retira en son logis.

Le sieur de Langey, lequel ce temps pendant estoit à Vervins pour exécuter ce qui luy estoit ordonné, feit telle diligence que le vingt-neufiesme jour dudit mois d'octobre il eut assemblé douze cens moutons, neuf vingts bestes à cornes, comme beufs et vaches grasses, et six cens sacs de farine, avec autant de bestes à somme pour le port desdits sacs; et ledit jour vint coucher à La Capelle, auquel lieu se trouva tout ledit équipage, spécialement le sieur de Sansac, lequel venoit du Mont Sainct-Jean en Luxembourg, où le Roy l'avoit laissé : mais des compagnies du prince de Melphe ny du comte de Brienne n'estoient nouvelles. Si est-ce que lesdits sieurs de Langey et de Sansac regardèrent que, s'ils faisoient séjour, attendans lesdittes compagnies, et l'ennemy en estoit adverty, il ne seroit en leur puissance par après d'achever ceste ditte entreprise. A ceste occasion, advertirent le Roy que le lendemain ils estoyent délibérez de se mettre en chemin, afin que, à cedict jour il mist ordre de faire dresser l'escarmouche au camp impérial, pour l'empescher d'avoir la cognoissance de leur faict. Le lendemain, qui estoit jour de Tous-Saincts, s'acheminèrent, suivant leur desseing, avecques environ deux cens hommes de pied, qu'ils prindrent audict lieu de La Capelle seulement, pour conduire l'envitaillement jusques hors des bois, car ils n'estoient délibérez de les passer outre, de peur que, les cuidans sauver, (si l'ennemy survenoit), eux-mesmes fussent défaicts. Et, pour faire plus grande diligence, feirent monter chaque païsan sur son sac de farine que portoit sa beste, tellement que la fortune leur fut si dextre, qu'ils arrivèrent hors des bois, près de Prisse, sans rencontre, où ils laissèrent lesdits gens de pied, réservez trente ou quarante, pour la conduite dudit bestial. Mais, estans en la plaine, descouvrirent, à leur main gauche, mille ou douze cens chevaux des ennemis, qui avoyent passé l'eau à Castillon; à raison de quoy ils entrèrent en dispute s'ils devoient poursuivre leur entreprise, ou l'interrompre; toutesfois le sieur de Langey, qui avoit promis au Roy de l'exécuter (sinon qu'il fust mort ou prins), résolut de passer outre; mesmes le sieur de Sansac, encores qu'il n'eust parlé au Roy pour cest effect, ayant seulement entendu dudit sieur de Langey le service que ce seroit au Roy, fît pareille résolution. Parquoy ils advisèrent de prendre le chemin à main droitte pour eslonger l'ennemy, et pour interposer entre luy et eux un petit ruisseau qui passe au Long-Favery, concluans qu'aians mis les vivres en sauveté, ils mettroient peine de se retirer, ou, au moins, de bien vendre leur peau. Et, parce qu'il n'estoit besoin de long séjour, soudain conclurent de parachever leur chemin, faisans marcher les païsans sur leur chevaux en bataille; et leur bailla ledict sieur de Langey le capitaine Marville, son lieutenant, avec dix chevaux, afin qu'il leur fist faire bonne mine, et marcher comme gens de guerre. Les ennemis, qui de loing le descouvroient (à ce que depuis ils m'ont dit), les voyans sur leurs bestes et farines, jugèrent qu'ils estoient gens de guerre : à cause de quoy ils tindrent bride, espérans nous avoir au retour, ce qu'il n'avint; car, ayans rendu noz vivres en sauveté, fismes remonter chasque païsan sur la beste, pour faire diligence, et nous retirasmes le chemin de Cartigny, contraire à celuy auquel nous attendoyent les ennemis : de sorte que, sans rien perdre, revinsmes seurement à La Capelle. Et, au partir de devant Landrecy, pour nostre retraitte, le sieur de Sansac et un gentilhomme de la bande du sieur de Langey, avec un bon guide que ledit sieur de Langey leur bailla, entreprindrent d'aller advertir le Roy de leurditte exécution; lesquels, passans par les maraiz qui sont à la queuë du vivier d'Oisy, sans danger arrivèrent au Casteau, vers ledit sieur, et ledit sieur de Langey, passant près de Roque-Roy pour éviter la rencontre, ramena ceste trouppe à La Capelle, et puis de là retourna trouver le Roy à l'heure de la retraitte de nostre armée.

Le Roy, qui n'estoit venu que pour secourir sa ville de Landrecy, assiégée, par l'Empereur, de toutes les forces d'Allemagne, de Flandres et de tous ses Païs-Bas, mesmes de tous ses Espagnols aguerris, avec le secours des Anglois, voyant avoir achevé ce qu'il avoit entrepris (car il fut mis vivres dedans Landrecy pour le moins pour quinze jours), et qu'il estoit impossible à l'Empereur d'y séjourner son camp huict jours, pour estre le païs ruiné à six lieuës à la ronde à cause de nostre armée et de la sienne, lesquelles y avoient campé six mois conséquutifs, joinct qu'il avoit l'hyver à dos, et outre, pour les grandes pluies qui continuoient, résolut de se retirer, et feit commander qu'un chacun fust prest à desloger à l'heure qui luy seroit ordonnée. Puis, estant tout le bagage troussé, il ordonna de sa retraitte et de ceux qui marcheroient devant, au milieu, et sur le derrière, et sur les aisles. Ledit sieur print le devant, jettant seulement quelques chevaux devant luy; au milieu ordonna monseigneur le Dauphin, son fils, avec sept ou huict cens hommes-d'armes, et quatorze mille Suisses, en forme de bataille; sur la queuë, le seigneur de Brissac, avec tous les chevaux-légers dont il estoit général, et quelque arquebuserie, pour le soustenir en quelque passage, s'il s'offroit; et dressa sa retraitte à Guise, qui fut le lendemain de Toussaincts 1543. Les choses ainsi disposées, chacun se meit à la retraitte: le Roy marchoit devant, et avec luy monsieur de Guise, et tout devant le bagage, après l'artillerie; puis monseigneur, accompagné de messieurs les comtes de Sainct-Paul et amiral, et, à sa queue, lesdits chevaux-légers et arquebusiers.

L'Empereur, au matin, estant adverty du deslogement de nostre camp, ordonna dom Ferrant-de-Gonzague pour suivre nostre armée, espérant que, sur la retraitte, se trouverroit quelque désordre, à cause des bois qui estoient à passer, et que communément gens qui se retirent ne sont coustumiers à tenir bataille, ainsi que font ceux qui marchent en avant. Mais ledit sieur dom Ferrant, quand il arriva à la rive des bois, trouva desjà l'artillerie passée, et le bagage et toute l'armée, encores qu'ils eussent esté contraints de passer à la file pour la difficulté du passage. Voulant toutesfois ledit de Gonzague entreprendre de recognoistre nostre armée de plus près, feit entrer dedans les bois quelque nombre d'hommes qui ne firent pas grand voyage, car ils trouvèrent les bois farcis de nostre arquebuserie, qui les servit de sorte, que la pluspart de ceux qui y entrèrent ne retournèrent dire les nouvelles à leurs compagnons. Durant que l'escarmouche s'entretenoit dedans le bois, l'Empereur marcha avec le reste de son armée à la portée du canon près dudit bois. Dom Ferrant, voyant qu'il estoit suivy par Sa Majesté, trouva moyen, par autre chemin à main droicte, tirant vers Bohain, de faire passer mille ou douze cens chevaux, et quelque nombre d'arquebuzerie, et quelques chevaux-légers anglois, lesquels prouffitèrent autant que les autres qui estoient aux bois. Car, après que monseigneur le Dauphin fut passé, et vit son artillerie et bagage marcher en seureté, il laissa le sieur de Brissac avecques la cavallerie légère, et le seigneur de La Guiche, lieutenant de monsieur le connestable, avec cent hommes-d'armes, et autres capitaines, jusques au nombre de trois cens hommes-d'armes, pour soustenir lesdits chevaux-légers; et, un peu sur le derrière, feit jetter ses Suisses en bataille, et luy, avecques le reste de ses forces, sur les aisles desdits Suisses, pour leur faire espaule, en délibération que, si l'Empereur passoit le bois, luy donner la bataille; mais noz chevaux-légers, à la faveur de la gendarmerie qui les soustenoit, et nostre arquebuzerie jettée, comme enfans perdus, contraignirent l'ennemy de repasser le bois, dont depuis il ne fut assez hardy de se comparoistre; il en demoura plusieurs des siens, pris que tuez, des nostres quelque peu, car, en telle marchandise, on ne peut gaigner sans recevoir de la perte.

Ce pendant le Roy, lequel avoit marché jusques à l'abbaye de Bonhourie, sise sur la rivière d'Oyse, pour mettre ordre de faire passer la grosse artillerie et le bagage deçà l'eau, afin que, s'il estoit question de combatre, elle ne s'embarassast parmy les gens de guerre, et les mist en désordre, ayant nouvelles de ceste cavallerie impérialle, laquelle avoit passé le bois, et que monseigneur le Dauphin, son fils, estoit délibéré de présenter la bataille si l'Empereur passoit, tourna bride pour le secourir, ne voulant qu'il combatist sans luy; mais il ne marcha le quart d'une lieuë, qu'il n'eust advertissement que l'Empereur s'estoit retiré, et que monseigneur estoit sur sa retraitte, après avoir repoussé les ennemis delà les bois, et longuement attendu si quelqu'un s'ingéreroit de les repasser : parquoy il se retira à Guise, laissant tousjours monseigneur le Dauphin sur sa queuë, ainsi qu'au commencement. L'Empereur, qui ce temps pendant avoit repeu tout à cheval, voyant ses gens repoussez si honteusement, changea l'opinion qu'il avoit de suyvre le Roy, et, après avoir quelque temps temporisé, considérant qu'il avoit en vain et à sa perte suivy nostre armée, retourna au logis dont il estoit party. Pour conclusion, le Roy secourut sa ville à la barbe d'un grand empereur, lequel avoit toutes les forces d'Allemagne, de ses Bas-Païs, et une partie de celles d'Espagne, d'Angleterre et d'Italie, qui n'est peu de réputation, toutes choses bien pesées.

Le Roy, estant arrivé à Guise, se voyant l'hyver à dos, et que les pluies estoient si excessives, qu'il n'y avoit ordre, ny à l'Empereur ny à luy, de campayer, délibéra, pour refreschir son armée, la séparer, car elle en avoit besoing pour les grands travaux qu'elle avoit portez huict mois durant, tant en Hénault que Luxembourg. Il envoya le mareschal du Biez à Sainct-Quentin, avec quatre cens hommes-d'armes et quatre mille hommes de pied, pour pourveoir aux choses que l'Empereur pourroit entreprendre de ce costé-là; aussi envoya les lansquenets à Crécy-sur-Cère; le Suisses, à Assy, sur ladite rivière; et le reste de son armée se logea le long de la rivière d'Oyse, aux lieux qui furent trouvez plus commodes pour empescher l'Empereur d'endommager ce royaume, au cas (comme de brief il estoit apparent) qu'il abandonnast Landrecy. Puis, pour aller renforcer ceux dudit lieu de Landrecy, ordonna le capitaine Stenay, lieutenant de monseigneur d'Anguien, avec la compagnie dudit seigneur, de cinquante hommes-d'armes, et une partie de celle des Escossois, et luy se retira à La Fère-sur-Oyse.

L'Empereur, après avoir encores séjourné quatre ou cinq jours en son camp, depuis le partement du Roy, feit sa retraitte à Cambray. Arrivé qu'il y fut, cognoissant la honte que ce luy estoit, d'avoir tant faict le brave, de s'estre vanté, au partir de Gueldres, qu'il viendroit jusques à Paris (mais il n'avoit sceu prendre une petite ville faicte à la haste, en laquelle n'estoit aucune fortification achevée qui seulement peust estre ditte deffence), passa sa colère sur ceux desquels il avoit esté receu ainsi qu'en ville impériale. Et persuada faucement aux pauvres Cambrésiens crédules, par le moyen de leur évesque, qui les vendoit, qu'il estoit adverty que le Roy estoit délibéré de se saisir de leur ville, leur oster la liberté de neutralité que de toute ancienneté ils avoient, et l'attribuer à sa couronne; et, pour empescher cela, il estoit de nécessité de faire édifier une citadelle, de laquelle ils auroient la garde pour leur protection. Lesdits Cambrésiens, ainsi séduits par l'intercession de leurdit évesque, lequel estoit de la maison de Crouy, l'accordèrent; à ceste occasion, l'Empereur feit diligenter à leurs despens la construction d'icelle citadelle : vray est qu'elle est gardée à leurs despens, mais les soldats ont le serment à l'Empereur, et commandement à la ville, de sorte que de liberté il les a mis en servitude.

En ce temps fut né à Fontainebleau, François, premier fils de Henry, dauphin de Viennois, lequel fut tenu sur les fons par le Roy, son grand-père, qui le nomma de son nom François, laquelle nativité fut magnifiée en grande joye, avecques tournois et autres sortes de solennitez.

Je vous ay dit cy-devant comme le Roy avoit dépesché le sieur d'Anguien pour estre chef sur son armée de la mer de Levant, et se joindre avecques Barberousse, qui devoit venir avecques celle du Grand-Seigneur : conséquement vous avez ouy le voyage que feit ledit seigneur d'Anguien à Nice, soubs espérance d'une praticque, et aussi ce qui en provint. Peu de jours après son retour dudit voyage à Marseille, Barberousse, avecques cent et dix gallères, passa devant Villefranche, près de Nice, puis vint à Toullon, et de là à Marseille, trouver mondit seigneur d'Anguien avecques l'armée du Roy, où, après avoir mis en délibération des capitaines ce qui estoit à faire, fut concluï d'assaillir Nice, à raison que le Roy la réputte sienne, pour avoir esté par les comtes de Provence baillée en gage au duc de Savoye pour une somme de deniers. Après la résolution prinse, estant arrivée à Villefranche, l'artillerie fut mise en terre hors des gallères, et menée devant la ville de Nice, dont fut si bien diligentée la batterie, qu'en peu de jours ladite ville se rendit, à condition de n'estre saccagée. Ce faict, ils plantèrent leurs pièces contre le chasteau, mais ils perdirent leur peine et munitions, car la place est sur un rocher, malaisée à battre, et encores moins facile à miner, à cause de la dureté et haulteur d'icelle roche. Barberousse, voyant le temps pour néant se consommer, et l'hyver approcher, retira son armée à Toullon, car il ne se sentoit seurement pour pouvoir demeurer n'hyverner au port de Villefranche; et monsieur d'Anguien retourna à Marseille, et de là devers le Roy, lequel il vint trouver devant le Casteau-Cambrézis, espérant que là se donneroit une bataille.

Le marquis du Guast, alors lieutenant-général pour l'Empereur au duché de Milan, voiant Nice assiégée, la ville prise, et le chasteau en danger, avoit mis ensemble toutes ses forces, tant d'Allemans, Espagnols, qu'Italiens, pour donner secours aux assiégez; mais, estant arrivé dedans les montagnes de Tendes, adverty de la retraitte de l'armée de Toulon, et le chasteau en liberté, délibéra d'emploier ses forces ailleurs; parquoy retourna au Piémont, où d'entrée assiégea le Montdevis, laquelle estoit en son chemin la première ville de l'obéissance du Roy. Le sieur de Boutières, qui estoit lieutenant-général pour le Roy en Piémont, ayant peu de gens de pied françois pour la provision d'icelle ville, à cause de sa grandeur, fut contrainct y mettre des Suisses, gens mal aguerris pour la garde d'une place, car c'est leur naturel de combatre en campagne; si est-ce qu'ils firent très-bien leur devoir. Mais, après avoir beaucoup enduré, tant par faulte de vivres que pour les continuels assaulx qu'ils avoient soustenus, enfin, n'espérans aucun secours, capitulèrent avecques le marquis, qu'ils s'en iroient armes et bagues sauves. Le gouverneur dudit lieu de Montdevis, nommé Charles de Dros, piémontois, homme de guerre et de bon esprit, sçachant bien la haine que luy portoit le marquis, n'osa se fier en luy, ains, ce pendant que le traitté se concluoit, monta sur un cheval turc, et, par une faulce porte, se meit aux champs, et se retira à Roque de Bau, place du mandement de Montdevis, distante dudit lieu de quatre milles, laquelle en toute diligence feit remparer si bien, que le marquis, passant par devant, ne l'osa attaquer. Les Suisses, se confians au traitté faict avec le marquis, sortirent, mais, nonobstant icelle capitulation, furent par les Espagnols dévalisez, et plusieurs tuez; chose que les Suisses leur vendirent bien cher, ainsi que puis après vous entendrez, en la bataille de Cerisolles.

Le marquis, partant de Montdevis, passa par devant Beyne et Savillan, lesquelles il trouva si bien pourveües, qu'il ne les voulut assaillir; mais, ayant entendu que le sieur de Boutières s'estoit retiré à Pignerol, et qu'il avoit seulement laissé dedans Carignan le seigneur d'Aussun et le capitaine Francisque Bernardin de Vimarqua, avec leurs compagnies de chevaux-légers, et quelque petit nombre de gens de pied, pour raser les fortifications que l'an précédent y avoit faict faire le sieur de Langey, tourna la teste audit lieu de Carignan, pour mettre peine de le gaigner, et s'y fortifier. Car, gardant ce logis, il nous ostoit la commodité de toute la plaine du Piémont deçà le Pau, sçavoir est, la pluspart du marquisat de Saluces, et la plaine jusques à Pignerol et à Turin, et mesmes le val de Suse, à la faveur de Vulpian. Quant à ce que tenions delà l'eau, à sçavoir, Savillan, Beine, Roque de Bau et Cental, elles demouroient hors d'espérance de secours. Le marquis, suivant sa délibération, print son chemin à Carmagnolles, et feit telle diligence, qu'il passa le Pau, et arriva audit Carignan avant que noz gens eussent loisir de parachever la ruine; lesquels, voyans arriver sur leurs bras une armée de quinze ou seize mille hommes de pied et trois mille chevaux, se mirent à la retraitte vers La Loge, pour tirer le chemin de Montcallier ou de Turin, ayans mis leurs gens de pied devant, à leur queüe Francisque Bernardin et ses chevaux-légers, et sur le derrière, monsieur d'Aussun, pour soustenir le faix, ce pendant que les autres passeroient une rivière venant de Num, laquelle passe entre Carignan et La Loge, laquelle ne se passe qu'à pont, à cause des bords qui sont haults. Les ennemis, lesquels ledit sieur d'Aussun avoit tousjours soustenus, se renforcèrent si fort, qu'à deux portées de canon près ledit pont, il le chargèrent de si grand nombre, qu'il fut porté par terre, et furent la plus grande part des siens prisonniers; ce temps pendant le reste passa le pont, et se retirèrent à Montcallier, à la faveur de ceux qui en sortoient pour les secourir.

Le marquis estant demouré seigneur de Carignan, s'y logea avec toute son armée, et feit en toute diligence parachever le fort, y comprenant les fauxbourgs, de sorte qu'en moins de cinq sepmaines la place fut en deffence; pareillement y feit amener (d'autant qu'il estoit maistre de la campagne) tous les bleds et autres vivres de la plaine, jusques des environs de Pignerol, Turin, Vigon, Villefranche, et d'une partie du marquisat de Saluces, en telle abondance, qu'il fut envitaillé pour sept ou huict mois. Puis, l'ayant pourveu d'artillerie et d'amonitions raisonnablement, y laissa pour chef le seigneur Pirus de Pire, autrement dit le seigneur Pierre Colonne, avec quinze cens Espagnols naturels, des vieilles bandes, et le comte Félix, colonnel de deux mille cinq cens lansquenets; et luy, accompagné du reste de son armée, se retira à Quiers, et après y avoir mis le seigneur Ludovic Vistarin, gentilhomme de Laude, et trois mille hommes pour favoriser ceux de Carignan, parce que nous tenions Villeneufve-d'Ast, qui luy pouvoit beaucoup nuire, sans la faveur de ladite ville de Quiers; puis il se retira en Ast.

Nous nous tairons un peu des affaires de Piémont, et reviendrons au Roy; lequel, estant de retour à La Fère, après avoir secouru Landrecy, eut les nouvelles que vous venez d'entendre; c'estoit, sommairement, que l'armée impériale tenoit la campagne en Piémont. Ledit seigneur, pour y remédier, dépescha le sieur de Thais, colonnel des bandes françoises estans audit Piémont, pour y aller et faire nouvelle levée de douze enseignes de gens de pied françois. Pareillement il dépescha le comte de Gruière, auquel il avoit baillé son ordre pour aller faire levée de cinq cens Gruyens de ses païs, pour les passer en Piémont, et se joindre avec cinq mille Suisses qui y estoyent entretenus, espérant que les Gruyens feroient semblable faction que les Suisses, lesquels sont leurs voisins; mais autrement en advint, ainsi que ci-après vous pourrez cognoistre. J'ay ouy dire qu'il est mal-aisé de déguiser un asne en un coursier.

Aussi le Roy fut adverty que le comte Guillaume de Fustemberg, avecques douze mille lansquenets et bon nombre de chevaux et d'artillerie, tenoit au nom de l'Empereur la ville de Luxembourg assiégée, et que desjà les vivres deffailloient aux assiégez. Ledit seigneur, ne voulant en façon quelconque perdre rien de sa conqueste, encores que l'hyver estoit le plus extrême qui fust vingt ans au précédant, dépescha le prince de Melphe pour aller lever le siége et refreschir lesdits assiégez, et avecques luy le sieur de Brissac, général de la cavalerie légère, et environ quatre cens hommes-d'armes. Les gelées furent si fortes tout le voiage, qu'on départoit le vin de munition à coups de congnée, et se débitoit au poix, puis les soldats le portoient dedans des penniers ; si est-ce que la volonté des chefs et des soldats ne diminua, ains partant le prince de Melphe de Stenay, marcha droit à Crency, de là à Long-Vie, puis tira sur la main droitte, vers le chemin du mont Sainct-Jean, pour gaingner l'advantage, afin de combattre l'armée de l'Empereur. Le comte Guillaume, adverty du grand vouloir de noz soldats, tant de cheval que de pied, qui ne craingnoient aucun danger, ne fut conseillé de nous attendre, mais incontinant leva son camp, et se retira en Allemagne : par ce moyen, tout à loisir nous refreschîmes la place. Le sieur de Longueval, lequel par cy-devant avoit esté laissé lieutenant pour le Roy dedans ladite place de Luxembourg, en fut retiré dehors, avecques les autres bandes, tant pied que de cheval, qu'il avoit en sa compagnie ; et en son lieu fut mis, avec pareil pouvoir, le vicomte d'Estauges, surnommé d'Anglurre, avec sa compagnie de cinquante hommes-d'armes et quinze cens hommes de pied. Le prince de Melphe, aiant exécuté ce dont il avoit la charge, se retira à Stenay, auquel lieu il rompit son armée, laquelle fut séparée par les garnisons de Champagne et de Picardie, pour le reste de l'hyver faire teste à l'ennemy, et conserver les choses que nous avions conquises.

Pour retourner au seigneur de Boutières, lequel estoit lieutenant du Roy en Piémont, après qu'il eut receu le renfort que le Roy luy envoyoit, de trois à quatre mille hommes de pied françois, levez en Provence, Dauphiné et aux environs, et les cinq mille Gruyens, avecques deux ou trois cens hommes-d'armes, la compagnie, que de long-temps il avoit perdue, fut recouvrée ; et, ayant ses forces assemblées, fut conseillé, ce pendant que l'ennemy estoit empesché à la fortification de Carignan (laquelle toutesfois estoit desjà en deffence), de prendre le chemin de Verceil, pour tenter s'il pourroit eslargir les païs du Roy du costé de deçà le Pau. Suivant lequel advis, ledict sieur de Boutières print le chemin de Verceil et d'Yvrée, et, y ayant mis en son obéissance plusieurs petites places, assiégea Sainct-Germain, qui est sur le grand chemin de Chivas à Verceil, espérant la surprendre ; mais il la trouva pourveuë de gens de guerre ; à ceste cause, il fit planter son artillerie contre le lieu que l'on jugea le plus débile. Vray est que c'estoit une ville ny flanquée ny fort remparée, mais le fossé en estoit bon, et estoit le bort d'iceluy fossé aussi hault que la muraille, de sorte que l'artillerie ne pouvoit plonger jusques au pied d'icelle ; toutesfois il y fut faict quelque brèche, non moins digne que desraisonnable d'estre assaillie. Ce nonobstant, noz gens de pied françois, voyans qu'il y avoit jour à ladite muraille, donnèrent dedans le fossé, et mesmes le capitaine Achau, basque, qui portoit l'enseigne colonnelle du sieur de Thais, et le capitaine Garrou, autre basque, lieutenant dudit sieur, et le capitaine Saincte-Marie, aussi basque, lieutenant du capitaine Renouart, donnèrent jusques sur le hault de la brèche, suivis de beaucoup de bons compagnons : mais aussi furieusement que ils assaillirent ils furent repoussez, et y moururent lesdits capitaines Garrou et Saincte-Marie. Et le capitaine Achau, porteur de l'enseigne colonnelle, y receut trois ou quatre arquebouzades, tant dedans les bras que le corps, et fut renversé, l'enseigne au poing, dedans le fossé ; duquel lieu ne pouvant partir, pour ses blesseures et pour le trait de l'arquebouzerie de ceux de la ville, se rengea, son enseigne au poing, contre la muraille, au costé de la brèche, dont on ne le pouvoit desloger qu'à coups de pierre, parce que ladite ville n'estoit flanquée ; et y demeura jusques au matin, que noz gens se préparoient de faire nouvelle batterie, pour donner nouvel assault. Les assiégez, estonnez de la hardiesse et fureur des nostres, n'osèrent plus attendre, ains parlementèrent, à telle condition, qu'ils s'en allèrent leurs bagues sauves, laissans la ville, avecques les munitions de vivres et d'artillerie, en l'obéissance du Roy. Ledit seigneur de Boutières, ayant pourveu à ladite place, marcha devant Yvrée, laquelle il assiégea de toutes parts ; mais, durant ce siége, qui fut environ Noüel de ladite année 1543, le Roy, adverty que ledit de Boutières n'estoit bien obéy en son armée, dépescha monseigneur François de Bourbon, sieur d'Anguien, pour aller, en lieu d'iceluy sieur de Boutières, estre son lieutenant-général en Piémont. D'autre part, le

Roy n'avoit trouvé bon que ledit de Boutières eust permis l'ennemy si légèrement fortifier et envitailler Carignan, sans l'en avoir empesché.

[1544] Monseigneur d'Anguien, arrivé qu'il fut en poste à Turin, sçachant que le sieur de Boutières estoit devant Yvrée, luy feit entendre sa venue, à ce qu'il eust à luy envoyer escorte jusques à Chivas, pour le conduire au camp en seureté. Le sieur de Boutières, ne voyant espérance qu'il peust prendre Yvrée, ou bien malcontent d'estre destitué de sa charge, se résolut de lever son siége, et d'aller avecques toute l'armée au-devant de luy; lequel il vint rencontrer à Chivas, auquel lieu mondit sieur d'Anguien print l'armée en main, et le sieur de Boutières se retira en sa maison en Dauphiné. Ce faict, monseigneur d'Anguien, par l'advis des capitaines, lesquels avoient la cognoissance du païs, marcha avec l'armée contre bas le Pau, et y meit en son obéissance la ville de Pallezol, Cressentin, Desanne, et autres petites places circonvoisines, ausquelles il laissa bonnes garnisons et moien de les fortifier. Puis, à raison que l'intention du Roy estoit de remettre en ses mains Carignan, qui luy estoit une espine en son pied, attendu qu'elle tenoit toute la pleine du Piémont en subjection, concluld y aller; et, pour cest effect, print le chemin de Montcallier, duquel lieu, pour oster la commodité d'un pont que les ennemis avoient sur le Pau, par lequel ceux de Carignan, de jour en autre, pouvoyent estre refreschiz de Quiers, d'Ast et autres places de leur domination, dépescha bon nombre d'hommes pour la nuict aller brusler ledit pont; laquelle expédition fut exécutée, mais non sans grand travail, pour l'extrême gelée qu'il faisoit, dont plusieurs soldats eurent les pieds et les mains estropiez. Et, pour autant que la place de Carignan estoit en plein païs, composée de cinq beaux bastions de terre, avecques les courtines et beau fossé, et que dedans icelle estoient quatre mille hommes des plus aguerris de toute l'armée de l'Empereur, fut advisé, selon l'opinion de tous nos capitaines, n'estre raisonnable d'entreprendre de la forcer, considéré mesmes que les hommes de dedans suffiroient pour faire une avant-garde, mais la conclusion fut prinse de l'affamer. Et, pour cest effect, s'en alla ledit sieur d'Anguien camper à Vimeu, deux milles deçà Carignan, pour empescher les vivres que les ennemis prenoient deçà le Pau: aussi, pour autant que du costé tirant à Pancalier et des environs, venoit aux ennemis grand refreschissement, fut ordonné de faire un fort à un quart de mille de Carignan, tirant sur ledit chemin de Pancalier

à une église fondée de Sainct-Martin; et y furent mises deux enseignes de gens de pied italiens: et ainsi leur fut levée l'espérance de plus estre refreschis de ce costé là.

Quelque temps après, le sieur d'Anguien, adverty que l'ennemy se renforçoit à Quiers, pour, du costé delà le Pau, donner refreschissement aux assiégez, délibéra de passer l'eau, laissant garnisons dedans Vimeu, Carpenay et autres petits forts, pour empescher l'ennemy de faire saillies à son plaisir du costé deçà le Pau: et, pour le passage dudict sieur d'Anguien, fut advisé un lieu contre-bas la rivière, tirant à Montcallier, deux milles au-dessous de Carignan, auquel fut faict un pont de bateaux en un lieu nommé les Sablons; et, afin que ledict pont servist pour nostre commodité, tant deçà que delà l'eau, et que l'ennemy ne nous le peust oster, fut ordonné à chacun bout dudit pont un fort, ausquels furent mis quatre enseignes de gens de pied italiens, sçavoir est, Hercules Boutigères, Hercules Viconte, Bernardin Corse, et un autre. Cela faict, nostre armée partit de Vimeu, et, passant le Pau par le pont des Sablons, vint loger à Ville-Destellon, qui est entre Carignan et Quiers, distant de deux milles de Carignan et trois de Quiers, pour empescher les ennemis de venir secourir ou refreschir ledit Carignan; car du costé d'Ast leur estoit malaisé sans nous combatre, à cause de Villeneufve d'Ast, que nous tenions en nostre obéissance. Estans audit lieu de Ville-Destellon, nous y fortifiasmes nostre camp, et, au bout de delà du pont que nous avions bruslé, fut faict un fort, auquel furent logées deux enseignes de gens de pied de Dauphiné, sçavoir est, le capitaine Passin et un autre. En ce point demeura nostre camp depuis environ la Chandeleur jusques en Quaresme, non sans qu'il y eust ordinairement de belles escarmouches; car les jeunes gens du camp, désirans à faire armes, de jour en autre passoient le pont, et, à la faveur de la garde d'iceluy et des garnisons de Vimeu et du fort de Sainct-Martin, se faisoyent de belles entreprinses et de beaux faicts d'armes, quelquesfois à l'advantage des nostres, autres fois au prouffit des assiégez, d'autant qu'ils estoient quatre mille Espagnols et lansquenets des plus aguerris de l'Europe.

Environ le mois de mars 1544, monseigneur d'Anguien eut nouvelles que le marquis du Guast faisoit diligence d'assembler ses forces, pour secourir les assiégez; et, pour cest effect, ledit marquis avoit délibéré de venir prendre le logis de Carmagnoles, lequel s'il eust prins, il estoit en son pouvoir, sans hazard, de les refreschir; car, se fortifiant audit lieu, il y eust peu faire un pont pour passer deçà l'eau, et nous laisser delà mourir de faim, parce qu'il eust trouvé le marquisat de Saluces remply de tous biens, et nous n'avions que tout païs mangé; d'avantage, nous estions contrains de Quiers, Ast, Fossan, Montdevy, Cony, Busque, et autres places, tellement qu'il nous estoit malaisé d'avoir vivres qu'avec les armes. Ces nouvelles entendues, ledict seigneur assembla le conseil, auquel, après plusieurs opinions diverses (car aucuns estoient d'advis qu'on devoit demeurer à Ville-Destellon), fut conclud de prévenir à Carmagnoles, pour oster à l'ennemy ceste commodité de faire un pont pour avoir vivres au marquisat de Saluces.

L'armée françoise estant à Carmagnoles, les Impériaux assiégez entrèrent en plus grande nécessité de vivres que devant; parquoy advertirent le marquis du Guast que, si dedans la my-avril ils n'estoyent secourus, la famine les contraindroit de faire ce qu'ils n'avoient délibéré s'ils estoyent refreschis. Le marquis, aiant eu cest advertissement, fit de toutes parts diligenter ses forces, et contremanda quatre mille lansquenets, lesquels estoyent à Gennes prets d'embarquer, qu'ils se vinssent joindre avecques luy. De quoy monseigneur d'Anguien adverty, dépescha un gentilhomme devers le Roy (1) pour le luy faire entendre, et que son bon plaisir fust d'envoyer le paiement de trois mois deus à ses gens de pied, car il craignoit qu'arrivant la nécessité de combatre, par faulte de leur soulde, ils en feissent refus, spécialement les Suisses, desquels estoit sa principale force avec les vieilles bandes françoises. Outre plus, il manda au Roy, sçavoir, si le marquis se présentoit en lieu raisonnable, il luy plairoit l'authoriser de hazarder la bataille plustost que laisser secourir une ville, laquelle luy avoit tant cousté pour estre réduitte en ceste extrémité. Audit seigneur d'Anguien le Roy fit response que de brief il luy dépescheroit le sieur de Langey, gouverneur de Turin, lequel luy porteroit argent, et qu'il l'avoit retenu près de luy pour cest effect; quant à la bataille, le remettoit à en user par l'advis des capitaines qui estoient auprès de luy, lesquels pouvoient mieux connoistre, estans sur les lieux, ce que la nécessité commanderoit à ses affaires, que luy, qui ne le voioit à l'œil.

Estant publié par la Cour que le Roy avoit permis au seigneur d'Anguien de donner la bataille, la jeunesse de la Cour conneut bien que malaisément se passeroit la partie sans qu'il y eust du passe-temps; parquoy, selon qu'est la coustume de la noblesse de France, chacun se prépara pour s'y trouver: les uns partirent sans congé, et les autres avecques congé du Roy entre autres, le sieur de Sainct-André, le sieur de Dampierre, de la maison de Clermont en Dauphiné, tous deux fort favoris de monseigneur le Dauphin; le sieur de Jarnac, Gaspar de Colligny, sieur de Chatillon; François de Vendosme, vidame de Chartres; les deux frères de Bonnivet; le sieur de Bourdillon; le sieur de d'Escars; les deux frères de Jenlis; le sieur d'Assier, capitaine de l'artillerie, lequel avoit sa compagnie de cinquante hommes-d'armes en Piémont; le sieur de La Hunaudaye, fils unique de l'amiral d'Annebault; le sieur de Rochefort; le sieur de Lusarches; le sieur de Wartis, et le sieur de Lassigny; de sorte que peu de jeunesse demeura en la Cour, principalement de celle qui avoit suivy monseigneur le Dauphin. Il fault entendre que les finances de mondit sieur d'Anguien estoient si courtes, qu'il n'y avoit plus rien entre les mains, ny des thrésoriers ny d'homme du camp, parquoy ceste arrivée fut commode, car, pour estre gens de maison, chacun avoit apporté le fond du coffre, lequel soudain mondit seigneur d'Anguien vuida de leurs boistes pour contenter les soldats, attendant la venue de l'argent du Roy.

Le vendredy de la Passion, le Roy, lequel estoit à Ennet, ayant journellement nouvelles que le marquis du Guast avançoit son armée pour secourir les assiégez; considérant que monsieur d'Anguien l'avoit adverty que la faulte de payement pourroit descourager les soldats, mais aussi avoit-il autre considération, que trois cens mille livres n'eussent satisfaict audit payement, et qu'il avoit à soustenir une autre grande armée, laquelle l'Empereur dressoit en Allemagne pour entrer en son royaume, avec celle dont le roy d'Angleterre prétendoit l'assaillir par autre part, et que finalement le fonds de ses finances pourroit difficilement fournir à tout cela, toutesfois il dépescha en poste le sieur de Langey, messire Martin Du Bellay, gouverneur de Turin, pour aller trouver son armée en Piémont; auquel, passant par Paris, il feit délivrer quarante-huict mille escus, qui n'estoient la quarte partie de ce qui estoit deu aux estrangers, mais luy donna charge de chercher tous moyens possibles de contenter les gens de guerre; de sorte que on les menast au combat.

Le jeudy de la sepmaine-saincte, qui estoit le cinquiesme jour d'avril 1544, avant Pasques,

(1) Blaise de Montluc, dont les Mémoires font partie de cette collection.

arriva ledit Langey à Pignerol, où il eut nouvelles que l'armée de l'Empereur approchoit de la nostre; et, pour autant que, pour aller à Carmagnolles, où estoit nostre camp, faloit passer à la portée d'une coulevrine de Carignan, où, comme dit est, estoyent quatre mille hommes de guerre, trouva que seurement ne pouvoit passer sans escorte. Parquoy, par divers messagers, afin que, si l'un estoit prins, l'autre passast, advertit monseigneur d'Anguien de son arrivée, en lettres de chiffre; lequel le vendredy sainct luy envoya le sieur Bertin de Solliers, l'un des seigneurs de Morette, avecques quarante salades nouvellement venuz du camp impérial au service du Roy, par la pratique de l'éleu de Riez, sieur de Cental; et, par ledit de Solliers, luy manda qu'à Cercenas et à Vimeuz, et au pont des Sablons, il trouveroit nouvelles escortes. Le seigneur de Langey fut en difficulté si sur l'asseurance de ceste escorte il devoit hazarder les deniers qu'il portoit, attendu que c'estoyent Italiens qui n'avoyent encores faict serment ny prins la soulde du Roy; car il consideroit que, perdant cest argent, l'estat du Roy demouroit en hazard, et si, par faulte d'iceluy, noz gens faisoient refus de combatre, on l'en pourroit blasmer. Toutesfois, plustost qu'endommager le service du Roy, résolut de mettre et luy et l'argent au vueil de fortune, concluant que, si mal en advenoit, il seroit plus reprochable à ceux qui luy avoient envoyé l'escorte, qu'à luy; joint aussi qu'il avoit espérance à l'autre escorte, laquelle il espéroit trouver à Cercenas et Vimeuz. Mais à tous deux ne trouva homme ordonné pour cest affaire, de sorte qu'il fut en oppinion de prendre le chemin de Montcallier, pour mettre l'argent en seureté, craingnant qu'en passant par devant Carignan, si les ennemis faisoyent une saillie, ceux mesmes qui le conduisoyent le saccageassent. Mais, estant adverty par le sieur de Cercenas et par l'abbé de Morette, lesquels il trouva audit lieu de Cercenas, que le camp impérial estoit à Mouta, sept milles près du nostre, en apparence de vouloir dedans deux jours donner la bataille, passa outre jusques au pont des Sablons, où il trouva aussi peu d'escorte qu'aux autres lieux, sinon qu'il fit monter à cheval le capitaine Bernardin Corse, avecques tous les arquebusiers à cheval, tant de sa compagnie que de Hercules Boutigères et de Hercules Visconte, qui estoient à la garde d'iceluy pont, lesquels toute nuict le conduirent à Carmagnoles, auquel lieu il arriva une heure après minuict, au logis de monseigneur d'Anguien. Incontinant il fut divulgué par tout le camp que ledit Langey estoit arrivé avecques l'argent pour le paiement de l'armée; qui donna grande réjouissance et bonne affection à tous les soldats.

Pour résouldre ce qui estoit à faire, monseigneur d'Anguien manda quérir tous les capitaines qui estoyent au camp, en l'assemblée desquels le sieur de Langey déclara le peu d'argent qu'il avoit apporté, et que le Roy, pour les autres urgens affaires qu'il avoit à supporter, à l'occasion des armées que l'Empereur et le roy d'Angleterre préparoyent pour l'endommager ailleurs, n'avoit sceu fournir plus grande somme, ne voulant desgarnir les finances qu'il avoit disposées pour cest effect. Ce néantmoins, le Roy, se confiant à leurs expériences, espéroit qu'ils inventassent les moyens de faire marcher les soldats au combat. Après avoir entendu que l'argent qu'il avoit apporté n'estoit pour paier la simple paie d'un mois aux estrangers, ores qu'il leur fust deu le paiement de trois, advisèrent, afin que la bonne opinion en laquelle estoient les gens de guerre ne leur fust divertie, qu'on feroit tout à l'heure donner l'alarme dedans nostre camp, à ce que chacun se trouvast au lieu ordonné pour combatre, et que ce temps pendant le jour viendroit; et qu'alors on feroit retirer les enseignes à part pour faire les monstres particulières, enseigne pour enseigne, sans autre chose déclarer, sinon de toucher argent, et qu'il seroit publié que leur paiement se feroit à la banque: par ce moyen, le samedy de Pasques se passeroit à faire la monstre, et le jour de Pasques, selon les advertissemens, ne se passeroit que l'ennemy ne fust si près, qu'en lieu de faire le paiement il faudroit combatre, avant que les soldats eussent la cognoissance du deffault des deniers. Ceste délibération fut exécutée: l'alarme se donna; chacun avecques lanternes et falots (d'autant que la lune n'esclairoit) se jetta en bataille; le jour survint avant qu'on eust rangé les batailles en la forme qu'elles devoient marcher au combat; puis, les ba[n]des parées et les monstres faittes, le jour se p[ass]a: parquoy fut le paiement remis à lendemain, et se retira chacun en son logis.

Incontinant après arriva le capitaine Blanfossé, qui ce jour estoit sorty de prison des mains des Impériaulx, par le moien d'un gentilhomme serviteur du Roy estant à la soulde de l'Empereur, lequel advertit monseigneur d'Anguien que le marquis du Guast, avecques l'armée impériale, partoit cedit jour de La Monta, délibéré de venir à Serisolles, en intention qu'estant audit lieu, il pourroit aller à Ville-Destellon, que nous avions abandonnée, et forcer le pont des Sablons (chose que ne pouvions empescher) et passer deçà le Pau, pour nous contraindre de demeurer delà l'eau, sans vivres et sans argent; et, au cas que vinssions pour luy empescher le logis de Ville-Destellon, il prendroit le chemin de Raconis, et par les maraiz, afin que ne le pussions combatre (craignant nostre gendarmerie), gaingneroit le derrière de Carmagnoles, pour venir à Lombrinst et Casalgras dresser un pont de batteaux qu'il menoit quand et luy pour passer le Pau de deçà; car il estoit asseuré qu'il trouveroit dedans le marquisat de Saluces vingt ou trente mille sacs de bled (mesmes dedans Conis en avoit quinze mille) qui fourniroient pour envitailler son camp et la ville de Carignan, et puis nous contraindroit de nous retirer; qui eust esté entièrement nostre ruine, parce que, noz gens n'estans paiez, il estoit malaisé de tenir la campagne; et ne la tenans, ains nous retirans aux villes, le marquis estoit délibéré de faire le gast par tout le Piémont, brusler le plat païs, et enlever tout le bestial pour oster le moien de labourer; et, laissant gens fraiz dedans Carignan, et grosses garnisons en toutes les places ès quelles les Impériaux avoient puissance, marcheroit à Yvrée, auquel il devoit trouver le comte de Challan, lequel avoit commission de l'Empereur de lever dix mille hommes, pour, avecques ce renfort, passer par le val d'Oste, et venir entrer en Savoye et en la Bresse, pendant que l'Empereur feroit son grand effort par le païs de Champagne.

Toutes ces choses bien digérées par monseigneur d'Anguien et les capitaines qui estoient avecques luy, fut conclu d'aller combatre les Impériaux en chemin, devant qu'ils eussent gaigné le païs fort; et, afin que les soldats n'apperceussent la pénurie du payement, fut ordonné que le matin on feroit marcher noz gens en bataille dedans le camp ordonné pour le combat. Puis, soubs couleur qu'on n'auroit le loisir, eu esgard à la proximité de l'ennemy, de faire le payement des gens de pied à la banque, fut ordonné à chacune enseigne son trésorier; car nous avions espérance que, devant que l'argent qu'on avoit apporté fust distribué aux soldats, nous serions à la bataille. Aussi fut ordonné au seigneur de Termes, colonnel des chevaux légers, d'envoyer vingt chevaux vers Ville-Destellon, pour entendre si l'ennemy marcheroit ce chemin-là; autres vingt vers Somme-Rive et vint vers Raconis, à ce que nous, estans en bataille en la campagne, eussions le moyen de tourner la teste droict le chemin où nous serions advertis qu'ils marcheroient, pour les combatre en logeant ou devant que loger, sans attendre qu'ils se fussent mis en païs fort. Pareillement fut ordonné de combatre en trois trouppes, avant-garde, bataille et arrière-garde.

Le seigneur de Boutières, lequel, ayant eu nouvelles de la bataille, estoit revenu de sa maison pour s'y trouver, eut la conduitte de l'avant-garde avecques trente hommes-d'armes de sa compagnie; la compagnie du comte de Tende, aussi de trente hommes-d'armes, que conduisoit le seigneur de Thorines, son lieutenant; et le seigneur de Termes, colonnel de la cavalerie légère, avec les deux cens chevaux-légers dont il avoit la charge; Francisque Bernardin de Vimercat, avecques pareille charge de deux cens chevaux-légers; la bande du seigneur More de Novate, laquelle conduisoit le seigneur Cabre, son frère et lieutenant, pareille charge; et le seigneur de Cental avecques trente-cinq ou quarante chevaux-légers que naguères il avoit tiré du service de l'Empereur; et quatre mille hommes de pied des vieilles bandes françoises, dont estoit colonnel le seigneur de Tais. Au premier rang desquels se meirent plusieurs gentilshommes venuz en poste de la Cour, qui depuis n'avoyent eu moyen de recouvrer chevaux, entre autres, les trois frères de Bonnivet et le jeune Jenlis. A conduire la bataille, monseigneur d'Anguien, avec luy le seigneur de Langey, gouverneur de Turin; le seigneur d'Assier, avec sa compagnie de gens-d'armes; celle du baron de Cursol, lequel estoit demouré à Turin en l'absence dudit seigneur de Langey; la compagnie du comte de Mont-Ravel, que conduisoit le baron d'Oyn, son lieutenant; et de gentilshommes, pour leur plaisir, environ cent chevaux, desquels estoient le seigneur de Sainct-André, le seigneur de Chastillon, le seigneur de Jarnac, le vidame de Chartres, le seigneur de Bourdillon, le seigneur de Rochefort, le seigneur d'Escars, le seigneur de Luzarches, le seigneur de La Hunaudaye, le seigneur de Jenlis, le seigneur de Lassigny, de Sainct-Amand, nommé de Rochechouart et autres; laquelle jeunesse marchoit soubs la cornette de monseigneur d'Anguien, portée par le seigneur de Rubempré; le seigneur d'Aussun, avec environ cent cinquante salades; le seigneur de Glayve, gouverneur de Cahors; et Pescheray, gouverneur de Montcallier; et de gens de pied, quatre mille Suisses. En l'arrière-garde, le seigneur de Dampierre, avec tous les guidons et archers des compagnies, et les Gruiens, qui pouvoient estre trois mille hommes de pied, et les Italiens estans soubs la charge du seigneur d'Escro, qui devoient estre deux mille, et messire Charles de Dros, gouverneur de Montdevis, autre mille.

Les choses ainsi ordonnées, le dixiesme d'avril, jour de Pasques 1544, au poinct du jour, chacun se trouva en bataille au lieu et en la forme qu'il estoit ordonné; auquel estat nous demourasmes jusques à midy, que nous eusmes nouvelles par noz chevaux-légers que l'ennemy marchoit; mais ne se pouvoit juger lequel chemin il tiroit, ou de Somme-Rive, ou de Raconis, ou de Ville-Destellon. Ce rapport entendu, fut advisé, afin que (s'il prenoit le chemin de Raconis ou de Ville-Destellon) on l'amusast par escarmouches, que monseigneur d'Anguien, et quand et luy les chevaux-légers et mille ou douze cens arquebuziers, avec trois moyennes à double équipage, pour diligenter aussitost que la cavalerie, marcheroient jusques sur un hault, distant un mille de nostre camp, près un bois, sur le chemin de Serisolles. Monseigneur d'Anguien, estant arrivé audit lieu, envoia le sieur d'Aussun avec sa bande et quelque arquebuzerie qui le suivoit de loin, sur un autre hault, un mille plus avant, duquel il descouvroit une valée rase, qui est entre Serisolles et Somme-Rive.

Ledit seigneur d'Aussun, y estant arrivé, descouvrit les Impériaux marchans de Serisolles à Somme-Rive; lequel, pour les divertir de leur chemin, ayant jecté ses arquebuziers dedans un bosquet, lieu fort et près le chemin que devoient faire les ennemis, pour le soustenir s'il estoit besoin, après avoir adverty le seigneur d'Anguien, alla dresser l'escarmouche, faisant tousjours sa retraitte ausdits arquebuziers; mais les ennemis ne l'osoient enfoncer, craignans d'entrer en un désordre. Ce pendant monseigneur d'Anguien, avec environ trois cens chevaux et le reste de l'arquebuzerie, marcha; puis, ayant faict recognoistre le chemin par quelques-uns des capitaines estans avec luy, trouva qu'il pouvoit sans hazard donner jusques sur le hault, parce qu'il estoit couppé tout court, en sorte que l'ennemy ne le pouvoit venir combattre qu'en montant, et à peine sans se mettre en désordre. Et estant audit lieu, feit mettre en bataille toute sa cavalerie sur le bord dudit costau; si que l'ennemy la découvroit, mais ne pouvoit recognoistre nostre derrière, dont il pouvoit plustost conjecturer que tout le reste de nostre armée y fust qu'autrement. Ce faict, feit marcher noz trois moyennes, qui, du milieu de nostre cavalerie, tirèrent dedans l'un des bataillons des gens de pied des ennemis arrestez en la vallée, dont y eut quelques hommes tuez; et aussi d'heure en autre envoyasmes renforcer l'escarmouche, tant d'arquebuziers que de cavalerie, défendans toutefois à ceux qui en avoient la charge, de se mesler, de peur qu'ils fussent renversez et que l'ennemy peust avoir la cognoissance du derrière.

Durant ces choses, le marquis du Guast estoit à Somme-Rive, pour y visiter le logis; mais un soldat françois, serviteur du comte de Tende, auquel comte la place appartenoit, estant dedans la tour du chasteau, ne cessa de tirer; et ne se voulut rendre, quelque commination que luy feist le marquis, parce qu'il voyoit nostre armée en campagne du hault d'icelle tour, duquel lieu, le lendemain, il eut le passe-temps de la bataille. Ledit marquis, ayant ouy tirer nostre artillerie, pensa avoir ce soir la bataille, et retourna en son camp, laissant Somme-Rive en patience : puis, après avoir bien considéré nostre contenance, eut crainte d'estre combatu en logeant, à cause de quoy il délibéra se loger pour la nuict à Serisolles, dont il estoit délogé.

Monseigneur d'Anguien, voyant que l'ennemy et tout son bagage estoit rentré à Serisolles, et qu'il avoit laissé ses forces en bataille le long des hayes, près dudit lieu, et aussi que la nuict approchoit, assembla tous les capitaines, pour avoir advis de ce qui estoit à faire. Les uns furent d'opinion qu'on devoit mander le reste de l'armée, et pour le soir se loger sur le hault où nous estions, pour au poinct du jour leur donner la bataille; autres furent d'advis contraire, en remonstrant que, veu qu'il estoit tard, ils ne pourroient estre venuz qu'il ne fust nuict, et que les gens de cheval et de pied estoient en bataille dès minuict, sans avoir beu ny mangé, et si avoit faict grande chaleur tout le jour, à cause de quoy les soldats estoient autant travaillez que s'ils eussent marché : et de faire encores trois milles, ils seroient si travaillez, tant les chevaux que les hommes, que, si l'ennemy les vouloit combatre en logeant, ils auroient peu de force pour s'ayder de leurs armes, et aussi qu'ils n'avoient charroy pour amener vivres quand et eux pour repaistre. Pareillement, si l'ennemy avoit cognoissance de nostre faict, il ne nous donneroit loisir de loger, ains, nous trouvant en désordre en logeant, nous pourroit combatre à nostre désavantage, ainsi que fist le roy Edouart d'Angleterre au roy Philippe de Vallois, à la journée de Crécy. Toutes choses débatues fut résolu qu'on se retireroit à Carmagnolles, laissant deux cens chevaux-légers pour recognoistre et faire rapport que deviendroit l'ennemy pour ceste nuict; puis, après que noz gens seroient refreschis, s'il estoit nouvelle que les ennemis marchassent à Ville-Destellon, nous irions loger entre eux et Carignan, ayans nostre pont sur le

Pau, près de nous, pour avoir des vivres de deçà l'eau, afin que, nous estans logez audit lieu, le ennemis ne peussent venir à Carignan, sans nous combatre ; aussi ne pouvoient-ils venir pour gaigner nostre pont, sans nous avoir en teste ; et s'ils demouroient à Serisolles, nous partirions dès minuict, pour arriver devant le jour sur le hault auquel nous estions, pour leur empescher le logis de Somme-Rive. Ceste résolution prise, nous retirasmes à Carmagnolles.

Le lendemain, lundy de Pasques, unziesme jour d'avril 1544, environ une heure après minuict, nous sortismes de nostre logis pour faire le chemin qui avoit esté ordonné, et en tel ordre qu'il est cy-dessus déclaré ; mais le marquis, nous voyant le soir estre retirez à Carmagnolles, estima (comme l'apparence estoit, et ainsi que par aucuns de ses espies luy fut rapporté) que voulions repasser le Pau en çà, et luy abandonner le costé de delà ; parquoy, changeant son desseing, partit une heure devant le jour, pour nous rattaindre avant qu'eussions passé la rivière, et marcha à nostre queuë tout le chemin que le jour de Pasques nous avions faict. Le seigneur d'Anguien, ayant marché un mille hors de Carmagnolles, fut adverty par les avant-coureurs (mesmes par un Albanois nommé Paule Bonbouque) comme ils avoyent veu l'armée du marquis marcher droit à nous, et que elle avoit desjà gaingné le hault que nous avions délibéré le soir de devant prendre pour nostre avantage. Eu sur ce l'advis des capitaines, fut conclud de les aller combatre, encore qu'ils fussent dix mille hommes de pied plus que nous, car de nous retirer dedans nostre fort, lequel nous avions jà eslongné d'un mille, c'eust esté signe de fuitte, qui eust osté le cueur aux nostres, et augmenté celuy des ennemis : parquoy, après avoir eu rapport de la forme que marchoit l'ennemy, sçavoir est, de trois gros bataillons de gens de pied, ayant chacun leur aile de cavalerie, et marchoyent lesdicts trois bataillons aussi avant l'un que l'autre, fismes le semblable, car le païs estoit large. A la main droitte, marcha le bataillon des vieilles bandes françoises, qui pouvoyent estre trois mille hommes en bataille, sans l'arquebouserie, lesquels estoyent conduicts par le seigneur de Thais, leur général ; et à la main droitte desdicts François marchoyent les chevaux-légers, dont avoit la conduitte le seigneur de Termes ; et à la gauche, le seigneur de Boutières, avecques environ quatre-vingts hommes-d'armes : puis, à la gauche dudict seigneur de Boutières, le bataillon des Suisses, qui pouvoit estre de pareil nombre de trois mille hommes, et à la gauche desdicts Suisses estoit le seigneur d'Anguien, avecques ceux que j'ay dict cy-devant ; et à la gauche dudict seigneur d'Anguien, marchoyent les Italiens et Gruiens, qui pouvoyent estre quatre mille hommes ; et à la gauche desdicts Gruiens, le sieur de Dampierre, avecques tous les guidons et archers de la gendarmerie. Ayant mis cest ordre, on tira des compaignies de gens de pied, tant françoises que italiennes, jusques au nombre de sept ou huict cens arquebouziers, lesquels se jettèrent devant les batailles pour enfans perdus, dont fut donnée la charge au capitaine Montluc, ayant avecques luy le capitaine Hévart, le capitaine Guasquet, et autres gens dispos et de bon entendement. Et puis marcha devant la bataille des Suisses le seigneur de Gaillac, avecques huict pièces d'artillerie de campagne, et devant le bataillon des Gruiens, le frère du sieur de Mailly de Picardie, avec pareil nombre d'artillerie. Au surplus, fut donnée la charge au capitaine Martin Du Bellay sieur de Langey, gouverneur de Turin, d'aller de la bataille à l'avant-garde et à l'arrière-garde, afin que, selon que l'ennemy se gouverneroit, il fist marcher les nostres.

L'ordre qu'avoit mis le marquis estoit qu'il faisoit marcher sur nostre main droicte le prince de Salerne avec dix mille Italiens ; au milieu marchoit Alisprand de Madruce, frère du cardinal de Trente, avec plusieurs autres colonels et capitaines allemans ; et avoit en leur bataillon dix mille lansquenets, dont il n'y avoit un seul qui ne fust armé, car le marquis avoit pris tous les armes qu'il avoit trouvez dedans Milan ; et, au droit de noz Gruiens, et à l'autre costé de leurs lansquenets, et à nostre main gauche, marchoit dom Raimond de Cardonne, avec un bataillon de six mille hommes, moitié vieils soldats espagnols et moitié vieils soldats allemans, tous nourris ensemble à la guerre, depuis le voyage de Tunis et d'Alger. Au costé du prince de Salerne et de son bataillon, marchoient environ de sept à huict cens chevaux, envoyez par le duc de Florence au secours des Impériaux, conduits par Rodolphe Baglion. Au milieu d'entre les lansquenets et Espagnols, marchoit le marquis du Guast, avec pareil nombre de cavalerie ; et à l'autre costé des Espagnols marchoit le prince de Sulmonne, fils du feu vice-roy de Naples, dom Charles de Lannoy, capitaine-général de toute la cavalerie, avec pareil nombre de cavalerie que les autres. Et estoient lesdittes trouppes impériales rengées sur le hault dont nous estions partis le soir précédant, auquel nous avions délibéré de retourner pour gaigner l'avantage; mais le marquis l'avoit le premier occupé, et avoit mis au droit de deux cassines, dont l'une estoit du costé des Allemans, l'autre au costé des Espagnols, dix pièces d'artillerie d'une part, et dix de l'autre, lesquelles estoient en lieu si avantageux, que noz gens ne pouvoient marcher à eux, que lesdittes pièces ne donnassent dedans noz batailles de hault en bas. Ce faict, le marquis, avec cinq ou six chevaux, se retira sur un petit hault, duquel il voyoit et pouvoit commander à toute son armée, tant à droicte qu'à gauche et au milieu; puis manda au prince de Salerne qu'il n'eust à marcher plus avant que le lieu où il estoit, sans son commandement. Mais le marquis, estonné de son gros host d'Allemans renversé, comme tantost je diray, n'eut, à mon advis, loisir, ou ne luy souvint de mander au prince de Salerne ce qu'il avoit à faire; parquoy il ne bougea de son lieu; ce qui nous feit grand plaisir, car, s'il eust marché au costé des Allemans, il eust bien empesché le bataillon de noz François, pendant qu'ils estoient embesognez contre lesdits Allemands.

Monseigneur d'Anguien, arrivé qu'il fut à la portée d'une coulevrine près du hault auquel les Impériaulx s'estoyent arrestez, regarda d'accommoder ses batailles en lieu qu'elles ne peussent estre offensées de l'artillerie impériale. Il estoit environ soleil levé quand les deux armées se plantèrent l'une devant l'autre : soudain l'escarmouche se dressa entre le deux batailles de nostre arquebouzerie et de la leur, laquelle dura jusques sur les unze heures du matin, parce que les Espagnols et Italiens taschoient de venir gaingner le flanc de noz batailles, comme ils avoyent faict à la bataille de Pavie, l'an 1524. Aussi tâchoyent les nostres de faire le semblable : chacun renforçoit de sa part; si qu'il y eust, l'espace de quatre ou cinq heures, environ de quatre à cinq mille arquebouziers, tant d'un costé que d'autre, entre les deux armées. Je vous asseure qu'il y eust eu beaucoup de plaisir à voir les ruzes et stratagèmes de guerre qui se faisoient tant d'une part que d'autre, à l'homme qui eust esté en lieu de seureté et qui n'eust eu autre chose à faire. Enfin, entre unze et douze heures, les ennemis, se voyans plus fors d'hommes d'un tiers, délibérèrent de nous venir assaillir. Le sieur de Thais, qui estoit sur nostre main droicte, tourna la teste pour aller combatre le prince de Salerne, et, pour cest effect, s'esloigna environ de demy-quart de mille du bataillon des Suisses; mais le sieur de Langey, qui avoit la charge de recongnoistre la contenance de l'ennemy, et d'advertir noz gens de ce qu'ils devoient faire (aussi avoit le sieur de Monnins), voyant marcher le bataillon des lansquenets impériaux, qui estoit de dix mille hommes, pour venir attaquer noz Suisses, qui n'estoyent que quatre mille, veit le jeu mal party; voyant aussi que le prince de Salerne ne faisoit semblant de vouloir marcher, et qu'il estoit encores loing, manda, par le sieur de Grisse, au sieur Thais, qu'il eust à retourner la teste et se venir joindre près des Suisses; autrement qu'il voyoit la bataille en hazard, parce que noz Suisses n'estoyent pour soustenir ce faiz, et aussi luy avoyent dit qu'on leur avoit promis de longtemps que, venans au combat, les François seroyent près d'eulx, et qu'ils n'estoyent pour eulx seuls soustenir ce gros bataillon de lansquenets. Outre plus, il fut remonstré audit sieur de Langey, par le capitaine Fourly, suisse, qui pour ce jour leur commandoit comme colonnel, encores que Sainct-Julien en prist, et eust, par le passé, pris et l'honneur et le prouffit, si est-ce que pour ce jour il en laissa la charge audit Fourly, lequel dist audict Langey, luy persuadant de marcher, que, si son bataillon marchoit, l'artillerie de l'ennemy luy donneroit droit dedans, et que le naturel de sa nation n'estoit d'endurer la batterie de l'artillerie, ains d'aller droit pour la gaingner, et que, par ce moyen, s'il se mettoit au descouvert, ses gens se mettroyent en désordre pour y courir, qui seroit cause que l'ennemy luy donneroit par le flanc; mais, estans noz ennemis marchez plus avant, eux-mesmes couvriroyent leur artillerie, et alors il meneroit ses hommes au combat sans confusion.

Le sieur de Thais, ayant eu cest advertissement, incontinent changea d'entreprise, et, tournant la teste de son bataillon, se vint rendre près des Suisses, laissant seulement, entre les deux bataillons, place en laquelle se vint mettre monsieur de Boutières, avecques les quatre-vingts hommes-d'armes qu'il avoit en sa compagnie. Les Allemans impériaulx, voians les François avoir changé leur dessein, changèrent pareillement le leur, et de leur gros bataillon en feirent deux, l'un pour combattre les Suisses, et l'autre les François, si proches l'un de l'autre, que le derrière ne monstroit apparence que d'un bataillon. Pendant ces choses, le seigneur d'Anguien, qui devoit estre joignant les Suisses, fut contraint de demeurer avecques les Gruiens, car ils estoient estonnez; de sorte que, sans ce qu'il demeura près d'eux, et les remonstrances que leur feirent les capitaines, ils s'en fussent fuis sans coup férir, à raison de l'effroy qui s'estoit espandu parmy eux. Le sieur de Termes, avecques la cavalerie légère estant à la main droite des bandes françoises, voiant la cavalerie du duc de Florence, laquelle marchoit pour, à l'heure que les batailles se viendroient à joindre, donner par les flans au bataillon des François, ne voulut attendre cest inconvénient, mais les chargea de telle furie qu'il les rompit et les renversa sur le bataillon du prince de Salerne, tellement que ledict sieur de Termes, pensant estre suivy, donna jusques au milieu dudit bataillon, où son cheval fut tué et luy prins. Ladicte charge servit beaucoup, car il est apparent que, sans icelle, le prince de Salerne eust marché sur les flans de nostre bataillon de François; mais il fut couvert de la cavalerie de Florence, laquelle tomba sur ses bras, et, ce pendant, noz François et Suisses firent leur faction sans empeschement, que de celuy qu'ils avoient en teste.

Pendant ladite charge, les batailles des lansquenets impériaux et celles des Suisses et François s'abordèrent. Or avoient les François mis entre le premier rang et le second un rang d'arquebouziers; et les Allemans un rang de pistoliers, lesquels tiroient par entre ceux du premier rang. Estans lesdittes batailles à la portée d'une moienne l'une de l'autre, le capitaine Villefranche, lequel avoit la charge de la corne droitte du bataillon des François, considérant que le bataillon d'Allemans qui le venoit aborder estoit plus large que le sien, et, par ce moyen, à l'aborder, serreroit les François par ce costé, soudain feit tirer du derrière de son bataillon les armez des deux derniers rangs dont il élargit sa teste, et feit à l'ennemy ce que ledit ennemy avoit intention de luy faire. Ce faict, ils marchèrent l'un vers l'autre de pareille furie, et combatirent, tant d'une part que d'autre, furieusement; si est-ce qu'à l'aide des armes que fît la gendarmerie françoise, conduitte par le sieur de Boutières, tous les Allemans impériaux furent rompuz. On peult bien dire que jamais si petit nombre de gendarmerie et de gens de pied ne soustint si grand faiz ny si furieux. Le marquis du Guast, voyant la ruine tournée sur ses Allemans, ausquels estoit son espérance, se meit à la guarite sans coup férir.

Au mesme instant, le sieur de Dampierre, avecques les guidons, chargea les gens de cheval impériaux, conduits par le prince de Sulmonne, lesquels faisoient espaule aux Espagnols, et les rompit. Semblablement le bataillon des Espagnols et vieils Allemans vindrent combattre noz Gruiens et Italiens, desquels ils eurent bon marché; car, horsmis les capitaines qui estoient au premier rang, tous se mirent en fuitte, et ne s'en fust sauvé un, sans monseigneur d'Anguien, lequel, accompagné de ceux qui estoient ordonnez en sa troupe, chargea lesdits Espagnols et Allemans, en prenant l'un des coings de leur bataillon et transversant à l'autre; de sorte qu'il rompit tout ce travers, dont ne demeura une seule enseigne debout dudit bataillon. Mais ceste charge fut sanglante, car il y demeura le seigneur d'Assier, le baron d'Oyu, lieutenant du comte de Moutravel; Monsallais, enseigne du baron de Cursol, le seigneur de Glaive, gouverneur de Cahors; le seigneur de Courville, et les deux escuyers de monseigneur d'Anguien. Le seigneur de Lassigny eut son cheval tué, mais il se sauva à pied; le seigneur de Sainct-Amand, nommé de Rochechouart, et le seigneur de Fervaques y furent blessez, de sorte qu'ils furent trouvez parmy les morts; mais ils furent si bien pansez, qu'ils guérirent; et plusieurs autres y furent tuez ou blessez, et jusques à quatorze ou quinze, tant capitaines que gens de nom.

Le seigneur d'Anguien, ayant faict ladite charge, et pensant que les Gruiens eussent faict leur devoir, estimoit avoir gaigné la bataille de ce costé, mais il trouva le contraire, car, ayant tourné visage pour recharger, au lieu de trouver les Gruiens et Italiens victorieux, les trouva à vau de roupte (horsmis le premier rang, comme dit est), sans donner un coup de picque, à cause de quoy la teste des Espagnols, n'aiant plus de gens de pied à combattre, tourna sur monseigneur d'Anguien, de sorte qu'à ladite charge il perdit plus qu'à la première, parce qu'il n'avoit plus de gens de pied pour le soustenir. Or n'avoit-il nouvelles qu'estoyent devenuz noz François et Suisses, qui luy faisoit présumer qu'ils estoient deffaicts; car, entre le lieu où combatirent noz Suisses et François, et le lieu où combatit monseigneur d'Anguien, y avoit une petite colline, de sorte qu'on ne pouvoit avoir cognoissance l'un de l'autre : si est-ce qu'il résolut, et ceux d'avecques luy, de tous mourir avant que se retirer. Parquoy par plusieurs fois rechargea; mais il trouva tousjours un nombre de arquebouziers ennemis, peslemesle de luy, et le bataillon de picquiers les suivoient tousjours sans rompre leur ordre; et si n'avoit pas enfin plus de cent chevaux en sa compagnie, qui estoit peu pour combattre quatre mille hommes, mais c'estoit à la désespérade. Pendant que monseigneur d'Anguien s'estoit retiré sur la main droite pour avoir moien de recharger sans estre empesché de l'arquebouzerie ennemie, qui l'empeschoit de ce faire, estant tousjours pesle-mesle de luy, les Espagnols eurent nouvelles de la deffaitte du reste de leurs gens; parquoy perdirent le cueur, et, en lieu de nous attendre, commencèrent leur retraitte, laquelle ne leur fut permise d'achever, car le seigneur d'Anguien ordonna le seigneur d'Aussun, avecques environ cinquante chevaux, pour les charger par les flans, et luy, avecques le reste qui s'estoit rassemblé près de luy, leur donna sur la queuë; mais, estans chargez, ils ne tindrent point, car chacun tascha à se sauver, ou dedans les bosques, ou dedans les cassines; toutesfois, peu ou point se sauvèrent que tout ne fût pris ou tué.

Pour monstrer que jeunesse faict faire beaucoup de choses hazardeuses, le sieur d'Anguien, sur ceste dernière charge, voyant le sieur de Sainct-André s'estre mis devant la troupe pour recharger le premier, baissa la veuë pour faire le semblable, n'aiant que six chevaux avec luy; mais il fut arresté par un capitaine expérimenté, luy remonstrant l'inconvénient advenu au duc de Nemours à Ravenne, pour pareille entreprinse; lequel ne luy feit autre response, sinon qu'on fist donc retirer le sieur de Sainct-André, ce qui fut faict.

Le prince de Salerne, voiant la deffaitte de leurs Allemans et de leur cavalerie, se retira; parquoy il ne perdit beaucoup de gens, car les François et Suisses, qui poursuyvirent leur victoire un grand mille, mettoyent au fil de l'espée tout ce qu'ils trouvoyent devant eux, spéciallement les Suisses, lesquels estoient irritez pour la mauvaise guerre que les Impériaux leur avoient faitte au Montdevis, ainsi que j'ay dit précédemment, en souvenance de laquelle ils crioient *Montdevis!* et ne prenoient aucun des ennemis à mercy, mais les tuoient entre les mains de ceux qui leur vouloyent sauver la vie.

Vous pouvez entendre que, sans l'advis que print monseigneur d'Anguien de s'arrester près de noz Gruiens, asseurément la bataille estoit perdue pour nous; car, estans lesdits Gruiens et Italiens deffaicts sans coup férir, le bataillon impérial, de quatre mille vieils soldats, eust tourné la teste vers les François et Suisses, qui poursuivoient leur victoire, et, les trouvant en désordre, il est apparent qu'il les eût ruinez; mais ils ne l'osèrent entreprendre, craingnans que ledict seigneur d'Anguien les chargeast sur la queuë. Aussi pouvez-vous estimer que, si les Gruiens eussent faict leur devoir, ou que seulement ils eussent faict teste, le bataillon des Espagnols, dès la première charge que leur feit monseigneur d'Anguien, estoit deffaict; parquoy noz François et Suisses, et mesmes nostre cavalerie, lesquels poursuivoyent leur victoire, semblablement ledict seigneur d'Anguien et ceux qui estoyent demeurez avecques luy pour combatre lesdicts Espagnols, eussent passé plus outre : par ce moyen, le prince de Salerne ne se fust retiré avecques si peu de perte qu'il feit, ny pareillement le reste de leur cavalerie, et eussions poursuivy jusques en Ast; auquel lieu eussions trouvé le marquis du Guast se sauvant à la fuitte, auquel, y estant arrivé, les portes furent refusées, parce que, au partir pour nous venir combatre, il avoit dit que, s'il ne retournoit victorieux, on les luy fermast; mais noz gens furent contrains, pour venir secourir monseigneur d'Anguien, d'interrompre et abandonner l'exécution de leur victoire.

Estant la bataille du tout gaingnée, et ne restant plus d'ennemis en campagne, sinon les morts et les prisonniers et blessez, furent ordonnez gens pour recognoistre le nombre d'hommes qu'ils avoyent perduz. Aussi à ladite défaite se feit un grand butin, car le marquis du Guast avoit amené avecques luy les principaulx du duché de Milan, en sorte qu'il se trouva bien pour trois cens mille francs, tant en argent monnoié, qu'en vaisselle d'argent et autres richesses; et y fut gaigné quatorze ou quinze pièces d'artillerie, avecques tous les ponts qu'ils avoyent amenez pour passer le Pau, et aussi plusieurs munitions, tant de farines qu'autres choses, qu'ils avoyent amenées pour envitailler Carignan. Pareillement y furent trouvez, par compte faict, environ de sept à huict mille corselets, tellement qu'un harnois, qui coustoit à Milan douze escus, ne se vendoit que dix et vingt sols les plus beaux. Puis, après avoir mis l'ordre tel que les affaires requerroyent, fut laissé à Serisolles le chevalier Assal, maistre de camp des Italiens, avecques cinq enseignes de gens de pied Italiens nouvellement arrivez de la garde du pont des Sablons, lesquels estoient des plus aguerris de nostre armée; de sorte que, s'ils eussent esté au bataillon des autres Italiens et Gruiens, on peult estimer qu'il n'eust esté ainsi renversé qu'il fut. Je ne scay si ledict Assal, auquel le jour précédant fut faict commandement de les mander, l'oublia, ou si son messager fist mal son devoir, mais ils n'arrivèrent que la bataille ne fust gaingnée, qui nous fut grand desfaveur. Ce faict, monseigneur d'Anguien retourna victorieux loger à Carmagnolles, pour refrechir ses hommes, qui avoient esté trois jours et trois nuicts en continuel travail, sçavoir est, le samedy, dimenche et lundy. Auquel lieu arrivé qu'il fut, ordonna de sçavoir le nombre des ennemis prisonniers ; lesquels, après qu'ils furent retirez en deux ou trois églises, se trouvèrent deux mille cinq cens vingt Allemans, entre autres, le seigneur Alisprand-de-Madruce, frère du cardinal de Trente, qui fut trouvé parmy les morts, blessé en plusieurs endroits de son corps ; toutesfois il fut porté à Turin, où il fut guéry. Des Espagnols, se trouvèrent six cens trente prisonniers, entre autres, dom Raimond de Cardonne et Mendose ; d'Italiens de la cavallerie, dom Charles de Gonzague, et jusques à sept ou huict capitaines espagnols. Aussi fut rapporté qu'il s'estoit trouvé de morts, en moins de demy-mille de païs, de douze à quinze mille hommes de toutes nations. Il se trouva des nostres, environ deux cens hommes morts, dont, de gens de nom, moururent, comme j'ay desjà dit, le seigneur d'Assier, qui ne mourut ce jour, mais six jours après ; le baron d'Oyn ; Monsallais, enseigne de monseigneur de Cursol ; l'enseigne de monseigneur Daussun, et son nepveu, Charles de Dros, gouverneur de Montdevis ; le seigneur de Glayve, gouverneur de Cahors ; le seigneur Descro, du comté de Nisse, colonnel de six enseignes italiennes ; et le colonnel des Gruiens, en l'absence du comte de Gruière, qui estoit du Dauphiné. Et du premier rang des François, moururent le seigneur de La Maule, provensal ; le capitaine Passin, de Dauphiné ; le capitaine Barberan et le capitaine Moncault, tous deux gascons ; le capitaine La Mote Daute demeura parmy les morts, mais il eut la vie sauve, toutesfois il demeura aveugle ; et le capitaine Saincte-Geneviève, et encores quelques autres capitaines dudit premier rang y furent ou morts ou blessez. Des Suisses n'y eut homme de nom blessé, que le baron de Saxe, lequel eut un coup de picque à la gorge.

Après avoir remercié Dieu de ceste victorieuse deffaitte, fut, pour délibérer du surplus des affaires, assemblé le conseil, auquel il fut conclud d'advertir noz ambassadeurs de Rome, de Venise et de La Mirandole, de la victoire que nous avions obtenue. Pour ce faire fut ordonné le seigneur Hercules Visconte, parce qu'il avoit meilleur moien de passer que nul autre ; puis fut dépesché le seigneur d'Escar, pour semblablement en advertir le Roy, et aussi pour luy faire entendre que, si son plaisir estoit d'envoier le payement d'un mois de nostre armée, avecques quelque argent pour la conduitte de l'artillerie, et faire descendre six mille Grisons, lesquels estoient desjà levez, droit à Milan, avecques l'armée, laquelle les seigneurs d'Italie, comme le comte de Pétillane, le comte de La Mirandole, le seigneur Pierre Strosse, et plusieurs autres, dressoient pour se venir joindre audit lieu de Milan avecques monseigneur d'Anguien, ledit seigneur d'Anguien, accompagné de gendarmerie et des François et Suisses, marcheroit droit en Ast, laissant devant Carignan sept ou huict mille hommes, tant Gruiens, Italiens, que François, pour empescher, par boullevers et trenchées, les saillies de ceux de dedans ; et qu'il sembloit aux capitaines estans avecques ledit seigneur, que le duché de Milan estant estonné et dépourveu d'hommes, après une bataille perdue, il estoit apparant de le lever des mains de l'Empereur, horsmis le chasteau de Crémonne et celuy de Milan. Véritablement le marquis du Guast feit sonner le tabourin vingt jours avant qu'il y eust homme qui se voulût mettre en campagne, tant le païs estoit effroié. De prime-face, le Roy le trouva bon ; mais depuis il en fut diverty, parce que de jour en jour il avoit advertissement que l'Empereur assembloit son armée sur le Rhin, la plus grosse qu'il avoit jamais euë ; parquoy il ne se vouloit dessaisir de ses forces, mais plustost en tirer d'Italie pour venir secourir son païs. A ceste cause, il manda audit seigneur d'Anguien qu'il eust seulement à affamer Carignan, à ce que plus aisément il se peust aider des forces qu'il avoit au Piémont, pour la conservation de son royaume. Qui fut, ce me semble, chose assez mal digérée, car, si l'Empereur eust senty le duché de Milan esbranlé et en danger de perdition, veu mesmes les grandes partialitez lesquelles estoient au royaume de Naples, il eust esté contraint d'y convertir ses forces, pour plustost garder ce dont il estoit en possession, que d'essaier à conquérir celuy d'autruy, en hazard de ne riens gaigner.

Monseigneur d'Anguien, aiant eu ceste response de la volonté du Roy, advisa de chercher le moien de faire vivre son armée, laquelle n'avoit aucun paiement ; car ce peu d'argent qu'il avoit receu devant la bataille, le bailla aux Suisses pour les arrester : si est-ce que, leur baillant tout ce qu'il avoit, il leur demeura encores redevable de deux mois, sans le mois de la bataille. Parquoy il ordonna le seigneur de Thais, avecques les bandes françoises et environ deux cens hommes-d'armes de toutes compagnies, pour aller vivre sur le païs de l'ennemy, luy baillant six canons, avecques quelques autres pièces, pour se faire ouverture ; et luy, avecques le reste, repassa le Pau, et alla camper devant Carignan, sur le chemin tendant de Vimeuz audit lieu de Carignan, et fit faire tout autour d'icelle ville, depuis l'un des costez du Pau jusques à l'autre, des forts en divers lieux, pour empescher les saillies des assiégez. Ledict seigneur de Thais, partant de Ville-Destellon, où nous estions campez, s'en alla à Sainct-Damian, place du Montferrat, laquelle n'avoit encores obéy ny aux François ny aux Espagnols : toutesfois, se voiant sans espérance de secours ; elle se rendit, par condition qu'elle demeureroit en ses anciennes franchises, et n'auroit garnison que de François, et point d'Italiens. Suyvant laquelle transaction, y laissa deux enseignes de gens de pied françois ; puis, passant plus outre, print Montcallier par composition, qui est une place forte, au milieu du Montferrat. Pareillement il print Vignal, Pont-Desture, Sainct-Salvadour, Fresenet-de-Pau, qui est à deux milles au-dessous de Cazal : bref, tout le Montferrat se rendit à luy, pour l'effroy de la bataille que les Impériaux avoient perdue, horsmises Cazal, Trin et Albe.

Ce temps pendant, on avoit ordinairement du passetemps en escarmouches, lesquelles, depuis le dix-huictiesme jour d'avril jusques au vingtiesme de juing ensuivant, se dressèrent depuis soleil levé jusques à dix heures du matin, et depuis deux heures après midy jusques à soleil couché, entre la ville de Carignan et noz trenchées. Si est-il que la famine contraignit si extrêmement les assiégez, que de jour en autre aucuns d'eux se jettoient par-dessus le rempart pour chercher du pain ; si que finablement il leur fut nécessaire de demander grâce, pour laquelle impétrer, ils envoièrent leurs députez devers monseigneur d'Anguien, sçavoir est, le comte Félix, chef des Allemans, et Sainct-Nicquel, maistre-de-camp des Espagnols : ausquels ledit seigneur d'Anguien, voyant qu'ils avoyent faict leur devoir comme gens de guerre, leur feit telle grâtieuseté, qu'il les laissa aller avecques leurs armes, toutesfois sans enseigne ne tabourin, leur faisans faire serment, tant aux capitaines que soldats, de ne porter armes contre le Roy ne ses alliez de six mois ; et qu'ils passeroient delà la rivière d'Adde, sans repasser ençà durant lesdits six mois ; et que le seigneur Pierre Colonne, dedans huict jours, après qu'il auroit faict un voyage à Milan, viendroit en France se mettre entre les mains du Roy, pour y demeurer un an entier, si le Roy ne luy faisoit grâce ; ce que feit ledit Colonne. Tout ce qui leur fut promis leur fut tenu ; et furent ordonnez le seigneur de Langey et le seigneur d'Aussun, pour entrer dedans la ville, pour faire description de ce qu'ils y trouveroyent, car ils ne devoient emporter artillerie ne munitions. Quant aux vivres, ils n'eurent pas grande peine, parce qu'ils ne trouvèrent que deux pains de son, et n'y avoit un seul grain de bled, ny poix, ny febves, ny autre grain quelconque ; point de vin, de sel, de vinaigre ny d'huille. On pourroit trouver estrange pourquoy monseigneur d'Anguien ne les envoia en pourpoinct ; je respon qu'il estoit deu à noz Suisses trois mois sans celuy de la bataille ; mesmes noz François n'avoyent qu'un pain par jour pour tont payement, de sorte que les Espagnols, quand ils estoient à l'escarmouche, les appelloient soldats de la panoche. Lesdits Suisses, voyans que par composition nous pouvions estre dès l'heure seigneurs de la ville, vindrent devers monseigneur d'Anguien, luy faire entendre que, s'il n'accordoit ceste composition, le lendemain ils estoient délibérez de retourner en leurs païs, au cas qu'il ne leur fist payement de ce qui leur estoit deu ; parquoy, quelque remonstrance qu'il s'efforçast de leur faire, il fut contraint de leur accorder laditte capitulation, afin de les arrester. Par ce moyen, les assiégez sortirent en armes de Carignan, en bon ordre et bon visage ; mais n'avoient encores cheminé plus d'un mille, que mesme (le soleil les ayant échauffez) ils demourèrent si mattez, pour la pauvreté qu'ils avoient endurée, qu'ont fut contrainct de leur bailler charroy, non seulement pour porter leurs armes, mais aussi la pluspart des hommes.

Pour retourner à Hercules Visconte, lequel avoit esté dépesché par monsieur d'Anguien pour advertir les serviteurs du Roy, à Rome et à Venise, de l'issue de la bataille, incontinant après ledit advertissement, le comte de Pétillane, le sieur Pierre de Strozy, qui estoient venuz de France pour cest effet en habit dissimulé ; le comte George de Martinengue, le duc de Somme, le sieur Robert Maleteste, et autres plusieurs partiaux pour la part françoise, se mirent aux champs, faisans sonner le tabourin dedans Rome et autres lieux circonvoisins ; et se donnèrent assignation de se trouver ensemble à La Mirandole, pour marcher droict à Milan et se joindre avec monseigneur d'Anguien, car ils espéroient que le Roy ne feroit difficulté d'accorder audit sieur d'Anguien le secours qu'il avoit demandé, ainsi que par ledit Hercules Visconte ils avoient entendu. Quand ils furent tous ensemble, ils se trouvèrent dix mille hommes de pied, mais peu ou point de cavalerie ; ce nonobstant, marchèrent droict au Plaisantin, auquel ils furent bien recueillis partout, leur faisant fournir des vivres. De là marchèrent au Crémonnois, auquel lieu tous les Guelphes et bon nombre d'autres du duché de Milan prenoient les croix blanches. D'avantage, les Milanois estoient tellement estonnez, que, si l'armée qui estoit au Montferrat eût marché droit à Milan, dès le commencement, et se fust joincte avec l'armée du sieur Pierre Strozy, avant que le secours du duc de Florence y fust arrivé, il y a apparence qu'on luy eust ouvert les portes ; mais estans advertis, ledit Strozy et autres, que l'entreprise du sieur d'Anguien, de venir à Milan, estoit rompue, et se voyans dépourveus de cavalerie, resolurent de passer outre, pour se venir joindre avec ledit sieur d'Anguien, là par qu'il seroit ; et, parce que le marquis du Guast faisoit faire grande assemblée par le prince de Salerne et par le prince de Sulmonne, pour les faire attendre à quelque passage, mandèrent au sieur de Thais, qui estoit au Montferrat, qu'il leur envoyast, à jour nommé, de la cavalerie à Sainct-Raval, au passage de la rivière : ce que ledit sieur de Thais leur promist, et je le sçay, car j'en vy les lettres ; mais il n'en feit rien, je ne sçay pourquoy. Car estans arrivez, ledit sieur Strozy et les autres capitaines, et voyans delà l'eau une troupe de gens de pied et de cheval, envoyèrent leurs coureurs, lesquels les recogneurent pour ennemis ; toutesfois, considérans qu'ils ne se pouvoient retirer sans honte, se délibérèrent d'aller combattre les gens de pied qui estoient loing de la cavalerie, lesquels ils mirent en roupte ; mais, s'estans eslongnez du païs fort, qui leur estoit avantageux, ayans rompu leur ordre et s'estans jettez en campagne, en espérance d'avoir la victoire, ils furent chargez par les flancs de la cavalerie impériale, conduitte par le prince de Sulmonne, et furent rompus, dont il y eut plusieurs gens de qualité prisonniers, et peu de tuez ; et n'y mourut homme de nom, que le seigneur Valère Urcin : ceux qui se sauvèrent se retirèrent vers Quéras, et de là à Carignan. Cela advint environ la mi-juin, douze jours devant la reddition de Carignan entre noz mains. Il est apparant que si M. de Thais leur eust envoyé la cavalerie pour les soustenir, comme il avoit promis, les Impériaux eussent esté deffaicts, puisque, leurs gens de pied estans rompus, cent hommes-d'armes eussent parachevé la victoire.

Après avoir réduit la ville de Carignan en l'obéissance du Roy, monsieur d'Anguien despescha vers le Roy, tant pour l'advertir d'icelle reddition, que pour entendre sa volonté. Le Roy feit response audit sieur d'Anguien, que, pour se fortifier à l'encontre de l'Empereur et du roy d'Angleterre, lesquels desjà estoient en campagne et faisoient diligence d'assaillir ses païs, il luy renvoyast de Piémont six mille soldats françois des vieilles bandes, et six mille Italiens, pour résister à l'Empereur, lequel, pour la haine invétérée qu'il avoit d'entrer et ruiner ce royaume, avoit oublié ou bien dissimulé les injures que le roy d'Angleterre luy avoit faictes, et s'estoit ligué avec luy, combien qu'il eust asseuré le Pape que jamais il ne traitteroit alliance avec ledit roy d'Angleterre, ains luy seroit capital ennemy, jusques à ce qu'il eust réparé l'offence faicte à Sa Saincteté, d'autant qu'il s'estoit intitulé chef immédiat, après Dieu, de l'Eglise anglicane, et faisoit mourir ceux qui soustenoient l'authorité du Pape et de l'Eglise romaine, à cause, comme avez entendu cy-devant, que ledit Pape, à l'instigation de l'Empereur, l'avoit, pour la répudiation qu'il feit de la tante dudit Empereur, fulminé comme hérétique, et déclaré son royaume en proye à qui le voudroit entreprendre. Pour l'exécution de laquelle ligue, ledit Empereur devoit entrer par la Champagne, avec l'armée qu'il préparoit en Allemagne, la plus grande qu'il avoit encore euë, dont la pluspart estoit payée aux despens des Estats, tant catholiques que protestans, lesquels il avoit induits, principalement iceux protestans, soubs couleur qu'il disoit s'estre mis à plus que devoir envers le roy de France, pour assembler un concile, pour remettre l'Eglise en union, et réformer le Pape et les ministres de l'église ; mais que le Roy luy seul empeschoit ledit concile ; de sorte que, pour conclusion, il les avoit si bien endormis de ses mensonges accoustumez, que les protestans, qui jamais ne luy avoient adhéré, tant princes que villes impériales, s'estoient bandez avec luy, à leurs propres cousts et despens.

Quant au roy d'Angleterre, il devoit descendre à Calais (ainsi qu'il fit) avec toutes ses forces, et se devoit venir joindre à luy le comte de Bures, accompagné de dix mille lansquenets et de trois ou quatre mille chevaux allemans, et pareillement le comte du Reu, avec l'armée des Païs-Bas de l'Empereur ; et estoit leur intention de laisser les villes fortes derrière eux, et marcher droict à Paris ; puis, estans les forces de l'Empereur et les leurs mises ensemble (qui pouvoient estre, tant d'une part que d'autre, soixante et dix ou quatre-vingt mille hommes de pied, et dix-huict ou vingt mille chevaulx, et un nombre infiny d'artillerie, pouldres et autres munitions), ils contraindroient le Roy de les combatre à son désavantage, sinon qu'il leur permist de gaster son royaume à sa veuë.

Le roy d'Angleterre estant descendu à Calaiz, trouva la Picardie fort dépourveuë d'hommes, parce que le Roy avoit tiré ses forces vers la Champagne, d'autant que l'Empereur y devoit prendre son chemin, et avoit laissé le duc de Vendosme en Picardie, mal accompagné; et, ores qu'il eust cinq villes à pourvoir, sçavoir est, Ardres, Boulongne, Térouenne, Monstreul et Hédin, desquelles le roy d'Angleterre pouvoit assaillir celle qu'il luy plairoit, et aussitost l'une que l'autre, si n'avoit-il armée qui suffist pour les pourvoir, et moins à faire teste à l'ennemy où il seroit besoin : qui fut cause que le roy d'Angleterre changea le desseing qu'il avoit de passer droict à Paris sans s'attaquer aux villes, ains il envoya le duc de Norfolc, et avec luy le comte de Bures et le comte du Reu, assiéger Monstreul; et luy, huit ou dix jours après, vint assiéger Boulongne, dont le mareschal du Biez estoit gouverneur, et mesmes il estoit en Picardie lieutenant du Roy en l'absence de monseigneur de Vendosme, et avoit charge du Roy de pourveoir lesdittes cinq places. Lequel, voïant l'ennemy passer outre pour aller assiéger Monstreul, abandonna Boulongne et se mist dedans Monstreul, et avecques luy la compagnie de cent hommes-d'armes de monseigneur le connestable, conduite par son lieutenant le seigneur de La Guiche, homme bien expérimenté; le seigneur de Jenlis, avecques quatre enseignes de gens de pied françois; le comte Bérenger, neapolitain, avec mille hommes de pied italiens; le capitaine Francisque de Chiaramont, aussi neapolitain, avecques pareille charge ; laissant dedans Boulongne, contre l'opinion d'un chacun, pour chef, le seigneur de Verveins, son gendre, homme peu expérimenté, et le seigneur de Lignon, jeune homme, avec cinq cens hommes de pied; le seigneur d'Aix, surnommé de Renty, aussi jeune, et tous deux peu expérimentez; le capitaine Philippes Corse, homme de grande expérience; et le seigneur de Sainct-Blimont, porte-enseigne d'icelui mareschal du Biez, avecques la moitié de sa compagnie de cent hommes-d'armes. Dedans Ardes fut envoyé le seigneur de La Rochepot, lieutenant du Roy, avecques sa compagnie de gens-d'armes, lequel trouva ladite ville mal pourveuë, mais il y remédia si bien, qu'il n'en vint inconvénient.

Durant ce temps, l'Empereur estoit à Spire avec son armée, qui estant adverty que le seigneur d'Anguien, après sa victoire, s'estoit arresté en Piémont, et avoit laissé l'entreprise de Milan; laquelle ledit Empereur craingnoit, de sorte (à ce qui s'en est cognu depuis) que, si ledict seigneur d'Anguien l'eust poursuivie, il eust esté contrainct de convertir ses forces vers Italie et laisser France en repos, envoya le comte Guillaume de Fustemberg, avecques une armée, devant Luxembourg, laquelle ayant enduré le siége si long-temps que vivres y estoient faillies, le vicomte d'Estauges, chef d'icelle ville, fut contraint de capituler, par condition que luy et les soldats revindrent leurs bagues sauves. De là marcha ladite armée droict à Commercy, qui est un chasteau sur la Meuze, six lieuës par delà Ligny, et trois lieuës de Vaucouleurs; où, après avoir tiré quelques coups de canon, et faict brèche au droit de la grosse tour dedans laquelle estoient les munitions, les capitaines qui en avoient la charge, cognoissans la place n'estre tenable, la rendirent à l'Empereur, et s'en allèrent, leurs bagues sauves, où bon leur sembla. Partant de Commercy, l'Empereur vint assiéger Ligny en Barrois, où s'estoit mis le comte de Brienne, comte dudit lieu, et le comte de Roussi, son frère; le seigneur d'Eschenais, capitaine de cinquante hommes-d'armes, lequel y estoit envoyé par le Roy chef dedans ladite place; le seigneur de Gouzolles, escuier d'escuierie du Roy; et plusieurs autres capitaines, jusques à quinze cens hommes de pied, et environ cent hommes d'armes.

Ce temps pendant, le Roy faisoit diligence, pour résister à son ennemy, de faire marcher dix mille Suisses, six mille Grisons et six mille lansquenets, dont estoit capitaine-général le duc de Nevers, et les douze mille François et Italiens qu'il avoit tirez de Piémont, et gros nombre, tant de légionnaires que de soldats; tellement, que l'armée qu'il assembloit estoit de quarante mille hommes de pied de diverses nations, et environ deux mille hommes-d'armes et deux mille chevaux-légers; de laquelle il donna la charge à monseigneur le Dauphin, ayant avecques luy le duc d'Orléans son frère, et à monseigneur l'amiral d'Annebault la principalle conduitte pour l'administration du conseil desdits princes. Et, attendant que ses forces fussent assemblées pour faire teste et arrester l'ennemy, il envoya le comte de Sanscerre pour estre son lieutenant-général dedans Sainct-Disier, place qui estoit mal flanquée et mal remparée, et indigne d'attendre un camp impérial; toutesfois il entreprit d'y faire le devoir qu'il y feit, avec la compagnie de monseigneur d'Orléans, de cent hommes-d'armes, dont ledit comte de Sanscerre estoit lieutenant, et autres; le capitaine La Lande et le vicomte de La Rivière, ayant chacun mille hommes de pied.

Ce temps pendant, l'Empereur faisoit diligence d'approcher le chasteau de Ligny, pour y faire brèche; mais, parce que les assiégez ne se pouvoient tenir à leurs deffences, d'autant que ledit chasteau est commandé de deux ou trois montagnes, la brèche faicte, les assiégez furent conseillez de parlamenter, et, durant leur parlement, les ennemis entrèrent dedans par la porte du secours, et prindrent par derrière ceux qui estoient sur la brèche pour attendre l'assault, et les firent prisonniers, sans faire grand meurdre. Je ne sçay qui en fut le moyen, sinon que Bertheville, lieutenant du comte de Brienne, sortit le premier pour parlamenter : les chefs s'en deschargèrent l'un sur l'autre, mais la pluspart ne s'en sçauroit bien laver. Vray est que la place n'estoit pour endurer l'effort d'un empereur estant en personne; aussi n'estoient-ils menez à telle extrémité qu'elle ne méritast une honeste composition; et aussi des principaux de la compagnie avoient asseuré le Roy qu'elle estoit gardable, et luy avoient promis de la garder; mais, à vray dire, je pense que ces prométeurs se persuadoient que l'Empereur prendroit autre chemin, et vouloient avoir l'honneur de l'avoir entrepris : plusieurs en sont ainsi déceus, se fians à leurs advertissemens, qui ne sont certains; j'en ay veu plusieurs expériences. Le Roy, ayant entendu la prinse dudit Ligny si soudaine, envoya incontinant dedans Challons en Champagne monseigneur de Nevers, avecque quatre cens hommes-d'armes et cinq ou six mille hommes de pied; puis ayant entendu que l'Empereur s'estoit attaqué à Sainct-Disier, manda à monseigneur le Dauphin de s'en aller camper sur la rivière de Marne, en tel lieu qu'il peust empescher l'ennemy de marcher plus avant en païs. Suivant lequel mandement, mondit seigneur le Dauphin envoya visiter les lieux les plus commodes; et fut conclud, par l'advis des capitaines, de se loger à Jallon, qui est environ mi-chemin d'Espernay et de Challons, deçà l'eau, auquel lieu le vindrent trouver les bandes venans de Piémont, tant françoises qu'italiennes, bien armées et en bon équipage, et bien délibérées de combatre, lesquelles monseigneur d'Anguien avoit envoyées suivant le mandement du Roy.

Naguères je vous ay dit comme le seigneur Pierre Strosse fut défaict, si est-ce que, sa personne s'estant sauvée, retourna à La Myrandole, auquel lieu luy et le duc de Somme, qui avoit esté prisonnier en icelle défaicte, mais avoit esté relasché par le prince de Salerne, son parent, qui craignoit que, s'il tomboit entre les mains de l'Empereur il fust maltraitté, firent nouvel amas de six mille hommes de pied, et délibérèrent de passer par le duché de Milan, en despit des Impériaux, pour se venir joindre à monseigneur d'Anguien, lequel estoit despourveu de forces : car, outre les douze mille hommes, tant françois qu'italiens, lesquels on luy avoit levez, tous ses Suisses, horsmis, deux mille, avoient esté licentiez, ayans obligation d'estre payez en leur païs. Le marquis du Guast, estant adverty de ceste nouvelle assemblée, amassa le plus d'hommes qu'il luy fut possible, tant de cheval que de pied, pour empescher ledit passage; de sorte que ledit seigneur Pierre fut contrainct, parce qu'il n'avoit aucune cavalerie, d'abandonner la pleine et venir du Parmezan passer par les montagnes des Génevois, où il endura beaucoup de peines et de travaux; mais, ayant nouvelles que ledit marquis l'attendoit à la descente des montagnes, il envoya par espions advertir monseigneur d'Anguien de son passage et du chemin qu'il entreprenoit de faire, lesquels le trouvèrent à Turin, où il s'estoit retiré, parce qu'il n'avoit gens que pour la garde de ses places. Au mesme instant, ledit seigneur d'Anguien eut pareillement advis par le seigneur de Cental, gouverneur de Quéras, comme le marquis, pour estre plus fort pour combatre ledit seigneur Pierre, avoit tiré les garnisons de toutes ses places, y laissant seulement gens pour la garde de la porte, mesmes qu'il n'estoit demouré dedans Albe que le seigneur Chiapin Mantuan, gouverneur du lieu, avec environ cent ou six vingts hommes.

Ayant eu ces nouvelles, ledit seigneur d'Anguien, encores qu'il fust foible d'hommes, et qu'il n'eust un escu, mesmes qu'il feust deu aux Suysses qui luy restoyent leur payement de quatre mois, se prépara toutesfois à deux entreprises tout ensemble, c'est-à-dire, de surprendre Albe, et de secourir le seigneur Pierre Strosse. Et, à telle heure tel disner, despescha le seigneur de Montañé pour aller a un petit chasteau, nommé le Chastelet, lequel il tenoit au delà d'Albe, tirant le chemin de Savonne et du païs des Langues, et trouver moyen d'advertir ledit seigneur Pierre qu'il eust à prendre le chemin dudit Chastelet, et puis de là en Albe, qui estoit chemin que l'ennemy n'estimeroit jamais qu'il deust prendre; et que audit lieu d'Albe il trouveroit ledit seigneur d'Anguien avecques toutes les forces, tant de cheval que de pied, qu'il pourroit mener pour le recueillir. Ce faict, alla au giste à Carmagnolles, pour faire marcher les Suisses qui y estoient ; ce qu'ils refusèrent, par faulte de payement, remonstrans qu'il n'y avoit moyen de mener les compagnons sans argent, veu le long temps qu'il y avoit qu'ils estoient abusez. Mais enfin leur fut promis de leur donner vivres sans payement, jusques à ce qu'ils fussent de retour à Carmagnolles ; qui estoit tout ce que mondict seigneur d'Anguien pouvoit offrir, pour n'avoir un seul escu en tout son camp, joinct les persuasions qu'il leur feit de l'accroissement de l'honneur qu'ils auroient de faire teste, avec la petite trouppe qu'ils estoient, à un lieutenant d'empereur, après mesmes avoir vaincu en bataille les lansquenets, qui estoient deux contre un, les asseurant pareillement que la cavallerie françoise mourroit plustost que les abandonner. Les Suisses, fléchiz par les remonstrances de monseigneur d'Anguien, accordèrent de marcher ; et alasmes coucher à Somme-Rive, le lendemain à Quéras, auquel lieu les Suisses firent difficulté de marcher outre, s'il ne leur estoit presté cinq cens escus pour enseigne ; ce qui leur fut accordé : et pour les trouver, le seigneur de Cental trouva quinze cens escus sur les bagues de sa sœur, femme du seigneur de Montaflé ; le capitaine Fausperg, suisse, en presta mille, et outre bailla cinq cens escus à sa bande, aussi le capitaine Fourly feist pour la sienne : somme ne restoit que pour l'enseigne de Sainct-Julian, qui estoit colonel. Parquoy fut conclu de partir avant le jour, pour marcher à Albe ; mais à minuict ledict seigneur de Sainct-Julian vint à mon logis, à ce que j'advertisse monseigneur d'Anguien que les compagnons estoient mutinez, et qu'ils n'estoient délibérez de marcher ; mais, après que je me fus bien enquis, je trouvay que luy-mesmes les avoit mutinez, et n'y eut ordre si soudain d'y pourveoir : parquoy monseigneur d'Anguien, ayant nouvelles que le seigneur Pierre seroit à midy à Albe, craignant que le retardement n'amenast secours à ceux d'Albe, s'estant mis en chemin, les Suisses eurent vergongne de demeurer ; parquoy, en despit de leur colonel, marchèrent après nous, et arrivèrent devant la ville, environ jour couché, que nous commencions à faire aproche.

En nostre armée y avoit la compagnie de cinquante hommes-d'armes de monsieur d'Anguien, les chevaux-légers du seigneur Francisque Bernardin, et environ cent chevaux du seigneur More de Novate, et n'y avoit que quatre canons mal équipez, dont le seigneur de Beine en avoit presté deux ; car nous n'avions moyen d'en amener de plus loing ; semblablement nous n'avions un seul pionnier, par faute d'argent, et si ledit sieur de Beine n'eust faict conduire à ses despens lesdits canons, nous n'eussions eu moien de les mener, tant nous estions desnuez d'argent, et moy-mesmes avoy jà emprunté trente mille escus à Turin, lesquels avoient esté employez pour arrester noz Suisses durant le siége de Carignan. Dès le soir mesmes, nous achevasmes noz approches de si peu d'artillerie que nous avions, de sorte qu'à soleil levé se commença la batterie du costé de la porte qui est devers la montagne de delà l'eau, où fut faict un trou paravanture de dix pieds de long : mais le seigneur Chiapin, voyant de tous costez de la ville les gens du seigneur Pierre et du duc de Somme faire mine de vouloir donner escalade, et les autres se préparer pour donner l'assault à la petite brèche, laquelle ne se pouvoit faire guères plus grande, à cause que deux de noz canons estoient démontez, s'estonna ; de sorte qu'il rendit la place, s'en allans seulement luy et les soldats sans riens emporter, où bon leur sembleroit. Il fault entendre que les soldats du seigneur Pierre n'avoient souliers en pied, pour les avoir usez parmy les montagnes.

Le marquis du Guast, ayant esté adverty de nostre arrivée en Albe, estoit venu avecques son armée en toute diligence pour secourir sa ville, de sorte que les coureurs impériaux, à l'heure que ceux qui estoient ordonnez pour prendre possession de la ville entroient dedans, donnèrent sur nostre guet de cheval ; mais, alans eu congnoissance de la perte de la ville, s'en retournèrent plus légèrement qu'ils n'estoient venuz, horsmis quelques-uns, qui furent prins par le seigneur d'Aussun : qui fut cause que le marquis ne marcha plus avant, estant frustré de son espérance, Parquoy le seigneur d'Anguien demeura possesseur de la ville, dedans laquelle il mist pour chef le seigneur Corneille Bentivolle, avecques deux mille Italiens ; puis il se retira à Carmagnolles, après avoir mis en son obéyssance la plus grande part des chasteaux du païs des Langues. Quelque peu de temps après, le marquis du Guast feit pratiquer par le gouvernement d'Alexandrie une suspension d'armes, jusques à ce qu'ils eussent envoyé devers le Roy et l'Empereur, pour sçavoir si Leurs Majestez auroient agréable de conclure une trefve ; ce qu'ils accordèrent, après avoir eu le consentement des deux Majestez pour trois mois.

Revenons en Champagne : l'Empereur, ayant entre ses mains le chasteau de Ligny, y laissa garnison, d'autant que c'estoit le chemin des vivres qui luy venoyent de Mets et de Lorraine, pour tirer à Sainct-Disier, où il tendoit aller ;

et, ayant mis ordre à la seureté de la conduite d'iceux vivres, dressa son chemin audict Sainct-Disier, cinq lieuës au-deçà de Ligny, sur la rivière de Marne, et y arriva environ le huictiesme jour de juillet 1544. Le comte de Sancserre, le sentant approcher, envoya au-dessus de la ville, tirant aux forests, rompre quelques estangs, qui empeschèrent que de ce costé, pour quelque temps, l'Empereur ne peust approcher; qui fut cause qu'il tourna son siége ailleurs pour faire sa batterie. Aussi le comte de Sancserre jetta dehors le seigneur de Telligny, guidon de sa compagnie, avecques vingt-cinq chevaux, pour entendre des nouvelles; lesquels ramenèrent dix ou douze prisonniers, qui luy donnèrent advertissement que l'ennemy, lequel, incontinant qu'il fut arrivé devant Sainct-Disier, feit diligenter en toute extrémité les approches du costé d'entre les moulins et la porte qui souloit tirer droit en Parthois et à Vitry. Ce pendant, monseigneur le Dauphin dépescha le seigneur de Brissac, général de la cavallerie-légère, et environ deux mille hommes de pied, tant françois que italiens, pour se loger à Vitry en Parthois, cinq lieuës près dudit Sainct-Disier, mi-chemin dudit lieu et de Challons, afin de tousjours donner empeschement à l'Empereur et à ses vivres, et aussi pour le tenir en crainte de donner assaut. Or est ledit lieu de Vitry une petite ville mal fermée, et un petit chastelet qui est sur une pointe de montagne, et passe par le milieu d'icelle ville une rivière venant de Ligny à Bar-le-Duc, puis se décharge au-dessous de Vitry en la rivière de Marne.

L'Empereur, voiant ordinairement son camp fort travaillé de nostre cavallerie-légère qui estoit à Vitry, laquelle de jour en autre destroussoit ses fourrageurs, dont advenoit grande nécessité de vivres en son camp, délibéra les en déloger, et, pour cest effect, despecha dom Francisque d'Est, frère du duc de Ferrare, général de sa cavallerie-légère, avecques toute sa troupe, et le duc Maurice de Saxe, avecques douze cens chevaux allemans, et le comte Guillaume de Fustamberg, avecques huict ou dix mille lansquenets, et de l'artillerie pour suivre ladite cavallerie. Et estoit leur entreprinse que la cavallerie passeroit la rivière de Vitry, à un village nommé Changy, à une lieuë françoise au-dessoubs dudit Vitry, pour se trouver sur le chemin de Challons, à ce que, si les François se vouloyent retirer vers ledict Challons, ils les peussent rencontrer en teste, et, s'ils se retiroyent audit lieu de Vitry, le comte Guillaume venoit avecques l'artillerie pour les forcer. Mais le jour les surprint avant qu'ils fussent à Changy, où ils trouvèrent vingt chevaux de guet de la compagnie du seigneur de Langey, laquelle estoit conduitte par le seigneur de Marville, Cathelin Raillart, son lieutenant, à cause que ledict seigneur de Langey estoit en Piémont. Lequel Marville, ayant découvert les coureurs des ennemis, qui vouloient recongnoistre le passage, se ferma au bout du pont; aussi firent les ennemis attendans leur grosse trouppe; et, ce pendant, ledict Marville advertit La Motte Gondrin, capitaine de chevaux-légers, lequel, estant arrivé, passa l'eau pour combatre les coureurs des ennemis; mais il fut chargé de telle furie, qu'il fut renversé, et luy fort blessé et repoussé jusques où estoit la compagnie du seigneur de Langey; laquelle, voyant sur leurs bras cinq ou six cornettes de chevaux-légers, commencèrent, tousjours en combattant, à faire leur retraitte vers Vitry, non sans qu'il en demeurast dix ou douze prisonniers, et plusieurs blessez; et les Albanoys qui estoyent logez près ladite compagnie, oyans l'alarme, se retirèrent vers Challons, tous esbandez. Estans lesdits chevaux-légers rassemblez près de Vitry, trouvèrent la bande du sieur de La Hunaudaye, conduite par Michel Ange, son lieutenant, qui leur feit espaule, et se retirèrent ensemble, tousjours combatans, jusques à Vitry; auquel lieu estans arrivez, trouvèrent le seigneur de Brissac avecques quelques arquebouziers de la bande de Sainct-Petre Corse, dedans des vignes, lesquels soustindrent à coups d'arquebouse l'ennemy; qui leur vint bien à propos, autrement ils eussent esté défaicts. Ledit seigneur de Brissac, voiant la force n'estre sienne, délibéra sa retraitte, et print le chemin de la rivière de Marne, pour se retirer à Challons, ou à mi-chemin. Monsieur de Nevers avoit envoyé trois ou quatre cens hommes d'armes, qu'il avoit jettez hors de la ville pour soustenir noz gens; mais ils ne les rencontrèrent, d'autant qu'ils avoient prins le chemin de la chaussée; parquoy le seigneur de Brissac, ayant passé la rivière avecques si peu de chevaux-légers qui luy estoyent restez, meit la moitié de ce qu'il avoit sur la main dextre, et luy sur la gauche, et envoia quelque nombre de piquiers et d'arquebouziers au passage de la rivière, pour soustenir. Mais soudain l'ennemy esbanda sept ou huict cens pistoliers, et autant de chevaux-légers, et bon nombre d'arquebouziers à cheval, lesquels contraingnirent Sansac, qui estoit demeuré sur la queuë, de donner dedans le vilage où estoit le passage; qui porta grand ennuy à noz gens de pied, car l'ennemy les trouva en désordre, rompus par noz gens mesmes, et les tailla en pièces, hors une partie qui se retirèrent en une église; lesquels se voulans rendre, arrivé que fut le comte Guillaume, après leur avoir présenté le canon, et faict battre l'église, y feit mettre le feu, et furent tous bruslez là dedans. Ce temps pendant, le seigneur de Brissac faisoit sa retraitte, tousjours tournant sur son ennemy quand l'occasion se présentoit; de sorte qu'il fut deux fois prins et deux fois recoux, si que sa vertu et conduitte vainquit la force, car, en combatant obstinément, se retira près de Challons. Les Impériaux se logèrent la nuict à Vitry, puis, laissans le comte Guillaume, tant dedans la ville que au chasteau, pour favoriser leurs fourrageurs, se retirèrent en leur camp devant Sainct-Disier, auquel lieu l'Empereur continuoit son siége, et cherchoit tous les moyens possibles pour endommager les assiégez.

Le comte de Sancserre, lequel estoit dedans, advisoit diligemment à se conserver, et départit les quartiers, afin que chacun sceust où il devoit combatre. Au vicomte de La Rivière bailla la garde du boulevert de la Victoire, qui est à la porte qui tire à Parthe, avecques l'une de ses enseignes; et à son autre enseigne, la garde depuis ledit boulevert jusques à la plateforme qui tire vers Sainct-Mennehou; et, depuis laditte platteforme jusques au chasteau, ordonna une autre enseigne; et dedans ledit chasteau, le capitaine Neufvillette, l'un des lieutenans du capitaine La Lande, de l'une de ses enseignes; et aussi, depuis ledit chasteau jusques au boulevert où estoit le vicomte de La Rivière, furent ordonnez deux cens hommes de pied estans sous la charge du seigneur de Dourriers, lequel avoit esté prins dedans Ligny. Et en chacun desdits quartiers fut ordonné dix hommes-d'armes; et puis, pour la garde de la place et secourir où il seroit besoing, vingt hommes-d'armes et cinq cens hommes du capitaine Ricarville, desquels il avoit la charge, sous le capitaine La Lande. Aussi l'Empereur, estant logé près de la Justice, fit approcher ses Espagnols entre la ville et la rivière, en un fonds auquel ils ne pouvoient estre offensez de l'artillerie de dedans. Lesquels, après avoir faict leurs trenchées droit à la poincte du boulevert de la Victoire, mirent deux bandes d'artillerie en batterie, l'une qui battoit depuis ledit boulevert jusques à la porte qui descend aux moulins, et l'autre du costé de Parthe, laquelle battoit en flanc; mais le comte de Sancserre, voyant la diligence qu'ils faisoyent, feit venir les vingt hommes-d'armes et l'enseigne de Ricarville, qui estoyent à la place pour remparer au lieu de la batterie que les ennemis faisoyent.

Pareillement, voiant l'Empereur que noz gens faisoient ordinairement des saillies par devers le chasteau, envoya le prince d'Orenge avecques dix-huict enseignes d'Allemans et six grandes coulevrines, pour de ce costé battre dedans la ville, et empescher lesdittes saillies; lequel se logea à la forge, vis-à-vis du chasteau, près du pont qui est sur la rivière de Marne. Estant arrivé à ladite forge, trouva moyen de divertir les eauës hors du fossé de la ville; dont il meit les assiégez en nécessité d'eaue, car ils n'avoyent plus que trois puis, qui malaisément pouvoient fournir aux gens de guerre. Cependant aussi l'Empereur faisoit continuer sa batterie; mais estant le capitaine La Lande travaillé d'avoir remparé tout le jour, et s'estant retiré dedans son logis pour se refreschir, un coup de canon, passant par la brèche et tout à travers la ville, luy emporta la teste; qui fut grand dommage, car il estoit vaillant homme et beaucoup expérimenté; de quoy le comte de Sancserre adverty, feit ce jour céler sa mort, craingnant estonner ses soldats. Ce jour mesmes, le prince d'Orenge estant party de la forge où il estoit campé, et estant ès trenchées pour aller visiter l'Empereur, un coup de coulevrine venant de la ville, donna sur le haut d'icelles trenchées, où avoit force pierres, dont les esclats frappèrent ledict prince d'Orenge, de sorte qu'il en mourut, au grand regret de l'Empereur et des Impériaux.

Deux jours après, l'Empereur, voyant que la brèche estoit raisonnable, délibéra faire donner l'assault, et, pour cest effect, sur les neuf heures du matin, feit préparer son armée. Les Espagnols, craingnans que les Allemans voulsissent avoir l'honneur d'assaillir les premiers, soudain, sans autre commandement, dix-huict enseignes des leurs donnèrent droict à la brèche, auquel lieu ils combatirent main-à-main contre les assiégez une grande heure. L'Empereur, sçachant les Espagnols estre à l'assault, feit haster de marcher neuf ou dix mille Allemans pour les soustenir; toutesfois noz gens, à force de bien combattre, repoulsèrent les Espagnols du hault de la brèche en bas; puis après, l'Empereur envoya sept ou huict cens hommes, tous ayans casaques de velous et la bourguignotte en teste, lesquels furent soustenus comme les premiers, et renversez dedans les fossés. De rechef il feit renouveller l'assault de huict enseignes d'Allemans, avec force petits barils de poudre, lances, et autre artifice de feu; lesquels feirent si bien leur prouffit, qu'ils laissèrent dedans la fossé tous lesdits artifices, avec sept ou huict cens hommes morts, qu'ils perdirent aux trois assaulx. L'Empereur, considérant la vertu des assiégez, mesme qu'il avoit perdu grand nombre d'hommes et des plus expérimentez, feit retirer chacun en son lieu. Telle fut la fin dudit assault, lequel avoit duré depuis les neuf heures du matin jusques à quatre heures après midy. Le comte de Sancserre y eut son espée, qu'il tenoit au poing, emportée d'un coup de canon, sans luy faire autre mal, sinon quelque blesseure au visage de quelque petits esclas, mais il perdit à la brèche trente ou quarante, tant hommes-d'armes qu'archers, et deux cens hommes de pied. Peu de jours après ledit assault, l'Empereur envoya un trompette pour sonder la volonté des assiégez, estimant qu'eux, après avoir faict leur debvoir, se contenteroient d'une composition honorable; mais les assiégez ne voulurent jamais escouter ledit trompette, à ce qu'il ne peust donner estonnement aux soldats, et leur faire changer la bonne opinion en laquelle ils estoient de faire leur debvoir.

Le comte de Sancserre, après avoir assis son guet, assembla tous les capitaines, spécialement Hiéronyme Marin, boullenois, fortificateur, pour délibérer ce qu'ils avoient à faire. Finablement, il fut conclud que la nuict ledit Hiéronyme, et le capitaine Ricarville accompagné de vingt de ses soldats, descendroient dedans le fossé, pour escarper la brèche : ce qu'ils feirent, et rapportèrent quand et eux grand nombre de pouldres que les Allemans y avoient laissées, qui servirent bien à noz arquebousiers, car ils commençoient d'en avoir faulte; pareillement fut faicte telle diligence de remparer la brèche, qu'elle estoit au matin plus forte que devant. Quoy voyant, l'Empereur feit cesser la batterie pour tenter la sappe, et feit en diligence commencer des trenchées pour aller droict au boullevert de la Victoire; et aussi du costé de la brèche commença une platte-forme de dix-huit gabions de front, sur lesquels, quand ils estoient emplis, on en dressoit d'autres jusques à tant que la hauteur fust convenable. Ceux qui besongnoient pour venir sapper le boullevert, estans leurs trenchées desjà près dudit boullevert, trouvèrent une grosse source de fontaine qui les empeschoit de passer outre; mais les assiégez, voyans jetter l'eau hors de laditte trenchée, soupsçonnèrent que les ennemis vouloient miner ou saper, et, pour en sçavoir la vérité, ils mirent la nuict dehors un gentilhomme nommé le capitaine Limières, normaut, avec quelques hommes, lequel feit si bien son devoir, qu'il feit abandonner aux Espagnols la garde desdittes trenchées, et les visita de bout en bout, et ramena quelques pionniers dedans la ville pour dire des nouvelles; le reste fut taillé en pièces.

Durant que le siége estoit devant Sainct-Disier, monsieur d'Aumalle, fils aisné du duc de Guise, estoit dedans Stenay, ville, comme j'ay dit, sur la Meuze, avec cent cinquante hommes-d'armes et quelque nombre de gens de pied; lequel, outre ce qu'il avoit délibéré de la garder si l'Empereur la venoit assaillir, portoit grand dommage au camp impérial, car ordinairement il estoit à cheval, et rompoit les vivres à l'ennemy, principalement ceux qui luy venoient de Barleduc, de sorte que ses détrousses véritablement apportoient grande fascherie à l'Empereur.

Environ dix-huit jours après ledit assault, un tabourin françois, estant allé au camp impérial pour quelques prisonniers, apporta au comte de Sancserre unes lettres en chiffres, lesquelles luy avoient esté baillées en secret par un homme interposé et à luy incogneu, qui disoit avoir charge de monsieur de Guise de les faire tenir secrettement audit comte; lequel les ayant receuës et faict déchifrer, feit assembler les capitaines pour en ouir la substance : c'estoit que monsieur de Guise escrivoit que le Roy, sçachant l'extrémité de vivres et de poudres en laquelle ils entroient, leur mandoit de trouver moyen de faire composition si honnorable que les hommes fussent sauvez, parce qu'il n'y avoit ordre de les pouvoir secourir. Or avoit le seigneur de Granvelle faict surprendre un pacquet, dedans lequel fut trouvé l'alphabet du chiffre que ledit seigneur de Guise avoit avec le comte de Sancserre, sur lequel il avoit contrefaict laditte lettre, au nom dudit seigneur de Guise. Le comte et les autres capitaines, n'ayans cognoissance de ceste falsité, furent en diverses opinions; mais enfin, ayans respect au grand travail que les soldats avoient porté, pour avoir esté assiégez par l'espace de six sepmaines, et que les vivres et munitions leur commençoient à défaillir, de sorte que malaisément eussent-ils eu poudres pour soustenir encores un assault, conclurent de tenter la volonté de l'Empereur, et envoyèrent un trompette au camp impérial, afin d'obtenir saufconduit pour envoyer un gentilhomme devers l'Empereur; ce qui leur fut accordé. Et puis après, par l'advis des capitaines, fut ordonné pour y aller Jacques de La Chasteigneraye, seigneur de La Chenvaire, lieutenant dudit comte de Sancserre : lequel Chenvaire, cognoissant les capitulations que l'Empereur vouloit faire trop rigoureuses, se retira sans rien conclure ; mais enfin, après avoir esté par trois fois assemblez pour ladite capitulation, fut accordé douze jours de trefves, et qu'il leur seroit baillé saufconduit pour envoyer devers le Roy, sçavoir si dedans ledit temps il les envoiroit secourir, ou si la capitulation luy seroit aggréable ; et au cas que non, ils demoureroient en leur entier ; aussi, où il l'auroit aggréable, et que dedans le temps ils ne fussent secourus, lesdits assiégez rendroient la ville entre les mains de l'Empereur, et s'en iroient, à sçavoir, la cavalerie avec leurs armes et chevaux, enseignes desployées et armet en teste ; les gens de pied, avec leurs armes, marchans en bataille, enseignes desployées et tabourin sonnant ; et qu'ils ameneroient leurs bagues, et quatre pièces d'artillerie, au chois des assiégez, avec leur équippage.

L'occasion de ceste capitulation, véritablement tant avantageuse et honnorable pour les assiégez (lesquels avoyent arresté l'un des plus grands empereurs qui ait esté depuis Charlemaigne, avecques toutes les forces de l'empire occidental, devant une place non fortifiée, laquelle n'avoit jamais eu réputation que d'une ville champestre), provenoit de ce que l'Empereur vouloit oster au roy d'Angleterre les moyens de se plaindre, à cause qu'il estoit campé devant Boulongne et Monstreul, s'excusant de ce qu'il ne passoit outre, sur ce qu'il estoit dit par leur traitté, que l'Empereur et luy marcheroyent sans s'arrester ailleurs, pour assembler leurs forces près de Paris, et contraindre le Roy de les combattre à son désavantage ; sinon, qu'il permist ruiner ses païs et subjets à sa veuë. Car l'Empereur cognoissoit bien la nécessité desdits assiégez, et le peu d'apparence de leur secours, et mesmes que dedans quinze jours, pour le plus tard, il les auroit par famine ; mais aussi considéroit-il combien luy estoit malaisé luy seul, et ores qu'il eust esté accompagné de l'Anglois, selon leur desseing, de destruire ce royaume, non comprins qu'il avoit en barbe l'armée gaillarde, dispose et bien délibérée, de monseigneur le Dauphin, lequel, après luy avoir laissé consommer la sienne, le tiendroit la corde au col, dont luy adviendroit plus de perte et de honte plus reprochable, que celle tant insigne qu'il avoit receuë en Provence. Parquoy, voulant l'Empereur faire cognoistre qu'il ne tiendroit à luy que le traitté qu'il avoit avecques le roy d'Angleterre ne fust accomply, accepta ceste capitulation, espérant attirer ledit roy d'Angleterre, et se renforcer de son armée, pour ensemblement tenter l'exécution de leur entreprinse. Or, par incident je vous diray que, au commencement de ceste entreprinse, le plus grand nombre du conseil du roy d'Angleterre estoit d'avis qu'il devoit faire sa descente en Normandie (comme avoyent fait ses prédécesseurs), et qu'estant son armée de trente mille hommes, faisant sa descente en trois divers lieux, et en chacun lieu dix mille hommes, et ayant liberté, et trouvant le pays despourveu de gens de guerre, ce pendant que le Roy et toutes ses forces se seroit amusé contre une si grande armée qu'estoit celle de l'Empereur, et contre l'armée que conduisoit monsieur du Reulx et le comte de Bures, pour faire descente en Picardie, il se pourroit investir du duché de Normandie, l'estimant l'ancien héritage d'Angleterre. Mais Dieu, qui a tousjours voulu conserver ce royaume, le feit changer d'opinion, et entreprint de conquérir Boulongne et Monstreul, qui a esté la ruine par après du royaume d'Angleterre, ainsi que l'on pourra cognoistre par ceux qui par cy-après escriront des choses advenues du règne du roy Henry à présent régnant.

Le Roy, ayant entendu le traitté des assiégez, lequel estoit mis sur sa discrétion, le tint pour agréable : tellement qu'ils mirent ès mains de l'Empereur ladicte ville de Sainct-Disier, et en sortirent en l'ordre et selon qu'ils avoyent capitulé. Et, parce qu'il prévoyoit que ledit Empereur prendroit son chemin le long de la rivière de Marne, manda à monseigneur le Dauphin de renforcer monsieur de Nevers qui estoit dedans Challons, tant d'hommes que de vivres et autres munitions, parce qu'elle estoit peu fortifiée, et qu'il estoit besoing de la garder par la force et vertu des hommes ; au reste, qu'il se fortifiast le long de ladicte rivière, et donnast telle provision à ses affaires, que, si l'ennemy entreprenoit de la passer, il peust le combattre à son avantage à demy-passé, luy deffendant de hazarder autrement la bataille, pour l'importance que c'estoit, s'il l'eust perdue au milieu de son royaume, ayant en son dos un tel ennemy que le roy d'Angleterre ; chose qui fut diligemment observée par mondit seigneur le Dauphin. Vray est qu'il eût bien désiré avoir en sa compagnie monsieur le connestable de Montmorency, qui estoit retiré en sa maison, pour user de son conseil ; et pour cest effect envoya devers le Roy, lequel trouva fort mauvaise ladite requeste de son fils, pour la haine qu'il portoit audit connestable, et en voulut grand mal aux capitaines qui estoyent près de son fils. Pendant que le roy d'Angleterre tenoit le siège devant Boulongne et Monstreul, ordinairement se feirent de belles entreprinses ; et entre autres monseigneur le duc de Vendosme, adverty que de Sainct-Omer et Aire devoit partir un avitaillement pour amener audit siége de devant Monstreul, délibéra de le destrousser, passant par le Boulonnois. Estant party pour cest effect, eut advertissement par les chemins, que l'ennemy avoit à la conduitte dudit envitaillement huict cens chevaux et douze cens lansquenets, lesquels menoyent quant et eux quatre coulevrines moyennes, pour se fortifier, si par les chemins ils estoyent assaillis. Ledit seigneur de Vendosme, après avoir esté trois grandes lieuës au trot, ayant l'homme-d'armes l'armet en teste et la lance sur la cuisse, envoya le sieur de Villebon avec sa compagnie, le sieur d'Estrée, et d'Esgvilly, pour attaquer les ennemis, et les amuser ce pendant qu'il arriveroit, et mena quand et luy sa compagnie de cent hommes-d'armes ; le sieur de La Chastaigneraye, avec cinquante de monsieur le Dauphin ; et le sieur de Senerpont, avec pareille charge : lesquels, arrivans près des ennemis, les chargèrent de sorte qu'ils furent rompus et mis à vau de routte ; et sans les morts furent menez dedans Thérouenne huict cens prisonniers, et deux coulevrines moyennes ; les autres deux demeurèrent, à cause du rouage qui estoit rompu ; et y furent gaignez quatre enseignes de gens de pied allemans. Ledit sieur avoit laissé sur sa queüe la compagnie de monsieur de Créqui, et celle de monsieur de Heilly, de cent hommes-d'armes, pour le soustenir, mais il n'en eust besoing. L'Empereur, voulant suyvre son entreprinse, partit de Sainct-Disier, y laissant bonne garnison, et vint loger le lendemain à Vitry en Parthois, auquel lieu il eut nouvelle que le roy d'Angleterre, quelque promesse qui fust entre eux, n'estoit délibéré de passer outre, qu'il n'eust mis en son obéissance Boulongne et Monstreul. Cela diligemment considéré par l'Empereur, et que si luy seul marchoit plus avant en païs (estans desjà ses soldats déhallez pour le travail et faute de vivres qu'ils avoyent souffert devant Sainct-Disier, et que pareillement ils souffroyent), la faim suffiroit pour le combattre, sans les forces du Roy, lesquelles il voyoit gaillardes et sur le point de prospérer, pour le contraindre ainsi qu'ainsi de faire honteusement sa retraitte, il commença à gouster quelques pourparlez qui avoyent esté mis en avant durant le siége de Sainct-Disier, d'une paix entre le Roy et luy, par le moyen de son confesseur et du seigneur de Granvelle, avecques quelques serviteurs du Roy : chose où ledit Empereur estima pouvoir honnestement entendre sans en communiquer au roy d'Angleterre, attendu que desjà il avoit failly de promesse, et qu'il doutoit (outre ce qu'il cognoissoit bien que si ledit roy d'Angleterre prenoit Boulongne et Monstreul, la conqueste ne seroit que pour luy) que par après, se sentant fort deçà la mer, il luy fust plus difficile quand ils auroyent à traitter ensemble : si est-ce qu'avant passer plus outre, il envoya sommer ledit roy d'Angleterre de se venir joindre, suyvant leurs traittez, au lieu qu'ils avoyent conclud. Mais véritablement l'Empereur ayant considéré l'arduité de son entreprinse, dès son arrivée en France, avoit, en passant et sans se déclarer, introduit iceux propos, mais du depuis les avoit cachez, les réservant pour s'en servir alors que la nécessité en laquelle il estoit réduit le contraindroit. Et, après avoir pensé à la proximité de sa ruine, feit poursuyvre chaudement ce qu'il avoit prémédité touchant la paix, de sorte qu'il fut prins jour d'assembler les députez, tant de la part de l'Empereur que du Roy, au lieu de La Chaussée, mi-chemin de Challons et de Vitry. De la part du Roy furent députez pour cest effect Claude d'Annebault, amiral de France, et le seigneur de Chemans, garde des seaux de France ; et de la part de l'Empereur, le sieur Dom-Ferrant de Gonzague, et le sieur de Granvelle. Et pour aller devers le roy d'Angleterre, de la part du Roy fut député le cardinal Du Bellay, et avecques luy le président Remon, premier président de Rouen, et le seigneur de l'Aubespine, conseiller du Roy, et secrétaire d'Estat et des finances. L'amiral d'Annebault et les députez de l'Empereur, ayans par quelques jours communiqué ensemble, entrèrent en quelques articles de traittez, mais ils ne feirent aucune conclusion, et s'en retourna ledit amiral au camp, et feit entendre au Roy l'estat de sa négotiation, pour sur iceluy sçavoir sa volonté.

Ce temps pendant, l'Empereur vint loger à Thin-l'Evesque, deux lieues près de Challons ; puis, passant entre Challons et Nostre-Dame-de-l'Espine, vint camper près de la rivière de Marne, une lieuë au-dessous de Challons, et deux lieuës près de nostre camp, et estoit ladite rivière entre deux. Passant l'armée impérialle par devant Challons, ceux de ladite ville cognoissans que l'Empereur passoit outre sans les vouloir attaquer, la jeunesse de monseigneur de Nevers sortit à l'escarmouche pour recognoistre l'ennemy et rompre leurs lances pour l'amour de leurs dames, et avecques eux les chevaulx-légers ; de sorte que l'escarmouche se dressa forte et roide, et se feirent de belles charges, prinses et recousses, tant d'un costé que d'autre ; mais enfin, arrivant la force du camp de l'ennemy, noz gens furent contraints de tenir bride. Il y mourut de gens de bien, et d'une part et d'autre, et entre autres, des nostres, le seigneur des Bordes et le jeune Jenlis, tous deux de la maison de monseigneur d'Orléans; et furent tuez de coups de pistoles, qui sont petites harquebuses qui n'ont qu'environ un pied de canon, et tire-l'on avecques une main, donnant le feu avecques le rouet.

Estant l'Empereur campé au lieu que je vien de dire, le comte Guillaume de Fustamberg (qui estoit l'un des principaux qui avoyent persuadé à l'Empereur de prendre ce chemin, parce qu'il le cognoissoit, pour avoir esté sept ou huict ans au service du Roy, et venant d'Allemagne pour ledit service, prenoit tousjours son chemin le long d'icelle rivière de Marne) partit environ minuict du camp impérial, seulement accompagné d'un guide, pour aller recognoistre un gué de laditte rivière, où autresfois il avoit passé, espérant par là faire passer l'Empereur et son armée. Arrivé qu'il fut audit gué, laissa son guide sur le bord de l'eau, pour luy-mesmes sonder le gué, lequel il trouva fort aisé, et le passa. Mais quelques gentilshommes de la maison du Roy, et une partie de la compagnie de monsieur l'amiral, ausquels il touchoit ceste nuict de faire la garde, estans leurs sentinelles prochaines de là (car elles estoyent le long de l'eau), descouvrirent ledit comte Guillaume et, sans faire alarme, se jettèrent entre la rivère et luy, tellement que, se cuidant retirer au passage, il fut prins sans résistance; puis, estant amené au camp, fut recogneu et envoyé en la Bastille de Paris, et depuis paya trente mille escus pour sa rançon.

L'Empereur, voyant son armée se ruiner par famine, à cause que de toutes parts les vivres luy estoyent coupez, tant devant, derrière, que par les costez, délibéra faire sa retraitte par Soissons. Mais secrettement, par un moine espagnol de la maison de Gousments, lequel avoit esté l'instrument du confesseur de l'Empereur pour mettre les traittez en avant, feit haster de remettre sus les propos de la paix, feignant toutesfois qu'elle ne venoit de luy; et, ce pendant, pour trouver moyen de vivre, suyvit tousjours la rivière, estant en hazard d'une grande ruine, sans qu'il fust adverty que monseigneur le Dauphin avoit envoyé à Espernay un capitaine de gens de pied, pour faire retirer les vivres qui estoyent audit lieu, et rompre le pont qui estoit sur la rivière, et ce qui ne se pourroit sauver, tant de bleds, vins, qu'autres vivres, le jetter en la rivière aval l'eau, et le gaster. Mais il y feit mal son devoir, de sorte qu'il fut surprins de l'Empereur, lequel trouva le pont qui n'estoit rompu, et grande abondance de vivres, d'autant que c'estoit l'une des estappes de nostre camp, chose qui luy donna occasion de passer outre jusques à Chasteau-Thierry, où pareillement il surprint les vivres en si grande abondance, que son armée, qui estoit affamée, se remist en vigueur. Audit lieu de Chasteau-Thierry fut grand mutinement entre les Espagnols et lansquenets dudit Empereur, de sorte qu'à peine peurent-ils estre empeschez de ne se donner la bataille les uns aux autres, à cause que lesdits lansquenets trouvoyent mauvais que les vivres leurs fussent départis par lesdits Espagnols.

Monseigneur le Dauphin, adverty de la faute advenue à Espernay, laquelle pourroit estre cause de faire marcher l'Empereur jusques près Paris, dépescha le sieur de L'Orges avecques sept ou huict mille hommes de pied et quatre cens hommes-d'armes, pour entrer dedans Paris, y avenant le besoing; lequel s'arresta à Lagny-sur-Marne, pour estre plus à propos pour exécuter ce dont il avoit charge, car ledit lieu est à cinq lieües de Paris; puis, suivant la rivière en toute diligence, gaingna le devant, et vint camper à La Ferté-sous-Joüare, quatre lieües au-dessous de Chasteau-Thierry, sur la mesme rivière, et envoya à Meaux bon nombre d'hommes pour empescher le passage audit Empereur; puis, avecques son armée, s'approcha près de Paris, craignant que le roy d'Angleterre marchast de ce costé. L'Empereur, cognoissant la diligence que mondit seigneur le Dauphin avoit faicte de venir gaigner le passage de La Ferté, et ayant crainte de tomber en extrémité de famine, tourna son chemin vers Villiers-Costerets, à travers le païs de Vallois, pour arriver à Soissons.

Ce pendant le Roy estoit à Paris, importuné sous main de faire paix avecques l'Empereur, laquelle il consentit, néantmoins qu'il luy coûtast de ses nouvelles conquestes, cognoissant (ores qu'audit Empereur il donnast la bataille) qu'elle ne se pouvoit passer sans grande perte d'hommes, soit ou qu'il la gaingnast ou perdist; et que le roy d'Angleterre et le comte de Bures, lesquels avoyent aussi puissante armée que la sienne, luy pourroyent encores donner une bataille, et, perdant l'une ou l'autre, ou toutes deux, son royaume seroit en hazard; et les gaingnant, si ne pouvoit-il beaucoup profiter, mesmes sur le royaume d'Angleterre, qui est insulaire; joinct qu'il estoit tous les jours solicité par le mareschal du Biez de luy envoyer secours de vivres dedans Monstreul, autrement il seroit contraint par famine la remettre entre les mains de l'ennemy. Pareillement n'estoit trop asseuré de la suffisance du seigneur de Vervin, qui estoit chef dedans Boulongne, et considéroit que, s'il perdoit lesdittes villes, l'ennemy auroit entrée pour empiéter son royaume, et que difficilement elles pouvoyent estre secourues, s'il n'appointoit avecques ledict Empereur. Parquoy dépescha l'amiral d'Annebault, lequel fut trouver l'Empereur en l'abbaye de Sainct-Jean-des-Vignes, aux faulxbourgs de Soissons; auquel lieu estant arrivé, le Roy l'advertit comme il avoit eu nouvelles que le seigneur de Vervin avoit rendu Boulongne, et qu'il procédast diligemment à la conclusion du traitté; car si l'Empereur eust esté certain de ceste reddition (combien que la paix luy fust nécessaire), il eust esté plus hault en ses demandes.

Il est fait mention aux précédents livres comme tous les différends, ou la plus grande part, d'entre le Roy et l'Empereur, estoyent meuz pour le duché de Milan; et que, du vivant de feu monseigneur le dauphin François, premier fils du Roy, iceluy seigneur avoit proposé audit Empereur que dudit duché (comme propre héritage de la maison d'Orléans) il investist monseigneur Henry, duc d'Orléans, qui depuis fut monseigneur le Dauphin, et puis Roy, chose à quoy ledit Empereur n'avoit voulu entendre; mais bien avoit fait offre de faire le mariage de monseigneur Charles, duc d'Angoulesme, tiers fils du Roy, qui depuis a esté duc d'Orléans, avecques sa fille ou niepce, et que, par le moyen dudit mariage, l'investiroit d'iceluy duché de Milan. Laquelle offre le Roy n'avoit admise, pour éviter de mettre en division mondit seigneur d'Orléans et monseigneur d'Angoulesme, de préférer le puisné à l'aisné. Mais quand l'occasion s'offrit de traitter la paix avecques l'Empereur, pour l'effect de laquelle monseigneur l'amiral d'Annebault, par le commandement du Roy, fut trouver ledit Empereur en l'abbaye de Sainct-Jean-des-Vignes, près Soissons, ce party fut remis en avant pour ledit Charles, fils puisné du Roy, alors duc d'Orléans. Et enfin fut conclud que ledit duc d'Orléans devoit dedans deux ans espouser la fille de l'Empereur, ou sa niepce, fille du roy des Romains; moyennant lequel mariage, à la consommation d'iceluy, l'Empereur investiroit iceluy duc d'Orléans du duché de Milan, ou bien du conté de Flandres et Païs-Bas, à l'option dudit Empereur. Aussi le Roy, en ce faisant, remettoit à l'Empereur le droit par luy prétendu audit duché et au royaume de Naples, au cas qu'il baillast les Païs-Bas audit seigneur d'Orléans; et pareillement devoit le duc de Savoye estre remis en la possession de ses païs, alors que ledit duc d'Orléans seroit jouïssant du duché de Milan ou du conté de Flandres. Et, attendant ledit terme de deux ans, se devoit rendre, tant d'une part que d'autre, ce qui avoit esté respectivement usurpé, tant deçà que delà les monts, depuis la trefve faite à Nice; et seroyent toutes choses remises en l'estat qu'elles estoyent lors d'icelle trefve. Quant à l'Empereur, il rendit au Roy, du costé de deçà les monts, Sainct-Disier, Ligny et Commercy. De la part du Roy fut rendu audit Empereur Yvoy, Montmédy et Landrecy; et fut la ville de Stenay (les fortifications d'icelles rasées) remise entre les mains du duc de Lorraine. Du costé d'Italie, l'Empereur rendit seulement la ville de Montdevis, et le Roy luy rendit Albe, Quéras, Antignan, Sainct-Damian, Palezol, Crésentin, Verrue, Monteal, Barges, Pont-d'Esture, Lans-Vignal et Sainct-Salvadour, Sainct-Germain et la pluspart du païs des Langues et du marquisat de Sève, et aussi La Valpergue.

Les traittez de paix ainsi accordez, l'Empereur manda au comte de Bures et au comte du Reux, qui estoient devant Monstreul avecques son armée, en la compagnie du duc de Norfolc, et d'une partie de l'armée d'Angleterre, qu'ils eussent à leur retirer et licentier saditte armée. Ce fait, partant de Soissons pour prendre son chemin à Valentiennes, s'en alla à Nisl-le-Chasteau, de là à Crespy en Laonois, puis à La Fère-sur-Oize; auquel lieu le vint trouver le duc d'Orléans pour l'accompagner jusques hors des limites de ce royaume, et avecques luy monsieur Jean, cardinal de Lorraine, le cardinal de Meudon, le comte de Laval, le seigneur de La Hunaudaye et autres : lesquels l'accompagnèrent jusques à Bruxelles, comme hostagers, jusques à ce que la reddition des places que le Roy tenoit delà les monts fust faicte. Puis l'Empereur et le Roy dépeschèrent en Piémont devers le marquis du Guast et le seigneur d'Anguien, leurs lieutenans-généraulx delà les monts, pour faire publier la paix, et pour, chacun en son endroit, faire restituer les places qu'ils tenoyent l'un de l'autre; mais le marquis n'eut grande peine à rendre, car il ne tenoit de conqueste sur nous, depuis la trefve de Nice, que les Montdevis.

[1545.] Or revenons au roy d'Angleterre, devers lequel le Roy (alors que les députez de Sa Majesté et ceux de l'Empereur furent dépeschez pour se trouver au lieu de La Chaussée, pour le traicté de paix dont est faicte mention) avoit dépesché le cardinal Du Bellay. Iceluy Du Bellay l'eust peu conduire à ceste raison de paix, veu que l'Empereur y vouloit entrer, mais ledit roy d'Angleterre, estant bien adverty de l'estonnement auquel estoit entré le seigneur de Vervin, chef dedans Boulongne, usa de dissimulation, remettant les choses en longueur, se tenant certain que de brief il auroit telle issue de son entreprinse de Boulongne qu'il désiroit; et ce pendant il envoya ledit seigneur cardinal et sa compagnie au chasteau de Hardelot, pour estre logé plus commodément. Le seigneur de Vervin, qui, comme j'ay dit, estoit homme peu expérimenté, après avoir enduré grande et furieuse batterie, soustint quelque forme d'assault, mais (à ce que j'ay entendu par luy-mesmes) la vertu du capitaine Philippe Corse fut cause de le faire soustenir si longuement; mais enfin ledit capitaine Philippe, estant à la brèche, fut frappé par la teste d'un esclat d'artillerie venant du camp, dont il mourut. Ledit seigneur de Vervin l'ayant perdu, et n'ayant plus que toute jeunesse auprès de luy, et de soy-mesmes estonné, commença à parlementer; auquel parlement succéda tel effect, que iceluy seigneur de Vervin feit sortir le seigneur de Sainct-Blimont, vieil soldat, portenseigne du seigneur du Biez, et le seigneur de Freumeselles, commissaire des guerres, pour entendre la volonté du roy d'Angleterre : laquelle fut que les gens de guerre et citadins s'en iroyent leurs bagues sauves, remettans la place entre ses mains, avecques toute l'artillerie, munitions et vivres, dont de tout y avoit abondance. Les citadins n'y vouloyent consentir, mesmes le majeur feit offre audit seigneur de Vervin, que, s'il vouloit s'en aller, luy, avecques les citadins et les gens de bonne volonté, garderoit la ville; mais jamais ne fut ouy. Le lendemain que la composition fut accordée et devant que hostages fussent baillez, survint si extrême tourmente, tant de vent que de pluye, que dedans le camp de l'ennemy ne demeura une seule tente debout, et, pour les terres qui sont grasses, nul ne pouvoit marcher ny avant ny arrière. Toutesfois, jamais l'opinion du seigneur de Vervin ne changea, et ne peut estre persuadé qu'il ne remist la place entre les mains du roy d'Angleterre, disant qu'il ne luy vouloit faillir de sa parole; mais il faillit bien de sa foy à son naturel et souverain prince, dont du depuis il eust la teste tranchée à Paris. Il est certain que, s'il eust tenu deux jours, la ville estoit sauvée : car, comme j'ay dit, pour la pluye n'y avoit ordre de marcher à l'assault, et ce pendant monseigneur le Dauphin, qui marchoit en diligence pour le secourir, fust approché, qui eust fait changer le desseing du roy d'Angleterre.

Durant le siège, le seigneur de Sainct-André, jeune homme de grande volonté, des plus proches de la personne de monseigneur le Dauphin, entreprint d'entrer dedans Boulongne, ayant choisi des gens de bien et d'expérience, pour mener quant et luy, espérant faire grand service à son prince, et luy sauver sa ville, que l'on cognoissoit en hazard de perdition; et, parce que par terre n'y avoit moyen d'y entrer, pour les trenchées qu'y avoyent fait les Anglois, et forte garde d'icelles, délibéra d'y entrer par mer; mais le vent et la tourmente luy furent si contraires, que deux ou trois fois ayant donné à l'embouchement du hâvre, autant de fois il fut rejetté en la mer; parquoy, après avoir tenté toutes fortunes, fut contraint de retourner dont il estoit party.

Le Roy, ayant fait la paix avec l'Empereur, feit promptement marcher son armée, pour surprendre le camp des Anglois, qui estoit devant Monstreul, et trouver le roy d'Angleterre devant Boulongne, abandonné de l'armée impérialle et luy donner bataille, sinon qu'il levast son camp et se retirast; puis, trouvant Boulongne fort ruinée, comme on disoit, avant que les Anglois eussent loisir de la remparer, y auroit moyen de la reprendre. Mais le duc de Norfolc, qui estoit devant Monstreul, ayant entendu que nostre armée approchoit de Hédin, craingnant qu'elle ne se jettast entre Boulongne et luy, pour empescher sa retraitte, leva son camp, et pria le comte de Bures de l'accompagner jusques au lieu de seureté; ce qu'il feit. Le roy d'Angleterre (estant le duc de Norfolc joint avecques luy), cognoissant que ses forces séparées d'avec celles de l'Empereur, n'estoyent suffisantes pour soustenir l'armée du Roy, se retira à Calais, faisant embarquer à Boulongne une partie de sa grosse artillerie, pour mener en Angleterre; et laissa pour la garde de sa conqueste le duc de Sombresset, nommé Milort Semer, frère de la feuë dernière roine son espouse, dont estoit sorty Edouart, qui depuis fut roy.

Monseigneur le Dauphin, adverty que le siège de devant Monstreul estoit levé, et que le roy d'Angleterre s'estoit retiré à Calais, mais, pour la haste qu'il avoit de desloger, avoit laissé la pluspart de son artillerie, vivres et autres munitions dedans la Basse-Boulongne, partit d'Auchy-le-Chasteau, et print le chemin par le hault païs du Boulenois, passant à un village nommé Escueulles, laissant la Fosse-Boulenoise à gauche pour venir à Marquise, mi-chemin de Boulongne et de Calais. Duquel lieu de Marquise, après y avoir refreschy son armée deux ou trois heures, partit pour arriver à la Basse-Boulongne devant le jour (ainsi qu'il feit), afin de surprendre ladite artillerie, vivres et munitions qui y estoyent (or n'estoit ladite Basse-Boulongne fermée que de quelques petites tranchées). Et estant près furent ordonnées deux troupes, dont la première estoit conduitte par le seigneur de Fouquessolles pour faire l'exécution ; et avecques l'autre et plus grosse troupe, devoit marcher le seigneur de Thaïs, pour soustenir ledit de Fouquessolles ; puis devoient marcher six mille Grisons pour se jetter en un vallon, et secourir où besoing seroit. Mais il me semble qu'ils devoyent jetter une teste de dix ou douze enseignes entre la Basse-Boulogne et la Haulte pour empescher les saillies de ceux de la Haulte-Boulongne ; je ne sçay s'il fut ordonné, toutesfois il ne fut pas exécuté. Aussi estoit-il raisonnable qu'il demeurast quatre ou cinq enseignes en bataille sur la place de la Basse-Boulongne, pendant que se feroit l'exécution, où chacun se pourroit recueillir. Le seigneur de Feuquessolles, suyvant ce qui luy estoit ordonné, donna dedans la place, et le suivit le seigneur de Thaïs : tout ce qui se trouva d'ennemis fut mis au fil de l'espée, l'artillerie du roy d'Angleterre et les munitions gaingnées, de sorte que noz gens pensoyent avoir la victoire ; mais autrement en advint : car cinq ou six enseignes, sortans de la Haulte-Boulongne, trouvèrent noz soldats en désordre, comme gens qui s'amusent au butin, et les mirent à vau de roupte. Le seigneur de Fouquessolles, cuidant se retirer à la place pour faire teste, y fut tué ; le seigneur de Thaïs, se retirant, eut quelques coups de flesche, et n'y eut jamais ordre de rassembler les soldats, et, quelques remonstrances que leur peussent faire les capitaines, ne voulurent tourner visage au peu de nombre qui estoit sorty, et mesmes noz Italiens s'en allèrent en confusion jusques au lieu où estoyent les six mille Grisons pour les soustenir ; et si je pense qu'il y avoit autant de bons soldats qu'il en fust pour l'heure en Europe : qui me fait croire que, sur toutes choses, on doit, en faisant quelque entreprinse, prévoir les inconvéniens qui peuvent advenir, et y pourvoir en temps et lieu, d'autant qu'il est tard et quelquesfois impossible d'y remédier, après que le désordre est advenu. Monseigneur le Dauphin à toutes forces vouloit marcher luy-mesmes et hazarder sa personne pour y donner ordre ; mais il ne fut conseillé de ce faire, attendu que le jour estoit venu, et que la ville à coups de canon qui battoyent de poincte en blanc, de hault en bas, empeschoit qu'on ne se pouvoit rallier ensemble ; aussi la pluye estoit si extrême, que la plupart de noz arquebuziers estoyent sans feu, et le reste, pour l'indisposition du temps, n'avoient moyen de s'aider de leurs armes. Ce pendant quelque cavalerie des nostres avoit donné entre Boulongne et la tour d'Ordre, mais elle fut contraincte de se retirer, se voyant abandonnée des gens de pied.

Ce désastre advenu, monseigneur le Dauphin, voyant les pluyes si continuelles, et la faulte de vivres qui estoit en son camp (parce qu'il estoit venu en telle diligence, que mesmes à cause des mauvais chemins, les vivres ne l'avoyent peu suyvre, tellement que la plupart de son armée fut trois jours sans manger pain, et, à qui en avoit, le soldat donnoit son harnois pour un pain ; et ne pouvoit-l'on avoir vivres de plus près qu'Abbeville, d'autant que tout le Boulonnois, jusques à Monstreul, estoit ruiné et bruslé, et semblablement depuis Monstreul jusques à Abbeville, qui sont dix-sept lieues d'intervalle ; et ne se trouvoyent herbes ny autre fourrage pour les chevaux), se retira, par l'advis des capitaines, vers Monstreul ; auquel lieu, après avoir eu nouvelles du Roy son père, licentia les Suisses et Grisons, laissant à Monstreul, pour faire teste à ceux de Boulongne, monsieur le mareschal du Biez, avecques les bandes, tant françoises qu'italiennes, venues de Piémont, et puis se retira devers le Roy, qu'il trouva à Sainct-Germain-en-Laye. Aussi le seigneur d'Anguien, après avoir ordonné le seigneur de Termes, pour, suyvant le traitté de paix, restituer les places par luy conquises sur l'Empereur, se retira devers le Roy, qu'il vint trouver à Mante, peu de jours avant que mondit seigneur le Dauphin y arrivast.

Durant cest hyver, ne se feit de grandes entreprinses, sinon que le mareschal du Biez, ayant mis ensemble toutes les forces qui estoyent demeurées en Picardie, alla camper au Portet, qui est un petit port où seulement se retirent les pescheurs, un quart de lieuë deçà Boulongne, estant la rivière du pont de Brique, entre la ville et luy, espérant, au-dessus dudit lieu, tirant vers Boulongne, et le long de la coste de la mer, faire un fort, pour tenir en subjection le hâvre de Boulongne. Mais le milort Sorel, fils du duc de Norfolc, pour rompre ladite entreprinse, assembla les forces que le roy d'Angleterre avoit par deçà la mer, et vint surprendre ledit mareschal, devant qu'il eust eu moyen de se fortifier, de sorte qu'il fut contraint de se retirer vers Monstreul ; et, sans l'ordre qui fut mis par le capitaine Villefranche, maistre de camp des vieilles bandes françoises, lequel demeura sur la queuë, il y avoit grande apparence qu'il y fust advenu une roupte. Si est-ce qu'il y mourut de gens de bien, tant d'une part que d'autre, et, pour le mauvais chemin qui estoit à cause des pluyes continuelles : sur la retraitte demeurèrent deux pièces d'artillerie de campagne : le reste fut retiré ; et se campa ledit mareschal une lieuë par-delà Monstreul, tirant vers Boulongne, pour avoir la commodité des vivres qui luy venoyent dudit lieu de Monstreul.

En ce temps mourut le roy Jacques d'Escosse, à cause de quoy le royaume demeura fort despourveu ; et, pour y remédier, le Roy despescha, avecques bon nombre de gens de guerre et d'argent, le comte de Léno, de la maison de Stuart, neveu du feu mareschal d'Aubigny, qui estoit capitaine des cent hommes-d'armes escossois des ordonnances du Roy, pour aller donner secours à la roine d'Escosse, vefve dudit deffunct Roy, et fille du duc de Guise ; lequel Roy ne laissa de luy et laditte Roine qu'une fille, seule héritière dudit royaume. Ledit comte de Léno, arrivé en Escosse, comme jeune et mal conseillé, dépensa les deniers du Roy fort mal à propos, et sçachant le mal contentement que l'on avoit de luy, prattiqua de se retirer au service du roy d'Angleterre, qui le recueillit, espérant en tirer du service, et luy donna en mariage une sienne niepce, fille de sa sœur, mère du feu roy d'Escosse ; laquelle, après la mort du roy Jacques Le Quart, père d'iceluy feu Roy, espousa un gentilhomme d'Angleterre, dont estoit issue laditte fille. Le Roy, adverty de laditte révolte, en toute diligence dépescha le seigneur de La Brosse, gentilhomme de Bourbonnois, homme sage et bien advisé, pour consoller et conseiller la roine d'Escosse ; puis, peu de temps après, dépescha le seigneur de Lorges, chevalier de son ordre, avecques une armée, pour donner aide et secours au païs d'Escosse.

Le Roy, après avoir dépesché pour le secours d'Escosse, se retira à Romorentin, auquel lieu feit séjour jusques environ le commencement du mois du may 1545 ; mais, ce temps pendant, ayant considéré que, laissant longuement les Anglois dedans Boulongne, ils pourroyent de jour en autre se renforcer et prendre pied en son royaume, qui seroit une mauvaise semence, à ceste occasion délibéra, pour y remédier, chercher tous moyens de les en desloger. Parquoy ordonna de dresser une grosse armée par mer, dont auroit la conduitte l'amiral d'Annebault, et la faire si gaillarde, qu'elle fust pour combattre l'armée d'Angleterre, s'il la trouvoit sur la mer, et, où l'occasion se présenteroit, prendre pied en Angleterre ; et, pour cest effect, manda en Provence le capitaine Paulin, depuis baron de La Garde, pour amener vingt-cinq gallères de la mer du Levant en la mer de Ponant, passant le destroit de Gibaltar, chose que l'on n'avoit encores veuë, sinon l'an 1512, que le capitaine Prégent en passa six (1). Aussi ordonna de vaisseaux ronds huict ou dix carraques gènevoises, pour renforcer son armée, lesquelles vindrent si tard qu'elles ne servirent de rien ; mesmes, entrans dedans la bouche de Sène, par faulte de bons pilots, s'en perdit la plus grande part. Pareillement ordonna de dresser une grosse et puissante armée par terre, pour cependant que son armée de mer feroit son exécution, se venir camper devant Boulongne, la rivière entre deux, et là faire un fort auquel il peust laisser quatre ou cinq mille hommes en seureté, et tenir ceux de Boulongne en telle sujection, qu'ils n'eussent moyen de passer deçà l'eau en ses païs, et semblablement le faisant sur la pointe vis-à-vis de la tour d'Ordre, empescher à coups de canon que navires ne peussent entrer dedans le hâvre, pour secourir ceux de la ville, espérant que dedans la mi-aoust, que son armée de mer seroit de retour, ledit fort seroit en deffence, ainsi que l'on luy promettoit. Et, ce faisant, estoit délibéré, ayant réuny tous ses gens de guerre, tant de terre que de mer, marcher luy-mesmes en personne, laissant dedans ledit fort trois ou quatre mille hommes, et aller assiéger Guines, qu'il espéroit forcer, et là se fortifier, pour tenir Calais et la terre d'Oye en sujection, et, par ce moyen, affamer Boulongne ; mais autrement en advint, ainsi que vous orrez par cy-après. Et, pour renforcer son armée, tant de mer que de terre, il envoya en Allemagne le comte Rin-Grave ; le colonnel Riquerog et le colonnel Ludovic, qui desjà avoyent chacun deux mille lansquenets à son service, pour faire nouvelle levée, et remplir leurs régimens jusques au nombre de quatre ou cinq mille chacun ; et en Gascongne et Languedoc envoya faire autre nouvel amas, jusques au nombre de dix mille hommes, pour remplir ses bandes françoises ; et, pour la terre, ordonna chef de l'armée monsieur le mareschal du Biez.

Ayant fait telles ordonnances, le Roy partit de Romorentin, pour prendre son chemin en Normandie, parce qu'il vouloit faire l'embarquement de son armée en la ville françoise du Hâvre-de-Grâce, qui est à l'embouchure de

---

(1) L'édition de 1572 porte *quatre*.

la rivière de Sène ; et, prenant le chemin par Argentan, environ la Sainct-Jean, se trouva à Touques. Estant audit lieu, se descouvrit son armée de Levant : dequoy n'estant adverty, il estima que c'estoit celle d'Angleterre qui vousist faire descente en la Basse-Normandie pour divertir son entreprinse ; mais soudain vint un brigantin qui l'asseura que c'estoit son armée de Levant. Aussi, peu de jours après, se présenta devant le chef de Caux trente-cinq navires anglesches, qui tirèrent à coup perdu en terre ; mais, ayans cognoissance de noz gallères qui approchoyent, feirent leur retraitte à Porsemue.

Audit lieu de Touques, le seigneur de Langey vint trouver le Roy qui l'avoit dépesché aux frontières de Champagne pour recueillir les lansquenets, lequel luy apporta nouvelles de leur descente à Mézières, et qu'il les avoit acheminez par estappes, suyvant son commandement, le chemin droit à Monstreul. Ayant le Roy cest advertissement de la venue desdits lansquenets, qui estoit la principalle force qu'il attendoit, manda au mareschal de Biez que, incontinant qu'ils seroyent arrivez à Monstreul, il eust à marcher à Boulongne, et commencer le fort dont j'ay parlé cy-dessus, et qu'il eust à luy faire entendre le temps que ledit fort pourroit estre en deffence : et luy feit envoyer six ou sept mille pionniers, et bon nombre de charroy, pour conduire fascines, gazons et autres choses nécessaires pour cest effect. Le mareschal du Biez, par le gentilhomme qui alla devers luy, manda au Roy que dedans la mi-aoust le fort seroit en deffence ; ce qui n'advint toutesfois, comme cy-après je vous réciteray. Sur l'asseurance d'iceluy mareschal, le Roy dressa son estat, et meit son but sur icelle ; et quant et quant, le sixiesme jour de juillet, feit faire voille à son armée de mer, laquelle estoit assemblée au Hâvre-de-Grâce, et luy, pour la veoir partir, estoit sur le chef de Caux, dont il pouvoit tout descouvrir. Mais, tirant les ancres du Carraquon, qui estoit le plus beau navire de la mer de Ponant, et le meilleur à la voille, portant huit cens tonneaux de charge, dedans lequel devoit estre la personne de l'amiral pour le combat, le feu se mit au fougon, tellement qu'on ne le sceut jamais sauver qu'il ne fust consommé en cendres ; et y avoit cent grosses pièces d'artillerie de bronze, mesmes y estoit l'argent du Roy, lequel fut sauvé. Plusieurs, voulans éviter la furie du feu, se précipitèrent en la mer ; les gallères en sauvèrent beaucoup ; mais, depuis que le feu vint au bas dudit navire, elles furent contraintes de prendre le large, car le feu se donna en l'artillerie, de sorte que la batterie qui se faisoit de si grand nombre de pièces, mettoit en fonds tout ce qui se trouvoit devant, derrière et aux costez. Le nombre des navires ordonnez pour l'armée montoit à cent cinquante gros vaisseaux ronds, sans compter soixante flouins et vingt-cinq gallères : lesquels tous ensemble se levèrent ledit sixiesme jour de juillet, tant du Hâvre-de-Grâce, que de la Fosse-d'Eure, Honnefleu, Harfleu et Dieppe, et prindrent la volte pour tirer vers l'isle d'Huicht et le hâvre de Porsemue, en Angleterre, auquel lieu de Porsemue estoyent les forces de mer du roy d'Angleterre, lesquelles nostre armée cherchoit à combattre.

Le dix-huitiesme jour dudit mois de juillet 1545, estant arrivé monsieur l'amiral près l'isle d'Huicth, manda le baron de La Garde avecques quatre gallères, tant pour recognoistre l'isle jusques à la pointe de Saincte-Héleine, que pour considérer la contenance des ennemis. Ceste pointe est par où l'on entre dedans le canal qui fait la séparation de l'isle d'Huicth et d'Angleterre, regardant vis-à-vis de Porsemue. L'armée des ennemis estoit de soixante navires esleuz et très-bien ordonnez en la guerre ; quatorze desquels, à la faveur du vent de terre, sortirent de Porsemue d'une grande promptitude, et en si bel ordre, que l'on eust dit qu'ils attendoyent de pied coy nostre armée pour la combattre. Mais monsieur l'amiral, allant contre eux avec le reste des gallères, sortit aussi le reste de leur armée hors du hâvre au-devant de luy, où, après avoir long-temps combatu à coups de canon, les ennemis commencèrent à se couler à main senestre, au couvert de la terre, en lieu où ils estoyent deffendus par quelques forteresses qui estoyent sur la falaize, et de l'autre costé de bans et de rochers couverts d'eau, lesquels sont aussi au travers du chemin, laissant seulement une entrée estroitte et oblique, pour passer peu de navires de front. Ceste retraitte et la nuit qui approchoit, meirent fin au combat de ce jour, sans que, en tant de coups de canon et d'autre artillerie qui furent tirez, eussions receu perte notable. Quand les gallères furent de retour près de la pointe Saincte-Héleine, vindrent nouvelles à monsieur l'amiral que la Maistresse (qui estoit le meilleur et principal navire de nostre armée, et sur lequel il avoit délibéré de combattre) couloit en fonds, et qu'il n'y avoit autre espérance que de sauver les hommes et l'argent du Roy, lequel estoit dedans pour le payement de l'armée. La cause de ce dommage fut, à ce que l'on présumoit, que, sortant du hâvre de

Honnefleu pour se jetter à la rade, ledit navire toucha en terre, et de ce heurt-là quille et gaborts s'estonnèrent, de sorte que les joints des planches s'ouvrirent tant, que les estouppes, qui estoyent mal pressées dedans lesdits joints, vindrent à s'abrever tellement, que, le jour d'après, ce navire estant agité d'un vent frais, feit tant d'eau, que l'on ne pouvoit plus fournir à l'évacuation.

Estant monsieur l'amiral venu pour donner remède tant aux hommes que audit navire, trouva que le seigneur de La Mailleraye, vice-amiral de France, l'avoit jà fait descharger, et renvoyé au Hâvre pour radouber. Ce fait, ledit amiral, ayant député un autre navire pour luy, disposa de l'ordre des batailles pour le lendemain. L'ordre fut que le navire qu'il avoit esleu pour représenter celuy qu'on avoit renvoyé au Hâvre, dedans lequel devoit estre sa personne, seroit au front, accompagné de trente navires qu'il avoit esleuz, le seigneur de Boutières, costoyant ce bataillon sur la corne droitte, accompagné d'autres trente-six navires, le baron de Curton feroit la corne senestre, armé de pareil nombre de navires. Et, considéré l'avantage du lieu où se tenoyent les ennemis, fut ordonné que dès le matin les galières les iroyent trouver à l'ancre, pour les escarmoucher à coups de canon le plus furieusement qu'ils pourroyent, et, en combattant, se retireroyent vers noz batailles, pour y attirer, s'il estoit possible, noz ennemis, pour les avoir au large au combat, et les tirer hors du destroit. Ceste ordonnance fut très-hardiment exécutée; mais le temps feit, par son changement, telle commutation de danger, qu'on n'eust sceu juger, en si peu d'espace de temps, auquel fortune se monstreroit plus favorable, à eux ou à nous; car au matin, à la faveur de la mer qui estoit calme, sans vent ne fureur de courante, noz galières se pouvoyent régir et manier à leur plaisir, et au dommage des ennemis, lesquels, n'ayans pouvoir de se mouvoir par faulte de vent, demeuroyent appertement exposez à l'injure de nostre artillerie, qui avoit plus grande prinse sur leurs navires que les navires sur elles, d'autant qu'ils sont plus éminens et plus corporus, et que, par l'usage des rames, noz galières pouvoyent fouyr et décliner le danger, et gaingner l'avantage.

Fortune entretint nostre armée en ceste sorte plus d'une heure : durant lequel temps, entre autres dommages qu'en receurent les ennemis, la Marirose, l'un des principaux navires, à coups de canon fut mis au fonds, et de cinq ou six cens hommes qui estoyent dedans, ne s'en sauva que trente-cinq; le Grand-Henry, qui portoit leur amiral, fut tellement affligé, que, s'il n'eust esté soustenu et secouru des prochaines navires, il faisoit une mesme fin. Autres plus mémorables pertes eussent-ils fait, si le temps ne se fust tourné en leur faveur, qui non-seulement les exempta de ce péril, mais fut propice à nous courir sus, en se levant seulement un vent de terre, lequel avecques la courante les apportoit à plaine voile sur noz galières; et fut ceste mutation si soudaine, que noz gens à peine eurent loisir ne la commodité de girer les proues, car au temps de la bonasse que vous avez ouy, et à la chaleur du combat, les galières estoyent si fort approchées, venans si soudain les navires sur elles de telle impétuosité, que, sans aucun remède, leur passoyent par-dessus le corps et les mettoyent en fons; si, par une grande asseurance des chefs, adresse et expérience des mariniers et de la chiorme, on n'eust donné force et célérité extrême à tourner les galières ; et, par ces moyens, ayans noz gens giré les proues avecques l'agilité des rames et faveur des voiles, s'esloignèrent en peu d'heures à la portée d'un canon, et commencèrent à eslargir la vogue et alentir leurs cours, pour attirer les ennemis, ainsi que leur estoit ordonné, hors des bans et difficultez des lieux cy-dessus exposez.

Il y a une espèce de navires particulières dont usoyent noz ennemis, en forme plus longue que ronde, et plus estroitte beaucoup que les galières, pour mieux se régir et commander aux courantes, qui sont ordinaires en ceste mer; à quoy les hommes sont si duits, qu'avec ces vaisseaux ils contendent de vitesse avec les galières, et les nomment remberges. Il s'en trouva quelques-unes à ceste retraitte, qui, d'une incroyable vélocité, suivoyent noz galières en pouppe, et les molestoyent de leur artillerie très-instamment : de quoy elles ne pouvoyent se deffendre, n'ayans artillerie en pouppe; parquoy eust falu qu'elles eussent retourné sur eux, et, ce faisant, se fussent mises en évidente perdition; car, girant pour les combatre, les ennemis avoyent temps de les aborder à plaine voile, et par ainsi les tresbucher. Toutesfois, le prieur de Capouë, frère du seigneur Pierre Strosse, ne pouvant plus comporter ceste indignité, se confiant en l'agilité de sa galière, commença à tourner sur un, lequel, ayant devancé les autres, tenoit presque une de noz galières par pouppe; mais ce navire, pour estre plus court, tourna plus tost, et redressa son chemin devers son corps de bataille, et depuis, ne luy ny les autres se meirent à suyvre. Ce pendant, monsieur l'amiral estoit dedans son navire, ayant fait mettre les autres en armes, selon l'ordonnance cy-dessus exprimée, et jà estoit pour donner le signe de combat, s'il n'eust veu les ennemis eux retirer de leur chasse et reprendre le chemin de leur fort : à quoy il cogneut seurement qu'ils attendoyent qu'à la confiance de noz forces, nous vinssions témérairement à les trouver à nostre désavantage, et que leur intention estoit de suyvre noz gallères en tant qu'ils le pourroyent faire sans riens hazarder, éspérans nous attirer sur les bans et battues. En ce conflict, nous feismes pertes de quelques forsats et de quelques soldats privez; d'hommes de nom, il ne s'en perdit pas un.

Ayant monsieur l'amiral compris l'intention des ennemis, se résolut de tenter par autres moyens de les attirer : car, ayant nouvelles que le roy d'Angleterre estoit arrivé à Porsemue, eut opinion que, faisant descente en terre, gastant et bruslant son païs à sa vuë, et, presque entre ses mains, tuant ses hommes, que l'indignation qu'il prendroit de telle injure, la compassion qu'il auroit du sang et mort de ses sujets, et le gast et bruslement de son païs, l'esmouveroyent tant, qu'il feroit partir ses navires pour aller au secours, principalement n'en estant esloigné de deux traits de canon; ou, s'il n'y vouloit entendre, le desplaisir de ses sujets, se voyans n'estre en riens relevez de la présence du prince, pourroit engendrer quelque sédition et mutinement au païs. La descente se feit en trois divers lieux tout en un temps, pour tenir la force des ennemis séparée : en un costé fut mandé le seigneur Pierre Strosse, pour descendre au-dessus d'un petit fort où les ennemis avoyent quelque artillerie, dont ils battoyent noz gallères par flanc : là-dedans s'estoit retiré un nombre de gens de pied du païs, lesquels, ayans veu la hardiesse des nostres, abandonnèrent le fort, et se meirent en fuitte dedans un bois taillis, vers les parties méditerranes : noz gens à la poursuitte en tuèrent quelques-uns, et bruslèrent les maisons circonvoisines.

En autre endroit descendit le seigneur de Thais, général des gens de pied, et avec luy le baron de La Garde, général de noz gallères. Eux, n'ayans trouvé résistance à leur descente, tirèrent avant, pour recognoistre et considérer le païs, mais ils n'allèrent guères loing, qu'ils ne trouvassent aucuns escadrons de gens de pied, qui, par voyes secrettes et couvertes par les bois, s'estoyent assemblez ès lieux plus opportuns pour le combat à leur avantage; à la confiance de quoy ils feirent teste à noz gens, et en blessèrent quelques-uns; et, entre autres, le seigneur de Monin y eut la main droitte persée d'un coup de flesche : mais le reste de noz gens, marchans en bataille, leur feirent abandonner leur lieu, et se retirèrent à vau de routte par les mesmes chemins qu'ils estoyent venuz, par lesquels on ne les pouvoit suyvre qu'en désordre et à la file. En autre endroit descendirent les capitaines Marsay et Pierrebon, capitaines de gallères, lesquels furent blessez en un combat contre une troupe d'Anglois qui s'estoyent assemblez. Les autres gens de guerre estoyent ce pendant ès navires, attendans le commandement de monsieur l'amiral pour sortir : aucuns desquels, voyans le feu de tous costez par païs, et la lisière de la mer abandonnée à nostre liberté, descendirent secrettement et sans congé en lieu esloigné de leur coronnal, pour n'estre par luy empeschez; lesquels, descendus sans conduitte et sans chef pour leur commander, s'espandirent plus franchement par le païs et sans considération. Ayans, à la veue des ennemis, gaingné le hault d'une montagne qui traverse l'isle d'Huicht en largeur, furent assaillis par gens de cheval et de pied, si vivement que quelques-uns furent tuez, et autres prins, et le reste poursuyvis en désordre jusques au bas de la montagne, près de la marine, où, à la faveur de nostre armée et d'une haye et fossé qu'ils trouvèrent, se rassemblèrent et feirent teste à l'adveu de leurs compagnons qui estoyent dedans les navires, dont plusieurs, de ce esmeus, montèrent en barque à grande haste, et allèrent à leur secours : qui leur donna tel cueur, qu'ils regaingnèrent la montagne, mettans les ennemis en chasse, qui se retirèrent loing en terre jusques à un ruisseau qu'ils passèrent par-dessus un pont qu'ils coupèrent pour crainte d'estre suyvis des nostres, et là se tinrent cois, attendans du renfort. Cela venu à la cognoissance de monsieur l'amiral, craignant que ses gens, estans sans chef, vagabonds, ne receussent quelque honte, commanda au seigneur de Thais d'y aller en personne pour les faire retirer; ce qu'il feit.

Le jour ensuyvant, ledit seigneur amiral, ayant veu que par nul moyen se pouvoyent attirer les ennemis au combat, délibéra les aller assaillir au lieu où ils estoyent; et, sur ceste délibération, assembla en public tous les pilots, capitaines et mariniers, pour mieux entendre la nature et qualité du lieu, et le remède que l'on pourroit prendre contre la difficulté des bans cy-dessus mentionnez, leur remonstrant combien nous estions supérieurs, tant de nombre de navires, que de valeur d'hommes., et quel proffit porteroit au Roy et au royaume une telle victoire, laquelle il tenoit certaine qui pourroit aller jusques à eux. Les hommes, tant capitaines que soldats, se trouvèrent prompts de vouloir aller au combat; mais l'incommodité du lieu leur apportoit tant de hazards, que les capitaines de marine et pilots asseuroyent n'estre possible d'y aller sans évidente perte. Et les raisons qui les mouvoyent estoyent telles, qu'il faloit entrer par un canal par lequel ne pourroyent arriver que quatre navires de front; ce que aisément les ennemis pouvoyent deffendre, présentant pareil nombre de navires en teste; avec ce on n'y pouvoit aller qu'en faveur de la courante et du vent, et quand les quatre premiers navires seroyent empeschez, ladite courante porteroit sur eux les autres qui les suivoyent, et les fracasseroyent; et outre cela, qu'ils avoyent à combattre près de leur terre, de laquelle à coups de canon ils seroyent favorisez à nostre préjudice; ce que encores n'estant receu en considération, il devoit estre certain que, si les navires s'abordoyent et accrochoyent, la force de la courante les jetteroyt en terre les uns sur les autres. En cest endroit fut parlé de combattre à l'ancre, à quoy respondirent les pilots, que les câbles se pourroyent couper; et, là où ils ne se couperoyent, que le danger n'en seroit moindre, car la courante est de telle nature, qu'elle fait tousjours girer la prouë des navires devers soy, et, en ce faisant, se monstreroit la poupe de noz navires à noz ennemis, en lieu de leur présenter la prouë ou le costé. A ces raisons en adjoustèrent une autre : qu'ayans jetté l'ancre, les navires ne s'arresteroyent pas tout court, car ils vont de telle force, que, les contraignant, ils tresbucheroyent ou romproyent l'ancre ou câble; et partant il faut filer et couler les câbles peu à peu, pour, par ceste même sorte, arrester les navires; et, venans à ce faire, ils pourroyent aller jusques à toucher la terre et s'ouvrir et perdre.

Ces raisons se trouvèrent si apparentes, que l'on n'y pouvoit contredire; mais monsieur l'amiral et autres capitaines, craignans que les pilots (combien qu'ils fussent tous conformes à leur dire) ne feissent par couardise les choses plus difficiles qu'elles n'estoyent, ne se voulurent satisfaire qu'ils n'eussent envoyé sonder le fons du canal, mesme sa largeur, et considérer l'avantage que le dedans du goulphe portoit aux ennemis; et, pour ce faire, donna commission à trois pilots, accompagnez d'autant de capitaines, pour la nuit sonder tout à loisir et vaquer à cest affaire. Le matin, à leur retour, ils feirent rapport tout conforme à ce que vous avez ouy, et dirent d'avantage que l'entrée du canal n'estoit droitte, mais sinueuse et tirant vers les ennemis, de sorte qu'un navire estranger y pourroit à peine entrer sans pilot, et y allast-il sans souspeçon ne doute du combat. Le rapport fait en la présence des capitaines, l'on meit en délibération ce qui seroit plus expédiant pour le service du Roy, ou se lever de là pour prendre chemin vers Picardie, et favoriser noz gens, et empescher le secours des Anglois d'aller à Boulongne, ou d'entendre à la fortification de l'isle d'Huict, qui seroit au grand dommage du royaume d'Angleterre. Entre autres raisons qui induirent aucuns seigneurs assistans à vouloir fortifier l'isle, furent celles-cy : que, l'ayans en nostre puissance, aisément nous viendrions à estre seigneurs de Porsemue, qui est un des plus beaux ports d'Angleterre, et, par ce moyen, tiendrions les ennemis en incroyable despence, ayans à entretenir continuellement armée, tant par mer que par terre, pour faire teste à nos gens; et outre, nous serions sur le passage d'Espagne et Flandres, que nous tiendrions à nostre plaisir; et que, aveques le temps, l'isle se pourroit cultiver, et rapporter vivres pour la nourriture de la garnison que le Roy y tiendroit.

Ces utilitez semblèrent grandes et fortes à considérer ; mais au contraire débatoyent autres difficultez non de moindre considération : la première, que au lieu trouvé plus commode à fortifier, pour estre de forme demy-circulaire, faudroit, à l'opinion du seigneur de Thais et de Sainct-Remy, et autres à ce cognoissans, édifier trois forteresses tout en un temps : deux sur les deux pointes du demy-cercle, pour la deffence de la rade et protection de noz navires, et une autre sur la rotondité, pour loger noz gens ; ce qui monteroit à extrême despense, et ne se pourroit achever en moins de temps que de trois mois, encores qu'on eust six mille pionniers ; et que le lieu estoit tel, pour estre au cueur des ennemis, que l'on n'y pourroit laisser moins de six mille soldats, chose impossible pour l'heure, laissant les vaisseaux armez. Et outre plus, que l'armée ne se pourroit esloigner que les forts ne fussent en deffence ; et de demeurer il leur estoit impossible, n'ayans port contre la fureur et tourmente des vents, ny vivres abondamment ; et, s'approchant l'arrière-saison, qui est pluvieuse et venteuse, les navires n'y pourroyent estre seurement, ny les soldats qui seroyent laissez en terre ne pourroyent résister à l'injure du temps, n'ayans habitation pour se tenir à couvert, ny tentes ny couvertures. Lesquelles incommoditez déduites, divertirent les autres de leur opinion, et fut conclud à différer ceste entreprinse jusques à la response de la volonté du Roy. Quant à mon opinion, ne desplaise à celle des seigneurs de Thais et de Sainct-Remy, il me semble que, veuë l'affection et le moyen qu'avoit le Roy de se mettre en repos contre son ennemy le roy d'Angleterre, il se présenta une occasion pour ce faire, laquelle malaisément de long-temps s'offrira : mais Dieu conduit les choses en la forme qu'il luy plaist.

Cependant les gallères se refreschirent d'eau, pour, le soir survenu, faire voile vers Douvres, costoyant ladite isle d'Huicht, pour de là traverser à Boulongne. L'endroit qui se trouva plus commode à prendre l'eau, estoit en un lieu au-dessous de la montagne, qui fait la lisière de l'isle, à l'encontre du Hâvre-de-Grâce ; là où estant venu le chevalier d'Aulx, provensal, capitaine des gallères faittes en Normandie, pour n'estre empesché en son aiguade, de peur que ses gens en ceste occupation ne fussent assaillis au despourveu, alla à terre pour asseoir son guet, ne s'asseurant du tout en son argousin, l'ayant assis en compagnie d'une troupe de gens qui l'avoyent suivy au sortir de sa gallère ; pour mieux encores descouvrir, monta au hault de la montagne, où il trouva une ambuscade d'Anglois qui luy vindrent courir sus si vivement, que ses gens, n'ayans loisir de se recognoistre, se meirent en fuitte et l'abandonnèrent. En cest instant ledit chevalier fut frappé d'une flesche au genoil, qui le feit tresbucher ; puis, se relevant, fut frappé sur la teste d'un coup de vouge (qui sont armes que portent lesdits Anglois) si rudement, qu'on luy feit voler le morion hors de la teste et tresbucher une autre fois ; et alors un autre coup luy fut redoublé, lequel lui feit tomber la cervelle à terre ; qui fut grande perte pour le service du Roy, car il estoit très-vaillant et expérimenté gentilhomme.

Pendant que quelques-uns des leurs s'amusèrent à le désarmer, les autres poursuyvirent noz gens, qui ne se recogneurent ny arrestèrent jusques à ce qu'ils fussent arrivez près de la marine. Quoy voyant, monsieur l'amiral envoya le seigneur de Thais pour les ralier, et faire tenir fort en quelques maisons prochaines, pour ne mettre en désordre ceux qui estoyent à prendre l'eau. A son arrivée, un nombre de bons et asseurez soldats qu'il avoit menez quand et luy, et autres qui faisoyent escorte aux aquerots, mis en escadron, marchèrent droit aux ennemis, et les repoussèrent à la montagne ; au moyen dequoy ne receut autre perte. Le prieur de Capouë fut en autre endroit assailly, mais il se trouva si bien accompagné, et avoit si bien pourveu à ses affaires, qu'après en avoir mis plus de trente au fil de l'espée, meit les autres à vau de route. Sur le soir, monsieur l'amiral se retira, et le lendemain feit partir ses navires, demeurant à l'arrrière-garde avecques les gallères pour soustenir les ennemis, où ils feroyent quelque saillie. Sur le partement de noz navires, le vent fut si à propos, qu'ils arrivèrent à Valseau, loing d'Huicht quatorze lieuës, avant que les gallères les peussent attaindre. Ce lieu, pour estre plain et descouvert, sembla si beau à noz gens, qu'il print volonté à un bon nombre d'y descendre : ce qu'ils feirent en l'absence de leur coronal, sans ordre ny conduitte ; et s'estans un peu esloignez de la marine, vers un village qu'ils veirent escarté, ils y donnèrent, pensans y faire butin ; mais ils y furent attendus des ennemis auprès d'un ruisseau assez profond, à cause du reflus de la mer, lesquels voyans partie de noz gens avoir passé par-dessus quelques planches, sortirent soudainement d'un petit fort, où ils s'estoyent embuschez, et, après le pont rompu pour clorre le passage aux autres, chargèrent sur ceux qui estoyent de leur costé, si vigoureusement, qu'ils les contraingnirent de sauver leur vie à la fuitte ; mais au repasser le ruisseau, une partie furent emportez de l'eau courante, et noyez ; quelques-uns qui sceurent nager, forcèrent l'impétuosité de l'eau, et se sauvèrent à la faveur de leurs compagnons, lesquels estans de l'autre costé de l'eau, les soustindrent à coups de arquebouse.

En ces entrefaittes arriva monsieur l'amiral, lequel à coups d'artillerie repoussa les ennemis, et leur feit quitter le fort, et par ce moyen retira ses gens. Sur le soir, il feit voille vers Blanchef ; puis, costoyant la rive jusques auprès de Douvres, dressa son chemin vers Boulongne, où il refreschit de vivres l'armée de mer, et meit en terre au Portet, près Boulongne, pour renforcer nostre armée de terre, quatre mille hommes et trois mille pionniers, laissant son armée de mer pourveuë. Par là vous pouvez cognoistre qu'il pouvoit laisser en l'isle d'Huicht lesdits quatre mille hommes, et quatre mille pionniers ; qui estoit suffisamment pour garder ladite isle, attendant nouveau refreschissement, et leur pouvoit laisser vivres (à ce que j'entendis des munitionnaires) pour un mois ou cinq semaines. Ce pendant les vents d'aval se meirent à souffler partant de devant Boulongne, de sorte que nostre armée de mer, pour se mettre en lieu de seureté, fut contrainte de relascher, pour chercher le couvert, vers Angleterre : où estans venuz en un lieu appellé Les Perrais, et là, détenus par la force du vent et d'une grosse mer, sembla au roy d'Angleterre s'estre présenté à luy l'occasion de deffaire nostre armée ; parquoy, ne voulant perdre ceste occasion, en toute diligence feit mettre en mer son armée, qui montoit à cent bons navires, pour nous venir trouver à la faveur de ce temps, qui les apportoit par la poupe et à plaine voile sur nous. Entre autres raisons qui luy donnoyent espérance de victoire, estoit que la violence des vents et la commotion de la mer nous osteroyent l'usage et le service de noz gallères, et que son armée, se présentant devant la nostre, la contraindroit sans combattre, ou de donner en terre et se perdre, ou de passer le destroit de Calais, chose qui ne se pourroit faire sans desorde et grand danger.

L'un et l'autre party luy sembloit aisé : car, si nous attendions à nous lever jusques à ce que les eussions en teste, et si alors nous venions à désancrer, la courante et les vents qui les apportoyent sur nous, par force nous jetteroyent en terre ; au contraire, si nous attendions, ils nous trouvoyent escartez les uns des autres, et ne nous estoit possible, pour la crainte du mauvais temps, de nous tenir serrez : et eux nous abordans en si grande avantage, nous forceroyent et nous jetteroyent à travers. Outre plus, et si, pour obvier à ces inconvéniens, voulions prévenir à ladite arrivée, et nous lever de bonne heure, la mer et le vent nous forceroyent d'aller en Flandres, où nous aurions à passer le destroit, qui nous seroit au retour empesché et deffendu ; avec ce, il seroit possible que le temps contraire nous retiendroit là si longuement, que nous y pourrions avoir faulte de vivres : et ce pendant les ennemis, qui, pour nous attendre au passage, viendroyent à Boulongne, pourroyent destourber les forts que le Roy avoit délibéré d'y faire. A quoy monsieur l'amiral vouloit, par tous les moyens du monde, remédier : ces choses requéroyent aussi prompt et soudain remède que les dangers que vous avez ouys estoyent grands ; car un Flament qui, la nuit précédente, s'estoit enfuy d'avec eux, asseuroit que le jour mesmes ou le lendemain matin ils se pourroyent trouver sur nostre armée.

Monsieur l'amiral ayant toutes ces considérations, par l'advis des capitaines, conclud qu'au changement du flux, si aussi le vent venoit à changer ou calmer, qu'on se lèveroit pour se jetter en haulte mer, dressant tousjours le chemin vers l'ennemy, afin de le pouvoir combatre au large, et gaingner le vent ; et là où le temps le forceroit de demourer, il ordonna que les gallères iroyent sous une pointe approchant d'eux, qui les couvroit du vent, et là où ils estoyent se tiendroyent les vaisseaux, les pouppes vers la terre, et les grands navires se mettroyent en bataille un peu au-dessous, tant serrez que le temps le permettroit, afin que l'armée des ennemis, venant à exécuter son entreprinse, et voulant aborder noz navires, eust à passer par devant les gallères qui leur demoureroyent, par ce moyen, au-dessus du vent. Et là où, par crainte de cest inconvénient, les ennemis voudroyent arriver de bonne heure pour combattre les gallères, ils ne le pourroyent faire, estans en si peu d'eau, mesmes que leurs petits navires n'en pourroyent approcher sans toucher en terre ; avec ce, pour le peu d'intervalle qui seroit entre les gallères et les navires, il pourroit advenir que non-seulement les ennemis passeroyent oultre les gallères, mais la courante estoit telle, qu'elle les pourroit jetter delà noz navires.

La chose ainsi résolue, on attendit le changement du flux à l'ancre, pour veoir ce que le temps nous apporteroit ; mais nous trouvasmes que le temps persévéra en sa fureur tout ce jour, dont fusmes forcez d'attendre la marée le lendemain, qui nous fut tant favorable en bonasse, aveques changement de vent, que nous pensâmes partir et dresser le chemin là par où avions nouvelles de trouver les ennemis. La bonasse augmenta tellement peu à peu, que sur le midy nous ne souhaitions riens plus que de rencontrer ceux qui bravoyent de nous venir trouver ; et, sur ce poinct descouvrans quelques voiles, soudain noz gallères feirent diligence de les aller recognoistre : les ayans approchez, se trouva qu'ils estoyent flamens, et par eux s'entendit que l'armée de l'ennemy n'estoit pas loing de là. Monsieur l'amiral, l'ayant entendu, alla au navire rond qu'il avoit choisi pour combatre l'amiral d'Angleterre, et manda les gallères donner plus avant pour en sçavoir plus certaines nouvelles. Lesquelles, au poinct du jour, vindrent à la veuë des ennemis ; monsieur l'amiral les suyvit aveques l'armée, en toute diligence ; mais le temps estoit si calme qu'il ne pouvoit avancer chemin que autant qu'il estoit porté par les courantes. Les ennemis, ayans la veuë de noz gallères, pour ne demourer entre icelles et nostre armée par ce temps calme, faisoyent grande diligence de gaingner le dessus du vent, ce que noz gallères à toutes forces vouloyent avoir ; en quoy les armées voguèrent presque tout le jour, costoyant l'une l'autre de si près, que aisément l'on pouvoit compter les navires et juger de leur grandeur.

En ceste navigation les ennemis portoyent tousjours les proües devers la mer, faisans contenance de vouloir combatre, sans toutesfois qu'ils perdissent la veuë de leur terre : mais enfin, ayans veu nostre armée au-dessus du vent, et suyvre en bonne ordonnance, sans plus dissimuler, meirent les voiles, et dressèrent leur chemin en pouppe vers l'isle d'Huicht. Dont s'estant advisé le baron de La Garde, pour les retarder et donner temps à nostre armée d'approcher, print opinion de donner en queuë sur quelques navires qui, pour estre pesants, estoyent demourez assez loing des autres, et, par ce moyen, le reste de l'armée alentiroit sa retraitte; mais sur le champ le vent se refreschit, sans toutesfois commotion ne tourmente de la mer; qui fut cause qu'ils se retirèrent sans désordre : si est-ce qu'on eut loisir d'estre plus de deux heures au combat avecques eux, et de si près, qu'à peine pouvoit-on descharger nostre artillerie. Il n'y a faulte qu'ils n'espargnoyent les nostres; mais noz gallères, pour estre plus basses, estoyent moins exposées à la fureur de leur artillerie. L'escarmouche fut bien chaulde, car le matin il fut veu en mer plusieurs corps morts, et force pièces de bois, et ne fut pas tiré moins de trois cens coups d'artillerie, tant d'un costé que d'autre. En combatant, la courante et le vent portoient les ennemis tout droit vers leur port, et la nuict vint qui meit fin au combat. Le matin, quand on les alla recognoistre, on les trouva en lieu de seureté; parquoy monsieur l'amiral print son chemin vers Le Hâvre-de-Grâce, pour refreschir son armée et descendre grand nombre de malades qui estoyent sur noz navires : les gros vaisseaux vindrent descendre au Hâvre-de-Grâce. Monsieur l'amiral, estant adverty que le Roy estoit à Arques, alla sur une gallère descendre à Dieppe, deux lieuës près dudit lieu d'Arques, qui fut le lendemain de la mi-aoust.

Vous avez entendu cy-devant comme le mareschal du Biez avoit asseuré le Roy que son fort commencé devant Boulongne seroit en deffence à la mi-aoust; parquoy (estant ce jour venu) le Roy, espérant exécuter l'entreprinse de Guines dont est parlé cy-dessus, dépescha le seigneur de Langey sur chevaulx de poste, pour aller en son camp devant Boulongne, et luy faire rapport de l'estat auquel il trouveroit ledit fort. Lequel, y estant arrivé, le trouva aussi peu en deffence, que huit jours après qu'il fut commencé : car premièrement il n'estoit assis sur la pointe qui estoit ordonnée, vis-à-vis de la tour d'Ordre, pour empescher l'entrée du Hâvre; mais il estoit planté en un lieu appellé Outreau, vis-à-vis de la basse Boulongne, où il n'empeschoit en façon du monde l'entrée dudit Hâvre. Les raisons qu'en donnoit le mareschal du Biez pourquoy il n'y avoit esté planté, estoyent qu'on luy avoit fait entendre qu'il ne s'y trouveroit eau, et que, pour les vents, les soldats n'y pourroyent faire demeure : aussi le mareschal du Biez se confioit en un Italien, nommé le capitaine Antoine Mellon, pensant qu'il fust bon fortificateur et homme de guerre. Ledit Mellon, ne sçachant ses mesures, avoit composé son fort de cinq bouleverts en quintangle; et, à ce que ledit fort fust plus tost en deffence, avoit fait les fossez, tant des bouleverts que des courtines, de quarante pieds de large, et de profondeur dix-huit pieds, espérant, sur le bord du fossé par dedans, y faire seulement un rempart en forme de parapet, pour se couvrir, d'autant qu'il n'y avoit montagne qui luy commendast. Mais, estant lesdits fossez parachevez, et les terres jettées dedans pour servir à faire ledit parapet, estimant qu'il n'y faudroit plus que les fascines et gasons, se trouva qu'il avoit prins ses mesures si courtes estimant le bas sur le hault, n'ayant esgard au taluz qu'il estoit besoin de luy donner, que les bouleverts se trouvèrent si petits, qu'il n'y avoit lieu où l'on eust sceu loger une pièce d'artillerie; et mesmes le dedans du fort se trouva si serré, qu'il n'y eust eu espace pour loger cinq ou six cens hommes. Parquoy il falut remplir lesdits fossez; et, parce qu'en les remplissant de terre remuée (la faloit lier de fascines et de gros chesnes debout, de sorte que pour ce faire on fut contraint d'y mettre la pluspart de tous les chesnes de la forest de Hardelot, voisine de lieuë et demie de là, pour les planter debout à soustenir ledit rempart), tout le charroy, tant de l'artillerie qu'autre, qui avoit accoustumé d'amener les fascines et gasons, fut employé, et tout ce qu'en six semaines ou deux mois avoit esté fait, demeura inutil, de sorte que ce fut autant d'argent et de temps perdu. Le seigneur de Langey, retournant devers le Roy, qu'il trouva à Senerpont, feit ce rapport; mais le lendemain arriva le seigneur de Sainct-Germain, gascon, devers le Roy, envoyé de la part du mareschal du Biez, lequel asseura le Roy que dedans huit jours le fort seroit en deffence. Le Roy, adjoustant foy au dire dudit seigneur du Biez, qui estoit son lieutenant-général et mareschal de France, espérant que le rapport seroit véritable, s'achemina pour marcher en avant, et s'en alla à Forest-Montier, abbaye près de Ruë; duquel lieu dépescha ledit Langey de rechef pour aller audit fort, et y faire séjour de huit jours, et considérer de jour à autre combien se haussoyent ses bouleverts et courtines, afin que par ce moyen on peust faire jugement dedans quel temps on se pourroit asseurer que le Roy se peust aider de son armée pour luy servir ailleurs ; laquelle armée estoit de douze mille lansquenets, douze mille hommes de pied François, six mille Italiens à pied, et quatre mille légionnaires, environ mille ou douze cens hommes-d'armes, et sept ou huit cens chevaux-légers.

Arrivé ledit Langey au camp, exposa audit mareschal du Biez, en la présence de tous les capitaines tels que le seigneur de La Roche-du-Maine, le seigneur de La Guiche, le seigneur d'Estrée, le seigneur de Villebon, le seigneur de Heilly, le seigneur de Brissac, général de la cavalerie, le comte Rin-Grave, et plusieurs autres capitaines, la charge qu'il avoit du Roy ; mais ledit mareschal déclara en ladite compagnie qu'il avoit advertissement que l'ennemy s'assembloit à Calais pour venir secourir Boulongne par terre, laquelle, à ce qu'il disoit, il tenoit pour affamée ; et que, à ceste occasion, il estoit délibéré de passer la rivière et abandonner le fort, laissant seulement trois ou quatre mille hommes dedans, et aller loger sur le Mont-Lambert ; pour estre en teste à l'ennemy, et luy donner la bataille, s'il venoit pour secourir ladite ville. Plusieurs des capitaines ne trouvèrent qu'il fust vraysemblable que l'Anglois voulsist hazarder une bataille par terre, attendu qu'il n'estoit si fort que nous, pour venir renvitailler sa ville, laquelle, tous les jours à nostre veuë et sans danger, il refreschissoit par mer, et qu'en un navire seul on peut porter plus de vivres qu'en mille chariots ; à ceste occasion, ne pouvoyent trouver bon qu'on abandonnast ledit fort pour passer l'eau, attendu mesmement que, passant delà, on retarderoit de beaucoup la fortification ; qui n'estoit l'intention du Roy, car, partant le camp, on ostoit la commodité de quatre ou cinq mille soldats, tant françois lansquenets, qu'italiens, qui tous les jours travailloyent au rempart, et de cinq cens pionniers de l'artillerie, qui faloit qu'ils l'accompagnassent, et de cinq cens chevaulx de ladite artillerie, lesquels ordinairement amenoyent fascines et gasons. Toutes lesquelles remonstrances n'eurent lieu, car le lendemain matin, sans autre résolution du conseil, dès le poinct du jour, il envoya le seigneur de Villebon faire rabiller le passage du pont de Brique, pour passer l'artillerie et l'armée, et alla loger au Mont-Lambert, ainsi qu'il avoit délibéré, sans en riens faire entendre au seigneur d'Estrée, qui estoit mareschal du camp avecques ledit Villebon, d'autant qu'il sçavoit que ledit Estrée n'estoit de ceste opinion. Pour dire vérité, j'estime que ledit du Biez le faisoit par braverie, et moy-mesmes luy remonstray à part que ce n'estoit l'intention du Roy, mais je n'y proffitay riens ; et depuis, le Roy me dit qu'il pensoit que ledit mareschal n'eust voulu que Boulongne eust esté reprinse, craingnant perdre son authorité de commander aux princes et une si grosse armée.

Les nouvelles entendues à la Cour que le mareschal du Biez alloit donner la bataille, toute la jeunesse qui estoit près du Roy, espérant estre à ceste journée, deslogea pour s'y trouver, aucuns sans congé du Roy, autres avecques congé. Entre autres partirent monsieur d'Anguien, monsieur d'Aumalle, monsieur le duc de Nevers, monsieur le comte de Laval, monsieur de La Trimouïlle, et tout le reste de la jeunesse ; lesquels vindrent trouver le camp au Mont-Lambert, et se logea monsieur d'Aumalle à l'avant-garde, laquelle monsieur de Brissac conduisoit. Ledit lieu de Mont-Lambert est si près de Boulongne, que coup à coup nostre artillerie donnoit dedans la ville, et celle de la ville dedans nostre camp, et tous les jours se faisoient de belles escarmouches, où en demeuroient et des leurs et des nostres.

Ce pendant le Roy estoit en ladite abbaye de Forest-Monstier, qui tire d'Abeville à Monstreul, à unze lieuës de Boulongne ; auquel lieu de Forest-Monstier, après y avoir séjourné quelques jours, monsieur d'Orléans, second fils du Roy, jeune prince de l'aage de vingt-trois ans, fut saisi d'une fièvre continue, que les médecins estimoyent pestilencielle, à laquelle ils ne sceurent remédier, qu'il ne rendist l'ame à Dieu le huictiesme jour de septembre, et le .... jour de sa maladie. Qui ne fut (à ce que vous pouvez considérer) peu d'ennuy au Roy son père, d'avoir perdu deux de ses enfans, sçavoir est l'aisné et le dernier, en la fleur de leur aage adolescente ; mais, à l'imitation de David, print la fortune comme chose venant de Dieu ; et, pour passer sa douleur, et aussi qu'on estimoit que mondit seigneur d'Orléans estoit mort de peste (ce qui ne fut trouvé véritable ; vray est que le païs estoit fort infecté de mauvais air, pour la nécessité que la guerre et le feu y avoyent apporté), deslogea promptement dudit lieu de Forest-Monstier et alla coucher en un village nommé L'Hospital, à l'autre bout de la forest de Cressy, où estant arrivé, et voyant la diversité des rapports qu'on luy faisoit de jour en autre de la fortification de son fort, à cause de quoy il ne pouvoit conclurre du moyen qu'il auroit de se servir de son armée, dépescha, pour mieux s'en résouldre, monsieur l'amiral d'Annebault, et, en sa compagnie, le prince de Melphe, mareschal de France, et le seigneur de Maugeron, chevalier de son ordre et gouverneur de Dauphiné, pour aller devant Boulongne, afin de recognoistre le fort, et luy rapporter au vray en quel estat il se trouveroit, et avecques eux le seigneur de Langey, qui par plusieurs fois y avoit esté, pour leur faire entendre sur le lieu ce qu'il en avoit cogneu.

Peu de jours auparavant, les garnisons d'Ardres et celles de Calais et de Guines, estoyent en courses continuelles les unes contre les autres; et entre autres, s'estoit fait une entreprise par le seigneur de Dampierre, lieutenant du Roy dedans Ardres, ayant appellé du camp, pour son renfort, le seigneur de Tavannes, lieutenant de la compagnie de monseigneur d'Orléans, avecques icelle compagnie, en laquelle, après quelque perte des nostres et des ennemis, ledit Dampierre fut tué.

[1546] Monsieur l'amiral, ayans prins congé du Roy pour aller au lieu prédit, alla coucher à Monstreul; partant duquel lieu, et arrivé au Neuf-Chastel, trois lieuës deçà Boulongne, tomba malade d'une fièvre chaulde si véhémente, qu'il fut contraint de demeurer audit Neuf-Chastel; parquoy le prince de Melphe, le seigneur de Maugeron et de Langey, parachevèrent le chemin, pour faire rapport au Roy de ce dont ils avoyent charge. Le prince de Melphe, arrivé audit lieu, ayant bien visité le fort, et considéré le temps qu'il estoit commencé et le temps qu'il faloit pour l'achever, jugea qu'on seroit bien avant en l'hyver devant qu'il peust estre en estat d'estre deffendu, sans avoir l'espaule d'une armée. Et, après toutes ces choses bien considérées, retourna trouver ledit seigneur l'amiral, encores malade au Chasteau de Courteville, trois lieuës par delà Monstreul, sur le chemin de Boulongne, d'où ils s'acheminèrent pour retourner devers le Roy, luy faire rapport de ce qu'ils avoyent trouvé; lequel, voyant son espérance perdue, et la saison trop tardive pour ceste année se mettre en campagne, se retira en l'abbaye de Sainct-Fuscien, deux lieuës au-dessus d'Amiens, à cause que la peste estoit dedans la ville.

Ce pendant que ledit seigneur amiral et le prince de Melphe se retirèrent devers le Roy, à raison de la proximité de Mont-Lambert, où estoit assis nostre camp, ordinairement s'y faisoyent de belles et grandes escarmouches; et entre autres, un jour monsieur François de Lorraine, duc d'Aumalle, jeune prince de grande volonté, fils aisné du duc de Guise, estoit allé pour veoir l'escarmouche; mais voyant noz gens la soustenir assez lentement et estre sur le poinct d'estre renversez, pour les remettre debout, voyant une trouppe d'Anglois qui les venoyent charger par le flanc, et se pensant asseuré que plusieurs qui estoyent près de sa personne ne l'abandonneroyent, chargea lesdits Anglois si vigoureusement, qu'il les arresta sur cul; mais n'estant suivy comme il espéroit, receut un coup de lance dedans la veue, qui luy donna entre le nez et l'œil, et entra dedans la teste environ demypied: car il faut entendre que le fer de la lance estoit à trois quarres, et n'estoit gros, et avoit environ une paulme de long, lequel entra tout dedans la teste avecques la douille, et bien deux doigts du bois; la lance rompit, et luy demoura le tronçon dedans la teste: toutesfois, pour ledit coup il ne perdit ny les arsons ny l'entendement; dont bien luy print, car s'il fust tombé, jamais homme ne l'eust sauvé des mains des gens de pied anglois, qui en prenoyent peu à mercy. Estant retourné au camp, tous les chirurgiens doutoyent fort que la force dont il convenoit user pour retirer ledit tronçon hors de la teste, ne meist ledit prince en hazard, ne pouvant supporter la secousse, et, par ce moyen, qu'il rendist l'esprit entre leurs mains; mais il porta la douleur aussi patiemment que qui ne luy eust tiré qu'un poil de la teste; ce nonobstant, estant porté en littière jusques à Piquigny, il fut deux ou trois jours qu'on ne luy espéroit vie; à l'occasion de quoy, il disposa de tous ses affaires, en pourvoyant tous ses serviteurs. Quant à moy, je pense asseurément que Dieu luy sauva la vie, non pas les médicaments des hommes, et qu'il le préserva, afin que par cy-après le Roy en tirast plus grand service.

Il se feit plusieurs autres faits d'armes qui seroyent malaisez de mettre icy par escrit, et, entre autres, un auquel François de Toutteville, seigneur de Menainville, frère du seigneur de Villebon, fut tué à coups de lance et de picque. Autre jour, Jean de La Vieuville, seigneur du Frétoy, jeune homme de Picardie, promettant beaucoup de soy, tomba au pareil danger que ledit de Toutteville; et fault entendre que l'avantage estoit grande pour l'Anglois, d'autant que, du costé où se dressoyent les escarmouches (qui estoit devers le chasteau tirant à la tour d'Ordre, et dudit chasteau dévalant à la tour Sainct-François), le roy d'Angleterre l'année précédente y avoit assis son camp, pour assiéger la ville, à cause de quoy y avoit de grandes tranchées, et plusieurs fossez où estoyent logez ses lansquenets; et noz gens, les cuydans suyvre, quand ils les avoyent repoussés, tomboyent dedans lesdittes tranchées.

Ès mesmes jours, considérant le Roy qu'à l'occasion de l'hyver qui approchoit, son entreprinse de Guines estoit faillie, et qu'il estoit adverty que l'Anglois avoit envoyé en Allemagne faire levée de dix mille lansquenets et quatre mille chevaulx haults allemans, pour, passant par le païs de l'Empereur, se venir joindre avecques son armée en la terre d'Oye, et, avec ce renfort, lever le siége de devant Boulongne, délibéra de pourvoir audit passage, à ce que, sous umbre d'iceluy, ils ne feissent descente au païs de Tiérache, et ès environ d'Aubenton, Vervins et Guise. Et, afin qu'il peust mettre ordre à toute sa frontière, et que, ce pendant qu'il voudroit assaillir autruy, on n'entrast en ses païs, il s'achemina pour tirer à La Fère-sur-Oize, duquel lieu il pouvoit ordonner des affaires selon qu'ils s'offriroyent; mais ce ne fut, que premièrement il n'eust mandé au mareschal du Biez qu'il eust à assaillir la terre d'Oye, et la ruiner, et tout brusler, à ce que laditte armée que le roy d'Angleterre faisoit venir d'Allemagne, ne trouvast de quoy se refreschir, et mesmes pour tirer à l'ennemy la commodité d'icelle terre, d'autant que la ville de Calais, celle de Guines, et le chasteau de Hames, que le roy d'Angleterre a en terre ferme, n'ont refreschissement que de cedit lieu; et, s'il fait descente deçà, n'a autre endroit où se puisse loger son armée, attendant l'un l'autre; car une grande armée de mer ne peult passer tout en un passage, et il faut lieu pour refreschir ceux qui descendent, les premiers attendants le reste. L'assiette de la terre d'Oye est marescageuse et fertile en herbages, laquelle peult avoir quatre lieuës de long et trois de large, ayant d'un costé la mer; et est à l'un des bouts, devers la mer, la ville de Calais, et à l'autre bout la ville de Gravelines, qui est des païs de Flandres. Devers la terre ferme, et le long du bort du marais, est située la ville de Guines et le chasteau de Hames; et au bout, tirant en Artois, est la ville d'Ardres, qui est au Roy; et plus avant, estoit le chasteau de Tournehan, assis au païs de Flandres, plusieurs fois ruiné par nostre armée.

Le mareschal du Biez, qui estoit encores campé à Mont-Lambert, ayant receu le commandement du Roy, se meit en chemin, pour, selon le vouloir dudit seigneur, entrer en la terre d'Oye. Le seigneur de Brissac avoit la charge de conduire l'avant-garde avecques sa compagnie de gens-d'armes, et les chevaux-légers dont il estoit général; la compagnie de monsieur le connestable, conduitte par le seigneur de La Guiche, et cinquante hommes-d'armes sous la charge du seigneur de Heilly; la compagnie du seigneur de Boisy, celle du seigneur d'Escars; celle du seigneur de La Roche-du-Maine, et autres; et le seigneur de Thais, général des gens de pied françois, et grande jeunesse qui estoit venue de la Cour en espérance de combattre, comme j'ay dit cy-devant; entre autres, monsieur François de Bourbon, seigneur d'Anguien; le duc d'Aumalle; le duc de Nevers; le comte de Laval, qui fut ce voyage blessé en un bras d'une arquebouzade; et plusieurs autres que je ne nommeray, pour éviter prolexité. Or, pour la seureté de la terre d'Oye, que j'ay desjà dit estre marescageuse, les Anglois ont fait, du costé de la terre ferme, de grands fossés, qui sont ordinairement pleins d'eau, avecques remparts; et, par intervalles, ont fait des bastions qu'ils appellent blocuz ou forts, pour flanquer lesdits remparts; dedans lesdits forts ils ont garnison ordinaire; parquoy estoit malaisé d'entrer dedans le païs, car, estant l'alarme ausdits forts, tout le païs vient en armes à la deffence d'iceux remparts; et d'avantage, en temps de guerre, ils ont autre garnison ordinaire en un gros bourg nommé Marc, qui est au milieu du païs.

Estant partie nostre armée, feit telle diligence que l'avant-garde arriva au principal de leurs forts, lequel fut assailly si brusquement par noz vieilles bandes françoises, qu'en peu de temps il fut forcé, et ce qui se trouva dedans mis au fil de l'espée. On avoit fait provision de ponts pour passer l'artillerie et gendarmerie sur les canaulx qui sont en laditte terre d'Oye; toutesfois ils demourèrent à Ardres: je ne sçay si ce fut la faulte ou négligence du chef, mais le frère du seigneur de Mailly, de Picardie, qui avoit la charge de l'artillerie, feit tel devoir, que, faisant abattre le bord du fossé, il passa laditte artillerie, chose qu'on pensoit impossible; aussi la gendarmerie, voulant monstrer l'affection qu'elle avoit de faire service au Roy, passa outre: les uns, menans leurs chevaulx par la bride, se mettoyent en l'eau jusques à la ceinture avecques leurs harnois; autres passèrent à cheval, dont quelques-uns tombèrent dedans, et meirent de l'eau dedans leurs bottes par le collet; bref, tout passa. Estans passez, le seigneur de Brissac marcha pour tirer le chemin de Marc; mais, n'ayant encores fait demie-lieuë, ses coureurs rencontrèrent environ deux mille Anglois qui venoyent au secours de ceux du fort que noz gens avoyent forcé (mais n'estoyent advertis de ce qui leur estoit advenu), lesquels furent chargez si vivement de la gendarmerie qui estoit devant, que lesdits Anglois furent défaits, et la pluspart tuez sur le champ, les autres se sauvèrent à la faveur des fossez, où la gendarmerie ne les pouvoit suivre. Si fut ceste charge si sanglante, que quatre-vingts ou cent chevaulx des nostres y demeurèrent ou morts ou blessez, et plusieurs hommes-d'armes, spécialement de la compagnie de monsieur de Boisy, conduitte par le seigneur de Sainct-Sire, son lieutenant.

Noz gens ayans forcé le fort, et défait les Anglois qui venoyent pour leur empescher le passage, nostre camp se logea; mais la pluye survint si véhémente la nuict, que les fossez qui sont en laditte terre d'Oye, pour esgouter les terres, devindrent grosses rivières, de sorte qu'il eust falu autant de ponts comme il y avoit de trenchées; parquoy fut résolu de se retirer, parce que, continuant la pluye, on n'eust eu le moyen de ramener l'artillerie sans grand hazard; si est-ce qu'avant partir, on brusla grande partie des villages jusques auprès de Marc.

Pendant que nostre armée fut en la terre d'Oye, les ennemis, qui estoyent forts dedans la haulte et basse Boulongne, et en la tour d'Ordre (qui est assise sur la pointe où la rivière qui passe au pont de Brique se descharge en la mer; laquelle tour Jules César feit édifier quand il passa en Angleterre, pour tenir une lanterne au hault d'icelle, pour radresser ses navires, si de fortune luy advenoit tourmente comme à son premier passage; tout autour de laquelle les Anglois avoyent fait un fort de terre bien flanqué, tant pour la conservation de laditte tour, qui estoit la salvation des navires qui entroyent dedans le canal de la rivière, que pour tenir plus grand nombre de gens en seureté), sortirent une nuict avecques toutes les forces desdits lieux, pour surprendre le fort que nous avions fait deçà l'eau, vis-à-vis de la basse Boulongne, d'autant qu'il y avoit encores la pluspart de la fortification où l'on pouvoit monter sans eschelle; et pouvoyent estre sortis, pour laditte entreprinse, jusques au nombre de sept ou huit mille hommes, tous bien délibérez de faire leur devoir. Or n'y avoit-il, entre la basse Boulongne et le fort, que la grève, de sorte qu'on tiroit de l'un en l'autre de pointe en blanc d'une coulevrine, et quand la mer est retirée, on n'y est pas en l'eau jusques au gros de la jambe. Ils arrivèrent environ une heure devant le jour; mais Thibault Rouhault, seigneur de Riou, qui estoit lieutenant du Roy dedans ledit fort, et le capitaine Ville-Franche, son lieutenant audit fort, sentans leur secours loing, faisoyent la veille jour et nuict avecques la pluspart de leurs soldats, et le jour se reposoyent: dont bien leur print; car, de première arrivée, les ennemis donnèrent sur le haut du rempart; mais, ainsi que furieusement ils assaillirent, aussi avecques grande assurance ils furent recueillis (comme par gens qui estoyent bien advisez de qu'ils avoyent à faire), et tout ce qui donna sur le haut fut tué, et le reste renversé et mis à vau de route; et oncques puis n'osèrent entreprendre de les vouloir forcer.

Le Roy, estant adverty que son armée estoit retirée de la terre d'Oye, manda au mareschal du Biez qu'il eust à se camper au Portet, qui est à un trait de canon du fort, afin de tousjours donner espaulle à ceux qui faisoyent la fortification d'iceluy fort; et puis il print le chemin de Corbie, Ham et La Fère. Et estant arrivé audit lieu de La Fère, adverty que desja les lansquenets qui venoyent pour le secours du roy d'Angleterre, estoyent arrivez à Fleurines, qui est un gros village au païs du Liège, à dix lieuës de Mésières, dépescha le seigneur d'Anguien, François de Bourbon, pour aller à Guise, avecques trois cens hommes-d'armes et quelque nombre de gens de pied, pour empescher lesdits lansquenets d'entrer par cest endroit dedans ses païs. Pareillement le Roy dépescha le seigneur de Longueval, son lieutenant en Champagne, pour aller lever la légion dudit païs, et pourvoir tous les passages par où il cognoistroit que l'ennemy pourroit entrer; et dedans Mésières (qui estoit la ville de plus grande importance si l'ennemy l'eust surprinse) envoya le seigneur de Langey avecques mille hommes de pied, et les arrière-bans de Bourgongne et une partie de ceux de Champagne. Ce fait, il melt ordre d'estre seurement adverty des entreprinses de l'ennemy; car l'Empereur, craingnant que ceste grosse armée d'Allemans, tant de pied que de cheval, entrant en son païs, et le trouvant despourveu de gens de guerre, n'y feist quelque dommage, leur refusa le passage par ses païs; qui faisoit douter au Roy que, se voyans désespérez de passer par amitié par le païs de l'Empereur, ils ne voulsissent entreprendre de passer par son royaume. Enfin, lesdits Allemans, après avoir séjourné trois semaines audit lieu de Fleurines, sans pouvoir prendre résolution, le jour de la paye survint, et n'estant les deniers prests, quelque remonstrance que peussent faire les commissaires et trésoriers du roy d'Angleterre, que de bref l'argent seroit venu, ils n'y voulurent adjouster foy, mais tournèrent leurs enseignes pour eux retirer en Allemagne, et amenèrent quand et eux lesdits trésoriers et commissaires, qui avoyent charge du roy d'Angleterre de les conduire pour la seureté de leur payement. Par ce moyen, ledit Anglois feit une despense excessive qui revint en fumée, et espuisa bien ses trésors, qui desjà estoyent fort entamez.

Environ la feste de Toussaincts 1545, après la retraitte desdits Allemans, le Roy, ayant esgard que, par le trespas de monseigneur le duc d'Orléans, son fils, les alliances concluttes avecques l'Empereur estoyent nulles et de nul effect, despescha monsieur l'amiral d'Annebault et monsieur Olivier, chancelier de France, pour faire nouveaux traittez, et confirmer nouvelles alliances et amitiez entre luy et l'Empereur. Lesquels, après avoir prins congé du Roy, lors estant à Folambray, près Coussi, le jour de Toussaincts, prindrent le chemin de Cambray, de Valentiennes et de Courtray, et vindrent trouver l'Empereur à Bruges, auquel lieu, après avoir plusieurs fois communiqué avecques Sa Majesté, furent remis à avoir response à Anvers. L'occasion pour laquelle l'Empereur estoit venu à Bruges et alloit à Anvers, estoit qu'il avoit intention de dresser une armée pour aller en Allemagne subjuguer les Protestans, et autres princes et communautez d'Allemagne qui ne luy estoyent si obéissans comme il désiroit; et, pour dresser ladite armée, luy faloit avoir grandes finances, pour lesquelles recouvrer il alloit audit lieu de Anvers, afin d'en avoir, tant par ottroy que par prest. Aussi ne vouloit-il si promptement faire response aux ambassadeurs du Roy, que premièrement il n'eust entendu la volonté de ceux dudit Anvers, à ce que, selon qu'il feroit ses affaires, il fust ou plus rigoureux en response, ou plus gratieux. Monsieur l'amiral et monsieur le chancelier, après avoir esté audit Anvers environ sept ou huit jours à la suitte dudit Empereur, ayans cognoissance des dissimulations dont il usoit, prindrent congé de luy, sans autre résolution, sinon que là où le Roy ne luy commenceroit la guerre, il n'estoit pas délibéré de la luy faire.

Estans lesdits ambassadeurs de retour, qui fut environ la Sainct-André, trouvèrent le Roy à Villiers-Costerets; lequel, ayant ouy la response de l'Empereur, cogneut bien qu'il luy estoit besoing de se préparer et qu'il ne restoit à l'Empereur que l'occasion de commencer la guerre à son avantage. A ceste cause (parce qu'il avoit fait monseigneur d'Anguien gouverneur de Languedoc), despescha le prince de Melphe, qui nouvellement avoit esté fait mareschal de France, pour aller en Piémont, y estre son gouverneur et lieutenant-général; aussi, considérant que l'Empereur (s'il venoit à chef de réduire en son obéissance la Germanie) luy amèneroit sur les bras toutes les forces, tant des Catholiques que des Protestans, despescha devers monsieur de Vendosme, son lieutenant-général en Picardie, trésoriers et argent pour fortifier les places débiles; et aux autres gouvernemens feit le semblable, mesmes en Bresse, pour fortifier Bourg. Et, ayant expérimenté par la précédente guerre, que la principale descente d'Allemagne pour entrer en ce royaume, estoit par la Champagne, et toutesfois qu'il n'avoit frontière en son royaume si mal garnie de places fortes, pour faire teste à une grosse armée, délibéra d'y pourvoir; et, pour cest effect, il despescha le seigneur de Langey, Martin Du Bellay, son lieutenant audit païs de Champagne, et luy donna charge de visiter la frontière, depuis Vervins jusques à Coiffi, et luy faire rapport des lieux plus nécessaires de fortifier, pour empescher l'entrée de l'ennemy en ses païs. Lequel seigneur de Langey partit cinq ou six jours devant Noël, et avecques luy Hiéronime Marin, boulonnois, homme bien entendu au fait des fortifications; et, après avoir fait ladite visitation, et bien recogneu la frontière, iceluy de Langey feit rapport au Roy qu'il estoit besoing de fortifier une place entre La Capelle et Mésières, d'autant qu'il y a grand païs ouvert, comme de dix-huict lieuës, et qu'il luy sembloit que Aubenton estoit bien à propos, faisant une citadelle au hault devers les bois, pour commander à la ville. Mais le Roy, pour quelque occasion à ce le mouvant, ne voulut que la fortification se feit audit lieu, mais ordonna qu'elle se feroit au-dessus d'un village nommé Maubert-Fontaine, à sept lieuës de Vervins et cinq de Mésières, à la saillie des bois; puis il ordonna de fortifier Mésières et Mouson: mais ledit lieu de Mouson se trouva malaisé à fortifier, à l'occasion de la montagne de devers Yvoy qui luy commande, et que du costé de deçà la rivière de Meuse, à l'opposite de ladite montagne devers France, on veoit, par dessus la ville, le pied et le derrière de ceux qui viennent à la deffence du rempart. Si est-ce qu'il y fut ordonné ce qu'on veit le plus nécessaire, sçavoir est, une traverse de muraille de bout en bout de la ville, par dedans, pour couvrir ceux qui seroyent à la deffence, et dehors, un grand et profond fossé. Et, parce que, par la paix qui fut concluite à Sainct-Jean-des-Vignes, près Soissons, la ville de Stenay avoit esté rendue au duc de Lorraine, le Roy ordonna faire une place sur la rivière de Meuse, deçà l'eau, dedans ses païs, laquelle fut édifiée entre ledit Stenay et Dun-le-Chasteau et fut nommée

Ville-Franche-sur-Meuse, près un village nommé Samorel, et vis-à-vis d'un autre village delà l'eau, nommé Mosas.

Environ le mois de juing subséquent, l'Empereur, partant d'Yvoy pour son voyage d'Allemagne, voulut revisiter sa duché de Luxembourg, et pour cest effect, prenant son chemin par devant Jamets, passa par devant ladite place de Ville-Franche, estant la rivière de Meuse entre deux. Auquel lieu estant arrivé, il feit complainte à l'ambassadeur du Roy, lequel estoit près d'iceluy Empereur, que ladite Ville-Franche estoit édifiée sur le fief de l'Empire ; mais par le seigneur de Langey luy furent envoyez des registres de deux cens ans, qui faisoyent apparoir comme de tout temps les habitans dudit païs avoyent esté sujets à la jurisdiction et grenier à sel de Saincte-Menehoul ; dont il se contenta. Et partant dudit lieu, alla à Danvillier et ordonna réédifier et fortifier la ville auparavant ruinée par le duc d'Orléans ; et puis il passa outre à Luxembourg, pour achever son voyage d'Allemagne. Et parce que ce voyage ne touche point de la matière que j'ay entreprinse d'escrire, je le laisse aux serviteurs de l'Empereur, lesquels en ont escrit bien amplement, et mesmes dom Louis d'Avila.

Aussi le Roy feit besongner au chasteau de Saincte-Menehoul ; à Sainct-Disier feit faire trois gros bouleverts ; à Chaumont en Bassigny, pareillement commença à fortifier ; et à Coiffi, feit commencer une citadelle, lequel lieu de Coiffi est à la portée d'une coulevrine de la Franche-Conté, sept lieuës plus outre que Chaumont et à six lieuës par delà Langres ; et à Ligny, feit commencer un chasteau sur le hault de la montagne tirant à Commercy ; mais la mort le surprint devant qu'avoir parachevé lesdittes fortifications.

Durant cest hyver, la guerre se faisoit ordinairement entre les Anglois et les François qui estoyent dedans le fort d'Oultreau, vis-à-vis de la basse Boulongne ; et y eut audit fort, à l'occasion des nèges, pluyes et mauvais temps, telle véhémence de peste, que, en une nuit seule, furent mis en terre plus de six vingts soldats (chose que je vey, y estant allé de par le Roy), et continua de sorte qu'enfin on ne leur faisoit autre sépulture, sinon, quand tout estoit mort en une maison, on l'abatoit sur eux. Aussi les maisons estoyent des trouz en terre, couverts de quelques appentis de paille ou de chaume, qui pouvoyent bien estre cause en partie de ceste mortalité, veu l'humidité de l'hyver. Je y fus quelquefois logé en la chambre du capitaine Ville-Franche, laquelle je pensoy la plus saine du fort ; mais la nuit, en la chambre où j'estoy couché, mourut son frère et deux de ses fils, lesquels le jour ne monstroyent apparence d'estre malades ; et dura tellement ladite mortalité, que, de vingt enseignes, ne demeurèrent pas plus de huit ou neuf cens hommes ; mais nonobstant, jamais les soldats ne voulurent abandonner leur garde tant qu'il fut possible et y endurèrent beaucoup de maux.

Le seigneur d'Essé, le seigneur de Riou estans un peu refreschis et renforcez d'hommes, et la peste aucunement rapaisée, feirent de belles entreprinses et insignes défaites sur les ennemis ; et, entre autres, environ le mois d'avril 1546, fut délibéré de faire mettre des vivres dedans ledit fort d'Oultreau, où la nécessité commençoit à les contraindre. Pour faire ladite exécution, fut ordonné le seigneur de Senerpont, lieutenant du mareschal du Biez, avecques soixante hommes-d'armes, lequel partit d'auprès de Monstreul le jour de Pasques au soir, et arriva le lundy matin audit fort d'Oultreau, avec les vivres et autres refreschissemens qu'il conduisoit ; mais, passant près du pont de Brique, au-dessous du mont Sainct-Estienne, rencontra trois cens chevaux anglois, venuz pour luy empescher ledit envitaillement. L'escarmouche se dressa d'un costé et d'autre, de sorte qu'il y eut deux hommes-d'armes et trois archers de ladite compagnie du seigneur de Senerpont, qui furent prins, sans y avoir aucun moyen de les recourre. L'alarme estant venue à Boulongne, les Anglois renforcèrent leurs gens jusques au nombre de sept cens chevaulx, et quatre cens arquebouziers à pied, lesquels, passans la rivière, se vindrent embusquer en un village appellé Danes, entre Estappes et ledit fort, ce pendant que ledit de Senerpont meit les vivres dedans ledit fort, espérant sur sa retraitte le défaire. Mais, arrivant ledit de Senerpont sur les gens de cheval, n'estans encores joints les arquebouziers avecques eux, délibéra de tenter la fortune et les combattre avant qu'ils fussent assemblez. Leur cavalerie estoit en trois trouppes, dont les deux se joignirent ensemble, et la tierce se jetta sur les aelles, pour charger noz gens par les flans. Auquel lieu se trouva, avecques ledit seigneur de Senerpont, le seigneur de Thais, ayant seulement six ou sept gentilshommes avecques luy, et le comte Rin-Grave avec pareil nombre, lequel comte Rin-Grave, dès la première charge, fut porté par terre et blessé, et le mareschal du Biez menoit la bataille avec le reste de l'armée. Mais, arrivans lesdits hommes-d'armes à la charge, la feirent si furieuse, que les Anglois n'eurent moyen de les soustenir ; où furent tuez des leurs et des nostres, sur la place, environ deux cens chevaulx ; et le mareschal de Calais, chef de l'entreprinse, y mourut, et pareillement de cent à six vingts Anglois ; et fut prins le nombre de soixante et quinze prisonniers, tous ayans la casaque de veloux pourfillé d'or et d'argent.

Un autre temps, le mareschal du Biez, adverty que les vivres commençoyent à diminuer au fort, délibéra d'y mener envitaillement ; parquoy, partant de son camp au-dessus de Monstreul, print le chemin du mont Sainct-Estienne, auquel lieu il trouva le millor Sorel, accompagné de six mille Anglois, pour empescher ledit envitaillement. En la compagnie dudit mareschal avoit cinquante hommes-d'armes, et le comte Rin-Grave, avec son régiment de quatre mille lansquenets, et deux cens arquebousiers conduits par le capitaine Brueil, breton, et le capitaine Escarbouillat. Ledit mareschal, se trouvant en ce hazard, délibéra, par l'advis des capitaines, de passer outre, et les combattre, encores qu'il fust moindre de nombre de deux mille hommes ; car, se retirant, il eust perdu son charroy et vivres. Ayant concluu le combat, marcha droit aux ennemis : le combat fut long et furieux, mais enfin les Anglois furent renversez, et se retirèrent en un petit fort, lequel ils ne sceurent garder. Audit combat moururent de sept à huit cens Anglois : le millor Sorel, fils du duc de Norfolc, leur général, se sauva avec le reste à la fuitte, et demeurèrent des leurs de sept à huit-vingts prisonniers.

Le roy d'Angleterre, considérant la diminution de ses finances, le grand nombre d'hommes qu'il avoit perdus, les infinis fraiz qu'il auroit encores à supporter, eu esgard à l'obstination en laquelle estoit le Roy pour reconquérir sa ville de Boulongne, et ayant cognoissance que l'Empereur (quelque ligue qu'ils eussent ensemble) ne taschoit qu'à son profit particulier, délibéra de mettre fin à la guerre et aux querelles d'entre le Roy et luy, ce qu'il feit entendre au Roy, et que, faisant trouver à Ardres ses députez à ceste fin, il feroit trouver les siens à Guines. Le Roy, encores qu'il eust desjà bien restraint la ville de Boulongne, consentit toutesfois ceste assemblée, parce qu'il cognoissoit la mauvaise volonté que luy portoit l'Empereur, par le peu d'asseurance de paix qu'avoyent rapporté ses ambassadeurs à leur retour devers ledit Empereur, et qu'il ne vouloit avoir tout en une fois sur ses bras deux tels ennemis que l'Empereur et le roy d'Angleterre. A ceste occasion dépescha monsieur l'amiral d'Annebault, et monsieur Raimond, premier président de Rouën, pour aller à Ardres, et se trouva à Guines l'amiral d'Angleterre, nommé millor Dudelet, qui depuis a esté duc de Nortombelland. Lesquels estans assemblez en un lieu ordonné entre Guines et Ardres, finalement, après avoir convenu de plusieurs choses, accordèrent une paix, avecques telles conditions, que le Roy, dedans huit ans, devoit payer huit cens mille escus au roy d'Angleterre, tant pour les arrérages de sa pention, et pour les frais de la guerre qui estoit provenuë à cause du refus de payement d'icelle pention, que pour plusieurs autres despenses faittes par ledit Roy d'Angleterre, tant aux fortifications de Boulongne que du Boulonnois. Aussi le roy d'Angleterre devoit, moyennant ladite somme, remettre entre les mains du Roy Boulongne et tout le Boulonnois, avecques les places, tant anciennes que par luy nouvellement édifiées, comme le Mont-Lambert, la tour d'Ordre, Ambletueil, Blacquenay et autres, en leur entier, et toute l'artillerie, vivres et munitions qui estoyent dedans lesdittes places. Ces choses estans accordées et signées respectivement par le Roy et le roy d'Angleterre, alla l'amiral d'Annebault devers iceluy roy d'Angleterre, pour luy voir jurer ladite paix : et le millor Dudelet, de la part du roy d'Angleterre, vint devers le Roy luy voir faire le semblable ; ce qui fut fait, tant d'une part que d'autre, par lesdittes Majestez.

Le . . . . . jour de . . . . . 1546, estant le Roy à La Roche-Guion, les néges estoyent fort grandes, se dressa une partie entre les jeunes gens estans près la personne de monseigneur le Dauphin : les uns gardoyent une maison, et les autres l'assailloyent à pelottes de nége ; mais, durant ledit combat, le seigneur d'Anguien, François de Bourbon, sortant de fortune hors d'icelle maison, quelque mal advisé getta un coffre plain de linge par la fenestre, lequel tomba sur la teste dudit seigneur d'Anguien, et le blessa, de sorte que, peu de jours après, il mourut, au grand regret du Roy et de toute la Cour, pour la jeunesse florissante de luy, et le peu d'occasion de l'événement de sa mort : lequel avoit esté autant bien fortuné en tous les lieux où le Roy l'avoit employé, aimé et estimé des gens de guerre (mesmes des estrangers) que jeune homme de son aage qui ait esté de nostre temps.

Après la paix accordée avec le roy d'Angleterre, le Roy, sentant l'Empereur en Allemagne, et n'estant asseuré quelle fin prendroit la guerre encommencée par ledit Empereur contre les

Protestans, voulut luy-mesme visiter sa frontière, tant de Champagne que de Bourgongne, pour veoir quelle diligence on avoit fait aux fortifications qu'il avoit ordonnées; et s'achemina par la Bourgongne, pour faire ladite visitation, commençant à Bourg-en-Bresse, delà à Châlons sur la Saône, puis à Seurre, petite ville sur ladite rivière, laquelle de nouveau il avoit commencée à fortifier. Puis, passant à Beaune et Dijon, print son chemin par la Champagne, et, y estant arrivé, visita sa ville de Langres, et envoya l'amiral d'Annebault pour visiter Coiffi et Montigny-le-Roy, lequel vint retrouver le Roy à Chaumont en Bassigny. Et, partant de Chaumont, le Roy visita Ligny en Barrois, Sainct-Disier et autres places, et vint faire sa feste de Toussaincts à Jenville, après avoir visité madame la duchesse de Lorraine à Barleduc. Puis il passa à Vitry-le-François, qui est une place qu'il avoit commencée sur la rivière de Marne, à une lieuë de Vitry en Partois, parce qu'il ne trouvoit qu'on peust fortifier ledit lieu de Vitry en Partois, pour l'incommodité de l'assiette commandée de trois ou quatre montagnes. De Vitry-le-François alla à Saincte-Menehoul, à Ville-Franche-sur-Meuse, à Mouson, à Sedan, à Mésières, à Maubert-Fonteine, passant à Mont-Cornet en Ardenne, et se retira à Nostre-Dame-de-Liesse, et à Folembray, où il solemnisa la feste de Sainct-André.

[1547] Le Roy, partant de Folembray, vint à Compiègne, et, y ayant séjourné trois semaines ou un mois, se retira à Sainct-Germain-en-Laye, auquel lieu il receut les nouvelles du trespas du roy Henry d'Angleterre, huictiesme de ce nom, lequel laissa un fils de l'aage de huit ans, nommé Edoüart, duquel trespas le Roy porta grand ennuy, tant pour l'espérance qu'il avoit de faire ensemble une alliance plus ferme que celle qu'ils avoyent commencée, que parce qu'ils estoyent presque d'un aage et de mesme complexion, et eut doute qu'il fût pour bientost aller après; mesmes ceux qui estoyent près sa personne trouvèrent que depuis ce temps il devint plus pensif qu'auparavant. Si est-ce que, considérant que l'événement de la guerre est incertain, et que, advenant que l'Empereur vînt à son entente contre les Allemans, il pourroit tourner ses forces sur luy, dont la Champagne en pourroit souffrir, dépescha le seigneur de Langey pour faire parachever les fortifications de laditte frontière, et, pour cest effect, ordonna neuf-vingts mille livres; et, pour pourvoir lesdittes places de vivres, dépescha le seigneur de Plancy, son maistre des requestes, et le seigneur de Boran :

mais devant que la chose fust exécutée, sa mort intervint; car, peu de jours après, luy vint une fièvre lente, pour laquelle passer il s'en alla à La Muette, maison nouvellement par luy édifiée, à deux lieuës de Sainct-Germain, au bout de la forest. Mais, y ayant fait séjour de sept ou huit jours, il s'ennuya, et en partit sans repasser par Sainct-Germain-en-Laye, et alla coucher à Villepreux, où la nuit il eut quelque accès de fièvre; le lendemain, alla coucher à Dampierre, près Chevreuse, duquel lieu il print son chemin pour aller faire son quaresme prenant à Limours; et de jour en jour ceux qui estoyent autour de luy le trouvoyent fort changé de complexion et de façons de faire. Ayant séjourné deux ou trois jours à Limours, s'en alla à Rochefort, où il séjourna, allant de jour en autre à la chasse; mais tous les soirs, à son retour, avoit quelque accez de fièvre. Parquoy voulut prendre son chemin pour aller se retirer à Sainct-Germain-en-Laye, et pour avoir son passe-temps de la chasse par les chemins. Partant de Rochefort, vint coucher à Rambouillet, espérant n'y estre qu'une nuit; mais le plaisir qu'il eut approchant dudit Rambouillet, tant en la chasse qu'en la volerie, luy feit changer d'opinion, et délibéra d'y faire séjour cinq ou six jours; mais enfin la fièvre qui de longtemps l'avoit saisi, se renforça tellement par intervalles, qu'elle se convertit en continue, aveques la douleur d'une apostume qu'il avoit eue peu de temps au précédant qu'il allast au-devant de l'Empereur, quand il passa par France. Alors, ayant bonne cognoissance de sa fin, disposa les affaires de sa conscience et de sa maison, et, après avoir fait plusieurs belles remonstrances à monseigneur le Dauphin, son fils à présent régnant, et luy avoir recommandé son peuple et ses serviteurs, rendit l'ame à Dieu, audit chasteau de Rambouillet, le dernier jour de mars 1547, avant Pasques.

Ce prince fut fort regretté tant de ses sujets que des estrangers, pour avoir flory en toutes vertus. Il estoit magnanime et généreux, amateur de bonnes lettres, lequel, par son moyen, a illuminé les ténèbres d'ignorance, lesquelles avoyent regné par cy-devant; et aima toutes gens d'esprit, et fonda à Paris des collèges pour les lettres latines, grecques et hébraïques, et feit venir de toutes les parties du monde gens instruits en toutes sciences et arts libéraulx, pour édifier la jeunesse en bonnes meurs et sciences : et, combien qu'il n'eust esté nourry aux estudes en son jeune aage, n'estoit science de laquelle il ne peust rendre raison, d'autant qu'il avoit souvent communiqué avecques gens excellens en toute érudition, et que Dieu l'avoit doué de divine mémoire, de sorte que toutes gens doctes qui l'ont hanté, ont confessé avoir plus aprins de luy que luy d'eux. Il mourut en son aage de cinquante et trois ans, après avoir eu beaucoup de bonnes et mauvaises fortunes, mais plus de malheureuses que de prospères : toutesfois jamais adversité qui luy peust advenir ne luy abaissa le cœur, ayant tousjours son recours et ferme fiance en Dieu, et continua en bonne mémoire et sain entendement jusques à la fin de ses jours.

FIN DES MÉMOIRES DE MARTIN DU BELLAY.

INDICATION ANALYTIQUE DES DOCUMENTS

POUR LES RÈGNES

DE CHARLES VIII, LOUIS XII ET FRANÇOIS Ier.

Nous n'avons pas voulu entrecouper par des documents les Mémoires sur les trois règnes de Charles VIII, de Louis XII et de François Ier, parce que les récits de ces Mémoires n'étant pas exclusivement consacrés à un règne, les documents ne pouvaient arriver pour clore chacune des trois époques. Avant de commencer l'indication analytique, il a donc fallu attendre que les Mémoires sur ces trois règnes eussent passé sous les yeux du lecteur. Et voilà pourquoi nous réunissons ici sous un même titre les documents relatifs à ces diverses périodes.

C'est du règne de Charles VIII que nous nous occuperons d'abord. Les Mémoires de Comines, de Guillaume de Villeneuve et de Fleurange, l'Histoire de La Trémouille, ne retracent point d'une façon complète les événements accomplis du temps de Charles VIII; on trouve dans leur narration de très précieux détails sur telles ou telles parties de cette époque, et non point l'ensemble des faits. Des extraits empruntés aux meilleures sources compléteront les principales lacunes des Mémoires, et nous aurons soin aussi d'apprécier les différents travaux que nous a laissés sur ce point l'érudition moderne.

I.

PREMIÈRES ANNÉES DU RÈGNE DE CHARLES VIII; RÉGENCE DE MADAME DE BEAUJEU.

Charles VIII était encore enfant quand son père mourut. Le vieux roi prévoyait que des troubles pourraient agiter le pays durant la minorité de son fils. Au mois de septembre 1482, onze mois avant sa mort, Louis XI, étant allé visiter au château d'Amboise son jeune successeur à la couronne, dicta des instructions politiques qui furent remises au Dauphin. Nous trouvons dans le recueil de Godefroy (1) les pièces originales qui nous servent ici de guide. Une lettre adressée par ordre de Louis XI *aux très-honorés seigneurs messieurs* des comptes, nous offre les passages suivants :

« Le Roy nostredit seigneur remonstra...... comme pour le profit et utilité de son royaume, et à la décharge de sa conscience, et comme vray père est tenu et doit instruire et enseigner son fils afin de tenir son royaume en paix et tranquillité, et les seigneurs en union et concorde, il avoit remonstré à monseigneur le Dauphin, son fils, plusieurs points et articles qu'il devoit faire et tenir, en luy priant et commandant de les entretenir, garder et accomplir; ce que mondit seigneur le Dauphin libéralement et de meur (maturité de conseil) et comme obéissant fils, accorda, promit et jura de ce faire. Et afin que lesdites remonstrances soient publiques, manifestes et connues, le Roy nostredit seigneur composa et nomma icelles remonstrances, poincts et articles; lesquelles furent rédigées par écrit et leues ès présences des dessusdits : et ce fait, commanda et ordonna à messieurs de Beaujeu, chancelier, et autres dessus nommez, aller incontinent et ledit jour à Amboise devers mondit seigneur le Dauphin, et luy requérir de les accorder, promettre et tenir : et incontinent partirent mesdits sieurs en grand nombre, qui arrivèrent celuy jour, environ trois heures après midy, en grand ordre, chacun de son degré, devers mondit seigneur le Dauphin; et illec par mondit seigneur le chancelier...., et de tous les officiers et serviteurs de mondit seigneur le Dauphin, furent les remonstrances et articles leus de mot à mot; et mondit seigneur le Dauphin, qui mettoit toute peine de iceux écouter et entendre, et qui monstra bien avoir souvenance et retenu les enseignemens et remonstrances que le Roy luy avoit autrefois faites, incontinent les larmes luy cheurent des yeux. Et après, de son propre mouvement, et

(1) Histoire de Charles VIII par des historiens originaux, *et enrichie de plusieurs mémoires, observations, contracts de mariage, traités de paix, et autres titres et pièces historiques non encore imprimés.* (Paris. Imprimerie Royale, in-folio. 1684.)

non pas comme enfant, mais d'une grand'audace, ferme et haut courage, répondit et dit ces paroles : *J'aymerois mieux mourir que avoir désobéy à monseigneur mon père, et que plutost me donnast Dieu la mort que avoir pensé à y désobéir.* Et voyant la grand'obédience, humilité, ferme et haut courage et bonne affection de mondit seigneur le Dauphin, il n'eut celuy de l'assemblée qui les larmes ne tombassent des yeux; et ces choses ainsi faites, mondit seigneur le Dauphin, de son propre mouvement, accorda lesdits articles, jura et promit de les garder et entretenir; et l'original, dont il requit avoir le double, signa de sa main et renvoya au Roy, lequel, la mercy Dieu et Nostre-Dame, fait bonne chère, joyeux et halerte de sa personne : Dieu par sa grâce le y veuille maintenir. Et devisa mondit seigneur le Dauphin particulièrement à un chacun, et, après, mesdits sieurs prinrent congé et se départirent.

» Messieurs, je vous asseure que c'est *le plus beau prince, le plus sage, audacieux et constant, et merveilleusement atrempé.* Et de ce, et des autres grandes vertus qui sont en luy, devons en ce royaume, généralement et particulièrement, rendre les grandes grâces et loüanges à Dieu nostre créateur et à sa très-glorieuse Mère.

» Suivant les autres articles que sçaurez cy-après et qui seront publiez, mondit seigneur le Dauphin confirme tous les offices de ce royaume... *Escrit à Tours, le XIe jour de octobre 1482.* »

Voici les curieuses et remarquables instructions de Louis XI :

INSTRUCTION BAILLÉE PAR LE ROY LOUIS XI, PEU AVANT SA MORT, A SON FILS ET SUCCESSEUR LE ROY CHARLES VIII, A AMBOISE, LE 21 SEPTEMBRE 1482, *prise sur l'original et en parchemin, et communiquée à Th. Godefroy.*

« LOUIS, par la grâce de Dieu, roy de France, à tous ceux qui ces présentes lettres verront, salut. Sçavoir faisons, que nous, considérant la naissance de toutes choses, et la fin et termination d'icelles; et mesmement d'humaine nature, qui en brefs jours termine son temps, et que Dieu nostre créateur nous a fait de si grandes grâces qu'il luy a pleu vous faire chef, gouverneur, et prince de la plus notable religion et nation de dessus la terre, qui est le royaume de France, dont plusieurs des princes et roys nos prédécesseurs ont esté si très-grands, vertueux et vaillans, qu'ils ont requis ce nom de *Roys Très-Chrestiens*, tant en mettant et réduisant à la bonne foy catholique plusieurs grands pays et diverses nations habitées par les infidèles, en extirpant les hérésies et vices de nostredit royaume, et en entretenant le Saint-Siége apostolique, et la Sainte-Eglise de Dieu en leurs droicts, libertez et franchises, qu'en faisant plusieurs autres beaux faits dignes de perpétuelle mémoire; et tellement qu'il y en a certains nombres tenus pour saincts et vivans éternellement en la très-glorieuse compagnie de Dieu en son paradis; lequel nostre royaume et autres nos pays et seigneuries, nous avons, grâces à Dieu et par l'intercession de la très-glorieuse et bénoiste vierge Marie sa mère, si bien entretenu, défendu et gouverné, que nous l'avons accreu de toutes parts à grand'cure, sollicitude et diligence, à l'ayde aussi de nos bons, vrays et loyaux officiers, serviteurs et sujets, jaçoit ce que tantost après nostre advènement à la couronne les princes et seigneurs de nostre sang et lignage, et autres grands seigneurs de nostredit royaume; qui que ce soit, la pluspart d'iceux ont conspiré, fait, conduit et mené contre nous et la chose publique de nostredit royaume, plusieurs grandes pratiques, trahisons et conspirations : tellement que, par le moyen d'icelles, si grandes guerres et divisions s'en sont sourses et conduites, que merveilleuse effusion de sang humain, destruction de pays, et désolation de grand nombre de peuple en sont advenues, qui ont duré depuis nostre advènement jusques à présent; qui encores ne sont du tout éteintes, et qui, après la fin de nos jours, pourroient recommencer et longuement durer, si aucune bonne provision n'y estoit donnée. Parquoy nous ayans à ce regard et considération, et mesmement l'âge où nous sommes et certaine maladie à nous survenue, pour laquelle nous avons esté en très-grande dévotion voir et visiter le glorieux corps sainct et amy de Dieu, monsieur saint Claude, dont sommes grandement amendez, et retournez, à l'ayde de nostre Créateur, de sa bénoiste Mère et dudit sainct, en bonne prospérité et santé; ayans délibéré, conclu et disposé de, après le retour de nostredit voyage, voir nostre très-cher et très-amé fils, Charles, dauphin de Viennois, et luy remonstrer plusieurs belles et notables choses à l'édifiement de sa vie, en bonnes mœurs, gouvernement, entretènement et conduite de la couronne de France, s'il plaist à Dieu qu'elle luy advienne après nous. Sans lesquelles choses accomplir, et que nous avons esté de retour d'iceluy nostre voyage en nostre ville d'Amboise, nous sommes allez au chastel dudit lieu, où estoit nostredit fils le Dauphin, qui toujours y avons fait tenir et nourrir; et en la présence de certain nombre de seigneurs et dames de nostre sang et lignage, et autres grands personnages gens de nostre conseil, avons fait venir iceluy nostredit fils par devers nous, et luy avons fait et remonstré les choses, paroles et remonstrances dessusdites et autres qui s'ensuivent :

» PREMIÈREMENT, après récitation par nous faite à nostredit fils des choses dessusdites, ou de la pluspart d'icelles, nous luy avons remonstré le grand désir que nous avons, qu'il peust après nous parvenir, à l'ayde de Dieu, à la couronne de France, son vray héritage, et qu'il le peust si bien gouverner et entretenir que ce fust à son honneur et louange, au profit et utilité des sujets du royaume, et de la chose publique d'iceluy.

» *Item*, et que quand il plaira à Dieu faire son commandement de nous, et que nostredit fils seroit, comme il est, parvenu à ladite couronne de France, nous luy avons ordonné, commandé et enjoint, ainsi que père peut faire à son fils, qu'il se gouverne, entretienne et maintienne au bon régime et entretènement dudit royaume, par le conseil, advis et gouvernement de nos parens et seigneurs de nostre sang et lignage, et des autres grands seigneurs, barons, chevaliers, capitaines, et autres gens sages, notables, de bon conseil et conduite ; et principalement de ceux qu'il sçaura et connoistra avoir esté bons et loyaux à feu nostre très-cher seigneur et père, que Dieu absolve, à nous et à la couronne de France, et qui nous auront esté bons et loyaux serviteurs, officiers et sujets.

» *Item*, nous luy avons aussi par exprès commandé, ordonné et enjoint que quand il plaira à Dieu qu'il parvienne à ladite couronne de France, qu'il entretienne ès charges et offices qu'il trouvera estre, lesdits seigneurs de nostre sang et lignage, les autres, sieurs barons, gouverneurs, chevaliers, escuyers, capitaines et chefs de guerre, et tous autres ayans charge, garde et conduite de gens, villes, places et forteresses ; et les officiers ayans offices tant de judicature que autres, de quelque manière et condition que lesdits officiers et charges soient, sans aucunement les muer(1), changer, décharger, ny désappointer, ny aucun d'eux ; sinon toutesfois qu'il fust et soit trouvé qu'ils, ou aucuns d'eux fussent et soient autres que bons et loyaux, qu'il en appère bien et deuëment, et que juste et deuë déclaration en soit faite par justice, ainsi qu'en tel cas appartient.

» *Item*, et afin que nostredit fils puisse et veuille mieux avoir à cœur, accomplir et entretenir nostredite ordonnance, l'injonction et commandement, nous luy avons remonstré les grands maux et dommages irréparables qui nous advinrent peu de temps après nostre advènement à la couronne, pour n'avoir entretenu lesdits seigneurs et officiers de nostre royaume en leurs estats, charges et offices qui bien long-temps ont duré, à la très-grande foule, dommage et destruction de plusieurs de nos pays et sujets, et qui encore dure, sans y avoir fin de paix ; jaçoit que ce, comme dit est, nous n'avons rien perdu de la couronne ; mais icelle augmentée et accreuë de grandes terres et seigneuries, espérant de bref, au plaisir et vouloir de nostre Créateur, y faire mettre paix, tranquillité et union ; et que quand nostredit fils feroit le semblable, et n'entretiendroit et continuëroit lesdits seigneurs et officiers, il luy en pourroit semblablement ainsi ou pis arriver ; et que sur tout qu'il aime le bien, honneur et augmentation de luy et dudit royaume,

---

(1) Il n'avoit pas fait la mesme chose à son advènement à la couronne, dont il eut depuis plusieurs fois regret.   (*Note de Godefroy*.)

qu'il y eust bien regard, sans faire ne venir au contraire, pour quelque cas qu'il advienne.

» *Item*, et lesquelles remonstrances ainsi par nous faites à nostredit fils le Dauphin pour le bien de la couronne de France ; et afin que lesdites ordonnances, commandemens et injonctions à luy faits, sortissent effet et en fust perpétuelle mémoire, nous avons demandé à nostredit fils ce qu'il luy en sembloit, et s'il n'estoit pas bien content, délibéré et en propos, vouloir et intention de faire, entretenir et accomplir les choses dessusdites et autres, par nous à luy dites ; et mesmement touchant lesdites charges et offices, à quoy il nous a humblement fait réponse, et dit de bouche que très-volontiers il obéiroit, feroit et accompliroit de bon cœur et de tout son pouvoir, les commandemens, enseignemens, ordonnances et injonctions que nous luy faisions, dont très-humblement il nous remercioit.

» *Item*, nous luy avons en outre commandé qu'il se retirast devers aucuns de ses gens et officiers qu'illec estoient, en parlast à eux sur les choses dessusdites, par nous à luy remonstrées, et qu'il advisast bien s'il vouloit pas bien entretenir tout ce que nous luy avons enjoint et ordonné ; ce qu'il a fait, et puis après nous a dit telles paroles ou semblables : *Monsieur, à l'ayde de Dieu et quand son bon plaisir sera que les choses soient et adviennent, j'obéyray à vos commandemens et plaisirs, et feray, entretiendray et accompliray ce que m'avez enjoint, commandé et enchargé, et ainsi qu'il a esté arresté.* Et comme nous luy avons dit que puisque pour l'amour de nous il le vouloit, qu'il levast la main et nous promist d'ainsi le faire et tenir : ce qu'il a fait.

» *Item*, et après plusieurs autres choses par nous à luy remonstrées, dépendantes des choses dessusdites, et aussi de plusieurs sieurs nos adversaires de nostre royaume, qui toujours avoient esté contraires à nous et à ladite couronne, dont en partie les maux et inconvéniens devant dits estoient advenus, à ce qu'il y prit bien garde, nous luy avons recommandé aucuns de les bons et loyaux serviteurs et officiers qui illec estoient présens, et les aucuns absens ; luy remonstrans que bien et loyaument ils nous avoient servi tant à l'encontre de nosdits adversaires et alentour de nostre personne, qu'autrement en plusieurs et diverses manières, dont et desquelles choses, et de chacune d'icelles, leurs circonstances et dépendances, nous avons ordonné et commandé à nostre amé et féal notaire et secrétaire, tant durant nostre règne que celuy de nostredit fils, maistre *Pierre Parent*, illec présent, en faire toutes lettres et expéditions, provisions, patentes et choses déclaratoires de nostredit vouloir, commandement et ordonnance que besoin sera, tant durant nostre règne que celuy de nostredit fils, et au commencement de sondit règne par manière de confirmation ausdits officiers, en confirmant iceux en leursdites charges et offices; et avons ainsi commandé à nostredit fils le faire faire par ledit *Parent*, comme nostre secrétaire et le sien. Si DONNONS EN MANDEMENT par ces mesmes présentes à nos amez et féaux conseillers les gens de nos cours de parlemens, eschiquier de Normandie, gens de nos comptes, généraux, conseillers de nos finances, de la justice de nos aydes, maistres des requestes de nostre hostel, prévost de Paris, à tous baillifs, séneschaux, prévosts et autres nos justiciers, officiers ou sujets, ou à leurs lieutenans, si comme à chacun d'eux appartiendra, qui à présent sont ou seront cy-après de nostre temps et de nostredit fils, que de nos présens ordonnances, commandemens, déclarations, et de toutes et chacunes les choses susdites en cesdites présentes contenuës; et chacune d'icelles, leurs circonstances et dépendances, ils fassent, entretiennent et accomplissent, et fassent entretenir de point en point inviolablement sans enfraindre, ne aller ne venir jamais au contraire; ores, ne pour le temps à venir, pour quelque cause ou occasion que ce soit; et y contraignent ou fassent contraindre réaument et de faict les empeschans et contredisans, et tous autres qu'il appartiendra, et qui pour ce seront à contraindre par la prise de leurs lettres au contraire, cassation et annullation d'icelles, arrest et détention en nostre main de leurs biens, emprisonnemens de leurs personnes, et tout ainsi qu'il est accoustumé de faire pour nos propres besognes et affaires, nonobstant oppositions, appellations, clameurs de haro, doléances et quelconques ordonnances faites ou à faire par nous ou nostredit fils, restrictions, mandemens, défenses et lettres à ce contraire; pour lesquelles ne voulons estre aucunement différé ny le contenu, effet et exécution de cesdites patentes, retardé en aucune manière : et pour ce que de ces présentes, plusieurs pourront avoir à besongner en divers lieux, nous voulons qu'aux *vidimus* d'icelles, faits sous séel royal ou signez par ledit *Parent* ou autres de nos notaires et secrétaires ordinaires, pleine foy soit adjoustée comme à ce présent original. En témoin de ce, nous avons fait mettre et apposer nostre séel à cesdites présentes.

» DONNÉ au chastel d'Amboise le 21ᵉ jour de septembre l'an de grâce 1482, et de nostre règne le vingt-deuxième; signé par le Roy, monseigneur le Dauphin, monsieur le comte de Beaujeu, le comte de Marle, mareschal de France, l'archevesque de Narbonne, les sieurs du Bouchage, de Précigny, du Plessis-Bourré, de Solliers, Jean de Doyat, gouverneur d'Auvergne, Olivier Guérin, maistre-d'hostel, et plusieurs autres présens. PARENT. »

Louis XI nomma pour tuteurs politiques de l'enfance de Charles, madame de Beaujeu et son mari. Le vieux Roi avait confiance dans le caractère de sa fille Anne; il disait d'elle que *c'étoit la moins folle femme du monde, car, de femme sage, il n'y en a point.* Brantôme a dit aussi, dans ses *Dames illustres*, que c'était *une fine femme et déliée s'il en fust oncques, et vraye image en tout du roy Loys son père* (1). Elle céda aux demandes impérieuses de la noblesse, fit quelques restitutions, et associa les princes aux actes du gouvernement, en leur donnant entrée au conseil royal. Elle chercha même à les gagner, et le duc d'Orléans reçut la lieutenance de la Champagne, de l'Ile-de-France et de Paris; mais ces concessions n'empêchèrent point Louis d'Orléans de violer les sermens qu'il avait prêtés au feu Roi, et d'entrer dans une vaste coalition de la noblesse, formée par le comte de Dunois, son cousin. Les confédérés, qui s'assurèrent au dehors l'alliance de Maximilien, voulaient en revenir au bon temps de Charles VI. D'un autre côté, madame Anne voulut apaiser les murmures du peuple; elle sacrifia à la vindicte publique les *mauvais conseillers* de son père; elle tira de prison et d'exil les hommes condamnés pour cause politique, renvoya les Suisses dont le service blessait l'orgueil national et grevait le trésor, diminua les dépenses et remit enfin au peuple le quart des impôts de l'année courante. Inutiles concessions! La régente se vit obligée de convoquer à Tours les Etats-Généraux (15 janvier 1484). Les deux cent quarante-six députés des trois ordres établirent un conseil royal qui devait diriger le jeune prince, continuèrent à madame de Beaujeu le *gouvernement de la personne du Roi*, et réduisirent les impôts. Ils supplièrent ensuite *le Roi, leur souverain seigneur, qu'il lui plût d'expédier et amender les articles touchant l'église, la noblesse, le tiers-état, la justice et la marchandise*.

Les historiens originaux nous fournissent fort peu de documents sur les Etats de Tours, l'événement le plus important du règne de Charles VIII; Gaguin ne parle pas de cette assemblée nationale. P. OEmile lui accorde douze lignes, et Belcarius neuf; Comines, et la plupart des écrivains contemporains, se contentent d'en faire mention; mais nous avons un précieux document qui répare complètement l'omission des historiens : c'est le procès-verbal des Etats de Tours, rédigé en latin par Jehan Masselin, official de l'archevêque de Rouen. Ce *Journal*, resté manuscrit pendant fort long-temps, avait été mis à contribution par différents auteurs·

---

(1) « J'ay veu force lettres d'elle en nostre maison, du temps qu'elle estoit en sa grandeur; mais je n'en ay veu jamais de nos roys, et si en ay veu beaucoup, parler et escrire si bravement et si impérieusement comme elle faisoit, tant envers les plus grands que les plus petits, et jamais ne signoit qu'*Anne de France*..... Si vouloit-elle mettre le nez partout où elle pouvoit. Certes, c'estoit une maistresse femme, un petit pourtant brouillonne..... »

(*Brantôme.*)

Garnier, dans le tome x de son Histoire de France, en fit un extrait qui a été plusieurs fois reproduit. M. de Sismondi en a donné une analyse (*Hist. des Français*, t. xiv), en regrettant qu'un monument aussi curieux restât oublié parmi les manuscrits de la Bibliothèque Royale. Enfin le ministre de l'instruction publique a ordonné la publication du procès-verbal de Masselin, qui a été imprimé dans la *Collection des Documents inédits sur l'histoire de France*, première série (1).

Nous savons peu de chose sur Jean Masselin. On trouve son nom dans les registres manuscrits de la cathédrale de Rouen, sous la rubrique de mai 1468; il était chanoine et docteur en droit civil et canon, et avait assez de renommée. « Il se montra grand orateur, dit un auteur contemporain, lorsque, devant le Roi et les princes, il prononça, pour le bien public, des discours pleins d'élégance. » Masselin fut élu doyen du chapitre de Rouen en 1588; il mourut deux ans après, le 27 mai de l'année 1590. La traduction de M. Bernier est à la fois exacte et élégante, et le texte latin a été rectifié sur les différents manuscrits de l'ouvrage de Masselin, qui se trouvent à la Bibliothèque Royale. A la suite du journal des Etats de Tours, l'éditeur a mis un appendice curieux qui contient : 1° le *Cayer présenté au Roy et à son conseil par les trois Estats*; *Responses faites par le Roy*; 2° *l'ordre qui a été gardé à Tours pour appeler devant le Roy ceulx des trois Estats*; 3° *l'ordre d'assiète gardé ès trois Estats-Généraux de France*, etc.

Godefroy s'est fort peu occupé du *Journal* de Masselin; il n'en cite qu'un passage, relativement à quelques prétentions du duc de Lorraine, et s'est contenté de transcrire les pièces que nous avons mentionnées ci-dessus, dans l'appendice de M. Bernier. Le texte du *cahier des Etats*, donné par Godefroy, n'est pas complet. Godefroy n'a pas osé donner le chapitre vi, du *conseil*, extrait du cahier du tiers-état; il n'a publié le cahier de la justice que par fragments, en supprimant tout ce qui lui a paru trop hardi (2). Le Journal de Jean Masselin, tel qu'il est publié par M. Bernier, mettra les historiens à venir à même d'apprécier le véritable caractère des Etats de Tours.

Ecoutons maintenant les vieux témoignages sur le sacre du jeune roi Charles et sur son entrée solennelle dans *sa bonne ville de Paris*:

EXTRAIT DE L'HISTOIRE DE JEAN MOLINET.

« Le dimanche 30 mai 1484, le roi Charles VIII fut sacré à Reims, par l'archevesque Pierre de Laval, et le 5 juillet ensuivant fit son entrée à Paris, à laquelle il estoit accompagné des sieurs de Beaujeu, de Bresse et autres, et armé de harnois d'argent bel et clair, et au-dessus une hucque garnie de pierres précieuses; sur la teste un chapeau blanc, et devant luy un chevalier portant son heaume, sur lequel estoit une couronne de fin or et de pierres précieuses, et au milieu d'icelle couronne une fleur de lys d'or, et estoit monté sur une hacquenée blanche couverte de drap d'or; à ses deux costez avoit deux valets de pied vestus de hoquetons batus d'or, tenans par la resne ladite hacquenée, et par devant luy chevauchoient douze pages d'honneur vestus de hucques battues d'or; et alors se partit accompagné des princes dessusnommez, et tirèrent vers Paris; sa garde devant très-richement habillée, après laquelle venoient clairons, trompettes, roys d'armes et héraux, chacun portant les armes de son prince; et devant luy marchoit un coursier que l'on menoit par la resne, couvert d'un drap de velours semé de fleurs de lys, sur lequel estoit le grand seau du Roy; puis venoit le chancelier de France, habillé comme un homme de justice.

» *Item*, le Roy, estant devant Nostre-Dame, trouva messieurs les prélats, l'évesque de Paris, celuy de Nevers et celuy de Meaux, l'archevesque de Narbonne, les doyen et chanoines de léans, revestus de riches chappes, et en leur présence fit le serment sur les saints Evangiles, et jura entretenir *sainte Eglise en ses libertés et franchises*, qu'il *défendroit nostre foy catholique contre tous infidèles, et qu'il chasseroit toutes hérésies hors de son royaume.*

Item, il jura entretenir les nobles, laboureurs et marchands en leurs bonnes coustumes, et faire justice aux petits et aux grands, garder son peuple d'estre foulé des ennemis. Et cela fait, furent ouvertes les portes de l'église; le Roy entra léans, et on chanta *Te Deum laudamus.*

Item, le Roy alla devant le grand autel de Nostre-Dame, paré de riches joyaux, où ledit archevesque fit une notable proposition. D'illec, se partit le Roy, et alla souper au palais, où il tint cour royale, et y fut joyeusement entretenu d'instrumens, eshatemens et jeux, et estoit le dressoir chargé de vaisselles à grand nombre. Le Roy estoit assis au milieu de la table, et, à deux chaires près de luy, estoient, du costé dextre (droit), les ducs d'Orléans et d'Alençon, avec le sieur de Beaujeu, et le dauphin d'Auvergne, et du senestre (gauche) costé, estoient le cardinal de Lyon, M. le duc de Bourbon et M. de Bresse. »

EXTRAIT DES GRANDES CHRONIQUES DE FRANCE.

« L'an 1484, le Très-Chrestien roy Charles,

(1) Journal des Etats-Généraux de France, tenus à Tours en 1484, sous le règne de Charles VIII, rédigé en latin par J. Masselin, député du bailliage de Rouen, publié et traduit pour la première fois sur les manuscrits inédits de la Bibliothèque Royale, par A. Bernier, avocat à la Cour Royale de Paris. In-4°. 1835.

(2) M. de Sismondi, Histoire des Français, t. xiv.

estant en l'aage de quatorze ans, fut, par les très-nobles seigneurs de son sang, le duc d'Orléans, le comte d'Angoulesme, le comte de Foix, le comte de Vendosme, le seigneur de Beaujeu, le seigneur de Dunois, le duc de Lorraine et plusieurs autres princes, capitaines, chevaliers et notables seigneurs, conduit et mené en la ville et cité de Rheims, pour illec (là) estre sacré de l'onction de la sainte ampoulle. Là où il fut pareillement accompagné des douze pairs de France ou par leurs commis; lesquels tous d'un commun accord comparurent en iceluy lieu pour l'assister et le servir, un chacun endroit soy, selon son office, et comme en tel cas est accoustumé. Et après que l'office de ce saint sacre fut parfait en la personne dudit roy Charles, en la cité de Rheims, là où il fut moult honorablement receu; et en grand triomphe, avec tous les autres princes et notables seigneurs, aucuns jours après évolus, il se partit de Rheims, et se disposa d'aller voir plusieurs bonnes villes illec à l'entour, ès quelles il fut moult louablement receu et en grand honneur. C'est à sçavoir que les rues d'icelles estoient tendues et parées de tapisseries; le clergé et autres estats, avec le commun populaire, chacun endroit soy, s'efforçoient et estoient employez de tous leurs courages à luy démonstrer bon signe d'amour et obéissance comme à leur souverain seigneur, faisans esbats et feux de joie à sa venue et réception.

» Conséquemment, après ledit sacre en la ville de Rheims, iceluy roy Charles fut conduit et amené en la ville de Saint-Denis en France, pour illec prendre la couronne et faire les devoirs accoustumez, ainsi que doit est; et de ce lieu de Saint-Denis fut semblablement, par lesdits seigneurs, conduit et amené en sa bonne ville et cité de Paris, pour illec faire son entrée en la manière qui s'ensuit:

» Le sixiesme jour de juillet (1), l'an que dessus 1484, pour aller au-devant du Roy, à son entrée et réception, issirent de ladite ville de Paris tous les estats d'icelle, et par bel ordre, un chacun habillé selon son estat, pour venir trouver le Roy venant de la ville de Saint-Denis, afin de luy faire honneur et révérence, comme à luy appartenoit. Et en l'assemblée de cette issue estoit l'évesque de Paris avec aucuns de son clergé, la cour, le parlement, le prévost de Paris, la chambre des comptes, les autres chambres et tous les officiers, le prévost des marchands et eschevins, tous et chacuns d'iceux moult honorablement vestus et habillez selon leur qualité. Et tant marchèrent avant lesdits prévost des marchands et eschevins, qu'au lieu dit La Chapelle, par-delà Saint-Hadre, vindrent trouver le Roy, accompagné des très-nobles princes et seigneurs de son sang, monseigneur le duc d'Orléans avec les dessusnommez et encore plusieurs autres notables seigneurs. Et après que lesdits prévost et eschevins furent ainsi venus au-devant du Roy, ils luy firent l'honneur et révérence comme il appartenoit; et là luy fut dit et proposé pour ladite ville, en luy présentant les clefs de la porte de Saint-Denis par où il fit son entrée, et conséquemment luy firent tous la révérence en luy proposant ainsi leurs affaires, en eux offrant à son service et commandement, chacun selon sa faculté. Et ce fait, ils se retirèrent tous à part pour marcher et entrer en ladite ville selon le train de leurs degrez.

» Et en cette manière entra le roy Charles, huictiesme de ce nom, dans la ville de Paris, moult richement vestu et accoustré de drap d'or, avec autres riches parures, armé d'un riche blanc harnois, excepté son armet d'honneur, lequel estoit triomphamment porté devant luy sur un coursier de prix accoustré de mesme; et au lieu d'iceluy armet, avoit un chapeau sur son chef, et une moult riche couronne d'or fin et précieuses pierres, comme soy monstrant estre Roy. Et dessus luy aussi estoit porté un très-riche ciel de drap d'or, et pareillement estoient tous les princes, seigneurs de son sang, et autres seigneurs et capitaines moult richement et honorablement accoustrez, et bien armez de toutes pièces dessus leurs chevaux, desquels plusieurs estoient bardez, et moult notablement parez de diverses sortes et façons pour luy faire honneur en son entrée. Et aussi y estoient les gentilshommes et pages d'honneur très-richement appointez à cheval, et autres en si grand nombre qu'il est impossible de dire, lesquels il faisoit tout beau voir. Plusieurs misteres, histoires et esbatemens estoient démonstrez par la ville, à l'honneur du père nommé Roy, qui seroient longs à réciter. Chacun crioit *Noël* et *vive le Roy!* Toutes les rues par où il devoit passer cedit jour estoient tendues et parées de riches tapisseries de plusieurs et diverses manières. A tous les passans, faisant ladite entrée, et autres séjournans estoit plantureusement (abondamment) donné à boire de toutes manières de vins, et si y avoit divers commis pour en général donner à manger et boire à tous passans et repassans. Bref, chacun se parforça de faire en tout cas son devoir par amour et de cœur cordial pour l'honneur du très-noble Roy, lequel ainsi fut receu honorablement avec tous ceux du clergé de ladite ville, lesquels pour la pluspart luy estoient venus au-devant en procession, revestus de très-riches chappes, et en moult grand nombre, portans plusieurs saints reliquaires et divers joyaux, et fut droitement conduit et mené en la grande église de Nostre-Dame de Paris. Assez près du coin de la rue Neuve-Nostre-Dame estoit, attendant, le recteur de l'Université, honnestement accompagné de plusieurs docteurs et autres scientifiques personnages, lequel illec fit la révérence au Roy, en lui proposant sa harangue, et puis il

(1) Le 5 juillet, d'après les registres du Parlement.

le conduisit jusques à ladite église où il fit son oraison. Et de ce lieu il fut conduit en son palais royal en ladite ville, là où fut fait un très-magnifique et plantureux souper en la grande salle dudit palais, auquel il estoit en très-excellent triomphe, accompagné de plusieurs princes de son sang et autres notables seigneurs, et il coucha cette nuit en son palais.

» Et après cette entrée, le Roy tint le siége royal au parlement et séjourna plusieurs autres jours en icelle ville de Paris, où il démonstra chacun jour avoir bon zèle et affection à la chose publique et à la très-noble couronne de France de laquelle il estoit descendu ; car il fut si bien instruit et maintenu en sa jeunesse, qu'il a esté toujours bon catholique et bien aimé de tout son peuple.

» Estant donc le roy Charles ainsi accompagné des princes de son sang, et garni de gens sages en sa ville de Paris, furent plusieurs choses considérées et mises en conseil pour le bien et soulagement du royaume et de tout le peuple, et, entre plusieurs autres choses, fut diligemment regardé que le feu roy Louys, son père, décédé peu de temps auparavant, avoit fait et concédé aucuns grands dons superflus en plusieurs lieux et diverses manières ; lesquelles superflues donations, toutes raisons considérées, en y mettant droit et raison, furent renvoyées et remises à la bourse et au droit du prince, pour toujours soulager son peuple.

» Et ainsi toutes choses bien ordonnées et réduites au droit, furent faits joustes et tournoyemens somptueux pour le joyeux advènement du Roy en sa ville de Paris.

» Or, après plusieurs choses politiques ainsi bien décidées et mises en ordre par droit et justice, le roy Charles VIII se partit de sa bonne ville de Paris pour aller visiter plusieurs autres lieux de son royaume, comme Rouen, Troyes, Orléans et autres bonnes villes et citez, ès quelles il fit son entrée, tousjours accompagné de la plus grande partie des très-nobles princes de son sang et autres notables seigneurs et vaillans capitaines. Ès quelles bonnes villes il fut, avec sa compagnie, honorablement receu, et luy furent faites plusieurs bonnes chères et loyaux services de la part de chacune d'icelles villes, et les habitans à qui mieux mieux eux employans en tous estats, triomphes et magnificences pour l'honneur de luy et des siens, car il estoit tant doux et plein de bonté, qu'il estoit craint, aimé et honoré de tout son peuple. »

Le duc d'Orléans, réduit à jouer un rôle fort secondaire dans le conseil, prit les armes *pour délivrer le Roy de ceux qui le retenoient prisonnier*. Il essaya ensuite, mais inutilement, d'enlever le Roi à Vincennes, d'entraîner dans son parti les bourgeois de Paris, l'Université et le Parlement. Nous reproduirons à ce sujet une pièce tirée des registres du Parlement, pièce curieuse, qui nous aide à comprendre les agitations de cette époque :

REMONSTRANCES DU DUC D'ORLÉANS (DEPUIS LOUIS XII), FAITES AU PARLEMENT PAR LA BOUCHE DE SON CHANCELIER, CONTRE LES DÉSORDRES DE L'ESTAT ET LE GOUVERNEMENT DE MADAME DE BEAUJEU.

« *Du lundy* 17 *janvier* 1484. Ce jour, messieurs les quatre présidens et toutes les chambres de parlement assemblées, les maistres des requestes de l'hostel, les gens des requestes du palais et les advocat et procureur-général du Roy, vindrent en la cour M. le duc d'Orléans, M. le comte de Dunois et le sieur de Richebourg ; lequel monsieur duc d'Orléans dit qu'il estoit venu en la cour pour luy remonstrer aucunes choses, lesquelles il avoit chargé à maistre Denis le Mercier, son chancelier, d'exposer à ladite cour. Ce fait iceluy, le Mercier dit :

» Comme mondit sieur le duc d'Orléans est la seconde personne du royaume, le plus prochain parent du Roy, et son très-humble serviteur, aussi que le Roy l'a institué lieutenant, capitaine et gouverneur de Paris, de l'isle de France et de Champagne et Brie, et qu'en ladite charge et autres choses qui pourront toucher le bien du Roy et de son royaume, il a esté et s'est toujours délibéré de se conduire par le bon conseil de la cour et d'y servir loyaument de tout son pouvoir.

» Et pour ce qu'il void aucun désordre ès matières qui sont de présent, dit que tost après le décès du feu Roy, mondit sieur d'Orléans, M. de Bourbon, les ambassadeurs du duc de Bretagne, et autres princes et seigneurs supplièrent au Roy qu'il fist assembler les trois estats de sondit royaume, pour, par leurs advis, conseil et délibération, donner ordre et provision aux choses touchant et regardant le bien, seureté, entretènement du Roy et de ses sujets en tous estats, laquelle assemblée fut fort empeschée par aucuns qui vouloient, comme encore veulent avoir le gouvernement du royaume et de la personne du Roy. Les estats de tout le royaume, assemblez à Tours, furent sollicitez par ceux qui vouloient avoir le gouvernement et toute l'authorité, tendans à leurs fins particulières : mais pour ce qu'on vit leur bon vouloir, et qu'ils vouloient aller droit en besongne, ils furent depuis menacez, dont mondit sieur d'Orléans, quand il le sceut, fut très-déplaisant et fit dire aux gens desdits estats qu'ils ne craignissent rien, et délibérassent sainctement pour le bien du royaume, tant sur le fait de la justice, pour les libertez de l'Église, et d'empescher que l'argent ne fust porté à Rome comme on avoit fait auparavant, que pour le soulagement du peuple, et qu'ils n'eussent regard qu'à bien faire pour chose qu'on leur dist ou persuadast ; et par le moyen de mondit seigneur lesdits estats firent de grandes, belles et profitables conclusions, ainsi que chacun sçait. Ils tindrent le Roy pour aagé, et fut dit qu'au royaume il n'y auroit autre gouverneur que le Roy, et qu'il commanderoit par la délibération de son conseil toutes choses nécessaires, tant de justice et finance, qu'autres choses. Mais il n'en a esté rien tenu, ains a esté le tout rompu, et n'a esté le Roy obéy, mais a esté le tout fait par madame de Beaujeu et ses adhérans, laquelle s'est vantée qu'elle tiendra le Roy en bail, et en aura la garde et le gouvernement jusques à ce qu'il ait vingt ans accomplis, et se fonde sur aucunes coustumes qu'elle dit estre telles qu'une fille de douze ans et au-dessus peut tenir son frère en bail jusques à ce qu'il ait vingt ans accomplis, lesquelles coustumes elle dit estre en aucuns des pays de ce royaume; et pour mieux user de son authorité a mis en ses mains tout le fait des finances. Et combien que les sommes des tailles, octroyées par les estats tenus à Tours, aient esté spécifiées et déclarées, et que l'on ne peust ni deust asseoir sur les peuples autres ni plus grandes sommes que celles qui avoient esté octroyées et accordées, et que les gens desdits estats eussent dès l'année passée donné au Roy, outre la somme accordée, trois cens mille livres tournois, pour luy subvenir à la despense qu'il luy convenoit faire pour son sacre et couronnement, et autres ses affaires : néantmoins la despense de l'année passée monte trois à quatre cens mille livres tournois plus que tout le revenu de ladite année. Ainsi pour y fournir et aux pensions et bienfaits qu'a octroyez madite dame de Beaujeu, qu'elle veut entretenir, pour ce a convenu et conviendra asseoir sur le peuple, outre l'octroi desdits estats, dix ou douze cens mille francs, et seront par ce moyen les tailles presque aussi grandes qu'elles estoient au temps passé. De plus, madite dame de Beaujeu a pris le serment des gardes, ce qu'elle ne doit faire, et ne doivent les gardes avoir serment qu'au Roy seul, et se sont tellement animez et conduits, que nul prince ni seigneur n'ose approcher la personne du Roy, et tient le Roy en subjection, et n'est point en sa liberté. A ceste cause mondit seigneur d'Orléans s'est retiré en ceste ville de Paris où est la cour de parlement et la justice souveraine du Roy, et a escrit au Roy qu'il s'en vienne en ceste ville où il sera en liberté, et où il pourra avoir bon et notable conseil selon lequel il pourra conduire toutes les affaires; et si aucun le veut empescher de venir en ceste ville et d'estre en sa liberté, il est délibéré d'employer sa personne, tous ses parens, amis et alliez, et tous ses sujets, pour mettre la personne du Roy en liberté, et l'oster de subjétion; et pour ce mondit seigneur d'Orléans requiert et prie la cour qu'elle veuille avoir égard en ceste matière au bien du Roy et de son royaume, et faire tellement que le Roy vienne en ceste ville de Paris, et qu'il fasse et ordonne des faicts du royaume par le conseil de la cour, et les autres notables serviteurs des Rois ses pères et ayeul. Et afin que la cour connoisse que mondit seigneur d'Orléans ne veut et ne désire avoir le gouvernement du Roy ni du royaume, si madite dame de Beaujeu se veut reculer d'entour la personne du Roy de dix lieues, il est content de s'en retirer de quarante, et ne désire sinon que les choses soient conduites par bon conseil, et ne veut point estre à l'entour du Roy, ou s'il plaist au Roy qu'il voise auprès de luy, il ira à tout un page seulement, ou s'en ira en son pays au bon plaisir du Roy; et seroit bien utile que si mestier est que le Roy fist assembler de rechef les estats de son royaume pour, par leur conseil, donner sur tout bon ordre et provision. Et ne se doit la cour émerveiller si mondit seigneur d'Orléans fait dire ces choses, car l'on a osté au Roy des chambellans qui lui avoient esté baillez par le feu Roy son père, et par la Reyne sa mère, que Dieu absolve, et l'on a voulu les outrager et attenter à leurs personnes jusques en la chambre du Roy, et qui plus est on a machiné en la personne de mondit seigneur le duc d'Orléans, ainsi qu'il sera bien prouvé et monstré quand temps et lieu sera; et qui plus est, le feu seigneur du Lait dit et déclara qu'il avoit eu commandement et charge de tuer mondit seigneur d'Orléans, et dit que mondit seigneur d'Orléans en a escrit au Roy, et en ensuivant l'offre qu'il a fait à l'Hostel-de-Ville de Paris, fera volontiers bailler à la cour par escrit les remonstrances qu'il a fait faire présentement, et signera de sa main; et requis ledit le Mercier à mondit seigneur d'Orléans, qu'il advouast ce qu'il luy avoit fait dire, ce que fit mondit seigneur d'Orléans.

» Par monsieur le premier président a esté dit que le bien du royaume consiste en la paix du Roy et de son peuple, qui ne peut estre sans l'union des membres dont les grands princes sont les principaux, à quoy M. d'Orléans doit bien avoir égard. Parquoy, et non pas pour response, mais par exhortation, a dit à mondit seigneur d'Orléans qu'il doit bien penser en ce qu'il a fait dire et proposer, et adviser que la maison de France soit par luy maintenue et entretenue sans division, et ne doit adjouster foy aux rapports qui luy pourroient estre faits. Et quant à la cour, elle est instituée par le Roy pour administrer justice, et *n'ont point ceux de la cour l'administration de guerre, de finances, ni du fait et gouvernement du Roy ni des grands princes*; et sont messieurs de la cour de parlement, gens clercs et lettrez pour vacquer et entendre au faict de la justice; et quand il plairoit au Roy leur commander plus avant, la cour luy obéiroit; car elle a seulement l'œil et regard au Roy qui en est le chef, et sans lequel elle est; *et par ainsi venir faire ces remonstrances à la cour, et faire autres exploits sans le bon plaisir et exprès consentement du Roy, ne se doit pas faire*. Et en ensuivant l'offre faite de bailler par escrit, s'il plaist à mondit seigneur d'Orléans, il le fera, et ce fait la cour bien assemblée y délibérera, et au surplus y fera selon la délibération qu'elle en aura faite.

» Ledit maistre Denys le Mercier a dit, que monseigneur d'Orléans est venu à la cour comme à la justice souveraine, qui doit avoir l'œil et regard sur les grandes affaires du royaume; et que la cour doit tant faire que le Roy s'en vienne en cette ville de Paris, et qu'il soit en son libéral arbistre, hors de toute subjétion, de tous les princes, et de madame de Beaujeu, et n'entend point qu'on oste rien à madame de Beaujeu, mais qu'elle ait des biens beaucoup; et entend monseigneur d'Orléans que la cour advertisse le Roy de ces choses, et pareillement madite dame de Beaujeu; et peut-estre quand elle sera bien advertie par la cour, qu'elle se retirera; et ne veut mondit seigneur d'Orléans passer plus avant sans avoir le conseil de la cour, et prie la cour qu'elle vueille travailler pour le bien du royaume, et obvier à tous inconvéniens, et qu'il soit sceu du Roy s'il est content d'estre ainsi qu'il est.

» Mondit seigneur le comte de Dunois a dit : que la cour a bien connu et connoist la maison d'Orléans, et les parens de sa maison, et les grands services qu'ils ont faits au Roy et à la couronne de France, et y ont employé corps et biens; et jamais n'est advenu au royaume guerre, division, ni autres inconvéniens par la maison d'Orléans, et a mondit seigneur le duc d'Orléans et tous ceux de sa maison aussi bon vouloir de servir le Roy et son royaume, que prince qui soit vivant; et quand il plaira au Roy que mondit seigneur d'Orléans voise devers luy, il y ira avec un page seulement, et ne demande avoir aucun gouvernement ni authorité, et est content de s'en aller en sa maison sans s'approcher de la personne du Roy jusques à ce qu'il ait vingt ans accomplis, qu'il pourra commander et ordonner des affaires du royaume, et est et sera toujours prest de bien et loyaument servir le Roy. Et dit que les chambellans qui avoient esté baillez au Roy luy ont esté ostez, et s'ils ne se fussent absentez, ceux des gardes les eussent outragez, et en furent menassez; et encore fut dit que si mondit seigneur d'Orléans les vouloit soustenir, qu'on attenteroit à sa personne, qui ne sont pas choses à tolérer ny souffrir, et à quoy l'on doit bien mettre ordre et provision; et peut bien connoistre la cour que mondit seigneur d'Orléans a bien cause de faire ces remonstrances, et ne demande autre chose sinon que le Roy soit en liberté, et que les affaires du royaume soient traittées et gouvernées par bon et notable conseil, et ne pourroit-on mieux faire pour tout appaiser, qu'assembler les Estats du royaume et les bons serviteurs des feus Rois, père et ayeul du Roy, que Dieu absolve, et pourvoir à tout par leurs advis et délibérations. »

« *Du 19 janvier* 1484, *toutes les chambres assemblées.* — Ce jour a esté leu en pleine cour le rapport fait par le greffier de céans, de ce que proposa lundy dernier maistre Denys le Mercier, conseiller du duc d'Orléans, en la présence dudit duc, et a esté délibéré qu'avant que faire aucune response, la cour escrira au Roy nostre sire, l'advertira et luy envoyera ledit rapport signé dudit greffier, et que pour ceste cause iront vers ledit seigneur, messire *Jean de la Vacquerie*, chevalier, premier président, *Guillaume de Cambray*, *Jean Simon*, *Raoul Pichon*, et *Jean Pellieu*, conseillers, et *Robert Thiboust*, advocat du Roy en ladite cour. »

Madame de Beaujeu donna de justes éloges à la conduite du parlement, et voulant frapper un coup décisif, elle essaya de faire jeter le duc d'Orléans en prison (1). Louis, prévenu à temps, s'enfuit à Verneuil, mais il fut assiégé et obligé de signer le traité d'Evreux qui, en lui laissant les vains honneurs de prince du sang, le réduisait à une entière nullité politique. Le duc ne perdit point courage; il tenta un nouveau soulèvement quelques mois après. Madame de Beaujeu eut encore recours au parlement dans cette circonstance difficile :

ARREST CONTRE LE DUC D'ORLÉANS, QUI ORDONNE QU'IL SERA PROCÉDÉ CONTRE LUY ET AUTRES QUI SE SONT MIS EN ARMES, PAR ADJOURNEMENS PERSONNELS, SOUS PEINE DE CONFISCATIONS DE CORPS ET DE BIENS.

Extrait des registres du parlement.

Du 16 septembre 1485. — « Sur les lettres escrites par le Roy à la cour, par lesquelles il a fait sçavoir que pour obvier aux assemblées de gens en armes qui sont à Baugency et ès environs, iceluy seigneur avoit, par délibération de son conseil, envoyé audit lieu de Baugency, où est le duc d'Orléans, les sieurs de Dunois et de Narbonne avec luy et autres, pour icelle faire sçavoir et signifier par *Normandie*, hérault, qu'ils se départissent, et depuis par *Montjoye*, roy d'armes. Mais lesdits Normandie et Montjoye n'avoient pu exécuter leurs charges et mandemens, et qui pis estoit avoient les dessusdits, comme on disoit, fait prendre François de Pontbriant, capitaine de Loches, Louys Marrapsin et Rigault d'Oreille, que ledit seigneur avoit envoyés à Tours, et a mandé ledit seigneur à la cour que sur ce elle avisast ce qu'il seroit besoin de faire, pour garder l'authorité et la souveraineté dudit seigneur, et que sur ce ladite cour avertist ledit seigneur. La matière mise en délibération, a esté conclu que l'on escriroit lettres audit seigneur, par lesquelles la cour le remercioit; que si son bon plaisir est, il plust décerner lettres patentes adressantes aux baillifs et juges royaux de son royaume, pour faire procéder contre les délinquans, par prinse de corps, adjournemens personnels en la cour de céans, et autrement, sous peine de confiscation de corps et de biens; et aussi que si son plaisir est que aucuns des présidens et conseillers de la cour voisent devers luy, ils

---

(1) Jean Bouchet, dans les *Mémoires de La Trémouille*, ne fait qu'indiquer tous ces faits importants.

seront prests d'y aller pour le servir, lesquelles lettres ont été expédiées par le greffier criminel. »

Nouvelles lettres du Roy au parlement, du 19 septembre 1485. — « La matière mise en délibération, a esté délibéré que on escrira lettres réitératives audit seigneur, pour le remercier de ce qu'il luy plaist faire sçavoir de ses nouvelles à ladite cour, et que les présidens et conseillers dudit seigneur en icelle qui demeurent ès vacations, assisteront et communiqueront avec les prévost des marchands et échevins de la ville de Paris et autres du conseil dudit seigneur, en la chambre du conseil près la chambre des comptes, pour adviser sur les affaires d'iceluy seigneur, à la seureté de la ville et y pourvoir, et advertir ledit seigneur de ce qui sera à faire. Fait en parlement le 19ᵉ jour de septembre de l'an 1485. »

Soutenue par Louis de La Trémouille, la régente parvint à vaincre de nouveau la faction du duc d'Orléans, qui, voulant tenter un dernier effort, se ligua avec la noblesse du royaume, le duc de Bretagne, le duc de Lorraine, Maximilien et Richard III d'Angleterre. Cette prise d'armes, que l'on nomma *Guerre folle*, date de 1486.

C'est à cette époque que commence le récit de Guillaume de Jaligny, secrétaire de M. de Beaujeu, duc de Bourbon. L'ouvrage de Jaligny est plein d'intérêt; on regrette qu'il soit si court. Godefroy l'a imprimé dans son recueil. *Nous le mettons*, dit-il, *à la teste de ce recueil, parce que de tous les historiens contemporains, c'est celuy qui a le plus fidellement rapporté toutes les intrigues de ce règne*. Jaligny juge convenablement et froidement les événements qu'il raconte; les passions contemporaines n'ont point pénétré dans son récit. L'ouvrage a pour titre :

« Histoire de plusieurs choses mémorables,
» advenuës du règne de Charles VIII, roy de
» France, ès années 1486, 1487, 1488 et 1489,
» par Guillaume de Jaligny, secrétaire de
» Pierre II, duc de Bourbon, sous lequel se pas-
» sèrent les affaires que cet autheur a décri-
» tes. » Nous donnerons une rapide analyse de cette histoire :

Maximilien eut la singulière idée, vers les derniers jours d'octobre 1486, d'écrire au corps municipal de Paris, une lettre hautaine et insolente, par laquelle, comme beau-père du Roi, il menaçait de déclarer la guerre, si les bourgeois ne prenaient point le parti du duc d'Orléans. Cette démarche ne servit qu'à rendre Maximilien ridicule, et les habitants de Paris lui répondirent avec beaucoup de noblesse et de fierté. Jaligny commence en ces termes le récit de la *Guerre folle* : « Le Roy estant encores à Beauvais, à l'entrée du mois de septembre 1486, monseigneur de Bourbon (Jean II), venant de son pays de Bourbonnois, arriva en cour bien accompagné ; et le Roy envoya des plus gens de bien de sa maison au-devant de luy; aussi monseigneur de Beaujeu, son frère, y alla et feut bien receu par le Roy : il avoit dans la maison aucuns de ses serviteurs, qui estoient fort grands mutins, dont le seigneur de Culant et le seigneur d'Argenton (Comines), qui s'estoit retiré par devers luy, estoient les principaux qui avoient attiré plusieurs jeunes gentilshommes à leur cordelle ; et trois ou quatre jours après que mondit seigneur de Bourbon eut séjourné audit Beauvais, à la poursuite desdits seigneurs de Culant et d'Argenton (je crois bien que monseigneur d'Orléans, qui estoit aussy à Beauvais, et ceux de sa bande n'y nuisoient pas), mondit seigneur de Bourbon feit un peu du courroussé, feignant de n'estre point content de monseigneur et de madame de Beaujeu, ny du seigneur de Graville (1), et autres qui gouvernoyent sous eux, en disant qu'ils estoient cause de la guerre que le duc d'Austriche faisoit, et du mescontentement qu'avoient les autres seigneurs du sang, et alléguoit qu'il estoit connestable, et qu'à luy appartenoit l'exécution de la guerre, et qu'il s'en vouloit aller en Picardie, pour résister à l'entreprise dudit duc d'Austriche, et y trouver quelque bon appointement. De fait, il partit dudit Beauvais contre le gré du Roy, pour tirer en Picardie. Il y eut à son départ des allées et venues de monseigneur et de madame de Beaujeu, et autres grands personnages de la maison du Roy par devers luy pour interrompre son despart, mais il n'y eut point de remède. Et il s'en alla au giste à la *Neuville-en-Hez*, à quatre lieues de là; auquel lieu semblablement dès le lendemain il y eut des gens envoyez de par le Roy, et mondit seigneur et dame de Beaujeu pour le retarder, mais toujours il faisoit du mauvais cheval; toutesfois quelque chose qu'il fît, je crois qu'il l'entendoit autrement, et qu'il avoit une secrète intelligence avec madite seigneur et madame de Beaujeu, qui se menoit par aucuns de ses serviteurs, mais il vouloit bien feindre d'estre un peu mescontent pour contenter lesdits seigneurs de Culant et d'Argenton, et autres qui estoyent de leur bande ; et par ce moyen il sçavoit tousjours le faict et les intrigues de mondit seigneur d'Orléans et de ceux de sa suite. Quoy qu'il en soit, bientost après lesdits seigneurs de Culant et d'Argenton feurent mis hors de sa maison... »

Ainsy que ces menées se faisoient, le duc d'Autriche, Maximilien, s'avança dans la Picardie, à la tête d'une armée. Le seigneur de Guerdes, gouverneur de la province pour Charles VIII, et le seigneur de Gié, maréchal de France, rassemblèrent des troupes, et l'attendirent de pied ferme ; mais il n'y eut point de bataille, et l'expédition de Maximilien n'amena aucun résultat ; le duc, suivant sa coutume, se trouvait sans argent pour solder ses troupes. « Je crois bien, dit Jaligny, que, quand il proposa de faire son armée et de se mettre sur les champs, il avoit des intelligences avec quelques seigneurs de France,

(1) On trouve une note biographique sur le seigneur de Graville dans les Observations de Godefroy, p. 544.

lesquels il pensoit devoir de leur costé faire des brouilleries en France et y susciter une guerre civile; mais ils luy feurent comme le cheval au pied blanc, car ils luy faillirent au besoin cette fois. »

Maximilien se rendit maître de Lens, *lors ville désemparée, où il n'habitoit que de pauvres gens*, et dans sa joie il s'empressa de mettre au bas de chaque lettre ou ordonnance : *Donné à Lens en Artois*, 1ʳᵉ *ville de nostre conqueste*. Mais là se termina cette fameuse expédition. Deux mille Allemands, qui ne pouvaient recevoir leur solde, abandonnèrent le vainqueur et se mirent à la merci du grand sénéchal de Normandie. Maximilien fut obligé de se retirer.

Le parti du duc d'Orléans, qui n'avait pas osé soutenir le duc d'Autriche, n'était point cependant entièrement vaincu. Louis se retira en Bretagne avec le comte de Dunois, et suscita de nouveaux troubles. Madame de Beaujeu résolut alors de frapper les derniers coups. Elle fit arrêter Philippe de Comines, le seigneur de Culant, l'évêque du Puy et Georges d'Amboise, partisans du duc d'Orléans (1), et le roi, d'après l'ordre de sa sœur, marcha contre les rebelles. La Guienne fut pacifiée, l'armée royale, sous les ordres de La Trémouille, attaqua la Bretagne, et le drapeau de Charles VIII flotta bientôt sur les remparts des principales villes; pendant ce temps, Maximilien était réduit à l'inaction par le maréchal Desquerdes.

Jaligny raconte avec détail cette expédition de Bretagne, et son récit sert à compléter les Mémoires de La Trémouille. Après la bataille de Saint-Aubin (2), où Louis d'Orléans fut fait prisonnier (27 juillet 1488), le duc de Bretagne fut obligé de signer le traité de Sablé, dont Jaligny nous a donné le texte : François II reconnaissait Charles VIII pour son suzerain, s'engageait à ne pas marier ses filles sans son consentement, à renvoyer les soldats étrangers, et à n'en recevoir aucun dans ses états. Le duc de Bretagne ne survécut pas long-temps à cette humiliation, et madame de Beaujeu résolut de réunir la Bretagne à la France.

Ici s'arrête l'histoire du seigneur de Jaligny. Nous lui donnerons une suite jusqu'à l'expédition d'Italie, par l'analyse de la première partie de la chronique de Saint-Gelais, gentilhomme de Charles d'Orléans :

« Or il advint en cette saison (1491) que le jeune roy Charles, qui avoit jusques alors tousjours esté gouverné, voulut se rendre maistre et manier luy-mesme ses affaires; il commença donc à prendre cœur et à aimer un peu son plaisir. Il avoit un de ses chambellans nommé monseigneur de Miolans, qui commença d'avoir grand crédit auprès de luy, ainsi que firent d'autres personnages, et mesmement messire René de Cossé, premier panetier. Pour abréger les choses, ledit de Miolans et les autres remonstrèrent au Roy que s'il délivroit monseigneur d'Orléans de luy-mesme, et sans le conseil et la participation de ceux qui auparavant l'avoient tenu sous leur gouvernement, ledit monseigneur d'Orléans seroit pour jamais de plus en plus obligé à luy faire service, outre que de son chef il feroit un tour de prince magnanime. Le jeune Roy, qui de soy avoit le cœur tout généreux et libéral, trouva cette proposition fort bonne, et, pour conclusion, il partit une soirée du Plessis-lez-Tours, faignant d'aller à la chasse, et fit demeurer tous ceux qui le vouloient suivre; et avec petit nombre de gens il s'en alla coucher à Montrichart, et depuis jusques au Pont-de-Barangon, d'où il dépescha monseigneur d'Aubigny pour s'en aller à la tour de Bourges quérir monseigneur, afin de l'amener devers luy. Ce qu'il fit, et le conduisit audit Pont-de-Barangon où mondit seigneur fit la révérence au Roy, en le remerciant très-humblement et le plus qu'il luy fut possible. En faisant cette délivrance, le roy Charles y procéda comme prince tout remply de bonté, de clémence et de libéralité. Aussi, peut-on dire qu'il faisoit en cela ce qu'il devoit faire : car mondit seigneur en tout son procédé et dans sa conduite n'avoit rien fait, sinon ce qu'il luy avoit ordonné et fait sçavoir qu'il fît. Toutes ces choses furent d'abord celées à monseigneur et à madame de Bourbon, et elles le furent pareillement audit admiral (de Graville). Le Roy emmena tousjours depuis mondit seigneur quant et luy, et le fit mesme coucher avec luy, luy faisant fournir un lict-de-camp et autres meubles et ustensiles, car il n'en avoit point. A la vérité, il ne sçavoit quelle chère luy faire, voulant bien donner à connoistre à un chacun que ce qu'il en avoit fait estoit de son propre mouvement et libre volonté. De cette façon que je viens de dire, monseigneur fut délivré de la prison où il avoit demeuré durant trois ans : sçavoir est à Lusignan un an, et le reste de ce temps il fut détenu dans la tour de Bourges, et quelque peu à Mehun-sur-Yeure. Et tant qu'on le tint dans ledit lieu de Lusignan, il ne luy fut permis d'avoir avec luy aucun de ses serviteurs accoustumez, sinon son médecin, maistre Salomon de Bombelles. Ces choses estans faites et l'armée du Roy estant en Bretagne, sçavoir est monseigneur de La Trémouille, d'une part, à une lieue de Rennes, et monseigneur de Sainct-André d'un autre costé, le Roy prit son chemin pour s'y en aller, et fut la délibération prise de mettre le siège devant ladite ville de Rennes; mais par la grâce de Nostre Seigneur, et par le bon sens et la conduite de ceux qui s'en meslèrent (qui estoient de la part de la duchesse [Anne de Bretagne], monseigneur le prince d'Orenge et monseigneur de Dunois), les choses furent si bien menées, qu'enfin un

---

(1) Arrêt du Parlement contre Comines, les évêques de Périgueux et de Montauban, etc. (Godefroy, p. 504 et suivantes.)

(2) Voyez les *Mémoires de La Trémouille*.

traité de bonne paix se fit entre les parties, voire de la meilleure sorte qu'il se pouvoit faire. Et furent envoyez, selon mon advis, vers la duchesse messeigneurs d'Alby et Du Bouchage, et je crois que le Roy la veid luy-mesme. Finalement fut accordé le mariage de luy et de ladite dame, par le moyen duquel fut mis à fin ladite guerre, qui avoit déjà trop longuement duré, surtout pour les pays qui estoient sur la frontière. »

Saint-Gelais ne donne pas le texte de ce *traité de bonne paix*; l'Histoire de La Trémouille se borne à l'indiquer. Nous empruntons au Recueil de Godefroy cette pièce importante, dont il est fait mention plusieurs fois dans les auteurs contemporains:

TRAITÉ DE MARIAGE ENTRE CHARLES VIII ET LA REINE ANNE DE BRETAGNE, A LANGEAIS, LE 13 DÉCEMBRE 1491.

« Sçachent tous présens et à venir, que comme par cy-devant eussent esté, et par grandes et meures délibérations et précédens traitez, paroles de mariage entre *très-chrestien et super-illustrissime prince Charles, roy de France à présent régnant,* d'une part, *et très-illustre duchesse madame Anne, fille et héritière seule et unique de feu de bonne mémoire prince François, duc de Bretagne, second de ce nom, dernier décédé,* d'autre part : ouy le conseil de plusieurs très-illustres princes et seigneurs du sang royal et autres, et aussi de plusieurs gens de conseil et zélateurs du bien, honneur et profit, tant commun que particulier desdites parties et pays; aujourd'huy, datte de ces présentes, lesdites parties, eù l'advis et meure délibération, et pour les causes que dessus, au lieu de Langeais et diocèse de Tours, en la cour du Roy nostre sire, au chastel dudit lieu de Langeais, personnellement establis, et aussi très-haut et très-puissant seigneur messire Jean de Chaalon, prince d'Orange, soy voulant, consentant, et mesmement ledit sieur, de sa grâce et bien ordonnée volonté, soumettent et ont soumis eux, leurs hoirs, avec tous et chacuns leurs biens et choses, meubles et immeubles présens et à venir, à la jurisdiction, correction, pouvoir et ressort de ladite cour, quant à ce qui ensuit par forme de contract, ayant force et vigueur en tant que besoin seroit de constitution et authorité de loy, et toute autre vertu, authorité, fermeté et stabilité tels que mieux lesdits sieur et dame pourroient désirer tant de droit que de coustume, ont connu et confessé en ladite cour avoir fait et font entre eux les traitez, pactions, donaisons et convenances cy-après déclarées et spécifiées, et en la forme et manière qui ensuit :

» C'EST A SÇAVOIR, que lesdits sieur et dame, de leur pleine, pure, franche et libérale volonté, à l'honneur de Dieu nostre créateur, et de toute la cour ecclésiastique de paradis, à l'exaltation de la foy catholique et des saints sacremens, l'honneur et bien desdites parties et de leursdits pays, ont promis et dès à présent consentent prendre l'un l'autre par nom et loy de saint sacrement, institué et autorisé en son exorde par Dieu nostre créateur en paradis, pour estre entre nos premiers parens et estats d'innocence. C'est à sçavoir le Roy nostre sire, ladite dame et princesse madame Anne en femme et espouse, et ladite dame, le Roy nostredit sire en mary et espoux, par le moyen et ministère de nostre mère sainte Eglise.

» *Item*, et en faveur et contemplation dudit mariage, et pour le bien perpétuel et indissoluble de paix entre le diadesme et couronne de France, et aussi le duché de Bretagne, pour ce que chacune desdites parties, par divers moyens qui seroient longs à réitérer, prétendent leur compéter et appartenir ledit duché de Bretagne, pour le bien de paix et tranquillité desdits pays par cy-devant enquietez et affligez de guerres, et en contemplation de l'honneur, qu'en contractant ledit mariage, le Roy nostre sire exhibe à ladite dame, et pour les affections conjugales qu'elle a et doit avoir ladite dame audit sire, pour elle, ses successeurs et ayans-cause, a donné, cédé, quitté, transporté et délaissé à tousjoursmais, perpétuellement, irrévocablement à héritage audit sieur, ses successeurs roys de France, par titre de donation faite par cause et raison dudit mariage, sans jamais la révoquer par testament, ni autrement, au cas qu'elle ira de vie à trespas paravant ledit sieur, sans aucuns hoirs procréez d'eux légitimement en leurdit mariage, ce que n'advienne par le bon plaisir de Dieu, tous et chascuns, les droits, propriétez, possessions, noms, raisons, actions et obligations compétans à ladite dame audit duché, en cédant et transportant dès à présent comme pour lors pour ladite dame audit sieur, tous et chascuns ses droits de propriété, possession, seigneurie, noms, raisons et obligations par cy-devant à elle compétans et appartenans, en le constituant et le constitué dès à présent, audit cas, comme pour lors, en choses que dessus et chacunes d'icelles, son procureur comme en sa propre chose, et ce tout en corroborant et fortifiant, en tant que besoin seroit, le droit par cy-devant compétant audit seigneur.

» Et pareillement, ledit sieur, en faveur et contemplation que dessus, voulant exhiber esgale faveur maritale à ladite dame pour les causes dessusdites, a donné, cédé, quitté, délaissé et transporté irrévocablement, perpétuellement et à héritage, au cas que ledit sieur, ce qu'à Dieu ne plaise, aille de cette vie mortelle sans hoirs procréez légitimement de leur chair audit mariage, tout tel droit, nom, raison, action, obligation, propriété, possession, par cy-devant compétant audit sieur en ladite duché, sans rien ny aucune chose réserver, en cédant et transportant dès à présent, comme pour lors, par ledit sieur à ladite dame tous et chascuns ses droits de propriété, possession, saisine, noms, raisons, actions et obligations, par cy-devant luy compétans et appartenans, en constituant et constitue ladite dame dès à présent, audit cas, comme pour lors, ès choses que dessus et chacunes d'icelles, son procureur, comme en sa propre chose, et ce tout en corroborant et fortifiant, en tant que besoin seroit, le droit par cy-devant compétant à ladite dame audit duché.

» Et pour éviter lesdites incommoditez de guerres et sinistres fortunes vraysemblablement à ensuivre entre les pays, que ladite dame ne convolera à autres nopces, fors avec le roy futur, s'il luy plaist, et faire se peut, ou à autre prochain et présomptif futur successeur de la couronne, et lequel prochain hoir sera tenu en iceluy cas faire et exhiber au Roy les connoissances et redevances, tant honorables que profitables deuës par cy-devant pour raison dudit duché et appartenances en la forme et manière que ont fait les ducs et prédécesseurs de ladite dame; et ne pourront aliéner ladite duché et ses appartenances en autres mains que dudit sieur et de ses successeurs roys de France, que pour le prix desdites aliénations, les hoirs dudit sieur roy de France ne la puissent avoir ne recouvrer; et en cas qu'il y auroit enfans procréez desdits sieur et dame, et ladite dame survivroit ledit sieur, icelle dame jouira et possédera entièrement ledit pays et duché de Bretagne, comme à elle appartenant.

» *Item*, en outre ledit sieur a voulu et consenty, veut et consent, constitue et a constitué par ces présentes, en faveur dudit mariage, à ladite dame, tout, tant, et tel douaire que ledit seigneur auroit voulu, consenty et constitué pour dot à feu de noble mémoire la Reyne dernièrement trespassée, mère dudit sieur, que Dieu absolve, à l'instrument duquel dot ledit sieur se rapporte, lequel et toute sa teneur de point en point il a voulu et veut estre inséré et incorporé en ces présentes, et de tel effet comme s'il y estoit incorporé.

» *Item*, a voulu et consenty, veut et consent ledit sieur, au cas qu'il ira de vie à trespas devant ladite dame, que ladite dame ait, perçoive et fasse sien les meubles, soient joyaux, de quelque et tant grand prix qu'ils pourroient estre, lesquels elle aura au temps du trespas dudit seigneur, soient des biens avec sa personne et pour le service de sadite personne, et ailleurs que pour l'entretènement de sa maison, lesquels il veut estre et appartenir perpétuellement à ladite dame et aux siens à tousjours.

» Et quant à tout ce que dessus est dit, tenir et accomplir, sans jamais faire ni tenir du contraire, lesdits sieur et dame et chacun d'eux ont obligé et obligent eux, leurs hoirs, avec tous et chacuns leurs biens et choses, meubles et immeubles présens et à venir; et mesmement ladite dame, en la présence et du consentement, en tant que besoin seroit, dudit très-haut et puissant seigneur monsieur le prince d'Orange, parent et héritier de ladite dame, lequel, après qu'il a ouy les choses dessusdites et chacunes d'icelles, en tant et pour tant que luy peut toucher pour quelconque intérest qui luy puisse compéter et appartenir, soy soumettant comme dessus, a ratifié, loué et approuvé ce que dessus, et audit cas d'abondant sondit droit et intérest èsdits duché, comté et leurs appartenances, en telle et quelconque manière ou qualité que ce pourroit monter, taxer ou estimer, du consentement de ladite dame, ledit prince d'Orange a cédé, quitté et transporté à tousjoursmais, irrévocablement audit sieur et aux siens, parce que audit cas le Roy nostre sire a promis luy faire récompense ailleurs que audit duché, et ont renoncé et renoncent lesdits establis et submis comme dessus à toute exception et déception, à tous plégemmens, contre-aplégemmens et oppositions quelconques, et principalement ladite dame au bénéfice de Velleyen, et à toutes et chacunes les choses à ce contraires.

» Desquelles choses les dessusdits seigneur et dame et prince d'Orange ont passé autres semblables lettres en effet et substance en la présence de maistre Pierre Bourreau, licentié aux loix, notaire de l'autorité apostolique, pour plus grande fermeté et corroborance des choses dessusdites, et sans que l'une desdites lettres puisse ou doive aucunement préjudicier à l'autre. Ce fut fait audit Langeais, lesdits seigneur et dame présens, et le prince d'Orange présent, et consentant, en présence, conseil et consentement des très-hauts et puissans princes MM. *Loys, duc d'Orléans,* et *Pierre, duc de Bourbon*, *Charles, comte d'Angoulesme*, *Jean, comte de Foix*, *François, comte de Vendosme*, messire *Guy de Rochefort*, chevalier et chancelier de France, révérends pères messires *Louis d'Amboise*, évesque d'Alby, *Jean de Rely*, docteur en théologie, confesseur dudit seigneur, esleu en évesque d'Angers, avec plusieurs autres de la part dudit seigneur, et ledit *monsieur le Prince*, messire *Philippes de Montauban*, chancelier de Bretagne, le *sire de Guemené*, le *sieur de Coetquen*, grand-maistre dudit Bretagne, et plusieurs autres de la part de ladite dame aussi présens.

» Et promirent lesdits seigneur et dame en promesses et paroles royaux, et ledit prince d'Orange par foy et serment de son corps, pour ce baillez corporellement, de non jamais faire ny venir encontre, et incontinent sans divertir à autres actes lesdits seigneur et dame procédans en la salle dudit chastel de Langeais, où estoit préparé pour célébrer la messe et solemniser lesdites espousailles desdits seigneur et dame, et illec en la présence des notaires cy-dessous signez, les dessusdits et plusieurs autres ducs et comtes, très-illustrissime princesse madame *Anne de France*, duchesse de Bourbon, sœur dudit sieur, et autres seigneurs et dames en grand nombre, lesdits seigneur et dame, par le ministère dudit révérend père en Dieu, évesque d'Alby, solemnisèrent et firent publiquement leurdit mariage, et par paroles de présent prindrent et exposèrent l'un l'autre, comme en tel cas il est accoustumé, et par le ministère dudit révérend père en Dieu, esleu en évesque d'Angers, fut célébré messe avec la bénédiction nuptiale. Donné audit lieu de Langeais, et scellé du sceau dont on use aux contracts royaux en la ville, chastellenie et ressort de Tours, en tesmoignage de vérité, etc., le treiziesme (*alias le seiziesme*) jour de décembre mille quatre cens quatre-vingts-onze. »

Nous emprunterons à Saint-Gelais des détails sur le sacre de la reine Anne de Bretagne et sur son entrée à Paris :

« Le Roy arriva à Paris, et la Reyne s'en alla à Saint-Denis où depuis le Roy alla aussi loger, ainsi que firent tous les seigneurs de la suite de la cour; on y demeura deux ou trois jours, pendant lesquels le sacre de la Reyne fut fait; et je la veis sacrer, ce qui fut une chose d'une merveilleusement belle solemnité. Il la faisoit beau voir, car elle estoit belle et jeune, et pleine de si bonne grâce que l'on prenoit plaisir à la regarder. Et pour parler de la manière et les vestemens de ladite dame, elle estoit en cheveux, et avoit une robe de damas ou satin blanc ; à certaines heures du service, elle estoit menée devant le prélat qui officioit, lequel luy mit du sainct-huile sur l'estomach et entre les espaules. Dedans le chœur de l'église de Saint-Denis estoit dressé un petit échaffaut, sur lequel cette Reyne estoit. Une partie du temps que la messe dura, *Monseigneur* (d'Orléans) luy soutenoit la couronne sur la teste, pour ce qu'elle estoit trop grande et pesante, et qu'il luy eût fait peine de la porter. Auprès de ladite dame estoient madame de Bourbon et autres dames, lesquelles avoient sur leurs testes chacune un chapeau ou couronne de duchesse ou comtesse, suivant leur qualité et selon ce qu'il leur appartenoit. A ladite messe la Reyne receut le corps de Nostre Seigneur. Assurément ce sacre est un mystère fort dévot et qu'il fait beau voir; il y avoit parmy l'assistance environ vingt que archevesques ou évesques, sans les abbez et autres gens d'église..............

» Le lendemain ensuivant la Reyne partit de Saint-Denis pour venir faire son entrée à Paris, où estoit fort remarquable de voir le grand nombre de peuple qui alla au-devant d'elle, de tous estats et toutes conditions; savoir : ceux de la cour de parlement, de la chambre des comptes, les généraux de la justice, ceux des requestes, du palais, du trésor et des esleus, qui tous y furent. Pareillement le prévost de Paris, avec tous ceux de la justice du Chastelet, commissaires et autres, sergens à cheval et à vergé, le chevalier du guet et tous ceux de sa charge, le prévost des marchands et les eschevins, avec grand nombre de bons personnages et bourgeois de ladite ville. Pour le vray, quand tout ce monde fut assemblé, il composoit une merveilleuse quantité de peuple, tellement que depuis la chapelle, par tout le chemin et parmy les rues jusques au palais, on ne se pouvoit tourner, et n'eust esté l'ordre qui y fut mis, on n'y auroit sceu passer. Ladite dame arriva grandement bien accompagnée tant de seigneurs que de dames; au reste, il n'estoit rien de plus triomphant que de sa personne. Elle estoit avec toute sa suite : messeigneurs d'Orléans, d'Engoulesme, d'Alençon et de Bourbon y estoient, et plusieurs autres grands seigneurs, madame de Bourbon et quantité d'autres grandes dames que je ne puis nommer. Il ne se pouvoit rien de plus admirable que de voir ensemble une si noble et si belle compagnie; et je croy qu'il n'y a personne en vie qui ait jamais peu voir accueillir une princesse, en quelque lieu que ce fût, avec un tel honneur qu'elle fut receue pour l'heure; et il luy estoit bien deu, car il y a longtemps qu'aucune dame n'apporta tant de biens à la couronne qu'elle a fait. »

II.

EXPÉDITION D'ITALIE.

Extrait de l'Histoire de Louis XII, *par Saint-Gelais.*

« Les grandes chères qui se faisoient pour l'heure (*à Lyon*) émeurent et élevèrent le cœur du Roy, qui estoit en sa fleur de jeunesse, de faire de hautes entreprises; car communément jeunes gens veulent voir choses nouvelles, et faire de quoy il soit parlé d'eux. Ce fut lors qu'il luy fut mis en propos d'entreprendre le voyage de Naples, à quoy il entendit volontiers, car il estoit prince tout plein de bon vouloir. Les jeunes gens qui estoient autour de luy, et qui désiroient fort que ce voyage se fit, ne cessoient de luy en parler, en le luy louant à merveilles. Monseigneur d'Orléans, de son costé, trouva cela fort bon; car le plus grand plaisir qu'il eût en ce monde estoit d'avoir occasion de suivre les armes, comme celuy qui en aimoit le métier sur toutes choses. Il conseilloit donc cette affaire de tout son pouvoir; aussi faisoit l'évesque de Saint-Malo, qui auparavant avoit esté général, lequel, pour ce temps-là, avoit plus grand crédit qu'aucun autre auprès la personne du Roy. Et furent les choses tant démenées, qu'il fut enfin conclu et résolu d'y aller. Le seigneur Ludovic servit aussi d'un grand moyen pour le faire entreprendre, car il prétendoit de s'aider des François contre le roy de Naples qui luy vouloit faire la guerre. Ensuite le Roy délibéra de faire son voyage par terre, avec une très-belle et grosse armée, tant de seigneurs, pensionnaires, gentilshommes de sa maison, que des ordonnances et grand nombre de Suisses, avec bonne quantité d'artillerie. Il fut dit que monseigneur d'Orléans iroit le premier. Monseigneur de Bourbon fut ordonné pour demeurer comme lieutenant du Roy, durant son absence, avec tout plein pouvoir de travailler aux affaires publiques et d'Estat. Monseigneur d'Engoulesme demeura pareillement, combien qu'il s'offrit souvent d'y aller, et se mît assez de fois en son devoir sur ce sujet, mais on ne voulut pas le permettre.

» Le seigneur Ludovic vint faire la révérence au Roy en luy faisant de belles et grandes offres, et m'a esté dit que le Roy emprunta de l'argent de luy, qui estoit une mauvaise chose pour un conquérant, car quand un prince entreprend de conquérir un pays, il doit estre pourveu et avoir donné ordre principalement sur quatre choses : c'est à sçavoir qu'il y ait *gens-d'armes* en bon et suffisant nombre ; secondement, de l'*argent* largement pour les soudoyer et pour survenir à tout ce qui peut advenir ; troisièmement, de l'*artillerie* ce qu'il est nécessaire et que l'on peut conduire, selon le quartier où l'on va ; et en dernier lieu, que les *vivres* ne faillent et ne manquent point par faute d'ordre ou autrement. Et si en aucunes de cesdites choses il y a du défaut, à grand peine vient-on à bout de son entreprise. Or, combien qu'il fût ainsi que le roy Charles empruntât pour l'heure quelque chose, le blâme n'en doit pas estre à luy, mais à ceux qui se mêloient de ses affaires et principalement de ses finances, lesquels, avant son départ, y devoient avoir si bien pourveu qu'il ne tombât point en cet inconvénient. »

Histoire du voyage de Naples du roy Charles VIII, mise par escrit, en forme de journal, de son exprès vouloir et commandement, par André DE LA VIGNE, *secrétaire d'Anne de Bretagne, reyne de France*.

La vie d'André de La Vigne est peu connue ; on sait seulement qu'il était poète. Nous lisons à la fin du Journal : « Vint par devers luy maistre Andry de La Vigne, lequel il avoit commis à coucher et mettre par écrit ce présent voyage, comme il appert ; lequel à sa bienvenue luy apporta, *entre autres choses faites et travaillées par luy, divers rondeaux qu'il avoit composez*. » La faveur dont il jouissait à la cour, en qualité de secrétaire de la Reine, lui procura facilement une réputation de poète qui est aujourd'hui totalement oubliée. En 1494, Charles VIII le nomma historiographe de l'expédition d'Italie. Le *Journal du voyage de Naples* ne peut nous donner une idée favorable des talents de l'auteur, car il est fort mal rédigé, le style en est d'une grande sécheresse, et les faits sont rapportés sans critique et sans couleur. Minutieux journaliste, André de La Vigne ne nous fait grâce de rien : « Le Roi a été coucher à tel endroit, dit l'historiographe, il est venu déjeuner à tel autre, il a dîné cinq ou six lieues plus loin... Les habitans de Plaisance lui ont donné *des fromages du pays d'une extraordinaire grosseur et grandeur qu'il fît conduire en France, jusques à Moulins, devers la Reyne et le duc de Bourbon*... A Florentine, Charles VIII a été parrain d'un juif converti... A Rome et en d'autres endroits, il a touché les écrouelles, *qui fut une belle chose à voir*. » On ne trouve, au milieu de ces faits présentés avec une monotone aridité, aucune de ces impressions ou de ces pensées qui devaient s'offrir à l'esprit d'un poète voyageant en Italie, à la suite d'un roi vainqueur. Malgré les défauts que nous venons de signaler, l'ouvrage d'André de La Vigne n'en est pas moins un monument précieux, et les détails qu'il nous fournit complètent les récits de Philippe de Comines sur le *voyage triomphal* de Charles VIII. « *Les François*, disait Alexandre VI, *n'ont eu d'autre peine que d'envoyer leurs fourriers, la craie en main, pour marquer les logis.* » On comprend la justesse de ce mot, en lisant dans le *Journal* la merveilleuse conquête de l'Italie. Le récit de l'entrée des Français à Florence présente d'intéressants détails :

« Le lundi 17 novembre 1494, le Roy fit son entrée dans Florence en très-grand triomphe et singulière pompe. Les citoyens et habitans luy présentèrent d'abord les grandes clefs de la ville, luy firent foy et hommage, et luy rendirent honneur et révérence comme à leur roy et souverain seigneur. Après que tous les corps de cette ville, tant ecclésiastiques que séculiers, eurent passé, les bandes du Roy commencèrent à marcher, qui fut la chose la plus belle qu'on vit jamais en une entrée de ville : premièrement parurent les *couleuriers*, les Allemans, lansquenets et Suisses, tous bien armez. Après venoit la bande des *picquiers*, avec leurs estendars, guidons et flûtes ; puis la bande des *hallebardiers*, entremêlez de grands joueurs d'espées, tous revêtus d'une mesme parure, sçavoir des couleurs et livrées du Roy, portans la courte dague à leur costé, les chausses de drap d'or, la chaîne au col ; ensuite venoient les *capitaines*, monsieur de Clèves et le comte de Nevers, qui conduisoient environ six mille soldats, deux à deux, avec lesquels estoient le sieur Lornay, escuyer d'escurie, et le bailly de Dijon ; puis les *archers d'ordonnance*, tenans leurs arcs bandez, et portans leurs trousses de flèches. Après, les *hommes-d'armes* bien montez et armez, avec leurs clairons, trompettes, cornets et tabourins de guerre ; ils estoient bien en nombre de huit cents lances, tous gentilshommes et de maison... Ensuite venoit la bande des deux cent *arbalestriers*, portans tous l'arbaleste bandée ; puis la bande des *archers de la garde du Roy*, allans quatre à quatre, portans dessus le dos le hocqueton travaillé de fine orphévrerie. Après vinrent quelques capitaines..... habillés très-richement. Suivoit la bande des *cent gentilshommes du Roy*, fort superbement vêtus. Les *pages d'honneur*, montez sur grands chevaux, et les laquais à pied, vêtus de drap d'or et de velours, allans autour la personne du Roy, qui étoit monté sur son coursier qu'on appelloit *Savoye*; il estoit armé de toutes pièces, d'un harnois luisant, doré en plusieurs endroits, et enrichy de quantité de grosses perles et de pierres prétieuses; il portoit une couronne d'or sur la teste, toute couverte de fines pierreries, avec une grosse escarboucle au milieu; quatre seigneurs des plus qualifiez de la ville portoient dessus une riche poisle de drap d'or trait à la mode de France, et cela en signe de victoire et de conqueste. Le *grand escuyer d'escurie* portoit l'épée de justice royale devant le Roy, et le *grand prévost de l'hostel*, avec ses gens, archers de la garde-du-corps, estoient aux environs de sa personne pour le préserver de la presse et de tout péril. Les *grands seigneurs de l'ordre* et autres venoient après; et ensuite, pesle-mesle, les cardinaux, archevesques, primats, évesques, abbez; puis les présidens et gens du grand conseil, les grands pensionnaires, les grands et généraux financiers, les trésoriers, controlleurs et receveurs, tous bien montez et parez; et conséquemment les valets de chambre, les escuyers, les officiers, porte-buffets, échançons, dépensiers, huissiers, panetiers, tapissiers, et tous autres serviteurs domestiques de la maison du Roy. Tout à la queue estoient les valets et pages avec les bagages des bahuts, licts de camp et autres ustensilles, les vivandiers, lavandiers, chariots, charettes, brouettes, muletiers, rustaux (paysans) de train, charretiers, piétons, laquais, avanturiers, corretiers (messagers), et autres moindres gens.

» Voilà comme cette armée françoise, avec tout son train, passa lors victorieusement tout au milieu et au travers de Florence, surnommée *la Belle* ou *la Gentille*, composant un nombre et une suite de plus de cinquante mille personnes des gens du Roy : les rues par où cette entrée se fit estoient tendues et parées de draps précieux, et en plusieurs endroits estoient dressez des échaffauts avec des représentations de mystères, et joyeux dictons écrits en lettres d'or et d'azur à l'honneur du Roy victorieux, et à la loüange de la nation françoise et des fleurs de lys. »

A Sienne, *surnommée la Vierge ou la Pucelle*, « les bourgeois se revêtirent tous d'une semblable parure pour son entrée... Ils furent plus d'une lieue hors de leur ville au-devant du Roy; et, pour marque de plus grande soumission et de déférence, ils détachèrent et mirent bas quelques-unes de leurs grandes portes, et abbatirent une partie de leurs murailles, afin de donner plus facile entrée et plus d'accès parmy eux à tous les François. Ils avoient élevé des inscriptions marquées en or et en azur, qui portoient : *Sena vetus, civitas virginis*; et de l'autre costé : *Karolus octavus, divinæ missionis, Francorum rex christianissimus, manus Italiæ, liberator Romanæ ecclesiæ, fideique amplificator sanctissimæ*... Petits et grands jettoient en foule des crys, en vers rimez, de *vive le Roy! vive celuy qui, par sa grand' bonté, maintiendra Sènes en vraye liberté!* »

André de La Vigne nous donne ensuite quelques détails sur le séjour des Français à Rome. A ces renseignements il faut ajouter ceux qu'on trouve dans une pièce fort curieuse, en latin et en français, intitulée : *Relation de ce que fit le roy Charles VIII dans Rome; Extrait du Journal d'un maistre des cérémonies de la cour de Rome*. Cette pièce a été imprimée dans le Recueil de Godefroy. Le *Journal* nous fournit aussi des renseignements sur l'entrée de Charles VIII à Naples :

« Il la fit en qualité de roy de France, de Sicile et de Jérusalem, *revêtu d'un habillement impérial surnommé auguste*; il tenoit la pomme d'or ronde en sa main dextre, et de l'autre main son sceptre, habillé et couvert d'un grand manteau de fine écarlate, fourrée et mouchetée d'hermines, à grand collet renversé aussi fourré d'hermines; la belle couronne sur la teste, bien et richement monté et houssé comme il luy convient et appartient (1). »

Comines nous a raconté d'une manière fort circonstanciée les événements qui précédèrent la bataille de Fornoue, et nous a donné le récit de cette journée mémorable. Nous allons seulement extraire du Journal de de La Vigne le discours prononcé par Charles VIII au moment du combat, *en propres mots ou autres termes en substance semblable* (2). Ce discours du jeune roi doit être considéré comme une remarquable expression des sentiments chevaleresques qui présidèrent à l'aventureuse expédition d'Italie :

« Que dites-vous, Messieurs, n'estes-vous pas délibérez de me bien servir aujourd'hui? Ne voulez-vous pas vivre et mourir avec moy? *Et après la réponse euë de chacun, telle qu'à ces propos appartenoit, il adjoustoit* : N'ayez point de peur, mes amis, je sçay de fait qu'ils sont dix fois autant que nous; mais ne vous chaille, Dieu nous a aidé jusques icy; il m'a fait la grâce de vous avoir emmenez et conduits jusques à Naples, où j'ay eu victoire sur tous mes adversaires; et de rechef, depuis Naples je vous ay amenez icy sans oppression, sans honte ny blâme, et si son plaisir est encores je vous remèneray en France à l'honneur, loüange et gloire de nous et de nostre royaume; pourtant, mes amis, ayez courage,

---

(1) Voyez le premier volume du *Cérémonial Français*, page 682.

(2) On trouve dans Brantôme (Discours sur Charles VIII) un discours traduit du *Supplementum Chronicorum*, de Jacques Foresti, religieux augustin de Bergame. Voyez aussi les *Discours* de Brantôme sur les grands capitaines français et étrangers qui se distinguèrent sous ce règne.

nous sommes en bonne querelle, Dieu est pour nous, et Dieu bataillera pour nous. Dieu veut aujourd'huy monstrer le bon amour, la dilection et la charité singulière qu'il a pour les bons et loyaux François; parquoy je vous prie que chacun se fie plus en luy et en son aide qu'à la force de soy-mesme; et en ce faisant, ne doutez point qu'il nous donnera faculté victorieuse, vengeance de nos ennemis et gloire bien heurée. »

Tous les historiens s'accordent à faire l'éloge du roi dans cette journée; mais de La Vigne les surpasse tous : « A proprement parler, dit-il, il mérita, cedit jour, d'estre appellé *vray fils de Mars*, successeur de César, compagnon de Pompée, hardy comme Hector, preux comme Alexandre, semblable à Charlemagne, courageux comme Hannibal, vertueux comme Auguste, heureux comme Octavian, chevaleureux comme Olivier, et délibéré comme Roland. »

Nous allons terminer cette analyse par un extrait qui nous semble assez intéressant; c'est une petite anecdote au sujet d'une singulière coutume des habitants de Moncallieri, dans le Piémont: « Le mardy, 8ᵉ jour de septembre l'an 1495, le Roy audit Montcallier, pour l'honneur et révérence de Nostre-Dame, oüyt la messe à la grand'-église où fit le service M. l'évesque de Montcallier. Et après la messe dite, les bouviers de ladite ville amenèrent un chariot avec deux grands bœufs qui le tiroient; et sur ce chariot il y avoit un grand clerge pesant deux livres de cire et plus, lequel fut offert par les maistres-valets bouviers devant Nostre-Dame, accompagnez de tous les autres généralement dudit lieu et des environs, tous habillez d'une mesme parure ou à peu près; ce fait, ils sortirent hors de ladite église avec leurs bœufs et chariot; et est à sçavoir que le maistre-valet des autres, c'est-à-dire le plus habile d'entre tous, pris et choisi pour leur roy, ainsi qu'on a coutume de faire en telles et semblables choses, estoit monté sur ledit chariot, sans avoir autour de luy à quoy se tenir ny se prendre, estant tout debout; et tant qu'on pouvoit chasser lesdits bœufs, et qu'ils pouvoient aller le long du marché et de toutes les rues dudit Montcallier, ce maistre-valet, en la façon et manière que dit est, estoit sur ledit chariot, qui dansoit et joüoit des pieds et mains sans cheoir, ce qui estoit chose merveilleuse à voir, d'autant que les autres bouviers, entièrement et tant qu'ils pouvoient, aiguillonnoient cependant les bœufs pour plutost courir et aller, afin de le faire tomber, ce qu'à la fin ils firent : car quant ce vint à passer par la ruë où estoient le Roy et les seigneurs, ils aiguillonnèrent si aigrement lesdits bœufs qu'il sembloit que tous les diables les deussent emporter, et tirèrent si horriblement et droitement vis-à-vis du logis où estoit le Roy, que ledit maistre-valet tomba à bas un si grand et rude saut, qu'il pensa se rompre les bras et les jambes; de quoy le Roy et tous les seigneurs se prirent grandement à rire. Il est au reste à sçavoir qu'en cette ville il y a telle franchise, que si quelque maistre-valet bouvier veut entreprendre et faire le mystère que dit est, et qu'il le puisse sans tomber à terre, ses bœufs et son charroy seront francs toute l'année à Montcallier; mais ledit bouvier perdit lors icelle franchise et sa peine, et fut encore en danger de se rompre le col. »

A la suite du Journal de de La Vigne, Godefroy nous donne la *Relation du mesme voyage du roy Charles VIII pour la conqueste du royaume de Naples, qui sert de supplément au journal précédent où le commencement semble manquer*, par Pierre Desrey, de Troyes. Cette relation nous fournit quelques détails sur les premiers événements de l'expédition d'Italie, et complète ainsi les récits d'André de La Vigne. Godefroy présume, et avec raison, que, pour le reste de l'expédition, Pierre Desrey a largement puisé dans le journal du secrétaire d'Anne de Bretagne. Aussi n'a-t-il pas cru devoir l'imprimer en entier.

Le recueil de Godefroy contient, dans les *preuves et observations*, diverses pièces qui ont rapport à la conquête de Naples, et dont nous allons indiquer les plus importantes : 1° *Traité des droits du roy Charles VIII aux royaumes de Naples, Sicile et Arragon, mis par escrit en 1491, du commandement du Roy, par Léonard Baronnat, maistre des comptes*; 2° *Edit du Roy pour engager le domaine jusques à la somme de six vingts mille escus d'or pour le voyage d'Italie, donné à Plaisance, en octobre 1494*, et *lettres du Roy pour un emprunt sur le clergé de France pour la conqueste du royaume de Naples* (29 octobre 1494), 3° *Traité entre Charles VIII et Loys-Marie Sforce, duc de Milan, passé et accordé le 10ᵉ jour d'octobre 1495*.

Comines nous a raconté, dans les deux derniers chapitres de son histoire, la fin du règne de Charles VIII. On trouve dans Godefroy quelques pièces que nous donnerons ici comme complément.

ORDRE DU ROY CHARLES VIII POUR TRAVAILLER A L'INVENTAIRE DU TRÉSOR DES CHARTES, A PARIS.

« *De par le Roy, nos amez et féaux*, vous sçavez le besoin qu'il est de parachever de besogner au fait de l'ordre des chartes de nostre trésor, dont nous vous avons dès pieçà baillé charge, et que si ledit ordre n'y est mis, grands dangers et inconvéniens nous en pourront avenir. Et pour ce que la matière est grande, et que les autres grandes charges que vous pouvez avoir, ou aucuns de vous, souventesfois vous pourroient tant occuper que cette matière pourroit prendre long trait, nous avons ordonné que avec vous le juge du Maine, l'un de nos advocats en nostre cour de parlement, besognera en cette commission, et départirez ensemble le temps pour y besongner, tellement que continuellement le nombre d'entre vous que y adviserez y besognera les uns après les autres, ainsi que verrez et connoistrez pour le mieux, et de ce écrivons à nostredit avocat. Et pour ce que nous voulons que soigneusement et continuellement y soit besongné sans discontinuation, nous vous mandons bien expressément que toutes excusations cessantes, vous et ledit avocat vous assembliez ensemble, et donniez si bon ordre à besongner ordinairement au fait de l'ordre et inventaire de cesdites chartes, que le plus tost que faire se pourra le tout soit fait et parfait. Et trouvons fort estrange que ladite chose n'est plus avancée, considéré que ne bougez de Paris, et que connoissez de combien cette matière nous touche ; et quand de nous-mesme, pour nos autres affaires, la mettrions en oubly, vous en devriez avoir mémoire et y mettre fin. Donné à Lyon-sur-le-Rosne, ce 23ᵉ jour de novembre 1497. Signé CHARLES. Et plus bas, ROBINEAU. Et à l'adresse est escrit : *A nos amez et féaux maistres Robert Thiboust, nostre conseiller et président, Raoul Pichon, aussi nostre conseiller en nostre cour de parlement, Jacques Louvet, général sur le fait de la justice, commissaires par nous ordonnez pour l'inventaire des chartes de nostre trésor, et autres commissaires députez en cette partie.* »

LETTRE DE CHARLES VIII, TOUCHANT LES AUDIANCES QUE LES ROYS DONNOIENT AU PEUPLE.

« *De par le Roy, nos amez et féaux*, pour ce que voulons bien sçavoir la forme que ont tenue nos prédécesseurs roys à donner *audiance au pauvre peuple*, et mesme comme M. Saint Loys y procédoit : nous voulons et vous mandons que en toute diligence faites chercher par les registres et papiers de nostre chambre des comptes ce qui s'en pourra trouver, et en faites faire un extrait, et incontinent après le nous envoyez. Donné à Amboise, le 22ᵉ jour de décembre. Signé CHARLES ; et plus bas, MOZELOT. Au-dessous est escrit : *Apporté le 30ᵉ jour de décembre 1497.* Et à l'adresse : *A nos amez et féaux les gens de nos comptes, à Paris.* »

Citons enfin dans le Recueil de Godefroy l'ordonnance royale en faveur du parlement de Bretagne, en 1495; un traité de paix et de commerce (en latin) conclu à Boulogne, le 24 mai 1497, entre Charles VIII et Henri VII, roi d'Angleterre; et l'*Ordre tenu à l'enterrement de Charles VIII*, pièce copiée sur l'original.

En terminant cette indication des documents pour le règne de Charles VIII, nous devons mentionner les *Eclaircissemens sur les premières années du règne de Charles VIII*, par Lancelot; cette dissertation, remarquable par une bonne critique et par la connaissance des faits, est imprimée dans le tome VIII des Mémoires de l'Académie des Inscriptions. Nous mentionnerons aussi de savants mémoires de Foncemagne sur la guerre d'Italie, imprimés dans les tomes XVI et XVII du même Recueil. Dans ces dernières années, M. Philippe de Ségur a publié une *Histoire de Charles VIII*, qui n'est point une œuvre irréprochable, mais qui se fait lire avec intérêt.

RÈGNE DE LOUIS XII.

LETTRES DU ROY LOUIS XII ET DU CARDINAL D'AMBOISE.

Ce recueil, publié en 1712, à Bruxelles, par Jean Godefroy, en quatre volumes in-12, est un des plus curieux monuments historiques qu'on puisse consulter pour cette époque. Il ne contient pas seulement les lettres de Louis XII et de son ministre, mais aussi *plusieurs autres lettres, mémoires et instructions, écrites depuis 1504 jusques et compris 1514*, par le pape Jules II, Maximilien Iᵉʳ, Marguerite d'Autriche, Mathieu Lang, ambassadeur de la cour d'Autriche, André de Burgo, ambassadeur de la même cour, et ses secrétaires, Jean Le Veau et Paul de Laude, etc. C'est le recueil des pièces officielles de ce règne, classées par ordre chronologique, et l'éditeur dit avec raison qu'*on y découvre plusieurs intrigues secrètes des cours des princes*. On trouve, dans l'édition de 1712, les portraits de Louis XII, du cardinal d'Amboise, de Maximilien, de Marguerite d'Autriche, de Jules II, et du roi d'Angleterre, Henri VIII. Ces portraits sont précieux pour l'histoire, parce qu'on les considère comme une fidèle reproduction des traits de ces différents personnages.

Voici l'analyse des pièces les plus importantes de ce Recueil; nous transcrirons d'abord textuellement un document du plus haut intérêt :

RÉCIT DE CE QUI S'EST PASSÉ LORS DE LA REMONSTRANCE FAICTE AU ROY LOUIS XII PAR LES ESTATS DU ROYAUME, POUR L'ENGAGER A CONSENTIR AU MARIAGE DE MADAME CLAUDE DE FRANCE, AVEC MONSEIGNEUR FRANÇOIS, DUC DE VALOIS.

« Le jeudy 14ᵐᵉ de may, l'an 1506, le roy de France estant au Plessis-lez-Tours, assis en une grande salle en siége royal, à dextre, d'un costé, de M. le légat d'Amboise, du cardinal de Narbonne (G. Briçonnet), du chancelier et grand quantité d'archevesques et évesques ; et de l'autre costé, de M. le duc de Valois et de tous les princes du sang, et autres seigneurs et barons dudit royaume en grand nombre aussy, du premier président de la court de parlement et plusieurs conseillers, donna audience publique aux députez des Etats du royaume ; lors illec assemblez, lesquels, par la bouche d'un docteur de Paris, nommé maistre Thomas Brico (1), firent remonstrer audit seigneur Roy, en langage françois,

(1) Thomas Bricot, chanoine de Notre-Dame et célèbre docteur.

comment ils estoient venuz vers luy en toute humilité et révérence pour luy dire aucunes choses concernans grandement le bien de sa personne, l'utilité et prouffit de son royaume et de toute la chrétienneté, assavoir, que au mois d'avril en l'an passé il avoit esté moult griefvement malade, dont tous ceux de son Royaume avoient esté en grant soucy craindant de le perdre, cognoissant les grans biens qu'il avoit fais en plusieurs choses singulières, assavoir, pour la première, qu'il avoit maintenu son Royaume et son peuple en si bonne paix que par le passé n'avoit esté en plus grande tranquillité, et tellement que les *poulles portoient le bacinet sur la teste*, en façon qu'il n'y avoit si hardy de rien prendre sans payer; aussy qu'il avoit quitté sur son peuple le quart des tailles, secondement qu'il avoit réformé la justice de son Royaume et mis bons juges partout, et mesmement à la cour de parlement à Paris: et pour ces causes et autres qui seroient longues à réciter, il devoit estre appellé *le roy Louys douziesme, père du peuple*. Et après, ledit Brico et tous ceux desdits Estats se mirent à genoux, et dit iceluy Brico : « Sire, nous sommes icy venuz
» sous vostre bon plaisir pour vous faire une re-
» queste pour le général bien de vostre royaume,
» qui est telle que vos très-humbles sujets vous
» supplient qu'il vous plaise de donner *madame*
» *vostre fille unique* en mariage à *monsieur Fran-*
» *çois* icy présent, qui est tout françois, » disant oultre plusieurs belles parolles qui esmeurent le Roy et les assistans à pleurer.

» Ce fait, le Roy appella M. le légat, le cardinal de Narbonne et M. le chancelier, parlèrent une espace ensemble; après se remit chascun en son lieu et dit ledit chancelier, par l'ordonnance du Roy, à ceulx desdits Estats, que le Roy avoit bien ouy et entendu leur requeste et remonstrance, et que quant aux louanges par eux à luy données, qu'elles venoient de Dieu ; que s'il avoit bien fait, il désiroit encores de mieux faire; et au regard de la requeste touchant ledit mariage, qu'il n'en avoit jamais ouy parler; que de cette matière il communiqueroit avec les princes de son sang pour en avoir leur advis.

» Le lundy ensuivant, le Roy vint au mesme lieu où il avoit esté ledit jeudy, accompagné comme dessus, réservé ceux des Estats; demanda à M. le légat et aux autres leurs opinions sur la requeste faicte par ceux desdits Estats, assavoir si elle étoit utile et raisonnable pour luy et son royaume. Sur ce fut le premier opinant, *M. l'évesque de Paris*, après le premier président dudit Paris et celuy de Bordeaux, lesquels parlèrent bien longuement pour mieux ouvrir leurs esprits et l'entendement des autres : tellement que tout d'une voix et opinion s'accordèrent à ce que la requeste desdits Estats estoit bonne, juste et raisonnable, et par ensemble supplièrent au Roy accorder ledit mariage.

» Le mardy vint le Roy comme dessus audit lieu où furent mandez vers luy lesdits des Estats, auxquels, par son chancelier, il fit dire ce qui s'ensuit :

« *Messieurs*, le Roy nostre souverain seigneur a profondément pensé à la requeste que luy fistes jeudy dernier passé, sur quoy il vous fait dire que ainsy qu'il a accoustumé de faire en ses affaires, mesmement en ceux qui touchent le bien et utilité de son royaume et de ses subgets, lesquels il a fort à cœur, tellement que bien souvent il veille quant les autres dorment, parquoy l'avez justement baptisé *père du peuple*, et combien qu'il ne se deffie point de vous et est bien asseuré que ne luy voudriez faire requeste qui ne fût bonne et duëment fondée, toutesfois a-t-il bien voulu mander et convocquer tous les princes de son sang, les seigneurs barons et principaulx conseillers de son royaume, aussy de la duché de Bretaigne, pour leur communiquer la requeste que vous ensemble luy avez faite pour sur ce avoir leur opinion et conseil ; et après ce qu'il a eu leur advis, luy ont remontré par plusieurs raisons évidentes, pour le bien et utilité de son royaume, ses pays et subgets et de toute la chrétienneté, qu'il consente et accorde que le mariage de madame Claude de France, sa fille unique, et de monsieur le duc de Valloisse face; non seulement luy ont donné ce conseil, mais luy ont d'un commun accord requis et prié se consentir audit mariage comme vous autres.

» Et pour ce que le Roy, nostre souverain seigneur, a tousjours désiré et désire sur toutes choses le bien et utilité de sesdits royaume et subgets, et de cette chose qui soit agréable à Dieu et à la chrétienneté, après meure délibération s'est libéralement condescendu et condescent à vostredite demande et requeste, et veut que le mariage se face de madame Claude, sa fille, et de monsieur de Vallois icy présent, et affin que cognoissiez que le Roy, nostre souverain seigneur, ne veut longuement différer la chose, il veut et ordonne que les fiançaiges de madite dame sa fille et de mondit sieur de Vallois se facent jeudy prochain venant, pour après qu'ils seront en leur âge consommer ledit mariage.

» Et combien que par cy-devant a esté pourparlé du mariage de madite dame Claude avec autre (1), toutesfois il n'y a eu chose traittée qui puisse nuire ou empescher ledit mariage, car il n'y a eu que parolles.

» Et pour ce que nous sommes tous mortels et qu'il n'y a chose plus certaine que la mort, ny plus incertaine que l'heure d'icelle, le Roy, nostre souverain seigneur, veut que si le cas advenoit qu'il allast de vie à trespas, sans avoir lignée masculine, que vous promettiez et juriez, et faictes promettre et jurer par les habitans des citez et villes dont vous estes envoyez, selon la forme qui vous sera baillée par escrit, de faire accomplir et consommer ledit mariage, et obéyrez et tiendrez, ledit cas advenant, mondit sieur de Val-

(1) Charles d'Autriche.

lois vostre vray Roy, prince et souverain seigneur, et que de tout ce envoyerez vos lettres et séellez de chacune cité et ville, en dedans la feste de la Magdelaine prochain venant, combien que le Roy, avec l'ayde de Dieu, a bon espoir de tant vivre qu'il fera consommer ledit mariage et verra les enfans de ses enfans.

» Après ce que mondit sieur le chancelier eust finy son propos, ledit docteur Brico pour lesdits Estats commença à dire :

« *Domine magnificasti gentem et multiplicasti lætitiam* , et autres plusieurs allégations de la Sainte-Ecriture, disant: *Vox populi, vox Dei, Hæc est dies quam fecit Dominus et quam expectavimus, et venimus in eâ.* » Et après ceux desdits Estats se mirent à genoux et aussy ledit docteur, et dit: « Sire, nous vous remercions très-humblement, de la part de tous vos subgets, de l'accord qu'il vous a pleu leur faire; nous prions Dieu qu'il vous veuille longuement laisser vivre en bonne prospérité et santé, la Royne, madame vostre fille, M. de Vallois et MM. de vostre sang; et quant à vous envoyer les lettres et séellez qu'il vous a pleu nous ordonner, toutes les citez et villes, par lesquelles nous sommes envoyez, sont et seront prests à vous obéyr, car il n'y a villes ni citez qui n'aient un fouet à trois cordons: le premier cordon est le cœur de vos subgets qui vous aiment parfaitement; le second cordon est force, car tous en général et particulier sont délibérez de mettre corps et biens en danger pour vous; le troisiesme cordon est muniment de prières et oraisons que vos subgets font tous les jours pour vostre bonne santé et prospérité, disans: *Vive, vive le Roy!* et après son règne luy doint Dieu le royaume de Paradis. »

» Après ce que ledit docteur eust parlé, M. le chancelier alla parler au Roy, puis retourna en sa place, et dit en soubriant ces parolles ausdits des Estats: « Messieurs, le Roy cognoît de plus en plus l'amour et affection que ses bons subgets ont à luy, et vous fait dire que s'il vous a esté bon Roy avec l'aide de Dieu, il se parforcera de vous faire le bien en mieux, et vous le donra à cognoistre par effet, tant en général que en particulier; et pour ce que le Roy sçait que vous, Messieurs, qui estes icy présens, estes les principaux du conseil des villes et citez qui vous ont envoyez devers luy, et que vostre absence pourroit porter préjudice à la chose publique, à cause des affaires qui surviennent de jour à autre, il vous donne congé de vous en retourner, et est d'advis que seulement demeurent ung de chascune desdittes villes pour luy dire les affaires d'icelles, si aucunes en ont, à quoy le Roy leur fera bonne et briefve expédition. » Lors se leva ledit chancelier et prit ung livre des Sainctes Evangilles, sur lequel tous ceux desdits Estats jurèrent d'entretenir ce qui dessus est dit et le faire ratifier par lesdittes citez et villes.

» Le jeudy 21ᵐᵉ dudit mois de may, le Roy et la Royne vinrent en la salle qui estoit richement parée, et tost après y fut apportée madame Claude, laquelle le seigneur infante de Foix (1) portoit sur son bras.

» Et avec eux vinrent le duc de Vallois et tous les princes et barons, aussy madame de Bourbon, d'Engoulesme et les autres princesses, et tant de suitte de dames et damoiselles qu'il sembloit que le royaume de fémynie (royaume des femmes) y fut arrivé.

» Lors M. le chancelier lut certains articles de traitté de mariage, contenant en substance que si le Roy avoit lignée masculine, ledit mariage consommé, il donnoit audit sieur duc de Vallois et à laditte dame, pour son lot, les comtés d'Ast et de Bloys, les seigneuries de Soissons et de Coucy, et la Royne en ce cas donne à laditte dame Claude cent mil escus, et au cas que le Roy ne eût lignée masculine, et que celuy qui seroit Roy voulût recouvrer lesdites comtés et seigneuries, seroit tenu de donner pour récompense audit sieur duc de Vallois et à laditte dame vingt mil francs de rente en tiltre de duché.

» Après furent faictes et solemnisées les fiançailles de mondit sieur de Vallois et de maditte dame Claude, et les fiança monsieur le légat.

» Depuis lesdittes fiançailles, le Roy a fait passer à monstres et en armes les gentilshommes de sa maison, qui fut le lundy ensuivant, et durant ce jour et toute la sepmaine ont esté faites joustes et tournois où le Roy, pour les voir, estoit à cheval sur un grand coursier, soy monstrant le plus joyeux du monde.

» D'autre part, le Roy a pris le serment des princes et barons de son royaume, et pareillement de ceux de Bretagne, dont iceux et chascun par soy a baillié ses lettres et séellés, en la forme qui s'ensuit :

« Nous, etc., promettons et jurons sur nos foys et honneurs et sur les Sainctes Evangilles de Dieu, pour ce par nous corporellement touchées, que nous ferons et procurerons par effet de tout nostre pouvoir, jusques à y exposer corps et biens, que le mariage de madame Claude de France et de M. le duc de Vallois, lequel il a pleu au Roy par le commun advis, accord et consentement de nous et de tous les autres princes de son sang, ceux de son conseil et les principaulx seigneurs, barons, citez et bonnes villes du royaume, consentir, conclure et accorder, se fera, accomplira et consommera incontinent que iceux sieur et dame seront en âge pour accomplir et consommer ledit mariage, et pour ce faire n'espargnerons corps ne biens, mais les y exposerons, comme dit est; et si le Roy, que Dieu ne veuille, va de vie à trespas sans laisser enfans masles, nous tiendrons et réputerons mondit sieur de Vallois pour nostre Roy et souverain seigneur, et comme tel luy obéyrons; en tesmoing de ce, nous avons signé ces présentes de nostre main, et à icelles fait mettre le séel armoyé de nos ar-

(1) Gaston de Foix.

mes, à Tours, le vingt-uniesme de may quinze cent six. »

Les négociations relatives au traité de Cambrai se trouvent dans le premier volume du Recueil. Ces pièces aident à résoudre plus d'une difficulté historique dans les Mémoires contemporains, et servent de preuves à l'*Histoire de la Ligue de Cambrai* que publia l'abbé Dubos en 1709. L'année qui suivit le traité de Cambrai, Louis XII fit célébrer le mariage du duc d'Alençon et de mademoiselle d'Angoulême. Nous trouvons à ce sujet un passage intéressant dans une lettre adressée à Marguerite d'Autriche par ses ambassadeurs, Mercurin de Gattinare, André de Burgo et Philippe Dales (7 décembre 1509) :

« Madame, M. le légat arriva samedy dernier, qui fut le 1*er* jour de ce mois, en ceste ville (à Blois). Le jour après sa venue, qui fust dimanche, furent faictes les nopces de M. d'Alanson et de mademoiselle d'Angolesme, et y fusmes convoyez de la part de la Royne, tant à l'accompagner à la chapelle que au disner…. Et quant y vint à l'assyétaz du disné, il y avoit une longue table presque de la longueur de la salle, et n'estoit l'assyétaz que d'ung costé, et la Royne estoit au milieu sur sa chaière, et à sa droicte, ung peu loing d'elle, estoit la nouvelle mariée, et après, l'archevesque de Sens qui avoit chanté la messe et fait l'office des espousailles ; après, M. le mareschal Darisolles fist asseoir l'ambassadeur du Pape, et après luy moy président, et puis moy de Burgo, et puis le vieulx ambassadeur d'Arragon, et puis l'autre jeune ambassadeur d'Arragon, et puis moy Philippes Dala comme ambassadeur de M. nostre prince, et des autres ambassadeurs tant de Savoye, Ferrare, Mantuez, Florence, que aultres n'en fust nuls appellez ; au costé de la main gauche de la Royne y avoit premièrement madame de Bourbon la vieille, un peu loing de la Royne, et après par ordre, madame d'Alanson la vieille, madame de Bourbon la jeune, madame d'Angolesme, la duchesse de Longueville, femme de M. de Dunoys, madame de Talibout, madamoiselle de Bourbon, madamoiselle la princesse d'Orenges, madame de la Trimoille, madame la marquise de Rotelin, la princesse de Talomont. Et la Royne avoit son plat à part, et aussy la mariée, et madame de Bourbon la vieille ; les aultres tous à commun tant hommes que dames ; et les trois plats particuliers de la Royne, de la nouvelle mariée et de madame de Bourbon, et aussy ceulx de nous aultres ambassadeurs, furent tous servys en vaisselle d'or, et les aultres d'argent ; et de l'autre costé de la salle, au plus bas, il y avoit une aultre table où estoit le marié, M. d'Angolesme et les aultres princes du sang, avec le demeurant des dames ; et donna la Royne aux héraulx et trompettes ung grand pot que l'on disoit estre d'or, mais au moins il estoit doré, et aloient criant *largesse* par la salle, ainsy que les Espagnars font crier *lagalaz*. Après le disné fut dancé ung peu, et dança le jeune ambassadeur d'Arragon avec la dame mariée, à requeste de la Royne, et puis deux autres dancèrent après. Et les dances achevées, nous fut baillé une chambre à part pour voir les joustes ; et tenoit M. d'Angolesme, luy huictiesme, avec belle grande compagnie, luy habillé de drap d'or, et les aultres ses compagnons de drap de soye jaune, tindrent le pas à la grosse jouste ; et le Roy mesme le vint accompagner habillé de mesme, et le servit au long de la jouste. Et quant ledit seigneur d'Angolesme eust achevé ses cops, ledit seigneur Roy descendit au logis de M. le légat, et se mit avec ledit légat à une fenestre à veoir le demeurant de la jouste ; et y eut tout plein d'assaillans accoustrez de diverses couleurs, et les faisoit très-bon veoir, combien que les lances estoient ung peu petites à cause des jeunes princes qui tenoient le pas. Lendemain, qui fut le lundy, ledit seigneur d'Angolesme avecq les aultres tenans vindrent tous habillez de satin blanc, et couroit chascun ung cop de lance sans lice ; et après vinrent à l'espée à douze cops par chascun ; et y en eust à l'espée de bien batuz. Et les faisoit beau voir. L'aultre jour, qui fut le mardy, le jour saincte Barbe, ils combattirent à la barrière tous armez à blanc ; et estoient à pied combatans aux lances tant qu'elles duroient, et après à courtes espées ; et ce jour fut achevée toute la solemnité des nopces. »

La partie la plus curieuse et la plus complète de cet ouvrage est celle qui concerne l'expédition d'Italie. Les lettres des généraux de Louis XII, celles des ambassadeurs d'Autriche et les *Mémoires sur les affaires courantes*, adressés au Roi ou à ses ministres, nous donnent des détails beaucoup plus précis que les Mémoires sur Bayard et sur La Trémouille. Joignez à cela l'intérêt qui s'attache nécessairement à des documents officiels et rédigés par des hommes célèbres, témoins oculaires des événements qu'ils racontent. Nous nous contenterons de citer la lettre de Jean-Jacques Trivulce, général de l'armée française en Italie, qui annonce au Roi la victoire du Pont-de-Lides, remportée sur l'armée pontificale, au mois de mai 1511 :

« Sire, je vous escripvy ceste nuyt que je envoyoie les Bentivoiles (Bentivoglio) et mon fils avec sa compaignie entrer dedans Boulongne, lesquels y sont entrez. Ce matin nous sommes deslogez et avons suivy les ennemys, lesquels avons mis en fuyte et rompture de leurs gens de pié qui avoient gaigné la montaigne : en a esté tué environ trois mil, et les autres prins et destroussez, et aussy ont esté destroussez plusieurs gens-d'armes qui avoient gaigné laditte montaigne ; ceux de Boulongne ont prins environ mil cinq cens chevaulx, et nos gens en ont prins environ sept cens et pareillement gagné plusieurs bagages, tantes et pavillons, et environ quarante pièces d'artillerie, entre lesquelles il en y a six pièces grosses, et avons suivy lesdits ennemys jusques auprès d'Ymole.

» Sire, ceste entreprise a esté si honnorable comme autre que j'aye jamais veue en ma vie, et s'y ose dire ne guères moins que la conqueste de Milan, et à vostre grant honneur et réputation.

» Sire, les capitaines Fontrailles, Bayart, Saincte-Coulombe, Baron, et le sieur de Vatillieu qui mayne la compagnie de feu M. de Monthoison, qui sont les premiers coureurs par l'ordre de vostre camp, et le baron de Conty, ont esté les premiers qui les ont trouvez et qui ont donné dedans, et M. de Nemours et nous autres après. Et par ma foy, Sire, vous êtes grandement tenu à tous vos capitaines que avez icy, qui seroit un long dire à les ramentevoir, tretous qui se sont portez très-dignement et vertueusement; et je ne veult point que de ceste desconfiture en sachiez gré à moy, mais à leurs vertuz; je ne louerè point mondit fils, car y ne touche à moy.

» Sire, nous sommes venus loger deçà Boulongne cinq milles, vers Ymole; et encores que je saiche que M. le général de Normandie vous escript le tout bien au long, je vous ay voulu escripre cestes particularitez.

» Sire, je vous advise que le cardinal de Pavie et le duc d'Urbin sont eschappez de peu.

» Sire, le cardinal d'Angleterre est eschappé.

» Sire, les ennemys se sont levez du camp à trois et quatre heures de nuyt, et quant ils ont esté à deux milles de Boulongne ils se sont arrestez et ont attendu grand pièce que leurs gens viensissent, et après se sont partis en trois troppeaulx.

» Les chevaux-légers ont pris le chemyn de Ravenne.

» Le duc d'Urbin le chemin d'Ymole.

» Et l'autre troppeau le chemin de Flourence par le val de Lamon qui respond vers Favence.

» Sire, qui vouldroit envoyer les enseignes et banières qui ont esté prinses, il en y a pour charger ung mulet, entre les autres celle du Pape, belle, pompeuse, qui a ses armes et sy superbe, c'est celle de sa personne.

» *Sire, doresenavant ne porteray que ung esperon de bois et coucheray en lit, et vous diray ce que je vous deis la conqueste de Millan faite.*

» Sire, prou (bien) vous face.

» Sire, je prie à Dieu qui vous doint très-bonne vie et longue. Escript en vostre camp au Pont-de-Lides, à cinq milles de Boulongne, sur le chemin d'Ymole, le vingt-deuxiesme jour de may. De V. M. serviteur *Scavo Jo. Ja. Trivulce.* »

Dans le troisième volume, citons une lettre fort curieuse de Ferry Carondelet, archidiacre de Besançon, qui mande à Marguerite d'Autriche *quelques circonstances de la bataille et de la prise de Ravenne, avec une liste des morts et prisonniers faits à cette bataille* (de Rome, le 19 avril 1512). Les lettres suivantes, adressées à la cour d'Autriche par ses ambassadeurs, relativement aux affaires d'Italie, ne sont pas moins intéressantes. Nous y trouvons les preuves de la détresse habituelle de Maximilien Ier. Ses ambassadeurs lui demandent sans cesse de l'argent; ils ne peuvent pas même se faire rembourser leurs avances. « Madame, écrit André de Burgo à Marguerite d'Autriche, je suis de jour en jour attendant que me faictes envoyer argent; car autrement, s'il y a plus de dilay (délai), je suis le plus déshonnoré homme du monde, et faudra que la nécessité de vostre maison soit apparente. » (19 sept. 1510.) Et plus loin, il lui écrit : « Je suis adverty comme le président de Bourgongne se partyt d'Espaigne par son retour par deçà, le 23e du mois passé, et ce pour non avoir le moyen de s'entretenir; et moy, si bientost ne m'est remédié, comme tant de fois l'ay pryé, je feray le semblable...... Madame, de ce qui s'ensuyvra je vous en advertiray quand j'auray le moyen de vous envoyer des lettres..... »

Maximilien voulut être pape, et s'occupa longtemps de cet étrange projet. Nous trouvons une lettre de l'Empereur sur ce sujet, à la fin du troisième volume de ce Recueil; elle est écrite en latin. Voici l'extrait d'une de ses lettres sur le même sujet; elle est adressée à Marguerite d'Autriche, et nous avons cru devoir en conserver l'orthographe : « Très-chière et très-amée fylle...., ne trouvons point, pour nulle résun (raison), bon que nous nous devons franchement marier, maes (mais) avons plus avant mys nostre délibération et volonté de james (jamais) plus hauter faem (femme) nue. Et envoyons demain M. de Gurce, évesque (1), à Rome, devers le Pape, pour trouver fachon (façon) que nous puyssuns accorder avec ly de nous prendre pour ung coadjuteur, affin que après sa mort pouruns estre assuré de avoer (avoir) le *papat* et devenir *prester* (prêtre), et après estre saint; et que yl vous sera de nécessité que après ma mort vous serés contraint de me adorer, dont je me trouveré bien gloryoes (glorieux). Je envoye sur ce ung poste (courrier) devers le roy d'Arragon, pour ly prier quy nous voulle ayder pour à ce parvenir, dont yl est aussi contant, moynant (moyennant) que je résingne l'Empir à nostre commun fyls Charl; de sela aussy je me suys contenté. » L'empereur ajoute que le *peupl et gentilhomes de Rom* sont pour lui, et qu'il *commance aussy à practicker les cardinaulx*, ce qui l'oblige à chercher de l'argent. Maximilien signe : *Vostre bon père Maximilianus, futur pape*, le 18 septembre 1512. L'espoir de l'Empereur fut déçu. On trouvera dans le Recueil que nous analysons, le *Journal*, rédigé en latin, *de ce qui s'est passé au conclave tenu à Rome, après la mort du pape Jules II, depuis le* IV *mars* 1513, *stile de Rome, jusques au* XIe *de ce mois, jour de l'élection du pape Léon X.* Nous terminerons cette analyse, en indiquant au lecteur l'instruction de Marguerite d'Autriche au sieur de Castres, qu'elle envoyait en Angleterre, *pour y traverser le mariage de la princesse Marie avec le roy Louis XII.*

(1) Mathieu Lang, homme habile, ambassadeur d'Autriche près la cour de France.

Histoire de Louis XII, père du peuple, par Claude de SEISSEL, etc., édition de Th. Godefroy, in-4°, 1615.

Un jeune gentilhomme d'Aix en Savoie, nommé Claude de Seissel, après s'être distingué comme professeur d'éloquence à Turin, eut un jour l'idée de prendre la carrière des armes. Le cardinal Georges d'Amboise, qui protégeait les lettres, ayant entendu vanter l'érudition de ce jeune soldat, l'attacha au conseil du Roi en qualité de secrétaire. Le protégé du premier ministre avança rapidement; il finit par obtenir l'archevêché de Turin, puis l'évêché de Marseille. Seissel, l'un des hommes les plus érudits de ce temps, écrivait avec précision et simplicité, et, sous ce rapport, il a rendu des services à la langue française. Plein de reconnaissance pour Louis XII, son bienfaiteur, il écrivit l'éloge de ce prince et les grands événements de son règne. Il composa vers 1508, les *Louenges du bon Roy de France, Louis XII° de ce nom, et de la félicité de son règne*. Ce panégyrique, d'abord écrit en latin, avait été mis en français par l'auteur lui-même; il est fait avec soin et mérite d'être consulté. Après avoir comparé le règne de Louis XII avec celui de ses prédécesseurs, depuis *Hüe Capet*, il passe au *discours plus ample de la félicité de ce règne*. « Et trouveroit-on aujourd'hui, dit-il, bien peu de pays que, toutes choses considérées, les François voulussent choisir pour laisser celuy de France. » Examinant ensuite les ressources de Louis XII : « Il ha de soulde (solde) ordinaire plus de 2,500 hommes-d'armes, à la manière de France, qui sont environ 13,000 bons combattans à cheval; car chascun homme-d'armes ha du moings deux coustilliers à cheval et armez, et deux archers; sans en ce comprendre les 400 archers de sa garde, et autres officiers de sa maison, et ceux qui sont commis à la garde d'aucunes villes et chasteaux, que l'on appelle *mortes-payes*. Et sans les pensionnaires, qui sont plus de 500, dont une grande partie sont gens de maison et grands seigneurs, lesquels à la guerre sont tenus de servir ledict seigneur, et au besoin le serviroient, l'un portant l'autre, à plus de dix chevaux, qui sont 5,000 chevaux; sans en ce comprendre les princes du royaume et subjects... Et n'est besoin parler des gens de pied, car l'on en trouveroit beaucoup plus que l'on ne vouldroit. » Ce panégyrique fut critiqué, car Seissel publia en 1510 une *Apologie pour respondre aux détracteurs*. Citons aussi, parmi les nombreux ouvrages du savant évêque, *l'excellence et la félicité de la victoire d'Aignadel, dont sera perpétuelle mémoire par tout le monde*. Ce petit ouvrage nous fournit quelques renseignements sur l'expédition d'Italie. A la suite de l'Histoire de Seissel, Godefroy donne un extrait curieux du *Triomphe* de Louis XII sur les Vénitiens, par maître Symphorien Champier, conseiller et médecin ordinaire d'Antoine, duc de Lorraine.

« *Cy commencent les chroniques annales sur les gestes du christianissime Roy Louis XII° de ce nom*, par Jean d'AUTON. »

Les *Chroniques* du règne de Louis XII ont été publiées pour la première fois par Théodore Godefroy; elles embrassent un espace de sept ans, depuis 1499 jusqu'à 1506. Jean d'Auton, abbé d'Angle, était historiographe et *poète royal*. Il célébrait, dans des ballades qu'on ne lit plus, les victoires de Louis, et enregistrait en prose les événements de son règne avec beaucoup d'exactitude et d'impartialité. Un écrivain de nos jours, connu par d'intéressantes investigations historiques, M. Paul Lacroix, apprécie, dans les termes suivants, le chroniqueur Jean d'Auton :

« Jean d'Auton, malgré le jugement qu'a porté de ses ouvrages un célèbre contemporain : *On ne vit jamais de plus grand stylé*, écrivait à la manière de Molinet, hormis les équivoques et les jeux de rimes : c'était un style péniblement et bizarrement contourné, surtout dans la prose, allongé de périphrases de mauvais goût, obscurci de néologismes et de latin mal francisé, amoureux des formes scolastiques, des redondances et des périodes ampoulées. Toutefois ce style de convention et de mode n'étouffait pas entièrement les beautés d'une narration dramatique et colorée. Jean d'Auton avait étudié Froissart, et il l'imitait avec plus d'exactitude dans le choix des faits, avec moins de naïveté dans le récit. Quand il *suivoit la cour pour recueillir des nouvelles*, il interrogeait, *à toute heure, des plus grands jusqu'aux moindres*, comparait les divers rapports entre eux, et mettait plus de peine à *savoir* qu'à *écrire*. On le voyait se promener, ses tablettes à la main, dans les hôtels, dans les préaux, dans les camps, et là il s'informait de tout, il prenait note de tout, selon sa *charge*; puis les soirs, aux veillées, il lisait aux capitaines le *registre* de leurs faits d'armes, corrigeait les *termes de guerre divertis ou dégénérés*, réparait ses omissions, et transcrivait alors le manuscrit unique destiné au Roi. » L'histoire de l'abbé d'Angle est donc une œuvre importante. L'expédition d'Italie, où d'Auton accompagna le Roi, a fourni au chroniqueur un intéressant récit. L'extrait suivant réunit au charme des détails la pittoresque naïveté de l'expression :

« En Ast se reposoit le Roy lors, et luy un jour se sentant délibéré, dit que il se vouloit essayer en son harnois, et chevaucher un des coursiers de son escuyerie, pour s'en aider à la bataille, laquelle chascun espéroit. Et comme ce jour je feusse entré en sa chambre pour luy vouloir bailler quelque peu d'escript joyeulx que j'avoye en la main, je le trouvay en pourpoint avec peu de gens, et messire Galéas de Saint-Severin, son grand escuyer, aussi en pourpoint, lequel luy chaussoit les sollerets et harnois de jambes, avec les cuissots. Ce faict, demanda la cuirasse, et premier que la vouloir prendre, dict audict messire Galéas : « Je la veulx voir premièrement sur vous, car mon harnois vous est presque tout faict. » Après que ledict escuyer feut armé de ladicte cuirasse, le Roy la regarda de tous costez, et la trouva bien faicte, disant : Je cuide qu'elle me sera bonne et bien aisée, et feit désarmer celuy escuyer, puis se feit armer de sadicte cuirasse et de toutes les autres pièces. Et essaya dessus son harnois un soye d'orféverie, moult riche, et tout autour semé d'escripteaux, où estoit escript en lettres romaines : *Nescis quid vesper vehat*, c'est-à-dire : *tu ne sçais quelle chose la fin porte*, ou *tu ne sçais la fin à quoi je tends*. Tandis qu'il se faisoit armer, je despliay mon papier en m'approchant de luy, et luy dis : « Sire, j'ay faict une petite ballade touchant les Gennevois (Gennois) ; s'il est vostre plaisir de l'ouyr, je l'ay icy. » Lors me commanda que je la leusse, que je feis comme s'en suit :

> Les Gennevois, de leur propre nature,
> N'ont foy ne loy, si ce n'est d'adventure
> Par faintise qu'on ne doibt soustenir.
> Ja tant de fois ont mis à la roupture
> Leurs promesses, qu'il n'y ha créature
> Raisonnable qui se y veuille tenir.
> . . . .
> Puis qu'autrement on ne s'en peut venger,
> Chastiez-les ores, pour abréger
> Un coup pour tous, en vous y esbatant,
> Et cela fait, soyez asseur de tant,
> Que eulx et aultres doubteront le danger
> Une aultre fois.

» Après la lecture de cette ballade, le Roy transmeit quérir un coursier bay, nommé *bay gratieulx*, lequel feit amener dedans un préau fermé, derrière son logis. Et luy, armé de toutes pièces, monta légèrement dessus sans aide. Et là commencea à faire faire carrière, courses et grands saults à sondict cheval..... »

Les deux heureux voyages de Gennes et Venise, victorieusement mis à fin par le roy Louys XIIe de ce nom; par Jean MAROT. — Lyon, 1537.

Jean Marot, poëte de la reine Anne, célébra, lui aussi, les glorieux exploits de son Roi. Anne de Bretagne, qui l'aimait beaucoup, l'envoya en Italie à la suite de l'armée française. Il y recueillit les matériaux de ses deux poëmes. Mais la sévère exactitude des faits semble avoir refroidi l'imagination du poëte. C'est *vraye historialle*, dit-il dans son prologue, *et non fabuleuse narrative*. Jean Marot est très peu connu aujourd'hui ; la renommée de son fils Clément a fait oublier la sienne. Les deux poëmes de Jean Marot devaient trouver ici une indication, comme matériaux historiques de cette époque. L'auteur rapporta d'Italie à la reine Anne, le manuscrit original du *Voyage de Gênes*, qui est un des plus remarquables de la Bibliothèque du Roi, par la perfection des miniatures. Montfaucon a fait graver ces miniatures dans les *Monuments de la monarchie française*.

Histoire de Louis XII, père du peuple, par messire Jean de SAINCT-GELAIS, *seigneur de Monlieu, tirée de la Bibliothèque du Roy, et nouvellement mise en lumière par Théodore Godefroy, advocat au parlement de Paris*. — Paris, 1622, in-4°.

Le règne de Louis XII ne commence dans l'ouvrage de Saint-Gelais qu'à la 2e partie ; la première traite brièvement des ancêtres du Roi, et de sa conduite lorsqu'il n'était encore que duc d'Orléans. Nous avons analysé cette première partie de l'ouvrage de S. Gelais, dans notre indication des documents pour le règne de Charles VIII.

« Le commencement de la seconde partie de cette présente histoire, dit l'auteur, sera de réciter les vertus, mœurs et conditions de celuy pour l'honneur duquel elle a esté commencée, et sera continuée tant que Dieu permettra que je le puisse faire. Et combien qu'il a esté faict un livre de ses loüanges en très-hault stile, et par un grand clerc, tout plein d'éloquence, (Claude de Seissel), si ne lairrai-je pourtant que en mon langaige maternel, et tel que ma mère m'apprint, je n'en die ce que je scaurai. Congnoissant assez que celuy qui en a tant bien escrit, ne moy, ny cent plus sçavans que je ne suis, tous ensemble n'en sçaurions dire ce qui seroit bien requis. Et s'il en est d'aucuns qui estiment que de loüer les princes vivans, dont la loüange puisse venir à leur congnoissance, soit flaterie, je responds à tous ceulx qui seroient de ceste opinion, que non est, et que ce n'est point flater toutes les fois que on dit vérité. Et se peuvent dire et escrire les loüanges des roys par trois raisons : la première, c'est qu'en ce faisant on ensuit la doctrine du prince des apostres, qui dict que on doit craindre Dieu et honorer le Roy. La seconde cause, c'est que le prince vertueux voyant les biens que on dict de luy, en loüera Nostre Seigneur, luy rendant actions de grâces, et mettra peine de persévérer de mieulx en mieulx, afin que les historiens et toutes gens ayent occasion de continuer d'en bien dire. La tierce raison, c'est afin que ceulx qui après luy viendront, congnoissans que les vertus dont le dessusdict prince a eu en si très-grande abondance, ont esté cause et moyen de le faire loüer, mettent peine de vivre si vertueusement, en ensuivant ses bonnes conditions, que ceulx qui se mesleront d'escrire de leur temps, puissent racompter d'eulx ainsi qu'on a faict de leur très-bon prédécesseur. »

L'auteur nous retrace en ces termes la félicité du peuple sous le règne de Louis XII :

« En imaginant bien le tout, il ne s'en trouvera

aucun auparavant luy qui tant ait faict de bien à son advènement que cestui-cy en tous endroicts. Il a soustenu et entretenu l'église gallicane en ses libertez et franchises. La noblesse ne fut oncques mieulx traictée. . . . .

» Les citez et bonnes villes n'ont esté travaillées ny opprimées par aucuns emprunts, ains ont vescu en grande liberté. Et les marchands ont exercé le faict de leur marchandise en seureté plus que oncques mais ne feirent. Au regard du commun peuple, il l'a soulaigé de telle sorte qu'on ne pourroit plus ; car, quelques grands affaires qu'il ait eu, il a chascune année diminué les aydes et les tailles, et tellement qu'elles se montent aussi peu au commencement qu'elles furent imposées, eu regard aux pays et seigneuries que ledict seigneur tient davantaige. Il a faict un autre bien particulier si grand, que aucun de ses prédécesseurs n'en feit oncques guères de semblable. C'est d'avoir osté la pillerie que les gens de guerre vouloient faire sur le pays, qui estoit une chose insupportable au pauvre peuple. J'ay veu, moy estant, des ordonnances (des compagnies de soldats), que quand les gens-d'armes arrivoient en un villaige, bourgade, ou ville champestre, les habitans, hommes et femmes, s'enfuyoient en retirant de leurs biens ce que ils pouvoient aux églises, ou autres lieux forts, tout ainsi que si c'eussent esté les Anglois leurs anciens ennemis, qui estoit piteuse chose à veoir. Car un logement de gens-d'armes, qui eussent séjourné un jour et une nuict en une paroisse, y eussent porté plus de dommaige que ne leur coustoit la taille d'une année. » Et maintenant, « quand le pauvre laboureur a payé sa petite quotité de la taille, et la rente qu'il doibt au seigneur de qui il tient, il peut dire que ce qui luy demeure, soit bœuf, ou vache, veau ou mouton, est sien. Ce qu'il ne faisoit pas auparavant. Au regard de la justice, elle ne fut oncques tenue en si grande vigueur qu'elle est du temps de ce règne ; tellement que le plus petit a justice contre le grand, sans faveur aucune, au moins qui vienne à la congnoissance du maistre. »

Saint-Gelais, qui, dans tout le cours de son récit, se montre serviteur fidèle de la maison d'Orléans, n'a pas eu le courage de s'élever contre le divorce de Louis XII ; il a cherché à s'excuser par des raisons longuement détaillées, que nous nous dispenserons de répéter ici.

« Quand nostre Roy a eu à besongner pour faire sa juste guerre, dit Saint-Gelais quelques pages plus loin, il n'est point allé ailleurs chercher finance que en ses coffres, qu'il ne luy a point ennuyé de vider. Et puisqu'il est plein de si bonnes conditions, aucun bon subject ne debvroit espargner aucune chose du sien pour subvenir à ses affaires ; car à Paris, à Roüen, à Tours, n'y a marchand qui plus loyaument paye ses debtes qu'il faict les siens. »

L'auteur n'a pas négligé de peindre les inquiétudes qu'avait éveillées chez le peuple la maladie de Louis XII, en 1500 :

« Ce seroit chose incroyable d'escrire ny racompter les plainctes et les regrets qui se faisoient par tout le royaume de France, pour le regret que chascun avoit du mal de son bon Roy. On eust veu et jour et nuict à Blois, à Amboise et à Tours, et partout ailleurs, hommes et femmes aller tous nuds par les églises et aux saincts lieux, afin d'impétrer envers la divine clémence grâce de santé et de convalescence à celuy que l'on avoit si très-grand peur de perdre, comme s'il eust esté père d'un chascun, et qui les eust tous engendrez. Et sans faillir oncques si grand maistre ne fut tant plainct ny regretté. Et ne fault révoquer en doubte que la prière de tant de bonnes gens, et du peuple, lequel si très-humblement en faisoit supplications et requestes, tant en processions générales qu'autrement, ne fut cause d'encliner la divine grâce à luy donner santé, car nulle aide humaine ne l'eust sceu faire..... Et il est escrit que la voix du peuple c'est la voix de Dieu, qui ne peut estre esconduite de sa raisonnable requeste. »

L'anecdote suivante mérite de trouver place dans ces documents sur Louis XII. C'est un touchant souvenir du vieux temps de la monarchie :

« Et je ne veulx oublier, dit l'auteur, de mettre l'amour et dilection dont il (Louis XII) est aimé de toutes gens, et principalement du peuple, afin que tous autres princes et seigneurs prennent exemple en luy à bien vivre, et saigement gouverner leurs subjects..... C'est la vérité que par tous les lieux où ledict seigneur passoit, les gens, et hommes et femmes, s'assembloient de toutes parts et couroient après luy trois ou quatre lieues. Et quand ils pouvoient atteindre à toucher à sa mule, ou à sa robe, ou à quelque chose du sien, ils baisoient leurs mains et s'en frottoient le visaige d'aussi grande dévotion qu'ils eussent faict d'aucun reliquaire. Et je sçay qu'il y avoit un gentilhomme en la compaignée qui trouva un laboureur vieil et ancien, qui couroit tant comme il pouvoit ; ledict gentilhomme luy demanda où il alloit, luy disant qu'il se gastoit de s'échauffer si fort. Et le bon homme luy respondit qu'il s'advançoit pour veoir le Roy, lequel il avoit pourtant veu en passant, mais qu'il le veoit si volontiers pour les biens qui estoient en luy, qu'il ne s'en pouvoit saouler. Car ce dist ce bon homme-là, voire aussi sagement que eust sceu faire un advocat en parlement : il est si saige, il maintient justice, et nous faict vivre en paix, et a osté la pillerie des gens-d'armes, et gouverne mieulx que jamais Roy ne feit. Je prie à Dieu, fist-il, qu'il luy doint bonne vie et longue.... Et en un autre lieu, nommé Bar-sur-Seine, où ils ont esté autresfois les plus forts Bourguignons que on sceust trouver, ainsi que le Roy alloit veoir le chasteau après souper, le gentilhomme dessus dict ouyt comme un de ceulx du pays demandoit à un autre s'il n'avoit point veu ledict seigneur, et il respondit que non : Tu es donc, celuy dist-il, bien malheureux, et seras encore plus si tu ne le vois avant qu'il s'en aille. »

Au nombre des documents originaux on peut citer encore la vie de Louis XII, celle d'Anne de Bretagne, et des *capitaines illustres*, *français et étrangers*, qui se trouvent dans les œuvres de Brantôme.

Un écrivain de nos jours, que nous avons cité plus haut, M. Paul Lacroix, a publié une *Histoire du seizième siècle en France* (1), qui se distingue par de curieuses recherches. Cet ouvrage, composé d'après les *originaux manuscrits ou imprimés*, est d'une grande utilité, parce qu'il indique les sources originales pour le règne de Louis XII, et que leur indication est donnée avec beaucoup de soin et de critique. Outre les pièces manuscrites que renferment les portefeuilles de Fontanieu, de Dupuy, de Béthune, de Brienne, etc., l'auteur s'est servi de manuscrits peu connus. La Bibliothèque royale possède, sous le n° 8461, in-fol., une histoire manuscrite de Louis XII, par Humbert Vellay (Humbertus Velleius), traduite par Nicolas de Langes. M. Lacroix en a extrait les passages les plus remarquables. Le procès scandaleux du divorce de Jeanne de France est raconté avec détail dans l'*Histoire du XVIe siècle*, d'après les pièces manuscrites du procès, dont l'original, scellé des trois sceaux des commissaires du Pape, était conservé dans l'évêché d'Alby, et dont une copie du temps existe à la Bibliothèque royale, ancien fonds latin, n° 8461. On trouve aussi parmi les manuscrits des Blancs-Manteaux, n° 19, un extrait du procès qui date du XVIIe siècle. Pour l'expédition d'Italie, M. Lacroix s'est servi d'un manuscrit, ouvrage présumé de Jean d'Auton, Bibliothèque royale, manuscrits Dupuy, vol. 122, et ancien fonds, n° 9707; c'est le *Voyage et conquête de Milan*, en prose, précédé des *Alarmes de Mars*, poëme qui est incontestablement de Jean d'Auton. Enfin le procès du maréchal de Gié, mal connu des historiens, a été étudié par M. Lacroix sur le manuscrit original, XIe volume des *Archives de Bretagne*, grand in-fol., n° 8357.

FIN DES DOCUMENTS POUR LE RÈGNE DE LOUIS XII.

RÈGNE DE FRANÇOIS Ier.

Les Mémoires sur le règne de François Ier, publiés dans notre collection, sont nombreux et complets; ils répondent à tous les points de ce règne si curieux, et l'historien n'a guère besoin d'aller chercher ailleurs les matériaux de son œuvre. Notre indication des documents pour cette époque sera donc courte. Nous nous bornerons à transcrire ou à extraire quelques pièces, et nous signalerons aussi quelques sources.

Brantôme, qui vivait sous le règne de Henri II, et qui a connu la plupart des hommes célèbres du règne de François Ier, nous a donné la biographie du prince chevalier. On y trouve sur les batailles de Marignan et de Pavie de précieux détails et des couleurs dont l'historien peut profiter. Les *Discours sur Charles-Quint et les capitaines illustres, français et étrangers*, méritent aussi d'être consultés. Mais il faut accueillir avec réserve les anecdotes de cour qui se pressent sous la plume du complaisant historien.

Parmi les auteurs modernes qui ont écrit sur le règne de François Ier, nous citerons d'abord le Père Daniel. Cet historien, dont les erreurs ont été indiquées par Gaillard, était pourtant remonté aux sources contemporaines. Voici une lettre curieuse qu'il copia sur l'original. François Ier l'écrivit à sa mère, lors de la honteuse retraite des Impériaux devant Mézières :

A Madame.

« Madame, tout aseteure, ynsy que je me vouloys mettre o lyt, est aryvé Laval, lequel m'a aporté la serteneté deu lèvemant deu syége de Mésyères. Je croy que nos anemys sont en grant pène, vu la honteuse retrète qu'yl ont fet : pour tout le jour de demayn, je soré le chemyn qu'ys prandront. Et selon sela, il nous fodra gouverner. Et s'yl on joüé la pasyon, nous jourons la vangause. Vous suplyant, madame, vouloyr mander partout pour fère remercyer Dieu : car sans poynt de fote il a montré se coup qu'yl est bon François.

» Et fesant fyn à ma lettre, remetant le tout seur le porteur, pry à Dieu qu'yl vous doynt très-bonne vye et longue.

» Vostre très-humble et très-obéysant fyls,

» FRANÇOIS. »

Après les Histoires de France de Daniel, Mézeray et Garnier, nous indiquerons un ouvrage spécial, publié vers la fin du siècle dernier par Gaillard, de l'Académie française. C'est l'*Histoire de François Ier*, dit le grand roi et le père des lettres, en cinq volumes in-8°, avec un assez beau portrait de ce prince, gravé d'après Le Titien. Cet ouvrage est prolixe, mal écrit et plein de confusion comme presque toutes les productions de cet auteur. Henri Gaillard était cependant un homme érudit, et son travail sur le règne de François Ier se distingue par une saine critique et de laborieuses recherches. Il ne s'est point contenté d'étudier l'Italien Guichardin, Du Bellay

---

(1) 4 Volumes in-8°. Paris, 1834. Le tome cinquième et dernier n'a pas encore été publié. Ces exemplaires ont été brûlés dans l'incendie de la rue du Pot-de-Fer.

M. Lacroix a publié cette histoire sous son pseudonyme habituel, *le bibliophile Paul L. Jacob*. Il a l'intention de la continuer jusqu'à la mort de Henri IV.

et les autres auteurs contemporains ; il s'est servi utilement des écrivains modernes et de divers manuscrits de la Bibliothèque royale, *fonds de Béthune*, dont voici les numéros : 8179, 8467, 8469, 8488, 8489, 8491, 8492, 8493, 8496, 8500, 8503 et 8506. Cet ouvrage contient de bonnes dissertations sur les droits des rois de France relativement à l'Italie, sur le procès de Semblançay et sur celui du connétable de Bourbon : l'auteur a consulté le manuscrit original de ce dernier procès. L'Histoire de la Réforme et des Affaires de l'Eglise est écrite d'une manière saine et indépendante ; l'Histoire littéraire et le chapitre *sur les progrès de l'esprit humain dans tous les genres sous le règne de François I*er, sont remplis d'estimables recherches. François I*er*, qui mérita le surnom de *Père des lettres* par la protection qu'il avait accordée aux écrivains éminents de son siècle, et par tous les efforts qu'il fit pour remettre en honneur et populariser les monuments littéraires, cultiva aussi les Muses dans les loisirs de sa royale vie. La Bibliothèque du Roi possède plusieurs manuscrits de poésie et de lettres de François I*er*. L'abbé Lenglet, à la suite de son ouvrage intitulé : *l'Histoire justifiée contre les Romans* (un vol. in-12, 1735), publia une épître du Roi sur *son partement de France et sa prise devant Pavie*. Environ trente ans plus tard, Gaillard, dans son Histoire de François I*er*, a révélé au public, par de curieux extraits, diverses compositions poétiques de ce prince.

Enfin le neuvième et dernier livre de *l'Histoire de François I*er, par Gaillard, contient la vie privée de ce prince, des traits de mœurs, des anecdotes détachées : ce sont des matériaux que l'auteur n'a pu employer dans le cours de l'ouvrage. Voici une note curieuse de l'auteur qui nous montre les progrès de l'orgueil de Semblançay, *selon les divers accroissemens de sa fortune*; le malheureux surintendant expia cruellement cette sotte vanité :

« Jacques de Beaune partagea, le 7 janvier 1486, la succession de son père avec ses frères et beaux-frères, dont plusieurs étoient marchands à Tours. Il prend lui-même cette qualité, ainsi qu'un de ses beaux-frères, dans un acte qu'ils passèrent ensemble la même année.

» Le 10 septembre 1496, il se qualifie noble homme, général des finances.

» Le 28 janvier 1497, honorable homme, sire Jacques de Beaune, conseiller du Roi, général de ses finances, seigneur de la Carte.

» Le 12 novembre 1499, honorable homme et sage sire, Jacques de Beaune, conseiller du Roi notre sire, et général de ses finances, seigneur de la Carte et de Balan.

» Le 7 août 1515, messire Jacques de Beaune, chevalier, seigneur de Saint-Blançay, chambellan ordinaire du Roi.

» Enfin, le 4 avril 1524, il ajoute à ses titres ceux de noble et puissant. »

François 1er écrivit à sa mère la relation de la bataille de Marignan. Nous donnons ici ce document plein d'intérêt :

*Lettre de François I*er *à la duchesse d'Angoulême, sur la bataille de Marignan.*

« Madame, afin que vous soyez bien informée du fait de notre bataille, je vous avise que hier, à heure d'une heure après-midi, notre guet, qui étoit sur les portes de Milan, nous avertit comme les Suisses se jetoient hors de la ville pour nous venir combattre ; laquelle chose entendue, jetâmes nos lansquenets en ordre, c'est à savoir en trois troupes, les deux de neuf mille hommes, et la tierce d'environ quatre mille hommes, que l'on appelle les enfans perdus de Pierre de Navarre, sur le côté des avenues, avec les gens de pied de France et aventuriers ; et parce que l'avenue par où venoient lesdits Suisses étoit un peu serrée, et ne fut si bien possible de mettre nos gendarmes de l'avant-garde, comme ce ne étoit en plain pays, qui nous cuida mettre en grand désordre ; et de ma bataille j'étois à un trait d'arc en deux troupes de ma gendarmerie, et à mon dos mon frère d'Alençon avec le demeurant de son arrière-garde, et notre artillerie sur les avenues. Et au regard des Suisses, ils étoient en trois troupes, la première de dix mille, la seconde de huit mille hommes, et la tierce de dix mille hommes ; vous assurant qu'ils venoient pour châtier un prince, s'il n'eût été bien accompagné ; car d'entrée de table qu'ils sentirent notre artillerie tirer, ils prindrent le pays couvert, ainsi que le soleil se commençoit à coucher, de sorte que vous ne leur fismes pas grand mal pour l'heure de notre artillerie ; et vous assure qu'il n'est pas possible de venir en plus grande fureur ni plus ardemment. Ils trouvèrent les gens de cheval de l'avant-garde par le côté ; et combien que lesdits hommes-d'armes chargeassent bien et gaillardement le connétable, le maréchal de Chabannes, Ymbercourt, Telligny, Pont-de-Remy et autres qui étoient là, si furent-ils reboutez sur leurs gens de pied, de sorte avec grande poussière que l'on ne se pouvoit voir, aussi bien que la nuit venoit. Il y eut quelque peu de désordre ; mais Dieu me fit la grâce de venir sur le côté de ceux qui les chassoient un peu chaudement, me sembla bon de les charger, et le furent de sorte, et vous promets, Madame, si bien accompagnés, et quelques gentils galans qu'ils soient, deux cents hommes-d'armes que nous étions, en défismes bien quatre mille Suisses, et les repoussâmes assez rudement, leur faisant jeter leurs piques, et crier *France!* Laquelle chose donna haleine à nos gens de la plupart de notre bande, et ceux qui me purent suivre, allâmes trouver une autre bande de huit mille hommes, laquelle à l'approcher cuidions qui fussent lansquenets car la nuit étoit déjà bien noire. Toutefois, quand ce vint à crier *France!* je vous assure qu'ils nous jetèrent cinq à six cens piques au nez, nous montrant qu'ils n'étoient point nos amis. Nonobstant cela, si furent-ils chargés et remis au-dedans de leurs tentes, en telle sorte qu'ils laissèrent de poursuivre les lansquenets, et nous, voyant la nuit noire, et n'eût été la lune qui aidoit, nous eussions bien été empêchés à connoître l'un l'autre; et m'en allai jeter dans l'artillerie, et là rallier cinq ou six mille lansquenets, et quelques trois cens hommes-d'armes, de telle sorte que je tins ferme à la grosse bande de Suisses. Et ce pendant mon frère le connétable rallia tous les piétons françois et quelque nombre de gendarmerie, leur fit une charge si rude qu'il en tailla cinq ou six mille en pièces, et jeta cette bande dehors : et nous, par l'autre côté, leur fismes jeter une volée d'artillerie à l'autre bande, et quand et quand les chargeâmes, de sorte que les emportâmes, leur fismes passer un gué qu'ils avoient passé sur nous. Cela fait, ralliâmes tous nos gens et retournâmes à l'artillerie; et mon frère le connétable sur l'autre coin du camp, car les Suisses se logèrent bien près de nous, si près que n'y avoit qu'un fossé entre deux; toute la nuit demeurâmes le cul sur la selle, la lance au poing, l'armet à la tête, et nos lansquenets en ordre pour combattre; et pour ce que j'étois le plus près de nos ennemis, m'a fallu faire le guet, de sorte qu'ils ne nous ont point surpris au matin; et faut que vous entendiez que le combat du soir dura depuis les trois heures après midi jusques entre onze et douze heures que la lune nous faillit; et y fut fait une trentaine de belles charges. La nuit nous départit, et même la paille pour recommencer au matin; et croyez, Madame, que nous avons été vingt-huit heures à cheval, l'armet à la tête, sans boire ni manger. Au matin, une heure avant jour, prins place autre que la nôtre, laquelle sembla bonne aux capitaines des lansquenets, et l'ai mandé à mon frère le connétable pour soi tenir par l'autre avenue, et pareillement l'ai mandé à mon frère d'Alençon, qui au soir n'étoit pu venir, et dès le point du jour que pûmes voir, me jetai hors du fort avec les deux gentilshommes qui m'étoient demeurés du reste du combat, et ai envoyé quérir le grand-maître, qui se vint joindre avec moi, avec environ cent hommes-d'armes; et cela fait, messieurs les Suisses se sont jetés en leurs ordres, et délibérés d'essayer encore la fortune du combat : et comme ils marchoient hors de leur logis, leur fis dresser une douzaine de coups de canon qui prindrent au pied, de sorte que le grand trot retournèrent en leur logis, se mirent en deux bandes; et pour ce que leur logis étoit fort, et que ne les pouvions chasser, ils me laissèrent à mon nez huit mille hommes et toute leur artillerie; et les autres deux bandes les envoyèrent aux deux coins du camp, l'une à mon frère le connétable, et l'autre à mon frère d'Alençon. La première fut au connétable, qui fut vertueusement reculée par les aventuriers françois de Petre de Navarre. Ils furent repoussés et taillés outre grand nombre des leurs; et se rallièrent cinq ou six mille, lesquels cinq ou six mille aventuriers défirent avec l'aide du connétable, qui se mêla parmi eux avec quelque nombre de sa gendarmerie. L'autre bande qui vint à mon frère fut très-bien recueillie, et à cette heure-là arriva Barthélemy Delvian avec la bande des Vénitiens, gens de cheval, qui tous ensemble les taillèrent en pièces; et moi étois vis-à-vis les lansquenets de la grosse troupe, qui bombardions l'un et l'autre, et étoit à qui se délogeroit; et avons tenu bute huit heures à toute l'artillerie des Suisses, que je vous assure qu'elle a fait baisser beaucoup de têtes. A la fin de cette grosse bande, qui étoit vis-à-vis de moi, envoyèrent cinq mille hommes, lesquels renversèrent quelque peu de nos gendarmes, qui chassoient ceux que mon frère d'Alençon avoit rompus, lesquels vindrent jusques aux lansquenets, qui furent si bien recueillis de coups de haches, butes, de lances et de canon, qu'il n'en réchappa la queue d'un, car tout le camp vint à la huée sur ceux-là et se rallièrent sur eux; et sur cela fismes semblant de marcher aux autres, lesquels se mirent en désordre, et laissèrent leur artillerie, et s'enfuirent à Milan, et de vingt-huit mille hommes qui là étoient venus n'en réchappa que trois mille, qu'ils ne fussent tous morts ou pris; et des nôtres j'ai fait faire revue, et n'en trouve à dire qu'environ quatre mille. Le tout je prends tant d'un costé que d'autre à trente mille hommes. La bataille a esté longue, et dura depuis hier les trois heures après midi jusques aujourd'hui deux heures, sans savoir qui l'avoit perdue ou gagnée, sans cesser de combattre ou de tirer l'artillerie jour et nuit; et vous assure, Madame, que j'ai vu les lansquenets mesurer la pique aux Suisses, la lance aux gendarmes; et ne dira-t-on plus que les gendarmes sont lièvres armés, car, sans point de faute, ce sont eux qui ont fait l'exécution; et ne penserois point mentir que par cinq cens et par cinq cens il n'ait été fait trente belles charges avant que la bataille fût gagnée. Et tout bien débattu, depuis deux mille ans ça n'a point été vue une si fière ni si cruelle bataille, ainsi que disent ceux de Ravennes, que ce ne fut au prix qu'un tiercelet. Madame, le sénéchal d'Armagnac avec son artillerie ose bien dire qu'il a été cause en partie du gain de la bataille, car jamais homme n'en servit mieux. Et, Dieu merci, tout fait bonne chère; je commencerai par moi et par mon frère le connétable, par M. de Vendôme, par M. de Saint-Pol, M. de Guise, le maréchal de Chabannes, le grand-maître, M. de Longueville. Il n'est mort de gens de renom qu'Imbercourt et Bussy, qui est à l'extrémité, et est grand dommage de ces deux personnages. Il est mort quelques gentilshommes de ma maison, que vous saurez bien sans que vous le récrive. Le prince de Talmond est fort blessé, et vous veux encore assurer que mon frère le connétable et M. de Saint-Pol ont aussi bien rompu bois que gentilshommes de la compagnie, quels qu'ils soient ; et ce j'en parle comme celui qui l'a vu, car ils ne s'épargnoient non plus que sangliers échauffés. Au demeurant, Madame, faites bien remercier Dieu par tout le royaume de la victoire qu'il lui a plu nous donner. Madame, vous vous moquerez de messieurs de Lautrec et de Lescun, qui ne se sont point trouvés à la bataille, et se sont amusés à l'appointement des Suisses, qui se sont moqués d'eux (1). Nous faisons ici grand doute du comte de Sanxerre, pour ce que ne le trouvons point.

» Madame, je supplie le Créateur vous donner très-bonne vie et longue. Ecrit du camp de Sainte-Brigide, le vendredy 14e jour de septembre mil cinq cent quinze.

» FRANÇOIS. »

Voici la lettre qu'écrivit le Roi aux différents ordres de l'Etat, après la bataille de Pavie ; elle est pleine de noblesse et de grandeur d'ame :

« Mes amis et bons sujets, sous couleur d'autres lettres, j'ai eu le moyen et la liberté de vous escrire, étant seur de vous faire un grand plaisir en vous faisant sçavoir de mes nouvelles, lesquelles, selon mes infortunes, sont bonnes, car la santé et honneur, Dieu merci, me sont demeurés sains ; et entre tant d'infidélités, n'ai reçu plus grand plaisir que de sçavoir l'obéissance que portez à Madame, en vous monstrant estre vrays, loyaux et bons François. Je vous la recommande tousjours, et mes petits enfans, qui sont les vostres, et de la chose publique; vous asseurant que, en continuant en la diligence et démonstration que vous avez faite jusques icy, donnerez plus grande envie à nos ennemis de me délivrer que de vous faire la guerre. L'empereur m'a offert quelque parti pour ma délivrance, et ai espérance qu'il sera raisonnable, et que toutes choses sortiront bientost leur effet. Et soyez sûrs que, pour mon honneur et celuy de ma nation, j'ay plutost esleu honneste prison que honteuse fuite ; et que si je n'ay esté si heureux de faire du bien à mon royaume, que, pour envie d'estre délivré, je n'y feray jamais de mal, estimant bien heureux, pour l'heur de son pays, toute sa vie demeurer en prison.

» Vostre roy,
» FRANÇOIS. »

Parmi les auteurs modernes qui se sont occupés de l'époque de François 1er, le nom qui se présente le premier à la pensée est celui de Robertson : *Histoire du règne de l'empereur Charles-Quint*, traduite de l'anglais, par Suard. M. de Sismondi, connu par l'étendue de ses recherches historiques, a mis à profit les principaux documents sur le règne de François 1er. Nous citerons, parmi les sources qu'il indique, la collection connue sous le nom de *Mémoires de Ribier* (2 vol. in-fol. 1666) ; c'est un extrait des curieuses archives du connétable de Montmorency.

C'est ici que nous terminerons l'indication analytique des documents dans cette nouvelle collection des Mémoires. Depuis Ville-Hardouin jusqu'à Du Bellay, nous avons parcouru trois siècles, ayant pour guides des narrateurs qui laissent plus ou moins les faits dans un demi-jour historique ; l'insuffisance des Mémoires exigeait un complément, pour que le lecteur ne fût point réduit à ne connaître que la moitié des événements. Après avoir lu les récits du maréchal de Champagne et de Romanie, acteur dans le drame glorieux de la conquête de Constantinople par les Français et les Vénitiens, on n'aurait eu qu'une imparfaite idée de ce grand événement, si on n'avait pu recueillir les témoignages d'autres chroniqueurs latins ou grecs. Joinville, qui nous raconte avec tant de charme la croisade de Louis IX, nous apprend peu de chose sur le règne de ce roi, sur ses institutions, sur les bienfaits de sa domination politique ; il a bien fallu y suppléer par des analyses historiques et des considérations. Nous en dirons autant des règnes de Charles V et de Charles VI, pour lesquels nous ne nous sommes pas bornés à la reproduction des textes publiés dans les précédentes collections ; sans parler de notre édition de Pierre de Fenin, plus exacte et plus complète que celle de nos devanciers, nous rappellerons que nous avons enrichi notre recueil du Journal d'un Bourgeois de Paris, précieux monument historique, de la chronique de Juvénal des Ursins, pleine de faits curieux, et que nous avons complété toutes ces sources par l'analyse critique des documents les plus importants, empruntés à de poudreux in-folio peu connus du public. A mesure que les Mémoires répondaient mal à l'importance des époques, et restaient au-dessous de l'intérêt des événements, nous redoublions de soins et de recherches pour remplir les lacunes contemporaines et offrir une convenable appréciation des faits et des personnages. C'est ainsi que Jeanne d'Arc nous a sérieusement occupés. Nos lecteurs n'ayant presque rien à trouver dans les Mémoires de Richemond, nous nous sommes mis en quête de tous les matériaux épars dans les vieux livres ; nous avons cherché à peindre nous-mêmes la simple et sublime villageoise dont le véritable caractère nous avait semblé méconnu par tous les historiens, et nous avons achevé cette œuvre par l'examen critique de tout ce qui avait été écrit sur l'admirable fille de Domremy. Nous sommes descendu ainsi de règne en règne jusqu'à François 1er. Ces travaux de complément ne sont pas de ceux qui donnent la gloire, mais de ceux qui coûtent le

---

(1) Gaillard remarque que ce passage a beaucoup de rapport avec le célèbre billet de Henri IV : « Pends-toi, brave Crillon ! nous avons combattu à Arques, et tu n'y étois pas. »

plus de peine et réclament les plus patients efforts. Nous nous bornerons désormais à des notices pour caractériser les monuments historiques qu'il nous reste à publier ; nous allons entrer dans des époques fécondes ; les Mémoires abondent, et les matériaux de toute nature vont pour ainsi dire au devant de l'historien qui les cherche : l'indication analytique des documents deviendrait une œuvre superflue. Toutefois nous pourrons de temps en temps publier, à la suite des Mémoires, des pièces qui seraient naturellement destinées à le compléter ; il entrera toujours dans notre plan et dans notre principal but d'entourer la vérité historique de toutes les lumières possibles.

FIN DES DOCUMENTS.

www.ingramcontent.com/pod-product-compliance
Lightning Source LLC
Chambersburg PA
CBHW060306230426
43663CB00009B/1603